BIBLIA DE BOSQUEJOS Y SERMONES

TOMO 5
Juan

BIBLIA DE BOSQUEJOS Y SERMONES

TOMO 5

Juan

EDITORIAL
PORTAVOZ

La misión de *Editorial Portavoz* consiste en proporcionar productos de calidad —con integridad y excelencia—, desde una perspectiva bíblica y confiable, que animen a las personas a conocer y servir a Jesucristo.

Título del original: *The Preacher's Outline and Sermon Bible,* Vol. 5, John, © 1991 por Alpha Omega Ministries, Inc. y publicado por Leadership Ministries Worldwide, P.O. Box 21310, Chattanooga, TN 37424.

Edición en castellano: *Biblia de bosquejos y sermones,* tomo 5, Juan, © 2001 por Alpha Omega Ministries, Inc. y publicado con permiso por Editorial Portavoz, Grand Rapids, Michigan 49505.

Excepto cuando se indica lo contrario, todas las citas bíblicas son tomadas de la Versión Reina-Valera 1960.

La Biblia de bosquejos y sermones fue escrita para que el pueblo de Dios la use tanto en sus vidas personales como en la predicación y enseñanza.

EDITORIAL PORTAVOZ
2450 Oak Industrial Dr. NE
Grand Rapids, Michigan 49505 USA

Visítenos en: www.portavoz.com

ISBN 978-0-8254-1010-9

7 8 9 10 11 edición / año 30 29 28 27 26 25 24

Impreso en China
Printed in China

ÍNDICE

ABREVIATURAS VARIAS

a.C.	=	**antes de Cristo**	**p.**	=	**página**
AT	=	**Antiguo Testamento**	**p.ej.**	=	**por ejemplo**
caps.	=	**capítulos**	**pp.**	=	**páginas**
concl.	=	**conclusión**	**pto.**	=	**punto**
cp.	=	**compárese**	**s.**	=	**siguiente**
d.C.	=	**después de Cristo**	**ss.**	=	**siguientes**
EF	=	**Estudio a fondo**	**v.**	=	**versículo**
Nº	=	**número**	**vs.**	=	**versus**
NT	=	**Nuevo Testamento**	**vv.**	=	**versículos**

EL EVANGELIO SEGÚN SAN JUAN

INTRODUCCIÓN

AUTOR: Juan, el apóstol, hijo de Zebedeo (ver nota en Mr. 3:17. También, para mayor información, ver notas introductorias: 1 Jn. ; Ap.).

Ireneo, arzobispo de Lyon en el año 177 d.C., resume el testimonio de la iglesia primitiva: "Juan el discípulo del Señor que se reclina en su pecho y que proclamó él mismo el evangelio en Éfeso". (Citado por RVG Tasker, The Gospel According to St. John, Tyndale New Testament Commentaries, compilado por RVG Tasker. Grand Rapids, MI: Eerdmans, 1960, p. 17.) La tradición dice que Juan pasó sus últimos años en Éfeso predicando, enseñando y escribiendo. En algún momento era exilado a la isla de Patmos durante el reinado del emperador romano Domiciano.

1. Juan era uno de los primeros discípulos de Jesús (Jn. 1:35, 39).
2. Juan y Jacobo fueron socios con su padre o bien trabajaron para su padre en un gran negocio de pesca (Lc. 5:10).
3. Juan y Jacobo lo dejaron todo para seguir a Cristo (Mt. 4:21-22).
4. Juan era uno de los apóstoles que formaban el círculo interno de discípulos, un grupo que estaba con Jesús en ocasiones muy especiales. Los otros dos apóstoles eran Pedro y Jacobo. (Compare con la transfiguración, Mt. 17:1s; Getsemaní, Mt. 26:36s; Mr. 5:37-43.)
5. A Juan se lo llama el "discípulo amado" porque parece haber estado especialmente cerca de Cristo y porque pone tanto énfasis en el amor en sus escritos. Era compañero de Pedro (compare con Lc 5:10; Jn. 19:26; 21:20, 23; Hch. 4:13).
6. Juan era el discípulo a quien Jesús le encomendó el cuidado de su madre (Jn. 19:26-27).
7. Pablo dice que Juan es uno de los tres "pilares" de la iglesia (Gá. 2:9).

FECHA: Es incierta. Probablemente entre los años 80—95 d.C.

Según Ireneo, Juan vivió al menos hasta el reinado del emperador romano Trajano. El reinado de Trajano comenzó en el año 98 d.C. Clemente de Alejandría, quien murió en el año 212 d.C. , dijo: "El último de todos, percibiendo que los hechos externos habían quedado claros en los Evangelios, impulsado por sus amigos e inspirado por el Espíritu, compuso un Evangelio espiritual" (RVG Tasker, *The Gospel According to St. John,* Tyndale New Testament Commentaries, p. 24.) En 1925 se descubrieron en Egipto fragmentos del Evangelio. Dichos fragmentos databan de la primera mitad del siglo II. Esto significaría que Juan escribió el Evangelio en el siglo I.

Esto es lo que se sabe. Juan era un hombre joven cuando sintió el llamado de Jesús, y los primeros Padres de la iglesia dicen que el Evangelio de Juan era el último evangelio escrito. Todo esto apunta a una fecha por los últimos años de la vida de Juan. Sin embargo, la edad exacta de Juan tendría un efecto con respecto a cuándo era escrito. Probablemente no pudo escribir más allá de cierta edad debido a su debilidad.

En *Commentary on the Epistle to the Galatians*, Jerónimo pinta un conmovedor retrato de Juan: "Cuando permaneció en Éfeso hasta una extrema ancianidad, solo podía con dificultad ser llevado a la iglesia en brazos de sus discípulos, y no podía pronunciar muchas palabras, solía decir nada más que esto en sus repetidas reuniones: 'Hijos, ámense unos a los otros'. A la larga, los discípulos y padres que estaban allí, preocupados por escuchar siempre las mismas palabras, dijeron: 'Maestro, ¿por qué siempre dices esto?' 'Es el mandamiento del Señor', era su valiosa respuesta, 'y se hacen únicamente eso, es suficiente' (RVG Tasker, *The Gospel According to St. John*, Tyndale New Testament Commentaries, p. 18.)

PARA QUIÉNES SE ESCRIBIÓ: Juan les escribe a los perdidos (3:16), a los no creyentes (20:31), a los nuevos creyentes (1:50-51; 15:11; 16:33), al filósofo (1:1) y al teólogo (1:12-14).

PROPÓSITO: "Pero éstas se han escrito para que creáis que Jesús es el Cristo, el Hijo de Dios, y para que creyendo, tengáis vida en su nombre" (Juan 20:31). Este ha sido el claro propósito de Juan al escribir. Sin embargo, hay un objetivo secundario. El Evangelio refuta casi toda herejía que pudiera surgir en cualquier generación.

1. A quienes niegan la deidad de Cristo, Juan les dice: Él es el Hijo de Dios, su verdadera Palabra (1:1-5; 7:1s, y otros).
2. A quienes niegan la humanidad de Jesús, Juan les dice: Él es la Palabra hecha carne, la misma carne que debemos experimentar (1:14s; 6:31s; y otros).
3. A quienes continúan buscando un mesías humano y una utopía terrenal, Juan les dice: Él es el Mesías, el Salvador del mundo, el que ha sido prometido por Dios desde el inicio de los tiempos (1:1-51, y otros).

CARACTERÍSTICAS ESPECIALES:

1. Juan es El Evangelio de la simplicidad. Juan empleó el idioma más sencillo y el griego más puro posible. El Evangelio sirve como primer texto para muchos alumnos de griego.
2. Juan es *El Evangelio de la revelación*. El énfasis y la compulsión de Juan son para demostrar que Jesucristo es la verdadera revelación de Dios mismo. Una rápida mirada al bosquejo lo demuestra.
3. Juan es *El Evangelio del Mesías*. Juan muestra una y otra vez que las profecías del Antiguo Testamento encuentran su cumplimiento en Jesús. Sin embargo, hay un único punto que difiere de los Evangelios sinópticos. Juan demuestra que la salvación traída por Jesús es el propio clímax de la religión judía. Jesús mismo es la satisfacción de las bendiciones prometidas a Israel, la esencia y la verdad, el simbolismo de las grandes festividades judías.
4. Jesús sostiene el derecho mesiánico de tener discípulos (1:35-51); de limpiar el templo (2:13-22); de relacionarse y conversar con samaritanos (4:1s; esp. 25-26); de trabajar en sábado, por encima de las prohibiciones religiosas (5:1-47; esp. 17s; 7:1-53); de alimentar al pueblo como Moisés y de

proclamarse el verdadero Pan de la vida (6:1-14, 22-71; esp. , 31s); de perdonar los pecados (8:1-11); y muchas otras cosas. Muestra de forma dramática su reclamo mesiánico con la entrada triunfal (12:12s).

5. Juan es *El Evangelio de la redención*. Esta redención se centra en la cruz y en la muerte de Jesucristo. Él es "el Cordero [de sacrificio] de Dios, que quita el pecado del mundo" (1:29). Su pasión es el momento hacia el cual se mueve toda su vida (2:4; 7:7, 8, 30; 12:23; 17:1). Su propia carne y sangre deben *comerse*, es decir, *consumirse*, si es que los hombres quieren tener vida (6:33-53). Compara su muerte con un grano de trigo que debe caer en la tierra antes de fructificar (12:24). Él dará su vida por sus ovejas (10:11). Atraerá a sí a todos los hombres, pero solo por el hecho de ser levantado en la cruz (12:32-33). Él debe ser sacrificado para que otros puedan acercarse a Dios (17:19).

6. Juan es *El Evangelio de la humanidad de Jesús*. Juan muestra a Jesús cansado y sediento (4:6-8, 31); escupiendo en el suelo (9:6); llorando por la muerte de su amigo Lázaro (11:35); preocupado porque debe morir (12:27); enojado con el traidor (13:21); sediento mientras moría (19:28); y teniendo sangre y agua que brotaba de su cuerpo (19:34). Juan destaca este punto proclamando que Jesús es el Hijo del Hombre (1:51; 5:27; 6:53; 12:23; 13:31).

7. Juan es *El Evangelio de la Palabra (Verbo)*. Juan muestra a Jesús como la verdadera Palabra de Dios. Esto significa que Jesús es todo lo que Dios siempre quiso decirle al hombre. Dios ha hecho más que expresar lo que quería decir. Dios ha transmitido lo que quería en la vida misma de Jesús. Él es la expresión, el pensamiento, la idea, el cuadro de lo que Dios quería decirle al hombre. La Palabra de Dios se ha convertido en carne. (Ver nota: Jn. 1:1.)

8. Juan es *El Evangelio de "Yo Soy"*, de Dios mismo, de Jehová. Las palabras "Yo soy" son sumamente importantes para la historia judía. Es el gran nombre de Dios revelado a Moisés en la zarza ardiente (Éx. 3:13-15). Juan muestra a Jesús revelándose a sí mismo como el "Yo soy", por lo menos diez veces. (Ver nota: Jn. 6:20.)

9. Juan es *El Evangelio de las señales*. Juan registra ocho milagros de Jesús, seis de los cuales son relatados únicamente por él. Lo que hace es seleccionar ejemplos representativos que indican y demuestran que Jesús es el Hijo de Dios. Afirma que los milagros no fueron realizados para sorprender a las personas, sino como señales de su deidad y poderes divinos (ver nota: Jn. 2:23). Estas señales son: el agua que se convierte en vino (2:1-11), la curación del hijo del noble (4:46-54); la curación del hombre en el estanque (5:1-9); la curación del hombre que nació ciego (9:1-7); la resurrección de Lázaro (11:1s); y la segunda pesca milagrosa (21:1-6).

10. Juan es *El Evangelio del Espíritu Santo*. Entre los autores de los Evangelios, Juan presenta la enseñanza más completa de Jesús con respecto al Espíritu Santo (14:16, 26; 15:26; 16:7-8; 13-15).

BOSQUEJO DE JUAN

La Biblia de bosquejos y sermones es única. Difiere de todos los otros estudios bíblicos y materiales de recursos para sermones en cuanto a que cada pasaje y tema está bosquejado junto a las Escrituras. Cuando elige cualquier *tema* y busca la referencia, no solo encuentra las Escrituras, sino también las Escrituras y el tema *ya marcados para usted, versículo a versículo.*

A modo de un rápido ejemplo, elija uno de los temas que siguen a continuación y busque las Escrituras y encontrará esta maravillosa ayuda para un empleo más rápido, más fácil y más preciso.

Además, cada punto de las Escrituras y de los temas está *plenamente desarrollado en un comentario de las Escrituras correspondientes* en la parte inferior de la página. Por esto, la disposición hace que la preparación de sermones sea más sencilla y rápida.

Advierta algo más: Los temas del Evangelio de Juan tienen títulos que son a la vez bíblicos y *prácticos*. En ocasiones, los títulos prácticos tienen mayor atractivo para las personas. Este *beneficio* se observa claramente en el empleo en folletos, boletines, periódicos de la iglesia, etc.

Una sugerencia: Para una vista panorámica de Juan, primero lea *los títulos principales* (I, II, III, etc.) y luego lea los subtítulos.

BOSQUEJO DE JUAN

I. LOS TESTIMONIOS DE LA REVELACIÓN DE JESUCRISTO, 1:1-51

A. Jesús, la Palabra viva: El primer testimonio de Juan el apóstol, 1:1-5
B. Jesús, la Luz del mundo: El testimonio especial de Juan el Bautista, 1:6-8
C. Jesús, la Luz de los hombres: El segundo testimonio de Juan el apóstol, 1:9-13
D. Jesús, la Palabra hecha carne: El tercer testimonio de Juan el apóstol, 1:14-18
E. Jesús, el Mesías, el Señor: El segundo testimonio de Juan el Bautista, 1:19-28
F. Jesús el Cordero de Dios, el Hijo de Dios: El tercer testimonio de Juan el Bautista, 1:29-34
G. Jesús el Mesías, el Cristo: El testimonio de Andrés, 1:35-42
H. Jesús el profetizado: El testimonio de Felipe, 1:43-45
I. Jesús, el Hijo de Dios, el Rey de Israel: El testimonio de Natanael, 1:46-49
J. Jesús, el Hijo del Hombre, el Mediador ante Dios: El testimonio de Jesús mismo, 1:50-51

II. LA REVELACIÓN DE JESUS, EL HIJO DE DIOS, 2:1—3:21

A. Primera revelación: Poder creador, 2:1-11
B. Segunda revelación: Jesús es supremo sobre la Casa de Dios, 2:12-22 (Mt. 21:12-16; Mr. 11:15-19; Lc. 19:45, 46)
C. Tercera revelación: Jesús conoce a todos los hombres, 2:23-25
D. Cuarta revelación: El nuevo nacimiento, 3:1-15

C. **Jesús rechazado y aceptado como rey, 12:37-50**

XIII. LA REVELACIÓN DE JESÚS, EL GRAN MINISTRO Y SU LEGADO, 13:1—16:33

A. **La demostración del servicio real, 13:1-17** (cp. Mt. 26:20-24; Mr. 14:14-17; Lc. 22:14, 21-23)
B. **La predicción del traidor: un cuadro de apostasía, 13:18-30**
C. **La partida de Jesús de este mundo, 13:31-38** (Mt. 26:30-35; Mr. 14:26-31; Lc. 22:31-34)
D. **La muerte de Jesús libra a los corazones atribulados, 14:1-3**
E. **El camino hacia Dios es únicamente mediante Jesús, 14:4-7**
F. **La encarnación de Dios es Jesús mismo, 14:8-14**
G. **El Espíritu Santo: Quién es Él, 14:15-26**
H. **La fuente de paz, gozo y seguridad. 14:27-31**
I. **La relación de Jesús con las personas del mundo, 15:1-8**
J. **La relación de Jesús con los creyentes, 15:9-11**
K. **La relación de los creyentes con los creyentes, 15: 12-17**
L. **La relación de los creyentes con el mundo (Parte 1): Persecución, 15:18-27**
M. **La relación de los creyentes con los extremistas religiosos (Parte 2): Persecución, 16:1-6**
N. **La obra del Espíritu Santo, 16:7-15**
O. **La resurrección y sus efectos anunciados, 16:16-33**

XIV. LA REVELACIÓN DE JESÚS, EL GRAN INTERCESOR, 17:1-26

A. **Jesús oró por sí mismo, 17:1-8**
B. **Jesús oró por sus discípulos, 17:9-19**
C. **Jesús oró por los futuros creyentes, 17:20-26**

XV. LA REVELACIÓN DE JESÚS, EL SALVADOR SUFRIENTE, 18:1—19:42

A. **El arresto: Rendición absoluta, 18:1-11** (Mt. 26:36-56; Mr. 14:32-52; Lc. 22:39-53)
B. **Los judíos y Pedro: Negación cobarde, 18:12-27** (Mt. 26:69-75; Mr. 14:53-72; Lc. 22:54-62)
C. **El juicio ante Pilato: Compromiso indeciso, 18:28—19:15** (Mt. 27:11-25; Mr. 15:1-5; Lc. 23:1-5, 13-25)
D. **La crucifixión: Los principales acontecimientos en la cruz, 19:16-37** (Mt. 27:26-56; Mr. 15:16-41; Lc. 23:26-49)
E. **El entierro: La conquista del miedo, 19:38-42** (Mt. 27:57-66; Mr. 15:42-47; Lc. 23:50-56)

XVI. LA REVELACIÓN DE JESÚS, EL SEÑOR RESUCITADO, 20:1—21:23

A. **Acontecimiento 1: El gran descubrimiento: La tumba vacía, 20:1-10**
B. **Acontecimiento 2: El gran reconocimiento: Jesús se aparece ante María, 20:11-18** (Mt. 28:1-15; Mr. 16:1-11; Lc. 24:1-49)
C. **Acontecimiento 3: El gran estatuto de la iglesia: Jesús se aparece a los discípulos, 20:19-23** (Mr. 16:14; Lc. 24:36-49)
D. **Acontecimiento 4: La gran convicción: La confesión de Tomás, 20:24-29**
E. **Acontecimiento 5: El gran propósito de las señales (Obras maravillosas) de Jesús, 20:30-31**
F. **Acontecimiento 6: La gran realidad del cuerpo resucitado de Jesús, 21:1-14**
G. **Acontecimiento 7: La gran cuestión del amor y devoción de un discípulo, 21:15-17**
H. **Acontecimiento 8: El gran llamado al compromiso total, 21:18-25**

EL EVANGELIO SEGÚN SAN JUAN

CAPÍTULO 1

I. LOS TESTIMONIOS DE LA REVELACIÓN DE JESUCRISTO, 1:1-51

A. Jesús, la Palabra viva: El primer testimonio de Juan el apóstol, 1:1-5

1. Cristo es eterno a. Preexistente b. Coexistente c. Autoexistente	1 En el principio era el Verbo, y el Verbo era con Dios, y el Verbo era Dios. 2 Este era en el principio con Dios.	3 Todas las cosas por él fueron hechas, y sin él nada de lo que ha sido hecho, era hecho. 4 En él estaba la vida, y la vida era la luz de los hombres. 5 La luz en las tinieblas resplandece, y las tinieblas no prevalecieron contra ella.	**2. Cristo es el creador** a. Afirmación positiva b. Afirmación absoluta **3. Cristo es vida** a. La fuente de luz b. La respuesta a la oscuridad 1) Brilla en la oscuridad 2) Conquista la oscuridad

DIVISIÓN I

LOS TESTIMONIOS DE LA REVELACIÓN DE JESUCRISTO, 1:1-51

A. Jesús, la Palabra viva: El primer testimonio de Juan el apóstol, 1:1-5

(1:1-15) ***Introducción:*** Este pasaje es uno de los más excelsos de las Escrituras. De hecho, probablemente alcanza lo más elevado del pensamiento humano. ¿Cuál es el pensamiento que alcanza la altura de los conceptos humanos? Es este: Jesucristo, el Hijo de Dios es. . .

- la Palabra de Dios
- el Creador de la vida
- el ser mismo y esencia de la vida.

Estas tres verdades deben reflexionarse con profundidad para comprender su significado. Una rápida lectura de este pasaje hace que una persona se muestre desinteresada, ni siquiera cerca de comprender lo que se está diciendo. Sin embargo, en la importancia de las verdades que contiene reside el mismo fundamento de la vida. No se las puede exagerar, ya que determinan el destino de un hombre. Si Jesucristo es la Palabra de Dios, entonces los hombres deben oír y comprender esa Palabra, si no se perderán para siempre en ignorancia de Dios mismo.

1. Cristo es eterno (vv. 1-2)
2. Cristo es el creador (v. 3)
3. Cristo es vida (vv. 4-5)

ESTUDIO A FONDO 1

(1:1-5) ***La Palabra - Jesucristo, Hijo de Dios:*** La *Palabra* (logos) es Jesucristo. Juan enfrentó un serio problema al escribirle a los gentiles, es decir, al mundo no judío. La mayoría de los gentiles nunca había escuchado hablar del Mesías o del Salvador que esperaban los judíos. La idea les era extraña. Sin embargo, el Mesías era el verdadero centro del cristianismo. ¿Cómo iba Juan a presentar a Cristo para que lo comprendiera un gentil?

La respuesta reside en la idea de la *Palabra*, ya que la *Palabra* era entendida tanto por los judíos como por los gentiles.

1. Los judíos consideraban que la palabra era algo más que un sonido. Una palabra era algo activo y con existencia propia. Era poder. Poseía el poder de expresar o hacer algo. Esto se observa en las muchas referencias del Antiguo Testamento donde *la Palabra de Dios* era considerada como el poder creativo de Dios, el poder que había construido el mundo y había dado luz y vida a todo hombre (Gn. 1:3, 6, 11; Sal. 33:6; 107:20; 147:15; Is. 55:11).

2. Los gentiles o los griegos tenían una visión más filosófica de la *Palabra.*
   a. Cuando observaban el mundo natural, veían que las cosas no eran caóticas, sino ordenadas. Todo tenía su lugar y se movía o crecía de manera ordenada, incluso las estrellas del cielo y la vegetación de la tierra. Por lo tanto, los griegos decían que detrás del mundo había una mente, un motivo, un poder que hacía y mantenía las cosas en su justo lugar. Se decía que esta mente creativa y sustentadora, esta razón suprema, este poder ilimitado era la *Palabra.*
   b. La *Palabra* también era considerada como el poder que facultaba a los hombres para pensar y razonar. Era el poder que traía luz y entendimiento a la mente del hombre y que le permitía expresar sus pensamientos embarullados de una manera ordenada.
   c. Lo más importante es que la *Palabra* era el poder por el cual los hombres se ponían en contacto con Dios y le expresaban sus sentimientos.

3. Juan hizo uso de esta idea común de judíos y gentiles. Declaró que Jesucristo era la *Palabra.* Juan consideró que una palabra es la expresión de una idea, un pensamiento, un cuadro en la mente de una persona. Vio que una palabra describe lo que está en la mente de una persona. Entonces, proclamó que por la vida de Jesucristo, Dios le hablaba al mundo mostrando sencillamente lo que Él quería decirle al hombre. Juan expresó tres cosas.
   a. Dios nos ha dado mucho más que meras palabras en las Santas Escrituras. Dios nos ha dado a Jesucristo, *la Palabra.* Como *la Palabra*, Jesucristo

era el cuadro, la expresión, el modelo, la imagen misma de lo que Dios quería decirle al hombre. La misma imagen dentro de la mente de Dios del *Hombre ideal* se mostró en la vida de Jesucristo. Él era la expresión perfecta de todo lo que Dios quería que fuera el hombre. Jesucristo era el pronunciamiento de Dios, el discurso de Dios, la *Palabra de Dios* para el hombre. Jesucristo era la *Palabra de Dios* que bajó a la tierra en carne humana para que el hombre tenga una relación cara a cara con Dios (cp. vv. 1-2). Jesús era la *Palabra de Dios que vino a la tierra para vivir la Palabra escrita de Dios.*

b. Jesucristo es la mente, la razón y el poder que hizo y mantuvo las cosas en su debido orden. Él es la mente, la razón suprema y el poder ilimitado creativo y sustentador (cp. v. 3).

c. Jesucristo es la luz, la iluminación, el poder que penetra la oscuridad del mundo. Él, la Vida y la Luz del mundo, es lo que le da sentido al mundo y permite que los hombres entiendan al mundo (cp. vv. 4-5).

1 (1:1-2) ***Jesucristo, Hijo de Dios - Eterno - Preexistente- Revelación:*** Cristo es eterno. Advierta tres declaraciones profundas sobre Cristo, la Palabra.

1. Cristo era preexistente. Esto significa que estaba allí antes de la creación. Existió desde siempre.

a. "En el principio [en archei]" no significa *desde* el inicio. Jesucristo ya estaba allí. No se *convirtió en,* Él no era creado, Él nunca tuvo un principio. Estuvo "en el principio con Dios" (cp. Jn. 17:5; 8:58)

b. La palabra "era" (en) es el tiempo imperfecto griego de *eimi*, que es la palabra utilizada con tanta frecuencia para la deidad. Significa *ser* o *yo soy*. *Ser* significa existencia continua, sin principio ni origen (Ver Estudio a fondo 1, Jn. 6:20).

"Antes que naciesen los montes y formases la tierra y el mundo, desde el siglo y hasta el siglo, tú eres Dios" (Sal. 90:2).

"Eternamente tuve el principado, desde el principio, antes de la tierra" (Pr. 8:23).

"Ahora pues, Padre, glorifícame tú al lado tuyo, con aquella gloria que tuve contigo antes que el mundo fuese" (Jn. 17:5).

"[Jesucristo] el cual, siendo en forma de Dios, no estimó el ser igual a Dios como cosa a que aferrarse, sino que se despojó a sí mismo, tomando forma de siervo, hecho semejante a los hombres; y estando en la condición de hombre, se humilló a sí mismo, haciéndose obediente hasta la muerte, y muerte de cruz" (Fil. 2:6-8; cp. 2 Co. 8:9).

El testimonio de Juan es que Jesucristo era la *Palabra*, el que siempre existió. Era el Hijo del Dios viviente (Ver bosquejo y notas - Fil. 2:5-8)

2. Cristo era coexistente. Él estaba y está cara a cara con Dios por siempre. La palabra "con" (pros) da la idea de *estar con* y *actuar hacia*. Jesucristo (la Palabra) estaba con Dios y a la vez actuaba con Dios. Estaba "con Dios": al lado de Dios, actuando, viviendo y moviéndose en la más estrecha de las relaciones. Cristo tenía la relación ideal y perfecta *con* Dios el Padre. La vida juntos ?su relación, comunión, compañerismo? era un vínculo perfecto y eterno. Esto es exactamente lo que se dice: "Este era *en el principio con Dios*" (v. 2).

"Lo que era desde el principio, lo que hemos oído, lo que hemos visto con nuestros ojos, lo que hemos contemplado, y palparon nuestras manos tocante al Verbo de vida (porque la vida era manifestada, y la hemos visto, y testificamos, y os anunciamos la *vida eterna, la cual estaba con el Padre*, y se nos manifestó)" (1 Jn. 1:1-2).

El testimonio de Juan era que Jesucristo constituía la *Palabra*, el que siempre había coexistido con Dios. Jesucristo era el Hijo del Dios viviente.

3. Juan no dijo que "la Palabra" era *el Dios* (ho Theos). Dice que "la Palabra" era *Dios* (Theos). Omite el artículo definido. Juan decía que "la Palabra", Jesucristo...

⇒ pertenece a la misma naturaleza y carácter de Dios Padre, pero Él no es la persona idéntica de Dios Padre.

⇒ es una persona diferente de Dios Padre, pero Él es del mismo ser y la misma esencia (perfección) que Dios Padre.

Cuando un hombre ve a Cristo, ve a una persona diferente, pero ve a una persona que es de la misma sustancia y carácter de Dios en todo su ser perfecto.

"El cual, siendo el resplandor de su gloria, *y la imagen misma de su sustancia*, y quien sustenta todas las cosas con la palabra de su poder, habiendo efectuado la purificación de nuestros pecados por medio de sí mismo, se sentó a la diestra de la Majestad en las alturas" (He. 1:3).

"Jesús le dijo: ¿Tanto tiempo hace que estoy con vosotros, y no me has conocido, Felipe? El que me ha visto a mí, ha visto al Padre; ¿cómo, pues, dices tú: Muéstranos el Padre?" (Jn. 14:9).

"Vino Cristo, el cual es Dios sobre todas las cosas, bendito por los siglos" (Ro. 9:5).

"El es la imagen del Dios invisible, el primogénito de toda creación" (Col. 1:15).

"Porque en él habita corporalmente toda la plenitud de la deidad" (Col. 2:9).

"E indiscutiblemente, grande es el misterio de la piedad: Dios era manifestado en carne, justificado en el Espíritu, visto de los ángeles, predicado a los gentiles, creído en el mundo, recibido arriba en gloria" (1 Ti. 3:16).

"La cual a su tiempo [Jesucristo] mostrará el bienaventurado y solo Soberano, Rey de reyes, y Señor de señores, el único que tiene inmortalidad, que habita en luz inaccesible; a quien ninguno de los hombres ha visto ni puede ver, al cual sea la honra y el imperio sempiterno" (1 Ti. 6:15, 16).

"Y en su vestidura y en su muslo [Jesucristo] tiene escrito este nombre: REY DE REYES Y SEÑOR DE SEÑORES" (Ap. 19:16).

El testimonio de Juan era que Jesucristo constituye la *Palabra*, existente en sí mismo y eterno, la Majestad suprema del universo que no debe su existencia a nadie. Jesucristo era el Hijo del Dios viviente.

Pensamiento 1: Jesucristo es eterno. Lo que sigue dice cosas muy importantes acerca de Cristo.

1) Cristo revela a la persona más importante del universo: Dios. Él revela todo lo que Dios es y quiere decirle al hombre. Por lo tanto, se debe estudiar diligentemente a Cristo, y a todo lo que Él es y dice debe ser escuchado en forma absoluta (cp. Jn. 5:24).
2) Cristo revela perfectamente a Dios. Él es igual a Dios, idéntico a Dios; por lo tanto, cuando vemos a Cristo vemos a Dios (Ver Estudio a fondo 1, 2 , 3, Jn. 14:6. Cp. Jn. 14:9).
3) Cristo revela que Dios es la persona más maravillosa. Dios está mucho más allá de lo que cualquiera pudiera haber soñado. Él está lleno de amor y cuidados, de bondad y de verdad. Y Él no tolerará injusticias: el asesinato y los hurtos, las mentiras o los engaños de esposos, esposas, hijos, vecinos, hermanos o extraños. Dios ama y está obrando y moviéndose hacia un universo perfecto que se llenará con personas que elige amar, adorar, vivir y trabajar por Él (cp. Jn. 5:24-29).

Pensamiento 2: La verdadera naturaleza de Cristo es...

- existir eternamente.
- existir en un estado perfecto del ser, no conociendo otra cosa que la perfección eterna.
- existir eternamente en perfecta comunión y compañerismo (cp. 1 Jn. 1:3).

Nota: Es la verdadera naturaleza de Cristo la que será impartida a los creyentes; por lo tanto las tres cosas se convertirán en nuestra experiencia.

"En aquel día vosotros conoceréis que yo estoy en mi Padre, y vosotros en mí, y yo en vosotros" (Jn. 14:20).

"Porque a los que antes conoció, también los predestinó para que fuesen hechos conformes a la imagen de su Hijo, para que él sea el primogénito entre muchos hermanos" (Ro. 8:29).

"Por tanto, nosotros todos, mirando a cara descubierta como en un espejo la gloria del Señor, somos transformados de gloria en gloria en la misma imagen, como por el Espíritu del Señor" (2 Co. 3:18).

"El cual transformará el cuerpo de la humillación nuestra, para que sea semejante al cuerpo de la gloria suya, por el poder con el cual puede también sujetar a sí mismo todas las cosas" (Fil. 3:21).

"Por medio de las cuales nos ha dado preciosas y grandísimas promesas, para que por ellas llegaseis a ser participantes de la naturaleza divina, habiendo huido de la corrupción que hay en el mundo a causa de la concupiscencia" (2 P. 1:4).

"Amados, ahora somos hijos de Dios, y aún no se ha manifestado lo que hemos de ser; pero sabemos que cuando él se manifieste, seremos semejantes a él, porque le veremos tal como él es" (1 Jn. 3:2).

[2] (1:3) ***Jesucristo, el Creador:*** Cristo es el Creador. Advierta varias cosas.

1. "Todas las cosas" (panta) significa cada detalle de la creación: no la creación en su totalidad, sino cada pequeño detalle. Cada elemento y cosa, cada ser y cada persona ?ya sean materiales o espirituales, angélicas o humanas?, han llegado a ser por Cristo.

"Porque en él fueron creadas todas las cosas, las que hay en los cielos y las que hay en la tierra, visibles e invisibles; sean tronos, sean dominios, sean principados, sean potestades; todo era creado por medio de él y para él" (Col. 1:16).

2. Las palabras "fueron hechas" (egeneto) significa *llegar a ser* o *convertirse en*. Advierta qué se está diciendo. Nada existía, ninguna sustancia ni materia. La materia no es eterna. Dios no tomó algo fuera de Él, algo menos que perfecto (malo) y creó el mundo. Cristo, la Palabra, no tomó nada más que su voluntad y su poder: Él pronunció *la Palabra* y creó cada pequeña cosa *de la nada* (ex nihilo)

3. Cristo era el que creó todas las cosas, una por una. En la deidad, Él era el Agente activo, la Persona que hizo todas las cosas. La creación era su función y su obra (cp. Col. 1:16).

"Para nosotros, sin embargo, sólo hay un Dios, el Padre, del cual proceden todas las cosas, y nosotros somos para él; y un Señor, Jesucristo, *por medio del cual son todas las cosas*, y nosotros por medio de él" (1 Co. 8:6).

"[Dios] en estos postreros días nos ha hablado por el Hijo, a quien constituyó heredero de todo, y por quien asimismo hizo el universo" (He. 1:2).

4. Advierta que se hacen dos declaraciones.

⇒ La declaración positiva: "Todas las cosas por él fueron hechas".

⇒ La declaración negativa: "*Sin él* nada de lo que ha sido hecho, era hecho".

a. Cristo participó activamente en la creación de todas las cosas: "Sin él nada de lo que ha sido hecho, era hecho".

b. La palabra "nada" (oude hen) significa ni siquiera *una* cosa, ni siquiera un detalle era hecho sin Él.

Pensamiento 1: Advierta un punto importante para el hombre. El mundo es de Dios. Él lo hizo. Cada elemento del mundo, uno por uno. Esto significa varias cosas.

1) Dios no está lejos, en un lugar remoto, alejado del mundo, despreocupado y desinteresado acerca de lo que sucede en el mundo. Dios se preocupa por el mundo. Se preocupa profundamente, incluso respecto del detalle más ínfimo y de la persona más pequeña. Se preocupa por cada cosa y por cada persona del mundo.
2) Los problemas del mundo no son debidos a Dios y a su actitud. Los problemas del mundo se deben al pecado, a la actitud y la maldad del corazón del hombre.
3) La respuesta a los problemas del mundo no es el hombre y su capacidad técnica. La respuesta es Cristo: que los hombres se vuelvan a Cristo, rindiéndose y dando sus vidas para conocer a Cristo de la manera más personal e íntima posible.

Entonces, y solo entonces, los hombres podrán establecer sus vidas y el mundo en el orden que Dios quiere que sea.

3 (1:4-5) ***Jesucristo, la Vida, la Luz:*** Cristo es vida (ver Estudio a fondo 2, Jn. 1:4).

1. Cristo es la fuente de la luz. Advierta la afirmación: "La vida [Cristo] era la luz de los hombres". Desde el principio el hombre debía conocer esa vida, conocer a Dios en forma personal e íntima. El conocimiento de la vida de Cristo debía ser la luz de los hombres, el haz de luz que debía...

- dar vida verdadera al hombre, tanto vida abundante como eterna.
- infundir energía y motivación en los hombres para que pudieran caminar y vivir como debieran.

Hay otra forma de decir esto. Desde el principio, la vida [Cristo] era la luz de...

- la calidad de ser del hombre.
- la esencia del ser del hombre.
- el poder de ser del hombre.
- la fuerza de ser del hombre.
- la energía de ser del hombre.
- el principio de ser del hombre.

La vida [Cristo] sería la luz del propósito, del significado y de la importancia del hombre en la tierra.

"El ladrón no viene sino para hurtar y matar y destruir; yo he venido para que tengan vida, y para que la tengan en abundancia" (Jn. 10:10).

"Le dijo Jesús: Yo soy la resurrección y la vida; el que cree en mí, aunque esté muerto, vivirá" (Jn. 11:25).

2. Cristo es la respuesta a la oscuridad.

a. La vida de Cristo brilló en la oscuridad (ver Estudio a fondo 2, Oscuridad, Jn. 8:12). En términos muy sencillos, ya que el hombre trajo la oscuridad al mundo (a través del pecado), la vida de Cristo era la luz del hombre, el *haz* que le mostró el camino, la verdad y la vida al hombre (ver Estudio a fondo 3, 4, Jn. 1:15; Estudio a fondo 2, 8:12; Estudio a fondo 1, 2, 3, 14:6).

⇒ Cristo le mostró al hombre el *camino* que Dios quería que anduviera.

⇒ Cristo le mostró al hombre la *verdad* de la vida, es decir, la verdad acerca de Dios y el hombre, y la verdad acerca del mundo del hombre.

⇒ Cristo le mostró al hombre la *vida*, es decir, cómo salvar su vida y evitar las cosas que lo pudieran hacer tambalear y perder su vida.

"Otra vez Jesús les habló, diciendo: Yo soy la luz del mundo; el que me sigue, no andará en tinieblas, sino que tendrá la luz de la vida" (Jn. 8:12).

"Entonces Jesús les dijo: Aún por un poco está la luz entre vosotros; andad entre tanto que tenéis luz, para que no os sorprendan las tinieblas; porque el que anda en tinieblas, no sabe a dónde va" (Jn. 12:35).

"Yo, la luz, he venido al mundo, para que todo aquel que cree en mí no permanezca en tinieblas" (Jn. 12:46).

"Porque Dios, que mandó que de las tinieblas resplandeciese la luz, es el que resplandeció en nuestros corazones, para iluminación del *conocimiento* de la gloria de Dios en la faz de Jesucristo" (2 Co. 4:6).

"Alumbrando los ojos de vuestro entendimiento, para que sepáis cuál es la esperanza a que él os ha llamado, y cuáles las riquezas de la gloria de su herencia en los santos, y cuál la supereminente grandeza de su poder para con nosotros los que creemos, según la operación del poder de su fuerza" (Ef. 1:18, 19; cp. Ef. 5:14).

"Mas vosotros sois linaje escogido, real sacerdocio, nación santa, pueblo adquirido por Dios, para que anunciéis las virtudes de aquel que os llamó de las tinieblas a su luz admirable; vosotros que en otro tiempo no erais pueblo, pero que ahora sois pueblo de Dios; que en otro tiempo no habíais alcanzado misericordia, pero ahora habéis alcanzado misericordia" (1 P. 2:9, 10).

"Sin embargo, os escribo un mandamiento nuevo, que es verdadero en él y en vosotros, porque las tinieblas van pasando, y la luz verdadera ya alumbra" (1 Jn. 2:8).

"Cuando vinieron a él, les dijo: Vosotros sabéis cómo me he comportado entre vosotros todo el tiempo, desde el primer día que entré en Asia" (Hch. 20:18).

b. La vida de Cristo (la Luz) no se puede vencer (ver Estudio a fondo 3, Jn. 1:5).

ESTUDIO A FONDO 2

(1:4) ***Vida - Jesucristo, Vida:*** La sencilla declaración "en él estaba la vida", significa por lo menos tres cosas:

1. Que la vida es la calidad y la esencia, la energía y el poder, la fuerza y el principio del ser. Cristo es vida, Él es...

- la calidad misma de la vida.
- la esencia misma de la vida.
- la energía misma de la vida.
- el poder mismo de la vida.
- la fuerza misma de la vida.
- el principio mismo de la vida.

Sin Cristo, no habría vida. La vida es en Él, dentro de su propio ser. Todas las cosas existen y tienen su ser (vida) en Él.

2. La vida es el propósito, el significado y la importancia de ser. Cristo es vida. Él es...

- el propósito mismo de la vida.
- el significado mismo de la vida.
- la importancia misma de la vida.

3. La vida es perfección. La vida es todo lo que un hombre debe ser y posee para vivir en forma perfecta. Esto es lo que se quiere significar por vida. La vida es la plenitud del ser, satisfacción absoluta, la plenitud de todo lo bueno y la posesión de todas las cosas buenas. La vida es amor perfecto, gozo, paz, sufrimiento prolongado, cordialidad, bondad, fe, humildad y control de uno mismo (cp. Gá. 5:22-23).

Cualquier cosa que sea la vida, es toda en Jesucristo. Incluso las ansias legítimas del hombre que a veces están mezcladas con la maldad ?como el poder, la fama y la riqueza? todas están incluidas en la vida otorgada por Jesucristo. Los que compartan su vida reinarán por siempre como reyes y sacerdotes (ver nota, Recompensas, Lc. 16:10-12). Esto es lo que le brinda un aspecto distintivo a la vida: es eterna. Dura por siempre y es recompensada. Finalmente exaltará al creyente a la vida, el lugar y la posición más elevados (cp. Ap. 21:1s).

Jesucristo es la fuente de vida: Él es el camino hacia la vida y la verdad de la vida. Él es la sustancia misma de la vida, su mismo ser y energía (Jn. 5:26; 1 Jn. 1:2). (Ver Estudio a fondo 1, Jn. 10:10; Estudio a fondo 1, 17:2-3.)

ESTUDIO A FONDO 3

(1:5) ***Luz:*** La luz revela, devela (Jn. 3:19-20), ordena el caos (cp. Gn. 1:2-3) y guía (Jn. 12:36, 46). Muestra el camino, la verdad y la vida (Jn. 14:6).

ESTUDIO A FONDO 4

(1:5) ***Oscuridad:*** La oscuridad no entiende la luz, no vence a la luz, no extingue la luz (ver nota: Jn. 8:12).

	B. Jesús, la Luz del mundo El testimonio especial de Juan el Bautista, 1:6-8
1. Un hombre enviado por Dios	6 Hubo un hombre enviado de Dios, el cual se llamaba Juan.
2. Un hombre con una misión a. Dar testimonio b. Que los hombres crean	7 Este vino por testimonio, para que diese testimonio de la luz, a fin de que todos creyesen por él.
3. Un hombre que era grande, pero no era la Luz	8 No era él la luz, sino para que diese testimonio de la luz.

DIVISIÓN I

LOS TESTIMONIOS DE LA REVELACIÓN DE JESUCRISTO, 1:1-51

B. Jesús, la Luz del mundo: El testimonio especial de Juan el Bautista, 1:6-8

(1:6-8) ***Introducción:*** Hubo una persona que era un testimonio muy especial de Cristo, Juan el Bautista. El único propósito de Juan en la tierra era el de ser testigo y dar testimonio de la Luz del mundo. Su propósito constituye un ejemplo dinámico para todo creyente. El propósito del creyente es dar el mismo testimonio que Juan: Jesucristo es la Luz del mundo.

1. Un hombre enviado por Dios (v. 6)
2. Un hombre con una misión (v. 7)
3. Un hombre que era grande, pero no era la Luz (v. 8)

[1] (1:6) ***Juan el Bautista - Comisión:*** Un hombre enviado por Dios. Advierta tres aspectos.

1. El hombre "hubo un hombre" y *solo* un hombre. Se indica un fuerte contraste entre lo que se había dicho de Cristo y lo que se dice ahora de Juan.
   ⇒ Cristo era "en el principio"; Él era "con Dios" y Él "era Dios" (Jn. 1:1-2).
   ⇒ Juan era "un hombre" que llegó a existir en su nacimiento, al igual que todos los hombres tuvo su principio en el nacimiento. Juan era el hijo de un hombre, mientras que Jesucristo era el único Hijo de Dios engendrado (Jn. 3:16). Juan no era un ser divino, ni siquiera un ángel. Era simplemente un hombre.

"¿Qué es el hombre, para que lo engrandezcas, y para que pongas sobre él tu corazón" (Job 7:17).

"¿Qué es el hombre, para que tengas de él memoria, y el hijo del hombre, para que lo visites?" (Sal. 8:4).

"¿No sabéis? ¿No habéis oído? ¿Nunca os lo han dicho desde el principio? ¿No habéis sido enseñados desde que la tierra se fundó? El [Dios] está sentado sobre el círculo de la tierra, cuyos moradores son como langostas; él extiende los cielos como una cortina, los despliega como una tienda para morar" (Is. 40:21, 22).

"Respondió Juan y dijo: No puede el hombre recibir nada, si no le fuere dado del cielo. " (Jn. 3:27).

2. Sin embargo, el hombre era *enviado de Dios* y era enviado a una misión muy especial. Dos hechos lo demuestran.
   a. La palabra "enviado" (ver Estudio a fondo 1, Enviado, Jn. 1:6 para discusión).
   b. La frase "de Dios" (para Theou) significa del lado de Dios. Juan no solo era enviado por Dios. era enviado desde el mismo costado y corazón de Dios. Era solo un hombre, pero un hombre de gran vocación y misión, con una gran responsabilidad. Él era un hombre enviado por Dios, no por el hombre.

Pensamiento 1: Advierta tres puntos importantes. El siervo y mensajero de Dios...

- no es enviado por los hombres. Es enviado como embajador de Dios.
- es enviado de Dios, del mismo costado y corazón de Dios.
- es un hombre de gran vocación y misión, con una gran responsabilidad.

"No me elegisteis vosotros a mí, sino que yo os elegí a vosotros, y os he puesto para que vayáis y llevéis fruto, y vuestro fruto permanezca; para que todo lo que pidiereis al Padre en mi nombre, él os lo dé" (Jn. 15:16).

"Y todo esto proviene de Dios, quien nos reconcilió consigo mismo por Cristo, y nos dio el ministerio de la reconciliación; que Dios estaba en Cristo reconciliando consigo al mundo, no tomándoles en cuenta a los hombres sus pecados, y nos encargó a nosotros la palabra de la reconciliación. Así que, somos embajadores en nombre de Cristo, como si Dios rogase por medio de nosotros; os rogamos en nombre de Cristo: Reconciliaos con Dios" (2 Co. 5:18-20).

"No que seamos competentes por nosotros mismos para pensar algo como de nosotros mismos, sino que nuestra competencia proviene de Dios, el cual asimismo nos hizo ministros competentes de un nuevo pacto, no de la letra, sino del espíritu; porque la letra mata, mas el espíritu vivifica" (2 Co. 3:5, 6).

"Por lo cual, teniendo nosotros este ministerio según la misericordia que hemos recibido, no desmayamos. Antes bien renunciamos a lo oculto y vergonzoso, no andando con astucia, ni adulterando la palabra de Dios, sino por la manifestación de la verdad recomendándonos a toda conciencia humana delante de Dios" (2 Co. 4:1, 2).

"Del cual yo fui hecho ministro por el don de la gracia de Dios que me ha sido dado según la operación de su poder" (Ef. 3:7).

"Doy gracias al que me fortaleció, a Cristo Jesús nuestro Señor, porque me tuvo por fiel, poniéndome en el ministerio" (1 Ti. 1:12).

"[El evangelio] del cual yo fui constituido predicador, apóstol y maestro de los gentiles" (2 Ti. 1:11).

"Sino que lo necio del mundo escogió Dios, para avergonzar a los sabios; y lo débil del mundo escogió Dios, para avergonzar a lo fuerte; y lo vil del mundo y lo menospreciado escogió Dios, y lo que no es, para deshacer lo que es, a fin de que nadie se jacte en su presencia" (1 Co. 1:27-29).

3. El hombre se llamaba Juan. Su nombre significa *misericordioso.* Era un hombre enviado con un nombre que coincidiera con su mensaje: La *gracia de Dios* está por ingresar en el escenario de la historia del mundo. Preparen el camino del Señor, la encarnación de la gloriosa gracia de Dios.

ESTUDIO A FONDO 1

(1:6) ***Enviado - Apóstol - Comisión:*** La palabra "enviado" (apestalmenos) significa enviar afuera; comisionar un representante, un embajador, un agente. Hay tres cosas ciertas acerca de la persona enviada por Dios.

1. Pertenece a Dios, quien lo ha enviado.
2. Ha sido comisionado para ser enviado.
3. Posee toda la autoridad y el poder de Dios, quien lo ha enviado.

2 (1:7) ***Misión - Testimonio:*** Un hombre con una misión. Advierta dos cosas.

1. El hombre vino a dar testimonio de la Luz. era enviado con un mensaje muy específico, y ese mensaje era proclamar la Luz, a Cristo mismo. (Ver nota, punto 2, Jn. 1:4-5. También ver Estudio a fondo 3, 4, Jn. 1:5; Estudio a fondo 1, 8:12; Estudio a fondo 5, 12:35-36. Todas estas referencias son importantes con respecto a este punto.)

Pensamiento 1: El mensaje es un mensaje *dado.* El siervo de Dios no es dejado a su propia suerte para que invente un mensaje. No depende de su propio razonamiento, pensamientos e ideas. Su mensaje es Cristo, la Luz del mundo.

"Pues no somos como muchos, que medran falsificando la palabra de Dios, sino que con sinceridad, como de parte de Dios, y delante de Dios, hablamos en Cristo" (2 Co. 2:17).

"Por lo cual, teniendo nosotros este ministerio según la misericordia que hemos recibido, no desmayamos. Antes bien renunciamos a lo oculto y vergonzoso, no andando con *astucia*, ni adulterando la palabra de Dios, sino por la manifestación de la verdad recomendándonos a toda conciencia humana delante de Dios" (2 Co. 4:1, 2).

"Por lo cual también nosotros sin cesar damos gracias a Dios, de que cuando recibisteis la palabra de Dios que oísteis de nosotros, la recibisteis no como palabra de hombres, sino según es en verdad, la palabra de Dios, la cual actúa en vosotros los creyentes" (1 Ts. 2:13).

"No añadiréis a la palabra que yo os mando, ni disminuiréis de ella, para que guardéis los mandamientos de Jehová vuestro Dios que yo os ordeno" (Dt. 4:2).

"Cuidarás de hacer todo lo que yo te mando; no añadirás a ello, ni de ello quitarás" (Dt. 12:32).

"No añadas a sus palabras, para que no te reprenda, y seas hallado mentiroso" (Pr. 30:6).

"Y si alguno quitare de las palabras del libro de esta profecía, Dios quitará su parte del libro de la vida, y de la santa ciudad y de las cosas que están escritas en este libro" (Ap. 22:19).

2. El propósito del testimonio del hombre está claramente expresado: que todos los hombres, a través de Cristo, puedan creer. Su propósito no fue

- iniciar un movimiento en pos de Dios.
- organizar y administrar.
- ministrar (cabe advertir que Juan nunca sanó ni realizó ningún milagro ni construyó un programa alrededor de la sinagoga o templo, Jn. 10:41).

Su propósito *ni siquiera era predicar.* Su propósito era *conducir a la gente a que creyera* en la Luz. Dio testimonio y proclamó la Luz *para* que todos los hombres pudieran creer. El hombre era enviado a centrarse en las personas y en llevarlos a creer en Jesucristo. (Ver Estudio a fondo 2, Creer, Jn. 2:24 para una discusión sobre este punto.)

Pensamiento 1: El siervo de Dios tiene *un propósito principal:* conducir a los hombres a creer en Jesucristo, la Luz del mundo. El *propósito* del siervo no es organizar, administrar, vigilar, enseñar ni predicar. Su propósito es como se ha dicho: llevar a los hombres a creer en Jesucristo. Todo lo demás es método, no propósito. Los hombres con demasiada frecuencia han confundido métodos con propósito. El resultado ha sido que millones de personas no han sido alcanzadas y otros miles se han visto engañadas por confundir los métodos de la religión con el propósito de Dios: la salvación de los hombres por medio de la fe en su Hijo.

"Porque de tal manera amó Dios al mundo, que ha dado a su Hijo unigénito, para que todo aquel que en él cree, no se pierda, mas tenga vida eterna" (Jn. 3:16).

"De cierto, de cierto os digo: El que oye mi palabra, y cree al que me envió, tiene vida eterna; y no vendrá a condenación, mas ha pasado de muerte a vida" (Jn. 5:24).

3 (1:8) ***Humildad - Ministros:*** Un hombre que era grande, pero que no era la Luz. Juan el Bautista era extraordinariamente grande. Jesucristo dijo: "Entre los que nacen de mujer no se ha levantado otro mayor que Juan el Bautista" (Mt. 11:11). Pero, él no era la Luz. La humildad de Juan era pasmosa. (Lea Jn. 1:19-23, 27 respecto del efecto de su humildad y el ejemplo que dio para cada siervo de Dios.) Independientemente de cuán grande sea el ministerio de un hombre ante los ojos de los hombres, ese ministerio se ve eclipsado por la grandeza del de Juan. Aún así, Juan dice: "Este es el que viene después de mí, el que es antes de mí, del cual yo no soy digno de desatar la correa del calzado" (Jn. 1:27).

"Porque el que se enaltece será humillado, y el que se humilla será enaltecido" (Mt. 23:12).

"Nada hagáis por contienda o por vanagloria; antes

bien con humildad, estimando cada uno a los demás como superiores a él mismo; no mirando cada uno por lo suyo propio, sino cada cual también por lo de los otros" (Fil. 2:3, 4; cp. Ro. 12:3).

"Humillaos delante del Señor, y él os exaltará" (Stg. 4:10).

"Igualmente, jóvenes, estad sujetos a los ancianos; y todos, sumisos unos a otros, revestíos de humildad; porque: Dios resiste a los soberbios, y da gracia a los humildes" (1 P. 5:5).

1. Cristo fue la Luz a. La Luz verdadera b. Su misión: Luz a los hombres **2. Cristo fue trágicamente rechazado por el mundo** a. Él estuvo en el mundo, pero fue rechazado.	**C. Jesús, la Luz de los hombres: El segundo testimonio de Juan el apóstol, 1:9-13** 9 Aquella luz verdadera, que alumbra a todo hombre, venía a este mundo. 10 En el mundo estaba, y el mundo por él era hecho; pero el mundo no le conoció.	11 A lo suyo vino, y los suyos no le recibieron. 12 Mas a todos los que le recibieron, a los que creen en su nombre, les dio potestad de ser hechos hijos de Dios; 13 los cuales no son engendrados de sangre, ni de voluntad de carne, ni de voluntad de varón, sino de Dios.	b. Él vino a su propio pueblo, pero lo rechazaron. **3. Cristo fue maravillosamente recibido por algunos** a. Cómo: por creer b. Resultado: se convirtieron en hijos de Dios c. La fuente de la calidad de hijo: Un nuevo nacimiento 1) No del hombre 2) Sino de Dios.

DIVISIÓN I

LOS TESTIMONIOS DE LA REVELACIÓN DE JESUCRISTO, 1:1-51

C. Jesús, la Luz de los hombres: El segundo testimonio de Juan el apóstol, 1:9-13

(1:9-13) ***Introducción:*** El mundo está en una situación desesperada. Está lleno de oscuridad: La oscuridad del pecado y la desesperación, de la enfermedad y la muerte, de la corrupción y el infierno. La oscuridad cubre todo el mundo. De este problema es que trata este pasaje. Hay esperanza en Jesucristo, ya que Cristo es la *verdadera Luz*, y la Luz disipa la oscuridad.

1. Cristo fue la Luz (v. 9)
2. Cristo fue trágicamente rechazado (vv. 10-11)
3. Cristo fue maravillosamente recibido por algunos (vv. 12-13).

[1] (1:9) ***Jesucristo, Luz; Misión:*** Cristo era "la luz verdadera". Otros hombres sostienen ser luces; pueden afirmar que son capaces de llevar a los hombres a la verdad. Algunos dicen que pueden...

- revelar a Dios ante los hombres.
- mostrar la naturaleza, el significado y el destino del futuro y de otras cosas.
- guiar al hombre fuera de la oscuridad del pecado, la vergüenza, la duda, la desesperación y el temor de la muerte y el infierno.
- acabar con y eliminar por completo la oscuridad.

Sin embargo, esos hombres son luces falsas. Lo que sostienen son solo ideas en sus mentes, ideas ficticias y posturas fraudulentas. Sus pensamientos y posiciones son defectuosas, frágiles e inciertas, tan imperfectas como cualquier otra postura elaborada por el hombre que tenga que ver con la verdad. Advierta dos verdades gloriosas.

1. La verdadera Luz era Jesucristo (ver Estudio a fondo 1, Verdad, Jn. 1:9) ¿Qué significa esto? Significa que Jesucristo era lo que otros hombres no son. Otros hombres pueden reclamar ser la luz de los hombres, pero sus pensamientos son solo imaginaciones falsas. Solo Cristo es la Luz verdadera. Cristo es al hombre lo que la luz es al hombre, y Cristo hizo por el hombre lo que la luz hace por el hombre.

⇒ La luz es clara y pura: es limpia y buena. Así era Cristo (Ef. 5:8)
⇒ La luz penetra: atraviesa y elimina la oscuridad. Eso hizo Cristo.
⇒ La luz alumbra: agranda la visión y el conocimiento. Eso hizo Cristo.
⇒ La luz revela: devela la verdad de un aspecto, un mundo y una vida totalmente nuevos. Aclara el camino hacia la verdad y la vida. Eso hizo Cristo (Jn. 14:6).
⇒ La luz guía: lo mantiene a uno sin caminar a ciegas en la oscuridad tratando de encontrar el camino. Dirige el rumbo, conduce por el sendero correcto. Eso hizo Cristo (Jn. 12:36, 46).
⇒ La luz expone y disipa la oscuridad. Eso hizo Cristo (Jn. 3:19-20).
⇒ La luz encamina en el caos. Eso hizo Cristo (cp. Gn. 1:2-3).
⇒ La luz discrimina entre el camino correcto y el incorrecto. Eso hizo Cristo (ver nota, Ef. 5:10, cp. Ef. 5:8-10).
⇒ La luz advierte: alerta acerca de peligros que están más adelante en el camino. Eso hizo Cristo.
⇒ La luz protege: evita que uno ande a ciegas, tambalee, se caiga, se lastime y pierda la vida. Eso hizo Cristo.

2. La misión de Cristo era darle luz a los hombres. Advierta que Él le da luz a cada hombre. ¿Cómo?

⇒ Cristo le da luz a los hombres por medio de la revelación natural, la creación y el orden del universo.

"Los cielos cuentan la gloria de Dios, y el firmamento anuncia la obra de sus manos" (Sal. 19:1).

"Los cielos anunciaron su justicia, y todos los pueblos vieron su gloria" (Sal. 97:6).

"Porque las cosas invisibles de él, su eterno poder y deidad, se hacen claramente visibles desde la creación del mundo, siendo entendidas por medio de las cosas hechas, de modo que no tienen excusa" (Ro. 1:20).

"Porque cuando los gentiles que no tienen ley, hacen por naturaleza lo que es de la ley, éstos, aunque no tengan ley, son ley para sí mismos, *mostrando la obra de la ley* escrita en sus corazones, dando testimonio su

conciencia, y acusándoles o defendiéndoles sus razonamientos" (Ro. 2:14, 15).

"Si bien no se dejó a sí mismo sin testimonio, haciendo bien, dándonos lluvias del cielo y tiempos fructíferos, llenando de sustento y de alegría nuestros corazones" (Hch. 14:17).

⇒ Cristo le da luz a los hombres otorgándoles dones. "Toda buena dádiva y todo don perfecto" que el hombre recibe se dice que viene del Padre de las luces.

"Toda buena dádiva y todo don perfecto desciende de lo alto, del Padre de las luces, en el cual no hay mudanza, ni sombra de variación" (Stg. 1:17).

Pero había mucha más luz brindada al hombre ya que Cristo "venía a este mundo".

a. Está la *luz de Cristo mismo*: Él es el Salvador que ahora se presenta ante el mundo como "el Cristo, el Hijo de Dios, que has venido al mundo" (Jn. 11:27). Todos los hombres pueden ahora ver la verdad. Pueden rechazarla, pero pueden verla.

"Profeta les levantaré de en medio de sus hermanos, como tú; y pondré mis palabras en su boca, y él les hablará todo lo que yo le mandare" (Dt. 18:18).

"Muchas cosas tengo que decir y juzgar de vosotros; pero el que me envió es verdadero; y yo, lo que he oído de él, esto hablo al mundo" (Jn. 8:26).

"Porque yo no he hablado por mi propia cuenta; el Padre que me envió, él me dio mandamiento de lo que he de decir, y de lo que he de hablar" (Jn. 12:49).

"Jesús le dijo: ¿Tanto tiempo hace que estoy con vosotros, y no me has conocido, Felipe? El que me ha visto a mí, ha visto al Padre; ¿cómo, pues, dices tú: Muéstranos el Padre? ¿No crees que yo soy en el Padre, y el Padre en mí? Las palabras que yo os hablo, no las hablo por mi propia cuenta, sino que el Padre que mora en mí, él hace las obras" (Jn. 14:9, 10).

"Porque las palabras que me diste, les he dado; y ellos las recibieron, y han conocido verdaderamente que salí de ti, y han creído que tú me enviaste" (Jn. 17:8).

b. Está la *luz del evangelio*. Ahora, Cristo ha "venido al mundo, para que todo aquel que cree en mí [Cristo] no permanezca en tinieblas" (Jn. 12:46). La verdad es que todo hombre puede liberarse ahora mismo de la oscuridad del pecado, de la desesperación, la muerte y el infierno.

"Otra vez Jesús les habló, diciendo: Yo soy la luz del mundo; el que me sigue, no andará en tinieblas, sino que tendrá la luz de la vida" (Jn. 8:12).

"Por lo cual dice: Despiértate, tú que duermes, y levántate de los muertos, y te alumbrará Cristo" (Ef. 5:14).

c. Está la *luz del Espíritu*: tanto el poder para guiar como para condenar del Espíritu.

"Pero cuando venga el Espíritu de verdad, él os guiará a toda la verdad; porque no hablará por su propia cuenta, sino que hablará todo lo que oyere, y os hará saber las cosas que habrán de venir" (Jn. 16:13).

"Y cuando él venga, convencerá al mundo de pecado, de justicia y de juicio. De pecado, por cuanto no creen en mí; de justicia, por cuanto voy al Padre, y no me veréis más; y de juicio, por cuanto el príncipe de este mundo ha sido ya juzgado" (Jn. 16:8-11).

"Y esta es la condenación: que la luz vino al mundo, y los hombres amaron más las tinieblas que la luz, porque sus obras eran malas" (Jn. 3:19).

Advierta que toda la luz existente en el mundo se debe a Cristo, tanto la luz de la naturaleza y del cielo, como la del mundo físico y el espiritual. Cristo es "luz verdadera [la Vida], que alumbra a todo hombre, venía a este mundo" (v. 9).

ESTUDIO A FONDO 1

(1:9) ***Verdad:*** Las palabras verdadero, verdad y real están tomadas de dos palabras griegas muy parecidas. Pero cada una tiene un matiz diferente. (Ver Estudio a fondo 1, Jn. 8:32; Estudio a fondo 2, 14:6.)

1. "Alethes" significa verdadero, el opuesto de falso.
2. "Alethinos" significa lo verdadero, lo genuino, lo real. Es el *opuesto* de irreal, ficticio, fraudulento, imaginario. También es el opuesto de lo imperfecto, lo defectuoso, lo frágil y lo incierto.

Jesucristo es visto como la vida verdadera, real y genuina que ha venido a dar luz a cada hombre (ver Estudio a fondo 1, Jn. 8:12).

2 (1:10-11) ***Jesucristo - Rechazo:*** Cristo era trágicamente rechazado por el mundo.

1. Cristo (la Palabra y la Luz) estuvo en el mundo. Él había hecho el mundo, y amaba y se preocupaba profundamente por el mundo. Él trabajó activamente para ayudar al mundo y a su gente desde el principio mismo de la creación.

a. Cristo dio la *luz del orden, el propósito y la belleza* al universo en su totalidad. El universo está amorosamente provisto para ocuparse de las necesidades del hombre y el mundo muestra el poder glorioso y la deidad de Dios (Ro. 1:19-20).

b. Cristo dio la *luz gloriosa (privilegio) de la vida* al hombre en un mundo tan hermoso. Le dio al hombre un alma, la *luz* misma de la vida por la que pudo aprender y razonar, amar y preocuparse, trabajar y servir: todo con el propósito de construir un mundo mejor, tanto para Dios como para sí mismo.

c. Cristo le dio un espíritu al hombre, la *luz de conocer y adorar* a Dios y vivir por siempre en la vida de Dios.

d. Cristo dio mensajeros a los hombres, *luces proféticas* que proclamaran la verdad y alentaran a los hombres a seguir a Dios y a ser diligentes en su obra y servicio al mundo.

Pero advierta qué sucedió y sigue sucediendo: "El mundo no le conoció" (auton ouk egno). Los hombres rechazaron a Cristo; cerraron sus ojos y no lo pudieron ver (cp. Ro. 1:19-32 con respecto a la denuncia trágica contra el rechazo del hombre de la actividad de Dios en el mundo).

2. Cristo (la Palabra y la Luz) vino a su propio pueblo, pero ellos también lo rechazaron. Las palabras "a lo suyo" (eis

ta idia) significan literalmente a *su propio hogar, a su propia gente.* Aquí hay dos significados.

a. El mundo es su hogar, y todas las personas son creación de Él. Cristo vino a todas las personas del mundo, pero ellos no lo recibieron. Lo rechazaron.

b. La nación de Israel era su hogar particular, el pueblo que Él había elegido para que fueran los mensajeros de Dios al mundo. Ellos, de todas las personas, tendrían que haberlo sabido debido a los privilegios especiales, pero ellos también lo rechazaron (ver Estudio a fondo 1, Jn. 4:22).

"Y toda la ciudad salió al encuentro de Jesús; y cuando le vieron, le rogaron que se fuera de sus contornos" (Mt. 8:34).

"¿No es éste el carpintero, hijo de María, hermano de Jacobo, de José, de Judas y de Simón? ¿No están también aquí con nosotros sus hermanas? Y se escandalizaban de él" (Mr. 6:3).

"Al oír estas cosas, todos en la sinagoga se llenaron de ira" (Lc. 4:28).

"Y levantándose, le echaron fuera de la ciudad, y le llevaron hasta la cumbre del monte sobre el cual estaba edificada la ciudad de ellos, para despeñarle" (Lc. 4:29).

"Mas toda la multitud dio voces a una, diciendo: ¡Fuera con éste, y suéltanos a Barrabás!" (Lc. 23:18).

"Yo he venido en nombre de mi Padre, y no me recibís; si otro viniere en su propio nombre, a ése recibiréis" (Jn. 5:43).

"A lo suyo vino, y los suyos no le recibieron" (Jn. 1:11).

"El que me rechaza, y no recibe mis palabras, tiene quien le juzgue; la palabra que he hablado, ella le juzgará en el día postrero" (Jn. 12:48).

ESTUDIO A FONDO 2

(1:10) ***Revelación:*** Este versículo da el bosquejo crudo y la tragedia suprema de la revelación. (1) El hecho supremo de la historia: "En el mundo estaba". (2) La verdad suprema sobre el mundo "El mundo por él era hecho". (3) La tragedia suprema de la humanidad: "El mundo no le conoció".

[3] (1:12-13) ***Jesucristo, Aceptado - Salvación:*** Cristo era maravillosamente recibido por algunas personas. No todos rechazaron a Cristo, la mayoría lo hizo, pero algunos pocos lo recibieron. Advierta estos tres puntos.

1. Cómo reciben los hombres a Cristo: "Creen en su nombre". (Ver Estudio a fondo 2, Creer, Jn. 2:24.)

2. Los resultados de recibir a Cristo. A una persona se le da la potestad de convertirse en un hijo de Dios.

⇒ La palabra "potestad" (exousian) significa tanto poder como derecho o autoridad.

⇒ La palabra "hijos" (tekna Theou) significa hijos de Dios.

⇒ La palabra "ser hechos" (genesthai) significa convertir a una persona en algo que no era.

Cuando una persona recibe a Cristo en su vida (como su Señor), Él le otorga a esa persona el poder y el derecho de ser hecho algo que no era: un hijo de Dios.

"Por lo cual, salid de en medio de ellos, y apartaos, dice el Señor, y no toquéis lo inmundo; y yo os recibiré, y seré para vosotros por Padre, y vosotros me seréis hijos e hijas, dice el Señor Todopoderoso" (2 Co. 6:17, 18).

"Pues no habéis recibido el espíritu de esclavitud para estar otra vez en temor, sino que habéis recibido el espíritu de adopción, por el cual clamamos: ¡Abba, Padre! El Espíritu mismo da testimonio a nuestro espíritu, de que somos hijos de Dios" (Ro. 8:15, 16).

"Pero cuando vino el cumplimiento del tiempo, Dios envió a su Hijo, nacido de mujer y nacido bajo la ley, para que redimiese a los que estaban bajo la ley, a fin de que recibiésemos la adopción de hijos. Y por cuanto sois hijos, Dios envió a vuestros corazones el Espíritu de su Hijo, el cual clama: ¡Abba, Padre!" (Gá. 4:4-6).

3. La fuente de la calidad de hijo es un nuevo nacimiento.

a. El nuevo nacimiento no es de hombre.

⇒ No es por sangre. La idea es que la herencia -nacer de una familia, raza, nación o pueblo en particular-, no tiene valor para ser hecho un hijo de Dios. La sangre no es la que ocasiona un nuevo nacimiento.

⇒ No es por la voluntad de carne (ek thelematos sarkos): el deseo sexual. La idea es que una persona no vuelve a nacer espiritualmente por querer y desear convertirse en un hijo de Dios así como una persona desea tener un hijo terrenal.

⇒ No es por la voluntad de varón (ek thelematos andros, esposo). La idea es que incluso el hombre (el esposo, el miembro más fuerte, el que habitualmente es el líder) no puede producir el nacimiento espiritual de otras personas. Ningún hombre, independientemente de quién sea ?esposo o líder mundial?, puede ocasionar que una persona sea hecha un hijo de Dios.

b. El nuevo nacimiento es de Dios (ver Estudio a fondo 1, Nuevo nacimiento, Jn. 3:1-15 para una discusión sobre el tema).

	D. Jesús la Palabra hecha carne: El tercer testimonio de Juan el apóstol, 1:14-18	16 Porque de su plenitud tomamos todos, y gracia sobre gracia.	**4. Prueba 3: Los hombres recibieron la plenitud y la gracia de Cristo**
1 Cristo se volvió carne.	14 Y aquel Verbo era hecho carne, y habitó entre nosotros	17 Pues la ley por medio de Moisés era dada, pero la gracia y la verdad vinieron por medio de Jesucristo.	a. No por la ley b. Por Jesucristo
2 Prueba 1: Cristo vivió visiblemente entre nosotros a. Su gloria era vista b. Plena de gracia y verdad.	(y vimos su gloria, gloria como del unigénito del Padre), lleno de gracia y de verdad.	18 A Dios nadie le vio jamás; el unigénito Hijo, que está en el seno del Padre, él le ha dado a conocer.	**5. Prueba 4: Solo el Hijo de Dios ha visto a Dios**
3 Prueba 2: Juan el Bautista dio testimonio de la superioridad de Cristo	15 Juan dio testimonio de él, y clamó diciendo: Este es de quien yo decía: El que viene después de mí, es antes de mí; porque era primero que yo.		

DIVISIÓN I

LOS TESTIMONIOS DE LA REVELACIÓN DE JESUCRISTO, 1:1-51

D. Jesús, la Palabra hecha carne: El tercer testimonio de Juan el apóstol, 1:14-18

(1:14-18) ***Introducción:*** "Y aquel Verbo fue hecho carne". El hijo de Dios, Jesucristo, fue hecho carne y sangre. Se volvió un hombre. Ningún mensaje más grande pudo haberse proclamado jamás al hombre.

1. Cristo se volvió carne (v. 14).
2. Prueba 1: Cristo vivió visiblemente entre nosotros (v. 14).
3. Prueba 2: Juan el Bautista dio testimonio de la superioridad de Cristo (v. 15).
4. Prueba 3: Los hombres recibieron la plenitud y la gracia de Cristo (vv. 16-17).
5. Prueba 4: Solo el Hijo de Dios ha visto a Dios (v. 18).

[1] (1:14) ***Jesucristo, Encarnación:*** Cristo se volvió carne. Ocurrió la encarnación. El Hijo de Dios se convirtió realmente en carne. Vino a la tierra en la persona de Jesucristo. No cabe duda acerca de lo que Juan quería decir aquí.

La palabra "carne" (sarx) es la misma palabra que empleó Pablo para describir la naturaleza del hombre con todas sus debilidades y tendencia al pecado. Este es un pensamiento asombroso. Jesucristo es Dios: plenamente Dios; si bien Jesucristo es hombre: plenamente hombre (cp. 1 Jn. 4:2-3). La palabra "vimos" (theasthai) significa en realidad ver con el ojo humano. Se la utiliza unas veinte veces en el Nuevo Testamento. No hay lugar alguno para decir que Dios convertido en hombre era una simple visión de la mente o imaginación de algún hombre. Juan estaba diciendo que él y otros vieron en realidad el Verbo hecho carne. Jesucristo era, sin lugar a dudas, Dios mismo que se convirtió en hombre, que compartió la misma carne de todos los demás hombres (cp. Jn. 1:1-4). (Ver Estudio a fondo 1, Carne, Jn. 1:14 respecto del significado de "carne" y por qué Jesucristo debía convertirse en carne. También ver Estudio a fondo, Carne, 1 Co. 3:1-4 para mayor discusión.)

ESTUDIO A FONDO 1

(1:14) ***Carne:*** ¿Qué quiere dar a entender la Biblia por "carne"? ¿Y por qué Jesucristo debió convertirse en carne? La mejor descripción de carne probablemente se halle en 1 Co. 15:42-44 (ver bosquejo y notas, Ro. 5:12-21; 8:1s; Estudio a fondo 1, 1 Co. 3:1-4).

1. La carne es corruptible.

a. La carne es manchada, degradada, arruinada y depravada por el pecado (lujuria, 2 P. 1:4). Hay una semilla de corrupción dentro de la carne humana; esto es, los pecados de la carne (lujuria) y de ahí su envejecimiento, su muerte, deterioro y degradación. No vive más que unos pocos años sobre esta tierra.

"La corrupción que hay en el mundo a causa de la concupiscencia" (2 P. 1:4).

"Porque el que siembra para su carne, de la carne segará corrupción" (Gá. 6:8).

"La carne y la sangre no pueden heredar el reino de Dios, ni la corrupción hereda la incorrupción" (1 Co. 15:50).

b. Cristo (el Verbo) se convirtió en carne para cambiarla y actuar en contra de la corrupción de la carne.

"[Cristo] nos ha dado preciosas y grandísimas promesas, para que por ellas llegaseis a ser participantes de la naturaleza divina, habiendo huido de la corrupción que hay en el mundo a causa de la concupiscencia" (2 P. 1:4).

"Sabiendo que fuisteis rescatados de vuestra vana manera de vivir, la cual recibisteis de vuestros padres, no con cosas corruptibles, como oro o plata, sino con la sangre preciosa de Cristo, como de un cordero sin mancha y sin contaminación… Siendo renacidos, no de simiente corruptible, sino de incorruptible, por la palabra de Dios que vive y permanece para siempre. Porque: Toda carne es como hierba, y toda la gloria del hombre como flor de la hierba. La hierba se seca, y la flor se cae; mas la palabra del Señor permanece para siempre. Y esta es la palabra que por el evangelio os ha sido anunciada" (1 P. 1:18, 19, 23-25).

"Porque de tal manera amó Dios al mundo, que ha

dado a su Hijo unigénito, para que todo aquel que en él cree, no se pierda, mas tenga vida eterna" (Jn. 3:16).

2. La carne es indecorosa.
 a. La carne no es como Dios la creó. No existe en la imagen de Dios que Él intentó darle. No tiene la gloria, el honor ni el prestigio que tuvo alguna vez cuando Dios la creó. Es indecorosa y vergonzosa, y está a merced del pecado y la lujuria. Está en medio del pecado y el temor, y sujeta a ser mantenida en esclavitud, incluso a la esclavitud de la muerte.

"Y yo sé que en mí, esto es, en mi carne, no mora el bien" (Ro. 7:18).

"Y como ellos no aprobaron tener en cuenta a Dios, Dios los entregó a una mente reprobada, para hacer cosas que no convienen; estando atestados de toda injusticia, fornicación, perversidad, avaricia, maldad; llenos de envidia, homicidios, contiendas, engaños y malignidades; murmuradores, detractores, aborrecedores de Dios, injuriosos, soberbios, altivos, inventores de males, desobedientes a los padres, necios, desleales, sin afecto natural, implacables, sin misericordia; quienes habiendo entendido el juicio de Dios, que los que practican tales cosas son dignos de muerte, no sólo las hacen, sino que también se complacen con los que las practican" (Ro. 1:28-32; cp. Gá. 5:19-21).

"Porque los que son de la carne piensan en las cosas de la carne... Porque el ocuparse de la carne es muerte" (Ro. 8:5, 6).

 b. Jesucristo se convirtió en carne y actuó en contra de lo indecoroso de la carne.

"Así que, por cuanto los hijos participaron de carne y sangre, él también participó de lo mismo, para destruir por medio de la muerte al que tenía el imperio de la muerte, esto es, al diablo, y librar a todos los que por el temor de la muerte estaban durante toda la vida sujetos a servidumbre" (He. 2:14, 15; cp. 2:14-18).

"Mas Dios muestra su amor para con nosotros, en que siendo aún pecadores, Cristo murió por nosotros. Pues mucho más, estando ya justificados en su sangre, por él seremos salvos de la ira. Porque si siendo enemigos, fuimos reconciliados con Dios por la muerte de su Hijo, mucho más, estando reconciliados, seremos salvos por su vida" (Ro. 5:8-10).

3. La carne es débil.
 a. La carne es impotente. Es débil, frágil, poco firme y decrépita debido al pecado (lujuria). No tiene fuerza para complacer a Dios ni para salvarse a sí misma.

"Los que viven según la carne no pueden agradar a Dios" (Ro. 8:8).

"Ya que por las obras de la ley ningún ser humano será justificado delante de él" (Ro. 3:20; Gá. 2:16).

"El espíritu es el que da vida; la carne para nada aprovecha" (Jn. 6:63).

 b. Jesucristo se convirtió en carne para cambiarla y actuar en contra de la debilidad de la carne.

"Porque Cristo, cuando aún éramos débiles, a su tiempo murió por los impíos" (Ro. 5:6).

"Porque lo que era imposible para la ley, por cuanto era débil por la carne, Dios, enviando a su Hijo en semejanza de carne de pecado y a causa del pecado, condenó al pecado en la carne" (Ro. 8:3).

4. La carne es cuerpo natural.
 a. La carne es de la tierra y es parte de la tierra; está compuesta por los productos químicos y las substancias de la tierra. Es física, material, animal. Es "la casa terrenal", el "tabernáculo", la "tienda" que alberga el alma y espíritu humanos (2 Co. 5:1). No es espíritu ni espiritual, por lo tanto, no puede vivir más allá de la fuerza de los productos químicos y las substancias que conforman su carne. No puede vivir más allá de su *vida natural.*

"Pero esto digo, hermanos: que la carne y la sangre no pueden heredar el reino de Dios, ni la corrupción hereda la incorrupción" (1 Co. 15:50).

"Mirad mis manos y mis pies, que yo mismo soy; palpad, y ved; porque un espíritu no tiene carne ni huesos, como veis que yo tengo" (Lc. 24:39).

"Hay cuerpo animal, y hay cuerpo espiritual... Y así como hemos traído la imagen del terrenal, traeremos también la imagen del celestial" (1 Co. 15:44, 49).

 b. Jesucristo se convirtió en carne para actuar en contra del cuerpo natural de la carne. Se convirtió en carne para convertirse en "espíritu vivificante", el Salvador que puede vivificar y hacer vivir a todos los que confían en Él (1 Co. 15:45).

"Porque también Cristo padeció una sola vez por los pecados, el justo por los injustos, para llevarnos a Dios, siendo a la verdad muerto en la carne, pero vivificado en espíritu" (1 P. 3. 18).

"Y si el Espíritu de aquel que levantó de los muertos a Jesús mora en vosotros, el que levantó de los muertos a Cristo Jesús vivificará también vuestros cuerpos mortales por su Espíritu que mora en vosotros" (Ro. 8:11).

"Pero Dios, que es rico en misericordia, por su gran amor con que nos amó, aun estando nosotros muertos en pecados, nos dio vida juntamente con Cristo (por gracia sois salvos)" (Ef. 2:4, 5).

2 (1:14) ***Jesucristo, Encarnación:*** La primera prueba de la encarnación es que Jesucristo vivió visiblemente entre nosotros.

1. Se vio la gloria de Dios (ver nota previa, Encarnación, Jn. 1:14, para el significado de la palabra "vimos"). Dos cosas quiere significar la palabra "gloria".
 a. Cristo era la *gloria Shekiná* de Dios. La palabra Shekiná significa el que vive o está viviendo. Se refiere a la *brillante nube* que Dios empleó para guiar a Israel en su salida de Egipto y que permaneció sobre el tabernáculo y sobre el sitio de misericordia en el lugar santísimo (Éx. 40:34-38). La nube simbolizó la presencia de Dios, y eso es exactamente lo que Juan quería decir: "Vimos", en realidad vieron la gloria Shekiná, la verdadera presencia de Dios "habitando entre nosotros".

b. Cristo era la verdadera personificación de Dios, todo lo que Dios es y hace. Juan dijo "vimos", lo miró y pudo decir que Él era Dios. Todo lo que Jesús era en su persona y ser, en su carácter y comportamiento, era tremendamente diferente. En persona y comportamiento, en obra y ministerio. Él fue...

- la personificación misma de "*gracia y de verdad*".
- la perfecta personificación del amor, el gozo, la paz, el sufrimiento prolongado, la cordialidad, la bondad, la fe, la debilidad y el control sobre sí mismo.
- la personificación absoluta de todo lo que podía ser Dios.

La gloria de todo lo que era Dios estaba frente a ellos, en su misma presencia. Lo vieron con sus propios ojos. Jesucristo, el hombre que vivió entre ellos, no podía ser otro que la gloria de Dios entre ellos. Se vio claramente que "en él habita corporalmente toda la plenitud de la deidad" (Col. 2:9). La gloria de su ser...

- era la misma gloria que pudiera poseer Dios.
- era la misma gloria que Dios le pudiera dar a su Hijo unigénito (al igual que cualquier padre le daría lo mejor de su gloria y de lo que él es a su hijo).

Llama la atención que Santiago, quien era el hermano del Señor, llegó a llamar a Jesús "el Señor de la gloria". Piénselo: Santiago era criado con Jesús desde los primeros años de la niñez hasta los de la adultez. Si alguien tuvo alguna vez la oportunidad de ver y observar a Jesús, ese fue Santiago. Él tuvo todas las oportunidades para ver algún acto de desobediencia, algún pecado, algo contrario a la naturaleza de Dios. Sin embargo, el testimonio de Santiago es: "Nuestro glorioso Señor Jesucristo", en quien moró la verdadera presencia de Dios entre nosotros (Stg. 2:1).

2. Jesucristo estaba lleno de gracia y de verdad.

a. Fue la personificación misma de la gracia (ver Estudio a fondo 2, Gracia, Jn. 1:14).

b. Era la personificación misma de la verdad (ver Estudio a fondo 2, Verdad, Jn. 14:6; Estudio a fondo 1, 8:32).

"Por tanto, el Señor mismo os dará señal: He aquí que la virgen concebirá, y dará a luz un hijo, y llamará su nombre Emanuel" (Is. 7:14).

"Porque un niño nos es nacido, hijo nos es dado, y el principado sobre su hombro; y se llamará su nombre Admirable, Consejero, Dios Fuerte, Padre Eterno, Príncipe de Paz" (Is. 9:6).

"Y ahora, concebirás en tu vientre, y darás a luz un hijo, y llamarás su nombre JESÚS... Entonces María dijo al ángel: ¿Cómo será esto? pues no conozco varón. Respondiendo el ángel, le dijo: El Espíritu Santo vendrá sobre ti, y el poder del Altísimo te cubrirá con su sombra; por lo cual también el Santo Ser que nacerá, será llamado Hijo de Dios" (Lc. 1:31, 34, 35).

"Y aquel Verbo era hecho carne, y habitó entre nosotros (y vimos su gloria, gloria como del unigénito del Padre), lleno de gracia y de verdad" (Jn. 1:14).

"Acerca de su Hijo, nuestro Señor Jesucristo, que era del linaje de David según la carne" (Ro. 1:3).

"Porque lo que era imposible para la ley, por cuanto era débil por la carne, Dios, enviando a su Hijo en semejanza de carne de pecado y a causa del pecado, condenó al pecado en la carne" (Ro. 8:3).

"Sino que se despojó a sí mismo, tomando forma de siervo, hecho semejante a los hombres" (Fil. 2:7).

"E indiscutiblemente, grande es el misterio de la piedad: Dios era manifestado en carne, justificado en el Espíritu, visto de los ángeles, predicado a los gentiles, creído en el mundo, recibido arriba en gloria" (1 Ti. 3:16).

"Así que, por cuanto los hijos participaron de carne y sangre, él también participó de lo mismo, para destruir por medio de la muerte al que tenía el imperio de la muerte, esto es, al diablo" (He. 2:14).

"En esto conoced el Espíritu de Dios: Todo espíritu que confiesa que Jesucristo ha venido en carne, es de Dios" (1 Jn. 4:2).

"Porque muchos engañadores han salido por el mundo, que no confiesan que Jesucristo ha venido en carne. Quien esto hace es el engañador y el anticristo" (2 Jn. 7).

ESTUDIO A FONDO 2

(1:14) ***Gracia:*** La gracia probablemente sea la palabra más significativa en el lenguaje de los hombres. En la Biblia, la palabra *gracia* significa mucho más que cuando la emplean los hombres. Para los hombres la palabra gracia significa tres cosas.

1. La gracia es esa cualidad de una cosa que es hermosa o placentera. Puede ser la fragancia de una flor, el verde del césped, la belleza de una persona amorosa.
2. La gracia es todo lo que tiene la cualidad del amor. Puede ser un pensamiento, un hecho, una palabra, una persona.
3. La gracia es un don, un favor que alguien puede hacerle a un amigo. El favor siempre se hace en forma gratuita, sin esperar nada a cambio. El favor siempre se le hace a un amigo.

Sin embargo, cuando los primeros cristianos vieron lo que Dios había hecho por los hombres, debieron agregar un significado más profundo, más rico, a la palabra gracia. Dios había salvado a los pecadores, a los que habían actuado en contra de Él. La gracia se convirtió en la bondad y el amor que mora en la naturaleza misma de Dios; la bondad y el amor que Dios les da gratuitamente a sus *enemigos.*

Ninguna otra palabra expresa tan bien la profundidad y la riqueza del corazón y la mente de Dios. Esta es la diferencia distintiva entre la gracia de Dios y la gracia del hombre. Si bien a veces el hombre hace favores a sus amigos y por lo tanto, se puede decir que es misericordioso, Dios ha hecho una cosa inaudita entre los hombres: dio a su propio Hijo para que muriera por sus *enemigos* (Ro. 5:8-10). En este acto, Él ha hecho algo que demuestra que es la personificación perfecta de la gracia, pleno...

- de belleza y alegría.
- de amor y bondad.
- de favores dados gratuitamente.
- de amor y bondad demostrados libremente.

3 (1:15), Jesucristo, Encarnación: La segunda prueba de la encarnación es Juan el Bautista. Él también dio testimonio de la encarnación. Juan dijo simplemente...

- Jesús nació "después de mí" (seis meses después).
- Pero "es antes de mí" (más fuerte, más importante en cuanto al ser, rango y dignidad).
- ¿Por qué? Porque "era primero que yo".

Las palabras "era primero que yo" (hoti protos mou en) significan literalmente *primero que yo* o *primero antes de mí.* Se refiere tanto al tiempo como a la importancia. Jesucristo era primero en el tiempo, existiendo antes que Juan. Él existió desde "el principio", a través de toda la eternidad. Juan proclamó "era primero que yo": Él siempre había existido; Él era el Primero; él era la causa misma de la existencia de Juan. Juan también declaró que Jesús era primero en importancia. Era primero en superioridad, Ser, Persona. Su mismo nombre es el Primero y el Último, el Alfa y el Omega, el Principio y el Fin.

> **"Así dice Jehová Rey de Israel, y su Redentor, Jehová de los ejércitos: Yo soy el primero, y yo soy el postrero, y fuera de mí no hay Dios" (Is. 44:6).**
>
> **"Yo soy el Alfa y la Omega, el principio y el fin, el primero y el último" (Ap. 22:13; cp. Ap. 1:8; 21:6; Is. 44:6).**

[4] (1:16-17) ***Jesucristo, Encarnación - Jesucristo, deidad:*** La tercera prueba de la encarnación es la plenitud y la gracia de Cristo que nos era dada. Los creyentes verdaderos pueden testificar esto.

La palabra "plenitud" (pleroma) significa eso que llena, la suma total, la totalidad. Es la suma total de todo lo que está en Dios (Col. 1:19). En Jesús moraba toda la sabiduría, la justicia, la santificación y la redención: toda la plenitud de Dios (1 Co. 1:30). Todo lo que es Cristo, la plenitud de su ser, se nos da a quienes creemos. Todo su "amor, gozo, paz, paciencia, benignidad, bondad, fe, mansedumbre, templanza" (Gá. 5:22, 23). Estamos completos en Él.

> **"Porque en él habita corporalmente toda la plenitud de la deidad, y vosotros estáis completos en él, que es la cabeza de todo principado y potestad" (Col. 2:9, 10).**

El término "gracia sobre gracia" significa que Él da gracia sobre gracia, la gracia suficiente para satisfacer nuestras necesidades, no importa cuáles sean las circunstancias. Es una bendición que conduce a otra bendición; nuevas maravillas derramadas sobre nuestra conciencia todos los días; experiencias nuevas que surgen constantemente en nuestra vida.

Advierta que la plenitud de Dios, su gracia y verdad, no viene por la ley, sino por Jesucristo. No viene...

- por ser lo más buenos que podamos.
- por obrar de manera que complazcamos a Dios tanto como podamos.
- por cumplir con las reglas y mandamientos de la ley.

No viene por la ley, ya que ningún hombre puede cumplir la ley hasta un grado de perfección. La ley solo señala los fracasos del hombre y lo condena por infringir la ley. Si un hombre debe ser aceptable para Dios, es porque va y continúa yendo hacia Dios, implorándole a Él que lo perdone y porque Dios lo quiere tanto que lo perdona.

Esa es la gracia, el favor inmerecido de Dios. La gracia de Dios viene por intermedio de Jesucristo. No conoceríamos la gracia de Dios si Jesucristo no hubiera venido para revelárnosla. El hecho glorioso de que experimentemos la plenitud de Dios y su gracia es prueba de la encarnación (que Dios se convirtió en carne en la persona de Jesucristo).

> **"Porque la gracia de Dios se ha manifestado para salvación a todos los hombres" (Tit. 2:11).**
>
> **"Pero cuando se manifestó la bondad de Dios nuestro Salvador, y su amor para con los hombres, nos salvó, no por obras de justicia que nosotros hubiéramos hecho, sino por su misericordia, por el lavamiento de la regeneración y por la renovación en el Espíritu Santo, el cual derramó en nosotros abundantemente por Jesucristo nuestro Salvador, para que justificados por su gracia, viniésemos a ser herederos conforme a la esperanza de la vida eterna" (Tit. 3:4-7).**
>
> **"Antes creemos que por la gracia del Señor Jesús seremos salvos, de igual modo que ellos" (Hch. 15:11).**
>
> **"Por cuanto todos pecaron, y están destituidos de la gloria de Dios, siendo justificados gratuitamente por su gracia, mediante la redención que es en Cristo Jesús" (Ro. 3:23, 24).**
>
> **"Porque por gracia sois salvos por medio de la fe; y esto no de vosotros, pues es don de Dios; no por obras, para que nadie se gloríe" (Ef. 2:8, 9).**

[5] (1:18) ***Encarnación - Jesucristo, deidad:*** La cuarta prueba de la encarnación es Cristo, el Hijo de Dios. Solo Él ha visto a Dios. Ningún hombre jamás ha visto a Dios; sin embargo, Jesucristo proclamó...

- que Él era el "unigénito hijo" de Dios (Jn. 3:16).
- que había venido del verdadero "seno del padre" (de la parte más profunda, el lugar más íntimo, la relación más honorable) (Jn. 1:18).
- que Él había venido a revelar y proclamar al Padre (ver Estudio a fondo 1, 2, 3, Jn. 14:6; ver nota, Ap. 14:7).

El hecho de que Jesucristo es el "unigénito hijo, que está en el seno del Padre" es prueba de la encarnación (que Dios se convirtió en carne). Jesucristo declaró inequívocamente que Él había venido de Dios. Un hombre cree o no cree en la gracia y la verdad de Dios según la reveló Jesucristo. (Ver nota, Jn. 3:31 para discusión y versículos.)

	E. Jesús el Mesías, el Señor: El segundo testimonio de Juan el Bautista, 1:19-28		
		Enderezad el camino del Señor, como dijo el profeta Isaías.	
		24 Y los que habían sido enviados eran de los fariseos.	4. Él bautizaba
1. Juan fue cuestionado por extremistas religiosos que sospechaban de él.	19 Este es el testimonio de Juan, cuando los judíos enviaron de Jerusalén sacerdotes y levitas para que le preguntasen: ¿Tú, quién eres?	25 Y le preguntaron, y le dijeron: ¿Por qué, pues, bautizas, si tú no eres el Cristo, ni Elías, ni el profeta?	a. Los que cuestionaban eran los fariseos b. Preguntaron sobre el derecho de Juan para bautizar.
2. Él era un hombre que sabía quién era a. No era el Cristo b. No era Elías c. No era el profeta	20 Confesó, y no negó, sino confesó: Yo no soy el Cristo. 21 Y le preguntaron: ¿Qué pues? ¿Eres tú Elías? Dijo: No soy. ¿Eres tú el profeta? Y respondió: No.	26 Juan les respondió diciendo: Yo bautizo con agua; mas en medio de vosotros está uno a quien vosotros no conocéis.	
		27 Este es el que viene después de mí, el que es antes de mí, del cual yo no soy digno de desatar la correa del calzado.	**5. Era un siervo no digno.**
	22 Le dijeron: ¿Pues quién eres? para que demos respuesta a los que nos enviaron. ¿Qué dices de ti mismo?	28 Estas cosas sucedieron en Betábara, al otro lado del Jordán, donde Juan estaba bautizando.	**6. Era un hombre que llevaba honor a un lugar**
3. Él era solo una voz: solo un precursor del Señor.	23 Dijo: Yo soy la voz de uno que clama en el desierto:		

DIVISIÓN I

EL TESTIMONIO DE LA REVELACIÓN DE JESUCRISTO, 1:1-51

E. Jesús el Mesías, el Señor: El segundo testimonio de Juan el Bautista, 1:19-28

(1:19-28) ***Introducción:*** El testimonio de Juan el Bautista es un ejemplo dinámico para cada siervo de Dios.

1. Juan fue cuestionado por extremistas religiosos que sospechaban de él (v. 19).
2. Él era un hombre que sabía quién era (vv. 20-22).
3. Él era solo una voz : solo un precursor del Señor (v. 23).
4. Él bautizaba (vv. 24-26).
5. Era un siervo no digno (v. 27)
6. Era un hombre que llevaba honor a un lugar (v. 28).

[1] (1:19) ***Juan el Bautista:*** era cuestionado por los extremistas religiosos que sospechaban mucho de él. Estos extremistas religiosos en particular eran una comisión inquisidora enviada desde Jerusalén, el centro de la religión judía. Era de esperar que le hicieran preguntas a Juan, ya que el padre de Juan, Zacarías, era un sacerdote (Lc. 1:5) y a los ojos de las autoridades todos los hijos de sacerdotes eran automáticamente sacerdotes por herencia. Sin embargo, Juan no era un sacerdote como los demás. Era muy particular, la manera en que vivía y la forma radicalmente diferente en que predicaba (cp. Mt. 3:1-12). Era un inconformista, y las autoridades debían averiguar por qué.

> ***Pensamiento 1:*** Con mucha frecuencia la religión institucional es sospechosa y se opone a lo inusual.
> ⇒ Si una persona es diferente o hace cosas en forma diferente, es cuestionada.
> ⇒ Si una persona es inusualmente bendecido o si suceden cosas milagrosas en su vida y su ministerio, es cuestionada.

ESTUDIO A FONDO 1

(1:19) ***Levitas:*** Estos hombres eran servidores del los sacerdotes. Eran descendientes de Leví así como también lo eran los descendientes de Aarón. Sin embargo, solo los descendientes de Aarón podían actuar como sacerdotes; todos los demás levitas servían debajo de los sacerdotes.

[2] (1:20-22) ***Ministerio - Humildad:*** El mensajero era un hombre que sabía quién era él. Otros tenían preguntas sobre Juan, pero no Juan. Él sabía exactamente quién era. Conocía personalmente a Dios; por lo tanto, sabía que Dios lo había enviado al mundo para un ministerio específico. Él era de Dios, convocado y comisionado por Dios; por lo tanto, sabía exactamente quién era y qué estaba haciendo (ver Estudio a fondo 1, Jn. 1:6. También ver bosquejo y notas, Jn. 1:6-8 para mayor discusión).

1. Juan no era el Mesías (ver Estudio a fondo 2, Cristo, Jn. 1:20).

2. Juan no era Elías. Se esperaba que Elías regresara de entre los muertos para proclamar la venida del Mesías (Mal. 4:5). Se esperaba que hiciera varias cosas significativas: advertir a la gente, ungir al Mesías en su puesto real, resucitar a los muertos y ayudar a seleccionar a los que debían participar en el reino del Mesías. Juan negó que el fuera Elías en persona. Cabe advertir que Jesús más tarde identificó a Juan con Elías (Mr. 9:11); sin embargo, lo que Jesús quiso decir era que Juan era Elías en espíritu, no en persona.

3. Juan no era "el profeta". Se pensaba que este profeta era otro precursor del Mesías (Jn. 7:40). Algunas personas pensaban que sería Jeremías o Isaías. Esta creencia se basaba en la predicción de Moisés de que sería un profeta como él (Dt. 18:15). No obstante, hoy día la mayor parte de los cristianos

interpretan al profeta predicho por Moisés como Cristo mismo (Hch. 3:22; 7:37).

Pensamiento 1: Las lecciones son claras. El siervo (ministro o laico) de Dios no debe...

- proclamar ser Cristo ni ningún otro gran profeta.
- simular ser algún gran hombre de Dios.
- buscar reconocimiento.
- asumir ningún honor que no le pertenezca.
- permitir que el poder de Dios sobre su vida y ministerio lo hagan volverse orgulloso, pensando de manera más elevada de sí mismo de lo que debiera.

"Y Abraham replicó y dijo: He aquí ahora que he comenzado a hablar a mi Señor, aunque soy polvo y ceniza" (Gn. 18:27).

"Menor soy que todas las misericordias y que toda la verdad que has usado para con tu siervo; pues con mi cayado pasé este Jordán, y ahora estoy sobre dos campamentos" (Gn. 32:10).

"Entonces Moisés respondió a Dios: ¿Quién soy yo para que vaya a Faraón, y saque de Egipto a los hijos de Israel?" (Éx. 3:11).

"Entonces dijo Moisés a Jehová: ¡Ay, Señor! nunca he sido hombre de fácil palabra, ni antes, ni desde que tú hablas a tu siervo; porque soy tardo en el habla y torpe de lengua" (Éx. 4:10).

"Y entró el rey David y se puso delante de Jehová, y dijo: Señor Jehová, ¿quién soy yo, y qué es mi casa, para que tú me hayas traído hasta aquí?" (2 S. 7:18).

"Ahora pues, Jehová Dios mío, tú me has puesto a mí tu siervo por rey en lugar de David mi padre; y yo soy joven, y no sé cómo entrar ni salir" (1 R. 3:7).

"Respondió el centurión y dijo: Señor, no soy digno de que entres bajo mi techo; solamente di la palabra, y mi criado sanará" (Mt. 8:8).

"Porque yo soy el más pequeño de los apóstoles, que no soy digno de ser llamado apóstol, porque perseguí a la iglesia de Dios" (1 Co. 15:9).

"Palabra fiel y digna de ser recibida por todos: que Cristo Jesús vino al mundo para salvar a los pecadores, de los cuales yo soy el primero" (1 Ti. 1:15).

ESTUDIO A FONDO 2

(1:20) ***Cristo - Mesías:*** Los vocablos "Cristo" (christos) y "Mesías" son la misma palabra. Mesías es la palabra hebrea y Cristo, la griega. Ambas se refieren a la misma persona y significan la misma cosa: *el ungido*. El Mesías es el ungido de Dios. Mateo dijo que Jesús "llamado el Cristo" (Mt. 1:16); es decir, que Él es reconocido como *el ungido de Dios*, el Mesías mismo.

En la época de Jesucristo las personas ansiaban fervorosamente la venida del Mesías prometido. La vida era dura, pesada y empobrecida. Bajo los romanos, la gente sentía que Dios no podía esperar mucho más para cumplir con su promesa. Tales ansias de liberación dejaron crédulas a las personas. Muchos proclamaron ser el Mesías y condujeron a sus crédulos seguidores a la rebelión contra el estado romano. Barrabás, el insurrecto, que era liberado en lugar de Jesús en su juicio, es un ejemplo de esto (Mr. 15:6s). (Ver nota - Mt. 1:1; Estudio a fondo 2, 3:11; notas 11:1-6; 11:2-3; Estudio a fondo 1, 11:5; Estudio a fondo 2, 11:6; Estudio a fondo 1, 12:16; notas 22:42; Lc. 7:21-23.)

Se pensaba que el Mesías era varias cosas.

1. A nivel nacional. Debía ser el líder de la línea de David que liberaría al estado judío y lo establecería como una nación independiente, llevándola a ser la más grande nación del mundo.
2. A nivel militar. Debía ser un gran dirigente militar que conduciría a los ejércitos judíos victoriosamente por todo el mundo.
3. A nivel religioso. Debía ser una figura sobrenatural venida de Dios, que traería justicia a toda la tierra.
4. A nivel personal. Debía ser el que traería paz al mundo entero.

Jesucristo aceptó el título de Mesías en tres ocasiones diferentes (Mt. 16:17; Mr. 14:61; Jn. 4:26). El nombre *Jesús* muestra que es hombre. El nombre *Cristo* muestra que es el ungido de Dios, el propio Hijo de Dios. *Cristo* es el título oficial de Jesús. Lo identifica oficialmente como Profeta (Dt. 18:15-19), Sacerdote (Sal. 110:4) y Rey (2 S. 7:12-13). Estos oficiales siempre eran ungidos con aceite, un símbolo del Espíritu Santo quien debía ungir perfectamente al Cristo, al Mesías (Mt. 3. 16; Mr. 1:10-11; Lc. 3:21-22; Jn. 1:32, 33).

"Este halló primero a su hermano Simón, y le dijo: Hemos hallado al Mesías (que traducido es, el Cristo)" (Jn. 1:41).

"Felipe halló a Natanael, y le dijo: Hemos hallado a aquél de quien escribió Moisés en la ley, así como los profetas: a Jesús, el hijo de José, de Nazaret" (Jn. 1:45).

"Respondió Natanael y le dijo: Rabí, tú eres el Hijo de Dios; tú eres el Rey de Israel" (Jn. 1:49).

"Le dijo la mujer: Sé que ha de venir el Mesías, llamado el Cristo; cuando él venga nos declarará todas las cosas. Jesús le dijo: Yo soy, el que habla contigo" (Jn. 4:25, 26).

"Y nosotros hemos creído y conocemos que tú eres el Cristo, el Hijo del Dios viviente" (Jn. 6:69).

"Le dijo Jesús: Yo soy la resurrección y la vida; el que cree en mí, aunque esté muerto, vivirá. Y todo aquel que vive y cree en mí, no morirá eternamente. ¿Crees esto? Le dijo: Sí, Señor; yo he creído que tú eres el Cristo, el Hijo de Dios, que has venido al mundo" (Jn. 11:25-27).

"Y yendo por el camino, llegaron a cierta agua, y dijo el eunuco: Aquí hay agua; ¿qué impide que yo sea bautizado? Felipe dijo: Si crees de todo corazón, bien puedes. Y respondiendo, dijo: Creo que Jesucristo es el Hijo de Dios" (Hch. 8:36, 37).

[3] (1:23) ***Jesucristo, Mesías - Juan el Bautista, Precursor:*** El mensajero era solo una voz, solo un precursor del Señor. ¿Por qué era necesario que el Mesías tuviera un precursor? ¿Por qué Juan tuvo que ir delante de Cristo, gritando: "Preparaos. Enderezad el camino del Señor"? ¿Qué tipo de preparación era necesaria?

1. Las personas necesitaban encauzar el concepto del Mesías. Su concepto se había deteriorado con los años.
   a. En primer lugar, pocos habían entendido la "simiente" prometida a Adán y a Abraham como refiriéndose al Mesías (ver Estudio a fondo 1, Gá. 3:8; Estudio a fondo 1, Ro. 4:1-25). Interpretaban

"simiente" como la nación de Israel, como todos los judíos circuncisos. Le dirían más tarde a Cristo: "Linaje de Abraham somos" (Jn. 8:33). Veían a Cristo como "linaje de Abraham" solo en el sentido de que era un judío común. Era solo un hombre común nacido del linaje de Abraham. Pocos vieron al Mesías como la "simiente" en quien serían cumplidas todas las promesas hechas a Abraham.

b. En segundo lugar, los judíos entendían al Mesías básicamente como el Hijo de David. David había liberado y conducido a su nación a su pináculo, de modo que vieron al Mesías como alguien que seguiría las huellas de David. (Ver notas, Jn. 1:45; Lc. 3:24-31; Mt. 1:1; Estudio a fondo 1, 1:18; Estudio a fondo 2, 3:11; notas, 11:1-6; 11:2, 3; Estudio a fondo 1, 12:16; notas, 22:42; Lc. 7:21-23.) Al principio, los judíos veían al Mesías como a un *libertador*, el que iba a libertarlos de todos sus enemigos y restaurar su nación hasta la máxima gloria. (Hay que tener en cuenta cuán mal habían sido tratados los judíos y perseguidos a lo largo de toda la historia.) Sin embargo, a medida que pasaron los siglos y sufrieron violencia tras violencia, su concepto del Mesías se deterioró hasta llegar a convertirse en *enojo*. El Mesías no solo libertaría a Israel, sino que se vengaría de todos sus enemigos. Los judíos se consideraban sujetos de la salvación (liberación) del Mesías, y veían a todas las demás personas (gentiles) como sujetos al juicio del Mesías. Los judíos eran los aceptables ante Dios; todos los demás eran inaceptables. Por lo tanto, el Mesías vendría, libertaría a Israel y elevaría a la nación para que gobernara sobre todas las demás naciones de la tierra. Esto, por supuesto, condujo a dos trágicas situaciones. Primero, los judíos se tornaron ciegos ante su propia condición de pecadores y la necesidad personal de salvación. Segundo, los judíos vieron la salvación como un asunto de herencia nacional, ritos personales (ser circunciso) y rituales (observancia religiosa). Creyeron que estaban seguros porque eran circuncisos y porque sus ancestros eran pueblo de Dios.

El precursor, Juan el Bautista, tuvo que enfrentar estos errores. La salvación no era algo nacional, no era algo institucional, ni siquiera algo religioso. No era cuestión de herencia y de ritos. Era un asunto personal, un asunto espiritual del corazón y la vida. Un hombre debía desear personalmente el perdón de sus pecados y luego arrepentirse y ser bautizado si quería ser salvo. Este era el mensaje del Mesías. Por lo tanto, debido a la dificultad que tenía la gente para entender la necesidad personal de salvación, Dios tuvo que mandar un precursor para comenzar a quebrantar la justicia propia que se había implantado en la mente del hombre. (Lo enraizado que estaba el falso concepto del Mesías puede verse en la enorme lucha que los discípulos tuvieron al respecto. Ver nota, Mt. 18:1-2.)

2. Las personas necesitaban que se enderezara su religión. Habían permitido que su religión se convirtiera en algo formal e institucionalizado, es decir, solo una *apariencia* de piedad que negaba su poder (2 Ti. 3:5). Tantas personas se movían de acuerdo a la religión, sus cultos y ritos, y sin embargo vivían como les parecía. Dios y la justicia personal eran poco importantes. El Mesías traería un nuevo mensaje, un mensaje de amor de Dios, un amor tan fuerte que proclamaría la verdad:

⇒ que el hombre era pecador y mortal (Jn. 3:16).
⇒ que el hombre debe arrepentirse (Mr. 2:17).
⇒ que el hombre debe prepararse, porque el reino de Dios está cerca (Mt. 4:17).

El mensaje tenía que ser tan radical que se necesitaba cierta preparación para el pueblo antes de que el Mesías apareciera en escena. Por lo tanto, Dios envió al precursor: Juan el Bautista.

3. El mundo necesitaba saber acerca del Mesías. Como Hijo de Dios, el Mesías sería tan diferente ?tan puro, tan santo, tan genuino?, que los hombre no tolerarían demasiado tiempo su presencia. Su proclamación de la verdad y la salvación sería muy, muy corta. Los hombres lo destruirían. Por lo tanto, había que llevarlos a un elevado grado de entusiasmo cuando llegara el Mesías. Los hombres tendrían que hablar con gran anticipación y con las gloriosas nuevas de que el Mesías finalmente había llegado. Las personas debían advertirlo. Podían no responder, hasta reaccionar violentamente, pero debían ser conscientes de *la histórica venida del Mesías* y *de su reclamo* de ser el Hijo de Dios. El precursor debía despertar y agitar a la gente para que esperara de inmediato al Mesías.

Pensamiento 1: Lo mismo puede decirse de los hombres de la actualidad.

1) Muchos necesitan que se encauce su concepto del Mesías.
   a) Algunos nunca han entendido que la simiente prometida es Cristo.
   b) Algunos piensan que son especiales ante Dios. Son ciegos con respecto a sus pecados y necesitan la salvación personal.
2) Muchos necesitan que su religión sea encauzada.
3) Muchos sencillamente necesitan oír acerca del Mesías: nunca han oído que Él vino.

Pensamiento 2: El mensajero de Dios es solo una voz, solo un precursor del Señor. Pero *es* una voz y un precursor, por lo tanto, Él *debe* hablar por el Señor.

1) Debe ser una voz clara que proclame un mensaje claro.

"Porque no sois vosotros los que habláis, sino el Espíritu de vuestro Padre que habla en vosotros" (Mt. 10:20).

"Y les dijo: Id por todo el mundo y predicad *el evangelio* a toda criatura" (Mr. 16:15).

"Lo cual también hablamos, no con palabras enseñadas por sabiduría humana, sino con las que enseña el Espíritu, acomodando lo espiritual a lo espiritual" (1 Co. 2. 13).

"Si alguno habla, hable conforme a las palabras de Dios; si alguno ministra, ministre conforme al poder que Dios da, para que en todo sea Dios glorificado por

Jesucristo, a quien pertenecen la gloria y el imperio por los siglos de los siglos" (1 P. 4:11).

2) Debe ser una *voz seria* que proclame la necesidad urgente de prepararse y arrepentirse.

"Y diciendo: Arrepentíos, porque el reino de los cielos se ha acercado" (Mt. 3:2).

"Así que, arrepentíos y convertíos, para que sean borrados vuestros pecados; para que vengan de la presencia del Señor tiempos de refrigerio" (Hch. 3:19).

[4] (1:24-26) ***Bautismo - Juan el Bautista, Bautismo de:*** El mensajero era uno que bautizaba. A Juan le preguntaron por qué bautizaba.

1. Su bautismo influyó en el pueblo judío, porque ellos nunca se bautizaban. El bautismo era solo para las personas no judías que se convertían a la fe judía. Los judíos consideraban que todos los gentiles eran impuros, de modo que debían ser bautizados cuando se convertían (los varones también eran circuncidados). Sin embargo, los judíos se creían puros y aceptables ante Dios sin importar cómo vivían. ¿Por qué? Porque los judíos eran "linaje de Abraham", su herencia. Eran su simiente, el pueblo prometido a Abraham.

2. Los extremistas religiosos querían saber si Juan era el Cristo. Creían que cuando el Cristo viniera, instituiría la práctica del bautismo.

3. Los extremistas religiosos querían saber si Juan era un profeta. En teoría, se decía que un verdadero profeta tenía el derecho de instituir nuevas prácticas y de cambiar algunas leyes.

El bautismo de Juan era radical, muy inusual, una práctica impactante. Era el "bautismo del arrepentimiento *para* perdón de pecados" (Lc. 3:3). ¿Qué significa esto? Sencillamente que cuando una persona quería que Dios perdonara sus pecados, tomaba la decisión de arrepentirse, de apartarse de sus pecados y de cambiar su vida. Luego era inmediatamente bautizado, proclamando así que se convertía en un seguidor del Mesías que Juan predicaba (ver nota, Lc. 3:3, para una mayor discusión).

Los profetas del Antiguo Testamento habían proclamado por Israel que debían lavarse y limpiar su suciedad. Juan utilizó el bautismo con agua para demostrar que un hombre se apartaba de sus pecados y se volvía a Dios en busca del perdón de sus pecados.

"Lavaos y limpiaos; quitad la iniquidad de vuestras obras de delante de mis ojos; dejad de hacer lo malo" (Is. 1:16)

"En aquel tiempo habrá un manantial abierto para la casa de David y para los habitantes de Jerusalén, para la purificación del pecado y de la inmundicia" (Zac. 13:1).

"Esparciré sobre vosotros agua limpia, y seréis limpiados de todas vuestras inmundicias; y de todos vuestros ídolos os limpiaré. Os daré corazón nuevo, y pondré espíritu nuevo dentro de vosotros; y quitaré de vuestra carne el corazón de piedra, y os daré un corazón de carne" (Ez. 36:25, 26).

Pensamiento 1: El bautismo es importante. El creyente debe ser bautizado, pero también debe ser bautizado porque en realidad se arrepiente y se vuelve sinceramente a Dios.

Pensamiento 2: El siervo de Dios debe ser uno que bautiza, un hombre que proclame y practique el bautismo de arrepentimiento en todo su significado.

ESTUDIO A FONDO 3

(1:24) Fariseos: Ver Estudio a fondo 3, Hch. 23:8.

[5] (1:24) ***Siervo - Humildad:*** El mensajero de Dios era un siervo no digno. Dos cosas lo demostraron.

1. Juan proclamó y confesó que Jesús era antes de él (ver nota - Jn. 1:15).

2. Juan proclamó que él no era digno siquiera de desatar la correa del calzado de Jesús. Confesó *la insuficiencia de sí mismo.* Los esclavos eran los que desataban las correas del calzado de los huéspedes y lavaban sus pies. Juan dijo que él era *menos* que un esclavo, no digno de hacer incluso lo que hacía un esclavo.

Pensamiento 1: La misma confesión debe hacerla todo siervo de Dios.

"Mas no así vosotros, sino sea el mayor entre vosotros como el más joven, y el que dirige, como el que sirve" (Lc. 22:26).

"Digo, pues, por la gracia que me es dada, a cada cual que está entre vosotros, que no tenga más alto concepto de sí que el que debe tener, sino que piense de sí con cordura, conforme a la medida de fe que Dios repartió a cada uno" (Ro. 12:3).

"Nada hagáis por contienda o por vanagloria; antes bien con humildad, estimando cada uno a los demás como superiores a él mismo; no mirando cada uno por lo suyo propio, sino cada cual también por lo de los otros" (Fil. 2:3, 4).

"Oh hombre, él te ha declarado lo que es bueno, y qué pide Jehová de ti: solamente hacer justicia, y amar misericordia, y humillarte ante tu Dios" (Mi. 6:8).

[6] (1:28) ***Juan el Bautista - Ministro:*** El mensajero era un hombre que traía honor a un lugar. Juan estaba ministrando en Betábara, al otro lado del Jordán, lo que significa que estaba a gran distancia de Jerusalén. Juan trajo honor al lugar. No sería conocido si no fuera por Juan, ya que nada más se sabe sobre esa ciudad.

Pensamiento 1: Un siervo de Dios que es fiel en su testimonio y ministerio (como Juan) llevará honor a un lugar. A los ojos de Dios un lugar es honrado porque los creyentes están allí (cp. Gn. 18:16s).

	F. Jesús el Cordero de Dios, el Hijo de Dios: El tercer testimonio de Juan el Bautista, 1:29-34	32 También dio Juan testimonio, diciendo: Vi al Espíritu que descendía del cielo como paloma, y permaneció sobre él.	**3. Cristo es el Mesías, sobre el cual permaneció el Espíritu de Dios.**
1. Cristo es el Cordero de Dios	29 El siguiente día vio Juan a Jesús que venía a él, y dijo: He aquí el Cordero de Dios, que quita el pecado del mundo.	33 Y yo no le conocía; pero el que me envió a bautizar con agua, aquél me dijo: Sobre quien veas descender el Espíritu y que permanece sobre él, ése es el que bautiza con el Espíritu Santo.	
2. Cristo es el Preeminente a. Él era antes que Juan: Preexistente b. Juan no lo conocía, solo sabía que iba a venir.	30 Este es aquel de quien yo dije: Después de mí viene un varón, el cual es antes de mí; porque era primero que yo. 31 Y yo no le conocía; mas para que fuese manifestado a Israel, por esto vine yo bautizando con agua.	34 Y yo le vi, y he dado testimonio de que éste es el Hijo de Dios.	**4. Cristo es el Hijo de Dios.**

DIVISIÓN I

LOS TESTIMONIOS DE LA REVELACIÓN DE JESUCRISTO, 1:1-51

F. Jesús el Cordero de Dios, el Hijo de Dios: El tercer testimonio de Juan el Bautista, 1:29-34

(1:29-34) ***Introducción:*** El testimonio de Juan sobre Jesucristo es uno de los más grandes testimonios dados por el hombre. Juan era inequívoco en su proclamación del Señor Jesucristo (Lc. 4:18, 19).

1. Cristo es el Cordero de Dios (v. 29).
2. Cristo es el Preeminente (vv. 30, 31).
3. Cristo es el Mesías, sobre el cual permaneció el Espíritu de Dios (vv. 32-33).
4. Cristo es el Hijo de Dios (v. 34).

[1] (1:29) ***Jesucristo, el Cordero de Dios:*** Jesucristo es el "Cordero de Dios". A través de los siglos *"el Cordero de Dios"* ha sido uno de los símbolos de Jesucristo más venerados por los creyentes. Hay cuatro motivos para esto.

1. El Cordero es una imagen de Cristo nuestra Pascua que era sacrificado por nosotros.

> **"Porque nuestra pascua, que es Cristo, ya era sacrificada por nosotros" (1 Co. 5:7).**

Históricamente, la Pascua se refiere al tiempo en que Dios liberó a Israel de la esclavitud egipcia (Éx. 11:1s). Dios había pronunciado juicio sobre cada hijo primogénito entre el pueblo de Egipto por sus injusticias. Mientras se preparaba para ejecutar el juicio final, los fieles, quienes creían en Dios, recibieron la orden de sacrificar un cordero puro y rociar su sangre sobre el dintel de sus casas. La sangre del cordero inocente serviría entonces como señal de que el juicio ya se había llevado a cabo. Al ver la sangre, Dios *pasaría por alto* esa casa. Los que creían en Dios aplicaron la sangre en sus hogares y fueron salvos, pero los que no creyeron no aplicaron la sangre en sus casas y sus primogénitos fueron destruidos.

Simbólicamente, la Pascua describía la venida de Jesucristo como Salvador. El *cordero sin mancha* describía su vida sin pecado (cp. Jn. 1:29) y *la sangre rociada en los dinteles* era su sangre derramada por el creyente. Era una señal de que la vida y la sangre del cordero inocente habían hecho sustitución por el primogénito. *Comer el cordero* significaba la necesidad de nutrición espiritual obtenida por alimentarse en Cristo, el Pan de la vida. El pan sin levadura significaba la necesidad de colocar el mal fuera de la vida y el hogar. (Ver Estudio a fondo 1, Fiesta de los panes sin levadura, Mt. 26:17.)

Lo principal a tener en cuenta es: era la sangre del cordero lo que salvó al pueblo. El cordero fue sacrificado, es decir, su sangre fue derramada como sustituta por las personas. El cordero simbolizaba a Cristo, nuestra Pascua, que era sacrificado por nosotros. Si creemos y aplicamos su sangre a nuestro corazón y a nuestros hogares, Él nos salva. Si no creemos y no aplicamos la sangre a nuestro corazón y a nuestros hogares, seremos destruidos. Él es el Cordero de Dios que era sacrificado por nosotros; es su sangre la que nos salva.

2. El cordero es una figura de la preciosa sangre de Cristo que nos redime.

> **"Sabiendo que fuisteis rescatados de vuestra vana manera de vivir, la cual recibisteis de vuestros padres, no con cosas corruptibles... sino con la sangre preciosa de Cristo, como de un cordero sin mancha y sin contaminación" (1 P. 1:18, 19).**

Históricamente, se sacrificaban dos corderos "de un año, cada día... uno... por la mañana, y el otro... a la caída de la tarde" (Éx. 29:38, 39). El sacrificio de los dos corderos, el derramamiento de su preciosa sangre, se convirtió en un sustituto por el pueblo. Las personas sabían que sus pecados los habían separado de Dios y que sus pecados debían ser eliminados antes de poder reconciliarse con Dios. Así, simbólicamente, los pecados del pueblo eran eliminados y colocados sobre los dos corderos. Los animales, sin mancha ni mácula, recibían sobre sí los pecados de las personas y simbólicamente cargaban con el juicio del pecado, que era la muerte. Eran sacrificados por el pecado, y por causa de su muerte, simbólicamente liberaban a las personas, redimiéndolas de sus pecados. (Pero advierta un punto crítico. No era el hecho lo que hizo que Dios eliminara los pecados, sino la *fe* de las personas en la Palabra de Dios *de que eliminaría los pecados.*)

Esto, por supuesto, es una figura de Cristo. (cp. Is. 53:6, 7; Jer. 11:19; Hch. 8:32; 1 Co. 5:7; He. 9:28; 1 P. 2:22-24; Ap. 5:6; 6:1; 7:9; 12:11; 13:8; 14:1; 15:3; 17:14; 19:9; 21:22.) Jesucristo es...

- el Cordero perfecto de Dios, sin pecado (mancha o mácula). (Ver nota: Jesucristo, Sin pecado, Jn. 8:45-47)
- sobre quien se colocaron todos los pecados de las personas.
- quien soportó el juicio del pecado, que era la muerte.
- quien fue sacrificado por los pecados.
- quien cuya muerte liberta a las personas redimiéndolas.
- cuya sangre es considerada preciosa por Dios y por los creyentes.

Cabe advertir que Cristo *voluntariamente* se ofreció como el Cordero de sacrificio, como nuestro sustituto y portador de pecados; y que Dios voluntariamente aceptó la ofrenda y el sacrificio de su Hijo por nosotros (Jn. 10:17, 18). Dios se siente *satisfecho* con el pago por el pecado que hizo Cristo. Si cualquiera cree que la sangre de Cristo es preciosa ?realmente cree que la sangre de Cristo cubre sus pecados?, Dios tomará la fe de esa persona y la contará como justicia. Esa persona es considerada justa por Dios (ver Estudio a fondo 1,2, Ro. 4:22; notas, 5:1; Jn. 2:1, 2).

3. El "Cordero de Dios" no es de los *hombres*, sino *de Dios* (tou Theou). La idea es que el Cordero pertenecía a Dios; es decir que Dios dio, proporcionó y brindó el Cordero para el sacrificio (cp. Gn. 22:8 cuando Dios proporcionó el cordero para Abraham como sustituto de Isaac).

Esta gloriosa verdad habla sobre...

- el increíble amor de Dios por el hombre (Jn. 3:16; Ro. 5. 1)
- el gran sacrificio y humillación que sufrió Cristo por el hombre (Fil. 2:6-8; 1 P. 2:24).
- el perdón de los pecados y la salvación que vinieron de la gracia de Dios y no de los recursos y obras del hombre (Ef. 2:8, 9; Tit. 2:4-7).
- la deidad de Cristo, su ser *de Dios* (ver Índice temático: Jesucristo, deidad).

4. El "Cordero de Dios" quita el pecado del mundo.

a. La palabra "quita" (airon) significa levantar, llevar. Significa llevar en nombre de otro, como el substituto de uno. Jesucristo era el Cordero de sacrificio de Dios que cargó con nuestros pecados. Nos quitó nuestros pecados, cargó con ellos y se los llevó.

"Quien llevó él mismo nuestros pecados en su cuerpo sobre el madero, para que nosotros, estando muertos a los pecados, vivamos a la justicia; y por cuya herida fuisteis sanados" (1 P. 2:24).

"Así también Cristo era ofrecido una sola vez para llevar los pecados de muchos; y aparecerá por segunda vez, sin relación con el pecado, para salvar a los que le esperan" (He. 9:28).

b. La palabra "pecado" (harmartian) es singular, no plural. Todos los pecados del mundo son llevados y colocados en un paquete. El paquete de los pecados ?todos los pecados de todo hombre que haya vivido?, era colocado en y cargado por Cristo.

"Pero si andamos en luz, como él está en luz, tenemos comunión unos con otros, y la sangre de Jesucristo su Hijo nos limpia de todo pecado" (1 Jn. 1:7).

c. El mundo se considera como una totalidad. Cristo cargó con los pecados de todo el mundo, no con los pecados de algunos hombres. No importa lo profundo y desagradable del pecado de un hombre, Cristo cargó con los pecados de todo el mundo.

"Hijitos míos, estas cosas os escribo para que no pequéis; y si alguno hubiere pecado, abogado tenemos para con el Padre, a Jesucristo el justo. Y él es la propiciación por nuestros pecados; y no solamente por los nuestros, sino también por los de todo el mundo" (1 Jn. 2:1, 2).

[2] (1:30, 31) ***Jesucristo, Preeminente:*** Jesucristo es el Preeminente, el *que era antes que todo.* Advierta lo que dijo Juan.

1. Juan dijo que Cristo "era antes de mí"; es decir: Él existió antes de Juan. Él era el Preexistente, el Dios eterno (ver nota, Jn. 1:15 para una mayor discusión sobre el tema).

2. Juan no sabía quién sería el Mesías, solo que el Mesías iba a venir. Advierta que Juan conoció a Jesús personalmente, eran primos (Lc. 1:36). Sin embargo, Juan no sabía que su primo, Jesús, iba a ser el Mesías. Advierta otro hecho: ¡Cuán fiel era Juan! Él era un hombre de gran fe. Nunca había visto al Mesías, pero continuó en su misión de predicar y bautizar. Actuó según la Palabra de Dios y sólo por la Palabra de Dios, creyendo que el Mesías vendría.

Pensamiento 1 : Cristo es el Preeminente, el Dios eterno. Los creyentes deben seguir el ejemplo de Juan y...
- declarar que Cristo es antes que todo.
- creer en la promesa de Dios: el Mesías ha venido.
- actuar y continuar con su misión de proclamar a Cristo.

[3] (1:32, 33) ***Espíritu Santo:*** Jesucristo es el Mesías, sobre quien permaneció el Espíritu Santo de Dios. Advierta varios hechos.

1. Este es el "registro": el fuerte testimonio de Juan.

2. La paloma era sagrada para los judíos. Era un símbolo de paz y cordialidad, de pureza e inocencia; pero aún más importante, se la identificaba generalmente con el Espíritu de Dios. Cuando la paloma descendió sobre Cristo, simbolizó el Espíritu de Dios mismo descendiendo sobre Cristo. La paloma identificó a Jesús como el Mesías y lo invistió del poder de Dios (ver bosquejo y notas, Mr. 1:9, 10).

3. En el Antiguo Testamento el Espíritu Santo descendía sobre los hombres solamente en ocasiones especiales. Nunca vino y permaneció entre los hombres. Juan se expresó algo asombroso al señalar el hecho de que el Espíritu descendió

sobre Cristo de manera única: Él descendió (v. 32) y permaneció sobre Cristo (v. 33). El Espíritu Santo ingresó para siempre en la vida de Cristo, en forma permanente y poderosa, en Su plena manifestación y poder ilimitado.

Pensamiento 1: Cuando una persona es bautizada por el Espíritu Santo en Cristo, el Espíritu Santo ingresa en la vida y se convierte en una experiencia permanente del creyente.

"No me elegisteis vosotros a mí, sino que yo os elegí a vosotros, y os he puesto para que vayáis y llevéis fruto, y vuestro fruto permanezca; para que todo lo que pidiereis al Padre en mi nombre, él os lo dé. Esto os mando: Que os améis unos a otros" (Jn. 15:16, 17).

"Pero yo os digo la verdad: Os conviene que yo me vaya; porque si no me fuera, el Consolador no vendría a vosotros; mas si me fuere, os lo enviaré" (Jn. 16:7).

"Mas vosotros no vivís según la carne, sino según el Espíritu, si es que el Espíritu de Dios mora en vosotros. Y si alguno no tiene el Espíritu de Cristo, no es de él. Pero si Cristo está en vosotros, el cuerpo en verdad está muerto a causa del pecado, mas el espíritu vive a causa de la justicia" (Ro. 8:9, 10).

"Porque por un solo Espíritu fuimos todos bautizados en un cuerpo, sean judíos o griegos, sean esclavos o libres; y a todos se nos dio a beber de un mismo Espíritu" (1 Co. 12:13).

4. Juan repitió, él no sabía quién sería el Mesías. La señal de Dios a Juan era el Espíritu Santo descendiendo sobre el Mesías en forma de paloma.

5. Cristo es el que bautiza a creyentes con el Espíritu Santo.

Pensamiento 1: La persona que recibe el Espíritu de Dios es la que puede contar con la presencia y la protección de Dios en su vida (vea notas - Jn. 14:15-26; Jn. 16:7-15; Estudio a fondo 1, Hechos 2:1-4; nota - Ro. 8:1-17).

[4] (1:34) ***Jesucristo, Hijo de Dios:*** Jesucristo es el Hijo de Dios. (Ver notas, Jn. 1:1, 2; 10:30-33; Fil. 2:6; 2:7 para una mayor discusión.) ¿Qué quiso decir Juan por el "Hijo de Dios". Advierta el artículo definido. Cristo es *el* Hijo, no un hijo de Dios. Él es...

- el único Hijo.
- el único Hijo unigénito.
- el único Hijo unigénito que vino del mismo seno de Dios, es decir de la parte más profunda, del lugar más íntimo, de la relación más honorable de Dios.

1. Los escritores de los Evangelios dicen que Jesucristo es el Hijo de Dios.

Mateo	Marcos	Lucas	Juan
1:21	1:1	1:31-32	1:18, 34, 35
2:15	3:11	1:35	3:16-18, 35-36
3:17	13:32	3:38	5:19, 21-23, 25-26
4:3	14:61	4:3, 9	6:40, 42
8:29	15:39	4:41	8:35-36
11:27		8:28	9:35 (cp. 19:7)
14:33		10:22	10:36
14:61		22:70	11:4
16:16			14:13
17:5			17:1
26:63			19:17
27:30, 40, 43, 54			20:31

Los escritores de los Evangelios también dicen que Jesucristo sostuvo constantemente que Dios era Su Padre, y que Él era el Hijo del Padre en un sentido único.

Mateo	Marcos	Lucas	Juan
7:21	8:38	2:49	3:35
10:32-33	13:32	9:26	5:17, 19-23, 26, 30, 36-37, 43, 45
11:25-27	14:36	10:21-22	6:27, 32, 37, 39, 42, 44-46, 57, 65
12:50		22:29, 42	8:16, 18, 19, 27-29, 38, 49, 54
15:13		23:34, 46	10:15, 17-18, 25, 29, 30, 32, 36-38
16:17, 27		24:49	11:41
18:10, 19, 35			12:26-28; 49-50
20:23			14:6-13, 16, 20-21, 26, 23-24, 28, 31
24:36			15:1, 8-10, 15-16, 23-24, 26
25:34			16:3, 10, 15-17, 25-28, 32
26:29, 39, 42, 53			17:1, 5:11, 24-25
28:19			18:11
			20:17, 21

2. El libro de Hechos dice que Jesucristo es el Hijo de Dios.

3:13, 26
8:37
9:20

3. Pablo dice que Jesús es el Hijo de Dios.

Romanos	1:4,9	Gá.	1:16	He.	1:2, 5, 8
	5:10		2:20		3:6
	8:3, 29, 32		4:4, 6		4:14
1 Co.	1:9	Ef.	4:13		5:8
	15:58	Col.	1:13		6:6
2 Co.	1:19	1. Ts.	1:10		7:3, 28
					10:29
					11:17

Pablo también dice que Dios es el Padre de nuestro Señor Jesucristo.

Romanos	15:6
	1:3
2 Co.	11:31
Ef.	1:3

4. Pedro dice que Dios es el Padre de nuestro Señor Jesucristo.

1 P. 1:3

5. Juan, en sus epístolas y en el Apocalipsis, dice que Jesucristo es el Hijo de Dios y que Dios es el Padre de nuestro Señor Jesucristo.

1 Jn.	2 Jn.	Ap.
1:3-7	3, 9	2:18, 27
2:22-24		3:5
3:8, 23		
4:9-10, 14-15		
5:5, 9-13, 20		

	G. Jesús el Mesías, el Cristo: El testimonio de Andrés, 1:35-42	39 Les dijo: Venid y ved. Fueron, y vieron donde moraba, y se quedaron con él aquel día; porque era como la hora décima.	**3. La gran decisión de Andrés: Vino y vio a Cristo y permaneció con Cristo**
1. La experiencia de Andrés a. Estuvo presente en la prédica de Juan b. Escuchó a Juan proclamar que Jesús era el Cordero de Dios c. Siguió a Jesús	35 El siguiente día otra vez estaba Juan, y dos de sus discípulos. 36 Y mirando a Jesús que andaba por allí, dijo: He aquí el Cordero de Dios. 37 Le oyeron hablar los dos discípulos, y siguieron a Jesús.	40 Andrés, hermano de Simón Pedro, era uno de los dos que habían oído a Juan, y habían seguido a Jesús. 41 Este halló primero a su hermano Simón, y le dijo: Hemos hallado al Mesías (que traducido es, el Cristo).	**4. La primera preocupación de Andrés: Su hermano** **5. La convicción de Andrés: Jesús era el Mesías**
2. El momento cumbre de Andrés a. Jesús se volvió: señal de iniciativa b. Jesús le formuló la pregunta básica de la vida: ¿qué buscas? c. Jesús lo invitó: ven	38 Y volviéndose Jesús, y viendo que le seguían, les dijo: ¿Qué buscáis? Ellos le dijeron: Rabí (que traducido es, Maestro), ¿dónde moras?	42 Y le trajo a Jesús. Y mirándole Jesús, dijo: Tú eres Simón, hijo de Jonás; tú serás llamado Cefas (que quiere decir, Pedro).	**6. El fruto de Andrés: Simón fue llevado ante Jesús y fue recogido**

DIVISIÓN I

LOS TESTIMONIOS DE LA REVELACIÓN DE JESUCRISTO, 1:1-51

G. Jesús el Mesías, el Cristo: El testimonio de Andrés, 1:35-42

(1:35-42) ***Introducción:*** Este era el descubrimiento de Jesús por Andrés. Descubrió que Jesús era el Mesías, el Cristo. (Ver nota, Andrés, Mr. 3:18 para mayor discusión.)

1. La experiencia de Andrés (vv. 35-37).
2. El momento cumbre de Andrés (vv. 38, 39).
3. La gran decisión de Andrés: vino y vio a Cristo, y permaneció (vv. 39, 40).
4. La primera preocupación de Andrés: su hermano (v. 41).
5. La convicción de Andrés: Jesús era el Mesías (v. 41).
6. El fruto de Andrés: Simón fue llevado a Jesús y fue recogido (v. 42).

[1] (1:35-37) ***Andrés:*** Esa era la experiencia de Andrés. Su experiencia era simple, parecida a la experiencia de muchos que llegaron a Cristo.

1. Andrés "estaba" donde se realizó la prédica. Advierta la palabra "estaba" (v. 35). Juan estaba realizando su campaña en el Jordán. Andrés, que tenía ansias de la Palabra de Dios, se había interesado en lo que estaba sucediendo y asistía a las reuniones, y en algún momento se convirtió en un seguidor de este predicador de la justicia. Lo importante aquí es que Andrés tenía hambre de justicia; por lo tanto, se dedicó a escuchar la prédica. "Estuvo" en la prédica. Estaba allí para escuchar proclamar al Mesías.

2. Andrés lo "oyó hablar [al predicador]". Estaba escuchando el mensaje, sin permitir que su mente estuviera en otra parte. Estaba alerta y despierto; por lo tanto, cuando llegó el anuncio del Mesías, estaba preparado. Advierta también el mensaje: "He aquí el Cordero de Dios". Era el mensaje del sacrificio del Mesías (ver nota, Jn. 1:29).

3. Andrés siguió a Jesús. La palabra "siguieron" (ekolouthesan) está en el tiempo aorista griego, que significa un hecho de una vez y para siempre. Andrés se estaba volviendo a Jesús, *listo* para comprometerse con Él. Quería convertirse en un discípulo de Jesús.

> ***Pensamiento 1:*** Los mismos tres pasos debemos tomarlos cada uno de nosotros.
>
> 1) Una persona debe estar donde se predica la Palabra, Cristo mismo. Una persona tiene que tener un apetito que lo lleve a la prédica, un apetito que le haga estar alerta y despierto para escuchar la Palabra proclamada.
> 2) Una persona debe oír la Palabra, el anuncio: el Cordero de Dios ha llegado para quitar el pecado del mundo.
> 3) Una persona debe seguir a Jesús.
>
> **"Otra vez Jesús les habló, diciendo: Yo soy la luz del mundo; el que me sigue, no andará en tinieblas, sino que tendrá la luz de la vida" (Jn. 8:12).**
>
> **"Mis ovejas oyen mi voz, y yo las conozco, y me siguen" (Jn. 10:27).**
>
> **"Si alguno me sirve, sígame; y donde yo estuviere, allí también estará mi servidor. Si alguno me sirviere, mi Padre le honrará" (Jn. 12:26).**
>
> **"Y conoceremos, y proseguiremos en conocer a Jehová; como el alba está dispuesta su salida, y vendrá a nosotros como la lluvia, como la lluvia tardía y temprana a la tierra" (Os. 6:3).**

Pensamiento 2: Dos cosas harán que un hombre pierda a Cristo.

1) No estar donde se predica a Cristo: estar en cualquier otro lugar del mundo, ensimismado, en la carne, en medio de quienes no se preocupan por Cristo ni por la prédica de la Palabra.
2) No oír: Permitir que la mente vague, estar dormido estando despierto, desinteresado, distraído, sin prestar atención.

Pensamiento 3: Advierta varios hechos significativos acerca de Juan.

1) Su mensaje era Cristo, el Cordero de Dios, que quita el pecado del mundo.
2) Su propósito era dirigir a la gente, incluso a sus propios seguidores, hacia Cristo. Quería que las personas estuvieran donde pudieran recibir y crecer al máximo (¡Qué distinto a tantos ministerios!)
3) Su espíritu estaba lleno de gran humildad. No estaba para nada centrado en sí mismo. Dirigía sus propios seguidores hacia Cristo y los alentaba a seguirlo.

"Sabiendo que fuisteis rescatados de vuestra vana manera de vivir, la cual recibisteis de vuestros padres, no con cosas corruptibles, como oro o plata, sino con la sangre preciosa de Cristo, como de un cordero sin mancha y sin contaminación" (1 P. 1:18, 19)

2 (1:38, 39) ***Andrés - Buscando a Cristo - Invitación:*** Era el momento cumbre de Andrés. Esta es una figura por demás gráfica: muestra el *gran anhelo* de Jesús de llegar al hombre. Jesús ansía que los hombres vengan a Él y los ayuda a hacerlo. Nota: Jesús estaba caminando a cierta distancia. Andrés y su amigo lo seguían. Jesús hizo tres cosas que demostraron su gran anhelo.

1. Jesús se volvió para enfrentarlos. Era una clara demostración de sus brazos abiertos, de su disposición, de su ansia de que se unieran a Él. Sabía que sus corazones estaban deseosos por alcanzarlo y seguirlo, de modo que inmediatamente se volvió para enfrentarlos y ayudarlos (cp. Lc. 15:20).

2. Jesús realizó le formuló la pregunta básica de la vida: "¿Qué buscas?" No preguntó *¿A quién buscan?,* sino: ¿Qué buscan? ¿Están buscando...

- significado, propósito y sentido a la vida?
- una religión de mejoramiento y desarrollo humano?
- reglas y normas de justicia?
- compañerismo?
- liberación de los juicios, de los problemas y del sufrimiento?
- aprobación y aceptación de Dios?
- bendiciones de Dios, su cuidado, provisión y seguridad?

Cabe advertir que Andrés y su amigo preguntaron: "Rabí... ¿dónde moras? [pou meneis]". Nunca habían visto antes a Jesús y sin embargo, lo llamaron Maestro, reconociendo su posición como *su* Maestro. No estaban preguntando para entablar una simple conversación al costado del camino. Le estaban pidiendo reunirse en la quietud de su casa, poder abrir y desahogar sus corazones con Él y que Él se convierta en su maestro. Querían que descubriera la imperiosa necesidad de sus corazones y hacerlo en el ámbito tranquilo de su morada.

"Para que busquen a Dios, si en alguna manera, palpando, puedan hallarle, aunque ciertamente no está lejos de cada uno de nosotros" (Hch. 17:27).

"Mas si desde allí buscares a Jehová tu Dios, lo hallarás, si lo buscares de todo tu corazón y de toda tu alma" (Dt. 4:29).

"Buscad a Jehová mientras puede ser hallado, llamadle en tanto que está cercano" (Is. 55:6).

"Y me buscaréis y me hallaréis, porque me buscaréis de todo vuestro corazón" (Jer. 29:13).

3. Jesús formuló la invitación: "Venid y ved". La invitación era inmediata, hecha mientras Andrés y su amigo eran atraídos hacia Jesús. Fueron invitados por Jesús mientras sintieron su necesidad. Jesús no pospuso su solicitud ni los dejó sin respuesta.

"Venid a mí todos los que estáis trabajados y cargados, y yo os haré descansar" (Mt. 11:28).

"Venid luego, dice Jehová, y estemos a cuenta: si vuestros pecados fueren como la grana, como la nieve serán emblanquecidos; si fueren rojos como el carmesí, vendrán a ser como blanca lana" (Is. 1:18).

"A todos los sedientos: Venid a las aguas; y los que no tienen dinero, venid, comprad y comed. Venid, comprad sin dinero y sin precio, vino y leche" (Is. 55:1).

"Y el Espíritu y la Esposa dicen: Ven. Y el que oye, diga: Ven. Y el que tiene sed, venga; y el que quiera, tome del agua de la vida gratuitamente" (Ap. 22:17).

3 (1:39, 40) ***Decisión:*** Era la gran decisión de Andrés. Él "fue y vio" y "se quedó" con Jesús. Aquí hay tres hechos importantes.

1. Andrés "fue" con Jesús. Aceptó la invitación. Caminó hacia Jesús y caminó con Él *para poder* ver dónde moraba Jesús.

Pensamiento 1: Advierta dos puntos fundamentales.

1) Andrés tenía que aceptar la invitación.
2) Andrés tenía que estar dispuesto a "ver" dónde moraba Jesús y dejar que Jesús lo condujera a Su morada.

"Porque dice: En tiempo aceptable te he oído, y en día de salvación te he socorrido. He aquí ahora el tiempo aceptable; he aquí ahora el día de salvación" (2 Co. 6:2).

"Pero yo a ti oraba, oh Jehová, al tiempo de tu buena voluntad; oh Dios, por la abundancia de tu misericordia, por la verdad de tu salvación, escúchame" (Sal. 69:13).

2. La palabra ver (opsesthe) era una promesa: "verás". Jesús estaba hablando acerca de mucho más que el hecho de ver dónde moraba. Él estaba hablando de *ver* la verdad y de aprender de Él. Andrés tendría la seguridad, si iba, de que definitivamente vería y aprendería la verdad de la vida. El Señor se lo garantizaba. (Ver nota, Ver, Jn. 20:20.)

"Porque Dios, que mandó que de las tinieblas resplandeciese la luz, es el que resplandeció en nuestros corazones, para iluminación del conocimiento de la gloria de Dios en la faz de Jesucristo" (2 Co. 4:6).

"Alumbrando los ojos de vuestro entendimiento, para que sepáis cuál es la esperanza a que él os ha

llamado, y cuáles las riquezas de la gloria de su herencia en los santos, y cuál la supereminente grandeza de su poder para con nosotros los que creemos, según la operación del poder de su fuerza" (Ef. 1:18, 19).

"Mas vosotros sois linaje escogido, real sacerdocio, nación santa, pueblo adquirido por Dios, para que anunciéis las virtudes de aquel que os llamó de las tinieblas a su luz admirable; vosotros que en otro tiempo no erais pueblo, pero que ahora sois pueblo de Dios; que en otro tiempo no habíais alcanzado misericordia, pero ahora habéis alcanzado misericordia" (1 P. 2:9, 10).

3. Andrés y su amigo "se quedaron con él", es decir, con Jesús, en su presencia. Ellos fueron recibidos por Él, y Jesús satisfizo sus necesidades. Advierta un hecho importante: Esta confrontación con Jesús cambió sus vidas para siempre. Esto se observa en que la misma hora es recordada cincuenta o más años después (ver Estudio a fondo 1, Jn. 1:39). Andrés y su amigo comprometieron sus vidas con Jesús.

"Mas a todos los que le recibieron, a los que creen en su nombre, les dio potestad de ser hechos hijos de Dios" (Jn. 1:12).

"Porque todo aquel que invocare el nombre del Señor, será salvo" (Ro. 10:13).

"Y decía a todos: Si alguno quiere venir en pos de mí, niéguese a sí mismo, tome su cruz cada día, y sígame" (Lc. 9:23).

ESTUDIO A FONDO 1

(1:39) ***Juan el apóstol - Confrontación - Conversión:*** ¿Conocía este momento Juan el apóstol porque él era el otro discípulo que no se nombra junto con Andrés? Al parecer Juan era el discípulo que no se menciona su nombre en este Evangelio. Advierta lo significativa que fue la experiencia con Jesús, Juan todavía la recordaba aunque habían pasado unos cincuenta años (cp. Jn. 18:15; 20:3).

[4] (1:41) ***Testificando – Familia:*** La primera preocupación de Andrés era su hermano Pedro. La escena era impactante. Tan pronto como pudo, luego de descubrir por sí mismo a Jesús, Andrés corrió a buscar a su hermano Simón.

1. Andrés había conocido personalmente a Jesús, y Él había conocido la necesidad de su corazón. Andrés no pudo contener la paz y el gozo; tenía que contarles a sus seres amados de inmediato. Quería que ellos también experimentaran el amor, el gozo y la paz de Jesús.

2. Andrés era un gran testimonio y un gran obrero personal para el Señor. Siempre se lo vio llevando a alguien ante Jesús (cp. Jn. 6:8; 12:22).

"Y les dijo: Venid en pos de mí, y os haré pescadores de hombres" (Mt. 4:19).

"Porque el Hijo del Hombre vino a buscar y a salvar lo que se había perdido" (Lc. 19:10).

"Entonces Jesús les dijo otra vez: Paz a vosotros. Como me envió el Padre, así también yo os envío" (Jn. 20:21).

"A algunos que dudan, convencedlos. A otros salvad, arrebatándolos del fuego; y de otros tened misericordia con temor, aborreciendo aun la ropa contaminada por su carne" (Jud. 22, 23).

"El fruto del justo es árbol de vida; y el que gana almas es sabio" (Pr. 11:30).

"Los entendidos resplandecerán como el resplandor del firmamento; y los que enseñan la justicia a la multitud, como las estrellas a perpetua eternidad" (Dn. 12:3).

[5] (1:41) ***Mesías - Testimonio:*** Era la convicción de Andrés. "Hemos hallado al *Mesías*". (Para el significado de la palabra "Mesías", ver Estudio a fondo 2, Cristo, Jn. 1:20.)

[6] (1:42) ***Testimonio:*** El fruto de Andrés, Simón, fue recogido por Jesús. Andrés vio a su hermano Simón ir hacia Jesús.

1. Advierta la palabra "mirándole" (emblepsas). Significa mirar con una mirada intensa, fuerte, concentrarse, observar. Jesús miró más dentro del ser de Pedro.

2. Advierta las palabras "Tú serás llamado". Se refieren al futuro. El nombre de Simón sería cambiado al de Cefas. Era una predicción de que él sería convertido y que pasaría de ser un hombre ególatra, a la defensiva y carnal, a uno fuerte, sólido, inamovible e inquebrantable roca para Dios.

Pensamiento 1: Advierta dos hechos importantes.

1) Jesús mira a un hombre: lo estudia y lo conoce íntimamente. Esto es a la vez un consuelo y una advertencia, según la respuesta del hombre.

"[Jesús] no tenía necesidad de que nadie le diese testimonio del hombre, pues él sabía lo que había en el hombre" (Jn. 2:25).

"Porque nada hay encubierto, que no haya de descubrirse; ni oculto, que no haya de saberse" (Lc. 12:2).

"¿Se ocultará alguno, dice Jehová, en escondrijos que yo no lo vea? ¿No lleno yo, dice Jehová, el cielo y la tierra?" (Jer. 23:24).

2) Jesús ve la potencialidad dentro de un hombre y anhela cambiar a dicho hombre para convertirlo en todo lo que puede llegar a ser.

"De modo que si alguno está en Cristo, nueva criatura es; las cosas viejas pasaron; he aquí todas son hechas nuevas" (2 Co. 5:17; cp. Ef . 4:24).

"Y él os dio vida a vosotros, cuando estabais muertos en vuestros delitos y pecados" (Ef. 2:1).

"Siendo renacidos, no de simiente corruptible, sino de incorruptible, por la palabra de Dios que vive y permanece para siempre" (1 P. 1:23).

"Os daré corazón nuevo, y pondré espíritu nuevo dentro de vosotros; y quitaré de vuestra carne el corazón de piedra, y os daré un corazón de carne" (Ez. 36:26).

	H. Jesús el profetizado: El testimonio de Felipe, 1:43-45		
1. La experiencia de Felipe a. Buscó personalmente a Jesús b. Fue llamado personalmente por Jesús. c. El motivo: Felipe conocía a Andrés y a Pedro.	43 El siguiente día quiso Jesús ir a Galilea, y halló a Felipe, y le dijo: Sígueme. 44 Y Felipe era de Betsaida, la ciudad de Andrés y Pedro.	45 Felipe halló a Natanael, y le dijo: Hemos hallado a aquél de quien escribió Moisés en la ley, así como los profetas: a Jesús, el hijo de José, de Nazaret.	**2. La primera preocupación de Felipe: Natanael** **3. La convicción de Felipe: Jesús era el profetizado**

DIVISIÓN I

LOS TESTIMONIOS DE LA REVELACIÓN DE JESUCRISTO, 1:1-51

H. Jesús el profetizado: El testimonio de Felipe, 1:43-45

(1:43-45) ***Introducción:*** El descubrimiento de Felipe y el testimonio de Jesucristo era inequívoco. Jesús era el que era profetizado en las Escrituras; Él era el Mesías prometido.

1. La experiencia de Felipe (vv. 43, 44)
2. La primera preocupación de Felipe: Natanael (v. 45)
3. La convicción de Felipe: Jesús era el profetizado (v. 45).

1 (1:43-44) ***Salvación - Discípulos - Jesucristo, el hombre que busca:*** La experiencia de Felipe involucró tres puntos importantes.

1. Jesús mismo era y buscó a Felipe, él no estaba buscando a Jesús. La iniciativa era totalmente de Jesús. Él tomó la iniciativa para encontrar, salvar a Felipe y alistarlo en su misión.

a. Jesús viajó una gran distancia para encontrar a Felipe. Galilea quedaba muy lejos, y advierta: el propósito declarado de Jesús para ir a Galilea era encontrar a Felipe. Este es un cuadro de cuán lejos llegará Jesús para buscar un alma. Para buscar a un hombre, Cristo recorrerá cualquier distancia...

- para cualquier pecado, no importa cuán terrible u horrible. Será constante en tratar de ingresar en la mente y el corazón de una persona.
- hasta cualquier lugar, no importa cuán oculto o vergonzoso. Enviará un pensamiento o un recuerdo o una persona justa para recordar y advertir a un ser humano.
- hasta cualquier condición, no importa cuán desvalida o sin esperanzas. Él verá que el mensaje de esperanza y de ayuda cruce el camino de esa persona.
- hasta cualquier persona, no importa cuan avergonzada o culpable. Él se encargará que oiga el mensaje de salvación si se arrepiente y que oiga la palabra de juicio si no se arrepiente.

Cristo recorrerá cualquier distancia para llegar a las personas. Él irá a cualquier lugar, a cualquier situación, a cualquier persona. Él verá que cada ser humano tenga una oportunidad de volverse a Dios.

La palabra de liberación puede provenir de una gran cantidad de fuentes: otra persona, un pensamiento, una agitación de la conciencia, un recuerdo, un escrito o solo por ver la naturaleza (Ro. 1:20). Cristo busca a cada persona y recorrerá cualquier distancia para encontrarlo, no importa cuán difícil sea.

Pensamiento 1: Toda persona debe emprender la *búsqueda* de Cristo cuando sienta su búsqueda. Una persona debe responder de inmediato, porque el Espíritu de Dios no siempre lucha con el hombre. Cuando sentimos por vez primera el impulso de tomar una decisión por Cristo, si posponemos la decisión una o dos horas, el impulso se desvanece y finalmente nos abandona por completo. El Espíritu de Dios no continúa luchando con nosotros.

> **"Y dijo Jehová: No contenderá mi espíritu con el hombre para siempre" (Gn. 6:3).**
>
> **"El hombre que reprendido endurece la cerviz, de repente será quebrantado, y no habrá para él medicina" (Pr. 29:1).**

Pensamiento 2: Todo creyente también tiene que estar dispuesto a recorrer cualquier distancia para llegar a la gente, sin importarle cuán lejos esté la persona o cuán profundamente depravada sea. Hay demasiadas personas en el mundo que son consideradas y tratadas como *intocables:* los alcohólicos, los inmorales, los pobres, los prisioneros, los enfermos.

> **"Pero recibiréis poder, cuando haya venido sobre vosotros el Espíritu Santo, y me seréis testigos en Jerusalén, en toda Judea, en Samaria, y *hasta lo último de la tierra*" (Hch. 1:8).**
>
> **"Porque tuve hambre, y me disteis de comer; tuve sed, y me disteis de beber; fui forastero, y me recogisteis; estuve desnudo, y me cubristeis; enfermo, y me visitasteis; en la cárcel, y vinisteis a mí" (Mt. 25:35, 36). (Recuerde que la persona que está en la *cárcel* es culpable de los delitos y los pecados más graves.)**

b. A Jesús se lo ve cumpliendo su misión al buscar y salvar a Felipe. Vino al mundo por el mismo propósito de buscar y salvar a los perdidos.

> **"Porque el Hijo del Hombre vino a buscar y a salvar lo que se había perdido" (Lc. 19:10).**
>
> **"El ladrón no viene sino para hurtar y matar y**

destruir; yo he venido para que tengan vida, y para que la tengan en abundancia" (Jn. 10:10).

"Yo para esto he nacido, y para esto he venido al mundo, para dar testimonio a la verdad. Todo aquel que es de la verdad, oye mi voz" (Jn. 18:37).

"Palabra fiel y digna de ser recibida por todos: que Cristo Jesús vino al mundo para salvar a los pecadores, de los cuales yo soy el primero" (1 Ti. 1:15).

2. Jesús mismo llamó a Felipe. Llamó a Felipe para que "lo siguiera" (ver Estudio a fondo 1, Jn. 1:43; Estudio a fondo 1, Lc. 9:23).

"Y decía a todos: Si alguno quiere venir en pos de mí, niéguese a sí mismo, tome su cruz cada día, y sígame" (Lc. 9:23).

"Mis ovejas oyen mi voz, y yo las conozco, y me siguen" (Jn. 10:27).

"Si alguno me sirve, sígame; y donde yo estuviere, allí también estará mi servidor. Si alguno me sirviere, mi Padre le honrará" (Jn. 12:26).

3. El motivo por el Felipe era llamado por Jesús es al parecer el motivo que se menciona en el versículo 44. Era de la misma ciudad que Andrés y Pedro. Felipe ansiaba la liberación; anhelaba al Mesías (cp. "Hemos hallado a aquel", v. 45). Por lo tanto, había buscado la compañía de quienes pensaban como él. Quería la compañía de los que buscaban la liberación divina. En la búsqueda de estas personas había conocido a Andrés y a Pedro, y eran amigos desde hacía un tiempo. Era natural que Andrés y Pedro sugirieran que Jesús buscara a Felipe para que se convirtiera en su discípulo. El hecho es este: Felipe era llamado por Jesús porque...

- había hecho algo respecto del anhelo y el ansia de liberación dentro de su alma.
- había buscado la compañía de los que buscaban la salvación de Dios.
- se había ubicado donde el mensaje le llegara cuando viniera.

"Bienaventurados los que tienen hambre y sed de justicia, porque ellos serán saciados" (Mt. 5:6).

"Bienaventurados los que ahora tenéis hambre, porque seréis saciados. Bienaventurados los que ahora lloráis, porque reiréis" (Lc. 6:21).

"Si alguno tiene sed, venga a mí y beba" (Jn. 7:37).

"Porque sacia al alma menesterosa, y llena de bien al alma hambrienta" (Sal. 107:9).

"A todos los sedientos: Venid a las aguas; y los que no tienen dinero, venid, comprad y comed. Venid, comprad sin dinero y sin precio, vino y leche" (Is. 55:1).

ESTUDIO A FONDO 1

(1:43) ***Seguir*** (akolouthei): Convertirse en un compañero cercano, en un seguidor cercano, en un discípulo. En esta palabra hay dos ideas significativas: unión y semejanza, o apegarse y conformidad. Seguir a Cristo significa...

- apegarse, estar unido a Él, estar en unión cercana a Él.
- llegar a ser como Él, conformarse a Él.

ESTUDIO A FONDO 2

(1:44) ***Betsaida:*** Jesús realizó un prolongado ministerio en Betsaida, pero los Evangelios no nos dicen nada sobre la ciudad en sí. La ciudad era denunciada por Jesús porque lo rechazaron (Mt. 11:21; Lc. 10:13). (Cp. Mr. 6:45; 8:22; Lc. 9:10; Jn. 12:21, para otras referencias sobre la ciudad.)

[2] (1:45) ***Dar testimonio:*** La primera preocupación de Felipe era encontrar a su amigo Natanael. Felipe "halló" a Natanael. Jesús había animado a Felipe a que lo "siguiera", a que fuera tal como Él, y Felipe lo hizo. Salió e hizo exactamente lo que Jesús había hecho con él. Jesús lo había buscado y lo había encontrado. Ahora, siguiendo el ejemplo de su Señor, él salió y encontró a su amigo Natanael. Felipe era un ganador de almas como el Señor.

"Entonces Jesús les dijo otra vez: Paz a vosotros. Como me envió el Padre, así también yo os envío" (Jn. 20:21).

"Lo que has oído de mí ante muchos testigos, esto encarga a hombres fieles que sean idóneos para enseñar también a otros" (2 Ti. 2:2).

"Porque no podemos dejar de decir lo que hemos visto y oído" (Hch. 4:20).

"Porque serás testigo suyo a todos los hombres, de lo que has visto y oído" (Hch. 22:15).

"Pero teniendo el mismo espíritu de fe, conforme a lo que está escrito: Creí, por lo cual hablé, nosotros también creemos, por lo cual también hablamos" (2 Co. 4:13).

[3] (1:45) ***Convicción - Decisión:*** La convicción de Felipe: quien había sido profetizado era Jesucristo. "Hemos hallado a aquél de quien escribió Moisés en la ley, así como los profetas: a Jesús, el hijo de José, de Nazaret". Advierta cuatro cosas.

1. Felipe estaba sumamente feliz. "Hemos hallado a aquél". Había júbilo, entusiasmo y regocijo latiendo en el pecho de Felipe. Jesús había satisfecho las necesidades y ansias de su corazón.

"Estas cosas os he hablado, para que mi gozo esté en vosotros, y vuestro gozo sea cumplido" (Jn. 15:11).

"Hasta ahora nada habéis pedido en mi nombre; pedid, y recibiréis, para que vuestro gozo sea cumplido" (Jn. 16:24).

"Porque el reino de Dios no es comida ni bebida, sino justicia, paz y *gozo en el Espíritu Santo*" (Ro. 14:17).

"Me mostrarás la senda de la vida; en tu presencia hay plenitud de gozo; delicias a tu diestra para siempre" (Sal. 16:11).

"Sacaréis con gozo aguas de las fuentes de la salvación" (Is. 12:3).

2. El plan de eterno de Dios para el hombre y su mundo está registrado en las Escrituras. Está allí para dar dirección al hombre.

"Escudriñad las Escrituras; porque a vosotros os parece que en ellas tenéis la vida eterna; y ellas son las que dan testimonio de mí" (Jn. 5:39).

"Toda la Escritura es inspirada por Dios, y útil para enseñar, para redargüir, para corregir, para instruir en justicia" (2 Ti. 3:16).

3. Felipe y Natanael conocían las Escrituras. Estaban familiarizados con el Mesías prometido.

"Procura con diligencia *presentarte a Dios aprobado*, como obrero que no tiene de qué avergonzarse, que usa bien la palabra de verdad" (2 Ti. 2:15).

"Desead, como niños recién nacidos, la leche espiritual no adulterada, para que por ella crezcáis para salvación, si es que habéis gustado la benignidad del Señor" (1 P. 2:2, 3).

4. Jesús de Nazaret era definitivamente identificado como el Mesías. (Ver Estudio a fondo 3, Jn. 1:45.)

ESTUDIO A FONDO 3

(1:45) Escrituras, cumplidas - Profecías, cumplidas:

PROFECÍAS DE JESÚS DEL ANTIGUO TESTAMENTO Y SU CUMPLIMIENTO EN EL NUEVO TESTAMENTO

Profecías		Cumplimiento
Gn. 3:15	La simiente prometida de la mujer	Gá. 4:4; Lc. 2:7; Ap. 12:5
Gn. 12:3;18:18; 22:18	La simiente prometida de Abraham	Hch. 3:25; Gá. 3:8 (Mt. 1:1; Lc. 3:34)
Gn. 17:19; 22:16, 17	La simiente prometida de Isaac	Mt. 1:2; Lc. 1:55, 72-74
Gn. 28:14 (Nm. 24:17)	La simiente prometida de Jacob	Lc. 3:34 (Mt. 1:2)
Gn. 49:10*a*	Surgirá de la tribu real de Judá	Lc. 3:33; He. 7:14
Dt. 18:15, 18	Será un profeta	Jn. 6:14; Hch. 3:22, 23
2 S. 7:13*b* (2 S. 7:13; Is. 9:1, 7; 11:1-5)	Será el heredero eterno del trono de David	Mt. 1:1 (Mt. 1:6; Lc. 1:32, 33)
2 S. 7:14*a*	Será el Hijo de Dios	Mr. 1:1
Is. 35:6; 61:1-2 (cp. Sal. 72:2; 146:8; Zac. 11:11)	Satisfacerá las desesperadas necesidades de los hombres	Mt. 11:4-6
Job 17:3	Rescatará a los hombres	Ef. 1:7 (1 Jn. 2:1, 2)
Sal. 2:1, 2	Será rechazado por las naciones	Lc. 23:36*a*, 38
Sal. 2:7	El Hijo de Dios	Hch. 13:33; He. 1:5; 5:5
Sal. 8:2	Debe ser alabado	Mt. 21:16
Sal. 16:8-11	Resucitará	Hch. 13:34-35; 2:25-28, 31 (Mt. 28:1, 2; Mr. 16:6, 12, 14, Lc. 24:1-53)
Sal. 22:1	Será abandonado por Dios	Mt. 27:46; Mr. 15:34
Sal. 22:7	Las personas moverán sus cabezas ante la cruz	Mt. 27:39
Sal. 22:18	Echarán suertes sobre sus ropas	Mt. 27:35; Mr. 15:24; Lc. 23:34; Jn. 19:24
Sal. 22:22	Asegurará a muchos hermanos	He. 2:12
Sal. 31:5	Encomienda su espíritu a Dios	Lc. 23:46
Sal. 40:6-8	Satisface la voluntad de Dios	He. 10:5-7
Sal. 41:9	Es traicionado por Judas	Jn. 13:18; Hch. 1:16
Sal. 45:6, 7	Es eterno y preeminente	He. 1:8, 9
Sal. 68:18	Liberará a los cautivos	Ef. 4:8-10
Sal. 69:21	Se le ofrecerá drogas en la cruz	Mt. 27:48; Mr. 15:36; Lc. 23:36; Jn. 19:28, 29
Sal. 69:25; 109:8	El destino de Judas	Hch. 1:20
Sal. 89:26, 27	Exaltación	Fil. 2:9 (cp. Ap. 11:15)
Sal. 95:7-11	Corazones endurecidos contra Él	He. 3:7-11; 4:3, 5-7
Sal. 102:25-27	Es creador y eterno	He. 1:10-12
Sal. 110:1	Será exaltado	Mt. 22:44; Mr. 12:36; Lc. 20:42; Hch. 2:34, 35; He. 1:13
Sal. 110:4	El Sumo Sacerdote	He. 5:6
Sal. 118:22, 23	La Roca	Mt. 21:42; Mr. 12:10; Lc. 20:17; Hch. 4:11
Sal. 118:25, 26	La entrada triunfal	Mt. 21:9; Mr. 11:9; Jn. 12:13
Sal. 132:11, 17	El Hijo de David	Lc. 1:69; Hch. 2:30
Is. 7:14	El nacimiento virginal	Mt. 1:23
Is. 9:1, 2	Una luz para los que están en oscuridad	Mt. 4:15, 16
Is. 11:2	El Espíritu permanece de una manera especial sobre Él	Lc. 4:18-21 (cp. Mt. 12:18 Jn. 3:34)
Is. 11:10	Salva a los gentiles	Ro. 15:12
Is. 25:8	Conquista la muerte	1 Co. 15:54
Is. 28:16	La Roca	Ro. 9:33; 1 P. 2:6
Is. 40:3-5	Tiene un precursor	Mt. 3:3; Mr. 1:3; Lc. 3:4-6
Is. 42:1-4	Ministra a los gentiles	Mt. 12:17-21
Is. 49:6	Una luz para los gentiles	Lc. 2:32; Hch. 13:47, 48; 26:23
Is. 53:1	No le creerán	Jn. 12:38; Ro. 10:16
Is. 53:3-6	Muere y resucita	Hch. 26:22, 23

Profecías (cont.)		Cumplimiento (cont.)
Is. 53:4-6, 11	Muere por los pecados del hombre	1 P. 2:24, 25
Is. 53:4	Sana y carga con las enfermedades del hombre	Mt. 8:17
Is. 53:9	No tiene pecado	1 P. 2:22
Is. 53:12	Es contado como pecador	Mr. 15:28; Lc. 22:37
Is. 54:13	Enseña como Dios	Jn. 6:45
Is. 55:3	Resucitará	Hch. 13:34
Is. 59:20, 21	Salvará a Israel	Ro. 11:26, 27
Jer. 31:31-34	Hará un nuevo pacto con el hombre	He. 8:8-12; 10:16, 17
Os. 1:10, 11	Llevará a cabo la restauración de Israel	Ro. 11:1-36
Os. 1:10	La conversión de los gentiles	Ro. 9:26
Os. 2:23	La conversión de los gentiles	Ro. 9:25; 1 P. 2:10
Jl. 2:28-32	La promesa del Espíritu	Hch. 2:16-21
Am. 9:11, 12	El regreso del Señor y el restablecimiento del reinado de David	Hch. 15:16, 17
Mi. 5:2	El lugar de nacimiento del Mesías	Mt. 2:5, 6; Jn. 7:42
Hab. 1:5	La incredulidad de los judíos	Hch. 13:40, 41
Hag. 2:6	El regreso de Cristo	He. 12:26
Zac. 9:9	La entrada triunfal	Mt. 21:4, 5; Jn. 12:14, 15
Zac. 11:13	La traición de Judas	Mt. 27:9, 10
Zac. 12:10	La lanza que atraviesa su costado	Jn. 19:37
Zac. 13:7	La diseminación de los discípulos ante la cruz	Mt. 26:31, 56; Mr. 14:27, 50
Mal. 3:1	El precursor, Juan el Bautista	Mt. 11:10; Mr. 1:2; Lc. 7. 27
Mal. 4:5, 6	El precursor, Juan el Bautista	Mt. 11:13, 14; 17:10-13; Mr. 9:11-13; Lc. 1:16, 17

1. La experiencia de Natanael a. Un hombre desesperado y prejuiciado b. Invitado a seguir a Jesús a pesar del prejuicio **2. La confrontación de Natanael con Jesús** a. Jesús lo conocía: sus creencias y carácter	**I. Jesús, el Hijo de Dios, el Rey de Israel: El testimonio de Natanael, 1:46-49** 46 Natanael le dijo: ¿De Nazaret puede salir algo de bueno? Le dijo Felipe: Ven y ve. 47 Cuando Jesús vio a Natanael que se le acercaba, dijo de él:	He aquí un verdadero israelita, en quien no hay engaño. 48 Le dijo Natanael: ¿De dónde me conoces? Respondió Jesús y le dijo: Antes que Felipe te llamara, cuando estabas debajo de la higuera, te vi. 49 Respondió Natanael y le dijo: Rabí, tú eres el Hijo de Dios; tú eres el Rey de Israel.	b. Jesús conocía lo más interior de su ser: todo acerca de él. **3. La convicción de Natanael: Jesús era el Hijo de Dios**

DIVISIÓN I

LOS TESTIMONIOS DE LA REVELACIÓN DE JESUCRISTO, 1:1-51

I. Jesús, el Hijo de Dios, el Rey de Israel: El testimonio de Natanael, 1:46-49

(1:46-49) ***Introducción:*** La confrontación de Natanael con Jesús era dramática. Él era un hombre con prejuicios y de sentimientos fuertes, que conocía la desesperación y la desesperanza; por lo tanto, era difícil conducirlo a Cristo. No obstante, su amigo Felipe persistió y se negó a cejar en darle testimonio de Cristo. Como resultado, Natanael era ganado para Cristo.

1. La experiencia de Natanael (v. 46)
2. La confrontación de Natanael con Jesús (vv. 47, 48)
3. La convicción de Natanael: Jesús era el Hijo de Dios (v. 49).

ESTUDIO A FONDO 1

(1:46-49) ***Natanael:*** Solo Juan menciona a Natanael. Sin embargo, los otros tres Evangelios mencionan a un discípulo que Juan no menciona, a Bartolomé. Estos dos nombres probablemente se refieran a la misma persona. Se cree que Natanael era el primer nombre y Bartolomé el segundo.

[1] (1:46) ***Natanael - Prejuicio - Testimonio:*** La experiencia de Natanael. Advierta tres hechos.

1. Fue el amigo de Natanael, Felipe, el que le dio a conocer las buenas nuevas con él (cp. Jn. 1:45). Él tuvo el privilegio de oír el evangelio de alguien que lo quería profundamente. Era tan amado por Felipe que era el primero con quien habló de la experiencia más importante de su vida.

2. Natanael era un hombre desesperado y con prejuicios.

a. La desesperación se observa en su respuesta a Felipe. Rechazó el testimonio de Felipe y lo hizo con un espíritu negativo, escéptico y reaccionario. "¿De Nazaret puede salir algo de bueno?" Contestó abruptamente a lo que había dicho Felipe. Lo cuestionó; no lo aceptaría ni lo creería. Había un sentimiento de desesperanza, de desesperación y de escepticismo en su pregunta. Al parecer era un hombre que había intentado y seguido a tantas voces en el mundo que perdió la esperanza. Muchos en el mundo habían prometido tanto, dejándolo vacío y en la búsqueda. ¿Por qué iba a creer en otra voz y seguirla?

Pensamiento 1: Tantas voces en el mundo prometen el camino de la vida, la satisfacción y el gozo. Sin embargo, al poco tiempo se descubre que son falsas, y siguen dejando al corazón humano vacío y a la deriva. Una persona atrapada en la desesperación se pregunta sobre el propósito real, el significado y la importancia de la vida.

"Está mi alma hastiada de mi vida; daré libre curso a mi queja, hablaré con amargura de mi alma" (Job 10:1).

"Porque mi vida se va gastando de dolor, y mis años de suspirar; se agotan mis fuerzas a causa de mi iniquidad, y mis huesos se han consumido" (Sal. 31:10).

"Dios mío, mi alma está abatida en mí" (Sal. 42:6).

"Estoy hundido en cieno profundo, donde no puedo hacer pie; he venido a abismos de aguas, y la corriente me ha anegado" (Sal. 69:2).

"En cuanto a mí, casi se deslizaron mis pies; por poco resbalaron mis pasos" (Sal. 73:2).

"Cuando pensé para saber esto, era duro trabajo para mí" (Sal. 73:16).

"Junto a los ríos de Babilonia, allí nos sentábamos, y aun llorábamos, acordándonos de Sion" (Sal. 137:1).

"Me dejó Jehová, y el Señor se olvidó de mí" (Is. 49:14).

"Guarda tus pies de andar descalzos, y tu garganta de la sed. Mas dijiste: No hay remedio en ninguna manera, porque a extraños he amado, y tras ellos he de ir" (Jer. 2:25).

"Tampoco queremos, hermanos, que ignoréis acerca de los que duermen [han muerto], para que no os entristezcáis como los otros que no tienen esperanza" (1 Ts. 4:13).

"En aquel tiempo estabais sin Cristo... sin esperanza y sin Dios en el mundo" (Ef. 2:12).

b. El prejuicio de Natanael se ve en su difamación contra Jesús porque Él era de Nazaret (Ver Estudio a fondo 2,

Nazaret, Jn. 1:46). Al parecer, Natanael era un seguidor de masas. Se había permitido a sí mismo ser influido por los tontos prejuicios del mundo.

Pensamiento 1: El prejuicio es una gran falla; deja de ver lo malo que hay en uno mismo y en el lugar de uno (ciudad, casa, negocio, iglesia); ignora las debilidades, las fallas, las equivocaciones y los errores personales.

"Entonces Pedro, abriendo la boca, dijo: En verdad comprendo que Dios no hace acepción de personas, sino que en toda nación se agrada del que le teme y hace justicia" (Hch. 10:34, 35).

"Porque no hay acepción de personas para con Dios" (Ro. 2:11).

"Porque no hay diferencia entre judío y griego, pues el mismo que es Señor de todos, es rico para con todos los que le invocan" (Ro. 10:12).

3. De todos modos, Natanael era invitado a seguir a Jesús. Su pecado, su desesperación y su prejuicio no desalentaron ni evitaron que Felipe invitara a su amigo y vecino a "ven y ve" a Jesús. Advierta también que Felipe no discutió con Natanael. Sencillamente lo enfrentó con Jesús.

Pensamiento 1: Advierta tres cosas.

1) No importa cuál sea el pecado, aún así debemos ir e invitar a los hombres a "venir y ver" a Jesús. Porque Felipe fue hasta su querido amigo, Natanael vino a Jesús, a pesar de su desesperanza y sus prejuicios.
2) Piense qué hubiera perdido Natanael si hubiera...
   - dejado que actuara su prejuicio contra las personas de Nazaret y lo alejara del que era llamado Jesús el Nazareno.
   - evitado su desesperanza que se acercara a Jesús.
3) El camino para conducir a un hombre a Cristo no es la acalorada discusión, sino enfrentarlo con Cristo.

"Porque no podemos dejar de decir lo que hemos visto y oído" (Hch. 4:20).

"Esto habla, y exhorta y reprende con toda autoridad. Nadie te menosprecie" (Tit. 2:15).

"Venid, oíd todos los que teméis a Dios, y contaré lo que ha hecho a mi alma" (Sal. 66:16).

ESTUDIO A FONDO 2

(1:46) ***Nazaret:*** Era una oscura ciudad de Galilea. Galilea, bordeada por países gentiles o paganos, a veces se la llamaba *Galilea de los gentiles*. Los judíos tenían tantos prejuicios contra los gentiles que consideraban que cualquier cosa o persona tocada por un gentil era impuro a la vista de Dios. Nazaret era desdeñada por los judíos porque estaba en la frontera de un país gentil y por lo tanto era tocada comercialmente por los gentiles. Era desdeñada por los romanos porque sus ciudadanos eran un pueblo conquistado. (Ver nota, punto 2, Mt. 13:53-58 para mayor discusión al respecto.)

[2] (1:47, 48) ***Sencillez, Jesucristo, Conocimiento - Pecado, Expuesto:*** El enfrentamiento de Natanael. Sucedieron dos cosas muy importantes en el enfrentamiento de Natanael con Jesús.

1. Jesús conocía a Natanael, a sus creencias y su carácter.

a. Jesús conocía sus creencias. Esto se observa cuando Jesús llama a Natanael "un verdadero israelita". Era el epítome de un israelita, todo lo que un israelita debía ser. *Creía* en las promesas de Dios. Intentaba vivir de acuerdo con el pacto, la norma que Dios había establecido para Israel y estaba buscando esa esperanza bendita y aparición gloriosa del Mesías. Jesucristo conocía las creencias de Natanael.

Pensamiento 1: Cristo conoce las creencias de un hombre, en las que este ha puesto su corazón. Conoce tanto las creencias buenas como las malas, los pensamientos divinos como los malignos del corazón humano.

"[Cristo] no tenía necesidad de que nadie le diese testimonio del hombre, pues él sabía lo que había en el hombre" (Jn. 2:25).

"Mas por él estáis vosotros en Cristo Jesús, el cual nos ha sido hecho por Dios sabiduría, justificación, santificación y redención" (1 Co. 1:30).

"Pues si nuestro corazón nos reprende, mayor que nuestro corazón es Dios, y él sabe todas las cosas" (1 Jn. 3:20).

"No multipliquéis palabras de grandeza y altanería; cesen las palabras arrogantes de vuestra boca; porque el Dios de todo saber es Jehová, y a él toca el pesar las acciones" (1 S. 2:3).

"Dios, tú conoces mi insensatez, y mis pecados no te son ocultos" (Sal. 69:5).

"Yo Jehová, que escudriño la mente, que pruebo el corazón, para dar a cada uno según su camino, según el fruto de sus obras" (Jer. 17:10).

b. Jesús conocía su carácter. Natanael era un hombre sin ardides (dolos). Esto significa que no engañaba, provocaba ni confundía a las personas. No ocultaba lo que pensaba; decía lo que pensaba y actuaba según lo que sentía. Era franco, abierto y sincero, no engañoso ni hipócrita. Este rasgo se ve reflejado en su respuesta a Felipe. Él no ocultaría lo que de verdad pensaba (v. 46)

Pensamiento 1: Una de las grandes tragedias del legado de las personas es que están llenas de astucias. Muchos engañan, engatusan y confunden a los demás. Pocos son directos, abiertos y sinceros, libres de engaño e hipocresía.

"Bienaventurados los de limpio corazón, porque ellos verán a Dios" (Mt. 5:8).

"Por lo cual, oh amados, estando en espera de estas cosas, procurad con diligencia ser hallados por él sin mancha e irreprensibles, en paz" (2 P. 3:14).

"Y en sus bocas no era hallada mentira, pues son sin mancha delante del trono de Dios" (Ap. 14:5).

"Bienaventurado el hombre a quien Jehová no culpa de iniquidad, y en cuyo espíritu no hay engaño" (Sal. 32:2).

"¿Quién subirá al monte de Jehová? ¿Y quién estará en su lugar santo? El limpio de manos y puro de corazón; el que no ha elevado su alma a cosas vanas, ni jurado con engaño" (Sal. 24:3, 4).

2. Jesús conoció lo más interior del ser de Natanael, todas las cosas con respecto a él. (Ver Estudio a fondo 3, Jn. 1:48.)

Pensamiento 1: Jesús conoce todo acerca de cada hombre. Nada escapa a su ojo vigilante, ni siquiera un solo pensamiento.

1) Esto ofrece gran esperanza al hombre que se acerca a Cristo. Él puede ayudarlo al satisfacer su necesidad y darle propósito y rumbo a su vida.
2) Esta es una gran advertencia para el hombre que va alegremente en su camino, pensando que su pecado está oculto y no será juzgado.

"Porque nada hay encubierto, que no haya de descubrirse; ni oculto, que no haya de saberse" (Lc. 12:2).

"Así que, no juzguéis nada antes de tiempo, hasta que venga el Señor, el cual aclarará también lo oculto de las tinieblas, y manifestará las intenciones de los corazones; y entonces cada uno recibirá su alabanza de Dios" (1 Co. 4:5).

"Si pequé, tú me has observado, y no me tendrás por limpio de mi iniquidad" (Job 10:14).

"Aunque te laves con lejía, y amontones jabón sobre ti, la mancha de tu pecado permanecerá aún delante de mí, dijo Jehová el Señor" (Jer. 2:22).

"Porque mis ojos están sobre todos sus caminos, los cuales no se me ocultaron, ni su maldad se esconde de la presencia de mis ojos" (Jer. 16:17).

"Y no consideran en su corazón que tengo en memoria toda su maldad; ahora les rodearán sus obras; delante de mí están" (Os. 7:2).

"Porque yo sé de vuestras muchas rebeliones, y de vuestros grandes pecados; sé que afligís al justo, y recibís cohecho, y en los tribunales hacéis perder su causa a los pobres" (Am. 5:12).

ESTUDIO A FONDO 3

(1:48) ***Higuera - Adoración:*** En Palestina la higuera representaba la paz, la seguridad, el descanso y la adoración (cp. 1 R. 4:25 ; Mi. 4:4). Con mucha frecuencia un hombre buscaba la soledad y la adoración bajo su higuera. No hay duda que esto era lo que Natanael había estado haciendo. Cuando Jesús le dijo a Natanael que lo había visto bajo su higuera, Él le estaba diciendo que sabía todo acerca de él, incluso los más profundos anhelos de su corazón. Jesús conocía la falta de esperanza de Natanael. Conocía su ansia de paz y liberación. Esto era suficiente para que Natanael diera su vida a Jesús para siempre.

3 (1:49) ***Confesión - Decisión:*** La convicción de Natanael. Confesó que Jesús era el Rabí (Profeta), el Hijo de Dios, el Rey de Israel. Advierta dos cosas.

1. La rapidez con que Natanael confesó a Jesús como su Señor.

"A cualquiera, pues, que me confiese delante de los hombres, yo también le confesaré delante de mi Padre que está en los cielos" (Mt. 10:32).

"Os digo que todo aquel que me confesare delante de los hombres, también el Hijo del Hombre le confesará delante de los ángeles de Dios" (Lc. 12:8).

"Que si confesares con tu boca que Jesús es el Señor, y creyeres en tu corazón que Dios le levantó de los muertos, serás salvo" (Ro. 10:9).

"Todo aquel que niega al Hijo, tampoco tiene al Padre. El que confiesa al Hijo, tiene también al Padre" (1 Jn. 2:23).

"Todo aquel que confiese que Jesús es el Hijo de Dios, Dios permanece en él, y él en Dios" (1 Jn. 4:15).

2. La claridad con que Natanael comprendió quién era Jesús.
   a. Él era el "Rabí", el gran Maestro o Profeta prometido a Israel (Ver nota, Lc. 3:38 para una mayor discusión al respecto).
   b. Él era el Hijo de Dios (Ver notas, Jn. 1:1, 2; 1:34 para mayor discusión.)
   c. Él era el Rey de Israel (Ver Estudio a fondo 4, Jn. 1:49 para mayor discusión.)

ESTUDIO A FONDO 4

(1:49) ***Jesucristo, Rey de Israel:*** Jesús era declarado el Rey mesiánico. Dios le había dado a David y a su linaje (el Mesías) la promesa de gobierno eterno (2 S. 7:12 ; Sal. 39:3ss; 132:11). Advierta la frecuencia con que Jesús fue llamado el hijo de David. (Cp. Mt. 12:23; 15:22; 20:30,31; 21:9, 15; Hch. 2:29-36; Ro. 1:3; 2 Ti. 2:8; Ap. 22:16.) Era el título común y el concepto popular del Mesías. Generación tras generación de judíos ha ansiado y buscado al liberador prometido de Israel. El pueblo esperaba que Él fuera un gran general que liberaría y restauraría la nación a su grandeza. De hecho, esperaban que hiciera que la nación fuera el centro del universo. Con la ayuda de Dios, Él conquistaría el mundo y centraría la gloria y la majestad de Dios mismo en Jerusalén; y desde su trono, el trono de David, llevaría a cabo el *fuego mesiánico del juicio* sobre las naciones y los pueblos del mundo (Ver Estudio a fondo 2, Mt. 1:18; Estudio a fondo 2, 3:11; notas, 11:1-6; 11:2,3; Estudio a fondo 1, 11:5; Estudio a fondo 2, 11:6; nota, Lc. 7:21.) Estas notas demostrarán cuál era el concepto judío del Mesías. (Ver nota, Jesús, Heredero de David, Lc. 3:24-31 para mayor discusión al respecto.)

	J. Jesús, el Hijo del Hombre, el Mediador ante Dios: El testimonio de Jesús mismo, 1:50, 51	51 Y le dijo: De cierto, de cierto os digo: De aquí adelante veréis el cielo abierto, y a los ángeles de Dios que suben y descienden sobre el Hijo del Hombre.	3 El Mediador 4. El Hijo del Hombre
1. La experiencia de Natanael (vv. 46-49) 2 La revelación de Dios, el que revela mayores cosas	50 Respondió Jesús y le dijo: ¿Porque te dije: Te vi debajo de la higuera, crees? Cosas mayores que estas verás.		

DIVISIÓN I

EL TESTIMONIO DE LA REVELACIÓN DE JESUCRISTO, 1:1-51

J. Jesús, el Hijo del Hombre, Mediador ante Dios: El testimonio de Jesús mismo, 1:50, 51

(1:50, 51) ***Introducción:*** Jesús dio testimonio de sí mismo. Declaró claramente quién era.

1. La experiencia de Natanael (vv. 46-49)
2. La revelación de Dios, el que revela mayores cosas (v. 50)
3. El Mediador (v. 51)
4. El Hijo del Hombre (v. 51)

1 (1:50) ***Natanael:*** La experiencia de Natanael con Jesús es el contexto de lo que Jesús dijo en este pasaje.

2 (1:50) Jesucristo, revelación de Dios: Jesucristo es la revelación de Dios, el que revela mayores cosas. Advierta dos puntos.

1. Fue la fe en Jesús lo que trajo "mayores cosas" a la vida de Natanael. Él creyó en Jesús, por lo tanto, podía esperar recibir mayores cosas, recibir más y más de Dios.

> **"Si tuviereis fe como un grano de mostaza, diréis a este monte: Pásate de aquí allá, y se pasará; y nada os será imposible" (Mt. 17:20).**
>
> **"Jesús le dijo: Si puedes creer, al que cree todo le es posible" (Mr. 9:23).**
>
> **"El ladrón no viene sino para hurtar y matar y destruir; yo he venido para que tengan vida, y para que la tengan en abundancia" (Jn. 10:10).**
>
> **"¡Oh profundidad de las riquezas de la sabiduría y de la ciencia de Dios! ¡Cuán insondables son sus juicios, e inescrutables sus caminos!" (Ro. 11:33).**
>
> **"Como está escrito: Cosas que ojo no vio, ni oído oyó, ni han subido en corazón de hombre, son las que Dios ha preparado para los que le aman" (1 Co. 2:9).**
>
> **"Para que habite Cristo por la fe en vuestros corazones, a fin de que, arraigados y cimentados en amor, seáis plenamente capaces de comprender con todos los santos cuál sea la anchura, la longitud, la profundidad y la altura, y de conocer el amor de Cristo, que excede a todo conocimiento, para que seáis llenos de toda la plenitud de Dios" (Ef. 3:17-19).**

2. Es Jesús mismo quien es la revelación de Dios; por lo tanto, es Jesús el que revela las "mayores cosas" de la vida. (Ver nota, Jn. 14:6 para una discusión más profunda.)

a. Jesucristo es la personificación de la revelación.

> **"En el principio era el Verbo, y el Verbo era con Dios, y el Verbo era Dios. Este era en el principio con Dios" (Jn. 1:1, 2).**
>
> **"Jesús le dijo: Yo soy el camino, y la verdad, y la vida; nadie viene al Padre, sino por mí" (Jn. 14:6).**
>
> **"Porque en él habita corporalmente toda la plenitud de la deidad" (Col. 2:9).**

b. Jesucristo es el comunicador de la revelación.

> **"En él estaba la vida, y la vida era la luz de los hombres" (Jn. 1:4; cp. Jn. 1:1-3).**
>
> **"Y aquel Verbo era hecho carne, y habitó entre nosotros (y vimos su gloria, gloria como del unigénito del Padre), lleno de gracia y de verdad" (Jn. 1:14).**
>
> **"Jesús le dijo: ¿Tanto tiempo hace que estoy con vosotros, y no me has conocido, Felipe? El que me ha visto a mí, ha visto al Padre; ¿cómo, pues, dices tú: Muéstranos el Padre? ¿No crees que yo soy en el Padre, y el Padre en mí? Las palabras que yo os hablo, no las hablo por mi propia cuenta, sino que el Padre que mora en mí, él hace las obras" (Jn. 14:9, 10).**

c. Jesucristo es el liberador de la revelación.

> **"Si vosotros permaneciereis en mi palabra, seréis verdaderamente mis discípulos; y conoceréis la verdad, y la verdad os hará libres" (Jn. 8:31, 32).**
>
> **"Yo he venido para que tengan vida, y para que la tengan en abundancia" (Jn. 10:10).**

3 (1:51) ***Jesucristo, Mediador:*** Jesucristo es el mediador entre Dios y el hombre. Esto se observa en la figura que Jesús pintó con las palabras: "Veréis el *cielo abierto,* y a los ángeles de Dios *que suben* y descienden sobre el Hijo del Hombre" (v. 51).

Esta es una figura de la escalera de Jacob (Gn. 28:10-22). Es un cuadro de un acceso abierto ante la misma presencia de Dios: La puerta del cielo está abierta y los ángeles están *ascendiendo de la tierra* al cielo. Jesús quería decir que...

- Él es la escalera de Jacob; la escalera es un símbolo de Él. Cristo es quien abre el cielo.
- Él es el que asciende *de la tierra* al cielo, por quien el hombre puede comunicarse con el cielo.

Pensamiento 1: Cabe advertir tres hechos importantes.

1) Un hombre *puede* acercarse a Dios e ingresar al cielo

a través de Cristo (Jn. 14:6). El abismo, la soledad y la alineación que el hombre conoce tiene un puente de comunicación.

2) Un hombre tiene acceso a Dios *únicamente* a través de Cristo (Jn. 14:6).

3) Un hombre puede tener comunicación *constante* con Dios. La figura es de ángeles que llevan mensajes de la tierra al cielo, y vuelven de nuevo a la tierra.

4 (1:51) ***Jesucristo, el Hijo del Hombre:*** Jesucristo es el Hijo del Hombre. Esto no significa que Jesús nació de un hombre. Significa que Él es más que un hombre común, más que un hijo de algún hombre. Jesús es lo que todo hombre debería ser, *el Hijo del Hombre mismo.*

1. Jesucristo es el hombre ideal: *el hombre representante, el hombre perfecto, el modelo, la personificación* de todo lo que un hombre debería ser (Ver Estudio a fondo 3, Mt. 1:16). Jesucristo es la *imagen perfecta* de un hombre. Todo lo que Dios quiere que sea un hombre se ve perfectamente en Jesucristo (cp. Jn. 1:14; Col. 2:9, 10; He. 1:3).

2. Jesucristo es el *siervo ideal* del hombre. Esta expresión acentúa la compasión por los pobres, los quebrantados, los cautivos, los ciegos, los doloridos, los parias, los afligidos (cp. Lc. 4:18). Jesús es el modelo, el ejemplo perfecto de la preocupación y el cuidado. Sirvió a otras personas tal como todo hombre debería servir a los demás.

Jesús se llamó a sí mismo "el Hijo del Hombre" aproximadamente ochenta veces. Fue su título favorito. El título *Hijo del Hombre* probablemente se base en el Hijo del Hombre de Daniel 7:13,14. También hay una semblanza de Jesús como el Hijo celestial del Hombre contrastada con Adán como el hombre terrenal en 1 Co. 15:45-47. Ambas referencias pintan a Jesús como el *hombre representante, el hombre ideal*, en el plan de Dios para la historia del mundo.

"Jesús le dijo: Las zorras tienen guaridas, y las aves del cielo nidos; mas el Hijo del Hombre no tiene dónde recostar su cabeza" (Mt. 8:20).

"Pues para que sepáis que *el Hijo del Hombre tiene potestad en la tierra para perdonar pecados* (dice entonces al paralítico): Levántate, toma tu cama, y vete a tu casa" (Mt. 9:6).

"Como el Hijo del Hombre no vino para ser servido, sino para servir, y para dar su vida en rescate por muchos" (Mt. 20:28).

"Porque como el relámpago que sale del oriente y se muestra hasta el occidente, así será también la venida del Hijo del Hombre" (Mt. 24:27).

"Porque el que se avergonzare de mí y de mis palabras en esta generación adúltera y pecadora, el Hijo del Hombre se avergonzará también de él, cuando venga en la gloria de su Padre con los santos ángeles" (Mr. 8:38).

"Pero cuando venga el Hijo del Hombre, ¿hallará fe en la tierra?" (Lc. 18:8).

"Porque el Hijo del Hombre vino a buscar y a salvar lo que se había perdido" (Lc. 19:10).

"Porque como el Padre tiene vida en sí mismo, así también ha dado al Hijo el tener vida en sí mismo; y también le dio autoridad de hacer juicio, *por cuanto es el Hijo del Hombre*" (Jn. 5:26, 27).

"Jesús les dijo: De cierto, de cierto os digo: Si no coméis la carne del Hijo del Hombre, y bebéis su sangre, no tenéis vida en vosotros" (Jn. 6:53).

"Jesús les respondió diciendo: Ha llegado la hora para que el Hijo del Hombre sea glorificado" (Jn. 12:23).

"Entonces, cuando hubo salido, dijo Jesús: Ahora es glorificado el Hijo del Hombre, y Dios es glorificado en él. Si Dios es glorificado en él, Dios también le glorificará en sí mismo, y en seguida le glorificará" (Jn. 13:31, 32).

"Viniendo Jesús a la región de Cesarea de Filipo, preguntó a sus discípulos, diciendo: ¿Quién dicen los hombres que es el Hijo del Hombre?... Respondiendo Simón Pedro, dijo: Tú eres el Cristo, el Hijo del Dios viviente" (Mt. 16:13, 16).

"Y [Esteban] dijo: He aquí, veo los cielos abiertos, y al Hijo del Hombre que está a la diestra de Dios" (Hch. 7:56).

"Y me volví para ver la voz que hablaba conmigo; y vuelto, vi siete candeleros de oro [iglesias], y en medio de los siete candeleros, a uno semejante al Hijo del Hombre, vestido de una ropa que llegaba hasta los pies, y ceñido por el pecho con un cinto de oro" (Ap. 1:12, 13).

	CAPÍTULO 2 **II. LA REVELACIÓN DE JESÚS, EL HIJO DE DIOS, 2:1—3:21** **A. Primera revelación: Poder creador, 2:1-11**	6 Y estaban allí seis tinajas de piedra para agua, conforme al rito de la purificación de los judíos, en cada una de las cuales cabían dos o tres cántaros. 7 Jesús les dijo: Llenad estas tinajas de agua. Y las llenaron hasta arriba.	**3. La revelación del poder creador de Jesús** a. Los materiales: tinajas de agua; usadas para purificar y apagar la sed. b. La orden: preparar c. La obediencia: llenaron con agua y experimentaron el poder creador de Jesús
1. Una boda en Caná de Galilea a. Tiempo: el tercer día b. Asistió María c. Asistieron Jesús y los discípulos	1 Al tercer día se hicieron unas bodas en Caná de Galilea; y estaba allí la madre de Jesús. 2 Y fueron también invitados a las bodas Jesús y sus discípulos.	8 Entonces les dijo: Sacad ahora, y llevadlo al maestresala. Y se lo llevaron.	
2. La preocupación del poder creador de Jesús a. La preocupación social de María b. La preocupación más profunda de Jesús: satisfacer la necesidad espiritual del hombre c. La confianza de María en su Hijo	3 Y faltando el vino, la madre de Jesús le dijo: No tienen vino. 4 Jesús le dijo: ¿Qué tienes conmigo, mujer? Aún no ha venido mi hora. 5 Su madre dijo a los que servían: Haced todo lo que os dijere.	9 Cuando el maestresala probó el agua hecha vino, sin saber él de dónde era, aunque lo sabían los sirvientes que habían sacado el agua, llamó al esposo, 10 y le dijo: Todo hombre sirve primero el buen vino, y cuando ya han bebido mucho, entonces el inferior; mas tú has reservado el buen vino hasta ahora. 11 Este principio de señales hizo Jesús en Caná de Galilea, y manifestó su gloria; y sus discípulos creyeron en él.	**4. Los resultados del poder creador de Jesús** a. Se satisfizo la necesidad del hombre b. Se reveló la gloria de Cristo c. Se fortificó la fe de los discípulos

DIVISIÓN II

LA REVELACIÓN DE JESÚS, EL HIJO DE DIOS, 2:1—3:21

A. Primera revelación: Poder creador, 2:1-11

(2:1-11) ***Introducción:*** Este fue el primer milagro realizado por Jesús. Demostró su verdadero propósito al venir a la tierra: revelar el *poder creador* de Dios. Él tenía el poder de *crear y producir* lo que se necesitara para satisfacer la necesidad del hombre.

1. Una boda en Caná de Galilea (vv. 1, 2).
2. La preocupación del poder creador de Jesús (vv. 3-5).
3. La revelación del poder creador de Jesús (vv. 6-8).
4. Los resultados del poder creador de Jesús (vv. 9-11).

[1] (2:1-2) ***Jesucristo, Familia - Boda:*** Hubo una boda en Caná de Galilea.

1. La boda se llevó a cabo al tercer día de que Jesús llegara a Galilea, o dos días después del encuentro de Natanael con Jesús.

2. María, la madre de Jesús, estaba allí. Advierta que a José no se lo menciona. La mayoría de los comentaristas piensan que ya había muerto. De hecho, piensan que había muerto hacía años y que Jesús, al ser el hijo mayor, se había quedado en el hogar para hacerse cargo de la familia hasta que los demás niños fueran lo bastante grandes como para vivir por ellos mismos.

> ***Pensamiento 1:*** Advierta los extremos sufrimientos de Cristo. Él había venido para cargar con todos los juicios del mundo para el hombre. Él sufrió...
> • la muerte de un padre (Ver nota, punto 3, Mt. 13:53-58.)
> • ser el hijo de una familia sin padre.
> • tener que ir a trabajar siendo muy pequeño para buscar provisión para su madre y a sus medio hermanos y hermanas.

3. Jesús y sus discípulos asistieron a la boda. La boda era un momento feliz, alegre, y era uno de los principales acontecimientos sociales de la comunidad. Esto nos dice dos cosas sobre Jesús.

a. Jesús era una persona sociable. Le gustaba la gente, y a la gente le gustaba Él. Disfrutaba de la compañía de las personas. No era antisociable. Estaba centrado en las personas. Su ministerio se centró en las personas, estando con ellas y ayudándolas todo lo que podía. (cp. Mt. 11:19; Lc. 7:34. Ver nota, Mt. 11:16-19.)

> ***Pensamiento 1:*** El hombre es un ser social. Jesús nos estaba enseñando a ser sociables y a no ocuparnos demasiado en ser sociables. Él espera un equilibrio en nuestra vida, y la verdad en nuestros tiempos es que la mayoría de las personas no están lo bastante solas. La mayoría de las personas no están trabajando, produciendo ni haciendo su contribución al mundo según lo quiere Dios, no tan diligentemente como debieran. La mayoría tiene el problema de tener una vida social demasiado intensa, ya sea en cuanto a recreación, fiestas o en el trabajo.

"Y perseveraban en la doctrina de los apóstoles, en la comunión unos con otros, en el partimiento del pan y en las oraciones" (Hch. 2:42).

"Compartiendo para las necesidades de los santos; practicando la hospitalidad" (Ro. 12:13).

"Si algún incrédulo os invita, y queréis ir, de todo lo que se os ponga delante comed, sin preguntar nada por motivos de conciencia" (1 Co. 10:27).

"Sino hospedador, amante de lo bueno, sobrio, justo, santo, dueño de sí mismo" (Tit. 1:8).

"Hospedaos los unos a los otros sin murmuraciones" (1 P. 4:9).

"Compañero soy yo de todos los que te temen y guardan tus mandamientos" (Sal. 119:63).

"Dijo también al que le había convidado: Cuando hagas comida o cena, no llames a tus amigos, ni a tus hermanos, ni a tus parientes, ni a vecinos ricos; no sea que ellos a su vez te vuelvan a convidar, y seas recompensado. Mas cuando hagas banquete, llama a los pobres, los mancos, los cojos y los ciegos; y serás bienaventurado; porque ellos no te pueden recompensar, pero te será recompensado en la resurrección de los justos" (Lc. 14:12-14).

b. Jesús honró el matrimonio. Demostró su aprobación y honor de dos maneras: asistiendo al festejo de la boda y satisfaciendo la urgente necesidad del novio.

Pensamiento 1: Jesús honró y bendijo al matrimonio porque era "invitado a las bodas". Debió ser genuinamente invitado a la boda antes de poder bendecirla.

"He aquí, yo estoy a la puerta y llamo; si alguno oye mi voz y abre la puerta, entraré a él, y cenaré con él, y él conmigo" (Ap. 3. 20).

"Mas a todos los que le recibieron, a los que creen en su nombre, les dio potestad de ser hechos hijos de Dios" (Jn. 1:12).

"Porque todo aquel que invocare el nombre del Señor, será salvo" (Ro. 10:13).

ESTUDIO A FONDO 1

(2:1) ***Boda - Matrimonio, ceremonia judía:*** Una ceremonia de bodas judía incluye tres hechos principales. (Ver Estudio a fondo 1, Mt. 25:1-3 para una discusión más profunda.)

1. Había un festejo de la boda y una ceremonia, que se llevaban a cabo la misma noche.

2. Estaba la escolta de la pareja por las calles hasta su hogar. La procesión habitualmente se realizaba de noche. Se empleaban antorchas y se tomaba la ruta más larga hasta el hogar para atraer más atención y permitir que la comunidad participara del suceso festivo.

3. Estaba la casa abierta que duraba una semana. Una ceremonia de boda judía implicaba una celebración prolongada. Había un espíritu alegre y festivo del que participaba toda la comunidad y rodeaba a la pareja. Toda la semana la pareja vestía su ropa de bodas (traje y túnica) y entretenía a los huéspedes. Se esperaba que toda la comunidad participara y celebrara con la pareja su nueva felicidad.

ESTUDIO A FONDO 2

(2:1) ***Caná:*** Un pueblo pequeño, remoto y oscuro. Se cree que estaba en las colinas de Galilea, ya que una persona *bajó* de Caná a Capernaum. Estaba cerca de Nazaret y según el padre Jerónimo de la iglesia primitiva, la ciudad podía verse desde Nazaret. Poco más es lo que se sabe del pueblo. Dos milagros sucedieron en Caná: este acontecimiento de poder creador donde el agua se convirtió en vino (Jn. 2:1-11) y la sanidad del hijo del noble (Jn. 4:46-54). A Caná se menciona una sola vez más en las Escrituras (Jn. 21:2), tres veces juntas, y solo lo hace Juan en su Evangelio.

[2] (2:3-5) ***Jesucristo, Hora de - Preocupaciones sociales - Necesidades:*** La preocupación del poder creador de Jesús. Advierta que todo apunta a María como teniendo una participación clave en la boda. Había alguien que supervisaba los asuntos hogareños (v. 9), pero al parecer María estaba ayudando de alguna manera. Advierta tres cosas.

1. La preocupación social de María. La necesidad que surgió era bastante seria, ya que se había terminado el vino y la celebración acababa de empezar. Todavía falta *toda* una semana de celebración. La pareja tenía que tener la *casa abierta* y brindar el vino y los manjares por toda la semana. ¿Qué iban a hacer? Siempre debe recordarse la importancia del vino en Medio Oriente. El agua libre de gérmenes era escasa, y se la usaba solo cuando era necesario. El vino se empleaba como un substituto para beber. Había una necesidad crítica, una situación embarazosa que iba a afectar a todos los involucrados.

⇒ El espíritu festivo de los invitados se vería opacado.

⇒ La pareja pasaría vergüenza y humillación, siendo objeto de bromas entre algunas personas.

⇒ María, la madre de Jesús, probablemente una de las anfitrionas, se sentiría avergonzada.

María, naturalmente, estaba preocupada por el asunto, pero advierta este punto: La preocupación de María era una *preocupación social*, una preocupación por ver satisfechas las necesidades de un grupo social. Hizo lo que cualquier otra madre hubiera hecho. Le llevó el problema a su hijo. "No tienen vino".

2. La preocupación más profunda de Jesús: satisfacer la necesidad espiritual del hombre de regeneración. En la preocupación de María, Jesús vio una oportunidad única para comenzar a familiarizar a su madre con la verdad de quién Él era: El Hijo de Dios que había venido al mundo para una *hora* en particular *(la cruz)*. Ni María ni nadie comprendía la persona de Jesús, su verdadera misión o mesianismo; no todavía (Ver nota, Mr. 3:31, 32.) Por lo tanto, al inicio de su ministerio, Jesús comenzó a enseñarle a todos, y en particular a la persona que era apreciada a su corazón: Su madre. Quería hacer todo lo que podía para prepararla a ella y a otros para el terrible dolor que iba a venir durante *su hora*. Era en verdad el Hijo de Dios; había nacido de Dios. Él ?su persona y misión? *tenían que ver con Dios y las cosas del Espíritu*, no con María y sus necesidades sociales y materiales. Él no tenía nada en común con ella y la carne. *Él era de Dios y del Espíritu.* Ella debía comenzar a comprenderlo y a verlo. Cuando más oyera la verdad, más podría ver y comprender, especialmente luego de que llegara *su hora*. Por lo tanto, Jesús usaba toda oportunidad posible

para familiarizar a sus seres queridos con la frase: "Mi hora". *Su hora* se convertiría en un símbolo constante de su muerte (cp. Jn. 7:6, 8, 30; 8:20; 12:23, 24, 27, 33; 13:1; 17:1; Mt. 26:18, 45; Mr. 14:41).

Lo que Jesús quiso decir es que todavía no había llegado *su hora*...

- la hora cuando realmente podría satisfacer las necesidades del hombre.
- la hora cuando debía morir por la regeneración del hombre.

Pensamiento 1: Jesús siempre se concentró en su propósito al venir a la tierra: enfrentar *su hora*, morir por la salvación del hombre.

"Jesús les respondió diciendo: Ha llegado la hora para que el Hijo del Hombre sea glorificado. De cierto, de cierto os digo, que si el grano de trigo no cae en la tierra y muere, queda solo; pero si muere, lleva mucho fruto... Ahora está turbada mi alma; ¿y qué diré? ¿Padre, sálvame de esta hora? Mas para esto he llegado a esta hora... Y yo, si fuere levantado de la tierra, a todos atraeré a mí mismo. Y decía esto dando a entender de qué muerte iba a morir" (Jn. 12:23, 24, 27, 32, 33).

"Antes de la fiesta de la pascua, sabiendo Jesús que su hora había llegado para que pasase de este mundo al Padre, como había amado a los suyos que estaban en el mundo, los amó hasta el fin" (Jn. 13:1).

Pensamiento 2: La preocupación de María describe la preocupación social del hombre. El hombre tiene muchas necesidades sociales. La sociedad, ya sea de trabajadores sociales o de comunidades de individuos, se preocupa por...

- la salud social
- la plenitud social
- la paz social
- la comodidad social
- las viviendas sociales
- la justicia social

Advierta dos cosas.

1) Cristo satisfizo la preocupación social, la necesidad, el momento difícil. Él resolvió el problema.
2) No obstante, Cristo no se detuvo aquí. Satisfacer las necesidades materiales y físicas de la sociedad no es suficiente. Cristo satisfizo la preocupación más profunda del hombre:
   ⇒ la vida
   ⇒ la felicidad
   ⇒ el amor
   ⇒ la satisfacción
   ⇒ la tranquilidad
   ⇒ la plenitud
   ⇒ la seguridad
   ⇒ el sentirse completos

"El ladrón no viene sino para hurtar y matar y destruir; yo he venido para que tengan vida, y para que la tengan en abundancia" (Jn. 10:10).

"Estas cosas os he hablado, para que mi gozo esté en vosotros, y vuestro gozo sea cumplido" (Jn. 15:11).

3. La confianza de María en su Hijo. Era de noche y no se podía comprar vino. Era impensable que María le pidiera a Jesús que realizara un milagro. Por lo que sabemos, todavía no había realizado ninguno. Lo que ella estaba haciendo era buscar su ayuda, al pedirle que se ocupara del asunto. Por supuesto, Él podía lograr que algún mercader abriera su tienda y así satisfacer la necesidad, o podía conseguir vino de algunos vecinos. María tenía total confianza en Él. Pero, nuevamente, ese no es el asunto. Jesús vio la *oportunidad* de demostrar su poder creador, el tipo de poder necesario para satisfacer la necesidad de regeneración del hombre.

"Jesús les dijo: Mi comida es que haga la voluntad del que me envió, y que acabe su obra" (Jn. 4:34).

"Me es necesario hacer las obras del que me envió, entre tanto que el día dura; la noche viene, cuando nadie puede trabajar" (Jn. 9:4).

"Y esto, conociendo el tiempo, que es ya hora de levantarnos del sueño; porque ahora está más cerca de nosotros nuestra salvación que cuando creímos. La noche está avanzada, y se acerca el día. Desechemos, pues, las obras de las tinieblas, y vistámonos las armas de la luz" (Ro. 13:11, 12).

"Pero esto digo, hermanos: que el tiempo es corto; resta, pues, que los que tienen esposa sean como si no la tuviesen" (1 Co. 7:29).

"Aprovechando bien el tiempo, porque los días son malos" (Ef. 5:16).

"Andad sabiamente para con los de afuera, redimiendo el tiempo" (Col. 4:5).

3 (2:6-8) ***Limpieza - Conversión:*** La revelación del poder creador de Jesús. Advierta tres cosas.

1. Las seis tinajas se usaban tanto para beber agua como para que los judíos se purificaran y se lavaran, es decir: *la limpieza ceremonial y religiosa* de las manos y los utensilios. Cuando un judío veía una tinaja, sabía que estaba allí para satisfacer su sed y para su limpieza religiosa. Jesús utilizó las tinajas para demostrar que Él tenía el poder...

- de *purificar, limpiar y satisfacer a* los hombres.
- de *crear y producir* lo que fuera necesario para limpiar y satisfacer a los hombres.

"Jesucristo el testigo fiel, el primogénito de los muertos, y el soberano de los reyes de la tierra. Al que nos amó, y nos lavó de nuestros pecados con su sangre" (Ap. 1. 5).

"No por obras de justicia que nosotros hubiéramos hecho, sino por su misericordia, por el lavamiento de la regeneración y por la renovación en el Espíritu Santo" (Tit. 3:5).

"Acercaos a Dios, y él se acercará a vosotros. Pecadores, limpiad las manos; y vosotros los de doble ánimo, purificad vuestros corazones" (Stg. 4:8).

"¿No sabéis que los injustos no heredarán el reino de Dios? No erréis; ni los fornicarios, ni los idólatras, ni los adúlteros, ni los afeminados, ni los que se echan con varones, ni los ladrones, ni los avaros, ni los borrachos, ni los maldicientes, ni los estafadores, heredarán el reino de Dios. Y esto erais algunos; mas ya habéis sido *lavados*, ya habéis sido *santificados*, ya habéis sido justificados en el nombre del Señor Jesús, y por el Espíritu de nuestro Dios" (1 Co. 6:9-11).

2. Jesús tenía una preocupación mayor que el solo hecho de satisfacer la necesidad social del anfitrión. Él había venido para satisfacer la necesidad del hombre de purificación espiritual y limpieza interior, y Él iba a hacerlo mediante *su hora* (la cruz). Por lo tanto, aprovechó la oportunidad para revelar su poder creador. Su poder para crear al hombre de nuevo. (Ver Estudio a fondo 1, Nuevo nacimiento, Jn. 3:1-15.)

Pensamiento 1: O bien creemos que Cristo es el Mesías o no. O creemos que Él tiene el poder de crear de nuevo o no, de que Él demostró dicho poder en este milagro o no.

"Pero éstas se han escrito para que creáis que Jesús es el Cristo, el Hijo de Dios, y para que creyendo, tengáis vida en su nombre" (Jn. 20:31).

3. Advierta otro punto importante. Jesús simplemente instruyó que se realizaran las preparaciones, y cuando le obedecieron, todos experimentaron su poder creador y fueron ampliamente satisfechos.

"No todo el que me dice: Señor, Señor, entrará en el reino de los cielos, sino el que hace la voluntad de mi Padre que está en los cielos" (Mt. 7:21).

"De cierto, de cierto os digo: El que oye mi palabra, y cree al que me envió, tiene vida eterna; y no vendrá a condenación, mas ha pasado de muerte a vida" (Jn. 5:24).

"El que tiene mis mandamientos, y los guarda, ése es el que me ama; y el que me ama, será amado por mi Padre, y yo le amaré, y me manifestaré a él" (Jn. 14:21).

"Y mediante el cual creéis en Dios, quien le resucitó de los muertos y le ha dado gloria, para que vuestra fe y esperanza sean en Dios" (1 P. 1:21).

"Y el mundo pasa, y sus deseos; pero el que hace la voluntad de Dios permanece para siempre" (1 Jn. 2:17).

"Cualquiera, pues, que me oye estas palabras, y las hace, le compararé a un hombre prudente, que edificó su casa sobre la roca. Descendió lluvia, y vinieron ríos, y soplaron vientos, y golpearon contra aquella casa; y no cayó, porque estaba fundada sobre la roca" (Mt. 7:24, 25).

4 (2:9-11) ***Jesucristo, Poder; Resultados:*** Los resultados fueron tres.

1. Se satisfizo la necesidad del novio. Se proveyó lo que él necesitaba.

2. Se reveló la gloria de Cristo. Se demostró su poder para crear.

3. La fe de los discípulos se vio fortalecida. Ellos "creyeron en él" aún más. Él había dado prueba de que era el Mesías.

"Este vino a Jesús de noche, y le dijo: Rabí, sabemos que has venido de Dios como maestro; porque nadie puede hacer estas señales que tú haces, si no está Dios con él" (Jn 3:2).

"Y muchos de la multitud creyeron en él, y decían: El Cristo, cuando venga, ¿hará más señales que las que éste hace?" (Jn. 7:31).

"Jesús les respondió: Os lo he dicho, y no creéis; las obras que yo hago en nombre de mi Padre, ellas dan testimonio de mí" (Jn. 10:25).

"¿Al que el Padre santificó y envió al mundo, vosotros decís: Tú blasfemas, porque dije: Hijo de Dios soy? Si no hago las obras de mi Padre, no me creáis. Mas si las hago, aunque no me creáis a mí, creed a las obras, para que conozcáis y creáis que el Padre está en mí, y yo en el Padre" (Jn. 10:36-38).

"Hizo además Jesús muchas otras señales en presencia de sus discípulos, las cuales no están escritas en este libro. Pero éstas se han escrito para que creáis que Jesús es el Cristo, el Hijo de Dios, y para que creyendo, tengáis vida en su nombre" (Jn. 20:30, 31).

ESTUDIO A FONDO 3

(2:9-10) ***Jesucristo, Poder; Resultados:*** Evidentemente el maestresala bromeó con el anfitrión diciéndole que había reservado el buen vino para el final.

	B. Segunda revelación: Jesús es supremo sobre la Casa de Dios, 2:12-22 (Mt. 21:12-16; Mr. 11:15-19; Lc. 19:45, 46)	16 y dijo a los que vendían palomas: Quitad de aquí esto, y no hagáis de la casa de mi Padre casa de mercado. 17 Entonces se acordaron sus discípulos que está escrito: El celo de tu casa me consume.	c. Su enorme celo por la Casa de Dios.
1. Jesús abandonó Caná a. Fue a Capernaum por un corto lapso b. Luego fue a Jerusalén para pasar la Pascua judía	12 Después de esto descendieron a Capernaum, él, su madre, sus hermanos y sus discípulos; y estuvieron allí no muchos días. 13 Estaba cerca la pascua de los judíos; y subió Jesús a Jerusalén,	18 Y los judíos respondieron y le dijeron: ¿Qué señal nos muestras, ya que haces esto? 19 Respondió Jesús y les dijo: Destruid este templo, y en tres días lo levantaré.	**4 Su poder de erigir un nuevo templo** a. Su autoridad cuestionada b. Su señal: un nuevo lugar de reunión para Dios y el hombre
2. Su descubrimiento de maldad en el templo a. Ingresó al templo b. Encontró al templo profanado	14 y halló en el templo a los que vendían bueyes, ovejas y palomas, y a los cambistas allí sentados.	20 Dijeron luego los judíos: En cuarenta y seis años era edificado este templo, ¿y tú en tres días lo levantarás?	c. Su significado simbólico: su cuerpo, su muerte y resurrección
3. Su derecho a limpiar el templo a. El azote: un símbolo b. Su relación única con Dios: "Mi Padre"	15 Y haciendo un azote de cuerdas, echó fuera del templo a todos, y las ovejas y los bueyes; y esparció las monedas de los cambistas, y volcó las mesas;	21 Mas él hablaba del templo de su cuerpo. 22 Por tanto, cuando resucitó de entre los muertos, sus discípulos se acordaron que había dicho esto; y creyeron la Escritura y la palabra que Jesús había dicho.	**5 Su objetivo logrado: Los discípulos creyeron en las Escrituras y en la Palabra de Dios**

DIVISIÓN II

LA REVELACIÓN DE JESÚS, EL HIJO DE DIOS, 2:1—3:21

B. Segunda revelación: Jesús es supremo sobre la Casa de Dios, 2:12-22

(2:12-22) ***Introducción:*** Jesucristo tiene supremacía sobre la Casa de Dios, es decir, sobre el templo o la iglesia. Él solo tiene el derecho de gobernar y regir sobre la Casa de Dios.

1. Jesús abandonó Caná (vv. 12, 13).
2. Su descubrimiento de maldad en el templo (v. 14).
3. Su derecho a limpiar el templo (vv. 15-17).
4. Su poder de erigir un nuevo templo (vv. 18-21).
5. Su objetivo logrado: Los discípulos creyeron (v. 22)

[1] (2:12,13) ***Jesucristo, Adoración - Fidelidad:*** Jesús se era de Caná. Bajó a Capernaum y permaneció allí poco tiempo. Capernaum era su lugar de residencia (Ver nota, Mt. 4:12.) Luego era a Jerusalén para pasar la festividad de la pascua (Ver nota, Pascua, Mt. 26:17-30.)

[2] (2:14) ***Templo - Iglesia, Maltratado:*** El descubrimiento de Jesús de maldad en el templo. Advierta dos situaciones.

1. Él ingresó al templo (Ver Estudio a fondo 1, Templo, Jn. 2:14).

2. Encontró al templo profanado. Era el patio de los gentiles donde se llevaba a cabo tanto comercialismo. Había un mercado comercial que funcionaba regularmente dentro de sus muros. ¿Cómo es que un mercado comercial pudo ingresar al templo de Dios? Muy simple: la codicia. Los que adoraban necesitaban animales (bueyes, ovejas, palomas), incienso, comida, vino, aceite, sal y otros artículos para sus ofrendas y sacrificios. Los peregrinos de otras naciones necesitaban cambiar su dinero. En algún momento de la historia del templo, los sacerdotes habían decidido aprovecharse ellos mismos del mercado en lugar de permitir que minoristas de afuera se quedaran con todas las ganancias. Por lo tanto, los sacerdotes comenzaron a instalar puestos dentro del patio de los gentiles y a alquilar espacios a *minoristas de afuera*. Por lo general, estos eran miembros de sus familias. Al parecer el propietario de los puestos o los espacios era el sumo sacerdote llamado Anás. El patio exterior del templo, el centro de adoración de los gentiles, estaba lleno de puestos donde la gente podía encontrar cualquier tipo de servicio que quisiera. La atmósfera era la de tráfico comercial y conmoción, no de adoración ni oración.

Si recordamos los miles que asistían a las grandes festividades, podemos imaginar la bulliciosa conmoción comercial y nuestra figura seguiría siendo inferior a la escena real. ¿Quién puede imaginarse a miles de animales con sus ruidos particulares, residuos y olores dentro del templo de Dios? ¿ Por qué los hombres abusaban del centro de adoración de Dios? Como ya se mencionó: el dinero, la codicia de los hombres. No es de sorprender que Jesús hiciera lo que hizo. No podía hacer otra cosa, ya que Él era el Hijo de Dios, el Mesías enviado al mundo para una verdadera adoración de Dios, y no había esperanzas de adoración dentro del patio de los gentiles. La oración y la adoración eran algo imposible.

> **"Diciéndoles: Escrito está: Mi casa es casa de oración; mas vosotros la habéis hecho cueva de ladrones" (Lc. 19:46).**
>
> **"Cuando fueres a la casa de Dios, guarda tu pie; y acércate más para oír que para ofrecer el sacrificio**

de los necios; porque no saben que hacen mal" (Ec. 5:1).

"Dios *temible* en la gran congregación de los santos, y formidable sobre todos cuantos están alrededor de él" (Sal. 89:7).

ESTUDIO A FONDO 1

(2:14) ***Templo:*** Se debe comprender la disposición del templo para poder entender qué sucedió en este hecho. El templo estaba en la cima del Monte Sion, y se supone que cubría treinta acres de terreno. El templo constaba de dos partes, el edificio del templo en sí y los patios del templo. El idioma griego tiene dos palabras diferentes para distinguir qué significa cada uno de ellos.

1. *El edificio del templo* (naos) era una pequeña estructura ornamentada asentada en el centro de la propiedad del templo. Se lo llamaba lugar santo o lugar santísimo. Solo el sumo sacerdote podía ingresar a sus muros, y lo podía hacer una sola vez al año, en el Día de la expiación.

2. *Los patios del templo* (hieron) eran cuatro patios que rodeaban el edificio del templo, cada uno decreciendo en importancia para la mentalidad judía. Es importante saber que había grandes muros que separaban los patios entre sí.

  a. En primer lugar, estaba el patio de los sacerdotes. Solo a los sacerdotes se les permitía ingresar a este patio. Dentro del patio de los sacerdotes estaban los grandes elementos de adoración: el altar de las ofrendas quemadas, la fuente de abluciones de bronce, el candelabro de siete brazos, el altar de incienso y la mesa de los panes de la proposición.

  b. En segundo lugar estaba el patio de los israelitas. Este era un patio enorme donde los judíos que venían a adorar se reunían para servicios conjuntos en las grandes festividades. También era donde la gente entregaba sus sacrificios a los sacerdotes.

  c. En tercer lugar, estaba el patio de las mujeres. A las mujeres por lo general se las limitaba a esta área, salvo en el caso de adoración conjunta con los hombres. No obstante, podían ingresar al patio de los israelitas cuando venían a realizar un sacrificio o a adorar en forma conjunta en una gran festividad.

  d. Por último estaba el patio de los gentiles. Cubría un vasto espacio, rodeando todos los otros patios, y era el patio de adoración para todos los gentiles convertidos al judaísmo.

Se deben advertir dos hechos sobre el patio de los gentiles.

1. Era el patio más lejano del centro de adoración, el lugar santísimo, que representaba la misma presencia de Dios. (Ver nota, punto 2, Ef. 2:14, 15.)

2. Un alto muro separaba el patio de los gentiles de los demás patios, no permitiendo que ningún gentil se acercara más allá ante la presencia de Dios. De hecho, había carteles alrededor de todo el muro amenazando de muerte a todo gentil que traspasara su propio patio o centro de adoración.

[3] (2:15-17) ***Jesucristo, Deber, Templo, Iglesia:*** El derecho de Jesús a limpiar el templo. Tres puntos demuestran su derecho.

1. El azote de cuerdas. Este era un símbolo de su justo enojo, de su derecho a ser obedecido, de su derecho a que le obedecieran dentro del templo. El azote era un símbolo del poder y del juicio de limpieza de Dios, el tipo de poder y de juicio de limpieza que hace a los hombres temblar ante Dios (Fil. 2:9-11).

Él corrió por el templo haciendo tres cosas: a) acechó a *todos* los que estaban comprando y vendiendo; b) arrojó al suelo las mesas de los cambistas de dinero; y c) arrojó al suelo las sillas de quienes vendían palomas.

Pensamiento 1: Se puede abusar del templo (o iglesia) al...

- olvidarse de qué se trata la adoración.
- hacer un mal uso de las instalaciones y edificios de la casa de Dios.
- ignorar la santidad de Dios y olvidar el deber que uno tiene de reverenciar a Dios.
- permitir actividades cuestionables, no relacionadas con la adoración.

2. La relación única de Jesús con Dios. Él llamó a Dios: "Mi Padre", y al templo:"la casa de mi Padre".

  a. "Mi Padre". Jesús continuamente llamaba a Dios "Mi Padre" (Ver notas, Jn. 1:34; 10:30-33 para una mayor discusión sobre el tema.)

  b. "La casa de mi Padre". Jesús estaba diciendo que el templo era de Dios. Por lo tanto, debía ser una casa de adoración *para todas las personas.* Esto incluía tanto a los gentiles como a los judíos. Todas las personas debían poder adorar en quietud y paz dentro del templo de Dios. Nadie podía ser apartado, separado o desalentado de adorar a Dios en su templo. Todos debían ser bienvenidos. Advierta otro hecho. El templo (iglesia) era llamado casa de adoración, no casa de sacrificio, ofrendas, enseñanza, profecía o prédica. Todo lo que se hacía dentro de la Casa de Dios era para conducir a la *adoración* del Padre y a la *comunión* con el Padre.

Pensamiento 1: El templo no debe emplearse como un centro comercial. No debe ser un lugar para comprar y vender, comercializar y vender al menudeo, para robar y engañar. No debe ser profanado. El templo es la Casa de Dios, la casa de adoración de Dios. Debe ser un lugar de santidad, refinada y purificada por Dios mismo. Debe ser un lugar de quietud y meditación, un lugar separado para la adoración, no para comprar y vender obteniendo rédito.

"Ellos, después de haberle adorado, volvieron a Jerusalén con gran gozo; y estaban siempre en el templo, alabando y bendiciendo a Dios. Amén" (Lc. 24:52, 53; cp. Jn. 4:24).

"Jehová, la habitación de tu casa he amado, y el lugar de la morada de tu gloria" (Sal. 26:8; cp. Sal. 23:6).

"Una cosa he demandado a Jehová, ésta buscaré; que esté yo en la casa de Jehová todos los días de mi vida, para contemplar la hermosura de Jehová, y para inquirir en su templo" (Sal. 27:4).

"Bienaventurado el que tú escogieres y atrajeres a ti, para que habite en tus atrios; seremos saciados del bien de tu casa, de tu santo templo" (Sal. 65:4).

"Anhela mi alma y aun ardientemente desea los atrios de Jehová; mi corazón y mi carne cantan al Dios vivo" (Sal. 84:2).

"Porque mejor es un día en tus atrios que mil fuera de ellos. Escogería antes estar a la puerta de la casa de mi Dios, que habitar en las moradas de maldad" (Sal. 84:10).

"Yo me alegré con los que me decían: A la casa de Jehová iremos" (Sal. 122:1).

"Cuando fueres a la casa de Dios, guarda tu pie; y acércate más para oír que para ofrecer el sacrificio de los necios; porque no saben que hacen mal" (Ec. 5:1).

Pensamiento 2: Un hombre cree que Jesús es el Hijo de Dios y que está sobre el templo de Dios, o no cree en ninguna de las dos cosas (Jn. 20:31).

3. El fervor consumidor de Jesús. Su fervor cumplió con las Escrituras y demostró que Él era el Mesías. El Mesías debía ser celoso de la casa de Dios, y reaccionar con enojo ante tal corrupción que había en el templo. Las Escrituras habían predicho el fervor del Señor (Sal. 69:9); por lo tanto, Jesús tenía el derecho de demostrar *enojo* contra tal profanación del templo. Él era el Mesías, y su acto agitó la mente de los discípulos.

"Mis días de reposo guardaréis, y mi santuario tendréis en reverencia. Yo Jehová" (Lv. 19. 30).

"Mas Jehová está en su santo templo; calle delante de él toda la tierra" (Hab. 2:20).

"Dios temible en la gran congregación de los santos, y formidable sobre todos cuantos están alrededor de él" (Sal. 89:7).

[4] (2:18-21) ***Templo - Iglesia - Jesucristo, Muerte, Predicha:*** El poder de Jesús de erigir un templo nuevo. Advierta cuatro cosas.

1. Los religiosos cuestionaron la autoridad de Jesús. ¿Qué derecho tenía Él de hacer lo que estaba haciendo? Él sostenía que el templo era de *su Padre*. Ellos sabían que Él decía ser el Mesías, por lo tanto, querían evidencias de que sus palabras eran ciertas. Querían alguna señal espectacular.

2. Su señal iba a ser mostrada en el futuro. Él iba a construir un *nuevo lugar de reunión* para Dios. Advierta sus palabras exactas: "Destruid este templo, y en tres días lo levantaré".

3. Sus palabras no fueron comprendidas. Ellos no podían entender cómo podía ser posible que Él construyera un templo en tres días. El actual había necesitado cuarenta y seis años de construcción.

4. Sus palabras tenían un *significado simbólico*. Jesús estaba hablando de su cuerpo, de su muerte y resurrección.

a. La prueba de que Él era el Hijo de Dios con autoridad sobre la casa de Dios sería dada. La señal iba a ser su cuerpo, su muerte y resurrección. La resurrección sería la prueba suprema de su mesianismo. Ellos iban a destruirlo (matarlo), pero Él resucitaría de entre los muertos a los tres días (Ver bosquejo y notas, Lc. 11:29-36.)

"Y con gran poder los apóstoles daban testimonio de la resurrección del Señor Jesús, y abundante gracia era sobre todos ellos" (Hch. 4:33).

"Y nosotros somos testigos de todas las cosas que Jesús hizo en la tierra de Judea y en Jerusalén; a quien mataron colgándole en un madero. A éste levantó Dios al tercer día, e hizo que se manifestase; no a todo el pueblo, sino a los testigos que Dios había ordenado de antemano, a nosotros que comimos y bebimos con él después que resucitó de los muertos" (Hch. 10:39-41).

"Que era declarado Hijo de Dios con poder, según el Espíritu de santidad, por la resurrección de entre los muertos" (Ro. 1:4).

b. Su muerte y resurrección iba a proporcionar un nuevo templo, un nuevo lugar de reunión para Dios y el hombre. Iba a ser *en Él* que los hombres se reunirían con Dios. El templo de su cuerpo iba a convertirse en el templo de los hombres, el templo por el cual los hombres adorarían y se reconciliarían con Dios (Ver nota, Mediador, Jn. 1:51 para mayores detalles. También ver notas, 1 Co. 3:16; 6:19; cp. Jn. 14:16-21.)

"Jesús le dijo: Yo soy el camino, y la verdad, y la vida; nadie viene al Padre, sino por mí" (Jn. 14:6).

"Porque hay un solo Dios, y un solo mediador entre Dios y los hombres, Jesucristo hombre" (1 Ti. 2:5).

ESTUDIO A FONDO 2

(2:19, 20) ***Jesús, acusaciones contra:*** Estas palabras son las utilizadas para acusar a Jesús de ser un insurrecto en su juicio (Mt. 26:61; Mr. 14:58). También se las empleó para ridiculizar a Jesús cuando colgaba de la cruz (Mt. 27:40). Los judíos, al mostrar su ceguera espiritual y su apego al mundo materialista, comprendían que Jesús decía que Él iba a realizar una maravilla de la arquitectura.

[5] (2:22) ***Profecía, creer en:*** El objetivo de Jesús era logrado. Los discípulos creyeron en las Escrituras que predecían la venida y la resurrección del Mesías (Ver Estudio a fondo 3, Jn. 1:45; Mt. 17:23.)

"Porque no dejarás mi alma en el Seol, ni permitirás que tu santo vea corrupción" (Sal. 16:10; cp. Hch. 2:31; 13:35).

"Por tanto, yo le daré parte con los grandes, y con los fuertes repartirá despojos; por cuanto derramó su vida hasta la muerte, y era contado con los pecadores, habiendo él llevado el pecado de muchos, y orado por los transgresores" (Is. 53:12).

1. Primer hecho: Muchos creyeron en Jesús a. Creyeron en su nombre b. Creyeron debido a los milagros	**C. Tercera revelación: Jesús conoce a todos los hombres, 2:23-25** 23 Estando en Jerusalén en la fiesta de la pascua, muchos creyeron en su nombre, viendo las señales que hacía.	24 Pero Jesús mismo no se fiaba de ellos, porque conocía a todos, 25 y no tenía necesidad de que nadie le diese testimonio del hombre, pues él sabía lo que había en el hombre.	**2. Segundo hecho: Jesús no se comprometió con ni se fio de los hombres** a. Él conocía a todos los hombres b. Él sabía lo qué había en el hombre

DIVISIÓN II

LA REVELACIÓN DE JESÚS, EL HIJO DE DIOS, 2:1—3:21

C. Tercera revelación: Jesús conoce a todos los hombres, 2:23-25

(2:23-25) ***Introducción:*** Este es un pasaje breve lleno de poderosas verdades. Jesús reveló que Él conocía a todos los hombres.

1. Primer hecho: Muchos creyeron en Jesús (v. 23).
2. Segundo hecho: Jesús no se comprometió con ni se fio de los hombres (vv. 24, 25).

[1] (2:23) ***Creencia - Profesión, Falsa:*** En primer lugar, muchos creyeron en Jesús. Aquí hay dos hechos muy importantes.

1. Muchos *creyeron en su nombre*. La palabra "creer" (episteusan) está en el tiempo aoristo griego, que significa que creyeron *para siempre*. Su fe era genuina, por lo menos la creencia de algunos. Sin embargo, la fe de otros no era genuina. El hecho de que Jesús conociera a "todos los hombres" (todos los que profesaban creer) y no se comprometiera con ellos demuestra lo inadecuado de la fe de ellos (v.24).

2. Ellos creyeron debido a los milagros (semeia). (Ver Estudio a fondo 1, Señales, Jn. 2:23 para una discusión más profunda.)

ESTUDIO A FONDO 1

(2:23) ***Señales - Milagros - Poder - Obras - Sensacionalismo:*** Hay cuatro palabras utilizadas en la Biblia que significan milagros o señales. Estas palabras se emplean para describir las obras de Dios y muestran por qué la gente creía en Jesús.

1. *Teras* significa lo espectacular, lo asombroso, lo pasmoso, lo desconcertante. Muchos creían en Jesús debido a las señales espectaculares que realizaba. Sin embargo, dicha fe convertía a esa persona meramente en un espectador, no en un participante de su vida. La palabra *teras* también significa sensacional, es decir, apela a las sensaciones de los hombres. Muchos creyeron en Jesús y lo siguieron porque los hacía sentirse bien, cómodos y seguros. Dicha creencia es débil y por lo general fracasa. Esta palabra nunca se emplea por sí misma para iniciar la fe en el Señor Jesucristo. Si una persona debe tener una fe genuina en el Señor Jesús, debe tener alguna otra base que no sea una señal espectacular (teras).

> **"Otra parte [de la semilla] cayó sobre la piedra; y nacida, se secó, porque no tenía humedad. Los de sobre la piedra son los que habiendo oído, reciben la palabra con gozo; pero éstos no tienen raíces; creen por algún tiempo, y en el tiempo de la prueba se apartan" (Lc. 8:6, 13. Ver nota, punto 2, Lc. 8:11-15 para una discusión más profunda sobre esta persona).**
>
> **"Y Jesús le dijo: Ninguno que poniendo su mano en el arado mira hacia atrás, es apto para el reino de Dios" (Lc. 9:62).**
>
> **"Mas el justo vivirá por fe; y si retrocediere, no agradará a mi alma" (He. 10:38).**

2. *Dunamis* significa poder, poder inusual, extraordinario, poder eficaz, explosivo. Había quienes se sentían atraídos hacia Jesús debido al poder inusual (dunamis) del que fueron testigos. Creyeron a causa del poder. Esa es una fe legítima y conduce a la salvación de quien cree.

> **"Porque no me avergüenzo del evangelio, porque es *poder* de Dios para salvación a todo aquel que cree; al judío primeramente, y también al griego" (Ro. 1:16).**
>
> **"Mas para los llamados, así judíos como griegos, Cristo *poder* de Dios, y sabiduría de Dios" (1 Co. 1:24).**
>
> **"Y no pudo hacer allí *ningún milagro*, salvo que sanó a unos pocos enfermos, poniendo sobre ellos las manos. Y estaba asombrado de la incredulidad de ellos. Y recorría las aldeas de alrededor, enseñando" (Mr. 6:5, 6).**

3. *Ergon* significa obras distintivas, hechos y milagros. Dichas obras provienen de Dios (Jn. 14:10) y dan testimonio de Cristo. Dirigen a los hombres hacia Cristo (Jn. 5:36; 10:25). Algunos hombres observan las obras especiales de Cristo y creen por las obras (ergon).

> **"Si no hago las *obras* de mi Padre, no me creáis. Mas si las hago, aunque no me creáis a mí, creed a las *obras*, para que conozcáis y creáis que el Padre está en mí, y yo en el Padre" (Jn. 10:37, 38).**
>
> **"Creedme que yo soy en el Padre, y el Padre en mí; de otra manera, creedme por las mismas *obras*" (Jn. 14:11).**

4. *Semeion* significa una señal que caracteriza a la persona, su naturaleza y carácter. Unos pocos durante el ministerio de Cristo sí creyeron porque vieron *en los milagros* exactamente quién era Él: el Hijo mismo de Dios.

> **"Este principio de *señales* hizo Jesús en Caná de Galilea, y manifestó su gloria; y sus discípulos creyeron en él" (Jn. 2:11).**
>
> **"Hizo además Jesús muchas otras *señales* en presencia de sus discípulos, las cuales no están escritas en este libro. Pero éstas se han escrito para que creáis que Jesús es el Cristo, el Hijo de Dios, y para que creyendo, tengáis vida en su nombre" (Jn. 20:30, 31).**

No obstante, la palabra *semeion* también se usan con respecto a quienes creyeron en las señales, pero *no tenían* el tipo de fe más elevado o correcto. Su fe *no era una fe que se comprometía* (Ver Estudio a fondo 2, Jn. 2:24.)

a. Era una fe que surgía solo de...

- una convicción mental, un conocimiento mental y una creencia intelectual.
- una aceptación superficial del hecho de que Jesús era el Salvador.

"Estando en Jerusalén en la fiesta de la pascua, muchos *creyeron* en su nombre, viendo las señales que hacía. Pero Jesús mismo no se *fiaba* de ellos, porque conocía a todos" (Jn. 2:23, 24; creer y fiarse son las mismas palabras).

b. También era una fe...

- que únicamente buscaba a Jesús por lo que podía obtener de Él.
- que nunca permitía pensar qué podía hacer una persona por Cristo.
- que no tenía en cuenta el costo de ser discípulo, de que una persona debía sacrificarse y dar todo de sí y todo lo que tenía a Cristo para convertirse en su seguidor (Ver nota, Lc. 9:23).

"Respondió Jesús y les dijo: De cierto, de cierto os digo que me buscáis, no porque habéis visto las *señales*, sino porque comisteis el pan y os saciasteis" (Jn. 6:26).

[2] (2:24, 25) ***Creencia - Jesucristo, Conocimiento de - Pecado, Secreto:*** En segundo lugar, Jesús no se comprometió con los hombres. La palabra "comprometerse" es la misma que "creer" en el v. 23. (Ver Estudio a fondo 2, Creer, Jn. 2:24.) Jesús no se fiaba ni creía en la gente. Él no se comprometió con sus vidas. El verbo es una acción continua: Jesús siguió rechazando fiarse de los hombres, siguió negándose a comprometerse con sus vidas. Hay dos motivos para esta actitud continua de Jesús.

1. Jesús conocía a todos los hombres. La idea es que Él conocía personalmente a cada uno de los hombres. Ninguna persona escapaba a su conocimiento.

2. Jesús sabía lo que había en el hombre. Nadie necesitaba contarle nada sobre el hombre. Conocía la naturaleza del hombre, su depravación, su maldad, sus engaños y su inconstancia. Conocía a los hombres en quien podía y no podía confiar. Conocía a cada hombre que profesaba creer, y que sin embargo...

- lo traicionaría.
- negaría su fe bajo presión.
- lo abandonaría, volviéndose al mundo.
- tendría un desliz y volvería a caer en el pecado.
- sería débil y fácil de influir, como una hoja al viento.
- demostraría que no era digno de confianza.
- carecería de fervor y verdadero compromiso.
- carecería del valor para mantener su posición.

Jesús sabía todo esto de todo hombre. Nada le era oculto. Por lo tanto, Él no podía comprometerse a sí mismo y a sus bendiciones a ciertos hombres a pesar del hecho de que profesaran que creían.

Pensamiento 1: Algunos así llamados creyentes (los que hacen falsas profesiones de fe) nunca reciben *la presencia interior de Cristo*. Él no puede comprometerse con ellos. Trágicamente, esto significa que Él...

- no puede garantizarles la salvación: la confianza de que una persona es realmente salva.
- no puede hacer que el Espíritu Santo viva dentro del corazón de una persona así: la presencia y el conocimiento de Él.
- no puede darles la plenitud de la vida: el sentido de estar completos y la seguridad del cuidado de Dios.
- no puede darles la esperanza y la certidumbre de la vida eterna.
- no puede comprometerse y confiar la misión de Él en sus manos.

"Y nosotros somos testigos suyos de estas cosas, y también el Espíritu Santo, el cual ha dado Dios a los que le obedecen" (Hch. 5:32).

"Porque la paga del pecado es muerte, mas la dádiva de Dios es vida eterna en Cristo Jesús Señor nuestro" (Ro. 6:23).

"Porque los que son de la carne piensan en las cosas de la carne; pero los que son del Espíritu, en las cosas del Espíritu. Porque el ocuparse de la carne es muerte, pero el ocuparse del Espíritu es vida y paz" (Ro. 8:5, 6).

"Porque si vivís conforme a la carne, moriréis; mas si por el Espíritu hacéis morir las obras de la carne, viviréis" (Ro. 8:13).

"Por lo cual, salid de en medio de ellos, y apartaos, dice el Señor, y no toquéis lo inmundo; y yo os recibiré, y seré para vosotros por Padre, y vosotros me seréis hijos e hijas, dice el Señor Todopoderoso" (2 Co. 6:17, 18).

Pensamiento 2: Cristo conoce todo de cada uno. Como dice este pasaje de las Escrituras: Él conoce a *todos los hombres* y conoce lo que hay *en el hombre.* Todos sus pensamientos y hechos, buenos o males, hechos a la luz del día o en la oscuridad, al aire libre o tras puertas cerradas, pública o secretamente.

"Porque nada hay encubierto, que no haya de descubrirse; ni oculto, que no haya de saberse" (Lc. 12:2).

"Y otra vez: El Señor conoce los pensamientos de los sabios, que son vanos" (1 Co. 3:20).

"Así que, no juzguéis nada antes de tiempo, hasta que venga el Señor, el cual aclarará también lo oculto de las tinieblas, y manifestará las intenciones de los corazones; y entonces cada uno recibirá su alabanza de Dios" (1 Co. 4:5).

"Porque vergonzoso es aun hablar de lo que ellos hacen en secreto" (Ef. 5:12).

"Yo Jehová, que escudriño la mente, que pruebo el corazón, para dar a cada uno según su camino, según el fruto de sus obras" (Jer. 17:10).

"¿Se ocultará alguno, dice Jehová, en escondrijos que yo no lo vea? ¿No lleno yo, dice Jehová, el cielo y la tierra?" (Jer. 23:24).

"No multipliquéis palabras de grandeza y altanería; cesen las palabras arrogantes de vuestra boca; porque el Dios de todo saber es Jehová, y a él toca el pesar las acciones" (1 S. 2:3).

"Si pequé, tú me has observado, y no me tendrás por limpio de mi iniquidad" (Job 10:14).

"Porque sus ojos están sobre los caminos del hombre, y ve todos sus pasos" (Job 34:21).

"Porque Jehová conoce el camino de los justos; mas la senda de los malos perecerá" (Sal. 1:6).

"Dios, tú conoces mi insensatez, y mis pecados no te son ocultos" (Sal. 69:5).

"Pusiste nuestras maldades delante de ti, nuestros yerros a la luz de tu rostro" (Sal. 90:8).

"Tú has conocido mi sentarme y mi levantarme; has entendido desde lejos mis pensamientos. Has escudriñado mi andar y mi reposo, y todos mis caminos te son conocidos" (Sal. 139:2, 3).

"Porque los caminos del hombre están ante los ojos de Jehová, y él considera todas sus veredas" (Pr. 5:21).

"Porque Dios traerá toda obra a juicio, juntamente con toda cosa encubierta, sea buena o sea mala" (Ec. 12:14).

"¡Ay de los que se esconden de Jehová, encubriendo el consejo, y sus obras están en tinieblas, y dicen: ¿Quién nos ve, y quién nos conoce?!" (Is. 29:15).

"¿No has sabido, no has oído que el Dios eterno es Jehová, el cual creó los confines de la tierra? No desfallece, ni se fatiga con cansancio, y su entendimiento no hay quien lo alcance" (Is. 40:28).

"Aunque te laves con lejía, y amontones jabón sobre ti, la mancha de tu pecado permanecerá aún delante de mí, dijo Jehová el Señor" (Jer. 2:22).

"Porque mis ojos están sobre todos sus caminos, los cuales no se me ocultaron, ni su maldad se esconde de la presencia de mis ojos" (Jer. 16:17).

"Grande en consejo, y magnífico en hechos; porque tus ojos están abiertos sobre todos los caminos de los hijos de los hombres, para dar a cada uno según sus caminos, y según el fruto de sus obras" (Jer. 32:19).

"Y me dijo: Hijo de hombre, ¿has visto las cosas que los ancianos de la casa de Israel hacen en tinieblas, cada uno en sus cámaras pintadas de imágenes? Porque dicen ellos: No nos ve Jehová; Jehová ha abandonado la tierra" (Ez. 8:12; cp. Ez. 11:5).

"El revela lo profundo y lo escondido; conoce lo que está en tinieblas, y con él mora la luz" (Dn. 2:22).

"Y no consideran en su corazón que tengo en memoria toda su maldad; ahora les rodearán sus obras; delante de mí están" (Os. 7:2).

ESTUDIO A FONDO 2

(2:24) ***Creer (episteusan) - Comprometerse (episteuen):*** La palabra "comprometerse" se asemeja mucho a "creer" (cp. Jn. 2:23). Esto nos da una imagen excelente de la fe salvadora, de lo que es la fe genuina, o del tipo de fe que realmente salva a una persona.

1. La fe salvadora no es conocimiento mental, no es una convicción y una afirmación intelectual. No es solo *creer en el hecho* de que Jesucristo es el Salvador del mundo. No es solo creer en la historia de que Jesucristo vivió en la tierra como el Salvador al igual que Jorge Washington vivió en la tierra como el presidente de Estados Unidos. No es solo creer en las palabras y las afirmaciones de Jesús de la misma forma que una persona podría creer en las palabras de Jorge Washington.

2. La fe salvadora es creer en Jesús, en quién y qué es Él, en que Él es el Salvador y el Señor de la vida. Es un hombre que le da y vuelve su vida a Jesús. Es un hombre que se torna a Jesús como Salvador y Señor.

3. La fe salvadora es compromiso: el compromiso del ser total y de la vida de un hombre a Jesucristo. Es el compromiso de un hombre de todo lo que él *es y tiene* para con Jesús. Le da todo a Jesús, por lo tanto, implica todos los asuntos. El hombre confía en Jesús para que se haga cargo de su pasado (pecados), su presente (bienestar) y su futuro (destino). Pone toda su vida, su ser y sus posesiones en manos de Jesús. Se deja cuidar por Jesús, confiando en Él con respecto a sus necesidades cotidianas y reconociéndolo en todos los aspectos de la vida. Es sencillamente el compromiso de todo el ser de un hombre, todo lo que es y tiene, con Jesús. (Ver notas, Jn. 4:50; punto 4, He. 5:5-10).

Hay tres pasos relacionados con la fe, pasos que se ven claramente en este pasaje. (Ver nota, Ro. 10:16, 17 para una discusión más profunda).

1. Está el paso de *ver* (Jn. 2:23) u *oír* (Ro. 10:16). Un hombre tiene que estar dispuesto a escuchar el mensaje de Cristo, la revelación de la verdad.

2. Está el paso del *asentimiento mental.* Un hombre debe estar de acuerdo en que el mensaje es cierto, en que los hechos del caso son así y demás. Pero esto no es suficiente. El mero acuerdo no conduce a una acción. Más de una persona sabe que algo es cierto, pero no cambia su comportamiento para que coincida con su conocimiento. Por ejemplo, un hombre sabe que comer demasiado es perjudicial para su cuerpo, pero puede que siga comiendo demasiado. Está de acuerdo con la verdad y conoce la verdad, pero no hace nada al respecto. Puede que una persona crea y sepa que Jesucristo es el Salvador del mundo y sin embargo no haga nada al respecto, nunca tome una decisión de seguir a Cristo. Este hombre todavía no tiene fe, no el tipo de fe del que habla la Biblia.

3. Está el paso del *compromiso.* Cuando el Nuevo Testamento habla de fe, habla de *compromiso*, de *un compromiso personal con la verdad*. Un hombre oye la verdad, acuerda que es cierto y hace algo al respecto. Se compromete y rinde su vida a la verdad. La verdad pasa a formar parte de su propio ser, una parte de su comportamiento y de su vida.

ESTUDIO A FONDO 3

(2:25) ***Hombre:*** La raza humana. Jesús conocía la naturaleza del hombre, su depravación, su maldad, sus engaños y su inconstancia.

	CAPÍTULO 3 **D. Cuarta revelación: El nuevo nacimiento, 3:1-15**	dije: Os es necesario nacer de nuevo. 8 El viento sopla de donde quiere, y oyes su sonido; mas ni sabes de dónde viene, ni a dónde va; así es todo aquel que es nacido del Espíritu.	d. Su necesidad absoluta: Re-enfatizada e. Su ilustración: El viento
1 Nicodemo se acercó a Jesús a. Vino en nombre de los religiosos: "nosotros". b. Reconoció a Jesús solo como un maestro de Dios. c. Preguntó: "¿Quién eres?"	1 Había un hombre de los fariseos que se llamaba Nicodemo, un principal entre los judíos. 2 Este vino a Jesús de noche, y le dijo: Rabí, sabemos que has venido de Dios como maestro; porque nadie puede hacer estas señales que tú haces, si no está Dios con él.	9 Respondió Nicodemo y le dijo: ¿Cómo puede hacerse esto? 10 Respondió Jesús y le dijo: ¿Eres tú maestro de Israel, y no sabes esto? 11 De cierto, de cierto te digo, que lo que sabemos hablamos, y lo que hemos visto, testificamos; y no recibís nuestro testimonio.	**4 El nuevo nacimiento: Una verdadera experiencia** a. El corazón conmovido de Nicodemo b. La firme afirmación de Jesús: "lo que sabemos"; "lo que hemos visto"
2 El nuevo nacimiento: Una necesidad, un imperativo a. Una firme afirmación b. Importancia: Uno nunca podrá ver el reino de Dios a no ser que vuelva a nacer	3 Respondió Jesús y le dijo: De cierto, de cierto te digo, que el que no naciere de nuevo, no puede ver el reino de Dios.	12 Si os he dicho cosas terrenales, y no creéis, ¿cómo creeréis si os dijere las celestiales?	**5 El nuevo nacimiento: Rechazado** a. Algunos no recibieron el testimonio b. El motivo: La natural incredulidad del hombre
3. El nuevo nacimiento: Un nacimiento espiritual	4 Nicodemo le dijo: ¿Cómo puede un hombre nacer siendo viejo? ¿Puede acaso entrar por segunda vez en el vientre de su madre, y nacer?	13 Nadie subió al cielo, sino el que descendió del cielo; el Hijo del Hombre, que está en el cielo.	**6 El nuevo nacimiento: Revelado solo por Jesús** a. Su origen: el cielo b. Su experiencia eterna: "en el cielo"
a. Su fuente: Nacer del Espíritu b. Su importancia repetida: Uno nunca ingresará al reino de Dios salvo que haya nacido de nuevo c. Su naturaleza: Espiritual, no física ni material	5 Respondió Jesús: De cierto, de cierto te digo, que el que no naciere de agua y del Espíritu, no puede entrar en el reino de Dios. 6 Lo que es nacido de la carne, carne es; y lo que es nacido del Espíritu, espíritu es. 7 No te maravilles de que te	14 Y como Moisés levantó la serpiente en el desierto, así es necesario que el Hijo del Hombre sea levantado, 15 para que todo aquel que en él cree, no se pierda, mas tenga vida eterna.	**7. El nuevo nacimiento: Asegurado por dos hechos** a. Por la muerte de Jesús b. Por creer en Jesús

DIVISIÓN II

LA REVELACIÓN DE JESÚS, EL HIJO DE DIOS, 2:1-3:21

D. Cuarta revelación: El nuevo nacimiento, 3:1-15

(3:1-15) ***Introducción:*** El nuevo nacimiento, junto con el gran amor de Dios (vv. 16, 17) es la revelación más importante realizada en toda la historia de la humanidad. Jesús reveló el nuevo nacimiento.

1. Nicodemo se acercó a Jesús (vv. 1, 2).
2. El nuevo nacimiento: una necesidad, un imperativo (v. 3).
3. El nuevo nacimiento: un nacimiento espiritual (vv. 4-8).
4. El nuevo nacimiento: una verdadera experiencia (vv. 9-11).
5. El nuevo nacimiento: rechazado (vv. 11,12).
6. El nuevo nacimiento: revelado solo por Jesús (v. 13).
7. El nuevo nacimiento: asegurado por dos hechos (vv. 14, 15).

ESTUDIO A FONDO 1

(3:1-15) ***Nuevo nacimiento - Nacido de nuevo - Nueva creación - Regeneración:*** Un nacimiento espiritual, un renacimiento del espíritu, una nueva vida, un alma renovada, un espíritu regenerado. Es la regeneración y la renovación del espíritu y de la conducta (2 Co. 5:17). Es la investidura de una vida nueva, de naturaleza divina (2 P. 1:4). El nuevo nacimiento es tan radical en el cambio de la vida de una persona que solo se lo puede describir como haber *nacido de nuevo*. Algo tan maravilloso le ocurre al alma que es como un *nuevo nacimiento*. Es un nacimiento espiritual, un nacimiento que va más allá de lo que las manos del hombre pueden asir y de sus esfuerzos por hacerlo. Es tan radical, modifica tanto la vida y tan maravilloso que solo puede lograrse por el amor y el poder de Dios mismo.

La enseñanza del Nuevo Testamento sobre el nuevo nacimiento es rica y completa.

1. El nuevo nacimiento es una necesidad. Una persona nunca verá (Jn. 3:3) ni ingresará (Jn. 3:5) al reino de Dios salvo que nazca de nuevo (Jn. 3:7).

2. El nuevo nacimiento es un nacimiento espiritual, el nacimiento de un nuevo poder y espíritu en la vida. No es la reformación de la antigua naturaleza (Ro. 6:6). Es la verdadera creación de un nacimiento nuevo interno, espiritual (Jn. 3:5, 6; cp. Jn. 1:12, 13; 2 Co. 5:17; Ef. 2:10; 4:24). (Ver notas, Ef. 1:3; 4:17-19; Estudio a fondo, 2 - Jn. 3:5.) Una persona nace de nuevo espiritualmente:

a. Por medio del agua, y el Espíritu (Ver Estudio a fondo 2, Jn. 3:5.)
b. Por voluntad de Dios (Stg. 1:18).
c. Por la simiente incorruptible, y la Palabra de Dios (1 P. 1:23).
d. Por Dios desde lo alto (1 P. 1:3). La palabra *de nuevo* (ana) y la frase "nacido de nuevo" también significan *arriba*. (cp. Jn. 1:12, 13.)
e. Por Cristo, quien otorga tanto el *poder como el derecho* de nacer de nuevo (Jn. 1:12, 13).

3. El nuevo nacimiento es una experiencia definida, una experiencia real. Una persona experimenta el nuevo nacimiento:

a. Al creer que Jesús es el Cristo, el Hijo de Dios (1 Jn. 5:1; cp. Jn. 3:14, 15).
b. Por el evangelio según es testificado por los creyentes (1 Co. 4:15; Flm. 10).
c. Por la Palabra de Dios (1 P. 1:23); o por la Palabra de verdad (Stg. 1:18).

4. El nuevo nacimiento es una vida cambiada, una vida totalmente nueva. Una persona muestra que ha nacido de nuevo.

a. Al realizar actos justos (1 Jn. 2:29; cp. Ef. 2:10; 4:24)
b. Al no practicar el pecado (1 Jn. 3:9; 5:18).
c. Al amar a otros creyentes (1 Jn. 4:7).
d. Al conquistar el mundo (1 Jn. 5:4).
e. Al cuidarse a sí mismo (1 Jn. 5:18).
f. Al poseer la simiente o la naturaleza divinas (1 Jn. 3:9; 1 P. 1:23; 2 P. 1:4; cp. Col. 1:27).

1 (3:1, 2) ***Nicodemo:*** Nicodemo se acercó a Jesús. Advierta estos hechos acerca de Nicodemo.

1. Era un principal (archon) entre los judíos. Esto significa que era un senador o un miembro del sanedrín, el cuerpo de gobierno de los judíos. (Ver Estudio a fondo 1, Mt. 26:59.)

a. Era un fariseo. (Ver Estudio a fondo 3, Hch. 23:8.)
b. Era *maestro de Israel* (v. 10, *ho* didaskalos); es decir, tenía alguna posición oficial del más alto rango. Era el *funcionario en jefe* o el *principal maestro* de Israel que estaba autorizado o aceptado como tal por el público.
c. Al parecer era rico. Gastó mucho dinero en el entierro de Jesús (Jn. 19:39).
d. Estuvo en silencio en el juicio a Jesús, no dijo nada para defenderlo, pero valientemente dio un paso adelante luego de la muerte del Señor y ayudó públicamente en el entierro de Jesús (Jn. 19:39-42).

2. Vino en nombre de los religiosos. Dijo: "*Sabemos*". Algunos de los religiosos se preguntaban si Jesús era el verdadero Mesías, pensando que tal vez lo era. Algunos finalmente se convirtieron en creyentes (cp. Lc. 13:31; Hch. 6:7; 15:5; 18:8, 17). Jesús sostenía que era el Mesías y realizaba las obras espectaculares que fueron profetizadas para el Mesías. Por lo tanto, era el tema de conversación de todos en la nación. Los gobernantes se preguntaban: ¿Es realmente el Mesías? (Ver notas, Mt. 21:8, 9; 21:23.) Esta era la pregunta que Nicodemo se sintió obligado a averiguar. (Ver Estudio a fondo 2, Mt. 1:18.) Cabe advertir que Nicodemo vino a ver a Jesús de noche. Al parecer hizo esto porque *temía* a los otros dirigentes que se oponían a Jesús. Juan parecía estar diciendo esto al referirse al entierro de Jesús (cp. Jn. 19:39).

3. Reconoció a Jesús solo como maestro de Dios. Él y otros vieron los milagros que realizó Jesús, y sabían algo: solo un hombre de Dios podía hacer esos milagros.

4. En esencia, Nicodemo se preguntaba: "¿Quién eres? Los milagros demuestran que Dios *está contigo*, pero tú sostienes ser el Mesías, el Hijo de Dios. ¿Eres sincero por completo?"

Cabe advertir que Jesús no le respondió directamente a Nicodemo. Miró en el corazón vacío y en búsqueda de Nicodemo, y vio la sinceridad de su pregunta. Entonces Jesús era directamente al meollo del asunto. Los milagros y las señales no eran lo importante. Lo que era importante era que Nicodemo cambiara, espiritualmente, interiormente y por completo. Experimentar un cambio espiritual tal que solo podría describirse como nacer de nuevo.

2 (3:3) ***Nuevo nacimiento:*** El nuevo nacimiento es una necesidad, algo imperativo. Hay dos hechos que lo demuestran:

1. La firme afirmación: "El que no naciere *de nuevo*". Las palabras "de nuevo" (anothen) tienen tres significados diferentes en griego. Significa...

- *Desde el primero:* desde el principio o total y plenamente (cp. Lc. 1:3).
- *De nuevo:* una segunda vez, un acto repetido (v. 4) (cp. Gá. 4:9).
- *Desde arriba:* desde la parte superior, que significa desde Dios (cp. Jn. 19:11).

Este es el punto. Un hombre debe "*nacer de nuevo*", debe...

- nacer plena y completamente, un cambio pleno y completo.
- nacer *de nuevo*, en el sentido de una segunda vez.
- nacer *desde arriba*, de Dios.

2. La importancia de las palabras "no puede ver el reino de Dios". Uno debe "nacer de nuevo" o nunca "verá" (v. 3) ni "entrará" (v. 5) en el reino de Dios. Es absolutamente imperativo que una persona nazca de nuevo (3:7). (Ver Estudio a fondo 3, Reino de Dios, Mt. 19:23, 24.)

"El que en él cree, no es condenado; pero el que no cree, ya ha sido condenado, porque no ha creído en el nombre del unigénito Hijo de Dios" (Jn. 3:18).

"Arrepentíos, y bautícese cada uno de vosotros en el nombre de Jesucristo para perdón de los pecados; y recibiréis el don del Espíritu Santo" (Hch. 2:38).

"Así que, arrepentíos y convertíos, para que sean borrados vuestros pecados; para que vengan de la presencia del Señor tiempos de refrigerio" (Hch. 3:19).

"Porque la paga del pecado es muerte, mas la dádiva de Dios es vida eterna en Cristo Jesús Señor nuestro" (Ro. 6:23).

"A los cielos y a la tierra llamo por testigos hoy contra vosotros, que os he puesto delante la vida y la muerte, la bendición y la maldición; escoge, pues, la vida, para que vivas tú y tu descendencia" (Dt. 30:19).

[3] (3:4-8) ***Nuevo nacimiento:*** El nuevo nacimiento es un nacimiento espiritual. (Ver nota, punto 2, Jn. 3:1-15.) Nicodemo se sintió confundido por las palabras "nacer de nuevo". No sabía qué quería decir Jesús. Le pareció que Jesús quería decir que un hombre debe nacer "una segunda vez". Jesús le contestó a Nicodemo haciendo cinco cosas.

1. Jesús dio la *fuente del nuevo nacimiento*. Era el nacimiento del agua, y del Espíritu. (Ver Estudio a fondo 1, punto 2, Jn. 3:1,5.) También Estudio a fondo 2, Agua, Jn. 3:5 para una discusión más profunda.)

2. Jesús *repitió la importancia* de nacer de nuevo. Cabe advertir que el v. 3 dice " no puede ver" (asir, comprender, conocer, experimentar) el reino de Dios; en el v. 5 dice que un hombre "no puede entrar" (ingresar) en el reino de Dios.

3. Jesús habló sobre la *naturaleza* del nuevo nacimiento. Es espiritual, no físico ni material (Ver notas, Ef. 1:3; 4:17-19; Estudio a fondo 3, 4:24.) La carne no puede acortar la brecha entre la carne y el espíritu. La carne es solo carne; no tiene poder de nacer de nuevo, de convertirse en espíritu (Ver Estudio a fondo 1, Carne, Jn. 1:14.)

4. Jesús volvió a acentuar la absoluta necesidad del nuevo nacimiento. "Os *es necesario* nacer de nuevo". Las palabras "es necesario" (doi) significan un deber, un imperativo.

5. Jesús ejemplificó el tema describiendo el viento. El Espíritu de Dios obra tal como el viento. Puede que no sepamos cómo obra el viento, pero podemos ver los efectos. Lo mismo sucede con el Espíritu de Dios: puede que no sepamos *cómo* obra, pero podemos ver los efectos de su obra.

"Mas a todos los que le recibieron, a los que creen en su nombre, les dio potestad de ser hechos hijos de Dios;13 los cuales no son engendrados de sangre, ni de voluntad de carne, ni de voluntad de varón, sino de Dios" (Jn. 1:12, 13).

"Nos salvó, no por obras de justicia que nosotros hubiéramos hecho, sino por su misericordia, por el lavamiento de la regeneración y *por la renovación en el Espíritu Santo*" (Tit. 3:5).

"El, de su voluntad, nos hizo nacer por la palabra de verdad, para que seamos primicias de sus criaturas" (Stg. 1:18).

"Bendito el Dios y Padre de nuestro Señor Jesucristo, que según su grande misericordia nos hizo renacer para una esperanza viva, por la resurrección de Jesucristo de los muertos" (1 P. 1:3).

"Siendo renacidos, no de simiente corruptible, sino de incorruptible, por la palabra de Dios que vive y permanece para siempre" (1 P. 1:23).

"Si sabéis que él es justo, sabed también que todo el que hace justicia es nacido de él" (1 Jn. 2:29).

"Todo aquel que es nacido de Dios, no practica el pecado, porque la simiente de Dios permanece en él; y no puede pecar, porque es nacido de Dios" (1 Jn. 3:9).

"Amados, amémonos unos a otros; porque el amor es de Dios. Todo aquel que ama, es nacido de Dios, y conoce a Dios" (1 Jn. 4:7).

"Todo aquel que cree que Jesús es el Cristo, es nacido de Dios; y todo aquel que ama al que engendró, ama también al que ha sido engendrado por él" (1 Jn. 5:1).

ESTUDIO A FONDO 2

(3:5) ***Agua - Espíritu:*** La palabra *"y"* (kai) también puede traducirse como "incluso". La forma en que está traducido aquí es a criterio del traductor. A la luz del resto de las Escrituras, probablemente debería traducirse "incluso". Esto significaría que el agua con todo su poder limpiador es un símbolo del Espíritu Santo: "El que no naciere de agua, incluso del Espíritu, no puede entrar en el reino de Dios". En el siguiente versículo hay un fuerte argumento para esto. El nuevo nacimiento es espiritual, alejado de cualquier fenómeno natural. No tiene nada qué ver con cualquier sustancia física, incluso el agua. No es de la carne, ni de ninguna cosa material. Es del Espíritu (cp. Ro. 8:11; Ef. 2:1).

¿Es posible que aquí *agua* signifique bautismo? Cuando Juan escribía el evangelio, él y los lectores de su Evangelio sabían qué significaba un *bautismo cristiano*. Sin embargo, cuando Jesús le hablaba a Nicodemo, no existía tal cosa como un bautismo cristiano. Es poco probable que Jesús dijera algo que Nicodemo no pudiera comprender ni entender. Jesús no pretendía confundirlo, sino conducirlo a nacer de nuevo. No había forma de que Nicodemo pudiera ser bautizado para nacer de nuevo -no en ese entonces-, ya que el bautismo cristiano todavía no se había instituido. (Independientemente de nuestra posición respecto del bautismo, la sinceridad exige que advirtamos esto.)

[4] (3:9-11) ***Nuevo nacimiento:*** El nuevo nacimiento es una experiencia verdadera, una experiencia definida. (Ver Estudio a fondo 1, punto 3, Jn. 3:1-15.) El corazón de Nicodemo era conmovido por lo que Jesús le estaba diciendo, y él quería saber qué quería decir con "nacer de nuevo". Nota: él no lo sabía, pero quería saberlo. (Piense en cuántos ni siquiera les importa saber.)

"Pero el hombre natural no percibe las cosas que son del Espíritu de Dios, porque para él son locura, y no las puede entender, porque se han de discernir espiritualmente" (1 Co. 2:14).

Advierta la gran tragedia de Nicodemo. Él era *el* maestro de Israel y sin embargo, no sabía acerca de cosas espirituales. (Ver nota, punto 1, Jn.3:1-2.) Advierta la firme afirmación de Jesús: "Lo que sabemos... lo que hemos visto" (v. 11. ver nota, Jn. 3:13 acerca de cómo Jesús conoce respecto del nuevo nacimiento).

"El Espíritu mismo da testimonio a nuestro espíritu, de que somos hijos de Dios" (Ro. 8:16).

"Y por cuanto sois hijos, Dios envió a vuestros corazones el Espíritu de su Hijo, el cual clama: ¡Abba, Padre!" (Gá. 4:6).

"Pues nuestro evangelio no llegó a vosotros en palabras solamente, sino también en poder, en el Espíritu Santo y en plena certidumbre, como bien sabéis cuáles fuimos entre vosotros por amor de vosotros" (1 Ts. 1:5).

"Yo sé a quién he creído, y estoy seguro que es poderoso para guardar mi depósito para aquel día" (2 Ti. 1:12).

"Y en esto sabemos que nosotros le conocemos, si guardamos sus mandamientos" (1 Jn. 2:3).

"Hijitos míos, no amemos de palabra ni de lengua, sino de hecho y en verdad. Y en esto conocemos que somos de la verdad, y aseguraremos nuestros corazones delante de él" (1 Jn. 3:18, 19).

"Y el que guarda sus mandamientos, permanece en Dios, y Dios en él. Y en esto sabemos que él permanece en nosotros, por el Espíritu que nos ha dado" (1 Jn. 3:24).

"En esto conocemos que permanecemos en él, y él en nosotros, en que nos ha dado de su Espíritu" (1 Jn. 4:13).

"Este es Jesucristo, que vino mediante agua y sangre; no mediante agua solamente, sino mediante agua y sangre. Y el Espíritu es el que da testimonio; porque el Espíritu es la verdad" (1 Jn. 5:6).

5 (3:11, 12) ***Nuevo nacimiento:*** El nuevo nacimiento es rechazado. Hay dos hechos trágicos aquí.

1. Están las afirmaciones "no recibís nuestro testimonio" y "no creéis". Parece que Nicodemo no creyó ni recibió a Jesús en este momento de su vida. Hizo lo que tantos otros: rechazó a Jesús.

2. La natural incredulidad del hombre (cp. 1 Co. 2:14. Ver nota, Jn. 2:24.)

"El que cree en el Hijo de Dios, tiene el testimonio en sí mismo; el que no cree a Dios, le ha hecho mentiroso, porque no ha creído en el testimonio que Dios ha dado acerca de su Hijo" (1 Jn. 5:10).

"A lo suyo vino, y los suyos no le recibieron" (Jn. 1:11).

"El que me rechaza, y no recibe mis palabras, tiene quien le juzgue; la palabra que he hablado, ella le juzgará en el día postrero" (Jn. 12:48).

6 (3:13) ***Nuevo nacimiento - Jesucristo, Hijo del Hombre - Mediador:*** El nuevo nacimiento es revelado solo por Jesús. Él dijo dos cosas.

1. Él *descendió* (ek, fuera de) del cielo. Ningún hombre puede ascender al cielo; ningún hombre puede penetrar en el mundo espiritual. La carne es carne, es decir, nacida de la tierra; por lo tanto es terrenal (1 Co. 15:47). Sin embargo, Jesucristo era diferente de todos los demás hombres. Su origen era *fuera del* cielo, fuera del mundo espiritual y de la dimensión del ser. (Ver Estudio a fondo 1, Jn. 3:31; nota, 1:18; Estudio a fondo 1, 2, 3, 14:6 para mayor discusión.)

2. Él es eterno. "El Hijo del Hombre que está en el cielo" significa que su existencia y experiencia son intemporales. Él es eterno (ver nota, Hijo del Hombre, Jn. 1:51).

"Porque el pan de Dios es aquel que descendió del cielo y da vida al mundo... Porque he descendido del cielo, no para hacer mi voluntad, sino la voluntad del que me envió" (Jn. 6:33, 38).

"Este es el pan que desciende del cielo, para que el que de él come, no muera. Yo soy el pan vivo que descendió del cielo; si alguno comiere de este pan, vivirá para siempre; y el pan que yo daré es mi carne, la cual yo daré por la vida del mundo" (Jn. 6:50, 51).

"Jesús entonces les dijo: Si vuestro padre fuese Dios, ciertamente me amaríais; porque yo de Dios he salido, y he venido; pues no he venido de mí mismo, sino que él me envió" (Jn. 8:42).

"Sabiendo Jesús que el Padre le había dado todas las cosas en las manos, y que había salido de Dios, y a Dios iba" (Jn. 13:3).

"Ahora pues, Padre, glorifícame tú al lado tuyo, con aquella gloria que tuve contigo antes que el mundo fuese" (Jn. 17:5).

7 (3:14, 15) ***Nuevo nacimiento:*** El nuevo nacimiento es garantizado por dos acciones.

1. La primera acción es la muerte de Jesús. Él ilustró este punto mediante la historia del Antiguo Testamento de Moisés elevando la serpiente de bronce en el desierto (Nm. 21:4-9). Los hijos de Israel habían comenzado a murmurar y a quejarse de las pruebas del desierto, y deseaban no haber dejado nunca Egipto. Dios los disciplinó enviando feroces serpientes a modo de plaga. La disciplina funcionó: el pueblo se arrepintió y suplicó misericordia. Dios satisfizo la necesidad del pueblo diciéndole a Moisés que hiciera una serpiente en bronce y que la mantuviera en un poste en medio del pueblo. La persona que miraba la serpiente *levantada* se sanaría.

Jesús dijo que Él debía ser levantado al igual que la serpiente. ¿Qué quiso decir? Hay varias figuras aquí.

a. El pueblo de Israel tenía una gran necesidad, porque se estaba muriendo a causa del veneno de las feroces serpientes. Los hombres hoy se están muriendo por el veneno de la serpiente, el veneno mortal del pecado.

b. La serpiente es un símbolo de lo maldito. Satanás (Gn. 3:1s; Ap. 12:9; 20:2). Jesucristo destruyó las obras del diablo al ser levantado (He. 2:14, 15); por lo tanto la serpiente colgando simbolizaba la derrota de Satanás. Al mirar la *maldad vencida* (la serpiente), Israel se sanó. Hoy día el hombre se sana mirando al Hijo del Hombre que fue levantado en la cruz.

"Ahora es el juicio de este mundo; ahora el príncipe de este mundo será echado fuera. Y yo, si fuere levantado de la tierra, a todos atraeré a mí mismo" (Jn. 12:31, 32).

"Así que, por cuanto los hijos participaron de carne y sangre, él también participó de lo mismo, para destruir por medio de la muerte al que tenía el imperio de la muerte, esto es, al diablo, y librar a todos los que por el temor de la muerte estaban durante toda la vida sujetos a servidumbre" (He. 2:14, 15).

c. Desde el principio, la serpiente era una criatura maldita (Gn. 3:14, 15). Jesús se convirtió en una maldición para el hombre (Gá. 3:13).

"Cristo nos redimió de la maldición de la ley, hecho por nosotros maldición (porque está escrito: Maldito todo el que es colgado en un madero)" (Gá. 3:13).

"Quien llevó él mismo nuestros pecados en su cuerpo sobre el madero, para que nosotros, estando muertos a los pecados, vivamos a la justicia; y por cuya herida fuisteis sanados" (1 P. 2:24).

2. La segunda acción es la fe del hombre en Jesús. El hombre que cree en el Hijo del Hombre levantado...

• no perecerá (ver Estudio a fondo 2, Perecer, Jn. 3:16).

- sino que tendrá vida eterna (ver Estudio a fondo 2, Vida, Jn. 1:4); Estudio a fondo 1, Jn. 10:10; Estudio a fondo 1 - 17:2,3).

Nota: Si un israelita creía en el mensaje de Dios (las buenas nuevas de sanidad), miraba la serpiente levantada y era sanado. Si un hombre no creía en el mensaje de Dios, no miraba y moría. Así es con nosotros hoy día: Todo hombre debe creer en el mensaje de Cristo para poder ser sanado, esto es, nacer de nuevo.

> **"Porque de tal manera amó Dios al mundo, que ha dado a su Hijo unigénito, para que todo aquel que en él cree, no se pierda, mas tenga vida eterna" (Jn. 3:16).**
>
> **"De cierto, de cierto os digo: El que oye mi palabra, y cree al que me envió, tiene vida eterna; y no vendrá a condenación, mas ha pasado de muerte a vida" (Jn. 5:24).**
>
> **"Mas él herido era por nuestras rebeliones, molido por nuestros pecados; el castigo de nuestra paz era sobre él, y por su llaga fuimos nosotros curados" (Is. 53:5).**

1 El hecho: De tal manera amó Dios **2 La evidencia: Dios dio** **3 El propósito: Salvar**	**E. Quinta revelación: El gran amor de Dios, 3:16-17** 16 Porque de tal manera amó Dios al mundo, que ha dado a su Hijo unigénito, para que todo aquel que en él cree, no se	pierda, mas tenga vida eterna. 17 Porque no envió Dios a su Hijo al mundo para condenar al mundo, sino para que el mundo sea salvo por él.	a. de perecer b. para la vida eterna c. por creer **4 La prueba: Dios envío a su Hijo (la encarnación)** a. no para condenar b. para salvar **5 Los medios: A través de Él**

DIVISIÓN II

LA REVELACIÓN DE JESÚS, EL HIJO DE DIOS, 2:1—3:21

E. Revelación 5: El gran amor de Dios, 3:16-17

(3:16-17) ***Introducción:*** Este es el pasaje más conocido de las Escrituras. En pocas palabras y directamente, Jesús reveló el gran amor de Dios.

1. El hecho: De tal manera amó Dios (v. 16).
2. La evidencia: Dios dio (v. 16).
3. El propósito: Salvar (v. 16).
4. La prueba: Dios envió a su Hijo (la encarnación) (v. 17).
5. Los medios: A través de Él (v. 17).

[1] (3:16) ***Dios, amor de:*** Dios amó de tal manera al mundo. Amó el mundo entero. Advierta varios hechos.

1. La idea de que Dios amaba el mundo entero era una idea nueva. Los judíos creían que Dios amaba a los religiosos (a los verdaderos judíos) y que odiaba a los no religiosos (los gentiles). Estos mismos pensamientos son los que tienen muchas personas en cada generación, especialmente los *extremistas religiosos*. El hecho de que Dios ama verdaderamente es impactante para muchos. Algunos se preguntan y otros cuestionan cómo es posible que Dios ame a...

- la persona vil
- quienes golpean a sus esposas
- los ladrones
- los opresores
- los asesinos
- los que maltratan los niños
- los alcohólicos
- los esclavizantes
- los inmorales
- las prostitutas
- los callejeros
- los resentidos, los vengativos

Pensamiento 1: Dios ama *a cada ser humano*, no solo a los religiosos y a los buenos. No solo ama a los que lo aman a Él. Dios ama a todos, incluso a los que no merecen amor y a los que no aman, a los que no creen y a los obstinados, a los egoístas y a los codiciosos, a los rencorosos y a los que buscan venganza.

"También tengo otras ovejas que *no son de este redil*; aquéllas también debo traer, y oirán mi voz; y habrá un rebaño, y un pastor" (Jn. 10:16).

"Porque *no hay diferencia* entre judío y griego, pues el mismo que es Señor de todos, es rico para con todos los que le invocan; porque *todo aquel* que invocare el nombre del Señor, será salvo" (Ro. 10:12, 13).

"El cual quiere que *todos los hombres* sean salvos y vengan al conocimiento de la verdad" (1 Ti. 2:4).

"El Señor no retarda su promesa, según algunos la tienen por tardanza, sino que es paciente para con nosotros, no queriendo que *ninguno* perezca, sino que todos procedan al arrepentimiento" (2 P. 3:9).

2. La base del amor de Dios es su naturaleza. Dios es amor (1 Jn. 4:8, 16), por lo tanto, Él ama. Él actúa, muestra y demuestra su amor.

"Mas Dios muestra su amor para con nosotros, en que siendo aún pecadores, Cristo murió por nosotros" (Ro. 5:8).

"El que no ama, no ha conocido a Dios; porque *Dios es amor*... Y nosotros hemos conocido y creído el amor que Dios tiene para con nosotros. *Dios es amor*; y el que permanece en amor, permanece en Dios, y Dios en él" (1 Jn. 4:8, 16).

3. El amor actúa, se expresa a sí mismo. El amor no se queda quieto, sin hacer nada. No es inactivo y complaciente. Si el amor existe de verdad, tiene que actuar y expresarse, tiene que hacer algo bueno. El amor es *amar*, esto es, el amor es siempre demostrárselo a los demás. Por lo tanto, el amor de Dios actúa y lo revela como amor.

Pensamiento 1: Dios quiere que el hombre conozca su amor. Quiere llegar a todo el mundo con su amor.

"En esto hemos conocido el amor, en que él puso su vida por nosotros" (1 Jn. 3:16).

"En esto se mostró el amor de Dios para con nosotros, en que Dios envió a su Hijo unigénito al mundo, para que vivamos por él" (1 Jn. 4:9).

ESTUDIO A FONDO 1

(3:16) ***Dios amó:*** Tiempo pasado. Un hecho pasado, demostrado. En este versículo se observa un bosquejo de la grandeza del amor de Dios. (1) Altura: Dios amó. (2) Profundidad: amó tanto. (3) Longitud: Dios dio. (4) Ancho: a todos. (Ver nota, Jn. 21:15-17.)

[2] (3:16) ***Dios, amor de:*** La evidencia del amor de Dios: Él ha dado a su Hijo unigénito. Advierta varios puntos.

1. Dios mostró su amor de la *manera más perfecta* posible: Él dio a su Hijo unigénito al mundo. Como Dios, Él es perfecto, lo que significa que su amor es perfecto. Por lo tanto, Dios no solo ama, sino que Él ama *tanto*. Él ama hasta la perfección,

hasta el último grado. Cualquiera sea el último grado, el acto perfecto y la expresión de amor, Dios lo demuestra. Sin duda, el mayor acto de amor es el sacrificio de la propia vida de un hombre; por lo tanto, Dios sacrificó la vida de su propio Hijo para salvar al hombre.

"Nadie tiene mayor amor que este, que uno ponga su vida por sus amigos" (Jn. 15:13).

2. Las palabras *ha dado* (edoken) tienen dos significados. Dios ha dado su Hijo al mundo, y lo ha dado para que muera. La idea de *sacrificio*, de gran precio, está en ambos actos. Le costó muy caro a Dios dar a su Hijo *al mundo y a la cruz.*

a. El Padre dio a su Hijo para estar separado de Él, *permitiendo que Jesús dejara su presencia*, que dejara la majestad y la gloria, la adoración y el honor del cielo. (Ver nota, Mr. 9:2, 3.)

b. Él dio a su Hijo para estar separado de Él, *permitiendo que Jesús viniera a la tierra...*

A un mundo que era...	A un mundo lleno de...	
caído	oscuridad	egoísmo
depravado	hostilidad	codicia
maligno	rencor	inmoralidad
rebelde	ira	barreras
revoltoso	enojo	pecado
apóstata	guerra	vergüenza

c. Él dio a su Hijo para que se separara de Él, *permitiendo que Jesús muriera* por los pecados de los hombres. (Ver Estudio a fondo 2, Mt. 26:37, 38.)

"Mas él herido era por nuestras rebeliones, molido por nuestros pecados; el castigo de nuestra paz era sobre él, y por su llaga fuimos nosotros curados" (Is. 53:5).

"Todos nosotros nos descarriamos como ovejas, cada cual se apartó por su camino; mas Jehová cargó en él el pecado de todos nosotros" (Is. 53:6).

"Porque Cristo, cuando aún éramos débiles, a su tiempo murió por los impíos" (Ro. 5:6).

"El que no escatimó ni a su propio Hijo, sino que lo entregó por todos nosotros, ¿cómo no nos dará también con él todas las cosas?" (Ro. 8:32).

"Porque primeramente os he enseñado lo que asimismo recibí: Que Cristo murió por nuestros pecados, conforme a las Escrituras" (1 Co. 15:3).

"Al que no conoció pecado, por nosotros lo hizo pecado, para que nosotros fuésemos hechos justicia de Dios en él" (2 Co. 5:21).

"¡Gracias a Dios por su don inefable!" (2 Co. 9:15).

"Cristo nos redimió de la maldición de la ley, hecho por nosotros maldición (porque está escrito: Maldito todo el que es colgado en un madero)" (Gá. 3:13).

"Pero vemos a aquel que era hecho un poco menor que los ángeles, a Jesús, coronado de gloria y de honra, a causa del padecimiento de la muerte, para que por la gracia de Dios gustase la muerte por todos" (He. 2:9).

"Así también Cristo era ofrecido una sola vez para llevar los pecados de muchos; y aparecerá por segunda vez, sin relación con el pecado, para salvar a los que le esperan" (He. 9:28).

"Quien llevó él mismo nuestros pecados en su cuerpo sobre el madero, para que nosotros, estando muertos a los pecados, vivamos a la justicia; y por cuya herida fuisteis sanados" (1 P. 2:24).

"Porque también Cristo padeció una sola vez por los pecados, el justo por los injustos, para llevarnos a Dios, siendo a la verdad muerto en la carne, pero vivificado en espíritu" (1 P. 3:18).

3. La evidencia sumamente gloriosa del amor de Dios es que Él tomó la *iniciativa* de salvar al hombre. El hombre no buscó salvarse a sí mismo; Dios buscó salvarlo. Él dio a su Hijo para que pudiéramos ser perdonados y salvos. Dios es el *Salvador que busca.*

Dios no...	Dios no...
está enojado	odia a los hombres
es falta de amor	tiene que ser persuadido para amar a los hombres
deja de perdonar	tiene que ser convencido para perdonar a los hombres

"Jehová se manifestó a mí hace ya mucho tiempo, diciendo: Con amor eterno te he amado; por tanto, te prolongué mi misericordia" (Jer. 31:3).

"Pero Dios, que es rico en misericordia, por su gran amor con que nos amó, aun estando nosotros muertos en pecados, nos dio vida juntamente con Cristo (por gracia sois salvos)" (Ef. 2:4, 5).

4. La verdad más gloriosa es que Dios ha dado su *Hijo unigénito.* Esta es la prueba más notable del amor de Dios. Magnifica y demuestra cuán grande es su amor. Él estuvo dispuesto a dar lo más querido de su corazón con el objetivo de salvar el mundo. Note esto: Dios planificó dar a su Hijo desde la eternidad.

"A éste, entregado por *el determinado consejo y anticipado conocimiento de Dios,* prendisteis y matasteis por manos de inicuos, crucificándole; al cual Dios levantó, sueltos los dolores de la muerte, por cuanto era imposible que fuese retenido por ella" (Hch. 2:23, 24).

3 (3:16) ***Salvación:*** El propósito del amor de Dios: Salvar a los hombres. El propósito de Dios en dar a su Hijo tenía tres motivos.

1. Salvar a los hombres de perecer (ver Estudio a fondo 2, Perecer, Jn. 3:16).

2. Salvar a los hombres para vida eterna (ver Estudio a fondo 2, Jn. 1:4; Estudio a fondo 1, 10:10; Estudio a fondo 1, 17:2, 3).

3. Salvar a los hombres mediante la fe (Ver Estudio a fondo 2, Jn. 2:24.) Nota. Este hecho dice que la salvación es condicional.

ESTUDIO A FONDO 2

(3:16) ***Perecer - Pereciendo*** (apoletai): Estar perdido, destruir todo, perder todo, perder la vida eterna, estar destituido espiritualmente, ser echado.

1. Perecer significa estar en un estado perdido en este mundo. Significa...

- envejecer, deteriorarse, decaer, morir. (Ver Estudio a fondo 2, Mt. 8:17; notas, 1 Co. 15:50; Col. 2:13; Estudio a fondo 1, 2 P. 1:4.)
- sin vida (propósito, significado, importancia). (Ver Estudio a fondo 2, Jn. 1:4; Estudio a fondo 1, 10:10; Estudio a fondo 1, 17:2, 3.)

• sin paz (garantía, confianza, seguridad del cuidado de Dios). (Ver nota, Jn. 14:27).

• sin esperanza (de vivir para siempre). (Ver Estudio a fondo 1, 2 Ti. 4:18.)

2. Perecer significa estar en un estado perdido en el mundo venidero. Significa...

- tener que morir
- sufrir la separación de Dios y de los seres queridos
- enfrentar el juicio
- experimentar lo que es el infierno
- ser condenado

(Ver Estudio a fondo 2, Mt. 5:22; Estudio a fondo 4, Lc. 16:24; Estudio a fondo 1, He. 9:27.)

4 (3:17) ***Dios, Amor de:*** Hay una prueba del amor de Dios: la encarnación. Dios realmente envió a su Hijo al mundo. (Ver notas, Jn. 1:14.)

1. Cristo no era enviado para condenar ni juzgar al mundo. Nosotros, el mundo, merecemos ser juzgados y condenados.

⇒ Somos culpables tanto de quebrantar la ley de Dios como de no estar a la altura de la gloria de Dios (Ro. 3:23).

⇒ Estamos condenados (Ro. 3:9, 18; cp. Ro. 1:18-32).

Sin embargo, Cristo *no fue* enviado a condenarnos ni a juzgarnos. El juicio y la condena no fueron su propósito.

2. Cristo era enviado a salvarnos. Su propósito era salvarnos de perecer y salvarnos para la vida eterna. (Ver Estudio a fondo 1, 1 Co. 1:18.)

"Que os ha nacido hoy, en la ciudad de David, un Salvador, que es CRISTO el Señor" (Lc. 2:11).

"Como el Hijo del Hombre no vino para ser servido, sino para servir, y para dar su vida en rescate por muchos" (Mt. 20:28).

"Porque el Hijo del Hombre vino a buscar y a salvar lo que se había perdido" (Lc. 19:10).

5 (3:17) ***Salvación - Jesucristo, Mediador:*** Hay un medio de salvación. La salvación es por él (Jesucristo) y solo a través de Él.

"Palabra fiel y *digna de ser recibida por todos*: que Cristo Jesús vino al mundo para salvar a los pecadores, de los cuales yo soy el primero" (1 Ti. 1:15).

"Porque hay un solo Dios, y *un solo mediador* entre Dios y los hombres, Jesucristo hombre" (1 Ti. 2:5).

"Y nosotros hemos visto y testificamos que el Padre ha enviado al Hijo, *el Salvador del mundo*" (1 Jn. 4:14).

"Pero cuando se manifestó la bondad de Dios nuestro Salvador, y su amor para con los hombres, nos salvó, no por obras de justicia que nosotros hubiéramos hecho, sino por su misericordia, por el lavamiento de la regeneración y por la renovación en el Espíritu Santo, el cual derramó en nosotros abundantemente *por Jesucristo* nuestro Salvador" (Tit. 3:4-7).

"Ya no creemos solamente por tu dicho, porque nosotros mismos hemos oído, y sabemos que verdaderamente éste es *el Salvador del mundo*, el Cristo" (Jn. 4:42).

"Jesús le dijo: Yo soy el camino, y la verdad, y la vida; *nadie viene al Padre, sino por mí*" (Jn. 14:6).

"*Y en ningún otro hay salvación*; porque no hay otro nombre bajo el cielo, dado a los hombres, en que podamos ser salvos" (Hch. 4:12).

"A éste, Dios ha exaltado con su diestra por Príncipe y *Salvador*, para dar a Israel *arrepentimiento* y perdón de pecados" (Hch. 5:31).

"Por lo cual puede también salvar perpetuamente a los que *por él* se acercan a Dios, viviendo siempre para interceder por ellos" (He. 7:25).

	F. Sexta revelación: La condenación del hombre, 3:18-21	20 Porque todo aquel que hace lo malo, aborrece la luz y no viene a la luz, para que sus obras no sean reprendidas.	
1 Quién es condenado: No el creyente, sino el incrédulo **2 Cuándo es condenado: Ya lo ha sido** **3 Por qué es condenado** a. No ha creído b. La luz ha venido al mundo c. Ama las tinieblas, ama lo malo, su pecado d. No viene a la luz	18 El que en él cree, no es condenado; pero el que no cree, ya ha sido condenado, porque no ha creído en el nombre del unigénito Hijo de Dios. 19 Y esta es la condenación: que la luz vino al mundo, y los hombres amaron más las tinieblas que la luz, porque sus obras eran malas.	21 Mas el que practica la verdad viene a la luz, para que sea manifiesto que sus obras son hechas en Dios.	**4 Quién escapa a la condenación** a. El que practica la verdad b. El que viene a la luz c. Aquel cuyas obras son manifiestas en Dios.

DIVISIÓN II

LA REVELACIÓN DE JESÚS, EL HIJO DE DIOS, 2:1—3:21

F. Sexta revelación: La condenación del hombre, 3:18-21

(3:18-21) ***Introducción:*** Dios envió a su Hijo al mundo para salvar el mundo, pero esto no significa que todos sean automáticamente salvos. De hecho, algunos son condenados y enjuiciados. Jesús revela la condenación del hombre.

1. Quién es condenado: no el creyente, sino el incrédulo (v. 18).
2. Cuándo es condenado: ya lo ha sido (v. 18).
3. Por qué es condenado (vv. 18-20).
4. Quién escapa a la condenación (v. 21).

[1] (3:18) ***Condenación, fe:*** ¿Quién es condenado? No el creyente, sino el incrédulo.

1. El creyente no es condenado. Advierta tres situaciones.
   a. No se puede acentuar más la importancia de la fe. La fe permanece, evita, refrena e impide el juicio. La persona que cree en Cristo...
      • es exonerada como si nunca hubiera pecado.
      • es liberada.
      • no es tomada nuevamente cautiva (por la culpa, el temor, la esclavitud, la vergüenza).
      • no es condenada (juzgada).
      • no se la tratará de acuerdo a la justicia.

   b. El creyente es salvo. Es tan culpable como el incrédulo, pero hay una diferencia fundamental: el creyente cree en Jesucristo y ha comprometido su vida con Él. El creyente está buscando activa y diligentemente a Cristo (He. 11:6). Dios salvará a cualquier hombre que crea, busque y honre a su Hijo (cp. Jn. 12:26. Ver Estudio a fondo 2, Jn. 2:24; nota, 3:17.)
   c. El creyente es liberado de la condenación porque cree en Cristo. El creyente tiene fe que Cristo murió por sus pecados, en su lugar, como su substituto, pagando la pena por sus pecados (que era la muerte).

"De cierto, de cierto os digo: El que oye mi palabra, y cree al que me envió, tiene vida eterna; y no vendrá a condenación, mas ha pasado de muerte a vida" (Jn. 5:24).

"Ahora, pues, ninguna condenación hay para los que están en Cristo Jesús, los que no andan conforme a la carne, sino conforme al Espíritu" (Ro. 8:1).

"¿Quién es el que condenará? Cristo es el que murió; más aun, el que también resucitó, el que además está a la diestra de Dios, el que también intercede por nosotros" Ro. 8:34. (Ver Estudio a fondo 1, 2. Ro. 4:22; nota, 5:1.)

2. El incrédulo es condenado. Advierta dos puntos importantes.
   a. Advierta quién es el incrédulo. Es la persona que "no ha creído en el nombre del unigénito Hijo de Dios". Dios tiene *un único Hijo unigénito*. El hombre que *todavía no* ha creído en el Hijo de Dios es el incrédulo. No importa quién sea o dónde esté; él es incrédulo si *todavía no ha* creído en el Hijo unigénito de Dios.
   b. Advierta qué significa ser condenado o juzgado. (Ver Estudio a fondo 2, Perecer, Jn. 3:16 para mayor consideración al respecto.)

[2] (3:18) ***Juicio - Condenación:*** ¿Cuándo se condena al incrédulo? Ya lo ha sido, ahora mismo. No se trata de que tenga que ser condenado, pues ya ha sido condenado. "Ya ha sido juzgado" tiene tres significados (ede kekritai).

1. La condenación es un hecho seguro. El juicio del incrédulo es seguro, tan seguro como que ya ha sido condenado. Nada puede cambiar o detener el juicio que sobrevendrá sobre el incrédulo. Ignorar, negar y luchar contra el gran día de juicio no cambiaría ni un solo detalle del día. Vendrá, y cada uno de los incrédulos será juzgado.
2. El incrédulo *ya está* bajo la maldición actual del pecado. Él...
   • está sin Cristo.
   • es un extraño entre el pueblo de Dios.
   • es un extraño para las promesas de Dios
   • no tiene esperanzas
   • está sin Dios en el mundo (Ef. 2:12).

(Ver Estudio a fondo 2, punto 1, Perecer, Jn. 3:16 para una descripción de qué significa.)

3. El incrédulo ya es culpable de todos los pecados que cometió en su vida; ya está condenado. La ley de Dios ya existe. Cada vez que un hombre viola la ley de Dios, de inmediato se vuelve culpable y es condenado. El juicio ya ha sido pronunciado. El incrédulo debe pagar la penalidad por cada transgresión de la ley de Dios. Ya está *bajo la maldición, la fuerza plena* de la ley.

> **"Porque todos los que dependen de las obras de la ley están bajo maldición, pues escrito está: Maldito todo aquel que no permaneciere en todas las cosas escritas en el libro de la ley, para hacerlas" (Gá. 3:10).**
>
> **"Y la ley no es de fe, sino que dice: El que hiciere estas cosas vivirá por ellas" (Gá. 3:12).**

[3] (3:18-20) ***Condenación:*** ¿Por qué es condenado el incrédulo? Por cuatro motivos.

1. Él no ha creído. El gran pecado de no creer es que niega, ignora, rechaza, abusa de y desdeña al Hijo de Dios.

⇒ La dignidad del Hijo de Dios es ignorada (Ver nota, Jn. 1:1, 2).
⇒ La verdad del Hijo de Dios no es creída (Ver notas, Jn. 1:14).
⇒ La bondad del Hijo de Dios no es abrazada. (Ver notas, Jn. 1:14.)
⇒ Se niega la cosa más querida del corazón de Dios. (Ver notas, Jn. 3:16.)
⇒ El nombre que está por encima de todos los nombres es abusado y maldecido (Fil. 2:9).
⇒ Se rechaza al único Hijo unigénito de Dios (Jn. 3:16-19).

Cristo es el gran remedio para los pecados del hombre. Por lo tanto, la incredulidad —rechazar y negarse a creer en Cristo—, es el peor de todos los pecados.

> **"El que cree en el Hijo tiene vida eterna; pero el que rehúsa creer en el Hijo no verá la vida, sino que la ira de Dios está sobre él" (Jn. 3:36).**
>
> **"Por eso os dije que moriréis en vuestros pecados; porque si no creéis que yo soy, en vuestros pecados moriréis" (Jn. 8:24).**

2. El incrédulo es condenado porque la Luz ha venido al mundo. La Luz vino al mundo para dar luz a los hombres, para permitir que los hombres salgan de las tinieblas de un mundo pecaminoso y en decadencia. La Luz vino a mostrarles el camino a los hombres, la verdad y la vida:

⇒ La Luz le muestra al hombre qué intenciones tiene Dios para su vida.
⇒ La Luz le muestra al hombre la verdad de la vida, es decir, la verdad de Dios y del hombre, y del mundo que rodea al hombre.
⇒ La Luz le muestra al hombre la vida, esto es, cómo salvar su vida y evitar las cosas que lo hacen tambalear y perder su vida.

El tema es el siguiente: La vida de Jesucristo está ahora en el mundo para dar Luz. Cualquier hombre que no se vuelva hacia y camine en la Luz está naturalmente en las tinieblas. Está condenado a la oscuridad y a todo lo que les ocurre a los que caminan en la oscuridad. (Ver Estudio a fondo 1, Luz, Jn. 1:9; Estudio a fondo 1 - 8:12.)

3. El incrédulo está condenado porque ama la oscuridad. ¿Por qué amaría la oscuridad? Porque sus hechos son malvados, y volverse a y caminar en la Luz expondría sus actos malvados: sus inmoralidades, injusticias y desobediencia a Dios. Hay por lo menos cuatro motivos por los que el hombre prefiere caminar en la oscuridad y aferrarse a sus pecados.

a. El incrédulo ama el pecado y no quiere enfrentar la convicción de la Luz. Si se vuelve a la Luz, tendría que dejar su pecado y el ama el sentimiento, el estímulo, la comodidad, la facilidad, el reto, el reconocimiento, el poder, la fama, las posesiones, las cosas que conlleva el pecado. Lo ama demasiado como para dejarlo.
b. El incrédulo está lleno de orgullo. No quiere confesar su pecado. El hecho es que está en la oscuridad y muy lejos de lo que Dios exige. Niega estar en las tinieblas, rechazando volverse a la Luz (Cristo).
c. El incrédulo está esclavizado, preso del pecado y atrapado por la oscuridad. Ha estado tanto tiempo en la oscuridad que no tiene la fuerza para romper la esclavitud.
d. El incrédulo le teme a la vergüenza y a la consecuencia de su pecado. En algunos casos quisiera confesar su maldad y corregirla, pero el temor evita que salga y enfrente la Luz (Cristo).

> **"Pero fornicación y toda inmundicia, o avaricia, ni aun se nombre entre vosotros, como conviene a santos; ni palabras deshonestas, ni necedades, ni truhanerías, que no convienen, sino antes bien acciones de gracias. Porque sabéis esto, que ningún fornicario, o inmundo, o avaro, que es idólatra, tiene herencia en el reino de Cristo y de Dios. Nadie os engañe con palabras vanas, porque por estas cosas viene la ira de Dios sobre los hijos de desobediencia... Y no participéis en las obras infructuosas de las tinieblas, sino más bien reprendedlas" (Ef. 5:3-6, 11).**
>
> **"Mas vosotros, hermanos, no estáis en tinieblas, para que aquel día os sorprenda como ladrón... Por tanto, no durmamos como los demás, sino velemos y seamos sobrios. Pues los que duermen, de noche duermen, y los que se embriagan, de noche se embriagan" (1 Ts. 5:4, 6, 7).**
>
> **"Si decimos que tenemos comunión con él, y andamos en tinieblas, mentimos, y no practicamos la verdad" (1 Jn. 1:6).**
>
> **"No saben, no entienden, andan en tinieblas; tiemblan todos los cimientos de la tierra" (Sal. 82:5).**
>
> **"El camino de los impíos es como la oscuridad; no saben en qué tropiezan" (Pr. 4:19).**

4. El incrédulo está condenado porque no viene hacia la Luz. Cualquiera sean sus motivos, el incrédulo se niega a venir a la Luz, por lo tanto, es condenado.

> **"La noche está avanzada, y se acerca el día. Desechemos, pues, las obras de las tinieblas, y vistámonos las armas de la luz" (Ro. 13:12).**
>
> **"Dejadlos; son ciegos guías de ciegos; y si el ciego guiare al ciego, ambos caerán en el hoyo" (Mt. 15:14).**
>
> **"Por tanto, su camino será como resbaladeros en oscuridad; serán empujados, y caerán en él; porque yo traeré mal sobre ellos en el año de su castigo, dice Jehová" (Jer. 23:12).**

"Y atribularé a los hombres, y andarán como ciegos, porque pecaron contra Jehová; y la sangre de ellos será derramada como polvo, y su carne como estiércol" (Sof. 1:17).

Pensamiento 1: El incrédulo está incómodo en la Luz. Por lo tanto, evita todo lo que le presente la Luz: la iglesia, los creyentes, la Biblia, la oración y la conversación espiritual.

Cabe advertir que se dice que los incrédulos odian la Luz. Ignoran, rechazan, niegan y combaten la Luz. Hablan y escriben en su contra, la ridiculizan, la insultan y buscan echarla.

"En él estaba la vida, y la vida era la luz de los hombres. La luz en las tinieblas resplandece, y las tinieblas no prevalecieron contra ella" (Jn. 1:4, 5).

"Otra vez Jesús les habló, diciendo: Yo soy la luz del mundo; el que me sigue, no andará en tinieblas, sino que tendrá la luz de la vida" (Jn. 8:12).

"Entonces Jesús les dijo: Aún por un poco está la luz entre vosotros; andad entre tanto que tenéis luz, para que no os sorprendan las tinieblas; porque el que anda en tinieblas, no sabe a dónde va" (Jn. 12:35).

"Yo, la luz, he venido al mundo, para que todo aquel que cree en mí no permanezca en tinieblas" (Jn. 12:46).

"Porque Dios, que mandó que de las tinieblas resplandeciese la luz, es el que resplandeció en nuestros corazones, para iluminación del conocimiento de la gloria de Dios en la faz de Jesucristo" (2 Co. 4:6).

"Por lo cual dice: Despiértate, tú que duermes, y levántate de los muertos, y te alumbrará Cristo" (Ef. 5:14).

"El pueblo que andaba en tinieblas vio gran luz; los que moraban en tierra de sombra de muerte, luz resplandeció sobre ellos" (Is. 9. 2).

4 (3:21) ***Condenación:*** ¿Quién escapa a la condena? El hombre que hace tres cosas.

1. El hombre que practica la verdad y vive en forma justa. Sabe qué es lo correcto y lo hace. El verbo está en acción continua. Practica la verdad, en forma continua y habitual. Cabe advertir dos cosas acerca de este hombre.

a. Esto no significa que vive en forma perfecta, sin pecar jamás. Ningún hombre es ni puede ser perfecto. Significa que el hombre dirige su vida hacia la verdad: busca diligentemente la verdad y busca ser genuino. Puede deslizarse y pecar, pero de inmediato se vuelve a Dios, arrepentido y aferrándose a su integridad.

b. Cristo dijo que el hombre que hace la verdad escucha su voz (Jn. 18:37; 1 Jn. 1:6). Solo el hombre que desea la verdad es salvo y todo hombre que viene a la verdad es salvo. Cristo es la verdad.

"Y conoceréis la verdad, y la verdad os hará libres" (Jn. 8:32).

"Jesús le dijo: Yo soy el camino, y *la verdad*, y la vida; nadie viene al Padre, sino por mí" (Jn. 14:6).

"Si decimos que tenemos comunión con él, y andamos en tinieblas, mentimos, y no practicamos la verdad; pero si andamos en luz, como él está en luz, tenemos comunión unos con otros, y la sangre de Jesucristo su Hijo nos limpia de todo pecado" (1 Jn. 1:6, 7).

"Mucho me regocijé porque he hallado a algunos de tus hijos andando en la verdad, conforme al mandamiento que recibimos del Padre" (2 Jn. 4).

"Pues mucho me regocijé cuando vinieron los hermanos y dieron testimonio de tu verdad, de cómo andas en la verdad" (3 Jn. 3).

"Porque tu misericordia está delante de mis ojos, y ando en tu verdad" (Sal. 26:3).

"Enséñame, oh Jehová, tu camino; caminaré yo en tu verdad; afirma mi corazón para que tema tu nombre" (Sal. 86:11).

2. El hombre que viene a la Luz escapa a la condenación. Solo la Luz (Cristo) puede disipar la oscuridad en la vida de un hombre (ver Estudio a fondo 1, Jn. 1:9).

3. El hombre cuyas obras son hechas en Dios escapa a la condenación. La palabra "hecha" (eirgasmena) significa trabajar, producir, ejercer, originar, fabricar y manufacturar algo. La idea es que el hombre *viene a Cristo* (la Luz) para que sus obras sean "hechas", originadas y trabajadas en y de Dios. El hombre que viene a Cristo vive cerca de Dios. Camina, habla, escucha a Dios (su Palabra) y hace lo que Dios dice (cp. 2 Co. 1:12).

"Así alumbre vuestra luz delante de los hombres, para que vean vuestras buenas obras, y glorifiquen a vuestro Padre que está en los cielos" (Mt. 5:16).

"El que tiene mis mandamientos, y los guarda, ése es el que me ama; y el que me ama, será amado por mi Padre, y yo le amaré, y me manifestaré a él" (Jn. 14:21).

"A los ricos de este siglo manda que no sean altivos, ni pongan la esperanza en las riquezas, las cuales son inciertas, sino en el Dios vivo, que nos da todas las cosas en abundancia para que las disfrutemos. Que hagan bien, que sean ricos en buenas obras, dadivosos, generosos" (1 Ti. 6:17, 18).

"Presentándote tú en todo como ejemplo de buenas obras; en la enseñanza mostrando integridad, seriedad" (Tit. 2:7).

"Y de hacer bien y de la ayuda mutua no os olvidéis; porque de tales sacrificios se agrada Dios" (He. 13:16).

"Así también la fe, si no tiene obras, es muerta en sí misma" (Stg. 2:17).

	III. LA REVELACIÓN DE JESÚS, EL NUEVO MAESTRO, 3:22-36	29 El que tiene la esposa, es el esposo; mas el amigo del esposo, que está a su lado y le oye, se goza grandemente de la voz del esposo; así pues, este mi gozo está cumplido. 30 Es necesario que él crezca, pero que yo mengue.	**3 Respuesta 2: Jesús fue el único esposo** a. Él es quien está cerca del amigo b. Él es la voz que debe ser oída c. Él es la causa de gozo d. Él es el único objeto de lealtad.
1 El escenario de la revelación a. Jesús y sus discípulos estaban bautizando en Judea b. Juan y sus discípulos estaban bautizando en las cercanías	22 Después de esto, vino Jesús con sus discípulos a la tierra de Judea, y estuvo allí con ellos, y bautizaba. 23 Juan bautizaba también en Enón, junto a Salim, porque había allí muchas aguas; y venían, y eran bautizados. 24 Porque Juan no había sido aún encarcelado.	31 El que de arriba viene, es sobre todos; el que es de la tierra, es terrenal, y cosas terrenales habla; el que viene del cielo, es sobre todos.	**4 Respuesta 3: Jesús fue el único que vino de arriba, del cielo** a. Significado "Fuera de" b. Resultado: Jesús es por sobre todo
c. Dos preguntas básicas de la vida 1) ¿Quién purifica realmente el corazón del hombre? 2) ¿Quién es el Maestro supremo?	25 Entonces hubo discusión entre los discípulos de Juan y los judíos acerca de la purificación. 26 Y vinieron a Juan y le dijeron: Rabí, mira que el que estaba contigo al otro lado del Jordán, de quien tú diste testimonio, bautiza, y todos vienen a él.	32 Y lo que vio y oyó, esto testifica; y nadie recibe su testimonio. 33 El que recibe su testimonio, éste atestigua que Dios es veraz. 34 Porque el que Dios envió, las palabras de Dios habla; pues Dios no da el Espíritu por medida.	**5 Respuesta 4: Jesús fue el único vocero de Dios** a. Él da testimonio b. Algunos lo rechazan c. Algunos lo reciben y afirman su testimonio d. Prueba: Enviado de Dios y habla la Palabra de Dios. **6 Respuesta 5: Jesús fue el único que tuvo la medida absoluta del Espíritu**
2 Respuesta 1: Jesús fue el único Mesías designado por Dios a. Dios es quien designa a los hombres b. Dios no había designado a Juan como el Mesías, sino como el precursor	27 Respondió Juan y dijo: No puede el hombre recibir nada, si no le fuere dado del cielo. 28 Vosotros mismos me sois testigos de que dije: Yo no soy el Cristo, sino que soy enviado delante de él.	35 El Padre ama al Hijo, y todas las cosas ha entregado en su mano. 36 El que cree en el Hijo tiene vida eterna; pero el que rehúsa creer en el Hijo no verá la vida, sino que la ira de Dios está sobre él.	**7 Respuesta 6: Jesús es el único que determina el destino del hombre** a. Creer en Él da vida eterna b. No obedecerlo produce ira.

DIVISIÓN III

LA REVELACIÓN DE JESÚS, EL NUEVO MAESTRO, 3:22-36

(3:22-36) ***Introducción:*** Este pasaje hace una cosa: apunta hacia Jesucristo como el Nuevo Maestro, el que Dios ha puesto delante del hombre como el único Maestro digno de servir.

1. El escenario de la revelación (vv. 22-26).
2. Respuesta 1: Jesús fue el único Mesías designado por Dios (vv. 27, 28).
3. Respuesta 2: Jesús fue el único esposo (vv. 29, 30).
4. Respuesta 3: Jesús fue el único que vino de arriba, del cielo (v. 31).
5. Respuesta 4: Jesús fue el único vocero de Dios (vv. 32-34).
6. Respuesta 5: Jesús fue el único que tuvo la medida absoluta del Espíritu (v. 34).
7. Respuesta 6: Jesús es el único que determina el destino del hombre (vv. 35, 36).

[1] (3:22-26) ***Jesucristo, bautizado:*** El escenario de la revelación. Luego de su entrevista con Nicodemo, Jesús salió hacia los distritos de Judea.

1. Jesús y sus discípulos estaban bautizando. La palabra "estuvo" (dietriben) significa dedicar tiempo a estar con alguien. Da la idea de pasar *mucho tiempo* compartiendo y ministrando. Advierta la declaración: Él bautizaba. Este es el único lugar de las Escrituras donde se dice que Jesús bautizaba, si bien en términos estrictos eran sus discípulos los que realmente llevaban a cabo el bautismo (Jn. 4:2). El hecho de que Él bautizara era lo que preparó la escena para lo que iba a suceder.

2. Juan y sus discípulos también estaban bautizando en Enón, próximo a Salim. Nada se sabe acerca de ninguno de los dos lugares salvo lo que se menciona aquí.

La gente comenzó a trasladarse de Juan a Jesús. Esta declinación en la popularidad de Juan les dio a los extremistas religiosos la oportunidad de atacar a Juan. Lo atacaron preguntándole a sus discípulos una pregunta importante, y en ella emplearon las dos preguntas básicas de la vida.

3. Los extremistas religiosos preguntaron sobre el valor purificador del bautismo de Juan. Pensaban que era un farsante, un falso profeta. Si el bautismo de Juan realmente purificaba el corazón de las personas y les daba una sensación de limpieza, ¿por qué la gente corría ahora hacia Jesús? Si su bautismo realmente satisfacía las necesidades de las personas,

continuarían yendo hacia él para purificarse. En cambio, lo abandonaban y corrían a Jesús.

Esta acusación, por supuesto, movilizó a los discípulos, que le preguntaron a Juan por qué todos los hombres se estaban volviendo hacia Jesús en lugar de permanecer con él.

Advierta cómo la pregunta de la purificación toca las dos preguntas básicas de la vida.

1. Está la cuestión de purificar y limpiar. ¿Se puede purificar el corazón humano? ¿Se puede satisfacer realmente la necesidad de purificación del hombre?

2. Está la cuestión de la supremacía del Maestro en la vida de un hombre. ¿Qué hombre hay que seguir? ¿A quién deben recurrir los hombres para purificarse? ¿A otros hombres tales como los líderes religiosos o a Jesucristo?

Pensamiento 1: Advierta dos hechos trágicos.

1) Cada hombre busca la purificación de su corazón en algún sitio. Busca la liberación de equivocarse y fracasar; busca paliar parte de su culpa. Sin embargo, pocos buscan purificarse en Cristo. Ellos parecen buscar purificarse en todos lados menos en Cristo:
   - ⇒ la religión
   - ⇒ asistir lo suficiente a la iglesia para acallar su consciencia y sentir aceptación por parte de Dios.
   - ⇒ donar para obras de caridad.
   - ⇒ haciendo buenas obras a otras personas.
   - ⇒ siendo leal a las enseñanzas o el liderazgo de algún buen hombre.
2) Cada hombre sigue a algún maestro y es fiel a algo, ya se trate de una persona o de una cosa (cp. Mt. 6:24; Lc. 16:13; Ro. 6:16).

Pensamiento 2: Advierta un punto importante: Solo Cristo puede purificar el corazón de un hombre y limpiarlo por completo del pecado.

2 (3:27, 28) ***Jesucristo, Mesías - Ministros:*** Solamente Jesús fue el único Mesías designado por Dios. Juan respondió a las preguntas apuntando a Jesucristo. Él era el único Mesías, el designado por Dios.

1. Dios es quien designa a los hombres.
   - ⇒ Él es Dios, por lo que tiene el derecho de designar a los hombres.
   - ⇒ Convoca a los hombres para que sean sus siervos.
   - ⇒ Designa a aquellos hombres a un servicio en particular y los capacita con dones.

Ningún hombre puede recibir una designación *verdadera*, un servicio *verdadero* o un don *verdadero* a no ser que le sean dados desde el cielo, esto es, del mismo Dios. Todas las designaciones y dones que no han venido del cielo *son falsas*.

"Toda buena dádiva y todo don perfecto desciende de lo alto, del Padre de las luces, en el cual no hay mudanza, ni sombra de variación" (Stg. 1:17).

"A uno dio cinco talentos, y a otro dos, y a otro uno, a cada uno conforme a su capacidad; y luego se era lejos" (Mt. 25:15).

"De manera que, teniendo diferentes dones, según la gracia que nos es dada" (Ro. 12:6).

"Porque ¿quién te distingue? ¿o qué tienes que no hayas recibido? Y si lo recibiste, ¿por qué te glorías como si no lo hubieras recibido?" (1 Co. 4:7).

"Ahora bien, hay diversidad de dones, pero el Espíritu es el mismo" (1 Co. 12:4).

"Ciertamente espíritu hay en el hombre, y el soplo del Omnipotente le hace que entienda" (Job 32:8).

2. Dios no había designado a Juan como el Mesías, sino como el precursor. Juan estaba claro al respecto. Él no era el Mesías, Jesucristo sí lo era. Advierta varias cosas.
   - ⇒ El firme testimonio de Juan con respecto a que Jesucristo era el Mesías
   - ⇒ La clara comprensión de quién era él mismo y de cuáles eran su designación y su ministerio (el precursor)
   - ⇒ La humildad de Juan

Pensamiento 1: Jesucristo es el Mesías; Él es el único designado desde el cielo. Esta es la firme declaración de Juan.

"El les dijo: Y vosotros, ¿quién decís que soy yo? Respondiendo Simón Pedro, dijo: Tú eres el Cristo, el Hijo del Dios viviente. Entonces le respondió Jesús: Bienaventurado eres, Simón, hijo de Jonás, porque no te lo reveló carne ni sangre, sino mi Padre que está en los cielos" (Mt. 16:15-17).

"Mas Jesús callaba. Entonces el sumo sacerdote le dijo: Te conjuro por el Dios viviente, que nos digas si eres tú el Cristo, el Hijo de Dios. Jesús le dijo: Tú lo has dicho; y además os digo, que desde ahora veréis al Hijo del Hombre sentado a la diestra del poder de Dios, y viniendo en las nubes del cielo" (Mt. 26:63, 64).

"Entonces él les dijo: ¡Oh insensatos, y tardos de corazón para creer todo lo que los profetas han dicho! ¿No era necesario que el Cristo padeciera estas cosas, y que entrara en su gloria?" (Lc. 24:25, 26).

"Le dijo la mujer: Sé que ha de venir el Mesías, llamado el Cristo; cuando él venga nos declarará todas las cosas. Jesús le dijo: Yo soy, el que habla contigo" (Jn. 4:25, 26).

"Les dijo, pues, Jesús: Cuando hayáis levantado al Hijo del Hombre, entonces conoceréis que yo soy, y que nada hago por mí mismo, sino que según me enseñó el Padre, así hablo" (Jn. 8:28).

Pensamiento 2: Los verdaderos siervos de Dios son designados para su servicio y ministerio por Dios. Esto quiere decir varias cosas.

1) El siervo sirve a Dios y solo a Dios.
2) El siervo puede confiar en Dios para que se ocupe de él y de su ministerio.
3) El siervo debe ser humilde.
   - ⇒ No debe envidiar a otros, ya que cada ministerio de un siervo es especial para Dios y necesario para su plan de salvación.
   - ⇒ Debe estar satisfecho en su servicio y ministerio, ya que está allí por designio de Dios.

"No me elegisteis vosotros a mí, sino que yo os elegí a vosotros, y os he puesto para que vayáis y llevéis fruto, y vuestro fruto permanezca; para que todo lo que pidiereis al Padre en mi nombre, él os lo dé" (Jn. 15:16).

3 (3:29, 30) ***Jesucristo, Esposo - Humildad - Ministerios - Propósito:*** Juan declaró que Jesús era el esposo. El esposo es el que posee a la esposa (la iglesia, los seguidores de Dios). El amigo es importante, pero no es el esposo. Juan dijo cuatro cosas acerca de Jesús como el esposo.

1. El esposo (Cristo) es el que está al lado de su amigo. Es cierto que el amigo (el siervo de Dios) es importante, ya que se hace cargo de asuntos del esposo y tiene el privilegio de llevar la esposa al esposo. Pero hay un único esposo y Él es el centro de la atención del amigo.

2. La voz del esposo (Cristo) es la voz que debe oírse. Su voz es la voz importante. Su voluntad es la voluntad a ser hecha: servirlo y hacer lo que Él dice es lo fundamental.

3. El esposo (Cristo) es la causa de gozo. No es el amigo el que trae gozo a la esposa o a los invitados y a la comunidad, sino el esposo. El gozo de todos se encuentra en ver que se cumpla el gozo del esposo y en verlo complacido.

4. El esposo (Cristo) es el único objeto de lealtad. Las palabras "él" y "yo" son un *contraste enfático* (v. 30). Esto quiere decir que hay una *compulsión* por elevar a la persona y el honor del Esposo. En ningún sentido ni en ningún lugar el siervo intenta llamar la atención, obtener loas u honor hacia sí mismo.

⇒ El siervo da un paso hacia atrás y se oculta de la atención, decreciendo ante los ojos de todos. No hace nada por sí mismo, sino *todo por el esposo*, por su honor y estima.

⇒ El siervo centra la atención en el esposo: lo empuja hacia adelante, incrementa su presencia y estatura ante todos.

"Para que todos honren al Hijo como honran al Padre. El que no honra al Hijo, no honra al Padre que le envió" (Jn. 5:23).

"Porque Cristo para esto murió y resucitó, y volvió a vivir, para ser Señor así de los muertos como de los que viven" (Ro. 14:9).

"Haya, pues, en vosotros este sentir que hubo también en Cristo Jesús, el cual, siendo en forma de Dios, no estimó el ser igual a Dios como cosa a que aferrarse, sino que se despojó a sí mismo, tomando forma de siervo, hecho semejante a los hombres; y estando en la condición de hombre, se humilló a sí mismo, haciéndose obediente hasta la muerte, y muerte de cruz. Por lo cual Dios también le exaltó hasta lo sumo, y le dio un nombre que es sobre todo nombre" (Fil. 2:5-9).

"Y él es la cabeza del cuerpo que es la iglesia, él que es el principio, el primogénito de entre los muertos, para que en todo tenga la *preeminencia*" (Col. 1:18).

"Porque de tanto mayor gloria que Moisés es estimado digno éste, cuanto tiene mayor honra que la casa el que la hizo" (He. 3:3).

"Y a todo lo creado que está en el cielo, y sobre la tierra, y debajo de la tierra, y en el mar, y a todas las cosas que en ellos hay, oí decir: Al que está sentado en el trono, y al Cordero, sea la alabanza, la honra, la gloria y el poder, por los siglos de los siglos" (Ap. 5:13).

"Gocémonos y alegrémonos y démosle gloria; porque han llegado las bodas del Cordero, y su esposa se ha preparado" (Ap. 19:7).

"Dad a Jehová la gloria debida a su nombre; adorad a Jehová en la hermosura de la santidad" (Sal. 29:2).

"Engrandeced a Jehová conmigo, y exaltemos a una su nombre" (Sal. 34:3).

"Exáltenlo en la congregación del pueblo, y en la reunión de ancianos lo alaben" (Sal. 107:32).

"Jehová, tú eres mi Dios; te exaltaré, alabaré tu nombre, porque has hecho maravillas; tus consejos antiguos son verdad y firmeza" (Is. 25:1).

"Si te remontares como águila, y aunque entre las estrellas pusieres tu nido, de ahí te derribaré, dice Jehová" (Abd. 4).

4 (3:31) ***Revelación - Cielo:*** En tercer lugar, Jesús fue el único que vino de arriba, es decir, del cielo. Advierta dos cosas.

1. El significado "de arriba" es importante (ver Estudio a fondo 1, Jn. 3:31).

2. Las palabras "sobre todos" se mencionan dos veces; son muy importantes. Significan superior y preeminente. Jesús, quien vino del cielo (de la dimensión del cielo) era el superior y el preeminente. Esta por sobre todos. Los motivos por los que estaba por "sobre todos" son dos.

a. Su origen era "de arriba". Él no era de la tierra, no era terrenal. Los hombres lo son. Nacen de la carne, es decir, nacen de un hombre y una mujer que viven en la tierra. Por lo tanto, los hombres son de la tierra y son terrenales. Pero Jesús no. Él era "del cielo", *del* mismo Dios. Por lo tanto, era superior y preeminente. (Ver Estudio a fondo 1, Carne punto 4, Jn. 1:14.)

b. Un hombre puede únicamente hablar de la tierra y de cosas terrenales. Proviene *únicamente* de la tierra, por lo tanto *solo* puede conocer cosas terrenales. Cuando habla de cosas celestiales, únicamente expresa sus *ideas* e *hipótesis*, ya que nunca ha estado en el cielo. Por lo tanto, la única forma concebible de que el hombre sepa algo sobre el cielo es que alguien del cielo venga y se lo diga (Ver notas, Jn. 1:18; 3:13; Estudio a fondo 1, 2, 3, 14:6.)

ESTUDIO A FONDO 1

(3:31) ***"De arriba" - Jesucristo:*** Jesús *salió* (ek) del mundo espiritual para entrar al mundo físico, de la dimensión celestial a la dimensión terrenal del ser. Jesús salió de:

- el mundo incorruptible al mundo corruptible.
- el mundo glorioso al mundo deshonroso.
- el mundo poderoso al mundo débil.
- el mundo espiritual al mundo natural. (cp. 1 Co. 15:42-44.)

"Nadie subió al cielo, sino el que descendió del cielo; el Hijo del Hombre, que está en el cielo" (Jn. 3:13).

"Porque el pan de Dios es aquel que descendió del cielo y da vida al mundo... Porque he descendido del cielo, no para hacer mi voluntad, sino la voluntad del que me envió" (Jn. 6:33, 38).

"Murmuraban entonces de él los judíos, porque había dicho: Yo soy el pan que descendió del cielo. Y decían: ¿No es éste Jesús, el hijo de José, cuyo padre y madre nosotros conocemos? ¿Cómo, pues, dice éste: Del cielo he descendido?" (Jn. 6:41, 42).

"Este es el pan que desciende del cielo, para que el que de él come, no muera. Yo soy el pan vivo que descendió del cielo; si alguno comiere de este pan, vivirá para siempre; y el pan que yo daré es mi carne, la cual yo daré por la vida del mundo" (Jn. 6:50, 51).

"Este es el pan que descendió del cielo; no como vuestros padres comieron el maná, y murieron; el que come de este pan, vivirá eternamente" (Jn. 6:58).

"¿Pues qué, si viereis al Hijo del Hombre subir adonde estaba primero?" (Jn. 6:62).

"Y les dijo: Vosotros sois de abajo, yo soy de arriba; vosotros sois de este mundo, yo no soy de este mundo" (Jn. 8:23).

"Jesús entonces les dijo: Si vuestro padre fuese Dios, ciertamente me amaríais; porque yo de Dios he salido, y he venido; pues no he venido de mí mismo, sino que él me envió" (Jn. 8:42).

"Sabiendo Jesús que el Padre le había dado todas las cosas en las manos, y que había salido de Dios, y a Dios iba" (Jn. 13:3).

"Ahora entendemos que sabes todas las cosas, y no necesitas que nadie te pregunte; por esto creemos que has salido de Dios" (Jn. 16:30).

"Ahora pues, Padre, glorifícame tú al lado tuyo, con aquella gloria que tuve contigo antes que el mundo fuese" (Jn. 17:5).

"El primer hombre es de la tierra, terrenal; el segundo hombre, que es el Señor, es del cielo" (1 Co. 15:47).

[5] (3:32-34) ***Jesucristo, Apóstol; Vocero de Dios:*** En cuarto lugar, Jesús fue el único vocero de Dios. Jesús era "de arriba", *de la dimensión del cielo*, por lo tanto había visto y oído la verdad del cielo.

1. Jesús testificó, reveló y proclamó lo que Él había visto y oído. Era el vocero de Dios que reveló el cielo y la verdad del mismo. (Ver Estudio a fondo 3, Reino de Dios, Mt. 19:23,24.) Él es el único que puede dar a conocer el cielo a los hombres.

2. La mayoría de los hombres rechaza su testimonio. Advierta la palabra "nadie", esto simplemente se refiere a la vasta mayoría de los hombres (cp. v. 33 donde algunos pocos reciben sus palabras.) Tantos hombres rechazan las palabras del Señor que podría decirse que "nadie" recibe su mensaje.

3. Algunos pocos hombres sí reciben y afirman el testimonio del Señor (Ver Estudio a fondo 2, Jn. 3:33.)

4. La prueba de que Jesús era el vocero de Dios se manifiesta claramente y sin equivocación.

⇒ Jesús era enviado por Dios. Él era el *Apóstol de Dios* (Ver Estudio a fondo 3, Jn. 3:34.)

⇒ Por lo tanto, hablaba las palabras de Dios. Cualquier cosa que dijera era la Palabra de Dios. ¿Cómo podemos estar seguros? Porque Dios lo envió y le dio su Espíritu *sin medida*.

a. Él era el Apóstol de Dios.

"Porque he descendido del cielo, no para hacer mi voluntad, sino la voluntad del que me envió" (Jn. 6:38).

"Pero yo le conozco, porque de él procedo, y él me envió" (Jn. 7:29).

"Porque yo de Dios he salido, y he venido; pues no he venido de mí mismo, sino que él me envió" (Jn. 8:42).

"¿Al que el Padre santificó y envió al mundo, vosotros decís: Tú blasfemas, porque dije: Hijo de Dios soy?" (Jn. 10:36).

"Para que todos sean uno; como tú, oh Padre, en mí, y yo en ti, que también ellos sean uno en nosotros; para que el mundo crea que tú me enviaste" (Jn. 17:21).

b. Él es el Vocero de Dios.

"Porque el que Dios envió, las palabras de Dios habla" (Jn. 3:34).

"El espíritu es el que da vida; la carne para nada aprovecha; las palabras que yo os he hablado son espíritu y son vida" (Jn. 6:63).

"Le respondió Simón Pedro: Señor, ¿a quién iremos? Tú tienes palabras de vida eterna" (Jn. 6:68).

"¡Jamás hombre alguno ha hablado como este hombre!" (Jn. 7:46).

"De cierto, de cierto os digo, que el que guarda mi palabra, nunca verá muerte" (Jn. 8:51).

"El que me rechaza, y no recibe mis palabras, tiene quien le juzgue; la palabra que he hablado, ella le juzgará en el día postrero" (Jn. 12:48).

"El que no me ama, no guarda mis palabras; y la palabra que habéis oído no es mía, sino del Padre que me envió" (Jn. 14:24).

"Porque las palabras que me diste, les he dado; y ellos las recibieron, y han conocido verdaderamente que salí de ti, y han creído que tú me enviaste" (Jn. 17:8).

"El cielo y la tierra pasarán, pero mis palabras no pasarán" (Mr. 13:31).

"Y todos daban buen testimonio de él, y estaban maravillados de las palabras de gracia que salían de su boca, y decían: ¿No es éste el hijo de José?" (Lc. 4:22).

"Y se admiraban de su doctrina, porque su palabra era con autoridad" (Lc. 4:32).

ESTUDIO A FONDO 2

(3:33) ***Sello, Atestiguar, Afirmar:*** El sello de un hombre figuraba en un documento para demostrar que él estaba de acuerdo. Lo reconocía como legal, vinculante, válido y auténtico. Un sello garantizaba que el registro era genuino y verdadero. Cuando un hombre recibe el testimonio de Jesús, afirma que Dios es genuino. A la inversa, la única forma en que un hombre puede atestiguar que Dios es verdadero es aceptado el testimonio de Jesús (cp. Jn. 6:27).

ESTUDIO A FONDO 3

(3:34) ***"Dios envió" - Jesucristo, Origen:*** Jesús es el Apóstol de Dios. Es el Embajador de Dios. El Vocero perfecto de Dios. Cabe advertir que Dios vertió su Espíritu *sin medida* sobre Jesús: el único apóstol sobre el cual esto era hecho. (cp. Jn. 4:34; 5:23,24, 30, 36,37; 6:38-40, 44, 57; 7:16, 18; 8:16, 42; 9:4; 10:36; 11:42; 12:44,45, 49; 14:24; 15:21; 16:5; 17:3, 18, 21, 23, 25; 20:21.)

[6] (3:34) ***Jesucristo, Plenitud del Espíritu:*** En quinto lugar, Jesús fue el único que tuvo la medida absoluta del Espíritu. No había límite para:

- la presencia del Espíritu.
- la plenitud del Espíritu.
- el llamado del Espíritu.
- la designación del Espíritu.
- el adiestramiento del Espíritu.

- la obra del Espíritu.
- las bendiciones del Espíritu.

El Espíritu era del mismo ser que Jesús, en armonía, comunión y compañerismo perfectos con Cristo. Le fue dado a Jesús de una manera totalmente distinta en que le era dado a otros hombres. No había medida de su presencia en Él. Jesús tenía la medida perfecta y plena del Espíritu. El propósito de la medida plena se manifestó con claridad en Jesús.

> **"El Espíritu del Señor está sobre mí, por cuanto me ha ungido para dar buenas nuevas a los pobres; me ha enviado a sanar a los quebrantados de corazón; a pregonar libertad a los cautivos, y vista a los ciegos; a poner en libertad a los oprimidos; a predicar el año agradable del Señor" (Lc. 4:18, 19).**
>
> **"Cómo Dios ungió con el Espíritu Santo y con poder a Jesús de Nazaret, y cómo éste anduvo haciendo bienes y sanando a todos los oprimidos por el diablo, porque Dios estaba con él" (Hch. 10:38).**

7 (3:35, 36) ***Dios, Amor por Cristo - Hombre, Destino:*** En sexto lugar, Jesús es el único que determina el destino del hombre.

1. Nunca ha habido una declaración más tierna que "el Padre ama al Hijo". Dios ama a su Hijo más allá de cualquier cosa que se pudiera comprender. ¿Cuánto lo ama Dios? Tanto que le ha dado todas las cosas a su Hijo: todo el poder, toda la autoridad, todo el gobierno, todo el reinado, toda supremacía, todo el dominio, todo el honor, toda la gloria, toda la alabanza, toda la adoración, todo el servicio. Tan claro y simple como puede decirse, todas las cosas le han sido dadas al único Hijo de Dios. No existe nada que no se le haya dado a Él.

> **"[Jesucristo] quien habiendo subido al cielo está a la diestra de Dios; y a él están sujetos ángeles, autoridades y potestades" (1 P. 3:22).**

2. Hay cuatro motivos principales que indican por qué Dios ama tanto a su Hijo.

⇒ Jesús es el *único* Hijo de Dios, el Hijo de su propio seno (Ver nota, Jn. 1:18).

⇒ Jesús es el Hijo *unigénito* de Dios, el Hijo que estuvo dispuesto a venir al mundo en carne para salvar a los hombres, para cumplir así perfectamente con la voluntad de Dios. (Ver notas, Jn. 1:14.)

⇒ Jesús se brindó a sí mismo como una *ofrenda* y un *sacrificio a Dios mismo.* (Ver nota, Ef. 5:2.)

⇒ Jesús aprendió voluntariamente la obediencia perfecta por las cosas que debió sufrir. (Ver notas, Jn. 13:31, 32; He. 5:5-10.)

3. El hombre que cree *en* el Hijo tiene vida eterna. (Ver Estudio a fondo 2, Jn. 1:4; Estudio a fondo 1,10:10; Estudio a fondo 1,17:2, 3.) Dios recibirá y honrará a cualquiera que reciba y honre a su Hijo a quien Él ama tanto. No importa quién es la persona o qué ha hecho. Si la persona cree en el único Hijo de Dios, Dios le dará vida eterna.

4. El hombre que no cree en el Hijo enfrenta dos cosas.

a. No verá la vida. Morirá. (Ver Estudio a fondo 2, Perecer, Jn.3:16).

b. La ira de Dios está sobre él. (Ver Estudio a fondo 5, Jn. 3:36.)

ESTUDIO A FONDO 4

(3:36) ***Rehúsa creer*** (ho apeithon): No obedecer. Si una persona no obedece, en realidad no cree. A la inversa, si una persona realmente cree, obedece. (Ver nota y Estudio a fondo 2, Jn. 2:24; Estudio a fondo 1, He. 5:9.)

ESTUDIO A FONDO 5

(3:36) ***Ira*** (orge): Enojo, enfado, indignación. No es una reacción incontrolada, no pensada, violenta. Es un enojo y un enfado profundo, permanente, asentado, pensado.

Hay otra palabra griega que también significa ira (thumos) y que también se utiliza para la ira de Dios. *Thumos* es el enojo que surge más rápidamente, llega a su punto culminante y luego, igual de rápido, se va disipando. Es un enojo que es más turbulento, más repentino, pero la agitación dura un corto período. Esto simplemente significa que Dios no elude su responsabilidad de ejercer justicia y de castigar la injusticia y el pecado (cp. Ro. 1:22).

La ira de Dios es su...

- enojo contra el pecado.
- reacción contra la injusticia.
- oposición a las injusticias de los hombres.
- castigo a los hombres malvados y perversos.

La ira o enojo de Dios se genera por cuatro motivos.

1. Los hombres no creen en el Hijo de Dios. Permiten que sus corazones se endurezcan y sean impenitentes (Ro. 2:5). Menosprecian y lastiman el amor de Dios: rechazando, maltratando, maldiciendo y negando a su Hijo, lo más preciado de su corazón (Jn. 3:36; 2 Ts. 1:7-9. Ver notas, Jn. 3:18-20; 3:35, 36).

2. Los hombres rechazan la misericordia de Dios, que siempre intenta llegar a ellos y salvarlos (Ro. 2:3-6).

3. Los hombres transgreden la ley de Dios (Ro. 1:18s; Col. 3:6).

4. Los hombres pecan y no alcanzan la voluntad de Dios, violando su santidad (Ef. 5:6).

La ira de Dios es real y activa. Dios es santo, justo y puro así como también amoroso, bondadoso y misericordioso. Ejerce tanto la justicia como el amor. Muestra ira y enojo tanto como compasión. Su ira es tanto presente como futura.

1. La ira de Dios está presente y activa en esta vida. Su ira recae ahora sobre los hombres. Su ira se manifiesta contra todo lo impío e injusto de los hombres (Ro. 1:18). Dios castiga el pecado en esta vida dejando que los hombres...

- sean impuros.
- se dejen llevar por afectos viles.
- tengan mentes corruptas.

2. La ira de Dios es futura y se ejercerá activamente en la vida venidera (Ver Estudio a fondo 2, Mt. 5:22; Estudio a fondo 4, Lc. 16:24; Estudio a fondo 1, He. 9:27). Dios castigará el pecado llevando a los hombres...

- al fuego eterno (Mt. 25:41; 25:46).
- al infierno (Mt. 5:22).
- a las tinieblas de afuera (Mt. 8:12).
- al llanto y rechinar de dientes (Mt. 8:12).
- al lago de fuego (Ap. 20:15).

3. La ira de Dios se manifestará especialmente y será activa en los últimos días (cp. Ap. 6:16; 11:8; 14:10; 16:19; 19:15).

	CAPÍTULO 4 **IV. LA REVELACIÓN DE JESÚS, EL AGUA VIVA, 4:1-42** **A. El ofrecimiento del agua viva, 4:1-14**	9 La mujer samaritana le dijo: ¿Cómo tú, siendo judío, me pides a mí de beber, que soy mujer samaritana? Porque judíos y samaritanos no se tratan entre sí.	c. La mujer le preguntó a Jesús 1) Estaba impresionada de que Jesús le hablara 2) Cuestionó el prejuicio racial
1 Jesús abandonó Judea a. Era por necesidad 1) Por el bien de Juan	1 Cuando, pues, el Señor entendió que los fariseos habían oído decir: Jesús hace y bautiza más discípulos que Juan 2 (aunque Jesús no bautizaba, sino sus discípulos),	10 Respondió Jesús y le dijo: Si conocieras el don de Dios, y quién es el que te dice: Dame de beber; tú le pedirías, y él te daría agua viva.	**2. El agua viva está viva** a. Es "de Dios" b. Es "el don" de Dios c. Se obtiene pidiéndola
	3 salió de Judea, y se era otra vez a Galilea.	11 La mujer le dijo: Señor, no tienes con qué sacarla, y el pozo es hondo. ¿De dónde, pues, tienes el agua viva?	**3. El agua viva proviene de una Persona mucho más grande que un padre religioso**
2) Por su destino: "Debía", tenía que b. Era para encontrarse con una samaritana 1) Ingresó a Sicar en Samaria	4 Y le era necesario pasar por Samaria. 5 Vino, pues, a una ciudad de Samaria llamada Sicar, junto a la heredad que Jacob dio a su hijo José.	12 ¿Acaso eres tú mayor que nuestro padre Jacob, que nos dio este pozo, del cual bebieron él, sus hijos y sus ganados?	
2) Estaba muy cansado, se sentó junto a un pozo 3) Le pidió a una mujer que le diera de beber 4) Los discípulos habían ido en busca de comida	6 Y estaba allí el pozo de Jacob. Entonces Jesús, cansado del camino, se sentó así junto al pozo. Era como la hora sexta. 7 Vino una mujer de Samaria a sacar agua; y Jesús le dijo: Dame de beber. 8 Pues sus discípulos habían ido a la ciudad a comprar de comer.	13 Respondió Jesús y le dijo: Cualquiera que bebiere de esta agua, volverá a tener sed; 14 mas el que bebiere del agua que yo le daré, no tendrá sed jamás; sino que el agua que yo le daré será en él una fuente de agua que salte para vida eterna.	**4. El agua viva es la única agua que aplacará la sed**

DIVISIÓN IV

LA REVELACIÓN DE JESÚS, EL AGUA VIVA, 4:1-42

A. El ofrecimiento del agua viva, 4:1-14

(4:1-42) ***BOSQUEJO DE LA DIVISIÓN: Salvación.*** Jesús le ofreció a la samaritana agua viva, y ella demostró un intrigante interés. Sin embargo, había algunos asuntos que debía poner en claro antes de poder llegar a tener el agua viva. Estaba el tema del pecado en su vida, de la adoración, del Mesías y de la obra de Dios. Por lo tanto, Jesús comenzó a tratar estos temas uno por uno con ella.

(4:1-14) ***Introducción:*** Esta es una de las revelaciones más profundas de Jesús: Él es el agua viva, el agua que los hombres pueden beber y nunca volver a sentir sed.

1. Jesús abandonó Judea (vv. 1-9).
2. El agua viva está viva (v. 10).
3. El agua viva proviene de una Persona mucho más grande que un padre religioso (vv. 11, 12).
4. El agua viva es la única agua que aplacará la sed (vv. 13, 14).

[1] (4:1-9) ***Jesucristo, Misión:*** Jesús abandonó Judea. Advierta dos hechos significativos.

1. Jesús abandonó Judea por necesidad. Se era por el bien de Juan. Las multitudes estaban abandonando a Juan y acercándose a Jesús, y los extremistas religiosos estaban usando este hecho para rebajar el ministerio de Juan. (Ver nota, Jn. 3:22-26.) Jesús no quería crear una competencia ni perjudicar el ministerio de Juan, por lo que dejó el área y regresó a Galilea.

Advierta las palabras: "le *era necesario* pasar por Samaria". Las palabras *era necesario* (edei) significan necesidad, compulsión, destino. Jesús debía pasar por Samaria por el bien de su misión. Samaria necesitaba el evangelio tanto como otras regiones. (Las palabras "era necesario" se emplean con tanta frecuencia en relación a la misión de Jesús que se convierte en un excelente estudio de palabras. (Cp. Jn. 3:14; 9:4; 10:16; 12:34; 20:9.)

2. Jesús abandonó Judea para encontrarse con una samaritana. Ingresó a Sicar, una ciudad de Samaria. (Ver Estudio a fondo 2, Jn. 4:5.) Se sentó en el brocal de un pozo, ya que estaba cansado y sediento de su viaje. Al estar sentado allí, se produjo uno de los acontecimientos por el cual Él había venido a Samaria: enfrentó a una mujer con los reclamos del Mesías.

Ella vino a buscar agua, y Él dio inicio a la conversación al pedirle un poco de agua. Ella quedó impactada, ya que los judíos no trataban a los samaritanos. (Ver Estudio a fondo 1, Jn. 4:5.) Le preguntó a Jesús por qué le pedía a ella, a una samaritana, que le diera de beber. Fue esta pregunta, este tema del agua, el que tomó y utilizó Jesús...

- para tratar una de las más grandes verdades de la vida espiritual: la del agua viva.

- para presentar los reclamos de Dios sobre una vida.

ESTUDIO A FONDO 1

(4:5) ***Samaria - samaritanos:*** Samaria era la región central de Palestina. Palestina era un país pequeño, que tenía una distancia de norte a sur de solamente 180 kilómetros. El país estaba dividido en tres áreas:

⇒ Judea, el área del sur.

⇒ Galilea, el área del norte

⇒ Samaria, el área central, exactamente entre las dos primeras.

Existía un odio amargo entre los judíos y los samaritanos. Dos cosas en particular generaron este odio.

1. Los samaritanos eran mestizos o medio judíos, una mezcla *por nacimiento*. Lo que había sucedido era que siglos antes (aproximadamente 720 a. C.), el rey de Asiria capturó a las diez tribus de Israel y deportó una gran cantidad de personas, dispersándolos por todo el imperio (cp. 2 R. 17:6-41). Luego tomó gente de todo el Imperio Asirio y los trasplantó a Samaria para volver a poblar la tierra. El resultado era natural. Se produjeron casamientos entre ambas razas y la gente se convirtió en una mezcla que incluía...

- las personas trasplantadas.
- lo débil de la tierra que habían dejado atrás.
- los paganos y no religiosos que se habían casado con los samaritanos originales.

El hecho de una raza mezclada, por supuesto, enfureció a los judíos estrictos que querían mantener una raza pura.

2. Los samaritanos eran mestizos o medio judíos, una mezcla *por religión*. El grupo de trasplantados, por supuesto, trajo con ellos a sus Dioses. Finalmente ganó el Dios de Israel, pero la religión samaritana nunca se convirtió en judaísmo puro. Ocurrieron tres cosas que ocasionaron esto.

a. Cuando Esdras condujo a los judíos de su exilio en Babilonia, lo primero que hicieron los judíos era comenzar a reconstruir su templo. Los samaritanos ofrecieron ayudar, pero los judíos la rechazaron, declarando que los samaritanos ?por casamiento y adoración de falsos Dioses?, habían perdido su pureza y su derecho a adorar al único y verdadero Dios. Esta severa denuncia hizo que los samaritanos sintieran rencor hacia los judíos de Jerusalén.

b. Los samaritanos construyeron un templo rival en el Monte Gerizim para competir con el templo judío de Jerusalén.

c. Los samaritanos distorsionaron tanto las Escrituras como la historia para favorecer a su propia gente y nación.

⇒ Distorsionaron las Escrituras al aceptar únicamente cinco libros de la Biblia: el Pentateuco (¡Imagínese! Se perdieron toda la riqueza y profundidad de los Salmos y de los profetas.)

⇒ Distorsionaron la historia al proclamar que tres grandes acontecimientos sucedieron en el Monte Gerizim que lo puso en el lugar de un sitio de adoración. Era el lugar donde Abraham ofreció a Isaac, donde Melquisedec se encontró con Abraham, y donde Moisés construyó su primer altar luego de conducir a Israel fuera de la esclavitud egipcia.

ESTUDIO A FONDO 2

(4:5) ***Sicar:*** Poco se sabe de la ciudad; sin embargo, tres importantes acontecimientos bíblicos tuvieron lugar allí.

⇒ Jacob compró una parcela de tierra en la región (Gn. 33:19).

⇒ Jacob le donó la tierra a José mientras agonizaba (Gn. 48:52).

⇒ Allí se enterraron los huesos de José (Jos. 24:32).

[2] (4:10) ***Agua, viva - Jesucristo - Salvación:*** El agua viva *está* viva. Para los judíos, el agua viva era agua que siempre fluía y corría, como un arroyo alimentado por manantiales o un lago con entrada y salida de agua. El agua muerta era agua estancada, como las lagunas o pozos que siempre estaban estancados, sin agua que ingresara ni saliera. Sin embargo, cuando Jesús habló de "agua viva", quiso significar mucho más que arroyos y lagos.

1. El agua viva es "*de Dios*". Es de Él que está vivo, siempre lo ha estado y siempre vivirá. El agua que Dios da es el agua más *viva* que existe. Ninguna otra agua, independientemente de cuán viva se la considere, puede compararse con el agua viva que es de Dios.

> **"Porque contigo está el manantial de la vida; en tu luz veremos la luz" (Sal. 36:9).**

2. El agua viva es "*el don*" de Dios. La palabra "don" significa que se da porque sí, *no se la gana ni se la merece.*

> **"A todos los sedientos: Venid a las aguas; y los que no tienen dinero, venid, comprad y comed. Venid, comprad sin dinero y sin precio, vino y leche" (Is. 55:1).**
>
> **"Porque por gracia sois salvos por medio de la fe; y esto no de vosotros, pues es don de Dios; no por obras, para que nadie se gloríe" (Ef. 2:8, 9).**

3. El agua viva se obtiene pidiéndola. Advierta lo que dijo Jesús: "si conocieras. . . tú le pedirías". La mujer nunca había recibido agua viviente porque *nunca había conocido* sobre ella y *nunca la había pedido*. Ahora estaba disponible sencillamente pidiéndola.

[3] (4:11, 12) ***Agua, Viva - Jesucristo:*** El agua viva proviene de una Persona mucho más grande que un padre religioso. La mujer vio claramente que Jesús estaba haciendo un reclamo inusual. Todavía no comprendía cuál era, pero sabía que Él quería decirle algo. Advirtió que no tenía elemento con el cual sacar el agua, de modo que le preguntó dos cosas importantes.

⇒ ¿De dónde obtiene Él esta agua viva?

⇒ ¿Era *más grande* que Jacob, que era uno de los grandes patriarcas religiosos de los samaritanos? Jacob tuvo que cavar el pozo para conseguir agua para su familia. ¿Jesús era más grande, capaz de hacer más de lo que hizo Jacob?

El tema es este: La mujer reconoció algo que la mayoría de las personas no reconoce. Jesús estaba proclamando ser más grande que uno de los principales jefes religiosos, el mismo Jacob. Estaba proclamando tener acceso a un agua mucho mejor para aplacar la sed de los hombres.

Pensamiento 1: A lo largo de todas las Escrituras, Jesús proclamó ser

- más grande que el templo (Mt. 12:6).
- más grande que Jonás (Mt. 12:41).
- más grande que Salomón (Mt. 12:42; Lc. 11:31).
- más grande que Jacob (Jn. 4:11, 12).
- merecedor de más gloria que Moisés (He. 3:3; Jn. 5:45-47).

"El que de arriba viene, es sobre todos; el que es de la tierra, es terrenal, y cosas terrenales habla; el que viene del cielo, es sobre todos" (Jn. 3:31).

"Y él es la cabeza del cuerpo que es la iglesia, él que es el principio, el primogénito de entre los muertos, para que en todo tenga la preeminencia" (Col. 1:18).

"Porque de tanto mayor gloria que Moisés es estimado digno éste, cuanto tiene mayor honra que la casa el que la hizo" (He. 3:3).

4 (4:13, 14) ***Agua, viva - Jesucristo:*** El agua viva es la única agua que aplacará la sed. Los hombres tienen dos tipos de sed: una física y otra espiritual.

"Como el ciervo brama por las corrientes de las aguas, así clama por ti, oh Dios, el alma mía" (Sal. 42:1).

"En aquel tiempo habrá un manantial abierto... para la purificación del pecado y de la inmundicia" (Zac. 13:1).

Los hombres saben inmediatamente como aplacar su sed física, pero su sed espiritual es otro asunto. Dentro de sus corazones sienten sed de...

- propósito
- algo que les falta
- significado
- algo para llenar el vacío y la soledad
- importancia
- liberación de una sensación de estar perdidos
- satisfacción
- libertad de ansiedad, tensión y presión indebidas
- plenitud

Sin embargo, los hombres tienen un problema. Por lo general confunden la sed espiritual y tratan de aplacarla con las aguas estancadas de la carne y de este mundo. El resultado es veneno y muerte.

⇒ Las aguas estancadas de la carne son cosas tales como la lascivia, la inmoralidad, el alcoholismo, la indulgencia y el orgullo.

⇒ Las aguas estancadas del mundo son cosas tales como el amor al dinero, automóviles, casas, propiedades, ropa, vida extravagante, posición y poder.

Las estancadas aguas de la carne y del mundo nunca satisfacen la sed del hombre. Como el agua salada, ellas provocan que el hombre anhele más y más (vea Estudio a fondo 1, Codicia, Stg. 4:1-3).

"Porque dos males ha hecho mi pueblo: me dejaron a mí, fuente de agua viva, y cavaron para sí cisternas, cisternas rotas que no retienen agua" (Jer. 2:13).

Advierta varios hechos sobre el agua viva.

1. El agua viva proviene de Cristo. Él y solo Él es la fuente.

"En el último y gran día de la fiesta, Jesús se puso en pie y alzó la voz, diciendo: Si alguno tiene sed, venga a mí y beba" (Jn. 7:37).

"Y me dijo: Hecho está. Yo soy el Alfa y la Omega, el principio y el fin. Al que tuviere sed, *yo le daré* gratuitamente de la fuente del agua de la vida" (Ap. 21:6).

2. El agua viva mantiene al hombre lejos de volver a sentir sed. Su sed interior se va para siempre. Se la aplaca y satisface plenamente.

"En aquel tiempo habrá un manantial abierto... para la purificación del pecado y de la" (Zac. 13:1).

"Jehová te pastoreará siempre, y en las sequías saciará tu alma, y dará vigor a tus huesos; y serás como huerto de riego, y como manantial de aguas, cuyas aguas nunca faltan" (Is. 58:11).

3. El agua viva es "una fuente de agua" ubicado "*en*" el hombre. La fuente no está fuera del hombre, en algún lugar del mundo, no está en su hogar, ni en sus negocios. Está ubicado "*en*" él.

"El que cree en mí, como dice la Escritura, de su interior correrán ríos de agua viva. Esto dijo del Espíritu que habían de recibir los que creyesen en él; pues aún no había venido el Espíritu Santo, porque Jesús no había sido aún glorificado" (Jn. 7:38, 39).

4. El agua viva surge y continúa surgiendo y burbujeando, fluyendo más y más. Siempre está en movimiento.

"Sacaréis con gozo aguas de las fuentes de la salvación" (Is. 12:3).

5. El agua viva surge para vida eterna. Nunca terminará.

"Porque el Cordero que está en medio del trono los pastoreará, y los guiará a fuentes de aguas de vida; y Dios enjugará toda lágrima de los ojos de ellos" (Ap. 7:17. cp. Ez. 47:1-12; el río de la vida).

"Y el Espíritu y la Esposa dicen: Ven. Y el que oye, diga: Ven. Y el que tiene sed, venga; y el que quiera, tome del agua de la vida gratuitamente" (Ap. 22:17).

(Nota: Jesús interpretó lo que decía en Jn. 7:37-39. Los cinco hechos mencionados se ven cumplidos en el Espíritu Santo.)

	B. El tema del pecado, 4:15-18	17 Respondió la mujer y dijo: No tengo marido. Jesús le dijo: Bien has dicho: No tengo marido;	a. Jesús mostró convicción. b. Jesús no aceptó evasivas
1. Pidió el agua viva	15 La mujer le dijo: Señor, dame esa agua, para que no tenga yo sed, ni venga aquí a sacarla.	18 porque cinco maridos has tenido, y el que ahora tienes no es tu marido; esto has dicho con	c. Jesús lo sabía todo d. Jesús reprobó el pecado
2 El primer factor esencial: enfrentar la verdad, el hecho del pecado.	16 Jesús le dijo: Ve, llama a tu marido, y ven acá.		

DIVISIÓN IV

LA REVELACIÓN DE JESÚS, EL AGUA VIVA, 4:1-42

B. El tema del pecado, 4:15-18

(4:15-18) ***Introducción:*** Jesús prometió el agua viva de renacimiento espiritual. Sin embargo, había que tratar algo antes de poder dar el renacimiento espiritual: el tema del pecado.

1. Pidió el agua viva (v. 15)
2. El primer factor esencial: enfrentar la verdad, el hecho del pecado (vv. 16-18).

[1] (4:15) ***Agua, Viva - Satisfacción - Plenitud - Propósito - Vacío - Insatisfacción:*** Se pidió el agua viva. Jesús había hecho un reclamo importante.

> **"Mas el que bebiere del agua que yo le daré, no tendrá sed jamás; sino que el agua que yo le daré será en él una fuente de agua que salte para vida eterna" (Jn. 4:14).**

La mujer quería esa agua. La pidió, pero advierta los motivos:

⇒ para no tener sed (sed física).

⇒ para no tener que ir a sacar agua todos los días.

Puede que la mujer haya estado bromeando con Jesús; algunos comentadores creen que así fue. Sostienen que ella sabía que este hombre (Jesús) no tenía una fuente de agua de la cual ella podía beber y nunca volver a tener sed, agua que la haría vivir por siempre y nunca morir. Ella pensó que Jesús estaba bromeando, de modo que le siguió el juego, burlándose de Él. Otros creen que ella era sincera y simplemente no comprendió, pero cualquiera fuera el agua mágica del hombre, ella quería tomarla.

Independientemente de cuál sea el caso, la mujer estaba pensando en términos del mundo físico, solo de los beneficios físicos. Ella no había comprendido nada del significado espiritual, nada de la satisfacción interior que Jesús podía brindar que aplacaría toda la sed del corazón de una persona.

Pensamiento 1: Advierta dos cosas.

1) El hombre tiene sed, pero su sed es mucho más profunda que la sed física. El hombre tiene una sed interior, espiritual (Ver nota, Jn. 4:13, 14 para una mayor discusión de la sed del hombre.)
2) Solamente Cristo puede satisfacer la sed del hombre. Si un hombre bebe del agua que le da Cristo, está infundido de propósito, significado, energía y motivación. Una vez que un hombre bebe de Cristo, ya no le importa ir en busca de agua; es decir, no le importa tener que obrar y trabajar. De hecho, el agua de Cristo lo impulsa a trabajar y a servir, a ayudar a la humanidad de cualquier forma posible. Quiere ayudar y dar a conocer las maravillosas buenas nuevas de un Dios salvador, de un Dios que puede salvar de la sed de...
   - vacío
   - desesperación
   - soledad
   - desesperanza
   - sentirse perdido

[2] (4:16-18) ***Pecado, Expuesto - Arrepentimiento:*** El primer factor esencial fue enfrentar la verdad, el hecho del pecado. La mujer había pedido agua viva, pero antes de que se le diera el agua viva del renacimiento espiritual, debía reconocer de su pecado y renunciar a él. Advierta cuatro cosas.

1. Jesús pidió y habló de la confesión del pecado. ¿Por qué era esto necesario? ¿Por qué la mujer tenía que enfrentar la verdad de su pecado antes de poder renacer espiritualmente? Hay dos motivos.

a. Ella estaba cansada y cargaba con mucho peso, y esto estaba ocasionado por el pecado. Ella tenía que saberlo para buscar la cura. Había que quitar el pecado y renunciar a él, perdonarlo y purificarlo antes de que pudiera venir el *descanso verdadero* y *el alivio verdadero.* Una vez liberada del pecado, vendría el descanso y el alivio. Ya no se sentiría cansada y cargando tanto peso de pecado e irresponsabilidad, culpa y vergüenza. Ella sería liberada y se le daría una vida de descanso espiritual y seguridad. (Ver notas, Descanso, Mt. 11:28, 30; He. 4:1 para una mayor discusión sobre el tema.)

b. Ella tenía síntomas de estar enferma y no sabía cuál era su enfermedad. Por lo tanto, no podía curarse. Necesitaba liberación y no sabía como liberarse. La enfermedad de la mujer era la misma que la enfermedad de todos los hombres: el pecado. Había que renunciar al pecado antes de poder darle el agua viva de renacimiento espiritual.

> **"Por lo cual, desechando toda inmundicia y abundancia de malicia, recibid con mansedumbre la palabra implantada, la cual puede salvar vuestras almas" (Stg. 1:21).**
>
> **"Bienaventurados los que lavan sus ropas, para tener**

derecho al árbol de la vida, y para entrar por las puertas en la ciudad" (Ap. 22:14).

"Ahora, pues, dad gloria a Jehová Dios de vuestros padres, y haced su voluntad, y apartaos de los pueblos de las tierras, y de las mujeres extranjeras" (Esd. 10:11).

2. Jesús no aceptó evasivas. Advierta cómo la mujer intentó evadir el hecho de su pecado. Ella dijo la verdad: no tenía un esposo, pero vivía con un hombre como si fuera su esposo.

Pensamiento 1: El asunto es claro: El pecador no puede evadir su pecado. Tiene que enfrentarlo y renunciar a él si es que desea el agua viva del renacimiento espiritual.

"El que encubre sus pecados no prosperará; mas el que los confiesa y se aparta alcanzará misericordia" (Pr. 28:13).

"Reconoce, pues, tu maldad, porque contra Jehová tu Dios has prevaricado, y fornicaste con los extraños debajo de todo árbol frondoso, y no oíste mi voz, dice Jehová" (Jer. 3:13).

"¿Se ocultará alguno, dice Jehová, en escondrijos que yo no lo vea? ¿No lleno yo, dice Jehová, el cielo y la tierra?" (Jer. 23:24).

"Si confesamos nuestros pecados, él es fiel y justo para perdonar nuestros pecados, y limpiarnos de toda maldad" (1 Jn. 1:9).

3. Jesús sabía todo acerca de la mujer, la cual ya había tenido cinco maridos. Él conocía la verdad acerca de ella: Lo que había hecho para que fracasaran tantos matrimonios. Él sabía si ella era culpable de...

- tomar decisiones no santas, mundanas.
- de ser peleadora y estar a la defensiva.
- de ser una mala ama de casa, esposa y madre.
- de ser fría, distante, retraída e indiferente.
- de ser infiel e inmoral.

Jesús conocía la verdad sobre su pecado, y Él conoce la verdad sobre el pecado de cada hombre.

"Si pequé, tú me has observado, y no me tendrás por limpio de mi iniquidad" (Job 10:14; cp. Job 14:16).

"Aunque te laves con lejía, y amontones jabón sobre ti, la mancha de tu pecado permanecerá aún delante de mí, dijo Jehová el Señor" (Jer. 2:22).

"Porque mis ojos están sobre todos sus caminos, los cuales no se me ocultaron, ni su maldad se esconde de la presencia de mis ojos" (Jer. 16:17).

"El revela lo profundo y lo escondido; conoce lo que está en tinieblas, y con él mora la luz" (Dn. 2:22) "Y otra vez: El Señor conoce los pensamientos de los sabios, que son vanos" (1 Co. 3:20).

4. Jesús reprobó su pecado. Ella había tenido cinco esposos diferentes, pero ahora estaba viviendo con un hombre que no era su esposo.

Pensamiento 1: Cristo no solo lo sabe todo, sino que lleva un registro. El pecador es culpable de todo acto de desobediencia. Es culpable de cada ley que viola.

"Porque todos los que dependen de las obras de la ley están bajo maldición, pues escrito está: Maldito todo aquel que *no permaneciere* en todas las cosas escritas en el libro de la ley, para hacerlas... y la ley no es de fe, sino que dice: El que hiciere estas cosas vivirá por ellas" (Gá. 3:10, 12).

El hombre tiene que enfrentar la verdad: el hecho de su pecado y renunciar a él si es que desea recibir el agua viva del renacimiento espiritual. Un hombre debe hacer lo que Cristo le estaba señalando a la mujer: renunciar a su pecado. Una vez hecho esto, luego puede pedir el agua viva y Cristo se la dará. Pero advierta: beber el agua de Cristo es esencial.

"Mas el que bebiere del agua que yo le daré, no tendrá sed jamás; sino que el agua que yo le daré será en él una fuente de agua que salte para vida eterna" (Jn. 4:14).

"Así que, arrepentíos y convertíos, para que sean borrados vuestros pecados; para que vengan de la presencia del Señor tiempos de refrigerio" (Hch. 3:19).

"Siendo, pues, linaje de Dios, no debemos pensar que la Divinidad sea semejante a oro, o plata, o piedra, escultura de arte y de imaginación de hombres. Pero Dios, habiendo pasado por alto los tiempos de esta ignorancia, ahora manda a todos los hombres en todo lugar, que se arrepientan; por cuanto ha establecido un día en el cual juzgará al mundo con justicia, por aquel varón a quien designó, dando fe a todos con haberle levantado de los muertos" (Hch. 17:29-31).

"Porque la paga del pecado es muerte, mas la dádiva de Dios es vida eterna en Cristo Jesús Señor nuestro" (Ro. 6:23).

	C. El tema de la adoración, 4:19-24	22 Vosotros adoráis lo que no sabéis; nosotros adoramos lo que sabemos; porque la salvación viene de los judíos.	**3. Segundo hecho: La verdadera adoración y salvación provienen de los judíos**
1. La mujer estaba preocupada a. Percibió que Jesús era un profeta b. Percibió su pecado y la necesidad de una adoración verdadera	19 Le dijo la mujer: Señor, me parece que tú eres profeta. 20 Nuestros padres adoraron en este monte, y vosotros decís que en Jerusalén es el lugar donde se debe adorar.	23 Mas la hora viene, y ahora es, cuando los verdaderos adoradores adorarán al Padre en espíritu y en verdad; porque también el Padre tales adoradores busca que le adoren.	**4. Tercer hecho: Los verdaderos adoradores adoran a Dios en espíritu y en verdad**
2. Primer hecho: El lugar de adoración no es lo importante	21 Jesús le dijo: Mujer, créeme, que la hora viene cuando ni en este monte ni en Jerusalén adoraréis al Padre.	24 Dios es Espíritu; y los que le adoran, en espíritu y en verdad es necesario que adoren.	

DIVISIÓN IV

LA REVELACIÓN DE JESÚS, EL AGUA VIVA, 4:1-42

C. El tema de la adoración, 4:19-24

(4:19-24) ***Introducción:*** En este pasaje Jesús cambia todo el concepto y enfoque del hombre acerca de la adoración.

1. La mujer estaba preocupada (vv. 19, 20).
2. Primer hecho: El lugar de adoración no es lo importante (v. 21).
3. Segundo hecho: La verdadera adoración y salvación provienen de los judíos (v. 22).
4. Tercer hecho: Los verdaderos adoradores adoran a Dios en espíritu y en verdad (vv. 23, 24).

[1] (4:19, 20) ***Acusación, Respuesta a la:*** La mujer estaba preocupada. Jesús la había enfrentado con su pecado (vv. 15-18) y ella podía responder o bien reaccionar. Podía haber reaccionado...

- enojándose
- discutiendo
- ignorando
- tomándolo como algo tonto
- negando

Pero ella no reaccionó. En cambio, se sintió agitada y acusada, y percibió dos cosas.

1. Percibió que Jesús era un profeta, un hombre que estaba en contacto con Dios; por lo tanto, Jesús era un hombre que podía ayudarla.

2. Percibió su pecado y la necesidad de ocuparse de él, de adorar verdaderamente a Dios. ¿Pero dónde iría a adorar? Hubo una disputa acerca de dónde estaba realmente la presencia de Dios, una disputa acerca de dónde una persona podía verdaderamente encontrar a Dios. Los samaritanos decían que la presencia de Dios estaba en el Monte Gerizim; los judíos decían que Él moraba en Jerusalén. (Ver nota, Jn. 4:5.)

De pie frente a ella estaba el profeta que le produjo la convicción penetrante de que tenía que adorar. Él era un profeta, por lo tanto, podía ayudarla y dirigirla, de modo que ella le preguntó dónde adorar. ¿Dónde encontraría ayuda de Dios?

> ***Pensamiento 1:*** La mujer estaba bajo una poderosa convicción. Sabía que tenía que adorar a Dios, hacer sacrificio por su pecado. Cuando un hombre es agitado y reconoce su pecado, debe volverse de inmediato a Dios. Si no sabe cómo volverse a Dios, debe preguntarle a una persona que esté en contacto con Dios.

[2] (4:21) ***Adorar:*** En primer lugar, el lugar de adoración no es lo importante. Advierta tres cosas.

1. Advierta la frase "la hora viene". Jesús dijo que llegaría *una hora* que cambiaría toda la naturaleza de la adoración. La forma en que los hombres se acercaban a Dios iba a experimentar una erupción volcánica. La adoración de Dios iba a ser radical y completamente cambiada. Había una hora, un acontecimiento histórico que vendría y la cambiaría. Jesús, por supuesto, se estaba refiriendo a su muerte y a la venida del Espíritu Santo. El lugar de adoración ya no sería el templo ni ningún otro lugar en particular de la tierra. La presencia de Dios ahora mora en los corazones y las vidas de su pueblo. Los suyos lo adoran dondequiera que estén y pueden adorarlo todos los días, todo el día.

> **"¿O ignoráis que vuestro cuerpo es templo del Espíritu Santo, el cual está en vosotros, el cual tenéis de Dios, y que no sois vuestros? Porque habéis sido comprados por precio; glorificad, pues, a Dios en vuestro cuerpo y en vuestro espíritu, los cuales son de Dios" (1 Co. 6:19, 20).**
>
> **"Y yo rogaré al Padre, y os dará otro Consolador, para que esté con vosotros para siempre: el Espíritu de verdad, al cual el mundo no puede recibir, porque no le ve, ni le conoce; pero vosotros le conocéis, porque mora con vosotros, y estará en vosotros" (Jn. 14:16, 17).**
>
> **"Mas vosotros no vivís según la carne, sino según el Espíritu, si es que el Espíritu de Dios mora en vosotros. Y si alguno no tiene el Espíritu de Cristo, no es de él. Pero si Cristo está en vosotros, el cuerpo en verdad está muerto a causa del pecado, mas el espíritu vive a causa de la justicia" (Ro. 8:9, 10).**
>
> **"Pero la unción que vosotros recibisteis de él permanece en vosotros, y no tenéis necesidad de que nadie os enseñe; así como la unción misma os enseña todas las cosas, y es verdadera, y no es mentira, según ella os ha enseñado, permaneced en él" (1 Jn. 2:27).**
>
> **"Y pondré dentro de vosotros mi Espíritu, y haré que andéis en mis estatutos, y guardéis mis preceptos, y los pongáis por obra" (Ez. 36:27).**

2. El lugar de adoración no es lo importante. Algunos adoraban en el Monte Gerizim y algunos adoraban en Jerusalén, pero el lugar no era lo importante.

3. Lo importante es el *objeto de adoración*, estar seguro de que uno está verdaderamente adorando *al Padre, a Dios mismo*. Una persona puede estar adorando en el templo, y sin embargo, no estar adorando al Padre: "Vosotros adoráis lo que no sabéis" (v. 22). Todo el ser del hombre debe concentrarse en el único Dios verdadero y viva, el mismo Padre, para estar adorando de verdad.

> **"Vosotros sois mis testigos, dice Jehová, y mi siervo que yo escogí, para que me conozcáis y creáis, y entendáis que yo mismo soy; antes de mí no era formado Dios, ni lo será después de mí" (Is. 43:10).**
>
> **"Para que unánimes, a una voz, glorifiquéis al Dios y Padre de nuestro Señor Jesucristo" (Ro. 15:6).**
>
> **"Así que, ofrezcamos siempre a Dios, por medio de él [Cristo], sacrificio de alabanza, es decir, fruto de labios que confiesan su nombre" (He. 13:15).**
>
> **"Mas vosotros sois linaje escogido, real sacerdocio, nación santa, pueblo adquirido por Dios, para que anunciéis las virtudes de aquel que os llamó de las tinieblas a su luz admirable" (1 P. 2:9).**

3 (4:22) ***Salvación, Fuente - Jesucristo, Mediador - Dios, Ignorancia de - Jesucristo, Ignorancia de:*** En segundo lugar, la adoración y la salvación provienen de los judíos. Advierta tres cosas.

1. La palabra "salvación" en griego tiene el artículo definido (he soteria) "*la* salvación". El Mesías, que es la salvación de todos los hombres, viene de los judíos y de ninguna otra fuente.

> **"Jesús le dijo: Yo soy el camino, y la verdad, y la vida; nadie viene al Padre, sino por mí" (Jn. 14:6).**
>
> **"Y en ningún otro hay salvación; porque no hay otro nombre bajo el cielo, dado a los hombres, en que podamos ser salvos" (Hch. 4:12).**
>
> **"Porque hay un solo Dios, y un solo mediador entre Dios y los hombres, Jesucristo hombre, el cual se dio a sí mismo en rescate por todos, de lo cual se dio testimonio a su debido tiempo" (1 Ti. 2:5, 6).**
>
> **"Pero ahora tanto mejor ministerio es el suyo, cuanto es mediador de un mejor pacto, establecido sobre mejores promesas" (He. 8:6).**
>
> **"Así que, por eso es mediador de un nuevo pacto, para que interviniendo muerte para la remisión de las transgresiones que había bajo el primer pacto, los llamados reciban la promesa de la herencia eterna" (He. 9:15).**
>
> **"A Jesús el Mediador del nuevo pacto, y a la sangre rociada que habla mejor que la de Abel" (He. 12:24).**
>
> **"Hijitos míos, estas cosas os escribo para que no pequéis; y si alguno hubiere pecado, abogado tenemos para con el Padre, a Jesucristo el justo" (1 Jn. 2:1).**

2. Jesús dijo "nosotros". Se identificó con los judíos. Nació siendo judío. No era de otra nacionalidad ni era una mezcla de sangres.

3. La salvación proviene de los judíos. Toda otra adoración es una expresión de las propias ideas del hombre, independientemente de cuán racional y de cuán alta estima tenga y se las siga: "Vosotros adoráis lo que no sabéis". (Ver Estudio a fondo 1, Israel, Jn. 4:22 para una mayor discusión sobre el tema.)

a. Los hombres son ignorantes de Dios mismo, del único Dios vivo y verdadero.

> **"Porque el corazón de este pueblo se ha engrosado, y con los oídos oyen pesadamente, y han cerrado sus ojos; para que no vean con los ojos, y oigan con los oídos, y con el corazón entiendan, y se conviertan, y yo los sane" (Mt. 13:15).**
>
> **"Porque pasando y mirando vuestros santuarios, hallé también un altar en el cual estaba esta inscripción: AL DIOS NO CONOCIDO. Al que vosotros adoráis, pues, sin conocerle, es a quien yo os anuncio" (Hch. 17:23).**
>
> **"Porque las cosas invisibles de él, su eterno poder y deidad, se hacen claramente visibles desde la creación del mundo, siendo entendidas por medio de las cosas hechas, de modo que no tienen excusa. Pues habiendo conocido a Dios, no le glorificaron como a Dios, ni le dieron gracias, sino que se envanecieron en sus razonamientos, y su necio corazón era entenebrecido. Profesando ser sabios, se hicieron necios, y cambiaron la gloria del Dios incorruptible en semejanza de imagen de hombre corruptible, de aves, de cuadrúpedos y de reptiles" (Ro. 1:20-23).**
>
> **"Y como ellos no aprobaron tener en cuenta a Dios, Dios los entregó a una mente reprobada, para hacer cosas que no convienen" (Ro. 1:28).**
>
> **"Porque ignorando la justicia de Dios, y procurando establecer la suya propia, no se han sujetado a la justicia de Dios" (Ro. 10:3).**
>
> **"Teniendo el entendimiento entenebrecido, ajenos de la vida de Dios por la ignorancia que en ellos hay, por la dureza de su corazón" (Ef. 4:18).**
>
> **"Estos ignoran voluntariamente, que en el tiempo antiguo fueron hechos por la palabra de Dios los cielos, y también la tierra, que proviene del agua y por el agua subsiste" (2 P. 3:5).**
>
> **"Estas siempre están aprendiendo, y nunca pueden llegar al conocimiento de la verdad" (2 Ti. 3:7).**
>
> **"Dicen, pues, a Dios: Apártate de nosotros, porque no queremos el conocimiento de tus caminos" (Job 21:14).**
>
> **"Porque mi pueblo es necio, no me conocieron; son hijos ignorantes y no son entendidos; sabios para hacer el mal, pero hacer el bien no supieron" (Jer. 4:22).**
>
> **"Pero yo dije: Ciertamente éstos son pobres, han enloquecido, pues no conocen el camino de Jehová, el juicio de su Dios" (Jer. 5:4).**
>
> **"Aun la cigüeña en el cielo conoce su tiempo, y la tórtola y la grulla y la golondrina guardan el tiempo de su venida; pero mi pueblo no conoce el juicio de Jehová" (Jer. 8:7).**
>
> **"Hicieron que su lengua lanzara mentira como un arco, y no se fortalecieron para la verdad en la tierra; porque de mal en mal procedieron, y me han desconocido, dice Jehová" (Jer. 9:3).**
>
> **"No saben hacer lo recto, dice Jehová, atesorando rapiña y despojo en sus palacios" (Am. 3:10).**
>
> **"Mas ellos no conocieron los pensamientos de Jehová, ni entendieron su consejo; por lo cual los juntó como gavillas en la era" (Mi. 4:12).**

"Pero no quisieron escuchar, antes volvieron la espalda, y taparon sus oídos para no oír; y pusieron su corazón como diamante, para no oír la ley ni las palabras que Jehová de los ejércitos enviaba por su Espíritu, por medio de los profetas primeros" (Zac. 7:11, 12).

b. Los hombres son ignorantes de Cristo, el Hijo de Dios.

"En el mundo estaba, y el mundo por él era hecho; pero el mundo no le conoció" (Jn. 1:10).

"Respondió Jesús y le dijo: Si conocieras el don de Dios, y quién es el que te dice: Dame de beber; tú le pedirías, y él te daría agua viva" (Jn. 4:10).

"Ellos le dijeron: ¿Dónde está tu Padre? Respondió Jesús: Ni a mí me conocéis, ni a mi Padre; si a mí me conocieseis, también a mi Padre conoceríais" (Jn. 8:19).

"Respondió el hombre, y les dijo: Pues esto es lo maravilloso, que vosotros no sepáis de dónde sea, y a mí me abrió los ojos" (Jn. 9:30).

"Jesús le dijo: ¿Tanto tiempo hace que estoy con vosotros, y no me has conocido, Felipe? El que me ha visto a mí, ha visto al Padre; ¿cómo, pues, dices tú: Muéstranos el Padre?" (Jn. 14:9).

"Y harán esto [persecuciones] porque no conocen al Padre ni a mí" (Jn. 16:3).

"Porque los habitantes de Jerusalén y sus gobernantes, no conociendo a Jesús, ni las palabras de los profetas que se leen todos los días de reposo, las cumplieron al condenarle" (Hch. 13:27).

"Todo aquel que permanece en él, no peca; todo aquel que peca, no le ha visto, ni le ha conocido" (1 Jn. 3:6).

ESTUDIO A FONDO 1

(4:22) ***Israel - Plan de Dios - Historia - Judíos:*** ¿Por qué Jesucristo vino a la nación judía y a la tierra como un judío? Expuesto en palabras simples, los judíos eran el pueblo elegido de Dios. Habían surgido por un acto especial de Dios. Todo empezó hace mucho, mucho tiempo. Dios quería cuatro cosas.

1. Quería un pueblo que lo amara en forma suprema y que le fuera fiel. (Cp. Gn. 17:7; Is. 43:10.)

2. Quería un pueblo que diera testimonio a todas las demás naciones de que Él y solo Él era el único Dios verdadero y vivo. (Cp. Gn. 12:3; 22:18; Hch. 13:26, 47.)

3. Quería un pueblo mediante el cual pudiera mandar la Simiente prometida, el Salvador y el Mesías, Jesucristo, a todos los hombres de todas las partes. (Cp. Gn. 3:15; 17:7; 22:18; Gá. 3:16; Jn. 4:22.)

4. Quería un pueblo mediante el cual pudiera enviar su Palabra escrita, la Santa Biblia, y preservarla por todas las generaciones (Ro. 9:4, 5; 1 P. 2:10-12).

Al buscar por el mundo un pueblo, Dios no pudo encontrar ninguno (cp. Ro. 1:18-32). Dios solo pudo hacer una cosa. Tuvo que encontrar un hombre y por medio de él dar comienzo a un nuevo pueblo, a una nueva nación.

1. Dios encontró y eligió a Abraham, y mediante él estableció la nación judía (Gn. 12:1-5; 13:14-17; 15:1-7; 17:1-8 , 15-19; 22:16-18; 26:2-5, 24; 28:13-15; 31:13; 35:9-12). Dios eligió a un hombre y lo animó a que lo adorara en forma suprema. Si ese hombre adoraba a Dios en forma suprema, entonces Él haría que de su simiente naciera un pueblo especial. Ese hombre era Abraham. Él era el primer judío (cp. Gn. 12:1-4; Gá. 3:16). En el Antiguo Testamento los judíos y su tierra (Palestina) fueron señalados continuamente como el pueblo y la tierra especiales de Dios. Fueron llamados...

⇒ el pueblo especial de Dios (Dt. 7:6).

⇒ el pueblo único de Dios (Dt. 14:2; 26:18).

⇒ el tesoro especial de Dios (Éx. 19:5; Sal. 135:4).

⇒ la porción de Dios (Dt. 32:9).

⇒ la tierra de Jehová (Lv. 25:23; Jer. 2:7; 16:18; Os. 9:3).

⇒ la tierra santa (Zac. 2:12) . (Ver Estudio a fondo 1, Ro. 4:1-25 para una mayor discusión sobre este tema.)

Sin embargo, la nación judía falló en obedecer a Dios en forma suprema. Todo el tema del Antiguo Testamento se centra alrededor de Dios convenciendo y tratando con los judíos. Una y otra vez, Él les dio la oportunidad de obedecerlo. Trató con ellos con misericordia y juicio, pero siempre rehusaron atender a sus indicaciones.

2. Dios eligió la familia de David. (Ver Estudio a fondo 4, Jn. 1:49.) Dios eligió una familia leal dentro de la nación judía y le hizo a esa familia una gran promesa. La familia era la del rey David y la promesa era la del Mesías, el Gran rey de Dios, el propio Hijo de Dios. El Hijo de Dios iba a venir por la línea de David y establecería una nación eterna de personas que amarían a Dios en forma suprema. Sin embargo, nuevamente la nación judía le falló a Dios. Interpretaron mal la Palabra de Dios: las profecías de su venida.

a. Los judíos interpretaron mal la Palabra de Dios al decir que la simiente de Abraham incluía solamente a la nación judía. En sus mentes, Dios no tenía hijos salvo si eran hijos de la nación judía. La Biblia dice explícitamente que la simiente de Abraham es Cristo, y que el pueblo especial de Dios son aquellos individuos de todas las naciones que adoran a Dios en forma suprema (Gá. 3:16).

b. Los judíos interpretaron mal la Palabra de Dios al decir que el reino eterno prometido a David era únicamente la nación judía. Esperaban que Israel se estableciera como una nación terrenal por siempre, y que todas las otras naciones serían inferiores a Israel. Pero nuevamente, la promesa de Dios no fue tan estrecha, ni tan prejudicial. La Biblia dice que Dios no hace ni hará acepción de personas (Dt. 10:17; 2 Cr. 19:7; Job 34:19; Hch. 10:34; Ro. 2:11; Gá. 2:6; Ef. 6:9; Col. 3:25, 1 P. 1:17). Dios sí dijo que Cristo vendría de la línea de David, pero también dijo que Él iba a establecer una *nación eterna* compuesta por personas de todo el mundo que amaran a Dios en forma suprema (Ro. 2:28,29).

Al interpretar mal las promesas de Dios, los judíos no pudieron ser los misioneros del mundo que Dios había elegido que fueran. Se volvieron vinculados a la tierra y con mentalidad materialista. Distorsionaron la idea del Mesías prometido para que encajara con sus propios esquemas. Lo concibieron como alguien que iba a establecer un reino terrenal únicamente para la nación judía. No lograron ver que Dios estaba hablando...

- de un reino eterno de justicia.
- de un reino que es totalmente de otra dimensión: la dimensión de lo espiritual.
- de un nuevo cielo y una nueva tierra que le daría a cada persona una vida eterna más allá de solamente una generación terrenal.

3. Dios tuvo que enviar a su propio Hijo al mundo por medio de la nación judía. Dios lo envió para que el mundo se salvara mediante Él (Jn. 3:16-19). Sin embargo, el hombre rechazó al Hijo de Dios y lo crucificó. Este acto: La muerte del Hijo de Dios?, era el golpe final. Cuando el hombre mató al único Hijo de Dios, todo el mundo *estuvo* involucrado. Tanto judíos como gentiles estaban representados simbólicamente en los extremistas religiosos judíos y en las autoridades romanas. Ambos hicieron el complot, la sentencia y la ejecución. Si el mundo iba a ser salvo alguna vez, ahora quedaba perfectamente claro que Dios tenía que hacerlo por sí mismo.

Esto es lo que hizo de una vez y para siempre. En su propósito eterno y en el plan para la salvación del hombre, Dios tomó los pecados de todos los hombres y los cargó sobre su Hijo mientras estaba agonizando en la cruz. Permitió que su Hijo cargara con los pecados del mundo (1 P. 2:24). Luego tomó a su Hijo y lo resucitó de entre los muertos, para que nunca más muriera. Hizo lo que el hombre siempre hizo mal: en la resurrección de su Hijo Dios comenzó a construir un mundo perdurable de justicia, una nueva nación que actualmente está compuesta por hombres de todas las naciones terrenales que desean y están dispuestos a seguir a Jesucristo en forma suprema. Está convocando y formando personas nuevas que genuinamente han nacido de nuevo, espiritualmente. Estas personas nacidas de nuevo vivirán eternamente, más allá de una sola generación. Estas personas están identificadas como su iglesia, como un cuerpo de personas que genuinamente cree en Él y lo sigue. Están destinados a ser los habitantes de los nuevos cielo y tierra. (Ver notas, punto 5, Lc. 8:21; Ef. 2:11-18; 4:17-19.)

Dios, actuando únicamente por sí mismo mediante la muerte y resurrección de su Hijo, ha cumplido con las promesas hechas tanto a Abraham como a David. Todas las personas de las naciones del mundo tienen ahora la oportunidad de pasar a ser hijos de Dios, el pueblo especial de Dios.

[4] (4:23,24) ***Adorar:*** Tercero, los verdaderos adoradores adoran a Dios en espíritu y en verdad. Advierta cuatro puntos.

1. Advierta el cambio en la adoración. "La hora viene, y ahora es". Cristo cambió la adoración. Antes de Cristo, los hombres adoraban a Dios en lugares especiales, por ejemplo: en templos y ante altares. A partir de Cristo, el lugar y la localidad no significan nada. Cristo ha abierto la puerta a la presencia de Dios desde cualquier lugar del universo (ver nota, Jn. 4:21 para mayor discusión sobre el tema).

2. Advierta la naturaleza de la adoración. El hombre debe adorar a Dios en espíritu y en verdad. (Ver Estudio a fondo 2, Jn. 4:23.)

a. Adorar a Dios en espíritu significa adorar a Dios...
- con el *impulso espiritual y la capacidad* del alma, buscando la comunión y el compañerismo más íntimo con Dios.
- con el *centro espiritual* de la vida de uno y siendo, confiando y descansando en la aceptación, amor y cuidado de Dios.

b. Adorar a Dios en verdad significa...
- acercarse a Dios de la manera cierta o correcta. Hay solo una manera: mediante su Hijo Jesucristo. (Ver nota, Jn. 4:21; 14:6.)
- adorar a Dios en forma sincera y verdadera, no llegando con el corazón a medias, con la mente vagando y los ojos cerrados por el sueño.

3. Advierta la razón para adorar. El Padre busca que los hombres lo adoren. Dios desea la adoración, ya que Él creó al hombre para adorarlo. Por lo tanto, Dios busca a hombres que lo adorarán en espíritu y verdad.

"Todas las cosas ha hecho Jehová para sí mismo, y aun al impío para el día malo" (Pr. 16:4).

"Todos los llamados de mi nombre; para gloria mía los he creado, los formé y los hice... Vosotros sois mis testigos, dice Jehová, y mi siervo que yo escogí, para que me conozcáis y creáis, y entendáis que yo mismo soy; antes de mí no era formado Dios, ni lo será después de mí"(Is. 43:7, 10).

"Porque a los que antes conoció, también los predestinó para que fuesen hechos conformes a la imagen de su Hijo, para que él sea el primogénito entre muchos hermanos" (Ro. 8:29).

"Según nos escogió en él antes de la fundación del mundo, para que fuésemos santos y sin mancha delante de él, en amor habiéndonos predestinado para ser adoptados hijos suyos por medio de Jesucristo, según el puro afecto de su voluntad, *para alabanza de la gloria de su gracia*, con la cual nos hizo aceptos en el Amado" (Ef. 1:4-6).

"Mas vosotros sois linaje escogido, real sacerdocio, nación santa, pueblo adquirido por Dios, para que anunciéis las virtudes de aquel que os llamó de las tinieblas a su luz admirable" (1 P. 2:9; cp. Ro. 15:6; 1 Co. 6:20).

4. Advierta un factor esencial de la adoración: No es el lugar lo importante en la adoración, sino cómo una persona adora a Dios. Una persona debe adorar a Dios en espíritu y en verdad. No hay otro modo. "Dios es Espíritu; y los que le adoran, en *espíritu* y en *verdad es necesario* que adoren".

Adorar en espíritu significa...
- *desde* el impulso espiritual y la profundidad del alma.
- *desde* el centro espiritual de la vida y el ser.

Adorar en verdad significa...
- como lo indica Dios, es decir, la adoración debe ser en el nombre del Hijo de Dios, Jesucristo.
- con sinceridad.

"Entonces Jesús le dijo: Vete, Satanás, porque escrito está: Al Señor tu Dios adorarás, y a él solo servirás" (Mt. 4:10).

"Ellos, después de haberle adorado, volvieron a Jerusalén con gran gozo" (Lc. 24:52).

"No dejando de congregarnos, como algunos tienen por costumbre, sino exhortándonos; y tanto más, cuanto

veis que aquel día se acerca" (He. 10:25).

"Diciendo a gran voz: Temed a Dios, y dadle gloria, porque la hora de su juicio ha llegado; y adorad a aquel que hizo el cielo y la tierra, el mar y las fuentes de las aguas" (Ap. 14:7).

"Dad a Jehová la honra debida a su nombre; traed ofrenda, y venid delante de él; postraos delante de Jehová en la hermosura de la santidad" (1 Cr. 16:29).

"Dad a Jehová la gloria debida a su nombre; adorad a Jehová en la hermosura de la santidad" (Sal. 29:2).

"Venid, adoremos y postrémonos; arrodillémonos delante de Jehová nuestro Hacedor" (Sal. 95:6).

"Adorad a Jehová en la hermosura de la santidad; temed delante de él, toda la tierra" (Sal. 96:9).

"Exaltad a Jehová nuestro Dios, y postraos ante el estrado de sus pies; él es santo" (Sal. 99:5).

ESTUDIO A FONDO 2

(4:23) ***Hombre, creación - Espíritu - Adoración:*** El hombre debe adorar a Dios en espíritu. Se deben observar tres puntos para comprender cabalmente qué significa esto.

1. Está la creación del hombre.

"Entonces Jehová Dios formó al hombre del polvo de la tierra, y sopló en su nariz aliento de vida, y era el hombre un ser viviente" (Gn. 2:7).

El material empleado para formar al hombre era el *polvo*, o como dijo Isaías, "barro" (Is. 64:8), o como lo tradujo Lutero, un puñado de tierra (erdenkloss). El material o la substancia física del hombre es de la tierra; la formación de su cuerpo es como la de un recipiente terrenal (Job 10:8-9; Ro. 9:21); el alimento que come es de la tierra (Job 28:5) y el fin de su cuerpo es retornar a la tierra (Ec. 3:20).

Hay un sentido en el cual el hombre es una paradoja. era creado con toda la dignidad y honor posibles, creado por la mano de Dios y recibió el aliento mismo de Dios. Sin embargo, también era creado a partir del material más básico y bajo de todos: la suciedad. De modo que en un sentido el hombre tiene todos los motivos para gloriarse; en otro sentido tiene todos los motivos para ser humilde. ¿Cuál debe ser la actitud del hombre? No hay nada malo con gloriarse; no hay nada malo en ser humilde. Es el motivo u objeto para gloriarse y ser humilde lo que hace que una cosa sea correcta o incorrecta. El hombre debe adorar y gloriarse en Dios, ese Dios que le dio la vida, la dignidad y el honor (privilegio) de la vida. El hombre debe andar humildemente para con Dios y los otros hombres porque todos los hombres vienen del mismo material: la tierra. (Jer. 9:24; cp. 1 Co. 1:31; 2 Co. 10:17; Ro. 11:36; Gá. 1:5; 2 Ti. 4:18; He. 13:21; 1 P. 5:11). Por lo tanto, se exhorta al hombre a presentar su cuerpo a Dios como "un sacrificio vivo" y como "el templo del Espíritu Santo" (Ro. 12:1; 1 Co. 6:19, 20).

Pero advierta: El hombre no es solo cuerpo y alma; también es espíritu (Ver Estudio a fondo 3, Jn. 4:23, 24.) Esta es la diferencia distintiva de todas las otras criaturas. Como dice el salmista: "Formidables, maravillosas son tus obras... no era encubierto de ti mi cuerpo" (Sal. 139:14, 15). Aquí deben advertirse dos hechos distintivos.

a. No es solo el aliento de la vida lo que se le da al hombre. Es el aliento mismo de Dios. El aliento de Dios es vida, vida eterna; por lo tanto al hombre se le dio la vida eterna, el Espíritu mismo de Dios. ¡Solo piense! El aliento mismo de Dios, su Espíritu, está dentro de cada persona que es "renovada" (recreada) a la imagen de Él que la creó.

"Y vestíos del nuevo hombre, creado según Dios en la justicia y santidad de la verdad" (Ef. 4:24).

"Y revestido del nuevo, el cual conforme a la imagen del que lo creó se va renovando hasta el conocimiento pleno" (Col. 3:10).

b. Dios da su propio aliento o espíritu en la nariz del hombre. Imagine la escena. El cuerpo de Adán yacía junto a Dios; acaba de ser formado por las manos de Dios a partir del polvo de la tierra. Adán no tenía vida ?era solo un cuerpo? nunca había respirado. Entonces Dios sopló su propio aliento o Espíritu en la nariz de Adán, la vida de su propio ser (que es la vida que continúa, que nunca termina, que es eterna).

Aquí hay un punto a tener en cuenta. Dios no hizo a otra criatura como esta. Dios no le dio a ninguna otra criatura su propio aliento, ni tampoco utilizó este método de creación con ninguna otra criatura. Estos dos hechos hacen que la creación del hombre sea distintiva.

¡Qué lástima que el hombre se aferre a esta tierra y a su mundanalidad! "El que tiene en poco la disciplina menosprecia su alma" (Pr. 15:32) "Bienaventurados los que tienen hambre y sed de justicia, porque ellos serán saciados" (Mt. 5:6).

2. La creación del hombre es *a imagen y semejanza de Dios*.

"Entonces dijo Dios: Hagamos al hombre a nuestra imagen, conforme a nuestra semejanza... Y creó Dios al hombre a su imagen" (Gn. 1:26, 27).

Cualquiera sea el significado de *la imagen y semejanza de Dios*, eso es lo que distingue al hombre de toda otra forma de vida que Dios creó. En ningún otro lado dice Dios que creó un ser a *su propia imagen y semejanza*. Únicamente el hombre es a imagen y semejanza de Dios. ¿Cuál es *la imagen y semejanza* de Dios en el hombre?

a. Es improbable que se refiera al *alma* del hombre. La Biblia dice que todas las criaturas vivientes son almas. Fueron creadas como *almas vivientes*. Esto se señala claramente en el idioma hebreo de Gn. 1:20 que dice: "Produzcan las aguas *seres vivientes* [nephesh]". Todas las criaturas vivientes poseen el aliento de la vida. (Ver Estudio a fondo 5, Alma, Mt. 22:37 para mayor discusión al respecto.)

b. Es improbable que signifique la capacidad de razonar. Al parecer los animales tienen la capacidad de razonar y de aprender en diversos grados. Los animales demuestran una capacidad para pensar cuando enfrentan un enemigo o dificultades en las innumerables experiencias de la vida.

c. Es improbable que signifique la capacidad de ser moral y justo. Los animales, especialmente algunos de ellos (tanto individualmente como dentro de grupos familiares), tienen reglas, prácticas, hechos o acciones que conducen a un comportamiento moral y virtuoso entre sí e incluso hacia otros. Parece haber un ejercicio de lo correcto y lo incorrecto entre algunos animales. Sin embargo, debe señalarse que así como el hombre es muy superior a los animales mentalmente, también lo es moralmente. El hombre es muy superior a los animales tanto como ser racional (un ser que razona) y un ser moral (un ser que es justo, relacionándose con los demás como debería). (Advierta que ser *espiritual y mentalmente renovado* en Cristo afecta los poderes racionales y morales del hombre. El hombre puede ser *creado* en justicia y *verdadera* santidad. El hombre puede ser liberado de la esclavitud legalista y de las reglas de una justicia y santidad concebidas por el hombre. cp. Ef. 4:24; Col. 3:10).

d. Significa que Dios le dio al hombre su espíritu: Su aliento inmortal, su vida que vive por siempre al igual que Dios. Él fue más allá de lo que hizo cuando creó a los animales de la tierra (un alma, una vida terrenal, un aliento temporal); Dios hizo que el hombre tuviera un espíritu (una vida eterna, un aliento inmortal) que es como el suyo, al igual que su propia vida. Ser a la imagen y semejanza de Dios significa "Dios es Espíritu; y los que le adoran, en espíritu y en verdad es necesario que adoren" (Jn. 4:24). Ningún animal es un espíritu, los animales son solo almas. Como almas vivientes están facultados en varios grados a respirar, a razonar y a relacionarse; pero ninguno de ellos tiene el poder inherente de vivir eternamente, ni el impulso y la capacidad de razonar semejante a Dios y de relacionarse con Dios. El hombre sí tiene ese poder, ese impulso y esa capacidad. *El hombre es espíritu, al igual que Dios es Espíritu.* El hombre no es solo cuerpo y alma como los animales de la creación. El hombre no es únicamente *un alma viviente, que respira, hecho para esta tierra; el hombre es un espíritu, un ser inmortal hecho para vivir con Dios eternamente.*

3. A la luz de lo antedicho hay por lo menos dos marcas distintivas de la imagen de Dios en el hombre, dos marcas distintivas del hombre como espíritu.

a. La imagen de Dios en el hombre es el *espíritu o poder de inmortalidad.* El hombre vive más allá de esta tierra, vive eternamente igual que Dios. Como se mencionó anteriormente, de acuerdo a la Biblia, ningún animal es un espíritu. Los animales son solo almas. Como almas están facultados a respirar y a vivir en esta tierra, pero no tienen el poder inherente de vivir eternamente. Sin embargo, el hombre sí tiene ese poder. El hombre es espíritu, al igual que Dios es Espíritu. *El hombre no es únicamente un alma y un cuerpo vivientes, que respira, como los animales creados para esta tierra; el hombre es un espíritu, un ser inmortal hecho tanto para esta tierra como para la eternidad.*

b. La imagen de Dios en el hombre es el espíritu o el impulso y la capacidad (opción) de adorar. El hombre no solo tiene la capacidad del alma de razonar y relacionarse, sino también un inaplazable impulso espiritual y una capacidad de razonar al igual que Dios y de relacionarse con Dios. Nuevamente, como se mencionó antes, ningún animal terrenal tiene ese impulso espiritual y esa capacidad (libertad de elección). La Biblia designa diversas capacidades a las almas, pero ningún alma animal tiene la capacidad de razonar *como Dios* o de *relacionarse con Dios.* Adorar es un impulso y una capacidad espiritual, una capacidad únicamente del espíritu (del hombre). Al igual que los animales, *el hombre conoce y comprende las cosas* de esta tierra; pero el hombre debe conocer, creer y comprender primero y ante todo a Dios (Is. 43:10). El hombre debe adorar a Dios. Él es Espíritu y Él ha creado al hombre como espíritu; por lo tanto, el hombre debe adorar a Dios en espíritu y en verdad (Jn. 4:24).

Hay dos hechos muy significativos que deben advertirse acerca de la imagen de Dios en el hombre o del hombre como espíritu.

1. La rebelión del hombre contra Dios (la caída del hombre) afectó la imagen de Dios dentro del hombre. Dios había creado al hombre como un ser inmortal. El hombre iba a vivir en esta tierra y con Dios por siempre. Cuando el hombre ejerció su capacidad o albedrío y se volvió en contra de Dios, perdió ambos derechos. Ya no podía vivir en la tierra para siempre, ni tampoco con Dios para siempre.

En esta rebelión contra Dios, el hombre estaba diciendo que prefería un mundo diferente al mundo de Dios y que prefería un Dios diferente (su propio albedrío) a Dios mismo. Por eso el hombre se condenó a sí mismo a abandonar esta tierra (morir, Gn. 2:17; 31s; 3:19) y a estar separado de Dios eternamente (Jn. 3:18). Advierta que el hombre ya había sido creado como un ser inmortal.

Por lo tanto, el hombre continuaría, existiría para siempre, pero a) tenía que ser ubicado en otro lugar que no fuera esta tierra (eso había elegido) y b) debía ser separado de Dios para siempre. era su elección. La imagen de Dios ?el poder de la inmortalidad y la capacidad de adorar y vivir con Dios? fue echada a perder eternamente.

2. La imagen de Dios dentro del hombre puede ser renovada.

a. El hombre ahora puede introducir al hombre nuevo.

> **"Y vestíos del nuevo hombre, creado según Dios en la justicia y santidad de la verdad" (Ef. 4:24).**
>
> **"Y revestido del nuevo, el cual conforme a la imagen del que lo creó [Dios] se va renovando hasta el conocimiento pleno" (Col. 3:10).**

b. El hombre puede "nacer de nuevo" espiritualmente; puede estar vivo frente a Dios como lo era en el comienzo y no perecer jamás. (Jn. 3:3s; 1 P. 1:23).

c. El hombre puede vivir y adorar a Dios por siempre (Jn. 3:16; 2 P. 1:4). Ahora puede participar de la naturaleza de Dios y estar seguro de vivir por siempre en nuevos cielos y nueva tierra (2 P. 3:3-4, 8-18; Ap. 21:1-7).

d. El hombre es renovado, nacido de nuevo, recreado en Jesucristo. "Quien llevó él mismo *nuestros pecados* en su cuerpo sobre el madero, para que nosotros, estando muertos a los pecados, vivamos a la justicia; y por cuya herida fuisteis sanados" (1 P. 2:24; cp. 3:18. Ver notas, Ro. 5:1; 2 Co. 5:1; cp. 5:17).

"Entonces dijo Dios: Hagamos al hombre a nuestra imagen, conforme a nuestra semejanza... Y creó Dios al hombre a su imagen, a imagen de Dios lo creó; varón y hembra los creó" (Gn. 1:26, 27).

"Y así como hemos traído la imagen del terrenal, traeremos también la imagen del celestial" (1 Co. 15:49).

ESTUDIO A FONDO 3

(4:23, 24) ***Espíritu - Dios, Espíritu:*** ¿Qué significa "espíritu"? Por lo menos tres cosas se coligen de las Escrituras.

1. El espíritu no es carne y hueso. El espíritu no es físico ni material. El espíritu es inmaterial, no físico, incorpóreo. El espíritu es de otra dimensión del ser, otra dimensión totalmente diferente de la dimensión física y material del ser.

2. El espíritu es la parte más interna del ser, el verdadero núcleo y corazón de la vida. El espíritu es el verdadero *aliento de la vida de Dios*, el verdadero *aliento de la existencia de Dios,* el verdadero *ser de la vida de Dios.* Esto es, el espíritu es *existencia eterna y ser.* Es permanente, una existencia sin fin. Un espíritu tiene el aliento de la vida, de la existencia, de *ser por siempre.*

"Entonces Jehová Dios formó al hombre del polvo de la tierra, y sopló en su nariz *aliento de vida*, y era el hombre un ser viviente" (Gn. 2:7).

3. Dios es Espíritu. Esto significa que Él es la verdadera personificación de la vida eterna, de la existencia permanente y sin fin. Su naturaleza no es de carne y hueso; ya que lo físico envejece, se deteriora, muere y decae. Termina. Pero no el Espíritu, no Dios. Él existe por siempre y para siempre. Él es la vida, la verdadera personificación de la vida eterna. Lo que sea la vida ?en toda su perfección? *es Dios.* Él es la Persona perfecta, la Vida, la Inteligencia, el Ser. La naturaleza básica de Dios es el Espíritu: el ser eterno, la vida eterna, el Ser perfecto, la Vida perfecta.

"Y esta es la vida eterna: que te conozcan a *ti*, el único Dios verdadero" (Jn. 17:3)

	D. El tema del Mesías, 4:25-30	preguntas? o, ¿Qué hablas con ella?	
1 Estaba la percepción de que Jesús era el Mesías	25 Le dijo la mujer: Sé que ha de venir el Mesías, llamado el Cristo; cuando él venga nos declarará todas las cosas.	28 Entonces la mujer dejó su cántaro, y era a la ciudad, y dijo a los hombres:	**4. Estaba la proclamación de que Jesús es el Mesías**
2 Estaba la gran proclamación de Jesús: Él es el Mesías	26 Jesús le dijo: Yo soy, el que habla contigo.	29 Venid, ved a un hombre que me ha dicho todo cuanto he hecho. ¿No será éste el Cristo?	
3 Estaba el espíritu contrario al Mesías: un espíritu de pensamiento maligno y de orgullo	27 En esto vinieron sus discípulos, y se maravillaron de que hablaba con una mujer; sin embargo, ninguno dijo: ¿Qué	30 Entonces salieron de la ciudad, y vinieron a él.	**5 Estaba la respuesta de la búsqueda del Mesías**

DIVISIÓN IV

LA REVELACIÓN DE JESÚS, EL AGUA VIVA, 4:1-42

D. El tema del Mesías, 4:25-30

(4:25-30) ***Introducción:*** Esta es una imagen conmovedora de conversión y testimonio. El Mesías era descubierto y dicho descubrimiento era dado a conocer con entusiasmo.

1. Estaba la percepción de que Jesús era el Mesías (v. 25).
2. Estaba la gran proclamación de Jesús: Él es el Mesías (v. 26).
3. Estaba el espíritu contrario al Mesías: Un espíritu de pensamiento maligno y de orgullo (v. 27).
4. Estaba la proclamación de que Jesús es el Mesías (vv. 28, 29).
5. Estaba la respuesta de la búsqueda del Mesías (v. 30).

[1] (4:25) ***Jesucristo, Mesías - Evangelio, Abierto al - Verdad, Abierto a la:*** Estaba la percepción de que Jesús era el Mesías. El corazón de la mujer le quemaba por dentro. Había una intensa y llameante percepción de la presencia de Dios. El tema del pecado de ella y de la verdadera adoración hacía que su corazón buscara a Dios. Percibía algo muy, pero muy especial en Jesús...

- que ningún hombre podía hablar como lo había hecho Él a no ser que tuviera una relación muy especial con Dios.
- que tal vez Él era el Mesías mismo.

Ella sacó el tema. Advierta dos cosas que *ella creía.*

1. Que el Mesías vendría (erchetai). La idea es que el Mesías *vendría pronto*. Su venida era inminente. Su fe se basaba en los pasajes de las Escrituras tales como Gn. 3:15; 49:10; Nm. 24:17; Dt. 18:15.

2. Que el Mesías sería la Autoridad suprema: "nos declarará todas las cosas".

El tema es este: La mujer no negaba al Mesías; ella creía en la venida y la autoridad del Mesías. Su fe no era una creencia para salvación, ni una creencia de compromiso. (Ver Estudio a fondo 2, Jn. 2:24.) Era solo una fe mental o intelectual, una creencia de conocimiento; pero el hecho de que ella creía en el Mesías hizo que se *abriera* a la fe personal. Ella no rechazó el testimonio de Jesús; no era descortés; ella lo escuchó. Por lo tanto, Dios pudo darle una percepción de su presencia.

Pensamiento 1: La persona que rechaza constantemente a Jesucristo o que sostiene ser agnóstica o atea tiene pocas probabilidades de que Cristo lo busque. No obstante, una persona que escucha las Escrituras y que cree intelectualmente, aceptando mentalmente los hechos de las promesas de Dios, tiene muchas más probabilidades de ser alcanzada por Dios. La fe mental o intelectual es más abierta; está expuesta a la Palabra de Dios. Por lo tanto, es más probable que se convierta en una fe salvadora, la creencia del compromiso.

Sin embargo, se debe mencionar una advertencia. Una persona con solo una fe mental puede oír y rechazar tanto que se vuelve endurecido ante el evangelio, esto es, tan duro ante el evangelio que nunca confiará en Jesucristo como su Salvador. (Ver Estudio a fondo 1, Mt. 13:4, 19 para una discusión más profunda.)

> **"Entonces el escriba le dijo: Bien, Maestro, verdad has dicho, que uno es Dios, y no hay otro fuera de él; y el amarle con todo el corazón, con todo el entendimiento, con toda el alma, y con todas las fuerzas, y amar al prójimo como a uno mismo, es más que todos los holocaustos y sacrificios. Jesús entonces, viendo que había respondido sabiamente, le dijo: No estás lejos del reino de Dios" (Mr. 12:32-34).**
>
> **"Porque su Dios le instruye, y le enseña lo recto" (Is. 28:26).**
>
> **"¿Quién es sabio para que entienda esto, y prudente para que lo sepa? Porque los caminos de Jehová son rectos, y los justos andarán por ellos; mas los rebeldes caerán en ellos" (Os. 14:9).**
>
> **"El simple todo lo cree; mas el avisado mira bien sus pasos. El sabio teme y se aparta del mal; mas el insensato se muestra insolente y confiado" (Pr. 14:15, 16).**
>
> **"El corazón del entendido adquiere sabiduría; y el oído de los sabios busca la ciencia" (Pr. 18:15).**
>
> **"El avisado ve el mal y se esconde; mas los simples pasan y reciben el daño" (Pr. 22:3).**

[2] (4:26) ***Jesucristo, Mesías:*** Estaba la gran proclamación de Jesús, de que Él era el Mesías. Advierta tres declaraciones fenomenales.

1. Él proclamó ser "el Mesías". (Ver Estudio a fondo 2, Jn. 1:20 para una discusión más profunda.)

2. Él declaró ser el gran "Yo soy", que es el nombre fundamental de Dios. (Ver Estudio a fondo 1, Jn. 6:20 para una mayor discusión sobre el tema.)

3. Él proclamó ser el Supremo, la Autoridad suprema que le diría a ella todas las cosas. Él declaró...

- que lo que le había dicho acerca del pecado de ella era cierto.
- que ella debía ocuparse de su pecado.
- que la única forma de ocuparse de su pecado era adorar a Dios en espíritu y en verdad. (Ver Estudio a fondo 2, Jn. 4:23 para una mayor discusión sobre el tema.)

3 (4:27) ***Prejuicio - Pensamientos malignos - Lengua:*** Había un espíritu contrario al Mesías, el espíritu de pensamiento maligno y de orgullo. Cuando Jesús acababa de hacer sus fenomenales declaraciones llegaron los discípulos. Se asombraron (ethaumazon). Estaban pasmados, desconcertados, sorprendidos porque Él estaba hablando con la mujer. Hubo dos motivos para esto.

1. Ella era mujer. Los rabinos de esa época no estaban *a solas* ni *hablaban* con mujeres en público. Temían lo que podía llegar a pensar y decir la gente.

> ***Pensamiento 1:*** Con sinceridad, esta idea tiene mérito. Una persona, especialmente un dirigente, debe protegerse a sí mismo y a sus pensamientos respecto del sexo opuesto. Por supuesto, se puede llevar la práctica demasiado lejos. Se necesita tanto sabiduría como control sobre sí mismo.
>
> **"Pero yo os digo que cualquiera que mira a una mujer para codiciarla, ya adulteró con ella en su corazón" (Mt. 5:28).**
>
> **"Derribando argumentos y toda altivez que se levanta contra el conocimiento de Dios, y llevando cautivo todo pensamiento a la obediencia a Cristo" (2 Co. 10:5).**
>
> **"Por lo demás, hermanos, todo lo que es verdadero, todo lo honesto, todo lo justo, todo lo puro, todo lo amable, todo lo que es de buen nombre; si hay virtud alguna, si algo digno de alabanza, *en esto pensad*" (Fil. 4:8).**
>
> **"Y vio Jehová que la maldad de los hombres era mucha en la tierra, y que todo designio de los pensamientos del corazón de ellos era de continuo solamente el mal" (Gn. 6:5).**
>
> **"El corazón que maquina pensamientos inicuos, los pies presurosos para correr al mal" (Pr. 6:18).**
>
> **"Y me dijo: Hijo de hombre, ¿has visto las cosas que los ancianos de la casa de Israel hacen en tinieblas, cada uno en sus cámaras pintadas de imágenes? Porque dicen ellos: No nos ve Jehová; Jehová ha abandonado la tierra" (Ez. 8:12).**

2. Ella era una samaritana, una persona considerada desdeñable, por debajo de su condición social, inadecuada para ser vista en público. Advierta cómo Cristo derribó las barreras de ambos problemas y cómo los discípulos controlaron su lengua de inquirir y chismorrear.

> **"Entonces Pedro, abriendo la boca, dijo: En verdad comprendo que Dios no hace acepción de personas, sino que en toda nación se agrada del que le teme y hace justicia" (Hch. 10:34, 35).**
>
> **"Porque no hay diferencia entre judío y griego, pues el mismo que es Señor de todos, es rico para con todos los que le invocan" (Ro. 10:12).**
>
> **"Ya no hay judío ni griego; no hay esclavo ni libre; no hay varón ni mujer; porque todos vosotros sois uno en Cristo Jesús" (Gá. 3:28).**
>
> **"Si neciamente has procurado enaltecerte, o si has pensado hacer mal, pon el dedo sobre tu boca" (Pr. 30:32).**
>
> **"Yo dije: Atenderé a mis caminos, para no pecar con mi lengua; guardaré mi boca con freno, en tanto que el impío esté delante de mí. Enmudecí con silencio, me callé aun con respecto a lo bueno; y se agravó mi dolor. Se enardeció mi corazón dentro de mí; en mi meditación se encendió fuego, y así proferí con mi lengua: Hazme saber, Jehová, mi fin, y cuánta sea la medida de mis días; sepa yo cuán frágil soy" (Sal. 39:1-4).**

4 (4:28, 29) ***Testimonio:*** Estaba la proclamación de que Jesús era el Mesías. Advierta las palabras tiernas y sin embargo plenas de significado: "Entonces la mujer dejó su cántaro". Ella estaba muy entusiasmada. El Mesías le había hablado; realmente lo había conocido y Él satisfizo la necesidad de su corazón y de su vida. Tenía que contarles a todos sobre Él.

Advierta también la fuerza del testimonio de la mujer. Era una descastada de la sociedad, no tenía amigos debido a la vida inmoral que llevaba. Sin embargo, conocer al Mesías lo cambió todo. Ella se ocupó de su pecado y vergüenza. Ahora podía enfrentar a todo el mundo. Ellos también debían tener la oportunidad de conocer al Mesías.

> ***Pensamiento 1:*** ¡Vaya lección para todo creyente!
>
> **"Vete a tu casa, a los tuyos, y cuéntales cuán mayores cosas el Señor ha hecho contigo, y cómo ha tenido misericordia de ti" (Mr. 5:19).**
>
> **"Porque no podemos dejar de decir lo que hemos visto y oído" (Hch. 4:20).**
>
> **"Porque serás testigo suyo a todos los hombres, de lo que has visto y oído" (Hch. 22:15).**
>
> **"Esto habla, y exhorta y reprende con toda autoridad. Nadie te menosprecie" (Tit. 2:15).**
>
> **"Sino santificad a Dios el Señor en vuestros corazones, y estad siempre preparados para presentar defensa con mansedumbre y reverencia ante todo el que os demande razón de la esperanza que hay en vosotros" (1 P. 3:15).**
>
> **"Venid, oíd todos los que teméis a Dios, y contaré lo que ha hecho a mi alma" (Sal. 66:16).**
>
> **"De las misericordias de Jehová haré memoria, de las alabanzas de Jehová, conforme a todo lo que Jehová nos ha dado" (Is. 63:7).**
>
> **"Conviene que yo declare las señales y milagros que el Dios Altísimo ha hecho conmigo" (Dn. 4:2).**

5 (4:30) ***Jesucristo, Respuesta - Búsqueda, Jesús:*** Estaba la respuesta por la búsqueda del Mesías. Advierta dos hechos.

1. La mujer no tenía importancia social, no para los hombres de la ciudad. De hecho, con frecuencia habían abusado de ella y era el centro de bromas y chismes. Pero ahora algo le había sucedido: había conocido al Mesías. El hecho había cambiado tanto su apariencia, su comportamiento y su actitud que la gente se sentó y prestó atención a lo que ella decía.

> **"De modo que si alguno está en Cristo, nueva criatura es; las cosas viejas pasaron; he aquí todas son hechas nuevas" (2 Co. 5:17).**

> **"Pero cuando se manifestó la bondad de Dios nuestro Salvador, y su amor para con los hombres, nos salvó, no por obras de justicia que nosotros hubiéramos hecho, sino por su misericordia, por el lavamiento de la regeneración y por la renovación en el Espíritu Santo, el cual derramó en nosotros abundantemente por Jesucristo nuestro Salvador, para que justificados por su gracia, viniésemos a ser herederos conforme a la esperanza de la vida eterna" (Tit. 3:4-7).**
>
> **"El, de su voluntad, nos hizo nacer por la palabra de verdad, para que seamos primicias de sus criaturas" (Stg. 1:18).**
>
> **"Bendito el Dios y Padre de nuestro Señor Jesucristo, que según su grande misericordia nos hizo renacer para una esperanza viva, por la resurrección de Jesucristo de los muertos, para una herencia incorruptible, incontaminada e inmarcesible, reservada en los cielos para vosotros" (1 P. 1:3, 4).**
>
> **"Os daré corazón nuevo, y pondré espíritu nuevo dentro de vosotros; y quitaré de vuestra carne el corazón de piedra, y os daré un corazón de carne" (Ez. 36:26).**

2. El pueblo respondió, al menos una gran cantidad lo hizo. La idea de las palabras "vinieron a él" es la de una larga procesión. Las personas "siguieron viniendo a él". Fue el testimonio dinámico de ella, el increíble cambio visto en la vida de esa mujer, lo que ocasionó esta enorme respuesta. Debido a su testimonio muchos salieron a buscar por sí mismos al Mesías.

> **"Con cuerdas humanas los atraje, con cuerdas de amor; y fui para ellos como los que alzan el yugo de sobre su cerviz, y puse delante de ellos la comida" (Os. 11:4).**
>
> **"Y yo, si fuere levantado de la tierra, a todos atraeré a mí mismo" (Jn. 12:32).**

	E. El tema de la obra para Dios, 4:31-42	37 Porque en esto es verdadero el dicho: Uno es el que siembra, y otro es el que siega.	b. Vida eterna
1. Preocupaciones físicas en contraposición a las espirituales	31 Entre tanto, los discípulos le rogaban, diciendo: Rabí, come.	38 Yo os he enviado a segar lo que vosotros no labrasteis; otros labraron, y vosotros habéis entrado en sus labores.	c. Gozo y regocijo
a. La preocupación de los discípulos: alimentación física	32 El les dijo: Yo tengo una comida que comer, que vosotros no sabéis.		d. El privilegio de tener una participación específica en la gran obra de Dios
	33 Entonces los discípulos decían unos a otros: ¿Le habrá traído alguien de comer?		e. El privilegio de ser enviado por Cristo
b. La preocupación de Jesús: alimento espiritual: hacer la voluntad y la obra de Dios	34 Jesús les dijo: Mi comida es que haga la voluntad del que me envió, y que acabe su obra.	39 Y muchos de los samaritanos de aquella ciudad creyeron en él por la palabra de la mujer, que daba testimonio diciendo: Me dijo todo lo que he hecho.	f. El privilegio de servir con otros siervos de Dios.
c. Reto de Jesús: Trabajar y obrar por Dios *ahora mismo*	35 ¿No decís vosotros: Aún faltan cuatro meses para que llegue la siega? He aquí os digo: Alzad vuestros ojos y mirad los campos, porque ya están blancos para la siega.	40 Entonces vinieron los samaritanos a él y le rogaron que se quedase con ellos; y se quedó allí dos días.	**4. Trabajo para que haya resultados**
2 Trabajar porque la cosecha está madura, la tarea es urgente			a. Muchos creyeron en el testimonio de la mujer.
3 Trabajar porque hay recompensas y grandes beneficios	36 Y el que siega recibe salario, y recoge fruto para vida eterna, para que el que siembra goce juntamente con el que siega.	41 Y creyeron muchos más por la palabra de él,	b. Se brindaron otras oportunidades
a. Salarios		42 y decían a la mujer: Ya no creemos solamente por tu dicho, porque nosotros mismos hemos oído, y sabemos que verdaderamente éste es el Salvador del mundo, el Cristo.	c. Muchos más creyeron: Él es "el Cristo, el Salvador del mundo"

DIVISIÓN IV

LA REVELACIÓN DE JESÚS, EL AGUA VIVA, 4:1-42

E. El tema de la obra para Dios, 4:31-42

(4:31-42) ***Introducción:*** El creyente debe trabajar para Dios. Su vida debe centrarse en la voluntad y obra de Dios. Su propósito de estar en la tierra es servir a Dios, obedecerlo y trabajar para Él.

1. Preocupaciones físicas en contraposición a las espirituales (vv. 31-35).
2. Trabajar porque la cosecha está madura, la tarea es urgente (v. 35).
3. Trabajar porque hay recompensas y grandes beneficios (vv. 36-38).
4. Trabajar para que haya resultados (vv. 39-42).

[1] (4:31-35) ***Preocupación, Física en contraposición a la espiritual - Dios, Obra - Diligencia - Lealtad - Compromiso:*** Preocupaciones físicas en contraposición a las espirituales. Los discípulos regresaban del pueblo. Habían ido a comprar comida (v. 8). Antes, cuando llegaron al pozo en las afueras de la ciudad, Jesús se había sentido cansado y hambriento. Pero ahora, mientras los discípulos comían sentados, advirtieron que Jesús no hacía ningún esfuerzo por comer. Había estado hambriento y exhausto. Estaban preocupados, de modo que le sugirieron que comiera. Advierta dos puntos importantes.

1. La preocupación de los discípulos era acerca de la alimentación física. El pensamiento de ellos no estaba en la mujer a la que Jesús acababa de dar testimonio, ni en sus necesidades espirituales. Todavía no tenían profundidad espiritual. Sus mentes no...

- estaban concentradas en Cristo y en su misión salvadora.
- estaban concentradas en un mundo perdido en pecado y vergüenza.
- estaban buscando toda oportunidad posible para alcanzar y llevar a las personas a Dios.

No habían aprendido todavía la gran guerra que se lleva a cabo entre las preocupaciones físicas y espirituales de la vida. Sus pensamientos estaban en lo físico: en los alimentos, en no perderse una comida, en satisfacer un ansia temporal del cuerpo.

2. La preocupación de Cristo era respecto del alimento y la nutrición espiritual, hacer la voluntad y la obra de Dios. Se observan tres puntos en este versículo.

a. La voluntad que debe preocupar a los hombres es *la voluntad de Dios*, y la obra que debe preocupar a los hombres es *la obra de Dios*, la voluntad y la obra de...
   - conducir a las personas al Agua Viva (Jn. 4:10).
   - ayudar a las personas a aplacar su sed interior (Jn. 4:14).
   - llevar a las personas hacia Dios.
   - buscar y salvar a los perdidos, incluso a los samaritanos: aquellos a los que se mira con prejuicio, de los que se piensa que son de una casta inferior, a los que se trata como a los más desdeñables descastados (Lc. 19:10).

No existe ni puede lograrse una mejor voluntad o trabajo. *Solamente Dios* es Dios. Su voluntad y su obra es suprema.

⇒ Advierta la *estima* que Cristo siente por Dios: debe hacerse *la voluntad y la obra de Dios.*

⇒ Advierta la *devoción* de Cristo hacia Dios: la voluntad y la obra de Dios *deben* cumplirse.

b. Dios envió a Cristo. Las palabras “me envió” son significativas. (Ver Estudio a fondo 3, Jn. 3:34.) Cristo no era enviado para hacer la voluntad de los hombres, sino la de Dios. Su obra no era la obra de los hombres, sino la de Dios.

Pensamiento 1: Observe dos lecciones.

1) Note la advertencia a todos los creyentes. Los *creyentes* son enviados de Dios. Tienen que tener una mente dedicada a una sola cosa. No deben permitir que sus *metas* y sus *energías* se mezclen con los negocios y asuntos del mundo.

“Ninguno que milita se enreda en los negocios de la vida, a fin de agradar a aquel que lo tomó por soldado” (2 Ti. 2:4).

2) Advierta la misión de todos los creyentes. Los creyentes *son enviados* de Dios. Están en la tierra básicamente para cumplir la voluntad y la obra de Dios, incluso en su trabajo *secular* en el mundo.

“Entonces Jesús les dijo otra vez: Paz a vosotros. Como me envió el Padre, así también yo os envío” (Jn. 20:21).

“Sino trabaje, haciendo con sus manos lo que es bueno, para que tenga qué compartir con el que padece necesidad” (Ef. 4:28).

c. Cristo tenía que terminar la voluntad y la obra de Dios. Él esperaba que fuera completada. Dios esperaba obediencia, lealtad y perseverancia hasta que su voluntad y su obra fueran realizadas. Advierta: Cristo sí completó la misión de Dios (Jn. 17:4; 19:30). Ahora anima a sus seguidores: “Obren por Dios ? terminen su tarea? finalicen su propósito por estar en la tierra”.

Pensamiento 1: Observe dos cosas.

1) Advierta la responsabilidad y el deber de los creyentes. De los creyentes se espera que terminen el trabajo que Dios los envío a realizar. Los creyentes no deben estar atrapados o distraídos por los asuntos mundanos. Deben conquistar pensamientos vagos y deseos, ansias de comida, complacencia, sueño. No deben entregarse al mundo y a la carne, a la indulgencia y a la licencia, al dinero y a las posesiones materiales.

2) Advierta la responsabilidad de los creyentes: Dios *espera* que los creyentes sean fieles, entonces tiene que haber un día cuando se rinden las cuentas, un día cuando se paguen los salarios.

[2] (4:35) ***Visión - Evangelismo:*** Trabajar porque la cosecha está madura, la tarea es urgente. Advierta tres puntos.

1. El corazón de Jesús estaba ocupado en la cosecha de almas. Los hombres centran sus energías en la cosecha del mundo, la plantación de semillas y la cosecha de granos, la inversión de energía y dinero, la recepción de salarios y ganancias. Pero el corazón de Jesús estaba ocupado y sigue estándolo en las personas, en plantar la semilla del evangelio y en cosechar almas para Dios.

2. El reto de Jesús fue: “Alzad vuestros ojos y mirad los campos”. El reto consistía en dejar de mirar la tierra y los asuntos del mundo, y *alzar los ojos* y observar los campos de personas que habitan el mundo. La escena era probablemente dramática. Los samaritanos vestidos con sus largas túnicas blancas probablemente corrían por los campos por cientos, si no por miles. El corazón y los brazos de Jesús se abrieron en una explosión de compasión e intenso sentimiento. Él gritó: “Miren, levanten la vista y miren los campos de almas perdidas viniendo hacia ustedes. Dejen que las cosas de la tierra se desvanezcan”.

3. Los campos de almas *ya* están blancos: están listos para cosecharlos *ahora mismo.* ya que Cristo ha venido a la tierra, Dios ha colocado su Espíritu en la tierra y activado de forma sobrenatural...

- una sed por Dios.
- una percepción del pecado, una convicción de no alcanzar la meta.
- una profunda soledad y vacío.
- un sentido de falta de propósito.
- el conocimiento de que Jesucristo ha venido a la tierra declarando ser el Salvador del mundo, el propio Hijo de Dios.

Es absolutamente necesario que los creyentes alcen los ojos y miren *ahora*. De no ser así, la cosecha de almas y cuerpos...

- permanecerá en los campos de la tierra
- madurará *más de lo necesario* y ya no será rica ni útil (será demasiado vieja, demasiado perdida).
- se pudrirá y perderá para siempre.
- caerá al piso y se arruinará.

Pensamiento 1: Dos puntos importantes para el creyente.

1) Debemos alzar la vista para mirar. No podemos ver más allá o alrededor nuestro si no alzamos nuestros ojos y miramos. Las cosas de la tierra tienen *que desvanecerse antes* de que podamos mirar y ver.

“No os conforméis a este siglo, sino transformaos por medio de la renovación de vuestro entendimiento, para que comprobéis cuál sea la buena voluntad de Dios, agradable y perfecta” (Ro. 12:2).

“Y los que disfrutan de este mundo, como si no lo disfrutasen; porque la apariencia de este mundo se pasa” (1 Co. 7:31).

“Pero lejos esté de mí gloriarme, sino en la cruz de nuestro Señor Jesucristo, por quien el mundo me es crucificado a mí, y yo al mundo” (Gá. 6:14).

“No améis al mundo, ni las cosas que están en el mundo. Si alguno ama al mundo, el amor del Padre no está en él” (1 Jn. 2:15).

2) Debemos mirar dónde estamos para que nuestros ojos vean la realidad de lo que nos rodea. Es la cosecha de almas de nuestro alrededor lo que

tenemos que observar y donde tenemos que fijar nuestra atención.

Nota: Podemos mirar campos extranjeros a través del reto de otros. Advierta otro hecho: El mundo se está convirtiendo cada vez más en un vecindario. La distancia es cada vez más insignificante. Todo creyente se está volviendo cada vez más responsable del individuo de tierras lejanas. De hecho, el país de un hombre es extraño para cualquier otra persona del mundo, sin importar quién sea.

"Porque el que siembra para su carne, de la carne segará corrupción; mas el que siembra para el Espíritu, del Espíritu segará vida eterna. No nos cansemos, pues, de hacer bien; porque a su tiempo segaremos, si no desmayamos" (Gá. 6:8, 9).

"Y cuando el fruto está maduro, *en seguida* se mete la hoz, porque la siega ha llegado" (Mr. 4:29).

"Y les decía: La mies a la verdad es mucha, mas los obreros pocos; por tanto, rogad al Señor de la mies que envíe obreros a su mies" (Lc. 10:2).

"Y les dijo: Venid en pos de mí, y os haré pescadores de hombres" (Mt. 4:19).

"No me elegisteis vosotros a mí, sino que yo os elegí a vosotros, y os he puesto para que vayáis y llevéis fruto, y vuestro fruto permanezca; para que todo lo que pidiereis al Padre en mi nombre, él os lo dé" (Jn. 15:16).

"Porque deseara yo mismo ser anatema, separado de Cristo, por amor a mis hermanos, los que son mis parientes según la carne" (Ro. 9:3).

"Hermanos, ciertamente el anhelo de mi corazón, y mi oración a Dios por Israel, es para salvación" (Ro. 10:1).

"Por lo cual, siendo libre de todos, me he hecho siervo de todos para ganar a mayor número. Me he hecho a los judíos como judío, para ganar a los judíos; a los que están sujetos a la ley (aunque yo no esté sujeto a la ley) como sujeto a la ley, para ganar a los que están sujetos a la ley... Me he hecho débil a los débiles, para ganar a los débiles; a todos me he hecho de todo, para que de todos modos salve a algunos" (1 Co. 9:19, 20, 22).

"Sepa que el que haga volver al pecador del error de su camino, salvará de muerte un alma, y cubrirá multitud de pecados" (Stg. 5:20).

"A otros salvad, arrebatándolos del fuego; y de otros tened misericordia con temor, aborreciendo aun la ropa contaminada por su carne" (Jud. 23).

"Los que sembraron con lágrimas, con regocijo segarán. Irá andando y llorando el que lleva la preciosa semilla; mas volverá a venir con regocijo, trayendo sus gavillas" (Sal. 126:5, 6).

"Sembrad para vosotros en justicia, segad para vosotros en misericordia; haced para vosotros barbecho; porque es el tiempo de buscar a Jehová, hasta que venga y os enseñe justicia" (Os. 10:12).

3 (4:36-38) ***Recompensas:*** Trabajar porque hay recompensas y grandes beneficios. Cristo mencionó seis recompensas y beneficios en particular.

1. El trabajador recibirá su salario. Dios pagará al creyente y le pagará bien. Advierta que los salarios ya están allí, listos para ser pagados (Ver nota, Recompensas - Lc. 16:10-12; Mt. 20:8-16. Cp. Lc. 10:7; 2 Ti. 2:6).

"Y cualquiera que haya dejado casas, o hermanos, o hermanas, o padre, o madre, o mujer, o hijos, o tierras, por mi nombre, recibirá cien veces más, y heredará la vida eterna" (Mt. 19:29).

"Su señor le dijo: Bien, buen siervo y fiel; sobre poco has sido fiel, sobre mucho te pondré; entra en el gozo de tu señor" (Mt. 25:23).

"Los entendidos resplandecerán como el resplandor del firmamento; y los que enseñan la justicia a la multitud, como las estrellas a perpetua eternidad" (Dn. 12:3).

2. El trabajador recoge frutos para *vida eterna*. Lo que hace es de un valor supremo. Es la mayor obra imaginable. Su obra es duradera; dura por siempre. Su trabajo en realidad libera a las personas *hasta* de la muerte y hace que Dios les de vida abundante y eterna.

"Porque de tal manera amó Dios al mundo, que ha dado a su Hijo unigénito, para que todo aquel que en él cree, no se pierda, mas tenga vida eterna" (Jn. 3:16).

"El que cree en el Hijo tiene vida eterna; pero el que rehúsa creer en el Hijo no verá la vida, sino que la ira de Dios está sobre él" (Jn. 3:36).

3. El trabajador experimenta el magnífico gozo de servir a Dios junto a otros trabajadores. (Ver nota, Gozo, Fil. 1:4.) Nota: No hay envidia ni conflicto entre los dos trabajadores. Ambos trabajan y se regocijan juntos. (¡Qué diferente de tantos otros!)

"Y al llegar a casa, reúne a sus amigos y vecinos, diciéndoles: Gozaos conmigo, porque he encontrado mi oveja que se había perdido. Os digo que así habrá más gozo en el cielo por un pecador que se arrepiente, que por noventa y nueve justos que no necesitan de arrepentimiento" (Lc. 15:6, 7).

"Porque ¿cuál es nuestra esperanza, o gozo, o corona de que me gloríe? ¿No lo sois vosotros, delante de nuestro Señor Jesucristo, en su venida? Vosotros sois nuestra gloria y gozo" (1 Ts. 2:19, 20).

"Irá andando y llorando el que lleva la preciosa semilla; mas volverá a venir con regocijo, trayendo sus gavillas" (Sal. 126:6).

4. Al trabajador se le da el privilegio de tener una *parte específica* en la gran obra de Dios. Puede que sea sembrar; puede que sea cosechar. No tiene importancia. Cada hombre tiene solo una parte. Ningún hombre lo hace todo. Un hombre planta y otro cosecha. La tarea es demasiado grande para un hombre. Se necesita a todos.

⇒ Si el que siembra falla al sembrar, el cosechador no puede cosechar. Algún alma no es bien alimentada para madurar y ser cosechada.

⇒ Si el cosechador no cosecha, el alma madura plantada por quien la plantó pasa su momento de utilidad, se pudre y cae al piso, arruinada.

"Yo planté, Apolos regó; pero el crecimiento lo ha dado Dios. Así que ni el que planta es algo, ni el que riega, sino Dios, que da el crecimiento. Y el que planta y el que riega son una misma cosa; aunque cada uno recibirá su recompensa conforme a su labor" (1 Co. 3:6-8).

5. El trabajador tiene el privilegio de ser elegido y enviado por Cristo, el mismo Hijo de Dios.

> **"No me elegisteis vosotros a mí, sino que yo os elegí a vosotros, y os he puesto para que vayáis y llevéis fruto, y vuestro fruto permanezca; para que todo lo que pidiereis al Padre en mi nombre, él os lo dé" (Jn. 15:16).**

6. Al trabajador se le da el privilegio de servir con otros grandes siervos. Otros grandes creyentes están trabajando, y cada siervo participa de las labores de todos los demás. (¡Vaya reto a orar por todos los siervos de Dios y participar en la tarea de plantar o cosechar, cualquiera sea la tarea que Dios nos haya encomendado!)

> **"Porque nosotros somos colaboradores de Dios, y vosotros sois labranza de Dios, edificio de Dios. Conforme a la gracia de Dios que me ha sido dada, yo como perito arquitecto puse el fundamento, y otro edifica encima; pero cada uno mire cómo sobreedifica. Porque nadie puede poner otro fundamento que el que está puesto, el cual es Jesucristo" (1 Co. 3:9-11).**

[4] (4:39-42) ***Testimonio, Resultados - Ministerio:*** Trabajar para que haya resultados. Lo que sigue brinda una imagen de exacta de lo que había estado diciendo Cristo acerca de trabajar para Dios.

1. Muchos "creyeron en Cristo" por el testimonio de la mujer. La semilla había sido plantada en el corazón de la mujer por los profetas de la antigüedad y a través de los cinco primeros libros de las Escrituras (cp. vv. 12, 19-20). Jesús cosechó el alma de ella. A su vez, ella fue y dio testimonio dentro de la ciudad. Y "muchos... de aquella ciudad creyeron en él por la palabra [testimonio] de la mujer".

2. Se dieron otras oportunidades. Los nuevos creyentes le rogaron a Cristo que se quedara con ellos. Querían aprender más, y tenían amigos que también necesitaban escucharlo.

> **"Pero teniendo el mismo espíritu de fe, conforme a lo que está escrito: Creí, por lo cual hablé, nosotros también creemos, por lo cual también hablamos" (2 Co. 4:13).**
>
> **"Entonces los que temían a Jehová hablaron cada uno a su compañero; y Jehová escuchó y oyó, y era escrito libro de memoria delante de él para los que temen a Jehová, y para los que piensan en su nombre" (Mal. 3:16).**

3. Muchos más creyeron que Jesús era "el Salvador del mundo, el Cristo".
   a. El Cristo. (Ver Estudio a fondo 2, Jn. 1:20.)
   b. El Salvador del mundo. (Ver Estudio a fondo 1, Jn. 4:42.)

ESTUDIO A FONDO 1

(4:42) ***Jesucristo, Salvador:*** La palabra "Salvador" (soter) significa Libertador, Preservador. Tiene la idea de un Libertador, de un Salvador que arranca a una persona de un terrible desastre que lleva a la muerte (cp. Jn. 3:16). (Ver Estudio a fondo 6, Salvación, Mt. 1:21 para mayor discusión sobre el tema.)

1. Se dice que Jesucristo es el Salvador (Lc. 2:11; Jn. 4:42; Hch. 5:31; 13:23; Ef. 5:23; Fil. 3:20; 2 Ti. 1:10; Tit. 1:4; 2:13; 3:6; 2 P. 1:1, 11; 2:20; 3:2, 18; 1 Jn. 4:14).

2. Se dice que Dios es el Salvador (Lc. 1:47; 1 Ti. 1:1; 2:3; 4:10; Tit. 1:3; 2:10; 3:4; Jud. 25).

	V. LA REVELACIÓN DE JESÚS, EL OBJETO DE LA FE, 4:43-54 **A. La evidencia de la fe, 4:43-45**		
1 Jesús fue a Galilea	43 Dos días después, salió de allí y fue a Galilea.	44 Porque Jesús mismo dio testimonio de que el profeta no tiene honra en su propia tierra. 45 Cuando vino a Galilea, los galileos le recibieron, habiendo visto todas las cosas que había hecho en Jerusalén, en la fiesta; porque también ellos habían ido a la fiesta.	**2 Evidencia 1: Honrar a Jesús** **3: Evidencia 2: Dar la bienvenida y recibir a Jesús**

DIVISIÓN V

LA REVELACIÓN DE JESÚS, EL OBJETO DE LA FE, 4:43-54

A. La evidencia de la fe, 4:43-45

(4:43-45) ***Introducción:*** Este pasaje es muy sencillo y sin embargo, muestra una de las grandes lecciones del evangelio: la evidencia de la fe.

1. Jesús fue a Galilea (v. 43).
2. Evidencia 1: Honrar a Jesús (v. 44).
3. Evidencia 2: Dar la bienvenida y recibir a Jesús (v. 45).

[1] (4:43) ***Jesús, Ministerio:*** Jesús fue a Galilea. Había permanecido dos días con los samaritanos, y había experimentado un gran éxito. Sin embargo, Galilea era la región especialmente preparada por Dios para el ministerio del Señor, de modo que Jesús regresó al área en que debía llevar a cabo la mayor parte de su ministerio. (Ver Estudio a fondo 1, Galilea, Jn. 4:43.)

ESTUDIO A FONDO 1

(4:43) ***Galilea:*** El distrito de Galilea era la región más al norte de Palestina. Palestina estaba dividida en tres distritos: Judea en el sur, Samaria en el centro y Galilea en el norte. Dios había preparado a Galilea en toda su historia para la venida del ministerio de su Hijo. Varios hechos lo demuestran (cp. Gá. 4:4).

1. A través de la historia, Galilea había sido invadida y vuelta a poblar una y otra vez con pueblos diferentes y culturas de todo el mundo. Con los años, dicho ingreso de varios pueblos había creado una atmósfera susceptible a nuevas personalidades e ideas.

2. Galilea estaba ubicada estratégicamente. Los caminos más importantes del mundo pasaban por sus fronteras. Los mercaderes de todo el mundo pasaban por allí y se alojaban en las hosterías de las ciudades.

3. Galilea estaba muy poblada. También estaba rodeada por los samaritanos, los fenicios y los sirios, convirtiéndola en una puerta abierta para la evangelización del mundo. Era una de las tierras más fértiles en esa región del mundo. Este hecho, además del comercio, hacía que mucha gente se radicara dentro de sus fronteras. Dentro del distrito había más de doscientas ciudades con una población de quince mil personas o más (Josefo. Citado por William Barclay, *El Evangelio de Mateo*, Tomo 1. "*The Daily Study Bible*". Filadelfia, PA: The Westminster Press, 1956, p. 66). Había una multitud para que Jesús la alcanzara.

4. Galilea era abierta a ideas nuevas e innovadoras. Su población, que procedía de todas partes del mundo, tenía una mentalidad abierta, siempre buscando ideas nuevas para estimular su pensamiento.

Fue por este motivo que Jesús eligió Galilea para comenzar su ministerio. La región era una puerta abierta para que la gente difundiera la novedad que el Mesías había venido y que el Reino de los cielos llegaba.

[2] (4:44) ***Honor - Jesucristo, Honrado - Fe:*** La primera evidencia de la fe es honrar a Jesús. Cuando Jesús fue a Galilea, se mantuvo alejado de su pueblo natal de Nazaret. Sus vecinos y conciudadanos lo habían rechazado y habían intentado matarlo (Lc. 4:29). Como resultado de ello, Jesús declaró: "ningún profeta es acepto en su propia tierra" (Lc. 4:24).

⇒ José no fue honrado por sus hermanos (Gn. 37:23-36).
⇒ David no fue honrado por su hermano (1 S. 17:28).
⇒ Jeremías no fue honrado por su pueblo natal, Anatot (Jer. 11:21, cp. Jer. 1:1).
⇒ Pablo no fue honrado por sus conciudadanos (Hch. 9:23, 24; ver nota, 2 Co. 1:12-22).
⇒ Jesús no fue honrado por su ciudad natal (Mr. 6:1-6).

Ahora, cuando Jesús regresaba a Galilea, se mantuvo alejado de Nazaret; y al circundar la ciudad nuevamente hizo referencia al hecho de que un profeta no tiene honra en su propia tierra.

Se debe formular una pregunta: ¿Por qué Jesús hizo aquí las declaraciones de deshonra? Parecería fuera de lugar. Lea nuevamente los tres versículos (vv. 43-45). Hay por lo menos dos motivos.

1. El corazón de Jesús estaba destrozado por su ciudad natal. Eran personas especiales para Él: había jugado con algunos de ellos cuando niño, creció con ellos, vivió como amigo con ellos y los tuvo de compañeros, trabajó, comió y estuvo con ellos día tras día. El pensamiento de su rechazo y hostilidad hacia Él con frecuencia le venía a la mente. (Ver bosquejo y notas, Mr. 6:1-6 para discusión sobre su rechazo.)

2. Jesús tenía que preparar a los discípulos para la persecución. Iban a ser severamente perseguidos por sus conciudadanos. Repitió el hecho una y otra vez para que lo comprendieran. Quería que estuvieran preparados y que no los tomaran con la guardia baja cuando llegara la persecución.

Ahora, advierta este punto: la primera evidencia de que una persona tiene fe es que honra a Jesús. Se muestra un fuerte contraste entre el rechazo de Nazaret para honrar a Jesús y el recibimiento de los galileos. Deben considerarse varias cosas.

1. Jesús merece honor. Él merece todo el honor y la gloria del universo.

a. Es el Hijo de Dios que trajo la presencia de Dios entre los hombres.

"He aquí, una virgen concebirá y dará a luz un hijo, y llamarás su nombre Emanuel, que traducido es: Dios con nosotros" (Mt. 1:23).

"Y aquel Verbo fue hecho carne, y habitó entre nosotros (y vimos su gloria, gloria como del unigénito del Padre), lleno de gracia y de verdad" (Jn. 1:14).

b. Él es el Salvador del mundo que vino a salvar a los hombres de la muerte, y que hizo posible que vivieran para siempre. (Ver Estudio a fondo 1, Jn. 4:42.)

"Porque de tal manera amó Dios al mundo, que ha dado a su Hijo unigénito, para que todo aquel que en él cree, no se pierda, mas tenga vida eterna" (Jn. 3:16).

"El Dios de nuestros padres levantó a Jesús, a quien vosotros matasteis colgándole en un madero. A éste, Dios ha exaltado con su diestra por Príncipe y Salvador, para dar a Israel arrepentimiento y perdón de pecados" (Hch. 5:30, 31).

c. Él es el Hijo del Hombre que vino a la tierra para experimentar todos los sinsabores de la vida, Él debía sentir y experimentar las debilidades humanas y de ese modo, encontrarse preparado para ayudar al hombre en todos sus sufrimientos.

"Como el Hijo del Hombre no vino para ser servido, sino para servir, y para dar su vida en rescate por muchos" (Mt. 20:28).

"Porque no tenemos un sumo sacerdote que no pueda compadecerse de nuestras debilidades, sino uno que fue tentado en todo según nuestra semejanza, pero sin pecado. Acerquémonos, pues, confiadamente al trono de la gracia, para alcanzar misericordia y hallar gracia para el oportuno socorro" (He. 4:15, 16).

2. Las personas que creen en Jesús, lo honran. Honrar a Jesús es una clara prueba de fe. La palabra "honrar" (timen) significa valorar, estimar, respetar. Tiene tres ideas que son significativas.

a. La idea de una posición superior, de exaltación, distinción, homenaje, reverencia y, por supuesto, adoración cuando se refiere al Hijo de Dios.

"Por lo cual Dios también le exaltó hasta lo sumo, y le dio un nombre que es sobre todo nombre, para que en el nombre de Jesús se doble toda rodilla de los que están en los cielos, y en la tierra, y debajo de la tierra; y toda lengua confiese que Jesucristo es el Señor, para gloria de Dios Padre" (Fil. 2:9-11).

b. La idea de un precio pagado o recibido, de un crédito adeudado, de contar algo de extremo valor. A Jesús se le debe el pago de la vida del hombre. El honor verdadero paga el precio que se le debe al Señor (Ver nota, Negación propia, Lc. 9:23).

"¿O ignoráis que vuestro cuerpo es templo del Espíritu Santo, el cual está en vosotros, el cual tenéis de Dios, y que no sois vuestros? Porque habéis sido comprados por precio; glorificad, pues, a Dios en vuestro cuerpo y en vuestro espíritu, los cuales son de Dios" (1 Co. 6:19, 20).

"Que habiendo hallado una perla preciosa, fue y vendió todo lo que tenía, y la compró" (Mt. 13:46).

"Por lo cual asimismo oramos siempre por vosotros, para que nuestro Dios os tenga por dignos de su llamamiento, y cumpla todo propósito de bondad y toda obra de fe con su poder, para que el nombre de nuestro Señor Jesucristo sea glorificado en vosotros, y vosotros en él, por la gracia de nuestro Dios y del Señor Jesucristo" (2 Ts. 1:11, 12).

c. La idea de algo precioso. La palabra griega para precioso (time) significa *dar honor debido, ser de valor preciado.*

"Para vosotros, pues, los que creéis, él es precioso" (1 P. 2:7).

"Y ciertamente, aun estimo todas las cosas como pérdida por la excelencia del conocimiento de Cristo Jesús, mi Señor, por amor del cual lo he perdido todo, y lo tengo por basura, para ganar a Cristo" (Fil. 3:8).

3. Las personas que no creen en Jesús no lo honran. Esto se ve particularmente en la deshonra de Jesús por parte de sus conciudadanos y los extremistas religiosos. (Ver bosquejo y notas, Mr. 6:1-6; Lc. 4:16-30; Estudio a fondo 2, Jn. 5:15, 16.) Un incrédulo...

- no le da a Cristo la adoración, exaltación ni reverencia que su nombre requiere.
- no paga el precio de rendir su vida a Cristo como Señor.
- no cuenta a Cristo como precioso (honor debido). Los conciudadanos de Jesús demostraron este hecho. Él, el mismo Profeta de Dios, no fue honrado en su propio país.

"Porque el corazón de este pueblo se ha engrosado, y con los oídos oyen pesadamente, y han cerrado sus ojos; para que no vean con los ojos, y oigan con los oídos, y con el corazón entiendan, y se conviertan, y yo los sane" (Mt. 13:15).

"Yo he venido en nombre de mi Padre, y no me recibís; si otro viniere en su propio nombre, a ése recibiréis. ¿Cómo podéis vosotros creer, pues recibís gloria los unos de los otros, y no buscáis la gloria que viene del Dios único?" (Jn. 5:43, 44).

"El que me rechaza, y no recibe mis palabras, tiene quien le juzgue; la palabra que he hablado, ella le juzgará en el día postrero" (Jn. 12:48).

"Y apartarán de la verdad el oído y se volverán a las fábulas" (2 Ti. 4:4).

"Batirán las manos sobre él, y desde su lugar le silbarán" (Job 27:23).

"¿A quién hablaré y amonestaré, para que oigan? He aquí que sus oídos son incircuncisos, y no pueden escuchar; he aquí que la palabra de Jehová les es cosa vergonzosa, no la aman" (Jer. 6:10).

"Hijo de hombre, tú habitas en medio de casa rebelde, los cuales tienen ojos para ver y no ven, tienen oídos para oír y no oyen, porque son casa rebelde" (Ez. 12:2).

"Pero no quisieron escuchar, antes volvieron la espalda, y taparon sus oídos para no oír" (Zac. 7:11).

3 (4:45) ***Fe, Evidencia - Recibir, Jesucristo:*** La segunda evidencia de fe es dar la bienvenida y recibir a Jesús. La única forma de ser salvo y recibir los beneficios de la presencia de Jesús es darle la bienvenida y recibirlo. El sentido común nos dice que una persona que no tiene la presencia de Jesucristo no tiene las bendiciones de la presencia de Jesús. Jesús no está solamente allí para bendecir y ocuparse de la persona. No obstante, este no fue el caso con los galileos. Recibieron los beneficios de la vida y el ministerio de Jesús, y recibieron sus bendiciones por tres razones muy específicas.

1. Habían oído predicar al Señor y visto sus maravillosas obras en Jerusalén en la Pascua judía. No habían sido el objetivo del ministerio de Jesús allí; los ciudadanos de Jerusalén habían sido las personas en las que se había concentrado Jesús en Jerusalén. Sin embargo, los galileos no se sintieron menospreciados, no hasta el punto en que lo hicieran callar y se rehusaran a oír. Se sentían atraídos hacia Él, puesto que sus almas estaban en busca de Dios. Por lo tanto, asistían a sus prédicas y observaban su ministerio. Abrieron sus corazones a lo que Él decía sobre el arrepentimiento y recibir el Reino de Dios. (Ver nota, Mr. 1:14, 15).

Pensamiento 1: A un hombre nunca se lo puede llevar a creer en Cristo *hasta* que sea receptivo ante Cristo. *Debe estar dispuesto a* escuchar el mensaje de Cristo.

"Pero bienaventurados vuestros ojos, porque ven; y vuestros oídos, porque oyen" (Mt. 13:16).

"Y éstos eran más nobles que los que estaban en Tesalónica, pues recibieron la palabra con toda solicitud, escudriñando cada día las Escrituras para ver si estas cosas eran así" (Hch. 17:11).

"Por lo cual también nosotros sin cesar damos gracias a Dios, de que cuando recibisteis la palabra de Dios que oísteis de nosotros, la recibisteis no como palabra de hombres, sino según es en verdad, la palabra de Dios, la cual actúa en vosotros los creyentes" (1 Ts. 2:13).

"Por esto, mis amados hermanos, todo hombre sea pronto para oír, tardo para hablar, tardo para airarse" (Stg. 1:19).

"Bienaventurado el hombre que me escucha, velando a mis puertas cada día, aguardando a los postes de mis puertas" (Pr. 8:34).

"El oído que escucha las amonestaciones de la vida, entre los sabios morará" (Pr. 15:31).

"Cuando fueres a la casa de Dios, guarda tu pie; y acércate más para oír que para ofrecer el sacrificio de los necios; porque no saben que hacen mal" (Ec. 5:1).

2. Era un pueblo que buscaba y adoraba a Dios. Advierta por qué habían estado en Jerusalén. Habían ido a buscar y a adorar a Dios en la Pascua judía, y les había costado. El viaje fue largo y difícil, puesto que estaban en la región más al norte de Palestina, mientras que el templo estaba en Jerusalén, ubicada al sur. Además, tuvieron que tomar una ruta en particular porque Samaria queda entre Galilea y Jerusalén y los samaritanos los consideraban enemigos, constituyendo una amenaza para su seguridad.

El punto es este: estos galileos tenían hambre de Dios. Por lo tanto, sus corazones estaban mejor preparados y dispuestos a recibir a Cristo.

Pensamiento 1: Un hombre que busca *sinceramente* a Dios está mejor preparado para recibir a Cristo. Por este motivo, los hombres deberían buscar constantemente a Dios. Buscar a Dios y recibir a Cristo son evidencias de fe verdadera (He. 11:6).

"Bienaventurados los que tienen hambre y sed de justicia, porque ellos serán saciados" (Mt. 5:6).

"Mas si desde allí buscares a Jehová tu Dios, lo hallarás, si lo buscares de todo tu corazón y de toda tu alma" (Dt. 4:29).

"Buscad a Jehová mientras puede ser hallado, llamadle en tanto que está cercano" (Is. 55:6).

"Pero sin fe es imposible agradar a Dios; porque es necesario que el que se acerca a Dios crea que le hay, y que es galardonador de los que le buscan" (He. 11:6).

3. La idea transmitida es que los galileos le dieron la bienvenida y recibieron a Cristo. Querían experimentar a Cristo. Lo habían visto predicar y ministrar en Jerusalén, y querían vivir la misma experiencia ellos mismos y para el resto de su pueblo. Por supuesto algunos galileos no lo recibieron en sus vidas y en sus corazones. Lo abandonaron (cp. Jn. 6:66). Pero "mas a todos los que le recibieron, a los que creen en su nombre, les dio potestad de ser hechos hijos de Dios" (Ver nota, Jn. 1:12-13).

Pensamiento 1: Dar la bienvenida, recibir y experimentar a Cristo por uno mismo es la mayor evidencia de verdadera fe.

"Mas la que cayó en buena tierra, éstos son los que con corazón bueno y recto retienen la palabra oída, y dan fruto con perseverancia" (Lc. 8:15).

"He aquí, yo estoy a la puerta y llamo; si alguno oye mi voz y abre la puerta, entraré a él, y cenaré con él, y él conmigo" (Ap. 3:20).

	B. Las etapas de la fe, 4:46-54	Y el hombre creyó la palabra que Jesús le dijo, y se fue.	a. La promesa: Ve: se ha satisfecho tu necesidad b. Creyó y obedeció la Palabra de Jesús
1 Una fe que comienza a. Había una necesidad desesperada	46 Vino, pues, Jesús otra vez a Caná de Galilea, donde había convertido el agua en vino. Y había en Capernaum un oficial del rey, cuyo hijo estaba enfermo.	51 Cuando ya él descendía, sus siervos salieron a recibirle, y le dieron nuevas, diciendo: Tu hijo vive.	**4 Una fe confirmada** a. "él ya descendía" b. Recibió noticias gloriosas: Su oración había sido respondida
b. Se había oído hablar sobre Jesús c. Alguien fue hasta Jesús d. Alguien le suplicó a Jesús que lo ayudara	47 Este, cuando oyó que Jesús había llegado de Judea a Galilea, vino a él y le rogó que descendiese y sanase a su hijo, que estaba a punto de morir.	52 Entonces él les preguntó a qué hora había comenzado a estar mejor. Y le dijeron: Ayer a las siete le dejó la fiebre.	c. Confirmó lo sobrenatural en contraposición a lo natural
2 Una fe persistente a. Una lección de fe	48 Entonces Jesús le dijo: Si no viereis señales y prodigios, no creeréis.	53 El padre entonces entendió que aquella era la hora en que Jesús le había dicho: Tu hijo vive; y creyó él con toda su casa.	d. Creyó y supo que Jesús había sanado a su hijo. **5 Una fe de testimonio**
b. Una insistencia desesperada	49 El oficial del rey le dijo: Señor, desciende antes que mi hijo muera.	54 Esta segunda señal hizo Jesús, cuando fue de Judea a Galilea.	
3 Una fe de confianza, obediencia y obra	50 Jesús le dijo: Ve, tu hijo vive.		

DIVISIÓN V

LA REVELACIÓN DE JESÚS, EL OBJETO DE LA FE, 4:43-54

B. Las etapas de la fe, 4:46-54

(4:46-54) ***Introducción:*** Este noble era un oficial del gobierno, que probablemente mantenía una alta posición en la corte de Herodes. Su experiencia revela las diversas etapas de la fe, el tipo de fe creciente que todo hombre debe experimentar.

1. Una fe que comienza (vv. 46, 47).
2. Una fe persistente (vv. 48, 49).
3. Una fe de confianza, obediencia y obra (v. 50).
4. Una fe confirmada (vv. 51-53).
5. Una fe de testimonio (vv. 53, 54).

[1] (4:46, 47) ***Fe - Buscando a Jesús - Constricción:*** La primera etapa es una fe de comienzo. Cuando Jesús ingresó a la ciudad de Caná, un noble (basilixos), un oficial de la corte real del Rey, se acercó a Jesús. Las acciones del hombre demostraron exactamente qué cosas componen una fe de comienzo.

1. Había una necesidad desesperada. El hijo del hombre estaba a punto de morir.

> ***Pensamiento 1:*** Las necesidades confrontan a todo ser humano. Finalmente, las graves necesidades que surgen de un accidente, una enfermedad, un mal, el sufrimiento y la muerte nos golpean a todos. Nadie está exento. Uno puede ser un oficial del gobierno o incluso el rey mismo, no importa. Llega finalmente el día en que todo hombre necesita ayuda. Los graves desastres de la vida están más allá del control del hombre.

2. Se había oído hablar de Jesús. El hombre oyó hablar de Jesús y escuchó y prestó atención a lo que había oído. No...

- hizo oídos sordos al mensaje.
- pensó que él era demasiado importante.
- consideró que el mensaje era una tontería.
- se burló de la persona que hablaba de Jesús.

3. Alguien se acercó a Jesús. Enfrentando uno de los graves desastres de la vida, el hombre vino a Jesús. Jesús era la única persona sobre la que él había oído hablar que podría ayudarlo. Advierta que el hombre tuvo que sacrificarse para ir hasta Jesús.

a. El hombre debió separarse del lecho de su hijo agonizante mientras se iba. Imagine la ansiedad y el miedo de que su hijo podría morir sabiendo que él se iría por tantas horas. El hombre literalmente debió arrancarse del lado de su hijo. Dicho acto demuestra cuán firmemente creía en que Jesús podía ayudarlo.

b. El hombre debió viajar casi un día entero para encontrarse con Jesús. Capernaum estaba a unos treinta y cinco kilómetros de Caná. Imagine la preocupación y aprensión que sobrecogía el corazón del padre a cada metro del camino, preguntándose si podía separarse del lado de su hijo. El hecho de que él *perseveró* y mantuvo sus ojos en la esperanza de Jesús demuestra la fe de su corazón.

"Esforzaos todos vosotros los que esperáis en Jehová, y tome aliento vuestro corazón" (Sal. 31:24).

"He aquí el ojo de Jehová sobre los que le temen, sobre los que esperan en su misericordia" (Sal. 33:18).

"Y ahora, Señor, ¿qué esperaré? Mi esperanza está en ti" (Sal. 39:7).

"¿Por qué te abates, oh alma mía, y por qué te turbas dentro de mí? Espera en Dios; porque aún he de alabarle, salvación mía y Dios mío" (Sal. 42:11).

"Porque tú, oh Señor Jehová, eres mi esperanza, seguridad mía desde mi juventud" (Sal. 71:5).

"Bienaventurado aquel cuyo ayudador es el Dios de Jacob, cuya esperanza está en Jehová su Dios" (Sal. 146:5; cp. vv. 6-9).

"Bendito el varón que confía en Jehová, y cuya confianza es Jehová" (Jer. 17:7).

c. El hombre no dejó que su alta posición lo alejara de Jesús. No se envolvió en su orgullo ni permitió que lo que dijeran otras personas le impidieran acercarse a Jesús. Se tragó el orgullo y confesó su necesidad ante la faz de todos lo que lo ridiculizaban, y fue hasta Jesús.

"Me invocará, y yo le responderé; con él estaré yo en la angustia; lo libraré y le glorificaré" (Sal. 91:15).

"Entonces invocarás, y te oirá Jehová; clamarás, y dirá él: Heme aquí. Si quitares de en medio de ti el yugo, el dedo amenazador, y el hablar vanidad" (Is. 58:9).

"Clama a mí, y yo te responderé, y te enseñaré cosas grandes y ocultas que tú no conoces" (Jer. 33:3).

4. Hubo súplicas para que Jesús ayudara. El hombre literalmente suplicó (*erota*) y siguió suplicando para que Jesús satisficiera su necesidad.

[2] (4:48, 49) *Fe - Creencia - Señales:* La segunda etapa fue una fe persistente. Advierta dos lecciones cruciales.

1. Una lección de fe. El hombre dijo: "Desciende y sana a mi hijo". Jesús le estaba diciendo: "Hasta que no veas señales y milagros, no creeréis. ¿Eso es lo que dices?". Jesús debía enseñarle a este hombre que *su Palabra solamente* bastaba. *La creencia en su Palabra* era lo que garantizaría la solicitud. Su poder estaba a disposición del noble si simplemente éste le creía. La creencia debe preceder a las señales y a los prodigios. Advierta que "viereis" es plural. Jesús se estaba dirigiendo tanto al hombre como a la multitud. Quería que la multitud también oyera el mensaje. (Ver Estudio a fondo 1, Jn. 2:23; Estudio a fondo 2, 2:24.)

2. Una insistencia desesperada. El hombre no estaba en posición de discutir, ni siquiera de pensar lo que Jesús acababa de decir. Estaba desesperado. Un grave desastre había golpeado su vida. Él creía que Jesús era el único que podía ayudarlo, y estaba determinado a obtener la ayuda de Jesús. Gritó: "Señor [Kurios], desciende o mi hijo morirá".

Advierta dos puntos significativos. (1) El hombre no permitió que la respuesta de Jesús lo detuviera y (2) se mantuvo firme junto a Jesús.

Pensamiento 1: Advierta las lecciones cruciales.

1) Las señales y los prodigios (la sanidad del niño) no eran tan importantes como *creer en Jesús*. La salvación eterna de un hombre estaba en juego, y el hombre tenía que creer para ser salvo.
2) El hombre recibió ayuda porque persistió. La persistencia fue absolutamente necesaria para garantizar la ayuda del Señor. La persistencia demuestra que uno realmente reconoce su necesidad y realmente cree en que Dios puede ayudar y ayudará. Nota: si un hombre deja de pedir, demuestra que no cree que Dios le responderá. Abandona a Dios, no creyendo en Él. Este hombre no permitió que la duda del Señor lo detuviera.

"Pedid, y se os dará; buscad, y hallaréis; llamad, y se os abrirá. Porque todo aquel que pide, recibe; y el que busca, halla; y al que llama, se le abrirá" (Mt. 7:7, 8; cp. vv. 9-11).

"Pero sin fe es imposible agradar a Dios; porque es necesario que el que se acerca a Dios crea que le hay, y que es galardonador de los que le buscan" (He. 11:6).

"Jehová redime el alma de sus siervos, y no serán condenados cuantos en él confían" (Sal. 34:22).

"Confiad en Jehová perpetuamente, porque en Jehová el Señor está la fortaleza de los siglos" (Is. 26:4).

"Y me buscaréis y me hallaréis, porque me buscaréis de todo vuestro corazón" (Jer. 29:13).

[3] (4:50) *Fe - Obediencia:* La tercera etapa fue una fe de confianza, de obediencia, de obra. Advierta tres cosas:

1. La orden y la promesa de Jesús fue llena de fuerza.
   ⇒ La orden: "Vé".
   ⇒ La promesa: "Tu hijo vive".

2. La creencia del hombre en la Palabra de Jesús y su obediencia. Él "creyó la palabra que Jesús le dijo" y "se fue". La idea es de *una fe y acción instantáneas:* él creyó de inmediato y se fue de inmediato, camino a casa a ver a su hijo. *Actuó* basándose en su fe. Advierta lo que él creyó.
   ⇒ El amor, la compasión y la preocupación del Señor: que Jesús se preocupaba por quienes tenían una necesidad desesperada.
   ⇒ El conocimiento del Señor (omnisciencia): que Jesús sabía que su hijo estaba curado, aunque estaba a treinta y cinco kilómetros de distancia.
   ⇒ El poder del Señor (omnipotencia): que Jesús tenía el poder de curar a su hijo, incluso desde una gran distancia.

3. Tanto la fe como la obediencia fueron necesarias para recibir la promesa y la ayuda de Jesús. El hombre no hubiera recibido la ayuda de Jesús si no hubiera *aceptado y creído* en la Palabra de Jesús, o si se hubiera rebelado o actuado en forma infantil. El hombre podría fácilmente haber actuado como tantos otros cuando les llevan su necesidad a Dios: "Tu palabra no es suficiente. Mi hijo no está sano. Está allí en Capernaum y tú estás lejos, *en ningún lugar* próximo a él. ¿Cómo se le puede ayudar, estando tú tan lejos? Ven, visítanos, *muéstrate, ponte ante nosotros:* ayúdanos". Eso, por supuesto, es implorarle ayuda a Dios, pero no es llorarle a Dios en fe, ni basar el pedido en la Palabra y promesa de Cristo. Es pedirle ayuda a Dios, pero también es dictaminar cómo debe ayudar Dios. Es decirle a Dios que debe actuar, en lugar de *aceptar y actuar* por su Palabra.

Pensamiento 1: No existe fe real aparte de la obediencia y el trabajo. (Ver Estudio a fondo 2, Jn. 2:24; Estudio a fondo 1, He. 5:9.)

"Y mirándolos Jesús, les dijo: Para los hombres esto es imposible; mas para Dios todo es posible" (Mt. 19:26).

"Porque nada hay imposible para Dios" (Lc. 1:37).

"Por lo que ni aun me tuve por digno de venir a ti; pero dí la palabra, y mi siervo será sano" (Lc. 7:7).

"Cuando él los vio, les dijo: Id, mostraos a los sacer-

dotes. Y aconteció *que mientras iban*, fueron limpiados" (Lc. 17:14).

"Y habiendo sido perfeccionado, vino a ser autor de eterna salvación para todos los que le obedecen" (He. 5:9).

"Así también la fe, si no tiene obras, es muerta en sí misma" (Stg. 2.17).

"Yo conozco que todo lo puedes, y que no hay pensamiento que se esconda de ti" (Job 42:2).

"¡Cuán grande es tu bondad, que has guardado para los que te temen,

Que has mostrado a los que esperan en ti, delante de los hijos de los hombres!" (Sal. 31:19).

"Jehová redime el alma de sus siervos, y no serán condenados cuantos en él confían" (Sal. 34:22).

"Encomienda a Jehová tu camino, y confía en él; y él hará" (Sal. 37:5).

"Los que confían en Jehová son como el monte de Sion, que no se mueve, sino que permanece para siempre" (Sal. 125:1).

"Fíate de Jehová de todo tu corazón, y no te apoyes en tu propia prudencia" (Pr. 3:5).

"Tú guardarás en completa paz a aquel cuyo pensamiento en ti persevera; porque en ti ha confiado. Confiad en Jehová perpetuamente, porque en Jehová el Señor está la fortaleza de los siglos" (Is. 26:3, 4).

4 (4:51-53) ***Fe:*** La cuarta etapa era una fe confirmada. Advierta las palabras "Cuando ya él descendía". Estaba en el acto de *obedecer a Cristo* cuando recibió la novedad gloriosa de que su oración había sido respondida. Nuevamente, era creer en la promesa de Jesús y obedecerlo lo que trajo la bendición. Tanto la creencia como la obediencia fueron esenciales.

Advierta también que el hombre confirmó lo sobrenatural en contraposición a lo natural. Preguntó la hora exacta en que el niño se recuperó. Quería estar seguro. Quería confirmación absoluta. Estaba alzando sus manos por una fe más firme en Jesús. Estaba tan lleno de gozo y de gratitud a Jesús que quería creer más y más en Él.

"Respondiendo Jesús, les dijo: Tened fe en Dios. Porque de cierto os digo que cualquiera que dijere a este monte: Quítate y échate en el mar, y no dudare en su corazón, sino creyere que será hecho lo que dice, lo que diga le será hecho. Por tanto, os digo que todo lo que pidiereis orando, creed que lo recibiréis, y os vendrá" (Mr. 11:22-24).

"Mas también sé ahora que todo lo que pidas a Dios, Dios te lo dará" (Jn. 11:22).

"Por lo cual puede también salvar perpetuamente a los que por él se acercan a Dios, viviendo siempre para interceder por ellos" (He. 7:25).

"Es, pues, la fe la certeza de lo que se espera, la convicción de lo que no se ve" (He. 11:1).

"Porque yo Jehová hablaré, y se cumplirá la palabra que yo hable; no se tardará más, sino que en vuestros días, oh casa rebelde, hablaré palabra y la cumpliré, dice Jehová el Señor" (Ez. 12:25).

5 (4:53, 54) ***Testimonio:*** La quinta etapa fue una fe de testimonio. Advierta dos cosas.

1. El hombre dio testimonio a "toda su casa". Les contó sobre su experiencia, la Palabra de la promesa y las instrucciones que Jesús le había dado y todos creyeron. Se comprometieron totalmente a Jesús como el Mesías.

2. Dar testimonio de Jesús no era fácil para este hombre. Era un alto oficial, moviéndose en los corredores de un gobierno corrupto y entre oficiales inmorales. Definitivamente enfrentaría el ridículo y la persecución, y tal vez la pérdida de su posición y hasta de su vida. Pero advierta: su fe fue una fe de testimonio. Amó a Jesús por lo que Jesús había hecho por él y quería que los demás supieran de la gloriosa salvación de Jesús.

"Así alumbre vuestra luz delante de los hombres, para que vean vuestras buenas obras, y glorifiquen a vuestro Padre que está en los cielos" (Mt. 5:16).

"Vuélvete a tu casa, y cuenta cuán mayores cosas ha hecho Dios contigo. Y él se fue, publicando por toda la ciudad cuán mayores cosas había hecho Jesús con él" (Lc. 8:39).

"Y sacándolos, les dijo: Señores, ¿qué debo hacer para ser salvo? Ellos dijeron: Cree en el Señor Jesucristo, y serás salvo, tú y tu casa" (Hch. 16:30, 31).

"Sino santificad a Dios el Señor en vuestros corazones, y estad siempre preparados para presentar defensa con mansedumbre y reverencia ante todo el que os demande razón de la esperanza que hay en vosotros" (1 P. 3:15).

CAPÍTULO 5

VI. LA REVELACIÓN DE JESÚS, LA AUTORIDAD Y EL PODER SOBRE LA VIDA, 5:1-47

A. La autoridad esencial: El poder para satisfacer las necesidades desesperadas del mundo, 5:1-16

1 Jesús asistió a una festividad judía en Jerusalén

2 Escena 1: Los enfermos y los inválidos: una imagen de la necesidad desesperada del mundo

a. La esperanza desesperada del hombre: yacer en un estanque de agua

b. La fe desesperada del hombre: tener la esperanza del poder sanador de una fuente terrenal, un estanque de agua.

3 Escena 2: Jesús y el hombre: una imagen del poder de Jesús para satisfacer la necesidad del mundo

a. La situación difícil del hombre

b . La compasión del Señor

1) Vio su condición

2) Inició una relación

c. El desamparo del hombre: No tenía familia ni amigos que lo ayudaran

d. El poder del Señor

e. El problema siniestro: Jesús sanó al hombre *durante* el día de reposo.

4 Escena 3: Los extremistas religiosos y el hombre: una imagen de la religión muerta intentando satisfacer la necesidad del mundo

a. Una religión de legalismo

b. Una religión ignorante de la verdadera autoridad

c. Una religión ciega al amor y la bondad

5 Escena 4: Jesús y el hombre después de la sanidad: una imagen de la responsabilidad del creyente

a. Adorar en el templo

b. Recordar su sanidad

c. No volver a pecar

d. Temer el juicio

6 Escena 5: Los extremistas religiosos en contra de Jesús: una imagen del mundo rechazando al Salvador.

1 Después de estas cosas había una fiesta de los judíos, y subió Jesús a Jerusalén.
2 Y hay en Jerusalén, cerca de la puerta de las ovejas, un estanque, llamado en hebreo Betesda, el cual tiene cinco pórticos.
3 En éstos yacía una multitud de enfermos, ciegos, cojos y paralíticos, que esperaban el movimiento del agua.
4 Porque un ángel descendía de tiempo en tiempo al estanque, y agitaba el agua; y el que primero descendía al estanque después del movimiento del agua, quedaba sano de cualquier enfermedad que tuviese.
5 Y había allí un hombre que hacía treinta y ocho años que estaba enfermo.
6 Cuando Jesús lo vio acostado, y supo que llevaba ya mucho tiempo así, le dijo: ¿Quieres ser sano?
7 Señor, le respondió el enfermo, no tengo quien me meta en el estanque cuando se agita el agua; y entre tanto que yo voy, otro desciende antes que yo.
8 Jesús le dijo: Levántate, toma tu lecho, y anda.
9 Y al instante aquel hombre fue sanado, y tomó su lecho, y anduvo. Y era día de reposo aquel día.
10 Entonces los judíos dijeron a aquel que había sido sanado: Es día de reposo; no te es lícito llevar tu lecho.
11 El les respondió: El que me sanó, él mismo me dijo: Toma tu lecho y anda.
12 Entonces le preguntaron: ¿Quién es el que te dijo: Toma tu lecho y anda?
13 Y el que había sido sanado no sabía quién fuese, porque Jesús se había apartado de la gente que estaba en aquel lugar.
14 Después le halló Jesús en el templo, y le dijo: Mira, has sido sanado; no peques más, para que no te venga alguna cosa peor.
15 El hombre se fue, y dio aviso a los judíos, que Jesús era el que le había sanado.
16 Y por esta causa los judíos perseguían a Jesús, y procuraban matarle, porque hacía estas cosas en el día de reposo.

DIVISIÓN VI

LA REVELACIÓN DE JESÚS, LA AUTORIDAD Y EL PODER SOBRE LA VIDA, 5:1-47

A. La autoridad esencial: El poder para satisfacer las necesidades desesperadas del mundo, 5:1-16

(5:1-47) ***VISIÓN GENERAL DE LA DIVISIÓN: Jesús, Autoridad:*** El Capítulo quinto revela que Jesús es la Autoridad por sobre toda la vida. A Él se le debe la misma adoración, obediencia y servicio que a Dios, porque Él es igual a Dios (Jn. 5:17, 18). Así como Dios posee la vida dentro de sí, Jesús posee la vida dentro de sí también (Jn. 5:26). Así como Dios tiene autoridad por sobre toda la vida, así también Jesús tiene autoridad por sobre toda la vida.

Al revelar su autoridad, Jesús demostró primero la verdad de su autoridad. Sanó a un hombre que había estado enfermo por espacio de treinta y ocho años y lo sanó el día de reposo. Ambos hechos demostraron la verdad de su autoridad. La sanidad del hombre demostró su autoridad sobre el mundo físico, y la ruptura de la ley del día de reposo demostró su autoridad para determinar las reglas de la adoración. Luego de demostrar la verdad de su igualdad con Dios, comenzó a enseñar la verdad. Este procedimiento, el de demostrar primero una verdad y luego enseñarla, iba a ser repetido mientras Jesús revelaba quién era a través del Evangelio de Juan (ver capítulos 6, 8).

(5:1-16) ***Introducción - Día de reposo:*** Mediante este milagro de curación, Jesús estaba proclamando tener autoridad suprema sobre el día de reposo. (Ver Estudio a fondo 1, Día de reposo, Mt. 12:1; cp. Jn. 5:9-10, 16, 18.) Sin embargo, también hubo otras importantes lecciones: la compasión del Señor (vv. 6-9), el problema de la religión formal (vv. 10-12) y la acusación al hombre convertido (vv. 13, 14).

1. Jesús asistió a una festividad judía en Jerusalén (v. 1).
2. Escena 1: Los enfermos y los inválidos: una imagen de la necesidad desesperada del mundo (vv. 2-4).
3. Escena 2: Jesús y el hombre: una imagen del poder de Jesús para satisfacer la necesidad del mundo (vv. 5-9).
4. Escena 3: Los extremistas religiosos y el hombre: una imagen de la religión muerta intentando satisfacer la necesidad del mundo (vv. 10-12).
5. Escena 4: Jesús y el hombre después de la sanidad: una imagen de la responsabilidad del creyente (vv. 13, 14).
6. Escena 5: Los extremistas religiosos en contra de Jesús: una imagen del mundo rechazando al Salvador (vv. 15, 16).

[1] (5:1) ***Festividad - Jesucristo, Adoración de Dios:*** Jesús asistió a una fiesta judía en Jerusalén. La fiesta no fue nombrada, pero probablemente era una de las tres Festividades de Obligación: la Pascua judía, la Festividad de los tabernáculos o Pentecostés. A estas se las denominaba Festividades de Obligación porque todo hombre judío que viviera dentro de los treinta y cinco kilómetros de Jerusalén debía asistir a ellas por ley. Es significativo que Jesús haya sido visto asistiendo a la fiesta.

1. Le dio una oportunidad de llegar a una gran cantidad de gente. La mayoría de las personas que asistían a la fiesta le temerían a Dios y tendrían sus mentes puestas en Dios; por lo tanto, estarían más preparados para el evangelio.

2. Le dio una oportunidad para enseñarle a la gente a ser fiel a la adoración de Dios. Él, el hijo mismo de Dios, era fiel.

> ***Pensamiento 1.*** Todas las personas deben ser fieles en su adoración a Dios.

[2] (5:2-4) ***Necesitados, los:*** La primera escena era la de los enfermos e inválidos. Estos ?los enfermos y los inválidos? retratan a aquellos en el mundo que están sumidos en una necesidad desesperante. El escenario es un estanque cerca de la puerta de las ovejas. La palabra *puerta* es agregada por el traductor, no se encuentra en el texto griego. Puede haber sido la puerta de las ovejas o el mercado de ovejas o el corral de las ovejas donde se guardaban los animales. Fuera lo que fuese, había un estanque para proveer de agua a los animales y cinco puertas a modo de área de descanso para la comodidad de la gente. El estanque y una "multitud de enfermos, etc." yaciendo alrededor del estanque eran el centro de atención. Advierta dos cosas.

1. Su necesidad: que es una imagen de todos los que viven con desesperada necesidad en el mundo.

⇒ Había ciegos que no podían ver.
⇒ Había cojos que no podían caminar.
⇒ Había inválidos que estaban deformados y paralizados.
⇒ Había muchas personas que eran pobres y mendigos.

> ***Pensamiento 1:*** Muchas personas en el mundo son ciegas, cojas e inválidas espiritualmente.
>
> **"Está mi alma hastiada de mi vida; daré libre curso a mi queja, hablaré con amargura de mi alma" (Job 10.1).**
>
> **"Porque mi vida se va gastando de dolor, y mis años de suspirar; se agotan mis fuerzas a causa de mi iniquidad, y mis huesos se han consumido" (Sal. 31:10).**
>
> **"Dios mío, mi alma está abatida en mí; me acordaré, por tanto, de ti desde la tierra del Jordán, y de los hermonitas, desde el monte de Mizar" (Sal. 42:6).**
>
> **"Estoy hundido en cieno profundo, donde no puedo hacer pie; he venido a abismos de aguas, y la corriente me ha anegado" (Sal. 69:2).**
>
> **"En cuanto a mí, casi se deslizaron mis pies; por poco resbalaron mis pasos" (Sal. 73:2).**
>
> **"Cuando pensé para saber esto, fue duro trabajo para mí" (Sal. 73:16).**
>
> **"Junto a los ríos de Babilonia, allí nos sentábamos, y aun llorábamos, acordándonos de Sion" (Sal. 137:1).**
>
> **"Pero Sion dijo: Me dejó Jehová, y el Señor se olvidó de mí" (Is. 49:14).**
>
> **"Guarda tus pies de andar descalzos, y tu garganta de la sed. Mas dijiste: No hay remedio en ninguna manera, porque a extraños he amado, y tras ellos he de ir" (Jer. 2:25).**
>
> **"Tampoco queremos, hermanos, que ignoréis acerca de los que duermen, para que no os entristezcáis como los otros que no tienen esperanza" (1 Ts. 4:13).**
>
> **"En aquel tiempo estabais sin Cristo... sin esperanza y sin Dios en el mundo" (Ef. 2:12).**

2. Su esperanza y fe desesperadas. O bien la descripción que se da en las Escrituras se debe tomar en forma literal, o los hombres de esa época daban su explicación acerca de qué hacía que el estanque estuviera *agitado*. Si este relato es una descripción de un hombre sobre qué sucedió en el estanque, entonces al parecer había un sector subterráneo de energía, ya sea aire o una corriente debajo del estanque que hacía que éste burbujeara de vez en cuando. La gente de esa época, tratando de aferrarse a algo que los ayudara en sus vidas cotidianas, decían que se producía algo sobrenatural cuando el agua burbujeaba. Se creía que un ángel estaba nadando en el estanque. También se creía que la primera persona que se sumergiera al agua después del burbujeo sería sanada.

> ***Pensamiento 1:*** Los hombres siempre se están aferrando a algo que los ayude en sus vidas cotidianas. Puede ser en algún *poder sobrenatural o del destino* en un estanque de agua o en la astrología de las estrellas o en alguna persona mágica en la tierra. Los hombres nunca cambian, independientemente de la generación. Al aferrarse a una ayuda en la vida, continúan buscando en todos lados salvo en Cristo, el mismo Hijo de Dios. Tienen esperanzas y depositan su fe en todo menos en Él.
>
> **"Hay camino que al hombre le parece derecho; pero su fin es camino de muerte" (Pr. 14:12).**

[3] (5:5-9) ***Jesucristo, Compasión - Poder - Sanidad - Fe - Obediencia:*** La segunda escena es la de Jesús y el hombre. Esta es una imagen de Jesús, quien tiene el poder de satisfacer

las necesidades de los desesperados del mundo. El bosquejo de este punto es adecuado para ver qué sucedió.

1. La situación difícil del hombre. Estaba paralítico o inválido. Había estado así por espacio de treinta y ocho *largos* años.

2. La *compasión* de Jesús: Fue cálida, conmovedora y reveladora, demostrando cómo quiere Él llegar a cada persona. Él *vio* al hombre yaciendo allí, y *supo* todo sobre su condición desesperada. Advierta este punto interesante: fue Jesús el que comenzó la relación, acercándose al hombre y ofreciendo su ayuda.

> ***Pensamiento 1:*** Jesús *ve* y *sabe* la condición de cada hombre. Llega a cada hombre con compasión, ofreciendo ayuda. Llega a través...
> - del mensaje de la Palabra.
> - del testimonio de la familia o de un amigo.
> - de la belleza de la naturaleza.
> - de los pensamientos sobre Dios que penetran la mente de todo hombre.
>
> **"¿Quién nos separará del amor de Cristo? ¿Tribulación, o angustia, o persecución, o hambre, o desnudez, o peligro, o espada?" (Ro. 8:35).**
>
> **"Porque no tenemos un sumo sacerdote que no pueda compadecerse de nuestras debilidades, sino uno que fue tentado en todo según nuestra semejanza, pero sin pecado" (He. 4:15).**
>
> **"Echando toda vuestra ansiedad sobre él, porque él tiene cuidado de vosotros" (1 P. 5:7).**
>
> **"Se acordó de que eran carne, soplo que va y no vuelve" (Sal. 78:39).**
>
> **"Como el padre se compadece de los hijos, se compadece Jehová de los que le temen" (Sal. 103:13).**
>
> **"Mas la misericordia de Jehová es desde la eternidad y hasta la eternidad sobre los que le temen, y su justicia sobre los hijos de los hijos" (Sal. 103:17).**
>
> **"En toda angustia de ellos él fue angustiado, y el ángel de su faz los salvó; en su amor y en su clemencia los redimió, y los trajo, y los levantó todos los días de la antigüedad" (Is. 63:9).**
>
> **"Por la misericordia de Jehová no hemos sido consumidos, porque nunca decayeron sus misericordias" (Lm. 3:22).**

3. El desamparo del hombre. Estaba solo en este mundo, sin familia ni amigos que pudieran ayudarlo.

4. El poder del Señor. Este es un punto significativo: el hombre no supo que estaba sanado *hasta que obedeció* el mandato del Señor. Jesús no pronunció "una palabra de sanidad", simplemente le ordenó al hombre que actuara. En la acción el hombre debía demostrar su fe. *Si creía*, se levantaría y caminaría; *si no creía*, simplemente seguiría yaciendo allí como lo había hecho siempre. (Ver Estudio a fondo 2, Jn. 2:24.)

> ***Pensamiento 1:*** Ningún hombre debe continuar a través de la vida como ha sido siempre, esclavizado por el pecado y la corrupción y las necesidades desesperadas del mundo. Puede experimentar el poder sanador de Jesucristo, el poder de cambiar su vida y convertirlo en un hombre nuevo. Todo lo que tiene que hacer es una cosa muy simple: creer en la Palabra de Jesucristo lo suficiente como para obedecer, hacer exactamente lo que dice Jesús. Es un hecho claro: si creemos en Él, lo obedecemos; si no creemos en Él, no lo obedecemos. Para convertirse en un ser entero y en un hombre nuevo, un hombre nuevo liberado del pecado y de las necesidades desesperadas de este mundo corruptible, tenemos que creer en Él lo suficiente como para obedecerle. (Ver nota, Jn. 4:50 para más versículos de las Escrituras.)
>
> **"Porque nada hay imposible para Dios" (Lc. 1:37).**
>
> **"Cuando él los vio, les dijo: Id, mostraos a los sacerdotes. Y aconteció que mientras iban, fueron limpiados" (Lc. 17:14).**
>
> **"Y habiendo sido perfeccionado, vino a ser autor de eterna salvación para todos los que le obedecen" (He. 5:9).**
>
> **"Así también la fe, si no tiene obras, es muerta en sí misma" (Stg. 2:17).**

5. El problema siniestro: Jesús había sanado al hombre en el día de reposo. Al haber sanado al hombre en el día de reposo, Jesús estaba quebrantando la ley ceremonial judía; estaba cometiendo un grave pecado, violando un ritual y una regla de la religión . El resto de la historia del hombre se centra sobre este hecho.

[4] (5:10-12) ***Religión:*** La tercera escena es la de los extremistas religiosos y el hombre. Esta es una imagen de la religión muerta intentando satisfacer la necesidad desesperada del mundo. Advierta tres cosas.

1. La religión muerta es una religión de legalismo. Los extremistas religiosos estaban intentando satisfacer las necesidades de la gente a través de reglas y normas, ceremonias y rituales. (Ver Estudio a fondo 1, Lc. 6:2; Estudio a fondo 2, Jn. 5:15, 16.) Estaban más preocupados por el hombre que había violado el ritual del día de reposo que por el hombre que estaba sufriendo una condición lastimosa.

2. La religión muerta es una religión ignorante de la verdadera autoridad. Ellos debían saber que el poder de Dios había sanado al hombre, y debían estar ansiosos por compartir con Jesús el hombre, el hombre sobre quién residía tal poder. Pero advierta: les importó muy poco el poder de Dios y de su mensajero. Solo se preocuparon de que se mantuviera el status quo, de que continuaran las prácticas religiosas tal como eran y que no fueran violadas. Sus pensamientos estaban puestos en su posición religiosa y secular. (Ver Estudio a fondo 2, Jn. 5:15, 16 para una mayor discusión sobre el tema.)

3. La religión muerta es una religión ciega al amor y al bien. Advierta que la pregunta de los extremistas religiosos no fue: "¿Quién es el hombre que ha sanado y te ha ayudado tanto?", sino "¿quién es el hombre que quebrantó la ley religiosa?". No vieron el bien que se había hecho. Solo vieron que su posición y seguridad estaban amenazadas y que alguien tenía más poder e influencia y estaba haciendo más bien que ellos.

> ***Pensamiento 1:*** ¿Cuántos mensajeros verdaderos de Dios son criticados por extremistas religiosos sin poder, criticados porque hacen las cosas de modo diferente o mejor que otros? Los hombres temen la pérdida de su posición y seguridad, temen que las personas comiencen a preguntarse acerca de su falta de poder verdadero, el poder que ayuda sinceramente a los hombres.

"Y si supieseis qué significa: Misericordia quiero, y no sacrificio, no condenaríais a los inocentes; porque el Hijo del Hombre es Señor del día de reposo" (Mt. 12:7, 8).

"Amarás a tu prójimo como a ti mismo" (Mt. 22:39).

"Les decía también: Bien invalidáis el mandamiento de Dios para guardar vuestra tradición" (Mr. 7:9).

"El amor no hace mal al prójimo; así que el cumplimiento de la ley es el amor" (Ro. 13:10).

"Profesan conocer a Dios, pero con los hechos lo niegan, siendo abominables y rebeldes, reprobados en cuanto a toda buena obra" (Tit. 1:16).

"En esto hemos conocido el amor, en que él puso su vida por nosotros; también nosotros debemos poner nuestras vidas por los hermanos. Pero el que tiene bienes de este mundo y ve a su hermano tener necesidad, y cierra contra él su corazón, ¿cómo mora el amor de Dios en él?" (1 Jn. 3:16, 17).

ESTUDIO A FONDO 1

(5:10) ***Judíos:*** A los judíos (ioudaio) se los menciona unas setenta veces en los Evangelios. Siempre se los menciona como la oposición a Jesucristo, como los que se pusieron en su contra. Incluyen a algunos fariseos, saduceos, escribas, sacerdotes y líderes seculares. Eran los extremistas religiosos y líderes los que personalmente rechazaron creer en Jesucristo. Rechazaron tanto su reclamo de ser el Hijo de Dios como su oferta de salvación y vida eterna (cp. Jn. 1:10, 11, 19. Ver índice temático).

5 (5:13, 14) ***Seguimiento - Madurez - Crecimiento:*** La cuarta escena es la de Jesús y el hombre después de la sanidad. Esta es una imagen de la responsabilidad del creyente. Advierta que Jesús había dejado al hombre inmediatamente después de sanarlo debido a la gran multitud en los pórticos. Por algún motivo no mencionado, Jesús no quería atraer una multitud en ese momento. El punto es llamativo: ¡Jesús volvió a buscar al hombre! Recuerde que Jesús había ido a buscar al hombre para sanarlo y ahora lo estaba buscando para otro propósito. Cuando encontró al hombre, se pintó un retrato de la responsabilidad del creyente.

1. Estaba el deber de adorar. El hombre fue encontrado en el templo adorando y dando gracias a Dios.

"No dejando de congregarnos, como algunos tienen por costumbre, sino exhortándonos; y tanto más, cuanto veis que aquel día se acerca" (He. 10:25).

"Dad a Jehová la honra debida a su nombre; traed ofrenda, y venid delante de él; postraos delante de Jehová en la hermosura de la santidad" (1 Cr. 16:29).

"Ciertamente el bien y la misericordia me seguirán todos los días de mi vida, y en la casa de Jehová moraré por largos días" (Sal. 23:6).

"Bienaventurado el que tú escogieres y atrajeres a ti, para que habite en tus atrios; seremos saciados del bien de tu casa, de tu santo templo" (Sal. 65:4).

"Anhela mi alma y aun ardientemente desea los atrios de Jehová; mi corazón y mi carne cantan al Dios vivo" (Sal. 84:2).

"Entrad por sus puertas con acción de gracias, por sus atrios con alabanza; alabadle, bendecid su nombre" (Sal. 100:4).

2. Estaba el deber de recordar su sanidad, su salvación. El momento no debía olvidarse ni perderse nunca (cp. 2 P. 1:9).

"Con gozo dando gracias al Padre que nos hizo aptos para participar de la herencia de los santos en luz" (Col. 1:12).

"Dando siempre gracias por todo al Dios y Padre, en el nombre de nuestro Señor Jesucristo" (Ef. 5:20).

"Dad gracias en todo, porque esta es la voluntad de Dios para con vosotros en Cristo Jesús" (1 Ts. 5:18).

"Por tanto, guárdate, y guarda tu alma con diligencia, para que no te olvides de las cosas que tus ojos han visto, ni se aparten de tu corazón todos los días de tu vida; antes bien, las enseñarás a tus hijos, y a los hijos de tus hijos" (Dt. 4:9).

3. Estaba el deber de no pecar más. Al parecer el hombre se había vuelto inválido o paralítico por algún accidente ocasionado por el pecado. Jesús le advirtió al hombre: "No peques más".

Pensamiento 1: ¿Cuántos están físicamente inválidos o enfermos por algún pecado? Muchos sufren *accidentes que los dejan incapacitados y enfermedades* debido a pecados como el alcoholismo, la inmoralidad o conducir excediendo el límite de velocidad.

"Ella dijo: Ninguno, Señor. Entonces Jesús le dijo: Ni yo te condeno; vete, y no peques más" (Jn. 8:11).

"No reine, pues, el pecado en vuestro cuerpo mortal, de modo que lo obedezcáis en sus concupiscencias" (Ro. 6:12).

"Velad debidamente, y no pequéis; porque algunos no conocen a Dios; para vergüenza vuestra lo digo" (1 Co. 15:34).

"Lavaos y limpiaos; quitad la iniquidad de vuestras obras de delante de mis ojos; dejad de hacer lo malo" (Is. 1:16).

4. Estaba el deber de temer al juicio. Jesús le advirtió al hombre que si no se arrepentía y se alejaba de su pecado, enfrentaría un juicio más terrible que su parálisis.

6 (5:15, 16) ***Jesucristo, Rechazo:*** La quinta escena es la de los extremistas religiosos y Jesús. Esta es una imagen del mundo rechazando al Salvador de Dios. Advierta dos cosas.

1. El hombre les contó a los extremistas religiosos quién lo había curado. No lo hizo para perjudicar a Jesús. Pensó que los extremistas religiosos debían saber y querrían beneficiarse conociendo personalmente a Jesús.

2. El motivo por el cual los extremistas religiosos se opusieron a Jesús debe estudiarse a fondo (ver nota, Jn. 5:17, 18 para mayor discusión).

ESTUDIO A FONDO 2

(5:15, 16) ***Extremistas religiosos - Reglamentos y normas . Jesucristo, Oposición a:*** Quebrantar la ley del día de reposo era un asunto serio para los judíos. Cuán serio puede verse en las estrictas exigencias que rigen para el día de reposo. Ley tras ley fueron escritas para regir toda actividad de ese día. Una persona no podía viajar, ayunar, cocinar, comprar, vender, obtener agua, caminar más allá de una determinada distancia, levantar algo, luchar en una guerra o sanar el día de reposo a no ser que la vida estuviera en peligro. Una persona no debía contemplar ningún tipo de trabajo ni de actividad. Un buen ejemplo de la restricción legal y de la lealtad de la gente se ve en las mujeres que fueron testigos de la crucifixión de Jesús. Ni siquiera caminaron hacia su tumba para preparar el cuerpo para el entierro hasta que se terminó el día de reposo (Mr. 16:1s; Mt. 28:1s).

Quebrantar la ley del día de reposo era un asunto serio. Una persona era condenada, y si la ofensa era suficientemente grave, debía morir.

El conflicto de los líderes con Jesús sobre las creencias y las reglas religiosas es con frecuencia tomado por los hombres modernos como algo despreciable y duro o bien dichos conflictos simplemente no son comprendidos. Tres hechos ayudarán a comprender por qué sucedieron los conflictos y amenazaban la vida, terminando con la muerte de Jesucristo.

1. La nación judía se había mantenido unida por sus creencias religiosas. A lo largo de los siglos el pueblo judío había sido conquistado por ejército tras ejército, y millones de ellos habían sido deportados y dispersos por todo el mundo. Incluso en la época de Jesús eran esclavos de Roma. Su religión fue la *fuerza de unión* que mantenía a los judíos juntos, en particular...

- su creencia de que Dios los había convocado a ser un pueblo especial (que adoraba al único y verdadero Dios viviente).
- sus reglas que regían sobre el día de reposo y el templo.
- sus leyes que regían los matrimonios mixtos, la adoración y la purificación.
- sus reglas que regían qué alimentos podían comer y cuáles no.

Sus creencias religiosas y reglas los protegían de creencias extrañas y de ser tragados por otras nacionalidades mediante los matrimonios mixtos. Su religión era lo que mantenía su diferenciación como pueblo y como nación. Los dirigentes judíos lo sabían. Sabían que *su religión era la fuerza de unión* que mantenía unida a su nación. Por lo tanto, se oponían a cualquiera o a cualquier cosa que amenazara o intentara quebrantar las leyes de su religión y su nación.

2. Muchos de los extremistas religiosos eran hombres de una profunda convicción y de fuertes creencias. Por lo tanto, le daban mucha importancia a la creencia y la práctica de la religión, a la ley y las costumbres, a la tradición y los rituales, a la ceremonia y la liturgia, a las normas y reglamentaciones. Quebrantar una ley o una reglamentación que rigiera cualquier creencia o práctica era una ofensa grave, puesto que demostraba un comportamiento liviano. Y el comportamiento liviano, una vez diseminado, podía debilitar su religión. Por lo tanto, en sus mentes Jesús estaba cometiendo una ofensa terrible al quebrantar la ley. Estaba debilitando su religión y amenazando su nación.

3. Los extremistas religiosos eran hombres que tenían una profesión, una posición, un reconocimiento, una estima, un estilo de vida y seguridad. Cualquiera que contrariara lo que ellos creían y enseñaban era una amenaza para todo lo que tenían. Sin duda, algunos extremistas religiosos sentían que Jesús era una amenaza para ellos. Cada vez que Jesús quebrantaba una ley, sentían que Él estaba socavando su posición y seguridad. (Ver notas, Mt. 12:1-8; 16:1-12; 21:23; 22:15-22; 22:23-33; 22:34-40; 23:1-12).

El error de los extremistas religiosos estaba compuesto por cuatro partes.

1. Mal interpretaron y corrompieron la Palabra de Dios. (Ver notas, Mt. 12:1-3; Estudio a fondo 1, Jn. 4:22; cp. Ro. 9:4.)

2. Cometieron serios pecados tras pecados a los ojos de Dios (Ver notas, 1 Ts. 2:15, 16; cp. Ro. 2:17-29).

3. Rechazaron la manera de justicia de Dios, el Mesías de Dios, que es Jesucristo (Ver notas, Ro. 11:28-29; 1 Ts. 2:15, 16; cp. Ro. 10:1-21; esp. 1-4, 19, 21).

4. Permitieron que la religión en su tradición y rituales, ceremonia y normas se convirtiera en más importante que el hecho de satisfacer las necesidades básicas de la vida humana: la necesidad de Dios y la necesidad de salud espiritual, mental y física. Siendo el verdadero Mesías, Jesús fue obligado a exponer dicho error. Por lo tanto, se trazaron las líneas de batalla.

El Mesías debía liberar a las personas de dicho comportamiento esclavizante. Debía liberarlos para que pudieran ser salvados y adorar a Dios en libertad de espíritu.

Los extremistas religiosos debían oponerse a cualquiera que quebrantara la ley. Debían oponerse a Jesús porque Él era una amenaza a su nación y a su posición y seguridad personales.

El ataque de los extremistas religiosos tomó dos formas.

1. Primero, intentaron desacreditar a Jesús para que las multitudes dejaran de seguirlo (cp. Mt. 21:46).

> **"Y he aquí había allí uno que tenía seca una mano; y preguntaron a Jesús, *para poder acusarle*: ¿Es lícito sanar en el día de reposo?" (Mt. 12:10).**
>
> **"Y le acechaban los escribas y los fariseos, para ver si en el día de reposo lo sanaría, *a fin de hallar de qué acusarle*" (Lc. 6:7).**
>
> **"Entonces se fueron los fariseos y consultaron cómo *sorprenderle en alguna palabra*. Y le enviaron los discípulos de ellos con los herodianos, diciendo: Maestro, sabemos que eres amante de la verdad, y que enseñas con verdad el camino de Dios, y que no te cuidas de nadie, porque no miras la apariencia de los hombres. Dinos, pues, qué te parece: ¿Es lícito dar tributo a César, o no?" (Mt. 22:15-17).**

2. En segundo lugar, al fracasar en desacreditar a Jesús, buscaron alguna manera de matarlo.

> **"Y salidos los fariseos, tuvieron consejo contra Jesús *para destruirle*" (Mt. 12:14; cp. Mt. 26:3, 4).**
>
> **"Y los principales sacerdotes y los escribas buscaban cómo matarle; porque temían al pueblo" (Lc. 22:2).**
>
> **"Por esto los judíos aun más procuraban matarle, porque no solo quebrantaba el día de reposo, sino que también decía que Dios era su propio Padre, haciéndose igual a Dios" (Jn. 5:18; cp. Jn. 7:1; 7:19, 20, 25).**

	B. La asombrosa autoridad: Igualdad con Dios, 5:17-30		
1. Jesús declaró igualdad con Dios a. Su declaración: Mi Padre b. Su declaración fue claramente entendida	17 Y Jesús les respondió: Mi Padre hasta ahora trabaja, y yo trabajo. 18 Por esto los judíos aun más procuraban matarle, porque no solo quebrantaba el día de reposo, sino que también decía que Dios era su propio Padre, haciéndose igual a Dios.	24 De cierto, de cierto os digo: El que oye mi palabra, y cree al que me envió, tiene vida eterna; y no vendrá a condenación, mas ha pasado de muerte a vida. 25 De cierto, de cierto os digo: Viene la hora, y ahora es, cuando los muertos oirán la voz del Hijo de Dios; y los que la oyeren vivirán.	**6 Prueba 5: Su poder sobre el destino del hombre, para salvar a los hombres de la muerte a la vida** a. Cómo se salvan los hombres 1) Oyendo su Palabra 2) Creyendo que Dios envió a su Hijo, Jesús b. Resultado: vida eterna c. Hechos 1) Los muertos espirituales pueden oír la voz del hijo de Dios - *ahora* 2) Los muertos espirituales pueden vivir - *ahora*
2 Prueba 1: Su obediencia a. Él no actuó solo b. Él hizo exactamente lo que vio hacer al Padre	19 Respondió entonces Jesús, y les dijo: De cierto, de cierto os digo: No puede el Hijo hacer nada por sí mismo, sino lo que ve hacer al Padre; porque todo lo que el Padre hace, también lo hace el Hijo igualmente.	26 Porque como el Padre tiene vida en sí mismo, así también ha dado al Hijo el tener vida en sí mismo;	**7 Prueba 6: Su energía de vida, su existencia propia**
3 Prueba 2: Sus grandes obras a. Dios ama a su Hijo b. Dios le demuestra qué hacer	20 Porque el Padre ama al Hijo, y le muestra todas las cosas que él hace; y mayores obras que estas le mostrará, de modo que vosotros os maravilléis.	27 y también le dio autoridad de hacer juicio, por cuanto es el Hijo del Hombre.	**8 Prueba 7: Su autoridad para dictar juicio** **9 Prueba 8: Su reclamo de ser el único Hijo de Dios**
4 Prueba 3: Su poder para dar vida, para resucitar de entre los muertos	21 Porque como el Padre levanta a los muertos, y les da vida, así también el Hijo a los que quiere da vida.	28 No os maravilléis de esto; porque vendrá hora cuando todos los que están en los sepulcros oirán su voz; 29 y los que hicieron lo bueno, saldrán a resurrección de vida; mas los que hicieron lo malo, a resurrección de condenación.	**10 Prueba 9: Su poder para resucitar a todos hombres de la tumba** a. Hombres que han hecho bien: resucitados a la vida b. Hombres que han hecho daño: resucitados para la condena
5 Prueba 4: Su control sobre todo el proceso judicial a. Propósito: que los hombres puedan honrar al hijo b. Hecho: Si Cristo no es honrado, Dios no es honrado	22 Porque el Padre a nadie juzga, sino que todo el juicio dio al Hijo, 23 para que todos honren al Hijo como honran al Padre. El que no honra al Hijo, no honra al Padre que le envió.	30 No puedo yo hacer nada por mí mismo; según oigo, así juzgo; y mi juicio es justo, porque no busco mi voluntad, sino la voluntad del que me envió, la del Padre.	c. El juicio: Será un juicio justo

DIVISIÓN VI

LA REVELACIÓN DE JESÚS, LA AUTORIDAD Y EL PODER SOBRE LA VIDA, 5:1-47

B. La autoridad asombrosa: Igualdad con Dios, 5:17-30

(5:17-30) **Jesucristo, Reclamos - deidad:** Todos los hombres deben enfrentar este reclamo estremecedor y frustrante de Cristo. Él hizo el sorprendente reclamo de que toda autoridad le correspondía a Él. ¿Cómo es que pudo hacer un reclamo tan sorprendente? Porque Él proclamó que poseía igualdad con Dios y luego prosiguió dando prueba tras prueba que inequívocamente verificaron su reclamo.

1. Jesús declaró igualdad con Dios (vv. 17, 18).
2. Prueba 1: Su obediencia (v. 19).
3. Prueba 2: Sus grandes obras (v. 20).
4. Prueba 3: Su poder para dar vida, para resucitar de entre los muertos (v. 21).
5. Prueba 4: Su control sobre todo el proceso judicial (vv. 22, 23)
6. Prueba 5: Su poder sobre el destino del hombre, para salvar a los hombres de la muerte a la vida (vv. 24, 25).
7. Prueba 6: Su energía de vida, su existencia propia (v. 26).
8. Prueba 7: Su autoridad para dictar juicio (v. 27).
9. Prueba 8: Su reclamo de ser el único Hijo de Dios (v. 27).
10. Prueba 9: Su poder para resucitar a todos los hombres de la tumba (vv. 28-30).

[1] (5:17-18) ***Jesucristo, Reclamos - deidad - Extremistas religiosos, Oposición a Cristo:*** Jesús declaró igualdad con Dios. Advierta la sorprendente declaración: llamó a Dios “Mi Padre” no “nuestro Padre”. Jesús estaba declarando una relación

única, una unión Padre-Hijo con Dios; y advierta: el estremecedor hecho fue *claramente comprendido* por los extremistas religiosos. Ellos comprendieron claramente...

- que Él había dicho que Dios era su Padre (cp. "Su propio Hijo" Ro. 8:32).
- que Él se estaba colocando en la misma posición que Dios (cp. "Igual a Dios", Fil. 2:6).

Su reclamo era incuestionable. Ellos sabían exactamente lo que Él estaba proclamando (ver nota, Jn. 1:34 para una mayor discusión).

Un segundo reclamo fue este: Jesús dijo "Mi Padre hasta ahora trabaja" (*heos arti ergazetai*), que significa: "Mi Padre sigue trabajando incluso hasta ahora". Esto es, Dios nunca cesa de trabajar, incluso en el día de reposo (domingo). Es cierto que cuando Dios creó el mundo, las Escrituras dicen que Él descansó el séptimo día; pero esto significa que Él descansó de su obra creadora no de su otra obra. Su obra de amor y misericordia, de ayudar y cuidar (compasión), de ocuparse de y de supervisar (soberanía) continuó. Advierta: Jesús dijo "y yo trabajo", con lo que quería significar que Él hacía el bien en el día de reposo así como lo hacía Dios. Nuevamente, estaba declarando ser igual a Dios, declarando tener el mismo derecho a trabajar que Dios: esto es, borrar las leyes incorrectas de los hombres y establecer las reglas justas y compasivas de Dios.

Por estos dos motivos los extremistas religiosos quisieron matar a Jesús.

1. Él dijo claramente "Mi Padre", sosteniendo que Dios era su Padre y *equiparándose* con Dios. Claramente estaba sosteniendo que Él era "*el* Hijo de Dios", "el hijo unigénito de Dios" (cp. Jn. 3:16).

2. Quebrantó la ley en contra de trabajar el día de reposo (domingo), sosteniendo que Él tenía la misma autoridad que Dios, la autoridad de hacer el bien en el día de reposo: de ser compasivo enseñando, ayudando y ocupándose de los hombres.

Pensamiento 1: Una persona o bien acepta el reclamo de Jesús de ser igual a Dios o lo rechaza. El reclamo fue hecho con claridad. Ya no hay un terreno neutral donde los hombres puedan estar de pie. Ahora, el hombre está obligado a tomar una decisión.

Pensamiento 2: Algunos toman las palabras y el comportamiento de Jesús en el día de reposo como la aprobación para trabajar el domingo. Este es un razonamiento falso. Jesús no estaba violando o quebrantando el día del Señor como el día para el descanso y adoración del hombre. Todo lo contrario. Él estaba diciendo que el día debía ser usado para la compasión y la misericordia y el bien, ayudando a los hombres en sus necesidades.

[2] (5:19) ***Obediencia - Jesucristo, Naturaleza - deidad:*** La primera prueba de que Jesús era igual a Dios fue su obediencia. Jesús manifestó dos hechos asombrosos:

1. No actuó solo. No actuó en forma independiente de Dios (cp. Jn.5:30; 7:28; 8:28; 14:10). No desobedeció a Dios. No...

- tomó su vida en sus propias manos.
- hizo sus propias cosas.
- actuó egoístamente.
- caminó separadamente de Dios.

Advierta la significación, la crucial importancia de este punto. Jesús dijo: "De cierto, de cierto os digo", que significa escuchen, escuchen. Presten mucha atención a lo que se va a decir.

2. Hizo exactamente lo que vio hacer a su Padre. No hubo divergencia alguna entre el Padre y Jesús. Aquí hay tres declaraciones.

⇒ Jesús estaba en *comunión perfecta e intacta* con Dios.
⇒ Jesús era de la *misma naturaleza y persona* que Dios.
⇒ Jesús *actuó como Dios porque Él era Dios:* hizo exactamente lo que hizo Dios. Hizo "las mismas cosas" (*tauta*) en "la misma forma" (*homoios*). Actuó y se comportó exactamente como Dios actuó y se comportó.

Jesucristo era totalmente obediente. Actuó exactamente en la naturaleza de Dios (¡Vaya lección *sobre* obediencia ! ¡Vaya reto *de* obediencia !).

"Todas las cosas me fueron entregadas por mi Padre; y nadie conoce al Hijo, sino el Padre, ni al Padre conoce alguno, sino el Hijo, y aquel a quien el Hijo lo quiera revelar" (Mt. 11:27).

"Pero yo le conozco, porque de él procedo, y él me envió" (Jn. 7:29).

"Pero vosotros no le conocéis; mas yo le conozco, y si dijere que no le conozco, sería mentiroso como vosotros; pero le conozco, y guardo su palabra" (Jn. 8:55).

"Así como el Padre me conoce, y yo conozco al Padre; y pongo mi vida por las ovejas" (Jn. 10:15).

"Yo y el Padre uno somos" (Jn. 10:30).

"Si no hago las obras de mi Padre, no me creáis. Mas si las hago, aunque no me creáis a mí, creed a las obras, para que conozcáis y creáis que el Padre está en mí, y yo en el Padre" (Jn. 10:37, 38).

"¿No crees que yo soy en el Padre, y el Padre en mí? Las palabras que yo os hablo, no las hablo por mi propia cuenta, sino que el Padre que mora en mí, él hace las obras" (Jn. 14:10).

"Y ya no estoy en el mundo; mas éstos están en el mundo, y yo voy a ti. Padre santo, a los que me has dado, guárdalos en tu nombre, para que sean uno, así como nosotros" (Jn. 17:11).

"Para que todos sean uno; como tú, oh Padre, en mí, y yo en ti, que también ellos sean uno en nosotros; para que el mundo crea que tú me enviaste. La gloria que me diste, yo les he dado, para que sean uno, así como nosotros somos uno" (Jn. 17:21, 22).

"Padre justo, el mundo no te ha conocido, pero yo te he conocido, y éstos han conocido que tú me enviaste" (Jn. 17:25).

[3] (5:20) ***Jesucristo, deidad - Obras:*** La segunda prueba de que Jesús era igual a Dios fueron sus grandes obras. Se realizaron dos sorprendentes manifestaciones. (Ver nota, Jn. 5:36 para una mayor discusión al respecto).

1. El Padre ama al Hijo. La idea es que el Padre sigue amando y nunca deja de amar al Hijo. Nunca hay un momento en que el amor declina. Es un amor perfecto que nunca cesa de dar.

"Si no hago las obras de mi Padre, no me creáis" (Jn. 10:17).

"Pues el Padre mismo os ama, porque vosotros me

habéis amado, y habéis creído que yo salí de Dios" (Jn. 16:27).

"Yo en ellos, y tú en mí, para que sean perfectos en unidad, para que el mundo conozca que tú me enviaste, y que los has amado a ellos *como también a mí me has amado*" (Jn. 17:23).

"Y les he dado a conocer tu nombre, y lo daré a conocer aún, para que el amor *con que me has amado*, esté en ellos, y yo en ellos" (Jn. 17:26).

"Mientras él aún hablaba, una nube de luz los cubrió; y he aquí una voz desde la nube, que decía: Este es mi Hijo amado, en quien tengo complacencia; a él oíd" (Mt. 17:5).

"Y luego, cuando subía del agua, vio abrirse los cielos, y al Espíritu como paloma que descendía sobre él. Y vino una voz de los cielos que decía: Tú eres mi Hijo amado; en ti tengo complacencia" (Mr. 1:10, 11).

"Para alabanza de la gloria de su gracia, con la cual nos hizo aceptos en el Amado" (Ef. 1:6).

"El cual nos ha librado de la potestad de las tinieblas, y trasladado al reino de su amado Hijo" (Col. 1:13).

"Así tampoco Cristo se glorificó a sí mismo haciéndose sumo sacerdote, sino el que le dijo: Tú eres mi Hijo, yo te he engendrado hoy" (He. 5:5).

"El que tiene mis mandamientos, y los guarda, ése es el que me ama; y el que me ama, *será amado por mi Padre*, y yo le amaré, y me manifestaré a él" (Jn. 14:21; cp. Jn. 14:23).

"Como *el Padre me ha amado*, así también yo os he amado; permaneced en mi amor" (Jn. 15:9)

2. Por lo tanto, el Padre le mostró al Hijo todas las cosas que Él hizo.

a. Todas las cosas que Jesús hizo fueron las mismas cosas que hizo el Padre.

b. Jesús dijo que el Padre iba a mostrarle mayores cosas para hacer, cosas más importantes que la sanidad del paralítico (vv. 8, 9). Jesús iría a...

- controlar las fuerzas de la naturaleza (tormentas en el Mar de Galilea).
- multiplicar los alimentos.
- resucitar a los muertos y sanar a multitudes de personas.
- instituir una ley más grande, la ley del Hijo del Hombre. (Ver nota, Mt. 5:17, 18).
- instituir nuevas ordenanzas.
- crear personas de nuevo.

"Mas yo tengo mayor testimonio que el de Juan; porque las obras que el Padre me dio para que cumpliese, las mismas obras que yo hago, dan testimonio de mí, que el Padre me ha enviado" (Jn. 5:36).

"Me es necesario hacer las obras del que me envió, entre tanto que el día dura; la noche viene, cuando nadie puede trabajar" (Jn. 9:4).

"Jesús les respondió: Os lo he dicho, y no creéis; las obras que yo hago en nombre de mi Padre, ellas dan testimonio de mí" (Jn. 10:25).

"Si no hago las obras de mi Padre, no me creáis. Mas si las hago, aunque no me creáis a mí, creed a las obras, para que conozcáis y creáis que el Padre está en mí, y yo en el Padre" (Jn. 10:37, 38).

"¿No crees que yo soy en el Padre, y el Padre en mí? Las palabras que yo os hablo, no las hablo por mi propia cuenta, sino que el Padre que mora en mí, él hace las obras. Creedme que yo soy en el Padre, y el Padre en mí; de otra manera, creedme por las mismas obras" (Jn. 14:10, 11).

"Si yo no hubiese hecho entre ellos obras que ningún otro ha hecho, no tendrían pecado; pero ahora han visto y han aborrecido a mí y a mi Padre" (Jn. 15:24).

4 (5:21) ***Jesucristo, deidad - Vida - Salvación - Resurrección:*** La tercera prueba de que Jesús era igual a Dios era su poder de dar vida.

1. Dios da vida, y solo Dios *puede* dar vida. Por lo tanto si Él desea tomar un cuerpo muerto e infundirle vida, puede hacerlo. Al dar vida y resucitar a los muertos, Dios...

- es soberano, actuando plenamente como Él solo lo desea.
- no se ve limitado ni refrenado.
- tiene el poder y la autoridad.
- ejerce el amor perfecto, la justicia y la sabiduría. Sabe exactamente qué está haciendo y lo hace perfectamente.

2. El Hijo, Jesucristo, da vida a quién *Él desea*. Al igual que lo hace Dios, lo hace Cristo. Cristo es igual que dios en dar vida y resucitar a los muertos. Advierta....

- que hay un estado de muerte. (Ver Estudio a fondo 1, He. 9:27.)
- que hay un estado de vida, de ser resucitado, de ser revivido de entre los muertos. (Cp. Ef. 2:1ss.)

Cristo da vida a una persona cuando dicha persona cree en Él, y la vida que Él da es tanto abundante como eterna (Ver nota, Jn. 3:16.)

"Pues para que sepáis que el Hijo del Hombre tiene potestad en la tierra para perdonar pecados (dice entonces al paralítico): Levántate, toma tu cama, y vete a tu casa" (Mt. 9:6).

"Y Jesús se acercó y les habló diciendo: Toda potestad me es dada en el cielo y en la tierra" (Mt. 28:18).

"Como le has dado potestad sobre toda carne, para que dé vida eterna a todos los que le diste" (Jn. 17:2).

"Y si el Espíritu de aquel que levantó de los muertos a Jesús mora en vosotros, el que levantó de los muertos a Cristo Jesús vivificará también vuestros cuerpos mortales por su Espíritu que mora en vosotros" (Ro. 8:11).

"Y él os dio vida a vosotros, cuando estabais muertos en vuestros delitos y pecados" (Ef. 2:1; cp. vv. 2, 3)

"Pero Dios, que es rico en misericordia, por su gran amor con que nos amó, aun estando nosotros muertos en pecados, nos dio vida juntamente con Cristo (por gracia sois salvos), y juntamente con él nos resucitó, y asimismo nos hizo sentar en los lugares celestiales con Cristo Jesús, para mostrar en los siglos venideros las abundantes riquezas de su gracia en su bondad para con nosotros en Cristo Jesús. Porque por gracia sois salvos por medio de la fe; y esto no de vosotros, pues es don de Dios; no por obras, para que nadie se gloríe" (Ef. 2:4-9).

"Y a vosotros, estando muertos en pecados y en la incircuncisión de vuestra carne, os dio vida juntamente con él, perdonándoos todos los pecados" (Col. 2:13).

5 (5:22, 23) ***Jesucristo, deidad - Juicio - Honor, de Jesucristo - Relación, con Dios:*** La cuarta prueba de que Jesús era igual a Dios era su control sobre todo el proceso judicial. La mayoría de los hombres piensan que Dios (el Padre) juzgará al mundo y que tendrán que estar frente a Dios en el día del juicio. Pero no es así, dice Jesús. Él sostiene que Dios "a *nadie* juzga, sino que *todo el juicio dio al Hijo.*" La escena es la imagen de una corte suprema, no solo la corte suprema de una nación, sino la corte suprema del universo presidido por Jesucristo.

> **"Por cuanto ha establecido un día en el cual juzgará al mundo con justicia, por aquel varón a quien designó, dando fe a todos con haberle levantado de los muertos" (Hch. 17:31).**
>
> **"Y serán reunidas delante de él todas las naciones; y apartará los unos de los otros, como aparta el pastor las ovejas de los cabritos" (Mt. 25:32).**
>
> **"Y nos mandó que predicásemos al pueblo, y testificásemos que él es el que Dios ha puesto por Juez de vivos y muertos" (Hch. 10:42).**
>
> **"Por cuanto ha establecido un día en el cual juzgará al mundo con justicia, por aquel varón a quien designó, dando fe a todos con haberle levantado de los muertos" (Hch. 17:31).**
>
> **"En el día en que Dios juzgará por Jesucristo los secretos de los hombres, conforme a mi evangelio" (Ro. 2:16).**
>
> **"Pero tú, ¿por qué juzgas a tu hermano? O tú también, ¿por qué menosprecias a tu hermano? Porque todos compareceremos ante el tribunal de Cristo" (Ro. 14:10).**
>
> **"Así que, no juzguéis nada antes de tiempo, hasta que venga el Señor, el cual aclarará también lo oculto de las tinieblas, y manifestará las intenciones de los corazones; y entonces cada uno recibirá su alabanza de Dios" (1 Co. 4:5).**
>
> **"Te encarezco delante de Dios y del Señor Jesucristo, que juzgará a los vivos y a los muertos en su manifestación y en su reino" (2 Ti. 4:1).**
>
> **"Pero ellos darán cuenta al que está preparado para juzgar a los vivos y a los muertos" (1 P. 4:5).**

1. El propósito de todo juicio dado a Cristo tiene un solo significado: Dios quiso que todos los hombres honraran al Hijo tal como lo honran a Él. La idea es que Dios ha determinado que los hombres *seguirán honrando al Hijo* con el mismo honor y adoración que le prestan a Él. (Esto se observa en el tiempo verbal griego que es *presente activo* subjetivo).

2. Esta es una verdad que estremece a los hombres, puesto que significa que si un hombre no honra a Cristo, no honra a Dios; y si no adora a Cristo, no adora a Dios.

> **"El que me aborrece a mí, también a mi Padre aborrece" (Jn. 15:23).**
>
> **"Todo aquel que niega al Hijo, tampoco tiene al Padre. El que confiesa al Hijo, tiene también al Padre" (1 Jn. 2:23).**
>
> **"El que a vosotros oye, a mí me oye; y el que a vosotros desecha, a mí me desecha; y el que me desecha a mí, desecha al que me envió" (Lc. 10:16).**
>
> **"Porque el que se avergonzare de mí y de mis palabras en esta generación adúltera y pecadora, el Hijo del Hombre se avergonzará también de él, cuando venga en la gloria de su Padre con los santos ángeles" (Mr. 8:38).**
>
> **"¿Quién es el mentiroso, sino el que niega que Jesús es el Cristo? Este es anticristo, el que niega al Padre y al Hijo" (1 Jn. 2:22).**

6 (5:24, 25) ***Jesucristo, deidad - Salvación - Pecado - Muerte:*** La quinta prueba de que Jesús era igual a Dios era su poder sobre el destino del hombre, el poder de salvar a los hombres de la muerte a la vida. Advierta tres puntos significativos.

1. Cómo se salva a los hombres.
   a. Son salvos escuchando la Palabra de Jesús. La idea es de *compromiso y obediencia* a ella. Para poder ser salvo, los hombres deben escuchar y seguir la Palabra de Dios, haciendo exactamente lo que Él dice.
   b. Son salvos por creer en Dios, esto es, por creer que Dios ha enviado a su Hijo Jesucristo para salvarlos.

> **"Porque de tal manera amó Dios al mundo, que ha dado a su Hijo unigénito, para que todo aquel que en él cree, no se pierda, mas tenga vida eterna" (Jn. 3:16).**
>
> **"Mas Dios muestra su amor para con nosotros, en que siendo aún pecadores, Cristo murió por nosotros" (Ro. 5:8).**

2. El resultado de ser salvo: la vida eterna. Un hombre pasa del estado de la muerte al estado de la vida, del estado de la condena al estado de la justificación. Cuando un hombre es verdaderamente salvo, nunca es condenado a morir; es declarado justo y se le da vida eterna. Advierta la manera descriptiva de decirlo: "*ha pasado* de muerte a vida". Advierta también que el hombre actualmente está en un *estado de muerte;* esto es, que el hombre está en proceso de morirse. El hombre *debe morir y morirá.* Él no puede detener el proceso. (Ver Estudio a fondo 1, He. 9:27. cp. Ef. 2:1, 5; 5:14.)

3. Los hechos tienen dos significados. La hora ha llegado y ahora es...
   - cuando los espiritualmente muertos *pueden oír* la voz del Hijo de Dios.
   - cuando los espiritualmente muertos, que oyen, *pueden vivir.*

> **"Porque dice: En tiempo aceptable te he oído, y en día de salvación te he socorrido. He aquí ahora el tiempo aceptable; he aquí ahora el día de salvación" (2 Co. 6:2).**
>
> **"El que cree en el Hijo tiene vida eterna; pero el que rehúsa creer en el Hijo no verá la vida, sino que la ira de Dios está sobre él" (Jn. 3:36).**

ESTUDIO A FONDO 1

(5:25) ***Jesucristo, Hijo de Dios:*** Hay tres lugares en el Evangelio de Juan donde Jesús se llama a sí mismo el Hijo de Dios (Jn. 5:25; 10:36; 11:4; cp. Jn. 19:7). Advierta también el reclamo de ser el Hijo (Jn. 5:19-23, 26; 6:40; 8:35-36; 14:13; 19:1). También cabe advertir el propósito manifiesto de Juan.

> **"Pero éstas se han escrito para que creáis que *Jesús es el Cristo, el Hijo de Dios*, y para que creyendo, tengáis vida en su nombre" (Jn. 20:31).**

7 (5:26) ***Jesucristo, deidad - Vida, Fuente:*** La sexta prueba de que Jesús era igual a Dios era su energía de vida, su existencia propia, Dios es...

- la energía de la vida
- el poseedor de la vida
- el soberano de la vida
- el poder de la vida
- la fuente de la vida
- la vida autoexistente
- el ser de la vida
- la esencia de la vida

Dios tiene vida dentro de Sí mismo. Y advierta: Dios le ha dado la misma energía de vida al Hijo. Jesucristo posee "el verdadero ser" de la vida, del poder y la energía de existencia propia dentro de sí.

La implicancia es clara: Jesucristo tiene el *poder* de dar vida eterna a quienes lo oyen y creen en Dios.

> **"Entonces Jehová Dios formó al hombre del polvo de la tierra, y sopló en su nariz *aliento de vida*, y fue el hombre un ser viviente" (Gn. 2:7).**
>
> **"Amando a Jehová tu Dios, atendiendo a su voz, y siguiéndole a él; porque *él es vida para ti*, y prolongación de tus días; a fin de que habites sobre la tierra que juró Jehová a tus padres, Abraham, Isaac y Jacob, que les había de dar" (Dt. 30:20).**
>
> **"El espíritu de Dios me hizo, y el soplo del Omnipotente me dio vida" (Job 33:4).**
>
> **"Jehová es la *fortaleza* de mi vida; ¿de quién he de atemorizarme?" (Sal. 27:1).**
>
> **"Porque contigo está el manantial de la vida; en tu luz veremos la luz" (Sal. 36:9).**
>
> **"Pero de día mandará Jehová su misericordia, y de noche su cántico estará conmigo, y mi oración al *Dios de mi vida*" (Sal. 42:8).**
>
> **"El es quien preservó la vida a nuestra alma, y no permitió que nuestros pies resbalasen" (Sal. 66:9).**
>
> **"En él estaba la vida, y la vida era la luz de los hombres" (Jn. 1:4).**
>
> **"El ladrón no viene sino para hurtar y matar y destruir; yo he venido para que tengan vida, y para que la tengan en abundancia" (Jn. 10:10).**
>
> **"Le dijo Jesús: Yo soy la resurrección y la vida; el que cree en mí, aunque esté muerto, vivirá" (Jn. 11:25).**
>
> **"Jesús le dijo: Yo soy el camino, y la verdad, y la vida; nadie viene al Padre, sino por mí" (Jn. 14:6).**
>
> **"Para que así como el pecado reinó para muerte, así también la gracia reine por la justicia para vida eterna mediante Jesucristo, Señor nuestro" (Ro. 5:21).**
>
> **"Pero que ahora ha sido manifestada por la aparición de nuestro Salvador Jesucristo, el cual quitó la muerte y sacó a luz la vida y la inmortalidad por el evangelio" (2 Ti. 1:10).**
>
> **"El que tiene al Hijo, tiene la vida; el que no tiene al Hijo de Dios no tiene la vida" (1 Jn. 5:12).**

8 (5:27) ***Jesucristo, deidad - Juicio - Compasión:*** La séptima prueba de que Jesús era igual a Dios era su poder para emitir un juicio. Jesucristo es el Hijo del Hombre, que vivió tal como viven todos los hijos de los hombres. Caminó por la vida como Hombre, cargando con todo el peso y la presión, las pruebas y las tentaciones, los sufrimientos y la muerte, los gozos y las victorias que experimentan los hombres. Él conoce todas las facetas y fibras de la vida humana; por lo tanto, Él es capaz de ejercer un juicio perfecto. Por este motivo, Dios le dio el derecho y la autoridad de juzgar a los hombres. (Ver nota, *Hijo del Hombre*, Jn. 1:51.)

9 (5:27) ***Jesucristo, deidad - Hijo del Hombre:*** La octava prueba de que Jesús era igual a Dios era su declaración de ser el Hijo del Hombre. Esta era la descripción favorita de Jesús sobre Sí mismo (Ver notas, *Hijo del Hombre*, Jn. 1:51 para mayor discusión. Cp. 3:13-14; 5:27; 6:27, 53, 62, 8:28; 9:35; 12:3-34; 13:31.)

10 (5:28-30) ***Resurrección, la - Juicio:*** La novena prueba de que Jesús era igual a Dios era su poder para resucitar a todos los hombres de la tumba. Advierta varias cosas.

1. Es la voz ?la Palabra, el poder de Jesús? que resucitará a "todos los que están en los sepulcros".
2. "Todos los que están en los sepulcros" serán resucitados. Ni uno solo será dejado en la tierra. Todos "saldrán".
3. "Vendrá hora" cuando todos sean resucitados. La hora está determinada, fija, ya establecida.
4. Los hombres "no os maravilléis de esto". No es increíble ni ridículo, puesto que *Dios es*. Él existe y tiene un plan para el mundo. El mundo no se creó así porque sí. La vida no se produjo por casualidad, sin un propósito y un significado más allá de unos pocos años. La vida no está destinada, sin esperanza, a la desesperación y a la suciedad. Hay un significado, un propósito y una importancia, tanto para la vida como para el mundo.
5. Los hombres que han hecho bien "saldrán a resurrección de vida". Importa cómo ha vivido uno. El hombre que profesa y vive para Dios participará en la resurrección de la vida, pero los que han hecho mal "a resurrección de condenación" (juicio, condena, cp. Jn.3:17). Lo que haya profesado una persona no tendrá importancia. Todo lo que importará será cómo ha vivido una persona. ¿Ha vivido en forma justa y santa en este mundo presente, creyendo en Cristo y sirviéndolo? Creer en Cristo significa que una persona ha comprometido su vida para seguir a Cristo, para obedecerlo y servirlo (Ver nota, Jn. 2:2).

Pensamiento 1: Advierta dos hechos críticos acerca de la resurrección.

1) Habrá una resurrección de todos los que han creído y obedecido al Señor Jesucristo.

> **"De cierto, de cierto os digo: Viene la hora, y ahora es, cuando los muertos oirán la voz del Hijo de Dios; y los que la oyeren vivirán" (Jn. 5:25).**
>
> **"Y esta es la voluntad del que me ha enviado: Que todo aquél que ve al Hijo, y cree en él, tenga vida eterna; y yo le resucitaré en el día postrero" (Jn. 6:40).**
>
> **"Le dijo Jesús: Yo soy la resurrección y la vida; el que cree en mí, aunque esté muerto, vivirá" (Jn. 11:25).**
>
> **"Porque así como en Adán todos mueren, también en Cristo todos serán vivificados" (1 Co. 15:22).**
>
> **"Sabiendo que el que resucitó al Señor Jesús, a nosotros también nos resucitará con Jesús, y nos presentará juntamente con vosotros" (2 Co. 4:14).**
>
> **"Porque el Señor mismo con voz de mando, con voz de arcángel, y con trompeta de Dios, descenderá del cielo; y los muertos en Cristo resucitarán primero. Luego nosotros los que vivimos, los que hayamos quedado, seremos arrebatados juntamente con ellos en las nubes**

para recibir al Señor en el aire, y así estaremos siempre con el Señor" (1 Ts. 4:16, 17).

"Pero Dios redimirá mi vida del poder del Seol, porque él me tomará consigo" (Sal. 49:15).

"Tú, que me has hecho ver muchas angustias y males, volverás a darme vida, y de nuevo me levantarás de los abismos de la tierra" (Sal. 71:20).

"De la mano del Seol los redimiré, los libraré de la muerte. Oh muerte, yo seré tu muerte; y seré tu destrucción, oh Seol; la compasión será escondida de mi vista" (Os. 13:14).

2) Habrá una resurrección no solo de creyentes, sino también una resurrección de todos los que han rechazado y desobedecido al Señor Jesucristo.

"No os maravilléis de esto; porque vendrá hora cuando todos los que están en los sepulcros oirán su voz; y los que hicieron lo bueno, saldrán a resurrección de vida; mas los que hicieron lo malo, a resurrección de condenación" (Jn. 5:28, 29).

"Teniendo esperanza en Dios, la cual ellos también abrigan, de que ha de haber resurrección de los muertos, así de justos como de injustos" (Hch. 24:15).

"Y muchos de los que duermen en el polvo de la tierra serán despertados, unos para vida eterna, y otros para vergüenza y confusión perpetua" (Dn. 12:2).

6. El juicio de Cristo será un juicio *justo*. Él juzgará precisamente mientras "oye", exactamente como Dios *quiere*. Él oye y hace la voluntad de Dios en forma perfecta; por lo tanto, Él oirá a Dios y ejecutará el juicio de Dios exactamente como Él lo desea. Solo los hombres que han vivido vidas santas participarán en la "resurrección de la vida". Todos los demás recibirán la "resurrección de la condenación".

"Porque el Hijo del Hombre vendrá en la gloria de su Padre con sus ángeles, y entonces pagará a cada uno conforme a sus obras" (Mt. 16:27).

"El cual pagará a cada uno conforme a sus obras" (Ro. 2:6).

"Porque es necesario que todos nosotros comparezcamos ante el tribunal de Cristo, para que cada uno reciba según lo que haya hecho mientras estaba en el cuerpo, sea bueno o sea malo" (2 Co. 5:10).

"Y si invocáis por Padre a aquel que sin acepción de personas juzga según la obra de cada uno, conducíos en temor todo el tiempo de vuestra peregrinación" (1 P. 1:17).

"Y vi a los muertos, grandes y pequeños, de pie ante Dios; y los libros fueron abiertos, y otro libro fue abierto, el cual es el libro de la vida; y fueron juzgados los muertos por las cosas que estaban escritas en los libros, según sus obras. Y el mar entregó los muertos que había en él; y la muerte y el Hades entregaron los muertos que había en ellos; y fueron juzgados cada uno según sus obras. Y la muerte y el Hades fueron lanzados al lago de fuego. Esta es la muerte segunda. Y el que no se halló inscrito en el libro de la vida fue lanzado al lago de fuego" (Ap. 20:12-15).

"He aquí yo vengo pronto, y mi galardón conmigo, para recompensar a cada uno según sea su obra" (Ap. 22:12).

"Y tuya, oh Señor, es la misericordia; porque tú pagas a cada uno conforme a su obra" (Sal. 62:12).

"Yo Jehová, que escudriño la mente, que pruebo el corazón, para dar a cada uno según su camino, según el fruto de sus obras"(Jer. 17.10).

	C. Los cinco testimonios de la autoridad y el poder de Jesús, 5:31-39	36 Mas yo tengo mayor testimonio que el de Juan; porque las obras que el Padre me dio para que cumpliese, las mismas obras que yo hago, dan testimonio de mí, que el Padre me ha enviado.	**4 El testimonio de las obras milagrosas**
1 El propio testimonio de uno es inaceptable	31 Si yo doy testimonio acerca de mí mismo, mi testimonio no es verdadero.		
2 El testimonio interior: el Espíritu	32 Otro es el que da testimonio acerca de mí, y sé que el testimonio que da de mí es verdadero.	37 También el Padre que me envió ha dado testimonio de mí. Nunca habéis oído su voz, ni habéis visto su aspecto, 38 ni tenéis su palabra morando en vosotros; porque a quien él envió, vosotros no creéis.	**5 El testimonio de Dios mismo**
3 El testimonio de Juan el Bautista	33 Vosotros enviasteis mensajeros a Juan, y él dio testimonio de la verdad. 34 Pero yo no recibo testimonio de hombre alguno; mas digo esto, para que vosotros seáis salvos. 35 El era antorcha que ardía y alumbraba; y vosotros quisisteis regocijaros por un tiempo en su luz.	39 Escudriñad las Escrituras; porque a vosotros os parece que en ellas tenéis la vida eterna; y ellas son las que dan testimonio de mí.	**6 El testimonio de las Escrituras**

DIVISIÓN VI

LA REVELACIÓN DE JESÚS, LA AUTORIDAD Y EL PODER SOBRE LA VIDA, 5:1-47

C. Los cinco testimonios de la autoridad y el poder de Jesús, 5:31-39

(5:31-39) ***Introducción:*** Hay cinco testimonios de la autoridad de Jesús.

1. El propio testimonio de uno es inaceptable (v. 31).
2. El testimonio interior: el Espíritu (v. 32).
3. El testimonio de Juan el Bautista (vv. 33-35).
4. El testimonio de las obras milagrosas (v. 36).
5. El testimonio de Dios mismo (vv. 37, 38).
6. El testimonio de las Escrituras (v. 39).

[1] (5:31) ***Jesucristo, deidad - Testimonio - Sistema judicial:*** El testimonio propio de un hombre es inaceptable y despierta sospechas. El testimonio de un hombre debe estar respaldado por otros testimonios, y por lo menos se requieren dos testigos. Esta es una de las leyes de la sociedad más fundamentales en todo el mundo (cp. Dt. 17:6; 19:15; Mt. 18:16; 2 Co. 13:1; 1 Ti. 5:19). Esto era lo que Jesús quería decir. Advierta cómo descendía al nivel del hombre. Lo que dijo era verdad. Él era el Hijo de Dios; Él no podía mentir. Él era precisamente quien sostenía ser y el hecho debía darse a conocer. Los hombres deben haber buscado a Dios tan diligentemente que no podían omitir el hecho de que Él era el Hijo de Dios. Él era tan diferente y tan divino. Sin embargo, para satisfacer sus necesidades, iba a demostrar el hecho al satisfacer las exigencias de la justicia. Iba a llamar a cinco testigos para que demostraran lo que sostenía.

> ***Pensamiento 1:*** El hecho de que la palabra de un hombre no es digna de confianza refleja el deficiente material del cual están hechos los hombres. No se puede confiar en la palabra de un hombre, en su sinceridad e integridad, ni siquiera en un tribunal. Advierta su naturaleza de egocentrismo; se ama a sí mismo mucho más que a la verdad, incluso cuando se ven amenazadas la vida de la sociedad y sus leyes.

> ***Pensamiento 2:*** Advierta el amor de Cristo por el hombre, su búsqueda del hombre, utilizando todo método que puede para convencer a los hombres de manera que sean salvos.

[2] (5:32) ***Espíritu Santo - Jesucristo - Testimonios de:*** Está el testimonio interior, el Espíritu Santo. Cristo no identificó a quién se refería por "otro" (*allos*) (cp. Jn. 14:16). La mayoría de los comentaristas creen que se estaba refiriendo a Dios mismo. Hay tres motivos por los cuales se piensa que Cristo se estaba refiriendo al Espíritu Santo.

1. El Espíritu Santo ya se le había otorgado a Cristo "sin medida" (Ver nota, Jn. 3:34). Él era, por supuesto, muy consciente del testimonio del Espíritu tanto dentro de Él como sin Él. El Espíritu lo estaba facultando y haciendo las obras de Dios a través de Él.

2. El Espíritu Santo es uno de los testigos que dan testimonio de Cristo (cp. 1 Jn. 5:6-12). Cuando Juan el apóstol habla del testimonio de Cristo en su epístola, menciona al Espíritu. Si este versículo no se refiriera al Espíritu, entonces el Espíritu no figura como uno de los testimonios de este pasaje. Esto sería muy poco probable, especialmente puesto que el testimonio del Padre se cubre en los versículos 37 y 38, y el ministerio y testimonio del Espíritu se trata tan profundamente en este Evangelio: (Ver bosquejo y notas, Jn. 14:15-26; 16:7-15).

3. Advierta la redacción del versículo. Cristo parecería estar hablando más acerca de un testigo interior, el testigo de una presencia que Él percibe en lo más profundo de su Ser, un poder

que obra en Él y a través de Él. Este, por supuesto, podría ser Dios, pero nuevamente, también podría ser el Espíritu que encajaría más naturalmente en el contexto.

Advierta las palabras del Señor: "*sé* que el testimonio que da de mí es *verdadero*". El Señor quiso decir al menos dos cosas.

1. Él conocía la verdad del testimonio dentro de su propio corazón y su vida. Tenía la consciencia, el sentido, el darse cuenta, el conocimiento personal del testimonio del Espíritu dentro de su propio Ser interior. El Espíritu dio testimonio con el propio Espíritu de Jesús de que Él era el Hijo de Dios.

2. Él sabía que el testimonio y la obra del Espíritu Santo, en y a través de Él, era verdadero. El Espíritu estaba condenando hombres, obrando en sus corazones, convenciéndolos de los reclamos de Cristo. (Ver bosquejo y notas, Jn. 16:7-15 sobre la discusión del Señor sobre la obra del Espíritu.)

"Porque el que Dios envió, las palabras de Dios habla; pues Dios no da el Espíritu por medida" (Jn. 3:34).

"El espíritu [El Espíritu Santo] es el que da vida; la carne para nada aprovecha; las palabras que yo os he hablado son espíritu y son vida" (Jn. 6:63).

"Cómo Dios ungió con el Espíritu Santo y con poder a Jesús de Nazaret, y cómo éste anduvo haciendo bienes y sanando a todos los oprimidos por el diablo, porque Dios estaba con él" (Hch. 10:38).

3 (5:33-35) ***Juan el Bautista:*** Estaba el testimonio de Juan el Bautista. Los extremistas religiosos habían mandado a algunos hombres a preguntarle a Juan sobre su testimonio, y Juan dio testimonio *de la verdad.* Advierta varios puntos.

1. Las palabras "dio testimonio" (*memartureken*) significan un testimonio permanente y continuo. Su mensaje no era un testimonio pasajero que apareció en escena y repentinamente desapareció. Su testimonio continuó y aún continúa y siempre continuará. Era un mensaje digno de confianza, un testimonio de la verdad (cp. Jn. 1:19-27, 29-36).

"En aquellos días vino Juan el Bautista predicando en el desierto de Judea, y diciendo: Arrepentíos, porque el reino de los cielos se ha acercado... Haced, pues, frutos dignos de arrepentimiento" (Mt. 3:1, 2, 8).

"Y ya también el hacha está puesta a la raíz de los árboles; por tanto, todo árbol que no da buen fruto es cortado y echado en el fuego. Yo a la verdad os bautizo en agua para arrepentimiento; pero el que viene tras mí, cuyo calzado yo no soy digno de llevar, es más poderoso que yo; él os bautizará en Espíritu Santo y fuego" (Mt. 3:10, 11).

2. Las palabras "la verdad" no son solo una referencia a la verdad del mensaje de Juan, sino de Cristo mismo, que es *la Verdad*, la personificación misma de la Verdad. (Ver Estudio a fondo 2, Jn. 14:6.)

"Jesús le dijo: Yo soy el camino, y la verdad, y la vida; nadie viene al Padre, sino por mí" (Jn. 14:6).

3. Jesús no necesitó ni pidió el testimonio de un simple hombre. La implicación para el hombre es clara: los hombres no deben pedir el testimonio de un simple hombre cuando tratan temas eternos que determinan su destino. El testimonio del Hijo de Dios debe ser tomado como el más fuerte de los testimonios, sin embargo, trágicamente, los hombres quieren el testimonio de otros hombres como ellos.

Nota: Jesús no recibió el testimonio de los hombres, puesto que Él sabía qué había en el hombre (cp. Jn. 2:24, 25). También reprendió a Nicodemo por no recibir su testimonio y suponer que era suficiente (Jn. 3:11).

4. Jesús llegó a los hombres, dándoles lo que ellos necesitaban, con la esperanza de salvar a algunos. Les dio el testigo humano más dinámico que pudo: Juan el Bautista. El testimonio de Juan fue tan claro y aguzado como podría ser: "He aquí el Cordero de Dios, que quita el pecado del mundo" (Jn. 1:29).

5. El testimonio de Juan fue el de una luz que ardía y alumbraba. Su luz claramente se vio como que era de Dios, encendida por Dios como la luz de Dios. Que el mensaje de Juan (testimonio) era de Dios no puede ser cuestionado por ninguna persona razonable y sincera. Juan demostró definitivamente a los hombres el camino a Dios, así como una luz muestra a los hombres la salida de las tinieblas.

6. Las personas se regocijaron en la luz de Juan, pero *solo por un tiempo*. Miraron a Juan como a una sensación, un momento de entusiasmo, escuchándolo y aceptando solo lo que querían. Muy sencillamente, si Juan decía algo que no les permitiera hacer lo que querían, lo rechazaban.

4 (5:36) ***Jesucristo, deidad - Obras - Testimonio de:*** Estaba el testimonio de las obras milagrosas. Jesús dijo cuatro cosas importantes. (Ver notas, Jn. 5:19; 5:20; Estudio a fondo 2, 10:25 para mayor discusión al respecto.)

1. Las obras de Jesús fueron un testimonio más importante que el de Juan el Bautista.

2. Las obras de Jesús le fueron otorgadas por el Padre. Él estaba cumpliendo una misión de Dios; por lo tanto lo que Él hizo –todas las obras– eran de Dios (cp. Jn. 3:35).

⇒ Él fue el designado por Dios para llevar adelante sus obras.

⇒ Él fue facultado por Dios para hacer sus obras.

3. Las obras de Jesús fueron las obras del Padre. El Padre fue el Originador, el Planificador, el Supervisor de las obras. Él fue el que había dado las obras para que se hicieran y se terminaran. Advierta que Jesús sostuvo haber terminado las obras perfectamente (cp. Jn. 17:4; 19:30).

4. Las obras de Jesús demostraron que el Padre lo había enviado. Eran obras que nunca habían sido, o podrían ser, hechas por otros (Jn. 15:24). Eran tan inusuales ?tan llenas de poder y sabiduría, de amor y cuidado, de gloria y honor a Dios? que todos los hombres que no lograron ver y creer no tuvieron excusa. Recuerde, Él solo llevó a cabo una de las obras divinas: sanar al paralítico.

"Me es necesario hacer las obras del que me envió, entre tanto que el día dura; la noche viene, cuando nadie puede trabajar" (Jn. 9:4).

"Jesús les respondió: Os lo he dicho, y no creéis; las obras que yo hago en nombre de mi Padre, ellas dan testimonio de mí" (Jn. 10:25).

"Si no hago las obras de mi Padre, no me creáis. Mas si las hago, aunque no me creáis a mí, creed a las obras,

para que conozcáis y creáis que el Padre está en mí, y yo en el Padre" (Jn. 10:37, 38).

"Creedme que yo soy en el Padre, y el Padre en mí; de otra manera, creedme por las mismas obras" (Jn. 14:11).

"Si yo no hubiese hecho entre ellos obras que ningún otro ha hecho, no tendrían pecado; pero ahora han visto y han aborrecido a mí y a mi Padre" (Jn. 15:24).

"Y venido a su tierra, les enseñaba en la sinagoga de ellos, de tal manera que se maravillaban, y decían: ¿De dónde tiene éste esta sabiduría y estos milagros?" (Mt. 13:54; cp. Mr. 6:2, 14).

5 (5:37, 38) ***Jesucristo, deidad - Testigos de - Palabra de Dios:*** Estaba el testimonio de Dios mismo. Él envió a Cristo al mundo, de modo que Cristo naturalmente dio testimonio de Dios. El testimonio incluyó todo lo que Dios le había revelado al hombre a lo largo de los siglos. Todo lo que hizo Dios fue para preparar el camino para su Hijo, y cada uno de los actos dio testimonio de que Dios estaba enviando a su Hijo. (Ver Estudio a fondo 1, Jn. 4:22.)

"Pero cuando vino el cumplimiento del tiempo, Dios envió a su Hijo, nacido de mujer y nacido bajo la ley, para que redimiese a los que estaban bajo la ley, a fin de que recibiésemos la adopción de hijos. Y por cuanto sois hijos, Dios envió a vuestros corazones el Espíritu de su Hijo, el cual clama: ¡Abba, Padre!" (Gá. 4:4-6).

El tema es asombroso: se estaba preparando el camino para la venida del Hijo de Dios...

- cada vez que Dios habló.
- cada vez que Dios apareció (teofanía, de cualquier forma o manera.)
- cada vez que Dios actuó.

Cristo hizo dos acusaciones contra los extremistas religiosos. (Las mismas acusaciones pueden hacerse contra el mundo.)

1. Nunca habéis oído su voz [la de Dios], ni habéis visto su aspecto". Algunas personas pueden pensar que han visto a Dios, pero no es así. No obstante, esto no se debe a que Dios no haya hablado ni se haya mostrado cómo es. Él reveló la verdad acerca de Sí mismo y de la venida de su Hijo.

⇒ Algunos en el *Antiguo Testamento* sí oyeron y vieron cómo era Dios (Gn. 32:30; Éx. 24:10; 33:11; Nm. 12:8; Dt. 4:12; 5:4, 24).

⇒ Algunos en el *Nuevo Testamento* sí oyeron y vieron cómo era Dios: Simeón (Lc. 1:25s), Ana (Lc. 1:36s) y otros (Jn. 1:40s; 12:28-30).

Sin embargo, la mayoría a lo largo de los siglos no hay oído ni visto a Dios, y muchos todavía no lo han hecho.

"A Dios nadie le vio jamás; el unigénito Hijo, que está en el seno del Padre, él le ha dado a conocer" (Jn. 1:18).

"El [Jesucristo] es la imagen del Dios *invisible*, el primogénito de toda creación" (Col. 1:15).

"Por tanto, al Rey de los siglos, inmortal, invisible, al único y sabio Dios, sea honor y gloria por los siglos de los siglos. Amén" (1 Ti. 1:17).

"[Dios] el único que tiene inmortalidad, que habita en luz inaccesible; a quien ninguno de los hombres ha visto ni puede ver, al cual sea la honra y el imperio sempiterno. Amén" (1 Ti. 6:16).

"Nadie ha visto jamás a Dios" (1 Jn. 4:12).

"Dijo más: No podrás ver mi rostro; porque no me verá hombre, y vivirá" (Éx. 33:20).

"He aquí que él pasará delante de mí, y yo no lo veré; pasará, y no lo entenderé" (Job 9:11).

"He aquí yo iré al oriente, y no lo hallaré; y al occidente, y no lo percibiré" (Job 23:8).

2. "Ni tenéis su palabra morando en vosotros". Tenían las Escrituras del Antiguo Testamento, pero no tenían la Palabra de Dios *morando* en sus corazones y en sus vidas. (Ver Estudio a fondo 1, 1 Jn. 5:38 para mayor discusión al respecto.)

ESTUDIO A FONDO 1

(5:38) ***Palabra de Dios - Morar:*** La Palabra de Dios debe morar en una persona para que esta conozca a Dios de manera personal. Se requieren dos cosas para que la Palabra de Dios more en una persona.

1. La Palabra de Dios debe ser aceptada como la Palabra de *Dios*. La Palabra debe ser aceptada como proviniendo de Dios; debe ser aceptada como verdad, un hecho, un evangelio. En el punto siguiente es donde vemos dónde fallaron los extremistas religiosos. (También ver nota, Jn. 5:39).

2. La Palabra de Dios *debe morar* en una persona. Esto significa dos cosas.

a. La Palabra de Dios debe estar "*en* ustedes", no solo *entre* ustedes (v. 38). El extremista religiosa tenía la Palabra de Dios a su alrededor: en su escritorio y mesa, en su hogar e iglesia, en su lengua y resonando en sus oídos. Sin embargo, no tenía la Palabra *en* su corazón, y *salvo que algo esté dentro, no está morando* en una persona.

b. La palabra de Dios debe estar "morando". No solo se le debe permitir que entre en la mente y el corazón de una persona, sino que uno debe tomarla y aferrarse a ella. Debe permanecer dentro y no permitir que se vaya. *Morar* significa que la Palabra de Dios...

- está viva, se mueve, rige y reina en la vida y el corazón de una persona.
- se agita, condena y desafía a una persona.
- conduce a una confesión, arrepentimiento, crecimiento y madurez.
- enseña amor, compasión, perdón, bondad y comportamiento justo.
- hace que uno crea y confíe en el Hijo de Dios, Jesucristo, como su Salvador y Señor.

Pensamiento 1: Cuando la palabra de Dios *verdaderamente mora* en una persona, la persona *acepta* naturalmente *lo que dice Dios y vive como Dios dice,* y esa persona cree en el Hijo de Dios. Sería imposible aceptar lo que dice Dios y no aceptar lo que dice respecto de su Hijo. Rechazar lo que dice Dios sobre su Hijo es rechazar la Palabra de Dios. Si una persona no cree en el Hijo de Dios, sobre quien Dios da testimonio, entonces la Palabra de Dios no mora en esa persona.

"El que me rechaza, y no recibe mis palabras, tiene quien le juzgue; la palabra que he hablado, ella le juzgará en el día postrero" (Jn. 12:48).

"Porque la palabra de Dios es viva y eficaz, y más cortante que toda espada de dos filos; y penetra hasta partir el alma y el espíritu, las coyunturas y los tuétanos, y discierne los pensamientos y las intenciones del corazón" (He. 4:12).

[6] (5:39) ***Escrituras - Jesucristo, deidad - Vida eterna:*** Está el testimonio de las Escrituras. Advierta tres cosas.

1. La palabra "escudriñar" (*eraunate* "escudriñad") puede ser un hecho, que "escudriñan las Escrituras" o una orden "Escudriñad las Escrituras". Parecería ser que las palabras "porque a vosotros os parece" apuntan al significado de que sea una manifestación de un hecho". Los extremistas religiosos sí "escudriñan las Escrituras", puesto que piensan que tienen vida eterna "si las escudriñan".

2. Las Escrituras *proclaman* el mensaje de la vida eterna y nos muestran cómo asegurarnos la vida eterna, pero las Escrituras no imparten ni dan vida eterna. Solo Cristo puede dar vida eterna. Una persona no se asegura la vida eterna...

- leyendo las Escrituras, independientemente de cuánto lea.
- conociendo las Escrituras, independientemente de cuánto sepa.
- siendo religioso, independientemente de cuán religioso sea.
- haciendo obras religiosas, independientemente de cuánto bien haga.

Una persona recibe la vida eterna solo creyendo y dando su corazón y vida a Jesucristo. (Ver Estudio a fondo 2, Jn. 2:24.)

"Porque de tal manera amó Dios al mundo, que ha dado a su Hijo unigénito, para que todo aquel que en él cree, no se pierda, mas tenga vida eterna" (Jn. 3:16).

"Y este es el testimonio: que Dios nos ha dado vida eterna; y esta vida está en su Hijo. El que tiene al Hijo, tiene la vida; el que no tiene al Hijo de Dios no tiene la vida" (1 Jn. 5:11, 12).

3. Las Escrituras dan testimonio de Cristo.

"Y comenzando desde Moisés, y siguiendo por todos los profetas, les declaraba en todas las Escrituras lo que de él decían... Entonces les abrió el entendimiento, para que comprendiesen las Escrituras" (Lc. 24:27, 45).

"Los profetas que profetizaron de la gracia destinada a vosotros, inquirieron y diligentemente indagaron acerca de esta salvación, escudriñando qué persona y qué tiempo indicaba el Espíritu de Cristo que estaba en ellos, el cual anunciaba de antemano los sufrimientos de Cristo, y las glorias que vendrían tras ellos" (1 P.1:10, 11).

	D. El rechazo al reclamo de Jesús, 5:40-47	44 ¿Cómo podéis vosotros creer, pues recibís gloria los unos de los otros, y no buscáis la gloria que viene del Dios único?	**4 Los hombres buscan la aprobación y el honor de simples hombres**
1 Los hombres no "quieren" venir a Cristo	40 y no queréis venir a mí para que tengáis vida. 41 Gloria de los hombres no recibo.	45 No penséis que yo voy a acusaros delante del Padre; hay quien os acusa, Moisés, en quien tenéis vuestra esperanza.	**5 Los hombres no creen en las profecías, no creen en los escritos de Moisés.**
2 Los hombres no aman a Dios	42 Mas yo os conozco, que no tenéis amor de Dios en vosotros.		
3 Los hombres reciben a falsos mesías	43 Yo he venido en nombre de mi Padre, y no me recibís; si otro viniere en su propio nombre, a ése recibiréis.	46 Porque si creyeseis a Moisés, me creeríais a mí, porque de mí escribió él. 47 Pero si no creéis a sus escritos, ¿cómo creeréis a mis palabras?	**6 Los hombres no creen en las palabras del verdadero Mesías**

DIVISIÓN VI

LA REVELACIÓN DE JESÚS, LA AUTORIDAD Y EL PODER SOBRE LA VIDA, 5:1-47

D. El rechazo al reclamo de Jesús, 5:40-47

(5:40-47) ***Introducción:*** Los hombres rechazan el reclamo de Jesús de ser "igual que Dios" (Jn. 5:18). Jesús dio seis motivos para su rechazo.

1. Los hombres no "quieren" venir a Cristo (vv. 40, 41).
2. Los hombres no aman a Dios (v. 42).
3. Los hombres reciben a falsos mesías (v. 43).
4. Los hombres buscan la aprobación y el honor de simples hombres (v. 44).
5. Los hombres no creen en las profecías, no creen en los escritos de Moisés (vv. 45, 46).
6. Los hombres no creen en las palabras del verdadero Mesías (v. 47).

[1] (5:40, 41) ***Querer:*** Los hombres no "quieren" venir a Cristo. Hay un énfasis en *querer*. Los hombres eligen deliberadamente rechazar a Jesucristo. En realidad ejercen el deseo de no venir a Él para su salvación. Hay una obstinación y una dureza dentro del hombre, una rebelión en contra de Dios (cp. Jn. 1:11; Mt. 23:37).

"¡Duros de cerviz, e incircuncisos de corazón y de oídos! Vosotros resistís siempre al Espíritu Santo; como vuestros padres, así también vosotros" (Hch. 7:51).

"Y les envió profetas para que los volviesen a Jehová, los cuales les amonestaron; mas ellos no los escucharon" (2 Cr. 24:19).

"Y me volvieron la cerviz, y no el rostro; y cuando los enseñaba desde temprano y sin cesar, no escucharon para recibir corrección" (Jer. 32:33).

"La palabra que nos has hablado en nombre de Jehová, no la oiremos de ti" (Jer. 44:16).

1. Jesús sostuvo que la vida estaba en Él. (Ver Estudio a fondo 2, Jn. 1:4; Estudio a fondo 1, 10:10; Estudio a fondo 1, 17:2-3.)

"En él estaba la vida, y la vida era la luz de los hombres" (Jn. 1:4).

"Porque como el Padre tiene vida en sí mismo, así también ha dado al Hijo el tener vida en sí mismo" (Jn. 5:26).

"El ladrón no viene sino para hurtar y matar y destruir; yo he venido para que tengan vida, y para que la tengan en abundancia" (Jn. 10:10).

"Le dijo Jesús: Yo soy la resurrección y la vida; el que cree en mí, aunque esté muerto, vivirá" (Jn. 11:25).

"Jesús le dijo: Yo soy el camino, y la verdad, y la vida; nadie viene al Padre, sino por mí" (Jn. 14:6).

2. Los hombres reciben la vida viniendo a Jesucristo. Evitan morirse viniendo a Jesucristo. (Ver notas, Jn. 5:21; 5:24-25; Estudio a fondo 1, He. 9:27.)

"Porque como el Padre levanta a los muertos, y les da vida, así también el Hijo a los que quiere da vida" (Jn. 5:21).

"De cierto, de cierto os digo: El que oye mi palabra, y cree al que me envió, tiene vida eterna; y no vendrá a condenación, mas ha pasado de muerte a vida" (Jn. 5:24).

3. Jesús no sostenía que era el Hijo de Dios con el objeto de recibir el alabo y la gloria de los hombres (v. 41). Estaba proclamando la verdad porque Él los amaba, y el hecho de su deidad es la verdad. Los hombres deben enfrentar la verdad si es que desean ser salvos. El rechazo del hombre lastima el corazón de Cristo y la herida se ve en la ternura y la atracción de este versículo. Hay súplica en sus palabras: "No queréis venir a mí para que tengáis vida".

"Porque el corazón de este pueblo se ha engrosado, y con los oídos oyeron pesadamente, y sus ojos han cerrado, para que no vean con los ojos, y oigan con los oídos, y entiendan de corazón, y se conviertan, y yo los sane" (Hch. 28:27).

"¿Cómo escaparemos nosotros, si descuidamos una salvación tan grande? La cual, habiendo sido anunciada primeramente por el Señor, nos fue confirmada por los que oyeron" (He. 2:3).

"Mirad que no desechéis al que habla. Porque si no escaparon aquellos que desecharon al que los amonestaba en la tierra, mucho menos nosotros, si desecháremos al que amonesta desde los cielos" (He. 12:25).

[2] (5:42) ***Rechazo - Profesión, Falsa:*** Los hombres quieren rechazar a Cristo, rechazar el reclamo de Cristo porque no aman a Dios. El amor de Dios no está en sus corazones.

1. Las personas a las que Jesús les estaba hablando profesaban un profundo amor por Dios. Ellos...

• adoraban con fe.
• conocían las Escrituras.
• siempre estaban orando.
• no les daba vergüenza hablar sobre Él.

No obstante, el amor de Dios no estaba *en* ellos, no en realidad. No se derramaba de sus corazones, no era el tipo de amor que honra y alaba a Dios y da todo lo que uno es y tiene para amar y ayudar a las personas.

"Y la esperanza no avergüenza; porque el amor de Dios ha sido derramado en nuestros corazones por el Espíritu Santo que nos fue dado" (Ro. 5:5).

"Amados, amémonos unos a otros; porque el amor es de Dios. Todo aquel que ama, es nacido de Dios, y conoce a Dios. El que no ama, no ha conocido a Dios; porque Dios es amor" (1 Jn. 4:7, 8).

"Este pueblo de labios me honra; mas su corazón está lejos de mí" (Mt. 15:8).

Pensamiento 1: Si los hombres amaran a Dios, recibirían a Cristo.

"En esto se mostró el amor de Dios para con nosotros, en que Dios envió a su Hijo unigénito al mundo, para que vivamos por él. En esto consiste el amor: no en que nosotros hayamos amado a Dios, sino en que él nos amó a nosotros, y envió a su Hijo en propiciación por nuestros pecados... Y nosotros hemos conocido y creído el amor que Dios tiene para con nosotros. Dios es amor; y el que permanece en amor, permanece en Dios, y Dios en él... Nosotros le amamos a él, porque él nos amó primero" (1 Jn. 4:9, 10, 16, 19).

2. Jesús dijo: "Os conozco". Él conoce el corazón de un hombre, si la profesión de un hombre es verdadera y genuina o falsa y fraudulenta. Jesús ve a través de las palabras de un hombre, en la profundidad de su corazón.

"Porque nada hay oculto, que no haya de ser manifestado; ni escondido, que no haya de ser conocido, y de salir a luz" (Lc. 8.17).

"Porque sus ojos están sobre los caminos del hombre, y ve todos sus pasos" (Job 34:21).

"Porque los caminos del hombre están ante los ojos de Jehová, y él considera todas sus veredas" (Pr. 5:21).

"Aunque te laves con lejía, y amontones jabón sobre ti, la mancha de tu pecado permanecerá aún delante de mí, dijo Jehová el Señor" (Jer. 2:22).

"Porque mis ojos están sobre todos sus caminos, los cuales no se me ocultaron, ni su maldad se esconde de la presencia de mis ojos" (Jer. 16:17).

"Grande en consejo, y magnífico en hechos; porque tus ojos están abiertos sobre todos los caminos de los hijos de los hombres, para dar a cada uno según sus caminos, y según el fruto de sus obras" (Jer. 32:19).

"Y vino sobre mí el Espíritu de Jehová, y me dijo: Di: Así ha dicho Jehová: Así habéis hablado, oh casa de Israel, y las cosas que suben a vuestro espíritu, yo las he entendido" (Ez. 11:5).

"Porque yo sé de vuestras muchas rebeliones, y de vuestros grandes pecados; sé que afligís al justo, y recibís cohecho, y en los tribunales hacéis perder su causa a los pobres" (Am. 5:12).

[3] (5:43) ***Mesías - mesianismo:*** Los hombres reciben a falsos mesías. Aquí hay un contraste.

1. Jesús dijo: "Yo he venido en nombre de mi Padre", pero "si otro viniere en su propio nombre". Jesús vino en el nombre, es decir, en la autoridad y realidad de Dios. "Otro", el falso mesías, viene en la autoridad y palabra de sí mismo.

2. Jesús dijo "no me recibís", pero " a ese recibiréis". Los hombres rechazan al Hijo de Dios, al verdadero Mesías, pero reciben al falso mesías. ¿Por qué?

Los hombres quieren escapar del mundo o bien obtener todo lo que pueden del mundo.

⇒ Algunos quieren escapar a la presión, a la tensión, a la inmoralidad, al egoísmo, al odio y a las injusticias del mundo.

⇒ Otros quieren una cantidad razonable de prosperidad, placer, poder, reconocimiento y fama del mundo. Jesús, siendo el hijo de Dios, no puede mentirle al hombre. Tiene que decir la verdad. El camino hacia la vida no consiste en escaparse del mundo ni en obtener mucho de él. El camino de la vida es hacer exactamente lo que dijo Jesús:

"Y decía a todos: Si alguno quiere venir en pos de mí, niéguese a sí mismo, tome su cruz cada día, y sígame. Porque todo el que quiera salvar su vida, la perderá; y todo el que pierda su vida por causa de mí, éste la salvará. Pues ¿qué aprovecha al hombre, si gana todo el mundo, y se destruye o se pierde a sí mismo?" (Lc. 9:23-25).

El falso mesías o el liberador humano no es verdadero. Es meramente un hombre, lleno de todas las debilidades y enfermedades de los hombres. Un falso mesías es una persona nacida de un hombre y una mujer, es una persona que morirá como un simple hombre al igual que mueren todos los demás hombres. El falso mesías es una persona engañosa con cualidades de liderazgo y carisma que ha aprendido a prometer aquello que los hombres anhelan: escapismo y posesiones. Por lo tanto, se coloca en una posición en la reclama que se crea en su "nombre", esto es, en lo que dice, que va a satisfacer las necesidades de los hombres. Jesús dice que la mayoría de los hombres "recibirán" a dicho falso mesías o liberador. (Cp. Mt. 24:23-26. Cp. Estudio a fondo 2, Mt. 1:18.)

"De manera que cualquiera que quebrante uno de estos mandamientos muy pequeños, y así enseñe a los hombres, muy pequeño será llamado en el reino de los cielos; mas cualquiera que los haga y los enseñe, éste será llamado grande en el reino de los cielos" (Mt. 5:19).

"Porque éstos son falsos apóstoles, obreros fraudulentos, que se disfrazan como apóstoles de Cristo. Y no es maravilla, porque el mismo Satanás se disfraza como ángel de luz. Así que, no es extraño si también sus ministros se disfrazan como ministros de justicia; cuyo fin será conforme a sus obras" (2 Co. 11:13-15).

"Queriendo ser doctores de la ley, sin entender ni lo que hablan ni lo que afirman" (1 Ti. 1:7).

"Porque vendrá tiempo cuando no sufrirán la sana doctrina, sino que teniendo comezón de oír, se amontonarán maestros conforme a sus propias concupiscencias, y apartarán de la verdad el oído y se volverán a las fábulas" (2 Ti. 4:3, 4).

"Pero hubo también falsos profetas entre el pueblo, como habrá entre vosotros falsos maestros, que introducirán encubiertamente herejías destructoras, y aun negarán al Señor que los rescató, atrayendo sobre sí mismos destrucción repentina" (2 P. 2:1).

"¿Quién es el mentiroso, sino el que niega que Jesús es el Cristo? Este es anticristo, el que niega al Padre y al Hijo. Todo aquel que niega al Hijo, tampoco tiene al Padre" (1 Jn. 2:22, 23).

4 (5:44) ***Buscando aprobación - Orgullo - Sufrimiento propio:*** Los hombres buscan la aprobación y el honor de simples hombres. Estos cometen dos errores graves.

1. Buscan la aprobación y la aceptación, el reconocimiento y el honor de otros hombres, y eso se convierte en la fuerza que impulsa sus vidas. Las personas buscan...

- la posición correcta donde sean vistas.
- el lugar correcto donde vivir y trabajar.
- el automóvil correcto para conducir.
- las prendas correctas para vestir.
- la apariencia correcta para atraer.
- los regalos correctos para asegurar el honor.
- poseer poder y riquezas.
- el reconocimiento y la fama para ser conocidas.

No buscan la aceptación y la aprobación, ni el reconocimiento y el honor de Dios.

2. Se comparan con otros hombres, no con Dios. Cuando un hombre se compara con otros hombres, se lo ve bien y aceptable. Por lo general actúa como se espera. Pero advierta algo: cuando otros alaban y honran a una persona, esta se siente aceptable, completa, plena. Por lo tanto, con frecuencia siente que no necesita a Dios. Solo cuando los hombres se comparan con Dios se ven por lo que son: "destituidos de la gloria de Dios" (Ro. 3:23). Solo entonces agachan su cabeza con humildad e imploran perdón y se colocan a sí mismos bajo la misericordia de Dios. Advierta la pregunta de Cristo, a la luz de esto: " ¿Cómo podéis vosotros creer?"

"Porque el que se cree ser algo, no siendo nada, a sí mismo se engaña" (Gá. 6:3).

"Si alguno se cree religioso entre vosotros, y no refrena su lengua, sino que engaña su corazón, la religión del tal es vana" (Stg. 1:26).

"Si decimos que no tenemos pecado, nos engañamos a nosotros mismos, y la verdad no está en nosotros" (1 Jn. 1:8).

"Porque tú dices: Yo soy rico, y me he enriquecido, y de ninguna cosa tengo necesidad; y no sabes que tú eres un desventurado, miserable, pobre, ciego y desnudo" (Ap. 3:17).

"Muchos hombres proclaman cada uno su propia bondad, pero hombre de verdad, ¿quién lo hallará?" (Pr. 20:6).

"Ni el buscar la propia gloria es gloria" (Pr. 25:27).

"¡Ay de los sabios en sus propios ojos, y de los que son prudentes delante de sí mismos!" (Is. 5:21).

"Habéis arado impiedad, y segasteis iniquidad; comeréis fruto de mentira, porque confiaste en *tu camino* **y en la multitud de** *tus valientes*" **(Os. 10:13).**

"La soberbia de tu corazón te ha engañado, tú que moras en las hendiduras de las peñas, en tu altísima morada; que dices en tu corazón: ¿Quién me derribará a tierra? Si te remontares como águila, y aunque entre las estrellas pusieres tu nido, de ahí te derribaré, dice Jehová" (Abd. 3, 4).

5 (5:45, 46) ***Hombre, Falta de fe - Profecía:*** Los hombres no creen en las profecías, no creen en los escritos de Moisés. Advierta dos cosas.

1. Jesús dijo "Moisés escribió de mi". Todas las profecías de Génesis a Deuteronomio son las profecías a las que Jesús se estaba refiriendo. (Ver Estudio a fondo 3, Jn. 1:45 sobre las profecías de Moisés.)

2. Jesús dijo que Moisés era el que había condenado la falta de fe del hombre, no Él. Los hombres que estaban frente a Jesús profesaban creer en Moisés, pero no era así, no realmente.

⇒ Ellos no creían lo que Moisés dijo acerca del Mesías prometido.

⇒ Ellos no vivían como Moisés dijo que había que vivir.

⇒ Su profesión sería condenada por la misma persona en quien ellos decían confiar, por Moisés mismo.

"Les decía también: Bien invalidáis el mandamiento de Dios para guardar vuestra tradición" (Mr. 7:9).

"Invalidando la palabra de Dios con vuestra tradición que habéis transmitido. Y muchas cosas hacéis semejantes a estas" (Mr. 7:13).

"Entonces él les dijo: ¡Oh insensatos, y tardos de corazón para creer todo lo que los profetas han dicho!" (Lc. 24:25).

"El que cree en el Hijo tiene vida eterna; pero el que rehúsa creer en el Hijo no verá la vida, sino que la ira de Dios está sobre él" (Jn. 3:36).

"Por eso os dije que moriréis en vuestros pecados; porque si no creéis que yo soy, en vuestros pecados moriréis" (Jn. 8:24).

"Pues tú aborreces la corrección, y echas a tu espalda mis palabras" (Sal. 50:17).

"Por tanto, como la lengua del fuego consume el rastrojo, y la llama devora la paja, así será su raíz como podredumbre, y su flor se desvanecerá como polvo; porque desecharon la ley de Jehová de los ejércitos, y abominaron la palabra del Santo de Israel" (Is. 5:24).

"Porque este pueblo es rebelde, hijos mentirosos, hijos que no quisieron oír la ley de Jehová" (Is. 30:9).

"Por tanto, el Santo de Israel dice así: Porque desechasteis esta palabra, y confiasteis en violencia y en iniquidad, y en ello os habéis apoyado; por tanto, os será este pecado como grieta que amenaza ruina, extendiéndose en una pared elevada, cuya caída viene súbita y repentinamente" (Is. 30:12, 13).

"¿A quién hablaré y amonestaré, para que oigan? He aquí que sus oídos son incircuncisos, y no pueden escuchar; he aquí que la palabra de Jehová les es cosa vergonzosa, no la aman" (Jer. 6:10).

"Oye, tierra: He aquí yo traigo mal sobre este pueblo, el fruto de sus pensamientos; porque no escucharon mis palabras, y aborrecieron mi ley" (Jer. 6:19).

"Los sabios se avergonzaron, se espantaron y fueron consternados; he aquí que aborrecieron la palabra de Jehová; ¿y qué sabiduría tienen?" (Jer. 8:9; cp. Jer. 9:13-16; Os. 4:6; Am. 2:4).

"Y pusieron su corazón como diamante, para no oír la ley ni las palabras que Jehová de los ejércitos enviaba por su Espíritu, por medio de los profetas primeros; vino, por tanto, gran enojo de parte de Jehová de los ejércitos" (Zac. 7:12).

6 (5:47) ***Falta de fe - Jesucristo, Palabras - Palabra de Dios:*** Los hombres no creen en las palabras del verdadero Mesías. Jesús dio dos motivos por los cuales los hombres no creen en Él.

1. Ellos no creyeron en los escritos de Moisés, las palabras de las Escrituras. ¿Cómo iban a creer en las promesas del Mesías?

2. Ellos no creyeron en el testimonio de un hombre a quien profesaban como un gran hombre honorable. Honraban a Moisés, llamándolo grande y honorable, sin embargo, lo trataban de mentiroso, como a un hombre cuyo testimonio no era confiable. Entonces, ¿cómo podían los hombres creer en las palabras de Cristo?

Pensamiento 1: ¿Cuántos reconocen a Cristo como a un hombre grande y honorable, y sin embargo, lo tratan de mentiroso, como a un hombre cuyos testimonios y reclamos son totalmente indignos de confianza?

"El que me rechaza, y no recibe mis palabras, tiene quien le juzgue; la palabra que he hablado, ella le juzgará en el día postrero" (Jn. 12:48).

"El que no me ama, no guarda mis palabras; y la palabra que habéis oído no es mía, sino del Padre que me envió" (Jn. 14:24).

"Si alguno enseña otra cosa, y no se conforma a las sanas palabras de nuestro Señor Jesucristo, y a la doctrina que es conforme a la piedad, está envanecido, nada sabe, y delira acerca de cuestiones y contiendas de palabras, de las cuales nacen envidias, pleitos, blasfemias, malas sospechas" (1 Ti. 6:3, 4).

"De cierto, de cierto os digo, que el que guarda mi palabra, nunca verá muerte" (Jn. 8:51).

"Si me amáis, guardad mis mandamientos" (Jn. 14:15).

"Y en esto sabemos que nosotros le conocemos, si guardamos sus mandamientos" (1 Jn. 2:3).

1 El escenario
a. Luego de estas cosas Jesús cruzó el Lago de Galilea.
b. Multitudes fervorosas lo siguieron
c. Jesús buscó alivio y descanso
d. Los peregrinos se estaban juntando para la Fiesta
e. Las dos preocupaciones de Jesús:
1) La falta de comida - Jesús quiere satisfa-cer toda necesidad
2) Probar y reforzar a sus discípulos: enseñando los tipos de fe

2 Lección 1: Hay una fe pesimista

3 Lección 2: Hay una fe optimista pero cuestionadora
a. Andrés buscó y trajo comida
b. Cuestionó el suministro

4 Lección 3: Hay una fe optimista, inmutable
a. La fe de Jesús
1) Él tomó y dio gracias por lo que tenía
2) Él dio lo que tenía
3) Él usó a otros para ayudarlo
b. La respuesta y el suministro de Dios
1) Él satisfizo las necesidades de la gente: los alimentó y los sació
2) Dio superabundancia
3) No permitió que se perdiera nada

5 Lección 4: Hay una profesión materialista de Jesús
a. La profesión de la gente: Jesús era el Mesías
b: El concepto de la gente: Jesús era un rey terrenal, materialista

CAPÍTULO 6

VII. LA REVELACIÓN DE JESÚS, EL PAN DE VIDA, 6:1-71

A. Jesús alimenta a cinco mil: La provisión para la necesidad humana, 6:1-15

1 Después de esto, Jesús fue al otro lado del mar de Galilea, el de Tiberias.
2 Y le seguía gran multitud, porque veían las señales que hacía en los enfermos.
3 Entonces subió Jesús a un monte, y se sentó allí con sus discípulos.
4 Y estaba cerca la pascua, la fiesta de los judíos.
5 Cuando alzó Jesús los ojos, y vio que había venido a él gran multitud, dijo a Felipe: ¿De dónde compraremos pan para que coman éstos?
6 Pero esto decía para probarle; porque él sabía lo que había de hacer.
7 Felipe le respondió: Doscientos denarios de pan no bastarían para que cada uno de ellos tomase un poco.
8 Uno de sus discípulos, Andrés, hermano de Simón Pedro, le dijo:
9 Aquí está un muchacho, que tiene cinco panes de cebada y dos pececillos; mas ¿qué es esto para tantos?
10 Entonces Jesús dijo: Haced recostar la gente. Y había mucha hierba en aquel lugar; y se recostaron como en número de cinco mil varones.
11 Y tomó Jesús aquellos panes, y habiendo dado gracias, los repartió entre los discípulos, y los discípulos entre los que estaban recostados; asimismo de los peces, cuanto querían.
12 Y cuando se hubieron saciado, dijo a sus discípulos: Recoged los pedazos que sobraron, para que no se pierda nada.
13 Recogieron, pues, y llenaron doce cestas de pedazos, que de los cinco panes de cebada sobraron a los que habían comido.
14 Aquellos hombres entonces, viendo la señal que Jesús había hecho, dijeron: Este verdaderamente es el profeta que había de venir al mundo.
15 Pero entendiendo Jesús que iban a venir para apoderarse de él y hacerle rey, volvió a retirarse al monte él solo.

DIVISIÓN VII

LA REVELACIÓN DE JESÚS, EL PAN DE VIDA, 6:1-71

A. Jesús alimenta a cinco mil: La provisión para la necesidad humana, 6:1-15

(6:1-71) ***BOSQUEJO DE LA DIVISIÓN: Hombre, Necesidades del - Cristo, Pan de vida:*** El capítulo 6 revela a Jesús como la Provisión para cada necesidad humana y material. Jesús primero demostró la verdad, luego comenzó a predicar y a enseñarla. Demostró que Él estaba...

- preocupado por cada necesidad de la vida (incluso la falta de una comida, Jn. 6:1-15).
- preocupado por cada necesidad abrumadora (la calma de una tormenta, Jn. 6:16-21).

Sin importar cuán pequeña era la necesidad o cuán turbulento el problema, Jesús es la Provisión, el Pan de Vida, y el poder para satisfacer toda necesidad del hombre. Puede suministrar una única comida y puede calmar el problema más turbulento.

(6:1-15) ***Introducción:*** Jesucristo es el Pan de Vida, la Provisión para las necesidades humanas y materiales (ver bosquejo y notas, Mt. 6:25-34). Advierta dos hechos significativos.

En primer lugar, intentar satisfacer las necesidades humanas mediante cualquier otra fuente que no sea Cristo está destinado al fracaso y no satisfará.

En segundo lugar, la fe y la confianza son esenciales para que Dios satisfaga la necesidad humana. Sin embargo, hay diferentes niveles de fe y de confianza. Esta es la lección que el hombre debe aprender para poder ver que Cristo es el Pan de Vida, la Provisión para la necesidad humana.

1. El escenario (vv. 1-6).
2. Lección 1: Hay una fe pesimista (v. 7).
3. Lección 2: Hay una fe optimista pero cuestionadora (vv. 8, 9).
4. Lección 3: Hay una fe optimista, inmutable (vv. 10-13).
5. Lección 4: Hay una profesión materialista (vv. 14, 15).

1 (6:1-6) ***Jesucristo, Preocupaciones, Ministrar:*** El escenario es descriptivo. Jesús cruzó el mar o el lago de Galilea. (Ver

Estudio a fondo 1, Mr. 1:16; nota, Lc. 8:22.) El lago tenía aproximadamente cuarenta y cinco kilómetros de largo y doce de ancho. Las multitudes fervorosas vieron hacia dónde se estaba dirigiendo y corrieron a pie alrededor del lago. El viaje era de aproximadamente trece kilómetros.

Advierta las palabras "siguieron" (*eklouthei*) y "veían" o miraban (*etheoroun*). Las dos palabras significan que la gente *había estado siguiendo a Jesús* durante un largo tiempo y *continuaba siguiéndolo, viendo el ministerio* de sus milagros sobre la gente (el tiempo activo imperfecto en griego).

Jesús estaba cansado y agotado de la presión de enfrentar a la multitud día tras día. Buscó refugio al otro lado del lago en la cima de alguna montaña desconocida. Necesitaba tiempo para estar solo con Dios y con sus discípulos. Era época de Pascuas, una época en la que miles de peregrinos inundaban Jerusalén y los suburbios que la rodeaban.

La imagen es la de Jesús sentado en la ladera de la montaña, alzando sus ojos, descansando en sus rodillas y viendo "una gran compañía" de miles corriendo a través de los campos y por la montaña hacia Él. La "gran compañía" incluía tanto a los que lo habían seguido alrededor del lago como a peregrinos que se sintieron atrapados por la excitación de oír hablar de Jesús, el Mesías proclamado.

Jesús hizo uso de la ocasión para demostrar dos preocupaciones.

1. Su preocupación por satisfacer las necesidades del hombre, incluso la minúscula necesidad de perderse una comida. No hay necesidad que Jesús no quiera cumplir. La multitud que lo había estado siguiendo durante días acababa de hacer un viaje de trece kilómetros, corriendo ("siguiendo", *eklouthei*) para evitar perderlo. No solo tenían hambre y al parecer no tenían comida, sino que estaban en una región montañosa, donde no había posibilidad de comprar comida. El punto es este: la gente estaba tan desesperada por seguir a Jesús que simplemente se olvidó de comer. Como siempre, Jesús sentía compasión por quienes tan desesperadamente lo habían buscado. Utilizó la ocasión para enseñar la gran lección: Él satisfará hasta la menor de las necesidades de los hombres. Preguntó a sus discípulos: "¿De dónde compraremos pan para que coman éstos?"

2. Su preocupación por reforzar a los discípulos. Él sabía qué era lo que iba a hacer, pero utilizó la ocasión para probar y reforzar a los discípulos, enseñándoles una enorme lección de fe. Ellos eran como somos nosotros, llenos de necesidades; y su mayor necesidad era la misma que la nuestra, crecer en la fe.

ESTUDIO A FONDO 1

(6:1) ***"Después de esto":*** Esta es una referencia a los días de cierre del ministerio en Galilea, los acontecimientos cubiertos ente Mt. 4:12—14:12. Estos acontecimientos no son cubiertos por Juan. Él se concentra en el ministerio de Jesús en Judea; por lo tanto, simplemente pasa a los hechos de Galilea utilizando las palabras "después de esto".

ESTUDIO A FONDO 2

(6:5-15) ***Fe:*** Jesús estaba demostrando que a Él le preocupaba toda pequeña necesidad de la vida (incluso el perderse una comida) y que Él podía proveer para cada necesidad, si el hombre simplemente creía en Él. Por lo tanto, enseñó una lección necesaria: hay cuatro maneras de responder a las necesidades. (Ver nota, Mr. 11:22, 23).

[2] (6:7) ***Fe - Pesimismo:*** Hay una fe pesimista. Esto se observa en Felipe. Felipe necesitaba ver su fe por lo que era: pesimista. Felipe era de Betesda, por lo que era el discípulo natural para cuestionar a Jesús (Jn. 1:44). Los discípulos tenían doscientos en su poder o bien Felipe estaba tomando una cifra por decir que incluso un monto grande no alcanzaría para alimentar a la multitud. (Ver Estudio a fondo 3, Denarios, Jn. 6:7.)

1. Una fe pesimista ve dinero y recursos humanos, y eso es todo. Una fe pesimista...

- ve solo los recursos disponibles. Pone el acento en la desesperanza.
- destaca la imposibilidad de la situación.
- se desespera por tales recursos magros.
- se hunde por la desesperanza de una respuesta. (Advierta el tono de la pregunta de Felipe, v. 7).

2. Una fe pesimista no ve a Dios ni al poder de Dios. Una fe pesimista *profesa* a Dios y *profesa* a Cristo como el Hijo de Dios. Profesa la creencia de que Cristo tiene el poder de satisfacer las necesidades del hombre. Incluso da testimonio de las obras milagrosas de Cristo en otras instancias. Pero cuando surge un problema, la respuesta inmediata de la fe pesimista es ver el problema, no el poder de Dios. No ve la oportunidad de demostrar el poder de Dios al solucionar el problema y dar un fuerte testimonio en su nombre. En las crisis del problema, parece olvidarse el poder de Dios.

a. Una fe pesimista olvida el poder glorioso de Dios en el pasado.

"Y él estaba en la popa, durmiendo sobre un cabezal; y le despertaron, y le dijeron: Maestro, ¿no tienes cuidado que perecemos? Y levantándose, reprendió al viento, y dijo al mar: Calla, enmudece. Y cesó el viento, y se hizo grande bonanza. Y les dijo: ¿Por qué estáis así amedrentados? ¿Cómo no tenéis fe?" (Mr. 4:38-40).

"Y entendiéndolo Jesús, les dijo: ¿Por qué pensáis dentro de vosotros, hombres de poca fe, que no tenéis pan? ¿No entendéis aún, ni os acordáis de los cinco panes entre cinco mil hombres, y cuántas cestas recogisteis?" (Mt. 16:8, 9).

b. Una fe pesimista falla en pensar en el poder de Dios. Su mente está en cosas terrenales, no espirituales. Es carnal y no espiritual.

"Porque los que son de la carne piensan en las cosas de la carne; pero los que son del Espíritu, en las cosas del Espíritu. Porque el ocuparse de la carne es muerte, pero el ocuparse del Espíritu es vida y paz" (Ro. 8:5, 6).

c. Una fe pesimista siente que el problema es demasiado grande para el poder de Dios o bien demasiado pequeño para que Dios se interese en él.

"Otra vez os digo, que es más fácil pasar un camello por el ojo de una aguja, que entrar un rico en el reino de Dios.25 Sus discípulos, oyendo esto, se asombraron en gran manera, diciendo: ¿Quién, pues, podrá ser salvo? Y mirándolos Jesús, les dijo: Para los hombres

esto es imposible; mas para Dios todo es posible" (Mt. 19:24-26).

d. Una fe pesimista teme que el poder de Dios fracase y que la fe de la persona se debilite. Por lo tanto, la persona se siente más segura orando débilmente: "Señor, si quieres, maneja este problema".

"Pero pida con fe, no dudando nada; porque el que duda es semejante a la onda del mar, que es arrastrada por el viento y echada de una parte a otra. No piense, pues, quien tal haga, que recibirá cosa alguna del Señor. El hombre de doble ánimo es inconstante en todos sus caminos" (Stg. 1:6-8).

e. Una fe pesimista no puede ver el cuidado y el amor de Dios, el interés y la preocupación sobre cada pequeña cosa que le sucede a una persona.

"Mirad las aves del cielo, que no siembran, ni siegan, ni recogen en graneros; y vuestro Padre celestial las alimenta. ¿No valéis vosotros mucho más que ellas?" (Mt. 6:26).

"Pues aun vuestros cabellos están todos contados" (Mt. 10:30).

f. Una fe pesimista da gracias y alabanzas a Dios por lo que uno tiene (salud, dinero, cosas), pero no confía en Dios por los milagros (sanidad y multiplicación de recursos para que uno pueda servir mejor y ayudar a los demás).

"Viniendo entonces los discípulos a Jesús, aparte, dijeron: ¿Por qué nosotros no pudimos echarlo fuera? Jesús les dijo: Por vuestra poca fe; porque de cierto os digo, que si tuviereis fe como un grano de mostaza, diréis a este monte: Pásate de aquí allá, y se pasará; y nada os será imposible" (Mt. 17:19, 20).

g. Una fe pesimista busca a otros para ayudar en lugar de buscar a Dios y depender solo de Él.

"Por nada estéis afanosos, sino sean conocidas vuestras peticiones delante de Dios en toda oración y ruego, con acción de gracias. Y la paz de Dios, que sobrepasa todo entendimiento, guardará vuestros corazones y vuestros pensamientos en Cristo Jesús" (Fil. 4:6, 7).

"Conozco, oh Jehová, que el hombre no es señor de su camino, ni del hombre que camina es el ordenar sus pasos" (Jer. 10.23).

"Si Jehová no edificare la casa, en vano trabajan los que la edifican; si Jehová no guardare la ciudad, en vano vela la guardia" (Sal. 127:1).

"Dejaos del hombre, cuyo aliento está en su nariz; porque ¿de qué es él estimado?" (Is. 2:22).

h. Una fe pesimista deja de ver que Dios es glorificado cuando Él provee y satisface la necesidad.

"En gran manera me gocé en el Señor de que ya al fin habéis revivido vuestro cuidado de mí; de lo cual también estabais solícitos, pero os faltaba la oportunidad" (Fil. 4:10).

"Pero todo lo he recibido, y tengo abundancia; estoy lleno, habiendo recibido de Epafrodito lo que enviasteis; olor fragante, sacrificio acepto, agradable a Dios. Mi Dios, pues, suplirá todo lo que os falta conforme a sus riquezas en gloria en Cristo Jesús. Al Dios y Padre nuestro sea gloria por los siglos de los siglos. Amén" (Fil. 4:18-20).

ESTUDIO A FONDO 3

(6:7) ***Denarios:*** Un denario era el pago promedio por un día de trabajo. El monto en cualquier moneda de cualquier generación equivaldría al jornal promedio de dicha generación.

[3] (6:8, 9) ***Fe - Optimismo:*** Hay una fe optimista, pero cuestionadora. Esto se ve en Andrés. Advierta tres cosas.

1. Una fe optimista, cuestionadora ama al Señor y está comprometida con el Señor. Andrés vio la preocupación de Cristo, de modo que fue a la multitud y buscó comida. Encontró y reunió todos los recursos que pudo.

2. Una fe optimista, cuestionadora deja lo que puede encontrar ante el Señor. Independientemente de cuan pocos sean los recursos o cuan mala la calidad, se ponen a disposición del Señor. El pan de cebada era el pan de los pobres, el pan más barato que podía hacerse o comprarse. Era cualquier cosa menos algo suntuoso. Los dos peces además eran "pequeños". Advierta la fe sencilla, optimista de Andrés. Él había buscado y no había encontrado otra cosa que cinco trozos de pan de cebada y dos peces pequeños, pero ofreció lo que había encontrado - el *joven* y *su comida* - al Señor.

3. Una fe optimista, cuestionadora, pregunta: "¿Qué son estos entre tantos?" La fe cuestionadora con frecuencia se deteriora en...

- quejarse sobre el problema.
- estar ansioso por los recursos magros.
- quejarse por la poca provisión.
- criticar la mala calidad

Una fe cuestionadora observa la necesidad y luego observa los *magros recursos*, tanto cuán pocos son y cuán mala es su calidad, y cuestiona a Dios. Cuestiona en lugar de creer que Dios se hará cargo del problema. La necesidad puede ser lo que es en este evento, la necesidad de comida, o puede ser la necesidad de dinero, de liberación y una variedad de otras necesidades humanas. Cualquiera sea la necesidad, la necesidad fundamental es aprender a confiar en Cristo y no cuestionar ni dudar de su amor y cuidado, de su sabiduría y poder.

"Por tanto os digo: No os afanéis por vuestra vida, qué habéis de comer o qué habéis de beber; ni por vuestro cuerpo, qué habéis de vestir. ¿No es la vida más que el alimento, y el cuerpo más que el vestido?" (Mt. 6:25).

"No os afanéis, pues, diciendo: ¿Qué comeremos, o qué beberemos, o qué vestiremos? Porque los gentiles buscan todas estas cosas; pero vuestro Padre celestial sabe que tenéis necesidad de todas estas cosas" (Mt. 6:31, 32).

"Pero Marta se preocupaba con muchos quehaceres, y acercándose, dijo: Señor, ¿no te da cuidado que mi hermana me deje servir sola? Dile, pues, que me ayude. Respondiendo Jesús, le dijo: Marta, Marta, afanada y turbada estás con muchas cosas" (Lc. 10:40, 41).

"Vosotros, pues, no os preocupéis por lo que habéis de comer, ni por lo que habéis de beber, ni estéis en ansiosa inquietud" (Lc. 12:29).

"Por nada estéis afanosos, sino sean conocidas vuestras peticiones delante de Dios *en toda* oración y ruego, con acción de gracias" (Fil. 4:6).

"Y si alguno de vosotros tiene falta de sabiduría, pídala a Dios, el cual da a todos abundantemente y sin reproche, y le será dada. Pero pida con fe, no dudando nada; porque el que duda es semejante a la onda del mar, que es arrastrada por el viento y echada de una parte a otra" (Stg. 1:5, 6).

ESTUDIO A FONDO 4

(6:8, 9) ***Andrés:*** Poco se dice sobre Andrés en el Nuevo Testamento, pero lo que se dice muestra a un seguidor leal y humilde del Señor. (También ver Estudio a fondo 7, Mr. 3:18.)

1. Andrés era un seguidor de Juan el Bautista (Jn. 1:35-40).
2. Voluntariamente, Andrés tomó el segundo lugar. Fue uno de los primeros en seguir a Cristo, y también fue uno de los primeros en traer a otra persona a Cristo (su propio hermano, Pedro). Sin embargo, Andrés fue llamado a tomar un lugar más distante. Tenía que vivir bajo la sombra de Pedro. En todo el Nuevo Testamento a Pedro siempre se lo menciona primero, pero todo indica que Andrés nunca resintió su lugar. Estar con Jesús y hacer lo que Jesús quería era suficiente para Andrés.
3. Andrés fue el hombre que siempre estaba trayendo a otras personas a Jesús. Fue el foco de atención solo tres veces en el Nuevo Testamento, y en los tres casos se lo ve trayendo a alguien hacia Jesús: Pedro (Jn. 1:41); el pequeño con los panes y los peces (Jn. 6:8, 9) y los griegos (Jn. 12:22).
4. Andrés era una persona con facilidad para acercarse. Pudo acercar a su hermano Pedro sin dificultad, y el pequeño con los panes y los peces se sintió lo suficientemente cómodo con él como para seguirlo hasta Jesús. Los griegos también se sintieron lo bastante cómodos como para acercarse a Andrés en primer lugar al buscar una entrevista con Jesús.

[4] (6:10-13) ***Fe - Positiva - Provisión - Suministro - Necesidades:*** Hay una fe positiva, inmutable. Esto se ve en Cristo. Cristo mismo demostró a sus discípulos el tipo de fe firme que tenían que tener en Dios.

1. Advierta la fe de Jesús.
   a. Jesús tomó lo que tenía y dio gracias a Dios por lo que tenía. Solo tenía una magra cantidad de pan. De hecho podía sostener todo lo que poseía en la palma de su mano. Pero advierta...
      - No se quedó de pie mirando lo poco que tenía, cuestionando, angustiado con desesperación y desesperanza, preguntándose cómo se iba a satisfacer la necesidad.
      - Alzó la vista y agradeció a Dios. La pequeña cantidad y la mala calidad no importaban. Lo que importaba era que Él tenía algo: había cierta provisión. Un don, un sacrificio, un recurso –aunque pequeño – le había sido dado y colocado a sus pies para que lo usara como quisiera. De modo que lo tomó, siendo siempre tan agradecido, y lo alzó hacia Dios, agradeciéndole y confiando en que Dios satisfaría esa necesidad. Advierta cuán positiva e inmutable fue la acción de Cristo. Él sabía sin duda alguna que Dios satisfaría la necesidad y multiplicaría los recursos.
   b. Jesús dio lo que tenía, y advierta: todo lo que pudo hacer fue distribuir aquello que estaba en sus manos y confiar en Dios. Esto es lo que hizo. Simplemente dio lo que tenía y Dios hizo el resto.

Pensamiento 1: Todo lo que puede hacer cualquier hombre es dar lo que tiene, lo que está en sus manos. Pero puede hacerlo, y se espera de él que lo haga. Si un hombre hace eso, Dios hace el resto. La necesidad será satisfecha. (Nota: las necesidades de todo el mundo solo pueden satisfacerse si damos lo que tenemos). Tantos poseen y se aferran cada vez más, que el mundo está cayendo en la desesperación del hambre y la enfermedad, la guerra y la muerte, el pecado y la maldad, destinado a vivir por siempre separado de Dios.

"Porque donde esté vuestro tesoro, allí estará también vuestro corazón" (Mt. 6:21).

"Jesús le dijo: Si quieres ser perfecto, anda, vende lo que tienes, y dalo a los pobres, y tendrás tesoro en el cielo; y ven y sígueme" (Mt. 19:21).

"Y el segundo es semejante: Amarás a tu prójimo como a ti mismo" (Mt. 22:39).

"Y respondiendo, les dijo: El que tiene dos túnicas, dé al que no tiene; y el que tiene qué comer, haga lo mismo" (Lc. 3:11).

"En todo os he enseñado que, trabajando así, se debe ayudar a los necesitados, y recordar las palabras del Señor Jesús, que dijo: Más bienaventurado es dar que recibir" (Hch. 20:35).

"Compartiendo para las necesidades de los santos; practicando la hospitalidad" (Ro. 12:13).

"Así que, según tengamos oportunidad [para dar], hagamos bien a todos, y mayormente a los de la familia de la fe" (Gá. 6:10).

"...sino trabaje, haciendo con sus manos lo que es bueno, para que tenga qué compartir con el que padece necesidad" (Ef. 4:28).

"Que hagan bien, que sean ricos en buenas obras, dadivosos, generosos" (1 Ti. 6:18).

"Y de hacer bien y de la ayuda mutua [dar] no os olvidéis; porque de tales sacrificios se agrada Dios" (He. 13:16).

   c. Jesús utilizó a otras personas para que lo ayudaran a cumplir la necesidad. Advierta que Él le dio a los discípulos y los discípulos les dieron a las personas. Sus *discípulos fueron esenciales* para la tarea. Eran los responsables de alimentar a la gente.
      ⇒ Cristo recibió la oferta de los recursos, magros como eran:
      ⇒ Cristo confió en Dios para multiplicar los recursos.
      ⇒ Cristo luego dio la provisión a los discípulos, no para consumirlos, sino para distribuirlos. Esto es crítico de advertir.
      ⇒ Los discípulos distribuyeron el alimento y dieron de comer a la gente. Fueron una parte vital del plan del Señor.
2. Advierta que Dios satisfizo la necesidad *a causa* de la fe

positiva e inmutable de Jesús. Dios satisfizo la necesidad de la gente y les dio de comer. De hecho, esto es extremadamente importante, hizo *más* que satisfacer la necesidad. Hubo alimentos *de más*. ¿Cuánto? Doce cestos llenos. ¿Por qué doce cestos? Había doce discípulos, doce siervos que tan obedientemente y con tanta confianza ayudaron a Cristo. Cada siervo tenía una provisión que le duraría varios días. Dios siempre provee en abundancia a sus verdaderos siervos (Fil. 5:19). Nota: no se desperdició una miga. Cada kilo de provisión iba a ser utilizado en el futuro.

> ***Pensamiento 1:*** Mientras un hombre está dando lo que tiene, debe confiar en el poder y la provisión de Dios.
>
> > **"Mas buscad primeramente el reino de Dios y su justicia, y todas estas cosas os serán añadidas" (Mt. 6:33).**
> >
> > **"Porque nada hay imposible para Dios" (Lc. 1:37).**
> >
> > **"Mi Dios, pues, suplirá todo lo que os falta conforme a sus riquezas en gloria en Cristo Jesús" (Fil. 4:19).**
> >
> > **"Es, pues, la fe la certeza de lo que se espera, la convicción de lo que no se ve" (He. 11:1).**
> >
> > **"Pero sin fe es imposible agradar a Dios; porque es necesario que el que se acerca a Dios crea que le hay, y que es galardonador de los que le buscan" (He. 11:6).**
> >
> > **"Así también la fe, si no tiene obras, es muerta en sí misma" (Stg. 2:17).**
> >
> > **"Las riquezas y la gloria proceden de ti, y tú dominas sobre todo; en tu mano está la fuerza y el poder, y en tu mano el hacer grande y el dar poder a todos" (1 Cr. 29:12).**
> >
> > **"Yo conozco que todo lo puedes, y que no hay pensamiento que se esconda de ti" (Job 42:2).**
> >
> > **"De Jehová es la tierra y su plenitud; el mundo, y los que en él habitan" (Sal. 24:1).**
> >
> > **"¡Cuán grande es tu bondad, que has guardado para los que te temen, que has mostrado a los que esperan en ti, delante de los hijos de los hombres!" (Sal. 31:19).**
> >
> > **"Encomienda a Jehová tu camino, y confía en él; y él hará" (Sal. 37:5).**
> >
> > **"Fíate de Jehová de todo tu corazón, y no te apoyes en tu propia prudencia" (Pr. 3:5).**
> >
> > **"Traed todos los diezmos al alfolí y haya alimento en mi casa; y probadme ahora en esto, dice Jehová de los ejércitos, si no os abriré las ventanas de los cielos, y derramaré sobre vosotros bendición hasta que sobreabunde" (Mal. 3:10).**

5 (6:14, 15) ***Mesías - Profesión:*** Hay una profesión materialista de Jesús. La gente profesaba a Jesús como el Mesías, pero pensaban en un rey terrenal, materialista, un Mesías que podría satisfacer tanto sus necesidades personales o de la comunidad como los nacionales. (Ver Estudio a fondo 2, Jn. 1:20; nota, 1:23.)

Jesús los había alimentado y sanado. Había hecho lo que cada hombre quería, había satisfecho su necesidad de salud y comida. Por lo tanto, querían coronarlo como el Rey de sus vidas. No querían volver a estar enfermos o a tener hambre, no mientras vivieran. Vieron en Jesús la posibilidad de un Mesías terrenal, humano. Uno que podría proveer...

- alimento para su hambre.
- sanidad para su enfermedad.
- liberación de sus pruebas.
- consuelo para sus tristezas.
- lo suficiente para sus deseos.
- paz para sus inquietudes.
- victoria sobre sus enemigos.

Jesús, por supuesto, puede ayudar a cualquier persona en toda situación. Pero el problema con la multitud era su deseo de una satisfacción terrenal y mundana. Pensaban en términos de lo físico y lo material, no de lo espiritual. Incluso cuando Cristo satisface necesidades físicas y materiales, éstas son solo temporarias. Transcurren. La preocupación del Señor es básicamente espiritual: fuerza espiritual y bendiciones espirituales, la fuerza y las bendiciones que duran para siempre (Ver nota, Ef. 1:3). Esta es la razón por la cual los hombres abandonan a Jesús. Él exige...

- la negación del yo.

> **"Y decía a todos: Si alguno quiere venir en pos de mí, niéguese a sí mismo, tome su cruz cada día, y sígame" (Lc. 9:23).**

- la separación del mundo.

> **"Respondió Jesús y les dijo: De cierto, de cierto os digo que me buscáis, no porque habéis visto las señales, sino porque comisteis el pan y os saciasteis. Trabajad, no por la comida que perece, sino por la comida que a vida eterna permanece, la cual el Hijo del Hombre os dará; porque a éste señaló Dios el Padre" (Jn. 6:26, 27).**
>
> **"Así que, hermanos, os ruego por las misericordias de Dios, que presentéis vuestros cuerpos en sacrificio vivo, santo, agradable a Dios, que es vuestro culto racional. No os conforméis a este siglo, sino transformaos por medio de la renovación de vuestro entendimiento, para que comprobéis cuál sea la buena voluntad de Dios, agradable y perfecta" (Ro. 12:1, 2).**
>
> **"Por lo cual, salid de en medio de ellos, y apartaos, dice el Señor, y no toquéis lo inmundo; y yo os recibiré, y seré para vosotros por Padre, y vosotros me seréis hijos e hijas, dice el Señor Todopoderoso" (2 Co. 6:17, 18).**
>
> **"No améis al mundo, ni las cosas que están en el mundo. Si alguno ama al mundo, el amor del Padre no está en él. Porque todo lo que hay en el mundo, los deseos de la carne, los deseos de los ojos, y la vanagloria de la vida, no proviene del Padre, sino del mundo" (1 Jn. 2:15, 16).**

1. Los discípulos suben a una barca para cruzar el mar **2 Las causas del temor** a. Estar en la oscuridad b. Estar sin Jesús c. Quedar atrapados en una tormenta	**B. Jesús camina sobre las aguas: La liberación del temor, 6:16-21** (Mt. 14:22-33; Mr. 6:45-52) 16 Al anochecer, descendieron sus discípulos al mar, 17 y entrando en una barca, iban cruzando el mar hacia Capernaum. Estaba ya oscuro, y Jesús no había venido a ellos. 18 Y se levantaba el mar con	un gran viento que soplaba. 19 Cuando habían remado como veinticinco o treinta estadios, vieron a Jesús que andaba sobre el mar y se acercaba a la barca; y tuvieron miedo. 20 Mas él les dijo: Yo soy; no temáis. 21 Ellos entonces con gusto le recibieron en la barca, la cual llegó en seguida a la tierra adonde iban.	d. Estar cansados y abrumados con un sentimiento de horror, de muerte inminente **3 La respuesta al temor** a. La presencia y la Palabra de Jesús: "Yo soy" b. Recibir la presencia de Jesús c. El resultado: Liberación en las tormentas de la vida

DIVISIÓN VII

LA REVELACIÓN DE JESUS, EL PAN DE VIDA, 6:1-71

B. Jesús camina sobre las aguas: La liberación del temor, 6:16-21

(6:16-21) ***Introducción:*** Jesucristo es el gran Liberador del miedo. Está definitivamente revelado como el gran Liberador en su experiencia.

1. Los discípulos se suben a una barca para cruzar el mar (v. 16).
2. Las causas del temor (vv. 17-19).
3. La respuesta al temor (vv. 20, 21).

[1] (6:16) ***Tentación, Huida:*** Los discípulos subieron a una barca para cruzar el mar. La multitud estaba por tomar a Jesús por la fuerza y convertirlo en Rey. (Ver bosquejo y nota, Jn. 6:14-15.) Había peligro de que los discípulos se dejaran llevar por *el entusiasmo de la tentación*, de modo que Jesús les ordenó navegar. Obedecieron a Jesús e hicieron exactamente lo que Él dijo: huyeron y escaparon a la tentación.

Advierta las palabras: "Jesús no había venido a ellos". Al parecer, Jesús les había dicho que remaran una cierta distancia y luego que giraran y lo recogieran en algún otro punto de la orilla. Sin embargo, ellos no iban a esperarlo más allá de un tiempo determinado. Él iba a despedir a la multitud y retirarse a orar (cp. Mr. 6:45, 46). La "gran" tormenta, violenta, tomó a los discípulos por sorpresa, y al parecer los llevó al mar (v. 18).

[2] (6:17-19) ***Miedo - Pruebas - Tormentas - Fragilidad, del hombre:*** Las causas del miedo. Esta experiencia de los discípulos ilustra con claridad las causas del miedo.

1. Estar en la oscuridad causa miedo. Ahora estaba oscuro, de modo que los discípulos no podían ver. La amenaza y el peligro y la tensión emocional de la tormenta sería mucho más intensa debido a la oscuridad.

Pensamiento 1: Una persona no puede ver en la oscuridad espiritual. Su ceguera es una gran amenaza y una tensión emocional para ella.

1) Es una gran amenaza puesto que la persona no sabe qué hay más allá (problemas, tristezas, dificultades, pérdida, muerte).

"Pero si tu ojo es maligno, todo tu cuerpo estará en tinieblas. Así que, si la luz que en ti hay es tinieblas, ¿cuántas no serán las mismas tinieblas?" (Mt. 6:23).

"Dejadlos; son ciegos guías de ciegos; y si el ciego guiare al ciego, ambos caerán en el hoyo" (Mt. 15:14).

"En los cuales el dios de este siglo cegó el entendimiento de los incrédulos, para que no les resplandezca la luz del evangelio de la gloria de Cristo, el cual es la imagen de Dios" (2 Co. 4:4).

"Pero el que aborrece a su hermano está en tinieblas, y anda en tinieblas, y no sabe a dónde va, porque las tinieblas le han cegado los ojos" (1 Jn. 2:11).

2) Hay gran peligro en el hecho de que definitivamente enfrentará tiempos difíciles en el futuro. Estando en la oscuridad, será tomado por sorpresa. Estará *en la oscuridad* acerca de Dios, acerca de cómo llamarlo y recibir fuerza y ayuda de Él.

"Teniendo el entendimiento entenebrecido, ajenos de la vida de Dios por la ignorancia que en ellos hay, por la dureza de su corazón" (Ef. 4:18).

"No saben, no entienden, andan en tinieblas; tiemblan todos los cimientos de la tierra" (Sal. 82:5).

"El camino de los impíos es como la oscuridad; no saben en qué tropiezan" (Pr. 4:19).

"Pero yo dije: Ciertamente éstos son pobres, han enloquecido, pues no conocen el camino de Jehová, el juicio de su Dios" (Jer. 5:4).

"Mas ellos no conocieron los pensamientos de Jehová, ni entendieron su consejo; por lo cual los juntó como gavillas en la era" (Mi. 4:12).

3) Es una gran tensión emocional en cuanto que el temor se apoderará del ser, cubriéndolo con una sensación de desamparo y desesperanza.

"Y palparás a mediodía como palpa el ciego en la oscuridad, y no serás prosperado en tus caminos; y no serás sino oprimido y robado todos los días, y no habrá quien te salve" (Dt. 28:29).

"Sea su camino tenebroso y resbaladizo, y el ángel de Jehová los persiga" (Sal. 35:6).

"No conocieron camino de paz, ni hay justicia en sus caminos; sus veredas son torcidas; cualquiera que por ellas fuere, no conocerá paz. Por esto se alejó de

nosotros la justicia, y no nos alcanzó la rectitud; esperamos luz, y he aquí tinieblas; resplandores, y andamos en oscuridad" (Is. 59:8, 9).

"Por tanto, su camino será como resbaladeros en oscuridad; serán empujados, y caerán en él" (Jer. 23:12).

2. Estar sin Jesús ocasionará temor. Jesús todavía no había vuelto con los discípulos; por lo tanto ellos no tenían su presencia y ayuda. Fueron dejados solos para que se defendieran por su cuenta, contando solo con la ayuda unos de otros. La fuerza de la mente y el brazo de cada uno tenía que salvarlos, sino estarían perdidos; iban a morir. Tenían toda la razón para sentir miedo, puesto que eran hombres sinceros y cada uno sabía en lo profundo de su corazón que su fuerza era limitada y finalmente fallaría.

"También yo escogeré para ellos escarnios, y traeré sobre ellos lo que temieron; porque llamé, y nadie respondió; hablé, y no oyeron, sino que hicieron lo malo delante de mis ojos, y escogieron lo que me desagrada" (Is. 66:4).

"En aquel tiempo estabais *sin Cristo*, alejados de la ciudadanía de Israel y ajenos a los pactos de la promesa, sin esperanza y sin Dios en el mundo" (Ef. 2:12).

3. Quedar atrapado en una de las grandes y *violentas tormentas de la vida* ocasionará miedo. Surgió un "gran viento" y una violenta tormenta. Nota: cuando partieron estaba calmo y tranquilo; pensaron que el viaje sería exitoso, sin tener que enfrentar ningún problema. Nunca esperaron una tormenta violenta, pero los vientos y las nubes *llegaron*. La tormenta terrible *atacó y amenazó* sus vidas.

Lo mismo sucede con las "grandes" y violentas tormentas de la vida. Los problemas, las pruebas, la enfermedad, la muerte, las dificultades financieras y una hueste de otras tormentas golpean a todos. Golpean inesperadamente, con demasiada frecuencia cuando estamos menos preparados para ello. El resultado es un gran temor y el trastorno emocional de nuestras vidas.

4. Estar cansado y abrumado por una sensación de horror, de muerte inminente, ocasionará temor. Los discípulos habían estado luchando contra la tormenta entre seis y nueve horas, y solo habían avanzado cinco o seis kilómetros.

"Y librar a todos los que por el temor de la muerte estaban durante toda la vida sujetos a servidumbre" (He. 2:15).

"Por tanto, como el pecado entró en el mundo por un hombre, y por el pecado la muerte, así la muerte pasó a todos los hombres, por cuanto todos pecaron" (Ro. 5:12).

"Porque de cierto morimos, y somos como aguas derramadas por tierra, que no pueden volver a recogerse; ni Dios quita la vida, sino que provee medios para no alejar de sí al desterrado" (2 S. 14:14).

"Porque yo sé que me conduces a la muerte, y a la casa determinada a todo viviente" (Job 30:23).

"Pues verá que aun los sabios mueren; que perecen del mismo modo que el insensato y el necio, y dejan a otros sus riquezas" (Sal. 49:10).

"¿Qué hombre vivirá y no verá muerte? ¿Librará su vida del poder del Seol?" (Sal. 89:48).

"Porque lo que sucede a los hijos de los hombres, y lo que sucede a las bestias, un mismo suceso es: como mueren los unos, así mueren los otros, y una misma respiración tienen todos; ni tiene más el hombre que la bestia; porque todo es vanidad" (Ec. 3:19).

"Porque para todo lo que quisieres hay tiempo y juicio; porque el mal del hombre es grande sobre él; pues no sabe lo que ha de ser; y el cuándo haya de ser, ¿quién se lo enseñará? No hay hombre que tenga potestad sobre el espíritu para retener el espíritu, ni potestad sobre el día de la muerte" (Ec. 8:6-8).

"Al tiempo de la tarde, he aquí la turbación, pero antes de la mañana el enemigo ya no existe" (Is. 17:14).

Advierta qué pasó (cp. Mr. 6:47-49 para una explicación completa). Los discípulos vieron a Jesús "que andaba sobre el mar". Se sintieron afectados por un terror aterrador. Recuerde, estaban físicamente exhaustos y mentalmente agotados por haber utilizado todas las habilidades de marinos que tenían a su disposición. Sus vidas estaban en juego; estaban luchando por la supervivencia. De repente, de la nada vieron una figura, una aparición (fantasma) caminando sobre el agua. Y no fue solo uno el que lo vio, todos vieron la figura. Estaban asustados, quizás bordeando el estado de choque, quizás pensando que el ángel de la muerte o una premonición de su muerte estaba allí.

El punto es importante: las tormentas de la vida pueden ocasionar un sentimiento de horror, de muerte inminente y pueden generar un terrible temor en nuestros corazones.

"Porque también estando con vosotros, os predecíamos que íbamos a pasar tribulaciones, como ha acontecido y sabéis" (1 Ts. 3:4).

"Que estamos atribulados en todo, mas no angustiados; en apuros, mas no desesperados; perseguidos, mas no desamparados; derribados, pero no destruidos" (2 Co. 4:8, 9).

"Pero como las chispas se levantan para volar por el aire, así el hombre nace para la aflicción" (Job 5:7).

"El hombre nacido de mujer, corto de días, y hastiado de sinsabores" (Job 14:1).

"Mas su carne sobre él se dolerá, y se entristecerá en él su alma" (Job 14:22).

"Me rodearon ligaduras de muerte, me encontraron las angustias del Seol; angustia y dolor había yo hallado" (Sal. 116:3).

"Esperamos paz, y no hubo bien; día de curación, y he aquí turbación" (Jer. 8:15).

"No te alejes de mí, porque la angustia está cerca; porque no hay quien ayude" (Sal. 22:11).

"Un abismo llama a otro a la voz de tus cascadas; todas tus ondas y tus olas han pasado sobre mí" (Sal. 42:7).

"Entonces nos habrían inundado las aguas; sobre nuestra alma hubiera pasado el torrente" (Sal. 124:4).

"Las aguas me rodearon hasta el alma, rodeóme el abismo; el alga se enredó a mi cabeza" (Jon. 2:5).

3 (6:20, 21) ***Temor - Recibir a Jesús:*** La respuesta al temor es Jesús mismo. Advierta tres puntos.

1. La Palabra de Cristo libera del temor. Él proclamó: "Yo soy; no temáis" (Ver Estudio a fondo 1, "Yo soy", Jn. 6:20.)

"Y Jesús se acercó y les habló diciendo: Toda potestad me es dada en el cielo y en la tierra" (Mt. 28:18).

"Estas cosas os he hablado para que en mí tengáis

paz. En el mundo tendréis aflicción; pero confiad, yo he vencido al mundo" (Jn. 16:33).

"Clama a mí, y yo te responderé, y te enseñaré cosas grandes y ocultas que tú no conoces" (Jer. 33:3).

2. Recibir la presencia de Cristo libera del temor. Advertir esto es crucial, porque tener a Cristo presente y oír su Palabra de "no temer" no es suficiente. Una persona debe "querer recibir" a Cristo en su vida. La liberación les llegó a los discípulos solo después de haber recibido a Jesús en la barca.

"He aquí, yo estoy a la puerta y llamo; si alguno oye mi voz y abre la puerta, entraré a él, y cenaré con él, y él conmigo" (Ap. 3:20).

"Mas a todos los que le recibieron, a los que creen en su nombre, les dio potestad de ser hechos hijos de Dios" (Jn 1:12).

"La paz os dejo, mi paz os doy; yo no os la doy como el mundo la da. No se turbe vuestro corazón, ni tenga miedo" (Jn. 14:27).

"Confirmando los ánimos de los discípulos, exhortándoles a que permaneciesen en la fe, y diciéndoles: Es necesario que a través de muchas tribulaciones entremos en el reino de Dios" (Hch. 14:22).

"No temas, porque yo estoy contigo; no desmayes, porque yo soy tu Dios que te esfuerzo; siempre te ayudaré, siempre te sustentaré con la diestra de mi justicia" (Is. 41:10).

"Y hasta la vejez yo mismo, y hasta las canas os soportaré yo; yo hice, yo llevaré, yo soportaré y guardaré" (Is. 46:4).

3. Los resultados de recibir a Cristo son dos: liberación del temor y la calma de la tormenta. Jesucristo da la fuerza para remar a través de todas las tormentas de la vida. Él tiene el poder de borrar el temor y calmar cualquier tormenta.

"Por tanto, no desmayamos; antes aunque este nuestro hombre exterior se va desgastando, el interior no obstante se renueva de día en día. Porque esta leve tribulación momentánea produce en nosotros un cada vez más excelente y eterno peso de gloria; no mirando nosotros las cosas que se ven, sino las que no se ven; pues las cosas que se ven son temporales, pero las que no se ven son eternas" (2 Co. 4:16-18).

"Y librar a todos los que por el temor de la muerte estaban durante toda la vida sujetos a servidumbre" (He. 2:15).

"De manera que podemos decir confiadamente: El Señor es mi ayudador; no temeré lo que me pueda hacer el hombre" (He. 13:6).

"Sabe el Señor librar de tentación a los piadosos, y reservar a los injustos para ser castigados en el día del juicio" (2 P. 2:9).

"El te librará del lazo del cazador, de la peste destructora" (Sal. 91:3).

"Pues tú has librado mi alma de la muerte, mis ojos de lágrimas, y mis pies de resbalar" (Sal. 116:8).

"Y vio que no había hombre, y se maravilló que no hubiera quien se interpusiese; y lo salvó su brazo, y le afirmó su misma justicia" (Is. 59:16; cp. Is. 63:5).

ESTUDIO A FONDO 1

(6:20) ***"Yo soy"*** (eimi): Esta es una palabra en griego, *eimi*, que significa: "YO SOY" (Jn. 18:6). Jesús estaba diciendo: "YO SOY" quien ha venido, no temáis. Estaba recordándoles a los discípulos quién era Él, el mismo Hijo de Dios. Él posee todo el poder; por lo tanto no había necesidad de temer. Este era el mismo mensaje que Dios le dio a Moisés en la zarza ardiente: "Yo soy el que soy" (Éx. 3:13-15; esp. 14). Era el mismo mensaje que Col. 1:15-17 declara para Él, y es el mismo mensaje que proclama el Libro del Apocalipsis. "Él que es, el que era y el que ha de venir" (Ap. 1:4, 8; 11:17; 16:5). (Ver nota, Jn. 1:1, 2.)

Hay varios "Yo soy" proclamados por Cristo.

⇒ Yo soy el Mesías (Jn. 4:26).
⇒ Yo soy (soy yo); no temáis (Jn. 6:20).
⇒ Yo soy el Pan de Vida (Jn. 6:35).
⇒ Yo soy de arriba (Jn. 8:23).
⇒ Yo soy la Luz del Mundo (Jn. 8:12; 9:5; 12:46).
⇒ Yo soy antes que Abraham, yo soy (eterno) (Jn. 8:58).
⇒ Yo soy la Puerta (Jn. 10:7).
⇒ Yo soy el Buen Pastor (Jn. 10:14).
⇒ Yo soy el Hijo de Dios (Jn. 10:36).
⇒ Yo soy la Resurrección y la Vida (Jn. 11:25).
⇒ Yo soy el Señor y el Maestro (Jn. 13:13).
⇒ Yo soy el Camino, la Verdad y la Vida (Jn. 14:6).
⇒ Yo soy la vid verdadera (Jn. 15:1)
⇒ Yo soy el Alfa y el Omega (Ap. 1:8).
⇒ Yo soy el Primero y el Último (Ap. 1:17).

	C. La respuesta al gran apetito del hombre, 6:22-29	25 Y hallándole al otro lado del mar, le dijeron: Rabí, ¿cuándo llegaste acá?	e. La gente cuestionó la ausencia de Jesús
1 Respuesta 1: Conocer que el hombre tiene gran apetito, una gran necesidad a. La gente fue alimentada milagrosamente (vv. 1-15) b. La gente reconoció su necesidad c. La gente advirtió la ausencia de Jesús	22 El día siguiente, la gente que estaba al otro lado del mar vio que no había habido allí más que una sola barca, y que Jesús no había entrado en ella con sus discípulos, sino que éstos se habían ido solos. 23 Pero otras barcas habían arribado de Tiberias junto al lugar donde habían comido el pan después de haber dado gracias el Señor.	26 Respondió Jesús y les dijo: De cierto, de cierto os digo que me buscáis, no porque habéis visto las señales, sino porque comisteis el pan y os saciasteis. 27 Trabajad, no por la comida que perece, sino por la comida que a vida eterna permanece, la cual el Hijo del Hombre os dará; porque a éste señaló Dios el Padre.	**2 Respuesta 2: Reconocer que el motivo del hombre es corrupto** a. Buscaron al Mesías por lo que podían obtener de Él. b. Buscaron comida que perece - trabajo equivocado **3 Respuesta 3: Trabajar por comida que perdura, que da vida eterna** a. Fuente: Hijo del Hombre b. Garantizado por Dios
d. La gente buscó a Jesús	24 Cuando vio, pues, la gente que Jesús no estaba allí, ni sus discípulos, entraron en las barcas y fueron a Capernaum, buscando a Jesús.	28 Entonces le dijeron: ¿Qué debemos hacer para poner en práctica las obras de Dios? 29 Respondió Jesús y les dijo: Esta es la obra de Dios, que creáis en el que él ha enviado.	**4 Respuesta 4: Hacer la obra de Dios: creer**

DIVISIÓN VII

LA REVELACIÓN DE JESÚS, EL PAN DE VIDA, 6:1-71

C. La respuesta al gran apetito del hombre, 6:22-29

(6:22-29) ***Introducción:*** El hombre tiene un apetito voraz en su interior tanto por lo físico como por lo espiritual. Tiene apetito tanto por comida y cosas materiales como por Dios y cosas espirituales, cosas tales como el amor y el gozo y la paz. Por lo tanto, la mayoría del tiempo y la energía del hombre se dedican a buscar satisfacer su hambre. Este pasaje trata de la respuesta al gran apetito del hombre.

1. Respuesta 1: Conocer que el hombre tiene un gran apetito, una gran necesidad (vv. 22-25).
2. Respuesta 2: Reconocer que el motivo del hombre es corrupto (vv. 26, 27).
3. Respuesta 3: Trabajar por comida que perdura, que da vida eterna (v. 27).
4. Respuesta 4: Hacer la obra de Dios: creer (vv. 28, 29).

[1] (6:22-25) ***Apetito, Espiritual - Buscando a Jesús:*** La primera respuesta al gran apetito del hombre es *reconocer* el hambre. Las personas fueron milagrosamente alimentadas. Era una creencia común que el Mesías daría maná del cielo como lo había hecho Moisés. En realidad, se pensaba que el Mesías daría más de lo que había dado Moisés. La gente estaba convencida de que Jesús era el Mesías, entonces querían estar cerca de Él y convertirlo en rey (vv. 1-15). Advierta cuatro cosas.

1. La gente reconocía su necesidad por el Mesías. Tenían necesidad y lo sabían. Confesar su pecado no era un problema para ellos. (Ver Estudio a fondo 2, Mesías, Jn. 1:20.)

2. La gente advirtió la ausencia de Jesús. Había un solo barco atracado en la orilla, y los discípulos lo habían tomado para cruzar el lago. Sin embargo, Jesús no los había acompañado; se había quedado. La gente pensó que estaba en otro lado, en otro sector de la multitud o en algún otro lugar solo. El hecho de que no estuviera cerca no los angustió hasta el día siguiente. El punto está lleno de lecciones: las personas, sabiendo que tenían necesidades, querían que esas necesidades fueran satisfechas. Jesús había proclamado que Él podía satisfacer su necesidad, pero Él no estaba; por lo tanto, su necesidad no iba a ser satisfecha a no ser que pudieran encontrarlo.

> ***Pensamiento 1:*** El hombre tiene una gran necesidad del Mesías de Dios.
> 1) El hombre debe reconocer esta necesidad.
> 2) El hombre debe observar para ver si Cristo está presente. Si Cristo está ausente, la necesidad del hombre continúa.

3. Las personas buscaban a Jesús. Creyendo que Jesús era la respuesta a su necesidad, hicieron lo que tenían que hacer: buscarlo. Durante la noche otras barcas se habían acercado a la orilla, probablemente buscando refugio de la tormenta. Por lo tanto, la gente de inmediato tomó pasajes en esos barcos para cruzar hasta Capernaum, esperando encontrar a Jesús. Advierta cuán diligentes fueron en buscarlo.

> ***Pensamiento 1:*** El hombre debe buscar diligentemente para encontrar a Cristo. Debe buscar y buscar hasta encontrar al Señor.
>
> **"Y yo os digo: Pedid, y se os dará; buscad, y hallaréis; llamad, y se os abrirá. Porque todo aquel que pide, recibe; y el que busca, halla; y al que llama, se le abrirá" (Lc. 11:9, 10).**
>
> **"Pero sin fe es imposible agradar a Dios; porque es necesario que el que se acerca a Dios crea que le hay, y que es galardonador de los que le buscan" (He. 11:6).**

"Buscad a Jehová mientras puede ser hallado, llamadle en tanto que está cercano" (Is. 55:6).

4. La gente cuestionó la ausencia de Jesús. En sus mentes, el Mesías debía darles maná del cielo para satisfacer sus necesidades así como lo había hecho Moisés, solo que más. No podían comprender por qué Jesús los abandonaba, especialmente si era el verdadero Mesías.

Pensamiento 1: Este punto es crucial, puesto que los hombres de todas las generaciones se preguntan y cuestionan el hecho: Si Jesús es realmente el Mesías, ¿por qué con tanta frecuencia parece estar ausente y alejado, especialmente en momentos de dificultad? Otra forma de redactar el mismo pensamiento es: Si hay un Dios y si Cristo realmente es el Hijo de Dios, ¿por qué hay tantos problemas en el mundo y por qué hay tanta gente sufriendo? ¿Por qué Jesús no se ubica justo en medio del mundo y sus problemas? ¿Por qué no va hacia adelante y resuelve los problemas, satisfaciendo de inmediato las necesidades del hombre? La respuesta, por supuesto, es sobre lo que trata este pasaje.

[2] (6:26, 27) ***Motivo - Mesías - Buscando a Jesús - Utopía:*** La respuesta al gran apetito del hombre es reconocer que el motivo del hombre es corrupto. Este punto es crítico. Jesús lo recalcó con *palabras para llamar la atención* "de cierto, de cierto os digo" (escuchen, escuchen). El motivo del hombre al buscar el Mesías ?al buscar la respuesta a sus problemas? es con frecuencia corrupto. En el caso de estas personas lo era, y trágicamente, lo es con muchos otros en cada generación.

1. El hombre busca un Mesías (Salvador), pero no para adorarlo y servirlo. Lo busca por lo que puede obtener de Él.

a. *El hombre está interesado* en lograr que se satisfagan sus necesidades, ya sea por algo humano o divino. El hombre está interesado en sí mismo, no en reconocer y honrar a Jesús como el Señor, y no sirviéndolo y haciéndolo conocer a un mundo perdido. Los pensamientos de la multitud fueron centrados en cuán maravilloso era ser *salvado del hambre* y tener *satisfechas sus necesidades*. Aquí había un Salvador (Mesías) que podía cumplir con todas sus necesidades, que satisfaría y les daría una vida completa y plena. Proveería todas las cosas para ellos y los liberaría de todo lo que los esclavizaba y de sus enemigos. Podría traer utopía (el reino de Dios) a la tierra. Toda necesidad sería cumplida y satisfecha. Advierta que los pensamientos del hombre están centrados...
- en la tierra.
- en cosas materiales y posesiones personales.
- en la carne y su satisfacción.
- únicamente en lo humano y carnal.

b. *El hombre debería* interesarse en el Mesías por quién Él es y no por lo que puede obtener de Él. Muy sencillamente, al igual que con cualquier persona, el Señor quiere que lo busquen y lo amen por quién Él es y no por lo que puede hacer por una persona. El Señor (Mesías) no es una herramienta para utilizar; Él es una Persona que debe ser buscada y amada. La multitud debe haber visto que dicho milagro solo podría haberlo hecho *el Hijo de Dios*. Por lo tanto, viendo y estando frente al Hijo de Dios, deberían haberse postrado frente a Él en toda humildad. Tendrían que haberse humillado...
- para reconocer que Él es el Hijo de Dios.
- para adorar y alabarlo por quién Él es.
- para ofrecer sus vidas a Él, todo lo que eran y poseían.
- para ver que todas las cosas pertenecían a Él y eran debidas a Él.
- para ver que Él no era el que debía darles a ellos, sino que ellos debían darle a Él. Él era quien debía recibir, no ellos.

2. El hombre busca comida perecedera. Simplemente coloca mal su trabajo. Centra y concentra sus pensamientos, sus energías y sus esfuerzos en el momento, es decir, en los años en la tierra. El hombre busca *alimentar su alma* con...
- sentimientos y placeres
- reconocimiento y honor
- comodidad y facilidad
- posición y poder
- todo y más
- fama y ego.

Dicha búsqueda propia es tonta, puesto que todas las cosas pasan, incluso el propio hombre. Un día no está garantizado, mucho menos un año. Incluso si a un hombre le quedan años por vivir, pasan tan rápidamente, como todo hombre maduro o adulto sabe. El hombre necesita desesperadamente saber dos verdades eternas.

a. La tierra y sus cosas con todos sus placeres y sentimientos no satisfacen (Is. 55:2). Siguen dejando al hombre vacío, incompleto, insatisfecho, hambriento, buscando más y más.

"Codiciáis, y no tenéis; matáis y ardéis de envidia, y no podéis alcanzar; combatís y lucháis, pero no tenéis lo que deseáis, porque no pedís. Pedís, y no recibís, porque pedís mal, para gastar en vuestros deleites. ¡Oh almas adúlteras! ¿No sabéis que la amistad del mundo es enemistad contra Dios? Cualquiera, pues, que quiera ser amigo del mundo, se constituye enemigo de Dios" (Stg. 4:2-4).

"Los frutos codiciados por tu alma se apartaron de ti, y todas las cosas exquisitas y espléndidas te han faltado, y nunca más las hallarás" (Ap. 18:14).

"Las viandas para el vientre, y el vientre para las viandas; pero tanto al uno como a las otras destruirá Dios. Pero el cuerpo no es para la fornicación, sino para el Señor, y el Señor para el cuerpo" (1 Co. 6:13).

"Vaga alrededor tras el pan, diciendo: ¿En dónde está? Sabe que le está preparado día de tinieblas" (Job 15:23).

"Todo el trabajo del hombre es para su boca, y con todo eso su deseo no se sacia" (Ec. 6:7).

"Y les sucederá como el que tiene hambre y sueña, y le parece que come, pero cuando despierta, su estómago está vacío; o como el que tiene sed y sueña, y le parece que bebe, pero cuando despierta, se halla cansado y sediento" (Is. 29:8).

"De ceniza se alimenta; su corazón engañado le desvía, para que no libre su alma, ni diga: ¿No es pura mentira lo que tengo en mi mano derecha?" (Is. 44:20).

"¿Por qué gastáis el dinero en lo que no es pan, y vuestro trabajo en lo que no sacia? Oídme atentamente, y comed del bien, y se deleitará vuestra alma con grosura" (Is. 55:2).

b. La tierra y sus cosas con todos sus placeres y sentimientos pasan. Envejecen, se deterioran, mueren y decaen (ver notas, Mt. 8.17; 1 Co. 15:50; Col. 2:13; 2 P. 1:4; He. 9:27).

"Porque los que son de la carne piensan en las cosas de la carne; pero los que son del Espíritu, en las cosas del Espíritu. Porque el ocuparse de la carne es muerte, pero el ocuparse del Espíritu es vida y paz" (Ro. 8:5, 6).

"Pero esto digo, hermanos: que la carne y la sangre no pueden heredar el reino de Dios, ni la corrupción hereda la incorrupción" (1 Co. 15:50).

"Porque todo lo que hay en el mundo, los deseos de la carne, los deseos de los ojos, y la vanagloria de la vida, no proviene del Padre, sino del mundo. Y el mundo pasa, y sus deseos; pero el que hace la voluntad de Dios permanece para siempre" (1 Jn. 2:16, 17).

[3] (6:27) ***Buscando a Jesús - Jesucristo, Hijo del Hombre - Provisión:*** La tercera respuesta al gran apetito del hombre es trabajar por alimento que perdure, que de o que dure "hasta la vida eterna" (eis zoen aionion). El apetito básico dentro del hombre es por...

- una vida abundante, una vida completa y satisfecha, llena de amor, de gozo, de paz y de todas las cosas buenas de la vida (ver Estudio a fondo 1, Jn. 10:10).
- una vida eterna, una vida que sobreviva, que no sea arrebatada, pero que dure por siempre. (Ver Estudio a fondo 1, Jn. 17:2, 3.)

1. Jesús dijo que el Hijo del Hombre es el que puede dar alimento que dura para siempre, el que puede dar vida que es tanto abundante como eterna (ver nota, Hijo del Hombre, Jn. 1:51).

2. Jesús dijo que el Hijo del Hombre está sellado, esto es, garantizado por Dios. (Ver Estudio a fondo 2, Jn. 3:33). Dios garantiza...

- que Cristo es el Mesías.
- que Cristo es el que puede dar alimento que es abundante y dura por siempre.

"Mas el que bebiere del agua que yo le daré, no tendrá sed jamás; sino que el agua que yo le daré será en él una fuente de agua que salte para vida eterna" (Jn. 4:14; cp. 7:37).

"Porque el pan de Dios es aquel que descendió del cielo y da vida al mundo. Le dijeron: Señor, danos siempre este pan. Jesús les dijo: Yo soy el pan de vida; el que a mí viene, nunca tendrá hambre; y el que en mí cree, no tendrá sed jamás" (Jn. 6:33-35).

ESTUDIO A FONDO 1

(6:27) ***Hijo del Hombre:*** ver nota, Jn. 1:51

ESTUDIO A FONDO 2

(6:27) ***Sello:*** (Ver Estudio a fondo 2, Jn. 3:33.)

[4] (6:28, 29) ***Obras en contraposición a gracia:*** La cuarta respuesta al gran apetito del hombre es hacer *la obra* de Dios: creer. Advierta dos hechos cruciales.

1. La gente pensó en términos de obra*s* (plural). Pensaban que *haciendo buenas obras* podían ganarse la aprobación y aceptación de Dios. Si hacían suficiente comida y vivían una vida que era moral y justa, Dios los salvaría y les daría el alimento que satisface, el alimento y la vida que eran tanto abundantes como eternas.

Pensamiento 1: Están los que ven a las personas en tres categorías.

1) Hay *personas buenas*, personas que hacen muchas obras buenas. Viven vidas buenas, morales y justas, por lo tanto, son aceptables ante Dios.
2) Hay *personas malas*, personas que principalmente hacen malas obras. Viven vidas inmorales e injustas; por lo tanto no son aceptables ante Dios. No son salvos.
3) Hay *personas intermedias*, personas que hacen tanto bien como mal. Viven vidas morales e inmorales, justas e injustas. Están próximos a obtener la aprobación de Dios, no del todo, pero próximos. Si hacen algunas pocas *buenas obras* más y viven con un poco más de moralidad, Dios los aceptará.

2. Jesús corrigió el pensamiento de la gente, su concepto de salvación mediante obras. Ellos no se garantizaron el favor de Dios y no eran aceptables ante Dios por las obras (plural). Ellos recibieron el favor y la aceptación de Dios debido a una obra, a una sola (singular). La obra de Dios es solo una: creer "en el que él ha enviado". (Ver Estudio a fondo 2, Jn. 2:24.)

"Estando en Jerusalén en la fiesta de la pascua, muchos creyeron en su nombre, viendo las señales que hacía" (Jn. 2:23).

"Sabiendo que el hombre no es justificado por las obras de la ley, sino por la fe de Jesucristo, nosotros también hemos creído en Jesucristo, para ser justificados por la fe de Cristo y no por las obras de la ley, por cuanto por las obras de la ley nadie será justificado" (Gá. 2:16).

"Porque por gracia sois salvos por medio de la fe; y esto no de vosotros, pues es don de Dios; no por obras, para que nadie se gloríe" (Ef. 2:8, 9).

	D. El pan de vida: La fuente de satisfacción espiritual, 6:30-36	Moisés el pan del cielo, mas mi Padre os da el verdadero pan del cielo.	b. Únicamente Dios provee el verdadero pan: la verdadera satisfacción
		33 Porque el pan de Dios es aquel que descendió del cielo y da vida al mundo.	**3 Cristo es el pan de Dios** a. Vino del cielo b. Da vida
1 La gente exigía pruebas a. La gran declaración de Jesús vv.27-29 b. La prueba específica exigida	30 Le dijeron entonces: ¿Qué señal, pues, haces tú, para que veamos, y te creamos? ¿Qué obra haces? 31 Nuestros padres comieron el maná en el desierto, como está escrito: Pan del cielo les dio a comer.	34 Le dijeron: Señor, danos siempre este pan. 35 Jesús les dijo: Yo soy el pan de vida; el que a mí viene, nunca tendrá hambre; y el que en mí cree, no tendrá sed jamás.	**4 Cristo es el pan de vida** a. La solicitud por el Pan de Dios b. La declaración fenomenal c. Si el hombre va a Jesús, nunca tendrá hambre. d. Si el hombre cree, nunca tendrá sed.
2 Cristo es el pan verdadero a. El hombre no puede proveer el verdadero pan: la satisfacción	32 Y Jesús les dijo: De cierto, de cierto os digo: No os dio	36 Mas os he dicho, que aunque me habéis visto, no creéis.	**5 Cristo fue visto, pero fue rechazado**

DIVISIÓN VII

LA REVELACIÓN DE JESÚS, EL PAN DE VIDA, 6:1-71

D. El pan de vida: La fuente de satisfacción espiritual, 6:30-36

(6:30-36) ***Introducción - Jesucristo, Pan de Vida - Satisfacción:*** Jesucristo es la fuente de satisfacción espiritual, de la nutrición espiritual del hombre. Él es el único pan que puede alimentar el gran apetito del hombre, el hambre que azota dentro del ser interior. No hay otra fuente de la cual el hombre puede alimentarse y ser nutrido.

1. La gente exigía pruebas (vv. 30, 31).
2. Cristo es el pan verdadero (v. 32).
3. Cristo es el pan de Dios (v. 33).
4. Cristo es el pan de vida (vv. 34, 35)
5. Cristo fue visto, pero fue rechazado (v. 36).

[1] (6:30-31) ***Jesucristo, Reclamos:*** La gente exigía pruebas. Jesús acababa de hacer algunas declaraciones fenomenales. Sostuvo ser...

- el Hijo del Hombre (v. 27).
- el que alimenta al hombre, el que le da al hombre pan que permanece a vida eterna (v. 27).
- el que ha sellado Dios (v. 27).
- el que Dios ha enviado al mundo (v. 29).
- en quien los hombres deben creer (v. 29).

La gente exigía pruebas. Advierta dos cosas reveladoras acerca de la naturaleza del hombre.

1. El hombre se centra en lo físico y lo material (ver notas, Jn. 6:26, 27). Ignora todas las señales, incluso los milagros de Dios que lo rodean. Cristo acababa de alimentar milagrosamente a la multitud y, sin embargo, la multitud ignoró el testimonio de esa señal en particular (Jn. 6:1s). No era suficiente. Estaban tan aferrados a la tierra, a sus placeres físicos y bienes materiales, que querían más y más. Para ellos...

- Moisés había alimentado a Israel durante cuarenta años en el desierto. Cristo los había alimentado una sola vez.
- Moisés había alimentado con maná que caía del cielo. Cristo simplemente había multiplicado panes de algunas hogazas que tenía en sus manos.

2. El hombre exige primero ver, *luego creerá.* Esto es lo contrario a la fe *verdadera*. No es la forma en que funciona la fe. Un hombre primero debe creer en Dios, luego ver (ver Estudio a fondo 1, He. 11:6). Sin embargo, advierta este hecho: la fe no es destino; es un asunto del corazón, un asunto de cómo el corazón debe relacionarse con otros. Dios se relaciona con nosotros tal como nosotros nos relacionamos con los demás. Si una persona no cree en nosotros, no ve; es decir, puede preguntar todo lo que quiera pero es poco probable que nosotros hagamos lo que pide. Pero si cree y confía en nosotros, habitualmente hacemos lo que nos piden, y entonces la otra persona ve sus deseos y requisitos cumplidos por nuestras manos. Repitiendo lo anterior, un hombre primero debe creer en Dios, luego ver. La fe debe preceder a la vista. Crea en Dios y Él satisfará los deseos de su corazón (Sal. 37:4, 5).

La queja de la gente tenía dos significados.

1. Cristo no los había alimentado lo suficiente, no lo suficiente como para probar que Él era quien sostenía ser.
2. Cristo no los había alimentado de la manera correcta, no les había dado "pan del cielo para comer".

> ***Pensamiento 1:*** El hombre nunca tiene lo suficiente. Ansía y ansía y nunca está totalmente satisfecho. Experimenta un apetito voraz, una inquietud, un vacío, una soledad y una falta de propósito, significado e importancia. Incluso al tratar con Dios, nunca tiene suficientes pruebas o evidencias para creer, no dentro de su naturaleza humana.
>
> Advierta otro hecho: el hombre siempre quiere decirle a Dios cómo actuar y tratar consigo y con su vida. El hombre quiere que sus deseos se vean satisfechos de determinada manera. No basta que Dios satisfaga sus necesidades; el hombre quiere que sean satisfechas como él quiere y desea. Intenta dictaminarle a Dios cómo debe actuar y comportarse con él. Mucha religión humana no

es más que esto, no es más que el hombre tratando de decirle a Dios cómo debe actuar y comportarse con él.

[2] (6:32) ***Jesucristo, Pan de Vida - Satisfacción - Hambre:*** Cristo es el pan verdadero. Advierta dos puntos importantes.

1. El hombre no puede suministrar el pan verdadero, esto es, la satisfacción verdadera. Solo Dios puede. Moisés fue el que le dio a Israel maná del cielo. Dios fue el que dio el maná. Un hombre tiene que hacer algo si desea...

- que se satisfaga su apetito.
- sentirse verdaderamente pleno.
- estar satisfecho.
- estar cómodo.
- estar en paz.

Un hombre debe mirar más allá de otros hombres y más allá de las cosas de este mundo. Los hombres y las cosas no pueden satisfacer el apetito voraz del hombre; no pueden proveer verdadera satisfacción, puesto que no poseen el pan *verdadero.*

2. Solo Dios provee el pan verdadero, esto es, provee verdadera satisfacción. Advierta tres cosas.

a. Cristo llamó a Dios "Mi Padre" (Ver nota, Jn. 1:34; 10:30-33).

b. El pan que da Dios es pan "verdadero". (Ver Estudio a fondo 1, Verdadero, Jn. 1:9.)

c. El "pan" o "maná" de Dios no es pan físico ni material: es espiritual. Dios puede proveer y realmente promete proveer respecto de las necesidades físicas de *sus seguidores* (Mt. 6:24-33), pero el pan físico y material no es de lo que estaba hablando Cristo en este pasaje. El pan material y físico dura solo un corto lapso. Una vez consumido, se acabó. Su satisfacción pasa y el apetito voraz del hombre vuelve a surgir. Pero el pan que da Dios es pan espiritual, es decir, alimento espiritual para el alma (Ver nota, Ef. 1:3). Es el pan que el hombre realmente necesita más que cualquier otra cosa en la tierra. Es el único pan que puede alimentar y satisfacer la necesidad del hombre de...

- apetito voraz
- vacío
- inquietud
- soledad
- vacío interior
- falta de propósito, significado e importancia

"Este es el pan que desciende del cielo, para que el que de él come, no muera. Yo soy el pan vivo que descendió del cielo; si alguno comiere de este pan, vivirá para siempre; y el pan que yo daré es mi carne, la cual yo daré por la vida del mundo" (Jn. 6:50, 51).

"Jesús les dijo: De cierto, de cierto os digo: Si no coméis la carne del Hijo del Hombre, y bebéis su sangre, no tenéis vida en vosotros. El que come mi carne y bebe mi sangre, tiene vida eterna; y yo le resucitaré en el día postrero" (Jn. 6:53, 54).

"Como me envió el Padre viviente, y yo vivo por el Padre, asimismo el que me come, él también vivirá por mí. Este es el pan que descendió del cielo; no como vuestros padres comieron el maná, y murieron; el que come de este pan, vivirá eternamente" (Jn. 6:57, 58).

[3] (6:33) ***Jesucristo, origen:*** Cristo es el Pan de Dios. Cristo hizo hincapié al menos en dos puntos.

1. El origen del Pan verdadero es Dios mismo. Es pan que baja o "sale" (ek) del cielo. Esto significa varias cosas.

a. El pan de Dios no es pan que baja de las nubes hasta llegar a la tierra. En cambio, es pan que "sale" (ek) del cielo mismo, de la dimensión espiritual del ser, de la misma presencia de Dios mismo. Es pan que viene de la misma casa de Dios.

b. El pan de Dios no es pan físico. Es de la naturaleza de Dios mismo, pan eterno y espiritual (cp. vv. 50, 51).

c. El pan de Dios es de posesión de Dios; por lo tanto, únicamente Él puede brindarlo, y el hombre no puede tener el Pan de Dios a no ser que Dios se lo dé al hombre.

d. El Pan de Dios era una persona. Advierta el pronombre personal "Él" y la palabra "pan" (ho artos) que es masculina. Advierta que "Él", el Pan de Dios que alimenta y nutre al hombre, bajó o "salió" del cielo. No nació en la tierra. Vino de la misma presencia de Dios.

"*El que de arriba viene*, es sobre todos; el que es de la tierra, es terrenal, y cosas terrenales habla; *el que viene del cielo*, es sobre todos" (Jn. 3:31)

"Porque *he descendido del cielo*, no para hacer mi voluntad, sino la voluntad del que me envió" (Jn. 6:38).

"Y les dijo: Vosotros sois de abajo, yo soy de arriba; vosotros sois de este mundo, yo no soy de este mundo" (Jn. 8:23).

"Jesús entonces les dijo: Si vuestro padre fuese Dios, ciertamente me amaríais; porque *yo de Dios he salido, y he venido*; pues no he venido de mí mismo, sino que él me envió" (Jn. 8:42).

"Ahora entendemos que sabes todas las cosas, y no necesitas que nadie te pregunte; por esto creemos que *has salido de Dios*" (Jn. 16:30).

"El primer hombre es de la tierra, terrenal; el segundo hombre, que es el Señor, *es del cielo*" (1 Co. 15:47).

2. El Pan de Dios da *vida* al mundo. El propósito del pan es dar vida. (Ver Estudio a fondo 2, Jn. 1:4; Estudio a fondo 1, 10:10; Estudio a fondo 1, 17:2, 3.)

a. El pan da vida mediante...

- nutrición y sustento
- satisfacción
- energía
- creación de deseo (la necesidad) de más (ver nota, Lc. 4:3, 4. Cp. Neh. 9:15.)
- participación en forma periódica.

Pensamiento 1: Cristo (y la Palabra de Dios) da vida al creyente haciendo las mismas cinco cosas que el pan.

"En él estaba la vida, y la vida era la luz de los hombres" (Jn. 1:4).

"Yo he venido para que tengan vida, y para que la tengan en abundancia" (Jn. 10:10).

"Como le has dado potestad sobre toda carne, para que dé vida eterna a todos los que le diste. Y esta es la vida eterna: que te conozcan a ti, el único Dios verdadero, y a Jesucristo, a quien has enviado" (Jn. 17:2, 3).

b. El Pan de Dios vino del cielo para dar vida a *todo* el mundo. No fue solo a una persona o a una nación para el que vino. Vino para todo el mundo (cp. 1 Jn. 2:1, 2). Vino a sacrificarse, a alimentar y salvar a un mundo hambriento.
Advierta que su venida como el Pan de Dios de sacrificio había sido anunciada por los sacrificios del Antiguo Testamento. Se dice que son el Pan de Dios (Lv. 21:21, 22. cp. Jn. 6:50, 51).

"En el último y gran día de la fiesta, Jesús se puso en pie y alzó la voz, diciendo: Si alguno tiene sed, venga a mí y beba" (Jn. 7:37).

"Porque no hay diferencia entre judío y griego, pues el mismo que es Señor de todos, es rico para con todos los que le invocan" (Ro. 10:12).

"El cual quiere que *todos los hombres* sean salvos y vengan al conocimiento de la verdad. Porque hay un solo Dios, y un solo mediador entre Dios y los hombres, Jesucristo hombre, el cual se dio a sí mismo en rescate por todos, de lo cual se dio testimonio a su debido tiempo" (1 Ti. 2:4-6).

"*A todos* los sedientos: Venid a las aguas; y los que no tienen dinero, venid, comprad y comed. Venid, comprad sin dinero y sin precio, vino y leche" (Is. 55:1).

4 (6:34, 35) ***Jesucristo, Pan de Vida:*** Cristo es el Pan de Vida. Hay cuatro puntos importantes aquí.

1. La gente solicitó el Pan de Dios. La gente llamó a Jesús "Señor" (Kurios), pero no se sabe cuánto comprendían acerca de su deidad. Al parecer era solo una forma respetuosa de dirigirse. Sin embargo, el punto es claro en la Biblia. Cuando una persona pide por el Pan de Dios, debe llamar a Jesús "Señor" y estar preparado para someterse a Él como Señor, sirviendo a Jesús día tras día (cp. Lc. 9:23; Ro. 10:13).

Advierta que la gente pedía "danos siempre este pan" (pantote dos herim ton arton touton). Este fue un pedido *de una vez y para siempre* (en el tiempo griego aoristo). Las personas querían este Pan de Vida para siempre, de modo que pudieran tener una *provisión permanente.* Nuevamente, la Biblia es clara acerca de este tema. La salvación, es decir, participar del Pan de Vida, debe ser una experiencia permanente. Una experiencia única.

2. La declaración fenomenal de Jesús "Yo soy el Pan de vida". (Ver Estudio a fondo 1, Yo soy, Jn. 6:20. También ver Estudio a fondo 2, Jn. 1:4; Estudio a fondo 1, 10:10; Estudio a fondo 1, 17:2, 3.) Jesucristo hizo la declaración fenomenal: Él era...

- el Pan verdadero.
- el Pan de Dios.
- el Pan de vida.

3. Si un hombre viene a Cristo, el Pan de Vida, nunca tendrá hambre. El hombre tiene una necesidad hambrienta, anhelante de vida. El hombre anhela una vida que...

- es plena y da satisfacción.
- nutre y sostiene.
- da energía y satisface sus deseos.

Si un hombre viene a Cristo, nunca tendrá hambre. El azote de la hambruna, el anhelo de la vida será totalmente satisfecho.

4. Si un hombre cree, nunca tendrá sed. La imagen (simbolismo) cambia del hambre a la sed. La necesidad del hombre es más que satisfecha; no solo se satisface su hambre, sino que se aplaca su sed. Toda necesidad de vida, o alimentación, y de crecimiento se ve satisfecha. Nada queda de lado o se deja faltante. Cuando una persona viene a Cristo y cree (acción continua, que significa seguir creyendo), toda necesidad de su vida y crecimiento se ve satisfecha. Por supuesto, esto no significa que nunca tendrá hambre después de la justicia. La tendrá, pero su hambre y su sed nunca estarán insatisfechas. Él "será saciado" (cp. Mt. 5:6). Advierta las palabras "no" y "nunca". Son palabras fuertes, enfáticas: "No, nunca, nunca tendrá sed".

Advierta cómo se *salva* a una persona del hambre y la sed después de la vida. Uno es salvo...

- "viniendo a Cristo" (vv. .35, 37, 44, 45, 65).
- "creyendo en Cristo". (Ver Estudio a fondo 2, Jn. 2:24.)

"Bienaventurados los que tienen hambre y sed de justicia, porque ellos serán saciados" (Mt. 5:6).

"Mas el que bebiere del agua que yo le daré, no tendrá sed jamás; sino que el agua que yo le daré será en él una fuente de agua que salte para vida eterna" (Jn. 4:14).

"Jesús les dijo: Yo soy el pan de vida; el que a mí viene, nunca tendrá hambre; y el que en mí cree, no tendrá sed jamás" (Jn. 6:35).

"De cierto, de cierto os digo: El que cree en mí, tiene vida eterna. Yo soy el pan de vida" (Jn. 6:47, 48).

"En el último y gran día de la fiesta, Jesús se puso en pie y alzó la voz, diciendo: Si alguno tiene sed, venga a mí y beba" (Jn. 7:37).

"Y el Espíritu y la Esposa dicen: Ven. Y el que oye, diga: Ven. Y el que tiene sed, venga; y el que quiera, tome del agua de la vida gratuitamente" (Ap. 22:17).

ESTUDIO A FONDO 1

(6:34, 35) ***Jesús - el Pan de vida:*** El pan hace por lo menos cuatro cosas. Nutre o sostiene la vida; satisface; energiza y crea un deseo (la necesidad) de más y más. (ver nota, Lc. 4:3, 4. Cp. Neh. 9:15).

5 (6:36) ***Jesucristo, Rechazado:*** Cristo fue visto, pero fue rechazado. El punto es que las personas no tenían excusa. Tenían todas las oportunidades del mundo.

⇒ El Pan de Dios "había bajado del cielo".
⇒ El Pan de Dios había venido a darle vida al mundo.
⇒ El Pan de Dios había sido visto (cp. 1Jn. 1:1-3).
⇒ El Pan de Dios era visto y proclamado en ese mismo momento.

Cualquiera de las personas podrían fácilmente haber venido a Cristo, sin embargo, estando sentados allí y escuchando las gloriosas novedades, aún no creyeron.

"A lo suyo vino, y los suyos no le recibieron" (Jn. 1:11).

"El que cree en el Hijo tiene vida eterna; pero el que rehúsa creer en el Hijo no verá la vida, sino que la ira de Dios está sobre él" (Jn. 3:36).

"Por eso os dije que moriréis en vuestros pecados; porque si no creéis que yo soy, en vuestros pecados moriréis" (Jn. 8:24).

"El que me rechaza, y no recibe mis palabras, tiene quien le juzgue; la palabra que he hablado, ella le juzgará en el día postrero" (Jn. 12:48).

	E. La seguridad del creyente, 6:37-40	sino la voluntad del que me envió.	
1 Seguridad 1: La predestinación de Dios **2 Seguridad 2: La Palabra de Jesús**	37 Todo lo que el Padre me da, vendrá a mí; y al que a mí viene, no le echo fuera.	39 Y esta es la voluntad del Padre, el que me envió: Que de todo lo que me diere, no pierda yo nada, sino que lo resucite en el día postrero.	**4 Seguridad 4: La voluntad de Dios para aquellos que Él les da a Cristo** a. Que Jesús no pierda ni una sola cosa b. Que Jesús resucite a todos
3 Seguridad 3: El propósito de Jesús: hacer la voluntad de Dios	38 Porque he descendido del cielo, no para hacer mi voluntad,	40 Y esta es la voluntad del que me ha enviado: Que todo aquél que ve al Hijo, y cree en él, tenga vida eterna; y yo le resucitaré en el día postrero.	**5 Seguridad 5: La voluntad de Dios para el creyente** a. Su vida eterna b. Resultado: Jesús lo resucitará

DIVISIÓN VII

LA REVELACIÓN DE JESÚS, EL PAN DE VIDA, 6:1-71

E. La seguridad del creyente, 6:37-40

(6:37-40) ***Introducción:*** El creyente tiene gran seguridad.

1. Seguridad 1: La predestinación de Dios (v. 37).
2. Seguridad 2: La Palabra de Jesús (v. 37).
3. Seguridad 3: El propósito de Jesús: hacer la voluntad de Dios (v. 38)
4. Seguridad 4: La voluntad de Dios para aquellos que Él les da a Cristo (v. 39).
5. Seguridad 5: la voluntad de Dios para el creyente (v. 40).

[1] (6.37) ***Seguridad - Predestinación:*** La primera seguridad para el creyente es la predestinación de Dios. El significado del versículo es claro. Es para quienes "el Padre da" que vienen a Cristo. Sin embargo, advierta un hecho crítico. El énfasis no es la predestinación, sino la seguridad para el creyente. Cristo quiere que los creyentes sientan y estén seguros de su salvación. Es Dios mismo quien ha acercado creyentes, quien ha avanzado y los ha agitado para que *vengan a Cristo* (ver nota, Atraer, Jn.6: 44-46 para una explicación y un tratamiento más extenso). Cabe advertir algo en este punto. Hay un hilo de predestinación que corre a lo largo de todo el Evangelio de Juan. Las cosas son controladas y suceden como Dios quiere que sucedan. El propósito de Dios se cumple. Él es Dios, por lo tanto, Él rige y controla todas las cosas (cp. Jn.1: 12, 13; 6:37; 6:44-46; 10:26; 16:8).

> **"Mis ovejas oyen mi voz, y yo las conozco, y me siguen, y yo les doy vida eterna; y no perecerán jamás, ni nadie las arrebatará de mi mano. Mi Padre que me las dio, es mayor que todos, y nadie las puede arrebatar de la mano de mi Padre" (Jn. 10:27-29).**
>
> **"Y sabemos que a los que aman a Dios, todas las cosas les ayudan a bien, esto es, a los que conforme a su propósito son llamados. Porque a los que antes conoció, también los predestinó para que fuesen hechos conformes a la imagen de su Hijo, para que él sea el primogénito entre muchos hermanos. Y a los que predestinó, a éstos también llamó; y a los que llamó, a éstos también justificó; y a los que justificó, a éstos también glorificó" (Ro. 8:28-30).**
>
> **"Bendito el Dios y Padre de nuestro Señor Jesucristo, que según su grande misericordia nos hizo renacer para una esperanza viva, por la resurrección de Jesucristo de los muertos, para una herencia incorruptible, incontaminada e inmarcesible, reservada en los cielos para vosotros, que *sois guardados por el poder de Dios* mediante la fe, para alcanzar la salvación que está preparada para ser manifestada en el tiempo postrero" (1 P. 1:3-5).**

[2] (6:37) ***Garantía - Seguridad:*** La segunda seguridad para el creyente es la Palabra de Jesús. Advierta la enorme seguridad dada al creyente.

1. Jesús dijo claramente que cualquier hombre que venga a Él "no le echará fuera". Esta es una negación doble, una promesa firme: "Nunca, no le echará fuera".

2. Jesús estaba declarando la autoridad para aceptar y rechazar a los hombres (cp. Mt. 8.12; 22:13). Él acepta a la persona que viene a Él, a la persona que se vuelca a Él dejando el mundo y la carne.

El punto es sencillamente este. Jesús da su Palabra: "Al que a mi viene, no le echo fuera". La garantía y seguridad del creyente son tan válidas como la Palabra de Jesús. Si Jesús es quien dijo ser, "el Pan de vida", entonces la persona que viene a Él para alimentarse espiritualmente puede descansar seguro que...

- Jesús lo recibirá en la casa de Dios.
- Jesús lo alimentará, lo nutrirá, lo satisfará y lo colmará.
- Jesús no lo echará fuera.
- Jesús mantendrá su Palabra con todas las generaciones de personas.

> **"Porque de cierto os digo que hasta que pasen el cielo y la tierra, ni una jota ni una tilde pasará de la ley, hasta que todo se haya cumplido" (Mt. 5:18).**
>
> **"El cielo y la tierra pasarán, pero mis palabras no pasarán" (Lc. 21:33).**
>
> **"Las obras de sus manos son verdad y juicio; fieles son todos sus mandamientos" (Sal. 111:7).**
>
> **"Porque yo Jehová hablaré, y se cumplirá la palabra que yo hable" (Ez. 12:25).**

[3] (6:38) ***Seguridad - Dios, voluntad de:*** La tercera seguridad para el creyente es el propósito de Jesús. Él vino a hacer la voluntad de Dios. Advierta dos cosas.

1. Jesús declaró su origen: Él descendió del cielo. (Ver Estudio a fondo 1, Jn. 3:31.)

2. Jesús *no* vino a hacer su propia voluntad, sino la voluntad de Dios.

a. Jesús tenía una mente y una voluntad distintas y separadas de las del Padre. Él podía tener una voluntad y actuar en forma separada de Dios. En Getsemaní oró: "No sea como yo quiero, sino como tú" (Mt. 26:39). Realmente quería algo diferente de Dios. Quería que quitaran el cáliz, de alguna forma distinta que la cruz para optar por la salvación del hombre. Jesús tenía una voluntad diferente y separada de Dios.

b. Cristo sometió su voluntad a la de Dios. Luchó y batalló para controlar su voluntad y su mente, para hacer exactamente lo que Dios quería, y Él conquistó su voluntad. Él siempre tuvo éxito. En todos los casos Él se sometió por completo a Dios. Siempre hizo lo que Dios quería, en forma perfecta.

"Mas para que el mundo conozca que amo al Padre, y como el Padre me mandó, así hago" (Jn. 14:31).

"Yo he guardado los mandamientos de mi Padre, y permanezco en su amor" (Jn. 15:10).

"Porque así como por la desobediencia de un hombre los muchos fueron constituidos pecadores, así también por la obediencia de uno, los muchos serán constituidos justos" (Ro. 5:19).

"Y diciendo luego: He aquí que vengo, oh Dios, para hacer tu voluntad; quita lo primero, para establecer esto último" (He. 10:9).

"Al que no conoció pecado, por nosotros lo hizo pecado, para que nosotros fuésemos hechos justicia de Dios en él" (2 Co. 5:21).

"Porque no tenemos un sumo sacerdote que no pueda compadecerse de nuestras debilidades, sino uno que fue tentado en todo según nuestra semejanza, pero sin pecado" (He. 4:15).

"Sabiendo que fuisteis rescatados de vuestra vana manera de vivir, la cual recibisteis de vuestros padres, no con cosas corruptibles, como oro o plata, sino con la sangre preciosa de Cristo, como de un cordero sin mancha y sin contaminación" (1 P. 1:18, 19).

La seguridad del creyente es el propósito de Jesús. Se dispuso a hacer la voluntad de Dios y lo hizo perfectamente. El creyente puede descansar seguro. Jesús es la plena revelación de Dios. Jesús reveló a Dios en forma perfecta. Lo que hizo Jesús ?todo lo que Él hizo? es una imagen de la voluntad perfecta de Dios. El hombre puede venir a Jesús por alimento y nutrición espiritual y *saber* que está viniendo a Dios.

"Porque yo no he hablado por mi propia cuenta; el Padre que me envió, él me dio mandamiento de lo que he de decir, y de lo que he de hablar" (Jn. 12:49).

"El que me ha visto a mí, ha visto al Padre; ¿cómo, pues, dices tú: Muéstranos el Padre? ¿No crees que yo soy en el Padre, y el Padre en mí? Las palabras que yo os hablo, no las hablo por mi propia cuenta, sino que el Padre que mora en mí, él hace las obras" (Jn. 14:9, 10).

"Porque las palabras que me diste, les he dado; y ellos las recibieron, y han conocido verdaderamente que salí de ti, y han creído que tú me enviaste" (Jn. 17:8).

4 (6:39) ***Seguridad - Predestinación:*** La cuarta seguridad es la voluntad de Dios para *aquellos que Él da* a Cristo. Nota: el hecho de que Dios envió a Cristo se vuelve a destacar (v. 38). Advierta también que Jesús llama a Dios su "Padre". Esto acentúa el amor y el cuidado de Dios. La voluntad de Dios es como la voluntad de un padre por sus hijos. Solo quiere cosas buenas y amorosas.

1. Dios quiere darle algunos seguidores a su Hijo: "que de todo lo que me diere". Esto tiene que ver con la predestinación, pero en el sentido mencionado antes (v. 37). Dios quiere que su Hijo Jesús sea el primero, o sea, la Persona más preeminente entre muchos hermanos. Jesús tendrá muchos hermanos y hermanas (Ver nota, Ro. 8:29). El seguidor de Jesús puede descansar seguro de que es elegido por Dios para seguir a Jesús; por lo tanto, no estará perdido, jamás.

2. Dios quiere que Jesús *no pierda nada.* Las palabras "no pierda yo nada" (me apoleso ex autou) significan que Él no perderá nada, ni siquiera un fragmento, ni una parte de lo que Dios le ha dado. Ninguna persona, ni una sola, se perderá.

Fue verdad mientras Él estuvo en la tierra: no perdió a ninguno (Jn. 17:12). También será verdad en cada creyente a lo largo de la historia.

"Y ya no estoy en el mundo; mas éstos están en el mundo, y yo voy a ti. Padre santo, a los que me has dado, guárdalos en tu nombre, para que sean uno, así como nosotros" (Jn. 17:11).

"Estando persuadido de esto, que el que comenzó en vosotros la buena obra, la perfeccionará hasta el día de Jesucristo" (Fil. 1:6).

"Por nada estéis afanosos, sino sean conocidas vuestras peticiones delante de Dios en toda oración y ruego, con acción de gracias. Y la paz de Dios, que sobrepasa todo entendimiento, guardará vuestros corazones y vuestros pensamientos en Cristo Jesús" (Fil. 4:6, 7).

"Pero fiel es el Señor, que os afirmará y guardará del mal" (2 Ts. 3:3).

"Por lo cual asimismo padezco esto; pero no me avergüenzo, porque yo sé a quién he creído, y estoy seguro que es poderoso para guardar mi depósito para aquel día" (2 Ti. 1:12).

"Y el Señor me librará de toda obra mala, y me preservará para su reino celestial. A él sea gloria por los siglos de los siglos. Amén" (2 Ti. 4:18).

"Y a aquel que es poderoso para guardaros sin caída, y presentaros sin mancha delante de su gloria con gran alegría" (Jud. 24).

"Por cuanto has guardado la palabra de mi paciencia, yo también te guardaré de la hora de la prueba que ha de venir sobre el mundo entero, para probar a los que moran sobre la tierra" (Ap. 3:10).

"Amad a Jehová, todos vosotros sus santos; a los fieles guarda Jehová, y paga abundantemente al que procede con soberbia" (Sal. 31:23).

"Porque Jehová ama la rectitud, y no desampara a sus santos. Para siempre serán guardados; mas la descendencia de los impíos será destruida" (Sal. 37:28).

"Es el que guarda las veredas del juicio, y preserva el camino de sus santos" (Pr. 2:8).

"Así dijo Jehová: En tiempo aceptable te oí, y en el día de salvación te ayudé; y te guardaré, y te daré por pacto al pueblo, para que restaures la tierra, para que heredes asoladas heredades" (Is. 49:8).

3. Dios quiere algo maravilloso: que Jesús salve a todo creyente verdadero incluso hasta la hora final del último día, el día de la resurrección. La salvación del Señor es completa, definitiva y final. No importan las pruebas, los dolores, las heridas, los ataques del enemigo y los perseguidores malignos, Cristo salvará a su querido seguidor en todo momento y lo resucitará el día postrero. El *creyente genuino* es asegurado y garantizado en la voluntad de Dios. Él quiere que su Hijo no pierda a nadie ?que cada uno sea salvo a pesar de toda circunstancia? salvo hasta el punto de ser resucitado el día postrero.

5 (6:40) ***Seguridad - Dios, Voluntad de:*** La quinta seguridad es la voluntad de Dios por *el creyente*. Este versículo también concierne a la voluntad de Dios, pero difiere del anterior en que se centra en aquellos que *ven y creen* en Jesús. En el versículo anterior, el acento está puesto en *Dios eligiendo* a los que vienen a Cristo, mientras que en este versículo, el acento está puesto en *el hombre eligiendo* a Cristo. Ambos son pasos necesarios para la salvación, como ya hemos mencionado (v. 37. ver nota, Jn. 6:44-46).

Una persona debe "ver" (escuchar, asir) y creer en Jesús...

- que Dios lo "envió" para alimentar y nutrir espiritualmente al hombre (para salvar y dar vida)
- que Él es "el Hijo", el Salvador del mundo.

1. Dios quiere que una persona que *ve y cree* en Jesús tenga vida eterna. (Ver Estudio a fondo 2, Jn. 2:24; Estudio a fondo 1, 10:10; Estudio a fondo 1, 17:2, 3.)

2. El resultado de ver y creer en Jesús es *ser resucitado de entre los muertos*. Jesús dijo muy enfáticamente: "Yo le resucitaré en el día postrero". "Yo" es enfático. Jesús y nadie más puede resucitar a los muertos, y Él llevará a la persona que ve y cree y lo resucitará. El creyente tiene seguridad de tres cosas muy significativas.

a. El creyente tiene asegurada la vida eterna.

"Porque de tal manera amó Dios al mundo, que ha dado a su Hijo unigénito, para que todo aquel que en él cree, no se pierda, mas tenga vida eterna" (Jn. 3:16).

"De cierto, de cierto os digo: El que oye mi palabra, y cree al que me envió, tiene vida eterna; y no vendrá a condenación, mas ha pasado de muerte a vida" (Jn. 5:24).

b. El creyente tiene asegurada la victoria sobre la muerte.

"En un momento, en un abrir y cerrar de ojos, a la final trompeta; porque se tocará la trompeta, y los muertos serán resucitados incorruptibles, y nosotros seremos transformados. Porque es necesario que esto corruptible se vista de incorrupción, y esto mortal se vista de inmortalidad. Y cuando esto corruptible se haya vestido de incorrupción, y esto mortal se haya vestido de inmortalidad, entonces se cumplirá la palabra que está escrita: Sorbida es la muerte en victoria. ¿Dónde está, oh muerte, tu aguijón? ¿Dónde, oh sepulcro, tu victoria? ya que el aguijón de la muerte es el pecado, y el poder del pecado, la ley. Mas gracias sean dadas a Dios, que nos da la victoria por medio de nuestro Señor Jesucristo" (1 Co. 15:52-57).

"Así que, por cuanto los hijos participaron de carne y sangre, él también participó de lo mismo, para destruir por medio de la muerte al que tenía el imperio de la muerte, esto es, al diablo, y librar a todos los que por el temor de la muerte estaban durante toda la vida sujetos a servidumbre" (He. 2:14, 15).

c. El creyente tiene asegurada la resurrección.

"De cierto, de cierto os digo: Viene la hora, y ahora es, cuando los muertos oirán la voz del Hijo de Dios; y los que la oyeren vivirán. Porque como el Padre tiene vida en sí mismo, así también ha dado al Hijo el tener vida en sí mismo; y también le dio autoridad de hacer juicio, por cuanto es el Hijo del Hombre. No os maravilléis de esto; porque vendrá hora cuando todos los que están en los sepulcros oirán su voz; y los que hicieron lo bueno, saldrán a resurrección de vida; mas los que hicieron lo malo, a resurrección de condenación" (Jn. 5:25-29; cp. Jn. 11:25).

"Teniendo [Yo Pablo] esperanza en Dios, la cual ellos también abrigan, de que ha de haber resurrección de los muertos, así de justos como de injustos" (Hch. 24:15).

"Sabiendo que el que resucitó al Señor Jesús, a nosotros también nos resucitará con Jesús, y nos presentará juntamente con vosotros" (2 Co. 4:14).

"Porque el Señor mismo con voz de mando, con voz de arcángel, y con trompeta de Dios, descenderá del cielo; y los muertos en Cristo resucitarán primero" (1 Ts. 4:16).

	F. La forma en que una persona comparte el Pan de vida, 6:41-51	oyó al Padre, y aprendió de él, viene a mí.	1) Porque ningún hombre ha visto a Dios
		46 No que alguno haya visto al Padre, sino aquel que vino de Dios; éste ha visto al Padre.	2) Porque Cristo es de Dios y ha visto a Dios
1 Los extremistas religiosos se rebelaron contra las declaraciones de Jesús	41 Murmuraban entonces de él los judíos, porque había dicho: Yo soy el pan que descendió del cielo.	47 De cierto, de cierto os digo: El que cree en mí, tiene vida eterna.	**3 Una persona debe creer en Cristo**
a. Cuestionaron el origen de Jesús b. Entendieron mal la encarnación	42 Y decían: ¿No es éste Jesús, el hijo de José, cuyo padre y madre nosotros conocemos? ¿Cómo, pues, dice éste: Del cielo he descendido?	48 Yo soy el pan de vida. 49 Vuestros padres comieron el maná en el desierto, y murieron.	a. Creer que Él es el Pan de vida
c. Jesús apeló: No murmuréis	43 Jesús respondió y les dijo: No murmuréis entre vosotros.	50 Este es el pan que desciende del cielo, para que el que de él come, no muera.	b. Creer que Él "bajó" del cielo, que ha venido a liberar al hombre de la muerte
2 Una persona debe ser atraída por Dios a. El resultado: será resucitado en el día postrero	44 Ninguno puede venir a mí, si el Padre que me envió no le trajere; y yo le resucitaré en el día postrero.	51 Yo soy el pan vivo que descendió del cielo; si alguno comiere de este pan, vivirá para siempre; y el pan que yo daré es mi carne, la cual yo daré por la vida del mundo.	c. Creer que Él es el pan viviente, el que le da vida al hombre para siempre
b. Se le debe enseñar sobre Dios (de parte de Dios) c. Debe oír y aprender *a través de Cristo* (la parte del hombre)	45 Escrito está en los profetas: Y serán todos enseñados por Dios. Así que, todo aquel que		d. Creer que Él dio su carne por la vida del mundo

DIVISIÓN VII

LA REVELACIÓN DE JESÚS, EL PAN DE VIDA, 6:1-71

F. La forma en que una persona comparte el Pan de vida, 6:41-51

(6:41-51) ***Introducción:*** El centro de este pasaje es cómo uno participa del Pan de Vida, esto es, cómo uno llega a conocer a Jesús personalmente.

1. Los extremistas religiosos se rebelaron contra las declaraciones de Jesús (vv. 41-43).
2. Una persona debe ser atraída por Dios (vv. 44-46).
3. Una persona debe creer en Cristo (vv. 47-51).

[1] (6:41-43) ***Extremistas religiosos, Opuestos a Jesús:*** Los extremistas religiosos se rebelaron contra las declaraciones de Jesús. Murmuraban (gogguzete) en contra de Él. La palabra se refiere a murmurar, al zumbido, al descontento que surge de una multitud que está enojada y confundida; esto es, no comprendiendo, rechazando y oponiéndose a un orador. Radicalmente estuvieron en desacuerdo con el reclamo de Jesús de que había "descendido del cielo".

Cuestionaron su origen. Lo conocían personalmente y conocían a su padre, José, y a su madre, María. Sabían que Él era un hombre tal como lo eran ellos, criado por padres humanos. ¿Cómo era posible que manifestara "descender del cielo" ? Nota: su problema era doble.

⇒ Eran ignorantes de la encarnación. (Ver Estudio a fondo 3, Mt. 1:16; Estudio a fondo 8, 1:23; Estudio a fondo 2, Jn. 1:10; 1:14-18.)

⇒ Estaban tan fijados en su origen, en saber de dónde provenía, que perdieron de vista su misión, que era la de alimentar y nutrir espiritualmente a los hombres (salvar y dar vida).

Jesús dijo a la multitud: "dejen de murmurar". Él los amaba y se preocupaba por ellos y ansiaban que escucharan la verdad. Mientras murmuraran, nunca estarían dispuestos a escuchar la verdad. (¡Qué lección para todos nosotros: "Estad quietos, y conoced que yo soy Dios" [Sal. 46:10]!)

[2] (6:44-46) ***Atraer (helkuein) - Salvación - Predestinación:*** Una persona debe ser atraída por Dios. Estos tres versículos tienen que ver con la predestinación (cp. v. 37). La verdad de la predestinación no es tanto una manifestación teológica o filosófica, sino un mensaje que habla de la experiencia espiritual del creyente. Si se aplica la pura lógica de la filosofía y de la teología, entonces la predestinación dice que Dios elige a algunos para el cielo y a otros para un terrible infierno. Pero esto no es lo que Dios quiere significar en los pasajes que tratan con la predestinación, y todos los que interpretan de este modo las Escrituras deben prestarle mucha atención. Lo que Dios quiere que hagan los creyentes es tomárselo a pecho, porque Él ha asegurado su salvación. Esto es lo que Él quiere significar por predestinación (ver nota, Ro. 8:29).

La persona que viene a Cristo es una persona que ha sido *atraída por Dios*, una persona que ha experimentado la *iniciativa divina*. Un hombre no actúa solo y viene a Cristo por su propio esfuerzo y energía, ni por sus propias obras, ya sean mentales (pensamiento o voluntad, Jn. 1:13) o de trabajo (buenas acciones, Ef. 2:8, 9). Un hombre es un espíritu muerto, por lo tanto, no puede hacer nada espiritualmente al igual que un cuerpo muerto no puede hacer nada físicamente. El hombre natural prefiere el yo y el pecado, por lo tanto, si un hombre con un espíritu muerto viene a Cristo, es porque Dios ha actuado sobre él y lo ha atraído. Tanto Dios como el hombre tienen una parte en la salvación.

1. La parte de Dios en la salvación es la de atraer al hombre. Dios tiene que atraerlo porque el hombre se resiste al evangelio. La resistencia del hombre se observa en la palabra *atraer*. La palabra "atraer" da la idea tanto de iniciativa como de rebelión, de resistencia y limitación. Por ejemplo, halar de una red cargada con peces implica ambas acciones de halar y de resistencia (cp. Jn. 21:6); una persona arrastrada a los tribunales encuentra ambas acciones de halar y resistir (Hch. 16:19).

Cómo atrae Dios a un hombre es claramente manifestado. Lo hace enseñando (v. 45). La enseñanza puede venir de la voz de un predicador, de la observación de la naturaleza, de la lectura de las Escrituras o de una variedad de otras fuentes. Pero siempre hay una cosa en común: el movimiento del Espíritu de Dios sobre el corazón humano, enseñando la necesidad de Dios y atrayendo al corazón hacia Dios para su salvación. El Espíritu de Dios le enseña a un hombre y se mueve hacia el corazón de un hombre.

a. El Espíritu Santo le da vida al evangelio para la mentalidad de un hombre de modo tal que *lo vea como nunca antes.* Él ve, comprende, entiende como nunca antes que "el Padre...ha enviado" a Cristo para alimentar y nutrir al hombre (para salvarlo y darle vida).

"Respondió Jesús y le dijo: De cierto, de cierto te digo, que el que no naciere de nuevo, no puede ver el reino de Dios" (Jn. 3:3).

"Porque como el Padre levanta a los muertos [espiritualmente muertos], y les da vida, así también el Hijo a los que quiere da vida" (Jn. 5:21).

"El espíritu es el que da vida; la carne para nada aprovecha; las palabras que yo os he hablado son espíritu y son vida" (Jn. 6:63).

"Y si el Espíritu de aquel que levantó de los muertos a Jesús mora en vosotros, el que levantó de los muertos a Cristo Jesús vivificará también vuestros cuerpos mortales por su Espíritu que mora en vosotros" (Ro. 8:11).

"Y él os dio vida a vosotros, cuando estabais muertos en vuestros delitos y pecados" (Ef. 2:1).

"Pero Dios, que es rico en misericordia, por su gran amor con que nos amó, aun estando nosotros muertos en pecados, nos dio vida juntamente con Cristo (por gracia sois salvos)" (Ef. 2:4, 5).

"En cuanto a la pasada manera de vivir, despojaos del viejo hombre, que está viciado conforme a los deseos engañosos, y renovaos en *el espíritu de vuestra mente*" (Ef. 4:22, 23).

"Y revestido del nuevo, el cual conforme a la imagen del que lo creó se va renovando hasta *el conocimiento pleno*" (Col. 3:10).

"Y profeticé como me había mandado, y entró espíritu en ellos, y vivieron, y estuvieron sobre sus pies; un ejército grande en extremo" (Ez. 37:10).

b. El Espíritu Santo condena a un hombre de pecado, de justicia y de juicio, es decir, de su necesidad de ser alimentado y nutrido (salvado y dado vida).

"Y cuando él [el Espíritu Santo] venga, convencerá al mundo de pecado, de justicia y de juicio" (Jn. 16:8).

c. El Espíritu Santo atrae a los hombres a la cruz de Cristo a través de sus disposiciones gloriosas.

"He aquí la hora viene, y ha venido ya, en que seréis esparcidos cada uno por su lado, y me dejaréis solo; mas no estoy solo, porque el Padre está conmigo" (Jn. 16:32).

"Porque la palabra de la cruz es locura a los que se pierden; pero a los que se salvan, esto es, a nosotros, es *poder de Dios*" (1 Co. 1:18).

"Pero lejos esté de mí gloriarme, sino en la cruz de nuestro Señor Jesucristo, por quien el mundo me es crucificado a mí, y yo al mundo" (Gá. 6:14).

"Y mediante la cruz reconciliar con Dios a ambos en un solo cuerpo, matando en ella las enemistades" (Ef. 2:16).

"Y por medio de él reconciliar consigo todas las cosas, así las que están en la tierra como las que están en los cielos" (Col. 1:20).

d. El Espíritu Santo agita a un hombre para responder viniendo a Cristo.

"Venid a mí todos los que estáis trabajados y cargados, y yo os haré descansar" (Mt. 11:28).

"En el último y gran día de la fiesta, Jesús se puso en pie y alzó la voz, diciendo: Si alguno tiene sed, venga a mí y beba" (Jn. 7:37).

"Y el Espíritu y la Esposa dicen: Ven. Y el que oye, diga: Ven. Y el que tiene sed, venga; y el que quiera, tome del agua de la vida gratuitamente" (Ap. 22:17).

"Entonces tus oídos oirán a tus espaldas palabra que diga: Este es el camino, andad por él; y no echéis a la mano derecha, ni tampoco torzáis a la mano izquierda" (Is. 30:21).

"A todos los sedientos: Venid a las aguas; y los que no tienen dinero, venid, comprad y comed. Venid, comprad sin dinero y sin precio, vino y leche. ¿Por qué gastáis el dinero en lo que no es pan, y vuestro trabajo en lo que no sacia? Oídme atentamente, y comed del bien, y se deleitará vuestra alma con grosura. Inclinad vuestro oído, y venid a mí; oíd, y vivirá vuestra alma; y haré con vosotros pacto eterno, las misericordias firmes a David" (Is. 55:1-3).

2. La parte del hombre en la salvación tiene tres factores.

a. El hombre debe oír la voz de Dios cuando Dios lo atrae. Cuando se siente el movimiento de halar, o tirar del Espíritu de Dios, el hombre debe prestar atención a la convicción del Espíritu.

b. El hombre debe aprender de Dios. Sin embargo, él puede aprender de Dios solo a través de Cristo. Si un hombre desea aprender de Dios, debe venir a Cristo. Los motivos están claramente manifestados por Cristo (v. 46):

⇒ Ningún hombre ha visto a Dios.
⇒ Cristo solo es de Dios.
⇒ Cristo solo ha visto Dios.

"Jesús les respondió y dijo: Mi doctrina no es mía, sino de aquel que me envió. El que quiera hacer la voluntad de Dios, conocerá si la doctrina es de Dios, o si yo hablo por mi propia cuenta" (Jn. 7:16, 17).

"Dijo entonces Jesús a los judíos que habían creído en él: Si vosotros permaneciereis en mi palabra, seréis verdaderamente mis discípulos; y conoceréis la verdad, y la verdad os hará libres" (Jn. 8:31, 32).

"Y esta es la vida eterna: que te conozcan a ti, el único Dios verdadero, y a Jesucristo, a quien has enviado" (Jn. 17:3).

"Mas alábese en esto el que se hubiere de alabar: en entenderme y conocerme, que yo soy Jehová, que hago misericordia, juicio y justicia en la tierra; porque estas cosas quiero, dice Jehová" (Jer. 9:24).

"Y conoceremos, y proseguiremos en conocer a Jehová; como el alba está dispuesta su salida, y vendrá a nosotros como la lluvia, como la lluvia tardía y temprana a la tierra" (Os. 6:3).

c. El hombre debe venir a Cristo: debe rendirse al poder de atracción de Dios. Dios revela, hala y tira del corazón de un hombre para que venga hacia Cristo. ¿Por qué ? Porque la única forma en que un hombre *puede aprender acerca de Dios* es viniendo a Cristo, y Dios quiere que cada hombre aprenda de Él, que lo conozca personalmente.
Siendo egocéntrico y rebelde, el hombre quiere sentirse independiente. En consecuencia, el hombre resiste el tirón que da vida y que atrae de Dios. Sin embargo, los que ceden a la coacción divina (Jn. 6:44) y que comparten con Cristo (Jn. 6:47-51) aprenden de Dios y son aceptados en su casa para compartir y festejar en su mesa (ver esta nota, punto 1c para los versículos de las Escrituras).

ESTUDIO A FONDO 1

(6:45) ***Referencia profética:*** cp. Is. 54:13.

[3] (6:47-51) ***Salvación - Creer:*** Una persona debe creer en Cristo. (Ver Estudio a fondo 2, Creer, Jn. 2:24.) La persona que cree tiene vida eterna. (Ver Estudio a fondo 2, Jn. 1:4; Estudio a fondo 1, 10:10; Estudio a fondo 1, 17:2, 3.) Cristo convoca al hombre a que preste mucha atención. "De cierto, de cierto os digo", esto es "escuchen, escuchen" (cp. vv. 26, 32). Lo que Él dice ahora es crítico: una persona debe creer en cuatro cosas.

1. Una persona debe creer que Cristo es *ese* Pan de vida: el Pan que alimenta y nutre al hombre espiritualmente, que salva y le da vida al hombre (Ver notas, Jn. 6:32; 6:33; 6:34, 35). Advierta la declaración del Señor: "Yo soy el Pan de Vida".

⇒ Advierta cuán directa es la declaración.

⇒ Advierta cuán breve, clara, directa al tema e inequívoca es la declaración.

⇒ Advierta su declaración a la deidad: "Yo Soy". No hay duda ?no hay reservas? no hay titubeos. Él habla con franqueza: "Yo Soy". (Ver Estudio a fondo 1, Jn. 6:20.)

⇒ Advierta de qué manera Cristo se refiere nuevamente al maná (cp. v. 32). Comer alimento físico solo sostendrá al hombre transitoriamente; el hombre sigue muriendo. El punto es claro: la preocupación del hombre no debería ser el alimento físico. Si lo es, el hombre solo puede esperar la muerte.

"Jesús les dijo: Yo soy el pan de vida; el que a mí viene, nunca tendrá hambre; y el que en mí cree, no tendrá sed jamás" (Jn. 6:35).

2. Un hombre debe creer que Cristo "descendió" del cielo, que ha venido a liberar al hombre de la muerte. Cristo sostiene dos cosas.

a. Él ha "descendido" del cielo, de Dios mismo (Ver nota, Jn. 3:31).

b. Si un hombre come y comparte con Él, ese hombre no morirá. (Ver Estudio a fondo 1, Muerte, He. 9:27.) Nota: la palabra comer (phagei) está en el tiempo aoristo griego. Esto significa que un hombre come y comparte (recibe) de Cristo *de una vez y para siempre*. Es una experiencia única.

"Porque he descendido del cielo, no para hacer mi voluntad, sino la voluntad del que me envió. Y esta es la voluntad del Padre, el que me envió: Que de todo lo que me diere, no pierda yo nada, sino que lo resucite en el día postrero. Y esta es la voluntad del que me ha enviado: Que todo aquél que ve al Hijo, y cree en él, tenga vida eterna; y yo le resucitaré en el día postrero" (Jn. 6:38-40).

"Este es el pan que descendió del cielo; no como vuestros padres comieron el maná, y murieron; el que come de este pan, vivirá eternamente" (Jn. 6:58).

3. Un hombre debe creer que Cristo es el Pan viviente, el que le da vida al hombre para siempre.

a. El Pan es viviente; es una vida (Jn. 1:4; 5:26). Las palabras son literalmente "el pan vivo" (ho artos ho zon) (cp. vv. 35, 41, 48)

b. El Pan "descendió del cielo". La palabra "descendió" (katabas) está nuevamente en tiempo aoristo, lo que significa que Cristo *vino una vez*. La encarnación no se produjo nunca antes, ni volverá a tener lugar. La entrada milagrosa del Pan vivo en el mundo es *un evento que se produce solo una vez*.

c. El Pan, el Señor Jesucristo, vino a proporcionar alimento espiritual para el hombre: vida espiritual y eterna.

d. La oferta de vida eterna es condicional: "*Si* alguno comiere de este Pan, vivirá para siempre".

"Jesús les dijo: De cierto, de cierto os digo: Si no coméis la carne del Hijo del Hombre, y bebéis su sangre, no tenéis vida en vosotros. El que come mi carne y bebe mi sangre, tiene vida eterna; y yo le resucitaré en el día postrero. Porque mi carne es verdadera comida, y mi sangre es verdadera bebida" (Jn. 6:53-55).

"De cierto, de cierto os digo, que el que guarda mi palabra, nunca verá muerte." (Jn. 8:51).

"Y todo aquel que vive y cree en mí, no morirá eternamente. ¿Crees esto?" (Jn. 11:26).

4. Un hombre debe creer que Cristo dio su carne por la vida del mundo. Advierta que Cristo identifica al Pan: es su carne que Él da por la vida del mundo. (Ver Estudio a fondo 2, Jn. 6:51.)

ESTUDIO A FONDO 2

(6:51) ***Jesucristo, Humanidad: Muerte:*** La frase "Mi carne, la cual yo daré por la vida del mundo" dice dos cosas:

1. Jesucristo vino en la carne.

"E indiscutiblemente, grande es el misterio de la piedad: Dios fue manifestado en carne" (1 Ti. 3:16).

"En esto conoced el Espíritu de Dios: Todo espíritu que confiesa que Jesucristo ha venido en carne, es de Dios; y todo espíritu que no confiesa que Jesucristo ha venido en carne, no es de Dios; y este es el espíritu del anticristo, el cual vosotros habéis oído que viene, y que ahora ya está en el mundo" (1 Jn. 4:2, 3).

2. Jesucristo dio su carne (vida) por la vida del mundo.

"Así que, por cuanto los hijos participaron de carne y sangre, él también participó de lo mismo, para destruir por medio de la muerte al que tenía el imperio de la muerte, esto es, al diablo, y librar a todos los que por el temor de la muerte estaban durante toda la vida sujetos a servidumbre" (He. 2:14, 15).

"Porque lo que era imposible para la ley, por cuanto era débil por la carne, Dios, enviando a su Hijo en semejanza de carne de pecado y a causa del pecado, condenó al pecado en la carne" (Ro. 8:3).

"Quien llevó él mismo nuestros pecados en su cuerpo sobre el madero, para que nosotros, estando muertos a los pecados, vivamos a la justicia; y por cuya herida fuisteis sanados" (1 P. 2:24).

"Porque también Cristo padeció una sola vez por los pecados, el justo por los injustos, para llevarnos a Dios, siendo a la verdad muerto en la carne, pero vivificado en espíritu" (1 P. 3:18).

	G. Los resultados de compartir el Pan de vida, 6:52-58	55 Porque mi carne es verdadera comida, y mi sangre es verdadera bebida.	**3 Resultado 2: Satisfacción verdadera, no falsa**
		56 El que come mi carne y bebe mi sangre, en mí permanece, y yo en él.	**4 Resultado 3: compañerismo sobrenatural**
1 Los extremistas religiosos se mostraron perplejos ante las palabras de Jesús a. Cuestionaron comer de su carne b. Jesús proclamó algo mucho más impactante: a no ser que alguien comiera de Él, no tendrá vida	52 Entonces los judíos contendían entre sí, diciendo: ¿Cómo puede éste darnos a comer su carne? 53 Jesús les dijo: De cierto, de cierto os digo: Si no coméis la carne del Hijo del Hombre, y bebéis su sangre, no tenéis vida en vosotros.	57 Como me envió el Padre viviente, y yo vivo por el Padre, asimismo el que me come, él también vivirá por mí. 58 Este es el pan que descendió del cielo; no como vuestros padres comieron el maná, y murieron; el que come de este pan, vivirá eternamente.	**5 Resultado 4: una vida plena de propósito y significado** **6 Resultado 5: alimento incorruptible recibido dentro del corazón, energizando la vida por siempre**
2 Resultado 1: Vida eterna: conquistar la muerte y ser resucitado	54 El que come mi carne y bebe mi sangre, tiene vida eterna; y yo le resucitaré en el día postrero.		

DIVISIÓN VII

LA REVELACIÓN DE JESÚS, EL PAN DE VIDA, 6:1-71

G. Los resultados de compartir el Pan de Vida, 6:52-58

(6:52-58) ***Introducción:*** Un hombre debe recibir y compartir el Pan de vida. Cuando lo hace, recibe cinco cosas maravillosas.

1. Los extremistas religiosos se mostraron perplejos ante las palabras de Jesús (vv. 52-53).
2. Resultado 1: Vida eterna: conquistar la muerte y ser resucitado (v. 54).
3. Resultado 2: Satisfacción verdadera, no falsa (v. 55).
4. Resultado 3: compañerismo sobrenatural (v. 56).
5. Resultado 4: una vida plena de propósito y significado (v. 57).
6. Resultado 5: alimento incorruptible recibido dentro del corazón, energizando la vida por siempre (v. 58).

1 (6:52, 53) ***Hombre, Estado del - Pecado, Muerte en:*** Los extremistas religiosos estaban perplejos y discutieron entre ellos. La palabra "contendían" (emachonto) significa pelear, discutir, debatir. Estaban debatiendo lo que Jesús quería decir. Él acababa de decir:

> **"Yo soy el pan vivo que descendió del cielo; si alguno comiere de este pan, vivirá para siempre; y el pan que yo daré es mi carne, la cual yo daré por la vida del mundo" (Jn. 6:51).**

1. Los judíos (extremistas religiosos) comenzaron a discutir sobre el significado de las palabras. "¿Cómo puede Él darnos a comer su carne?"

⇒ Algunos interpretaron sus palabras como una parábola, en una forma figurativa y simbólica. Sabían que Él con frecuencia hablaba con parábolas.

⇒ Otros no tenían ni idea de lo que quería significar, pero vieron que estaba sosteniendo ser la persona más importante del mundo, el mismo Salvador de los hombres. Esto, por supuesto, los molestó más allá de la razón. ¿Cómo es que cualquier hombre puede sostener que es tan importante para el mundo? Como materialistas y humanistas sostuvieron: "¿Cómo puede ser esto? Él no es más que un hombre. ¿Cómo puede dar su carne por el mundo y el mundo recibir vida eterna?"

⇒ Algunos discípulos, genuinos seguidores del Señor, quizás comprendieron.

El punto es que los extremistas religiosos estaban molestos. El mensaje había corrido por un tiempo prolongado y Jesús había hecho declaración tras declaración todo muy inusual. Es más, lo que Él estaba diciendo no era claro y parte de su discurso era ofensivo. Por lo tanto, estaban enojados y perplejos y comenzaron a discutir entre ellos acerca de qué quería decir y cómo debían responderle.

2. Jesús respondió diciendo todavía algo más impactante: salvo que un hombre participe de Él; esto es, lo reciba, ese hombre no tiene vida dentro de él.

Las palabras "comer" y "beber" están en el tiempo aoristo griego, que significa un acto de una vez y para siempre. Jesús no estaba hablando de compartir una y otra vez. Él no estaba hablando de tomar de Él día tras día mediante la oración y el estudio de la Biblia. Estaba hablando de un evento único. Una persona debe comer y beber de Cristo, esto es, recibirlo una sola vez y para siempre (ver Estudio a fondo 1, Jn. 6:53).

> ***Pensamiento 1:*** A no ser que un hombre reciba (coma y beba) a Cristo, no tiene vida dentro de él. Es un hombre muerto espiritual y eternamente. Está caminando alrededor de un hombre muerto.
>
> ⇒ Físicamente está en el proceso de envejecer y morir, de vivir en el reino de los muertos y estar destinado a morir.
>
> ⇒ Espiritualmente ya está muerto, sin tener vida con Dios. No tiene vida, no tiene una relación real y verdadera con el Dios verdadero y viviente. Está destinado a la muerte eterna y a la separación de Dios.

Compartir, comer y beber de Cristo es absolutamente fundamental para poder vivir verdaderamente, con el objeto de poseer vida real que perdure ahora y por siempre.

"Y él os dio vida a vosotros, cuando estabais muertos en vuestros delitos y pecados" (Ef. 2:1).

"Por lo cual dice: Despiértate, tú que duermes, y levántate de los muertos, y te alumbrará Cristo" (Ef. 5:14).

"Y a vosotros, estando muertos en pecados y en la incircuncisión de vuestra carne, os dio vida juntamente con él, perdonándoos todos los pecados" (Col. 2:13).

"Pero la que se entrega a los placeres, viviendo está muerta" (1 Ti. 5:6).

"Escribe al ángel de la iglesia en Sardis: El que tiene los siete espíritus de Dios, y las siete estrellas, dice esto: Yo conozco tus obras, que tienes nombre de que vives, y estás muerto" (Ap. 3:1).

ESTUDIO A FONDO 1

(6:53) ***Comer - Beber - Salvación:*** Recibir, aceptar, compartir, apropiarse, asimilar, absorber y hacer parte de uno mismo. Una persona puede realmente recibir y compartir de Cristo en el sentido más cercano e íntimo y nutritivo de su ser (carne y sangre). Recibir y compartir puede ser tan íntimo y nutritivo como comer y beber.

El punto es este: un hombre debe recibir a Cristo en su corazón, en su ser más profundo si es que desea vivir. De hecho, está muerto espiritual y eternamente a no ser que reciba a Cristo de este modo.

[2] (6:54) ***Salvación, Resultados - Crecimiento:*** El primer resultado de recibir a Cristo, el Pan de vida, es la vida eterna. Advierta tres cosas.

1. La palabra para "comer" (trogon) es diferente. Significa comer con voracidad, tomar trozos grandes, comer con placer. Es la imagen de tener hambre ante Cristo y ansiosamente querer alimentarse y comer de Él.

2. El tiempo verbal también es diferente. Es tiempo presente, lo cual significa acción continua. Una persona debe continuar comiendo y desarrollándose y creciendo en el hábito de comer de Cristo. La imagen es el crecimiento cristiano día tras día.

Ahora advierta este punto. Un creyente verdadero, un hombre que realmente recibe a Cristo, es un hombre que comparte continuamente con Él. Día tras día el hombre se deleitará en Cristo. Este es el hombre que tiene la promesa de la vida eterna, y la vida eterna incluye tres mayores cosas.

a. Vida eterna y abundante (ver Estudio a fondo 2, Jn. 1.4; Estudio a fondo 1, 10:10; Estudio a fondo 1, 17:2, 3).
b. La conquista de la muerte (ver nota, Jn. 3:14, 15).
c. La resurrección (ver nota, Jn. 5:28-30).

"Yo soy el pan vivo que descendió del cielo; si alguno comiere de este pan, vivirá para siempre; y el pan que yo daré es mi carne, la cual yo daré por la vida del mundo" (Jn. 6:51).

"Porque de tal manera amó Dios al mundo, que ha dado a su Hijo unigénito, para que todo aquel que en él cree, no se pierda, mas tenga vida eterna" (Jn. 3:16).

"De cierto, de cierto os digo: El que oye mi palabra, y cree al que me envió, tiene vida eterna; y no vendrá a condenación, mas ha pasado de muerte a vida" (Jn. 5:24).

"Y esta es la vida eterna: que te conozcan a ti, el único Dios verdadero, y a Jesucristo, a quien has enviado" (Jn. 17:3).

[3] (6:55) ***Satisfacción - Vida, Abundante:*** El segundo resultado de recibir a Cristo es la verdadera satisfacción, no la satisfacción falsa.

1. La palabra "verdadera" (alethes) significa real en oposición a falso. (Ver Estudio a fondo 1, Jn. 1:9.) Las cosas del mundo no satisfacen ni llenan al hombre, no con una satisfacción verdadera. Los placeres y las satisfacciones mundanas son falsas y la satisfacción falsa no perdura, no en forma permanente, no con seguridad y confianza plena. Los placeres y las satisfacciones mundanas siempre dejan a los hombres con una sensación de vacío, de insatisfacción, de anhelo, de falta de seguridad y preguntándose si este mundo es todo lo que hay, preguntándose si no hay más en la vida que este mundo y las posesiones que tiene para ofrecer.

2. La verdadera satisfacción proviene de recibir a Cristo en la vida de uno y eso solo viene a través de Cristo. Esto es lo que quiere decir el Señor en este versículo. Así como la vida real en la tierra proviene de comer y beber alimentos, así la vida real y abundante proviene de comer y beber a Cristo. Uno debe recibir a Cristo en el sentido más próximo, más íntimo y más nutritivo para tener una vida verdadera, una vida que sea abundante y plena de...

- seguridad
- amor
- paciencia
- fe
- fuerza
- garantía
- gozo
- cordialidad
- mansedumbre
- poder de decisión
- confianza
- paz
- bondad
- templanza
- valor

"Bienaventurados los que tienen hambre y sed de justicia, porque ellos serán saciados" (Mt. 5:6).

"Mas el que bebiere del agua que yo le daré, no tendrá sed jamás; sino que el agua que yo le daré será en él una fuente de agua que salte para vida eterna" (Jn. 4:14).

"En el último y gran día de la fiesta, Jesús se puso en pie y alzó la voz, diciendo: Si alguno tiene sed, venga a mí y beba" (Jn. 7:37).

"Mas el fruto del Espíritu es amor, gozo, paz, paciencia, benignidad, bondad, fe, mansedumbre, templanza; contra tales cosas no hay ley" (Gá. 5:22, 23).

"Ya no tendrán hambre ni sed, y el sol no caerá más sobre ellos, ni calor alguno" (Ap. 7.16).

"En cuanto a mí, veré tu rostro en justicia; estaré satisfecho cuando despierte a tu semejanza" (Sal. 17:15).

"Serán completamente saciados de la grosura de tu casa, y tú los abrevarás del torrente de tus delicias" (Sal. 36:8).

"Porque sacia al alma menesterosa, y llena de bien al alma hambrienta" (Sal. 107:9).

"Sacaréis con gozo aguas de las fuentes de la salvación" (Is. 12:3).

"Porque yo derramaré aguas sobre el sequedal, y ríos sobre la tierra árida; mi Espíritu derramaré sobre tu generación, y mi bendición sobre tus renuevos" (Is. 44:3).

"A todos los sedientos: Venid a las aguas; y los que no tienen dinero, venid, comprad y comed. Venid, comprad sin dinero y sin precio, vino y leche" (Is. 55:1).

"Jehová te pastoreará siempre, y en las sequías saciará tu alma, y dará vigor a tus huesos; y serás como huerto de riego, y como manantial de aguas, cuyas aguas nunca faltan" (Is. 58:11).

4 (6:56) ***Permanecer - Compañerismo - Cuidado - Providencia:*** El tercer resultado es el compañerismo sobrenatural y el ser cuidado. Esto se ve en la palabra "permanecer" (menei). Significa morar, continuar, permanecer, descansar en. Es fijo y determinado y permanece allí, continuando una y otra vez. Tal es el estado y la condición y el ser de la persona que recibe a Cristo. La persona recibe a Cristo en su ser, y Cristo entra en la vida de la persona y permanece en ella. La persona es tomada y ubicada en Cristo, esto es, ubicada con todos los otros creyentes en el cuerpo espiritual de Cristo (ver notas, 1 Co. 12:12-31; Ef. 1:22, 23; 2:11-22. También Estudio a fondo 1, Hechos 2:1-4, la sección sobre el bautismo para mayor información.) La persona permanece en Cristo incluso mientras Cristo permanece en ella. Esto, por supuesto, significa compañerismo con Cristo y la presencia de su cuidado y de su ojo vigilante al cuidarnos (ver Estudio a fondo 1, Jn. 15:1-8; Estudio a fondo 3, Hch. 2:42 para mayor discusión al respecto).

"En aquel día vosotros conoceréis que yo estoy en mi Padre, y vosotros en mí, y yo en vosotros" (Jn. 14:20).

"Permaneced en mí, y yo en vosotros. Como el pámpano no puede llevar fruto por sí mismo, si no permanece en la vid, así tampoco vosotros, si no permanecéis en mí. Yo soy la vid, vosotros los pámpanos; el que permanece en mí, y yo en él, éste lleva mucho fruto; porque separados de mí nada podéis hacer" (Jn. 15:4, 5).

"Con Cristo estoy juntamente crucificado, y ya no vivo yo, mas vive Cristo en mí; y lo que ahora vivo en la carne, lo vivo en la fe del Hijo de Dios, el cual me amó y se entregó a sí mismo por mí" (Gá. 2:20).

"A quienes Dios quiso dar a conocer las riquezas de la gloria de este misterio entre los gentiles; que es *Cristo en vosotros*, la esperanza de gloria" (Col. 1:27).

"Y el que guarda sus mandamientos, permanece en Dios, y Dios en él" (1 Jn. 3:24).

"He aquí, yo estoy a la puerta y llamo; si alguno oye mi voz y abre la puerta, entraré a él, y cenaré con él, y él conmigo" (Ap. 3.20).

5 (6:57) ***Propósito - Vida, Espiritual:*** El cuarto resultado de recibir a Cristo es una vida que está llena de propósito y significado. Este versículo trata con el propósito, el significado y la importancia.

1. Jesús dijo: "Yo vivo por el Padre". Esto significa por lo menos dos cosas.

a. Él vivía *por* el Padre, esto es, porque, debido al Padre. Su vida (en todo su propósito, significado e importancia) se debía al Padre.

b. Él vivía *para* el Padre; es decir, que vivía para hacer la voluntad del Padre. El Padre lo "envió" a vivir a la tierra con un propósito específico. Su vida en todo su propósito, significado e importancia fue vivida *para* el Padre: para satisfacer la voluntad y la tarea del Padre.

2. El hombre que recibe a Cristo ("me come") *vive por Cristo*. Comienza a vivir en todo el propósito, significado e importancia de la vida, puesto que aparte de Cristo no hay vida. Nota: el tiempo está en presente, acción continua. Una persona debe *continuar* compartiendo, comiendo y deleitándose en Cristo para mantener su sentido de propósito y significado, para vivir real y abundantemente.

"Con Cristo estoy juntamente crucificado, y ya no vivo yo, mas vive Cristo en mí; y lo que ahora vivo en la carne, lo vivo en la fe del Hijo de Dios, el cual me amó y se entregó a sí mismo por mí" (Gá. 2:20).

"Porque para mí el vivir es Cristo, y el morir es ganancia" (Fil. 1:21).

"Porque nosotros que vivimos, siempre estamos entregados a muerte por causa de Jesús, para que también la vida de Jesús se manifieste en nuestra carne mortal" (2 Co. 4:11).

3. Jesús llamó a Dios "el Padre viviente".

"Porque como el Padre tiene vida en sí mismo, así también ha dado al Hijo el tener vida en sí mismo" (Jn. 5:26).

"Respondiendo Simón Pedro, dijo: Tú eres el Cristo, el Hijo del Dios viviente" (Mt. 16:16).

"¿Y qué acuerdo hay entre el templo de Dios y los ídolos? Porque vosotros sois el templo del Dios viviente, como Dios dijo: Habitaré y andaré entre ellos, y seré su Dios, y ellos serán mi pueblo" (2 Co. 6:16).

6 (6:58) ***Vida - Jesucristo, Único Salvador:*** El quinto resultado de recibir a Cristo es el alimento incorruptible dentro de nuestros corazones: energizar nuestras vidas por siempre. Cristo realizó un contraste fuerte, descriptivo.

⇒ El maná que comió Israel en el Antiguo Testamento *vino* de las nubes del cielo, pero no le dio vida a la gente. *Todos murieron.*

⇒ "Este [el Señor mismo] es el pan que descendió del cielo...el que come de este pan, vivirá eternamente".

La idea es asombrosa: es el pan viviente, Cristo mismo, que energiza y da vida a un hombre para que viva eternamente. Cristo tiene la cualidad, el poder, la substancia para energizar al hombre y darle vida eterna. Él y solo Él tiene ese poder energizante.

"En él estaba la vida, y la vida era la luz de los hombres" (Jn. 1:4).

"Porque como el Padre tiene vida en sí mismo, así también ha dado al Hijo el tener vida en sí mismo" (Jn. 5:26).

"Pero que ahora ha sido manifestada por la aparición de nuestro Salvador Jesucristo, el cual quitó la muerte y sacó a luz la vida y la inmortalidad por el evangelio" (2 Ti. 1:10).

	H. El motivo por el cual algunas personas se ofenden por Cristo, el Pan de vida, 6:59-71	Jesús sabía desde el principio quiénes eran los que no creían, y quién le había de entregar. 65 Y dijo: Por eso os he dicho que ninguno puede venir a mí, si no le fuere dado del Padre.	**5 Está el hecho de que Dios salva al hombre y el hombre no se salva a sí mismo**
1 El mensaje de Jesús era para la multitud de la sinagoga de Capernaum a. Muchos discípulos estaban presentes b. Tenían dificultad en aceptar su mensaje	59 Estas cosas dijo en la sinagoga, enseñando en Capernaum. 60 Al oírlas, muchos de sus discípulos dijeron: Dura es esta palabra; ¿quién la puede oír?	66 Desde entonces muchos de sus discípulos volvieron atrás, y ya no andaban con él. 67 Dijo entonces Jesús a los doce: ¿Queréis acaso iros también vosotros?	**6 La conclusión: Hubo tres respuestas** a. Los discípulos que volvieron atrás b. El discípulo que creyó que Jesús era el Cristo
2 Está la idea de comer la carne de Jesús y de beber su sangre. vv. 51-56 **3 Está la ascensión y la exaltación de Cristo** **4 Está la enseñanza de que el espíritu da vida y la carne no da ningún provecho**	61 Sabiendo Jesús en sí mismo que sus discípulos murmuraban de esto, les dijo: ¿Esto os ofende? 62 ¿Pues qué, si viereis al Hijo del Hombre subir adonde estaba primero? 63 El espíritu es el que da vida; la carne para nada aprovecha; las palabras que yo os he hablado son espíritu y son vida. 64 Pero hay algunos de vosotros que no creen. Porque	68 Le respondió Simón Pedro: Señor, ¿a quién iremos? Tú tienes palabras de vida eterna. 69 Y nosotros hemos creído y conocemos que tú eres el Cristo, el Hijo del Dios viviente. 70 Jesús les respondió: ¿No os he escogido yo a vosotros los doce, y uno de vosotros es diablo? 71 Hablaba de Judas Iscariote, hijo de Simón; porque éste era el que le iba a entregar, y era uno de los doce.	c. El discípulo que traicionó a Cristo

DIVISIÓN VII

LA REVELACIÓN DE JESÚS, EL PAN DE VIDA, 6:1-71

H. El motivo por el cual algunas personas se ofenden por Cristo, el Pan de vida, 6:59-71

(6:59-71) ***Introducción:*** Con frecuencia los hombres se ofenden por Cristo. Hay cuatro cosas en particular que los ofende.

1. El mensaje de Jesús era para la multitud de la sinagoga de Capernaum (vv. 59, 60).
2. Está la idea de comer la carne de Jesús y de beber su sangre (v. 61).
3. Está la ascensión y la exaltación de Cristo (v. 62).
4. Está la enseñanza de que el espíritu da vida y la carne no da ningún provecho (vv. 63, 64).
5. Está el hecho de que Dios salva al hombre y el hombre no se salva a sí mismo (v. 65).
6. La conclusión: Hubo tres respuestas (vv. 66-71).

[1] (6:59, 60) ***Jesucristo, Predicando:*** El mensaje de Jesús era para la multitud de la sinagoga de Capernaum. Muchos de Sus discípulos y seguidores estaban presentes, pero tenían dificultades en aceptar lo que Él había dicho. La frase "dura palabra" (skleros) significa difícil y molesto. Lo que Jesús había dicho era *duro* y *difícil de aceptar*, pero sus palabras se entendían claramente. El problema de la gente no residía en su comprensión, sino en sus corazones. Jesús lo sabía, entonces abarcó algunos motivos por los cuales los hombres se sienten ofendidos por Él.

[2] (6:61) ***Sangre, Repulsiva - Cruz, Ofensa:*** Los hombres se ofenden por las declaraciones de Cristo y por la idea de comer su carne y beber su sangre (cp. vv. 51-56). Los hombres, incluso los discípulos fraudulentos, sienten ofensa y repulsión por lo que a veces es llamado...

- *un dios grotesco*. Un dios que vino a la tierra e impregnó a una joven y se encarnó en carne humana, siendo medio hombre y medio dios.
- *una religión sangrienta* o una religión de canibalismo.

Advierta dos cosas.

1. Jesús sostuvo ser Dios *encarnado* en carne humana, pero no en un sentido grotesco: no mitad hombre, mitad dios. En términos muy simples, Él era un hombre, un hombre completo; esto es, Él tenía la naturaleza de un hombre, estaba hecho de la misma substancia que todos los hombres. Sin embargo, había una diferencia: Él no nació de un padre humano, sino de Dios. Dios muy sencillamente *pronunció la Palabra* y sucedió un milagro, cuando pronunciaba la Palabra y creaba el mundo. No hay nada grotesco en el discurso de Dios ni acerca de que Él desee que algo se haga y hacerlo. Dios hizo lo que siempre hace cuando quiere algo. Simplemente habló y el evento se puso en marcha. En términos muy sencillos, Jesucristo nació *por la Palabra de Dios y por la carne humana*. Era un hombre completo, un Dios completo. Vino *de* la Palabra de Dios; se

convirtió en Hombre *por la Palabra de Dios*. Por lo tanto, todos los hombres le deben obediencia a Cristo (ver nota, Jn. 6:62 para una discusión más extensa).

2. La cruz o la sangre de Cristo son *ofensivas y repulsivas* según lo sienten algunas personas. Representa la terrible vergüenza del pecado y la muerte de Jesucristo, el propio hijo de Dios; por lo tanto, es lógico que sea repulsivo. Pero también representa la salvación y la liberación del pecado y su horrible culpa. Por lo tanto, la cruz también es el símbolo más atractivo de todo el mundo (Ver nota, Cruz - Mt. 16:21-23).

"Quien llevó él mismo nuestros pecados en su cuerpo sobre el madero, para que nosotros, estando muertos a los pecados, vivamos a la justicia; y por cuya herida fuisteis sanados" (1 P. 2:24).

"Porque también Cristo padeció una sola vez por los pecados, el justo por los injustos, para llevarnos a Dios, siendo a la verdad muerto en la carne, pero vivificado en espíritu" (1 P. 3:18).

Las palabras "tomad... comed" de Cristo no son canibalismo. Las palabras simplemente significan que un hombre debe recibir espiritualmente a Cristo en su vida, en todo su ser. La liberación de un hombre de la esclavitud del pecado y de la muerte se logra *tomando y comiendo espiritualmente* el cuerpo de Cristo, esto es, el hombre debe recibir, compartir, consumir, absorber y asimilar espiritualmente a Cristo en su vida. Debe permitir que Cristo se convierta en el verdadero alimento, en la parte y la energía más interna, en el verdadero consumo de su ser.

"Mas a todos los que le recibieron, a los que creen en su nombre, les dio potestad de ser hechos hijos de Dios" (Jn. 1:12).

"He aquí, yo estoy a la puerta y llamo; si alguno oye mi voz y abre la puerta, entraré a él, y cenaré con él, y él conmigo" (Ap. 3:20).

3 (6:62) ***Ascensión - Exaltación:*** Los hombres se ofenden por la ascensión y la exaltación de Cristo (ver nota, Ascensión, Mr. 16:19, 20). ¿Por qué? Si un hombre acepta la ascensión y la exaltación de Cristo, debe ceder el control de su vida a Cristo. Ya no puede controlar su propia vida y hacer las cosas que desea. Advierta tres cosas.

1. Cristo se refirió a Sí mismo como el Hijo del Hombre (Ver nota, Jn. 1:51). El discípulo fraudulento no desea considerar a Jesús como al "Hijo del Hombre", es decir, como el Hombre Perfecto e Ideal, como el Modelo para que todos los hombres lo copien. (Ver Estudio a fondo 3, Mt. 8:20.) Si un hombre aceptara a Cristo como al Hijo del Hombre, tendría que modelar su vida según la de Cristo haciendo todo lo posible por vivir como vivió Cristo. El hombre tendría que buscar diligentemente ser como Cristo (cp. He. 11:6).

2. Dios exaltó a Jesús como Señor y Amo. El discípulo fraudulento no quiere someterse bajo el control y dominio de Jesús. Se opone insistentemente a modelar su vida tras Jesús.

3. Las palabras "adonde estaba primero" apuntan al hecho de que Jesús es eterno. Era preexistente: Dios, Dios absoluto. Por lo tanto, un hombre debe creer y someterse a Él como Señor.

"Por lo cual Dios también le exaltó hasta lo sumo, y le dio un nombre que es sobre todo nombre, para que en el nombre de Jesús se doble toda rodilla de los que están en los cielos, y en la tierra, y debajo de la tierra; y toda lengua confiese que Jesucristo es el Señor, para gloria de Dios Padre" (Fil. 2:9-11).

"Quien habiendo subido al cielo está a la diestra de Dios; y a él están sujetos ángeles, autoridades y potestades" (1 P. 3:22).

4 (6:63, 64) ***Espíritu Santo - Vida:*** Los hombres se ofenden por la enseñanza de que el Espíritu da vida y que la carne no obtiene ningún rédito. Advierta tres puntos significativos.

1. La carne no puede tener vida y hacer que un hombre viva. La carne no puede beneficiar a un hombre. A los hombres no les gusta aceptar o pensar acerca del *valor cero* de la carne. Hacen todo lo posible por mantener su juventud, su atractivo y su energía. Usan cosméticos, ropas y actividades para parecer jóvenes, atractivos y físicamente capaces. Pero a poco andar, antes de que puedan imaginarlo, la carne demuestra no dar frutos. Envejece, se deteriora y se somete al proceso de declinación. *La semilla de corrupción* que está dentro gana y el hombre muere. La carne demuestra su *valor cero;* no da ningún rédito, no eternamente. Una vez que un hombre muere, su carne se va para siempre, para no regresar jamás y nunca ha habido una excepción a este hecho.

Dicho pensamiento, dicha enseñanza – a pesar de su verdad – ofende a los hombres. Ellos aman el mundo y la carne, sus placeres y sentimientos; por lo tanto, quieren el derecho a alimentarla. Quieren más y más sentimientos, obteniendo y manteniendo todos los placeres físicos y materiales que pueden. Quieren...

- un yo mundano
- una fama egocéntrica
- una imagen de la carne
- honor benevolente
- reconocimiento humano
- placeres estimulantes
- halago institucional
- riqueza mundana

2. Solo el Espíritu puede dar vida a un hombre y puede hacerlo vivo, dándole vida abundante y eterna. ¿Cómo? Recibiendo la Palabra de Cristo. Las palabras que pronunció Cristo fueron Espíritu y vida. Cuando un hombre recibe las palabras de Cristo en su corazón y en su vida, ese hombre comienza a vivir: realmente experimenta el Espíritu de Dios ingresando a su vida para experimentar la vida real.

"El ladrón no viene sino para hurtar y matar y destruir; yo he venido para que tengan vida, y para que la tengan en abundancia" (Jn. 10:10).

"Y si el Espíritu de aquel que levantó de los muertos a Jesús mora en vosotros, el que levantó de los muertos a Cristo Jesús vivificará también vuestros cuerpos mortales por su Espíritu que mora en vosotros" (Ro. 8:11).

"Y él os dio vida a vosotros, cuando estabais muertos en vuestros delitos y pecados" (Ef. 2:1).

"Pero Dios, que es rico en misericordia, por su gran amor con que nos amó, aun estando nosotros muertos en pecados, nos dio vida juntamente con Cristo (por gracia sois salvos)" (Ef. 2:4, 5).

3. Pero advierta lo que dijo Jesús: "Pero hay algunos de

vosotros que no creen". Ellos no aceptaron sus palabras; por lo tanto, no tuvieron el Espíritu de Dios morando en ellos ni tuvieron vida. Solo existían, no vivían abundante y eternamente. No tenían el conocimiento y la *garantía inmutable* de vivir por siempre. Dudaban y se preguntaban a sí mismos, hasta tenían esperanzas, pero no estaban muy seguros.

5 (6:65) ***Salvación - Atracción:*** Los hombres se ofenden por el hecho de que Dios atrae y salva al hombre, porque el hombre no se salva a sí mismo.

Cristo dijo: "Ninguno puede venir a mi, si no le fue dado del Padre". Cristo estaba diciendo:

⇒ Ninguno puede venir a Él a si Dios no lo atrae y lo impulsa a venir.
⇒ Ninguno realmente pertenece a Dios si no ha venido a Él.
⇒ Ninguno es salvo si no vienen a Él.
⇒ Todos los hombres están perdidos si no vienen a Él.

Este hecho molesta mucho a la gente, puesto que la mayoría siente que son lo suficientemente buenos y que han hecho suficiente bien como para ser aceptable ante Dios. Pocas personas piensan que están perdidas y destinadas a estar separadas de Dios. Por lo tanto, oír el hecho predicado los ofende. Pero advierta el punto crítico. La única persona salva es una persona que ha sido atraída a Cristo por Dios y que ha cedido al empuje y movimiento de Dios dentro de su corazón.

> **"Ninguno puede venir a mí, si el Padre que me envió no le trajere; y yo le resucitaré en el día postrero" (Jn. 6:44).**
>
> **"Porque el que me envió, conmigo está; no me ha dejado solo el Padre, porque yo hago siempre lo que le agrada" (Jn. 8:29).**
>
> **"Quien nos salvó y llamó con llamamiento santo, no conforme a nuestras obras, sino según el propósito suyo y la gracia que nos fue dada en Cristo Jesús antes de los tiempos de los siglos" (2 Ti. 1:9).**
>
> **"Elegidos según la presciencia de Dios Padre en santificación del Espíritu, para obedecer y ser rociados con la sangre de Jesucristo: Gracia y paz os sean multiplicadas" (1 P. 1:2).**

6 (6:66-71) ***Jesucristo, Respuesta a:*** Hubo tres respuestas al mensaje del Señor.

1. Hubo discípulos o seguidores que se volvieron atrás. Adviertan que "*muchos*...volvieron atrás, y ya no andaban con él". Lo abandonaron y dejaron al Señor. ¿Por qué? Muy sencillo, seguir a Cristo costaba demasiado. Involucraba la cruz, que significaba la negación completa de uno mismo.

a. Jesús estaba declarando ser el Señor. Esto significaba que un hombre tenía que dar todo lo que era y tenía a Cristo.
b. Jesús estaba declarando ser el mismo Hijo de Dios, haber *descendido* del cielo. Algunos no pudieron recibir y aceptar el hecho.
c. Jesús estaba exigiendo fidelidad total y negación propia, y seguirlo tendría un costo muy alto. (Ver Estudio a fondo 1, Lc. 9:23.)

2. Estaba el discípulo que creía que Jesús era el Señor. Advierta cuatro hechos.

a. Pedro habló en nombre de todos los apóstoles. Fue su líder y su portavoz.
b. Pedro llamó "Señor" a Jesús y utilizó el título en todo su significado (cp. vv. 68, 69). Jesús fue reconocido como el Señor soberano del universo, a quien todos los hombres deben lealtad.
c. Pedro declaró que las palabras de Jesús *eran* las palabras de la vida eterna. Declaró que lo que Jesús acababa de proclamar era verdad (v. 63) (Ver Estudio a fondo 2, Jn. 1:4; Estudio a fondo 1, 10:10; Estudio a fondo 1, 17:2, 3).
d. Pedro proclamó que él y los apóstoles *creían* y *sabían* algo; Jesús era...
    • "el Cristo, el Hijo del Dios viviente" (los últimos manuscritos dicen esto).
    • "el Santo de Dios" (los manuscritos más antiguos dicen esto).

3. Estaba el discípulo que traicionó a Jesús. Advierta estos hechos.

a. Judas fue un hombre "elegido", elegido no solo para ser salvado, sino para ser un ministro de Cristo.
b. Judas fue llamado "un diablo", un falso acusador (2 Ti. 3:3), un adversario, un enemigo de Cristo.
c. Judas fue un traidor, un seguidor profesado, pero un hipócrita.

	CAPÍTULO 7 **VIII. LAS RESPUESTAS A LA REVELACIÓN DE JESÚS, 7:1-53** **A. La respuesta de los hermanos de Jesús: Burla e incredulidad, 7:1-9**	4. Porque ninguno que procura darse a conocer hace algo en secreto. Si estas cosas haces, manifiéstate al mundo. 5 Porque ni aun sus hermanos creían en él. 6. Entonces Jesús les dijo: Mi tiempo aún no ha llegado, mas vuestro tiempo siempre está presto.	b. Su falta de fe **3 La respuesta de Jesús** a. No es el momento (el día) para su aclamación; sino para la aclamación del hombre
1 Jesús fue obligado a retirarse y ministrar en Galilea a. El motivo: Los extremistas religiosos iban tras de su vida b. Estaba por comenzar la fiesta de los tabernáculos	1 Después de estas cosas, andaba Jesús en Galilea; pues no quería andar en Judea, porque los judíos procuraban matarle. 2 Estaba cerca la fiesta de los judíos, la de los tabernáculos;	7 No puede el mundo aborreceros a vosotros; mas a mí me aborrece, porque yo testifico de él, que sus obras son malas. 8 Subid vosotros a la fiesta; yo no subo todavía a esa fiesta, porque mi tiempo aún no se ha cumplido.	b. Es el momento para que las obras del mundo sean proclamadas malas c. No es el momento para su total revelación, es decir, la revelación de su muerte
2 La respuesta de los hermanos: burla y falta de fe a. Su burla: Muestra tus obras	3 y le dijeron sus hermanos: Sal de aquí, y vete a Judea, para que también tus discípulos vean las obras que haces.	9 Y habiéndoles dicho esto, se quedó en Galilea.	

DIVISIÓN VIII

LAS RESPUESTAS A LA REVELACIÓN DE JESÚS, 7:1-53

A. La respuesta de los hermanos de Jesús: Burla e incredulidad, 7:1-9

(7:1-53) ***BOSQUEJO DE LA DIVISIÓN: Jesucristo, Respuesta a:*** El capítulo 7 es una breve pausa en la revelación de quién es Jesús. Este muestra las reacciones de diversos grupos ante las revelaciones y declaraciones de Jesús.

(7:1-9) ***Introducción:*** La primera reacción o respuesta hacia Jesús vino de parte de sus medio hermanos. El incidente nos enseña cómo responder al desprecio, el ridículo, el sarcarmo y la incredulidad. Respondemos a estas reacciones al porclamar los mismos tres hechos que Jesús proclamó (punto 3, vv. 6-9).

1. Jesús fue obligado a retirarse y ministrar en Galilea (vv. 1-2).
2. La respuesta de los hermanos: burla y falta de fe (vv. 3-5).
3. La respuesta de Jesús (vv. 6-9).
   a. No es el momento (el día) para su aclamación; sino para la aclamación del hombre
   b. Es el momento para que las obras del mundo sean proclamadas malas
   c. No es el momento para su total revelación, es decir, la revelación de su muerte

[1] (7:1, 2) ***Ministerio - Ministrar - Jesucristo, Oposición:*** Jesús fue obligado a retirarse y ministrar en Galilea. El motivo fue trágico: los extremistas religiosos de todo Judea y Jerusalén habían reaccionado en forma tan violenta en contra de Él que buscaban matarlo. La palabra "buscaban" es acción continua. Siguieron buscándolo para matarlo.

Cuánto tiempo estuvo Jesús apartado de Judea y Jerusalén es algo que se desconoce. Las ideas oscilan entre seis meses a un año y medio. En su último viaje a Jerusalén, asistió a las Pascuas (Jn. 6:4). En este capítulo, el capítulo 7, se lo ve asistiendo a la Fiesta de los tabernáculos (v. 10).

Pensamiento 1: Advierta dos lecciones instructivas.

1) Jesús se retiró del conflicto y el peligro para poder continuar ministrando.
2) Galilea no era tan prominente como Judea. De hecho, era un lugar oscuro, considerado tanto insignificante y poco importante. Pero advierta: Dios eligió que su Hijo ministrara allí. Esto debe significar algo para los corazones de los creyentes. Un creyente no debe sentirse avergonzado o menos importante por que el Señor lo haya ubicado en un ministerio oscuro.

Advierta otro hecho: cuando Jesús fue obligado a retirarse, no abandonó el ministerio. No permaneció ocioso, sentado tranquilo, sin hacer nada. Ministró donde quiera que estuviera. Ministrar a las personas y satisfacer sus necesidades y enseñar y predicar el evangelio eran su vida. Vivir era ministrar.

[2] (7:3-5) ***Jesucristo, Familia de:*** La respuesta de los hermanos fue burla y falta de fe. Advierta varias cosas.

1. Jesús tenía cuatro medio hermanos cuyos nombres eran Santiago, José, Simón y Judas. También tenía algunas medio hermanas de las que no se conocen los nombres (Mt. 13:55, 56). Su actitud hacia Jesús era de extrema preocupación y vergüenza. Su declaración de ser *el Hijo de Dios* los avergonzaba terriblemente y los conducía a pensar que estaba *lejos de sí*, es decir, loco o insano. En una ocasión el rumor de la locura causó tanta presión de los vecinos y los amigos que en realidad

viajaron mucho para encontrarlo y traerlo al hogar (Ver nota, Mr. 3:31, 32 para mayor discusión al respecto). Esta es una nota importante para comprender el entorno de la actitud de burla de los hermanos hacia Jesús.

Jesús, por supuesto, no hizo caso a lo que su familia le pedía en cuanto a dejar dc hacer tales declaraciones personales. Tenía que proclamar la verdad: Él era el Hijo de Dios, el mismo Pan de Vida, el único que podía llenar y satisfacer a los hombres, dándoles vida abundante y eterna.

La vergüenza que sentía la familia representaba una carga pesada, haciendo que la familia se sintiera extremadamente incómoda y con cierta sensación de responsabilidad por el comportamiento anormal de Jesús. Los hermanos compensaban su vergüenza burlándose de Jesús. Adviertan su burla: lo desafiaban a ir a Jerusalén a la Fiesta y a hacer sus milagros maravillosos allí. Sugirieron que Él estaba fallando en ayudar y a reforzar a los discípulos que dejó allí cuando se retiró y que si realmente quería ser aclamado como el Mesías, el Hijo de Dios, tenía que demostrarlo en el centro de la nación, en Jerusalén.

Los hermanos, por supuesto, conocían los rumores sobre los líderes que buscaban matar a Jesús. Era poco probable que realmente quisieran que Jesús fuera y pusiera en peligro su vida, ni tampoco pensaban que Él lo haría. Toda la escena era de burla (vv. 3, 4) y de falta de fe (v. 5). Estaban tratándolo con sarcasmo mediante una broma semidivertida. Se entretenían mofándose de Él y tratándolo con una falta de respeto divertida y, afortunadamente, su falta de respeto y sus bromas se hacían a luz para que todos las vieran. Advierta tres puntos.

1. Estaba el dolor y la pena de Jesús por la familia. Su corazón se destrozaba ante la burla, la vergüenza y la falta de fe de la familia. Estaba profundamente lastimado por su rechazo.

2. *El sufrimiento de Jesús en la tierra* incluía el rechazo de su familia terrenal. Por lo tanto, Él es capaz de socorrer a todos, no importa cuál sea su prueba, incluso a la persona que está sola en el mundo, habiendo sido rechazada por su propia familia.

3. La respuesta de la familia de Jesús, en particular sus hermanos, fue vergüenza, burla y falta de fe. La falta de fe de los hermanos fue una actitud persistente, continua (el tiempo imperfecto griego). Hasta cierto grado esto es comprensible a la luz de...

- las declaraciones fenomenales de Jesús.
- el rechazo de Jesús por parte de su ciudad natal, Nazaret, del que su familia fue testigo. Probablemente fue rechazado dos veces por sus ex vecinos y por la ciudad, una vez con tanta hostilidad que intentaron matarlo (Lc. 4:16-30; Mr. 6:1-6, cp. Mt. 13:53-58).
- el rechazo de Jesús por parte de sus vecinos y los líderes de la nación, tanto religiosos como civiles. Los vecinos pensaban que Él estaba loco y los líderes, que estaba poseído por demonios (Mr. 3:20, 21; 3:22-30; 3:31-35, cp. Mt. 12:46-50; Lc. 8:19-21).

Pensamiento 1: Jesucristo soportó todo sufrimiento imaginable por los hombres, incluso el rechazo de su propia familia. Es mediante su sufrimiento y por haber cargado con todos los nuestros que Él puede socorrernos en todas las pruebas.

"Pues en cuanto él mismo padeció siendo tentado, es poderoso para socorrer a los que son tentados" (He. 2:18; cp. He. 4:15, 16).

[3] (7:6-9) ***Hombre, Aclamación - Jesucristo, Respuesta a:*** La respuesta de Jesús a la burla, el ridículo, el sarcasmo y la falta de fe fue triple.

1. No era el momento (el día) para su aclamación, no era el momento para que el mundo aceptara y reconociera sus declaraciones y obras, no todavía.

a. El día de la aclamación del Señor todavía no había llegado. No era el momento para el día...
   - cuando muchos lo proclamarían Salvador, Rey de reyes y Señor de señores.
   - cuando muchos lo reverenciarían, reconociendo que su declaración de ser el Mesías, el Hijo de Dios, era verdad.

Iba a llegar el día. Iba a haber un momento designado por Dios, un tiempo destinado (ver nota, Mi hora, Jn. 2:3-5). Pero no era todavía.

Advierta que Jesús había tomado la burla y la había convertido en una situación de enseñanza. Utilizó el mismo tema de la burla en contra de sus reclamos y obras e hizo nuevamente el reclamo. Habría un momento, un día en que Él sería aclamado, pero no todavía.

"Jesús les respondió diciendo: Ha llegado la hora para que el Hijo del Hombre sea glorificado. De cierto, de cierto os digo, que si el grano de trigo no cae en la tierra y muere, queda solo; pero si muere, lleva mucho fruto" (Jn. 12:23, 24).

"Ahora está turbada mi alma; ¿y qué diré? ¿Padre, sálvame de esta hora? Mas para esto he llegado a esta hora... Y yo, si fuere levantado de la tierra, a todos atraeré a mí mismo. Y decía esto dando a entender de qué muerte iba a morir" (Jn. 12:27, 32, 33).

"Antes de la fiesta de la pascua, sabiendo Jesús que su hora había llegado para que pasase de este mundo al Padre, como había amado a los suyos que estaban en el mundo, los amó hasta el fin" (Jn. 13:1).

b. El tiempo de la aclamación del hombre es ahora. Jesús le dijo a sus hermanos: "Mi tiempo aún no ha llegado, mas vuestro tiempo siempre está presto". Era y sigue siendo el día del hombre, el día...
   - para la aceptación y la aclamación.
   - para la recepción y el reconocimiento.
   - para honrar y recibir honores.

Cabe advertir que algunos interpretan la palabra "tiempo" como "el tiempo oportuno". En esta interpretación Jesús estaba diciendo simplemente que no era el mejor momento para Él de asistir a la fiesta. Sus hermanos podían ir en cualquier momento, pero Él no. Esta interpretación se basa en la palabra "tiempo" (*kairos*, que acentúa el tiempo oportuno). Difiere de la palabra "hora" (hora, Jn. 2:4) habitualmente empleada por Jesús. Sin embargo, *kairos* es una palabra utilizada frecuentemente en el Nuevo Testamento, y su significado no puede relacionarse con el tiempo oportuno. Tres cosas respaldan la interpretación de que *kairos* significa "la hora de Jesús" en este pasaje.

⇒ El contraste que hace Jesús entre su tiempo y el tiempo de sus hermanos.

⇒ El contexto de los versículos 7 y 8.

⇒ El énfasis dado a la respuesta de Jesús. Si la respuesta significa únicamente que Él estaba esperando el momento oportuno para ir a Jerusalén, entonces la respuesta parece trivial, casi sin sentido; lo mismo se aplica al contraste entre su tiempo y el tiempo de sus hermanos y los puntos de los versículos 7 y 8.

2. Es el tiempo para que las obras del mundo se proclamen malignas. Cristo dijo: "El mundo...a mi me aborrece, porque yo testifico de él". Es el tiempo para que Cristo...

- señale el pecado del mundo, no para recibir su aclamación.
- señale la falsa religión del mundo, no para proclamar su bondad hipócrita.
- señale lo depravado del mundo, no para camuflar la verdad.
- señale la corrupción del mundo, no para pintar una imagen benévola.
- señale la necesidad del mundo, no para alabarla.
- señale el destino del mundo, no para ocultar su destino.

Debido a esto, el hecho de que Él proclamara la verdad, el mundo lo aborrecería y no lo reconocería ni aclamaría. Era el tiempo para la reacción del mundo en contra de Él, no el tiempo para su aceptación.

Es el tiempo de la aceptación del hombre, el tiempo para que los hombres del mundo se acepten unos a otros. Sus hermanos eran parte del mundo, y el mundo no aborrece a quienes lo conforman. El mundo no rechaza ni aborrece, sino que recibe a aquellos...

- que lo aman.
- que lo sirven.
- que participan en él.
- que aprueban su comportamiento.
- que se mueven junto con él.

Por lo tanto, el mundo recibe a aquellos que miran a Cristo y se burlan, lo ridiculizan, lo critican, lo rechazan y lo tratan con sarcasmo. El mundo no aborrece, pero da la bienvenida a la oposición a Jesucristo.

Pensamiento 1: Es el tiempo y el día cuando las obras del mundo deben proclamarse malas. Los ministros de Dios deben predicar y proclamar la verdad. El mundo no puede salvarse a menos que se reconozca y corrija el mal del mundo. Es tarea de la gente de Dios proclamar la verdad; sin embargo, se la debe proclamar como lo hizo Jesús: con amor, apelando a las necesidades desesperadas del hombre.

"Si yo no hubiera venido, ni les hubiera hablado, no tendrían pecado; pero ahora no tienen excusa por su pecado" (Jn. 15:22).

"Por cuanto todos pecaron, y están destituidos de la gloria de Dios" (Ro. 3:23; cp. Is. 53:6; 64:6).

"Porque la paga del pecado es muerte, mas la dádiva de Dios es vida eterna en Cristo Jesús Señor nuestro" (Ro. 6:23).

"Si decimos que no tenemos pecado, nos engañamos a nosotros mismos, y la verdad no está en nosotros" (1 Jn. 1:8).

"Y vio Jehová que la maldad de los hombres era mucha en la tierra, y que todo designio de los pensamientos del corazón de ellos era de continuo solamente el mal" (Gn. 6:5).

"Como la justicia conduce a la vida, así el que sigue el mal lo hace para su muerte" (Pr. 11:19).

"¿Quién podrá decir: Yo he limpiado mi corazón, limpio estoy de mi pecado?" (Pr. 20:9).

3. No es el tiempo para la revelación total de Jesús. Advierta las palabras "cumplido" (peplerotai). Su *hora de morir* por el mundo todavía no había llegado. Iba a llegar, pero en el tiempo de Dios. Y cuando llegara, sus reclamos y obras serían validados y demostrados sin cuestionamiento alguno. Muchos lo proclamarían tanto como Señor y Salvador, el Pan de Vida que únicamente puede llenar y satisfacer las necesidades desesperadas y hambrientas de los hombres.

Pensamiento 1: La respuesta del creyente ante la burla, el ridículo, el sarcasmo y la falta de fe es la misma que la respuesta dada por Jesús.

1) Este no el día para su aclamación, sino para la aclamación del hombre.
2) Es el tiempo para que las obras del mundo se declaren malas.
3) No es el tiempo para su revelación total, esto es, para el clímax de la historia humana, el día en que Él regresará en gloria y majestad, dominio y poder.

"Porque escrito está: Vivo yo, dice el Señor, que ante mí se doblará toda rodilla, y toda lengua confesará a Dios" (Ro. 14:11).

"Por lo cual Dios también le exaltó hasta lo sumo, y le dio un nombre que es sobre todo nombre, para que en el nombre de Jesús se doble toda rodilla de los que están en los cielos, y en la tierra, y debajo de la tierra; y toda lengua confiese que Jesucristo es el Señor, para gloria de Dios Padre" (Fil. 2:9-11).

"¿Quién no te temerá, oh Señor, y glorificará tu nombre? pues solo tú eres santo; por lo cual todas las naciones vendrán y te adorarán, porque tus juicios se han manifestado" (Ap. 15:4)

"Se acordarán, y se volverán a Jehová todos los confines de la tierra, y todas las familias de las naciones adorarán delante de ti. Porque de Jehová es el reino, y él regirá las naciones" (Sal. 22:27, 28).

"Mirad a mí, y sed salvos, todos los términos de la tierra, porque yo soy Dios, y no hay más. Por mí mismo hice juramento, de mi boca salió palabra en justicia, y no será revocada: Que a mí se doblará toda rodilla, y jurará toda lengua" (Is. 45:22, 23; cp. Is. 66:23).

1 Jesús fue a la Fiesta a. Después de que fueran sus hermanos b. En silencio, como en secreto **2 La respuesta de los judíos: Lo buscaron y lo cuestionaron y murmuraron acerca de Él** a. Un buen hombre b. Un engañador c. Un hombre no suficientemente importante como para defenderlo d. Un hombre desacreditado: tan capaz y sin embargo, tan poco educado	**B. La respuesta de los judíos: Buscando y sin embargo, cuestionando, 7:10-19** 10 Pero después que sus hermanos habían subido, entonces él también subió a la fiesta, no abiertamente, sino como en secreto. 11 Y le buscaban los judíos en la fiesta, y decían: ¿Dónde está aquél? 12 Y había gran murmullo acerca de él entre la multitud, pues unos decían: Es bueno; pero otros decían: No, sino que engaña al pueblo. 13 Pero ninguno hablaba abiertamente de él, por miedo a los judíos. 14 Mas a la mitad de la fiesta subió Jesús al templo, y enseñaba.	15 Y se maravillaban los judíos, diciendo: ¿Cómo sabe éste letras, sin haber estudiado? 16 Jesús les respondió y dijo: Mi doctrina no es mía, sino de aquel que me envió. 17 El que quiera hacer la voluntad de Dios, conocerá si la doctrina es de Dios, o si yo hablo por mi propia cuenta. 18 El que habla por su propia cuenta, su propia gloria busca; pero el que busca la gloria del que le envió, éste es verdadero, y no hay en él injusticia. 19 ¿No os dio Moisés la ley, y ninguno de vosotros cumple la ley? ¿Por qué procuráis matarme?	1) Jesús fue al templo y enseño 2) El pueblo cuestionó sus credenciales **3. La respuesta de Jesús: Mi enseñanza es la enseñanza de Dios** a. Demostrada por la prueba subjetiva (la prueba interna o moral): El hombre conoce la verdad practicándola b. Demostrada por la prueba objetiva (la prueba externa o de observación) ¿El hombre habla por su propia gloria o por la gloria de Dios? c. Demostrada por la prueba personal: ¿Ustedes cumplen con la ley?

DIVISIÓN VIII

LAS RESPUESTAS A LA REVELACIÓN DE JESÚS, 7:1-53

B. La respuesta de los judíos: Buscando y sin embargo, cuestionando, 7:10-19

(7:10-19) ***Introducción:*** La segunda reacción o respuesta a Jesús provino de las multitudes judías, incluyendo tanto a extremistas religiosos como a peregrinos. Este pasaje da la respuesta a cuatro creencias falsas sobre Jesús, la creencia de que Él era...

- solo un *buen hombre.*
- un engañador.
- un hombre no suficientemente importante como para defenderlo.
- un hombre desacreditado.

1. Jesús fue a la Fiesta (v. 10).
2. La respuesta de los judíos: Lo buscaron, lo cuestionaron y murmuraron acerca de Él (vv. 11-15).
3. La respuesta de Jesús: Mi enseñanza es la enseñanza de Dios (vv. 16-19).
   a. Demostrada por la prueba subjetiva (la prueba interna o moral): El hombre conoce la verdad practicándola.
   b. Demostrada por la prueba objetiva (la prueba externa o de observación): ¿El hombre habla por su propia gloria o por la gloria de Dios?
   c. Demostrada por la prueba personal: ¿Ustedes cumplen con la ley?

[1] (7:10) ***Jesucristo, Lealtad a la Fiesta judía:*** Finalmente Jesús subió a Jerusalén para asistir a la Fiesta, pero no fue junto a sus hermanos. Ellos habían salido antes, probablemente en una gran caravana. Las caravanas de la época eran enormes expediciones (cp. Lc. 2:43, 44). Por lo tanto, Él fue en silencio, casi en secreto, para no atraer demasiada atención. Iba a dar un paso adelante y a enseñar en público, pero debía mantenerse ignoto hasta que llegara ese momento (v. 14). Si hubiera viajado a Jerusalén en forma pública, la gente podría haberlo escoltado hasta la ciudad, proclamándolo Rey y ocasionando su arresto antes de su "hora" (Jn. 7:6). La Entrada Triunfal hubiera tenido lugar demasiado pronto.

[2] (7:11-15) ***Jesucristo, Respuesta a:*** La respuesta de los judíos fue buscarlo, cuestionar y murmurar acerca de Él. En este caso, el término "judíos" probablemente se refiera a todos los judíos, extremistas religiosos y peregrinos. Todos querían encontrarlo: las autoridades judías querían atraparlo y desacreditarlo delante de la gente, porque querían arrestarlo y sentenciarlo a muerte. La gente común quería encontrarlo para poder escuchar sus enseñanzas y ver sus milagros con sus propios ojos.

Las multitudes judías deben ser alabadas por haber ido en busca de Cristo, pues a Él hay que buscar. Todo hombre debe buscar a Cristo hasta encontrarlo.

⇒ Pero los motivos de los extremistas religiosos eran malos. Ellos no buscaban a Jesús para adorarlo y aprender de Él, sino para hacerle daño. Querían desacreditarlo, sino perderían la lealtad de las personas y su propia seguridad y posición.

⇒ Pero los motivos de la gente común eran corruptos.

Ellos no buscaban a Jesús como Salvador y Señor, al que debían darle su lealtad. Lo buscaban por curiosidad, para verlo hacer milagros espectaculares. (Ver Estudio a fondo 1, Jn. 2:23.)

La respuesta de las multitudes judías fue la de murmurar y cuestionar. No era una murmuración de descontento, sino de susurros y rumores, entusiastas. Las personas preguntaban en bajo volumen e intercambiaban sus opiniones sobre Él; pero en voz baja y en rincones, lejos de desconocidos, para no despertar sospechas de que eran seguidores de Jesús y así poner en peligro sus propias vidas.

1. Algunos pensaban que era un buen hombre: un hombre al que había que apoyar, escuchar y seguir. Por *bueno* querían significar por lo menos lo siguiente: un hombre que era...

- amoroso y considerado
- justo y moral
- generoso y no egoísta
- digno de creencia y lealtad
- verdadero y honesto

Pero advierta lo poco adecuado y la debilidad de esta creencia. Ve a Jesús únicamente como un hombre, un buen hombre, sí, pero solo como un hombre. No cree que Jesús es el *Hijo del Hombre* (ver nota, Jn. 1:51).

2. Algunos pensaban que Jesús era exactamente lo opuesto: un engañador, un hombre que engañaba deliberadamente y que alejaba a las personas de la verdadera religión. Por *engañar*, querían decir que Él

- confundía, engañaba, timaba, realmente alejaba a las personas de Dios.
- se ufanaba de sí mismo, de sus propias ideas y posición.
- se deleitaba en la admiración, adulación y alabanzas de las personas.
- trataba de ser innovador y creativo, de ser reconocido como un hombre de ideas nuevas.
- trataba de atraer la atención y asegurarse de que lo siguieran.

En realidad, decían que Él...

- no era de Dios, sino de Belzebub (el diablo) (Mt. 12:24; Mr. 3:22; Lc. 11:15).
- un borracho y un glotón (Mt. 11:19; Lc. 7:34).
- un socio de pecadores (Mt. 9:11; Mr. 2:16; Lc. 5:30; 15:2).
- un criminal y quebrantador de leyes (Mt. 12:1-8; 12:10; 15:1-20; 16:1-12).

Ahora advierta: si todo esto fuera cierto, si Jesús fuera un engañador, entonces sería el hombre peor y más timador que el mundo ha visto jamás.

3. Algunos pensaban que Jesús no era suficientemente importante como para defenderlo. Incluso los que sentían que Jesús era un buen hombre retrocedían por temor y no hablaban por Jesús. Les temían a las autoridades religiosas. Creían que no valía la pena molestarse por Jesús, que el costo o el riesgo de poner en peligro su propia seguridad era demasiado alto.

4. Algunos pensaban que Jesús era un hombre desacreditado y sin credenciales apropiadas. Aproximadamente en la mitad de la Fiesta, Jesús dio fin a su condición de incógnito. Fue al templo y comenzó a enseñar. Las personas estaban asombradas: se maravillaron con su conocimiento de las "letras". Por "letras" se quería significar la Biblia del Antiguo Testamento y los comentarios de la Ley que se exponían en las Escrituras. Nunca había sido alumno de su escuela o de un rabino y sin embargo, conocía las Escrituras y las conocía bien. Su pregunta tenía tono de enojo: "¿Cómo es que este hombre sabe tanto? ¿Quién sostiene ser? ¿Qué derecho tiene de enseñar? Nunca estudió ni aprendió en nuestras escuelas, con nuestros maestros. Es *solo un carpintero*, sin educación y sin aprendizaje. ¿Qué derecho tiene de emplazarse como un gran maestro, como una persona a la que hay que escuchar? No está acreditado ni ordenado por nuestras escuelas ni dirigentes".

Pensamiento 1: Con cuánta frecuencia se rechaza a las personas, a pesar de su llamado y de sus dones, simplemente porque no están acreditados por las escuelas y los líderes adecuados o no tienen la educación *adecuada.*

3 (7:16-19) ***Jesucristo, Reclamos - Conocimiento, de Dios:*** La respuesta de Jesús fue triple. Él respondió a las cuatro acusaciones, las acusaciones de que era...

- un buen hombre.
- un engañador.
- un hombre que no era lo suficientemente importante como para defenderlo.
- un hombre desacreditado.

Jesús pronunció la declaración fenomenal: " Mi doctrina [enseñanza] no es mía, sino de aquel que me envió". Advierta...

- Él no declaró ser la Fuente de su mensaje.
- Él declaró ser "enviado" por Dios, ser el Representante, el Embajador de Dios. Declaró haber estado en la relación más íntima con Dios: en su presencia, comunión y acompañamiento (ver nota, Jn. 3:34).

"Porque he descendido del cielo, no para hacer mi voluntad, sino la voluntad del que me envió" (Jn. 6:38).

"Pero yo le conozco, porque de él procedo, y él me envió" (Jn. 7:29).

"Jesús entonces les dijo: Si vuestro padre fuese Dios, ciertamente me amaríais; porque yo de Dios he salido, y he venido; pues no he venido de mí mismo, sino que él me envió" (Jn. 8:42).

"Me es necesario hacer las obras del que me envió, entre tanto que el día dura; la noche viene, cuando nadie puede trabajar" (Jn. 9:4).

"¿Al que el Padre santificó y envió al mundo, vosotros decís: Tú blasfemas, porque dije: Hijo de Dios soy?" (Jn. 10:36).

"Para que todos sean uno; como tú, oh Padre, en mí, y yo en ti, que también ellos sean uno en nosotros; para que el mundo crea que tú me enviaste" (Jn. 17:21).

- Él declaró que su mensaje y enseñanza eran de Dios. Él solo era el Mensajero de Dios.

"Les dijo, pues, Jesús: Cuando hayáis levantado al Hijo del Hombre, entonces conoceréis que yo soy, y que nada hago por mí mismo, sino que según me enseñó el Padre, *así hablo*" (Jn. 8:28).

"Porque las palabras que me diste, les he dado; y

ellos las recibieron, y han conocido verdaderamente que salí de ti, y han creído que tú me enviaste" (Jn. 17:8).

"Cualquiera que se extravía, y no persevera en la doctrina de Cristo, no tiene a Dios; el que persevera en la doctrina de Cristo, ése sí tiene al Padre y al Hijo" (2 Jn. 9).

Jesús dijo que una persona podía probar su declaración. Hay tres pruebas que corroboran su declaración.

1. Está la prueba subjetiva, la prueba interna o moral. ¿Cómo puede una persona saber si la declaración de Jesús es verdadera? Puede saberlo haciendo la voluntad de Dios. Si una persona hace lo que Dios dice, esa persona *conocerá* la verdad. Jesús estaba diciendo...

- que la enseñanza de Dios, la Palabra de Dios, no es almacenar conocimientos en la mente, sino experimentar la vida real.
- que la persona que realmente conoce a Dios no es la persona que tiene ciertos pensamientos sobre Dios, sino la persona que actúa y vive como Dios quiere, la persona que es santa así como Dios es santo.
- que la persona que puede conocer a Dios es la persona que piensa y vive como vive Dios. Una persona que no vive como vive Dios no conoce a Dios, solo sabe acerca de Dios.
- que la única forma de conocer a Dios es creer "que le hay, y que es galardonador de los que le buscan" (He. 11:6).

En resumen, hay una manera de saber si lo que sostiene Jesús es cierto. Una persona puede saberlo...

- creyendo y buscando conocer a Dios, creyendo que Él es galardonador de los que le buscan.
- viviendo y haciendo la voluntad de Dios, siendo santo así como Él es santo (1 P. 1:15, 16).

"El que tiene mis mandamientos, y los guarda, ése es el que me ama; y el que me ama, será amado por mi Padre, y yo le amaré, y me manifestaré a él" (Jn. 14:21).

"No os conforméis a este siglo, sino transformaos por medio de la renovación de vuestro entendimiento, para que comprobéis cuál sea la buena voluntad de Dios, agradable y perfecta" (Ro. 12:2).

"Sino, como aquel que os llamó es santo, sed también vosotros santos en toda vuestra manera de vivir; porque escrito está: Sed santos, porque yo soy santo" (1 P. 1:15, 16).

2. Está la prueba objetiva, la prueba externa o de observación. ¿Cristo habla por Su propia gloria o por la gloria de Dios? Una persona puede mirar a Cristo y observar y ver la verdad.

⇒ Un hombre que es *enviado por otra persona* y termina hablando por sí mismo no es un verdadero representante. Está buscando su propia gloria.

⇒ Un hombre que es *enviado por otra persona* y expresa el mensaje de esa persona *es* verdadero, puesto que está haciendo lo que debería hacer: representar a la persona que lo envió.

Advierta tres cosas importantes:

a. Jesús no buscó glorificarse, sino a Dios. Jesús buscó impulsar a los hombres a que glorifiquen a Dios en sus vidas. Tal esfuerzo es el tema constante de la prédica y enseñanza de Jesús. Él sostuvo estar vacío de ambición y gloria personales.

"Y todo lo que pidiereis al Padre en mi nombre, lo haré, *para que el Padre* sea glorificado en el Hijo" (Jn. 14:13).

"Yo te he glorificado en la tierra; he acabado la obra que me diste que hiciese" (Jn. 17:4).

b. Jesús no proclamaba decir la verdad. Él proclamaba ser *la verdad.*

"Jesús le dijo: Yo soy el camino, y la verdad, y la vida; nadie viene al Padre, sino por mí" (Jn. 14:6).

"Le dijo entonces Pilato: ¿Luego, eres tú rey? Respondió Jesús: Tú dices que yo soy rey. Yo para esto he nacido, y para esto he venido al mundo, para dar testimonio a la verdad. Todo aquel que es de la verdad, oye mi voz" (Jn. 18:37).

c. Jesús sostuvo que no había injusticia en Él.

"¿Quién de vosotros me redarguye de pecado? Pues si digo la verdad, ¿por qué vosotros no me creéis?" (Jn. 8:46).

"Al que no conoció pecado, por nosotros lo hizo pecado, para que nosotros fuésemos hechos justicia de Dios en él" (2 Co. 5:21).

"Porque no tenemos un sumo sacerdote que no pueda compadecerse de nuestras debilidades, sino uno que fue tentado en todo según nuestra semejanza, pero sin pecado" (He. 4:15).

"Porque tal sumo sacerdote nos convenía: santo, inocente, sin mancha, apartado de los pecadores, y hecho más sublime que los cielos" (He. 7:26).

"¿Cuánto más la sangre de Cristo, el cual mediante el Espíritu eterno se ofreció a sí mismo sin mancha a Dios, limpiará vuestras conciencias de obras muertas para que sirváis al Dios vivo?" (He. 9:14).

"Sino con la sangre preciosa de Cristo, como de un cordero sin mancha y sin contaminación" (1 P. 1:19).

"El cual no hizo pecado, ni se halló engaño en su boca" (1 P. 2:22).

3. Está la prueba personal. Una persona puede usar la ley y decir si Cristo es verdadero. Un hombre puede compararse por medio de la ley y ver claramente que él no la cumple. Quebranta la ley, por lo tanto, necesita el perdón de Dios. Esto era exactamente lo que Cristo estaba predicando y enseñando. Él gritó que Dios amaba al mundo y que había enviado a su Hijo para salvar al mundo.

Advierta que Jesús dijo: "Ustedes recibieron la ley. Dios tuvo una acción de gracia al darles la ley. Pero recibirla no es suficiente, hay que cumplir la ley. Sin embargo, ustedes no la cumplen. Se oponen a mí, sin rendirse ante el Hijo de Dios. Se oponen a mi, incluso buscan matarme, al Hijo de Dios".

"Porque todos los que dependen de las obras de la ley están bajo maldición, pues escrito está: Maldito todo aquel que no permaneciere en todas las cosas escritas en el libro de la ley, para hacerlas" (Gá. 3:10).

"Y la ley no es de fe, sino que dice: El que hiciere estas cosas vivirá por ellas" (Gá. 3:12).

"Porque ignorando la justicia de Dios, y procurando establecer la suya propia, no se han sujetado a la justicia de Dios" (Ro. 10:3).

	C. La respuesta del pueblo: Un cargo de insanía pero siguen cuestionando, 7:20-31		
		25 Decían entonces unos de Jerusalén: ¿No es éste a quien buscan para matarle?	**2 La respuesta de los residentes locales** a. Su respuesta fue cuestionadora. ¿Este no es Él?
1 La respuesta de los peregrinos a. Su respuesta: Jesús estaba poseído por un demonio, es decir, estaba loco. b. Respuesta de Jesús: Hacer el bien demuestra al hombre	20 Respondió la multitud y dijo: Demonio tienes; ¿quién procura matarte? 21 Jesús respondió y les dijo: Una obra hice, y todos os maravilláis.	26 Pues mirad, habla públicamente, y no le dicen nada. ¿Habrán reconocido en verdad los gobernantes que éste es el Cristo? 27 Pero éste, sabemos de dónde es; mas cuando venga el Cristo, nadie sabrá de dónde sea.	1) Su razonamiento: ¿Podría Él ser el Mesías? 2) Su conclusión: Falta de fe, conocían su origen terrenal
1) La circuncisión es hacer el bien: cumple con una necesidad religiosa y ceremonial del hombre	22 Por cierto, Moisés os dio la circuncisión (no porque sea de Moisés, sino de los padres); y en el día de reposo circuncidáis al hombre.	28 Jesús entonces, enseñando en el templo, alzó la voz y dijo: A mí me conocéis, y sabéis de dónde soy; y no he venido de mí mismo, pero el que me envió es verdadero, a quien vosotros no conocéis.	b. La respuesta de Jesús: un reclamo esencial 1) Él es un hombre 2) Él también provino de Dios.
2) Sanar es hacer el bien: satisface una necesidad personal y corporal del hombre	23 Si recibe el hombre la circuncisión en el día de reposo, para que la ley de Moisés no sea quebrantada, ¿os enojáis conmigo porque en el día de reposo sané completamente a un hombre?	29 Pero yo le conozco, porque de él procedo, y él me envió. 30 Entonces procuraban prenderle; pero ninguno le echó mano, porque aún no había llegado su hora.	3) Él conoce a Dios: Es de Dios, Dios lo envió c. La reacción de la gente local. 1) Algunos no creen y rechazan
3) Un principio: no juzgar superficialmente, pensar y considerar	24 No juzguéis según las apariencias, sino juzgad con justo juicio.	31 Y muchos de la multitud creyeron en él, y decían: El Cristo, cuando venga, ¿hará más señales que las que éste hace?	2) Algunos creen

DIVISIÓN VIII

LAS RESPUESTAS A LA REVELACIÓN DE JESÚS, 7:1-53

C. La respuesta del pueblo: Un cargo de insanía; pero siguen cuestionando, 7:20-31

(7:20-31) ***Introducción:*** La tercera reacción o respuesta de Jesús provino de toda la gente -los peregrinos y los residentes locales de Jerusalén-. Las acusaciones en contra de Jesús iban desde que estaba poseído por un demonio hasta que era un hombre como todos. La respuesta de Jesús a todas las acusaciones en su contra fueron incisivas.

1. La respuesta de los peregrinos (vv. 20-24).
2. La respuesta de los residentes locales (vv. 25-31).

[1] (7:20-24) ***Jesucristo, Respuesta a:*** La respuesta de los peregrinos fue una acusación de que Jesús estaba poseído por los demonios y estaba loco.

1. La acusación la hicieron fundamentalmente los peregrinos, no los residentes locales de Jerusalén. Sobre los residentes locales se habla en el siguiente pasaje (vv. 25-31). Los peregrinos eran la gente que no conocía muy bien a Jesús. Habían venido de todo el mundo, por lo tanto, no sabían mucho acerca de Jesús, lo que facilitó más que lo acusaran de estar poseído por el demonio o de estar loco. Él se oponía a...

- la estructura religiosa.
- los líderes religiosos.
- la religión que se había demostrado a sí misma durante generaciones.
- la religión que había contribuido tanto a la sociedad y a la nación.
- la religión que fue fundada por los ancestros, los líderes más divinos de la historia.

Solo un hombre malo o un hombre poseído por un espíritu malo se hubiera opuesto a tal religión; por lo tanto Jesús debe haber estado loco. Su mente debe haber estado descontrolada, alocada con la imaginación de que las personas lo buscaban. Debe haber estado controlado por un espíritu maligno. Los peregrinos pensaban que sus líderes religiosos no podían hacer mal, o podían hacer poco mal. Pensaban que sus líderes religiosos nunca...

- dañarían a nadie.
- serían tan injustos e inmorales.
- serían tan indisciplinados y fuera de control.
- reaccionarían en contra de nadie.
- serían tan corruptibles.
- harían algo tan poco santo.

Pensamiento 1: Algunas personas piensan que los líderes religiosos no pueden equivocarse. Sin embargo, la religión y los líderes religiosos pueden equivocarse tanto como cualquier estructura o cualquier otra persona. Todos pueden fracasar y caer, pecar, ir por mal camino y volverse corruptible. Cristo vino...

- a señalar este concepto erróneo.
- a corregir este concepto erróneo.
- a perdonar este concepto erróneo.
- a juzgar a los que no se arrepentirían ni recibirían el perdón de Dios y serían corregidos.

Pensamiento 2: La elección de un hombre, su decisión, debe hacerse por Jesucristo y no por la religión y los líderes religiosos. Cristo es la Verdad, no la religión y sus líderes. La religión y los líderes religiosos deben seguir a Cristo así como todos los hombres deben seguir a Cristo. Cristo es el Amo y Señor, no la religión y sus líderes.

2. Jesús respondió a los peregrinos apelando a la gran obra que acababa de hacer. Había sanado al hombre inválido en el estanque de Betesda. El hombre había estado postrado en su lecho durante treinta y ocho años, y las personas se habían maravillado por el poder de Jesús (Jn. 5:1s). Pero hubo un problema, Jesús había sanado al hombre en el día de reposo, lo que se consideraba un trabajo y trabajar en el día de reposo estaba totalmente prohibido. Era una ofensa grave para la mentalidad de los judíos, porque le enseñaba a la gente a quebrantar la ley. Los líderes religiosos y civiles no podían permitirlo, porque era su religión la que había mantenido unida a la nación. (Ver Estudio a fondo 2, Jn. 5:15, 16 para una discusión más extensa.)

El punto es este. Jesús dijo que Él no era malo; no estaba poseído por el demonio ni loco. Hacer el bien demuestra si un hombre está lleno de maldad o de bondad. Su obra, sanar al hombre inválido, fue una obra buena y no una mala. Su sanidad hizo tanto bien como los líderes religiosos que circuncidaban en el día de reposo. Advierta tres puntos.

a. Los líderes religiosos criticaron a Jesús por haber sanado al hombre inválido en el día de reposo, y fue por esta obra y otros hechos que supuestamente quebrantaban la ley que se oponían a Él, algunos, hasta planeando matarlo. Pero los peregrinos no lo sabían, no todavía.

b. Jesús quería que todos los hombres, incluso los extremistas religiosos, vieran la verdad. Él no era un hombre que quebrantaba la ley, un hombre malo. No era su intención destruir a hombres y naciones. Él era el Hijo de Dios que había venido a salvar hombres y naciones y a corregir y enderezar la religión.

c. Jesús apeló a las personas a que juzgaran correctamente, esto es, por hechos, no por apa-riencias.

⇒ Cuando ellos circuncidaban a un hombre en el día de reposo, no estaban haciendo el mal, sino el bien. Estaban cumpliendo con una necesidad religiosa y ceremonial del hombre. Por lo tanto, estaban en lo correcto al circuncidar en el día de reposo, puesto que Dios instruye que la circuncisión se lleve a cabo en el octavo día, y a veces el octavo día posterior al nacimiento del niño caía en el día de reposo (Lv. 12:3).

⇒ Cuando sanó a un hombre en el día de reposo, no estaba haciendo el mal, sino el bien. Estaba cumpliendo con una necesidad personal y corporal del hombre, una necesidad mucho más desesperada que una necesidad religiosa y ceremonial.

Jesús le dijo a la gente que juzgara no de acuerdo a las apariencias, sino que vieran lo que Él hacía, y que lo hicieran en forma realista, sincera y objetiva. Si una persona lo hacía, vería que Jesús no estaba lleno de maldad, sino lleno de bondad y justicia. Él vería que Jesús era el Hijo de Dios.

"Y Jehová respondió a Samuel: No mires a su parecer, ni a lo grande de su estatura, porque yo lo desecho; porque Jehová no mira lo que mira el hombre; pues el hombre mira lo que está delante de sus ojos, pero Jehová mira el corazón" (1 S. 16:7).

"¡Ay de vosotros, escribas y fariseos, hipócritas! porque sois semejantes a sepulcros blanqueados, que por fuera, a la verdad, se muestran hermosos, mas por dentro están llenos de huesos de muertos y de toda inmundicia" (Mt. 23:27).

"Mas yo tengo mayor testimonio que el de Juan; porque las obras que el Padre me dio para que cumpliese, las mismas obras que yo hago, dan testimonio de mí, que el Padre me ha enviado" (Jn. 5:36).

"Y le rodearon los judíos y le dijeron: ¿Hasta cuándo nos turbarás el alma? Si tú eres el Cristo, dínoslo abiertamente. Jesús les respondió: Os lo he dicho, y no creéis; las obras que yo hago en nombre de mi Padre, ellas dan testimonio de mí" (Jn. 10:24, 25).

"Si no hago las obras de mi Padre, no me creáis. Mas si las hago, aunque no me creáis a mí, creed a las obras, para que conozcáis y creáis que el Padre está en mí, y yo en el Padre" (Jn. 10:37, 38).

"La justicia, la justicia seguirás, para que vivas y heredes la tierra que Jehová tu Dios te da" (Dt. 16:20).

[2] (7:25-31) ***Jesucristo, deidad - Origen - Respuesta - Dios, Ignorancia de:*** La respuesta de la gente local fue razonar y trazar una conclusión trágica.

Ellos se cuestionaban entre sí: ¿Es éste quien genera tanta oposición y temor? ¿Es Él a quien buscan para matar? También razonaron: Él habla tan abiertamente y con tanto valor y nadie lo detiene. ¿Es en realidad el Mesías? Pero los residentes locales llegaron a una conclusión trágica: Jesús no es el Mesías. ¿Por qué? Porque conocían su origen. Sabían todo acerca de su familia y crianza; por lo tanto, llegaron a la conclusión de que era un hombre común, un carpintero de Nazaret. En sus mentes, no había absolutamente nada inusual sobre su origen; por lo tanto, no podía provenir de Dios. No podía ser el Mesías prometido.

Pensamiento 1: Algunos hombres siempre han cuestionado y siempre van a cuestionar, razonar y llegar a la conclusión equivocada.

⇒ Algunos cuestionarán: ¿Es este el prometido por Dios, el que es tan necesitado por el mundo?

⇒ Algunos razonarán: Este es el verdadero Cristo, el Mesías. Debe serlo, porque continúa. Aún es proclamado, a pesar de haber sido amenazado y perseguido con la intención de matarlo.

⇒ Algunos concluirán: Este no puede ser el Hijo de Dios. Es imposible que un hombre nazca de Dios, que literalmente provenga de Dios. Un hombre es un hombre, simplemente carne y hueso como todos los demás hombres. Su origen tiene que ser el de un hombre y una mujer. Nota: la falta de fe prevalece cuando la mente se fija solo en la tierra y en su ley física. Si Dios es Dios, se le debe permitir que actúe sobrenaturalmente, por encima de toda ley natural. Este fue el problema con las personas en la época de Jesús, y es el problema con muchas personas de cada generación.

La respuesta de Jesús a quienes cuestionaron y no creyeron en Él es un punto crítico. Su respuesta se centró alrededor de su origen. Advierta que estaba imbuido de gran emoción al responder este punto. Lloró (ekrazen) y gritó tres cosas.

1. Él *es* un hombre, y los hombres saben de donde viene Él. Cristo nació de María y vino de Nazaret, pero eso no es todo. Hay mucho, mucho más.

2. Él vino *de* Dios porque Dios lo envió. Advierta exactamente lo que Jesús proclamó.

a. "No he venido de mi mismo": Su misión y su mensaje no eran suyos propios. No los soñó, planeó ni armó. No estaba allí por gloria propia o para construir un movimiento y obtener seguidores. Lo que hizo no fue de Él.

b. "El que me envió es verdadero". Una Persona real envió a Jesús, y advierta: la Persona no es solo real, es verdadera. Es una Persona que tiene la personificación de la verdad. (Ver Estudio a fondo 1, Jn. 1:9; Estudio a fondo 2, 14:6.) Lo que Jesús estaba declarando y haciendo era exactamente para lo que había sido enviado y encargado declarar y hacer.

c. "Vosotros no conocéis". Ellos no conocían a esa Persona que es la verdad. Jesús estaba diciendo, por supuesto, que ellos no conocían a Dios. Si conocieran a Dios, realmente conocerlo, reconocerían y sabrían que la misión y obras de Jesús eran de Dios. Sabrían que solo el amor perfecto y el poder de Dios podría hablar y hacer como lo hacía Jesús.

"Mas todo esto os harán por causa de mi nombre, porque *no conocen al que me ha enviado*" (Jn. 15:21).

"Y harán esto porque *no conocen al Padre ni a mí*" (Jn. 16:3).

"Porque mi pueblo es necio, no me conocieron; son hijos ignorantes y no son entendidos; sabios para hacer el mal, pero hacer el bien no supieron" (Jer. 4:22).

"Aun la cigüeña en el cielo conoce su tiempo, y la tórtola y la grulla y la golondrina guardan el tiempo de su venida; pero mi pueblo no conoce el juicio de Jehová" (Jer. 8:7).

"Hicieron que su lengua lanzara mentira como un arco, y no se fortalecieron para la verdad en la tierra; porque de mal en mal procedieron, y me han desconocido, dice Jehová" (Jer. 9:3).

3. "Yo le conozco [a Dios]". Jesús dijo que Él conocía a Dios.

a. Él conocía a Dios porque era de Dios. (Ver Estudio a fondo 1, Jn. 3:31 para los versículos de las Escrituras.) En realidad Él provenía de la presencia de Dios, de estar cara a cara con Él.

b. Él conocía a Dios porque había sido enviado por Dios. (Ver Estudio a fondo 3, Jn. 3:34.) Mientras estaba cara a cara con Dios, Dios le había hecho un encargo y lo había enviado para *proclamar* y *vivir* la verdad ante los hombres (ver Estudio a fondo 2, Jn. 14:6).

"Porque he descendido del cielo, no para hacer mi voluntad, sino la voluntad del que me envió" (Jn. 6:38).

"Pero yo le conozco, porque de él procedo, y él me envió" (Jn. 7:29).

"Jesús entonces les dijo: Si vuestro padre fuese Dios, ciertamente me amaríais; porque yo de Dios he salido, y he venido; pues no he venido de mí mismo, sino que él me envió" (Jn. 8:42).

"¿Al que el Padre santificó y envió al mundo, vosotros decís: Tú blasfemas, porque dije: Hijo de Dios soy?" (Jn. 10:36).

"Para que todos sean uno; como tú, oh Padre, en mí, y yo en ti, que también ellos sean uno en nosotros; para que el mundo crea que tú me enviaste" (Jn. 17:21).

ESTUDIO A FONDO 1

(7:30, 31) ***Jesucristo, Respuesta a:*** La reacción de los residentes locales fue doble.

1. Algunos todavía no creían y otros hasta se habían convertido en enemigos. Intentaron detener a Jesús, pero fracasaron, puesto que Dios los detuvo. Se impuso a la oposición y a los complots. La "hora" de Jesús todavía no había llegado, por lo tanto no les estaba permitido detenerlo (Ver nota, "Mi hora", Jn. 2:3-5).

2. Algunos creyeron en Él. (Ver Estudio a fondo 2, Jn. 2:24.)

"El que en él cree, no es condenado; pero el que no cree, ya ha sido condenado, porque no ha creído en el nombre del unigénito Hijo de Dios" (Jn. 3:18).

"El que cree en el Hijo tiene vida eterna; pero el que rehúsa creer en el Hijo no verá la vida, sino que la ira de Dios está sobre él" (Jn. 3:36).

	D. La respuesta de los dirigentes y las autoridades: Un cargo de ser un agitador, 7:32-36	34 Me buscaréis, y no me hallaréis; y a donde yo estaré, vosotros no podréis venir.	b. Predijo el destino del hombre: los hombres intentarán buscarlo pero no podrán ir a donde Él está.
1 La respuesta de los dirigentes a. Lo consideraban una amenaza, un agitador de multitudes b. Buscaban arrestarlo **2 La respuesta de Jesús** a. Preanunció su destino: Su muerte, resurrección y ascensión	32 Los fariseos oyeron a la gente que murmuraba de él estas cosas; y los principales sacerdotes y los fariseos enviaron alguaciles para que le prendiesen. 33 Entonces Jesús dijo: Todavía un poco de tiempo estaré con vosotros, e iré al que me envió.	35 Entonces los judíos dijeron entre sí: ¿Adónde se irá éste, que no le hallemos? ¿Se irá a los dispersos entre los griegos, y enseñará a los griegos? 36 ¿Qué significa esto que dijo: Me buscaréis, y no me hallaréis; y a donde yo estaré, vosotros no podréis venir?	**3 La reacción de los dirigentes y las autoridades: cuestionaron su respuesta**

DIVISIÓN VIII

LAS RESPUESTAS A LA REVELACIÓN DE JESÚS, 7:1-53

D. La respuesta de los dirigentes y las autoridades: Una cargo de ser un agitador, 7:32-36

(7:32-36) ***Introducción:*** La cuarta reacción o respuesta a Jesús es la de las autoridades, tanto religiosas como civiles. Pintan una imagen clara de los hombres de toda generación que rechazan y se oponen a Jesús. Lo que dice Jesús es a la vez impactante y trágico para todos los incrédulos.

1. La respuesta de los dirigentes (v. 32).
2. La respuesta de Jesús (vv. 33, 34).
   a. Preanunció su destino: Su muerte, resurrección y ascensión.
   b. Predijo el destino del hombre: los hombres intentarán buscarlo, pero no podrán ir a dónde Él está.
3. La reacción de los dirigentes y las autoridades: cuestionaron su respuesta (vv. 35, 36).

1 (7:32) ***Jesucristo, Respuesta - Extremistas religiosos:*** La respuesta de los dirigentes, tanto religiosos como civiles. Advierta varios hechos.

1. Los extremistas religiosos o los fariseos tomaron el liderazgo en la oposición a Jesús. (Ver Estudio a fondo 3, Fariseos, Hch. 23:8; Estudio a fondo 2, Extremistas religiosos, Jn. 5:16. Esta última nota trata acerca de por qué los extremistas religiosos se opusieron con tanta vehemencia a Jesús.) Al parecer se acercaron a los sumos sacerdotes y los persuadieron de que Jesús era una amenaza.

2. Los sumos sacerdotes eran básicamente líderes entre los saduceos que ocupaban la mayor parte de los cargos más altos del gobierno judío bajo la dirigencia romana. (Ver Estudio a fondo 2, Saduceos, Hch. 23:8.) Cuando Roma no estaba satisfecha con un sumo sacerdote, lo quitaban de su puesto y colocaban a otro en su lugar. Esto sucedía con frecuencia, de modo que había bastante pocos sacerdotes sobrevivientes. A los ojos de la gente seguían siendo honorables a pesar de haber sido quitados de sus puestos. La gente culpaba a Roma por su remoción, no a los sumos sacerdotes.

3. En los cuatro Evangelios, cuando se menciona a los fariseos, a los sumos sacerdotes y a los escribas como oponiéndose en conjunto contra Jesús, significa que el cuerpo gobernante de la nación judía ha realizado una acción. (Ver Estudio a fondo 1, Sanedrín, Mt. 26:59.) En la situación actual, el Sanedrín al parecer ha llegado y despachado a la policía del palacio o del templo para que arrestaran a Jesús. Por lo que sigue parece que les dijeron que esperaran a que se produjera un momento apropiado para no causar una agitación entre sus seguidores.

4. Advierta qué es lo que les molestaba tanto a los extremistas religiosos. Era la murmuración de la gente, en particular, el hecho de que muchos "creyeron en Él" (v. 31). Constituía una amenaza a su seguridad y posición, a su estima y autoridad, a su profesión y estilo de vida (ver Estudio a fondo 2, Jn. 5:15, 16 para una discusión más pormenorizada). Querían que nada tuviera que ver con Él; querían que las cosas pasaran solas. Querían quitárselo de encima tan pronto como fuera posible.

> ***Pensamiento 1:*** Un hombre (líder) con frecuencia murmura en contra de Jesús y se opone a Él porque Jesús es una amenaza a su forma de vida. El hombre no está dispuesto a cambiar su vida, de modo que Jesús es una amenaza para él y su seguridad. El hombre no quiere tener absolutamente nada que ver con Jesús, de manera que intenta desecharlo a Él y a su influencia de la mejor manera que puede.
>
> **"Porque ¿qué aprovechará al hombre, si ganare todo el mundo, y perdiere su alma? ¿O qué recompensa dará el hombre por su alma?" (Mt. 16:26).**
>
> **"Mirad también por vosotros mismos, que vuestros corazones no se carguen de glotonería y embriaguez y de los afanes de esta vida, y venga de repente sobre vosotros aquel día" (Lc. 21:34).**
>
> **"Enseñándonos que, renunciando a la impiedad y a los deseos mundanos, vivamos en este siglo sobria, justa y piadosamente" (Tit. 2:12).**
>
> **"¡Oh almas adúlteras! ¿No sabéis que la amistad del mundo es enemistad contra Dios? Cualquiera, pues, que quiera ser amigo del mundo, se constituye enemigo de Dios" (Stg. 4:4)**
>
> **"Pero gracias a Dios, que aunque erais esclavos del pecado, habéis obedecido de corazón a aquella forma**

de doctrina a la cual fuisteis entregados; y libertados del pecado, vinisteis a ser siervos de la justicia" (Ro. 6:17, 18).

"No améis al mundo, ni las cosas que están en el mundo. Si alguno ama al mundo, el amor del Padre no está en él. Porque todo lo que hay en el mundo, los deseos de la carne, los deseos de los ojos, y la vanagloria de la vida, no proviene del Padre, sino del mundo" (1 Jn. 2:15, 16).

"Porque tú dices: Yo soy rico, y me he enriquecido, y de ninguna cosa tengo necesidad; y no sabes que tú eres un desventurado, miserable, pobre, ciego y desnudo" (Ap. 3:17).

"Envueltos están con su grosura; con su boca hablan arrogantemente" (Sal. 17:10).

"He aquí que esta fue la maldad de Sodoma tu hermana: soberbia, saciedad de pan, y abundancia de ociosidad tuvieron ella y sus hijas; y no fortaleció la mano del afligido y del menesteroso" (Ez. 16:49).

2 (7:33, 34) ***Jesucristo, Muerte; Ascensión; Exaltación:*** La respuesta de Jesús fue desconcertante y trágica para el incrédulo de su época, y es a la vez llamativa y trágica para el incrédulo de la actualidad.

1. Jesús predijo su destino.
   a. Predijo su muerte: "Todavía un poco de tiempo estaré con vosotros".

"Hijitos, aún estaré con vosotros un poco. Me buscaréis; pero como dije a los judíos, así os digo ahora a vosotros: A donde yo voy, vosotros no podéis ir" (Jn. 13:33).

"Habéis oído que yo os he dicho: Voy, y vengo a vosotros. Si me amarais, os habríais regocijado, porque he dicho que voy al Padre; porque el Padre mayor es que yo" (Jn. 14:28).

"Pero ahora voy al que me envió; y ninguno de vosotros me pregunta: ¿A dónde vas?" (Jn. 16:5).

"Y ya no estoy en el mundo; mas éstos están en el mundo, y yo voy a ti. Padre santo, a los que me has dado, guárdalos en tu nombre, para que sean uno, así como nosotros" (Jn. 17:11).

   b. Predijo su resurrección y ascensión: "E iré al que me envió" (cp. Jn. 8:14; 13:3; 14:2, 3; 16:5; 10, 17).

"Respondió Jesús y les dijo: Aunque yo doy testimonio acerca de mí mismo, mi testimonio es verdadero, porque sé de dónde he venido y *a dónde voy*; pero vosotros no sabéis de dónde vengo, ni a dónde voy" (Jn. 8:14).

"Sabiendo Jesús que el Padre le había dado todas las cosas en las manos, y que había salido de Dios, y a Dios iba" (Jn. 13:3).

"En la casa de mi Padre muchas moradas hay; si así no fuera, yo os lo hubiera dicho; voy, pues, a preparar lugar para vosotros. Y si me fuere y os preparare lugar, vendré otra vez, y os tomaré a mí mismo, para que donde yo estoy, vosotros también estéis" (Jn. 14:2, 3).

"De justicia, por cuanto voy al Padre, y no me veréis más" (Jn. 16:10).

"Entonces se dijeron algunos de sus discípulos unos a otros: ¿Qué es esto que nos dice: Todavía un poco y no me veréis; y de nuevo un poco, y me veréis; y, porque yo voy al Padre?" (Jn. 16:17).

¿Qué tienen que ver la muerte y la resurrección con aquellos que se oponían a Jesús? ¿Por qué Jesús predijo su destino al responder a quienes no querían saber nada de Él?

   a. Él estaba diciendo que quienes se le oponían podían quitárselo de encima. Podían rechazarlo y no tener nada qué ver con Él. No tenían que preocuparse para quitárselo de encima; iban a poder hacerlo. Él se iría.
   b. Sin embargo, estaba diciendo que no cesaría de ser; Él no sería aniquilado y cesaría de existir. Su vida no sería extinguida. Sería asesinado porque los hombres intentarían evitar que viviera como un hombre en la tierra. Pero resucitaría y regresaría a su Padre que lo envió. Experimentaría gloria y daría grandes esperanzas a los que habían creído y creen en Él (ver nota, Mr. 16:19, 20).

2. Jesús predijo el destino del hombre. Jesús preanunció un futuro trágico para los que se oponían a Él y no querían tener nada que ver con Él. Dijo que llegará el día cuando...
   • ellos lo busquen
   • pero ellos no lo encuentren
   • donde Él esté a ellos no les será permitido venir.

Lo que Jesús quiso decir es *justamente lo que dijo.*

   a. El hombre que rechaza a Cristo enfrentará el día en que buscará a Cristo.

⇒ En esta vida, el Espíritu de Dios no siempre lucha con el hombre (Gn. 6:3; cp. Pr. 29:1). Cuando un hombre está en la iglesia o en cualquier otro lado y se siente impulsado a tomar una decisión y la pospone una hora o dos (medio día o un día entero a lo sumo), el impulso se desvanece y finalmente muere por completo. El Espíritu de Dios no sigue luchando con nosotros. La mayoría de nosotros hemos experimentado dichos movimientos y hemos matado la lucha del Espíritu dentro de nosotros.

"Y dijo Jehová: No contenderá mi espíritu con el hombre para siempre (Gn. 6:3).

"El hombre que reprendido endurece la cerviz, de repente será quebrantado, y no habrá para él medicina" (Pr. 29:1).

"No me eches de delante de ti, y no quites de mí tu santo Espíritu" (Sal. 51:11).

⇒ En la vida venidera, en el día del juicio, el incrédulo buscará a Cristo.

"No todo el que me dice: Señor, Señor, entrará en el reino de los cielos, sino el que hace la voluntad de mi Padre que está en los cielos. Muchos me dirán en aquel día: Señor, Señor, ¿no profetizamos en tu nombre, y en tu nombre echamos fuera demonios, y en tu nombre hicimos muchos milagros?" (Mt. 7:21, 22).

"Pero mientras ellas iban a comprar, vino el esposo; y las que estaban preparadas entraron con él a las bodas; y se cerró la puerta. Después vinieron también las otras vírgenes, diciendo: ¡Señor, señor, ábrenos!" (Mt. 25:10, 11).

b. Sin embargo, la gran tragedia es que el incrédulo no encontrará a Cristo. Será demasiado tarde (cp. Mt. 25:31-46). El incrédulo nunca ha conocido a Cristo, ni lo que significa caminar en el reino del Señor en la tierra; por lo tanto, no conocerá a Cristo ni a su reino en ese día. Así como Cristo y el cielo son algo extraño y desconocido para el incrédulo de la actualidad, así será Cristo y el cielo extraños y desconocidos para el incrédulo en ese día. Los incrédulos no podrán venir a donde Él está, es decir, a vivir en la presencia de Dios, no eternamente.

Nota: "Yo" y "vosotros" son un contraste climático. Jesús dijo: "a donde yo estaré, vosotros no podréis venir" (v. 36). "A donde yo estaré" significa dos cosas.

⇒ Significa el descanso y la vida de Cristo, que es amor, gozo y paz. (Ver nota, Descanso, Jn. 4.16-18).

⇒ Significa el estado de vida eterna. (Ver Estudio a fondo 2, Jn. 1:4; Estudio a fondo 1, 10:10; Estudio a fondo 1, 17:2, 3. cp. Estudio a fondo 3, Reino de Dios, Mt. 19:23, 24.)

"Porque os digo que si vuestra justicia no fuere mayor que la de los escribas y fariseos, no entraréis en el reino de los cielos" (Mt. 5:20).

"Después que el padre de familia se haya levantado y cerrado la puerta, y estando fuera empecéis a llamar a la puerta, diciendo: Señor, Señor, ábrenos, él respondiendo os dirá: No sé de dónde sois. Entonces comenzaréis a decir: Delante de ti hemos comido y bebido, y en nuestras plazas enseñaste. Pero os dirá: Os digo que no sé de dónde sois; apartaos de mí todos vosotros, hacedores de maldad. Allí será el llanto y el crujir de dientes, cuando veáis a Abraham, a Isaac, a Jacob y a todos los profetas en el reino de Dios, y vosotros estéis excluidos" (Lc. 13:25-28).

"¿No sabéis que los injustos no heredarán el reino de Dios? No erréis; ni los fornicarios, ni los idólatras, ni los adúlteros, ni los afeminados, ni los que se echan con varones" (1 Co. 6:9).

"Pero esto digo, hermanos: que la carne y la sangre no pueden heredar el reino de Dios, ni la corrupción hereda la incorrupción" (1 Co. 15:50).

"No entrará en ella ninguna cosa inmunda, o que hace abominación y mentira, sino solamente los que están inscritos en el libro de la vida del Cordero" (Ap. 21:27).

3 (7:35, 36) ***Jesucristo, Respuesta a:*** La reacción de los dirigentes y las autoridades. Muy sencillamente, estaban *desconcertados*, cuestionando qué había querido decir Jesús.

1. Los dispersos (*diasporan*) se refiere a los judíos que se diseminaron por todo el mundo. Parece que los dirigentes pensaron que Jesús iba a abandonar Israel e ir a una nación extranjera, predicando a los judíos que estaban allí.

2. Los que se oponían a Jesús estaban desconcertados por su muerte y resurrección y ascensión. Era difícil para ellos comprender su significado y creer en Él. De hecho, les resultaba ofensivo. Esto fue exactamente lo que Jesús había dicho. (Ver nota, Jn. 6:62.)

"Pero si tu ojo es maligno, todo tu cuerpo estará en tinieblas. Así que, si la luz que en ti hay es tinieblas, ¿cuántas no serán las mismas tinieblas?" (Mt. 6:23).

"En los cuales el dios de este siglo cegó el entendimiento de los incrédulos, para que no les resplandezca la luz del evangelio de la gloria de Cristo, el cual es la imagen de Dios" (2 Co. 4:4).

"Teniendo el entendimiento entenebrecido, ajenos de la vida de Dios por la ignorancia que en ellos hay, por la dureza de su corazón" (Ef. 4:18).

"Pero el que aborrece a su hermano está en tinieblas, y anda en tinieblas, y no sabe a dónde va, porque las tinieblas le han cegado los ojos" (1 Jn. 2:11).

	E. La gran afirmación de Jesús y las opiniones divididas sobre Él, 7:37-53	prenderle; pero ninguno le echó mano.	
1 El día de la Fiesta **2 Las declaraciones de Jesús** a. Él es la fuente de la vida b. Él es la fuente de la vida abundante c. Él es la fuente del Espíritu Santo	37 En el último y gran día de la fiesta, Jesús se puso en pie y alzó la voz, diciendo: Si alguno tiene sed, venga a mí y beba. 38 El que cree en mí, como dice la Escritura, de su interior correrán ríos de agua viva. 39 Esto dijo del Espíritu que habían de recibir los que creyesen en él; pues aún no había venido el Espíritu Santo, porque Jesús no había sido aún glorificado.	45 Los alguaciles vinieron a los principales sacerdotes y a los fariseos; y éstos les dijeron: ¿Por qué no le habéis traído? 46 Los alguaciles respondieron: ¡Jamás hombre alguno ha hablado como este hombre! 47 Entonces los fariseos les respondieron: ¿También vosotros habéis sido enga-ñados? 48 ¿Acaso ha creído en él alguno de los gobernantes, o de los fariseos? 49 Mas esta gente que no sabe la ley, maldita es.	**4 La respuesta de los dirigentes** a. Deseaban eliminarlo 1) Los alguaciles fueron enviados a arrestar a Jesús, v. 32 2) La respuesta de los alguaciles: Él es un gran Maestro b. Sostenían que era un timador: Acusaron a la gente de estar equivocada y maldita
3 La respuesta dividida de la gente a. Muchos: El profeta b. Otros: El Cristo c. Algunos: Cuestionaron su lugar de nacimiento y mal interpretaron las Escrituras d. Algunos: Lo tomarían y se desharían de Él.	40 Entonces algunos de la multitud, oyendo estas palabras, decían: Verdaderamente éste es el profeta. 41 Otros decían: Este es el Cristo. Pero algunos decían: ¿De Galilea ha de venir el Cristo? 42 ¿No dice la Escritura que del linaje de David, y de la aldea de Belén, de donde era David, ha de venir el Cristo? 43 Hubo entonces disensión entre la gente a causa de él. 44 Y algunos de ellos querían	50 Les dijo Nicodemo, el que vino a él de noche, el cual era uno de ellos: 51 ¿Juzga acaso nuestra ley a un hombre si primero no le oye, y sabe lo que ha hecho? 52 Respondieron y le dijeron: ¿Eres tú también galileo? Escudriña y ve que de Galilea nunca se ha levantado profeta. 53 Cada uno se fue a su casa.	c. Lo rechazaron 1) Nicodemo habló por Él 2) Rechazaron las preguntas de Nicodemo, interpretando mal las Escrituras d. Fueron a sus casas. Vivieron como siempre

DIVISIÓN VIII

LAS RESPUESTAS A LA REVELACIÓN DE JESÚS, 7:1-53

E. La gran afirmación de Jesús y las opiniones divididas sobre Él, 7:37-53

(7:37-53) ***Introducción:*** Esta es una imagen de la gran declaración de Jesús y de las opiniones divididas sobre Él. Es una imagen que haría que todo hombre buscara su propia respuesta a Jesús.

1. El día de la Fiesta (v. 37).
2. Las declaraciones de Jesús (vv. 37-39).
3. La respuesta dividida de la gente (vv. 40-44).
4. La respuesta de los dirigentes (vv. 45-53).

[1] (7:37) ***Fiesta de los tabernáculos:*** La Fiesta de los tabernáculos era la fiesta más popular entre los judíos. Por ese motivo se la conocía simplemente como *La Fiesta* (1 R. 8:20). La también se llamaba *La Fiesta de la siega* (Éx. 23:16) y la *Fiesta de Jehová* (Lv. 23:39). La Fiesta de los tabernáculos se celebraba durante siete días. Cada familia judía construía una pequeña estructura de estuco o del tipo de una tienda en su patio o en alguna otra propiedad que tuvieran o hubieran procurado para la ocasión. Luego se mudaban de su hogar a la estructura por un lapso de siete días. La Fiesta celebraba dos hechos significativos. Históricamente, celebraba la época en que Israel vagaba por el desierto como extranjeros y peregrinos sin patria. El propósito de mudarse a la estructura de estuco o de tienda era recordar lo que habían hecho sus ancestros en el desierto (Lv. 23:40-43). En segundo lugar, la Fiesta debía ser un período de acción de gracias por haberse terminado la estación de la cosecha y por la bondad de Dios en todos los aspectos de la vida (Éx. 23:16; Dt. 16:13; 16). La gente debía dar gracias por todo lo que Dios les había dado: todos los frutos de la tierra que enriquecían la vida y hacían que esta fuera posible.

La ceremonia del festival era muy impresionante y brinda una imagen dramática de las declaraciones de Cristo (Jn. 7:37-39). En cada uno de los siete días, la gente venía al templo y traía algún fruto a modo de ofrenda y algunas ramas de palma y de sauce. Las ramas se empleaban para formar un techo sobre el altar. Luego el sacerdote tomaba un jarro dorado y conducía a la gente en una procesión descendiendo hacia el estanque de Siloé, donde llenaba de agua el jarro. Durante esta marcha, la gente tocaba la flauta y cantaba el Hilel, que eran los salmos 113-118.

Fue al regreso de la marcha que tuvo lugar el drama significativo .

⇒ Cuando el jarro con agua pasó a través del Portón de Agua, la gente repitió al unísono "Sacaréis con gozo aguas de las fuentes de la salvación" (Is. 12:3).

⇒ Cuando el jarro llegaba al altar, se vertía el agua sobre el altar a modo de ofrenda a Dios. Mientras se hacía esto, la gente movía de un lado al otro ramas de palmera y recitaba las palabras "Oh Jehová, sálvanos ahora, te ruego; te ruego, oh Jehová, que nos hagas prosperar ahora" (Sal. 118:25).

La idea de la procesión era una forma dramática de agradecer a Dios por la lluvia y de ofrecer oraciones a Dios por más lluvia y por una temporada fructífera en el año venidero. Era una forma dramática para que la gente reconociera su necesidad y dependencia de Dios por las lluvias, el agua que les daba los frutos de la tierra y la abundancia de la vida. El último día de la Fiesta era especialmente dramático, porque la gente repetía la procesión siete veces. Advierta un punto significativo: Las Escrituras dicen que la Fiesta de los tabernáculos se celebrará y cumplirá en los días postreros cuando nuestro Señor regrese. La Fiesta al parecer significa nuestro gozo, libertad y victoria a través de la experiencia del desierto de la vida y de la gloriosa provisión de Dios: la gloriosa provisión de vivir eternamente y adorar y servir a Dios a lo largo del universo (Zac. 14:16).

[2] (7:37-39) ***Jesucristo, declaraciones:*** Las declaraciones de Jesucristo. Fue en "el último y gran día de la fiesta", el día cuando la gente marchaba en la procesión siete veces cuando Jesús hizo su declaración fenomenal. Algunos imaginan a Jesús gritando su declaración justo cuando la gente acababa de decir "que nos hagas prosperar ahora".

Imagine la escena: Jesús hizo dos cosas inusuales. "Se puso de pie" (en esa época un maestro siempre estaba sentado) y "alzó la voz" (ekrazen) gritando a gran volumen. Ambas acciones sorprenderían a la gente y les haría prestar atención. Imagine miles de voces orando a Dios por las lluvias vivas en la siguiente cosecha, recitando "que nos hagas prosperar ahora" y luego, cortando el aire viene el grito como un trueno:

"En el último y gran día de la fiesta, Jesús se puso en pie y alzó la voz, diciendo: Si alguno tiene sed, venga a mí y beba. El que cree en mí, como dice la Escritura, de su interior correrán ríos de agua viva" (Jn. 7:37, 38).

Jesús hizo tres declaraciones fenomenales.

1. Jesús es la fuente de la vida: Él es el que puede aplacar la verdadera sed del ser humano, el que puede satisfacer las necesidades desesperadas de prosperidad de un hombre, el verdadero fruto y abundancia de vida.

a. Los hombres tienen sed. Tienen sed de agua física y sed de vida espiritual (Ver nota, Jn. 4:13, 14 para una discusión de este punto).

b. Jesucristo proclama ser la fuente, esto es, el Agua que puede aplacar la sed del hombre y dar el fruto y la abundancia que el hombre necesita con tanta desesperación en su vida. Él sostiene que puede hacer lo que hace el agua. (Ver Estudio a fondo 1, Jn. 7:37.)

⇒ Él puede lavar y purificar.

"En quien tenemos redención por su sangre, el perdón de pecados según las riquezas de su gracia" (Ef. 1:7; cp. 1 Jn. 1:9).

⇒ Él puede refrescar.

"A los cuales él dijo: Este [Él] es el reposo; dad reposo al cansado; y este es el refrigerio; mas no quisieron oír" (Is. 28:12).

"Así que, arrepentíos y convertíos, para que sean borrados vuestros pecados; para que vengan de la presencia del Señor tiempos de refrigerio" (Hch. 3:19).

⇒ Él puede revitalizar.

"Venid a mí todos los que estáis trabajados y cargados, y yo os haré descansar" (Mt. 11:28).

2. Jesucristo es la fuente de la vida abundante. Ríos de *agua viva* pueden fluir de una persona. Se puede experimentar una abundancia de vida. (Ver Estudio a fondo 1, Jn. 1:4; Estudio a fondo 1, 10:10.)

"Bienaventurados los que tienen hambre y sed de justicia, porque ellos serán saciados" (Mt. 5:6).

"Mas el que bebiere del agua que yo le daré, no tendrá sed jamás; sino que el agua que yo le daré será en él una fuente de agua que salte para vida eterna" (Jn. 4:14).

"Ya no tendrán hambre ni sed, y el sol no caerá más sobre ellos, ni calor alguno" (Ap. 7:16).

"Y el Espíritu y la Esposa dicen: Ven. Y el que oye, diga: Ven. Y el que tiene sed, venga; y el que quiera, tome del agua de la vida gratuitamente" (Ap. 22:17).

"El ladrón no viene sino para hurtar y matar y destruir; yo he venido para que tengan vida, y para que la tengan en abundancia" (Jn. 10:10).

a. La muerte de Jesucristo (el haber pagado por los pecados del mundo) es la fuente del agua viva. Por su muerte (porque murió) Él pudo resucitar, y al resucitar pudo conquistar el pecado y la muerte y traer vida eterna en toda su abundancia. Advierta: la Palabra de Dios a Moisés era una imagen del agua viva que iba a venir de Cristo luego de que fuera asesinado.

"He aquí que yo estaré delante de ti allí sobre la peña en Horeb; y golpearás la peña, y saldrán de ella aguas, y beberá el pueblo. Y Moisés lo hizo así en presencia de los ancianos de Israel" (Éx. 17:6; cp. Nm. 20:11).

b. El agua viva solo viene de "creer en Cristo". (Ver Estudio a fondo 2, Jn. 2:24.)

"Jesús les dijo: Yo soy el pan de vida; el que a mí viene, nunca tendrá hambre; y el que en mí cree, no tendrá sed jamás" (Jn. 6:35).

3. Jesucristo es la fuente del Espíritu Santo. Ríos de agua viva se refieren al Espíritu Santo. Este es un versículo crucial, porque es el único lugar donde se define qué son "aguas vivas". Cuando Jesús hablaba de dar "agua viva", quería decir que le

daría el Espíritu Santo a una persona. La presencia del Espíritu Santo, por supuesto, significaba la experiencia de vida abundante y eterna.

Nota: únicamente la persona que cree en Cristo es la que recibe el Espíritu Santo. La fe en Él es fundamental. Cristo es quien da el Espíritu (Ver nota, Jn. 4:13, 14 para mayor discusión al respecto).

"Mas el fruto del Espíritu es amor, gozo, paz, paciencia, benignidad, bondad, fe, mansedumbre, templanza; contra tales cosas no hay ley" (Gá. 5:22, 23).

"(porque el fruto del Espíritu es en toda bondad, justicia y verdad)" (Ef. 5:9).

ESTUDIO A FONDO 1

(7:37) ***Jesucristo - Agua viva:*** El agua hace por lo menos tres cosas. Limpia o purifica, refresca y revitaliza.

ESTUDIO A FONDO 2

(7:39) **Espíritu Santo:** ¿Qué significa la frase "aún no había venido el Espíritu Santo"? No significa que el Espíritu no estuviera activo en el Antiguo Testamento. Era muy activo (Gn. 1:2; 6:3; Job 26:13; 33:4; Sal. 51:11; 139:7; Ez. 3:24, 27; Hag. 2:5). Parece significar que el Espíritu Santo no estuvo *plenamente presente* hasta después de la muerte y la glorificación de Cristo. No estuvo presente...

- en toda su plenitud.
- en las vidas de los creyentes todo el tiempo.
- en darles a los creyentes dones espirituales permanentes.

Estas tres cosas por cierto sucedieron después de la glorificación de Cristo.

⇒ Él ingresó al mundo en toda su plenitud en Pentecostés (ver Estudio a fondo 1, Hch. 2:1-4 para una discusión más detallada).

⇒ Él ingresó en las vidas de los creyentes en la conversión y cuando sus cuerpos se convirtieron en "el templo del Espíritu Santo" (1 Co. 6:19).

⇒ Él da a los creyentes dones espirituales que son permanentes (1 Co. 12:7ss).

3 (7:40-44) ***Jesucristo, Respuesta a; Opiniones de:*** La respuesta de la gente estaba muy dividida.

1. Algunos decían que era el Profeta. (Ver Estudio a fondo 2, Jn. 1:20.)

2. Algunos decían que era el Cristo. (Ver Estudio a fondo 2, Jn. 1:20.)

3. Algunos cuestionaban si podía ser el Mesías. Sabían que era de Galilea, y sabían que el verdadero Mesías vendría de Belén, la ciudad de David. Por lo tanto, no vieron ninguna forma posible de que Él pudiera ser el Mesías.

Pensamiento 1: Advierta lo que sucedió inmediatamente tras la declaración dramática del Señor. Las personas comenzaron a discutir por Él, peleándose acerca de si era el verdadero Mesías. Lo que los hombres necesitan es aceptar el hecho: Él es el Mesías, el Cristo. Hay mucha evidencia como para negarlo, demasiada evidencia...

- dentro del alma humana que siente la verdad de Dios.
- dentro de las vidas de muchos que dan testimonio de su amor y perdón, de su presencia y seguridad.

"De cierto, de cierto te digo, que lo que sabemos hablamos, y lo que hemos visto, testificamos; y no recibís nuestro testimonio" (Jn. 3:11).

"Y le rodearon los judíos y le dijeron: ¿Hasta cuándo nos turbarás el alma? Si tú eres el Cristo, dínoslo abiertamente. Jesús les respondió: Os lo he dicho, y no creéis; las obras que yo hago en nombre de mi Padre, ellas dan testimonio de mí" (Jn. 10:24, 25).

"Pero a pesar de que había hecho tantas señales delante de ellos, no creían en él" (Jn. 12:37).

Pensamiento 2: Muchos se cuestionan el *origen del Señor* y continúan sin creer debido a esto. Cuando miran a Jesús, ven a un gran hombre, pero solo a un hombre. Ven y creen que fue de carne y hueso, pero no que fue Dios encarnado en carne humana. No creen que Jesús es el Hijo de Dios, un gran profeta, sí, pero el Mesías, el mismo Hijo de Dios, no.

"En el mundo estaba, y el mundo por él fue hecho; pero el mundo no le conoció. A lo suyo vino, y los suyos no le recibieron" (Jn. 1:10, 11).

"Y este es el testimonio: que Dios nos ha dado vida eterna; y esta vida está en su Hijo. El que tiene al Hijo, tiene la vida; el que no tiene al Hijo de Dios no tiene la vida" (1 Jn. 5:11, 12).

4. Algunos se desharían de Él. No querían tener nada qué ver con Él. Era una amenaza a su paz y seguridad y al deseo de vivir como querían (ver nota, punto 4, Jn. 7:32 para una explicación más extensa de este tema).

"Mirad también por vosotros mismos, que vuestros corazones no se carguen de glotonería y embriaguez y de los afanes de esta vida, y venga de repente sobre vosotros aquel día" (Lc. 21:34).

"¡Oh almas adúlteras! ¿No sabéis que la amistad del mundo es enemistad contra Dios? Cualquiera, pues, que quiera ser amigo del mundo, se constituye enemigo de Dios" (Stg. 4:4).

"No améis al mundo, ni las cosas que están en el mundo. Si alguno ama al mundo, el amor del Padre no está en él" (1 Jn. 2:15).

ESTUDIO A FONDO 3

(7:40) ***Referencia profética:*** cp. Dt. 18:15.

ESTUDIO A FONDO 4

(7:42) ***Referencia profética:*** cp. Mi. 5:2.

4 (7:45-53) ***Jesucristo, Respuesta:*** La respuesta de los dirigentes tiene cuatro sentidos. A esta respuesta hay que prestarle mucha atención, porque se dirige en gran medida a los dirigentes y líderes de todas las generaciones.

1. Los líderes querían quitarse de encima a Jesús. Se oponían a Él y no querían tener nada qué ver con Él (Ver nota, puntos 3, 4, Jn. 7:32 para una explicación más extensa de este tema).

Advierta que la policía del templo estaba muy impresionada con la enseñanza del Señor. Para ellos, Él era un gran maestro.

2. Los líderes sostenían que Él era un timador y que la gente estaba equivocada y maldita porque lo seguían (ver nota, punto 2, Jn. 7:11-15).

3. Los líderes lo rechazaban, con mucha firmeza. Nicodemo habló por Cristo, acusando a los líderes de quebrantar la ley y sugiriendo que todos oyeran a Cristo y observaran cuidadosamente sus obras (cp. Nicodemo, Jn. 3:1s.). Los líderes hicieron uso de las Escrituras como la base para rechazar a Cristo. Decían que ningún pasaje de las Escrituras hablaba de un profeta que viniera de Galilea. Por supuesto estaban equivocados, en dos cosas.

⇒ Jonás vino de Galilea.

⇒ Dios puede hacer surgir profetas de cualquier lugar que Él elija.

4. Los líderes fueron a sus casas y siguieron viviendo como siempre, tal como habían elegido hacerlo. Dios no obliga a nadie a someterse a su Hijo. Todo hombre tiene la libertad de vivir como desee, ya sea por Dios o por sí. Los líderes eligieron vivir por sí mismos.

> **"El que cree en el Hijo tiene vida eterna; pero el que rehúsa creer en el Hijo no verá la vida, sino que la ira de Dios está sobre él" (Jn. 3:36).**
>
> **"Por eso os dije que moriréis en vuestros pecados; porque si no creéis que yo soy, en vuestros pecados moriréis" (Jn. 8:24).**

ESTUDIO A FONDO 5

(7:50) *Nicodemo:* ver Jn. 3:1-15

1 Una imagen de la vida de Jesús a. Su vida de devoción b. Su vida de adoración c. Su vida de misión y enseñanza **2 La oscura culpa del hombre** a. Una mujer (y un hombre) eran culpables de adulterio b. Algunos testigos que se sintieron ofendidos fueron culpables de ser rencorosos y buscar venganza c. Los extremistas religiosos y el público fueron culpables	**CAPÍTULO 8** **IX. LA REVELACIÓN DE JESÚS, LA LUZ DE LA VIDA, 8:1—9:41** **A. La oscura pecaminosidad del hombre y el gran perdón de Dios, 8:1-11** 1 Y Jesús se fue al monte de los Olivos. 2 Y por la mañana volvió al templo, y todo el pueblo vino a él; y sentado él, les enseñaba. 3 Entonces los escribas y los fariseos le trajeron una mujer sorprendida en adulterio; y poniéndola en medio, 4 le dijeron: Maestro, esta mujer ha sido sorprendida en el acto mismo de adulterio. 5 Y en la ley nos mandó Moisés apedrear a tales mujeres. Tú, pues, ¿qué dices?	6 Mas esto decían tentándole, para poder acusarle. Pero Jesús, inclinado hacia el suelo, escribía en tierra con el dedo. 7 Y como insistieran en preguntarle, se enderezó y les dijo: El que de vosotros esté sin pecado sea el primero en arrojar la piedra contra ella. 8 E inclinándose de nuevo hacia el suelo, siguió escribiendo en tierra. 9 Pero ellos, al oír esto, acusados por su conciencia, salían uno a uno, comenzando desde los más viejos hasta los postreros; y quedó solo Jesús, y la mujer que estaba en medio. 10 Enderezándose Jesús, y no viendo a nadie sino a la mujer, le dijo: Mujer, ¿dónde están los que te acusaban? ¿Ninguno te condenó? 11 Ella dijo: Ninguno, Señor. Entonces Jesús le dijo: Ni yo te condeno; vete, y no peques más.	1) Un espíritu de justicia propia, crítico 2) Una actitud hipócrita d. Jesús los ignoró el mayor tiempo posible **3. La naturaleza oscura del hombre: todos los hombres son pecadores, culpables de graves pecados** a. La contrapregunta de Jesús. Piensen, si no han pecado, luego condenen b. El resultado: Todos los hombres son condenados 1) Los más viejos 2) Los postreros **4 Conclusión: La gran revelación. Solo Jesús tiene el derecho de condenar y perdonar** a. Él da una segunda oportunidad b. Quiere perdonar c. Desafía d. Advierte

DIVISIÓN IX

LA REVELACIÓN DE JESÚS, LA LUZ DE LA VIDA, 8:1—9:41

A. La oscura pecaminosidad del hombre y el gran perdón de Dios, 8:1-11

(8:1—9:41) ***BOSQUEJO DE LA DIVISIÓN: Jesucristo, Revelación de - Hombre, Esclavizado por el pecado:*** En el capítulo 8 Cristo se revela a sí mismo como la Luz de la vida. Al hombre se lo ve sumido por el pecado (ilustrado por la mujer encontrada en adulterio y por extremistas religiosos hipócritas). Al hombre se lo pinta como crítico, condenatorio, con justicia propia y adúltero, cada uno pecaminoso. En la mujer, al hombre se lo ve como adúltero y culpable, viviendo una vida de oscuridad, sin propósito, significado ni importancia. Los extremistas religiosos ven al hombre como mentiroso, crítico, condenatorio, egoísta, con justicia propia y cargado de culpa. Ni un extremista religioso se muestra libre de la oscuridad del pecado grave. Jesús se revela a sí mismo como la Luz del mundo, el que trae libertad, perdón, propósito, significado e importancia a la vida del hombre.

(8:1-11) ***Introducción:*** Este evento es una imagen sumamente impactante de "los pecados oscuros del hombre y el gran perdón de Dios".

1. Una imagen de la vida de Jesús (vv. 1, 2).
2. La oscura culpa del hombre (vv. 3-6).
3. La naturaleza oscura del hombre: todos los hombres son pecadores, culpables de graves pecados (vv. 7-9).
4. Conclusión: la gran revelación. Solo Jesús tiene el derecho de condenar y perdonar (vv. 10, 11).

[1] (8:1, 2) ***Creyente cristiano - Mundo - Jesucristo, Vida devocional:*** Una imagen de la vida de Jesús. Hay un verdadero contraste de vidas aquí. El contraste es el de la vida tranquila y de adoración de Jesús con las vidas turbulentas y prejuiciosas de los extremistas religiosos. Jesús es atraído a la turbulencia para calmar, arreglar e impregnar. Se puede tomar una imagen de la vida cristiana como calma y de adoración en contraste con un mundo turbulento.

Advierta el secreto de la calma y paz de Jesús: Estaba a solas con Dios. Con frecuencia se retiraba al monte de los Olivos para estar solo con Dios (ver nota, Lc. 21:37). Era uno de sus lugares favoritos, un lugar donde podía estar solo con Dios y sus discípulos, un lugar de quietud donde encontraría a Dios cara a cara, fortaleciéndolo y alentándolo (Mt. 26:30, 36s.) (ver bosquejo y notas, Lc. 21:37, 38 para una discusión más extensa sobre este punto).

Note también que Jesús comenzó su enseñanza temprano por la mañana. Las palabras "vino" y "enseñaba" están en acción continua en griego. Las personas *seguían viniendo* a Él y Jesús *seguía enseñándoles.* Su misión en la vida era la de adorar a Dios y enseñar y ministrar a las personas. Por este medio demostró cómo deben andar todos los hombres en la vida: adorando a Dios, enseñando y ministrando a la gente. A todo hombre se le debe enseñar y todo hombre necesita el ministerio de otros durante las pruebas de la vida.

[2] (8:3-6) ***Culpable - Pecado - Hombre, Depravación:*** La oscura culpa del hombre. La culpa y el pecado del hombre están descriptos en todas las partes involucradas.

1. Estaba la culpa de la mujer y de un hombre desconocido. Ambos eran culpables del grave pecado de adulterio, un pecado que afecta tantas vidas. Bajo la ley judía, era considerado tan grave que las partes eran apedreadas hasta morir (Lv. 20:10; Dt. 22:13-24). Advierta cómo el pecado habla al pecado de cada persona.

⇒ El pecado era una obra de la oscuridad. Todo pecado lo es, y la mayoría de los pecados se realizan en verdad bajo la cobertura de la oscuridad. Se hace un intento de ocultarlo de la esposa, del esposo, de la madre, del padre, del empleador, del compañero.

⇒ El hombre y la mujer pensaron lo que todos pensamos con frecuencia: que su pecado nunca sería descubierto, que nadie lo sabría jamás. Pero pasaron por alto dos cosas que todos ignoramos: en la gran mayoría de los casos, el pecado ha sido descubierto, y el pecado, el mismo hecho en sí, siempre es visto por Dios.

⇒ El pecado tuvo lugar en el momento de la fiesta, cuando la atmósfera era festiva y donde las mujeres y los hombres se acercaban bebiendo y bailando con la indulgencia de la multitud (cp. Jn. 7:37s.). Dicha atmósfera corrompe aun a aquellos que tienen las mejores intenciones y la moral más elevada.

2. Hubo culpa de algunos testigos, algunas personas que se sintieron ofendidas por la mujer en particular. La ley judía requería dos testigos para condenar a una persona. Es muy poco probable que la mujer y su compañero hayan sido vistos por los extremistas religiosos. Ellos no habrían estado en una *atmósfera tan corrupta*. Los fariseos y los escribas eran demasiado estrictos en sus normas y reglamentaciones. Sin embargo, algunos comentaristas piensan que los extremistas religiosos hicieron que unos sinvergüenzas le tendieran una trampa a la mujer con el objeto de arrastrarla hasta Jesús y así atraparlo a Él. Esto parece muy poco probable. Planear un pecado de la carne no encaja en la naturaleza de los fariseos y los escribas. Sus pecados eran más del espíritu, más profundos, pero menos visibles y condenatorios para el público.

El tema es este: los testigos que atraparon a la mujer en el acto de adulterio eran *grandes pecadores*.

a. Eran rencorosos y vengativos. Querían castigarla. Ella fue *expuesta públicamente*. Tendría que haber sido mantenida en custodia en algún lugar privado hasta que se llegara a un dictamen, pero fue arrastrada sin misericordia ante el público para exponer su pecado, avergonzarla y castigarla. ¿Por qué? Al parecer, había herido tanto a su esposo o a algún ser querido que quisieron vengarse. La exposición pública fue una manera de castigarla.

b. El hombre que cometió adulterio con ella no fue expuesto. ¿Por qué?

⇒ Habría escapado, huido antes de que lo agarraran.

⇒ Podrían haberle temido o comprar a sus acusadores.

⇒ Hubiera sido liberado, porque, como sucede en muchas sociedades, el mal comportamiento (pecado) cometido por los hombres era más aceptable que el cometido por las mujeres.

3. Estaba la culpa de los extremistas religiosos y del público. Cuando los acusadores arrastraron a la mujer a los extremistas religiosos, se juntó gente a lo largo del camino, como suele suceder. Los extremistas religiosos vieron una oportunidad de probar a Jesús, de modo que llevaron a la mujer ante Él, con la esperanza de desacreditarlo.

⇒ Si Jesús decía que la mujer no era culpable, estaría rompiendo la ley judía y se estaría exponiendo a la acusación de ser demasiado flexible con el pecado.

⇒ Si Jesús decía que la mujer era culpable y se la debía matar, estaría rompiendo la ley romana que no consideraba que el adulterio era un pecado digno de muerte. También sería criticado por carecer de misericordia y amor, compasión y perdón.

Advierta varias cosas sobre la naturaleza oscura del hombre que se ve en estos extremistas religiosos y en la multitud que se unió en la exposición pública.

a. Había un espíritu pecaminoso entre todos los involucrados, un espíritu...

- de justicia propia que carecía de perdón.
- de crítica que carecía de amor.
- de juicio que carecía de compasión.
- de censura que carecía de comprensión.
- de condenación que carecía de compasión.
- de castigo que carecía de restauración.
- de salvajismo que carecía de remedio.
- de destrucción que carecía de una segunda oportunidad.

b. Había hipocresía. Sentían y decían ser religiosos, más que la mujer, libres de todo pecado lo suficientemente grave como para ser expuesto. Incluso utilizaron las Escrituras para condenarla a *ella* y para *respaldar* su derecho a condenarla.

c. Hubo una falla completa de "amar a tu prójimo como a ti mismo" (Mt. 5:43; 19:19; 22:39; Mr. 12:31; Lc. 10:27; Ro. 13:9; Gá. 5:14; Stg. 2:8).

⇒ Una falla total de hacer lo que todos necesitamos alguna vez, ser abrazados y despojados del pecado y del dolor que nos acosa.

⇒ Una falla total de callar, de permanecer en silencio y no decir nada, salvo al que fue atrapado en el pecado, y de establecer un ministerio de restauración y reconciliación con Dios y el hombre.

4. Estaba Jesús ignorando al hombre pecador tanto como pudo. "Inclinado hacia el suelo, escribía en tierra con el dedo", sin decir nada. Estuvo en silencio durante mucho tiempo. No se nos dice por qué Jesús estuvo en silencio o por qué escribía en la tierra. Varios comentaristas dicen que fue...

- para permitirle pensar la situación.
- para obligar a los acusadores a repetir las acusaciones (v. 7). Al hacerlo, ellos y el público comenzarían a ver y sentir su falta de compasión.

- para escribir las Escrituras o parte de los pecados de los que estaban allí de pie, esperando condenarlos (cp. Job 13:26).

Advierta esto: Jesús los ignoró en todo su espíritu de pecado, justicia propia e hipócrita, pero Él los ignoró solo durante un período. Jesús no ignora ni permite que el pecado continúe para siempre. Él se pondrá de pie, lo enfrentará y lo juzgará.

3 (8:7, 9) ***Hombre, Depravación - Juzgar a otros:*** La naturaleza oscura del hombre. Todos los hombres son pecadores y culpables de pecados graves.

1. La mujer era culpable de un pecado grave. La ley decía que debía ser condenada a muerte. Sus acusadores y las personas tenían razón, legalmente justificados en sus acusaciones. Si debían dejar de matarla, y aún más, si tenían que corregirse y ser reprendidos, tendría que suceder algo fenomenal. Eso ocurrió, y advierta qué fue:

⇒ "El que de vosotros esté sin pecado sea el primero en arrojar la piedra contra ella" (v. 7).

Ningún hombre está sin pecado. Todos los hombres que estaban allí lo sabían y cada uno de ellos fue condenado dentro de su conciencia. Todos se fueron, dejando solos a Jesús y a la mujer.

"Y esta es la condenación: que la luz vino al mundo, y los hombres amaron más las tinieblas que la luz, porque sus obras eran malas" (Jn. 3:19).

"Como está escrito: No hay justo, ni aun uno" (Ro. 3:10; cp. vv. 9-18; 3:23).

2. Jesús dijo que se podían arrojar piedras al pecador. Pero colocó una limitación. "El que de vosotros esté sin pecado sea el *primero* en arrojar la piedra" (Nota: esto significa que solo Cristo puede juzgar, porque ninguna persona está libre de pecado.)

Arrojar piedras no está basado en cuánto sabe una persona de las Escrituras, ni en cuán importantes son el llamado y los dones de una persona, ni en su posición. Se basa en la bondad y la perfección moral, y *ningún hombre* lo ha logrado.

"¿Y por qué miras la paja que está en el ojo de tu hermano, y no echas de ver la viga que está en tu propio ojo? ¿O cómo dirás a tu hermano: Déjame sacar la paja de tu ojo, y he aquí la viga en el ojo tuyo? ¡Hipócrita! saca primero la viga de tu propio ojo, y entonces verás bien para sacar la paja del ojo de tu hermano" (Mt. 7:3-5; cp. Ro. 14:4, 13; 1 Co. 4:5; Stg. 4:12).

"¿Qué, pues? ¿Somos nosotros mejores que ellos? En ninguna manera; pues ya hemos acusado a judíos y a gentiles, que todos están bajo pecado. Como está escrito: No hay justo, ni aun uno; no hay quien entienda, no hay quien busque a Dios. Todos se desviaron, a una se hicieron inútiles; no hay quien haga lo bueno, no hay ni siquiera uno" (Ro. 3:9-12).

4 (8:10, 11) ***Salvación - Jesucristo, Salvador - Perdón:*** La gran revelación. Solo Jesús tiene el derecho de condenar y perdonar. La imagen de la mujer es la imagen de toda persona. Cuando se trata de pecado y juicio, toda persona está sola ante Cristo, de pie, desnudo y desprovisto de toda justicia, puesto que ninguna persona posee justicia. La única justicia y la única perfección, el único que no es culpable de pecado, es Cristo y solo Cristo. Él solo es digno de pronunciar juicio. Sin embargo, advierta las novedades gloriosas de toda la historia humana.

1. Jesús no condenó, sino que dio una *segunda oportunidad.*

"Y si siete veces al día pecare contra ti, y siete veces al día volviere a ti, diciendo: Me arrepiento; perdónale" (Lc. 17:4).

"Entonces se le acercó Pedro y le dijo: Señor, ¿cuántas veces perdonaré a mi hermano que peque contra mí? ¿Hasta siete? Jesús le dijo: No te digo hasta siete, sino aun hasta setenta veces siete" (Mt. 18:21, 22).

"Hijitos míos, estas cosas os escribo para que no pequéis; y si alguno hubiere pecado, abogado tenemos para con el Padre, a Jesucristo el justo. Y él es la propiciación por nuestros pecados; y no solamente por los nuestros, sino también por los de todo el mundo" (1 Jn. 2:1, 2).

2. Jesús quería perdonar y perdonó: "Ni yo te condeno".

"¿Quién es el que condenará? Cristo es el que murió; más aun, el que también resucitó, el que además está a la diestra de Dios, el que también intercede por nosotros" (Ro. 8:34).

"En quien tenemos redención por su sangre, el perdón de pecados según las riquezas de su gracia" (Ef. 1:7).

"Si confesamos nuestros pecados, él es fiel y justo para perdonar nuestros pecados, y limpiarnos de toda maldad" (1 Jn. 1:9).

3. Jesús le advirtió. "Vete, y no peques más". Detén tu pecado, haz una pausa de pureza, no lo hagas más. La advertencia es clara: el arrepentimiento es esencial para el perdón.

"Después le halló Jesús en el templo, y le dijo: Mira, has sido sanado; no peques más, para que no te venga alguna cosa peor" (Jn. 5:14).

"Y que se predicase en su nombre el arrepentimiento y el perdón de pecados en todas las naciones, comenzando desde Jerusalén" (Lc. 24:47).

"Pedro les dijo: Arrepentíos, y bautícese cada uno de vosotros en el nombre de Jesucristo para perdón de los pecados; y recibiréis el don del Espíritu Santo" (Hch. 2:38).

"No reine, pues, el pecado en vuestro cuerpo mortal, de modo que lo obedezcáis en sus concupiscencias" (Ro. 6:12).

"Velad debidamente, y no pequéis; porque algunos no conocen a Dios; para vergüenza vuestra lo digo" (1 Co. 15:34).

	B. La necesidad del hombre: La Luz del mundo, 8:12-20	16 Y si yo juzgo, mi juicio es verdadero; porque no soy yo solo, sino yo y el que me envió, el Padre.	a. Jueces por apariencia b. Jesús no juzga por apariencia, sino por las normas de Dios.
1 Jesús hizo una gran declaración y una promesa a. La declaración: La Luz del mundo b. La promesa: Síganme c. Los fariseos objetaron	12 Otra vez Jesús les habló, diciendo: Yo soy la luz del mundo; el que me sigue, no andará en tinieblas, sino que tendrá la luz de la vida. 13 Entonces los fariseos le dijeron: Tú das testimonio acerca de ti mismo; tu testimonio no es verdadero.	17 Y en vuestra ley está escrito que el testimonio de dos hombres es verdadero. 18 Yo soy el que doy testimonio de mí mismo, y el Padre que me envió da testimonio de mí.	**4 Prueba 3: El testimonio de la ley** a. Jesús cumplió con los requisitos legales b. Jesús tuvo dos testigos: Él mismo y Dios.
2 Prueba 1: El gran sentido y conocimiento de su origen y destino a. Jesús conocía su origen y destino b. Los hombres no podían saberlo	14 Respondió Jesús y les dijo: Aunque yo doy testimonio acerca de mí mismo, mi testimonio es verdadero, porque sé de dónde he venido y a dónde voy; pero vosotros no sabéis de dónde vengo, ni a dónde voy.	19 Ellos le dijeron: ¿Dónde está tu Padre? Respondió Jesús: Ni a mí me conocéis, ni a mi Padre; si a mí me conocieseis, también a mi Padre conoceríais.	**5 Prueba 4: La presencia interna del Padre** a. Se burlaron de Jesús b. El Padre estaba en Él
3 Prueba 2: La incompetencia del hombre para juzgar	15 Vosotros juzgáis según la carne; yo no juzgo a nadie.	20 Estas palabras habló Jesús en el lugar de las ofrendas, enseñando en el templo; y nadie le prendió, porque aún no había llegado su hora.	**6 Conclusión: La tragedia: Jesús fue rechazado en el templo**

DIVISIÓN IX

LA REVELACIÓN DE JESÚS, LA LUZ DE LA VIDA, 8:1—9:41

B. La necesidad del hombre: La Luz del mundo, 8:12-20

(8:12-20) ***Introducción:*** El hombre tiene una gran necesidad. No siempre es consciente de la misma, pero la necesidad sigue estando allí. El hombre está en tinieblas.

⇒ No puede ver el futuro ni el mundo venidero.
⇒ No puede ver a Dios, quién es Él y cómo es.
⇒ No puede ver el verdadero significado, importancia y propósito en la vida.
⇒ No puede obtener un conocimiento perfecto ni seguridad de vida eterna.

Por lo tanto, la gran necesidad del hombre es ver "la Luz del mundo".

1. Jesús hizo una gran declaración y una promesa (vv. 12, 13).
2. Prueba 1: El gran sentido y conocimiento de su origen y destino (v. 14).
3. Prueba 2: La incompetencia del hombre para juzgar (vv. 15, 16).
4. Prueba 3: El testimonio de la ley (vv. 17, 18).
5. Prueba 4: La presencia interna del Padre (v. 19).
6. Conclusión: La tragedia: Jesús fue rechazado en el templo (v. 20).

[1] (8:12, 13) ***Jesucristo, Declaraciones:*** Jesús hizo una gran declaración y una promesa.

1. La gran declaración fue: "Yo soy la luz del mundo". (Ver Estudio a fondo 1, Jn. 8:12 para una discusión al respecto. También ver nota, Mt. 5:14.) Advierta que Él realizó la gran declaración de la deidad: "Yo soy". La declaración de la deidad fue enfática. La declaración fue lo primero que dijo en este pasaje. (Ver Estudio a fondo 1, Jn. 6:20.)

2. La gran promesa fue doble: " El que me sigue...
   • no andará en tinieblas". (Ver Estudio a fondo 2, Jn. 8:12 para una mayor discusión.)
   • tendrá la luz de la vida".

Advierta dos puntos críticos.

a. El hombre no posee la luz, no dentro de sí, no por naturaleza. Los hombres están, por naturaleza, en las tinieblas.
b. Un hombre es liberado "de las tinieblas" siguiendo a Jesucristo. Advierta la palabra "siguiendo", que es una acción continua. Un hombre debe continuar siguiendo para recibir la luz.

> **"En quien tenemos redención por su sangre, el perdón de pecados. El es la imagen del Dios invisible, el primogénito de toda creación" (Col. 1:14, 15).**

3. Jesús utilizó los términos *"luz de la vida"*. Un hombre existe en las tinieblas hasta que sigue a Cristo. El significado, propósito e importancia de la vida no puede verse ni conocerse aparte de seguir a Cristo. Es Cristo el que arroja luz sobre la vida, revelando lo que la vida realmente es.

4. Los extremistas religiosos (fariseos) objetaron la declaración de Jesús. Sabían exactamente lo que estaba proclamando: que era el Mesías y que solo Él podía arrojar luz a este mundo. En sus mentes solo Dios podía arrojar luz al mundo. Advierta la acusación contra Él: Él solo estaba dando testimonio de su declaración. No tenía otros testigos, por lo tanto, su declaración era falsa (ver nota, Jn. 5:31 para una mayor discusión sobre los testigos necesarios a fin de probar el testimonio de un hombre. Jesús presentó cinco testigos en Jn. 5:31-39).

ESTUDIO A FONDO 1

(8:12) ***Luz:*** Se dice que Jesús es la *Luz de los hombres* (Jn. 1:4) y la *Luz del mundo* (Jn. 8:12; 9:5; 12:46). Es posible que la Luz, Jesús mismo, esté *en los hombres* (Jn. 11:10; cp. Col. 1:27) y que los hombres se vuelvan hijos de la Luz (Ver notas, Jn. 12:34-36).

Al parecer, Jesús utilizó con frecuencia la palabra *luz*. Juan emplea la palabra aproximadamente veintiuna veces. ¿Qué quiere decirse por denominar a Jesús la Luz?

1. Jesús, la Luz, es luz por naturaleza. La luz es aquello que está dentro de sí, dentro de su ser, su naturaleza, su esencia, su carácter. Las Escrituras dicen...

- que "Dios es luz" (1 Jn. 1:5).
- que Jesús es "la imagen del Dios invisible" (Col. 1:15).
- por lo tanto, "Jesús es Luz". Él es la "luz del mundo".

2. Jesús, la Luz, nos dice que Él es santo, justo y puro. La luz es el símbolo de la pureza y de la santidad. La luz significa la ausencia de oscuridad y ceguera; no tiene espacios de oscuridad o de tinieblas, ni de pecado ni vergüenza.

3. Jesús, la Luz, revela. Su luz muestra claramente la naturaleza, el significado y el destino de todas las cosas. Su luz brilla, detecta, abre, identifica, ilumina y muestra las cosas tal como son. La luz de Jesucristo muestra la verdad acerca del mundo y el hombre y Dios. La luz de Jesucristo revela que Él ama y se preocupa por el hombre y quiere que el hombre lo ame y se preocupe por Él.

4. Jesús, la Luz, guía. Su luz permite que un hombre salga de la oscuridad. El hombre ya no tiene que tambalear y sostenerse intentando encontrar su camino en la vida. Ahora se puede ver con exactitud el sendero de la vida.

5. Jesús, la Luz, elimina la oscuridad y el caos. Su luz borra, desvanece y borra la oscuridad. El caos vacío de la creación fue encaminado por la luz dada por Dios (Gn. 1:3). Jesucristo es la Luz que puede salvar al hombre del caos (Jn. 14:1, 17; 12:46; 16.33).

Jesús se proclamó a sí mismo como la Luz del mundo en la gran Fiesta de los tabernáculos (Jn. 7:2). La primera de todas las ceremonias de la Fiesta tiene gran importancia por la declaración de Jesús. Se la denominó "la iluminación del templo" y se llevó a cabo en el Patio de las Mujeres. El centro del Patio estaba rodeado por grandes sectores de asientos como si fuera un estadio. En el lugar al aire libre del Patio había cuatro grandes candelabros. Cuando caía la noche se encendían los candelabros y los ancianos bailaban y conducían a la gente a cantar salmos ante el Señor durante toda la noche. Se decía que el brillo y el flamear de las llamas ardientes de los enormes candelabros era tal que la luz podía verse en toda la ciudad. Era con este trasfondo que Jesús gritó: "Yo soy la luz del mundo".

ESTUDIO A FONDO 2

(8:12) ***Oscuridad*** (skotos, skotia): La palabra se emplea en las Escrituras para describir tanto el estado como las obras del hombre. La oscuridad es muy real en las Escrituras.

1. La oscuridad se refiere al mundo del hombre natural que no conoce a Jesucristo (Jn. 8:12). El hombre natural camina en la ignorancia...

- de Jesucristo.
- de Dios como ha sido revelado por Jesucristo.
- del verdadero propósito y destino de la vida como lo ha demostrado Jesucristo.

El hombre natural tambalea y anda sin rumbo en este mundo. No conoce otra cosa que las cosas de este mundo tal como él las ve. Su única esperanza es la de vivir una larga vida antes de que la muerte lo lleve. Camina en la oscuridad, ignorante de la vida real ahora y en la posteridad (cp. Jn. 12:35, 46).

2. La oscuridad simboliza la falta de preparación y de vigilancia. Simboliza el momento en que lo malo sucede (1 Ts. 5:4-8).

3. El hombre ama la oscuridad. Los hombres pecaminosos hacen sus hechos malvados bajo la cobertura de la oscuridad. Por lo tanto, los hombres odian la luz porque la luz devela su comportamiento maligno (Jn. 3:19, 20).

4. La oscuridad es hostil a la luz. (Ver Estudio a fondo 4, Jn. 1:5.)

2 (8:14) ***Jesucristo, deidad; Testigo de Dios - Mundo espiritual:*** La primera prueba de la declaración de Dios es su gran conocimiento. Conocía su origen y destino. Declaró: "Yo soy la luz del mundo" y sostuvo que su testimonio era suficiente. Dijo "Mi testimonio es verdadero" (alethes).

⇒ No es falso.
⇒ No es una mentira.
⇒ No es una declaración engañosa.
⇒ No es la declaración de un egomaniaco que se pronuncia como un *dios*.
⇒ No es la declaración de un hombre que intenta dar por tierra con los sueños de los hombres.
⇒ No es la declaración de un hombre que intenta destruir a los hombres.

El testimonio de Jesús era verdadero, y su testimonio era evidencia suficiente por una razón muy firme. Jesús conocía su origen y destino, de dónde había venido y a dónde se dirigía. Él había *descendido* del cielo, *descendido* de la dimensión espiritual del ser e iba a regresar al cielo.

El hombre no podía decir de dónde había venido Jesús ni a dónde se dirigía. ¿Por qué? Por una razón muy sencilla: el hombre no puede penetrar ni ver el mundo espiritual. Los ojos físicos son ciegos al mundo del Espíritu (cp. Jn. 1:18). Si ha de haber comunicación con la dimensión espiritual, el mundo espiritual tiene que venir a este mundo, a la dimensión física. Esto es exactamente lo que sucedió; esto es exactamente lo que Jesús estaba diciendo. Él había venido del cielo, de la dimensión espiritual del ser. Él había sido un testigo ocular del cielo. Él había estado en la misma presencia de Dios mismo, y Dios lo envió del cielo a este mundo para declarar el mensaje glorioso de salvación:

> **"Otra vez Jesús les habló, diciendo: Yo soy la luz del mundo; el que me sigue, no andará en tinieblas, sino que tendrá la luz de la vida" (Jn. 8:12).**
>
> **"De cierto, de cierto te digo, que lo que sabemos hablamos, y lo que hemos visto, testificamos; y no recibís nuestro testimonio" (Jn. 3:11; cp. Jn. 3:32).**
>
> **"Respondió Jesús y les dijo: Aunque yo doy testimonio acerca de mí mismo, mi testimonio es verdadero, porque sé de dónde he venido y a dónde**

voy; pero vosotros no sabéis de dónde vengo, ni a dónde voy" (Jn. 8:14).

"Le dijo entonces Pilato: ¿Luego, eres tú rey? Respondió Jesús: Tú dices que yo soy rey. Yo para esto he nacido, y para esto he venido al mundo, para dar testimonio a la verdad. Todo aquel que es de la verdad, oye mi voz" (Jn. 18:37).

"Y de Jesucristo el testigo fiel, el primogénito de los muertos, y el soberano de los reyes de la tierra. Al que nos amó, y nos lavó de nuestros pecados con su sangre" (Ap. 1:5).

3 (8:15, 16) ***Jesucristo, deidad - Origen, De Dios - Unidad con el Padre - Dimensión Espiritual:*** La segunda prueba de la declaración de Jesús es la incompetencia del hombre. Nuevamente, esto se debe a la diferencia entre los dos mundos, la diferencia entre los mundos físico y espiritual o dimensiones del ser.

1. Los hombres juzgan por la carne, es decir, por la apariencia. Los hombres juzgan por lo que ven y conocen. La única evidencia que tienen es lo que ven en su mundo, el mundo de lo físico. Sin embargo, si los hombres van a juzgar la declaración de Jesús, no pueden hacerlo sobre la base de la evidencia física. ¿Por qué? Porque Jesús no es de este mundo. Los hombres tienen que juzgarlo con la fe. O aceptan su testimonio o lo rechazan.

"No juzguéis según las apariencias, sino juzgad con justo juicio" (Jn. 7:24).

2. Pero advierta que el juicio de Jesús fue verdadero. Él no juzgó por la carne o por la apariencia sino por la presencia de Dios. Esta fue una declaración fenomenal. Jesús estaba diciendo que Él no estaba solo. No hablaba ni actuaba solo. El Padre estaba *con* Él y el Padre *lo envió;* por lo tanto, lo que Él declaró e hizo fue del Padre. Advierta dos puntos.

a. Jesús dijo que lo que declaraba era "verdadero" (alethes)...
   • no era falso.
   • no era una mentira.
   • no era una declaración engañosa.

b. Jesús llamó "Padre" a Dios y se refirió a su misión: "el que me *envió*, el Padre". Tenía una relación Padre-Hijo con Dios. Conocía a Dios en una forma muy personal e íntima como "Padre". Él *había venido* de la presencia y el hogar de su Padre, esto es, del cielo o del mundo espiritual y la dimensión del ser. Por lo tanto, Él *solo* podía conocer todos los hechos. Él había venido, habiendo sido *enviado* por el Padre para proclamar el mensaje glorioso de la salvación: "Yo soy la luz del mundo; el que me sigue, no andará en tinieblas, sino que tendrá la luz de la vida" (Jn. 8:12).

"Yo y el Padre uno somos" (Jn. 10:30).

"Si no hago las obras de mi Padre, no me creáis. Mas si las hago, aunque no me creáis a mí, creed a las obras, para que conozcáis y creáis que el Padre está en mí, y yo en el Padre" (Jn. 10:37, 38).

"¿No crees que yo soy en el Padre, y el Padre en mí? Las palabras que yo os hablo, no las hablo por mi propia cuenta, sino que el Padre que mora en mí, él hace las obras" (Jn. 14:10).

"Y ya no estoy en el mundo; mas éstos están en el mundo, y yo voy a ti. Padre santo, a los que me has dado, guárdalos en tu nombre, para que sean uno, así como nosotros" (Jn. 17:11; cp. Jn. 17:22).

4 (8:17, 18) ***Jesucristo, deidad - Ley, Testimonios de Cristo:*** La tercera prueba de la declaración de Jesús es el testimonio de la ley. Jesús apeló a la ley del hombre. La ley requería dos testigos para validar una declaración (Dt. 19:15). Jesús cumplió la exigencia de la ley, puesto que Él era un testigo, y el "Padre que me envió" fue el segundo testigo.

Advierta dos hechos claros que el hombre debe ver:

1. El testimonio de Jesús era verdadero. Es absolutamente claro que habló y actuó solo por Dios. Todo lo que dijo e hizo fue para glorificar a Dios y para conducir a los hombres a Dios: para adorar, alabar, honrar y servir a Dios. También es claro que Él habló y actuó solo por los hombres. Todo lo que dijo e hizo fue para salvar a los hombres, para que tomen consciencia y mostrarles compasión y misericordia, satisfaciendo sus necesidades desesperadas.

Muy sencillamente, todo lo que Jesús dijo e hizo dio testimonio de que su declaración era verdadera, de que Él *era de Dios y enviado de Dios* para ser "la Luz del mundo".

"Porque el que Dios envió, las palabras de Dios habla; pues Dios no da el Espíritu por medida" (Jn. 3:34; cp. Jn. 7:29).

"Jesús entonces les dijo: Si vuestro padre fuese Dios, ciertamente me amaríais; porque yo de Dios he salido, y he venido; pues no he venido de mí mismo, sino que él me envió" (Jn. 8:42).

"El que no me ama, no guarda mis palabras; y la palabra que habéis oído no es mía, sino del Padre que me envió" (Jn. 14:24).

"Porque las palabras que me diste, les he dado; y ellos las recibieron, y han conocido verdaderamente que salí de ti, y han creído que tú me enviaste" (Jn. 17:8).

2. El testimonio de Dios fue verdadero. Es perfectamente claro que Dios actuó en y por medio de Jesús. La vida, las palabras y las obras de Jesús demostraron la presencia y el poder de Dios. La presencia y el poder de Dios estaba en y sobre Cristo "sin medida" (Jn. 3:34). No hay otra explicación sensata. "El padre que lo envió" dio un testimonio claro e indisputable de que Él es "la Luz del mundo".

"Y hubo una voz de los cielos, que decía: Este es mi Hijo amado, en quien tengo complacencia" (Mt. 3:17).

"Mientras él aún hablaba, una nube de luz los cubrió; y he aquí una voz desde la nube, que decía: Este es mi Hijo amado, en quien tengo complacencia; a él oíd" (Mt. 17:5)

"Otro es el que da testimonio acerca de mí, y sé que el testimonio que da de mí es verdadero" (Jn. 5:32).

"También el Padre que me envió ha dado testimonio de mí. Nunca habéis oído su voz, ni habéis visto su aspecto" (Jn. 5:37).

"Si recibimos el testimonio de los hombres, mayor es el testimonio de Dios; porque este es el testimonio con que Dios ha testificado acerca de su Hijo. El que cree en el Hijo de Dios, tiene el testimonio en sí mismo;

el que no cree a Dios, le ha hecho mentiroso, porque no ha creído en el testimonio que Dios ha dado acerca de su Hijo" (1 Jn. 5:9, 10).

5 (8:19) ***Jesucristo, deidad - Mundo espiritual:*** La cuarta prueba de la declaración de Jesús fue la presencia del Padre *dentro* de Él. Los extremistas religiosos se burlaron de Jesús. Le dijeron que presentara a su Padre: "Ve y búscalo, para que pueda dar testimonio de tus declaraciones". Advierta cómo pusieron a prueba las palabras de Jesús: juzgaron por la carne, por la vista y la apariencia. Querían evidencia física. (Por supuesto que tenían evidencia física en Cristo mismo y en el poder de Dios obrando a través de Él, pero la falta de fe obstinada los cegó).

Jesús respondió tres cosas a la falta de fe burlona.

1. El incrédulo *no lo conoce*. Él era un Hombre de pie frente a ellos, y ellos podían ver y conocerlo como Hombre, pero también era el Hijo de Dios. Si rechazaban su declaración y se rehusaban a aceptarlo como Señor, naturalmente no lo conocían. La única forma de conocer a Jesús es seguirlo como Señor, como la "Luz del mundo". (Nota: ninguna persona conoce a otra hasta que pasa tiempo con ese individuo, llegando a conocerlo, asociándose con él y aprendiendo todo acerca de él).

> **"Respondió Jesús y le dijo: Si conocieras el don de Dios, y quién es el que te dice: Dame de beber; tú le pedirías, y él te daría agua viva" (Jn. 4:10).**
>
> **"Ellos le dijeron: ¿Dónde está tu Padre? Respondió Jesús: Ni a mí me conocéis, ni a mi Padre; si a mí me conocieseis, también a mi Padre conoceríais" (Jn. 8:19).**
>
> **"Respondió el hombre, y les dijo: Pues esto es lo maravilloso, que vosotros no sepáis de dónde sea, y a mí me abrió los ojos" (Jn. 9:30).**
>
> **"Jesús le dijo: ¿Tanto tiempo hace que estoy con vosotros, y no me has conocido, Felipe? El que me ha visto a mí, ha visto al Padre; ¿cómo, pues, dices tú: Muéstranos el Padre?" (Jn. 14:9).**
>
> **"Porque los habitantes de Jerusalén y sus gobernantes, no conociendo a Jesús, ni las palabras de los profetas que se leen todos los días de reposo, las cumplieron al condenarle" (Hch. 13:27).**

2. El incrédulo *no conoce a Dios*. "A Dios nadie le vio jamás" (Jn. 1:18). La única forma concebible en que un hombre puede conocer a Dios es que Dios se *revele* a sí mismo: Dios debe venir del mundo celestial, la dimensión espiritual del ser e ingresar a este mundo, revelando la verdad sobre sí al hombre. Pero advierta: *si Dios viene* y un hombre no lo acepta ni cree en Él, entonces ese hombre nunca llegará a conocer a Dios.

> **"A Dios nadie le vio jamás; el unigénito Hijo, que está en el seno del Padre, él le ha dado a conocer" (Jn. 1:18).**
>
> **"También el Padre que me envió ha dado testimonio de mí. Nunca habéis oído su voz, ni habéis visto su aspecto" (Jn. 5:37).**
>
> **"El [Jesucristo] es la imagen del Dios invisible, el primogénito de toda creación" (Col. 1:15).**
>
> **"Por tanto, al Rey de los siglos, inmortal, *invisible*, al único y sabio Dios, sea honor y gloria por los siglos de los siglos. Amén" (1 Ti. 1:17).**
>
> **"El único que tiene inmortalidad, que habita en luz inaccesible; a quien ninguno de los hombres ha visto ni puede ver, al cual sea la honra y el imperio sempiterno. Amén" (1 Ti. 6:16).**
>
> **"Mas todo esto os harán por causa de mi nombre, *porque no conocen al que me ha enviado*" (Jn. 15:21).**
>
> **"Y harán esto porque *no conocen al Padre ni a mí*" (Jn. 16:3).**
>
> **"Porque mi pueblo es necio, *no me conocieron*; son hijos ignorantes y no son entendidos; sabios para hacer el mal, pero hacer el bien no supieron" (Jer. 4:22).**
>
> **"Aun la cigüeña en el cielo conoce su tiempo, y la tórtola y la grulla y la golondrina guardan el tiempo de su venida; pero mi pueblo no conoce el juicio de Jehová" (Jer. 8:7).**
>
> **"Hicieron que su lengua lanzara mentira como un arco, y no se fortalecieron para la verdad en la tierra; porque de mal en mal procedieron, y *me han desconocido*, dice Jehová" (Jer. 9:3).**

3. Dios está en Cristo. Si un hombre conoce a Cristo, *también* conoce a Dios. Esta es una declaración fenomenal. Cristo dijo que Él era la revelación de Dios, que Él era "Dios encarnado" en la carne humana.

   a. Él era la "imagen expresa del Dios invisible" (Col. 1:16). Por lo tanto, la única forma de conocer a Dios es conocer a Cristo (ver nota, Jn. 14:6).

> **"[El evangelio] que ha llegado hasta vosotros, así como a todo el mundo, y lleva fruto y crece también en vosotros, desde el día que oísteis y conocisteis la gracia de Dios en verdad" (Col. 1:6).**
>
> **"Porque en él habita corporalmente toda la plenitud de la Deidad" (Col. 2:9).**
>
> **"Jesús le dijo: Yo soy el camino, y la verdad, y la vida; nadie viene al Padre, sino por mí" (Jn. 14:6).**

   b. Él es el que instruye a los hombres en la verdad de Dios (ver nota, Jn. 3:32-34 para los versículos de las Escrituras).

6 (8:20) ***Jesucristo, Respuesta a:*** La gran tragedia era que Jesús fue rechazado en el templo. Los extremistas religiosos no querían saber nada de Él. Lo rechazaron y se le opusieron, deseando quitárselo de encima. Y advierta: fue en el templo donde fue rechazado, y sin embargo, no pudieron destruirlo. "Su hora" no había llegado. Dios lo protegía.

Pensamiento 1: Con cuanta frecuencia se repite esta escena de falta de fe entre los extremistas religiosos en la iglesia. A lo largo de los siglos muchos extremistas religiosos no quisieron tener nada qué ver con Cristo, eligiendo el yo por sobre Él.

> **"No todo el que me dice: Señor, Señor, entrará en el reino de los cielos, sino el que hace la voluntad de mi Padre que está en los cielos" (Mt. 7:21).**
>
> **"Respondiendo él, les dijo: Hipócritas, bien profetizó de vosotros Isaías, como está escrito: Este pueblo de labios me honra, mas su corazón está lejos de mí" (Mr. 7:6).**
>
> **"Profesan conocer a Dios, pero con los hechos lo niegan, siendo abominables y rebeldes, reprobados en cuanto a toda buena obra" (Tit. 1:16).**
>
> **"Que tendrán apariencia de piedad, pero negarán la eficacia de ella; a éstos evita" (2 Ti. 3:5).**

1 La búsqueda del hombre a El hombre busca al Mesías b El hombre fracasa y muere en el pecado c El fin del hombre: separado del Mesías	**C. La búsqueda fútil del Mesías por parte del hombre: Búsqueda de la utopía y de la luz, 8:21-24** 21 Otra vez les dijo Jesús: Yo me voy, y me buscaréis, pero en vuestro pecado moriréis; a donde yo voy, vosotros no podéis venir. 22 Decían entonces los judíos:	¿Acaso se matará a sí mismo, que dice: A donde yo voy, vosotros no podéis venir? 23 Y les dijo: Vosotros sois de abajo, yo soy de arriba; vosotros sois de este mundo, yo no soy de este mundo. 24 Por eso os dije que moriréis en vuestros pecados; porque si no creéis que yo soy, en vuestros pecados moriréis.	d El hombre se mofa de la idea de que Jesús sea el Mesías **2 La futilidad y el fracaso del hombre** a. Motivo 1: El hombre tiene un origen y un ser diferente del de Cristo b. Motivo 2: El hombre peca y muere c. Motivo 3: El hombre no cree

DIVISIÓN IX

LA REVELACIÓN DE JESÚS, LA LUZ DE LA VIDA, 8:1—9:41

C. La búsqueda fútil del Mesías por parte del hombre: búsqueda de la utopía y de la luz, 8:21-24

(8:21-24) ***Introducción:*** La discusión de Cristo es breve, pero es como un sacudón de la tierra. Es el mensaje que desesperadamente debe ser proclamado al mundo. La búsqueda del hombre por un liberador terrenal (Mesías), esto es, por la utopía y por la luz es fútil.

1. La búsqueda del hombre (vv. 21, 22).
2. La futilidad y el fracaso del hombre (vv. 23, 24).

1 (8:21, 22) ***Mesías - Busca - Utopía - Cielo - Liberador - Pecado - Muerte - Juicio:*** Está la búsqueda del hombre. Jesús anunció: "Yo me voy". Quería significar que estaba abandonando este mundo, muriendo y regresando al Padre. *Luego* anunció el destino terrible del hombre, un destino tan terrible que es *la tragedia de las tragedias*. El destino del hombre tiene cuatro aspectos.

1. El hombre busca al gran Liberador en la tierra. Busca al Mesías, es decir alguien que lo pueda conducir a la utopía y a la luz y el cielo. Y la búsqueda del hombre es trágica, porque el gran Liberador (Mesías) ya ha llegado y trajo la presencia de la utopía al hombre. (Ver Estudio a fondo 1, Jn. 8:21 para mayor discusión.)

2. El hombre no logra encontrar al Mesías: muere en su pecado. En griego, la palabra "pecados" (hamartiai) es singular, "pecado. Advierta dos cosas.

a. El pecado del hombre es singular, esto es, su gran y terrible pecado es el pecado de no creer. Mientras continúe sin creer, está en un *estado de falta de fe* o en una *posición de falta de fe.*

b. El hombre muere debido a la falta de fe; muere porque está en un *estado de falta de fe*. Cuando muere, muere "en su pecado", es decir, va directamente al mundo siguiente aún "en pecado", en el *estado* y la *posición* y la *condición* de un incrédulo (ver nota, Ro. 5:12-21).

"¿No sabéis que si os sometéis a alguien como esclavos para obedecerle, sois esclavos de aquel a quien obedecéis, sea del pecado para muerte, o sea de la obediencia para justicia?" (Ro. 6:16).

"¿Pero qué fruto teníais de aquellas cosas de las cuales ahora os avergonzáis? Porque el fin de ellas es muerte" (Ro. 6:21).

"Porque la paga del pecado es muerte, mas la dádiva de Dios es vida eterna en Cristo Jesús Señor nuestro" (Ro. 6:23).

"Porque el ocuparse de la carne es muerte, pero el ocuparse del Espíritu es vida y paz" (Ro. 8:6).

"Porque si vivís conforme a la carne, moriréis; mas si por el Espíritu hacéis morir las obras de la carne, viviréis" (Ro. 8:13).

"Cristo nos redimió de la maldición de la ley, hecho por nosotros maldición (porque está escrito: Maldito todo el que es colgado en un madero)" (Gá. 3:13).

"Y de la manera que está establecido para los hombres que mueran una sola vez, y después de esto el juicio" (He. 9:27).

"Pero los cobardes e incrédulos, los abominables y homicidas, los fornicarios y hechiceros, los idólatras y todos los mentirosos tendrán su parte en el lago que arde con fuego y azufre, que es la muerte segunda" (Ap. 21:8).

3. El fin trágico del hombre es la separación de dónde está Cristo. Advierta exactamente lo que dice Cristo: "A donde yo voy, vosotros no podéis venir". Donde sea que Cristo esté, el incrédulo no puede ir. Puesto que Cristo es...

- la Luz del mundo, el incrédulo no puede ingresar a la Luz.
- el Hijo de Dios, el incrédulo no puede estar ante la presencia de Dios.
- el Señor de los cielos, el incrédulo no puede entrar al cielo.

El hombre incrédulo está separado para siempre de la presencia de Dios y de Cristo. (Ver Estudio a fondo 1, He. 9:27.)

"Porque os digo que si vuestra justicia no fuere mayor que la de los escribas y fariseos, *no entraréis* en el reino de los cielos" (Mt. 5:20).

"Pero mientras ellas iban a comprar, vino el esposo; y las que estaban preparadas entraron con él a las bodas; y se cerró la puerta. Después vinieron también las otras vírgenes, diciendo: ¡Señor, señor, ábrenos! Mas él, respondiendo, dijo: De cierto os digo, que no os conozco" (Mt. 25:10-12).

"De cierto os digo, que el que no reciba el reino de Dios como un niño, no entrará en él" (Mr. 10:15).

"Entonces comenzaréis a decir: Delante de ti hemos comido y bebido, y en nuestras plazas enseñaste. Pero os dirá: Os digo que no sé de dónde sois; apartaos de mí todos vosotros, hacedores de maldad. Allí será el llanto y el crujir de dientes, cuando veáis a Abraham, a Isaac, a Jacob y a todos los profetas en el reino de Dios, y vosotros estéis excluidos" (Lc. 13:26-28).

"¿No sabéis que los injustos no heredarán el reino de Dios? No erréis; ni los fornicarios, ni los idólatras, ni los adúlteros, ni los afeminados, ni los que se echan con varones" (1 Co. 6:9).

"Pero esto digo, hermanos: que la carne y la sangre no pueden heredar el reino de Dios, ni la corrupción hereda la incorrupción" (1 Co. 15:50).

"Y manifiestas son las obras de la carne, que son: adulterio, fornicación, inmundicia, lascivia, idolatría, hechicerías, enemistades, pleitos, celos, iras, contiendas, disensiones, herejías, envidias, homicidios, borracheras, orgías, y cosas semejantes a estas; acerca de las cuales os amonesto, como ya os lo he dicho antes, que los que practican tales cosas *no heredarán el reino de Dios*" (Gá. 5:19-21).

"Porque sabéis esto, que ningún fornicario, o inmundo, o avaro, que es idólatra, tiene herencia en el reino de Cristo y de Dios" (Ef. 5:5).

"No entrará en ella ninguna cosa inmunda, o que hace abominación y mentira, sino solamente los que están inscritos en el libro de la vida del Cordero" (Ap. 21:27).

"Mas los perros estarán fuera, y los hechiceros, los fornicarios, los homicidas, los idólatras, y todo aquel que ama y hace mentira" (Ap. 22:15).

4. El hombre se burla de la idea de que Jesús sea el Mesías. Continúa pensando en términos del mundo físico y la dimensión de la vista únicamente. Los judíos comprendían perfectamente que Jesús se estaba refiriendo a la muerte. Se burlaron de Él: "Dices que vas a matarte. No nos interesa seguirte".

Pensamiento 1: A los hombres no les interesa seguir a Cristo en su muerte. No están dispuestos a tomar la cruz y seguirlo. (Ver Estudio a fondo 1, Lc. 9:23.) Quieren el mundo y las cosas que este ofrece, entonces continúan buscando un liberador terrenal (Mesías) y su utopía y cielo.

ESTUDIO A FONDO 1

(8:21) **Utopía - Mesías - Cielo:** La utopía sería el mundo ideal, un mundo de perfección, provisión, posesiones, comodidad, protección, paz y seguridad. La utopía sería cuatro cosas: libertad de toda circunstancia negativa, libertad del pecado y su esclavitud, libertad de la muerte y libertad del infierno (ver nota, Ro. 10:6, 7). El hombre utiliza toda la tecnología científica y la sabiduría humana disponible para aliviar y escapar a la realidad de todos estos y sus resultados. Busca en todas partes una escapatoria salvo en el único lugar donde lo puede encontrar: en Jesucristo, el Hijo de Dios.

2 (8:23, 24) ***Hombre, Fracaso:*** Está la futilidad y el fracaso del hombre. Hay tres motivos por los cuales el hombre fracasa en encontrar al verdadero Mesías y la utopía.

1. El hombre fracasa porque tiene un origen y un ser diferente del de Cristo. (Ver Estudio a fondo 2, Jn. 8:23 para una discusión sobre este tema.)

"Así que, por cuanto los hijos participaron de carne y sangre, él también participó de lo mismo, para destruir por medio de la muerte al que tenía el imperio de la muerte, esto es, al diablo, y librar a todos los que por el temor de la muerte estaban durante toda la vida sujetos a servidumbre" He. 2:14, 15.

"Por tanto, como el pecado entró en el mundo por un hombre, y por el pecado la muerte, así la muerte pasó a todos los hombres, por cuanto todos pecaron" (Ro. 5:12).

"Se siembra cuerpo animal, resucitará cuerpo espiritual. Hay cuerpo animal, y hay cuerpo espiritual" (1 Co. 15:44).

"El primer hombre es de la tierra, terrenal; el segundo hombre, que es el Señor, es del cielo. Cual el terrenal, tales también los terrenales; y cual el celestial, tales también los celestiales" (1 Co. 15:47, 48).

"Porque: Toda carne es como hierba, y toda la gloria del hombre como flor de la hierba. La hierba se seca, y la flor se cae" (1 P. 1:24).

"Mas el hombre no permanecerá en honra; es semejante a las bestias que perecen" (Sal. 49:12).

"Se acordó de que eran carne, soplo que va y no vuelve" (Sal. 78:39).

"¿Qué hombre vivirá y no verá muerte? ¿Librará su vida del poder del Seol?" (Sal. 89:48).

"Porque él conoce nuestra condición; se acuerda de que somos polvo" (Sal. 103:14).

"Todo va a un mismo lugar; todo es hecho del polvo, y todo volverá al mismo polvo" (Ec. 3:20).

"Dejaos del hombre, cuyo aliento está en su nariz; porque ¿de qué es él estimado?" (Is. 2:22).

"Voz que decía: Da voces. Y yo respondí: ¿Qué tengo que decir a voces? Que toda carne es hierba, y toda su gloria como flor del campo" (Is. 40:6).

"Si bien todos nosotros somos como suciedad, y todas nuestras justicias como trapo de inmundicia; y caímos todos nosotros como la hoja, y nuestras maldades nos llevaron como viento" (Is. 64:6).

2. El hombre fracasa porque peca y muere. La palabra "pecados" en este contexto es plural (hamartiais); esto es, se refiere a los *actos del pecado.* El hombre muere porque peca (Ap. 21:8).

"¿No sabéis que los injustos no heredarán el reino de Dios? No erréis; ni los fornicarios, ni los idólatras, ni los adúlteros, ni los afeminados, ni los que se echan con varones, ni los ladrones, ni los avaros, ni los borrachos, ni los maldicientes, ni los estafadores, heredarán el reino de Dios" (1 Co. 6:9, 10).

3. El hombre fracasa porque no cree *que Jesús sea Dios,* el gran *"Yo Soy".* (Ver Estudio a fondo1, Yo Soy, Jn. 6:20; Estudio a fondo 2, Creer, Jn. 2:24.)

"El que en él cree, no es condenado; pero el que no cree, ya ha sido condenado, porque no ha creído en el nombre del unigénito Hijo de Dios" (Jn. 3:18).

"El que cree en el Hijo tiene vida eterna; pero el que

rehúsa creer en el Hijo no verá la vida, sino que la ira de Dios está sobre él" (Jn. 3:36).

"Por eso os dije que moriréis en vuestros pecados; porque si no creéis que yo soy, en vuestros pecados moriréis" (Jn. 8:24).

ESTUDIO A FONDO 2

(8:23) ***Jesús - Encarnación:*** Jesús nació de arriba o del cielo, es decir, Él nació de Dios, así como también de María. Por lo tanto, Jesús no es solo hombre, sino que también es Dios. Él es el Dios- Hombre. Piénselo de esta manera. Un hombre nace de la tierra, de abajo: nace de su padre y su madre. Ambos son de esta tierra, únicamente de carne humana. Por lo tanto, un hombre es solo un hombre; él es únicamente carne y huesos humanos tal como su madre y su padre.

Sin embargo, esto no se aplica a Jesús. Jesús es Hombre, pero también es Dios. Él es un Hombre a través de la carne de su madre y es el eterno Hijo de Dios por el milagroso acto del Espíritu Santo a través de María. Dios encarnó a su Hijo en carne humana y lo envió al mundo a través de María. (Cp. Jn. 8:12-59, esp. 14, 23, 42, 57, 58. Ver Estudio a fondo 3, Mt. 1:16.)

Esto significa algo crítico. El único mesías y utopía que el hombre puede encontrar es de este mundo, de la dimensión física. Por lo tanto, el mesías y la utopía del hombre fracasan, se arruinan, se deterioran y mueren. Pero no Cristo y su utopía. Él es "del cielo", del mundo espiritual y la dimensión eterna. Por lo tanto, Él y Su utopía duran por siempre. (Ver notas, Corrupción, Mt. 6:19, 20; Estudio a fondo 2, 8:17; Estudio a fondo 1, 2 P. 1:4.)

1 La pregunta básica del hombre a. ¿Quién es Jesús? b. La respuesta de Jesús: Es justamente quien dice ser **2 El hombre no comprende que Jesús es el Portavoz y Juez de Dios, el que trajo el mensaje del verdadero Dios**	**D. El trágico fracaso del hombre por comprender la luz, 8:25-30** 25 Entonces le dijeron: ¿Tú quién eres? Entonces Jesús les dijo: Lo que desde el principio os he dicho. 26 Muchas cosas tengo que decir y juzgar de vosotros; pero el que me envió es verdadero; y yo, lo que he oído de él, esto hablo al mundo. 27 Pero no entendieron que les hablaba del Padre.	28 Les dijo, pues, Jesús: Cuando hayáis levantado al Hijo del Hombre, entonces conoceréis que yo soy, y que nada hago por mí mismo, sino que según me enseñó el Padre, así hablo. 29 Porque el que me envió, conmigo está; no me ha dejado solo el Padre, porque yo hago siempre lo que le agrada. 30 Hablando él estas cosas, muchos creyeron en él.	**3 El hombre no comprende que Jesús es el Hijo del Hombre, el que tiene que ser levantado** **4 El hombre no comprende que Jesús es el gran "Yo Soy", el único Hijo Dios.** **5. El hombre no comprende que Jesús es el único a quien Dios nunca dejó solo** a. Dios envió, estaba con b. Jesús siempre agradó a Jesús **6 Conclusión: muchos creyeron**

DIVISIÓN IX

LA REVELACIÓN DE JESÚS, LA LUZ DE LA VIDA, 8:1—9:41

D. El trágico fracaso del hombre por comprender la luz, 8:25-30

(8:25 -30) ***Introducción:*** El hombre no comprende a Jesús y su declaración de ser la Luz del mundo.

1. La pregunta básica del hombre (v. 25).
2. El hombre no comprende que Jesús es el Portavoz y el Juez de Dios, el que trajo el mensaje del verdadero Dios (vv. 26, 27).
3. El hombre no comprende que Jesús es el Hijo del Hombre, el que tiene que ser levantado (v. 28).
4. El hombre no comprende que Jesús es el gran "Yo Soy", el único Hijo de Dios (v. 28).
5. El hombre no comprende que Jesús es el único a quien Dios nunca dejó solo (vv. 29, 30).
6. Conclusión: muchos creyeron (v. 30).

[1] (8:25) ***Hombre, pregunta del:*** La pregunta básica del hombre. Jesús había hecho una declaración fenomenal: "Yo soy la Luz del mundo" (v. 12). Su declaración y su explicación de la declaración afectaron a los hombres. El motivo es claro, porque Jesús había declarado...

- "El que me sigue, no andará en tinieblas" (v. 12).
- "No soy yo solo, sino yo y el que me envió, el Padre" (v. 16).
- "Ni a mí me conocéis, ni a mi Padre" (v. 19).
- "Vosotros sois de abajo, yo soy de arriba" (v. 23).
- "Porque si no creéis que yo soy, en vuestros pecados moriréis" (v. 24).

Los hombres de todas las generaciones expresaron, tal como lo hicieron los hombres de Su generación: "¿Tú quién eres?" Jesús proclamó la maravillosa verdad...

- "Yo soy quien sostengo ser".
- "Yo soy quien he sostenido ser desde el principio".
- "Yo soy todo lo que he sostenido ser".

Nota: el texto griego de las palabras de Jesús en este versículo son muy difíciles. Sus palabras se traducen de diversas formas. Una mirada a diversas traducciones y comentarios dará por resultado otros significados posibles.

[2] (8:26, 27) ***Jesucristo, deidad - Portavoz de Dios:*** El hombre no entiende que Jesús es el Portavoz y el Juez de Dios. Jesús fue el que trajo el mensaje de Dios al mundo. Advierta dos puntos significativos.

1. Jesús sostuvo ser el Portavoz de Dios al mundo: "El que me envió es verdadero; y yo, lo que he oído de Él [Dios], esto hablo al mundo"

a. Lo que Jesús dijo fue *lo que había oído de Dios*. Su mensaje, sus palabras le fueron dadas por Dios.

> **"El espíritu es el que da vida; la carne para nada aprovecha; las palabras que yo os he hablado son espíritu y son vida" (Jn. 6:63).**
>
> **"Jesús les respondió y dijo: Mi doctrina no es mía, sino de aquel que me envió. El que quiera hacer la voluntad de Dios, conocerá si la doctrina es de Dios, o si yo hablo por mi propia cuenta" (Jn. 7:16, 17).**
>
> **"Muchas cosas tengo que decir y juzgar de vosotros; pero el que me envió es verdadero; y yo, lo que he oído de él, esto hablo al mundo" (Jn. 8:26).**
>
> **"Les dijo, pues, Jesús: Cuando hayáis levantado al Hijo del Hombre, entonces conoceréis que yo soy, y que nada hago por mí mismo, sino que según me enseñó el Padre, así hablo" (Jn. 8:28).**
>
> **"Yo hablo lo que he visto cerca del Padre; y vosotros hacéis lo que habéis oído cerca de vuestro padre" (Jn. 8:38).**
>
> **"Porque yo no he hablado por mi propia cuenta; el Padre que me envió, él me dio mandamiento de lo que he de decir, y de lo que he de hablar. Y sé que su mandamiento es vida eterna. Así pues, lo que yo hablo, lo hablo como el Padre me lo ha dicho" (Jn. 12:49, 50).**
>
> **"¿No crees que yo soy en el Padre, y el Padre en mí? Las palabras que yo os hablo, no las hablo por mi propia cuenta, sino que el Padre que mora en mí, él hace las obras" (Jn. 14:10).**

b. Jesús fue "enviado" por Dios para hablar las palabras de Dios. Él estuvo en la tierra para la misión muy especial de proclamar el mensaje de Dios. Jesús vino de la misma presencia de Dios, de una relación íntima con Él. Fue Dios mismo el que designó y envió a Jesús al mundo. Advierta que el mensaje de Dios es "verdadero". No es falso ni malo, no es una mentira ni un engaño. Los hombres pueden confiar y depender de él.

Advierta también que Jesús fue enviado a *todo el mundo*. Esto significa al menos dos cosas: Su mensaje era para todo el mundo, y su mensaje fue el único mensaje para el mundo.

"Porque el que Dios envió, las palabras de Dios habla; pues Dios no da el Espíritu por medida" (Jn. 3:34).

"Le respondió Simón Pedro: Señor, ¿a quién iremos? Tú tienes palabras de vida eterna" (Jn. 6:68).

"El que no me ama, no guarda mis palabras; y la palabra que habéis oído no es mía, sino del Padre que me envió" (Jn. 14:24).

"Porque las palabras que me diste, les he dado; y ellos las recibieron, y han conocido verdaderamente que salí de ti, y han creído que tú me enviaste" (Jn. 17:8).

2. Jesús sostuvo ser el Juez del mundo. Como Portavoz de Dios, Él tenía el deber no solo de "decir muchas cosas", sino de "juzgar muchas cosas". Su función como Portavoz incluía el juicio.

a. Su primera misión en la tierra era proclamar el mensaje de salvación.

"Por cuanto ha establecido un día en el cual juzgará al mundo con justicia, por aquel varón a quien designó, dando fe a todos con haberle levantado de los muertos" (Hch. 17:31).

"En el día en que Dios juzgará por Jesucristo los secretos de los hombres, conforme a mi evangelio" (Ro. 2:16).

b. Su segunda misión en la tierra sería juzgar a los hombres.

"Porque el Padre a nadie juzga, sino que todo el juicio dio al Hijo" (Jn. 5:22).

"Y nos mandó que predicásemos al pueblo, y testificásemos que él es el que Dios ha puesto por Juez de vivos y muertos" (Hch. 10:42).

Nota: El hombre no comprendió y todavía no comprende que Jesús es el Portavoz y el Juez de Dios.

3 (8:28) ***Jesucristo, deidad:*** El hombre no entiende que Jesús es el Hijo del Hombre. Él es el que será levantado. Advierta que Jesús proclamó ser el Hijo del Hombre (ver nota, Jn. 1:51). El motivo de su declaración es que el Hijo del Hombre será levantado. Esta es una referencia definitiva a la cruz y a la exaltación de Jesús. Es como Hijo del Hombre, como el Hombre Perfecto e Ideal, que Jesús pudo morir por todos los hombres (Ver notas, Jn. 1:51; Jn. 12:31-33 para una discusión sobre este punto).

4 (8:28) ***Jesucristo, deidad - Yo Soy:*** El hombre no entiende que Jesús es el gran "Yo Soy", el Hijo mismo de Dios. (Ver Estudio a fondo 1, Jn. 6:20.) Advierta que el hecho de ser levantado: la cruz, la resurrección y la ascensión fue para convencer a los hombres de que Él es el gran "Yo Soy".

1. La cruz despierta a los hombres al amor glorioso y a la salvación de Dios.

"Porque de tal manera amó Dios al mundo, que ha dado a su Hijo unigénito, para que todo aquel que en él cree, no se pierda, mas tenga vida eterna" (Jn. 3:16).

"Mas Dios muestra su amor para con nosotros, en que siendo aún pecadores, Cristo murió por nosotros" (Ro. 5:8).

"Porque el amor de Cristo nos constriñe, pensando esto: que si uno murió por todos, luego todos murieron; y por todos murió, para que los que viven, ya no vivan para sí, sino para aquel que murió y resucitó por ellos" (2 Co. 5:14, 15).

2. La resurrección declara que Él es el Hijo de Dios con poder.

"Que fue declarado Hijo de Dios con poder, según el Espíritu de santidad, por la resurrección de entre los muertos" (Ro. 1:4).

3. La ascensión permitió que el Espíritu Santo reemplace a Cristo sobre la tierra. Trajo consigo el *vertimiento* del Espíritu y su poder de condenación.

"Pero yo os digo la verdad: Os conviene que yo me vaya; porque si no me fuera, el Consolador no vendría a vosotros; mas si me fuere, os lo enviaré. Y cuando él venga, convencerá al mundo de pecado, de justicia y de juicio. De pecado, por cuanto no creen en mí; de justicia, por cuanto voy al Padre, y no me veréis más; y de juicio, por cuanto el príncipe de este mundo ha sido ya juzgado" (Jn. 16:7-11).

"En el último y gran día de la fiesta, Jesús se puso en pie y alzó la voz, diciendo: Si alguno tiene sed, venga a mí y beba. El que cree en mí, como dice la Escritura, de su interior correrán ríos de agua viva. Esto dijo del Espíritu que habían de recibir los que creyesen en él; pues aún no había venido el Espíritu Santo, porque Jesús no había sido aún glorificado" (Jn. 7:37-39).

La cruz demuestra que Jesús...

- es el gran *"Yo Soy":* deidad, Dios mismo encarnado en carne humana (ver Estudio a fondo 1, Jn. 6:20; notas, 8:12, 13; 8:54-59).
- es *Uno con Dios:* no actúa por sí solo, no hace nada por sí mismo. (Ver nota, Jn. 8:15, 16 para una discusión sobre el tema y versículos de las Escrituras.)
- es *el Portavoz de Dios:* habla únicamente como su Padre le enseñó. (Ver nota, Jn. 3:32-34 para una discusión sobre el tema y versículos de las Escrituras).

5 (8:29) ***Jesucristo, deidad:*** El hombre no entiende que Jesús fue el único a quien Dios no dejó solo. Esto es crítico. Jesús declaró tres cosas.

1. Declaró que su Padre lo había enviado. (Ver Estudio a fondo 3, Jn. 3:34 para una discusión y versículos de las Escrituras.)

2. Declaró que su Padre estaba con Él y nunca lo había dejado solo. La idea y la declaración era que su Padre nunca lo había

abandonado; por lo tanto, lo que Jesús dijo e hizo siempre fue el mensaje de Dios a los hombres.

> **"Si no hago las obras de mi Padre, no me creáis. Mas si las hago, aunque no me creáis a mí, creed a las obras, para que conozcáis y creáis que el Padre está en mí, y yo en el Padre" (Jn. 10:37, 38).**
>
> **"Jesús le dijo: ¿Tanto tiempo hace que estoy con vosotros, y no me has conocido, Felipe? El que me ha visto a mí, ha visto al Padre; ¿cómo, pues, dices tú: Muéstranos el Padre? ¿No crees que yo soy en el Padre, y el Padre en mí? Las palabras que yo os hablo, no las hablo por mi propia cuenta, sino que el Padre que mora en mí, él hace las obras. Creedme que yo soy en el Padre, y el Padre en mí; de otra manera, creedme por las mismas obras" (Jn. 14:9-11).**

3. Declaró que Él no había fallado. Siempre hizo las cosas que Dios dijo, obedeció perfecta y completamente a Dios, sin pecar jamás. Los hombres podrían confiar y depender de Él.

> **"Al que no conoció pecado, por nosotros lo hizo pecado, para que nosotros fuésemos hechos justicia de Dios en él" (2 Co. 5:21).**
>
> **"Porque convenía a aquel por cuya causa son todas las cosas, y por quien todas las cosas subsisten, que habiendo de llevar muchos hijos a la gloria, perfeccionase por aflicciones al autor de la salvación de ellos" (He. 2:10)**
>
> **"Y aunque era Hijo, por lo que padeció aprendió la obediencia; y habiendo sido perfeccionado, vino a ser autor de eterna salvación para todos los que le obedecen" (He. 5:8, 9).**
>
> **"Porque la ley constituye sumos sacerdotes a débiles hombres; pero la palabra del juramento, posterior a la ley, al Hijo, hecho perfecto para siempre" (He. 7:28).**
>
> **"Sabiendo que fuisteis rescatados de vuestra vana manera de vivir, la cual recibisteis de vuestros padres, no con cosas corruptibles, como oro o plata, sino con la sangre preciosa de Cristo, como de un cordero sin mancha y sin contaminación" (1 P. 1:18, 19).**

6 (8:30) ***Jesucristo, deidad:*** El resultado de las palabras de Jesús fue que muchos creyeron. (Ver Estudio a fondo 2, Jn. 2:24.) Se convencieron de que Jesús era todo lo que declaraba ser:

⇒ la Luz del mundo.
⇒ el Portavoz y Juez de Dios.
⇒ el Hijo del Hombre.
⇒ el "Yo Soy", el Hijo mismo de Dios.
⇒ el que nunca abandonaría Dios.

> **"Porque de tal manera amó Dios al mundo, que ha dado a su Hijo unigénito, para que todo aquel que en él cree, no se pierda, mas tenga vida eterna" (Jn. 3:16).**
>
> **"De cierto, de cierto os digo: El que oye mi palabra, y cree al que me envió, tiene vida eterna; y no vendrá a condenación, mas ha pasado de muerte a vida" (Jn. 5:24).**
>
> **"Pero éstas se han escrito para que creáis que Jesús es el Cristo, el Hijo de Dios, y para que creyendo, tengáis vida en su nombre" (Jn. 20:31).**
>
> **"Que si confesares con tu boca que Jesús es el Señor, y creyeres en tu corazón que Dios le levantó de los muertos, serás salvo. Porque con el corazón se cree para justicia, pero con la boca se confiesa para salvación" (Ro. 10:9, 10).**

	E. La libertad del hombre del pecado es condicional, 8:31, 32
1 Las condiciones: creer y permanecer	31 Dijo entonces Jesús a los judíos que habían creído en él: Si vosotros permaneciereis en mi palabra, seréis verdaderamente mis discípulos;
2 Los resultados a. Conocerá la verdad b. Será liberado	32 y conoceréis la verdad, y la verdad os hará libres.

DIVISIÓN IX

LA REVELACIÓN DE JESÚS, LA LUZ DE LA VIDA, 8:1—9:41

E. La libertad del hombre del pecado es condicional, 8:31, 32

(8:31, 32) ***Introducción:*** El hombre está esclavizado por el pecado y por todas sus consecuencias. No puede evitar pecar; por lo tanto, carga con las consecuencias del pecado: culpa, vergüenza, dolor, pena, angustia, sufrimiento, destrucción, devastación, fragilidad, muerte y juicio. El hombre debe ser liberado del pecado, dejado libre de sus tentáculos esclavizantes. Puede ser liberado, pero esta libertad del pecado es condicional.

1. Las condiciones: creer y permanecer (v. 31).
2. Los resultados (v. 32).
   a. Conocerá la verdad.
   b. Será liberado.

[1] (8:31) ***Salvación - Discipulado - Creer - Permanecer - La Palabra:*** Hay dos condiciones para ser liberado del pecado, dos condiciones para la salvación y el discipulado.

La primera condición es creer: "Muchos creyeron en Cristo" (v. 30). Cuando fue proclamado el evangelio, ellos escucharon. No se adormilaron ni durmieron, ni permitieron que su mente vagara. No permitieron ninguna distracción. Oyeron y "creyeron en Él"; por lo tanto, sus corazones fueron agitados. Como resultado, sintieron...

- una necesidad, una carencia, un vacío.
- un hambre, una sed, un deseo.
- una oscuridad, un pecado, una polución.
- una culpa, una vergüenza, una fealdad.
- una esperanza, un tirón, un jalón.

Fueron en busca de Jesús. Experimentaron el *inicio* y la *infancia* de la fe. Eran como corderos o como "bebés recién nacidos" (cp. Jn. 3:3; 1 P. 2:2, 3).

El punto es este: la *primera* condición para la liberación y la salvación es creer. (Ver Estudio a fondo 2, Creer, Jn. 2:24.)

"Para que todo aquel que en él cree, no se pierda, mas tenga vida eterna. Porque de tal manera amó Dios al mundo, que ha dado a su Hijo unigénito, para que todo aquel que en él cree, no se pierda, mas tenga vida eterna" (Jn. 3:15, 16).

"De cierto, de cierto os digo: El que oye mi palabra, y cree al que me envió, tiene vida eterna; y no vendrá a condenación, mas ha pasado de muerte a vida" (Jn. 5:24).

"Marta le dijo: Yo sé que resucitará en la resurrección, en el día postrero" (Jn. 11:24).

"Yo, la luz, he venido al mundo, para que todo aquel que cree en mí no permanezca en tinieblas" (Jn. 12:46).

"Pero éstas se han escrito para que creáis que Jesús es el Cristo, el Hijo de Dios, y para que creyendo, tengáis vida en su nombre" (Jn. 20:31).

"De éste dan testimonio todos los profetas, que todos los que en él creyeren, recibirán perdón de pecados por su nombre" (Hch. 10:43).

"Y que de todo aquello de que por la ley de Moisés no pudisteis ser justificados, en él es justificado todo aquel que cree" (Hch. 13:39).

"Ellos dijeron: Cree en el Señor Jesucristo, y serás salvo, tú y tu casa" (Hch. 16:31).

"Todo aquel que cree que Jesús es el Cristo, es nacido de Dios; y todo aquel que ama al que engendró, ama también al que ha sido engendrado por él" (1 Jn. 5:1).

2. Sin embargo, hay una segunda condición, una condición que completa la experiencia de liberación y salvación. Es la de *continuar* o *permanecer* (meinete) en la Palabra de Dios. La idea es la de *morar*, así como una persona mora en su hogar. La Palabra del Señor es el lugar de morada del creyente. Él *continúa* y *permanece* en la Palabra de Dios. Muy sencillamente, lo que Jesús decía era lo siguiente:

⇒ Una persona que realmente comienza a creer "continuará" en la Palabra de Dios. Continuará estudiando y haciendo la Palabra (2 Ti. 2:15).

⇒ Una persona que no cree realmente no "continuará" en la Palabra de Dios.

⇒ La prueba y la evidencia de que una persona "realmente cree" es que "continúa" y permanece y mora en la Palabra de Dios.

⇒ La prueba y la evidencia de que una persona ha hecho solo una profesión falsa o superficial es que no "continúa" en la Palabra de Dios.

"Mas el que persevere hasta el fin, éste será salvo" (Mt. 24:13).

"Permaneced en mí, y yo en vosotros. Como el pámpano no puede llevar fruto por sí mismo, si no permanece en la vid, así tampoco vosotros, si no permanecéis en mí. Yo soy la vid, vosotros los pámpanos; el que permanece en mí, y yo en él, éste lleva mucho

fruto; porque separados de mí nada podéis hacer. El que en mí no permanece, será echado fuera como pámpano, y se secará; y los recogen, y los echan en el fuego, y arden" (Jn. 15:4-6).

"Si guardareis mis mandamientos, permaneceréis en mi amor; así como yo he guardado los mandamientos de mi Padre, y permanezco en su amor" (Jn. 15:10).

"Así que vosotros, oh amados, sabiéndolo de antemano, guardaos, no sea que arrastrados por el error de los inicuos, caigáis de vuestra firmeza" (2 P. 3:17).

"El que dice que permanece en él, debe andar como él anduvo" (1 Jn. 2:6).

"Y ahora, hijitos, permaneced en él, para que cuando se manifieste, tengamos confianza, para que en su venida no nos alejemos de él avergonzados" (1 Jn. 2:28).

"Cualquiera que se extravía, y no persevera en la doctrina de Cristo, no tiene a Dios; el que persevera en la doctrina de Cristo, ése sí tiene al Padre y al Hijo" (2 Jn. 9).

(Ver nota, Permanecer, Jn. 6:56 para mayor discusión).

2 (8:32) ***Salvación, Resultados:*** Hay dos resultados provenientes de haber sido liberado del pecado, dos resultados de salvación y discipulado.

1. El primer resultado es que el verdadero creyente conocerá la verdad. (Ver Estudio a fondo 1, Jn. 8:32. Cp. Estudio a fondo 1, Jn. 1:9; Estudio a fondo 2, 14:6 para mayor discusión.)

2. El segundo resultado es que el verdadero creyente será liberado. (Ver Estudio a fondo 1, Jn. 8:32, notas, 2 Co. 3:17, 18; Ef. 2:8, punto 4 para mayor discusión al respecto.)

Pensamiento 1: La verdad de Cristo es la respuesta para liberar al hombre y a su mundo, liberarlos de todo...

- prejuicio y odio
- esclavitud y abusos
- división y aislamiento
- vacío y soledad
- odio y resentimiento
- temor y muerte
- hostilidad y guerra
- egoísmo y acumulación
- asalto y asesinato
- hambre y enfermedad
- crimen e injusticia

ESTUDIO A FONDO 1

(8:32) ***Verdad:*** La verdad moral, la verdad salvadora, la verdad que obra, la verdad viviente. No es simplemente algo que uno debe *conocer*, sino algo que debe *practicarse* (Jn. 8:31). Es el conocimiento y la experiencia de la realidad verdadera en contraposición a la realidad falsa. Es la verdad en "las partes internas" (cp. Sal. 51:6; Ef. 5:9). Es diametralmente opuesto a la farsa y la hipocresía. No permite ningún compromiso con la maldad. Incluso se abstiene de la aparición de la maldad (1 Ts. 5:22). Es un respeto por la verdad en todo aspecto: creyéndola, reverenciándola, hablándola, actuándola, teniendo esperanzas en ella y regocijándose en ella. Dicho comportamiento verdadero libera a una persona de todas las ataduras e impedimentos de la vida. (Ver Estudio a fondo 1, Jn. 1:9; Estudio a fondo 2, 14:6.)

"Jesús les respondió y dijo: Mi doctrina no es mía, sino de aquel que me envió. El que quiera hacer la voluntad de Dios, conocerá si la doctrina es de Dios, o si yo hablo por mi propia cuenta" (Jn. 7:16, 17).

"Dijo entonces Jesús a los judíos que habían creído en él: Si vosotros permaneciereis en mi palabra, seréis verdaderamente mis discípulos; y conoceréis la verdad, y la verdad os hará libres" (Jn. 8:31, 32).

"A fin de conocerle, y el poder de su resurrección, y la participación de sus padecimientos, llegando a ser semejante a él en su muerte" (Fil. 3:10).

"Para que andéis como es digno del Señor, agradándole en todo, llevando fruto en toda buena obra, y creciendo en el conocimiento de Dios" (Col. 1:10).

"Y conoceremos, y proseguiremos en conocer a Jehová; como el alba está dispuesta su salida, y vendrá a nosotros como la lluvia, como la lluvia tardía y temprana a la tierra" (Os. 6:3).

Se dice que la Palabra de Dios es la Verdad (Jn. 17:17) y Jesucristo mismo proclamó ser la Verdad (Jn. 14:6). Para distinguir entre las dos, a veces se dice que la Palabra de Dios es la *Verdad escrita* y que Jesucristo es la *Verdad viviente*.

1. La verdad libera a los hombres de la sombra de la duda y la desesperación. El hombre ya no tiene que preocuparse por conocer la verdad, ya se trate de la verdad de Dios o la de su propio mundo. Jesucristo ha revelado la verdad: la naturaleza, el significado y el destino de todas las cosas.

"Aquella luz verdadera, que alumbra a todo hombre, venía a este mundo... Y aquel Verbo fue hecho carne, y habitó entre nosotros (y vimos su gloria, gloria como del unigénito del Padre), lleno de gracia y de verdad" (Jn. 1:9, 14).

"Porque el Señor es el Espíritu; y donde está el Espíritu del Señor, allí hay libertad" (2 Co. 3:17).

2. La verdad libera al hombre de las ataduras del pecado. El nombre ya no tiene que aferrarse del poder para vencer, ni tiene que luchar contra el peso de la culpa. La búsqueda de la liberación y del poder de conquistar, de vencer, de lograr y de vivir ya se acabó. Todo se encuentra en Jesucristo. (Cp. Ro. 6:1ss. Ver nota, Ro. 8:28-39.)

"Mas a todos los que le recibieron, a los que creen en su nombre, les dio potestad de ser hechos hijos de Dios" (Jn. 1:12).

"Jesús le dijo: Yo soy el camino, y la verdad, y la vida; nadie viene al Padre, sino por mí" (Jn. 14:6).

"Pero veo otra ley en mis miembros, que se rebela contra la ley de mi mente, y que me lleva cautivo a la ley del pecado que está en mis miembros. ¡Miserable de mí! ¿quién me librará de este cuerpo de muerte? Gracias doy a Dios, por Jesucristo Señor nuestro. Así que, yo mismo con la mente sirvo a la ley de Dios, mas con la carne a la ley del pecado" (Ro. 7:23-25).

"Porque el ocuparse de la carne es muerte, pero el ocuparse del Espíritu es vida y paz... Pues no habéis recibido el espíritu de esclavitud para estar otra vez en temor, sino que habéis recibido el espíritu de adopción, por el cual clamamos: ¡Abba, Padre!" (Ro. 8:6, 15).

3. La verdad libera a los hombres de la atadura de la muerte. El hombre ya no tiene que estar sujeto al temor de la muerte.

Jesucristo —mediante su muerte y resurrección— ahora ha conquistado a la muerte (He. 2:14, 15). En Su muerte y resurrección el hombre tiene ahora la más gloriosa de todas las esperanzas: puede vivir eternamente.

> **"De cierto, de cierto os digo: El que oye mi palabra, y cree al que me envió, tiene vida eterna; y no vendrá a condenación, mas ha pasado de muerte a vida. De cierto, de cierto os digo: Viene la hora, y ahora es, cuando los muertos oirán la voz del Hijo de Dios; y los que la oyeren vivirán. Porque como el Padre tiene vida en sí mismo, así también ha dado al Hijo el tener vida en sí mismo; y también le dio autoridad de hacer juicio, por cuanto es el Hijo del Hombre. No os maravilléis de esto; porque vendrá hora cuando todos los que están en los sepulcros oirán su voz; y los que hicieron lo bueno, saldrán a resurrección de vida; mas los que hicieron lo malo, a resurrección de condenación" (Jn. 5:24-29).**
>
> **"Porque la ley del Espíritu de vida en Cristo Jesús me ha librado de la ley del pecado y de la muerte" (Ro. 8:2).**
>
> **"Así que, por cuanto los hijos participaron de carne y sangre, él también participó de lo mismo, para destruir por medio de la muerte al que tenía el imperio de la muerte, esto es, al diablo, y librar a todos los que por el temor de la muerte estaban durante toda la vida sujetos a servidumbre" (He. 2:14, 15).**

4. La verdad libera a los hombres de la atadura del juicio y el infierno. La oscuridad de un futuro desconocido y la aprehensión de un juicio inminente es algo que enfrenta constantemente el hombre. A lo sumo, el hombre puede tener la esperanza de la aniquilación, y tiembla por solo pensarlo. Como lo peor, puede esperar la tortura por parte de los dioses que son, y él tiembla ante la posibilidad. Pero Jesucristo ha revelado la verdad. Él mismo ha cargado con el juicio y el castigo del juicio al hombre.

> **"Porque de tal manera amó Dios al mundo, que ha dado a su Hijo unigénito, para que todo aquel que en él cree, no se pierda, mas tenga vida eterna" (Jn. 3:16).**
>
> **"Porque Cristo, cuando aún éramos débiles, a su tiempo murió por los impíos... Mas Dios muestra su amor para con nosotros, en que siendo aún pecadores, Cristo murió por nosotros. Pues mucho más, estando ya justificados en su sangre, por él seremos salvos de la ira" (Ro. 5:6, 8, 9).**
>
> **"Quien llevó él mismo nuestros pecados en su cuerpo sobre el madero, para que nosotros, estando muertos a los pecados, vivamos a la justicia; y por cuya herida fuisteis sanados" (1 P. 2:24).**
>
> **"Porque también Cristo padeció una sola vez por los pecados, el justo por los injustos, para llevarnos a Dios, siendo a la verdad muerto en la carne, pero vivificado en espíritu" (1 P. 3:18).**

5. La verdad libera a los hombres para salvarlos. La existencia, el amor, el gozo, la paz, la satisfacción, el placer, la esperanza, nada tiene que continuar incompleto. Ninguna cosa buena le será negada al hombre. Jesucristo, la Verdad, puede salvar al hombre por completo, totalmente, perfectamente, finalmente y para la eternidad. Todo lo que una persona tiene que hacer es venir a Cristo para la salvación, porque Cristo vive para siempre para interceder ante cada hombre.

> **"Por lo cual puede también salvar perpetuamente a los que por él se acercan a Dios, viviendo siempre para interceder por ellos" (He. 7:25).**
>
> **"Mas el fruto del Espíritu es amor, gozo, paz, paciencia, benignidad, bondad, fe, mansedumbre, templanza; contra tales cosas no hay ley" (Gá. 5:22, 23).**
>
> **"Porque en él habita corporalmente toda la plenitud de la deidad, y vosotros estáis completos en él, que es la cabeza de todo principado y potestad" (Col. 2:9, 10).**

	F. La esclavitud del hombre a causa del pecado, 8:33-40	37 Sé que sois descendientes de Abraham; pero procuráis matarme, porque mi palabra no halla cabida en vosotros.	**3 Prueba 2: El hombre se opone y no deja espacio en su corazón para la Palabra de Jesús**
1 La negación del hombre a. Declara una herencia divina b. Niega que está esclavizado al pecado	33 Le respondieron: Linaje de Abraham somos, y jamás hemos sido esclavos de nadie. ¿Cómo dices tú: Seréis libres?	38 Yo hablo lo que he visto cerca del Padre; y vosotros hacéis lo que habéis oído cerca de vuestro padre.	**4 Prueba 3: El hombre sigue al padre equivocado, al diablo**
2 Prueba 1: el hombre comete pecados a. Es el siervo del pecado b. Es advertido	34 Jesús les respondió: De cierto, de cierto os digo, que todo aquel que hace pecado, esclavo es del pecado.	39 Respondieron y le dijeron: Nuestro padre es Abraham. Jesús les dijo: Si fueseis hijos de Abraham, las obras de Abraham haríais.	**5 Prueba 4: El hombre no hace las obras de Abraham**
1) Un siervo no es libre dentro de una casa	35 Y el esclavo no queda en la casa para siempre; el hijo sí queda para siempre.	40 Pero ahora procuráis matarme a mí, hombre que os he hablado la verdad, la cual he oído de Dios; no hizo esto Abraham.	a. Abraham no buscó matar a los mensajeros de la verdad b. Abraham creyó en la verdad
2) El Hijo lo puede liberar	36 Así que, si el Hijo os libertare, seréis verdaderamente libres.		

DIVISIÓN IX

LA REVELACIÓN DE JESÚS, LA LUZ DE LA VIDA, 8:1—9:41

F. La esclavitud del hombre a causa del pecado, 8:33-40

(8:33-40) ***Introducción:*** El hombre es esclavizado por el pecado. Lo niega; sin embargo, lo es. La experiencia personal, la codicia, la lascivia, el comportamiento egoísta y la historia del mundo brindan claras evidencias. Cualquier persona honesta puede ver la evidencia.

1. La negación del hombre (v. 33).
2. Prueba 1: el hombre comete pecados (vv. 34-36).
3. Prueba 2: el hombre se opone y no deja espacio en su corazón para la Palabra de Jesús (v. 37).
4. Prueba 3: el hombre sigue al padre equivocado, al diablo (v. 38).
5. Prueba 4: el hombre no hace las obras de Abraham (vv. 39, 40).

[1] (8:33) ***Hombre, Estado del - Pecado, Esclavitud del:*** El hombre niega que está esclavizado. Los judíos no comprendieron a Jesús. Pensaban que Él se estaba refiriendo a ser conquistado y esclavizado por una nación extranjera. Lo negaron. Por supuesto, habían sido conquistados por muchas naciones y en realidad estaban en ese momento bajo los romanos. Lo que querían significar por no estar nunca esclavizados es que nunca habían cedido su voluntad a ningún gobierno. Siempre habían demostrado su lealtad a Dios, no a los hombres, independientemente de cuán poderosos estos fueran.

Advierta dos cosas.

1. Jesús quiso significar algo totalmente diferente. Jesús quiso decir que los judíos y todos los demás hombres estaban esclavizados por el pecado. No podían evitar pecar sin importar cuánto intentaran no pecar.

2. El hombre niega ser esclavizado por el pecado. Declara una herencia divina y cree que lo libera y lo hace aceptable ante Dios. Los judíos declararon que eran *linaje de Abraham*, los hijos de uno de los hombres más divinos que hayan vivido. Por lo tanto, ellos creían que su divinidad y la divinidad de los que lo siguieron convirtieron a su nación y a su pueblo en muy especiales para Dios. Creían que eran aceptables para Dios sin importar como vivieran. Creían que todo verdadero judío estaba cubierto por la divinidad de sus padres. (Ver Estudio a fondo 1, Jn. 4:22.)

La mayoría de los hombres cree lo mismo. Niegan estar esclavizados por el pecado de manera tal que no sean aceptables ante Dios. Los hombres creen que Dios los aceptará, de que tienen suficiente *buen linaje* como para recibir la aprobación de Dios. Sienten que no han hecho suficiente mal como para estar esclavizados por el pecado ni ser rechazados por Dios. Su herencia: sus padres, su familia, sus amigos, sus buenas obras, algo en sus vidas es suficientemente bueno como para mantenerlos alejados de estar esclavizados.

> **"Haced, pues, frutos dignos de arrepentimiento, y no comencéis a decir dentro de vosotros mismos: Tenemos a Abraham por padre; porque os digo que Dios puede levantar hijos a Abraham aun de estas piedras" (Lc. 3:8)**
>
> **"Y le injuriaron, y dijeron: Tú eres su discípulo; pero nosotros, discípulos de Moisés somos" (Jn. 9:28).**
>
> **"Y confías en que eres guía de los ciegos, luz de los que están en tinieblas" (Ro. 2:19).**
>
> **"¿Quién hará limpio a lo inmundo? Nadie" (Job 14:4).**
>
> **"Yo soy limpio y sin defecto; soy inocente, y no hay maldad en mí" (Job 33:9).**
>
> **"Muchos hombres proclaman cada uno su propia bondad, pero hombre de verdad, ¿quién lo hallará?" (Pr. 20:6).**
>
> **"¿Quién podrá decir: Yo he limpiado mi corazón, limpio estoy de mi pecado?" (Pr. 20:9).**
>
> **"Todo camino del hombre es recto en su propia opinión; pero Jehová pesa los corazones" (Pr. 21:2).**
>
> **"Hay generación limpia en su propia opinión, si bien no se ha limpiado de su inmundicia" (Pr. 30:12).**

[2] (8:34-36) ***Pecado, esclavitud la:*** La primera prueba de que el hombre está esclavizado por el pecado es innegable: el hombre comete pecados. La palabra "comete" (poion) está en acción continua. El hombre continúa cometiendo pecados. Es su hábito, su práctica de pecar. No puede evitar pecar, por lo tanto, es un esclavo del pecado. La palabra "siervo" (doulos) significa esclavo (Ver nota, Ro. 1:1). El esclavo fue comprado y se entregó atado a la persona que lo compró. La idea es que el hombre es *comprado* por el pecado. Cuando un hombre peca, se está entregando al pecado. Se vuelve esclavizado por el pecado; es un pecador para siempre: en una *condición*, un *estado*, un *ser del pecado*. Muy sencillamente, es incapaz de evitar pecar, no importa cuánto lo intente.

Jesús advirtió al hombre. Un esclavo no es un miembro permanente de una familia, pero el Hijo sí lo es. El esclavo no tiene derechos ni privilegios dentro de la familia. Es un esclavo y puede ser rechazado y echado de la casa en cualquier momento, pero el Hijo no. El Hijo es siempre el Hijo. Es quien tiene todos los derechos y los privilegios en la casa. Sin embargo, hay una forma en que el esclavo puede volverse un miembro de la familia. El Hijo puede liberar al esclavo y pedirle al Padre que lo adopte, y si el Hijo libera al esclavo, el esclavo queda, de hecho, libre.

Advierta que Jesús declara cuatro cosas significativas.

a. Él, Jesucristo, es el Hijo de Dios.

> **"Porque de tal manera amó Dios al mundo, que ha dado a su Hijo unigénito, para que todo aquel que en él cree, no se pierda, mas tenga vida eterna" (Jn. 3:16; cp. vv. 17, 18).**
>
> **"Oyó Jesús que le habían expulsado; y hallándole, le dijo: ¿Crees tú en el Hijo de Dios? Respondió él y dijo: ¿Quién es, Señor, para que crea en él? Le dijo Jesús: Pues le has visto, y el que habla contigo, él es" (Jn. 9:35-37).**
>
> **"¿Al que el Padre santificó y envió al mundo, vosotros decís: Tú blasfemas, porque dije: Hijo de Dios soy?" (Jn. 10:36).**

b. El hombre es esclavo del pecado.

> **"Jesús les respondió: De cierto, de cierto os digo, que todo aquel que hace pecado, esclavo es del pecado" (Jn. 8:34).**
>
> **"Porque en hiel de amargura y en prisión de maldad veo que estás" (Hch. 8:23).**
>
> **"Por cuanto todos pecaron, y están destituidos de la gloria de Dios" (Ro. 3:23).**
>
> **"¿No sabéis que si os sometéis a alguien como esclavos para obedecerle, sois esclavos de aquel a quien obedecéis, sea del pecado para muerte, o sea de la obediencia para justicia?" (Ro. 6:16).**
>
> **"Porque sabemos que la ley es espiritual; mas yo soy carnal, vendido al pecado" (Ro. 7:14).**
>
> **"Pero veo otra ley en mis miembros, que se rebela contra la ley de mi mente, y que me lleva cautivo a la ley del pecado que está en mis miembros" (Ro. 7:23).**
>
> **"Y escapen del lazo del diablo, en que están cautivos a voluntad de él" (2 Ti. 2:26).**
>
> **"Les prometen libertad, y son ellos mismos esclavos de corrupción. Porque *el que es vencido por alguno es hecho esclavo del que lo venció*" (2 P. 2:19).**

c. Él, Jesucristo, puede liberar al hombre.

> **"Y conoceréis la verdad, y la verdad os hará libres" (Jn. 8:32; cp. Jn. 14:6).**
>
> **"Y libertados del pecado, vinisteis a ser siervos de la justicia" (Ro. 6:18).**
>
> **"Porque la ley del Espíritu de vida en Cristo Jesús me ha librado de la ley del pecado y de la muerte" (Ro. 8:2).**
>
> **"Estad, pues, firmes en la libertad con que Cristo nos hizo libres, y no estéis otra vez sujetos al yugo de esclavitud" (Gá. 5:1).**
>
> **"Porque el Señor es el Espíritu; y donde está el Espíritu del Señor, allí hay libertad" (2 Co. 3:17).**

d. El hombre puede ser adoptado.

> **"Mas a todos los que le recibieron, a los que creen en su nombre, les dio potestad de ser hechos hijos de Dios" (Jn. 1:12).**
>
> **"Porque todos los que son guiados por el Espíritu de Dios, éstos son hijos de Dios" (Ro. 8:14).**
>
> **"Por lo cual, salid de en medio de ellos, y apartaos, dice el Señor, y no toquéis lo inmundo; y yo os recibiré, y seré para vosotros por Padre, y vosotros me seréis hijos e hijas, dice el Señor Todopoderoso" (2 Co. 6:17, 18).**
>
> **"Pero cuando vino el cumplimiento del tiempo, Dios envió a su Hijo, nacido de mujer y nacido bajo la ley, para que redimiese a los que estaban bajo la ley, a fin de que recibiésemos la adopción de hijos. Y por cuanto sois hijos, Dios envió a vuestros corazones el Espíritu de su Hijo, el cual clama: ¡Abba, Padre!" (Gá. 4:4-6).**

[3] (8:37) ***Pecado, esclavitud la:*** La segunda prueba de que el hombre es esclavizado por el pecado es que se opone y no hace lugar en su corazón para la Palabra de Jesús.

1. El hombre rechaza y se opone a Cristo. El hombre rechaza las declaraciones de Cristo sobre su vida; se rehúsa a negarse a sí mismo y a tomar la cruz como lo exige Cristo. (Ver Estudio a fondo 1, Lc. 9:23.) No quiere que las declaraciones de Cristo controlen su vida. Quiere hacer sus propias cosas y vivir como le plazca. Por lo tanto, rechaza a Cristo y continúa satisfaciendo sus propios deseos, asegurándose o tomando lo que quiere. Pone en ridículo y habla en contra de Cristo y de aquellos que siguen a Cristo cada vez que le es posible. Muy sencillamente, el hombre quiere poco, si quiere algo, que ver con Cristo; quiere que Cristo tenga poco o nada que ver con su vida.

2. El hombre no le hace lugar en su corazón a la Palabra de Cristo (Ver nota, punto 2 - Jn. 8:31 para una mayor discusión).

> **"Invalidando la palabra de Dios con vuestra tradición que habéis transmitido. Y muchas cosas hacéis semejantes a estas" (Mr. 7:13).**
>
> **"El que me rechaza, y no recibe mis palabras, tiene quien le juzgue; la palabra que he hablado, ella le juzgará en el día postrero" (Jn. 12:48).**
>
> **"El que no me ama, no guarda mis palabras; y la palabra que habéis oído no es mía, sino del Padre que me envió" (Jn. 14:24).**
>
> **"Si alguno enseña otra cosa, y no se conforma a las sanas palabras de nuestro Señor Jesucristo, y a la doctrina que es conforme a la piedad, está envanecido, nada sabe, y delira acerca de cuestiones y contiendas de palabras, de las cuales nacen envidias, pleitos,**

blasfemias, malas sospechas, disputas necias de hombres corruptos de entendimiento y privados de la verdad, que toman la piedad como fuente de ganancia; apártate de los tales" (1 Ti. 6:3-5).

"Pues tú aborreces la corrección, y echas a tu espalda mis palabras" (Sal. 50:17).

"Por tanto, como la lengua del fuego consume el rastrojo, y la llama devora la paja, así será su raíz como podredumbre, y su flor se desvanecerá como polvo; porque desecharon la ley de Jehová de los ejércitos, y abominaron la palabra del Santo de Israel" (Is. 5:24).

"¿A quién hablaré y amonestaré, para que oigan? He aquí que sus oídos son incircuncisos, y no pueden escuchar; he aquí que la palabra de Jehová les es cosa vergonzosa, no la aman" (Jer. 6:10).

"Y pusieron su corazón como diamante, para no oír la ley ni las palabras que Jehová de los ejércitos enviaba por su Espíritu, por medio de los profetas primeros; vino, por tanto, gran enojo de parte de Jehová de los ejércitos" (Zac. 7:12).

4 (8:38) ***Incrédulos - Satanás:*** La tercera prueba de que el hombre está esclavizado por el pecado es que sigue al padre equivocado, al diablo (cp. v. 44). Aquí hay un fuerte contraste entre el Padre de Cristo y el padre del hombre, el diablo (ver Estudio a fondo 1, Ap. 12:9).

1. Lo que dice Cristo es que lo que Él ha visto *con* su Padre. La palabra "con" (para) significa "al lado de". Lo que Cristo vio provino del lado mismo del Padre. Cristo era de la misma presencia de Dios, de modo que lo que Él dijo era la Palabra de Dios. Su mensaje era la Palabra misma de Dios. ¿Cuál era su mensaje?

⇒ El hombre debe "creer en él" (v. 31)

⇒ El hombre debe "permanecer en su Palabra" (v. 31).

⇒ El hombre es "esclavo del pecado" (v. 34)

⇒ El hombre puede ser liberado y adoptado como hijo de Dios por el Hijo eterno (vv. 35, 36).

2. Lo que el hombre hace es lo que ve y oye con su padre. Cristo identifica al padre del hombre con el diablo (v. 44). El hombre, andando en el pecado, está al lado mismo del diablo (al lado del lugar, dominio, gobierno y reinado del diablo). Entonces, mucho de lo que hace el hombre es del diablo. ¿Cuáles son las cosas del diablo que hace el hombre? Tanto el hombre como su padre (el diablo)...

- tienen lascivia (cp. 1 Jn. 2:15, 16; Ro. 12:1, 2; 2 Co. 6:17, 18).
- asesinan (cp. Mt. 5:21, 22).
- no viven en la verdad. (Ver Estudio a fondo 1, Jn. 8:32.)
- creen, viven y hablan mentiras. El hombre vive y habla de una vida que es una mentira, que no es permanente y duradera ni segura.

Ningún hombre está libre de estos hechos del diablo. El hombre está esclavizado por el pecado, necesitando desesperadamente que lo liberen. (¡Piense, si el hombre fuera liberado de estos hechos demoníacos, qué mundo diferente tendríamos!)

ESTUDIO A FONDO 1

(8:38) ***Incrédulos:*** Todos los hombres que no practican la justicia son hombres que no han nacido de Dios. Se dice que son hijos de Satanás (1 Jn. 3:8-10).

"El campo es el mundo; la buena semilla son los hijos del reino, y la cizaña son los hijos del malo" (Mt. 13:38).

"Vosotros sois de vuestro padre el diablo, y los deseos de vuestro padre queréis hacer. El ha sido homicida desde el principio, y no ha permanecido en la verdad, porque no hay verdad en él. Cuando habla mentira, de suyo habla; porque es mentiroso, y padre de mentira" (Jn. 8:44).

"Dijo: ¡Oh, lleno de todo engaño y de toda maldad, hijo del diablo, enemigo de toda justicia! ¿No cesarás de trastornar los caminos rectos del Señor?" (Hch. 13:10).

"En los cuales anduvisteis en otro tiempo, siguiendo la corriente de este mundo, conforme al príncipe de la potestad del aire, el espíritu que ahora opera en los hijos de desobediencia" (Ef. 2:2).

"En esto se manifiestan los hijos de Dios, y los hijos del diablo: todo aquel que no hace justicia, y que no ama a su hermano, no es de Dios" (1 Jn. 3:10).

5 (8:39, 40) ***Pecado, Esclavitud la - Hombre, Depravación:*** La cuarta prueba de que el hombre está esclavizado por el pecado es que no logra hacer las obras de Abraham. Lo que se dice ahora es crucial.

1. Los judíos gritaron: "Abraham es nuestro padre. Nuestro padre fue un buen hombre, un hombre de gran bondad. Y nuestro pueblo ha hecho *suficiente bien* a lo largo de los años para que proclamemos que Dios es nuestro Padre. Nuestro Padre por cierto es Dios, no otro".

Advierta que pocos hombres se atreverían a decir que el diablo es su padre. Para muchas personas esa idea es descabellada, hasta repulsiva. Hace surgir emociones que van desde la diversión hasta el enojo. Está el sentimiento de que se hace demasiado bien en la tierra para que se diga que el diablo es el padre del mundo o del hombre.

2. Jesús respondió: "Si fueseis hijos de Abraham, las obras de Abraham haríais". Se mencionan dos obras en particular.

a. Abraham no intentó matar a los mensajeros de la verdad. "No hizo esto Abraham". No se opuso a los mensajeros de la verdad, sino que recibió y aceptó la verdad cada vez que un mensajero cruzaba su camino. Sin embargo, muchas personas trataban de matar a Jesús.

b. Abraham creía en Dios y en la verdad de Dios. (Ver bosquejos y Estudio a fondo 1, Ro. 4:1-25.)

Lo que quería decir Jesús era esto: un hombre no puede proclamar la bondad de otros para sí. Si un hombre es hijo de la fe de Abraham, esto es, de Dios...

- hará las obras de Abraham (creer y buscar diligentemente a Dios, continuando en la verdad). (Ver nota, Jn. 8:31.)
- no hará las obras del diablo (cp. Jn. 8:44).

Pensamiento 1: El verdadero hijo de Dios es una persona que hace las obras del Señor.

1) Oye y recibe la verdad.

"Y aquel Verbo fue hecho carne, y habitó entre nosotros (y vimos su gloria, gloria como del

unigénito del Padre), lleno de gracia y de verdad" (Jn. 1:14).

"Jesús le dijo: Yo soy el camino, y la verdad, y la vida; nadie viene al Padre, sino por mí" (Jn. 14:6).

"Le dijo entonces Pilato: ¿Luego, eres tú rey? Respondió Jesús: Tú dices que yo soy rey. Yo para esto he nacido, y para esto he venido al mundo, para dar testimonio a la verdad. Todo aquel que es de la verdad, oye mi voz" (Jn. 18:37).

"En esto se manifiestan los hijos de Dios, y los hijos del diablo: todo aquel que no hace justicia, y que no ama a su hermano, no es de Dios. Porque este es el mensaje que habéis oído desde el principio: Que nos amemos unos a otros" (1 Jn. 3:10, 11).

2) No trata de matar y eliminar la mayor verdad que Dios ha dado a esta tierra, la verdad de su propio Hijo.

"En esto se manifiestan los hijos de Dios, y los hijos del diablo: todo aquel que no hace justicia, y que no ama a su hermano, no es de Dios. Porque este es el mensaje que habéis oído desde el principio: Que nos amemos unos a otros" (1 Jn. 3:10, 11).

"No améis al mundo, ni las cosas que están en el mundo. Si alguno ama al mundo, el amor del Padre no está en él. Porque todo lo que hay en el mundo, los deseos de la carne, los deseos de los ojos, y la vanagloria de la vida, no proviene del Padre, sino del mundo" (1 Jn. 2:15, 16).

"Y ellos se llenaron de furor, y hablaban entre sí qué podrían hacer contra Jesús" (Lc. 6:11).

"Pero sus conciudadanos le aborrecían, y enviaron tras él una embajada, diciendo: No queremos que éste reine sobre nosotros" (Lc. 19:14).

"No puede el mundo aborreceros a vosotros; mas a mí me aborrece, porque yo testifico de él, que sus obras son malas" (Jn. 7:7).

"Si el mundo os aborrece, sabed que a mí me ha aborrecido antes que a vosotros" (Jn. 15:18).

"Pero esto es para que se cumpla la palabra que está escrita en su ley: Sin causa me aborrecieron" (Jn. 15:25).

"Cuando le vieron los principales sacerdotes y los alguaciles, dieron voces, diciendo: ¡Crucifícale! ¡Crucifícale! Pilato les dijo: Tomadle vosotros, y crucificadle; porque yo no hallo delito en él" (Jn. 19:6).

1 El hecho declarado a. El hombre niega b. El hombre sostiene que Dios es su padre **2 Prueba 1: El hombre no ama a Cristo** a. Cristo vino de Dios b. Cristo fue enviado por Dios c. El hombre no comprende las palabras y declaraciones de Cristo **3 Prueba 2: El hombre muestra por sus obras que su padre es el diablo**	**G. La depravación del hombre: Nacimiento ilegítimo, 8:41-47** 41 Vosotros hacéis las obras de vuestro padre. Entonces le dijeron: Nosotros no somos nacidos de fornicación; un padre tenemos, que es Dios. 42 Jesús entonces les dijo: Si vuestro padre fuese Dios, ciertamente me amaríais; porque yo de Dios he salido, y he venido; pues no he venido de mí mismo, sino que él me envió. 43 ¿Por qué no entendéis mi lenguaje? Porque no podéis es- cuchar mi palabra. 44 Vosotros sois de vuestro pa- dre el diablo, y los deseos de	vuestro padre queréis hacer. El ha sido homicida desde el principio, y no ha permanecido en la verdad, porque no hay verdad en él. Cuando habla mentira, de suyo habla; porque es mentiroso, y padre de mentira. 45 Y a mí, porque digo la ver- dad, no me creéis. 46 ¿Quién de vosotros me redarguye de pecado? Pues si digo la verdad, ¿por qué vosotros no me creéis? 47 El que es de Dios, las pala- bras de Dios oye; por esto no las oís vosotros, porque no sois de Dios.	a. Satanás y el hombre tienen lascivia b. Satanás y el hombre matan c. Satanás y el hombre no permanecen en la verdad d. Satanás y el hombre mueren **4. Prueba 3: Cristo es sin pecado, Él es Dios** a. Los hombres siguen sin creer b. El motivo: el hombre no es de Dios, el hombre es pecaminoso 1) No oye las palabras de Dios 2) Porque no es de Dios

DIVISIÓN IX

LA REVELACIÓN DE JESÚS, LA LUZ DE LA VIDA, 8:1—9:41

G. La depravación del hombre: Nacimiento ilegítimo, 8:41-47

(8:41-47) ***Depravación:*** Este pasaje aniquila el concepto que el hombre tiene de sí mismo. Sin embargo, es un pasaje que debe estudiarse con mucho cuidado, puesto que es una de las verdades impactantes reveladas por Cristo. El destino del hombre pende de lo que Él reveló.

El hombre es un pecador y está alejado de la gloria de Dios. El hombre peca porque es depravado, esto es, nacido en forma ilegítima. La depravación significa que un hombre siempre *está alejado* de la gloria de Dios, y *siempre recibirá poco* de Dios, y *siempre falla* en medirse con Dios. Muy sencillamente, el hombre *no es sagrado,* así como Dios es sagrado; el hombre *no es perfecto*, así como Dios es perfecto. ¿Por qué? Porque el hombre nace con una naturaleza ilegítima, pecaminosa y depravada. El hombre nace con una naturaleza que peca, envejece, se deteriora, muere y se arruina, una naturaleza que es imperfecta y tan radicalmente diferente de la naturaleza perfecta de Dios como pueda serlo. (Ver bosquejo y notas, 1 Jn. 3:4-9 para mayor discusión sobre este tema).

1. El hecho declarado (v. 41).
2. Prueba 1: El hombre no ama a Cristo (vv. 42, 43).
3. Prueba 2: El hombre muestra por sus obras que su padre es el diablo (v. 44).
4. Prueba 3: Cristo es sin pecado, Él es Dios (vv. 45-47).

[1] (8:41) ***Hombre, Depravación - Profesión, Falsa:*** El hecho está declarado con sumo énfasis. El hombre peca haciendo las cosas de y siguiendo a otro padre que no sea Dios.

⇒ El pecado no es de Dios.

⇒ Los hechos malos no son del Padre del cielo.

⇒ Por lo tanto, deben ser de otro padre.

Un hombre que peca y hace cosas malas está siguiendo a otro padre, a un padre ilegítimo. El hombre pecaminoso...

- revela una naturaleza depravada, una naturaleza que no le permite dejar de pecar sin importar cuánto lo intente. (Ver notas, Ro. 3:9-20; 3:9.)
- revela una naturaleza de algún padre que está diametralmente opuesto al Padre del cielo.

Nota: el pecado y el mal se deben a la naturaleza de un padre espiritual (el diablo). El hombre peca porque está en la semejanza familiar de ese padre (por naturaleza). Sin embargo, el hombre niega ese hecho. Los fariseos, los extremistas religiosos más firmes que han vivido (representando a toda la humanidad) sabían exactamente lo que Jesús estaba diciendo. Sabían que Jesús estaba hablando espiritualmente y que los estaba acusando...

- de ser pecaminosos y depravados, siempre lejos de la meta.
- de seguir a otro padre que no sea el Padre del cielo.

Los extremistas religiosos judíos (como la mayor parte de los hombres) negaron que tuvieran un padre idolatrado. En sus mentes, Dios era su Padre y ellos eran hijos de Dios, y no había duda al respecto. Sostenían que...

- creían en y profesaban al Dios de la Biblia.
- adoraban al verdadero Dios.
- seguían al verdadero Dios.
- hacían el bien suficiente como para ser aceptados por Dios.
- no habían hecho suficientes actos malos como para no ser aceptados por Dios.
- habían hecho lo más posible para agradar a Dios.
- eran lo suficientemente justos como para ser aceptables a Dios.
- tenían un linaje lo suficientemente divino (padres,

familia, amigos, obras) como para ser aceptados por Dios.

Pensamiento 1: El hecho trágico es este: la gran mayoría de las personas sostienen lo mismo, rehusándose a aceptar la verdad. No obstante, su declaración es una falsa profesión. Lo que Cristo estaba haciendo era intentar que los hombres vieran la verdad. Los hombres deben desesperadamente alejarse de sus hechos malos hacia Dios, creer genuinamente y diligentemente buscar a Dios (He. 11:6).

> **"No todo el que me dice: Señor, Señor, entrará en el reino de los cielos, sino el que hace la voluntad de mi Padre que está en los cielos" (Mt. 7:21).**
>
> **"Respondiendo él, les dijo: Hipócritas, bien profetizó de vosotros Isaías, como está escrito: Este pueblo de labios me honra, mas su corazón está lejos de mí" (Mr. 7:6).**
>
> **"Profesan conocer a Dios, pero con los hechos lo niegan, siendo abominables y rebeldes, reprobados en cuanto a toda buena obra" (Tit. 1:16).**
>
> **"Pero sin fe es imposible agradar a Dios; porque es necesario que el que se acerca a Dios crea que le hay, y que es galardonador de los que le buscan" (He. 11:6).**
>
> **"Mirad cuál amor nos ha dado el Padre, para que seamos llamados hijos de Dios; por esto el mundo no nos conoce, porque no le conoció a él" (1 Jn. 3:1).**

[2] (8:42, 43) ***Hombre, Depravación:*** La primera prueba de la depravación del hombre es que el hombre no ama a Jesús. Imagine la escena. Dios envió a su Hijo al mundo y el hombre...

- no lo reconoce a Él.
- no reconoce sus palabras.
- no reconoce sus obras.

Si el hombre fuera de Dios, esto es, del mismo mundo y dimensión espiritual que Jesús, reconocería a Jesús y reconocería sus palabras y obras. Sería imposible no reconocerlo. Esto es lo que Jesús estaba diciendo. Él "de Dios ha salido y ha venido", esto es, del mundo y la dimensión espiritual del mismo cielo. Todo hombre que es de Dios debe reconocerlo. Todo hombre que es verdaderamente de Dios lo amará y le dará la bienvenida, no lo rechazará ni se opondrá a Él. El hombre que no quiere tener nada que ver con Jesús no es de la familia de Dios; no es un hijo de Dios. Es un hijo de algún otro padre que el Padre de Jesús.

Advierta otro hecho: ningún hombre podría posiblemente ser de Dios...

- si no comprende el discurso (enseñanza) de Cristo.
- si no oye la palabra de Cristo (abre su corazón a ella).

Un hombre que tiene el mismo Padre que Jesucristo comprenderá su enseñanza, y oirá su Palabra y abrirá su corazón a lo *que* Cristo enseñe. Cuando un hombre cierra su corazón a la enseñanza de Cristo, ese hombre demuestra que tiene otro padre que el Padre de Cristo.

> **"Jesús entonces les dijo: Si vuestro padre fuese Dios, ciertamente me amaríais; porque yo de Dios he salido, y he venido; pues no he venido de mí mismo, sino que él me envió" (Jn. 8:42).**
>
> **"Porque he descendido del cielo, no para hacer mi voluntad, sino la voluntad del que me envió" (Jn. 6:38).**
>
> **"Si me conocieseis, también a mi Padre conoceríais; y desde ahora le conocéis, y le habéis visto. Felipe le dijo: Señor, muéstranos el Padre, y nos basta. Jesús le dijo: ¿Tanto tiempo hace que estoy con vosotros, y no me has conocido, Felipe? El que me ha visto a mí, ha visto al Padre; ¿cómo, pues, dices tú: Muéstranos el Padre? ¿No crees que yo soy en el Padre, y el Padre en mí? Las palabras que yo os hablo, no las hablo por mi propia cuenta, sino que el Padre que mora en mí, él hace las obras" (Jn. 14:7-10).**
>
> **"Pues el Padre mismo os ama, porque vosotros me habéis amado, y habéis creído que yo salí de Dios" (Jn. 16:27).**
>
> **"Ahora entendemos que sabes todas las cosas, y no necesitas que nadie te pregunte; por esto creemos que has salido de Dios" (Jn. 16:30).**
>
> **"La gracia sea con todos los que aman a nuestro Señor Jesucristo con amor inalterable" (Ef. 6:24).**

Advierta la palabra "no podéis". Es fuerte. Ellos *podían haber comprendido y escuchado* su Palabra, pero *no lo harían;* esto es, rechazaron su Palabra, porque les repelía. La rechazaron, deliberadamente decidieron alejarse de ella.

> **"Porque el corazón de este pueblo se ha engrosado, y con los oídos oyeron pesadamente, y sus ojos han cerrado, para que no vean con los ojos, y oigan con los oídos, y entiendan de corazón, y se conviertan, y yo los sane" (Hch. 28:27).**
>
> **"No hay quien entienda, no hay quien busque a Dios" (Ro. 3:11).**
>
> **"Estas siempre están aprendiendo, y nunca pueden llegar al conocimiento de la verdad" (2 Ti. 3:7).**

[3] (8:44) ***Hombre, Depravación:*** La segunda prueba de la depravación del hombre es que el hombre demuestra que su padre es el diablo. Son las *obras del hombre* las que revelan su verdadero padre. El hombre objeta y niega este hecho con bastante firmeza, a veces con enojo. Muchos piensan que la idea es repulsiva y horrible, algo terrible para decir. Y lo es. Esto es justo lo que Jesús quiere que los hombres reconozcan. Hay que enfrentar el hecho; se lo debe sentir tan repulsivo y horrible que un hombre hará algo al respecto. Es impactante para algunas personas oír que Jesús llegó a decir algo así.

El punto es este: el comportamiento pecaminoso del hombre y las obras malas demuestran que su padre no es el Padre de Jesús. El comportamiento pecaminoso y los hechos malos no son del Padre del cielo; son del padre del infierno. Los pecados y la maldad mencionados por Jesús lo demuestran.

1. Satanás y los hombres "sienten lascivia". (Ver Estudio a fondo 1, Lascivia Jn. 8:44; Estudio a fondo 1, Stg. 4:1-3; nota, 4:2 para mayor discusión.)

2. Satanás y los hombres asesinan. Satanás es un asesino en tres sentidos.

a) Él estuvo tras el primer asesinato: Caín matando a su hermano Abel (Gn. 4:8).

b) Él estuvo tras el pecado de Adán, que trajo la muerte a toda la raza humana. Él es el asesino, el que ocasionó la muerte de los hombres.

> **"Por tanto, como el pecado entró en el mundo por un hombre, y por el pecado la muerte, así la muerte**

pasó a todos los hombres, por cuanto todos pecaron" (Ro. 5:12).

c) Él está detrás del asesinato de la vida humana y detrás de la pérdida del hombre que experimenta la vida real aquí en la tierra. El diablo destruye la vida y toda la vida abundante cuando puede: todo el amor, el gozo, la paz, la paciencia, la cordialidad, la bondad, la fe, la ternura, la disciplina.

"Cuando alguno oye la palabra del reino y no la entiende, viene el malo, y arrebata lo que fue sembrado en su corazón. Este es el que fue sembrado junto al camino" (Mt. 13:19).

"Sed sobrios, y velad; porque vuestro adversario el diablo, como león rugiente, anda alrededor buscando a quien devorar" (1 P. 5:8).

"Respondiendo Satanás a Jehová, dijo: ¿Acaso teme Job a Dios de balde? ¿No le has cercado alrededor a él y a su casa y a todo lo que tiene? Al trabajo de sus manos has dado bendición; por tanto, sus bienes han aumentado sobre la tierra. Pero extiende ahora tu mano y toca todo lo que tiene, y verás si no blasfema contra ti en tu misma presencia" (Job 1:9-11).

Jesús estaba diciendo que una cosa era cierta: Dios no es el padre del asesinato, el diablo lo es. Los que cometen asesinatos son hijos del diablo. Pero advierta el real significado de asesinato revelado por Jesús (Ver nota 2 - Mt. 5:22 para una mayor discusión) El asesinato es...

- enojo
- borrar a una persona
- resentimiento
- calumniar, hablar mal de una persona y destruir la imagen de una persona (que está creada a la imagen de Dios)
- enemistad
- un espíritu descontrolado
- desear la ruina de una persona
- envidiar y matar la felicidad de una persona

3. Satanás y los hombres no viven en la verdad. Ambos rechazan la verdad. (Ver Estudio a fondo 1, Jn. 8:32.)

"Vosotros sois de vuestro padre el diablo, y los deseos de vuestro padre queréis hacer. El ha sido homicida desde el principio, y *no ha permanecido en la verdad*, porque no hay verdad en él. Cuando habla mentira, de suyo habla; porque es mentiroso, y padre de mentira" (Jn. 8:44).

"El que practica el pecado es del diablo; porque el diablo *peca desde el principio*. Para esto apareció el Hijo de Dios, para deshacer las obras del diablo" (1 Jn. 3:8).

4. Satanás y los hombres mienten y engañan. Es su naturaleza mentir y protegerse y cuidarse. Este es el significado de la frase "de suyo habla"; esto es, él se siente cómodo y confortable mintiendo. Es la naturaleza del hombre mentir; él miente por su propio ser. Esto hiere el orgullo del hombre, pero es su naturaleza...

- cuidarse a sí mismo incluso si tiene que mentir (engañar, robar, maniobrar, lo que sea) para obtener lo que desea.
- protegerse a sí mismo disfrazando, engañando y torciendo la verdad.

"Pero si nuestro evangelio está aún encubierto, entre los que se pierden está encubierto; en los cuales el dios de este siglo cegó el entendimiento de los incrédulos, para que no les resplandezca la luz del evangelio de la gloria de Cristo, el cual es la imagen de Dios" (2 Co. 4:3, 4).

"Porque éstos son falsos apóstoles, obreros fraudulentos, que se disfrazan como apóstoles de Cristo. Y no es maravilla, porque el mismo Satanás se disfraza como ángel de luz. Así que, no es extraño si también sus ministros se disfrazan como ministros de justicia; cuyo fin será conforme a sus obras" (2 Co. 11:13-15).

Nota: todo lo que no es verdadero es falso, ya sea una mentira, pensamientos, ideas, palabras o hechos. Mentir es del diablo y expone una persona a ser hijo del diablo. Una persona por cierto no es de Dios si miente. Su padre no es el Padre de Jesús.

"No os he escrito como si ignoraseis la verdad, sino porque la conocéis, y porque ninguna mentira procede de la verdad. ¿Quién es el mentiroso, sino el que niega que Jesús es el Cristo? Este es anticristo, el que niega al Padre y al Hijo. Todo aquel que niega al Hijo, tampoco tiene al Padre. El que confiesa al Hijo, tiene también al Padre" (1 Jn. 2:21-23).

Advierta también que Jesús está diciéndole la verdad al hombre, pero el hombre rehúsa aceptarla (v. 45). Es duro aceptar la verdad que uno sigue y realmente se comporta como un hijo del diablo. Sin embargo, el hombre debe aceptar la verdad si es que debe cambiar y ver su mundo cambiado y convertirse en hijo de Dios, el Padre del Señor Jesucristo.

ESTUDIO A FONDO 1

(8:44) ***Lascivias*** (epithumia): Un fuerte deseo, una gran pasión por. La palabra se utiliza en un buen sentido tres veces diferentes en las Escrituras (Lc. 22:15; Fil. 1:23; 1 Ts. 2:17). Un hombre debe volcar sus fuertes deseos hacia la justicia y la divinidad; no obstante, un hombre debe luchar para alejarse del deseo de complacerse *a sí mismo*. La tendencia natural del hombre es el deseo o la lascivia de satisfacerse antes que a otros, en particular cuando están en juego la supervivencia y la comodidad.

1. La misma naturaleza del hombre es la lascivia, la lascivia de la carne y de la mente (Ef. 2:2, 3). La lascivia pecaminosa y mala demuestran que los hombres son *por naturaleza...*

- los hijos de la ira.
- los hijos de la desobediencia.
- los hijos del espíritu que es el príncipe y el poder del aire, es decir, el diablo.

"En los cuales anduvisteis en otro tiempo, siguiendo la corriente de este mundo, conforme al príncipe de la potestad del aire, el espíritu que ahora opera en los hijos de desobediencia" (Ef. 2:2).

2. La misma naturaleza del hombre y del mundo es la lascivia, una tendencia tanto a *ser* como a *obtener*.

"No améis al mundo, ni las cosas que están en el mundo. Si alguno ama al mundo, el amor del Padre no está en él. Porque todo lo que hay en el mundo, los de-

seos de la carne, los deseos de los ojos, y la vanagloria de la vida, no proviene del Padre, sino del mundo. Y el mundo pasa, y sus deseos; pero el que hace la voluntad de Dios permanece para siempre" (1 Jn. 2:15-17. Cp. Ro. 13:14; Gá. 5:16, 24; Col. 3:5; 1 Ts. 4:5; 1 Ti. 6:9; 2 Ti. 3.6; 4:3; Tit. 2:12; 3:3; 1 P. 1:14; 2:11; 3:3; 4:2; 2 P. 2:1, 8, 10, 18; Jud. 18; Ap. 18:14.)

Lo que un hombre descubre es que sus anhelos nunca son satisfechos, deben ser controlados. Hay algo dentro del ser más interior del hombre que pide más y más, y cuanto más obtiene, la lascivia no disminuye, crece. Anhela aún más y más. Los deseos del hombre nunca son satisfechos; su única respuesta es controlarlos (Ver nota, Lascivia - Stg. 4:2 para una discusión sobre el control del Espíritu de Dios. Cp. Gá. 5:22, 23.)

4 (8:45-47) ***Jesucristo, Sin pecado:*** La tercera prueba de la depravación del hombre es la falta de pecado de Jesús. Jesús hizo la declaración más asombrosa: ningún hombre puede comprobar que Él es pecador. Ninguna persona pudo probar un solo pecado en Él. Era sin pecado y perfecto. Estaba en la relación más íntima imaginable con Dios, de la misma naturaleza de Dios: sin pecado, santo, justo, puro, perfectamente así. Jesús sostuvo ser el Hombre Perfecto.

"Al que no conoció pecado, por nosotros lo hizo pecado, para que nosotros fuésemos hechos justicia de Dios en él" (2 Co. 5:21).

"Porque no tenemos un sumo sacerdote que no pueda compadecerse de nuestras debilidades, sino uno que fue tentado en todo según nuestra semejanza, pero sin pecado" (He. 4:15).

"Porque tal sumo sacerdote nos convenía: santo, inocente, sin mancha, apartado de los pecadores, y hecho más sublime que los cielos" (He. 7:26).

"El cual no hizo pecado, ni se halló engaño en su boca" (1 P. 2:22).

"Y sabéis que él apareció para quitar nuestros pecados, y no hay pecado en él" (1 Jn. 3:5).

Advierta la importante cuestión. Puesto que Él era sin pecado, ¿por qué los hombres no creían en Él? Él estaba diciendo la verdad. Por lo tanto, los hombres debían creer en Él. Jesús respondió su propia pregunta.

⇒ Es "de Dios" el que oye las Palabras de Dios.

⇒ "No es de Dios" el que no oye las Palabras de Dios. La persona que no es de Dios no oye ni cree porque no es hijo de Dios. Es un hijo del padre de las mentiras, el diablo.

"Porque el corazón de este pueblo se ha engrosado, y con los oídos oyen pesadamente, y han cerrado sus ojos; para que no vean con los ojos, y oigan con los oídos, y con el corazón entiendan, y se conviertan, y yo los sane" (Mt. 13:15).

"Y apartarán de la verdad el oído y se volverán a las fábulas" (2 Ti. 4:4).

"Pero no quisieron escuchar, antes volvieron la espalda, y taparon sus oídos para no oír" (Zac. 7:11).

	H. La huida del hombre de la muerte, 8:48-59	54 Respondió Jesús: Si yo me glorifico a mí mismo, mi gloria nada es; mi Padre es el que me glorifica, el que vosotros decís que es vuestro Dios. 55 Pero vosotros no le conocéis; mas yo le conozco, y si dijere que no le conozco, sería mentiroso como vosotros; pero le conozco, y guardo su palabra.	**3 La gran autoridad de Jesús para prometer liberación de la muerte** a. Él fue honrado por Dios. 1) El Dios con frecuen-cia profesado por los hombres. 2) El Dios desconocido por tantos hombres
1 Un fuerte insulto: Jesús es un samaritano y está poseído por el diablo a. La firme negación de Jesús b. El propósito de Jesús: honrar a Dios c. La honra de Jesús es preocupación de Dios	48 Respondieron entonces los judíos, y le dijeron: ¿No decimos bien nosotros, que tú eres samaritano, y que tienes demonio? 49 Respondió Jesús: Yo no tengo demonio, antes honro a mi Padre; y vosotros me deshonráis. 50 Pero yo no busco mi gloria; hay quien la busca, y juzga.	56 Abraham vuestro padre se gozó de que había de ver mi día; y lo vio, y se gozó.	b. Él conocía personalmente a Dios, obedeció su Palabra
2 La gran revelación: una persona puede escapar a la muerte a. La condición: "Si..." b. La reacción a la respuesta de Jesús: una acusación de que estaba poseído por el diablo 1) La acusación: todos los hombres divinos han muerto 2) La pregunta: ¿Quién sostienes ser?	51 De cierto, de cierto os digo, que el que guarda mi palabra, nunca verá muerte. 52 Entonces los judíos le dijeron: Ahora conocemos que tienes demonio. Abraham murió, y los profetas; y tú dices: El que guarda mi palabra, nunca sufrirá muerte. 53 ¿Eres tú acaso mayor que nuestro padre Abraham, el cual murió? ¡Y los profetas murieron! ¿Quién te haces a ti mismo?	57 Entonces le dijeron los judíos: Aún no tienes cincuenta años, ¿y has visto a Abraham? 58 Jesús les dijo: De cierto, de cierto os digo: Antes que Abraham fuese, yo soy. 59 Tomaron entonces piedras para arrojárselas; pero Jesús se escondió y salió del templo; y atravesando por en medio de ellos, se fue.	c. Él era el que Abraham esperaba y realmente vio 1) El Mesías 2) Los judíos no interpretaron la declara-ción de Jesús d. Él fue el gran "Yo Soy" 1) Antes que Abraham 2) La reacción en su contra: rechazo

DIVISIÓN IX

LA REVELACIÓN DE JESÚS, LA LUZ DE LA VIDA, 8:1—9:41

H. La huida del hombre de la muerte, 8:48:59

(8:48-59) ***Introducción:*** Esta es una declaración asombrosa, una persona no tiene que morir (v. 41). Todos podemos escapar a la muerte.

1. Un fuerte insulto: Jesús es un samaritano y está poseído por el diablo (vv. 48-50).
2. La gran revelación: una persona puede escapar a la muerte (vv. 51-53).
3. La gran autoridad de Jesús para prometer liberación de la muerte (vv. 54-59).

1 (8:48-50) ***Jesucristo, Acusaciones contra - Propósito:*** Los extremistas religiosos insultan duramente a Jesús. Lo llaman samaritano y lo acusan de estar poseído por el demonio.

⇒ Ser samaritano era una acusación de que Él estaba lleno de herejía, no adorando al verdadero Dios, sino siguiendo y construyendo la falsa religión de los samaritanos. (Ver Estudio a fondo 1, Jn. 4:5. Los judíos despreciaban a los samaritanos.)

⇒ Estar poseído por el demonio era una acusación de que Él estaba lleno de un espíritu maligno, un espíritu que iba a destruir al hombre y a la verdadera religión de Dios y su pueblo. (Ver notas, Jn. 7:20-24; 7:32; Estudio a fondo 4, Mt. 12:24.)

Jesús respondió a las acusaciones, pero no dijo absolutamente nada de su calumnia racial. (Una calumnia racial no era digna de comentario para Él). Pero firmemente negó su acusación de que estuviera poseído por el demonio. Sabía exactamente qué estaba diciendo y haciendo. No estaba loco. Estaba perfectamente consciente de sus actos. Advierta que Jesús hizo tres declaraciones.

1. Jesús sostuvo que su propósito era honrar a Dios. No había ningún espíritu maligno dentro de Él para destruir al hombre y la adoración de Dios. Muy por el contrario, su propósito era *honrar a Dios* y hacer que los hombres se vuelquen hacia Dios. Nota: Él llamó a Dios "Mi Padre".

2. Jesús sostuvo que el hombre era el que le hacía daño a Dios. Mientras que Jesús honraba a Dios, el hombre (en particular los extremistas religiosos falsos) intentaban deshonrar a Jesús. Al deshonrar a Jesús, estaban deshonrando a Dios. Era el amor de Dios el que lo había enviado al mundo para ofrecer salvación (vv. 31, 32). La verdadera posesión demoníaca o el espíritu maligno se veía en quienes lo deshonraban mientras Él ofrecía la salvación de Dios al hombre.

3. Jesús no buscó su propia gloria; por el contrario, buscó glorificar a Dios conduciendo a los hombres hacia Dios. Sin embargo...

- había quien buscaba la gloria de Jesús, es decir, Dios mismo.
- Dios juzgará a quienes verdaderamente glorificaron a Cristo. Él revelará lo que hizo Cristo para glorificar a Dios y lo que hicieron los extremistas religiosos para deshonrar a Dios. Alguien (Cristo) será aprobado y aceptado, y los otros (extremistas religiosos) serán desaprobados y condenados.

2 (8:51-53) ***Jesucristo, Liberador de la muerte:*** Está la gran revelación y la promesa: una persona puede escapar a la muerte. (Ver Estudio a fondo 1, Muerte, Jn. 8:51 para mayor discusión.)

Advierta la reacción a la declaración fenomenal de Jesús: el hombre pensaba que Jesús debía estar bajo el hechizo del demonio, que estaba loco e insano. Creían que estaba poseído por el demonio, porque todo el mundo sabe que el hombre muere. Incluso los hombres más santos tales como Abraham y los profetas murieron. ¿Quién creía Jesús que era? ¿Pensaba que era más grande que Abraham y los profetas? ¿Quién sostenía ser?

ESTUDIO A FONDO 1

(8:51) ***Muerte - Liberación - Jesucristo, Liberación de la muerte:*** Esta es una de las grandes promesas de las Escrituras. "De cierto, de cierto os digo, que el que guarda mi palabra, nunca verá muerte" (v. 51).

1. Advierta las palabras atrayentes: "De cierto, de cierto". Lo que se va a decir es de importancia crítica: "Escuchad, escuchad".

2. Advierta cómo la oración en realidad acentúa la gloriosa verdad.

⇒ La palabra "muerte" es enfática en griego, en ese idioma comienza la oración, a diferencia del español. "el que guarda mi palabra, nunca verá muerte".

⇒ Nuevamente, en griego hay una doble negación (ou me) que podría traducirse: "el que guarda mi palabra, *nunca* y *de ninguna manera* verá muerte".

3. Advierta las frases "verá muerte" (theorese thanaton) y "sufrirá muerte" (geusetai thanatou, v. 52). El significado es que un genuino seguidor de Cristo...

- nunca experimentará ni verá la muerte.
- nunca conocerá ni compartirá la muerte.
- nunca enfrentará la condena de la muerte.
- nunca experimentará el terror, el dolor, la pena y el sufrimiento de la muerte; nunca experimentará la angustia de estar separado de Dios y de la gloria, la belleza, la perfección y la vida del cielo.

En un momento, más rápido que el rayo o el pestañear de los ojos, el seguidor de Cristo pasa de este mundo al próximo. Nunca cesa de experimentar la vida y nunca pierde conciencia. En un instante está en este mundo y en el siguiente está ante la presencia de Dios mismo.

Advierta la razón por la que el creyente nunca "verá muerte" (v. 51) ni "sufrirá muerte" (v. 52). Es porque Jesús vino "para que por la gracia de Dios gustase la muerte de todos" (He. 2:9).

4. Nota: hay una condición para escaparle a la muerte: "el que guarda mi palabra" (logon, palabra). Una persona debe cumplir con la Palabra de Cristo para escaparle a la muerte. La palabra "cumplir" (terese) significa mantener, obedecer con diligencia. Significa determinar y poner el corazón de uno en la Palabra de Cristo y cumplirlo con toda diligencia. Si un hombre es diligente al obedecer a Cristo, nunca verá la muerte. (Ver nota, Jn. 8:31 para discusión y versículos de las Escrituras. Ver Estudio a fondo 1, Muerte, He. 9:27.)

5. Advierta la gloriosa verdad de esta declaración.

El hombre	***Pero el seguidor de Cristo***
• pasa por la muerte física	• nunca ve la muerte
• siente que su cuerpo se arruina	• nunca sufre la muerte
• enfrenta el juicio de Dios	• vive ahora y por siempre

"Porque de tal manera amó Dios al mundo, que ha dado a su Hijo unigénito, para que todo aquel que en él cree, no se pierda, mas tenga vida eterna" (Jn. 3:16).

"Trabajad, no por la comida que perece, sino por la comida que a vida eterna permanece, la cual el Hijo del Hombre os dará; porque a éste señaló Dios el Padre" (Jn. 6:27).

"El ladrón no viene sino para hurtar y matar y destruir; yo he venido para que tengan vida, y para que la tengan en abundancia" (Jn. 10:10).

"Mis ovejas oyen mi voz, y yo las conozco, y me siguen, y yo les doy vida eterna; y no perecerán jamás, ni nadie las arrebatará de mi mano" (Jn. 10:27, 28).

"Y todo aquel que vive y cree en mí, no morirá eternamente. ¿Crees esto?" (Jn. 11:26).

"Como le has dado potestad sobre toda carne, para que dé vida eterna a todos los que le diste. Y esta es la vida eterna: que te conozcan a ti, el único Dios verdadero, y a Jesucristo, a quien has enviado" (Jn. 17:2, 3).

"Y esta es la promesa que él nos hizo, la vida eterna" (1 Jn. 2:25).

"Conservaos en el amor de Dios, esperando la misericordia de nuestro Señor Jesucristo para vida eterna" (Jud. 21).

3 (8:54-59) ***Jesucristo, deidad - Unidad con Dios:*** Está la gran autoridad de Jesús para hacer una promesa tan gloriosa. Hizo cuatro declaraciones únicas.

1. Jesús sostuvo que Él fue honrado por Dios. No se honraba a sí mismo. Si hubiera buscado su propia honra, su honra no llegaría a nada. Cuando se ve a un hombre honrándose y alabándose a sí mismo, se lo considera falsa honra. La honra propia es tomada de mala manera y por lo general aleja a las personas. Por cierto, no las atrae.

Sin embargo, hay Alguien que honra a Cristo: Su Padre lo honra.

"Y hubo una voz de los cielos, que decía: Este es mi Hijo amado, en quien tengo complacencia" (Mt. 3:17).

"Otro es el que da testimonio acerca de mí, y sé que el testimonio que da de mí es verdadero" (Jn. 5:32).

"También el Padre que me envió ha dado testimonio de mí. Nunca habéis oído su voz, ni habéis visto su aspecto, ni tenéis su palabra morando en vosotros; porque a quien él envió, vosotros no creéis" (Jn. 5:37, 38).

"Yo soy el que doy testimonio de mí mismo, y el Padre que me envió da testimonio de mí" (Jn. 8:18).

"Si recibimos el testimonio de los hombres, mayor es el testimonio de Dios; porque este es el testimonio con que Dios ha testificado acerca de su Hijo. El que cree en el Hijo de Dios, tiene el testimonio en sí mismo; el que no cree a Dios, le ha hecho mentiroso, porque no ha creído en el testimonio que Dios ha dado acerca de su Hijo. Y este es el testimonio: que Dios nos ha dado vida eterna; y esta vida está en su Hijo. El que tiene al Hijo, tiene la vida; el que no tiene al Hijo de Dios no tiene la vida" (1 Jn. 5:9-12).

Ahora, advierta una declaración fenomenal. ¿Quién es el Padre de Jesús? "Es vuestro Dios" (v. 54).

a. Él es el Dios a quien los hombres con tanta frecuencia profesan como *su Dios.*
b. Pero Él es el Dios a quienes los hombres en realidad no conocen. Los hombres dicen que lo conocen, profesando...
   - que Dios es el Creador y el Sustentador de todo.
   - adorarlo y seguirlo.
   - ser cuidado por Él.

Pero dichas manifestaciones son solo imaginaciones, solo ideas de la mente del hombre. Jesús dijo que el hombre realmente no conoce a Dios, no al Dios verdadero y viviente, no realmente, no personalmente.

"No todo el que me dice: Señor, Señor, entrará en el reino de los cielos, sino el que hace la voluntad de mi Padre que está en los cielos" (Mt. 7:21).

"Respondiendo él, les dijo: Hipócritas, bien profetizó de vosotros Isaías, como está escrito: Este pueblo de labios me honra, mas su corazón está lejos de mí" (Mr. 7:6).

"¿Por qué me llamáis, Señor, Señor, y no hacéis lo que yo digo?" (Lc. 6:46).

"Profesan conocer a Dios, pero con los hechos lo niegan, siendo abominables y rebeldes, reprobados en cuanto a toda buena obra" (Tit. 1:16).

"Hijitos míos, no amemos de palabra ni de lengua, sino de hecho y en verdad" (1 Jn. 3:18).

2. Jesús sostuvo que Él conocía personalmente a Dios y que obedecía la Palabra de Dios. Él tenía un conocimiento único y muy especial de Dios. Jesús conocía a Dios como nadie lo conoció nunca.

"Todas las cosas me fueron entregadas por mi Padre; y nadie conoce al Hijo, sino el Padre, ni al Padre conoce alguno, sino el Hijo, y aquel a quien el Hijo lo quiera revelar" (Mt. 11:27).

"Pero yo le conozco, porque de él procedo, y él me envió" (Jn. 7:29).

"Y les dijo: Vosotros sois de abajo, yo soy de arriba; vosotros sois de este mundo, yo no soy de este mundo" (Jn. 8:23).

"Pero vosotros no le conocéis; mas yo le conozco, y si dijere que no le conozco, sería mentiroso como vosotros; pero le conozco, y guardo su palabra" (Jn. 8:55).

"Así como el Padre me conoce, y yo conozco al Padre; y pongo mi vida por las ovejas" (Jn. 10:15).

"Jesús entonces les dijo: Si vuestro padre fuese Dios, ciertamente me amaríais; porque yo de Dios he salido, y he venido; pues no he venido de mí mismo, sino que él me envió" (Jn. 8:42).

"Padre justo, el mundo no te ha conocido, pero yo te he conocido, y éstos han conocido que tú me enviaste" (Jn. 17:25).

Advierta que Jesús se rehusó a mentir. La mayoría de los hombres mienten cuando sostienen conocer a Dios, pero Él no mentiría como ellos lo hicieron (v. 55). Él conocía a Dios y no rebajaría ni retractaría su declaración, si bien sabía que significaría su muerte. Advierta también que Jesús cumplió con la Palabra de Dios. Esto significaba que Él tenía que decir la verdad. Él conocía a Dios personalmente y debía proclamar la gloriosa Palabra de Dios a los hombres. Él tenía que hacer lo que Dios dijo. Tenía que cumplir con la Palabra de Dios y con el propósito de Dios para que los hombres pudieran salvarse. (Advierta que Jesús estaba sosteniendo que era sin pecado, para cumplir perfectamente con la Palabra de Dios.)

"Mas para que el mundo conozca que amo al Padre, y como el Padre me mandó, así hago. Levantaos, vamos de aquí" (Jn. 14:31).

"Porque así como por la desobediencia de un hombre los muchos fueron constituidos pecadores, así también por la obediencia de uno, los muchos serán constituidos justos" (Ro. 5:19).

3. Jesús sostuvo que Él era el que Abraham esperaba y en realidad vio. Abraham tenía una posición única en la nación judía, puesto que fue el fundador de la nación. Fue el hombre que Dios había desafiado a ser testigo ante las otras naciones del mundo, un testigo del único Dios viviente. Por lo tanto, Dios se le había aparecido a Abraham y lo animó a abandonar su hogar, sus amigos, su empleo y su país. Si Abraham seguía sin cuestionar a Dios, Dios le hizo una promesa: Abraham se convertiría en el padre de una nueva nación y de una gran cantidad de gente, y Dios haría que todas las naciones fueran bendecidas por su semilla. (Gn. 13:14-17; 15:1-7; 17:1-8; 15-19; 22:15-18; 26:2-5, 24; 28:13-15; 35:9-12). (Ver Estudio a fondo 1, Jn. 4:22.)

Las Escrituras dicen que Abraham hizo lo que Dios le pidió. Salió sin saber a dónde iba (He. 11:8). Confió en Dios sin preguntar y con plena confianza y tomó al pie de la letra la Palabra de Dios. El punto es este: Abraham se regocijó de ver el día del Mesías, el día cuando la Semilla prometida fuera enviada a este mundo.

a. Cuando Abraham estaba en la tierra Él vio el día del Mesías por fe. Tuvo esperanzas y se regocijó tanto como cualquier santo del Antiguo Testamento.

"Conforme a la fe murieron todos éstos sin haber recibido lo prometido, sino mirándolo de lejos, y creyéndolo, y saludándolo, y confesando que eran extranjeros y peregrinos sobre la tierra" (He. 11:13).

b. Cuando Jesús nació, Abraham estaba vivo en el cielo, viviendo en la misma presencia de Dios. (Ver nota, punto 3, Mt. 22:31, 32.) Vio al Mesías viniendo a la tierra y se regocijó con todo el cielo. La salvación, la reivindicación de la fe, ahora estaba garantizada por el Hijo de Dios.

Advierta que los judíos interpretaron mal las palabras de Jesús. Los hombres por lo general lo hacen. Vieron a Jesús como a un simple hombre, un hombre que había vivido en la tierra unos pocos años. ¿Cómo era posible que viera a Abraham, un hombre que había muerto cientos y cientos de años antes?

"En los cuales el dios de este siglo cegó el entendimiento de los incrédulos, para que no les resplandezca la luz del evangelio de la gloria de Cristo, el cual es la imagen de Dios" (2 Co. 4:4).

"Teniendo el entendimiento entenebrecido, ajenos de la vida de Dios por la ignorancia que en ellos hay, por la dureza de su corazón" (Ef. 4:18).

4. Jesús proclamó que Él era el gran "Yo Soy". (Ver Estudio a fondo 1, Yo Soy, Jn. 6:20 para una mayor discusión.) Esta fue la declaración climática, la declaración...

- de ser preexistente, siempre existente, de haber vivido cuando Abraham nació (tiempo aoristo en griego "llegó a ser").
- de estar por encima y más allá del tiempo.
- de ser eterno.

El tema es asombroso. Jesús estaba allá cuando Abraham nació. Él es Dios mismo, el gran "Yo Soy" de pie en la tierra y en un cuerpo humano. ¿Por qué? Advierta que la pregunta no es *cómo*. Dios puede hacer cualquier cosa, incluso estar en la tierra en un cuerpo humano, si así lo desea. Por lo tanto, la pregunta nunca es *cómo* sino *por qué*. ¿Por qué Dios vendría a la tierra como un hombre? La respuesta es clara: para traer el mensaje de Dios al mundo, el glorioso evangelio (Jn. 8:31, 32).

No obstante, advierta la reacción de los hombres ante la presencia de Dios. Lo rechazaron y se opusieron a Él y trataron de quitárselo de encima. No querían tener nada qué ver con Él, menos aún cuando sus declaraciones significaran controlar sus vidas y ser obligados a cambiar la forma en que vivían.

"Y ellos se llenaron de furor, y hablaban entre sí qué podrían hacer contra Jesús" (Lc. 6:11).

"Pero sus conciudadanos le aborrecían, y enviaron tras él una embajada, diciendo: No queremos que éste reine sobre nosotros" (Lc. 19:14).

"No puede el mundo aborreceros a vosotros; mas a mí me aborrece, porque yo testifico de él, que sus obras son malas" (Jn. 7:7).

ESTUDIO A FONDO 2

(8:58) ***Jesucristo, deidad - "Yo Soy":*** ver Estudio a fondo 1, Jn. 6:20.

	CAPÍTULO 9 **I. Los ojos abiertos del hombre (Parte 1): La misión de Jesús, 9:1-7**		
		4 Me es necesario hacer las obras del que me envió, entre tanto que el día dura; la noche viene, cuando nadie puede trabajar.	**2 Jesús vino a hacer las obras de Dios**
		5 Entre tanto que estoy en el mundo, luz soy del mundo.	**3 Jesús vino a ser la Luz del mundo**
1 Jesús pasaba a. Vio a un hombre ciego de nacimiento b. Le hicieron una pregunta sobre el sufrimiento y el pecado c. Respondió que el sufrimiento de este hombre no era debido al pecado, sino para mostrar las obras de Dios	1 Al pasar Jesús, vio a un hombre ciego de nacimiento. 2 Y le preguntaron sus discípulos, diciendo: Rabí, ¿quién pecó, éste o sus padres, para que haya nacido ciego? 3 Respondió Jesús: No es que pecó éste, ni sus padres, sino para que las obras de Dios se manifiesten en él.	6 Dicho esto, escupió en tierra, e hizo lodo con la saliva, y untó con el lodo los ojos del ciego, 7 y le dijo: Ve a lavarte en el estanque de Siloé (que traducido es, Enviado). Fue entonces, y se lavó, y regresó viendo.	**4 Jesús vino a darle visión a los hombres** a. La acción de Jesús: hizo contacto b. La acción del hombre: obedecer para recibir la vista

DIVISIÓN IX

LA REVELACIÓN DE JESÚS, LA LUZ DE LA VIDA, 8:1—9:41

I. Los ojos abiertos del hombre (Parte 1): La misión de Jesús, 9:1-7

(9:1-7) ***Introducción:*** El hombre es espiritualmente ciego y sus ojos deben ser abiertos. La misión de Jesús es la de abrir los ojos del hombre.

1. Jesús pasaba (vv. 1-3).
2. Jesús vino a hacer las obras de Dios (v. 4).
3. Jesús vino a ser la Luz del mundo (v. 5).
4. Jesús vino a dar visión a los hombres (vv. 6, 7).

ESTUDIO A FONDO 1

(9:1-41) ***Vista espiritual:*** Este pasaje es una continuación del tema *Pecaminosidad del hombre*. Jesús tomó la ceguera física de un hombre y demostró las etapas del discernimiento espiritual y la vista (Jn. 9:8-41). Cabe advertir que el *discernimiento espiritual* consiste en ver a Jesús y solo a Jesús. Él es el tema de la revelación de Dios. Únicamente Él es la revelación perfecta de Dios, y los ojos espirituales del hombre pueden abrirse para ver a Dios solo a través de Él. Aparte de Jesús, ningún hombre verá jamás a Dios.

> **"Jesús le dijo: Yo soy el camino, y la verdad, y la vida; nadie viene al Padre, sino por mí" (Jn. 14:6).**

[1] (9:1-3) ***Sufrimiento:*** Jesús pasaba (por donde no se menciona). Mientras pasaba, vio a un hombre ciego desde su nacimiento. Había algo en el hombre que atrajo tanto a Jesús como a los discípulos.

⇒ Jesús lo "vio", lo que indicó interés, cuidado, preocupación, compasión.

⇒ Al parecer, los discípulos sintieron el mismo interés y preocupación por el hombre, puesto que comenzaron a preguntarse por qué había sido destinado a sufrir tan terriblemente durante su vida.

Era una creencia común que un hombre sufría por el pecado, ya sea por su propio pecado o el pecado de sus padres. Los discípulos se sintieron atraídos al hombre y se preguntaron por él. ¿Estaba sufriendo por algún gran pecado cometido por sus padres, o porque Dios había previsto que el hombre sería un gran pecador antes de que naciera?

Con mucha frecuencia se formula la pregunta: ¿Cómo puede un hombre que todavía no ha nacido ser castigado por un pecado que todavía no ha cometido? Al parecer, la creencia judía era que se preveía el pecado de una persona; por lo tanto, la persona "nacía con pecado" y era castigado [cp. v. 34]. Advierta dos cosas.

1. Jesús dijo que el sufrimiento del hombre no se debía al pecado, sino que sufría para que las obras de Dios pudieran ser demostradas en su vida. El hombre sufre...

Para que Dios pueda

- tener oportunidad de obrar
- demostrar su compasión
- demostrar su poder
- demostrar que Él se ocupa y cuida a los hombres
- conducir a los incrédulos a confiar en Él

Para que el hombre pueda

- darle a Dios una oportunidad de demostrar qué puede hacer en una vida
- aprender cada vez a confiar más en Dios
- establecer un ejemplo dinámico del cuidado y el poder para un mundo perdido
- aprender y conocer mejor que vive en un mundo pecaminoso, corruptible y que necesita liberación desesperadamente

Pensamiento 1: El que sufre tiene una oportunidad muy especial para mostrar las obras de Dios en su vida. Puede permitir que se demuestre el Espíritu de Dios en una manera mucho más poderosa que una persona sana. El que sufre puede demostrar que la gracia y el poder de Dios son suficientes mucho más de lo que puede demostrarlo una persona sana. Con mucha frecuencia una persona sufre no debido al pecado, sino para darle a Dios una oportunidad única de demostrar sus obras. (Ver bosquejo y notas, Lc. 13:1-9. También ver notas, Lc. 5:18-20; Stg. 5:14, 15 para una mayor discusión sobre el tema.)

2. Jesús llevó la cuestión más allá de la ceguera del hombre. Los discípulos estaban perplejos por la situación de este hombre, preguntándose y realizando preguntas acerca del problema del sufrimiento y del pecado. ¿Cómo un hombre como este podría ser castigado desde el nacimiento? Jesús tomó la pregunta y la trasladó a su misión en todo el mundo como la Luz del mundo (v. 5). Trató el problema del sufrimiento y el pecado en todo el mundo. Su misión en la tierra era obrar las obras de Dios.

[2] (9:4) ***Jesucristo, Misión - Dios, Obras de:*** Jesús vino a realizar las obras de Dios. Advierta cuatro cosas.

1. Advierta las palabras "me envió". Dios envió a Jesús. Jesús había venido al mundo para cumplir la misión de Dios. Él era *de Dios*, de la misma presencia de Dios, de la relación más estrecha posible con Dios. (Ver notas, Jn. 3:32-34; Estudio a fondo 3, 3:34 para los versículos de las Escrituras.)

2. Advierta que Jesús vino a hacer las obras de Dios. Eran las obras de Dios las que tenían que cumplirse. En este pasaje se acentúan cuatro obras.

a. Está la obra de buscar al hombre. Dios busca al hombre. Jesús tomó la iniciativa con este hombre para ayudarlo. No fue el hombre el que salió en busca de ayuda. De hecho, el hombre era ciego; ni siquiera sabía que tenía ayuda disponible. Si Jesús no hubiera ido hacia él, hubiera permanecido ciego y en las tinieblas para siempre.

"Porque el Hijo del Hombre vino a buscar y a salvar lo que se había perdido" (Lc. 19:10).

b. Está la obra de ocuparse por el hombre. Dios se ocupa de que el hombre es ciego.

"Como el Hijo del Hombre no vino para ser servido, sino para servir, y para dar su vida en rescate por muchos" (Mt. 20:28).

"Echando toda vuestra ansiedad sobre él, porque él tiene cuidado de vosotros" (1 P. 5:7).

c. Está la obra del amor y la compasión. Dios ama y siente compasión por el hombre en su ceguera y oscuridad.

"Porque no tenemos un sumo sacerdote que no pueda compadecerse de nuestras debilidades, sino uno que fue tentado en todo según nuestra semejanza, pero sin pecado. Acerquémonos, pues, confiadamente al trono de la gracia, para alcanzar misericordia y hallar gracia para el oportuno socorro" (He. 4:15, 16).

"En toda angustia de ellos él fue angustiado, y el ángel de su faz los salvó; en su amor y en su clemencia los redimió, y los trajo, y los levantó todos los días de la antigüedad" (Is. 63:9).

d. Está la obra de liberar de la oscuridad y de dar la visión.

"El cual nos ha librado de la potestad de las tinieblas, y trasladado al reino de su amado Hijo" (Col. 1:13).

3. Advierta la urgencia de la misión. Esto está acentuado por dos cosas.

a. La palabra "debe" (dei) significa compulsión y necesidad. No hay preguntas, ni sugerencias, ni titubeos sobre el asunto. Las obras de Dios *deben* hacerse.

b. El tiempo para la obra es limitado. Cristo y sus seguidores no tienen todo el tiempo del mundo para hacer la obra. Debe hacerse ahora o se perderá la oportunidad. Solo se ha dispuesto un tiempo determinado. Lo que sea que haya que hacerse debe hacerse hoy, mientras quede luz del día. La noche llega, es el momento en que ningún hombre puede trabajar. El tiempo terminará y la oportunidad se perderá para siempre.

"Jesús les dijo: Mi comida es que haga la voluntad del que me envió, y que acabe su obra" (Jn. 4:34).

"Pero esto digo, hermanos: que el tiempo es corto; resta, pues, que los que tienen esposa sean como si no la tuviesen; y los que lloran, como si no llorasen; y los que se alegran, como si no se alegrasen; y los que compran, como si no poseyesen" (1 Co. 7:29, 30).

"Aprovechando bien el tiempo, porque los días son malos" (Ef. 5:16).

"Andad sabiamente para con los de afuera, redimiendo el tiempo" (Col. 4:5).

"Por lo cual te aconsejo que avives el fuego del don de Dios que está en ti por la imposición de mis manos" (2 Ti. 1:6).

4. Nota: los mejores textos dicen "nosotros" (emas) en lugar de "yo" (eme, v. 4) "Es necesario que hagamos las obras" o "Debemos obrar las obras de Dios". Si esto es así, entonces se manifiesta una verdad maravillosa. Jesús nos une a su misión desde el Padre. Nosotros, también estamos en el mundo para hacer las obras de Dios. Nuestro verdadero propósito de estar en la tierra es proclamar y mostrar las obras de Dios.

"Entonces Jesús les dijo otra vez: Paz a vosotros. Como me envió el Padre, así también yo os envío" (Jn. 20:21).

"Porque no podemos dejar de decir lo que hemos visto y oído" (Hch. 4:20).

"Pues si anuncio el evangelio, no tengo por qué gloriarme; porque me es impuesta necesidad; y ¡ay de mí si no anunciare el evangelio!" (1 Co. 9:16).

[3] (9:5) ***Jesucristo, Luz:*** Jesús vino a ser la Luz del mundo. (Ver Estudio a fondo 1, Jn. 8:12 para una mayor discusión.) Si el hombre desea ser liberado de las tinieblas, debe venir a Cristo. Cristo es el único que da visión al hombre y su mundo.

"En él estaba la vida, y la vida era la luz de los hombres" (Jn. 1:4).

"Otra vez Jesús les habló, diciendo: Yo soy la luz del mundo; el que me sigue, no andará en tinieblas, sino que tendrá la luz de la vida" (Jn. 8:12).

"Porque Dios, que mandó que de las tinieblas resplandeciese la luz, es el que resplandeció en nuestros corazones, para iluminación del conocimiento de la gloria de Dios en la faz de Jesucristo" (2 Co. 4:6).

"Por lo cual dice: Despiértate, tú que duermes, y levántate de los muertos, y te alumbrará Cristo" (Ef. 5:14).

4 (9:6, 7) ***Visión espiritual:*** Jesús vino a demostrar el poder de dar visión. Advierta que Jesús no pronunció la *palabra de sanidad* al hombre. Su Palabra sola era el método que Él usualmente utilizaba al sanar, pero no fue así con este hombre. Hizo mucho más, y por su acción demostró dos cosas al mundo.

⇒ Hará todo lo que pueda para liberar a un hombre de las tinieblas y darle la vista.

⇒ Tiene el poder de liberar al hombre y darle la vista.

Debía hacerse surgir la fe del hombre. Jesús utilizó dos cosas para despertar la fe del hombre.

1. Utilizó un punto de contacto, la imposición de sus manos sobre los ojos del hombre. Advierta que utilizó lodo humedecido con saliva. Las personas de esa época creían que la saliva tenía algunas cualidades curativas, y tal vez Jesús la utilizó por ese motivo. La fe del hombre por cierto sería ayudada si pensaba en sus cualidades curativas. Sin embargo, Jesús no quería que el hombre pensara que fue la saliva lo que lo curó. El hombre debe saber sin duda alguna que Jesús fue quien lo curó. De modo que a lo sumo la saliva se utilizó para alentar los pensamientos de sanidad en la mente del hombre.

2. Jesús envió al hombre a lavarse en el estanque de Siloé. Advierta el paréntesis "(que traducido es Enviado" (v. 7). Jesús estaba usando el estanque como un símbolo del Mesías que fue enviado por Dios para dar visión al mundo. El hombre ciego, al obedecer a Jesús e ir al estanque, recibiría su vista. Su obediencia demostraría a los ciegos del mundo que ellos también podrían recibir la visión yendo hacia Jesús y obedeciéndolo.

Pensamiento 1: Se pueden abrir los ojos del hombre, y puede ser liberado de la oscuridad del pecado y la vergüenza, de la muerte y la corrupción, del infierno y la destrucción, viniendo a Jesucristo y obedeciéndolo.

"Por tanto, oh varones, tened buen ánimo; porque yo confío en Dios que será así como se me ha dicho" (Hch. 27:25).

"Tampoco dudó, por incredulidad, de la promesa de Dios, sino que se fortaleció en fe, dando gloria a Dios, plenamente convencido de que era también poderoso para hacer todo lo que había prometido; por lo cual también su fe le fue contada por justicia" (Ro. 4:20-22).

"¡Cuán grande es tu bondad, que has guardado para los que te temen, que has mostrado a los que esperan en ti, delante de los hijos de los hombres!" (Sal. 31:19).

"Encomienda a Jehová tu camino, y confía en él; y él hará" (Sal. 37:5).

"¿Quién hay entre vosotros que teme a Jehová, y oye la voz de su siervo? El que anda en tinieblas y carece de luz, confíe en el nombre de Jehová, y apóyese en su Dios" (Is. 50:10).

J. Los ojos abiertos del hombre (Parte 2): Las etapas de la visión espiritual, 9:8-41

1 Etapa 1: Ver a Jesús como a un hombre
- a. Los vecinos del hombre estaban azorados y se cuestionaron la liberación del hombre
- b. El testimonio del hombre: un hombre llamado Jesús me dio la vista

2 Etapa 2: Ver a Jesús como a un ayudador o a un sanador
- a. El problema: se rompió la ley del día de descanso
- b. Los fariseos cuestionaron cómo podía ver ahora el hombre
- c. El testimonio del hombre: Jesús me sanó

3 Etapa 3: Ver a Jesús como a un profeta
- a. Los fariseos estaban divididos
- b. Los fariseos volvieron a preguntar al hombre
- c. El testimonio del hombre: Jesús es un profeta

4 Etapa 4: Ver a Jesús como a un Salvador
- a. La falta de fe de los fariseos
- b. Los fariseos llamaron y cuestionaron a los padres del hombre
- c. El testimonio de los padres
  - 1) Identificaron a su hijo
  - 2) Negaron ser testigos oculares

8 Entonces los vecinos, y los
que antes le habían visto que era
ciego, decían: ¿No es éste el que
se sentaba y mendigaba?
9 Unos decían: El es; y otros: A
él se parece. El decía: Yo soy.
10 Y le dijeron: ¿Cómo te
fueron abiertos los ojos?
11 Respondió él y dijo: Aquel
hombre que se llama Jesús hizo
lodo, me untó los ojos, y me
dijo: Ve al Siloé, y lávate; y fui,
y me lavé, y recibí la vista.
12 Entonces le dijeron: ¿Dónde
está él? El dijo: No sé.
13 Llevaron ante los fariseos al
que había sido ciego.
14 Y era día de reposo cuando
Jesús había hecho el lodo, y le
había abierto los ojos.
15 Volvieron, pues, a preguntarle
también los fariseos cómo
había recibido la vista. Él les
dijo: Me puso lodo sobre los
ojos, y me lavé, y veo.
16 Entonces algunos de los fariseos
decían: Ese hombre no
procede de Dios, porque no
guarda el día de reposo. Otros
decían: ¿Cómo puede un
hombre pecador hacer estas
señales? Y había disensión entre
ellos.
17 Entonces volvieron a decirle
al ciego: ¿Qué dices tú del que
te abrió los ojos? Y él dijo: Que
es profeta.
18 Pero los judíos no creían que
él había sido ciego, y que había
recibido la vista, hasta que
llamaron a los padres del que
había recibido la vista,
19 y les preguntaron, diciendo:
¿Es éste vuestro hijo, el que
vosotros decís que nació ciego?
¿Cómo, pues, ve ahora?
20 Sus padres respondieron y
les dijeron: Sabemos que éste
es nuestro hijo, y que nació
ciego;
21 pero cómo vea ahora, no lo
sabemos; o quién le haya
abierto los ojos, nosotros tampoco
lo sabemos; edad tiene,
preguntadle a él; él hablará por
sí mismo.
22 Esto dijeron sus padres,
porque tenían miedo de los
judíos, por cuanto los judíos ya
habían acordado que si alguno
confesase que Jesús era el
Mesías, fuera expulsado de la
sinagoga.
23 Por eso dijeron sus padres:
Edad tiene, preguntadle a él.
24 Entonces volvieron a llamar
al hombre que había sido ciego,
y le dijeron: Da gloria a Dios;
nosotros sabemos que ese
hombre es pecador.
25 Entonces él respondió y
dijo: Si es pecador, no lo sé; una
cosa sé, que habiendo yo sido
ciego, ahora veo.
26 Le volvieron a decir: ¿Qué
te hizo? ¿Cómo te abrió los
ojos?
27 El les respondió: Ya os lo
he dicho, y no habéis querido
oír; ¿por qué lo queréis oír otra
vez? ¿Queréis también
vosotros haceros sus
discípulos?
28 Y le injuriaron, y dijeron: Tú
eres su discípulo; pero
nosotros, discípulos de Moisés
somos.
29 Nosotros sabemos que Dios
ha hablado a Moisés; pero
respecto a ése, no sabemos de
dónde sea.
30 Respondió el hombre, y les
dijo: Pues esto es lo maravilloso,
que vosotros no sepáis de dónde
sea, y a mí me abrió los ojos.
31 Y sabemos que Dios no oye
a los pecadores; pero si alguno
es temeroso de Dios, y hace su
voluntad, a ése oye.
32 Desde el principio no se ha
oído decir que alguno abriese
los ojos a uno que nació ciego.
33 Si éste no viniera de Dios,
nada podría hacer.
34 Respondieron y le dijeron:
Tú naciste del todo en pecado,
¿y nos enseñas a nosotros? Y
le expulsaron.

  - 3) Temieron el juicio y la excomunión: temieron ser prohibi-dos en la sinagoga
- d. Los fariseos exigieron que Jesús fuera negado
- e. El testimonio del hombre
  - 1) Yo era ciego, pero ahora veo (Jesús me salvó y me dio la vista)
  - 2) La evidencia era clara

5 Etapa 5: Ver a Jesús como "de Dios"
- a. El caso de los fariseos
  - 1) Acusaron al hombre de ser discípulo de Jesús
  - 2) Cuestionaron el origen de Jesús
- b. El testimonio del hombre
  - 1) Una cosa maravillosa
  - 2) Dios no oye a los pecadores, sino a los adoradores
  - 3) Mi experiencia: demuestra que Jesús es "de Dios"
- c. Los fariseos negaron su experiencia y prueba: echaron al hombre

6 Etapa 6: Ver a Jesús como el Hijo de Dios a. Jesús buscó al hombre que había sido echado	35 Oyó Jesús que le habían expulsado; y hallándole, le dijo: ¿Crees tú en el Hijo de Dios?	39 Dijo Jesús: Para juicio he venido yo a este mundo; para que los que no ven, vean, y los que ven, sean cegados.	**7 Conclusión: La lección de la revelación de Jesús** a. Su misión: traer juicio
b. La invitación de Jesús c. El hombre pidió conocer al Hijo de Dios	36 Respondió él y dijo: ¿Quién es, Señor, para que crea en él?	40 Entonces algunos de los fariseos que estaban con él, al oír esto, le dijeron: ¿Acaso nosotros somos también ciegos?	b. La expectativa de los extremistas religiosos: estar exentos del juicio
d. Jesús se identificó como el Hijo de Dios. Cp. v.35	37 Le dijo Jesús: Pues le has visto, y el que habla contigo, él es.	41 Jesús les respondió: Si fuerais ciegos, no tendríais pecado; mas ahora, porque decís: Vemos, vuestro pecado permanece.	
e. El hombre creyó	38 Y él dijo: Creo, Señor; y le adoró.		

DIVISIÓN IX

LA REVELACIÓN DE LA LUZ, LA LUZ DE LA VIDA, 8:1—9:41

J. Los ojos abiertos del hombre (Parte 2): Las etapas de la visión espiritual, 9:8-41

(9:8-41) ***Introducción:*** El ciego había sido liberado de las tinieblas y se le había dado la vista por la compasión del Señor Jesús. En este pasaje el hombre liberado es confrontado por sus vecinos (vv. 8-12), por los fariseos (vv. 13-34) y por Jesús (vv. 35-41).

La escena fluye rápidamente, y el creciente conocimiento del hombre acerca de Jesús se ve y comprende con facilidad. El bosquejo debe ser adecuado para llevarlo a uno a través de este pasaje. Por lo tanto, las notas al pie no tratarán cada punto, sino que se concentrarán en Jesús visto por el hombre, es decir, en las seis etapas de la visión espiritual.

1. Etapa 1: Ver a Jesús como a un hombre (vv. 8-12).
2. Etapa 2: Ver a Jesús como a un ayudador o a un sanador (vv. 13-15).
3. Etapa 3: Ver a Jesús como a un profeta (vv. 16, 17).
4. Etapa 4: Ver a Jesús como a un Salvador (vv. 18-27).
5. Etapa 5: Ver a Jesús como "de Dios" (vv. 28-34).
6. Etapa 6: Ver a Jesús como el Hijo de Dios (vv. 35-38).
7. Conclusión: La lección de la revelación de Jesús (vv. 39-41).

[1] (9:8-12) ***Visión espiritual - Salvación - Jesucristo, Concepciones erróneas de:*** La primera etapa de la visión espiritual es *ver a Jesús como a un hombre* (v. 11). Nota: todo lo que el hombre sanado sabía era que "un hombre llamado Jesús" le había hecho hacer determinada cosa y que la hizo y recibió la vista.

Advierta lo que le sucedió al hombre ciego.

⇒ Fue enfrentado por Jesús.

⇒ Se le ordenó hacer algunas cosas.

⇒ Obedeció las órdenes de Jesús.

⇒ Fue liberado de la oscuridad y se le dio la vista.

El hombre ciego fue bendecido por Jesús a pesar de una comprensión inadecuada de Cristo. Pero advierta el punto crucial: su corazón estaba con Cristo. Era tierno y dispuesto a hacer lo que Jesús decía.

La primera etapa en el viaje espiritual de un hombre es *aprender sobre Jesús*. Un hombre debe aprender sobre Jesús antes de poder *aprender de Jesús*, antes de poder llegar a conocerlo personalmente. Pero una vez que un hombre ha aprendido *sobre* Jesús, es imperativo que avance y llegue a conocer a Jesús personalmente. El hombre ciego pudo haberse detenido en cualquier etapa y fracasado en su viaje espiritual.

> **"Venid a mí todos los que estáis trabajados y cargados, y yo os haré descansar. Llevad mi yugo sobre vosotros, y aprended de mí, que soy manso y humilde de corazón; y hallaréis descanso para vuestras almas" (Mt. 11:28, 29).**

> ***Pensamiento 1:*** Hay muchos hombres como el hombre ciego. Saben *acerca de* Jesús, pero no *conocen a Jesús*, no personalmente. Conocen su nombre, pero poco más que eso. Tienen poca comprensión de su...
> - enseñanza y declaraciones
> - amor y cuidado
> - presencia y fuerza
> - poder y promesas

[2] (9:13-15) ***Visión espiritual - Salvación - Jesucristo, Conceptos erróneos sobre:*** La segunda etapa de la visión espiritual es ver a Jesús como un ayudador o sanador (v. 15). El hombre liberado fue llevado ante los extremistas religiosos (no sabemos por quién) porque se había quebrantado la ley del día de reposo. Esta fue una seria ofensa a los judíos. (Ver Estudio a fondo 2, Jn. 5:15, 16.)

Advierta la respuesta del hombre a la pregunta de los extremistas religiosos. Dijo que: "Me puso lodo sobre los ojos, y me lavé, y veo". Todavía veía a Jesús como a un hombre, pero como un hombre que había hecho algo grande al ayudarlo y sanarlo. Vio a Jesús como el gran *Ayudador* y el gran *Sanador*. Nota: esta es una confesión; el hombre estaba respondiendo a algunos cuestionadores. Estaba confesando que Jesús era el gran *Ayudador* y *Sanador*.

> ***Pensamiento 1:*** Muchos confiesan a Jesús tal como el hombre lo confesó. Confiesan que Él es *un gran hombre*, un gran...

- Maestro
- Sanador
- Dador de leyes
- Moralista
- Predicador
- Ejemplo
- Mártir
- Ayudador

Pero advierta el punto crítico. Este concepto todavía se aleja de la verdad. El hombre liberado todavía no conocía a Jesús personalmente. No había llegado a la etapa de la creencia, de la verdadera salvación y la adoración (cp. vv. 35-38).

"Y todos daban buen testimonio de él, y estaban maravillados de las palabras de gracia que salían de su boca, y decían: ¿No es éste el hijo de José?" (Lc. 4:22).

"Y se admiraban de su doctrina, porque su palabra era con autoridad" (Lc. 4:32).

"¿Qué significa esto que dijo: Me buscaréis, y no me hallaréis; y a donde yo estaré, vosotros no podréis venir?" (Jn. 7:36).

3 (9:16, 17) ***Visión espiritual - Profeta - Jesucristo - Conceptos erróneos de:*** La tercera etapa de la visión espiritual es ver a Jesús como a un profeta (v. 17). El hombre realmente progresó en su visión de Jesús a estas alturas. La gente vio a un profeta como la posición más elevada que podía tener un hombre, la voz con más autoridad entre las personas.

Un profeta era un hombre elegido por Dios...

- para caminar cerca de Dios.
- para demostrar el de Dios.
- para representar a Dios entre la gente.
- para ayudar a la gente demostrando a Dios ante poder
- para proclamar el mensaje de Dios (cp. ellos y guiándolos y advirtiéndoles y ministrándolos Am. 3:7).

Pero nuevamente, a Jesús todavía se lo veía como a un hombre, sí, un hombre divino, pero solo un hombre. Dicho concepto era escaso. El concepto del hombre ciego era todavía inadecuado. No había llegado aún a la etapa de la creencia y la adoración (vv. 35-38).

"Viniendo Jesús a la región de Cesarea de Filipo, preguntó a sus discípulos, diciendo: ¿Quién dicen los hombres que es el Hijo del Hombre? Ellos dijeron: Unos, Juan el Bautista; otros, Elías; y otros, Jeremías, o alguno de los profetas" (Mt. 16:13, 14).

"Cuando entró él en Jerusalén, toda la ciudad se conmovió, diciendo: ¿Quién es éste? Y la gente decía: Este es Jesús el profeta, de Nazaret de Galilea" (Mt. 21:10, 11).

"Pero al buscar cómo echarle mano, temían al pueblo, porque éste le tenía por profeta" (Mt. 21:46).

4 (9:18-27) ***Visión espiritual - Testimonio:*** La cuarta etapa de la visión espiritual es ver a Jesús como el Salvador (v. 25). El hombre ahora confesó las palabras inmortales: "Una cosa sé, que habiendo yo sido ciego, ahora veo" (v. 25).

El hombre atravesó las preguntas y los ataques más severos imaginables. Debía haberse sentido atemorizado y temblando en sus zapatos, pero en cambio estaba haciendo una de las confesiones más firmes posibles: su propia experiencia personal con Jesús. Él era ciego, pero ahora podía ver. Él vio la mano de Dios...

- en su propia vida
- en los sentimientos dentro de su corazón
- en el tacto de Jesús
- en la belleza de la naturaleza

Advierta que estaba confesando su experiencia personal: era ciego, pero ahora veía. No podía responder la pregunta teológica: ¿Es Jesús un hombre común como todos los demás hombres, o es Él de Dios? Pero podía contestar una cosa: su propia experiencia personal.

El punto es este: él había avanzado en su visión de Jesús. Vio que Jesús podía ser más que un hombre común como los demás hombres, pero no podía estar seguro. Al igual que un niño, no conocía los términos teológicos ni cómo expresar la naturaleza de Jesús, pero algo sabía: Jesús lo había liberado y salvado de la ceguera. Jesús era su Salvador y Liberador de la ceguera a la visión.

"Porque el Hijo del Hombre vino a buscar y a salvar lo que se había perdido" (Lc. 19:10).

"Porque no envió Dios a su Hijo al mundo para condenar al mundo, sino para que el mundo sea salvo por él" (Jn. 3:17).

"Palabra fiel y digna de ser recibida por todos: que Cristo Jesús vino al mundo para salvar a los pecadores, de los cuales yo soy el primero" (1 Ti. 1:15).

5 (9:28-34) ***Visión espiritual - Jesucristo, deidad:*** La quinta etapa de la visión espiritual es ver a Jesús como ser "de Dios" (vv. 32, 33). Esta fue la respuesta final del hombre a los que cuestionaban su confesión de Jesús. Él confesó que Jesús era *"de Dios"*. Él razonó que...

- ayudar y liberar a un hombre ciego era la voluntad de Dios.
- Jesús lo liberó. Dios oyó la oración de Jesús por él y facultó a Jesús para que lo sanara.
- Jesús era *"de Dios"*.

El hombre sabía que las obras de Jesús eran pruebas de que Él era de Dios. Por lo tanto, no era un mentiroso ni un engañador; Jesús no era un hombre malo. Era quien sostenía ser; era "de Dios". (Ver nota, Jn. 7:25-31).

"Porque he descendido del cielo, no para hacer mi voluntad, sino la voluntad del que me envió" (Jn. 6:38).

"Jesús entonces, enseñando en el templo, alzó la voz y dijo: A mí me conocéis, y sabéis de dónde soy; y no he venido de mí mismo, pero el que me envió es verdadero, a quien vosotros no conocéis. Pero yo le conozco, porque de él procedo, y él me envió" (Jn. 7:28, 29).

"Jesús entonces les dijo: Si vuestro padre fuese Dios, ciertamente me amaríais; porque yo de Dios he salido, y he venido; pues no he venido de mí mismo, sino que él me envió" (Jn. 8:42).

6 (9:35-38) ***Jesucristo, deidad - Visión espiritual:*** La sexta etapa de la visión espiritual es ver a Jesús como el Hijo de Dios. Advierta dos cosas.

1. Jesús era el que hizo la búsqueda. Él buscó al hombre que había sido echado.

Pensamiento 1: Cualquiera puede echar a una persona:

un negocio, una iglesia, una familia, vecinos, amigos. Pero Jesús busca a la persona que es echada y rechazada. Siempre lo hace, sin importar quién es la persona o qué ha hecho.

2. La etapa climática de la visión espiritual es claramente demostrada por la experiencia del hombre.

a. Es ver a Jesús como el Hijo de Dios (Ver notas, Jn. 1:1, 2; 1:34).

"Entonces los que estaban en la barca vinieron y le adoraron, diciendo: Verdaderamente eres Hijo de Dios" (Mt. 14:33).

"Principio del evangelio de Jesucristo, Hijo de Dios" (Mr. 1:1).

"Y yo le vi, y he dado testimonio de que éste es el Hijo de Dios" (Jn. 1:34).

"Porque de tal manera amó Dios al mundo, que ha dado a su Hijo unigénito, para que todo aquel que en él cree, no se pierda, mas tenga vida eterna. Porque no envió Dios a su Hijo al mundo para condenar al mundo, sino para que el mundo sea salvo por él. El que en él cree, no es condenado; pero el que no cree, ya ha sido condenado, porque no ha creído en el nombre del unigénito Hijo de Dios" (Jn. 3:16-18).

"¿Al que el Padre santificó y envió al mundo, vosotros decís: Tú blasfemas, porque dije: Hijo de Dios soy?" (Jn. 10:36).

"Le dijo: Sí, Señor; yo he creído que tú eres el Cristo, el Hijo de Dios, que has venido al mundo" (Jn. 11:27).

"¿Cuánto mayor castigo pensáis que merecerá el que pisoteare al Hijo de Dios, y tuviere por inmunda la sangre del pacto en la cual fue santificado, e hiciere afrenta al Espíritu de gracia?" (He. 10:29).

"Todo aquel que confiese que Jesús es el Hijo de Dios, Dios permanece en él, y él en Dios" (1 Jn. 4:15).

b. Es creer que Jesús es el Hijo de Dios y adorarlo. (Ver Estudio a fondo 2, Creencia, Jn. 2:24.)

"Para que todo aquel que en él cree, no se pierda, mas tenga vida eterna. Porque de tal manera amó Dios al mundo, que ha dado a su Hijo unigénito, para que todo aquel que en él cree, no se pierda, mas tenga vida eterna" (Jn. 3:15, 16).

" De cierto, de cierto os digo: El que oye mi palabra y cree al que me envió, tiene vida eterna; y no vendrá a condenación, mas ha pasado de muerte a vida" (Jn. 5:24).

"Que si confesares con tu boca que Jesús es el Señor, y creyeres en tu corazón que Dios le levantó de los muertos serás salvo. Porque con el corazón se cree para justicia, pero con la boca se confiesa para salvación" (Ro. 10:9, 10).

7 (9:39-41) ***Conclusión:*** La lección de la revelación de Jesús. Advierta dos puntos importantes.

1. Jesús declaró que su misión en la tierra era traer juicio. Jesús juzga al hombre, a todas las generaciones de hombres.

a. Juzga al hombre que sabe que es espiritualmente ciego y que quiere ver. Toma al hombre que es espiritualmente ciego y le da la vista, si es que ese hombre desea ver.

"Otra vez Jesús les habló, diciendo: Yo soy la luz del mundo; el que me sigue, no andará en tinieblas, sino que tendrá la luz de la vida" (Jn. 8:12).

"Yo, la luz, he venido al mundo, para que todo aquel que cree en mí no permanezca en tinieblas" (Jn. 12:46).

"Por lo cual dice: Despiértate, tú que duermes, y levántate de los muertos, y te alumbrará Cristo" (Ef. 5:14).

b. Juzga al hombre que sostiene tener una visión espiritual apartada de Él. El hombre que dice que ve espiritualmente, y sostiene conocer a Dios aparte de Cristo, ese hombre es juzgado como ciego (cp. Jn. 14:6-9.)

"Pero si tu ojo es maligno, todo tu cuerpo estará en tinieblas. Así que, si la luz que en ti hay es tinieblas, ¿cuántas no serán las mismas tinieblas?" (Mt. 6:23).

"La luz en las tinieblas resplandece, y las tinieblas no prevalecieron contra ella" (Jn. 1:5).

"Y esta es la condenación: que la luz vino al mundo, y los hombres amaron más las tinieblas que la luz, porque sus obras eran malas" (Jn. 3:19).

2. Los extremistas religiosos esperaban ser exentos del juicio. Se oponían a Jesús, de manera que esperaban que Él dijera que eran ciegos, pero Él los conmovió. Dijo que la ceguera era una excusa. Si hubieran sido ciegos, hubieran sido excusados, puesto que hubieran estado actuando en ignorancia, sin saber qué estaban haciendo (cp. Ro. 5:13.) Pero ellos...

- conocían la ley de Dios.
- sabían sobre cosas espirituales.
- sostenían ver.
- no reconocieron al Hijo de Dios.

Por lo tanto, eran culpables y fueron juzgados como "ciegos" y fueron condenados.

"Por tanto os digo que en el día del juicio, será más tolerable el castigo para Tiro y para Sidón, que para vosotras" (Mt. 11:22).

"Y esta es la condenación: que la luz vino al mundo, y los hombres amaron más las tinieblas que la luz, porque sus obras eran malas" (Jn. 3:19).

"Porque no hay acepción de personas para con Dios. Porque todos los que sin ley han pecado, sin ley también perecerán; y todos los que bajo la ley han pecado, por la ley serán juzgados" (Ro. 2:11, 12).

	CAPÍTULO 10 **X. LA REVELACIÓN DE JESÚS, EL PASTOR DE LA VIDA, 10:1-42** **A. El pastor y sus ovejas: Maestros falsos frente a verdaderos, 10:1-6**	3 A éste abre el portero, y las ovejas oyen su voz; y a sus ovejas llama por nombre, y las saca.	b. Es conocido por el portero (Dios) c. Conoce a las ovejas por su nombre d. Conduce y pastorea a las ovejas
		4 Y cuando ha sacado fuera todas las propias, va delante de ellas; y las ovejas le siguen, porque conocen su voz.	**4 Las ovejas** a. Conocen la voz del pastor b. Siguen al pastor que va delante de ellas
1 El redil **2 El falso pastor** a. Ingresa en forma incorrecta b. Es ladrón: ingresa por una entrada falsa y por la fuerza	1 De cierto, de cierto os digo: El que no entra por la puerta en el redil de las ovejas, sino que sube por otra parte, ése es ladrón y salteador.	5 Mas al extraño no seguirán, sino huirán de él, porque no conocen la voz de los extraños. 6 Esta alegoría les dijo Jesús; pero ellos no entendieron qué era lo que les decía.	c. Huyen de voces extrañas **5 La parábola no comprendida**
3 El pastor verdadero a. Entra por la puerta correcta	2 Mas el que entra por la puerta, el pastor de las ovejas es.		

DIVISIÓN X

LA REVELACIÓN DE JESÚS, EL PASTOR DE LA VIDA, 10:1-42

A. El pastor y sus ovejas: Maestros falsos frente a verdaderos, 10:1-6

(10:1-6) ***Introducción:*** Este pasaje da inicio a la gran revelación de Jesús como el Pastor de la vida. Jesús es descrito como el único verdadero Pastor de las ovejas.

1. El redil (v. 1).
2. El falso pastor (v. 1).
3. El pastor verdadero (vv. 2, 3).
4. Las ovejas (vv. 4, 5).
5. La parábola no comprendida (v. 6).

[1] (10:1) ***Redil - Salvación, Posición - Seguridad:*** El redil. Jesús comienza la parábola con las solemnes palabras "De cierto, de cierto os digo". Lo que Él debía decir era de una importancia crítica.

Hay un redil, un lugar donde se guardan todas las ovejas. El redil implica el lugar de aceptación de Dios, o el lugar de seguridad ante la presencia de Dios (ver Estudio a fondo 3, Reino de Dios, Mt. 19:23, 24). Es la *posición* de salvación, de visión espiritual que viene al creer en Jesús como el Hijo de Dios (Jn. 9:36-38). Es la *posición* de ser aceptado por Dios porque un hombre se acerca a Dios "en el nombre de su Hijo, Jesucristo". El redil simboliza el lugar donde se guardan las ovejas (los creyentes). Las ovejas se guardan...

- en la iglesia
- en el Reino de Dios
- en el cielo
- en la vida eterna
- en la salvación
- en la liberación espiritual de las tinieblas
- en la visión espiritual
- en la posición de fe
- en el lugar de aceptación

Ahora advierta: Toda la parábola tiene que ver con un pastor falso y uno verdadero. Ambos van tras las ovejas. El verdadero pastor es Cristo y los pastores falsos son los que se oponen a Cristo, los extremistas religiosos del mundo: los falsos maestros que tan ciegamente se plantaron ante su declaración de ser "la Luz del mundo" (Jn. 8:12; 9:5; cp. 9:40).

[2] (10:1) ***Pastores, Falsos - Falsos maestros:*** El falso pastor. Advierta tres puntos.

1. Se puede ingresar al redil. Hay una puerta en el redil, una entrada, una forma de ingresar, y la puerta es la única forma *aceptable* de entrar.

2. Algunos pastores trepan al redil *por* "otra parte" (allachothen). La palabra *por* es importante. Indica origen. El falso pastor *viene por* y *se origina en...*

- alguna otra dirección
- alguna otra fuente
- alguna otra parte
- algún otro camino
- alguna otra posición

Advierta también los términos ladrón (kleptes) y salteador (leistes). La misma palabra se emplea para describir a Judas (un ladrón) y a Barrabás (un salteador). Es algo horrible que a una persona la pongan en la misma clase que Judas y Barrabás, dos que se opusieron a Cristo como ningún otro hombre.

El falso pastor es...

- un ladrón: un seductor y engañador, un hombre astuto y deshonesto, un hombre que usará cualquier medio para ingresar en el redil y robarse las ovejas.
- un salteador: un hombre que utilizará la violencia y la crueldad y destruirá y devorará si es necesario para ingresar al redil

Dios tiene mucho para decirles a los falsos pastores. (Ver

también bosquejos y notas - 1 Ti. 6:3-5; Tit. 1:10-16; 2 P. 2:1-22; Jud. 1:3-16.)

"Todas las bestias del campo, todas las fieras del bosque, venid a devorar. Sus atalayas son ciegos, todos ellos ignorantes; todos ellos perros mudos, no pueden ladrar; soñolientos, echados, aman el dormir. Y esos perros comilones son insaciables; y los pastores mismos no saben entender; todos ellos siguen sus propios caminos, cada uno busca su propio provecho, cada uno por su lado. Venid, dicen, tomemos vino, embriaguémonos de sidra; y será el día de mañana como este, o mucho más excelente" (Is. 56:9-12).

"¡Ay de los pastores que destruyen y dispersan las ovejas de mi rebaño! dice Jehová" (Jer. 23:1, 2; cp. Jer. 25:34-38).

"Ovejas perdidas fueron mi pueblo; sus pastores las hicieron errar, por los montes las descarriaron; anduvieron de monte en collado, y se olvidaron de sus rediles" (Jer. 50:6).

"Vino a mí palabra de Jehová, diciendo: Hijo de hombre, profetiza contra los pastores de Israel; profetiza, y di a los pastores: Así ha dicho Jehová el Señor: ¡Ay de los pastores de Israel, que se apacientan a sí mismos! ¿No apacientan los pastores a los rebaños? Coméis la grosura, y os vestís de la lana; la engordada degolláis, mas no apacentáis a las ovejas. No fortalecisteis las débiles, ni curasteis la enferma; no vendasteis la perniquebrada, no volvisteis al redil la descarriada, ni buscasteis la perdida, sino que os habéis enseñoreado de ellas con dureza y con violencia. Y andan errantes por falta de pastor, y son presa de todas las fieras del campo, y se han dispersado. Anduvieron perdidas mis ovejas por todos los montes, y en todo collado alto; y en toda la faz de la tierra fueron esparcidas mis ovejas, y no hubo quien las buscase, ni quien preguntase por ellas" (Ez. 34:1-6; cp. Ez. 34:7-31).

3 (10:2, 3) ***Pastor:*** El verdadero pastor. Advierta cuatro puntos.

1. El pastor que entra por la puerta indicada es el verdadero pastor (Jesucristo). Sabe dónde está la puerta y el camino al redil. Por lo tanto, utiliza la puerta. No hay motivo para que no la use, no hay motivo para que trepe por otro lado.

⇒ Su propósito no es el de robar algunas ovejas del Propietario (Dios) y comenzar un rebaño propio. Dicho pensamiento es lo más lejano a su mente. Sus pensamientos están centrados en las ovejas y la voluntad del Dueño.

⇒ Su propósito es ser el Pastor del Dueño (Dios), servirlo y hacer su voluntad.

Por lo tanto, el Pastor entra al redil por la puerta. La puerta fue hecha para que entren Él y las ovejas; por lo tanto, Él la usa.

2. El Pastor es conocido por el Portero (Dios o el Espíritu Santo). Este punto es crítico. El Espíritu Santo (como Dios) es el que abre la puerta al redil. El que pasa la puerta es conocido por el Portero. Es conocido como el Pastor. Por lo tanto, el Pastor...

- no tiene miedo de enfrentarse al Portero.
- ha sido designado para usar la puerta.
- tiene la autoridad y el derecho de entrar.

"Así como el Padre me conoce, y yo conozco al Padre; y pongo mi vida por las ovejas" (Jn. 10:15).

3. El Pastor conoce a las ovejas, en realidad las conoce una a una por nombre. Se dice que este fue un hecho entre los pastores y sus ovejas en la época de Jesús. Realmente los pastores conocían a cada oveja en forma individual, incluso en grandes rebaños. El hecho es verdadero con Cristo y sus ovejas. La palabra "sus" (sidia) significa que Él llama a las suyas propias, no en conjunto, no como rebaño, sino como individuos. El Pastor, el Señor Jesucristo, conoce a cada una de sus ovejas por su nombre.

"Yo soy el buen pastor; y conozco mis ovejas, y las mías me conocen" (Jn. 10:14).

"Pero si alguno ama a Dios, es conocido por él" (1 Co. 8:3).

"Pero el fundamento de Dios está firme, teniendo este sello: Conoce el Señor a los que son suyos; y: Apártese de iniquidad todo aquel que invoca el nombre de Cristo" (2 Ti. 2:19).

"Ahora, así dice Jehová, Creador tuyo, oh Jacob, y Formador tuyo, oh Israel: No temas, porque yo te redimí; te puse nombre, mío eres tú" (Is. 43:1).

4. El Pastor conduce y pastorea las ovejas. Las ama como propias; por lo tanto debe conducirlas a los verdes pastos y a las aguas tranquilas. Debe ocuparse de que se alimenten y protegerlas y darles el mejor cuidado posible. (Ver nota, Mr. 6:34 para mayor discusión sobre el tema, qué les sucede a las ovejas sin un Pastor).

a. Él alimenta a las ovejas incluso si tiene que reunirlas con sus brazos y llevarlas a los pastos.

"Como pastor apacentará su rebaño; en su brazo llevará los corderos, y en su seno los llevará; pastoreará suavemente a las recién paridas" (Is. 40:11).

b. Él guía a las ovejas a los pastos y lejos de los lugares peligrosos y precipicios.

"Jehová es mi pastor; nada me faltará. En lugares de delicados pastos me hará descansar; junto a aguas de reposo me pastoreará. Confortará mi alma; me guiará por sendas de justicia por amor de su nombre. Aunque ande en valle de sombra de muerte, no temeré mal alguno, porque tú estarás conmigo; tu vara y tu cayado me infundirán aliento" (Sal. 23:1-4).

c. Él busca y salva a las ovejas que se pierden.

"Porque el Hijo del Hombre ha venido para salvar lo que se había perdido. ¿Qué os parece? Si un hombre tiene cien ovejas, y se descarría una de ellas, ¿no deja las noventa y nueve y va por los montes a buscar la que se había descarriado?" (Mt. 18:11, 12)

"Yo buscaré la perdida, y haré volver al redil la descarriada; vendaré la perniquebrada, y fortaleceré la débil; mas a la engordada y a la fuerte destruiré; las apacentaré con justicia" (Ez. 34:16).

d. Él protege a las ovejas. Incluso sacrifica su vida por las ovejas.

"Yo soy el buen pastor; el buen pastor su vida da por las ovejas" (Jn. 10:11).

"Y el Dios de paz que resucitó de los muertos a nuestro Señor Jesucristo, el gran pastor de las ovejas, por la sangre del pacto eterno" (He. 13:20).

e. Él restaura a las ovejas que se desvían y las regresa al redil.

"Porque vosotros erais como ovejas descarriadas, pero ahora habéis vuelto al Pastor y Obispo de vuestras almas" (1 P. 2:25).

f. Él recompensa a las ovejas por su obediencia y su lealtad.

"Y cuando aparezca el Príncipe de los pastores, vosotros recibiréis la corona incorruptible de gloria" (1 P. 5:4).

g. El mantendrá a las ovejas separadas de las cabras.

"Y serán reunidas delante de él todas las naciones; y apartará los unos de los otros, como aparta el pastor las ovejas de los cabritos. Y pondrá las ovejas a su derecha, y los cabritos a su izquierda" (Mt. 25:32, 33).

4 (10:4, 5) ***Ovejas - Discípulos - Creyentes:*** Las ovejas son discípulos o creyentes del Señor. Advierta tres puntos.

1. Las ovejas conocen la voz del Pastor. Conocen tanto su sonido como sus palabras.

⇒ El sonido de su voz no es incierto y poco claro, no es débil ni frágil, no es temblorosa ni indecisa. Es clara, fuerte, segura y decidida.

⇒ Las Palabras de su voz son palabras de cuidado y ternura, de advertencia y seguridad, de verdad y certidumbre.

Pensamiento 1: Los creyentes confían en la voz, la Palabra de Cristo, porque conocen Su voz.

"Porque el que Dios envió, las palabras de Dios habla; pues Dios no da el Espíritu por medida" (Jn. 3:34).

"El espíritu es el que da vida; la carne para nada aprovecha; las palabras que yo os he hablado son espíritu y son vida" (Jn. 6:63).

"Le respondió Simón Pedro: Señor, ¿a quién iremos? Tú tienes palabras de vida eterna" (Jn. 6:68).

"De cierto, de cierto os digo, que el que guarda mi palabra, nunca verá muerte" (Jn. 8:51).

"Le dijo entonces Pilato: ¿Luego, eres tú rey? Respondió Jesús: Tú dices que yo soy rey. Yo para esto he nacido, y para esto he venido al mundo, para dar testimonio a la verdad. Todo aquel que es de la verdad, oye mi voz" (Jn. 18:37).

"Por lo cual también nosotros sin cesar damos gracias a Dios, de que cuando recibisteis la palabra de Dios que oísteis de nosotros, la recibisteis no como palabra de hombres, sino según es en verdad, la palabra de Dios, la cual actúa en vosotros los creyentes" (1 Ts. 2:13).

"E indiscutiblemente, grande es el misterio de la piedad: Dios fue manifestado en carne, justificado en el Espíritu, visto de los ángeles, predicado a los gentiles, creído en el mundo, recibido arriba en gloria" (1 Ti. 3:16).

"Desead, como niños recién nacidos, la leche espiritual no adulterada, para que por ella crezcáis para salvación, si es que habéis gustado la benignidad del Señor" (1 P. 2:2, 3).

"Lo que era desde el principio, lo que hemos oído, lo que hemos visto con nuestros ojos, lo que hemos contemplado, y palparon nuestras manos tocante al Verbo de vida (porque la vida fue manifestada, y la hemos visto, y testificamos, y os anunciamos la vida eterna, la cual estaba con el Padre, y se nos manifestó); lo que hemos visto y oído, eso os anunciamos, para que también vosotros tengáis comunión con nosotros; y nuestra comunión verdaderamente es con el Padre, y con su Hijo Jesucristo" (1 Jn. 1:1-3).

2. Las ovejas siguen al Pastor. Advierta que Él va delante para conducir el camino. No las lleva como ganado. Conduce para elegir el camino seguro y cierto hacia los pastos. Conduce para mostrarle a las ovejas que el camino es claro y seguro. Las ovejas lo saben, de manera que siguen al Pastor, sabiendo que están perfectamente seguras siguiendo el sendero que Él ha trazado delante de ellas (cp. Jn. 14:6).

a. Lo siguen porque Él las salva y les da vida.

"Así como el Padre me conoce, y yo conozco al Padre; y pongo mi vida por las ovejas" (Jn. 10:15).

"Mis ovejas oyen mi voz, y yo las conozco, y me siguen, y yo les doy vida eterna; y no perecerán jamás, ni nadie las arrebatará de mi mano" (Jn. 10:27, 28).

"Y los salvará en aquel día Jehová su Dios como rebaño de su pueblo; porque como piedras de diadema serán enaltecidos en su tierra" (Zac. 9:16).

b. Lo siguen porque son las ovejas de su prado.

"Reconoced que Jehová es Dios; él nos hizo, y no nosotros a nosotros mismos; pueblo suyo somos, y ovejas de su prado" (Sal. 100:3).

c. Lo siguen porque quieren alabarlo por siempre.

"Pero yo siempre anunciaré y cantaré alabanzas al Dios de Jacob" (Sal. 75:9).

d. Lo siguen porque son ovejas en medio de lobos.

"Porque yo sé que después de mi partida entrarán en medio de vosotros lobos rapaces, que no perdonarán al rebaño" (Hch. 20:29).

e. Lo siguen porque Él les da seguridad y las libera del miedo.

"No temáis, manada pequeña, porque a vuestro Padre le ha placido daros el reino" (Lc. 12:32).

f. Lo siguen porque han aprendido que sin Él se dispersan y se pierden.

"Entonces Jesús les dijo: Todos os escandalizaréis de mí esta noche; porque escrito está: Heriré al pastor, y las ovejas serán dispersadas" (Mr. 14:27; cp. Mt. 26:31).

g. Lo siguen porque Él se ocupa de todos sus deseos.

"Jehová es mi pastor; nada me faltará" (Sal. 23:1).

3. Las ovejas huyen de las voces extrañas. Advierta dos cosas.

a. Ellas *no* (ou me) seguirán a un extraño. Esta es una doble negación. Ellas no seguirán, en ningún caso a un extraño.

b. Huyen de una voz extraña. No conocen la voz de un extraño. Su sonido y palabras son diferentes.

Pensamiento 1: La voz extraña puede ser la voz de...

- una falsa religión
- el humanismo
- una ciencia falsa
- el materialismo
- una falsa psicología
- lo mundano
- una filosofía falsa
- la fama

5 (10:6) ***Jesucristo, Rechazo - Hombre natural:*** La parábola no fue comprendida. La verdad espiritual estaba más allá de los extremistas religiosos, los falsos maestros. No pudieron comprender la verdad con sus mentes naturales. No pudieron verse a sí mismos como falsos pastores, y no pudieron ver a Jesús como el verdadero Pastor. El hombre natural se rebela contra que lo llamen *falso* y contra que Cristo sea el *único Pastor* de las ovejas.

"Porque el corazón de este pueblo se ha engrosado, y con los oídos oyeron pesadamente, y sus ojos han cerrado, para que no vean con los ojos, y oigan con los oídos, y entiendan de corazón, y se conviertan, y yo los sane" (Hch. 28:27).

"Estas siempre están aprendiendo, y nunca pueden llegar al conocimiento de la verdad" (2 Ti. 3:7).

	B. La puerta de las ovejas: El único camino hacia Dios, 10:7-10	9 Yo soy la puerta; el que por mí entrare, será salvo; y entrará, y saldrá, y hallará pastos.	**2 Jesús es la única puerta que conduce a la salvación** a. "Entrará y saldrá": seguridad b. "Pastos": Provisión
1 Jesús es la única puerta de las ovejas a. Todos los demás son ladrones y salteadores b. Prueba: las ovejas no los escucharon.	7 Volvió, pues, Jesús a decirles: De cierto, de cierto os digo: Yo soy la puerta de las ovejas. 8 Todos los que antes de mí vinieron, ladrones son y salteadores; pero no los oyeron las ovejas.	10 El ladrón no viene sino para hurtar y matar y destruir; yo he venido para que tengan vida, y para que la tengan en abundancia.	**3 Jesús es la única puerta que conduce a la vida abundante** a. Todos los demás vienen a tomar y a robar b. Jesús viene a dar vida

DIVISIÓN X

LA REVELACIÓN DE JESÚS, EL PASTOR DE LA VIDA, 10:1-42

B. La puerta de las ovejas: El único camino hacia Dios, 10:7-10

(10:7-10) ***Introducción - Jesús - Puerta:*** Jesús sostiene ser la puerta de las ovejas. Probablemente Jesús se refiera a la puerta de un redil comunitario o a un pasto comunitario que albergaba todos los rebaños en un área. No obstante, hay otra imagen descriptiva de Jesús como la puerta. Cuando las ovejas estaban afuera en la colina toda la noche, se las guardaba en barrancas rodeadas por varios muros de piedra. Naturalmente, la abertura a estas barrancas no tenía ninguna puerta. El pastor literalmente era la puerta, ya que durante la noche yacía en la abertura. Las ovejas solo podían salir pasando por encima de él, y los enemigos de las ovejas podían entrar solamente pasándole por encima. El acceso hacia y desde era solo a través del pastor.

1. Jesús es la única puerta de las ovejas (vv. 7, 8).
2. Jesús es la única puerta que conduce a la salvación (v. 9).
3. Jesús es la única puerta que conduce a la vida abundante (v. 10).

[1] (10:7, 8) ***Salvación - Puerta - Mediador:*** Jesús es la *única* puerta de las ovejas. Advierta las palabras "de cierto, de cierto", que acentúan la importancia crítica de lo que iba a decir Jesús. Por "puerta" Jesús quiso decir que Él es el camino o entrada al redil. Jesucristo es el camino...

- a la presencia de Dios
- al cielo
- a la aceptación de Dios
- al Reino de Dios
- a la salvación
- a la vida eterna
- a la verdadera iglesia

Por lo tanto, si un hombre desea entrar a donde está Dios, debe hacerlo por la puerta de Cristo. Un hombre entra al redil de Dios solo a través de la puerta de Cristo, puesto que Cristo es la *única* puerta para llegar a la presencia de Dios.

"Jesús le dijo: Yo soy el camino, y la verdad, y la vida; nadie viene al Padre, sino *por mí*" (Jn. 14:6).

"Porque *por medio de él* los unos y los otros tenemos entrada por un mismo Espíritu al Padre" (Ef. 2:18).

"Porque hay un solo Dios, y *un solo mediador* entre Dios y los hombres, Jesucristo hombre" (1 Ti. 2:5).

"Pero ahora tanto mejor ministerio es el suyo, cuanto *es mediador* de un mejor pacto, establecido sobre mejores promesas" (He. 8:6; cp. He. 12:24).

"Así que, por eso *es mediador* de un nuevo pacto" (He. 9:15).

"Porque no entró Cristo en el santuario hecho de mano, figura del verdadero, sino en el cielo mismo *para presentarse* ahora por nosotros ante Dios" (He. 9:24).

"Por *el camino nuevo y vivo* que él [Cristo] nos abrió a través del velo, esto es, de su carne" (He. 10:20).

"Hijitos míos, estas cosas os escribo para que no pequéis; y si alguno hubiere pecado, *abogado* tenemos para con el Padre, a Jesucristo el justo" (1 Jn. 2:1).

Nota: Jesús utilizó la clara declaración de la deidad: "Yo Soy". Esto le da un énfasis adicional a Su declaración de ser la *única puerta* hacia Dios. Ahora advierta dos puntos.

1. Todos los otros que sostienen ser la puerta son ladrones y salteadores. Hay algunos que sostienen ser la puerta y tener el camino hacia Dios. Sostienen conocer el camino correcto y tener las ideas más nuevas y la última verdad y conocimiento. Sostienen tener la enseñanza, la religión, las obras, la madurez, la filosofía, la psicología, las ideas y los conceptos nuevos correctos. Sostienen ser la puerta que se abre ante la presencia de Dios. Pero Jesús dice que son ladrones y salteadores. Salen a robar las ovejas, tanto su lana (posesiones) como sus vidas (lealtad). Quieren tanto la lana como sus vidas, porque si tienen ambas tienen la *lealtad permanente* de las ovejas. (Ver nota, Falso pastor, Jn. 10:1 para más discusión y versículos.)

"Algunos, a la verdad, predican a Cristo por envidia y contienda; pero otros de buena voluntad" (Fil. 1:15).

"Porque desde el más chico de ellos hasta el más grande, cada uno sigue la avaricia; y desde el profeta hasta el sacerdote, todos son engañadores" (Jer. 6:13).

"Y pondré sobre ellas pastores que las apacienten; y no temerán más, ni se amedrentarán, ni serán menoscabadas, dice Jehová" (Jer. 23:4).

"Pero si el atalaya viere venir la espada [El enemigo] y no tocare la trompeta, y el pueblo no se apercibiere, y viniendo la espada, hiriere de él a alguno, éste fue tomado por causa de su pecado, pero demandaré su sangre de mano del atalaya" (Ez. 33:6).

"Sus jefes juzgan por cohecho, y sus sacerdotes enseñan por precio, y sus profetas adivinan por dinero; y se apoyan en Jehová, diciendo: ¿No está Jehová entre nosotros? No vendrá mal sobre nosotros" (Mi. 3:11).

2. La prueba de que Jesús es la única puerta y que todas las demás son puertas falsas son las ovejas. Las ovejas no oyen las voces de *puertas* falsas, no si son las verdaderas ovejas del Pastor. Las verdaderas ovejas de Dios conocen la voz del Pastor y tienen la habilidad de discernirla. Si oyen la voz de un pastor falso, saben que él y su redil son falsos. Su voz y su mensaje no son la voz y el mensaje de la verdadera puerta, el Hijo de Dios.

"Yo soy el buen pastor; y conozco mis ovejas, y las mías me conocen" (Jn. 10:14).

"Mis ovejas oyen mi voz, y yo las conozco, y me siguen, y yo les doy vida eterna; y no perecerán jamás, ni nadie las arrebatará de mi mano" (Jn. 10:27, 28).

"Y nosotros no hemos recibido el espíritu del mundo, sino el Espíritu que proviene de Dios, para que sepamos lo que Dios nos ha concedido... Pero el hombre natural no percibe las cosas que son del Espíritu de Dios, porque para él son locura, y no las puede entender, porque se han de discernir espiritualmente" (1 Co. 2:12, 14).

2 (10:9) ***Salvación - Pastos - Nutrición:*** Jesús es la única puerta que conduce a la salvación. Jesús dijo que Él es la puerta que conduce a tres grandes cosas.

1. Jesús es la única puerta que se abre para la salvación.

"Y en ningún otro hay salvación; porque no hay otro nombre bajo el cielo, dado a los hombres, en que podamos ser salvos" (Hch. 4:12).

"Antes creemos que por la gracia del Señor Jesús seremos salvos, de igual modo que ellos" (Hch. 15:11).

"Porque de tal manera amó Dios al mundo, que ha dado a su Hijo unigénito, para que todo aquel que en él cree, no se pierda, mas tenga vida eterna. Porque no envió Dios a su Hijo al mundo para condenar al mundo, sino para que el mundo sea salvo por él" (Jn. 3:16, 17).

"Pues mucho más, estando ya justificados en su sangre, por él seremos salvos de la ira" (Ro. 5:9).

"Porque no nos ha puesto Dios para ira, sino para alcanzar salvación por medio de nuestro Señor Jesucristo" (1 Ts. 5:9).

"Porque esto es bueno y agradable delante de Dios nuestro Salvador, el cual quiere que todos los hombres sean salvos y vengan al conocimiento de la verdad. Porque hay un solo Dios, y un solo mediador entre Dios y los hombres, Jesucristo hombre, el cual se dio a sí mismo en rescate por todos, de lo cual se dio testimonio a su debido tiempo" (1 Ti. 2:3-6)

"Y habiendo sido perfeccionado, vino a ser autor de eterna salvación para todos los que le obedecen" (He. 5:9).

"Así también Cristo fue ofrecido una sola vez para llevar los pecados de muchos; y aparecerá por segunda vez, sin relación con el pecado, para salvar a los que le esperan" (He. 9:28).

2. Jesús es la única puerta que se abre a la paz y la seguridad. Él es la única puerta que permite que las ovejas *entren y salgan*. Esta era una frase judía común. Si un hombre podía "entrar y salir" sin dificultad ni peligro, significaba que estaba *seguro*. Jesús le trae al creyente seguridad, paz y tranquilidad.

"Mas el Consolador, el Espíritu Santo, a quien el Padre enviará en mi nombre, él os enseñará todas las cosas, y os recordará todo lo que yo os he dicho" (Jn. 14:26).

"Y ya no estoy en el mundo; mas éstos están en el mundo, y yo voy a ti. Padre santo, a los que me has dado, guárdalos en tu nombre, para que sean uno, así como nosotros" (Jn. 17:11).

"Estas cosas os he hablado para que en mí tengáis paz. En el mundo tendréis aflicción; pero confiad, yo he vencido al mundo" (Jn. 16:33).

"Estando persuadido de esto, que el que comenzó en vosotros la buena obra, la perfeccionará hasta el día de Jesucristo" (Fil. 1:6).

"Pero fiel es el Señor, que os afirmará y guardará del mal" (2 Ts. 3:3).

"Por lo cual asimismo padezco esto; pero no me avergüenzo, porque yo sé a quién he creído, y estoy seguro que es poderoso para guardar mi depósito para aquel día" (2 Ti. 1:12).

"Y el Señor me librará de toda obra mala, y me preservará para su reino celestial. A él sea gloria por los siglos de los siglos" (2 Ti. 4:18).

"Que sois guardados por el poder de Dios mediante la fe, para alcanzar la salvación que está preparada para ser manifestada en el tiempo postrero" (1 P. 1:5).

"Y a aquel que es poderoso para guardaros sin caída, y presentaros sin mancha delante de su gloria con gran alegría" (Jud. 24).

"Por cuanto has guardado la palabra de mi paciencia, yo también te guardaré de la hora de la prueba que ha de venir sobre el mundo entero, para probar a los que moran sobre la tierra" (Ap. 3:10)

"He aquí, yo estoy contigo, y te guardaré por dondequiera que fueres, y volveré a traerte a esta tierra; porque no te dejaré hasta que haya hecho lo que te he dicho" (Gn. 28:15).

"El eterno Dios es tu refugio, y acá abajo los brazos eternos; él echó de delante de ti al enemigo" (Dt. 33:27).

"He aquí, no se adormecerá ni dormirá el que guarda a Israel" (Sal. 121:4).

"No temas, porque yo estoy contigo; no desmayes, porque yo soy tu Dios que te esfuerzo; siempre te ayudaré, siempre te sustentaré con la diestra de mi justicia" (Is. 41:10).

"Y hasta la vejez yo mismo, y hasta las canas os soportaré yo; yo hice, yo llevaré, yo soportaré y guardaré" (Is. 46:4).

"En toda angustia de ellos él fue angustiado, y el ángel de su faz los salvó; en su amor y en su clemencia los redimió, y los trajo, y los levantó todos los días de la antigüedad" (Is. 63:9).

3. Jesús es la única puerta que se abre a la nutrición sana y duradera. Él es la única puerta que conduce al verdadero pasto, al prado que tiene el torrente viviente fluyendo a través de ella y que tiene la comida viviente.

a. Solo su pasto puede satisfacer el alma.

"Porque sacia al alma menesterosa, y llena de bien al alma hambrienta" (Sal. 107:9).

"Jehová te pastoreará siempre, y en las sequías saciará tu alma, y dará vigor a tus huesos; y serás como huerto de riego, y como manantial de aguas, cuyas aguas nunca faltan" (Is. 58:11).

b. Solo su pasto puede restaurar el alma.

> **"En lugares de delicados pastos me hará descansar; junto a aguas de reposo me pastoreará. Confortará mi alma; me guiará por sendas de justicia por amor de su nombre" (Sal. 23:2, 3).**

c. Solo su pasto puede dar vida y darla por siempre.

> **"Yo soy el pan vivo que descendió del cielo; si alguno comiere de este pan, vivirá para siempre; y el pan que yo daré es mi carne, la cual yo daré por la vida del mundo" (Jn. 6:51).**

d. Solo su pasto puede alimentar con conocimiento y comprensión.

> **"Y os daré pastores según mi corazón, que os apacienten con ciencia y con inteligencia" (Jer. 3:15).**

3 (10:10) ***Jesucristo, la puerta:*** Jesús es la única puerta que conduce a la vida abundante. Este es un brusco contraste entre el ladrón y Cristo.

1. La persona que dice que hay otra puerta es un ladrón y un salteador. La persona roba, mata y destruye las ovejas. El salteador tima y engaña a las ovejas, conduciéndola a través de una puerta que lleva a la destrucción.

Hay quienes definitivamente quieren la lana y la vida de las ovejas (religiones falsas y liberales y filosofías falsas). Quieren que las ovejas los sigan a ellos y a su posición, para hacer todo lo que pueden de manera de asegurarse que las ovejas...

- les sean leales
- les dediquen tiempo
- les dediquen reconocimiento
- les sean fieles
- les dediquen su esfuerzo
- los alaben
- les den sus posesiones
- les den su energía
- los honren

Al conducir a las ovejas fuera de *los límites* de Cristo, el falso maestro se convierte en un ladrón, un ladrón en el sentido de que roba el alma de las ovejas de Dios y las conduce a un redil que será destruido. Esto hace que las ovejas nunca conozcan al verdadero Pastor.

2. Jesús no vino a robar vida, sino a dar vida abundante (ver Estudio a fondo 1, Jn. 10:10 para mayor discusión).

ESTUDIO A FONDO 1

(10:10) ***Jesucristo, Propósito - Vida:*** La vida es una de las grandes palabras de las Escrituras. La palabra vida (zoe) y el verbo "vivir " o "tener vida" (zen) tienen un profundo significado. (Ver Estudio a fondo 2, Jn. 1:4; Estudio a fondo 1, 17:2, 3.)

1. La vida es la energía, la fuerza, el poder de ser.

2. La vida es lo opuesto a la muerte. Es la liberación de la condena y la muerte. Es la detención o cesación del deterioro, la ruina y la corrupción (Jn. 3:16; 5:24, 29; 10:28).

3. La vida es eterna (aionios). Es para siempre. Es la misma vida de Dios mismo (Jn. 17:3). Sin embargo, la vida eterna no se refiere solo a la duración. Vivir para siempre sería una maldición para algunas personas. La idea de vida eterna es también calidad, un cierto tipo de vida, una vida que coherentemente conoce el amor, el gozo, la paz, el poder y la responsabilidad (Jn. 10:10).

4. La vida es satisfacción (Jn. 6:35).

5. La vida es seguridad y regocijo (Jn. 10:10).

6. La vida se encuentra solo en Dios. Dios es la fuente y el autor de la vida, y es Dios quien ha designado a Jesucristo para traer vida al hombre. Jesucristo da la vida misma de Dios (Jn. 5:26; 6:27, 40; 10:28; 17:23).

7. La vida ha sido ahora revelada. Ha sido develada y se la ve claramente en Jesucristo. Jesucristo le muestra al hombre qué es la vida (Jn. 1:4, 5; 5:26; 1 Jn. 1:2).

8. La vida solo le llega al hombre si cree en Jesucristo. Un hombre fuera de Jesucristo meramente existe. Solo tiene la existencia de un animal. La vida real se encuentra únicamente en Dios. Esto es lo que se espera y es lógicamente cierto, porque Dios es el creador de la vida. Como el creador de la vida, Él solo conoce lo que es realmente la vida y qué se supone que sea (Jn. 3:36; 5:24; 6:47). Este es el motivo por el que Él envió a su Hijo, el Señor Jesucristo, al mundo: para mostrarle a los hombres qué es la vida. Cuando una persona mira a Jesucristo, ve exactamente lo que es la vida, exactamente lo que ésta involucra (cp. Gá. 5:22, 23).

- amor
- gozo
- paz
- paciencia
- benignidad
- bondad
- fe
- mansedumbre
- templanza o control y poder

1 El significado de "el buen pastor" a. Una vida de sacrificio b. No un pastor asalariado o empleado 1) Ve el peligro, actúa cobardemente, huye 2) hace que las ovejas sean atrapadas por error 3) Su cuidado no es genuino **2 La prueba de que Jesús es "el buen pastor"** a. Conoce a sus ovejas b. Conoce a su Padre: el Propietario c. Morirá por sus ovejas d. Trabaja para agrandar el redil	**C. El buen pastor: Jesús, el verdadero salvador del mundo, 10:11-21** 11 Yo soy el buen pastor; el buen pastor su vida da por las ovejas. 12 Mas el asalariado, y que no es el pastor, de quien no son propias las ovejas, ve venir al lobo y deja las ovejas y huye, y el lobo arrebata las ovejas y las dispersa. 13 Así que el asalariado huye, porque es asalariado, y no le importan las ovejas. 14 Yo soy el buen pastor; y conozco mis ovejas, y las mías me conocen, 15 así como el Padre me conoce, y yo conozco al Padre; y pongo mi vida por las ovejas. 16 También tengo otras ovejas que no son de este redil; aquéllas	también debo traer, y oirán mi voz; y habrá un rebaño, y un pastor. 17 Por eso me ama el Padre, porque yo pongo mi vida, para volverla a tomar. 18 Nadie me la quita, sino que yo de mí mismo la pongo. Tengo poder para ponerla, y tengo poder para volverla a tomar. Este mandamiento recibí de mi Padre. 19 Volvió a haber disensión entre los judíos por estas palabras. 20 Muchos de ellos decían: Demonio tiene, y está fuera de sí; ¿por qué le oís? 21 Decían otros: Estas palabras no son de endemoniado. ¿Puede acaso el demonio abrir los ojos de los ciegos?	**3. La prueba final es la muerte como sacrificio y la resurrección de Jesús** a. El motivo por el que Dios lo ama tanto b. Su muerte fue el acto supremo de obediencia 1) Fue voluntario 2) Fue una orden **4. La reacción a la declaración de Jesús** a. Algunos rechazan: Llaman a Jesús poseído por el demonio y loco b. Algunos cuestionan: Tal vez Jesús es quién dice ser

DIVISIÓN X

LA REVELACIÓN DE JESÚS, EL PASTOR DE LA VIDA, 10:1-42

C. El buen pastor: Jesús, el verdadero salvador del mundo, 10:11-21

(10:11-21) ***Introducción:*** Jesucristo sostuvo ser el "buen Pastor". No es un pastor malo ni falso.

1. El significado de "el buen pastor" (vv. 11-13).
2. La prueba de que Jesús es "el buen pastor" (vv. 14-16).
3. La prueba final es la muerte como sacrificio y la resurrección de Jesús (vv. 17, 18).
4. La reacción a la declaración de Jesús (vv. 19-21).

ESTUDIO A FONDO 1

(10:11-21) ***Jesús, El Pastor - Dios, el Pastor:*** Dios predijo que iba a enviar un Pastor para salvar y ocuparse de su pueblo.

> **"He aquí que Jehová el Señor vendrá con poder, y su brazo señoreará; he aquí que su recompensa viene con él, y su paga delante de su rostro. Como pastor apacentará su rebaño; en su brazo llevará los corderos, y en su seno los llevará; pastoreará suavemente a las recién paridas" (Is. 40:10, 11).**
>
> **"Yo salvaré a mis ovejas, y nunca más serán para rapiña; y juzgaré entre oveja y oveja. Y levantaré sobre ellas a un pastor, y él las apacentará; a mi siervo David, él las apacentará, y él les será por pastor" (Ez. 34:22, 23).**
>
> **"Ni se contaminarán ya más con sus ídolos, con sus abominaciones y con todas sus rebeliones; y los salvaré de todas sus rebeliones con las cuales pecaron, y los limpiaré; y me serán por pueblo, y yo a ellos por Dios. Mi siervo David será rey sobre ellos, y todos ellos tendrán un solo pastor; y andarán en mis preceptos, y mis estatutos guardarán, y los pondrán por obra" (Ez. 37:23, 24).**
>
> **"Y los salvará en aquel día Jehová su Dios como rebaño de su pueblo; porque como piedras de diadema serán enaltecidos en su tierra" (Zac. 9:16).**

La obra de Jesús como Pastor es cuádruple.

1. Jesucristo es el *buen Pastor*. Se lo llama "bueno" porque arriesga y sacrifica su vida por las ovejas (Jn. 10:11, 15; cp. Sal. 22).
2. Jesucristo es el *Gran Pastor*. Se lo llama "gran" porque resucitó de los muertos, y perfecciona a las ovejas (He. 13:20, 21).
3. Jesucristo es el *Pastor y Obispo* de nuestras almas. Se lo llama "pastor y obispo" porque da la bienvenida a quienes se desviaron del camino (1 P. 2:25).
4. Jesucristo es el *Pastor en jefe*. Se lo llama "jefe" porque debe aparecer y regresar a la tierra con gran gloria y recompensar a los fieles (1 P. 5:4).

Nota: Dios también es llamado Pastor en las Escrituras (Gn. 48:15; Sal. 23:1; 77:20; 80:1; Is. 40:11; Ez. 34:11-31).

[1] (10:11-13) ***Jesucristo, el buen pastor - Asalariados - Falsos maestros - Maestros irresponsables:*** El significado de "buen Pastor". Hay dos motivos por los cuales Jesús es llamado el buen Pastor.

1. Jesús es llamado el "buen Pastor" porque dio en sacrificio su vida *por las ovejas* (ver Estudio a Fondo # 2, Jn. 10:11 para una mayor discusión).

2. Jesús es llamado el "buen pastor" porque no es un pastor asalariado o empleado. Jesús es el Pastor por nacimiento. Nació para ser el Pastor con todos los derechos del Pastor. Las ovejas son de Él y Él es de las ovejas. El pastor asalariado era simplemente un hombre que pasaba cuya ayuda era temporaria. Era un hombre contratado para cuidar las ovejas hasta que viniera el verdadero pastor. No era el pastor verdadero, permanente. Era un pastor falso, desleal e irresponsable. Su interés no era un llamado, sino...

- un trabajo y una profesión
- posición y prestigio
- dinero y comodidad
- autoridad y estima
- aceptación y reconocimiento

El pastor falso, desleal e irresponsable tiene poco, si lo tiene, sentido de responsabilidad por las ovejas. Busca beneficiarse a sí mismo, no a las ovejas.

⇒ Es pastor por lo que puede obtener de eso, no para servir y ocuparse de las ovejas.

⇒ Su principal interés no son las ovejas sino la seguridad laboral: salarios y beneficios, posición y prestigio, dinero y comodidad.

⇒ Se valora a sí mismo mucho más que a las ovejas.

⇒ Va en busca de sus propias cosas y no de las cosas de los demás (1 Co. 10:24; Fil. 2:3, 4).

⇒ No tiene interés *natural* por el estado de las ovejas (Fil. 2:20).

⇒ No tiene interés en buscar las ovejas perdidas, a menos que su vida sea amenazada "en el desierto" (cp. Lc. 15:4).

Advierta que Jesús dice tres cosas significativas sobre el pastor asalariado.

1. El pastor irresponsable huye cuando ve el peligro (el lobo). Busca salvarse a sí mismo y proteger su propia seguridad y posición, incluso si eso significa abandonar a las ovejas y dejándolas expuestas al peligro.

2. El pastor irresponsable hace que las ovejas se expongan al peligro y al error.

⇒ Algunas de las ovejas son atacadas y comidas por el peligroso lobo. El lobo es cualquier cosa o cualquier poder que busque destruir a las ovejas, como lo mundano, las falsas enseñanzas y los hombres carnales.

⇒ Las ovejas restantes quedan esparcidas en el desierto del mundo y perdidas para el Propietario (Dios).

3. El pastor irresponsable carece de cuidado genuino por las ovejas. No está involucrado ni preocupado por el destino y el bienestar eterno de las ovejas. (Ver nota: Pastores falsos - Jn. 10:1 para versículos de las Escrituras.)

ESTUDIO A FONDO 2

(10:11) ***Jesucristo, Muerte:*** La palabra "para" (huper) es una palabra sencilla con un significado profundo cuando se la utiliza con la muerte de Cristo. Proclama la verdad más maravillosa conocida por el hombre. Advierta esta impactante verdad: *no significa* que Cristo murió solo como un ejemplo para nosotros, demostrándonos cómo debemos estar dispuestos a morir por la verdad o por alguna gran causa. Lo que significa es que Cristo murió *en lugar nuestro, en nuestra posición, en nuestro espacio, como nuestro substituto.* Este significado es incuestionablemente claro. (Ver nota - Ef. 5:2; Estudio a fondo 1, 1 P. 2:21-25 para más discusión al respecto.)

1. La idea de sacrificio para la mente judía y pagana de esa época era la idea de una vida dada en el lugar de otro. Era un *sacrificio de substitución.*

2. La idea de sacrificio está con frecuencia en el mismo contexto de las palabras "Se entregó a sí mismo *por nosotros*" (Ef. 5:2).

"Yo soy el pan vivo que descendió del cielo; si alguno comiere de este pan, vivirá para siempre; y el pan que yo daré es mi carne, la cual yo daré por la vida del mundo" (Jn. 6:51).

"Yo soy el buen pastor; el buen pastor su vida da *por las ovejas*" (Jn. 10:11).

"Así como el Padre me conoce, y yo conozco al Padre; y pongo mi vida por las ovejas" (Jn. 10:15).

"Esto no lo dijo por sí mismo, sino que como era el sumo sacerdote aquel año, profetizó que Jesús había de morir *por la nación*" (Jn. 11:51).

"Nadie tiene mayor amor que este, que uno ponga su vida *por sus amigos*" (Jn. 15:13).

"Y por ellos yo me santifico a mí mismo, para que también ellos sean santificados en la verdad" (Jn. 17:19).

(Cp. Ro. 8:32; Gá. 1:4; 2:20; Ef. 5:2; 1 Ti. 2:6; Tit. 2:14.)

[2] (10:14-16) ***Jesucristo, el buen pastor:*** La prueba de que Jesús es el "buen Pastor". Hay cuatro pruebas.

1. Jesús conocía a sus ovejas y ellas lo conocían a Él. Hay un conocimiento íntimo entre Jesús y sus ovejas.

a. Él las conoce, conoce su vida, su ser, su todo. Él las conoce...
   - por nombre, en forma individual y personal.
   - en todo su gozo y bendiciones.
   - en todas sus pruebas y angustias.
   - en todo su vagabundeo y tambaleos.
   - en toda su necesidad y sus carencias.

Tiene puesta su mente en ellas, cuidándolas por su Espíritu y ocupándose de ellas a través de la intercesión así como también por el compañerismo. Esto es prueba de que Él es el "buen Pastor" de las ovejas.

"A éste abre el portero, y las ovejas oyen su voz; y a sus ovejas llama por nombre, y las saca" (Jn. 10:3).

"Yo soy el buen pastor; y conozco mis ovejas, y las mías me conocen" (Jn. 10:14).

"Pero si alguno ama a Dios, es conocido por él" (1 Co. 8:3).

"Pero el fundamento de Dios está firme, teniendo este sello: Conoce el Señor a los que son suyos; y: Apártese de iniquidad todo aquel que invoca el nombre de Cristo" (2 Ti. 2:19).

b. Las ovejas lo conocen, conocen su vida, su ser, su todo. Lo conocen, creyendo y confiando en...
   - Su amor y cuidado.
   - Su mente y Palabra
   - Su compañerismo y liderazgo.

- Su experiencia y conocimiento.
- Su destino y prado (cielo).

El hecho de que las ovejas lo conozcan tan bien es una prueba clara de que Jesús es el "buen Pastor" de sus vidas.

"Y decían a la mujer: Ya no creemos solamente por tu dicho, porque nosotros mismos hemos oído, y sabemos que verdaderamente éste es el Salvador del mundo, el Cristo" (Jn. 4:42).

"Y cuando ha sacado fuera todas las propias, va delante de ellas; y las ovejas le siguen, porque conocen su voz" (Jn. 10:4).

"Mis ovejas oyen mi voz, y yo las conozco, y me siguen" (Jn. 10:27).

"Y esta es la vida eterna: que te conozcan a ti, el único Dios verdadero, y a Jesucristo, a quien has enviado" (Jn. 17:3).

"Pero cuantas cosas eran para mí ganancia, las he estimado como pérdida por amor de Cristo. Y ciertamente, aun estimo todas las cosas como pérdida por la excelencia del *conocimiento* de Cristo Jesús, mi Señor, por amor del cual lo he perdido todo, y lo tengo por basura, para ganar a Cristo" (Fil. 3:7, 8).

"Por lo cual asimismo padezco esto; pero no me avergüenzo, porque yo sé a quién he creído, y estoy seguro que es poderoso para guardar mi depósito para aquel día" (2 Ti. 1:12).

"Amados, ahora somos hijos de Dios, y aún no se ha manifestado lo que hemos de ser; pero sabemos que cuando él se manifieste, seremos semejantes a él, porque le veremos tal como él es" (1 Jn. 3:2).

"Yo sé que mi Redentor vive, y al fin se levantará sobre el polvo" (Job 19:25).

2. Jesús conoce al Padre, al Dueño de las ovejas. Surge naturalmente la pregunta, ¿cuán bien lo conoce a Él? Una cosa es de importancia crítica. Cuando Jesús sostiene conocer al Padre, no significa que conoce a Dios en el mismo sentido que otros hombres lo conocen. Advierta sus palabras exactas:

"Así como el Padre me conoce, y yo conozco al Padre; y pongo mi vida por las ovejas" (Jn. 10:15).

¿Cuán bien Dios conoce a cualquier hombre? Así como Dios conoce bien a Jesús, es como Jesús conoce a Dios. Dios, por supuesto, conoce perfectamente a todos los hombres, conoce todo lo que hay que saber de una persona. Por lo tanto, Jesús conoce perfectamente al Padre, así como Dios conoce todo sobre Él. Jesús y el Padre son uno (v. 30). Hay un conocimiento perfecto, íntimo y una relación entre ellos.

Esto es exactamente lo que está sosteniendo Jesús. Sostiene ser el *"buen Pastor"*, el que fue enviado por Dios para ser el buen pastor de las ovejas. La prueba es que Él conoce al Padre incluso (así como) el Padre lo conoce a Él.

"Todas las cosas me fueron entregadas por mi Padre; y nadie conoce al Hijo, sino el Padre, ni al Padre conoce alguno, sino el Hijo, y aquel a quien el Hijo lo quiera revelar" (Mt. 11:27).

"Pero yo le conozco, porque de él procedo, y él me envió" (Jn. 7:29).

"Pero vosotros no le conocéis; mas yo le conozco, y si dijere que no le conozco, sería mentiroso como vosotros; pero le conozco, y guardo su palabra" (Jn. 8:55).

"Así como el Padre me conoce, y yo conozco al Padre; y pongo mi vida por las ovejas" (Jn. 10:15).

"Padre justo, el mundo no te ha conocido, pero yo te he conocido, y éstos han conocido que tú me enviaste" (Jn. 17:25).

3. Jesús morirá por las ovejas. Él fue el "buen Pastor", no un mal pastor; por lo tanto, enfrentará al enemigo de las ovejas. No huirá de su llamado y propósito. Estará de pie y luchará contra el enemigo como para lo cual fue enviado el buen Pastor. Advierta dos hechos asombrosos.

a. Jesús no dijo que Él iba a luchar y a proteger a las ovejas. Dijo que moriría por las ovejas, moriría definitivamente. Él sabía que le esperaba la muerte, que su propósito era morir por ellas.

b. En esta declaración Jesús dejó de lado la imagen del pastor. Ya no siguió diciendo: "el buen pastor su vida da por las ovejas"(v. 11). Ahora dijo: "Pongo mi vida por las ovejas". (Ver Estudio a fondo 2, Jesucristo, Muerte, Jn. 10:11 para más discusión y versículos de las Escrituras.)

4. Jesús trabajó para agrandar el redil. Advierta varios hechos.

a. Las "otras ovejas" era una referencia al evangelismo mundial. Se refería a todos los creyentes que no estaban allí con Él. Incluía a todos los países y generaciones. Predijo a cada creyente de todos los tiempos.

"Porque no hay diferencia entre judío y griego, pues el mismo que es Señor de todos, es rico para con todos los que le invocan" (Ro. 10:12).

b. Las palabras "también tengo otras ovejas" es un término estrecho, íntimo. El vínculo más estrecho y el compañerismo imaginable, una relación sobrenatural y llena del Espíritu iba a existir entre Cristo y estas futuras ovejas. (Ver Estudio a fondo 3, Compañerismo, Hechos 2:42 para mayor discusión.)

c. La palabra "deber" (dei) significa necesidad, limitación. Jesús estaba obligado a buscar a las otras ovejas.

"Jesús les dijo: Mi comida es que haga la voluntad del que me envió, y que acabe su obra" (Jn. 4:34).

"Me es necesario hacer las obras del que me envió, entre tanto que el día dura; la noche viene, cuando nadie puede trabajar" (Jn. 9:4).

d. Las futuras ovejas se convertirían en suyas por oír su voz (ver nota - Jn. 10:4, 5 para una mayor discusión).

e. Serían un rebaño, no dos. No serán dos pastores y dos rebaños. Hay un solo pastor y un rebaño. Es el rebaño del buen pastor, del Señor Jesucristo.

"El cual quiere que todos los hombres sean salvos y vengan al conocimiento de la verdad. Porque hay un solo Dios, y un solo mediador entre Dios y los hombres, Jesucristo hombre, el cual se dio a sí mismo en rescate por todos, de lo cual se dio testimonio a su debido tiempo" (1 Ti. 2:4-6).

Ahora advierta: El propio hecho de que Jesús agrande el redil es prueba de que Él es el buen Pastor. Él es el buen Pastor porque trabaja y obra tanto para el Dueño como para las ovejas. Trabaja para mantener sanas a las ovejas para que se reproduzcan y aumenten el rebaño. Un rebaño más grande y sano, por supuesto, significa un Dueño complacido (el Padre).

3 (10:17, 18) ***Jesucristo, Muerte - Dios, Amor por Jesús:*** La prueba final de que Jesús es el "buen Pastor" es su muerte de sacrificio y resurrección. Un pastor no puede hacer más "bien" que dar su vida por sus ovejas. Un pastor que murió por sus ovejas fue, sin duda, un buen pastor. Pero hay algo más. El dueño estaba complacido, apreciando mucho que el pastor diera su vida por el rebaño. El dueño *consideró* al pastor como un "buen" pastor.

Jesús hizo dos declaraciones reveladoras.

1. Su muerte de sacrificio fue la verdadera razón por la cual Dios ama tanto a su Hijo. Por supuesto esto no significa que Dios no ama a su Hijo por quién Él es. Dios naturalmente ama a su Hijo así como todo hombre ama a su hijo. Pero Dios ama a Jesús *aún más*, de una manera mucho más especial, porque Jesús estaba dispuesto a pagar un precio para traer hombres a Dios.

Advierta que Jesús murió para que Él pudiera resucitar de los muertos.

a. Tomó el pecado del hombre sobre sí para liberar al hombre del pecado, (esto es, para darle justicia al hombre en forma posicional) (ver nota, Jn. 1:51 para una mayor discusión).

"Quien llevó él mismo nuestros pecados en su cuerpo sobre el madero, para que nosotros, estando muertos a los pecados, vivamos a la justicia; y por cuya herida fuisteis sanados" (1 P. 2:24).

"Y sabéis que él apareció para quitar nuestros pecados, y no hay pecado en él" (1 Jn. 3:5).

b. Resucitó de los muertos para liberar al hombre de la muerte (esto es, para brindarle vida eterna al hombre).

"Sino también con respecto a nosotros a quienes ha de ser contada, esto es, a los que creemos en el que levantó de los muertos a Jesús, Señor nuestro, el cual fue entregado por nuestras transgresiones, y resucitado para nuestra justificación" (Ro. 4:24, 25).

"Porque somos sepultados juntamente con él para muerte por el bautismo, a fin de que como Cristo resucitó de los muertos por la gloria del Padre, así también nosotros andemos en vida nueva. Porque si fuimos plantados juntamente con él en la semejanza de su muerte, así también lo seremos en la de su resurrección" (Ro. 6:4, 5).

2. Su muerte fue el acto supremo de obediencia. Fue voluntario. Él murió voluntariamente. Ningún hombre tomó su vida; Él se sacrificó. El poder para tomarla fue suyo y solo suyo.

Advierta el punto crítico: este "mandamiento" de morir fue de Dios. Esto le da un significado más elevado a la muerte de Jesús que simplemente satisfacer la necesidad del hombre. Significa que Jesús no murió solo a causa del pecado, sino porque quiso glorificar y honrar a Dios. Quería por sobre todo demostrar su amor y adoración por Dios.

Este es un aspecto de la muerte de Jesús que por lo general se pasa por alto, un aspecto que surge más allá de la mera satisfacción de nuestra necesidad. Puesto que al entregarse como una "ofrenda a Dios", Cristo estaba mirando más allá de nuestra necesidad hacia la posibilidad majestuosa de glorificar a Dios. Esto significa que su principal propósito era la gloria de Dios. Estaba primeramente preocupado por hacer la voluntad de Dios, por obedecer a Dios. Dios había sido terriblemente deshonrado por el primer hombre, Adán, y por todos los que le siguieron. Jesucristo quería honrar a Dios demostrando que por lo menos un hombre pensaba más en la gloria de Dios que en cualquier otra cosa. Jesús quiso demostrar que la voluntad de Dios significaba más que cualquier deseo personal o ambición que pudiera tener.

Dijo: "Mas para que el mundo conozca que amo al Padre, y como el Padre me mandó, así hago. Levantaos, vamos de aquí" (Jn. 14:31; cp. Lc. 22:42; Jn. 5:30). (Ver Estudio a fondo 2, Jesucristo, Muerte, Jn. 10:11 para los versículos de las Escrituras.)

4 (10:19-21) ***Jesucristo, Respuesta a:*** La reacción a la declaración de Jesús fue combinada. Algunos dijeron que Jesús estaba poseído por los demonios y loco (cp. Jn.7.20; 8:48, 52). Otros dijeron que tal vez era el Mesías (cp. Jn.7.12, 40-44).

"Mas yo tengo mayor testimonio que el de Juan; porque las obras que el Padre me dio para que cumpliese, las mismas obras que yo hago, dan testimonio de mí, que el Padre me ha enviado. También el Padre que me envió ha dado testimonio de mí. Nunca habéis oído su voz, ni habéis visto su aspecto, ni tenéis su palabra morando en vosotros; porque a quien él envió, vosotros no creéis" (Jn. 5:36-38).

	D. Las afirmaciones del gran pastor, 10:22-42	mi Padre; ¿por cuál de ellas me apedreáis? 33 Le respondieron los judíos, diciendo: Por buena obra no te apedreamos, sino por la blasfemia; porque tú, siendo hombre, te haces Dios.	b. Jesús cuestionó la reacción de ellos c. Los extremistas religiosos admitieron que las obras de Él eran buenas d. Los extremistas religiosos entendieron su declaración, pero lo rechazaron
1 Jesús estaba en Jerusalén en la fiesta de la dedicación a. Era invierno b. Estaba caminando por el portón de Salomón c. Los extremistas religiosos se acercaron y lo cuestionaron	22 Celebrábase en Jerusalén la fiesta de la dedicación. Era invierno, 23 y Jesús andaba en el templo por el pórtico de Salomón. 24 Y le rodearon los judíos y le dijeron: ¿Hasta cuándo nos turbarás el alma? Si tú eres el Cristo, dínoslo abiertamente.	34 Jesús les respondió: ¿No está escrito en vuestra ley: Yo dije, dioses sois? 35 Si llamó dioses a aquellos a quienes vino la palabra de Dios 36 ¿al que el Padre santificó y envió al mundo, vosotros decís: Tú blasfemas, porque dije: Hijo de Dios soy?	**4 Declaración 3: Él es el Hijo de Dios** a. Jesús demostró la incoherencia del hombre b. La declaración de Jesús 1) El Padre Lo santificó 2) El Padre lo envió 3) Él es el Hijo de Dios
2 Declaración 1: Él es el Mesías a. Los extremistas religiosos no creyeron 1) Su clara declaración 2) Pero sus obras lo demostraban 3) Motivo: Los extremistas religiosos no eran sus ovejas b. Sus ovejas creen 1) Son receptivas 2) Son conocidas 3) Lo siguen (v. 27) 4) Se les da vida 5) Se evita que mueran 6) Están seguras 7) Tienen una doble seguridad en Dios mismo	25 Jesús les respondió: Os lo he dicho, y no creéis; las obras que yo hago en nombre de mi Padre, ellas dan testimonio de mí; 26 pero vosotros no creéis, porque no sois de mis ovejas, como os he dicho. 27 Mis ovejas oyen mi voz, y yo las conozco, y me siguen, 28 y yo les doy vida eterna; y no perecerán jamás, ni nadie las arrebatará de mi mano. 29 Mi Padre que me las dio, es mayor que todos, y nadie las puede arrebatar de la mano de mi Padre.	37 Si no hago las obras de mi Padre, no me creáis. 38 Mas si las hago, aunque no me creáis a mí, creed a las obras, para que conozcáis y creáis que el Padre está en mí, y yo en el Padre. 39 Procuraron otra vez prenderle, pero él se escapó de sus manos. 40 Y se fue de nuevo al otro lado del Jordán, al lugar donde primero había estado bautizando Juan; y se quedó allí. 41 Y muchos venían a él, y decían: Juan, a la verdad, ninguna señal hizo; pero todo lo que Juan dijo de éste, era verdad.	**5 Declaración 4: Dios está en Él y Él está en Dios, absolutamente** a. Sus obras lo demuestran b. Siguió siendo rechazado **6 Conclusión: Jesús se retiró** a. A la zona de Juan el Bautista b. Las multitudes de Juan comenzaron a seguir a Jesús
3 Declaración 2: Él es uno con Dios, esto es, Él es Dios mismo a. Los extremistas religiosos reaccionaron	30 Yo y el Padre uno somos. 31 Entonces los judíos volvieron a tomar piedras para apedrearle. 32 Jesús les respondió: Muchas buenas obras os he mostrado de	42 Y muchos creyeron en él allí.	c. Muchos creyeron en Jesús

DIVISIÓN X

LA REVELACIÓN DE JESÚS, EL PASTOR DE LA VIDA, 10:1-42

D. Las afirmaciones del gran pastor, 10:22-42

(10:22-42) ***Introducción:*** Jesucristo es el *gran* Pastor, grande por quién es Él. Advierta las declaraciones fenomenales que realizó.

1. Jesús estaba en Jerusalén en la fiesta de la dedicación (vv. 22-24).
2. Declaración 1: Él es el Mesías (vv. 25-29).
3. Declaración 2: Él es uno con Dios, esto es, Él es Dios mismo (vv. 30-33).
4. Declaración 3: Él es el Hijo de Dios (vv. 34-36).
5. Declaración 4: Dios está en Él y Él está en Dios, absolutamente (vv. 37-39).
6. Conclusión: Jesús se retiró (vv. 40-42).

1 (10:22-42) ***Jesucristo, Mesías:*** Jesús estaba en Jerusalén en la fiesta de la dedicación. (Ver Estudio a fondo 1, Jn. 10:22.) Estaba caminando por el portón de Salomón (ver nota, Mr. 11:27). Advierta cómo los judíos lo rodearon porque querían una respuesta directa: "Si tú eres el Cristo, dínoslo abiertamente". ¿Es Jesús el Mesías o no?

ESTUDIO A FONDO 1

(10:22) ***Fiesta de la dedicación:*** Esta fiesta se fundó para celebrar la liberación de Israel de Siria en el año 164 a.C. Lo que había ocurrido era terrible. Antioco Epífanes, el rey de Siria desde 175 a 164 a.C. amaba la sociedad griega y quería que su parte del mundo fuera una sociedad modelo griega. William Barclay señala que comenzó a tener problemas cuando intentó convertir a los judíos en griegos tanto en cuanto a las costumbres como a la religión. Al principio lo intentó pacíficamente, y algunos de los judíos adoptaron ideas griegas, pero como lo ha demostrado la historia, la mayoría de los judíos no iban a ceder sus creencias. A fin de tener éxito, Antíoco sabía que tenía que destruir la religión judía. Atacó Jerusalén, asesinando a 80.000 judíos mediante los métodos más horrorosos imaginables y esclavizando a otros 80.000. Luego profanó el templo judío...

- tomando el gran altar de las ofrendas y convirtiéndolo en un altar al dios griego, Zeus.
- sacrificando carne de cerdo en el altar.
- estableciendo un comercio de prostitución en las cámaras del templo.

Dichos actos aborrecibles hicieron que algunos judíos formaran una resistencia clandestina y lucharan contra Antioco. Judas Macabeo y sus hermanos pronto pasaron a ser los líderes de la revuelta contra Siria. En el año 165 a.C. tuvieron éxito y uno de sus primeros actos fue limpiar, restaurar y rededicar el templo. Fue por el objetivo de celebrar la rededicación del templo para adorar a Dios que se fundó la *fiesta de la dedicación.*

La fiesta también ha sido denominada el Festival de las luces. Su nombre judío es Jánuca y todavía se celebra en la actualidad. El festival duraba ocho días y se caracterizaba por el encendido de velas. Se encendían velas en cada hogar judío en toda la ciudad y el país y en cada rincón del templo. Cada lugar de la tierra estaba encendido para celebrar el gran día de la liberación. Las luces simbolizaban la luz de la libertad que se había vuelto a ganar en la nación. Nota: la fiesta se llevaba a cabo en invierno; sus festividades eran similares a la fiesta de los tabernáculos (2 Mac. 1:9). Esta es la única vez que se hace mención a esta fiesta en los Evangelios.[1]

2 (10:25-29) ***Jesucristo, Mesías:*** La primera declaración de Jesús fue que Él era el Mesías. Hay un contraste en estos versículos (vv. 24-29), un contraste entre los extremistas religiosos y las ovejas del Señor, entre no creer y creer.

1. Los extremistas religiosos no creían (vv. 25, 26)
   a. Jesús había declarado claramente que era el Mesías. (Ver Estudio a fondo 2, Jn. 10:25.) Advierta sus palabras: "Os lo he dicho". Se los había dicho una y otra vez.
   b. Las obras y los hechos de Jesús demostraron que Él era quien sostenía ser (ver notas, Jn. 5:19; 5:20; 5:36).
   c. Los extremistas religiosos no creyeron en las declaraciones de Jesús. ¿Por qué? *Porque* no eran sus ovejas. Advierta un hecho importante. Jesús no dijo: "Vosotros no sois de mis ovejas *porque* no creéis", sino: "Vosotros no creéis *porque* no sois de mis ovejas". Estaba diciendo que no creían porque no eran sus seguidores. Este es el hilo de la predestinación que Juan destaca a lo largo de su evangelio. (Ver notas, Jn. 6:44-46; 6:37 para mayor discusión sobre el tema.) Los extremistas religiosos no pertenecían a Dios. Sostenían ser sus seguidores, pero era solo una manifestación verbal. Sus corazones y vidas estaban alejadas de Dios; por lo tanto, lo que Jesús sostenía, ellos lo rechazaban. No eran las ovejas de Jesús; por lo tanto, rechazaban sus declaraciones y Palabras.
2. Las ovejas de Jesús creen. Creen en el Pastor. (Ver Estudio a fondo 3, Jn. 10:27-29 para mayor discusión al respecto.)

ESTUDIO A FONDO 2

(10:25) ***Jesucristo, Declaraciones - deidad:*** A Jesús le preguntaron "Si tú eres el Cristo, dínoslo abiertamente". Justo en los últimos días la gente lo había oído proclamar la verdad con tanta fuerza como podía. El problema no era su proclamación del hecho en lenguaje claro; el problema era la falta de fe de la gente. Solo simulaban no comprender. Comprendían, pero se rehusaban a creer. Este es, por supuesto, el problema con la mayoría de los hombres. En términos inequívocos, Jesús proclama...

- que su enseñanza no es de Él, sino de Dios (ver nota, Jn. 7:16-19).

"Jesús les respondió y dijo: Mi doctrina no es mía, sino de aquel que *me envió*" (Jn. 7:16).

- que Él conoce íntimamente a Dios y fue enviado por Dios (ver notas, Jn. 7:25-31; 8:54-59; 10:14-16).

"Pero yo le conozco, porque de él procedo, y él me envió" (Jn. 7:29).

- que Él es la fuente de la vida y el que le da el Espíritu Santo a los hombres (ver nota - Jn. 7:37-39).

"En el último y gran día de la fiesta, Jesús se puso en pie y alzó la voz, diciendo: Si alguno tiene sed, venga a mí y beba... Esto dijo del Espíritu que habían de recibir los que creyesen en él; pues aún no había venido el Espíritu Santo, porque Jesús no había sido aún glorificado" (Jn. 7:37, 39).

- que Él es la Luz del mundo (ver Estudio a fondo 1, Jn. 8:12; nota, Jn. 9:5).

"Otra vez Jesús les habló, diciendo: Yo soy la luz del mundo; el que me sigue, no andará en tinieblas, sino que tendrá la luz de la vida" (Jn. 8:12; cp. 9:5).

- que Él es la Revelación de Dios (ver nota, Jn. 8:19).

"Ellos le dijeron: ¿Dónde está tu Padre? Respondió Jesús: Ni a mí me conocéis, ni a mi Padre; si a mí me conocieseis, también a mi Padre conoceríais" (Jn. 8:19).

- que Él tiene un origen diferente del hombre (ver Estudio a fondo 2, Jn. 8:23).

"Y les dijo: Vosotros sois de abajo, yo soy de arriba; vosotros sois de este mundo, yo no soy de este mundo" (Jn. 8:23).

- que si un hombre no cree en Él, el hombre morirá en sus pecados (ver nota - Jn. 8:23, 24).

"Por eso os dije que moriréis en vuestros pecados; porque si no creéis que yo soy, en vuestros pecados moriréis" (Jn. 8:24).

- que Él es el Portavoz de Dios (ver nota - Jn. 8:26).

[1] *El Evangelio de Juan,* vol. 2. "The Daily Study Bible". Filadelfia, PA: The Westminster Press, 1956, pp. 81ss.

"Muchas cosas tengo que decir y juzgar de vosotros; pero el que me envió es verdadero; y yo, lo que he oído de él, esto hablo al mundo" (Jn. 8:26).

- que Él es el Hijo del Hombre que será elevado en la cruz (ver nota Jn. 8:28).

"Les dijo, pues, Jesús: Cuando hayáis levantado al Hijo del Hombre, entonces conoceréis que yo soy, y que nada hago por mí mismo, sino que según me enseñó el Padre, así hablo" (Jn. 8:28).

- que Dios nunca lo dejó solo; que Él nunca pecó; que Él nunca dejó de agradar a Dios (ver nota Jn. 8:29).

"Porque el que me envió, conmigo está; no me ha dejado solo el Padre, porque yo hago siempre lo que le agrada" (Jn. 8:29).

- que Él vino de Dios (ver nota Jn. 8:42, 43).

"Jesús entonces les dijo: Si vuestro padre fuese Dios, ciertamente me amaríais; porque yo de Dios he salido, y he venido; pues no he venido de mí mismo, sino que él me envió" (Jn. 8:42).

- que Él es libre de pecado (ver nota, Jn. 8:45-47. cp. notas - Jn. 8:29; 8:54-59).

"Y a mí, porque digo la verdad, no me creéis. ¿Quién de vosotros me redarguye de pecado? Pues si digo la verdad, ¿por qué vosotros no me creéis?" (Jn. 8:45, 46).

- que Él es el Salvador o Liberador de la muerte; que un hombre que cumple Su palabra nunca verá la muerte (ver notas, Jn. 8:51-53; 8:51).

"De cierto, de cierto os digo, que el que guarda mi palabra, nunca verá muerte" (Jn. 8:51).

- que Él es el gran "Yo Soy" (ver nota, Jn. 8:54-59).

"Jesús les dijo: De cierto, de cierto os digo: Antes que Abraham fuese, yo soy" (Jn. 8:58).

- que Él es el Hijo de Dios (ver nota, Jn. 9:35-38).

"Oyó Jesús que le habían expulsado; y hallándole, le dijo: ¿Crees tú en el Hijo de Dios? Respondió él y dijo: ¿Quién es, Señor, para que crea en él? Le dijo Jesús: Pues le has visto, y el que habla contigo, él es" (Jn. 9:35-37).

- que Él es la puerta de las ovejas (ver nota, Jn. 10:7-10).

"Volvió, pues, Jesús a decirles: De cierto, de cierto os digo: Yo soy la puerta de las ovejas... Yo soy la puerta; el que por mí entrare, será salvo; y entrará, y saldrá, y hallará pastos" (Jn. 10:7, 9).

- que Él es el buen Pastor (ver nota, Jn. 10:11-13; Estudio a fondo 2, 10:11).

"Yo soy el buen pastor; el buen pastor su vida da por las ovejas... Yo soy el buen pastor; y conozco mis ovejas, y las mías me conocen" (Jn. 10:11, 14).

ESTUDIO A FONDO 3

(10:27-29) ***Ovejas:*** Las ovejas del Pastor creen en el Pastor. Puede que otras no, pero las ovejas sí. Esto es lo que Jesús estaba diciendo. Advierta cómo empleó las características de las ovejas para describir a sus seguidores (creyentes).

1. Las ovejas son *receptivas* a la voz del Pastor. Conocen su voz y responden a ella. Cuando Él las llama, vienen y hacen lo que Él dice. Advierta también que conocen la voz de los pastores falsos. (Ver nota, Jn. 10:4, 5).

2. Las ovejas son *conocidas* por el Pastor, y este conocimiento las lleva a confiar explícitamente en Él. El Pastor responde a las ovejas y a su fe y confianza en Él. Se preocupa profundamente por ellas, conduciéndolas y cuidándolas. Incluso las conoce individualmente, llamándolas por su nombre (ver nota, Jn. 10:2, 3). El hecho de que Él les responda con tanto cuidado y atención les da todavía más fe y confianza. Confían en su Pastor sin preguntas.

3. Las ovejas *siguen* al pastor. Lo obedecen, sabiendo que Él va *delante* de ellas para retirar todo obstáculo y peligros (ver notas, Jn. 10:4, 5).

4. Las ovejas son *comunitarias*. Debido a razones de espacio, este hecho no se menciona anteriormente. Advierta que las ovejas siguen en grupo. Forman una comunidad de ovejas. Son un cuerpo que sigue al Pastor. (Ver Estudio a fondo 3, Compañerismo, Hch. 2:42.)

5. A las ovejas se les da *vida eterna*. Advierta que la vida eterna incluye una vida abundante mientras están en esta tierra, que comienza en el momento en que las ovejas se convierten en seguidoras del pastor (ver Estudio a fondo 1, Jn. 10:10).

6. Se evita que las ovejas *perezcan*. (Ver Estudio a fondo 2, Muerte, Jn. 3:16.)

7. Las ovejas están *seguras*. Ningún hombre (nadie, griego) puede arrancarlas de la mano del Pastor. La persona que verdaderamente está en manos del Pastor no se perderá. El Pastor lo promete una y otra vez (cp. Jn. 6:37-39). Advierta exactamente qué dijo Jesús. Las ovejas están a salvo de alguien que *quiera arrebatarlas*, y están salvas sin importar cuán grande sea el *intento*. (Están seguras, a salvo del maligno, incluso del mismo diablo).

8. Las ovejas poseen una *doble seguridad* en el Dueño, es decir, en Dios mismo. Están seguras no solo porque están en manos del Pastor, sino porque pertenecen al Dueño. El Dueño es Dios, y Dios es más grande que todo. Por lo tanto al ser el más grande, nadie puede ni podrá arrebatar las ovejas de las manos de Dios. (cp. Ro. 8:38, 39.) (Ni siquiera el diablo.)

[3] (10:30-33) ***Jesucristo, deidad:*** La segunda declaración de Jesús fue que Él era uno con Dios, esto es, que Él es Dios mismo. Pero advierta: Jesús no estaba diciendo que era la misma persona que Dios. Estaba sosteniendo tener la misma *naturaleza* que Dios, ser Uno con Dios...

- en naturaleza
- en esencia
- en poder
- en sustancia
- en ser
- en gloria

Esto se ve en la palabra "uno". Es neutra, no masculina. Significa *cosa*, no *persona*. Jesús es de la misma cosa, de la misma substancia que Dios.

No hay duda de que esto es exactamente lo que Jesús estaba declarando. Su declaración fue perfectamente comprendida por los que estaban alrededor de Él. Las Escrituras y el bosquejo lo demuestran claramente. Advierta la clara acusación: "Por buena obra no te apedreamos, sino por la blasfemia; porque tú, siendo hombre, *te haces Dios*" (v. 33).

"En el principio era el Verbo, y el Verbo era con Dios, y el Verbo era Dios. Este era en el principio con Dios" (Jn. 1:1, 2).

"Y el que me ve, ve al que me envió" (Jn. 12:45).

"Si me conocieseis, también a mi Padre conoceríais; y desde ahora le conocéis, y le habéis visto. Felipe le dijo: Señor, muéstranos el Padre, y nos basta. Jesús le dijo: ¿Tanto tiempo hace que estoy con vosotros, y no me has conocido, Felipe? El que me ha visto a mí, ha visto al Padre; ¿cómo, pues, dices tú: Muéstranos el Padre?" (Jn. 14:7-9).

"Todo lo que tiene el Padre es mío; por eso dije que tomará de lo mío, y os lo hará saber" (Jn. 16:15).

"De quienes son los patriarcas, y de los cuales, según la carne, vino Cristo, el cual es Dios sobre todas las cosas, bendito por los siglos. Amén" (Ro. 9:5).

"Porque en él habita corporalmente toda la plenitud de la Deidad" (Col. 2:9).

"E indiscutiblemente, grande es el misterio de la piedad: Dios fue manifestado en carne, justificado en el Espíritu, visto de los ángeles, predicado a los gentiles, creído en el mundo, recibido arriba en gloria" (1 Ti. 3:16).

"La cual a su tiempo mostrará el bienaventurado y solo Soberano, Rey de reyes, y Señor de señores, el único que tiene inmortalidad, que habita en luz inaccesible; a quien ninguno de los hombres ha visto ni puede ver, al cual sea la honra y el imperio sempiterno. Amén" (1 Ti. 6:15, 16).

[4] (10:34-36) ***Jesucristo, deidad:*** La tercera declaración de Jesús fue que Él era el Hijo de Dios. Quienes rechazaban a Jesús tenían piedras en sus manos y estaban preparados para atacarlo. Advierta dos cosas.

1. Jesús demostró la incoherencia del hombre. Los refirió a su historia cuando llamaban a sus gobernantes o jueces "dioses". Sus ancestros habían usado la palabra "dioses" para significar que sus jueces eran gobernadores de los hombres, gobernadores que habían sido designados por Dios para representar a Dios entre los hombres (Éx. 22:28; Sal. 82:6). Jesús simplemente preguntó, si algunos gobernadores de Israel fueron llamados "dioses", ¿por qué era acusado de blasfemia por sostener ser el Hijo de Dios?

2. Jesús hizo una declaración triple; no obstante, advierta un punto crítico. Jesús no estaba diciendo: "A los gobernadores los llamaban dioses, por lo tanto a mi tienen que llamarme dios como si fuera ellos". Él estaba sosteniendo ser distinto de todos los demás hombres. Él sostuvo que era...

- El que el Padre había santificado. (Ver Estudio a fondo 1, Santificar, 1 P. 1:15, 16.)
- El que el Padre había enviado al mundo. (Ver Estudio a fondo 3, Jn. 3:34.)
- El Hijo de Dios. (ver notas, Jn. 1:1, 2; 1:34.)

¿Cómo podían rechazarlo? Sus gobernadores eran simples hombres, sin embargo, se les llamaba "dioses". Él era mucho, mucho más, el santificado y enviado por Dios, el mismo Hijo de Dios. ¿Cómo podían acusarlo de blasfemia cuando tan sencillamente recibían a los gobernadores del pasado como "dioses", y esos gobernadores eran hombres?

"Porque de tal manera amó Dios al mundo, que ha dado a su Hijo unigénito, para que todo aquel que en él cree, no se pierda, mas tenga vida eterna" (Jn. 3:16; cp. vv. 17, 18).

"Oyó Jesús que le habían expulsado; y hallándole, le dijo: ¿Crees tú en el Hijo de Dios? Respondió él y dijo: ¿Quién es, Señor, para que crea en él? Le dijo Jesús: Pues le has visto, y el que habla contigo, él es" (Jn. 9:35-37).

"Le dijo Jesús: Yo soy la resurrección y la vida; el que cree en mí, aunque esté muerto, vivirá. Y todo aquel que vive y cree en mí, no morirá eternamente. ¿Crees esto? 27 Le dijo: Sí, Señor; yo he creído que tú eres el Cristo, el Hijo de Dios, que has venido al mundo" (Jn. 11:25-27).

[5] (10:37-39) ***Jesucristo, deidad:*** La cuarta declaración de Jesús fue que Dios estaba en Él y Él estaba en Dios. (ver nota, Jn. 14:10.) Esta es la presencia viviente de cada uno en el otro. Jesús es Uno con el Padre y el Padre es Uno con Él. Son una Mente y Espíritu, un ser y naturaleza, un propósito y obra.

"Porque en él habita corporalmente toda la plenitud de la Deidad" (Col. 2:9).

Advierta un punto crítico: es absolutamente esencial que una persona conozca y crea esta verdad. Jesús estaba pidiéndole al no creyente:

"Mas si las hago, aunque no me creáis a mí, creed a las obras, para que conozcáis y creáis que el Padre está en mí, y yo en el Padre" (Jn. 10:38).

Advierta que las obras de Jesús demuestran la presencia viviente de Dios en Él y de Él en Dios. Pero ellos rechazaron su declaración.

"Yo y el Padre uno somos" (Jn. 10:30).

"¿No crees que yo soy en el Padre, y el Padre en mí? Las palabras que yo os hablo, no las hablo por mi propia cuenta, sino que el Padre que mora en mí, él hace las obras" (Jn. 14:10).

"Y ya no estoy en el mundo; mas éstos están en el mundo, y yo voy a ti. Padre santo, a los que me has dado, guárdalos en tu nombre, para que sean uno, así como nosotros" (Jn. 17:11).

"La gloria que me diste, yo les he dado, para que sean uno, así como nosotros somos uno" (Jn. 17:22).

[6] (10:40-42) ***Conclusión:*** Jesús se retiró al área donde Juan había bautizado por primera vez, y muchos de los seguidores de Juan comenzaron a seguir a Jesús. Advierta que muchos creyeron en Jesús. La lealtad de Juan en el ministerio de toda su área rindió grandes frutos.

"Para que todo aquel que en él cree, no se pierda, mas tenga vida eterna" (Jn. 3:15).

	CAPÍTULO 11 **XI. LA REVELACIÓN DE JESÚS, LA RESURRECCIÓN Y LA VIDA, 11:1—12:11** **A. La muerte de Lázaro y sus propósitos 11:1-16**	8 Le dijeron los discípulos: Rabí, ahora procuraban los judíos apedrearte, ¿y otra vez vas allá? 9 Respondió Jesús: ¿No tiene el día doce horas? El que anda de día, no tropieza, porque ve la luz de este mundo; 10 pero el que anda de noche, tropieza, porque no hay luz en él.	a. Los discípulos protestaron el retorno de Jesús a Jerusalén: por la amenaza a su vida b. Respuesta de Jesús: hay un deber de obrar - de hacer lo que es correcto, de tomar la oportunidad - sin importar el peligro
1 Lázaro estaba enfermo a. Su hogar era Betania	1 Estaba entonces enfermo uno llamado Lázaro, de Betania, la aldea de María y de Marta su hermana.	11 Dicho esto, les dijo después: Nuestro amigo Lázaro duerme; mas voy para despertarle.	**6 Propósito 5: Mostrar el poder de Jesús sobre la muerte**
b. Sus hermanas eran María y Marta	2 (María, cuyo hermano Lázaro estaba enfermo, fue la que ungió al Señor con perfume, y le enjugó los pies con sus cabellos.)	12 Dijeron entonces sus discípulos: Señor, si duerme, sanará. 13 Pero Jesús decía esto de la muerte de Lázaro; y ellos pensaron que hablaba del reposar del sueño.	a. Jesús llamó a Lázaro "nuestro amigo" b. Jesús predijo que Lázaro resucitaría
c. Sus hermanas enviaron las novedades de la enfermedad de Lázaro a Jesús	3 Enviaron, pues, las hermanas para decir a Jesús: Señor, he aquí el que amas está enfermo.	14 Entonces Jesús les dijo claramente: Lázaro ha muerto;	c. Los discípulos no entendieron d. Jesús dijo que la muerte es como el "sueño"
2 Propósito 1: Glorificar a Dios y proclamar que Jesús es el Hijo de Dios	4 Oyéndolo Jesús, dijo: Esta enfermedad no es para muerte, sino para la gloria de Dios, para que el Hijo de Dios sea glorificado por ella.	15 y me alegro por vosotros, de no haber estado allí, para que creáis; mas vamos a él.	**7 Propósito 6: Ayudar a reforzar la creencia de los discípulos**
3 Propósito 2: Mostrar el gran amor de Jesús	5 Y amaba Jesús a Marta, a su hermana y a Lázaro.	16 Dijo entonces Tomás, llamado Dídimo, a sus condiscípulos: Vamos también nosotros, para que muramos con él.	**8 Propósito 7: Motivar el valor y la lealtad de los discípulos**
4 Propósito 3: Mostrar la necesidad de esperar a Dios en las grandes crisis	6 Cuando oyó, pues, que estaba enfermo, se quedó dos días más en el lugar donde estaba.		
5 Propósito 4: Enseñar la necesidad de tomar la oportunidad	7 Luego, después de esto, dijo a los discípulos: Vamos a Judea otra vez.		

DIVISIÓN XI

LA REVELACIÓN DE JESÚS, LA RESURRECCIÓN Y LA VIDA, 11:1—12:11

A. La muerte de Lázaro y sus propósitos, 11:1-16

(11:1-16) ***Introducción:*** Jesucristo es la resurrección y la vida. La muerte de Lázaro le dio a Jesús la oportunidad de revelarse como la resurrección y la vida. Hay siete propósitos en la muerte de Lázaro. (Nota: cada propósito también es aplicable a la muerte del creyente).

1. Lázaro estaba enfermo (vv. 1-3).
2. Propósito 1: Glorificar a Dios y proclamar que Jesús es el Hijo de Dios (v. 4).
3. Propósito 2: Mostrar el gran amor de Jesús (v. 5).
4. Propósito 3: Mostrar la necesidad de *esperar* a Dios en las grandes crisis (v. 6).
5. Propósito 4: Enseñar la necesidad de tomar la oportunidad (vv. 7-10).
6. Propósito 5: Mostrar el gran poder de Jesús sobre la muerte (vv. 11-14).
7. Propósito 6: Ayudar a reforzar la creencia de los discípulos (v. 15).
8. Propósito 7: Motivar el valor y la lealtad de los discípulos (v. 16).

1 (11.1-3) ***Jesucristo, Familia de - Marta:*** Lázaro estaba enfermo. Jesús había dicho: "Las zorras tienen guaridas, y las aves del cielo nidos; mas el Hijo del Hombre no tiene dónde recostar su cabeza" (Mt. 8:20; Lc. 9:58). En este momento en particular, Jesús había sido rechazado casi por todo el mundo. Al parecer era un invitado no bienvenido en la mayor parte de los hogares. Estaba caminando predicando y proclamando que Él era uno con Dios, el Hijo de Dios mismo (ver bosquejo y notas, Jn. 10:22-24). Imagine a un hombre que hace esa declaración. Se pensaba que estaba "loco" y poseído por el demonio (Mr. 3:20, 21; Lc. 4:25). Su propia familia estaba teniendo dificultades con Él en ese momento. Al parecer estaban tan avergonzados por sus declaraciones y los rumores de su locura que en una ocasión viajaron una gran distancia para traerlo al hogar para que no fuera lastimado. (Ver bosquejo y notas, Mt. 12:46-50.)

Sin embargo, había una familia que siempre le abría su hogar a Jesús cuando estaba cerca de Jerusalén: la familia de Lázaro, Marta y María, que eran hermanos. Vivían en Betania, un suburbio a tres kilómetros y medio fuera de Jerusalén. Su cercanía a Jesús es el motivo por el cual las hermanas se sintieron con libertad de interrumpir su gira evangelista con la solicitud de ayudar a su hermano enfermo. El gran amor de Jesús por su familia es algo que debe destacarse en este pasaje.

[2] (11:4) ***Enfermedad - Jesucristo, Glorificado:*** El primer propósito de la enfermedad de Lázaro era glorificar a Dios y proclamar que Jesús es el Hijo de Dios. La enfermedad de Lázaro no era *para* muerte. Iba a morir *por* la gloria de Dios y Cristo. Estaba enfermo, e iba a morir para que las obras de Dios fueran demostradas. Lázaro murió para que...

Dios fuera glorificado
- Mostrando su deseo de que el hombre tuviera vida
- Probando su poder para dar vida
- Demostrando su aprobación de Cristo por el cual demostraba que Él real-mente amaba al mundo lo suficiente como para man-dar a su Hijo a salvar al mundo

Cristo fuera glorificado
- Teniendo la oportunidad de hacer la obra de Dios
- Demostrando el poder de Dios
- Mostrando compasión
- Reforzando la creencia de los creyentes
- Conduciendo a los no creyentes a creer

Al resucitar a Lázaro de los muertos, tanto Jesús como su Padre fueron glorificados como la Vida del mundo. Al tratar con el hombre ciego, ambos fueron glorificados como la *Luz* del mundo (Jn. 9:3, 5) (ver nota, Jn. 9:5 para mayor discusión).

"Para que todos honren al Hijo como honran al Padre. El que no honra al Hijo, no honra al Padre que le envió" (Jn. 5:23).

"Dad a Jehová la gloria debida a su nombre; adorad a Jehová en la hermosura de la santidad" (Sal. 29:2).

"Engrandeced a Jehová conmigo, y exaltemos a una su nombre" (Sal. 34:3).

"Sea llena mi boca de tu alabanza, de tu gloria todo el día" (Sal. 71:8).

"En la hermosura de la gloria de tu magnificencia, y en tus hechos maravillosos meditaré" (Sal. 145:5).

"Jehová, tú eres mi Dios; te exaltaré, alabaré tu nombre, porque has hecho maravillas; tus consejos antiguos son verdad y firmeza" (Is. 25:1).

[3] (11:5) ***Jesucristo, amor por el hombre:*** El segundo propósito de la enfermedad de Lázaro era demostrar el gran amor de Jesús. Nota: cada miembro de la familia es mencionado en forma personal. Él amaba a la familia, pero también los amaba en forma individual. Este es el hecho de las Escrituras que debe ser resaltado, puesto que cada uno tiene una necesidad, y cada uno necesitó y recibió la ayuda de Jesús. La muerte de Lázaro le dio a Cristo la oportunidad de demostrar su gran amor no solo por las familias del mundo, sino por cada individuo del mundo.

"A éste abre el portero, y las ovejas oyen su voz; y a sus ovejas llama por nombre, y las saca" (Jn. 10:3).

"Antes de la fiesta de la pascua, sabiendo Jesús que su hora había llegado para que pasase de este mundo al Padre, como había amado a los suyos que estaban en el mundo, los amó hasta el fin" (Jn. 13:1).

"Como el Padre me ha amado, así también yo os he amado; permaneced en mi amor" (Jn. 15:9).

"¿Quién nos separará del amor de Cristo? ¿Tribulación, o angustia, o persecución, o hambre, o desnudez, o peligro, o espada?" (Ro. 8:35).

"Con Cristo estoy juntamente crucificado, y ya no vivo yo, mas vive Cristo en mí; y lo que ahora vivo en la carne, lo vivo en la fe del Hijo de Dios, el cual me amó y se entregó a sí mismo por mí" (Gá. 2:20).

"En esto hemos conocido el amor, en que él puso su vida por nosotros; también nosotros debemos poner nuestras vidas por los hermanos" (1 Jn. 3:16).

[4] (11:6) ***Juicio - Esperar a Dios:*** El tercer propósito de la enfermedad de Lázaro era demostrar la necesidad de *esperar a Dios* en grandes crisis. Jesús no esperó dos días hasta que Lázaro muriera y Él pudiera realizar el gran milagro. Jesús sabía que Lázaro ya estaba muerto o que Lázaro iba a morir el mismo día en que se enteró de la enfermedad de Lázaro. Sabemos esto porque Lázaro ya había sido enterrado por cuatro días cuando Jesús llegó a Betania (vv. 17, 39). El entierro judío era inmediatamente posterior a la muerte. Los cuatro días se contaban desde...

- el día de viaje de los mensajeros que le trajeron la noticia a Jesús (v. 3).
- los dos días necesarios para que Jesús completara su ministerio (v. 6).
- el día o dos necesarios para que Jesús viajara a Betania (v. 17). (Recuerde que grandes multitudes seguían a Jesús, lo que le evitaba viajar rápidamente. Es posible que haya completado su ministerio en un día y le llevara dos días viajar a Betania).

El punto es este: Marta y María estaban aprendiendo a esperar a Dios en toda esta experiencia. Al enfrentar una enfermedad grave o la muerte, no hay respuesta salvo *esperar a* Dios. El Señor llegará y actuará en el momento preciso en que nosotros podamos...

- soportar la adversidad
- resistir
- ser ayudados
- aprender al máximo
- dar testimonio de la fortaleza y el poder de Dios

Cuando ese momento llegue, el Señor se levantará y satisfará la necesidad del creyente. Lo que debe hacer el creyente es lo mismo que tuvieron que hacer Marta y María: aprender a *esperar a Dios*. El Señor se levantará y actuará en el momento preciso.

Pensamiento 1: No podemos dictaminar cuándo debe o cómo debe actuar Dios. Advierta dos ejemplos.

1) Advierta a María, la propia madre de Jesús. En la boda ella quería que su hijo fuera y obtuviera más vino. Él le contestó abruptamente por interferir con su obra, la obra de Dios. Era su propia forma y tiempo, la mejor forma de todas y el tiempo para satisfacer la necesidad (cp. Jn. 2:3, 4).

2) Advierta a los propios hermanos de Jesús. Trataron de ponerlo en ridículo al ir en caravana con Él a la fiesta en Jerusalén. Jesús les reprochó por el mismo motivo que le había reprochado a María. Él, el Hijo de Dios, sabía cómo conducir su ministerio y cuándo hacer las cosas. Él sabía qué era mejor.

"Encamíname en tu verdad, y enséñame, porque tú eres el Dios de mi salvación; en ti he esperado todo el día" (Sal. 25:5).

"Aguarda a Jehová; esfuérzate, y aliéntese tu corazón; sí, espera a Jehová" (Sal. 27:14).

"Alma mía, en Dios solamente reposa, porque de él es mi esperanza" (Sal. 62:5).

"He aquí, como los ojos de los siervos miran a la mano de sus señores, y como los ojos de la sierva a la mano de su señora, así nuestros ojos miran a Jehová nuestro Dios, hasta que tenga misericordia de nosotros" (Sal. 123:2).

"No digas: Yo me vengaré; espera a Jehová, y él te salvará" (Pr. 20:22).

"Pero los que esperan a Jehová tendrán nuevas fuerzas; levantarán alas como las águilas; correrán, y no se cansarán; caminarán, y no se fatigarán" (Is. 40:31).

"Tú, pues, vuélvete a tu Dios; guarda misericordia y juicio, y en tu Dios confía siempre" (Os. 12:6).

5 (11:7-10) ***Oportunidad - Servicio:*** El cuarto propósito de la enfermedad de Lázaro era enseñar la necesidad de aprovechar la oportunidad. Habían transcurrido tres días desde que Jesús había recibido la noticia de la enfermedad de Lázaro. Jesús decía que ahora era el momento de ir a Judea, puesto que Betania estaba en el distrito de Judea. Los discípulos protestaron, puesto que eran los líderes de Judea los que se oponían tanto a Jesús y habían amenazado con matarlo (Jn. 10:31). Los discípulos no podían creer lo que oían. ¿Por qué Jesús pondría en peligro sus vidas?

La respuesta de Jesús fue firme y es una gran lección para todos nosotros. Solo hay doce horas en el día, Jesús debe caminar, esto es...

- ir y hacer su obra mientras es de día.
- ir y hacer lo correcto, sin importar el peligro.
- ir y hacer lo correcto, porque el día puede pasar y se puede perder la oportunidad: (cp. Jn. 9:4).

Si Jesús andaba en la oscuridad y no podía obrar y no podía hacer lo que sabía que estaba bien, Él hubiera tambaleado. Hubiera demostrado que no hay luz en Él. La idea es, por supuesto, que hay luz en Él. Él conocía el trabajo que había que hacer y lo correcto que había que realizar, de manera que debía ir a Judea.

Pensamiento 1: Un hombre debe hacer lo mismo que Jesús. Un hombre tiene solo doce horas de luz (aproximadamente).

⇒ Debe caminar, esto es, obrar y hacer lo que es correcto, aprovechando la oportunidad mientras es de día.

⇒ Si camina en la noche, tropezará. Cuando la noche llega, es demasiado tarde para caminar. Las obras no pueden hacerse durante la noche sin tropezar. La oportunidad se pierde.

"Jesús les dijo: Mi comida es que haga la voluntad del que me envió, y que acabe su obra" (Jn. 4:34).

"Me es necesario hacer las obras del que me envió, entre tanto que el día dura; la noche viene, cuando nadie puede trabajar" (Jn. 9:4).

"Y esto, conociendo el tiempo, que es ya hora de levantarnos del sueño; porque ahora está más cerca de nosotros nuestra salvación que cuando creímos. La noche está avanzada, y se acerca el día. Desechemos, pues, las obras de las tinieblas, y vistámonos las armas de la luz" (Ro. 13:11, 12).

"Aprovechando bien el tiempo, porque los días son malos" (Ef. 5:16).

"Andad sabiamente para con los de afuera, redimiendo el tiempo" (Col. 4:5).

Advierta el término "la Luz de este mundo". Jesús es "la Luz de este mundo". Una persona tiene solo doce horas, una cierta cantidad de tiempo para ver "la Luz del mundo". Una vez que viene la noche, la oportunidad se pierde.

Advierta también la declaración: "porque no hay luz en él [un hombre]". El hombre no tiene luz interior. Lo único que puede hacer es caminar ...

- cuando ve.
- cuando otros hombres ven.
- cuando el mundo ve.

El problema de tal caminar se encuentra en que ningún hombre o grupo de hombres puede ver más allá del mundo físico y material, y lo último del mundo es temor; temor y temblor por causa del cautiverio y la muerte (observe el temor de los discípulos considerado con anterioridad, v. 8). Lo último que proporciona el mundo no es vida. La vida viene solo de Jesús, "la Luz de este mundo" (ver Estudio a fondo 1, Jn. 8:12).

"Pero si tu ojo es maligno, todo tu cuerpo estará en tinieblas. Así que, si la luz que en ti hay es tinieblas, ¿cuántas no serán las mismas tinieblas?" (Mt. 6:23).

"En él estaba la vida, y la vida era la luz de los hombres" (Jn. 1:4).

"Y esta es la condenación: que la luz vino al mundo, y los hombres amaron más las tinieblas que la luz, porque sus obras eran malas" (Jn. 3:19).

"Otra vez Jesús les habló, diciendo: Yo soy la luz del mundo; el que me sigue, no andará en tinieblas, sino que tendrá la luz de la vida" (Jn. 8:12).

"Entonces Jesús les dijo: Aún por un poco está la luz entre vosotros; andad entre tanto que tenéis luz, para que no os sorprendan las tinieblas; porque el que anda en tinieblas, no sabe a dónde va" (Jn. 12:35).

"Yo, la luz, he venido al mundo, para que todo aquel que cree en mí no permanezca en tinieblas" (Jn. 12:46).

"Por lo cual dice: Despiértate, tú que duermes, y levántate de los muertos, y te alumbrará Cristo" (Ef. 5:14).

6 (11:11-14) ***Muerte - Jesucristo, Poder:*** El quinto propósito de la enfermedad de Lázaro era demostrar el gran poder de Jesús sobre la muerte. Jesús dijo muy claramente lo que iba a ser. Lázaro estaba dormido; por lo tanto, Él iba ir y despertar a Lázaro. Él quería decir que Lázaro estaba descansando en su sueño. Advierta que Jesús dio su significado de dormir: "Lázaro está muerto". Advierta cuatro cosas significativas.

1. Jesús llamó a Lázaro "nuestro amigo". Estaba muerto, pero seguía siendo "nuestro amigo". Esta es una pista de que Lázaro sigue siendo amigo a pesar de estar muerto, que todavía vive, vivo en otro mundo. Advierta los fuertes sentimientos que Jesús tenía por este creyente, Lázaro.

Pensamiento 1: El amor de Jesús está al alcance de todo creyente tal como lo estuvo para Lázaro. Jesús llama a cada creyente su amigo. Y advierta las palabras "*nuestro* amigo". Todo creyente debe ser amigo de todos los demás creyentes.

2. Jesús predijo que iba a resucitar a Lázaro de entre los muertos. Iba a "despertarlo" y resucitarlo. Esta es una imagen de la resurrección de los creyentes (cp. vv. 23-26).

"Le dijo Jesús: Yo soy la resurrección y la vida; el que cree en mí, aunque esté muerto, vivirá" (Jn. 11:25).

"No os maravilléis de esto; porque vendrá hora cuando todos los que están en los sepulcros oirán su voz; y los que hicieron lo bueno, saldrán a resurrección de vida; mas los que hicieron lo malo, a resurrección de condenación" (Jn. 5:28, 29).

3. Los discípulos entendieron mal. Muchos todavía lo hacen. No comprenden bien el significado de la muerte y la resurrección.

4. Jesús dijo que la muerte es un "sueño" (ver Estudio a fondo 1, Jn. 11:13).

ESTUDIO A FONDO 1

(11:13) ***Sueño - Muerte:*** A veces se dice que la muerte es un sueño cuando se refiere a los creyentes. (Ver Estudio a fondo 1, Lc. 8:50 para mayor discusión. Cp. Mt. 27:52; Hch. 7:60; 13:36; 1 Co. 15:18, 20, 51; 1 Ts. 4:13-15; 2 P. 3:4.)

⇒ Jesús dijo que la hija de Jairo estaba dormida (Mt. 9:24).
⇒ Cuando Esteban fue martirizado, se dice que se quedó dormido (Hch. 7:60).
⇒ Se dice que algunos de los quinientos testigos de la ascensión de Jesús se "quedaron dormidos" (1 Co. 15:6).
⇒ Se dice que los creyentes que están en el cielo están durmiendo con Jesús (1 Ts. 4:13).

A la muerte se la llama "sueño" a fin de describir la idea de que el creyente está...

- descansando en la presencia y comodidad de Dios.
- descansando del trabajo de su servicio en la tierra.
- descansando y refrescándose por un gran servicio a Dios.

Muchos en el mundo se imaginan a la muerte como una aniquilación, como dejar de existir. Las Escrituras dicen que no es así. Los creyentes continúan existiendo, descansando en la vida y comodidad de Dios. El cuerpo yace y, para decirlo de alguna manera, duerme; pero no el alma del hombre.

"Pero confiamos, y más quisiéramos estar ausentes del cuerpo, y presentes al Señor" (2 Co. 5:8; cp. Fil. 1:23).

[7] (11:15) ***Esperanza - Resurrección:*** El sexto propósito de la enfermedad de Lázaro era ayudar a reforzar la creencia de los discípulos. Jesús dijo algo sorprendente: Él se regocijaba de no estar en Betania cuando Lázaro estaba enfermo. ¿Por qué? Jesús se regocijaba por lo que había pasado. Lázaro sería resucitado de entre los muertos, lo que significaba que todo creyente, tanto entonces como en las generaciones subsiguientes, experimentarían un gran salto en la fe.

Pensamiento 1: El glorioso evento de la resurrección de Lázaro agita el corazón de los buscadores sinceros, puesto que describe la más gloriosa esperanza posible de la vida. Jesucristo tiene el poder de dar vida y de resucitar a los muertos (Jn. 5:24-29); 1 Ts. 4:13ss; 1 Co 15:1-58). Todo seguidor de Cristo que realmente experimenta la escena de la resurrección de Lázaro tiene posibilidades...

- de dar un gran salto en la fe.
- de elevar su fe a nuevas alturas.
- de ver crecer su fe progresivamente.

"Hizo además Jesús muchas otras señales en presencia de sus discípulos, las cuales no están escritas en este libro. Pero éstas se han escrito para que creáis que Jesús es el Cristo, el Hijo de Dios, y para que creyendo, tengáis vida en su nombre" (Jn. 20:30, 31).

[8] (11:16) ***Valor - Lealtad:*** El séptimo propósito de la enfermedad de Lázaro era motivar el valor y la lealtad de los discípulos. Advierta que Tomás fue quien ocupó aquí el primer lugar. Demostró gran valor y lealtad a Cristo, un ejemplo dinámico para cada creyente. Demostró...

- un profundo amor por Cristo, un amor que estaba preparado para morir por Él.
- una disposición a estar al lado y morir con sus compañeros creyentes en la obra del Señor.
- un conocimiento de que morir por Cristo es mejor que vivir sin Él.

"Pues el Padre mismo os ama, porque vosotros me habéis amado, y habéis creído que yo salí de Dios" (Jn. 16:27).

"La gracia sea con todos los que aman a nuestro Señor Jesucristo con amor inalterable. Amén" (Ef. 6:24).

"A quien amáis sin haberle visto, en quien creyendo, aunque ahora no lo veáis, os alegráis con gozo inefable y glorioso" (1 P. 1:8).

	B. **Jesús y Marta: un crecimiento en la fe, 11:17-27**	22 Mas también sé ahora que todo lo que pidas a Dios, Dios te lo dará.	b. Su creencia *limitada:* que Su Poder era menor que el poder de Dios
1 La escena era en Betania, un suburbio de Jerusalén, aproximadamente a tres kilómetros de distancia	17 Vino, pues, Jesús, y halló que hacía ya cuatro días que Lázaro estaba en el sepulcro.	23 Jesús le dijo: Tu hermano resucitará.	**3 La fe fundamental de Marta**
		24 Marta le dijo: Yo sé que resucitará en la resurrección, en el día postrero.	a. La declaración de Jesús b. La expresión de fe de Marta
a. Lázaro: había estado en el sepulcro por cuatro días	18 Betania estaba cerca de Jerusalén, como a quince estadios;	25 Le dijo Jesús: Yo soy la resurrección y la vida; el que cree en mí, aunque esté muerto, vivirá.	**4 La fe declarada de Marta** a. El gran reclamo de Jesús b. La promesa: cree
b. Amigos: consolaban a la familia	19 y muchos de los judíos habían venido a Marta y a María, para consolarlas por su hermano.	26 Y todo aquel que vive y cree en mí, no morirá eternamente. ¿Crees esto?	1) el que cree y muere vivirá 2) el que vive y cree nunca morirá, nunca perecerá
c. Martha: fué a encontrarse con Jesus d. María: Se quedó en casa	20 Entonces Marta, cuando oyó que Jesús venía, salió a encontrarle; pero María se quedó en casa.	27 Le dijo: Sí, Señor; yo he creído que tú eres el Cristo, el Hijo de Dios, que has venido al mundo.	c. La declaración de Marta 1) El Cristo 2) El Hijo de Dios 3) Enviado por Dios
2 La queja de Marta, fe limitada a. Su creencia *quejosa*	21 Y Marta dijo a Jesús: Señor, si hubieses estado aquí, mi hermano no habría muerto.		

DIVISIÓN XI

LA REVELACIÓN DE JESÚS, LA RESURRECCIÓN Y LA VIDA, 11:1—12:11

B. Jesús y Marta: Un crecimiento en la fe, 11:17-27

(11:17 -27) ***Introducción:*** Este pasaje es una conversación dinámica entre Jesús y Marta. Lo que sucedió ocasionó un gran crecimiento en la fe de Marta. Un corazón que busca y un estudio de la conversación hará que la fe de todo creyente crezca y crezca significativamente.

1. La escena era en Betania, un suburbio de Jerusalén, aproximadamente a tres kilómetros de distancia (vv. 17-20)
2. La queja de Marta, fe limitada (vv. 21, 22).
3. La fe fundamental de Marta (vv. 23, 24).
4. La fe declarada de Marta (vv. 25-27).

1 (11:17-20) ***Jesucristo, Ministerio - Compasión:*** La escena fue en Betania, un suburbio de Jerusalén, a tres kilómetros y medio de distancia. Cuando Jesús llegó, alguien le dijo que Lázaro ya había sido enterrado hacía cuatro días (ver nota, Jn. 11:6). Jesús en realidad no entró a la ciudad de Betania. Al parecer se quedó en las fronteras de la ciudad. No se nos dice por qué. Tal vez la multitud que lo seguía era demasiado grande como atestar la ciudad, o quizás estaba simplemente evitando a los que con tanto resentimiento se oponían a Él. Había una cantidad enorme de deudos que habían venido a consolar a la familia, y algunos de ellos se oponían a Jesús (v. 46).

Cualquiera fuera el motivo para quedarse en las afueras de la ciudad, Jesús al parecer envió a un mensajero a decirle a Marta que Él había llegado (cp. v. 28). Tan pronto como se enteró, en silencio dejó la casa y corrió a encontrarse con Él. (cp. v. 28 para lo que al parecer pasó con Marta y con María también). María, sin embargo, se quedó en la casa.

Advierta el fuerte contraste entre Marta y María, un contraste que es tan característico. Marta era la mujer de acción y energía, la que tenía iniciativa; por lo tanto, ella fue la que fue a encontrarse con Jesús. María era la contemplativa y meditativa, por lo tanto, se quedó en casa para recibir a los deudos (cp. Lc. 10:38-42).

2 (11:21, 22) ***Fe:*** La queja de Marta, fe limitada en Jesús. Marta creía en Jesús. Incluso creía que Jesús podía haber sanado a Lázaro y evitar que muriera. Pero Jesús no había ido inmediatamente cuando lo llamaron; por lo tanto, su hermano estaba muerto. ¿Por qué Jesús no fue cuando lo llamaron? ¿Por qué no sanó a Lázaro, cuando ella y la familia querían tanto a Jesús y habían hecho tanto por Él? ¿Por qué dejó que Lázaro muriera?

El punto es este: Marta creía en Jesús, pero su fe era una fe quejosa. Ella no creía al punto de *descansar* en la fe. Ella no creía con una *fe ilimitada y de descanso*. No estaba poniendo el asunto completamente en las manos del Señor. Todavía no estaba convencida de que lo que había pasado era para mejor. Confiaba en Jesús como su Salvador, pero cuestionaba qué había pasado. Se quejó y hasta le reprochó a Jesús.

Una fe quejosa, cuestionadora es una *fe limitada*. Es una fe que cuestiona el Señorío de Jesús...

- que cuestiona si lo que Jesús hizo era lo mejor.
- que cuestiona si Jesús sabe qué es mejor.

Le dice a Jesús: "Si hubieras estado aquí, si hubieras actuado en forma diferente, si hubieras hecho esto o lo otro, entonces esta prueba no habría sucedido". Advierta que Marta fue condenada inmediatamente por haberse quejado y reprochado a Jesús. Dijo en voz alta:

"Mas también sé *ahora* que todo lo que pidas a Dios, Dios te lo dará" (v. 22).

Pero advierta cómo aún aquí su *fe limitada* se exhibió. Ella no dijo: "Señor, sé que puedes hacer cualquier cosa que quieres", ella dijo: "Todo lo que pidas a Dios, Dios te lo dará". Aún estaba *limitando* a Jesús a un nivel por debajo de Dios. No comprendía que Jesús mismo era la Resurrección y la Vida. Tenía una fe quejosa, limitada en Jesús.

"El les dijo: ¿Por qué teméis, hombres de poca fe? Entonces, levantándose, reprendió a los vientos y al mar; y se hizo grande bonanza" (Mt. 8:26).

"Al momento Jesús, extendiendo la mano, asió de él, y le dijo: ¡Hombre de poca fe! ¿Por qué dudaste? Y cuando ellos subieron en la barca, se calmó el viento" (Mt. 14:31, 32).

"Y entendiéndolo Jesús, les dijo: ¿Por qué pensáis dentro de vosotros, hombres de poca fe, que no tenéis pan? ¿No entendéis aún, ni os acordáis de los cinco panes entre cinco mil hombres, y cuántas cestas recogisteis?" (Mt. 16:8, 9).

"¿No crees que yo soy en el Padre, y el Padre en mí? Las palabras que yo os hablo, no las hablo por mi propia cuenta, sino que el Padre que mora en mí, él hace las obras" (Jn. 14:10).

[3] (11:23, 24) ***Fe - Resurrección:*** La fe fundamental de Marta. Jesús hizo una declaración impresionante: "Tu hermano resucitará". No podía decirlo con mayor claridad. Lázaro iba a ser resucitado de entre los muertos.

Marta no comprendió. Ella pensó que Jesús quería decir que Lázaro resucitaría en el día postrero.

1. Advierta que Marta tenía una *fe fundamental*. Ella creía en la resurrección, una de las bases de la fe. Creía lo que Jesús había enseñado, y Él había hablado de resurrección entre sus seguidores (cp. Jn. 5:28, 29; 6:39, 40, 44, 54; 12:48).

2. La fe fundamental de Marta sufrió una desilusión. La promesa de una resurrección y una reunión futura no siempre es un consuelo. Su ser querido había partido. Ahora no había contacto ni relación con él, no en esta tierra. Toda su vida había cambiado por completo. Su casa era radicalmente diferente. Ella creía en la resurrección y en todos los factores básicos de la fe, pero la resurrección estaba tan alejada en el futuro, que no le servía de gran consuelo.

El punto es este: es esencial una *fe fundamental*. Una persona debe creer en los elementos básicos de la fe, pero una fe fundamental es poco, no está allí todo lo que tiene que ver con la fe y con nuestra vida en Cristo. No es una fe viviente, no es una fe que vive en la presencia de Cristo. Y lo que el hombre necesita tan desesperadamente es lo que necesitaba Marta: una fe viviente, una fe que está viva y vibrante, dinámica y progresiva, consciente y activa, comunicadora y de compañerismo. Lo que se necesita es el conocimiento de que Jesús, el que está ante nosotros, *es* "la resurrección y la vida"

"Escudriñad las Escrituras; porque a vosotros os parece que en ellas tenéis la vida eterna; y ellas son las que dan testimonio de mí" (Jn. 5:39).

"No todo el que me dice: Señor, Señor, entrará en el reino de los cielos, sino el que hace la voluntad de mi Padre que está en los cielos" (Mt. 7:21).

"Respondiendo él, les dijo: Hipócritas, bien profetizó de vosotros Isaías, como está escrito: Este pueblo de labios me honra, mas su corazón está lejos de mí" (Mr. 7:6).

"Que tendrán apariencia de piedad, pero negarán la eficacia de ella; a éstos evita" (2 Ti. 3:5).

[4] (11:25-27) ***Jesucristo, Declaración - Fe - Cielo - Muerte:*** Marta declaró fe. Advierta tres puntos.

1. La gran declaración de Jesús: "Yo soy la resurrección y la vida". Aquí hay un hecho crítico: Jesús no dijo que Él *da* la resurrección y la vida al hombre, sino que Él *es* la Resurrección y la Vida. Jesús, por supuesto, da la resurrección y la vida a los creyentes, pero su punto no este hecho. Su punto es mucho más importante. Jesús declaró que Él es el mismo ser y esencia, el verdadero poder y energía de la vida. Por lo tanto, Él puede...

- dar y sostener la vida como lo desea.
- resucitar y restaurar la vida como lo desea.

Esta es una declaración fenomenal. Significa que el hombre ?de hecho toda la vida? existe solo por la voluntad y el poder de Jesús. Siendo el poder y la energía de la vida, Jesús es la Fuente de toda vida. No hay nada que exista fuera de su voluntad; por lo tanto, si una persona muerta desea vivir, solo Jesús puede darle vida. Y si una persona viva no quiere morir, solo Jesús puede evitar que muera.

"En él estaba la vida, y la vida era la luz de los hombres" (Jn. 1:4).

"Porque como el Padre tiene vida en sí mismo, así también ha dado al Hijo el tener vida en sí mismo" (Jn. 5:26).

"El ladrón no viene sino para hurtar y matar y destruir; yo he venido para que tengan vida, y para que la tengan en abundancia" (Jn. 10:10).

"Jesús le dijo: Yo soy el camino, y la verdad, y la vida; nadie viene al Padre, sino por mí" (Jn. 14:6).

"Para que así como el pecado reinó para muerte, así también la gracia reine por la justicia para vida eterna mediante Jesucristo, Señor nuestro" (Ro. 5:21).

"Pero que ahora ha sido manifestada por la aparición de nuestro Salvador Jesucristo, el cual quitó la muerte y sacó a luz la vida y la inmortalidad por el evangelio" (2 Ti. 1:10).

"El que tiene al Hijo, tiene la vida; el que no tiene al Hijo de Dios no tiene la vida" (1 Jn. 5:12).

2. La gran promesa de Jesús: cree y sucederán dos cosas fenomenales.

a. "El que cree *en mí*, aunque esté muerto [kan a pothanen], vivirá". Él vive en el otro mundo: en el cielo, en la dimensión espiritual del ser, en la misma presencia de Dios. El creyente que se ha ido de este mundo no está en un lugar...
   - en un estado de semiinconsciencia.
   - en un sueño profundo, encerrado en un compartimiento en algún lugar.
   - en el espacio moviéndose y flotando alrededor de una nube.

El creyente está totalmente vivo: vive en el cielo, en el otro mundo, en la misma presencia de Dios. Existe otro mundo así como existe este. No es un mundo que está en el futuro; es un mundo que existe ahora: un mundo espiritual, una dimensión espiritual, un mundo que la Biblia denomina cielo. Es el mundo y la dimensión espiritual donde Dios y Cristo y ángeles y todos lo que han partido antes ahora viven.

El punto es este: cuando una persona que *ha creído en Jesús* muere, va a vivir al cielo, en el mundo espiritual donde Dios y Cristo y las huestes espirituales viven. *¡Aleluya!* Solo la palabra aleluya puede expresar la esperanza y el gozo que llena el alma del verdadero creyente.

> **"Y he aquí dos varones que hablaban con él, los cuales eran Moisés y Elías; quienes aparecieron rodeados de gloria, y hablaban de su partida, que iba Jesús a cumplir en Jerusalén" (Lc. 9:30, 31).**
>
> **"Entonces Jesús le dijo: De cierto te digo que hoy estarás conmigo en el paraíso" (Lc. 23:43).**
>
> **"Si alguno me sirve, sígame; y donde yo estuviere, allí también estará mi servidor. Si alguno me sirviere, mi Padre le honrará" (Jn. 12:26).**
>
> **"Padre, aquellos que me has dado, quiero que donde yo estoy, también ellos estén conmigo, para que vean mi gloria que me has dado; porque me has amado desde antes de la fundación del mundo" (Jn. 17:24).**
>
> **"Pero confiamos, y más quisiéramos estar ausentes del cuerpo, y presentes al Señor" (2 Co. 5:8).**
>
> **"Porque de ambas cosas estoy puesto en estrecho, teniendo deseo de partir y estar con Cristo, lo cual es muchísimo mejor" (Fil. 1:23).**

b. "El que vive y cree en mi nunca morirá". La idea es que el creyente nunca sufrirá la muerte, esto es, nunca experimentará la muerte. Con mayor rapidez de la que el creyente pestañea, pasa de este mundo al siguiente. Es transportado y transferido al cielo. El creyente nunca pierde un minuto de conciencia. En un momento es consciente y está viviendo en este mundo y al momento siguiente está consciente y presente en el mundo siguiente. Hay una sola diferencia. Es perfeccionado de inmediato: transformado, hecho perfecto, hecho mucho más consciente y alerta, con más conocimientos y más vivo que nunca antes. (Ver Estudio a fondo 1, 2 Ti. 4:18 para mayor discusión al respecto. También ver Estudio a fondo 2, Jn. 1:4; Estudio a fondo 1, 10:10; Estudio a fondo 1, 17:2, 3.)

> **"Para que todo aquel que en él cree, no se pierda, mas tenga vida eterna" (Jn. 3:15).**
>
> **"De cierto, de cierto os digo: El que oye mi palabra, y cree al que me envió, tiene vida eterna; y no vendrá a condenación, mas ha pasado de muerte a vida" (Jn. 5:24).**
>
> **"De cierto, de cierto os digo, que el que guarda mi palabra, nunca verá muerte" (Jn. 8:51).**
>
> **"Porque el que siembra para su carne, de la carne segará corrupción; mas el que siembra para el Espíritu, del Espíritu segará vida eterna" (Gá. 6:8).**

c. Advierta un punto crucial. Recibir vida eterna es condicional: una persona debe creer. Es "aquel que cree" y "el que vive y cree" el que vive y nunca morirá. Es como Jesús le preguntó a Marta: "¿Crees esto?" Si una persona cree en Jesús, nunca morirá, vivirá para siempre.

3. La gran declaración de Marta. Marta creía, y se confesó y llamó "Señor" a Jesús (ver Estudio a fondo 2, Jn. 2:24). Declaró que creía en tres cosas:

a. Que Jesús es el Cristo, el Mesías (ver nota, Jn. 1:35-42).

> **"Le dijo la mujer: Sé que ha de venir el Mesías, llamado el Cristo; cuando él venga nos declarará todas las cosas. Jesús le dijo: Yo soy, el que habla contigo" (Jn. 4:25, 26).**
>
> **"Pero yo le conozco, porque de él procedo, y él me envió" (Jn. 7:29).**

b. Que Jesús es el Hijo de Dios (ver nota, Jn. 1:34. Cp. Juan el Bautista, Jn. 1:34; Pedro, Mt. 16:16; Jesús, Jn. 11:41; 26:63ss.; Juan el Apóstol, Jn. 20:31).

> **"Porque de tal manera amó Dios al mundo, que ha dado a su Hijo unigénito, para que todo aquel que en él cree, no se pierda, mas tenga vida eterna" (Jn. 3:16).**
>
> **"Y el que me ve, ve al que me envió" (Jn. 12:45).**

c. Que Jesús es el que fue enviado al mundo por Dios (ver Estudio a fondo 1, Jn. 3:31).

> **"Porque el que me envió, conmigo está; no me ha dejado solo el Padre, porque yo hago siempre lo que le agrada" (Jn. 8:29).**
>
> **"Jesús entonces les dijo: Si vuestro padre fuese Dios, ciertamente me amaríais; porque yo de Dios he salido, y he venido; pues no he venido de mí mismo, sino que él me envió" (Jn. 8:42).**

Pensamiento 1: Saber que Jesús es la Resurrección y la Vida significa tres cosas. Significa...

- que Jesús está vivo, viviendo justo frente a nosotros en la persona del Espíritu Santo. Está tanto en nosotros y alrededor de nosotros. Nuestra fe es viviente y viva y en constante comunión y compañerismo con Él.
- que nuestro amado está presente con Jesús, ya no imperfecto en cuerpo y alma, pero perfecto: más consciente, más alerta, más vivo de lo que estaba en la tierra. ¿Cómo lo sabemos? Jesús está vivo en el cielo y "estar ausente del cuerpo es estar presente con el Señor" (2 Co. 5:8).
- que Jesús está vivo, de manera que la resurrección de nuestros cuerpos glorificados está asegurada (1 Co. 15:1-58).

	C. Jesús y María: Las necesidades del hombre, 11:28-37	32 María, cuando llegó a donde estaba Jesús, al verle, se postró a sus pies, diciéndole: Señor, si hubieses estado aquí, no habría muerto mi hermano.	**4 Necesidad 4: La confesión de fe (incluso si es limitada y débil)** a. La confesión: Señor b. La fe quejosa, limitada
1 Necesidad 1: El mensaje glorioso de Cristo a. Él es el "Maestro" b. El Maestro ha llegado c. El maestro "te llama"	28 Habiendo dicho esto, fue y llamó a María su hermana, diciéndole en secreto: El Maestro está aquí y te llama.	33 Jesús entonces, al verla llorando, y a los judíos que la acompañaban, también llorando, se estremeció en espíritu y se conmovió,	**5 Necesidad 5: La comprensión, los sentimientos y la compasión de Jesús** a. Él gime en espíritu 1) Sobre la muerte 2) Sobre el dolor del hombre
2 Necesidad 2: La respuesta correcta: levantarse rápidamente e ir hacia Cristo	29 Ella, cuando lo oyó, se levantó de prisa y vino a él. 30 Jesús todavía no había entrado en la aldea, sino que estaba en el lugar donde Marta le había encontrado.	34 y dijo: ¿Dónde le pusisteis? Le dijeron: Señor, ven y ve. 35 Jesús lloró. 36 Dijeron entonces los judíos: Mirad cómo le amaba.	b. Pregunta dónde está el muerto c. Llora de amor: por la muerte y el dolor del hombre
3 Necesidad 3: La búsqueda de personas para que ayuden a otras	31 Entonces los judíos que estaban en casa con ella y la consolaban, cuando vieron que María se había levantado de prisa y había salido, la siguieron, diciendo: Va al sepulcro a llorar allí.	37 Y algunos de ellos dijeron: ¿No podía éste, que abrió los ojos al ciego, haber hecho también que Lázaro no muriera?	**6 Conclusión: La falta de comprensión del hombre: ¿cómo puede Jesús amar tanto y dejar que esto suceda?**

DIVISIÓN XI

LA REVELACIÓN DE JESÚS, LA RESURRECCIÓN Y LA VIDA, 11:1—12:11

C. Jesús y María: Las necesidades del hombre, 11:28-37

(11:28 -37) ***Introducción:*** El hombre tiene grandes necesidades. Se las observa en las experiencias de María con Jesús.

1. Necesidad 1: El mensaje glorioso de Cristo (v. 28).
2. Necesidad 2: La respuesta correcta: levantarse rápida-mente e ir hacia Cristo (vv. 29, 30).
3. Necesidad 3: La búsqueda de las personas para que ayuden a otras (v. 31).
4. Necesidad 4: La confesión de fe (incluso si es limitada y débil) (v. 32).
5. Necesidad 5: La comprensión, los sentimientos y la compasión de Jesús (vv. 33-36).
6. Conclusión: La falta de comprensión del hombre: ¿cómo puede Jesús amar tanto y dejar que esto suceda? (v. 37).

[1] (11:28) ***Jesucristo, Mensaje:*** La primera necesidad es para el glorioso mensaje de Cristo. Marta hizo una gran confesión de fe: "Sí Señor, yo he creído que tú eres el Cristo, el Hijo de Dios, que has venido al mundo" (Jn. 11:27).

La gran confesión al parecer produjo cierto tipo de esperanza en Marta. Justo lo que ella estaba esperando, tal vez incluso no lo sabía, pero había una chispa de esperanza. Su Señor, el Hijo de Dios, estaba ahora con ella. Lo que pudiera hacerse, se haría; cualquier ayuda disponible sería dada. Su fe y confianza estaban en Él. Solo una cosa faltaba: su querida hermana, María. De manera que se apuró a compartir las gloriosas nuevas con ella. Advierta que ella compartió tres cosas.

1. El Maestro (ver Estudio a fondo 1, Jn. 11:28).

2. El Maestro "vino". La respuesta a lo que tan desesperadamente necesitamos ahora está disponible. El que nos puede ayudar ha venido: el Maestro que nos puede enseñar a satisfacer...

- nuestras necesidades.
- nuestros problemas y juicios.
- nuestra angustia y dolor.
- nuestra soledad y vacío.

"Como el Hijo del Hombre no vino para ser servido, sino para servir, y para dar su vida en rescate por muchos" (Mt. 20:28).

"El Espíritu del Señor está sobre mí, por cuanto me ha ungido para dar buenas nuevas a los pobres; me ha enviado a sanar a los quebrantados de corazón; a pregonar libertad a los cautivos, y vista a los ciegos; a poner en libertad a los oprimidos; a predicar el año agradable del Señor" (Lc. 4:18, 19).

"El ladrón no viene sino para hurtar y matar y destruir; yo he venido para que tengan vida, y para que la tengan en abundancia" (Jn. 10:10).

"Por lo cual puede también salvar perpetuamente a los que por él se acercan a Dios, viviendo siempre para interceder por ellos" (He. 7:25).

3. El Maestro vino "para ti". Jesús te llama y te convoca. Se pregunta dónde está y por qué no ha venido. Lo quiere ahora.

"Venid a mí todos los que estáis trabajados y cargados, y yo os haré descansar. Llevad mi yugo sobre vosotros, y aprended de mí, que soy manso y humilde de corazón; y hallaréis descanso para vuestras almas" (Mt. 11:28, 29).

"A todos los sedientos: Venid a las aguas; y los que no tienen dinero, venid, comprad y comed. Venid, comprad sin dinero y sin precio, vino y leche" (Is. 55:1).

ESTUDIO A FONDO 1

(11:28) ***Maestro*** (ho didaskalos): significa *el Maestro*. El artículo definido (el) es importante. Jesús no es simplemente otro maestro como todos los demás maestros. Él es *el* Maestro. Esto significa por lo menos dos cosas.

1. Jesús es el Maestro Supremo, el mejor maestro que ha vivido en el mundo. Es conocido por ser el más grande de los maestros. Nadie se compara ni siquiera está cerca de compararse con Él.

2. Jesús es el Maestro, el Señor, el Maestro de todos los hombres. Al llamar a Jesús *el* Maestro, está la idea de su Señorío y deidad. Advierta que Él mismo sostiene la deidad: "Vosotros me llamáis Maestro, y Señor; y decís bien, porque lo soy" (Jn. 13:13). El hecho de que sea *el Maestro* está estrechamente vinculado con ser *el Señor*. De hecho, simplemente la lógica nos diría que *el Señor* sería *el Maestro más grande* entre los hombres.

> **"Sepa, pues, ciertísimamente toda la casa de Israel, que a este Jesús a quien vosotros crucificasteis, Dios le ha hecho Señor y Cristo" (Hch. 2:36).**
>
> **"A éste, Dios ha exaltado con su diestra por Príncipe y Salvador, para dar a Israel arrepentimiento y perdón de pecados" (Hch. 5:31).**
>
> **"Que si confesares con tu boca que Jesús es el Señor, y creyeres en tu corazón que Dios le levantó de los muertos, serás salvo" (Ro. 10:9).**
>
> **"Fiel es Dios, por el cual fuisteis llamados a la comunión con su Hijo Jesucristo nuestro Señor" (1 Co. 1:9).**
>
> **"Para nosotros, sin embargo, sólo hay un Dios, el Padre, del cual proceden todas las cosas, y nosotros somos para él; y un Señor, Jesucristo, por medio del cual son todas las cosas, y nosotros por medio de él" (1 Co. 8:6).**
>
> **"Por tanto, os hago saber que nadie que hable por el Espíritu de Dios llama anatema a Jesús; y nadie puede llamar a Jesús Señor, sino por el Espíritu Santo" (1 Co. 12:3).**

[2] (11:29, 30) ***Jesucristo, Respuesta a:*** La segunda necesidad es darle la respuesta correcta a Cristo, la respuesta de levantarse rápidamente y correr hacia Él.

1. El mensaje de Cristo fue suficiente para agitar a María. Es suficiente para generar acción dentro del corazón de cualquier persona que sinceramente busca la respuesta a la adivinanza y las pruebas de la vida y la muerte.

2. Cuando María oyó, respondió rápidamente. La idea es que pegó un salto (se levantó con rapidez) y corrió a encontrar a Jesús. La esperanza y la expectativa estaban en su corazón. Advierta que el mensaje le llegó de una manera muy silenciosa: secretamente, en un susurro, sin que nadie más lo supiera (v. 28).

> ***Pensamiento 1:*** No importa lo calmado que se proclame el mensaje, el hombre debe responder levantándose rápidamente y corriendo a encontrarse con Jesús.

3. María actuó por su cuenta y tomó su propia decisión.

⇒ No consultó con amigos ni vecinos, ni siquiera con los que estaban más cerca de ella. Se puso de pie y fue hacia Jesús, dejando detrás a amigos y vecinos.

⇒ No consultó con extremistas religiosos. La religión era algo importante para ella. Los líderes religiosos locales estaban presentes, visitando y consolándola en su angustia y compartiendo el consuelo que ofrecía la religión. Pero le ayudaba muy poco. Cuando escuchó el mensaje de que el Señor *la estaba llamando*, fue hacia Él, sin decirles nada a los extremistas religiosos.

⇒ No consideró las apariencias ni el decoro. Piense en la situación. Había una casa llena de amigos y vecinos. ¿Quién los iba a saludar, a recibir las condolencias, a expresar agradecimiento y a manejar su presencia? Nada de eso le importó a María, no ahora. El Señor *la estaba llamando*. Ella debía responder e ir hacia Él inmediatamente.

⇒ Ella no consideró la distancia. Jesús no había entrado a la ciudad, de modo que María debía caminar una distancia considerable para encontrarlo. Tenía que tomar la decisión de romper con quienes estaban en la casa a pesar de lo que pensaran y sintieran. Tenía que marchar hacia adelante y viajar hacia Él para responder su llamado.

> **"Y yo os digo: Pedid, y se os dará; buscad, y hallaréis; llamad, y se os abrirá. Porque todo aquel que pide, recibe; y el que busca, halla; y al que llama, se le abrirá" (Lc. 11:9, 10).**
>
> **"Porque dice: En tiempo aceptable te he oído, y en día de salvación te he socorrido. He aquí ahora el tiempo aceptable; he aquí ahora el día de salvación" (2 Co. 6:2).**
>
> **"A los cielos y a la tierra llamo por testigos *hoy* contra vosotros, que os he puesto delante la vida y la muerte, la bendición y la maldición; escoge, pues, la vida, para que vivas tú y tu descendencia" (Dt. 30:19).**

[3] (11:31) ***Ministrar:*** La tercera necesidad es para que las personas, los amigos y los vecinos se ayuden unos a otros. Esta es una imagen conmovedora. Cuando los vecinos y amigos vieron salir a María con rapidez, pensaron que iba a la tumba a llorar frente a Lázaro. Estaban con ella por un motivo: para "consolarla". Naturalmente, la siguieron, pensando que necesitaba ayuda para soportar la carga de la pérdida. Advierta qué sucedió.

1. Ellos también fueron llevados cara a cara con Jesús. Porque estaban consolando a María, iban a compartir la experiencia de María con Cristo.

2. A ellos también se les dio la oportunidad de confiar en Cristo. De hecho, muchos "creyeron en él" (v. 45).

> ***Pensamiento 1:*** Los amigos y vecinos dejaron un ejemplo claro de ayudar a los demás. El mundo necesita cada vez más vecinos como estos. Advierta el resultado de la ayuda sincera. No pasa desapercibida por Cristo. Muchos son llevados a Cristo cuando ayudan a los que ya conocen a Cristo.
>
> **"En todo os he enseñado que, trabajando así, se debe ayudar a los necesitados, y recordar las palabras del Señor Jesús, que dijo: Más bienaventurado es dar que recibir" (Hch. 20:35).**
>
> **"Así que, los que somos fuertes debemos soportar las flaquezas de los débiles, y no agradarnos a nosotros mismos" (Ro. 15:1).**

"Sobrellevad los unos las cargas de los otros, y cumplid así la ley de Cristo" (Gá. 6:2).

"Acordaos de los presos, como si estuvierais presos juntamente con ellos; y de los maltratados, como que también vosotros mismos estáis en el cuerpo" (He. 13:3).

"La religión pura y sin mácula delante de Dios el Padre es esta: Visitar a los huérfanos y a las viudas en sus tribulaciones, y guardarse sin mancha del mundo" (Stg. 1:27).

4 (11:32) ***Confesión:*** La cuarta necesidad es la confesión de fe, incluso si la fe es limitada y débil. Tan pronto como María vio a Jesús, se postró a sus pies en homenaje y adoración e hizo una confesión de fe en Él.

1. Lo llamó "Señor" (ver Estudio a fondo 1, Jn. 11:28; Estudio a fondo 1, Fil. 2:11).
2. No obstante, ella expresa la misma fe de queja y limitada de Marta (ver nota, Jn. 11:21, 22 para discusión).

Pensamiento 1: La necesidad del hombre es hacer una genuina confesión de fe. Incluso si la creencia y la confesión son débiles, crecerán a medida que se camina con Jesús día tras día.

"A cualquiera, pues, que me confiese delante de los hombres, yo también le confesaré delante de mi Padre que está en los cielos" (Mt. 10:32).

"Que si confesares con tu boca que Jesús es el Señor, y creyeres en tu corazón que Dios le levantó de los muertos, serás salvo. Porque con el corazón se cree para justicia, pero con la boca se confiesa para salvación" (Ro. 10:9, 10).

"Y toda lengua confiese que Jesucristo es el Señor, para gloria de Dios Padre" (Fil. 2:11).

"Todo aquel que confiese que Jesús es el Hijo de Dios, Dios permanece en él, y él en Dios" (1 Jn. 4:15).

5 (11:33-36) ***Jesucristo, Compasión:*** La quinta necesidad es la comprensión, los sentimientos y la compasión de Jesús. Advierta tres cosas.

1. Jesús "se estremeció [enebrimesato] en espíritu". La palabra "estremeció" con frecuencia se interpreta como reacción severa, displacer o enojo (debido a su uso en otros lugares). Algunos intérpretes creen que Jesús estaba enojado con los amigos y vecinos por sus fuertes gemidos y llantos, sintiendo que eran hipócritas y poco sinceros en su angustia. Esta interpretación es difícil de ver.

⇒ María era por cierto sincera en su angustia, y Jesús se conmovió por su necesidad.

⇒ Los amigos y vecinos judíos (que eran "muchos", v. 19) eran sinceros en "consolarla" (v. 31) y muchos estaban abiertos a confiar en el Señor (v. 45). Jesús por cierto estaba conmovido por ellos también.

A la luz de toda la escena, parece mejor ver a Jesús sintiendo una intensa emoción. Estaba profundamente conmovido...

- por María, que estaba quebrada de angustia
- por Marta, que estaba quebrada de dolor y pena.
- por los que realmente estaban sintiendo la muerte de Lázaro y el dolor de la familia.
- por la terrible tragedia de la muerte y el dolor que esta causa.
- por el precio terrible que Él pronto pagaría conquistando a la muerte. (Esto fue algo que Cristo divisó en una escena como la que estaba atravesando).

Jesús *se estremece en espíritu:* se estremece en comprender y sentir compasión por todos los que estaban dolidos y sufriendo. Las palabras "se conmovió" (etaraxen heauton) significa agitado, profundamente emocionado, conmocionado por dentro. Jesús estaba realmente sintiendo el dolor y la pena de todos. Su espíritu estaba conmovido y agitado, profundamente conmovido por toda la escena de dolor y muerte.

2. Jesús preguntó dónde estaba el muerto. Advierta que Jesús sabía donde estaba el sepulcro, pero preguntó dónde estaba por dos motivos.

⇒ Si hubiera ido directamente a la tumba, existía la posibilidad de que lo acusaran a Él y a Lázaro de estar complotados y engañar a la gente.

⇒ Necesitaba distraer a la gente de su profundo dolor y hacer surgir expectativas porque algo inusual iba a suceder.

Advierta también que Jesús demostró su preocupación por los muertos. Él desea saber dónde está cada persona muerta, tanto los que están *muertos espiritualmente* como los que están *físicamente muertos*. Quiere atraer la atención del hombre al hecho de que todos los hombres yacen en el sepulcro. Todos deben volcarse a Él si quieren escapar a la muerte (ver Estudio a fondo 1, He. 9:27. cp. Jn. 3:16; 5:24).

3. "Jesús lloró" de amor. ¿Por qué? Él lloró por la muerte, por el dolor, la angustia, el sufrimiento y el destino del hombre. El hombre no fue hecho para pecar y morir, sino para justicia y vida. El pecado y la muerte...

- engañan y mienten
- estropean y vencen
- lastiman y dañan
- destruyen y corrompen
- separan y alienan
- condenan y destinan eternamente

"¿Quién nos separará del amor de Cristo? ¿Tribulación, o angustia, o persecución, o hambre, o desnudez, o peligro, o espada?" (Ro. 8.35).

"Porque no tenemos un sumo sacerdote que no pueda compadecerse de nuestras debilidades, sino uno que fue tentado en todo según nuestra semejanza, pero sin pecado" (He. 4:15).

"Se acordó de que eran carne, soplo que va y no vuelve" (Sal. 78:39).

"Como el padre se compadece de los hijos, se compadece Jehová de los que le temen" (Sal. 103:13).

"Mas la misericordia de Jehová es desde la eternidad y hasta la eternidad sobre los que le temen, y su justicia sobre los hijos de los hijos" (Sal. 103:17).

"En toda angustia de ellos él fue angustiado, y el ángel de su faz los salvó; en su amor y en su clemencia los redimió, y los trajo, y los levantó todos los días de la antigüedad" (Is. 63:9).

6 (11:37) ***Hombre, Malentendido - Pruebas - Maldad, Problema de:*** El malentendido del hombre. La gente hizo la misma pregunta que con tanta frecuencia hacen los hombres de todas las generaciones. ¿Cómo es que Jesús puede amar tanto y dejar que esto suceda? El problema, por supuesto, no es Jesús. La gente simplemente no entiende...

- que la naturaleza del mundo es la caída y la corrupción, la prueba y las tribulaciones, el sufrimiento y el dolor, la muerte y el infierno, todo debido al egoísmo y al pecado.
- que las pruebas y las enfermedades pueden ser una oportunidad para que Dios haga una gran obra (ver nota, Jn. 11:4).

"Para que seáis hijos de vuestro Padre que está en los cielos, que hace salir su sol sobre malos y buenos, y que hace llover sobre justos e injustos" (Mt. 5:45).

"Así también es la resurrección de los muertos. Se siembra en corrupción, resucitará en incorrupción. Se siembra en deshonra, resucitará en gloria; se siembra en debilidad, resucitará en poder. Se siembra cuerpo animal, resucitará cuerpo espiritual. Hay cuerpo animal, y hay cuerpo espiritual" (1 Co. 15:42-44).

"Pero esto digo, hermanos: que la carne y la sangre no pueden heredar el reino de Dios, ni la corrupción hereda la incorrupción" (1 Co. 15:50).

"Por medio de las cuales nos ha dado preciosas y grandísimas promesas, para que por ellas llegaseis a ser participantes de la naturaleza divina, habiendo huido de la *corrupción* que hay en el mundo a causa de la concupiscencia" (2 P. 1:4).

	D. Jesús y Lázaro: El poder sobre la muerte, 11:38-46	42 Yo sabía que siempre me oyes; pero lo dije por causa de la multitud que está alrededor, para que crean que tú me has enviado.	d. Expresó confianza perfecta e. Dio testimonio
1 Jesús confrontó la muerte a. Se estremeció b. Fue confrontado con la objeción de un creyente	38 Jesús, profundamente conmovido otra vez, vino al sepulcro. Era una cueva, y tenía una piedra puesta encima. 39 Dijo Jesús: Quitad la piedra. Marta, la hermana del que había muerto, le dijo: Señor, hiede ya, porque es de cuatro días.	43 Y habiendo dicho esto, clamó a gran voz: ¡Lázaro, ven fuera! 44 Y el que había muerto salió, atadas las manos y los pies con vendas, y el rostro envuelto en un sudario. Jesús les dijo: Desatadle, y dejadle ir.	**4 El gran grito del poder sobre la muerte** a. Fue de Cristo solo b. Fue personal: por nombre c. El resultado 1) El muerto resucitó 2) El resucitado recibió la atención personal de Jesús
2 La gran promesa de fe ilimitada, de descanso	40 Jesús le dijo: ¿No te he dicho que si crees, verás la gloria de Dios?		
3 La gran oración de propósito a. Dirigida a Dios como al "Padre" b. Hizo una solicitud c. Ofreció acción de gracias	41 Entonces quitaron la piedra de donde había sido puesto el muerto. Y Jesús, alzando los ojos a lo alto, dijo: Padre, gracias te doy por haberme oído.	45 Entonces muchos de los judíos que habían venido para acompañar a María, y vieron lo que hizo Jesús, creyeron en él. 46 Pero algunos de ellos fueron a los fariseos y les dijeron lo que Jesús había hecho.	**5 Conclusión: La reacción al gran poder de Jesús** a. Algunos creyeron b. Algunos ocasionaron problemas

DIVISIÓN XI

LA REVELACIÓN DE JESÚS, LA RESURRECCIÓN Y LA VIDA, 11:1—12:11

D. Jesús y Lázaro: El poder sobre la muerte, 11:38-46

(11:38-46) ***Introducción:*** Jesucristo confrontó la muerte y demostró su gran poder sobre la muerte. Al confrontar y conquistar la tumba de Lázaro, demostró que la esperanza del creyente no es en vano. El creyente será resucitado de los muertos, resucitado por el gran grito del poder del Señor.

1. Jesús confrontó la muerte (vv. 38, 39).
2. La gran promesa de fe ilimitada, de descanso (v. 40).
3. La gran oración de propósito (vv. 41, 42).
4. El gran grito del poder sobre la muerte (vv. 43, 44).
5. Conclusión: La reacción al gran poder de Jesús (vv. 45, 46).

[1] (11:38, 39) ***Jesucristo, Compasión - Consuelo:*** Jesús confrontó al muerto. Advierta tres puntos asombrosos.

1. Jesús se estremeció. Estuvo cara a cara con el sepulcro. Nuevamente...

- Vio la pena de María y Marta y de sus queridos amigos.
- Sintió el terrible temor y la gran esclavitud que la muerte causaba sobre su querido amigo Lázaro, y sobre toda la raza humana.
- Era consciente de su propia muerte terrible que solo distaba unos pocos días.

Sintió las emociones tanto de compasión como de enojo, de lástima y de indignación. Se estremeció internamente, sintiendo un amor intenso por todos los que sufren y un enojo sagrado y displacer contra la muerte (ver nota, Jn. 11:33-36).

2. Jesús fue confrontado con una objeción de *un creyente*. Advierta dos cosas.

a. Un no creyente podría cuestionarse si Lázaro estaba verdaderamente muerto. Advierta el acento sobre el hecho de que Lázaro *estaba* realmente muerto.

⇒ Lázaro estaba en una verdadera tumba, una tumba de los ricos. La riqueza de Marta estaba indicada porque tenía una casa lo suficientemente grande como para alojar a Jesús y a sus discípulos. Si por mera imaginación, Lázaro hubiera sido equivocadamente considerado muerto, ahora ya lo estaba, porque habían transcurrido cuatro días desde que fue enterrado. Hubiera sido ubicado en un sepulcro cerrado, estando gravemente enfermo y muy débil. Cuatro días sin comida ni agua en tales circunstancias mataría a cualquier persona débil y gravemente enferma.

⇒ Marta se impresionó por la solicitud de Jesús. El cuerpo habría comenzado a descomponerse luego de cuatro días.

b. Fue una creyente la que se opuso a Jesús confrontando la situación. Hubo desconfianza e inquietud en la objeción de Marta. Ella no estaba segura de que la acción de Jesús fuera sabia y tuviera los mejores resultados. Estaba inquieta por lo que Jesús estaba haciendo y pidiendo. No quería que la situación cambiara. Estaba satisfecha con las cosas como estaban, con Lázaro descansando en paz. Lo que quería era ser confrontada, no perturbada.

Pensamiento 1: Muchos creyentes quieren dejar las cosas como están, sintiéndose felices así. Solo quieren lo suficiente de Cristo para darles comodidad, seguridad y tranquilidad. Quieren tener poco o nada que ver con sus exigencias y confrontación con el pecado y la muerte del mundo (ver Estudio a fondo 1, Lc. 9:23).

"Y no hizo allí muchos milagros, a causa de la incredulidad de ellos" (Mt. 13:58).

"Pero a pesar de que había hecho tantas señales delante de ellos, no creían en él" (Jn. 12:37).

"Bien; por su incredulidad fueron desgajadas, pero tú por la fe estás en pie. No te ensoberbezcas, sino teme" (Ro. 11:20).

"Mirad, hermanos, que no haya en ninguno de vosotros corazón malo de incredulidad para apartarse del Dios vivo; antes exhortaos los unos a los otros cada día, entre tanto que se dice: Hoy; para que ninguno de vosotros se endurezca por el engaño del pecado.14 Porque somos hechos participantes de Cristo, con tal que retengamos firme hasta el fin nuestra confianza del principio" (He. 3:12-14).

"Procuremos, pues, entrar en aquel reposo, para que ninguno caiga en semejante ejemplo de desobediencia" (He. 4:11).

"Mas quiero recordaros, ya que una vez lo habéis sabido, que el Señor, habiendo salvado al pueblo sacándolo de Egipto, después destruyó a los que no creyeron" (Jud. 5).

2 (11:40) ***Confianza - Fe:*** La gran promesa de la fe ilimitada, de descanso. Jesús desafió a Marta a dar un gran paso de fe. Quería conquistar sus quejas y dejar de lado sus objeciones (ver nota, Jn. 11:21, 22). Quería que ella confiara en Él, que dejara de cuestionar lo que Él hacía. Quería que ella confiara...

- en su juicio y voluntad.
- en su conocimiento y comprensión.
- en su Palabra e instrucciones.

Muy sencillamente, Él quería que ella *descansara* en Él, que depositara una fe ilimitada, de descanso en Él. (ver Estudio a fondo 1, Jn. 11:40 para una discusión sobre el tema).

Advierta cuál fue la promesa a Marta (y a todos): si ella creía y simplemente descansaba en Él, ella vería "la gloria de Dios". Por gloria se quería significar la misericordia y el poder de Jesús, el amor y el cuidado sobre esta tierra. Sin embargo, la promesa se aplica también al próximo mundo. La persona que dé un paso atrás y deje que Dios actúe a su voluntad, la persona que realmente descansa en Dios verá la gloria de Dios en el mundo venidero.

ESTUDIO A FONDO 1

(11:40) **Fe, Ilimitada; de Descanso:** Hay un descanso para el creyente. Se lo llama el *descanso del creyente* o *el descanso de Dios.* El creyente ingresa en el *descanso de Dios* por lo que puede llamarse una *fe de descanso* o una *fe ilimitada.* Una fe ilimitada, de descanso es la cima, el nivel más elevado o etapa de la fe. Es el nivel de fe que Dios desea para cada creyente. Él ansía que cada hijo suyo ingrese al descanso de Dios. Una fe de descanso (ilimitada) es una fe que descansa por lo menos en cuatro cosas.

1. Una fe de descanso es un descanso de *liberación y salvación.* Significa descansar en la Palabra de Dios, conocer más allá de toda pregunta...

- que uno es verdaderamente salvo y liberado del pecado y la vergüenza, de la muerte y el infierno.
- que uno es liberado de la culpa y el reproche de la conciencia.
- que uno tiene acceso abierto a la presencia de Dios a través de la oración.

"A los cuales él dijo: Este es el reposo; dad reposo al cansado; y este es el refrigerio; mas no quisieron oír" (Is. 28:12).

"Porque así dijo Jehová el Señor, el Santo de Israel: En descanso y en reposo seréis salvos; en quietud y en confianza será vuestra fortaleza. Y no quisisteis" (Is. 30:15).

"Venid a mí todos los que estáis trabajados y cargados, y yo os haré descansar" (Mt. 11:28).

"Justificados, pues, por la fe, tenemos paz para con Dios por medio de nuestro Señor Jesucristo" (Ro. 5:1).

"Pero los que hemos creído entramos en el reposo, de la manera que dijo: Por tanto, juré en mi ira, no entrarán en mi reposo; aunque las obras suyas estaban acabadas desde la fundación del mundo" (He. 4:3).

2. Una fe de descanso es un descanso de *servicio y ministerio.* No es inactividad, no es una vida que no hace nada por Dios y el mundo. Es un descanso que viene por comprometer la vida de uno al llamado y el propósito de Jesucristo, un descanso que es...

- lleno de propósito, significado e importancia.
- comprometido con compartir con Cristo un mundo perdido y lleno de necesidades desesperadas.
- rendido al llamado de Dios para la participación y el servicio personales.
- lleno del Espíritu de Dios y equipado con sus dones para el servicio.
- complacido con el llamado y los dones de Cristo, con lo que le ha tocado a uno en la vida y con su lugar de servicio.
- completo, satisfecho y sin vergüenza con la propia vida.

"Llevad mi yugo sobre vosotros, y aprended de mí, que soy manso y humilde de corazón; y hallaréis descanso para vuestras almas" (Mt. 11:29).

"Y todo esto proviene de Dios, quien nos reconcilió consigo mismo por Cristo, y nos dio el ministerio de la reconciliación; que Dios estaba en Cristo reconciliando consigo al mundo, no tomándoles en cuenta a los hombres sus pecados, y nos encargó a nosotros la palabra de la reconciliación. Así que, somos embajadores en nombre de Cristo, como si Dios rogase por medio de nosotros; os rogamos en nombre de Cristo: Reconciliaos con Dios" (2 Co. 5:18-20).

"Procuremos, pues, entrar en aquel reposo, para que ninguno caiga en semejante ejemplo de desobediencia" (He. 4:11).

"Vuelve ahora en amistad con él, y tendrás paz; y por ello te vendrá bien" (Job 22:21).

3. Una fe de descanso es un descanso de *seguridad y confianza* en el futuro. Es un descanso de paz acerca del futuro. Es...

- el conocimiento de que todas las esclavitudes y ataduras de este mundo han sido conquistadas por Cristo, incluso la muerte.
- el conocimiento y la experiencia del cuidado diario de Dios a través de toda la vida; el conocimiento

de que Dios se ocupará no importa qué suceda o fracase.

• el conocimiento y la misma presencia real de esperanza: la esperanza de la vida eterna, del cielo, del *descanso eterno y perfecto* para la gente de Dios.

"La paz os dejo, mi paz os doy; yo no os la doy como el mundo la da. No se turbe vuestro corazón, ni tenga miedo" (Jn. 14:27).

"Estas cosas os he hablado para que en mí tengáis paz. En el mundo tendréis aflicción; pero confiad, yo he vencido al mundo" (Jn. 16:33).

"Oí una voz que desde el cielo me decía: Escribe: Bienaventurados de aquí en adelante los muertos que mueren en el Señor. Sí, dice el Espíritu, descansarán de sus trabajos, porque sus obras con ellos siguen" (Ap. 14:13).

"Y en el día que Jehová te dé reposo de tu trabajo y de tu temor, y de la dura servidumbre en que te hicieron servir" (Is. 14:3).

"Tú guardarás en completa paz a aquel cuyo pensamiento en ti persevera; porque en ti ha confiado" (Is. 26:3).

4. Una fe de descanso es un descanso del *valor y el conocimiento.* Es una fe que no cuestiona ni se queja. Es una fe que realmente cree, confía y descansa en Dios, que realmente...

• toma a Dios en su Palabra y hace exactamente lo que Él dice.
• conoce que la presencia y la bendición de Dios están sobre la propia vida.
• pone todo en las manos de Dios y las cosas resultan como Él dice.
• sabe que lo que sucede está bajo el control de Dios.
• sabe que todas las cosas, sin importar lo terrible que sean, saldrán bien para quienes aman a Dios (Ro. 8:28).
• experimenta la presencia de Dios y se ocupa día tras día, haciéndose cargo Dios de ella.
• conoce la victoria por sobre todo: sintiéndose pleno de confianza, seguridad, esperanza y paz.

"Y sabemos que a los que aman a Dios, todas las cosas les ayudan a bien, esto es, a los que conforme a su propósito son llamados" (Ro. 8:28).

"Por nada estéis afanosos, sino sean conocidas vuestras peticiones delante de Dios en toda oración y ruego, con acción de gracias. Y la paz de Dios, que sobrepasa todo entendimiento, guardará vuestros corazones y vuestros pensamientos en Cristo Jesús" (Fil. 4:6, 7).

"Vuelve, oh alma mía, a tu reposo, porque Jehová te ha hecho bien" (Sal. 116:7).

"Mucha paz tienen los que aman tu ley, y no hay para ellos tropiezo" (Sal. 119:165).

[3] (11:41, 42) ***Oración, Propósito de la; Poder de la:*** La gran oración de propósito. Advierta la redacción de este punto: *oración de propósito*. Toda oración debe ser una oración de propósito. Esto es lo que quiere decir Jesús. Él estaba orando por un propósito específico y al hacerlo demostró el propósito y el poder de la oración. Cuando un hombre realmente ora con propósito, recibe la respuesta a su oración y es testigo del poder de la oración. Advierta la oración de Jesús.

1. Jesús se dirige a Dios como "Padre". Jesús tenía una relación íntima y continua con Dios: una relación Padre-Hijo. Él conocía a Dios como su "Padre" y Dios conocía a Jesús como su Hijo (ver nota, Jn. 10:14-16; esp. cp. v. 15).

Pensamiento 1: A los creyentes se les enseña a llamar a Dios "Padre" y a acercarse a Dios como lo haría un niño: íntima y valientemente, y a la vez con respeto y reverencia.

2. Jesús solicitó a su Padre que hiciera algo: "siempre me oyes". Lo que Jesús pidió no se menciona, pero el lector sabe por el contexto que tiene que ver con...

• el poder de conquistar la muerte.
• el fortalecimiento de los creyentes que estaban alrededor y mirándolo.
• la motivación de los otros para creer y confiar en Él.

3. Jesús ofreció una acción de gracias al Padre, alabándolo por el glorioso privilegio de la oración y por ser oído y que sus respuestas fueran respondidas. Esta es una asombrosa lección para los creyentes. A Dios se lo debe alabar por la oración, por el acceso abierto que Él permite a su presencia y por el glorioso hecho de que Él nos escucha y nos contesta (cp. Jn. 16:23, 24, 26, 27).

4. Jesús expresó un conocimiento perfecto y confiado en Dios: "Yo sabía que siempre me oyes". No hay olvido, duda ni preguntas por parte de Jesús. Él sabía perfectamente que Dios oía sus oraciones, *siempre.*

5. Jesús brindó testimonio a través de la oración. Él oró...

• para demostrar la estrecha relación personal entre Él y Dios.
• para motivar la creencia de que Él era el *Enviado* de Dios (ver Estudio a fondo 3, Jn. 3:34; 4:31-35).

Advierta que los puntos anteriores podrían ser expresados como propósito de la oración. Los propósitos de la oración son cinco:

1. Honrar y adorar a Dios como "Padre".

"Pues no habéis recibido el espíritu de esclavitud para estar otra vez en temor, sino que habéis recibido el espíritu de adopción, por el cual clamamos: ¡Abba, Padre! El Espíritu mismo da testimonio a nuestro espíritu, de que somos hijos de Dios" (Ro. 8.15, 16).

"Pero cuando vino el cumplimiento del tiempo, Dios envió a su Hijo, nacido de mujer y nacido bajo la ley, para que redimiese a los que estaban bajo la ley, a fin de que recibiésemos la adopción de hijos. Y por cuanto sois hijos, Dios envió a vuestros corazones el Espíritu de su Hijo, el cual clama: ¡Abba, Padre!" (Gá. 4:4-6).

2. Asegurar todo lo que fuera necesario para vivir en justicia y ministrar.

"Y todo lo que pidiereis en oración, creyendo, lo recibiréis" (Mt. 21:22).

"Y yo os digo: Pedid, y se os dará; buscad, y hallaréis; llamad, y se os abrirá" (Lc. 11:9).

"Si algo pidiereis en mi nombre, yo lo haré" (Jn. 14:14).

"Si permanecéis en mí, y mis palabras permanecen en vosotros, pedid todo lo que queréis, y os será hecho" (Jn. 15:7).

3. Para alabar y agradecer a Dios.

"Para que unánimes, a una voz, glorifiquéis al Dios y Padre de nuestro Señor Jesucristo" (Ro. 15:6).

"Porque habéis sido comprados por precio; glorificad, pues, a Dios en vuestro cuerpo y en vuestro espíritu, los cuales son de Dios" (1 Co. 6:20).

"Dad a Jehová la gloria debida a su nombre; adorad a Jehová en la hermosura de la santidad" (Sal. 29:2).

"Engrandeced a Jehová conmigo, y exaltemos a una su nombre" (Sal. 34:3).

"Sea llena mi boca de tu alabanza, de tu gloria todo el día" (Sal. 71:8).

"Exáltenlo en la congregación del pueblo, y en la reunión de ancianos lo alaben" (Sal. 107:32).

"En la hermosura de la gloria de tu magnificencia, y en tus hechos maravillosos meditaré" (Sal. 145:5).

"Jehová, tú eres mi Dios; te exaltaré, alabaré tu nombre, porque has hecho maravillas; tus consejos antiguos son verdad y firmeza" (Is. 25:1).

4. Para demostrar la confianza de uno en Dios.

"Y esta es la *confianza* que tenemos en él, que si pedimos alguna cosa conforme a su voluntad, él nos oye. Y si sabemos que él nos oye en cualquiera cosa que pidamos, sabemos que tenemos las peticiones que le hayamos hecho" (1 Jn. 5:14, 15)

"Y cualquiera cosa que pidiéremos *la recibiremos* de él, porque guardamos sus mandamientos, y hacemos las cosas que son agradables delante de él" (1 Jn. 3:22).

5. Par dar testimonio y proclamar que Jesús es el enviado por Dios.

"Porque he descendido del cielo, no para hacer mi voluntad, sino la voluntad del que me envió" (Jn. 6:38).

"Jesús entonces les dijo: Si vuestro padre fuese Dios, ciertamente me amaríais; porque yo de Dios he salido, y he venido; pues no he venido de mí mismo, sino que él me envió" (Jn. 8:42).

"Porque las palabras que me diste, les he dado; y ellos las recibieron, y han conocido verdaderamente que salí de ti, y han creído que tú me enviaste" (Jn. 17:8).

Pensamiento 1: Jesús siempre oró con propósito, por lo tanto, siempre recibió respuesta a Su oración y dio testimonio del poder de la oración. Así sucede con el verdadero creyente. Cuando oramos con propósito, Dios responde a nuestra oración, y al hacerlo, Él proclama...

- que Cristo es el Hijo del Dios viviente.
- que Cristo es el enviado al mundo para abrir la puerta (garantizar acceso) a la presencia de Dios.
- que Cristo es quien tiene el poder sobre la muerte.

[4] (11:43, 44) ***Muerte, Liberación de la:*** Advierta tres puntos significativos. (Advierta también cómo la resurrección de Lázaro describe la futura resurrección del creyente. cp. 1 Co. 15:12-58).

1. El poder sobre la muerte proviene solo de Jesús. Pocos profetas han resucitado a una persona muerta salvo Jesús. Jesús solo tiene el poder de resucitar. Advierta que simplemente pronunció tres palabras: "Lázaro, ven fuera", pero las dijo a los gritos. ¿Por qué?

a. Un grito coincidía con la enormidad del milagro. Acentuaba el enorme poder requerido para resucitar al muerto.

b. Un grito enfatizaba que el poder de Jesús es el poder de Dios mismo. Con solo un grito, Jesús puede...
- convocar el enorme poder de Dios.
- convocar la mayor cantidad de poder imaginable, el poder de resucitar a una persona.

"Porque como el Padre tiene vida en sí mismo, así también ha dado al Hijo el tener vida en sí mismo" (Jn. 5:26).

"Así que, por cuanto los hijos participaron de carne y sangre, él también participó de lo mismo, para destruir por medio de la muerte al que tenía el imperio de la muerte, esto es, al diablo, y librar a todos los que por el temor de la muerte estaban durante toda la vida sujetos a servidumbre" (He. 2:14, 15).

2. El grito de Jesús es personal. Jesús gritó el nombre de Lázaro. No gritó solamente "ven fuera". Gritó: "Lázaro, ven fuera". Jesús conoce a cada creyente por su nombre, y está personalmente involucrado con la muerte de todos. Llegará el día en que gritará "Ven fuera" y solo los que lo conozcan personalmente saldrán.

"En la casa de mi Padre muchas moradas hay; si así no fuera, yo os lo hubiera dicho; voy, pues, a preparar lugar para vosotros. Y si me fuere y os preparare lugar, vendré otra vez, y os tomaré a mí mismo, para que donde yo estoy, vosotros también estéis" (Jn. 14:2, 3).

"A éste abre el portero, y las ovejas oyen su voz; y a sus ovejas llama por nombre, y las saca" (Jn. 10:3).

"Yo soy el buen pastor; y conozco mis ovejas, y las mías me conocen" (Jn. 10:14).

"Mis ovejas oyen mi voz, y yo las conozco, y me siguen" (Jn. 10:27).

3. Los resultados del grito de Jesús fueron dobles.

a. Una persona que estaba muerta salió. El Hijo de Dios habló y él salió. No había forma de que permaneciera en el sepulcro, ningún poder podía retenerlo allí. Salió...
- inmediatamente
- perfectamente
- obedientemente
- visiblemente
- tal como era
- incuestionablemente

b. La persona que fue resucitada recibió la atención personal de Jesús. Advierta la atención y el pensamiento de Jesús: "Desatadle y dejadle ir". La maravilla del milagro no evitó que dejara de ministrar y de ayudar donde quiera que pudiera. No era suficiente compartir la maravilla del milagro. El servicio a Dios era, y siempre será, el llamado de nuestro Señor Jesús a todo hombre, incluso en la eternidad.

"Su señor le dijo: Bien, buen siervo y fiel; sobre poco has sido fiel, sobre mucho *te pondré*; entra en el gozo de tu señor" (Mt. 25:23).

"¿O no sabéis que hemos de *juzgar* [supervisar] a los ángeles? ¿Cuánto más las cosas de esta vida?" (1 Co. 6:3).

"No habrá allí más noche; y no tienen necesidad de luz de lámpara, ni de luz del sol, porque Dios el Señor los iluminará; y *reinarán* por los siglos de los siglos" (Ap. 22:5).

ESTUDIO A FONDO 2

(11:44) ***Ropas mortuorias:*** Advierta que había un sudario alrededor del rostro de Lázaro. Esto es importante por dos motivos.

1. Jesús tenía un sudario alrededor de su rostro cuando fue enterrado. Fue doblado por Él o por un ángel y dejado al costado luego de su resurrección. El sudario doblado fue lo que inmediatamente convenció a Juan de la resurrección del Señor. (ver nota, Jn. 20:7-10).

2. El sudario demostró que las ropas mortuorias de la época de Jesús incluían al menos dos piezas. Había un trozo de tela o sudario envuelto alrededor del rostro. Se lo menciona dos veces en el Nuevo Testamento (Jn. 11:44; 20:7. cp. Lc. 19:20; Hch. 19:12 para otros dos usos de la misma palabra griega, soudarioi).

[5] (11:45, 46) ***Jesucristo, Respuesta a:*** La reacción al gran poder de Jesús fue dividida. Algunos creyeron en Él (ver Estudio a fondo 2, Jn. 2:24). Otros estaban inmersos en una creencia obstinada y ocasionaron problemas. Se rehusaron a aceptar a Jesús como el Hijo de Dios a pesar de la evidencia más poderosa. Ignoraron la evidencia y evadieron el tema de su exigencia de creencia. Por lo tanto, perdieron la oportunidad de "ver la gloria de Dios" (vv. 40, 46).

"El que cree en el Hijo tiene vida eterna; pero el que rehúsa creer en el Hijo no verá la vida, sino que la ira de Dios está sobre él" (Jn. 3:36).

"Por eso os dije que moriréis en vuestros pecados; porque si no creéis que yo soy, en vuestros pecados moriréis" (Jn. 8:24).

	E. Jesús y los dirigentes religiosos: Incredulidad y oposición, 11:47-57
1 El Sanedrín se reunió para hablar de Jesús **2 Las causas de la falta de fe y la oposición** a. El temor de perder el reconocimiento, la estima y el seguimiento b. El temor de perder la posición, la influencia y la autoridad	47 Entonces los principales sacerdotes y los fariseos reunieron el concilio, y dijeron: ¿Qué haremos? Porque este hombre hace muchas señales. 48 Si le dejamos así, todos creerán en él; y vendrán los romanos, y destruirán nuestro lugar santo y nuestra nación.
3 La conclusión de la falta de fe y la oposición a. Sugerida por el mismo líder religioso b. La conclusión: sacrificar a Jesús por la gente	49 Entonces Caifás, uno de ellos, sumo sacerdote aquel año, les dijo: Vosotros no sabéis nada; 50 ni pensáis que nos conviene que un hombre muera por el pueblo, y no que toda la nación perezca.
c. El misterio de la conclusión 1) Estaba prediciendo que Jesús iba a morir por los judíos 2) Estaba prediciendo que Jesús iba a morir por el mundo	51 Esto no lo dijo por sí mismo, sino que como era el sumo sacerdote aquel año, profetizó que Jesús había de morir por la nación; 52 y no solamente por la nación, sino también para congregar en uno a los hijos de Dios que estaban dispersos.
d. Se tomó la decisión: rechazar a Jesús, terminar con Él	53 Así que, desde aquel día acordaron matarle.
4 La respuesta de Jesús a la falta de fe y la oposición a. Se retiró de quienes lo rechazaban b. Se concentró en Sus discípulos	54 Por tanto, Jesús ya no andaba abiertamente entre los judíos, sino que se alejó de allí a la región contigua al desierto, a una ciudad llamada Efraín; y se quedó allí con sus discípulos.
5 La providencia de Dios en que los hechos pasen a pesar de la falta de fe y la oposición a. Dios controló el tiempo: la pascua	55 Y estaba cerca la pascua de los judíos; y muchos subieron de aquella región a Jerusalén antes de la pascua, para purificarse.
b. Dios agitó el interés de la gente: los hizo buscar a Jesús.	56 Y buscaban a Jesús, y estando ellos en el templo, se preguntaban unos a otros: ¿Qué os parece? ¿No vendrá a la fiesta?
c. Dios controló los planes diabólicos del hombre: evitó que la gente ayude y contribuya a la maldad	57 Y los principales sacerdotes y los fariseos habían dado orden de que si alguno supiese dónde estaba, lo manifestase, para que le prendiesen.

DIVISIÓN XI

LA REVELACIÓN DE JESÚS, LA RESURRECCIÓN Y LA VIDA, 11:1—12:11

E. Jesús y los dirigentes religiosos: Incredulidad y oposición, 11:47-57

(11:47-57) ***Introducción:*** Este pasaje ofrece una excelente lección sobre la falta de fe y la oposición a Jesucristo, una lección que todo hombre debe estudiar.

1. El Sanedrín se reunió para hablar de Jesús (v. 47).
2. Las causas de la falta de fe y la oposición (vv. 47, 48).
3. La conclusión de la falta de fe y la oposición (vv. 49-53).
4. La respuesta de Jesús a la falta de fe y la oposición (v. 54).
5. La providencia de Dios en que los hechos pasen a pesar de la falta de fe y la oposición (vv. 55-57).

[1] (11:47) ***Jesucristo, Respuesta a - Extremistas religiosos:*** El Sanedrín se reunió para hablar de Jesús y decidió qué hacer con Él. Esta fue una reunión oficial de los líderes de la nación, incluyendo los líderes religiosos. (Ver Estudio a fondo 1, Sanedrín, Jn. 11:47.) Estos eran quienes debían haber conducido a la gente hacia Dios y darle una dirección moral y espiritual a la nación. Sin embargo, aquí estaban determinando qué hacer con Jesús. La escena era patética e irónica.

1. Estaba Jesús, el Hijo de Dios, de pie frente a ellos, habiendo venido a revelar a Dios a todos los hombres de todas partes.
2. Estaban los "muchos milagros" que Jesús había realizado para demostrar que realmente era el Hijo de Dios (v. 47).
3. Estaban los líderes,...
   - que debían haberse regocijado y recibirlo.
   - que reconocieron sus "muchos milagros" y su gran enseñanza, tan grande que "todos" estaban por seguirlo (v. 48).
   - que estaban tomando el liderazgo en rechazarlo y oponerse a Él.

Pensamiento 1: La escena se repite cada vez que una persona rechaza y se opone deliberadamente a Cristo. Una persona que oye y ve las obras de Cristo debería...

- regocijarse y recibirlo
- reconocer su obra.
- no rechazar ni oponerse a Él ni a su salvación.

ESTUDIO A FONDO 1

(11:47) ***Sanedrín:*** El cuerpo gobernante, tanto el consejo gobernante como la suprema corte de los judíos. Tenía setenta y un miembros y estaba presidido por el Sumo Sacerdote. Sin embargo, se necesitaba un número de solo veintitrés miembros para aprobar las leyes de la nación. Estaba compuesto por fariseos, saduceos, escribas o abogados y ancianos que eran líderes legos entre la gente. El poder legal del Sanedrín para aprobar una sentencia de muerte fue restringido unos veinte años antes del juicio de Jesús. No obstante, retuvieron el derecho de excomunión (cp. Jn. 9:22). Para asegurar la muerte de Jesús, se vieron forzados por ley a apelar a los romanos para la sentencia de muerte.

2 (11:47, 48) ***Falta de fe, Causa de - Temor - Egoísmo - Mundano:*** La causa de la falta de fe y la oposición. El motivo básico para la falta de fe y la oposición es el *temor egoísta*. El temor centrado en uno mismo, el temor a perder algo, hace que el hombre rechace y se oponga a otros. Tres cosas en particular hicieron que los líderes temieran a Jesús.

1. Estaba el temor a perder su estima, su reconocimiento, y su seguimiento. Si los líderes perdían a la "gente", hubieran perdido lo mismo que cualquier hombre que pierde su círculo de atención (amigos, compañeros de trabajo, vecinos, etc.).
   - aceptación
   - lealtad
   - prestigio
   - imagen
   - reconocimiento
   - seguimiento
   - estima
   - amigos
2. Estaba el temor de perder su lugar, posición, influencia y autoridad. Si perdían su lugar, nuevamente hubieran perdido lo que todo hombre pierde, su...
   - trabajo
   - modo de vida
   - comodidad
   - poder
   - profesión
   - seguridad
   - autoridad
   - riqueza
3. Estaba el miedo de perder su nación. (Ver Estudio a fondo 1, Extremistas religiosos, Mt. 12:10 para mayor discusión.)

Pensamiento 1: Es el egoísmo del hombre el que hace que se aferre tanto a sí mismo como a sus posesiones. El hombre quiere...
- controlar todo lo que es y tiene.
- hacer lo propio tal como quiere y lo desea.
- no tener interferencia en su vida y deseos, o lo menos posible.

"Pero los afanes de este siglo, y el engaño de las riquezas, y las codicias de otras cosas, entran y ahogan la palabra, y se hace infructuosa" (Mr. 4:19).

"Y les dijo: Mirad, y guardaos de toda avaricia; porque la vida del hombre no consiste en la abundancia de los bienes que posee" (Lc. 12:15).

"Porque los que quieren enriquecerse caen en tentación y lazo, y en muchas codicias necias y dañosas, que hunden a los hombres en destrucción y perdición;10 porque raíz de todos los males es el amor al dinero, el cual codiciando algunos, se extraviaron de la fe, y fueron traspasados de muchos dolores" (1 Ti. 6:9, 10).

"También debes saber esto: que en los postreros días vendrán tiempos peligrosos. Porque habrá hombres amadores de sí mismos, avaros, vanagloriosos, soberbios, blasfemos, desobedientes a los padres, ingratos, impíos" (2 Ti. 3:1, 2).

"Pero el que tiene bienes de este mundo y ve a su hermano tener necesidad, y cierra contra él su corazón, ¿cómo mora el amor de Dios en él?" (1 Jn. 3:17).

"Israel es una frondosa viña, que da abundante fruto para sí mismo; conforme a la abundancia de su fruto multiplicó también los altares, conforme a la bondad de su tierra aumentaron sus ídolos" (Os. 10:1).

"Porque desde el más chico de ellos hasta el más grande, cada uno sigue la avaricia; y desde el profeta hasta el sacerdote, todos son engañadores" (Jer. 6:13).

"Y cuando coméis y bebéis, ¿no coméis y bebéis para vosotros mismos?" (Zac. 7:6).

Cuando Jesús viene exigiendo que un hombre cambie negándose a sí mismo y dando todo lo que es y tiene para satisfacer las necesidades desesperadas de un mundo perdido y hambriento, el hombre rechaza y se opone a Jesús. El hombre no está dispuesto a negarse a sí mismo, no está dispuesto a vivir una vida de total sacrificio (ver Estudio a fondo 1, Lc. 9:23. Ver notas, Mt. 19:21, 22; 19:23 para mayor discusión, en particular en lo referente a las posesiones).

"Y decía a todos: Si alguno quiere venir en pos de mí, niéguese a sí mismo, tome su cruz cada día, y sígame. Porque todo el que quiera salvar su vida, la perderá; y todo el que pierda su vida por causa de mí, éste la salvará. Pues ¿qué aprovecha al hombre, si gana todo el mundo, y se destruye o se pierde a sí mismo?" (Lc. 9:23-25).

"Vended lo que poseéis, y dad limosna; haceos bolsas que no se envejezcan, tesoro en los cielos que no se agote, donde ladrón no llega, ni polilla destruye. Porque donde está vuestro tesoro, allí estará también vuestro corazón" (Lc. 12:33, 34).

3 (11:49-53) ***Falta de fe - Jesucristo, Muerte - Rechazo:*** La conclusión de la falta de fe y la oposición. Advierta cuatro puntos.

1. La decisión de oponerse a Jesús fue tomada por el propio Sumo Sacerdote, el más alto líder religioso de la nación. La misma persona que tendría que haber estado conduciendo a los demás a Jesús estaba sugiriendo que todos lo rechazaran y se opusieran a Él (ver Estudio a fondo 2, Jn. 11:49 para mayor discusión).

Pensamiento 1: Cuán trágico es...
- que las posiciones religiosas a veces se tornen políticas.
- que los hombres rechacen a Cristo por las cosas de este mundo.
- que los hombres rechacen la eternidad por unos pocos años.

"Sus atalayas son ciegos, todos ellos ignorantes; todos ellos perros mudos, no pueden ladrar; soñolientos, echados, aman el dormir. Y esos perros comilones son insaciables; y los pastores mismos no saben entender; todos ellos siguen sus propios caminos, cada uno busca su propio provecho, cada uno por su lado" (Is. 56:10, 11).

"Hijo de hombre, profetiza contra los pastores de Israel; profetiza, y di a los pastores: Así ha dicho Jehová el Señor: ¡Ay de los pastores de Israel, que se apacientan a sí mismos! ¿No apacientan los pastores a los rebaños? Coméis la grosura, y os vestís de la lana; la engordada degolláis, mas no apacentáis a las ovejas" (Ez. 34:2, 3).

"Pero hubo también falsos profetas entre el pueblo, como habrá entre vosotros falsos maestros, que introducirán encubiertamente herejías destructoras, y aun negarán al Señor que los rescató, atrayendo sobre sí mismos destrucción repentina" (2 P. 2:1).

"Porque muchos engañadores han salido por el mundo, que no confiesan que Jesucristo ha venido en carne. Quien esto hace es el engañador y el anticristo" (2 Jn. 7).

2. La conclusión sugerida por el Sumo Sacerdote fue que Jesús tendría que ser sacrificado por el pueblo. El pueblo estaba siguiendo a Jesús de tal manera que los líderes temían dos cosas.

⇒ Que los romanos pudieran llegar a la conclusión de que Jesús estaba armando una revuelta con la gente. En ese caso, los romanos invadirían y dispersarían a la gente, quitando incluso esa poca libertad que tenían como nación conquistada.

⇒ Que los romanos los culparan a ellos, el liderazgo actual, y los sacaran del poder.

El pensamiento propuesto fue que era mejor que Jesús muriera antes de que muriera la gente. Jesús sería sacrificado y asesinado para salvar a la gente.

3. El misterio de la conclusión fue increíble. Advierta que el Sumo Sacerdote estaba siendo utilizado como vocero de Dios: "Esto no lo dijo por sí mismo". Estaba prediciendo la muerte de Jesucristo. Proclamó que Jesús moriría *por* la gente y que iba a ser sacrificado para salvar a la gente. Advierta dos hechos.

a. La idea de *sustitución* era la sugerencia de que "Jesús debía morir *por* la nación" (v. 51).

"Yo soy el buen pastor; el buen pastor su vida da por las ovejas" (Jn. 10:11).

"Nadie tiene mayor amor que este, que uno ponga su vida por sus amigos" (Jn. 15:13).

"Porque Cristo, cuando aún éramos débiles, a su tiempo murió por los impíos" (Ro. 5:6).

"Porque primeramente os he enseñado lo que asimismo recibí: Que Cristo murió por nuestros pecados, conforme a las Escrituras" (1 Co. 15:3).

"Y por todos murió, para que los que viven, ya no vivan para sí, sino para aquel que murió y resucitó por ellos" (2 Co. 5:15).

"El cual se dio a sí mismo por nuestros pecados para librarnos del presente siglo malo, conforme a la voluntad de nuestro Dios y Padre" (Gá. 1:4).

"Y andad en amor, como también Cristo nos amó, y se entregó a sí mismo por nosotros, ofrenda y sacrificio a Dios en olor fragante" (Ef. 5:2).

"Quien se dio a sí mismo por nosotros para redimirnos de toda iniquidad y purificar para sí un pueblo propio, celoso de buenas obras" (Tit. 2:14).

"En esto hemos conocido el amor, en que él puso su vida por nosotros; también nosotros debemos poner nuestras vidas por los hermanos" (1 Jn. 3:16).

b. Jesucristo iba a morir para salvar tanto a judíos como a gentiles, todos "los hijos de Dios dispersos en el extranjero" (cp. Hch. 2:5; 10:2; 17:4).

"En quien tenemos redención por su sangre, el perdón de pecados según las riquezas de su gracia,... de reunir todas las cosas en Cristo, en la dispensación del cumplimiento de los tiempos, así las que están en los cielos, como las que están en la tierra" (Ef. 1:7, 10).

"Pero ahora en Cristo Jesús, vosotros que en otro tiempo estabais lejos, habéis sido hechos cercanos por la sangre de Cristo. Porque él es nuestra paz, que de ambos pueblos hizo uno, derribando la pared intermedia de separación" (Ef. 2:13, 14).

4. La decisión fue tomada y Jesús fue rechazado. No querían tener nada qué ver con Él. Advierta las palabras "desde aquel día". La idea es a partir de ese mismo momento estaban planeando retirarlo de escena.

Pensamiento 1: Cuán trágica la decisión...
- de rechazar a Cristo.
- de no tener nada qué ver con Él.
- de empujarlo hacia el costado, fuera del camino, como alguien poco importante.
- de matarlo.
- de oponerse a Él.

"A lo suyo vino, y los suyos no le recibieron" (Jn. 1:11).

"El que me rechaza, y no recibe mis palabras, tiene quien le juzgue; la palabra que he hablado, ella le juzgará en el día postrero" (Jn. 12:48).

"El que cree en el Hijo tiene vida eterna; pero el que rehúsa creer en el Hijo no verá la vida, sino que la ira de Dios está sobre él" (Jn. 3:36).

"Por eso os dije que moriréis en vuestros pecados; porque si no creéis que yo soy, en vuestros pecados moriréis" (Jn. 8:24).

ESTUDIO A FONDO 2

(11:49) ***Sumo sacerdote - Caifás:*** La función del Sumo Sacerdote comenzó con Aarón y sus hijos (Éx. 28:1). La posición era hereditaria y era de por vida; sin embargo, cuando los romanos conquistaron Palestina, convirtieron la función en política. Eligieron su propio hombre, un hombre cooperaría con el gobierno romano. Con frecuencia era difícil encontrar un hombre así. Por ejemplo, entre los años 37 a.C. y 67 d.C. hubo por lo menos veintiocho Sumos Sacerdotes. Estos hombres eran altamente respetados y honrados durante toda su vida. Incluso cuando los romanos los retiraban del poder, seguían siendo consultados por otros líderes judíos. El ex Sumo Sacerdote, Anás, es un ejemplo de esto. Seguía teniendo mucho poder (cp. Jn. 18:13; Hch. 4:6). Él y los otros hombres que habían servido como Sumos Sacerdotes ocupaban las posiciones principales de liderazgo y eran también denominados "sacerdotes en jefe".

El término de la posición de un Sumo Sacerdote lo determinaban únicamente los romanos. Los romanos dejaban reinar a un Sumo Sacerdote tanto como ellos querían. El reinado de cada uno de los veintiocho sacerdotes llegó a un promedio de solo tres años, salvo en el caso de Caifás. Caifás fue Sumo Sacerdote durante dieciocho años (18 d.C. a 36 d.C.). Al parecer era un maestro de la intriga y las concesiones. Esto arroja gran luz sobre su temor a un levantamiento (Mt. 26:5) y su deseo de esperar a que terminara la festividad para arrestar a Jesús. Estaba el peligro de que la gente apoyara a Jesús si lo veían arrestado. Tantos creyeron en Él como en un gran profeta que había una gran posibilidad de que hubiera una revuelta. Caifás sabía que los romanos lo harían responsable y lo removerían del cargo. Perdería todo lo que tenía. Se ve la astucia del hombre en la estrategia que planteó. Iban a arrestar a Jesús en calma luego de que las masas hubieran abandonado la fiesta.

4 (11:54) ***Falta de fe:*** La respuesta de Jesús a la falta de fe y la oposición.

1. Jesús se retiró de quienes lo rechazaban. Él...
   • se fue.
   • no habló más con ellos.
   • no anduvo más con ellos.
   • los dejó librados a sus propios deseos (ver nota, Ro. 1:24-32).

El Espíritu del Señor no siempre lucha con los hombres (ver nota, Jn. 7:33, 34). Jesús incluso les dijo a sus discípulos que le dieran la espalda a quienes los rechazaban (cp. Mt. 10:14; Mr. 6:11; Lc. 9:5).

"Y dijo Jehová: No contenderá mi espíritu con el hombre para siempre, porque ciertamente él es carne; mas serán sus días ciento veinte años" (Gn. 6:3).

"Bienaventurado el hombre que siempre teme a Dios; mas el que endurece su corazón caerá en el mal" (Pr. 28:14).

"El hombre que reprendido endurece la cerviz, de repente será quebrantado, y no habrá para él medicina" (Pr. 29:1).

"¿O menosprecias las riquezas de su benignidad, paciencia y longanimidad, ignorando que su benignidad te guía al arrepentimiento? Pero por tu dureza y por tu corazón no arrepentido, atesoras para ti mismo ira para el día de la ira y de la revelación del justo juicio de Dios" (Ro. 2:4, 5).

"Mirad, hermanos, que no haya en ninguno de vosotros corazón malo de incredulidad para apartarse del Dios vivo; antes exhortaos los unos a los otros cada día, entre tanto que se dice: Hoy; para que ninguno de vosotros se endurezca por el engaño del pecado. Porque somos hechos participantes de Cristo, con tal que retengamos firme hasta el fin nuestra confianza del principio" (He. 3:12-14).

2. Jesús se concentró y se acercó más a sus discípulos.

"Porque donde están dos o tres congregados en mi nombre, allí estoy yo en medio de ellos" (Mt. 18:20).

"Sucedió que mientras hablaban y discutían entre sí, Jesús mismo se acercó, y caminaba con ellos" (Lc. 24:15).

"Y se decían el uno al otro: ¿No ardía nuestro corazón en nosotros, mientras nos hablaba en el camino, y cuando nos abría las Escrituras?" (Lc. 24:32).

"Entonces viendo el denuedo de Pedro y de Juan, y sabiendo que eran hombres sin letras y del vulgo, se maravillaban; y les reconocían que habían estado con Jesús" (Hch. 4:13).

"Fiel es Dios, por el cual fuisteis llamados a la comunión con su Hijo Jesucristo nuestro Señor" (1 Co. 1:9).

"Lo que hemos visto y oído, eso os anunciamos, para que también vosotros tengáis comunión con nosotros; y nuestra comunión verdaderamente es con el Padre, y con su Hijo Jesucristo" (1 Jn. 1:3).

"He aquí, yo estoy a la puerta y llamo; si alguno oye mi voz y abre la puerta, entraré a él, y cenaré con él, y él conmigo" (Ap. 3:20).

5 (11:55-57) ***Dios, Providencia:*** La providencia de Dios en hacer pasar los hechos a pesar de la falta de fe y la oposición.

1. Dios controlaba el tiempo. Era época de la pascua judía, un evento significativo. La fiesta significaba la eliminación de los pecados. Advierta que mientras la gente estaba celebrando la Pascua, los líderes estaban buscando cometer el crimen más terrible: el asesinato del mismo Hijo de Dios. (ver Estudio a fondo 1, Lc. 22:7).

2. Dios agitó el interés de la gente. Los peregrinos inundaban Jerusalén en cientos de miles durante la época de la Pascua. La imagen es gente murmurando, preguntándose y preguntando si Jesús vendría a la fiesta. Advierta que la gente en realidad "buscaba" a Jesús (v. 56). Dios tomó incluso el rechazo de los hombres malos y lo elaboró para hacer que otros buscaran a su Hijo.

Pensamiento 1: Dios toma el rechazo y la oposición de los hombres y lo usa para motivar el interés en su Hijo. A lo largo de la historia algunos de los grandes movimientos y renacimientos del cristianismo han sido el resultado de la persecución y los intentos por borrar el nombre de Cristo. El rechazo de un hombre es con frecuencia tomado por Dios y usado para motivar la salvación de otros.

"Y seréis aborrecidos de todos por *causa de mi nombre*; mas el que persevere hasta el fin, éste será salvo" (Mt. 10:22).

"Y sabemos que a los que aman a Dios, todas las cosas les ayudan a bien, esto es, a los que conforme a su propósito son llamados" (Ro. 8:28).

"Porque nosotros que vivimos, siempre estamos entregados a muerte por causa de Jesús, para que también la vida de Jesús *se manifieste* en nuestra carne mortal" (2 Co. 4:11).

"Porque esta leve tribulación momentánea produce en nosotros un cada vez más excelente y eterno peso de gloria" (2 Co. 4:17).

"Y me ha dicho: Bástate mi gracia; porque mi poder se perfecciona en la debilidad. Por tanto, de buena gana me gloriaré más bien en mis debilidades, para que *repose sobre mí* el poder de Cristo" (2 Co. 12:9).

"Quiero que sepáis, hermanos, que las cosas que me han sucedido, han redundado más bien para el progreso del evangelio, de tal manera que mis prisiones se han hecho patentes en Cristo en todo el pretorio, y a todos los demás. Y la mayoría de los hermanos, cobrando ánimo en el Señor con mis prisiones, se atreven mucho más a hablar la palabra sin temor" (Fil. 1:12-14).

"Porque a vosotros os es concedido a causa de Cristo, no solo que creáis en él, sino también que padezcáis *por él*" (Fil. 1:29).

"Hermanos míos, tomad como ejemplo de aflicción y de paciencia a los profetas que hablaron en nombre del Señor" (Stg. 5:10).

3. Dios controló los planes diabólicos del hombre. Evitó que la gente cooperara con los líderes y traicionara a su Hijo. Ningún hombre puede ir en contra del nombre de Cristo ni en contra de los seguidores de Cristo hasta que Dios esté preparado. Si bien el mundo es corrupto y malo, Dios controla los tiempos de su Hijo y de los seguidores de su Hijo. Ni un cabello de su cabeza puede tocarse hasta que Dios esté listo para usar la prueba y la persecución para siempre.

> **"Y no temáis a los que matan el cuerpo, mas el alma no pueden matar; temed más bien a aquel que puede destruir el alma y el cuerpo en el infierno. ¿No se venden dos pajarillos por un cuarto? Con todo, ni uno de ellos cae a tierra sin vuestro Padre. Pues aun vuestros cabellos están todos contados. Así que, no temáis; más valéis vosotros que muchos pajarillos. A cualquiera, pues, que me confiese delante de los hombres, yo también le confesaré delante de mi Padre que está en los cielos.33 Y a cualquiera que me niegue delante de los hombres, yo también le negaré delante de mi Padre que está en los cielos" (Mt. 10:28-33).**

	CAPÍTULO 12 **F. Jesús y las reacciones ante su revelación, 12:1-11** (Mt. 26:6-13; Mr. 14:3-9)	5 ¿Por qué no fue este perfume vendido por trescientos denarios, y dado a los pobres? 6 Pero dijo esto, no porque se cuidara de los pobres, sino porque era ladrón, y teniendo la bolsa, sustraía de lo que se echaba en ella.	a. Siguió a Jesús, pero criticó a los creyentes b. Expresó preocupación por el ministerio, pero tenía otra motivación
1. Jesús cenó en un hogar de Betania a. El lugar donde Lázaro fue resucitado b. Seis días antes de la pascua c. Marta sirvió d. Lázaro estaba presente	1 Seis días antes de la pascua, vino Jesús a Betania, donde estaba Lázaro, el que había estado muerto, y a quien había resucitado de los muertos. 2 Y le hicieron allí una cena; Marta servía, y Lázaro era uno de los que estaban sentados a la mesa con él.	7 Entonces Jesús dijo: Déjala; para el día de mi sepultura ha guardado esto. 8 Porque a los pobres siempre los tendréis con vosotros, mas a mí no siempre me tendréis.	c. Trabajó para Jesús, pero no amaba a Jesús
2 El creyente supremo a. El amor de arrepentimiento b. Un amor costoso y de sacrificio c. Un amor creyente: el Cristo, el Ungido	3 Entonces María tomó una libra de perfume de nardo puro, de mucho precio, y ungió los pies de Jesús, y los enjugó con sus cabellos; y la casa se llenó del olor del perfume.	9 Gran multitud de los judíos supieron entonces que él estaba allí, y vinieron, no solamente por causa de Jesús, sino también para ver a Lázaro, a quien había resucitado de los muertos.	**4 Los buscadores semisinceros** a. Vinieron a ver a Jesús b. Vinieron a ver al espectacular c. Vinieron para socializar
3 El discípulo hipócrita, no creyente	4 Y dijo uno de sus discípulos, Judas Iscariote hijo de Simón, el que le había de entregar:	10 Pero los principales sacerdotes acordaron dar muerte también a Lázaro, 11 porque a causa de él muchos de los judíos se apartaban y creían en Jesús.	**5 Los extremistas religiosos temerosos, que se buscaban a sí mismos** a. Complotaron para destruir a Jesús b. Temían una pérdida personal

DIVISIÓN XI

LA REVELACIÓN DE JESÚS, LA RESURRECCIÓN Y LA VIDA, 11:1—12:11

F. Jesús y las reacciones ante su revelación, 12:1-11

(12:1-11) ***Introducción:*** Jesucristo acababa de revelarse a sí mismo como la Resurrección y la Vida. Juan presenta cuatro reacciones a esta revelación.

1. Jesús cenó en un hogar de Betania (vv. 1, 2).
2. El creyente supremo (v. 3).
3. El discípulo hipócrita, no creyente (vv. 4-8).
4. Los buscadores semisinceros (v. 9).
5. Los extremistas religiosos temerosos, que se buscaban a sí mismos (vv. 10, 11).

[1] (12:1, 2) ***Jesucristo, Ministerio - Compañerismo:*** Jesús cenó en un hogar de Betania. Tanto Mateo como Marcos registran este ungimiento de Jesús. Advierta que Juan dice que se llevó a cabo seis días antes de la pascua. Mateo dispuso su Evangelio por temas, de manera que lo ubicó en medio de la discusión de la muerte de Jesús. Advierta que Mateo y Marcos dicen que Jesús estaba en la casa de Simón el leproso, y Juan dice que Marta sirvió (Mt. 26:6; Mr. 14:3). Al parecer Simón el leproso era el esposo de Marta (ver Estudio a fondo 1, Mt. 26:6 para una mayor discusión).

Advierta que el acento de las Escrituras es doble.

⇒ Jesús estaba con Lázaro, el joven que había sido resucitado.

⇒ Jesús estaba enfrentando la Pascua. Estaba a seis días de convertirse en el Cordero de la Pascua que quita los pecados del mundo.

[2] (12:3) ***Creyente:*** Estuvo la reacción del creyente supremo. Por supremo queremos significar la suprema calidad de vida, *el amor*. El creyente supremo es una persona como María que *ama* al Señor con todo su ser, sacrificando todo lo que ella es y tiene. Se da por entero a causa del amor puro que siente por el Señor.

1. El creyente supremo expresa un amor de arrepentimiento. María había criticado y acusado a Jesús de ignorar a su familia cuando Él no había venido a ayudar a su hermano Lázaro antes (cp. Jn. 11:32). Aquí se la ve arrepentirse de su pecado. (ver notas del bosquejo 2, 4, Jn. 21:15-17; Estudio a fondo 1, Hch. 17:29, 30).

> **"Bienaventurados los que lloran, porque ellos recibirán consolación" (Mt. 5:4).**
>
> **"Arrepiéntete, pues, de esta tu maldad, y ruega a Dios, si quizá te sea perdonado el pensamiento de tu corazón" (Hch. 8:22).**
>
> **"Si se humillare mi pueblo, sobre el cual mi nombre es invocado, y oraren, y buscaren mi rostro, y se convirtieren de sus malos caminos; entonces yo oiré desde los cielos, y perdonaré sus pecados, y sanaré su tierra" (2 Cr. 7:14).**

"Bienaventurados los que guardan sus testimonios, y con todo el corazón le buscan" (Sal. 119:2).

"Deje el impío su camino, y el hombre inicuo sus pensamientos, y vuélvase a Jehová, el cual tendrá de él misericordia, y al Dios nuestro, el cual será amplio en perdonar" (Is. 55:7).

"Por eso pues, ahora, dice Jehová, convertíos a mí con todo vuestro corazón, con ayuno y lloro y lamento" (Jl. 2:12).

2. El creyente supremo expresa un amor costoso y de sacrificio. Advierta las palabras "muy costoso". El ungüento (murou) era un perfume o un aceite. Trescientos denarios equivalían a un año de salarios (un denario era el pago promedio por un día de trabajo). ¡Imagine la escena! Una botella de perfume que valía todo un año de trabajo untado en los pies de Jesús. Piense en el sacrificio costoso que se estaba haciendo. El perfume era lo más precioso para las mujeres orientales. María estaba tomando su posesión más valiosa y se la estaba dando a su Señor.

3. El creyente supremo expresa un amor creyente. Ella honró a su Señor como al Cristo, al *Ungido*. El acto de María fue un acto de amor y fe en el Señor Jesús. Dicho en términos muy simples, María ungió a Jesús para demostrar cuán profundamente lo amaba y creía en que Él era el verdadero Mesías, *el ungido de Dios* (ver notas, Mt. 26:6-13; cp. Mt. 1:18). Él era su Salvador, Señor y Rey. Había hecho tanto por ella y su familia que ella quería que Él supiera cuánto lo apreciaba y lo amaba.

Cabe advertir algo más. María percibió algo más dentro de Jesús: un presentimiento, una preocupación, una pesadez en el corazón, un peso de tremenda presión. Su corazón se estrechó hacia Él y quiso alentarlo y ayudarlo. Al ser una joven en presencia de tantos hombres, no le estaba permitido expresarse oralmente tal como quería. Ese era un privilegio que le estaba vedado a las mujeres de esa época, de modo que hizo todo lo que pudo. Actuó poniéndose de pie y buscando el regalo más preciado en el que podía pensar: una botella de perfume muy costosa. Se lo dio a Jesús de un modo tal que Él pudiera saber por lo menos que una persona lo amaba de verdad y creía que Él era el Mesías. Su esperanza era que dicha adoración y amor levantara su espíritu. (ver nota, Mt. 26:6-13 para una imagen descriptiva de lo que María sintió).

Pensamiento 1: ¿Qué hacemos para mostrar nuestro amor y fe en Cristo? Imagine cuán difícil fue para María hacer lo que hizo en presencia de tantos hombres. Dejó de lado el orgullo y la vergüenza para demostrar su amor y fe en Jesús. ¿Hasta dónde estamos dispuestos a llegar para demostrar nuestro amor y fe?

Pensamiento 2: Advierta cómo María demostró su amor y fe.

1) María le dio su posesión más preciada al Señor.

"Sino haceos tesoros en el cielo, donde ni la polilla ni el orín corrompen, y donde ladrones no minan ni hurtan" (Mt. 6:20).

"Vended lo que poseéis, y dad limosna; haceos bolsas que no se envejezcan, tesoro en los cielos que no se agote, donde ladrón no llega, ni polilla destruye" (Lc. 12:33).

"Así, pues, cualquiera de vosotros que no renuncia a todo lo que posee, no puede ser mi discípulo" (Lc. 14:33).

"Y ciertamente, aun estimo todas las cosas como pérdida por la excelencia del conocimiento de Cristo Jesús, mi Señor, por amor del cual lo he perdido todo, y lo tengo por basura, para ganar a Cristo" (Fil. 3:8).

"Atesorando para sí buen fundamento para lo por venir, que echen mano de la vida eterna" (1 Ti. 6:19).

2) María dio testimonio públicamente de su amor y fe en Cristo. Su amor y fe en Cristo fue demostrado para que todos fueran testigos.

"Y amarás a Jehová tu Dios de todo tu corazón, y de toda tu alma, y con todas tus fuerzas" (Dt. 6:5).

"Amad a Jehová, todos vosotros sus santos; a los fieles guarda Jehová, y paga abundantemente al que procede con soberbia" (Sal. 31:23).

"A cualquiera, pues, que me confiese delante de los hombres, yo también le confesaré delante de mi Padre que está en los cielos" (Mt. 10:32).

"Y el que no toma su cruz y sigue en pos de mí, no es digno de mí. El que halla su vida, la perderá; y el que pierde su vida por causa de mí, la hallará" (Mt. 10:38, 39).

"La gracia sea con todos los que aman a nuestro Señor Jesucristo con amor inalterable. Amén" (Ef. 6:24).

"Porque oigo del amor y de la fe que tienes hacia el Señor Jesús, y para con todos los santos" (Flm. 5).

"A [Jesucristo] quien amáis sin haberle visto, en quien creyendo, aunque ahora no lo veáis, os alegráis con gozo inefable y glorioso" (1 P. 1:8).

"Conservaos en el amor de Dios, esperando la misericordia de nuestro Señor Jesucristo para vida eterna" (Jud. 21).

3 (12:4-8) ***Hipócrita - Traidor - Apóstata:*** Estaba el discípulo hipócrita, no creyente. Era Judas. Un estudio del carácter de Judas en estos versículos revela qué es lo que con frecuencia hace que un discípulo se vuelva hipócrita y no creyente.

1. Judas seguía a Jesús, pero criticaba a otros creyentes. Era un creyente de profesión, pero cuando disentía con otros, los criticaba. Criticaba incluso

- a aquellos que tenían una gran devoción y amor por el Señor.
- a quienes se arrepentían hasta hacer grandes regalos de sacrificio.

Marcos señaló que Judas era especialmente fuerte en sus críticas. Dice que Judas era enojadizo, gruñidor, respondón y retador (ver nota, Mr. 14:4, 5).

Pensamiento 1: La crítica es un signo de hipocresía, puesto que todos necesitan arrepentimiento y devoción, y todos necesitan dar más y más. ¿Cuando cambiamos, cómo es posible que critiquemos lo que consideramos que son los errores de otros?

"¿Y por qué miras la paja que está en el ojo de tu hermano, y no echas de ver la viga que está en tu propio ojo?" (Mt. 7:3; cp. vv. 1-5).

"¿Tú quién eres, que juzgas al criado ajeno? Para su propio señor está en pie, o cae; pero estará firme,

porque poderoso es el Señor para hacerle estar firme" (Ro. 14:4).

"Así que, ya no nos juzguemos más los unos a los otros, sino más bien decidid no poner tropiezo u ocasión de caer al hermano" (Ro. 14:13).

"Así que, no juzguéis nada antes de tiempo, hasta que venga el Señor, el cual aclarará también lo oculto de las tinieblas, y manifestará las intenciones de los corazones; y entonces cada uno recibirá su alabanza de Dios" (1 Co. 4:5).

"Codiciáis, y no tenéis; matáis y ardéis de envidia, y no podéis alcanzar; combatís y lucháis, pero no tenéis lo que deseáis, porque no pedís" (Stg. 4:2).

2. Judas expresó preocupación por el ministerio, pero tenía un motivo ulterior. Nuevamente, imagine la escena. Se estaba vertiendo una botella de perfume que valía el salario de un año en los pies de Jesús. El sentido común parecería decir: "Véndelo. Usa el dinero para los pobres, los hambrientos y los que no tienen casa". Esto es justamente lo que dijo Judas. Cuestionó el hecho, que consideró un desperdicio. Después de todo, si María quería ungir a Jesús, podría haber usado un perfume menos caro.

Sin embargo, el motivo de Judas era impuro. Las palabras "teniendo la bolsa" significa que Judas era el tesorero del pequeño grupo de los discípulos de Jesús (v. 6). Sin embargo, era un ladrón; había estado trampeando con parte del dinero. Un regalo de 300 denarios le hubiera dado la oportunidad de robar una suma importante. En lo profundo de su alma estaba enojado por la oportunidad perdida de enriquecerse; estaba enojado con María, pero mucho más con Jesús por permitir tal derroche.

Pensamiento 1: ¿Cuántos expresan preocupación por el ministerio, pero lo hacen con el objeto de obtener ganancias con ello? Su preocupación se ve demostrada por unirse a una iglesia y hacer alguna contribución, o por mostrar interés en alguna situación o necesidad. Sin embargo, su motivo es...

- ser socialmente aceptable.
- ser reconocido y honrado.
- agradar a algún miembro de la familia.
- obtener algún crédito con Dios.
- obtener una exención tributaria del gobierno.

"¡Ay de vosotros, escribas y fariseos, hipócritas! porque limpiáis lo de fuera del vaso y del plato, pero por dentro estáis llenos de robo y de injusticia" (Mt. 23:25).

"Así también vosotros por fuera, a la verdad, os mostráis justos a los hombres, pero por dentro estáis llenos de hipocresía e iniquidad" (Mt. 23:28).

"Porque raíz de todos los males es el amor al dinero, el cual codiciando algunos, se extraviaron de la fe, y fueron traspasados de muchos dolores" (1 Ti. 6:10).

"Vuestro oro y plata están enmohecidos; y su moho testificará contra vosotros, y devorará del todo vuestras carnes como fuego. Habéis acumulado tesoros para los días postreros" (Stg. 5:3).

"No améis al mundo, ni las cosas que están en el mundo. Si alguno ama al mundo, el amor del Padre no está en él. Porque todo lo que hay en el mundo, los deseos de la carne, los deseos de los ojos, y la vanagloria de la vida, no proviene del Padre, sino del mundo" (1 Jn. 2:15, 16).

"Amontonar tesoros con lengua mentirosa. Es aliento fugaz de aquellos que buscan la muerte" (Pr. 21:6).

"El que ama el dinero, no se saciará de dinero; y el que ama el mucho tener, no sacará fruto. También esto es vanidad" (Ec. 5:10).

"¿Es cueva de ladrones delante de vuestros ojos esta casa sobre la cual es invocado mi nombre? He aquí que también yo lo veo, dice Jehová" (Jer. 7:11).

3. Judas trabajaba para Jesús, pero no amaba a Jesús. Jesús fue firme con Judas: "Déjala". La razón de la firme respuesta era que Judas no comprendía, y el motivo por el que no comprendía era porque no amaba a Jesús. Nota: solo porque alguien trabaje para Jesús no significa que ame a Jesús. Advierta dos puntos importantes.

a. Jesús dijo que la unción de María apuntaba a su entierro, es decir, su muerte. Esto es exactamente lo que Jesús dijo: "para el día de mi sepultura ha guardado esto". Algunos comentadores piensan que María sabía lo que estaba haciendo, que comprendió lo que Jesús había dicho al predecir su muerte. Creen que María entendió el hecho cuando otros no lo hicieron. Pero esto es poco probable. La atmósfera que rodeaba a toda la escena era que el Reino de Dios estaba por establecerse y que Israel iba a ser liberada de la dominación romana y establecida como el centro del gobierno de Dios en la tierra. Sin embargo, si ella sabía lo que estaba haciendo o no, Jesús tomó su acción y la aplicó a su muerte. Él dijo que su amor y fe, la unción de su cuerpo, apuntaban hacia su muerte. En términos sencillos, el amor y la fe de María y su regalo y unción *eran un testigo de anticipación.* Ella estaba dando testimonio de la muerte del Señor viéndola en el futuro.
Hoy día el amor y la fe del creyente y su regalo y unción son *un testimonio de un hecho.* El creyente debe dar testimonio de la muerte del Señor recordándola. Es un hecho: Él murió por los pecados del mundo.

"Porque primeramente os he enseñado lo que asimismo recibí: Que Cristo murió por nuestros pecados, conforme a las Escrituras; y que fue sepultado, y que resucitó al tercer día, conforme a las Escrituras" (1 Co. 15:3, 4).

"Hijitos míos, estas cosas os escribo para que no pequéis; y si alguno hubiere pecado, abogado tenemos para con el Padre, a Jesucristo el justo. Y él es la propiciación por nuestros pecados; y no solamente por los nuestros, sino también por los de todo el mundo" (1 Jn. 2:1, 2).

"Y les dijo: Id por todo el mundo y predicad el evangelio a toda criatura" (Mr. 16:15).

b. Judas perdió el tiempo oportuno: María lo aprovechó. María *amaba* a Jesús y Judas no. Jesús dijo algo significativo que con frecuencia se pasa por alto: las oportunidades van y vienen, y una vez que se han ido, se han ido para siempre. María demostró la diferencia. Los hombres siempre estarían presentes para que los ayudaran los creyentes, pero el privilegio de ministrar a Jesús no siempre estaría disponible. Por lo tanto, si sus discípulos iban a ministrarlo, tenían que aprovechar la oportunidad mientras Él estaba con ellos.

Pensamiento 1: ¡Vaya lección para la humanidad! La presencia de Jesús —un sentido de su presencia y de su Palabra— no está siempre en la mente y el corazón del hombre. El hombre debe aprovechar la oportunidad para demostrar su amor y sacrificio por Cristo cuando se presenta. La oportunidad pasará. De hecho, la vida, que es una oportunidad y un privilegio en sí misma, pasará y pasará pronto. El siervo del Señor debe amar y actuar mientras todavía es de día. La noche vendrá cuando el hombre no pueda obrar.

"Y esto, conociendo el tiempo, que es ya hora de levantarnos del sueño; porque ahora está más cerca de nosotros nuestra salvación que cuando creímos. La noche está avanzada, y se acerca el día. Desechemos, pues, las obras de las tinieblas, y vistámonos las armas de la luz" (Ro. 13:11, 12).

"Aprovechando bien el tiempo, porque los días son malos" (Ef. 5:16).

"Andad sabiamente para con los de afuera, redimiendo el tiempo" (Col. 4:5).

4 (12:9) ***Jesucristo, Búsqueda - Sinceridad - Hipocresía:*** Hay buscadores semisinceros. Una persona que es solo semisincera tiene tres rasgos claros. Estos se ven claramente en la multitud de la cena a la que asistió Jesús.

1. La multitud vino a ver a Jesús. Jesús era la figura central; Él era la Persona que había sido proclamado por algunos como el Mesías y sobre el que todos habían hablado tanto. Todos se preguntaban y cuestionaban y tenían tanto deseo de verlo y de descubrir por sí mismo. Por lo menos, querían averiguar qué estaba pasando y ocasionando tanto tema de conversación en todo el país.

2. La multitud vino a ver lo espectacular, esto es, a ver a Lázaro, el hombre del que se rumoreaba había sido resucitado. Estaban ansiosos por ver a alguien que hubiera experimentado un evento tan fenomenal y por ver si un hombre resucitado era diferente en algo. (ver nota, Jn. 2:23; Lc. 4:9-12).

3. La multitud vino a una ocasión social, a una atmósfera festiva. Donde quiera que estuviera Jesús había acción y ocurrían cosas. Era donde se reunía todo el mundo. Esto se ve claramente cuando el hombre tiene en mente reunirse a miles que inundaban el área por las pascuas y la atmósfera que rodea dicha multitud tipo convención. Probablemente fuera una atmósfera mundana, de carnaval, a pesar de las observancias religiosas. Los buscadores semisinceros siempre agregan a la carnalidad de una atmósfera mundana, independientemente del centro del evento.

Pensamiento 1: ¿Cuántos sentados ante la presencia del Señor y de su iglesia son solo semisinceros? ¿Cuántos van a la iglesia solo porque es lo que debe hacerse, el lugar dónde estar, el sitio donde están todos los demás? ¿Cuántos buscan solo las señales espectaculares?

"Entonces respondieron algunos de los escribas y de los fariseos, diciendo: Maestro, deseamos ver de ti señal" (Mt. 12:38).

"Así también vosotros por fuera, a la verdad, os mostráis justos a los hombres, pero por dentro estáis llenos de hipocresía e iniquidad" (Mt. 23:28).

"Respondiendo él, les dijo: Hipócritas, bien profetizó de vosotros Isaías, como está escrito: Este pueblo de labios me honra, mas su corazón está lejos de mí" (Mr. 7:6).

"¡Hipócritas! Sabéis distinguir el aspecto del cielo y de la tierra; ¿y cómo no distinguís este tiempo? ¿Y por qué no juzgáis por vosotros mismos lo que es justo?" (Lc. 12:56, 57).

"Entonces Jesús le dijo: Si no viereis señales y prodigios, no creeréis" (Jn. 4:48).

"Le dijeron entonces: ¿Qué señal, pues, haces tú, para que veamos, y te creamos? ¿Qué obra haces?" (Jn. 6:30).

"Porque los judíos piden señales, y los griegos buscan sabiduría; pero nosotros predicamos a Cristo crucificado, para los judíos ciertamente tropezadero, y para los gentiles locura" (1 Co. 1:22, 23).

"Profesan conocer a Dios, pero con los hechos lo niegan, siendo abominables y rebeldes, reprobados en cuanto a toda buena obra" (Tit. 1:16).

5 (12:10, 11) ***Jesucristo, Respuesta a - Extremistas religiosos:*** Están los extremistas religiosos temerosos, que se buscan a sí mismos. (ver bosquejo y notas previas, Jn. 11:47, 48; 11:49-53 para discutir este punto). Advierta dos puntos.

1. Los líderes ahora buscaban destruir también a Lázaro. Probablemente pensaban que Lázaro y Jesús estaban colaborando para engañar a la gente. Advierta también el impacto que tenía el milagro. Tantas personas se vieron afectadas por el milagro que las autoridades creyeron que tenían que destruir a Lázaro para poder demostrar que Jesús no podía resucitar a alguien de entre los muertos.

"Pero ahora procuráis matarme a mí, hombre que os he hablado la verdad, la cual he oído de Dios; no hizo esto Abraham. Vosotros hacéis las obras de vuestro padre. Entonces le dijeron: Nosotros no somos nacidos de fornicación; un padre tenemos, que es Dios... Vosotros sois de vuestro padre el diablo, y los deseos de vuestro padre queréis hacer. Él ha sido homicida desde el principio, y no ha permanecido en la verdad, porque no hay verdad en él. Cuando habla mentira, de suyo habla; porque es mentiroso, y padre de mentira. Y a mí, porque digo la verdad, no me creéis" (Jn. 8:40, 41, 44, 45).

2. "Muchos" de los judíos, que anteriormente se oponían a Jesús, estaban comenzando a creer en Jesús. Esto es significativo. Muestra que el impacto en la nación fue enorme, afectando incluso a los líderes religiosos.

"Para que todo aquel que en él cree, no se pierda, mas tenga vida eterna" (Jn. 3:15).

"De cierto, de cierto os digo: El que oye mi palabra, y cree al que me envió, tiene vida eterna; y no vendrá a condenación, mas ha pasado de muerte a vida" (Jn. 5:24).

"Le dijo Jesús: Yo soy la resurrección y la vida; el que cree en mí, aunque esté muerto, vivirá" (Jn. 11:25).

"Yo, la luz, he venido al mundo, para que todo aquel que cree en mí no permanezca en tinieblas" (Jn. 12:46).

	XII. LA REVELACIÓN DE JESÚS, EL HIJO GLORIFICADO DEL HOMBRE, 12:12-50 **A. Jesús proclamado rey: La entrada triunfal, 12:12-19** (Mt. 21:1-11; Mr. 11:1-11; Lc. 19:28-40)	15 No temas, hija de Sion; He aquí tu Rey viene, Montado sobre un pollino de asna. 16 Estas cosas no las entendieron sus discípulos al principio; pero cuando Jesús fue glorificado, entonces se acordaron de que estas cosas estaban escritas acerca de él, y de que se las habían hecho.	b. La profecía: El Rey viene en paz **4 La reacción de los discípulos** a. El azoramiento: no comprendieron la importancia b. Su comprensión: entendido después de Su resurrección
1 Las multitudes se reunieron por la Pascua **2 El falso concepto de Cristo** a. Sostenido por "mucha" gente b. Fue a encontrarse con Él c. Tomaron ramas de palmera d. Gritaron Hosanna (salve). e. Pensaron que era un Mesías político	12 El siguiente día, grandes multitudes que habían venido a la fiesta, al oír que Jesús venía a Jerusalén, 13 tomaron ramas de palmera y salieron a recibirle, y clamaban: ¡Hosanna! ¡Bendito el que viene en el nombre del Señor, el Rey de Israel!	17 Y daba testimonio la gente que estaba con él cuando llamó a Lázaro del sepulcro, y le resucitó de los muertos. 18 Por lo cual también había venido la gente a recibirle, porque había oído que él había hecho esta señal. 19 Pero los fariseos dijeron entre sí: Ya veis que no conseguís nada. Mirad, el mundo se va tras él.	**5 La reacción de las personas** a. Los testigos oculares de la resurrección de Lázaro: murmuraban acerca de ello b. Los que escucharon el milagro: Lo buscaron, buscaron lo sensacional **6 La reacción de los extremistas religiosos: desesperación e ira**
3 El verdadero concepto de Cristo a. El símbolo de la paz: un asno pequeño	14 Y halló Jesús un asnillo, y montó sobre él, como está escrito:		

DIVISIÓN XII

XII. LA REVELACIÓN DE JESÚS, EL HIJO GLORIFICADO DEL HOMBRE, 12:12-50

A. Jesús proclamado rey: La entrada triunfal, 12:12-19

(12:12-19). ***Introducción:*** Esta es la revelación de Jesús como el rey que viene. Conlleva tanto un falso concepto así como el verdadero concepto de su venida. Es una imagen de cómo los hombres han visto a Jesús a lo largo de los siglos.

1. Las multitudes se reunieron por la Pascua (v. 12).
2. El falso concepto de Cristo (vv. 12, 13).
3. El verdadero concepto de Cristo (vv. 14, 15).
4. La reacción de los discípulos (v. 16).
5. La reacción de las personas (vv. 17, 18).
6. La reacción de los extremistas religiosos: desesperación e ira (v. 19).

[1] (12:12) ***Pascua judía:*** Las multitudes se reunieron por la Pascua. Advierta las palabras "grandes multitudes": una gran multitud llegaba a Jerusalén para la Pascua. Josefo, el notable historiador judío de la época, estimó que más de dos millones de personas estuvieron involucrados en la gran Pascua judía. Se sabe que se mataron 256.500 ovejas en una Pascua judía y que cada oveja representaba por lo menos a diez adoradores. Esto, por supuesto, coloca la cantidad de personas en más de dos millones (William Barclay, *El Evangelio de Juan*, tomo. 2, p. 134ss.). Miles de personas de todas partes del mundo inundaban la ciudad para observar la Pascua. La masa de gente y el alojamiento y la comida necesarios para proveer a tal cantidad de personas supera la imaginación. Una atmósfera de vacaciones y de carnaval iba a prevalecer en tal multitud. Tal era la escena mientras la gente se reunía para la gran fiesta.

[2] (12:12, 13) ***Mesías, Conceptos erróneos del - Liberador - Utopía:*** El falso concepto del Mesías. El falso concepto ve a Jesús como un Salvador terrenal. Uno que traerá la utopía a la tierra para la gente de Dios. El falso concepto ve a Jesús...

- como el *Conquistador:* como el que va a arreglar los problemas de esta tierra venciendo a todos los enemigos de la humanidad incluyendo a los hombres malos, el hambre, la enfermedad y la pobreza.
- como el *Proveedor:* como el que debe alimentar, dar alojamiento, salud y éxito al hombre; como el que debe ser buscado para bendecir al hombre en todos los aspectos de la vida.
- como el *Señor indulgente, pasivo:* como el que acepta al hombre sin importar lo que éste haga, siempre que sea algo religioso; como el que permite que el hombre viva como quiera, haciendo lo suyo propio a pesar del pecado, las injusticias y la inmoralidad de su comportamiento.

El falso concepto deja de lado dos cosas para comprender a Jesús como el Mesías.

⇒ Deja de ver la exigencia de Cristo: la exigencia para servir llegando a un mundo que está perdido y andando en necesidades tan desesperadas que la mente pensante se asombra ante esa realidad. Deja de ver la exigencia de Cristo de negación propia, una negación que exige dar todo lo que uno es y que tiene que satisfacer las necesidades del mundo.

⇒ Deja de ver la preocupación espiritual de Cristo: Su preocupación para traer paz entre el hombre y Dios, para salvar al hombre y ver que el hombre viva *con* Dios y no separado de Dios; su preocupación por que el hombre comprenda que Dios es sagrado, justo y puro; su preocupación por que el hombre viva una vida de fe y busque diligentemente a Dios; su preocupación por que el hombre viva una vida santa, justa y pura a fin de ser aceptable ante Dios.

Advierta varios hechos significativos en este punto, hechos que claramente muestran el falso concepto de Cristo sostenido por tantos, en la época de Jesús y a lo largo de los siglos.

1. "Grandes multitudes" participaron en la bienvenida a Jesús en la escena triunfal. Muchos tenían el falso concepto de Jesús como el Rey y Salvador terrenal del hombre, como a quién había que buscar para asegurarse todas las cosas buenas de esta tierra.

2. La gente "había venido" a dar la bienvenida a Jesús. Advierta que no estaban simplemente sentados y esperando que Él viniera. Cuando "oyeron" sobre Él, realmente fueron en su busca para encontrarlo.

3. La gente tenía ramas de palma y las movía y las colocaba delante de Jesús (ver Estudio a fondo 1, Jn. 12:13).

4. Las personas gritaban "Hosanna", que significa *salve ahora*, o *salve, nosotros oramos*. El hombre desea ser libre, pero advierta: el hombre desea ser libre en esta tierra para poder moverse y hacer lo que le plazca. Piensa poco, si algo, acerca de ser libre de las ataduras de esta tierra. Ama esta tierra y quiere todo lo que pueda obtener de ella: casas, tierras, ropa, comida, sexo y recreación. El hombre piensa poco en estar esclavizado por esas cosas; piensa poco acerca del pecado y la muerte. Piensa poco en librarse del poder de esta tierra y sus posesiones para poder vivir eternamente. Piensa poco en la libertad espiritual.

5. Las personas recibieron a Jesús como el Rey político y Mesías (ver nota, Jn. 1:23).

Pensamiento 1: Qué parecido a lo que ocurre hoy día. El falso concepto de Cristo que lo ve como el que nos da *bendiciones materiales* es el que se proclama, y la gente corre "a buscarlo" (ver nota. Ef. 1:3). Lo que los hombres no logran comprender es que deben venir a Jesús porque lo aman, no porque pueden obtener algún beneficio de Él. Deben venir por quién es Él, no porque Él los bendice con las posesiones en esta tierra.

"Y con otras muchas palabras testificaba y les exhortaba, diciendo: Sed salvos de esta perversa generación" (Hch. 2:40).

"Así que, hermanos, os ruego por las misericordias de Dios, que presentéis vuestros cuerpos en sacrificio vivo, santo, agradable a Dios, que es vuestro culto racional. No os conforméis a este siglo, sino transformaos por medio de la renovación de vuestro entendimiento, para que comprobéis cuál sea la buena voluntad de Dios, agradable y perfecta" (Ro. 12:1, 2).

"Y los que disfrutan de este mundo, como si no lo disfrutasen; porque la apariencia de este mundo se pasa" (1 Co. 7:31).

"Por lo cual, salid de en medio de ellos, y apartaos, dice el Señor, y no toquéis lo inmundo; y yo os recibiré, y seré para vosotros por Padre, y vosotros me seréis hijos e hijas, dice el Señor Todopoderoso" (2 Co. 6:17, 18).

"Pero lejos esté de mí gloriarme, sino en la cruz de nuestro Señor Jesucristo, por quien el mundo me es crucificado a mí, y yo al mundo" (Gá. 6:14).

"Y no participéis en las obras infructuosas de las tinieblas, sino más bien reprendedlas" (Ef. 5:11).

"Pero os ordenamos, hermanos, en el nombre de nuestro Señor Jesucristo, que os apartéis de todo hermano que ande desordenadamente, y no según la enseñanza que recibisteis de nosotros" (2 Ts. 3:6).

"Ninguno que milita se enreda en los negocios de la vida, a fin de agradar a aquel que lo tomó por soldado" (2 Ti. 2:4).

"No améis al mundo, ni las cosas que están en el mundo. Si alguno ama al mundo, el amor del Padre no está en él. Porque todo lo que hay en el mundo, los deseos de la carne, los deseos de los ojos, y la vanagloria de la vida, no proviene del Padre, sino del mundo" (1 Jn. 2:15, 16).

ESTUDIO A FONDO 1

(12:13) ***Ramas de palma:*** Constituían un símbolo de victoria y triunfo. Se las movía triunfalmente cuando un conquistador avanzaba victorioso por las calles de la ciudad. El punto es este: la gente le estaba dando la bienvenida a Jesús como el gran Conquistador y poderoso Liberador. Pero Jesús había venido en paz, no como el juez o el conquistador de los romanos ni de nadie - ni entonces ni ahora. Actualmente Él es el Salvador de todos los hombres; luego, cuando regrese, volverá como Rey.

3 (12:14, 15) ***Mesías - Concepto verdadero - Jesucristo, Propósito - Asno:*** El verdadero concepto de Cristo. Esto estaba simbolizado claramente en la montura del pequeño asno. En la antigüedad, el asno era un animal noble. Se lo usaba como bestia de servicio para llevar las cargas de los hombres, pero más significativamente, lo usaban los reyes y sus emisarios. Cuando ingresaban a una ciudad en son de paz, montaban un asno para simbolizar sus intenciones pacíficas (cp. los jueces de Israel y los jefes de toda la tierra, Jueces 5:10; 10:4). Esto difería dramáticamente de un rey conquistador. Cuando un rey entraba a una ciudad como conquistador, lo hacía montado en un caballo.

Jesús estaba demostrando dramáticamente dos cosas para la gente: en primer lugar, que Él era incuestionablemente el rey prometido, el Salvador de la gente; y en segundo lugar, que Él no estaba viniendo como el Rey conquistador. Su misión no era venir como un potentado mundano, en pompa y ceremonia, no para ser el líder de un ejército y matar, lastimar y mutilar. En consecuencia, las personas tenían que cambiar su concepto del Mesías. El Mesías venía como el Salvador de Paz que había sido enviado a salvar a todos los hombres. Venía a mostrarle a los hombres que Dios es el Dios del amor y la reconciliación.

1. El asno era un símbolo de paz. Jesús vino a traer paz, como se explica más arriba.

"Justificados, pues, por la fe, tenemos paz para con Dios por medio de nuestro Señor Jesucristo" (Ro. 5:1).

"Pero ahora en Cristo Jesús, vosotros que en otro tiempo estabais lejos, habéis sido hechos cercanos por

la sangre de Cristo. Porque él es nuestra paz, que de ambos pueblos hizo uno, derribando la pared intermedia de separación" (Ef. 2:13, 14).

"Y por medio de él reconciliar consigo todas las cosas, así las que están en la tierra como las que están en los cielos, haciendo la paz mediante la sangre de su cruz" (Col. 1:20).

2. El asno simbolizaba servicio. Era un animal noble, un animal usado en el servicio de los hombres para llevar sus bártulos. Jesús vino montado en un asno simbolizando que Él vino a servir a los hombres y a cargar con sus pesos.

"Como el Hijo del Hombre no vino para ser servido, sino para servir, y para dar su vida en rescate por muchos" (Mt. 20:28).

"Sino que se despojó a sí mismo, tomando forma de siervo, hecho semejante a los hombres; y estando en la condición de hombre, se humilló a sí mismo, haciéndose obediente hasta la muerte, y muerte de cruz" (Fil. 2:7, 8).

"Así que, por cuanto los hijos participaron de carne y sangre, él también participó de lo mismo, para destruir por medio de la muerte al que tenía el imperio de la muerte, esto es, al diablo, y librar a todos los que por el temor de la muerte estaban durante toda la vida sujetos a servidumbre" (He. 2:14, 15).

"Por lo cual debía ser en todo semejante a sus hermanos, para venir a ser misericordioso y fiel sumo sacerdote en lo que a Dios se refiere, para expiar los pecados del pueblo. Pues en cuanto él mismo padeció siendo tentado, es poderoso para socorrer a los que son tentados" (He. 2:17, 18).

"Porque no tenemos un sumo sacerdote que no pueda compadecerse de nuestras debilidades, sino uno que fue tentado en todo según nuestra semejanza, pero sin pecado. Acerquémonos, pues, confiadamente al trono de la gracia, para alcanzar misericordia y hallar gracia para el oportuno socorro" (He. 4:15, 16).

3. El asno simbolizaba sacralidad. Este asno en particular nunca había sido montado, y este hecho tiene un significado sagrado (Mr. 11:2). Los animales y las cosas utilizadas para propósitos religiosos tenían que ser animales y cosas que nunca se hubieran utilizado antes (Nm. 19:2; Dt. 21:3; 1 S. 6:7). Este detalle apunta a la sacralidad del evento. Le demostraba a todos que Jesús estaba deliberadamente tomando todas las precauciones para proclamar que *Él era la esperanza sagrada*, el Mesías prometido de la gente.

"Porque he descendido del cielo, no para hacer mi voluntad, sino la voluntad del que me envió" (Jn. 6:38).

"Les dijo, pues, Jesús: Cuando hayáis levantado al Hijo del Hombre, entonces conoceréis que yo soy, y que nada hago por mí mismo, sino que según me enseñó el Padre, así hablo. Porque el que me envió, conmigo está; no me ha dejado solo el Padre, porque yo hago siempre lo que le agrada" (Jn. 8:28, 29).

"Le dijo Jesús: Yo soy la resurrección y la vida; el que cree en mí, aunque esté muerto, vivirá. Y todo aquel que vive y cree en mí, no morirá eternamente. ¿Crees esto? Le dijo: Sí, Señor; yo he creído que tú eres el Cristo, el Hijo de Dios, que has venido al mundo" (Jn. 11:25-27).

[4] (12:16) ***Escrituras, Comprensión de las - Estudio de las:*** La reacción de los discípulos está claramente expresada. Simplemente...

- no comprendieron el significado y la importancia de lo que estaba sucediendo.
- interpretaron mal la condición de Mesías y Rey de Jesús.
- pensaron que Jesús debía ser un rey mundano y un Mesías terrenal.

Los discípulos fueron tan culpables como la gente al no interpretar bien las Escrituras. La verdad de las Escrituras —su predicción de estas cosas y cómo las cumplió Jesús— se puso en claro luego de la resurrección de Jesús. La tarea de revelar la verdad al corazón del hombre iba a ser la tarea del Espíritu Santo (Jn. 14:26).

Cuando vino el Espíritu Santo, dio vida a la verdad de las mentes de los discípulos, y ellos vieron claramente cómo Jesús había cumplido con las Escrituras en la entrada triunfal.

Pensamiento 1: Las Escrituras son insondables. Su profundidad no puede medirse. Hay un mundo de verdad en ellas, una eternidad de discernimientos. El Espíritu Santo toma al creyente y aviva su mente y su corazón para que comprenda las Escrituras.

⇒ Para el hombre que busca, el Espíritu devela la Palabra de Dios y revela las gloriosas verdades de Dios.

⇒ Para el hombre que tiene hambre de la Palabra, el Espíritu llena su alma con las buenas cosas de la Palabra de Dios.

⇒ Para el hombre que tiene sed de la Palabra, el Espíritu vierte las aguas vivientes de las Escrituras en su ser.

"Porque el Espíritu Santo os enseñará en la misma hora lo que debáis decir" (Lc. 12:12).

"Mas el Consolador, el Espíritu Santo, a quien el Padre enviará en mi nombre, él os enseñará todas las cosas, y os recordará todo lo que yo os he dicho" (Jn. 14:26).

"Lo cual también hablamos, no con palabras enseñadas por sabiduría humana, sino con las que enseña el Espíritu, acomodando lo espiritual a lo espiritual" (1 Co. 2:13).

"Pero la unción que vosotros recibisteis de él permanece en vosotros, y no tenéis necesidad de que nadie os enseñe; así como la unción misma os enseña todas las cosas, y es verdadera, y no es mentira, según ella os ha enseñado, permaneced en él" (1 Jn. 2:27).

Pensamiento 2: Puesto que Jesús ha resucitado y ha sido glorificado, ningún hombre tiene excusa alguna para no comprender la misión de Jesús. Jesús vino como el Príncipe de la Paz y el Salvador del mundo. No vino a cumplir las ansias de lascivia y las ambiciones mundanas de los hombres. Los hombres serán salvados por Él y deberán rendir sus vidas a Él como el Señor de la gloria que ahora se sienta a la diestra de Dios el Padre.

"Y diciendo: Arrepentíos, porque el reino de los cielos se ha acercado" (Mt. 3:2).

"Os digo: No; antes si no os arrepentís, todos pereceréis igualmente" (Lc. 13:3).

"Pedro les dijo: Arrepentíos, y bautícese cada uno de vosotros en el nombre de Jesucristo para perdón de los pecados; y recibiréis el don del Espíritu Santo" (Hch. 2:38).

"Así que, arrepentíos y convertíos, para que sean

borrados vuestros pecados; para que vengan de la presencia del Señor tiempos de refrigerio" (Hch. 3:19).

"Arrepiéntete, pues, de esta tu maldad, y ruega a Dios, si quizá te sea perdonado el pensamiento de tu corazón" (Hch. 8:22).

"Porque habéis sido comprados por precio; glorificad, pues, a Dios en vuestro cuerpo y en vuestro espíritu, los cuales son de Dios" (1 Co. 6:20).

Pensamiento 3: Los creyentes deben depender del Espíritu Santo para comprender las Escrituras. La Palabra de Dios *no puede comprenderse* aparte del Espíritu de Dios. Los creyentes deben...

- ser del Señor en el sentido más verdadero.
- tener apetito y sed de justicia.
- venir a la Palabra, la Biblia.
- buscar el Espíritu para comprender.
- buscar exactamente lo que dice la Palabra (no lo que dicen los hombres).
- buscar lo que la Palabra dice al propio corazón del hombre (aplicación).
- orar, tener la mente abierta, depender del Espíritu para iluminarse (eliminar todas las nociones preconcebidas).
- estudiar, dividiendo correctamente la Palabra, dejando que la Palabra interprete la Palabra.
- estudiar, buscando la aprobación de Dios, no de los hombres.

"Pero el hombre natural no percibe las cosas que son del Espíritu de Dios, porque para él son locura, y no las puede entender, porque se han de discernir espiritualmente" (1 Co. 2:14; cp. vv. 9-15).

"Escudriñad las Escrituras; porque a vosotros os parece que en ellas tenéis la vida eterna; y ellas son las que dan testimonio de mí" (Jn. 5:39).

"Desead, como niños recién nacidos, la leche espiritual no adulterada, para que por ella crezcáis para salvación, si es que habéis gustado la benignidad del Señor" (1 P. 2:2, 3).

"Procura con diligencia presentarte a Dios aprobado, como obrero que no tiene de qué avergonzarse, que usa bien la palabra de verdad" (2 Ti. 2:15).

"Toda la Escritura es inspirada por Dios, y útil para enseñar, para redargüir, para corregir, para instruir en justicia" (2 Ti. 3:16).

"La palabra de Cristo more en abundancia en vosotros, enseñándoos y exhortándoos unos a otros en toda sabiduría, cantando con gracia en vuestros corazones al Señor con salmos e himnos y cánticos espirituales"(Col. 3:16).

"Y éstos eran más nobles que los que estaban en Tesalónica, pues recibieron la palabra con toda solicitud, escudriñando cada día las Escrituras para ver si estas cosas eran así" (Hch. 17:11).

"Y ahora, hermanos, os encomiendo a Dios, y a la palabra de su gracia, que tiene poder para sobreedificaros y daros herencia con todos los santificados" (Hch. 20:32).

5 (12:17, 18) ***Jesucristo, Reacción a:*** La reacción de la gente. Muchas de las personas fueron sinceras: "creyeron en Jesús" (Jn. 11:45). Pero otros fueron como muchos lo son en una multitud: simplemente observadores, queriendo estar donde está la gente y la acción. Estaban tras el entusiasmo, lo sensacional, lo espectacular (ver Estudio a fondo 1, Jn. 2:23; nota, 12:9 para mayor discusión y aplicación).

"Entonces respondieron algunos de los escribas y de los fariseos, diciendo: Maestro, deseamos ver de ti señal" (Mt. 12:38).

"Así también vosotros por fuera, a la verdad, os mostráis justos a los hombres, pero por dentro estáis llenos de hipocresía e iniquidad" (Mt. 23:28).

"Respondiendo él, les dijo: Hipócritas, bien profetizó de vosotros Isaías, como está escrito: Este pueblo de labios me honra, mas su corazón está lejos de mí" (Mr. 7:6).

"¡Hipócritas! Sabéis distinguir el aspecto del cielo y de la tierra; ¿y cómo no distinguís este tiempo? ¿Y por qué no juzgáis por vosotros mismos lo que es justo?" (Lc. 12:56, 57).

"Entonces Jesús le dijo: Si no viereis señales y prodigios, no creeréis" (Jn. 4:48).

"Le dijeron entonces: ¿Qué señal, pues, haces tú, para que veamos, y te creamos? ¿Qué obra haces?" (Jn. 6:30).

"Porque los judíos piden señales, y los griegos buscan sabiduría; pero nosotros predicamos a Cristo crucificado, para los judíos ciertamente tropezadero, y para los gentiles locura" (1 Co. 1:22, 23).

"Profesan conocer a Dios, pero con los hechos lo niegan, siendo abominables y rebeldes, reprobados en cuanto a toda buena obra" (Tit. 1:16).

6 (12:19) ***Jesucristo, Reacción a:*** La reacción de los extremistas religiosos fue de desesperación e ira. Estando de pie allí, fueron testigos de toda la escena de miles colmando el camino dando la bienvenida de Jesús como el Mesías. Se pusieron tan mal y tan llenos de desesperanza que comenzaron a acusar y a culparse unos a otros por el fracaso de sus planes en contra de Jesús.

"El que cree en el Hijo tiene vida eterna; pero el que rehúsa creer en el Hijo no verá la vida, sino que la ira de Dios está sobre él" (Jn. 3:36).

"Por eso os dije que moriréis en vuestros pecados; porque si no creéis que yo soy, en vuestros pecados moriréis" (Jn. 8:24).

"Mirad, hermanos, que no haya en ninguno de vosotros corazón malo de incredulidad para apartarse del Dios vivo" (He. 3:12).

Advierta la verdad exclamatoria que proclamaron: "el mundo se va tras él". Juan describió una escena muy dramática: incluso los enemigos de Jesús lo vieron conquistar el mundo. Prácticamente todo peregrino de la ciudad debe haberse dejado llevar por el entusiasmo. Miles y miles estaban al costado del camino entre Betania y Jerusalén gritando por su Salvador.

Pensamiento 1: ¡Vaya imagen de cómo el mundo debería gritar por la liberación del Señor! Los hombres, de a miles, deberían alinearse a los costados del camino gritando por su salvación.

"Para que busquen a Dios, si en alguna manera, palpando, puedan hallarle, aunque ciertamente no está lejos de cada uno de nosotros" (Hch. 17:27).

"Mas si desde allí buscares a Jehová tu Dios, lo hallarás, si lo buscares de todo tu corazón y de toda tu alma" (Dt. 4:29).

"Buscad a Jehová mientras puede ser hallado, llamadle en tanto que está cercano" (Is. 55:6).

"Y me buscaréis y me hallaréis, porque me buscaréis de todo vuestro corazón" (Jer. 29:13).

"Pero así dice Jehová a la casa de Israel: Buscadme, y viviréis" (Am. 5:4).

	B. Jesús abordado como rey: El Mesías incomprendido, 12:20-36	28 Padre, glorifica tu nombre. Entonces vino una voz del cielo: Lo he glorificado, y lo glorificaré otra vez.	d. La aprobación audible de Dios
1 Algunos griegos, representando al mundo, buscaron a Jesús (cp. 12:19). a. Jesús fue aceptado como rey, 12:12ss. b. Algunos griegos pidieron ver al rey	20 Había ciertos griegos entre los que habían subido a adorar en la fiesta. 21 Estos, pues, se acercaron a Felipe, que era de Betsaida de Galilea, y le rogaron, diciendo: Señor, quisiéramos ver a Jesús. 22 Felipe fue y se lo dijo a Andrés; entonces Andrés y Felipe se lo dijeron a Jesús.	29 Y la multitud que estaba allí, y había oído la voz, decía que había sido un trueno. Otros decían: Un ángel le ha hablado. 30 Respondió Jesús y dijo: No ha venido esta voz por causa mía, sino por causa de vosotros.	e. La confusión de la gente f. El propósito de Dios: mostrar Su aprobación de Cristo
2 Malentendido 1: Su gloria a. Su hora había llegado 1) Primero tenía que morir 2) Luego podía dar frutos b. La hora del hombre ha llegado 1) El hombre debe perder su vida para ganar la vida eterna 2) El hombre debe servir y seguir a Jesús para tener garantizada la presencia de Jesús y la honra de Dios.	23 Jesús les respondió diciendo: Ha llegado la hora para que el Hijo del Hombre sea glorificado. 24 De cierto, de cierto os digo, que si el grano de trigo no cae en la tierra y muere, queda solo; pero si muere, lleva mucho fruto. 25 El que ama su vida, la perderá; y el que aborrece su vida en este mundo, para vida eterna la guardará. 26 Si alguno me sirve, sígame; y donde yo estuviere, allí también estará mi servidor. Si alguno me sirviere, mi Padre le honrará.	31 Ahora es el juicio de este mundo; ahora el príncipe de este mundo será echado fuera. 32 Y yo, si fuere levantado de la tierra, a todos atraeré a mí mismo. 33 Y decía esto dando a entender de qué muerte iba a morir. 34 Le respondió la gente: Nosotros hemos oído de la ley, que el Cristo permanece para siempre. ¿Cómo, pues, dices tú que es necesario que el Hijo del Hombre sea levantado? ¿Quién es este Hijo del Hombre? 35 Entonces Jesús les dijo: Aún por un poco está la luz entre vosotros; andad entre tanto que tenéis luz, para que no os sorprendan las tinieblas; porque el que anda en tinieblas, no sabe a dónde va.	**4 Malentendido 3: El mundo** a. Tiene que ser juzgado b. Está regido por un príncipe extranjero c. Es conquistado por la cruz **5 Malentendido 4: El Mesías (la Luz).** a. La gente no comprendió al Mesías b. La declaración: Él es la Luz (el Mesías)., la luz debe extinguirse
3 Malentendido 2: Su causa a. Su atribulada alma b. Su gran causa c. Su oración	27 Ahora está turbada mi alma; ¿y qué diré? ¿Padre, sálvame de esta hora? Mas para esto he llegado a esta hora.	36 Entre tanto que tenéis la luz, creed en la luz, para que seáis hijos de luz.	c. La necesidad 1) De caminar en la luz 2) De creer en la luz

DIVISIÓN XII

LA REVELACIÓN DE JESÚS, EL HIJO GLORIFICADO DEL HOMBRE, 12:12-50

B. Jesús abordado como rey: El Mesías incomprendido, 12:20-36

(12:20-36) ***Introducción:*** El hombre entiende mal al Mesías. Hay cuatro malentendidos en particular.

1. Algunos griegos, representando al mundo, buscaron a Jesús (vv. 20-22).
2. Malentendido 1: Su gloria (vv. 23-26).
3. Malentendido 2: Su causa (vv. 27-30).
4. Malentendido 3: El mundo (vv. 31-33).
5. Malentendido 4: El Mesías (la Luz) (vv. 34-36).

(12:20-36) ***Otro bosquejo:*** La gloria y el poder de la cruz.

1. Algunos griegos, representando al mundo, buscaron a Jesús (vv. 20-22).
2. La cruz es la gloria del Mesías (v. 23).
3. La cruz trae frutos (v. 24).
4. La cruz exige la muerte del hombre para sí (vv. 25, 26).
   a. El hombre debe perder su vida para tener vida eterna.
   b. El hombre debe servir y seguir a Jesús para garantizarse la presencia de Jesús y la honra de Dios.
5. La cruz cumple la causa de Jesús (v. 27).
6. La cruz glorifica el nombre de Jesús (vv. 28-30).
7. La cruz juzga al mundo: el príncipe del mundo (v. 31).
8. La cruz atrae a todos los hombres (vv. 32, 33).
9. La cruz revela al verdadero Mesías (vv. 34-36).

(12:20-36) ***Otro bosquejo:*** Aquí hay siete imágenes. (1). Un grano de trigo (v. 24). (2). Una vida perdida (v. 25). (3). Un siervo (v. 26). (4). Un alma atribulada (vv. 27-30). (5). Un príncipe echado fuera (v. 31). (6). La cruz (vv. 32, 33). (7). Una luz extinguida (vv. 34-36).

[1] (12:20-22) ***Griegos... Querían ver a Jesús:*** Algunos griegos, representando al mundo, buscaron a Jesús. La escena es la siguiente. Jesús acababa de ser loado como el Rey y Mesías por miles de personas. "El mundo se va tras él" (Jn. 12:19). Algunos peregrinos griegos que habían venido a asistir a la fiesta de Pascuas querían ver a este Jesús que había sido proclamado rey. En la mente del autor, estos griegos representaban al mundo gentil, todos los pueblos temerosos de Dios del mundo que querían ver a Jesús.

[2] (12:23-26) ***Jesucristo, Gloria de - Jesucristo, Propósito:*** El primer malentendido es la gloria del Mesías. Los griegos acababan de ver a Jesús *glorificado* como Mesías por miles de personas. Era como si el mundo fuera tras de Él. . Querían ser parte del movimiento, de manera que solicitaron una entrevista con Él. Lo que Jesús hizo fue corregir la idea mal comprendida del Mesías sostenida por el mundo. Él quería preparar tanto a los griegos como a los que estaban de pie alrededor (todo el mundo) para su muerte. Quería enseñar que el camino a la gloria no es a través del triunfo y la gloria, ni a través de dominación ni sometimiento. El camino a la gloria es a través de la muerte de sí y a través del servicio a Dios y el hombre. Jesús hizo dos cosas.

1. Jesús dijo que su hora había llegado: el Hijo del Hombre iba ahora a ser glorificado. Su hora, por supuesto, se refería a su muerte (como claramente lo dice el siguiente versículo y lo muestra todo este pasaje. Ver nota, Jn. 2:3-5).

Advierta que Jesús reveló su muerte utilizando la imagen de un grano de trigo. Como se ha dicho, Jesús dijo que ahora sería glorificado, pero que su gloria no iba a ser la gloria de un potentado terrenal. Su gloria iba a ser la gloria de la cruz. Iba a ser por muerte que iba a ganar el apoyo de los hombres y ser exaltado como rey.

⇒ Dios lo exaltaría como rey porque Él había hecho exactamente lo que Dios quería: murió por los pecados de todo el mundo. (ver nota, Jn. 10:17-18 para una importante discusión sobre este hecho).

⇒ Los hombres se convertirían en sus súbditos porque Él había muerto por ellos y les había dado una herencia eterna con Dios el Padre.

La imagen del trigo puede expresarse simplemente: antes de la gloria ?-antes de poder tener frutos? la muerte es una necesidad. Jesús debe morir antes de poder ser colocado en el trono de rey y obtener el fruto de súbditos y un reino (ver nota, Jn. 13:31, 32 para mayor discusión).

Pensamiento 1: La gloria de Cristo es la gloria de la cruz.

1) Es la cruz la que agita a Dios a exaltar a su querido Hijo por sobre todo nombre que se nombre.

"Porque Cristo para esto murió y resucitó, y volvió a vivir, para ser Señor así de los muertos como de los que viven" (Ro. 14:9).

"Y estando en la condición de hombre, se humilló a sí mismo, haciéndose obediente hasta la muerte, y muerte de cruz. Por lo cual Dios también le exaltó hasta lo sumo, y le dio un nombre que es sobre todo nombre, para que en el nombre de Jesús se doble toda rodilla de los que están en los cielos, y en la tierra, y debajo de la tierra; y toda lengua confiese que Jesucristo es el Señor, para gloria de Dios Padre" (Fil. 2:8-11).

"En quien tenemos redención por su sangre, el perdón de pecados… y él es la cabeza del cuerpo que es la iglesia, él que es el principio, el primogénito de entre los muertos, para que en todo tenga la preeminencia" (Col. 1:14, 18).

"Mas del Hijo dice: Tu trono, oh Dios, por el siglo del siglo; cetro de equidad es el cetro de tu reino. Has amado la justicia, y aborrecido la maldad, por lo cual te ungió Dios, el Dios tuyo, con óleo de alegría más que a tus compañeros" (He. 1:8, 9).

"Pero vemos a aquel que fue hecho un poco menor que los ángeles, a Jesús, coronado de gloria y de honra, a causa del padecimiento de la muerte, para que por la gracia de Dios gustase la muerte por todos" (He. 2:9).

"Quien llevó él mismo nuestros pecados en su cuerpo sobre el madero, para que nosotros, estando muertos a los pecados, vivamos a la justicia; y por cuya herida fuisteis sanados. Porque vosotros erais como ovejas descarriadas, pero ahora habéis vuelto al Pastor y Obispo de vuestras almas" (1 P. 2:24, 25).

"Porque también Cristo padeció una sola vez por los pecados, el justo por los injustos, para llevarnos a Dios, siendo a la verdad muerto en la carne, pero vivificado en espíritu;… quien habiendo subido al cielo está a la diestra de Dios; y a él están sujetos ángeles, autoridades y potestades" (1 P. 3:18, 22).

"Por tanto, yo le daré parte con los grandes, y con los fuertes repartirá despojos; por cuanto derramó su vida hasta la muerte, y fue contado con los pecadores, habiendo él llevado el pecado de muchos, y orado por los transgresores" (Is. 53:12).

2) Es la cruz la que motiva a los hombres a ofrecerse como sacrificios vivientes al querido Hijo de Dios (en aprecio y amor por salvarlos).

"Porque en cuanto murió, al pecado murió una vez por todas; mas en cuanto vive, para Dios vive. Así también vosotros consideraos muertos al pecado, pero vivos para Dios en Cristo Jesús, Señor nuestro" (Ro. 6:10, 11).

"Pues si vivimos, para el Señor vivimos; y si morimos, para el Señor morimos. Así pues, sea que vivamos, o que muramos, del Señor somos. Porque Cristo para esto murió y resucitó, y volvió a vivir, para ser Señor así de los muertos como de los que viven" (Ro. 14:8, 9).

"Porque el amor de Cristo nos constriñe, pensando esto: que si uno murió por todos, luego todos murieron; y por todos murió, para que los que viven, ya no vivan para sí, sino para aquel que murió y resucitó por ellos" (2 Co. 5:14, 15).

"Porque habéis sido comprados por precio; glorificad, pues, a Dios en vuestro cuerpo y en vuestro espíritu, los cuales son de Dios" (1 Co. 6:20).

"Con Cristo estoy juntamente crucificado, y ya no vivo yo, mas vive Cristo en mí; y lo que ahora vivo en la

carne, lo vivo en la fe del Hijo de Dios, el cual me amó y se entregó a sí mismo por mí" (Gá. 2:20).

"Y andad en amor, como también Cristo nos amó, y se entregó a sí mismo por nosotros, ofrenda y sacrificio a Dios en olor fragante" (Ef. 5:2).

"Quien se dio a sí mismo por nosotros para redimirnos de toda iniquidad y purificar para sí un pueblo propio, celoso de buenas obras" (Tit. 2:14).

"En esto hemos conocido el amor, en que él puso su vida por nosotros; también nosotros debemos poner nuestras vidas por los hermanos" (1 Jn. 3:16).

2. Jesús también dijo que ya había llegado la hora del hombre. El hombre debe hacer lo mismo que hizo Él.

a. El hombre debe perder su vida. Si lo hace, ganará la vida eterna. ¿Qué quiso decir Jesús con una expresión tan inusual? Muy sencillamente, la persona que *abandona* esta vida y este mundo, que *sacrifica y da* todo lo que es y lo que tiene por Cristo, salvará su vida. Pero la persona que *mantiene* su vida y lo que tiene y que *busca* más y más de esta vida, perderá su vida completa y eternamente.

La persona que "salva su vida"...

- que busca evitar envejecer y la muerte y que niega a Cristo, perderá su vida eternamente.
- que busca hacer su vida cada vez más confortable, fácil y segura (más allá de lo necesario) y que niega a Cristo, perderá su vida eternamente.
- que busca ganar riquezas, poder y fama cediendo a Cristo, perderá su vida eternamente.
- que busca el entusiasmo y el estímulo de este mundo e ignora a Cristo, perderá su vida eternamente.

Como se ha dicho anteriormente, la persona que pierde su vida por Cristo y sacrifica todo lo que es y tiene por Cristo salva su vida, y la salva eternamente. La persona que mantiene su vida y lo que tiene para sí perderá su vida, y la perderá eternamente. El llamado de Cristo es justamente lo que Él dice: una vida de negación que toma la cruz y sigue sus pasos.

"Vuestras iniquidades han estorbado estas cosas, y vuestros pecados apartaron de vosotros el bien" (Jer. 5:25).

"Porque ¿qué aprovechará al hombre si ganare todo el mundo, y perdiere su alma?" (Mr. 8:36).

"Mas el que oyó y no hizo, semejante es al hombre que edificó su casa sobre tierra, sin fundamento; contra la cual el río dio con ímpetu, y luego cayó, y fue grande la ruina de aquella casa" (Lc. 6:49).

"Y decía a todos: Si alguno quiere venir en pos de mí, niéguese a sí mismo, tome su cruz cada día, y sígame" (Lc. 9:23).

"Porque si vivís conforme a la carne, moriréis; mas si por el Espíritu hacéis morir las obras de la carne, viviréis" (Ro. 8:13).

"Pero los que son de Cristo han crucificado la carne con sus pasiones y deseos" (Gá. 5:24).

b. El hombre debe servir y seguir a Jesús. El hombre que lo hace tiene garantizado. . .

- la presencia de Jesús. "Para que donde yo estoy, vosotros también estéis".
- de la honra del Padre (Dios). El Padre honrará a cualquier persona que honre a su Hijo, su único Hijo a quien Él ama con todo su Ser.

"Pero no será así entre vosotros, sino que el que quiera hacerse grande entre vosotros será vuestro servidor, y el que de vosotros quiera ser el primero, será siervo de todos" (Mr. 10:43, 44).

"Entonces respondiendo Pedro, le dijo: He aquí, nosotros lo hemos dejado todo, y te hemos seguido; ¿qué, pues, tendremos? Y Jesús les dijo: De cierto os digo que en la regeneración, cuando el Hijo del Hombre se siente en el trono de su gloria, vosotros que me habéis seguido también os sentaréis sobre doce tronos, para juzgar a las doce tribus de Israel. Y *cualquiera* que haya dejado casas, o hermanos, o hermanas, o padre, o madre, o mujer, o hijos, o tierras, por mi nombre, recibirá cien veces más, y heredará la vida eterna" (Mt. 19:27-29).

"Otra vez Jesús les habló, diciendo: Yo soy la luz del mundo; el que me sigue, no andará en tinieblas, sino que tendrá la luz de la vida" (Jn. 8:12).

"Mas a Jehová vuestro Dios serviréis, y él bendecirá tu pan y tus aguas; y yo quitaré toda enfermedad de en medio de ti" (Éx. 23:25).

"Me invocará, y yo le responderé; con él estaré yo en la angustia; lo libraré y le glorificaré" (Sal. 91:15).

ESTUDIO A FONDO 1

(12:23, 24) ***Jesucristo, Hora de:*** La frase "la hora" o "mi hora" es un símbolo constante de la muerte de Jesús. "La hora" se refiere a todos los eventos de la cruz y a todas las tribulaciones y sufrimientos que rodean a la cruz. Advierta dos hechos.

1. "La hora" es un tiempo determinado, fijo en el propósito de Dios.

⇒ Jesús dijo "Ha llegado la hora" (Jn. 12:23, 24, 27; 13:1; 17:1; Mt. 26:18, 45; Mr. 14:41).

⇒ Él había dicho un tiempo antes: "Aún no ha venido mi hora" (Jn. 2:4; cp. 7:6, 8, 30, 8:20).

La hora de Jesús era inevitable: un período definido, una serie de eventos, una cantidad de experiencias que Él tenía que enfrentar y atravesar. Como Él dijo, debía morir para traer frutos (v. 24).

2. La hora tenía que tener un inicio determinado. Había un tiempo fijado para que comenzaran los problemas (v. 27), un tiempo fijado para que Él comenzara a sufrir por los pecados del mundo. Había una hora fijada cuando Él iba a comenzar a sufrir el dolor y la angustia, la agitación y los problemas, la presión y la carga, la tensión y el esfuerzo de tener que ser separado de Dios a favor del hombre (ver notas, Mt. 20:18; 27:46-49).

3 (12:27-30) ***Dios, Gloria de - Jesucristo, Propósito:*** El segundo malentendido es la causa o el propósito del Mesías. Advierta seis puntos.

1. Jesús estaba experimentando un alma "turbada". "Turbada" (tetaraktai) significa agitada, presionada, pesada, forzada, bajo tensión, turbada.

2. El motivo por el cual su alma estaba tan turbada era que estaba por enfrentar la gran causa por la que había venido al

mundo. Su hora estaba cerca, mirándolo al rostro; los terribles sufrimientos estaban comenzando ahora (ver Estudio a fondo 1, Hora, Jn. 12:23, 24). Advierta dos cosas.

a. Su principal propósito era enfrentar la hora que Dios había dispuesto para Jesús: Él iba a morir. Había venido a morir, y morir era la causa suprema de su vida.

b. Su suprema obediencia. Imagine los terribles sufrimientos de la hora. ¿Debía orar "Padre, sálvame de esta hora"? No podía, porque había venido a morir. Debía obedecer a Dios, y obedecer a Dios era el acto supremo de su vida (ver nota, Jn. 10:17, 18).

3. Jesús oró por la gloria de Dios. Oró porque el Padre glorifique su propio nombre. Esto es importante. Muestra una completa *falta de egoísmo* por parte de Jesús. Muestra que la principal preocupación de Jesús era completar su propósito y causa en la tierra, que era glorificar a Dios haciendo exactamente lo que Dios quería. ¿Cómo se glorificaba a Dios? Por la obediencia de Jesús. Dios fue glorificado en la misma forma en que se honra y respeta a un superior. Su Palabra fue llevada a cabo y obedecida.

Nota: El verbo *"glorificar"* está en el tiempo aoristo griego que apunta a un único acto o evento que glorificaría a Dios (v. 28). El único acto concernía a la cruz. Jesús le estaba pidiendo a su Padre que glorificara su propio nombre a través de la cruz.

a. Dios sería glorificado en la cruz por el *supremo acto de obediencia* por parte de Jesús. Era la voluntad de Dios que Jesús muriera en la cruz por los pecados del hombre. Al morir, Jesús demostraría que Dios es el Ser supremo del universo. Dios es el que debe ser honrado y respetado y obedecido. Por lo tanto, sería glorificado.

"Yendo un poco adelante, se postró sobre su rostro, orando y diciendo: Padre mío, si es posible, pase de mí esta copa; pero no sea como yo quiero, sino como tú" (Mt. 26:39).

"Por eso me ama el Padre, porque yo pongo mi vida, para volverla a tomar. Nadie me la quita, sino que yo de mí mismo la pongo. Tengo poder para ponerla, y tengo poder para volverla a tomar. Este mandamiento recibí de mi Padre" (Jn. 10:17, 18).

"A éste, entregado por el determinado consejo y anticipado conocimiento de Dios, prendisteis y matasteis por manos de inicuos, crucificándole" (Hch. 2:23).

"Y andad en amor, como también Cristo nos amó, y se entregó a sí mismo por nosotros, *ofrenda y sacrificio a Dios* en olor fragante" (Ef. 5:2).

"Por lo cual, entrando en el mundo dice: Sacrificio y ofrenda no quisiste; mas me preparaste cuerpo. Holocaustos y expiaciones por el pecado no te agradaron. Entonces dije: He aquí que vengo, oh Dios, para hacer tu voluntad, como en el rollo del libro está escrito de mí...En esa voluntad somos santificados mediante la ofrenda del cuerpo de Jesucristo hecha una vez para siempre" (He. 10:5-7, 10).

b. Dios sería glorificado en la cruz *por los hombres que vieran el amor de Dios* en la cruz. Dios brindó a su único Hijo para que muriera *por* los hombres y que ellos no perezcan sino que tengan vida eterna. Algunos hombres verían y creerían esta gloriosa verdad; por lo tanto, se reverenciarían y darían todo su ser a Dios. Comenzarían a seguir y a obedecer su voluntad, honrándolo y alabándolo por todo lo que Él había hecho y estaba haciendo por ellos. Por ende, el nombre de Dios sería glorificado por la cruz. (Ver nota, punto 1 - Jn. 12:23-26 para versículos de las Escrituras).

4. Dios aceptó y aprobó la oración de Jesús. Advierta que la aprobación es audible. Dios realmente habló desde los cielos, diciendo que Él había glorificado su nombre y que lo glorificaría nuevamente. Advierta tres cosas.

a. Jesús oró de acuerdo a la voluntad de Dios: "que el nombre del Hijo sea glorificado [honrado]" (cp. Mt. 6:9). Por lo tanto, Dios respondió su oración.

Pensamiento 1: Dios responderá toda oración que esté de acuerdo con su voluntad (1 Jn. 5:14, 15). Esto acentúa la importancia de conocer la voluntad de Dios. Estudiar la Palabra de Dios es la única forma de conocer la voluntad de Dios.

b. Dios aceptó la oración de Jesús. Esto significa que aceptó la muerte de Jesús en favor del hombre. Podemos descansar asegurados de que estamos liberados de la muerte si creemos en Jesús (cp. Jn. 5:24).

c. Dios glorificará su nombre en el futuro. Él mantendrá su palabra y cumplirá todas sus promesas. Podemos descansar seguros de las promesas de Dios.

5. La gente parada alrededor estaba confundida. Algunos pensaron que la voz no era más que un trueno; otros pensaron que un ángel le había hablado a Jesús.

6. Jesús le dijo claramente a la gente que una voz había hablado. Había hablado por su bien a fin de ayudarles a creer que Él era el Hijo de Dios.

El punto es este. Miles de personas acababan de dar la bienvenida a Jesús en la entrada triunfal, le dieron la bienvenida como su rey terrenal y Mesías, el que iba a traer el cielo y la utopía a la tierra. (Ver bosquejo y notas, Jn. 8:21-24). Jesús tuvo que corregir el malentendido de su causa. Él no había venido a regir como un rey terrenal a los hombres; Él había venido a morir por el hombre. La preocupación de Dios no era solo por los setenta años de la vida de un hombre, sino salvarlo para la eternidad.

"Porque de tal manera amó Dios al mundo, que ha dado a su Hijo unigénito, para que todo aquel que en él cree, no se pierda, mas tenga vida eterna. Porque no envió Dios a su Hijo al mundo para condenar al mundo, sino para que el mundo sea salvo por él" (Jn. 3:16, 17).

"El ladrón no viene sino para hurtar y matar y destruir; yo he venido para que tengan vida, y para que la tengan en abundancia" (Jn. 10:10).

"Así como el Padre me conoce, y yo conozco al Padre; y pongo mi vida por las ovejas" (Jn. 10:15).

"Quien llevó él mismo nuestros pecados en su cuerpo sobre el madero, para que nosotros, estando muertos a

los pecados, vivamos a la justicia; y por cuya herida fuisteis sanados" (1 P. 2:24).

"Porque también Cristo padeció una sola vez por los pecados, el justo por los injustos, para llevarnos a Dios, siendo a la verdad muerto en la carne, pero vivificado en espíritu" (1 P. 3:18).

4 (12:31-33) ***Mundo, Corrupción - Creación:*** El tercer malentendido tiene que ver con el mundo. El mundo no es lo que debería ser. No es para ser cómo fue creado: perfecto y permanente. El mundo era perfecto en el pasado remoto; fue creado perfectamente, tal como debía ser. Sin embargo, el hombre entiende mal al mundo. Ignora y niega *el hecho* de que el mundo...

- no es perfecto; no está en su estado original o siquiera cerca de él; no es lo que debería ser; no está en la condición para la cual fue creado.
- no es permanente tal como es; no siempre estará aquí; no estuvo siempre aquí.
- debe ser cambiado, recreado y convertido en nuevos cielos y nueva tierra tal como lo intentó Dios.

De pie allí, la gente había dado la bienvenida a Jesús en la entrada triunfal, pensando que iba a establecer un reino mundano en esta *tierra presente*. Pensaron en términos de la tierra física, en términos de reinados mundanos y riquezas y poder materiales. Jesús debió corregir esta confusión. Tuvo que demostrarles que la preocupación de Dios no era que el hombre y su mundo existieran por un breve lapso, sino para toda la eternidad.

Lo que dijo Jesús fue una revelación alarmante. Advierta la declaración fenomenal en la palabra "ahora". Él dijo: *"Ahora"*. Soy yo, el hecho de ser levantado, mi cruz y mi muerte, lo que hará que sucedan estas cosas.

1. Jesús dijo que este mundo debe ser juzgado (ver Estudio a fondo 2, Mundo, Jn. 12:31).

2. Jesús dijo que el mundo está manejado por un poder extraño (ver Estudio a fondo 3, Satanás, Jn. 12:31).

3. Jesús dijo que tanto el mundo como Satanás serían conquistados por la cruz, por su muerte (ver Estudio a fondo 4, Cruz, Jn. 12:32).

ESTUDIO A FONDO 2

(12:31) ***Mundo, Juicio del - Naturaleza, Juicio de la - Hombre - Juicio del - Corrupción:*** El mundo debe ser juzgado...

- juzgado por ser imperfecto.
- juzgado por estar en otro estado diferente del que debería estar.
- juzgado por estar alejado de la gloria y la voluntad de Dios.

Si hubiera que perfeccionar el mundo, tiene que ser juzgado como imperfecto. Dios tiene que juzgar al mundo como menos de lo que Él quiere que sea. Una vez que el mundo sea juzgado como defectuoso e imperfecto...

- entonces puede ser condenado y destruido.
- entonces puede ser reconstruido y recreado en una forma y estado perfectos.

Esto es exactamente lo que enseñan las Escrituras. Las Escrituras dicen tres cosas sobre el mundo que tiene que ser juzgado y recreado para que sea perfecto.

1. La tierra misma y los cuerpos celestes deben ser juzgados. ¿Por qué? Porque son imperfectos; tienen imbuida la semilla de la corrupción. La tierra y el mundo *están decayendo*, desgastándose, fracasando y muriendo. Finalmente, incluso si se permitiera que el mundo funcionara bastante tiempo, la tierra no podría sostener la vida. La Biblia dice que la tierra...

- debe ser juzgada porque no es perfecta.
- debe ser perfeccionada siendo recreada y colocada en un estado permanente. (cp. 2 P. 2:3, 4, 8-13 para mayor discusión al respecto).

2. La naturaleza misma, la vida animal y vegetal de la tierra tienen que ser juzgadas. (Nota: este hecho está estrechamente alineado con el punto uno anterior. Está separado únicamente con la intención de simplificar la discusión y ayudar a comprender las enseñanzas de las Escrituras). La naturaleza es imperfecta; tiene dentro de sí la semilla de la corrupción. La naturaleza es con frecuencia bella en sus puestas de sol, pastos verdes y vida animal. Pero la naturaleza también es destructiva con sus tormentas, terremotos, incendios y luchas por sobrevivir. El hermoso pájaro sentado en un árbol puede cantar su canción, y en un instante volverse salvaje atacando un gusano. La naturaleza no es perfecta, no es cómo debería ser. Le falta la gloria de Dios y lo que Dios quiere que sea. La voluntad de Dios es *una naturaleza* en donde el león yazca con la oveja, una naturaleza donde todas las cosas estén en paz y sin corrupción. En su condición actual, la naturaleza...

- a pesar de su belleza, puede ser salvaje.
- a pesar de su paz, puede ser tormentosa.
- a pesar de producir el bien, puede producir el mal.
- a pesar de ser correcta, puede ser maligna.
- a pesar de sus atracciones, puede destruir.
- a pesar de su alimento, puede hacer morir de hambre.

La Biblia dice que la naturaleza debe ser juzgada porque no es perfecta. Tiene que perfeccionarse, esto es, recrearse y colocarse en un estado permanente y perfecto.

"Porque el anhelo ardiente de la creación es el aguardar la manifestación de los hijos de Dios. Porque la creación fue sujetada a vanidad, no por su propia voluntad, sino por causa del que la sujetó en esperanza; porque también la creación misma será libertada de la esclavitud de corrupción, a la libertad gloriosa de los hijos de Dios. Porque sabemos que toda la creación gime a una, y a una está con dolores de parto hasta ahora" (Ro. 8:19-22).

3. El hombre (y su sistema mundial) debe ser juzgado. El hombre es imperfecto; tiene imbuida la semilla de la corrupción. El hombre miente, roba, engaña y mata. El hombre tiene muchos momentos buenos ?todo hombre, no importa quién sea? pero también tiene muchos momentos malos. Cambios de humor, sentimientos, pensamientos, debilidades tanto del cuerpo como de la mente, y otras causas. Además el hombre envejece, se desgasta, muere y nada puede detener el proceso. Al hombre le falta la gloria de Dios; él no es perfecto; por lo tanto, debe ser juzgado. Debe ser recreado y convertido en una criatura perfecta; se le tiene que brindar un cuerpo perfecto y permanente.

"Así también es la resurrección de los muertos. Se siembra en corrupción, resucitará en incorrupción. Se siembra en deshonra, resucitará en gloria; se siembra en debilidad, resucitará en poder. Se siembra cuerpo animal, resucitará cuerpo espiritual. Hay cuerpo animal, y hay cuerpo espiritual" (1 Co. 15:42-44).

"Y así como hemos traído la imagen del terrenal, traeremos también la imagen del celestial. Pero esto digo, hermanos: que la carne y la sangre no pueden heredar el reino de Dios, ni la corrupción hereda la incorrupción. He aquí, os digo un misterio: No todos dormiremos; pero todos seremos transformados, en un momento, en un abrir y cerrar de ojos, a la final trompeta; porque se tocará la trompeta, y los muertos serán resucitados incorruptibles, y nosotros seremos transformados. Porque es necesario que esto corruptible se vista de incorrupción, y esto mortal se vista de inmortalidad. Y cuando esto corruptible se haya vestido de incorrupción, y esto mortal se haya vestido de inmortalidad, entonces se cumplirá la palabra que está escrita: Sorbida es la muerte en victoria" (1 Co. 15:49-54).

Es importante advertir por qué está la semilla de corrupción en el mundo. El mundo no fue corrompido por su propia voluntad o acción. Fue corrompido debido al pecado (cp. Ro. 8:20). El pecado del hombre trajo corrupción al mundo. Tan pronto como el hombre pecó...

- el mundo ya no fue perfecto. Fue contaminado, ensuciado, corrompido.
- la semilla de la corrupción, del desgaste, del deterioro y la muerte se plantó en el mundo.
- los resultados del pecado recayeron sobre el mundo así como sobre el hombre.

El mundo había sido hecho para el hombre, para que allí viviera y gozara (cp. Gn. 1:1—3:24). Y Dios le dio al hombre una opción: si el hombre elegía la perfección, su mundo permanecería perfecto tal como lo había creado Dios; pero si el hombre elegía el pecado, la maldad y la muerte, su mundo se tornaría imperfecto, lleno de pecado, maldad y muerte. Por lo tanto, cuando el hombre pecó y se corrompió, hundió al mundo en la corrupción. Toda la creación pasó a ser como el hombre, tal como el hombre había elegido que fuera.

Como se ha dicho, el mundo y su dimensión física del ser fueron hechos para el hombre; por lo tanto, cuando el hombre sea salvo y liberado del pecado y la corrupción, su mundo también compartirá la liberación del hombre. El mundo será salvado y liberado del pecado y la corrupción. Habrá un glorioso día de redención, una redención tanto para el hombre como para su mundo. Dios les dará a todos los creyentes un mundo redimido y perfeccionado en el que vivir. Como dice Dios: "Yo hago nuevas todas las cosas" (Ap. 21:5).

"Sabiendo primero esto, que en los postreros días vendrán burladores, andando según sus propias concupiscencias, y diciendo: ¿Dónde está la promesa de su advenimiento? Porque desde el día en que los padres durmieron, todas las cosas permanecen así como desde el principio de la creación... Mas, oh amados, no ignoréis esto: que para con el Señor un día es como mil años, y mil años como un día. El Señor no retarda su promesa, según algunos la tienen por tardanza, sino que es paciente para con nosotros, no queriendo que ninguno perezca, sino que todos procedan al arrepentimiento. Pero el día del Señor vendrá como ladrón en la noche; en el cual los cielos pasarán con grande estruendo, y los elementos ardiendo serán deshechos, y la tierra y las obras que en ella hay serán quemadas. Puesto que todas estas cosas han de ser deshechas, ¡cómo no debéis vosotros andar en santa y piadosa manera de vivir, esperando y apresurándoos para la venida del día de Dios, en el cual los cielos, encendiéndose, serán deshechos, y los elementos, siendo quemados, se fundirán! Pero nosotros esperamos, según sus promesas, cielos nuevos y tierra nueva, en los cuales mora la justicia" (2 P. 3:3, 4, 8-13).

ESTUDIO A FONDO 3

(12:31) ***Satanás:*** Jesús dijo que el mundo estaba regido por un príncipe extraño. El mundo no es regido por Dios, sino por Satanás. La Biblia dice tres cosas significativas.

1. Satanás es el regidor y el príncipe, esto es, el poder del mundo en toda su maldad y corrupción (Jn. 12:31; 14:30; 16:11; 2 Co. 4:4; Ef. 2:2. Ver Estudio a fondo 1, Ap. 12:9 para mayor discusión.)

2. El pecado y la maldad del mundo demuestran que el mundo está regido por un príncipe extranjero. Dios no es el autor del pecado. Dios *no* tienta a los hombres, no con maldad (Stg. 1:13). Dios no es el Padre del pecado y la maldad, de la destrucción y la devastación. Dios no hace esas cosas. El padre de tal corrupción es el diablo (ver Estudio a fondo 1, Jn 8:38), nota, 8:41-47; Estudio a fondo 1 y nota, 8:44 para mayor discusión).

3. Satanás está ahora "echado fuera" por la cruz de Cristo. Advierta las palabras "echado fuera (ekblethesetai exo, futuro pasivo de ekballo que significa un hecho seguro *que reside en el futuro*). Las palabras significan echar fuera de, echar lejos, echar *para siempre* (exo). de un lugar. Satanás en todo su poder y reinado es echado fuera por la muerte de Cristo. Su poder y reinado sobre las vidas ahora está quebrado.

a. El poder de Satanás para *cargar a los hombres con el pecado* está ahora "echado fuera". Ahora los hombres tienen el poder de escapar a la pena del pecado. Cristo tomó los pecados de los hombres sobre sí y pagó la pena por sus pecados. Murió por los pecados del mundo.

"Quien llevó él mismo nuestros pecados en su cuerpo sobre el madero, para que nosotros, estando muertos a los pecados, vivamos a la justicia; y por cuya herida fuisteis sanados" (1 P. 2:24).

"¿Quién acusará a los escogidos de Dios? Dios es el que justifica" (Ro. 8:33).

b. El poder de Satanás *para causar la muerte* es ahora "echado fuera". Los hombres ya no tienen que morir. Cristo murió *por el hombre*, se convirtió en el substituto del hombre respecto de la muerte.

"Así que, por cuanto los hijos participaron de carne y sangre, él también participó de lo mismo, para destruir por medio de la muerte al que tenía el imperio de la muerte, esto es, al diablo, y librar a todos los que

por el temor de la muerte estaban durante toda la vida sujetos a servidumbre" (He. 2:14, 15).

c. El poder de Satanás para *hacer que los hombres se separen de Dios* ha sido echado fuera. Los hombres ya no tienen que ir al infierno. Cristo fue separado de Dios *por el hombre* (ver nota, Mt. 27:46-49). Ahora el hombre puede vivir por siempre con Dios.

"Porque también Cristo padeció una sola vez por los pecados, el justo por los injustos, para llevarnos a Dios, siendo a la verdad muerto en la carne, pero vivificado en espíritu" (1 P. 3:18).

"Y si el Espíritu de aquel que levantó de los muertos a Jesús mora en vosotros, el que levantó de los muertos a Cristo Jesús vivificará también vuestros cuerpos mortales por su Espíritu que mora en vosotros" (Ro. 8:11).

d. El poder de Satanás para *esclavizar a los hombres* con los hábitos del pecado y la vergüenza ya ha sido "echado fuera". Con su muerte, Cristo posibilitó que el hombre se liberara del pecado. El creyente, purificado por la sangre de Cristo, se convierte en un templo sagrado para Dios, un templo adecuado para la presencia y el poder del Espíritu de Dios. Ahora, el hombre puede conquistar los hábitos esclavizantes del pecado mediante el poder del Espíritu de Dios.

"¿O ignoráis que vuestro cuerpo es templo del Espíritu Santo, el cual está en vosotros, el cual tenéis de Dios, y que no sois vuestros? Porque habéis sido comprados por precio; glorificad, pues, a Dios en vuestro cuerpo y en vuestro espíritu, los cuales son de Dios" (1 Co. 6:19, 20).

"Hijitos, vosotros sois de Dios, y los habéis vencido; porque mayor es el que está en vosotros, que el que está en el mundo" (1 Jn. 4:4).

Pensamiento 1: Jesucristo ha destruido y triunfado sobre el poder de Satanás (ver Estudio a fondo 4, Cruz, Jn. 12:32 para una discusión de cómo libera la cruz y le da tanto al hombre).

"No hablaré ya mucho con vosotros; porque viene el príncipe de este mundo, y él nada tiene en mí" (Jn. 14:30).

"El cual nos ha librado de la potestad de las tinieblas, y trasladado al reino de su amado Hijo, en quien tenemos redención por su sangre, el perdón de pecados" (Col. 1:13, 14).

"Y despojando a los principados y a las potestades, los exhibió públicamente, triunfando sobre ellos en la cruz" (Col. 2:15).

"El que practica el pecado es del diablo; porque el diablo peca desde el principio. Para esto apareció el Hijo de Dios, para deshacer las obras del diablo" (1 Jn. 3:8).

ESTUDIO A FONDO 4

(12:32) ***Jesucristo, Cruz:*** Las palabras "levantado" se refieren a la cruz de Cristo, a su muerte en la cruz. Jesús dijo que una vez que sea "levantado", atraerá a todos los hombres hacia Él. Advierta dos cosas.

1. Advierta por qué la Cruz atrae a los hombres. Fue la cruz...

- que liberó a los hombres del pecado, la muerte y el infierno.
- que posibilitó que los hombres vivan abundante y eternamente.
- que le dio a los hombres la presencia y el poder del Espíritu de Dios para guiar y cuidarlos día a día.

Advierta ahora cómo la cruz de Cristo le da tanto al hombre. En términos muy sencillos, Jesús murió *por el hombre* en la cruz. Cuando un hombre cree que Jesús murió *por él*, Dios toma la creencia de ese hombre y la *cuenta* como justicia. Dios simplemente *cuenta* al hombre como perfecto. El hombre *no* es justo, ni siquiera está próximo a serlo. El hombre, Dios y todos los demás saben que no es perfecto. Pero el hombre honra al Hijo de Dios creyendo en Él, por lo tanto, Dios honra al hombre.

Lo que hay que ver es que Dios hará cualquier cosa por la persona que verdaderamente honra a su Hijo. Dios ama tanto a su Hijo que está dispuesto a hacer cualquier cosa por cualquiera que honre a Jesús. Si un hombre honra a Jesús creyendo y siguiendo a Jesús, Dios tomará la fe de ese hombre y...

- contará esa fe como justicia.
- lo liberará del pecado y de la muerte.
- le dará vida abundante y eterna (Jn. 10:10).
- colocará al Espíritu Santo y su poder dentro del hombre para ayudarlo a vivir día tras día (cp. 1 Co. 6:19, 20; Ro. 8:1-39; Gá. 5:22, 23).

El punto es este: es la cruz de Cristo la que quiebra el poder de Satanás en el mundo. Es la cruz de Cristo la que "echa fuera" a Satanás: su poder y su reinado. El hombre, creyendo que Cristo murió por él, ahora puede ser considerado justo y liberado del poder de Satanás, del poder maligno que lo seduce a pecar y que hace que muera y enfrente el juicio de Dios. Ahora el hombre puede conocer el poder de Dios, el poder que libremente lo libera y le da vida para siempre. Ahora el hombre puede experimentar la maravillosa gracia de Dios. (Ver Estudio a fondo 1, Gracia, Tit. 2:11-15. Ver notas, Justificación, Ro. 4:22; 5:1.)

5 (12:34-36) ***Jesucristo, la Luz:*** El cuarto malentendido concierne al Mesías (la Luz). Nota: la gente comprendió claramente que Jesús estaba hablando de la muerte, pero esto fue lo que los confundió. Acababan de reconocerlo como el Mesías, y siempre habían entendido que el Mesías iba a vivir para siempre (cp. Sal. 89:36; 110:4; Is. 9:7; Dn. 7:14). ¿Era realmente el Mesías? ¿Podían estar equivocados? ¿Era el Hijo del Hombre otra persona? Jesús respondió dos cosas.

1. Jesús sostuvo ser el Mesías, *la luz del mundo* (ver Estudio a fondo 5, Jn. 12:35, 36; Estudio a fondo 1, 8:12). Pero acentuó un punto crítico. La Luz iba a estar con ellos solo un poco más; la Luz iba a extinguirse.

2. Jesús señaló la necesidad doble del hombre.

a. El hombre debe andar en la Luz *mientras* tiene luz. Si la luz se extinguiera, no siempre estaría presente para que los hombres vieran. Y una vez que los hombres perdieran la Luz, sucederían dos cosas.

⇒ Acaecería la oscuridad y vencería a los hombres.

⇒ Los hombres no sabrían hacia dónde dirigirse.

Estarían a tientas y tambaleando, cayendo y encaminándose a una eternidad de oscuridad.

b. El hombre debe creer en la Luz. Si los hombres creyeran, algo significativo sucedería. Se volverían niños (huioi, hijos) de la Luz.
   ⇒ "Creyeran" (pisteuete) es acción continua.
   ⇒ "Convertirse" (genesthe) es una acción de una vez por todas, una experiencia personal que sucede una sola vez.

Un hombre que realmente ve a Jesús como la Luz del mundo cree y continúa creyendo. Y en el instante en que su corazón da un salto hacia Jesús en la creencia, se convierte en hijo de la Luz, un hijo de Dios mismo. El hombre ve la Luz y comienza a andar en la Luz, viviendo el tipo de vida que debería vivir.

"En él estaba la vida, y la vida era la luz de los hombres" (Jn. 1:4).

"Otra vez Jesús les habló, diciendo: Yo soy la luz del mundo; el que me sigue, no andará en tinieblas, sino que tendrá la luz de la vida" (Jn. 8:12).

"Por lo cual dice: Despiértate, tú que duermes, y levántate de los muertos, y te alumbrará Cristo" (Ef. 5:14).

ESTUDIO A FONDO 5

(12:35, 36) ***Luz - Creyentes:*** La luz es una de las grandes palabras de las Escrituras. (Ver Estudio a fondo 1, Jn. 8:12).

1. Dios es la luz y en Él no hay oscuridad alguna (1 Jn. 1:5).
2. Jesucristo es la Luz del mundo, la verdadera encarnación de la luz celestial (Jn. 8:12; 9:5).
3. La luz del conocimiento de Dios se ve en el rostro de Jesucristo (2 Co. 4:6).
4. Jesucristo "ilumina a todo hombre" que viene al mundo (Jn. 1:9).
5. Se dice que los creyentes se vuelven "hijos de la luz" a través de la creencia en la Luz, Jesucristo mismo (Jn. 12:36).
6. Los creyentes han sido transferidos del dominio de las tinieblas al Reino de Cristo, la herencia de la luz (Col. 1:13).
7. Antes de venir a Cristo, los creyentes no solo están en la oscuridad sino que también son una encarnación de la oscuridad. Pero cuando vienen a Cristo, los creyentes son ubicados en la Luz y se convierten en una encarnación de la Luz misma (Ef. 5:8).
8. Los creyentes son la luz del mundo (Mt. 5:14, 16).
9. Los creyentes deben colocar su luz en un candelabro, para que su luz sea conspicua (Mt. 5:15).
10. Los que hacen el mal opacan la luz (Jn. 3:20ss).
11. La creación de la luz es una imagen de la expulsión de la oscuridad espiritual (Gn. 1:2ss).

	C. Jesús rechazado y aceptado como rey, 12:37-50	43 Porque amaban más la gloria de los hombres que la gloria de Dios.	c. Fracasan, amando la alabanza de los hombres más que a Dios
1 Los no creyentes a. Actúan ilógicamente 1) Rechazan los milagros 2) Rechazan la revelación 3) Rechazan el brazo del Señor	37 Pero a pesar de que había hecho tantas señales delante de ellos, no creían en él; 38 para que se cumpliese la palabra del profeta Isaías, que dijo: Señor, ¿quién ha creído a nuestro anuncio? ¿Y a quién se ha revelado el brazo del Señor?	44 Jesús clamó y dijo: El que cree en mí, no cree en mí, sino en el que me envió; 45 y el que me ve, ve al que me envió. 46 Yo, la luz, he venido al mundo, para que todo aquel que cree en mí no permanezca en tinieblas.	**3 El verdadero creyente** a. Cree en Dios, a través de Jesús, el Mediador. b. Ve a Dios, a través de Jesús, el Mediador c. Es liberado de las tinieblas, a través de Jesús, la Luz
b. Los resultados de la falta de fe: un rechazo justo, judicial por parte de Dios 1) El hombre está cegado 2) El hombre está endurecido 3) El hombre está condenado a perderse 4) El hombre está condenado a permanecer no curado 5) El hombre nunca ve la gloria del Señor	39 Por esto no podían creer, porque también dijo Isaías: 40 Cegó los ojos de ellos, y endureció su corazón; Para que no vean con los ojos, y entiendan con el corazón, Y se conviertan, y yo los sane. 41 Isaías dijo esto cuando vio su gloria, y habló acerca de él.	47 Al que oye mis palabras, y no las guarda, yo no le juzgo; porque no he venido a juzgar al mundo, sino a salvar al mundo. 48 El que me rechaza, y no recibe mis palabras, tiene quien le juzgue; la palabra que he hablado, ella le juzgará en el día postrero. 49 Porque yo no he hablado por mi propia cuenta; el Padre que me envió, él me dio mandamiento de lo que he de decir, y de lo que he de hablar.	**4 El no creyente, su juicio** a. Juzgado no por Jesús: Él vino a salvar, no a juzgar b. Juzgado por las palabras de la salvación: Las mismas palabras que rechazó serán testimonio en contra de él. 1) Porque las palabras de Jesús son mandamiento de Dios
2 Los creyentes silenciosos a. No confiesan a Jesús b. Fracasan, temiendo una pérdida personal	42 Con todo eso, aun de los gobernantes, muchos creyeron en él; pero a causa de los fariseos no lo confesaban, para no ser expulsados de la sinagoga.	50 Y sé que su mandamiento es vida eterna. Así pues, lo que yo hablo, lo hablo como el Padre me lo ha dicho.	2) Porque la palabra de Dios es vida 3) Porque las palabras de Jesús son la verdad

DIVISIÓN XII

LA REVELACIÓN DE JESÚS, EL HIJO GLORIFICADO DEL HOMBRE, 12:12-50

C. Jesús rechazado y aceptado como rey, 12:37-50

(12:37-50) ***Introducción:*** Esta es una imagen clara de Jesús siendo rechazado y aceptado como rey.

1. Los no creyentes (vv. 37-41).
2. Los creyentes silenciosos (vv. 42, 43).
3. El verdadero creyente (vv. 44-46).
4. El no creyente, su juicio (vv. 47-50).

1 (12:37-41) ***Falta de fe:*** Están los no creyentes que actúan ilógicamente. Su falta de fe no tiene sentido, puesto que Dios ha hecho todo lo que pudo para ayudar al hombre a creer, sin embargo, el hombre rechaza y se rehúsa a creer.

1. La falta de fe rechaza los milagros. Advierta tres hechos significativos.

a. Advierta las palabras "tantas señales". Jesús se sentía profundamente conmovido por los sufrimientos del hombre. Salió en su búsqueda con una compasión conmovedora y amorosa. Ayudó y ministró a todos a los que pudo alcanzar, una cantidad innumerable. De hecho, Cristo hizo tantas obras y milagros, que si se las escribiera, "ni aun en el mundo cabrían los libros" (Jn. 21:25).

Jesús obró...

- milagro tras milagro.
- compasión tras compasión.
- ayuda tras ayuda.
- señal tras señal.
- sanidad tras sanidad.

Advierta también el tipo de milagro que se destaca. Hubo milagros de calidad, milagros que surgían del corazón de Dios mismo. Hubo milagros de compasión y ayuda. Eran milagros que surgían del motivo sincero del corazón, un corazón que había sido tocado por la humanidad sufriente. Eran milagros puros, milagros fuertes, milagros que solo podía hacer el poder de Dios.

b. Advierta las palabras "delante de ellos". Jesús no

hizo sus obras en un desierto, esto es, lejos en un rincón en algún lugar oscuro y fuera de la vista de la gente. Jesús hizo sus milagros ante la gente, cuando la gente podía verlos claramente y donde demostrarían su deidad y ayudarían a la gente a creer.

c. Advierta las palabras "no creían en Él". El tiempo griego es continuo: "no estaban creyendo en Él" incluso cuando Él estaba ministrando y demostrando tal enorme compasión y poder. Sus corazones estaban cerrados, cerrados a la evidencia clara e innegable de que Jesús era verdaderamente el Hijo de Dios. Estaban en un *estado de falta de fe:* Su falta de fe era ilógica, no tenía ningún sentido.

"Y no hizo allí muchos milagros, a causa de la incredulidad de ellos" (Mt. 13:58).

"Jesús les respondió: Os lo he dicho, y no creéis; las obras que yo hago en nombre de mi Padre, ellas dan testimonio de mí" (Jn. 10:25).

"Si no hago las obras de mi Padre, no me creáis. Mas si las hago, aunque no me creáis a mí, creed a las obras, para que conozcáis y creáis que el Padre está en mí, y yo en el Padre" (Jn. 10:37, 38).

"Creedme que yo soy en el Padre, y el Padre en mí; de otra manera, creedme por las mismas obras" (Jn. 14:11).

"Si yo no hubiese hecho entre ellos obras que ningún otro ha hecho, no tendrían pecado; pero ahora han visto y han aborrecido a mí y a mi Padre" (Jn. 15:24).

2. La falta de fe rechaza la revelación. Nota: este hecho es un cumplimiento de profecía (Is. 53:1). Isaías había proclamado el anuncio o el mensaje de Dios, y sin embargo, la gente no creía. Rechazaron y actuaron ilógicamente. Su falta de fe lastimó mucho el corazón de Isaías. Lleno de compasión y lastimado por la gente, Isaías clamó a Dios: "¿Quién ha creído a nuestro anuncio?" El grito fue el inicio de la mayor profecía hecha sobre Jesús.

"¿Quién ha creído nuestro anuncio?" El "anuncio" era de Dios mismo, su mensaje y revelación al mundo. El "anuncio" eran tanto las palabras como los hechos de Jesús. Todo lo que Jesús hizo a través de la prédica y la enseñanza reveló la verdad: sin embargo, el "anuncio" era más que palabras y hechos. Jesús mismo era el "anuncio", la revelación de Dios al mundo.

Dios le dio al hombre...

- más que meras palabras.
- más que solo papel y tinta.
- más que solo los sonidos de una voz.

Dios le dio al hombre una Vida para vivir las palabras. Le dio al hombre una *Persona...*

- no solo para decir la verdad, sino para vivir la verdad.
- no solo para pronunciar las palabras, sino para hacer las obras.
- no solo para predicar la voluntad de Dios, sino para demostrar la voluntad de Dios.
- no solo para enseñar a los hombres, sino para demostrarles cómo vivir.

La Persona, por supuesto, era el propio Hijo de Dios, Jesucristo. Sin embargo, a pesar del hecho de que Dios envió a su propio Hijo al mundo para proclamar su "anuncio" o su revelación, los hombres siguieron sin creer. Rechazaron a Jesucristo, negando el anuncio. Actuaron ilógicamente, sin ningún sentido.

"De cierto, de cierto te digo, que lo que sabemos hablamos, y lo que hemos visto, testificamos; y no recibís nuestro testimonio" (Jn. 3:11).

"El espíritu es el que da vida; la carne para nada aprovecha; las palabras que yo os he hablado son espíritu y son vida. Pero hay algunos de vosotros que no creen. Porque Jesús sabía desde el principio quiénes eran los que no creían, y quién le había de entregar" (Jn. 6:63, 64).

"Otra vez Jesús les habló, diciendo: Yo soy la luz del mundo; el que me sigue, no andará en tinieblas, sino que tendrá la luz de la vida. Entonces los fariseos le dijeron: Tú das testimonio acerca de ti mismo; tu testimonio no es verdadero. Respondió Jesús y les dijo: Aunque yo doy testimonio acerca de mí mismo, mi testimonio es verdadero, porque sé de dónde he venido y a dónde voy; pero vosotros no sabéis de dónde vengo, ni a dónde voy. Vosotros juzgáis según la carne; yo no juzgo a nadie. Y si yo juzgo, mi juicio es verdadero; porque no soy yo solo, sino yo y el que me envió, el Padre. Y en vuestra ley está escrito que el testimonio de dos hombres es verdadero. Yo soy el que doy testimonio de mí mismo, y el Padre que me envió da testimonio de mí. Ellos le dijeron: ¿Dónde está tu Padre? Respondió Jesús: Ni a mí me conocéis, ni a mi Padre; si a mí me conocieseis, también a mi Padre conoceríais" (Jn. 8:12-19).

3. La falta de fe rechaza el brazo del Señor. Esto, también, es el cumplimiento de la misma profecía (Is. 53:1). El brazo del Señor significa la fuerza de Dios. Su poder para salvar y liberar y dar vida. También puede significar el Salvador y el Liberador mismo. El *brazo* que salva y da vida es Jesucristo. Cuando se trata de la fuerza de Dios para salvar y liberar. . .

- ¿quién lo sabe?
- ¿quién lo ha experimentado?
- ¿a quién le ha sido revelado?
- ¿quién se ha humillado de manera que Dios pudiera revelarlo?
- ¿quién ha buscado diligentemente lo suficiente como para que Dios pudiera revelarlo?

La falta de fe rechaza el brazo y la salvación del Señor. Eso es ilógico, no tiene ningún sentido.

"¿Eres tú el Cristo? Dínoslo. Y les dijo: Si os lo dijere, no creeréis" (Lc. 22:67).

"El que cree en el Hijo tiene vida eterna; pero el que rehúsa creer en el Hijo no verá la vida, sino que la ira de Dios está sobre él" (Jn. 3:36).

"Jesús les dijo: Yo soy el pan de vida; el que a mí viene, nunca tendrá hambre; y el que en mí cree, no tendrá sed jamás. Mas os he dicho, que aunque me habéis visto, no creéis" (Jn. 6:35, 36).

"Por eso os dije que moriréis en vuestros pecados; porque si no creéis que yo soy, en vuestros pecados moriréis" (Jn. 8:24).

"Porque el corazón de este pueblo se ha engrosado, y con los oídos oyeron pesadamente, y sus ojos han

cerrado, para que no vean con los ojos, y oigan con los oídos, y entiendan de corazón, y se conviertan, y yo los sane" (Hch. 28:27).

"Mirad, hermanos, que no haya en ninguno de vosotros corazón malo de incredulidad para apartarse del Dios vivo" (He. 3:12).

Ahora advierta un asunto crítico sobre la falta de fe. La falta de fe deriva en algunas consecuencias graves (ver Estudio a fondo 1, Jn. 12:39-41 para mayor discusión).

ESTUDIO A FONDO 1

(12:39-41) ***Falta de fe, Juicio judicial:*** Este pasaje dice que Dios ciega y endurece al hombre. Un hombre no puede rechazar a Jesucristo y esperar que las cosas queden como están. No importa cuán poco firme sea el rechazo de un hombre, el asunto es grave para Dios. Un hombre puede rechazar a Jesús solo en el pensamiento y nunca decir una palabra o cometer un pecado público (visible) en su contra. Pero no importa cuán leve sea el rechazo, Dios no puede ignorar el rechazo de su Hijo. Él ama tanto a su hijo y su Hijo ha hecho tanto por el hombre. Su Hijo ha tomado el pecado del hombre para sí y cargado con el castigo del hombre. Su Hijo murió por el hombre. Jesús ha hecho tanto por Dios como para pasar por alto la falta de fe y el rechazo del hombre. Cuando un hombre tiene la oportunidad de ver y abrir su corazón, pero elige no mirar y cierra su corazón, el hombre sufre las consecuencias.

Otra forma de decir lo mismo es esta: cuando Dios ha amado el mundo y hecho tanto por el hombre, el hombre no puede negar al Hijo de Dios y esperar no sufrir consecuencias. Las consecuencias y los resultados de la falta de fe están claramente expresadas, y son consecuencias terribles, un horrible destino para que una persona lo sufra.

⇒ Dios ciega los ojos del no creyente.
⇒ Dios endurece el corazón del no creyente.
⇒ Dios condena al no creyente a estar perdido.
⇒ Dios condena al no creyente a estar enfermo.
⇒ El no creyente nunca ve la gloria del Señor.

Ahora bien, una pregunta importante: ¿Esto significa que Dios ocasiona la falta de fe de un hombre y lo condena a estar perdido antes de que nazca? ¡No! Las Escrituras gritan miles de ¡No! Un hombre no está perdido...

- fuera de su voluntad.
- en contra de su voluntad.

Un hombre está perdido únicamente porque elige no tener nada que ver con Dios y estar perdido. Lo que las Escrituras enseñan es que Dios ha fijado ciertas leyes del universo...

- leyes tanto dentro del hombre y la naturaleza.
- leyes que se ponen en práctica y toman efecto cuando el hombre actúa.

Si un hombre hace algo, sucederán determinadas cosas. Si un hombre hace otra cosas, entonces sucederán otras. Las Escrituras enseñan que la falta de fe está gobernada por estas leyes.

⇒ Está la ley de sembrar y cosechar. Si un hombre siembra falta de fe, cosecha falta de fe.

"No os engañéis; Dios no puede ser burlado: pues todo lo que el hombre sembrare, eso también segará. Porque el que siembra para su carne, de la carne segará corrupción; mas el que siembra para el Espíritu, del Espíritu segará vida eterna" (Gá. 6:7, 8).

⇒ Existe la ley de la medida. Si un hombre mide falta de fe, se lo mide con falta de fe. Cualquier cosa que el hombre mida, es lo que recibe.

"Porque con el juicio con que juzgáis, seréis juzgados, y con la medida con que medís, os será medido" (Mt. 7:2).

⇒ Está la ley de la búsqueda. Si un hombre busca, encuentra. Cuanto más se esfuerza en buscar, más encuentra.

"Pedid, y se os dará; buscad, y hallaréis; llamad, y se os abrirá" (Mt. 7:7).

⇒ Está la ley de dureza voluntaria e impenitencia. Cuanto más se endurece un hombre y rehúsa a arrepentirse, más duro e impenitente se torna. De hecho, un hombre puede endurecerse tanto que nunca se arrepiente, nunca piensa siquiera en arrepentirse. Dicho hombre almacena ira en su contra.

"Pero por tu dureza y por tu corazón no arrepentido, atesoras para ti mismo ira para el día de la ira y de la revelación del justo juicio de Dios, el cual pagará a cada uno conforme a sus obras" (Ro. 2:5, 6).

⇒ Está la ley de estar "adecuado" para la destrucción. Cuanto más un hombre rehúsa a creer, más se "adecua" y condiciona para la destrucción. Advierta que un hombre a través de su falta de fe se prepara y condiciona.

"¿Y qué, si Dios, queriendo mostrar su ira y hacer notorio su poder, soportó con mucha paciencia los vasos de ira preparados para destrucción" (Ro. 9:22).

⇒ Está la ley de la paciencia de Dios. Dios "no quiere que nadie perezca, pero que todos lleguen a arrepentirse". Por lo tanto, Dios permite al mundo que continúe, permitiendo que se salven más y más. Él tolera con paciencia a los no creyentes que se endurecen y almacenan ira en su contra para que algunos puedan ser salvados y se les otorgue el privilegio de conocer las riquezas de su gracia (Ro. 2:5; cp. Ro. 9:22, 23).

"Sabiendo primero esto, que en los postreros días vendrán burladores, andando según sus propias concupiscencias, y diciendo: ¿Dónde está la promesa de su advenimiento? Porque desde el día en que los padres durmieron, todas las cosas permanecen así como desde el principio de la creación... Mas, oh amados, no ignoréis esto: que para con el Señor un día es como mil años, y mil años como un día. El Señor no retarda su promesa, según algunos la tienen por tardanza, sino que es paciente para con nosotros, *no queriendo que ninguno perezca*, sino que todos procedan al arrepentimiento" (2 P. 3:3, 4, 8, 9).

⇒ Está la ley del propósito supremo de Dios. El supremo propósito de Dios es que su Hijo "sea el primogénito entre muchos hermanos" (Ro. 8:29). Dios quiere que Jesús tenga muchos hermanos, hermanos que serán conforme a su imagen y considerado como el Hermano Mayor: como el primer y el más honrado, como el que debe ser adorado y servido eternamente.

> **"Y sabemos que a los que aman a Dios, todas las cosas les ayudan a bien, esto es, a los que conforme a su propósito son llamados. Porque a los que antes conoció, también los predestinó para que fuesen hechos conformes a la imagen de su Hijo, para que él sea el primogénito entre muchos hermanos" (Ro. 8:28, 29).**

Para que Cristo gane más y más hermanos que lo honren, Dios está dispuesto a que los no creyentes continúen en su descreimiento, endureciéndose bajo las leyes justas y judiciales que Él ha establecido. A los hombres se les permite continuar en su descreimiento, condenándose a sí mismo bajo las leyes justas y judiciales del universo.

Estas leyes son lo que los hombres denominan *leyes de condicionamiento*. Los hombres simplemente dirían que cuanto más un hombre hace cualquier cosa, más se condiciona a hacerlo. Cuanto más lo hace, más se convierte en un hábito como fumar, comer o cualquier otra cosa. Esto es lo que la Biblia dice: si un hombre endurece su mente y corazón a la verdad, se vuelve condicionado cada vez más hacia la verdad. Su apertura y sensibilidad hacia Jesucristo disminuye cada vez más, y puede disminuir tanto que desaparece para siempre. Por lo tanto, cuanto más un hombre rechaza a Cristo, más reduce su sensibilidad y oportunidad de aceptar a Cristo.

Lo que enseñan las Escrituras puede resumirse en lo que podría llamarse *la ley de ceguera judicial y rechazo*. Esto simplemente significa que la persona que rechaza al Hijo de Dios elige estar ciego y endurecer su corazón. Por lo tanto, se le da un *castigo justo*. Es cada vez más, con justicia, cegado y endurecido (condicionado). Un hombre es conducido a una ceguera judicial y al rechazo de Dios a través de. . .

- un descreimiento obstinado
- un pecado constante
- un rechazo continuado

La Palabra de Dios dice claramente que hay leyes condicionantes dentro del hombre y la naturaleza, y es un hecho que los no creyentes deben saber que tienen que vivir bajo esas leyes al igual que los creyentes. Dios no tiene favoritos. No puede quitar a los descreídos de las leyes justas y judiciales del universo y obligarlos a creer, quitándoles su voluntad. Dios tiene que permitir que todos los hombres vivan bajo las mismas leyes y hagan las opciones de vida día tras día. Los creyentes han tomado la opción de seguir al Hijo de Dios. Los no creyentes han tomado la opción de no seguir al Hijo de Dios. No puede haber violación de sus voluntades: hay que permitirles a los no creyentes a seguir en su descreimiento, a endurecerse bajo las leyes justas de la voluntad de Dios establecidas en el universo. Como lo dijo claramente Jesucristo, las palabras de juicio ya han sido pronunciadas; están establecidas en la ley y la voluntad de Dios en el universo. Es la ley y la voluntad de Dios que Jesucristo proclamó, y serán sus palabras las que juzguen a los hombres en los días postreros (Jn. 12:48).

Además de las leyes manifestadas, compare los siguientes versículos.

> **"Por lo cual también Dios los entregó a la inmundicia, en las concupiscencias de sus corazones, de modo que deshonraron entre sí sus propios cuerpos... Por esto Dios los entregó a pasiones vergonzosas; pues aun sus mujeres cambiaron el uso natural por el que es contra naturaleza... Y como ellos no aprobaron tener en cuenta a Dios, Dios los entregó a una mente reprobada, para hacer cosas que no convienen" (Ro. 1:24, 26, 28. Ver bosquejo y notas de Ro. 1:24-32).**
>
> **"Y dijo Jehová: No contenderá mi espíritu con el hombre para siempre, porque ciertamente él es carne; mas serán sus días ciento veinte años" (Gn. 6:3).**
>
> **"Pero mi pueblo no oyó mi voz, e Israel no me quiso a mí. Los dejé, por tanto, a la dureza de su corazón; caminaron en sus propios consejos" (Sal. 81:11, 12).**
>
> **"El hombre que reprendido endurece la cerviz, de repente será quebrantado, y no habrá para él medicina" (Pr. 29:1).**
>
> **"Porque no contenderé para siempre, ni para siempre me enojaré; pues decaería ante mí el espíritu, y las almas que yo he creado" (Is. 57:16).**
>
> **"Efraín es dado a ídolos; déjalo" (Os. 4:17).**

(Ver nota en Jn. 6:44-46 sobre una discusión de la parte que juega Dios en *atraer* hombres a la salvación.)

2 (12:42, 43) ***Creyentes - Silenciosos - Confesión:*** Están los creyentes silenciosos. Estos eran los gobernantes y líderes del pueblo, y eran muchos. Creían en Jesús, dándose cuenta de que Él era quien sostenía ser, el verdadero Mesías, pero tenían una seria falla. Permanecían en silencio, por lo tanto, fallaban en tres áreas críticas.

1. Fracasaban en confesar a Cristo. *No lo confesarían.*

> **"A cualquiera, pues, que me confiese delante de los hombres, yo también le confesaré delante de mi Padre que está en los cielos. Y a cualquiera que me niegue delante de los hombres, yo también le negaré delante de mi Padre que está en los cielos" (Mt. 10:32, 33).**
>
> **"Os digo que todo aquel que me confesare delante de los hombres, también el Hijo del Hombre le confesará delante de los ángeles de Dios; mas el que me negare delante de los hombres, será negado delante de los ángeles de Dios" (Lc. 12:8, 9).**
>
> **"Y este es su mandamiento: Que creamos en el nombre de su Hijo Jesucristo, y nos amemos unos a otros como nos lo ha mandado" (1 Jn. 3:23).**

2. Fallaban porque temían pérdidas. Temían ser excomulgados, echados de la sinagoga. Temían que iban a perder su...

- posición
- profesión
- reconocimiento
- trabajo
- forma de vida
- estima

- seguridad
- autoridad
- honor

"Porque ¿qué aprovechará al hombre, si ganare todo el mundo, y perdiere su alma? ¿O qué recompensa dará el hombre por su alma?" (Mt. 16:26).

"Poned la mira en las cosas de arriba, no en las de la tierra" (Col. 3:2).

"Si sufrimos, también reinaremos con él; si le negáremos, él también nos negará" (2 Ti. 2:12).

"¡Oh almas adúlteras! ¿No sabéis que la amistad del mundo es enemistad contra Dios? Cualquiera, pues, que quiera ser amigo del mundo, se constituye enemigo de Dios" (Stg. 4:4).

3. Fallaron porque amaban los halagos de los hombres más que el halago de Dios. Amaban lo que los hombres daban:

- aceptación
- reconocimiento
- honor
- estima
- prestigio
- imagen
- favor
- encomio
- gloria

Preferían ser aceptados por los hombres y tener su aprobación que ser aceptados y aprobados por Dios.

"¿Cómo podéis vosotros creer, pues recibís gloria los unos de los otros, y no buscáis la gloria que viene del Dios único?" (Jn. 5:44).

"Pero ninguno hablaba abiertamente de él, por miedo a los judíos" (Jn. 7:13).

"Después de todo esto, José de Arimatea, que era discípulo de Jesús, pero secretamente por miedo de los judíos, rogó a Pilato que le permitiese llevarse el cuerpo de Jesús; y Pilato se lo concedió. Entonces vino, y se llevó el cuerpo de Jesús" (Jn. 19:38).

"No hagáis distinción de persona en el juicio; así al pequeño como al grande oiréis; no tendréis temor de ninguno, porque el juicio es de Dios; y la causa que os fuere difícil, la traeréis a mí, y yo la oiré" (Dt. 1:17).

"Su íntimo pensamiento es que sus casas serán eternas, y sus habitaciones para generación y generación; dan sus nombres a sus tierras. Mas el hombre no permanecerá en honra; es semejante a las bestias que perecen. Este su camino es locura; con todo, sus descendientes se complacen en el dicho de ellos" (Sal. 49:11-13).

"Yo, yo soy vuestro consolador. ¿Quién eres tú para que tengas temor del hombre, que es mortal, y del hijo de hombre, que es como heno?" (Is. 51:12).

3 (12:44-46) ***Creyente - Jesucristo - Mediador:*** Está el creyente verdadero. El acento de estos versículos está en Jesucristo, el Mediador (ver Estudio a fondo 2, Jn. 12:44). Es más sencillo ver el significado de los versículos cambiando las cláusulas como lo hace el bosquejo.

⇒ A través de creer en Jesucristo (el Mediador), un hombre cree en Dios.

⇒ A través de ver a Jesucristo (el Mediador), un hombre ve a Dios.

1. Un hombre cree en Dios, cree verdaderamente en Dios solo cuando cree en Jesucristo. Cristo es el Mediador, el constructor del puente entre Dios y el hombre. Si un hombre desea acercarse a Dios, el único Dios viviente y verdadero, solo lo puede hacer creyendo primero en Jesucristo. Cuando un hombre sostiene que cree en Dios fuera de Cristo, está creyendo en un dios de la imaginación, en un dios de su propia factura. (cp. Jn. 14:6; 1 Ti. 2:5.)

Advierta también que cuando un hombre cree en Cristo, su fe está depositada en Dios, la Majestad Soberana que envió a Cristo a salvar el mundo.

"De cierto, de cierto os digo: El que oye mi palabra, y cree al que me envió, tiene vida eterna; y no vendrá a condenación, mas ha pasado de muerte a vida" (Jn. 5:24).

"Entonces le dijeron: ¿Qué debemos hacer para poner en práctica las obras de Dios? Respondió Jesús y les dijo: Esta es la obra de Dios, que creáis en el que él ha enviado" (Jn. 6:28, 29).

"Jesús le dijo: Yo soy el camino, y la verdad, y la vida; nadie viene al Padre, sino por mí" (Jn. 14:6).

"El que no me ama, no guarda mis palabras; y la palabra que habéis oído no es mía, sino del Padre que me envió" (Jn. 14:24).

"Porque las palabras que me diste, les he dado; y ellos las recibieron, y han conocido verdaderamente que salí de ti, y han creído que tú me enviaste" (Jn. 17:8).

"Para que todos sean uno; como tú, oh Padre, en mí, y yo en ti, que también ellos sean uno en nosotros; para que el mundo crea que tú me enviaste" (Jn. 17:21).

"Porque esto es bueno y agradable delante de Dios nuestro Salvador, el cual quiere que todos los hombres sean salvos y vengan al conocimiento de la verdad. Porque hay un solo Dios, y un solo mediador entre Dios y los hombres, Jesucristo hombre, el cual se dio a sí mismo en rescate por todos, de lo cual se dio testimonio a su debido tiempo" (1 Ti. 2:3-6).

2. Un hombre ve a Dios únicamente viendo a Jesucristo. Cristo sostuvo: "El que me ha visto a mi, ha visto al Padre" (Jn. 14:9). Cuando una persona mira a Cristo, ve la verdadera naturaleza de Dios, los mismos actos y palabras de Dios. Cristo es la revelación de Dios que vino a la tierra a revelar a Dios. Ver Estudio a fondo 1, 2, 3, Jn. 14:6.

"Yo y el Padre uno somos" (Jn. 10:30).

"Si no hago las obras de mi Padre, no me creáis. Mas si las hago, aunque no me creáis a mí, creed a las obras, para que conozcáis y creáis que el Padre está en mí, y yo en el Padre" (Jn. 10:37, 38).

"Y el que me ve, ve al que me envió" (Jn. 12:45).

"Si me conocieseis, también a mi Padre conoceríais; y desde ahora le conocéis, y le habéis visto. Felipe le dijo: Señor, muéstranos el Padre, y nos basta. Jesús le dijo: ¿Tanto tiempo hace que estoy con vosotros, y no me has conocido, Felipe? El que me ha visto a mí, ha visto al Padre; ¿cómo, pues, dices tú: Muéstranos el Padre? ¿No crees que yo soy en el Padre, y el Padre en mí? Las palabras que yo os hablo, no las hablo por mi propia cuenta, sino que el Padre que mora en mí, él hace las obras" (Jn. 14:7-10).

3. Un hombre es liberado de las tinieblas solo a través de

Jesucristo, la Luz. Cristo es la Luz del mundo (ver nota, Jn. 8:12). Vino a ser la Luz del mundo a fin de traer luz y salvación al hombre. Su verdadero propósito en la tierra fue salvar y dar luz. Cristo vino como una luz al mundo para que los hombres no tuvieran que vivir en un estado de oscuridad. Al hombre que cree en Cristo le es dada la luz, la luz para ver y aprender la verdad de Dios y de sí mismo, del mundo y de los otros, del futuro y de la eternidad.

"Pero si tu ojo es maligno, todo tu cuerpo estará en tinieblas. Así que, si la luz que en ti hay es tinieblas, ¿cuántas no serán las mismas tinieblas?" (Mt. 6:23).

"En él estaba la vida, y la vida era la luz de los hombres. La luz en las tinieblas resplandece, y las tinieblas no prevalecieron contra ella" (Jn. 1:4, 5).

"Y esta es la condenación: que la luz vino al mundo, y los hombres amaron más las tinieblas que la luz, porque sus obras eran malas" (Jn. 3:19).

"Otra vez Jesús les habló, diciendo: Yo soy la luz del mundo; el que me sigue, no andará en tinieblas, sino que tendrá la luz de la vida" (Jn. 8:12).

"Entonces Jesús les dijo: Aún por un poco está la luz entre vosotros; andad entre tanto que tenéis luz, para que no os sorprendan las tinieblas; porque el que anda en tinieblas, no sabe a dónde va" (Jn. 12:35).

"Por lo cual dice: Despiértate, tú que duermes, y levántate de los muertos, y te alumbrará Cristo" (Ef. 5:14).

"La noche está avanzada, y se acerca el día. Desechemos, pues, las obras de las tinieblas, y vistámonos las armas de la luz" (Ro. 13:12).

"Si decimos que tenemos comunión con él, y andamos en tinieblas, mentimos, y no practicamos la verdad" (1 Jn. 1:6).

ESTUDIO A FONDO 2

(12:44) ***Jesús el Mediador:*** Representa a Dios ante los hombres y a los hombres ante Dios. En latín, la palabra para mediador es *pontifex*. Quiere decir constructor de puentes. (Ver nota, Jn. 19:23-24.)

4 (12:47-50) ***Juicio:*** Está el no creyente, su juicio. Cristo dijo dos cosas significativas.

1. El no creyente no es juzgado por Cristo. Cristo vino a salvar el mundo, no a juzgarlo.

2. El no creyente es juzgado por las palabras de salvación. Las mismas palabras que el hombre rechaza serán testimonio en su contra. El no creyente rechazó las palabras de salvación, entonces serán su juez. Advierta que el no creyente se condena a sí mismo, porque las palabras de salvación ahora han sido traídas a la tierra por Jesucristo. Todo el mensaje de salvación está disponible ahora. Nadie evita que el hombre tenga acceso a las palabras: ningún hombre se las está ocultando. Todo lo que el hombre debe hacer es aceptarlas y llevarlas a otros hombres. Si el hombre rechaza las palabras de salvación, se condena y se juzga. ¿Por qué? Porque en los días postreros, cuando el hombre esté frente a Dios, las palabras de salvación *no se encontrarán* en él. Las palabras estarán *fuera* del no creyente, allí para juzgarlo.

Hay tres motivos por los que las palabras de Cristo juzgarán a un hombre:

⇒ Porque son los mandamientos de Dios mismo.

"Y este es su mandamiento: Que creamos en el nombre de su Hijo Jesucristo, y nos amemos unos a otros como nos lo ha mandado" (1 Jn. 3:23).

⇒ Porque el mandamiento de Dios es vida.

"El espíritu es el que da vida; la carne para nada aprovecha; las palabras que yo os he hablado son espíritu y son vida" (Jn. 6:63).

"Le respondió Simón Pedro: Señor, ¿a quién iremos? Tú tienes palabras de vida eterna" (Jn. 6:68).

"De cierto, de cierto os digo, que el que guarda mi palabra, nunca verá muerte" (Jn. 8:51).

⇒ Porque las palabras de Cristo son la verdad, las mismas palabras que el Padre le dijo a Cristo qué decir.

"Porque el que Dios envió, las palabras de Dios habla; pues Dios no da el Espíritu por medida" (Jn. 3:34).

"El que no me ama, no guarda mis palabras; y la palabra que habéis oído no es mía, sino del Padre que me envió" (Jn. 14:24).

"Porque las palabras que me diste, les he dado; y ellos las recibieron, y han conocido verdaderamente que salí de ti, y han creído que tú me enviaste" (Jn. 17:8).

	CAPÍTULO 13 **XIII. LA REVELACIÓN DE JESÚS, EL GRAN MINISTRO Y SU LEGADO, 13:1—16:33** **A. La demostración del servicio real, 13:1-17** (cp Mt. 26:20-24; Mr. 14:14-17; Lc. 22:14, 21-23)
1 En el aposento alto justo antes de la Pascua **2 El ímpetu por el servicio real** a. Sabiendo que había llegado Su hora b. Amando a Sus seguidores hasta el final c. Conociendo a sus enemigos	1 Antes de la fiesta de la pascua, sabiendo Jesús que su hora había llegado para que pasase de este mundo al Padre, como había amado a los suyos que estaban en el mundo, los amó hasta el fin. 2 Y cuando cenaban, como el diablo ya había puesto en el corazón de Judas Iscariote, hijo de Simón, que le entregase,
3 La demostración extrema del servicio real a. Conociendo Su misión b. Dejando a un lado sus vestiduras c. Lavando los pies de los discípulos	3 sabiendo Jesús que el Padre le había dado todas las cosas en las manos, y que había salido de Dios, y a Dios iba, 4 se levantó de la cena, y se quitó su manto, y tomando una toalla, se la ciñó. 5 Luego puso agua en un lebrillo, y comenzó a lavar los pies de los discípulos, y a enjugarlos con la toalla con que estabaceñido.
4 El requisito previo para el servicio real: lavar y purificar	6 Entonces vino a Simón Pedro; y Pedro le dijo: Señor, ¿tú me lavas los pies?

7 Respondió Jesús y le dijo: Lo que yo hago, tú no lo comprendes ahora; mas lo entenderás después. 8 Pedro le dijo: No me lavarás los pies jamás. Jesús le respondió: Si no te lavare, no tendrás parte conmigo.	a. El lavado es mal entendido b. El lavado tiene un significado más profundo: limpieza espiritual
9 Le dijo Simón Pedro: Señor, no solo mis pies, sino también las manos y la cabeza.	c. Se solicita el lavado
10 Jesús le dijo: El que está lavado, no necesita sino lavarse los pies, pues está todo limpio; y vosotros limpios estáis, aunque no todos.	d. El lavado es profundo y permanente
11 Porque sabía quién le iba a entregar; por eso dijo: No estáis limpios todos.	e. El lavado no es automático ni por asociación
12 Así que, después que les hubo lavado los pies, tomó su manto, volvió a la mesa, y les dijo: ¿Sabéis lo que os he hecho?	**5 El significado del servicio real**
13 Vosotros me llamáis Maestro, y Señor; y decís bien, porque lo soy.	a. Servir a Jesús como Maestro y Señor
14 Pues si yo, el Señor y el Maestro, he lavado vuestros pies, vosotros también debéis lavaros los pies los unos a los otros.	b. Servir a otros creyentes en forma real, de sacrificio, conduciéndolos a ser lavados y purificados
15 Porque ejemplo os he dado, para que como yo os he hecho, vosotros también hagáis.	**6 Los motivos para el servicio real** a. Debido al ejemplo de Jesús
16 De cierto, de cierto os digo: El siervo no es mayor que su señor, ni el enviado es mayor que el que le envió.	b. Porque los creyentes no son tan grandes como el Señor
17 Si sabéis estas cosas, bienaventurados seréis si las hiciereis.	c. Debido al gozo resultante

DIVISIÓN XIII

LA REVELACIÓN DE JESÚS, EL GRAN MINISTRO Y SU LEGADO, 13:1—16:33

A. La demostración del servicio real, 13:1-17

(13:1-17) ***Introducción:*** Los discípulos habían estado discutiendo acerca de quiénes tendrían las posiciones de liderazgo en el gobierno que Jesús iba a establecer (cp. Lc. 22:24; Mr. 10:35-45, esp. v. 41). La discusión era acalorada. Estaban atrapados en la ambición por la posición, el poder y la autoridad. ¡Cómo debe haberse lastimado el corazón de Jesús! Le quedaba tan poco tiempo para enseñarles que el camino a la gloria es a través del servicio y no a través de la posición y la autoridad. ¿Cómo podía enviar el mensaje con suficiente firmeza para que nunca olvidaran la verdad? Esto fue lo que condujo a Jesús a lavar los pies de los discípulos y a demostrar cuál es el verdadero reinado: servir a los demás.

1. En el aposento alto justo antes de la Pascua (v. 1).
2. El ímpetu por el servicio real (vv. 1, 2).
3. La demostración extrema del servicio real (vv. 3-5).
4. El requisito previo para el servicio real: lavar y purificar (vv. 6-11).
5. El significado del servicio real (vv. 12-14).

6. Los motivos para el servicio real (vv. 15-17).

[1] (13:1) ***Aposento alto:*** Este evento tuvo lugar justo antes de la Pascua. Se llevó a cabo en el aposento alto donde sucedieron tantos eventos importantes.

[2] (13:1, 2) ***Ministerio - Servicio:*** El ímpetu por el servicio real. Tres cosas *hicieron que* Jesús lavara los pies de los discípulos y demostrara la soberanía real del servicio y del ministerio.

1. Él sabía que "su hora" había llegado (ver Estudio a fondo 1, Hora, Jn. 12:23, 24). Iba a morir y le quedaba poco tiempo. Lo que quisiera enseñarle a los discípulos debía ser enseñado ahora, porque pronto no quedaría tiempo.

2. Él amaba a los suyos, es decir, a sus seguidores en la tierra, por quienes Él era responsable. *Los suyos* incluye *tanto* las huestes celestiales y los creyentes que han ido al cielo. Él es el Señor, el Hijo del Dios viviente a quien se le ha dado todo; por lo tanto, los suyos incluyen a todos aquellos en el cielo y en la tierra que son seguidores de Él. Y Cristo los ama a todos. Sin embargo, el punto presente es este: Él ama a los suyos... *en el mundo*". Por lo tanto, se vio obligado a hacer lo que fuera necesario para ayudarlos, sin importar el costo. Estaba obligado a lavar sus pies, sin importar la humillación y el grado de degradación requeridos.

3. Él conocía a su enemigo, y sabía que el enemigo estaba por atacar y traicionarlo. Tenía que actuar antes de que el enemigo atacara. Había que fortalecer y fortificar a los discípulos, demostrarles y enseñarles de inmediato. Una vez que el enemigo atacara, sería demasiado tarde.

Pensamiento 1: Las mismas tres cosas deberían *impulsar* a todo creyente a servir y a hacerlo ahora.

1) Saber que ha llegado la hora, la hora siempre es corta.

"Jesús les dijo: Mi comida es que haga la voluntad del que me envió, y que acabe su obra" (Jn. 4:34).

"Me es necesario hacer las obras del que me envió, entre tanto que el día dura; la noche viene, cuando nadie puede trabajar" (Jn. 9:4).

"Y esto, conociendo el tiempo, que es ya hora de levantarnos del sueño; porque ahora está más cerca de nosotros nuestra salvación que cuando creímos. La noche está avanzada, y se acerca el día. Desechemos, pues, las obras de las tinieblas, y vistámonos las armas de la luz" (Ro. 13:11, 12).

"Pero esto digo, hermanos: que el tiempo es corto; resta, pues, que los que tienen esposa sean como si no la tuviesen" (1 Co. 7:29).

"Aprovechando bien el tiempo, porque los días son malos" (Ef. 5:16).

"Andad sabiamente para con los de afuera, redimiendo el tiempo" (Col. 4:5).

"Por lo cual te aconsejo que avives el fuego del don de Dios que está en ti por la imposición de mis manos" (2 Ti. 1:6).

2) Amar a "los suyos", aquellos por quien es responsable el creyente.

"Como el Padre me ha amado, así también yo os he amado; permaneced en mi amor" (Jn. 15:9).

"Nadie tiene mayor amor que este, que uno ponga su vida por sus amigos" (Jn. 15:13).

"Porque el amor de Cristo nos constriñe, pensando esto: que si uno murió por todos, luego todos murieron; y por todos murió, para que los que viven, ya no vivan para sí, sino para aquel que murió y resucitó por ellos" (2 Co. 5:14, 15).

"En esto hemos conocido el amor, en que él puso su vida por nosotros; también nosotros debemos poner nuestras vidas por los hermanos" (1 Jn. 3:16).

3) Conocer al enemigo, que va a atacar de inmediato y con toda la fuerza que pueda.

"Cuando alguno oye la palabra del reino y no la entiende, viene el malo, y arrebata lo que fue sembrado en su corazón. Este es el que fue sembrado junto al camino" (Mt. 13:19).

"Por lo demás, hermanos míos, fortaleceos en el Señor, y en el poder de su fuerza. Vestíos de toda la armadura de Dios, para que podáis estar firmes contra las asechanzas del diablo" (Ef. 6:10, 11).

"Someteos, pues, a Dios; resistid al diablo, y huirá de vosotros" (Stg. 4:7).

"Sed sobrios, y velad; porque vuestro adversario el diablo, como león rugiente, anda alrededor buscando a quien devorar; al cual resistid firmes en la fe, sabiendo que los mismos padecimientos se van cumpliendo en vuestros hermanos en todo el mundo" (1 P. 5:8, 9).

Nota: Los mismos hechos deben impulsarnos a apegarnos a nuestro servicio, trabajando todo el tiempo, persistiendo y perseverando.

"Así que, hermanos míos amados, estad firmes y constantes, creciendo en la obra del Señor siempre, sabiendo que vuestro trabajo en el Señor no es en vano" (1 Co. 15:58).

[3] (13:3-5) ***Servicio - Ministerio:*** La demostración extrema del servicio real. El servicio fue *real* porque lo llevó a cabo Jesucristo, el mismo Hijo de Dios. Él y solo Él es el Señor de los señores y el Rey de reyes. Como se mencionó anteriormente, tanto los creyentes de las huestes celestiales y sus creyentes, ya sean de la tierra o del cielo, son suyos. Este es el énfasis de este punto: Jesús sabía quién era. Él conocía su gloriosa Persona, y sin embargo, se humilló y hasta se degradó. Advierta exactamente qué se dijo.

Jesús sabía que el Padre había entregado todas las cosas en sus manos: todo el poder y la autoridad, la gloria y el honor, todos los seres del cielo y de la tierra, toda la administración (ministerio) y el gobierno, todo el juicio y la responsabilidad por salvar el universo.

⇒ Jesús sabía que Él había venido de Dios. Conocía la posición exaltada de la que había venido y la enorme condescendencia que había hecho. Conocía el gran torbellino que había ocasionado al venir a la tierra.

⇒ Jesús conocía el esplendor, el brillo y la gloria de su Persona.

⇒ Jesús sabía que iba a regresar a Dios. Sabía que iba a asumir su posición anterior de gloria, honor y gobierno. Sabía que iba a tomar su lugar a la diestra de Dios muy pronto.

Pero advierta: Él, que era el Señor de los señores, y el Rey de reyes, que era el Dios de todo Dios, dejó a un lado sus vestiduras y comenzó a lavar los pies de los hombres. Él que era...

- Maestro, se convirtió en el esclavo.
- el Señor, tomó el ministerio de la humillación.
- el Superior, tomó el lugar del inferior.
- el Soberano, se convirtió en el súbdito.

Jesús, que sabía quién era, dio la más extrema demostración de servicio posible. Eligió el acto más extremo posible para demostrar que hay realeza en el servicio y el ministerio.

> **"Como el Hijo del Hombre no vino para ser servido, sino para servir, y para dar su vida en rescate por muchos" (Mt. 20:28).**
>
> **"Mas no así vosotros, sino sea el mayor entre vosotros como el más joven, y el que dirige, como el que sirve. Porque, ¿cuál es mayor, el que se sienta a la mesa, o el que sirve? ¿No es el que se sienta a la mesa? Mas yo estoy entre vosotros como el que sirve" (Lc. 22:26, 27).**
>
> **"Digo, pues, por la gracia que me es dada, a cada cual que está entre vosotros, que no tenga más alto concepto de sí que el que debe tener, sino que piense de sí con cordura, conforme a la medida de fe que Dios repartió a cada uno" (Ro. 12:3).**
>
> **"Nada hagáis por contienda o por vanagloria; antes bien con humildad, estimando cada uno a los demás como superiores a él mismo; no mirando cada uno por lo suyo propio, sino cada cual también por lo de los otros" (Fil. 2:3, 4).**
>
> **"Humillaos delante del Señor, y él os exaltará" (Stg. 4:10).**
>
> **"Igualmente, jóvenes, estad sujetos a los ancianos; y todos, sumisos unos a otros, revestíos de humildad; porque: Dios resiste a los soberbios, y da gracia a los humildes" (1 P. 5:5).**

ESTUDIO A FONDO 1

(13:4, 5) ***Servicio - Grandeza:*** En el caluroso y polvoriento país de Palestina, la mayoría de las personas usaban sandalias y sus pies se ensuciaban mucho. Una letrina ocupaba el lugar de entrada de la mayoría de los hogares judíos. Al entrar a la casa de una persona, los pobres se lavaban los pies, y los ricos tenían un sirviente disponible para que le lavara los pies.

Jesús estaba ocupando el lugar de un sirviente o de un esclavo (doulos) que no tenía ningún tipo de derechos. (Ver nota, Ro. 1:1). Estaba demostrando la ruta al servicio de realeza, demostrando que...

- el camino a la realeza es el servicio.
- el camino a la grandeza es el ministerio.
- el camino al poder es la humildad.
- el camino a la posición es el servicio.
- el camino al gobierno es dar.

Lucas nos dice que los discípulos estaban discutiendo acerca de quién iba a asumir las posiciones de liderazgo en el gobierno de Jesús cuando gobernara el Reino (Lc. 22:24; cp. Mr. 10:35-45). Probablemente los discípulos estaban tan atrapados en su sed de poder y autoridad que estaban más allá de considerar algo en forma racional. Lo que hizo Jesús fue demostrarles el camino a la verdadera realeza, el andar de un verdadero estadista. Hay una realeza de servicio ?un camino real hacia el ministerio? una dignidad verdadera en humillarse para satisfacer las necesidades de los demás. Hay algo llamado servicio real.

[4] (13:6-11) ***Limpiado - Lavado - Perdón - Salvación:*** El requisito previo para el servicio real es ser lavado y limpiado. Lo que sucedió ahora fue crítico para toda persona que sostenía ser un seguidor y un siervo del Señor. El punto crucial es esta expresión:

> **"Pedro le dijo: No me lavarás los pies jamás. Jesús le respondió: Si no te lavare, no tendrás parte conmigo" (Jn. 13:8).**

Hay un significado más profundo en lo que Jesús estaba haciendo, un significado espiritual. Una persona tiene que ser lavada y limpiada por Jesús...

- antes de que pueda formar parte de Jesús.
- antes de que pueda servir a Jesús.

Otra forma de decir lo mismo es: antes de que una persona pueda servir a Cristo, debe ser parte de Cristo. Sin embargo, antes de que una persona pueda ser parte de Cristo, hay un *requisito previo crítico*, un factor esencial absoluto: una persona debe ser lavada y limpiada por Cristo.

Ahora bien, advierta qué sucedió.

1. Hay un malentendido respecto del lavado y la limpieza. Jesús se acercó a Pedro para lavar sus pies, para limpiar la suciedad y la contaminación de la parte más baja de su ser (sus pies). Pedro vio a Jesús lavándolo a él y a los otros (la humanidad) y lo consideró demasiado humillante para que lo hiciera su Señor. Por lo tanto, Pedro retiró sus pies como signo de objeción. Nunca el Señor del universo podría hacer algo así.

Sin embargo, Pedro vio solo el acto humano y físico de Jesús al servirlo a él y a los otros (humanidad).

> ***Pensamiento 1:*** La mayoría de los hombres interpretan mal y se oponen al acto de limpieza de Jesús...
>
> - a la humillación y condescendencia de "su hora" (la cruz v. 1).
> - a la sangre limpiadora del Cordero, el Señor mismo.

La mayoría de los hombres interpretan mal la misión y el servicio...

- de que Él vino a lavar y limpiar a los hombres de sus pecados y muerte, de la condena y el infierno.
- de que Él vino a limpiar a los hombres en su sangre para que fueran aceptables ante Dios eternamente.
- de que Él vino a limpiar a los hombres para que sean adecuados para servir a Dios, tanto ahora como por siempre.

2. Lavar y limpiar tienen un significado más profundo, un significado espiritual. (Ver la parte anterior de este punto para una explicación). Pedro no comprendió al principio, pero lo hizo luego de la muerte y resurrección de Jesús (cp. 1 P. 2:24; 3:18).

> ***Pensamiento 1:*** Hoy no hay excusa para no comprender qué estaba haciendo Jesús.

"Porque nosotros también éramos en otro tiempo insensatos, rebeldes, extraviados, esclavos de concupiscencias y deleites diversos, viviendo en malicia y envidia, aborrecibles, y aborreciéndonos unos a otros. Pero cuando se manifestó la bondad de Dios nuestro Salvador, y su amor para con los hombres, nos salvó, no por obras de justicia que nosotros hubiéramos hecho, sino por su misericordia, por *el lavamiento de la regeneración* y por la renovación en el Espíritu Santo" (Tit. 3:3-5).

"¿Cuánto más la sangre de Cristo, el cual mediante el Espíritu eterno se ofreció a sí mismo sin mancha a Dios, *limpiará vuestras conciencias* de obras muertas para que sirváis al Dios vivo?" (He. 9:14).

"Pero si andamos en luz, como él está en luz, tenemos comunión unos con otros, y la sangre de Jesucristo su Hijo *nos limpia* de todo pecado" (1 Jn. 1:7).

3. Se solicita el lavado y la limpieza. Todo hombre debería clamar como lo hizo Pedro: "Señor, no sólo mis pies, sino también las manos y la cabeza". Advierta cómo clamó Pedro por una limpieza total. Ansiaba ser lavado totalmente.

Pensamiento 1: No existe tal cosa como retener una parte del cuerpo o del comportamiento para sí, hacer lo que a uno le plazca. No existe tal cosa como la limpieza parcial. La lengua, los ojos, las manos, lo que uno dice, mira, toca todo debe ser lavado y limpiado por Cristo o "no tendrás parte conmigo".

"¿Quién podrá entender sus propios errores? Líbrame de los que me son ocultos" (Sal. 19:12).

"Lávame más y más de mi maldad, y límpiame de mi pecado" (Sal. 51:2).

"Purifícame con hisopo, y seré limpio; lávame, y seré más blanco que la nieve" (Sal. 51:7).

"Ayúdanos, oh Dios de nuestra salvación, por la gloria de tu nombre; y líbranos, y perdona nuestros pecados por amor de tu nombre" (Sal. 79:9).

4. El lavado y la limpieza son profundos y permanentes. Pedro acababa de clamar por una limpieza total y profunda. Ahora, advierta una gloriosa verdad, una de las verdades más gloriosas de las Escrituras.

"Jesús le dijo: El que está lavado, no necesita sino lavarse los pies, pues está todo limpio" (Jn. 13:10).

Una vez que un hombre es lavado, ya está limpio. Pedro ya estaba limpio, por lo tanto, no necesitaba otro baño (experiencia de ser salvo y limpio). Pero advierta lo que se necesita: sus pies necesitaban ser limpiados. Mientras caminaba por la suciedad del mundo, necesitaba pedirle a Jesús que lo limpiara de la contaminación que había adquirido. Necesitaba una limpieza localizada, una limpieza de las partes del cuerpo que se habían ensuciado.

"Así que, amados, puesto que tenemos tales promesas, limpiémonos de toda contaminación de carne y de espíritu, perfeccionando la santidad en el temor de Dios" (2 Co. 7:1).

"Así que, si alguno se limpia de estas cosas, será instrumento para honra, santificado, útil al Señor, y dispuesto para toda buena obra. Huye también de las pasiones juveniles, y sigue la justicia, la fe, el amor y la paz, con los que de corazón limpio invocan al Señor" (2 Ti. 2:21, 22).

"Si confesamos nuestros pecados, él es fiel y justo para perdonar nuestros pecados, y limpiarnos de toda maldad" (1 Jn. 1:9).

"Amados, ahora somos hijos de Dios, y aún no se ha manifestado lo que hemos de ser; pero sabemos que cuando él se manifieste, seremos semejantes a él, porque le veremos tal como él es. Y todo aquel que tiene esta esperanza en él, se purifica a sí mismo, así como él es puro" (1 Jn. 3:2, 3).

5. Lavar y limpiar no son automáticos ni vienen por asociación. Esto se ve claramente en Judas. Judas había estado con Jesús, trabajando a su lado todos los días. Era un seguidor profesado y siervo del Señor, y por lo que podía verse, no tenía pecados públicos ni hábitos corruptos. Sin embargo, no se le permitió que Jesús lo lavara ni lo limpiara.

"Ahora, pues, ¿por qué te detienes? Levántate y bautízate, y lava tus pecados, invocando su nombre" (Hch. 22:16).

"No es buena vuestra jactancia. ¿No sabéis que un poco de levadura leuda toda la masa? Limpiaos, pues, de la vieja levadura, para que seáis nueva masa, sin levadura como sois; porque nuestra pascua, que es Cristo, ya fue sacrificada por nosotros" (1 Co. 5:6, 7).

"Y esto erais algunos; mas ya habéis sido lavados, ya habéis sido santificados, ya habéis sido justificados en el nombre del Señor Jesús, y por el Espíritu de nuestro Dios" (1 Co. 6:11; cp. vv. 9, 10).

"Acercaos a Dios, y él se acercará a vosotros. Pecadores, limpiad las manos; y vosotros los de doble ánimo, purificad vuestros corazones" (Stg. 4:8).

"Lavaos y limpiaos; quitad la iniquidad de vuestras obras de delante de mis ojos; dejad de hacer lo malo" (Is. 1:16).

"Lava tu corazón de maldad, oh Jerusalén, para que seas salva. ¿Hasta cuándo permitirás en medio de ti los pensamientos de iniquidad?" (Jer. 4:14).

5 (13:12-14) ***Servicio - Ministerio:*** El sentido del servicio real. Jesús hizo la pregunta puntual: "¿Sabéis lo que os he hecho?". Luego exigió dos cosas de sus seguidores y siervos.

1. El siervo de Jesús debe *servir a Jesús como Maestro y Señor*. Advierta la declaración de Jesús: *"Yo Soy"* Maestro y Señor. El siervo del Señor Jesús no es solo un seguidor de Jesús. Es un siervo, un esclavo (doulos) sin derechos propios. Está al llamado y disposición de Jesús. No actúa por sí, no hace sus propias cosas. No busca las cosas del mundo: sus posiciones, riquezas, poder, reconocimiento y honor. No existe para *asegurar* esas cosas; sino que existe para servir a Jesús y solo a Él. (Ver nota, Esclavo - Ro. 1:1).

"Sepa, pues, ciertísimamente toda la casa de Israel, que a este Jesús a quien vosotros crucificasteis, Dios le ha hecho Señor y Cristo" (Hch. 2:36).

"Para nosotros, sin embargo, sólo hay un Dios, el Padre, del cual proceden todas las cosas, y nosotros somos para él; y un Señor, Jesucristo, por medio del cual son todas las cosas, y nosotros por medio de él" (1 Co. 8:6).

"Porque Cristo para esto murió y resucitó, y volvió

a vivir, para ser Señor así de los muertos como de los que viven" (Ro. 14:9).

"Fiel es Dios, por el cual fuisteis llamados a la comunión con su Hijo Jesucristo nuestro Señor" (1 Co. 1:9).

"Y él es la cabeza del cuerpo que es la iglesia, él que es el principio, el primogénito de entre los muertos, para que en todo tenga la preeminencia" (Col. 1:18).

"Si alguno me sirve, sígame; y donde yo estuviere, allí también estará mi servidor. Si alguno me sirviere, mi Padre le honrará" (Jn. 12:26).

"No sirviendo al ojo, como los que quieren agradar a los hombres, sino como siervos de Cristo, de corazón haciendo la voluntad de Dios; sirviendo de buena voluntad, como al Señor y no a los hombres" (Ef. 6:6, 7).

"Y todo lo que hagáis, hacedlo de corazón, como para el Señor y no para los hombres; sabiendo que del Señor recibiréis la recompensa de la herencia, porque a Cristo el Señor servís" (Col. 3:23, 24).

2. El siervo de Jesús debe servir a otros creyentes con realeza y sacrificio, conduciéndolos a andar en confesión abierta y a ser lavados y limpiados de la suciedad del mundo.

a. El siervo de Jesús debe servir a otros así como Jesús lo hizo ministrando las necesidades humanas de los demás con toda humildad.

"Y cualquiera que dé a uno de estos pequeñitos un vaso de agua fría solamente, por cuanto es discípulo, de cierto os digo que no perderá su recompensa" (Mt. 10:42).

"Pero no será así entre vosotros, sino que el que quiera hacerse grande entre vosotros será vuestro servidor, y el que de vosotros quiera ser el primero, será siervo de todos" (Mr. 10:43, 44).

"¿Quién, pues, de estos tres te parece que fue el prójimo del que cayó en manos de los ladrones? Él dijo: El que usó de misericordia con él. Entonces Jesús le dijo: Ve, y haz tú lo mismo" (Lc. 10:36, 37).

"Un mandamiento nuevo os doy: Que os améis unos a otros; como yo os he amado, que también os améis unos a otros" (Jn. 13:34).

"Porque vosotros, hermanos, a libertad fuisteis llamados; solamente que no uséis la libertad como ocasión para la carne, sino servíos por amor los unos a los otros" (Gá. 5:13).

"Sobrellevad los unos las cargas de los otros, y cumplid así la ley de Cristo" (Gá. 6:2).

"Así que, según tengamos oportunidad, hagamos bien a todos, y mayormente a los de la familia de la fe" (Gá. 6:10).

b. El siervo de Jesús debe ministrar las necesidades espirituales de los otros conduciéndolos a Cristo para lavarse y limpiarse de la suciedad del mundo.

"Como el Hijo del Hombre no vino para ser servido, sino para servir, y para dar su vida en rescate por muchos" (Mt. 20:28).

"Entonces Jesús les dijo otra vez: Paz a vosotros. Como me envió el Padre, así también yo os envío" (Jn. 20:21).

"Volvió a decirle la segunda vez: Simón, hijo de Jonás, ¿me amas? Pedro le respondió: Sí, Señor; tú sabes que te amo. Le dijo: Pastorea mis ovejas" (Jn. 21:16).

"Venid luego, dice Jehová, y estemos a cuenta: si vuestros pecados fueren como la grana, como la nieve serán emblanquecidos; si fueren rojos como el carmesí, vendrán a ser como blanca lana" (Is. 1:18).

[6] (13:15-17) ***Servicio - Ministerio:*** Las razones para el servicio real son tres.

1. Un creyente debe servir por el ejemplo de Jesús. Sería sencillo lavar los pies de Jesús, pero la dificultad reside en lavar los pies de los demás.

⇒ ¿Hay alguien cuyos pies quiero lavar? Recuerden que Jesús incluso lavó los pies de Judas.

"Entonces Jesús dijo a sus discípulos: Si alguno quiere venir en pos de mí, niéguese a sí mismo, y tome su cruz, y sígame" (Mt. 16:24).

"Pero el Dios de la paciencia y de la consolación os dé entre vosotros un mismo sentir según Cristo Jesús" (Ro. 15:5).

"Sed, pues, imitadores de Dios como hijos amados. Y andad en amor, como también Cristo nos amó, y se entregó a sí mismo por nosotros, ofrenda y sacrificio a Dios en olor fragante" (Ef. 5:1, 2).

"Haya, pues, en vosotros este sentir que hubo también en Cristo Jesús" (Fil. 2:5).

"Vestíos, pues, como escogidos de Dios, santos y amados, de entrañable misericordia, de benignidad, de humildad, de mansedumbre, de paciencia; soportándoos unos a otros, y perdonándoos unos a otros si alguno tuviere queja contra otro. De la manera que Cristo os perdonó, así también hacedlo vosotros" (Col. 3:12, 13).

2. Un creyente debe servir porque los creyentes no son tan grandes como el Señor. Advierta: somos menos que Jesucristo...

- en persona y posición.
- en misión y obra.

(El mismo dicho se encuentra en Mt. 10:24; Lc. 6:40; Jn. 15:20. Cp. también Lc. 22:26, 27 para un cuadro completo de la verdad.)

3. Un creyente debe servir por el gozo resultante. El tiempo griego es continuo. "Bienaventurados seréis si os mantenéis haciendo [estas cosas, servir]". Solo conocer la verdad no es suficiente. Debemos hacer la verdad y seguir haciéndola. Cuando lo hacemos, nos llenamos de gozo. (cp. Jn. 15:11).

"Llevad mi yugo sobre vosotros, y aprended de mí, que soy manso y humilde de corazón; y hallaréis descanso para vuestras almas" (Mt. 11:29).

"El que quiera hacer la voluntad de Dios, conocerá si la doctrina es de Dios, o si yo hablo por mi propia cuenta" (Jn. 7:17).

"Hasta ahora nada habéis pedido en mi nombre; pedid, y recibiréis, para que vuestro gozo sea cumplido" (Jn. 16:24).

"Pero ahora voy a ti; y hablo esto en el mundo, para que tengan mi gozo cumplido en sí mismos" (Jn. 17:13).

"Porque el reino de Dios no es comida ni bebida, sino justicia, paz y gozo en el Espíritu Santo" (Ro. 14:17).

"A quien amáis sin haberle visto, en quien creyendo, aunque ahora no lo veáis, os alegráis con gozo inefable y glorioso" (1 P. 1:8).

"En gran manera me gozaré en Jehová, mi alma se

alegrará en mi Dios; porque me vistió con vestiduras de salvación, me rodeó de manto de justicia, como a novio me atavió, y como a novia adornada con sus joyas" (Is. 61:10).

"Fueron halladas tus palabras, y yo las comí; y tu palabra me fue por gozo y por alegría de mi corazón; porque tu nombre se invocó sobre mí, oh Jehová Dios de los ejércitos" (Jer. 15:16).

	B. La predicción del traidor: un cuadro de apostasía, 13:18-30	23 Y uno de sus discípulos, al cual Jesús amaba, estaba recostado al lado de Jesús.	
		24 A éste, pues, hizo señas Simón Pedro, para que preguntase quién era aquel de quien hablaba.	d. El gesto de Pedro para que Juan siguiera preguntando
1 Está el dolor de la traición a. El traidor no es elegido b. El traidor es del peor tipo: come con Él, y luego se retira	18 No hablo de todos vosotros; yo sé a quienes he elegido; mas para que se cumpla la Escritura: El que come pan conmigo, levantó contra mí su calcañar.	25 El entonces, recostado cerca del pecho de Jesús, le dijo: Señor, ¿quién es?	e. La pregunta de Juan
2 Está la predicción de la traición a. Para asegurar que Jesús es el Mesías b. Para reforzar la dignidad del llamado del Señor c. Para dar seguridad de la presencia viviente de Dios	19 Desde ahora os lo digo antes que suceda, para que cuando suceda, creáis que yo soy. 20 De cierto, de cierto os digo: El que recibe al que yo enviare, me recibe a mí; y el que me recibe a mí, recibe al que me envió.	26 Respondió Jesús: A quien yo diere el pan mojado, aquél es. Y mojando el pan, lo dio a Judas Iscariote hijo de Simón. 27 Y después del bocado, Satanás entró en él. Entonces Jesús le dijo: Lo que vas a hacer, hazlo más pronto. 28 Pero ninguno de los que estaban a la mesa entendió por qué le dijo esto.	f. La identificación indirecta y misericordiosa de Jesús: la última oportunidad **4 Está la advertencia en contra de la traición** a. La posesión diabólica b. La acusación: actúa ahora c. El engaño de los discípulos por parte del engañador
3 Está la última oportunidad dada al traidor a. La presencia expuesta del traidor b. La tristeza de Jesús c. La perplejidad, el nerviosismo y la actitud de los discípulos	21 Habiendo dicho Jesús esto, se conmovió en espíritu, y declaró y dijo: De cierto, de cierto os digo, que uno de vosotros me va a entregar. 22 Entonces los discípulos se miraban unos a otros, dudando de quién hablaba.	29 Porque algunos pensaban, puesto que Judas tenía la bolsa, que Jesús le decía: Compra lo que necesitamos para la fiesta; o que diese algo a los pobres. 30 Cuando él, pues, hubo tomado el bocado, luego salió; y era ya de noche.	d. El juicio: visto en el traidor separado de inmediato

DIVISIÓN XIII

LA REVELACIÓN DE JESÚS, EL GRAN MINISTRO Y SU LEGADO, 13:1—16:33

B. La predicción del traidor: un cuadro de apostasía, 13:18-30

(13:18-30) ***Introducción:*** Esta es una imagen clara de la traición y la apostasía, de un hombre que le da la espalda a Cristo para ir al mundo. Sirve como fuerte advertencia a todo hombre que *profese* seguir a Cristo.

1. Está el dolor de la traición (v. 18).
2. Está la predicción de la traición (vv. 19, 20).
3. Está la última oportunidad dada al traidor (vv. 21-26).
4. Está la advertencia en contra de la traición (vv. 27-30).

[1] (13:18) ***Traición - Apostasía:*** Está el dolor de la traición. Cuando Judas u otro hombre traiciona al Señor, el corazón del Señor es cortado al medio, puesto que se pierde un alma. Hay dos cosas en particular que lastiman profundamente.

1. El traidor no es elegido por Cristo. No puede serlo, porque ha rechazado a Cristo; por lo tanto, Cristo tiene que rechazarlo (Mt. 10:32, 33). Cristo atrajo a Judas: Se acercó al corazón de Judas para aliviar su mente. Animó a Judas para que comprendiera que Él, Jesús, *era* el Mesías, el mismo Hijo de Dios. Pero Judas se rebeló en contra del *poder de atracción* de Cristo y rechazó el *poder de dar vida* de Cristo.

Cuando un hombre es atraído y agitado por el Espíritu de Dios, debe responder allí y en ese momento. " No contenderá mi espíritu con el hombre para siempre" (Gn. 6:3). La mayoría de las personas son conscientes de un tirón para decidir por Dios en algún momento de sus vidas, pero cuando ese tirón y el poder de atracción son rechazados, cesa pronto y la persona deja de pensar demasiado sobre el asunto.

> **"Y dijo Jehová: No contenderá mi espíritu con el hombre para siempre, porque ciertamente él es carne; mas serán sus días ciento veinte años" (Gn. 6:3).**
>
> **"El hombre que reprendido endurece la cerviz, de repente será quebrantado, y no habrá para él medicina" (Pr. 29:1).**

El punto es este. Cuando una persona traiciona a Cristo y comienza a vivir en pecado, demuestra que no respondió verdaderamente al *movimiento* del Espíritu de Dios dentro de su corazón. Expone su verdadera naturaleza de falta de regeneración: él no es uno de los elegidos por Dios. Esto rompe el corazón de Cristo, porque Él quiere que todo hombre preste atención al llamado del Espíritu, que responda a su oferta de salvación eterna. Quiere que todos se vuelvan sus seguidores. No quiere que nadie se pierda.

> **"El Señor no retarda su promesa, según algunos la tienen por tardanza, sino que es paciente para con**

nosotros, no queriendo que ninguno perezca, sino que todos procedan al arrepentimiento" (2 P. 3:9).

"Porque muchos son llamados, y pocos escogidos" (Mt. 22:14. Ver notas, Jn. 6:44-46; Estudio a fondo 1, 12:39-41 para más discusión al respecto).

2. El traidor es de la clase más baja: come con Cristo, pero su calcañar está en contra de Cristo. Judas en realidad comió pan con Jesús. Judas era amigo de Jesús, no un enemigo. No odiaba a Jesús, se ocupaba de Él. Con frecuencia entraba a la casa de Dios con Jesús y tenía un estrecho compañerismo con Él. Judas era su seguidor, un discípulo por elección, y sin embargo, Judas levantó su calcañar en contra de Jesús. La misma redacción de la profecía muestra la terrible tragedia de la situación. El término "levantó su calcañar" es una imagen de un caballo levantando su pata para patear. Lo golpeó con el golpe fatal...

⇒ de deslealtad: abandonó a Cristo.

⇒ de enojo: rechazó a Cristo.

⇒ de traición: desdeñó el amor de Cristo, dándole la espalda.

Toda la escena es de tragedia, una tragedia que estremece y enternece el corazón. El que profesaba a Cristo no era un verdadero seguidor de Cristo. En realidad era un traidor, una persona que eligió las cosas del mundo (dinero, reconocimiento, poder. Ver nota, Jn. 12:4-8).

"Porque sabéis esto, que ningún fornicario, o inmundo, o avaro, que es idólatra, tiene herencia en el reino de Cristo y de Dios. Nadie os engañe con palabras vanas, porque por estas cosas viene la ira de Dios sobre los hijos de desobediencia" (Ef. 5:5, 6).

"Porque si la palabra dicha por medio de los ángeles fue firme, y toda transgresión y desobediencia recibió justa retribución, ¿cómo escaparemos nosotros, si descuidamos una salvación tan grande? La cual, habiendo sido anunciada primeramente por el Señor, nos fue confirmada por los que oyeron" (He. 2:2, 3).

ESTUDIO A FONDO 1

(13:18) ***Referencia profética:*** cp. Sal. 41:9.

2 (13:19, 20) ***Traición - Apostasía - Ministerio, Dignidad de:*** Está la predicción de la traición. Cristo predijo la traición para reforzar y asegurar a los discípulos.

1. Cristo quería que sus discípulos fueran fuertes en su creencia en Él como el Mesías. Una vez que pasara la profecía, sabrían que Él era omnisciente (que conocía todas las cosas). Y solo Dios conoce todas las cosas. Por lo tanto, sabrían que Él era exactamente quien sostenía ser, el Hijo de Dios, el que tenía la misma naturaleza de Dios. Su fe en Él sería enormemente reforzada.

Pensamiento 1: Dios conoce el corazón de cada persona. Incluso los pensamientos de una persona son conocidos por Dios, así como también lo que ella hace. Nadie puede ocultarle a Dios lo que hace, ni siquiera un pensamiento. Dios sabe si un hombre está traicionando a su Hijo. Incluso sabe si un hombre está pensando en pecar y en darle la espalda a Jesús. Cuanto más un hombre piensa en pecar, más probable es que dé la espalda. Se puede predecir su traición.

"Porque nada hay oculto, que no haya de ser manifestado; ni escondido, que no haya de ser conocido, y de salir a luz" (Lc. 8:17).

"Pero hay algunos de vosotros que no creen. Porque Jesús sabía desde el principio quiénes eran los que no creían, y quién le había de entregar" (Jn. 6:64).

"Porque sus ojos están sobre los caminos del hombre, y ve todos sus pasos" (Job 34:21).

"Porque los caminos del hombre están ante los ojos de Jehová, y él considera todas sus veredas" (Pr. 5:21).

"Porque mis ojos están sobre todos sus caminos, los cuales no se me ocultaron, ni su maldad se esconde de la presencia de mis ojos" (Jer. 16:17).

"Y vino sobre mí el Espíritu de Jehová, y me dijo: Di: Así ha dicho Jehová: Así habéis hablado, oh casa de Israel, y las cosas que suben a vuestro espíritu, yo las he entendido" (Ez. 11:5).

Pensamiento 2: El cumplimiento de la profecía es una fuerte evidencia tanto de la deidad de Cristo como de la inspiración de la Biblia.

"Les dijo, pues, Jesús: Cuando hayáis levantado al Hijo del Hombre, entonces conoceréis que yo soy, y que nada hago por mí mismo, sino que según me enseñó el Padre, así hablo. Porque el que me envió, conmigo está; no me ha dejado solo el Padre, porque yo hago siempre lo que le agrada" (Jn. 8:28, 29).

"Porque de cierto os digo que hasta que pasen el cielo y la tierra, ni una jota ni una tilde pasará de la ley, hasta que todo se haya cumplido" (Mt. 5:18).

"Porque yo Jehová hablaré, y se cumplirá la palabra que yo hable; no se tardará más, sino que en vuestros días, oh casa rebelde, hablaré palabra y la cumpliré, dice Jehová el Señor" (Ez. 12:25).

2. Cristo quería que sus discípulos estuvieran seguros de la dignidad de su llamado como siervos de Dios. Judas había traicionado el llamado, y su traición había dejado un gusto amargo y reflejaba una imagen deficiente del ministerio. Podría afectar a algunas personas, haciendo que se cuestionaran el poder de Cristo y haciendo que otros se retiraran y se fueran del ministerio. La traición también podía hacer que los verdaderos discípulos se desalentaran, sintiendo que el llamado de Dios y el ministerio no tenían la dignidad que Cristo sostenía.

"Os rogamos, hermanos, que reconozcáis a los que trabajan entre vosotros, y os presiden en el Señor, y os amonestan; y que los tengáis en mucha estima y amor por causa de su obra. Tened paz entre vosotros" (1 Ts. 5:12, 13).

"Los ancianos que gobiernan bien, sean tenidos por dignos de doble honor, mayormente los que trabajan en predicar y enseñar" (1 Ti. 5:17).

"Acordaos de vuestros pastores, que os hablaron la palabra de Dios; considerad cuál haya sido el resultado de su conducta, e imitad su fe" (He. 13:7).

Cristo fue claro. El hombre puede ser sucio y mugriento; hasta puede ser un traidor; pero el llamado y el ministerio no se tocan. La función de su siervo y seguidor no puede verse afectada. Nada puede afectar la relación entre Él y su verdadero discípulo, ni la relación entre el Padre y su discípulo. Las personas continúan siendo salvas. Nada puede cambiarlo. Las personas del mundo...

- que reciben al mensajero del Señor reciben al Señor.
- que reciben al Señor reciben a Dios.

"Porque todo aquel que invocare el nombre del Señor, será salvo" (Ro. 10:13).

"He aquí, yo estoy a la puerta y llamo; si alguno oye mi voz y abre la puerta, entraré a él, y cenaré con él, y él conmigo" (Ap. 3:20).

3. Cristo quería que sus discípulos estuvieran asegurados de la presencia viviente de Dios. Advierta que Cristo se puso a sí mismo a la par con Dios. Recibir a Cristo es recibir a Dios y recibir la presencia viviente de Cristo es tener la presencia viviente de Dios. ¡Qué gloriosa promesa para el creyente! Su cuerpo es el templo de Dios (cp. 1 Co. 6:19, 20. Ver Estudio a fondo 4, Jn. 20:22; 2 Co. 4:7 para mayor discusión).

"Para que todos sean uno; como tú, oh Padre, en mí, y yo en ti, que también ellos sean uno en nosotros; para que el mundo crea que tú me enviaste" (Jn. 17:21; cp. Jn. 10:37, 38;14:10).

"Yo en ellos, y tú en mí, para que sean perfectos en unidad, para que el mundo conozca que tú me enviaste, y que los has amado a ellos como también a mí me has amado" (Jn. 17:23).

"¿O ignoráis que vuestro cuerpo es templo del Espíritu Santo, el cual está en vosotros, el cual tenéis de Dios, y que no sois vuestros? Porque habéis sido comprados por precio; glorificad, pues, a Dios en vuestro cuerpo y en vuestro espíritu, los cuales son de Dios" (1 Co. 6:19, 20).

3 (13:21-26) ***Traición - Decisión - Última oportunidad:*** Está la última oportunidad que se le da al traidor. Esta escena es sumamente descriptiva. Jesús expuso a Judas, pero lo hizo en silencio, y le dio a Judas la última oportunidad de arrepentirse y de apartarse de su maldad.

Advierta que Jesús estaba "conmovido en espíritu" y que "testificó" (un testimonio fuerte, solemne) y que utilizó las palabras solemnes para llamar la atención "de cierto, de cierto os digo". Todo esto destaca la extrema gravedad de la traición. Jesús estaba "conmovido en espíritu": angustiado, conmovido, perturbado por la deserción del falso creyente y siervo, este traidor que estaba volcándose al pecado del mundo.

Los discípulos estaban perplejos y se pusieron nerviosos por la exposición de Jesús de un traidor. Los discípulos no tenían idea; estaban totalmente al margen de que existía un desertor. Se miraron unos a otros preguntándose quién podría ser. Advierta dos cosas.

⇒ Judas era un discípulo fraudulento, un engañoso excepcional. En público era ideal: moral, decente, recto. Nadie podía sospechar de él, para nada. Era lo que Judas hacía en secreto lo que lo condenaba, no lo que hacía en público. Era un desertor, un hombre del mundo detrás de escena.

⇒ Fíjese en la ternura de Jesús. No reveló al traidor por su nombre. Jesús estaba haciendo al hombre consciente de que Él sabía sobre su deserción, y tenía esperanzas de que el hombre comenzara a temer y a alejarse de su hecho maligno.

Los discípulos querían saber quién era el traidor. Uno de los discípulos que estaba recostado próximo a Jesús, aparentemente Juan mismo (por humildad no dio su nombre). fue llamado por señas por Pedro para que le preguntara a Jesús el nombre del traidor.

Advierta la ternura y atracción de Jesús: Su amor todavía alcanzaba a Judas.

⇒ Jesús no nombró a Judas como al traidor, no verbalmente. Él no quería que los discípulos supieran quién era el traidor. Judas todavía tenía una oportunidad.

⇒ Jesús acercó a Judas a su lado. Aparentemente, le pidió que se sentara a su lado. Estaba lo suficientemente cerca como para que Jesús lo alcanzara y le alcanzara el trozo de pan. Jesús lo quería cerca para que Judas estuviera en posición de considerar la gravedad de lo que iba a hacer. (Nota: si el que escucha este punto vive en pecado, Dios hace que lo escuche. Dios quiere que considere la gravedad de su pecado. Dios colocará al traidor en una posición donde tenga que considerar la gravedad de lo que está haciendo.)

⇒ Jesús le dio una atención especial a Judas. Le dio el trozo de pan a Judas. El trozo de comida (de pan o carne) era un signo de atención y afecto especiales. Este acto de afecto realmente hizo que Judas no fuera sospechoso, porque parecía que Jesús estaba diciendo "Judas significa algo especial para mi". Este acto también le dio a Judas una oportunidad de arrepentirse.

⇒ Jesús identificó a Judas, pero solo a Juan. Sin embargo, Juan no entendió del todo lo que estaba sucediendo. Recuerde que los discípulos no tenían idea de que Jesús estaba por ser asesinado. Darle el trozo de comida, debido a su signo de afecto, también alejó la sospecha de Judas.

Toda la escena, en todo su drama descriptivo y tragedia, es una imagen de gran atracción, la atracción del Señor a un hombre que estaba por vender su alma por los bienes del mundo. Es la imagen de una última oportunidad que se le da a un traidor.

Pensamiento 1: Advierta que esta es la última oportunidad que Judas iba a tener de arrepentirse. No habría más oportunidades. El Señor estaba haciendo lo que podía. La decisión era del desertor. Podía volcarse a Cristo o al mundo. No habría más oportunidades.

"Así que, arrepentíos y convertíos, para que sean borrados vuestros pecados; para que vengan de la presencia del Señor tiempos de refrigerio" (Hch. 3:19).

"Arrepiéntete, pues, de esta tu maldad, y ruega a Dios, si quizá te sea perdonado el pensamiento de tu corazón" (Hch. 8:22).

4 (13:27-30) ***Traición - Apostasía:*** Está la advertencia en contra de la traición. Toda esta escena es una advertencia a toda persona que clama ser seguidor de Cristo. Recuerde, Judas era un discípulo, un hombre que comía con Jesús y era un amigo cercano de Jesús.

1. La maldad poseyó a Judas; Satanás ingresó en él. Este fue un momento crítico. Sentado allí, Judas se endureció y se rehusó a escuchar. Endureció su corazón y tomó la decisión...
   - de entregarse al diablo y hacer la obra de Satanás.
   - de llenarse con los pensamientos del mal y de Satanás.
   - de actuar por el pecado y por Satanás.
   - de estar controlado por la maldad y por Satanás.

Judas tomó la decisión de hacer lo que había planeado. Se entregó al diablo: para ser poseído por Satanás y la maldad.

> ***Pensamiento 1:*** La advertencia es clara. Pecar es estar poseído por el pecado y por Satanás mismo.

2. Jesús le dijo a Judas: actúa ahora y actúa rápido. Una vez que una persona ha tomado la decisión de desertarlo, Jesús no quiere demoras. Quiere que el traidor y el discípulo fraudulento estén fuera de su entorno.

3. El engaño de los discípulos. Judas había escondido bien su pecado. Los otros discípulos no tenían idea de lo que estaba sucediendo.

> ***Pensamiento 1:*** Poder ocular y mantener en secreto un pecado...
> - no es un truco divertido.
> - no es un motivo para sentirse más inteligente o capaz que los demás.
> - no es un motivo para sentir que crece el ego de uno.

Ocultar y mantener en secreto un pecado es construir la vida de una persona sobre un cimiento falso que se derrumbará y resultará en una vida arruinada. El mismo hecho de que los verdaderos discípulos no estuvieran al tanto del pecado de una persona es una advertencia para el pecador. Está construyendo una vida de engaño y mentiras que arruinará toda relación valiosa que tenga.

> **"Pero cualquiera que me oye estas palabras y no las hace, le compararé a un hombre insensato, que edificó su casa sobre la arena; y descendió lluvia, y vinieron ríos, y soplaron vientos, y dieron con ímpetu contra aquella casa; y cayó, y fue grande su ruina" (Mt. 7:26, 27).**
>
> **"El que me rechaza, y no recibe mis palabras, tiene quien le juzgue; la palabra que he hablado, ella le juzgará en el día postrero" (Jn. 12:48).**
>
> **"Porque la paga del pecado es muerte, mas la dádiva de Dios es vida eterna en Cristo Jesús Señor nuestro" (Ro. 6:23).**
>
> **"¿Cómo escaparemos nosotros, si descuidamos una salvación tan grande? La cual, habiendo sido anunciada primeramente por el Señor, nos fue confirmada por los que oyeron" (He. 2:3).**
>
> **"¿Quién es el mentiroso, sino el que niega que Jesús es el Cristo? Este es anticristo, el que niega al Padre y al Hijo" (1 Jn. 2:22).**
>
> **"He aquí que todas las almas son mías; como el alma del padre, así el alma del hijo es mía; el alma que pecare, esa morirá" (Ez. 18:4).**

4. El juicio es descriptivo. El desertor. . .
   - fue separado de inmediato.
   - salió en la noche y a las tinieblas (ver nota, Jn. 3:18-20; Estudio a fondo 2, 8:12).

	C. La partida de Jesús de este mundo 13:31-38 (Mt. 26:30-35; Mr. 14:26-31; Lc. 22:31-34)	34 Un mandamiento nuevo os doy: Que os améis unos a otros; como yo os he amado, que también os améis unos a otros.	b. El nuevo mandamiento: amar como amó Jesús
		35 En esto conocerán todos que sois mis discípulos, si tuviereis amor los unos con los otros.	c. La marca de un verdadero discípulo: Amor
1 La muerte de Jesús trajo una gloria triple a. La gloria del Hijo del Hombre: La cruz b. La gloria de Dios: la obediencia de Jesús c. La gloria de Jesús: la resurrección	31 Entonces, cuando hubo salido, dijo Jesús: Ahora es glorificado el Hijo del Hombre, y Dios es glorificado en él. 32 Si Dios es glorificado en él, Dios también le glorificará en sí mismo, y en seguida le glorificará.	36 Le dijo Simón Pedro: Señor, ¿a dónde vas? Jesús le respondió: A donde yo voy, no me puedes seguir ahora; mas me seguirás después. 37 Le dijo Pedro: Señor, ¿por qué no te puedo seguir ahora? Mi vida pondré por ti. 38 Jesús le respondió: ¿Tu vida pondrás por mí? De cierto, de cierto te digo: No cantará el gallo, sin que me hayas negado tres veces.	**3 La muerte de Jesús reveló una lealtad tambaleante** a. Causa 1: malentendido de la muerte de Jesús b. Causa 2: compromiso carnal
2 La muerte de Jesús exigió un nuevo mandamiento a. El motivo: Su partida de la tierra	33 Hijitos, aún estaré con vosotros un poco. Me buscaréis; pero como dije a los judíos, así os digo ahora a vosotros: A donde yo voy, vosotros no podéis ir.		

DIVISIÓN XIII

LA REVELACIÓN DE JESÚS, EL GRAN MINISTRO Y SU LEGADO, 13:1—16:33

C. La partida de Jesús de este mundo, 13:31-38

(13:31-38) ***Introducción:*** La muerte y partida de Jesús del mundo fue muy significativa.

1. La muerte de Jesús trajo una gloria triple (vv. 31, 32).
2. La muerte de Jesús exigió un nuevo mandamiento (vv. 33-35).
3. La muerte de Jesús reveló una lealtad tambaleante (vv. 36-38).

[1] (13:31, 32) ***Jesucristo, Gloria; Muerte:*** La muerte de Jesús trajo una gloria triple.

1. Estaba la gloria del Hijo del Hombre. La gloria de Jesús era la cruz. Esto era cierto en cuatro sentidos. (Ver nota, Jn. 12:23-26 para mayor discusión).

a. Jesús ahora estaba preparado para asegurar una justicia eterna para el hombre. Ahora estaba listo para dar el paso final como el Hijo del Hombre. . .
- como el que era Siervo de todos los hombres.
- como el que iba a asegurar la justicia perfecta muriendo como quería Dios.
- como el que iba a pagar el precio supremo obedeciendo a Dios (muriendo).
- como el que estaba listo para morir en obediencia a la voluntad de Dios para que Dios pudiera salvar al hombre.

Jesús se convirtió en el Hombre Perfecto e Ideal porque fue perfectamente obediente a Dios, incluso al morir. Como el Hombre Ideal, su justicia y muerte pueden ser un ejemplo para la justicia y muerte de todo hombre. Una persona solo tiene que creer en el hecho de que la muerte de Jesús lo cubre. Hubo gloria en ser el Hijo del Hombre: en ser el Ideal de justicia y muerte de todos los hombres. La cruz glorifica a Jesús como el Hijo del Hombre. (Ver notas, Hijo del Hombre, Jn. 1:51; Estudio a fondo 1, 2, Justificación, Ro. 4:22; nota, 5:1 para mayor discusión.)

"Y como Moisés levantó la serpiente en el desierto, así es necesario que el Hijo del Hombre sea levantado, para que todo aquel que en él cree, no se pierda, mas tenga vida eterna" (Jn. 3:14, 15).

"Al que no conoció pecado, por nosotros lo hizo pecado, para que nosotros fuésemos hechos justicia de Dios en él" (2 Co. 5:21).

b. Ahora Jesús estaba preparado para hacer el sacrificio final para el hombre, y estaba listo para pagar el precio supremo de llevar a cabo el más grande evento de toda la historia: la salvación del hombre. La cruz atrae y agita a los hombres para entregarse a Jesús y honrarlo y alabarlo. Es en la cruz que los hombres encuentran su salvación; por lo tanto, la cruz es la gloria de Jesús.

c. Jesús estaba ahora preparado para triunfar sobre Satanás quebrando el poder de Satanás sobre la muerte y las almas de los hombres. (Ver Estudio a fondo 1, Mt. 8:28-34; Estudio a fondo 2, Jn. 12:31 para mayor discusión.)

⇒ Jesús arruinó principados y poder, triunfando sobre ellos en la cruz.

"Y a vosotros, estando muertos en pecados y en la incircuncisión de vuestra carne, os dio vida juntamente con él, perdonándoos todos los pecados" (Col. 2:13).

⇒ Jesús destruyó las obras del diablo.

"El que practica el pecado es del diablo; porque el diablo peca desde el principio. Para esto apareció

el Hijo de Dios, para deshacer las obras del diablo" (1 Jn. 3:8).

⇒ Jesús rompió el poder y el temor de Satanás sobre las vidas y las muertes.

"Así que, por cuanto los hijos participaron de carne y sangre, él también participó de lo mismo, para destruir por medio de la muerte al que tenía el imperio de la muerte, esto es, al diablo, y librar a todos los que por el temor de la muerte estaban durante toda la vida sujetos a servidumbre" (He. 2:14, 15).

Hay gloria en el triunfo y victoria sobre Satanás, especialmente sobre alguien tan poderoso e influyente como Satanás. La cruz es la gloria de Cristo.

"Ahora es el juicio de este mundo; ahora el príncipe de este mundo será echado fuera. Y yo, si fuere levantado de la tierra, a todos atraeré a mí mismo" (Jn. 12:31, 32).

d. Jesús demostró que el sacrificio perfecto y la negación propia, el valor y la fuerza, el amor y la compasión realmente existen al morir en la cruz. Hay una gran gloria en cada una de estas cualidades. La cruz es la gloria de Cristo.

2. Está la gloria de Dios. La gloria de Dios fue la perfecta obediencia de Jesús.

a. Dios fue glorificado por la suprema obediencia de Jesús muriendo en la cruz (ver nota, punto 3 - Jn. 12:27-30 para mayor discusión). Su obediencia al morir en la cruz glorifica a Dios.

"Por eso me ama el Padre, porque yo pongo mi vida, para volverla a tomar. Nadie me la quita, sino que yo de mí mismo la pongo. Tengo poder para ponerla, y tengo poder para volverla a tomar. Este mandamiento recibí de mi Padre" (Jn. 10:17, 18).

"Y andad en amor, como también Cristo nos amó, y se entregó a sí mismo por nosotros, ofrenda y sacrificio a Dios en olor fragante" (Ef. 5:2).

"Y aunque era Hijo, por lo que padeció aprendió la obediencia" (He. 5:8).

b. La justicia de Dios fue perfectamente satisfecha en la cruz. Su honra fue restaurada por la cruz, puesto que el mal hecho en su contra fue justamente castigado en la cruz. La cruz glorifica a Dios.

"A quien Dios puso como propiciación por medio de la fe en su sangre, para manifestar su justicia, a causa de haber pasado por alto, en su paciencia, los pecados pasados" (Ro. 3:25).

"Quien llevó él mismo nuestros pecados en su cuerpo sobre el madero, para que nosotros, estando muertos a los pecados, vivamos a la justicia; y por cuya herida fuisteis sanados" (1 P. 2:24).

"Y él es la propiciación por nuestros pecados; y no solamente por los nuestros, sino también por los de todo el mundo" (1 Jn. 2:2).

c. El amor de Dios fue perfectamente demostrado en la cruz. Él dio a su *único* Hijo para pagar el precio supremo *por* el hombre: sacrificar su vida *por* el hombre. La cruz glorifica a Dios.

"Mas Dios muestra su amor para con nosotros, en que siendo aún pecadores, Cristo murió por nosotros" (Ro. 5:8).

3. Está la gloria de Jesús "en sí mismo". La gloria de Jesús en "sí mismo" es la resurrección, la ascensión y la exaltación. ¿Qué quiere decir "en sí mismo"? Hay dos respuestas posibles.

⇒ Jesús estaba pidiendo ser glorificado en Dios mismo: con la propia Persona de Dios, con su presencia muy especial y su poder y gloria. Esto, por supuesto, fue hecho cuando Cristo fue colocado en el trono de Dios mismo (Ap. 3:21).

⇒ Jesús estaba pidiendo ser glorificado *en su propia Persona:* ser infundido con una manifestación de la presencia de Dios y del poder y la gloria. Esto fue hecho en la resurrección, la ascensión y la exaltación de Cristo (Fil. 2:8-11).

Nota: Jesús dijo que Dios lo iba a "glorificar inmediatamente".

"Jesús les respondió diciendo: Ha llegado la hora para que el Hijo del Hombre sea glorificado. De cierto, de cierto os digo, que si el grano de trigo no cae en la tierra y muere, queda solo; pero si muere, lleva mucho fruto" (Jn. 12:23, 24).

"Estas cosas habló Jesús, y levantando los ojos al cielo, dijo: Padre, la hora ha llegado; glorifica a tu Hijo, para que también tu Hijo te glorifique a ti... Yo te he glorificado en la tierra; he acabado la obra que me diste que hiciese. Ahora pues, Padre, glorifícame tú al lado tuyo, con aquella gloria que tuve contigo antes que el mundo fuese" (Jn. 17:1, 4, 5).

[2] (13:33-35) *Amor - Jesucristo, Muerte:* La muerte de Jesús exigió un nuevo mandamiento. Nuevamente, advierta la referencia a la muerte de Jesús.

1. Jesús dijo que Él partía, que estaría con los discípulos solo un poco más. Este fue *el motivo* por el que Jesús debía darles a los discípulos un nuevo mandamiento. Él se estaba yendo. Había tres razones por las que se necesitaba un nuevo mandamiento sobre el amor para cada generación de creyentes.

a. Hay veces en que los creyentes difieren. Siempre está el peligro de volverse crítico, prejuiciado, censor y divisivo. Recuerde, los discípulos acababan de estar discutiendo sobre quién iba a recibir las posiciones de autoridad más elevadas en el nuevo gobierno de Jesús (ver nota, Lc. 22:24-30). Habían estado peleando entre sí y eran muy críticos. Habían estado profundamente divididos. La necesidad de un nuevo mandamiento y de un nuevo amor sobrenatural existía entonces como existe hoy.

b. Hay veces en que los creyentes sienten una necesidad de la presencia física de Jesús. Jesús lo sabía. Ese es el motivo por el cual dijo que los discípulos buscarían su presencia. Es cierto, los creyentes tienen el Espíritu Santo, y él es el Consolador todosuficiente y la Presencia moradora de Dios mismo. Pero al ser humanos, los creyentes necesitan otra presencia humana con ellos. Necesitan un hermano o una hermana, un creyente genuino que los ame con el amor sobrenatural de Dios mismo. Jesús lo sabía, por lo que mandó a los creyentes a que se amen los unos a los otros. Los creyentes deben cumplir las necesidades de cada uno de compañerismo y de cuidado y preocupación.

c. Está la necesidad de alguna fuerza sobrenatural para mantener juntos a los discípulos. La presencia física de Jesús había sido la fuerza de cohesión que había mantenido unidos a los discípulos cuando Él estaba en la tierra. Pero una vez que se hubiera ido, sus seguidores necesitarían algo más para mantenerse juntos. Deben permanecer y servir juntos en un espíritu y propósito. ¿Pero cómo? El nuevo mandamiento es la respuesta.

2. El nuevo mandamiento es amar *como amó Cristo*. Advierta varios puntos.

a. Este no es el antiguo mandamiento "Ama a tu prójimo como a ti mismo". No es el mandamiento de un amor humano. Este mandamiento es un *nuevo mandamiento* que se les da *únicamente a los discípulos*. Es el amor espiritual que debe existir entre los creyentes como hermanos y hermanas y siervos de Dios que ministran juntos.

b. El amor mandado es el amor de Jesús mismo que es el amor de Dios mismo, el amor que puede estar en nuestros corazones solo mediante el Espíritu Santo (cp. Ro. 5:5). No es el amor físico normal entre prójimos que manda Dios. Es un amor espiritual que es obtenido solo por el Espíritu de Dios.

Nota: El aspecto distintivo de este amor es que es el amor de Jesús mismo que mora en el corazón del creyente. Solo el Espíritu de Dios puede colocar el amor de Jesús dentro del corazón del creyente. El Espíritu Santo puede crear dentro del creyente el amor de Jesús mismo, el mismo amor que Jesús tenía mientras estaba aquí en la tierra. El amor de Jesús es...

- el amor del *ser espiritual:* el amor que hace que uno tenga apetito luego de la unión con Dios y la gente de Dios.
- el amor de la *vida espiritual:* el amor que comparte la misma vida con todos los creyentes, tanto vida abundante como eterna.
- el amor de la *unión espiritual:* el amor que une y vincula a los creyentes juntos en la vida y en el propósito.
- el amor del *apego o compañerismo espiritual:* el amor que comparte necesidades, bendiciones, gozos, penas y dones.

El Espíritu Santo puede crear dentro del creyente un amor que puede derretir y moldear su corazón con los corazones de otros creyentes. Pero advierta: hay un mandamiento, por lo tanto, es condicional. El Espíritu Santo *puede* crear dicho amor, pero los creyentes *tienen que recibirlo*. Cuando el amor de Jesús mora en el corazón de un creyente, varias cosas suceden. El creyente tiene un amor que lo *hace...*

- atar su vida a las vidas de otros creyentes.
- atar su vida al mismo propósito de otros creyentes.
- someter su voluntad y tener la misma mentalidad que otros creyentes.
- comprender y sentir con otros creyentes.
- perdonar a otros creyentes, siempre.
- sacrificarse por otros creyentes, siempre.
- buscar el bienestar de otros creyentes antes del propio.
- negar completamente el yo.

c. El nuevo mandamiento es la marca de un verdadero discípulo. La marca distintiva de un verdadero creyente no es el amor normal humano de los prójimos, ni siquiera el amor de hermanos o de esposos. Es el amor espiritual y sobrenatural de Jesús mismo que mora dentro de la vida del creyente. Por este amor todos los hombres sabrán que una persona es un *verdadero* discípulo del Señor.

"Este es mi mandamiento: Que os améis unos a otros, como yo os he amado" (Jn. 15:12).

"Habiendo purificado vuestras almas por la obediencia a la verdad, mediante el Espíritu, para el amor fraternal no fingido, amaos unos a otros entrañablemente, de corazón puro" (1 P. 1:22).

"En esto hemos conocido el amor, en que él puso su vida por nosotros; también nosotros debemos poner nuestras vidas por los hermanos" (1 Jn. 3:16).

"Amados, amémonos unos a otros; porque el amor es de Dios. Todo aquel que ama, es nacido de Dios, y conoce a Dios. El que no ama, no ha conocido a Dios; porque Dios es amor" (1 Jn. 4:7, 8).

[3] (13:36-38) ***Pedro, Negación - Cruz, Entendida mal:*** La muerte de Jesús reveló una lealtad tambaleante y vacilante. Advierta lo que hizo Pedro. No prestó atención al nuevo mandamiento que Jesús acababa de pronunciar. Su Señor acababa de decir que se iba y los dejaba, pero Jesús no había sido claro. Había hablado en términos oscuros, secretos. Fue esto lo que turbaba el corazón de Pedro. Él debía saber de qué estaba hablando Jesús: si Jesús estaba hablando de alguna verdad espiritual y utilizando términos simbólicos o si realmente los iba a abandonar.

Ahora advierta lo que hizo Jesús. Siguió usando el mismo lenguaje: Él se iba, y donde iba no podían seguirlo, no ahora. Pero lo seguirían más tarde.

Pedro estaba pensando en cosas que no podía comprender. Jesús estaba regresando al cielo con su Padre de quien había venido. No podía decirlo con mayor claridad. Los discípulos no podían y no iban a comprenderlo hasta después de la resurrección y la ascensión.

Pensamiento 1: Con cuanta frecuencia nuestra curiosidad surge por las pautas de las Escrituras sobre eventos futuros, cuyos detalles se mantienen en secreto, todo porque no ha llegado el momento de que lo comprendamos cabalmente. ¡Piense! Si todo fuera revelado, ¿cómo podríamos andar en la fe y demostrar nuestra fe? Si camináramos por la vista (viendo y comprendiéndolo todo), no habría nada en qué creer.

Pensamiento 2: Advierta otro hecho. Pedro se distrajo y no prestó atención al mayor mandamiento que Jesús haya dado a sus seguidores (Jn. 13:34, 35). Fue el evento futuro del regreso de Jesús al cielo lo que despertó su curiosidad. Distrajo su atención de donde debía haber estado.

Jesús utilizó la ocasión para revelar la fe tambaleante y vacilante de Pedro. Pedro tambaleó por dos razones.

1. Pedro interpretó mal la muerte de Jesús. Jesús iba a morir y a resucitar de entre los muertos y luego regresar al Padre. Hacía tiempo que instilaba este hecho a los discípulos, utilizando palabras tan claras y simples como fuera posible (ver nota, Mt. 16:21-28). Sin embargo, ellos se rehusaron a aceptar su predicción. Pensaron en el reino de Dios en términos de un reinado físico y de un gobierno establecido en esta tierra. Vieron al Mesías gobernando sobre todas las naciones de la tierra con Israel como la capital central del mundo. Pensaron en términos de libertad terrenal, posición, poder, fama, riqueza, posesiones, comodidad, placer y satisfacción. Vieron lo físico y fueron ciegos ante lo espiritual. No vieron...

- la preocupación de Dios por la eternidad y la necesidad de la cruz.
- que el hombre debía ser creado espiritualmente: creado de nuevo con la misma naturaleza de Dios para que pueda vivir con Dios
- que la cruz era la forma de Dios de salvar al hombre: crearlo de nuevo, perdonarlo y limpiarlo y hacerlo aceptable ante Dios. (cp. 1 P. 2:24; 3:18).

En términos muy simples, fue idea de Jesús colgando de la cruz que Pedro lo iba a negar. Jesús le había contado a Pedro sobre la cruz, pero Pedro se había negado a creerlo (cp. Mt. 12:22; 18:1). El hecho de que la carne humana fuera tan depravada que Dios tuviera que crucificar a su propio Hijo para salvar al hombre era demasiado para comprender. (Ver bosquejo y Estudio a fondo 1, Lc. 9:23; Estudio a fondo 2, Ro. 6:3-5; notas, Ro. 6:6, 7; Gá. 2:19-21; 5:24; punto 1, Gá. 6:14-17. cp. Ro. 6:2; Col. 3:3.)

Pensamiento 1: ¿Cuántos cometen el mismo error acerca de la cruz? No comprender la cruz y a Jesús como el Señor exaltado (en oposición a ser solo un gran maestro) ocasiona una fe tambaleante y vacilante.

"Porque la palabra de la cruz es locura a los que se pierden; pero a los que se salvan, esto es, a nosotros, es poder de Dios" (1 Co. 1:18).

"Pero nosotros predicamos a Cristo crucificado, para los judíos ciertamente tropezadero, y para los gentiles locura" (1 Co. 1:23).

"Pero si nuestro evangelio está aún encubierto, entre los que se pierden está encubierto; en los cuales el dios de este siglo cegó el entendimiento de los incrédulos, para que no les resplandezca la luz del evangelio de la gloria de Cristo, el cual es la imagen de Dios. Porque no nos predicamos a nosotros mismos, sino a Jesucristo como Señor, y a nosotros como vuestros siervos por amor de Jesús" (2 Co. 4:3-5).

2. El compromiso de Pedro fue carnal. Fue ocasionado por no conocerse a sí mismo, por sus propias debilidades personales o por las debilidades de su carne humana. La imagen propia de Pedro era fuerte. Él se veía a sí mismo como estando por sobre *graves* pecados y fallas. Afirmó con toda la confianza del mundo que moriría por Jesús antes de negarlo.

Advierta varias cosas.

a. Pedro era un firme creyente, uno de los más firmes.
b. Pedro realmente fracasó en la comprensión del yo y la carne. El pecado que un creyente no debe cometer es negar a Jesús. Morir por Jesús en lugar de negarlo es lo único que se espera que haga un verdadero creyente.
c. Pedro creía firmemente que él (su carne) estaba por encima de los pecados graves (cp. Ro. 3:9ss; 7:8, 14-18; Gá. 5:19ss).
d. Pedro falló no una vez, sino tres, y las tres fallas fueron en la misma noche con Jesús a su lado (Lc. 22:61).

"Y si alguno se imagina que sabe algo, aún no sabe nada como debe saberlo" (1 Co. 8:2).

"Así que, el que piensa estar firme, mire que no caiga" (1 Co. 10:12).

"Porque el que se cree ser algo, no siendo nada, a sí mismo se engaña" (Gá. 6:3).

"¿Has visto hombre sabio en su propia opinión? Más esperanza hay del necio que de él" (Pr. 26:12).

"El que confía en su propio corazón es necio; mas el que camina en sabiduría será librado" (Pr. 28:26).

	CAPÍTULO 14
	D. La muerte de Jesús libra a los corazones atribulados 14:1-3
1 Libera por la fe	1 No se turbe vuestro corazón; creéis en Dios, creed también en mí.
2 Libera por la esperanza de la casa de Dios y sus mansiones **3 Libera a través de la obra de Jesús**	2 En la casa de mi Padre muchas moradas hay; si así no fuera, yo os lo hubiera dicho; voy, pues, a preparar lugar para vosotros.
4 Libera a través del regreso de Jesús **5 Libera a través de una morada eterna con Jesús**	3 Y si me fuere y os preparare lugar, vendré otra vez, y os tomaré a mí mismo, para que donde yo estoy, vosotros también estéis.

DIVISIÓN XIII

LA REVELACIÓN DE JESÚS, EL GRAN MINISTRO Y SU LEGADO, 13:1—16:33

D. La muerte de Jesús libra a los corazones atribulados, 14:1-3

(14:1-3) ***Introducción:*** La muerte de Jesús libra a los corazones atribulados. Los discípulos tenían razón para estar turbados. Varias cosas acababan de pasar que disturbarían a cualquier persona.

⇒ *La división* se había instalado entre ellos (ver nota, Lc. 22:24-30).

⇒ *La deserción y la traición* por parte de uno de ellos eran desconocidas (Jn. 13:18ss).

⇒ *La separación del Señor* había sido el tema de discusión (Jn. 13:33).

⇒ *La negación de Jesús* era un tema que se acababa de hablar (Jn. 13:38).

La escena debe verse claramente, incluso sentirse para poder entender el impacto de lo que Jesús iba a decir.

⇒ Los discípulos estaban muy turbados (tarassestho): atribulados, molestos, agitados, perplejos, preocupados, confundidos, angustiados.

⇒ Los discípulos necesitaban calmarse y que se les diera cierto sentido de paz: recibir algo de aliento y algo de esperanza.

(¡Qué parecido al caso de los creyentes! ¡Con cuanta frecuencia nos afligen los problemas y necesitamos las mismas palabras de aliento y esperanza; la misma liberación!) Jesús dijo que la liberación de los problemas viene por medio de cinco cosas.

1. Libera por la fe (v. 1).
2. Libera por la esperanza de la casa de Dios y sus mansiones (v. 2).
3. Libera a través de la obra de Jesús (v. 2).
4. Libera a través del regreso de Jesús (v. 3).
5. Libera a través de una morada eterna con Jesús (v. 3).

(14:1-3) ***Otro bosquejo:*** La muerte de Jesús libera los corazones atribulados.

1. Su mandamiento: crean en mí (v. 1).
2. Su garantía: Dios tiene una casa (v. 2).
3. Su partida: prepararse (v. 2).
4. Su gran promesa: regresar (v. 3).
5. Su gran propósito: una reunión eterna (v. 3).

[1] (14:1) ***Creencia - Fe - Liberación:*** La liberación de los corazones atribulados viene a través de la creencia en Jesucristo así como también en Dios.

1. "Creen en Dios, crean también en mí. Yo soy la revelación de Dios, el mismo Hijo de Dios. Al creer en mí, al creer que soy el Hijo de Dios, se librarán de la turbación". (Ver notas, Jn. 14:6; 14:27 para mayor discusión.)

2. "Creen en Dios, crean también en mí. Al continuar creyendo mientras atraviesan la turbación los ayudará a salir de ella. Crean en Dios y Su Hijo librará los turbados corazones de ustedes". (Ver Estudio a fondo 2, Creer, Jn. 2:24 para mayor discusión al respecto.)

> **"Para que todo aquel que en él cree, no se pierda, mas tenga vida eterna" (Jn. 3:15).**
>
> **"El que cree en el Hijo tiene vida eterna; pero el que rehúsa creer en el Hijo no verá la vida, sino que la ira de Dios está sobre él" (Jn. 3:36).**
>
> **"De cierto, de cierto os digo: El que oye mi palabra, y cree al que me envió, tiene vida eterna; y no vendrá a condenación, mas ha pasado de muerte a vida" (Jn. 5:24).**
>
> **"Entonces le dijeron: ¿Qué debemos hacer para poner en práctica las obras de Dios? Respondió Jesús y les dijo: Esta es la obra de Dios, que creáis en el que él ha enviado" (Jn. 6:28, 29).**
>
> **"Le dijo Jesús: Yo soy la resurrección y la vida; el que cree en mí, aunque esté muerto, vivirá" (Jn. 11:25).**

"Pero éstas se han escrito para que creáis que Jesús es el Cristo, el Hijo de Dios, y para que creyendo, tengáis vida en su nombre" (Jn. 20:31).

"Que si confesares con tu boca que Jesús es el Señor, y creyeres en tu corazón que Dios le levantó de los muertos, serás salvo. Porque con el corazón se cree para justicia, pero con la boca se confiesa para salvación" (Ro. 10:9, 10).

"Y este es su mandamiento: Que creamos en el nombre de su Hijo Jesucristo, y nos amemos unos a otros como nos lo ha mandado" (1 Jn. 3:23).

[2] (14:2) ***Cielo - Esperanza:*** La liberación de los corazones atribulados viene a través de la esperanza en la casa de Dios. Advierta varios puntos.

1. Jesús llama a Dios "*Mi Padre*". Él conocía a su Padre así como cualquier hijo conoce al suyo. Él conocía la verdad: Su Padre *es*, realmente existe y vive. (cp. He. 11:6.) Advierta la declaración que estaba haciendo Jesús de la deidad (ver nota, Jn. 1:51).

2. Jesús conocía *la casa de su Padre*, su verdad y realidad. La casa de Dios es real: existe. Es un mundo real que existe en otra dimensión del ser, la dimensión espiritual. Se denomina cielo, puesto que es la casa de su Padre. Este mundo: el mundo físico y material es propiedad de Dios, pero no es su casa. Esta tierra no es el lugar eterno y permanente de morada de Dios. El cielo es el mundo espiritual o dimensión del ser, el *hogar* de Dios donde existen las moradas para los creyentes.

3. La palabra "morada" (monai) significa lugar dónde vivir. Significa lugar, residencias, habitaciones, moradas, áreas, espacios para vivir. ¡Qué esperanza gloriosa! Cuánto más claro podría haber sido Jesús: *un lugar* para cada uno de nosotros, un lugar para cada creyente para morar y vivir. Así como tenemos moradas y hogares aquí en la tierra, así Jesús nos promete moradas y hogares (mansiones) en el cielo.

Y advierta: no hay escasez. Hay "*muchas* moradas". (En los otros evangelios, Jesús habla mucho sobre los creyentes que heredan enormes áreas o lugares, incluso reinados enteros, que probablemente signifiquen los cuerpos celestiales de todo el universo que serán recreados en los nuevos cielos y tierra; 2 P. 3:10-13, Ap. 21:1. Ver notas, Mt. 19:28; 24:45-47; 25:20-23.)

Advierta cómo Jesús acentúa la realidad y la verdad de "la casa de Dios" y sus "moradas". "Si así no fuera, yo os lo hubiera dicho". Jesús no mintió. Dijo solo la verdad. Advierta algo más: una cosa es esencial para heredar estas moradas: creencia en Cristo (v. 1).

"Porque sabemos que si nuestra morada terrestre, este tabernáculo, se deshiciere, tenemos de Dios un edificio, una casa no hecha de manos, eterna, en los cielos" (2 Co. 5:1).

"Enseñándonos que, renunciando a la impiedad y a los deseos mundanos, vivamos en este siglo sobria, justa y piadosamente, aguardando la esperanza bienaventurada y la manifestación gloriosa de nuestro gran Dios y Salvador Jesucristo" (Tit. 2:12, 13).

"Pero estando ya presente Cristo, sumo sacerdote de los bienes venideros, por el más amplio y más perfecto tabernáculo, no hecho de manos, es decir, no de esta creación" (He. 9:11).

"Porque esperaba la ciudad que tiene fundamentos, cuyo arquitecto y constructor es Dios" (He. 11:10).

"Conforme a la fe murieron todos éstos sin haber recibido lo prometido, sino mirándolo de lejos, y creyéndolo, y saludándolo, y confesando que eran extranjeros y peregrinos sobre la tierra. Porque los que esto dicen, claramente dan a entender que buscan una patria" (He. 11:13, 14).

"Porque no tenemos aquí ciudad permanente, sino que buscamos la por venir" (He. 13:14).

"Bendito el Dios y Padre de nuestro Señor Jesucristo, que según su grande misericordia nos hizo renacer para una esperanza viva, por la resurrección de Jesucristo de los muertos, para una herencia incorruptible, incontaminada e inmarcesible, reservada en los cielos para vosotros" (1 P. 1:3, 4).

"Y me llevó en el Espíritu a un monte grande y alto, y me mostró la gran ciudad santa de Jerusalén, que descendía del cielo, de Dios" (Ap. 21:10).

"Bienaventurados los que lavan sus ropas, para tener derecho al árbol de la vida, y para entrar por las puertas en la ciudad" (Ap. 22:14).

[3] (14:2) ***Jesucristo, Muerte; Resurrección - Exaltación:*** La liberación de los corazones atribulados viene a través de la obra de Jesús. Imagine a Jesús sentado en el aposento alto rodeado por sus discípulos. Dijo: "Voy, pues, a preparar un lugar para vosotros". ¿A dónde iba?

1. Jesucristo fue a la cruz: para preparar la redención para nosotros, incluso el perdón de los pecados.

"Como el Hijo del Hombre no vino para ser servido, sino para servir, y para dar su vida en rescate por muchos" (Mt. 20:28).

"En quien tenemos redención por su sangre, el perdón de pecados según las riquezas de su gracia" (Ef. 1:7).

"Porque hay un solo Dios, y un solo mediador entre Dios y los hombres, Jesucristo hombre, el cual se dio a sí mismo en rescate por todos, de lo cual se dio testimonio a su debido tiempo" (1 Ti. 2:5, 6).

"Sabiendo que fuisteis rescatados de vuestra vana manera de vivir, la cual recibisteis de vuestros padres, no con cosas corruptibles, como oro o plata, sino con la sangre preciosa de Cristo, como de un cordero sin mancha y sin contaminación" (1 P. 1:18, 19).

"Quien llevó él mismo nuestros pecados en su cuerpo sobre el madero, para que nosotros, estando muertos a los pecados, vivamos a la justicia; y por cuya herida fuisteis sanados" (1 P. 2:24).

"Porque también Cristo padeció una sola vez por los pecados, el justo por los injustos, para llevarnos a Dios, siendo a la verdad muerto en la carne, pero vivificado en espíritu" (1 P. 3:18).

"Y cantaban un nuevo cántico, diciendo: Digno eres de tomar el libro y de abrir sus sellos; porque tú fuiste inmolado, y con tu sangre nos has redimido para Dios, de todo linaje y lengua y pueblo y nación" (Ap. 5:9).

2. Jesucristo fue a ser resucitado de entre los muertos: para preparar la conquista de la muerte y una nueva vida y poder para nosotros.

"Porque somos sepultados juntamente con él para muerte por el bautismo, a fin de que como Cristo resucitó de los muertos por la gloria del

Padre, así también nosotros andemos en vida nueva" (Ro. 6:4).

"Y Dios, que levantó al Señor, también a nosotros nos levantará con su poder" (1 Co. 6:14).

"Porque aunque fue crucificado en debilidad, vive por el poder de Dios. Pues también nosotros somos débiles en él, pero viviremos con él por el poder de Dios para con vosotros" (2 Co. 13:4).

"Sepultados con él en el bautismo, en el cual fuisteis también resucitados con él, mediante la fe en el poder de Dios que le levantó de los muertos" (Col. 2:12).

"Alumbrando los ojos de vuestro entendimiento, para que sepáis cuál es la esperanza a que él os ha llamado, y cuáles las riquezas de la gloria de su herencia en los santos, y cuál la supereminente grandeza de su poder para con nosotros los que creemos, según la operación del poder de su fuerza" (Ef. 1:18, 19).

3. Jesucristo fue a ascender al cielo y a ser exaltado: para preparar un acceso ante la presencia de Dios y un hogar eterno para nosotros.

"Por quien también tenemos entrada por la fe a esta gracia en la cual estamos firmes, y nos gloriamos en la esperanza de la gloria de Dios" (Ro. 5:2).

"Aun estando nosotros muertos en pecados, [Dios] nos dio vida juntamente con Cristo (por gracia sois salvos), y juntamente con él nos resucitó, y asimismo nos hizo sentar en los lugares celestiales con Cristo Jesús" (Ef. 2:5, 6).

"Si, pues, habéis resucitado con Cristo, buscad las cosas de arriba, donde está Cristo sentado a la diestra de Dios" (Col. 3:1).

"Palabra fiel es esta: Si somos muertos con él, también viviremos con él" (2 Ti. 2:11).

Dicha obra magnífica en nuestro favor nos liberará de los problemas. Pero recuerde que Jesús comenzó por declarar una condición: "Creéis *en Dios, creed* también en mi".

4 (14:3) Jesucristo, Regreso: La liberación de los corazones atribulados viene a través del retorno de Jesús. Advierta por qué va a regresar: para recibirnos. Hay dos veces en que Jesús viene por el creyente.

1. Está la muerte o el traspaso del creyente al cielo. La muerte es una escolta privada o una presentación privada ante el Señor (2 Co. 5:8). No es la entrada triunfante y la marcha gloriosa de victoria que se promete cuando Jesús regrese. (Ver Estudio a fondo 1, Jn. 14:3 para mayor discusión.)

"Pero confiamos, y más quisiéramos estar ausentes del cuerpo, y presentes al Señor" (2 Co. 5:8).

2. Está el retorno de Jesús mismo para reunir a todos sus amados seguidores consigo. Es el retorno al cual Él se refiere en este pasaje.

Los creyentes serán glorificados con el Padre y con Jesús. Dicha esperanza gloriosa: meditar y comprender llevará un alma atribulada a través de cualquier prueba, incluso la prueba del martirio. Pero advierta nuevamente: creer en Dios y en su Hijo Jesús es la única forma en que el hombre puede participar en su retorno. (Ver bosquejo y notas, 1 Ts. 4:13—5:3. cp. Jn. 5:28, 29; Tit. 2:12, 13; 2 P. 3:3, 4, 8-16 para mayor discusión).

"De cierto, de cierto os digo: Viene la hora, y ahora es, cuando los muertos oirán la voz del Hijo de Dios; y los que la oyeren vivirán" (Jn. 5:25).

"No os maravilléis de esto; porque vendrá hora cuando todos los que están en los sepulcros oirán su voz; y los que hicieron lo bueno, saldrán a resurrección de vida; mas los que hicieron lo malo, a resurrección de condenación" (Jn. 5:28, 29).

"Porque el Señor mismo con voz de mando, con voz de arcángel, y con trompeta de Dios, descenderá del cielo; y los muertos en Cristo resucitarán primero. Luego nosotros los que vivimos, los que hayamos quedado, seremos arrebatados juntamente con ellos en las nubes para recibir al Señor en el aire, y así estaremos siempre con el Señor" (1 Ts. 4:16, 17).

"Enseñándonos que, renunciando a la impiedad y a los deseos mundanos, vivamos en este siglo sobria, justa y piadosamente, aguardando la esperanza bienaventurada y la manifestación gloriosa de nuestro gran Dios y Salvador Jesucristo" (Tit. 2:12, 13).

ESTUDIO A FONDO 1

(14:3) ***Jesucristo, Regreso - Muerte:*** Hay una diferencia en la Biblia entre el creyente que se reúne con Jesús en la muerte y el que se reúne en el aire en su regreso.

1. El creyente se encuentra con Jesús en la muerte. El creyente pasa de este mundo al siguiente, al cielo mismo; y pasa rápidamente, *nunca sufriendo el dolor de la muerte* (ver nota, Jn. 8:51). Pasa más rápido que el pestañeo de un ojo, sin perder por un momento la conciencia. En un instante está en este mundo; al siguiente, está ante la presencia del Señor. Esta es la presentación personal del creyente ante el Señor. Es la primera visión que el creyente tendrá de su Señor.

⇒ Esteban, mientras lo apedreaban hasta la muerte, anticipó que inmediatamente iba a estar con el Señor (Hch. 7:59).

⇒ Esteban incluso "vio la gloria de Dios, y a Jesús que estaba a la diestra de Dios" (Hch. 7:55).

⇒ Pablo dijo "estar ausentes del cuerpo, y presentes al Señor" (2 Co. 5:8).

⇒ Pablo incluso dijo "que tenía un deseo" de partir, y de estar con Cristo, que es mucho mejor (Fil. 1:23).

⇒ Jesús incluso le prometió al ladrón: "hoy estarás conmigo en el paraíso" (Lc. 23:43).

⇒ Se dice que los creyentes de Tesalónica que ya habían muerto "duermen en Jesús" (1 Ts. 4:14). Por "sueño" se quiere significar que están descansando en la presencia del Señor (ver nota, Jn. 11:13).

"Entonces Jesús le dijo: De cierto te digo que hoy estarás conmigo en el paraíso" (Lc. 23:43).

"Si alguno me sirve, sígame; y donde yo estuviere, allí también estará mi servidor. Si alguno me sirviere, mi Padre le honrará" (Jn. 12:26).

"Y si me fuere y os preparare lugar, vendré otra vez, y os tomaré a mí mismo, para que donde yo estoy, vosotros también estéis" (Jn. 14:3).

"Padre, aquellos que me has dado, quiero que donde yo estoy, también ellos estén conmigo, para que vean mi gloria que me has dado; porque me has amado desde antes de la fundación del mundo" (Jn. 17:24).

"Pero confiamos, y más quisiéramos estar ausentes del cuerpo, y presentes al Señor" (2 Co. 5:8).

"Porque de ambas cosas estoy puesto en estrecho, teniendo deseo de partir y estar con Cristo, lo cual es muchísimo mejor" (Fil. 1:23).

"Luego nosotros los que vivimos, los que hayamos quedado, seremos arrebatados juntamente con ellos en las nubes para recibir al Señor en el aire, y así estaremos siempre con el Señor" (1 Ts. 4:17).

"Y el Señor me librará de toda obra mala, y me preservará para su reino celestial. A él sea gloria por los siglos de los siglos. Amén" (2 Ti. 4:18).

2. El creyente, su cuerpo, sube y se encuentra con Jesús en el aire cuando Él retorna. Los cuerpos muertos de los creyentes ascenderán de cualquiera de los lugares donde estén en la tierra. Y los creyentes que siguen viviendo en la tierra ascenderán en sus cuerpos para encontrar al Señor en el aire. Será tan rápido como un pestañeo, y ocurrirá. Todos los creyentes, tanto en el cielo como en la tierra, ascenderán y recibirán sus cuerpos glorificados, dramática e instantáneamente. Jesús prometió que Él iba a venir otra vez, y lo hará. Nunca debemos olvidar: Dios prometió que su Hijo vendría la primera vez, y Él vino; del mismo modo vendrá otra vez a pesar del descreimiento de la gran mayoría de las personas.

Jesucristo está volviendo para darse a sí mismo y darle a su gente una reunión gloriosa y una marcha de triunfo sobre el pecado, la muerte y el infierno...

- Una reunión y una marcha tan gloriosas que explosivamente supera todo lo que el hombre pueda pensar o soñar.
- Una reunión y una marcha de perfección y gozo indescriptible, una marcha cuando todos los amados seguidores de Cristo se reunirán ante Él por primera vez. Cada uno experimentará la presencia y el gozo de todos los santos, los queridos santos que se han ido antes y que han venido después; incluso a Pablo, Pedro, Agustín, Lutero, Calvino, Wesley, Moody y todos los demás reconocidos siervos de Dios; las multitudes que han sido desconocidas para el hombre, pero que son bien conocidas por Dios, conocidas por ser primeras porque trabajaron en los lugares insignificantes del mundo como Dios les indicó y fueron tan leales.

Allí, ante el Señor Jesucristo, todos estaremos de pie por primera vez, cada creyente que ha vivido.

"Bienaventurados aquellos siervos a los cuales su señor, cuando venga, halle velando; de cierto os digo que se ceñirá, y hará que se sienten a la mesa, y vendrá a servirles" (Lc. 12:37).

"Y si me fuere y os preparare lugar, vendré otra vez, y os tomaré a mí mismo, para que donde yo estoy, vosotros también estéis" (Jn. 14:3).

"Mas nuestra ciudadanía está en los cielos, de donde también esperamos al Salvador, al Señor Jesucristo; el cual transformará el cuerpo de la humillación nuestra, para que sea semejante al cuerpo de la gloria suya, por el poder con el cual puede también sujetar a sí mismo todas las cosas" (Fil. 3:20, 21).

"Cuando Cristo, vuestra vida, se manifieste, entonces vosotros también seréis manifestados con él en gloria" (Col. 3:4).

"Para que sean afirmados vuestros corazones, irreprensibles en santidad delante de Dios nuestro Padre, en la venida de nuestro Señor Jesucristo con todos sus santos" (1 Ts. 3:13).

"Porque el Señor mismo con voz de mando, con voz de arcángel, y con trompeta de Dios, descenderá del cielo; y los muertos en Cristo resucitarán primero. Luego nosotros los que vivimos, los que hayamos quedado, seremos arrebatados juntamente con ellos en las nubes para recibir al Señor en el aire, y así estaremos siempre con el Señor" (1 Ts. 4:16, 17).

"Y cuando aparezca el Príncipe de los pastores, vosotros recibiréis la corona incorruptible de gloria" (1 P. 5:4).

"Amados, ahora somos hijos de Dios, y aún no se ha manifestado lo que hemos de ser; pero sabemos que cuando él se manifieste, seremos semejantes a él, porque le veremos tal como él es" (1 Jn. 3:2).

5 (14:3) ***Vida eterna - Cielo:*** La liberación de los corazones atribulados viene a través de una morada eterna con Jesús. Advierta el motivo mismo por el cual Jesús regresará a la tierra: "donde yo estoy, vosotros también estéis". ¿Dónde está Jesús? Dondequiera que esté, en el lugar exacto donde Él está, es exactamente donde estaremos nosotros. Estaremos con Él ?con nuestro preciado Señor por siempre? con Él quien nos ha salvado, con Él quien ha perdonado nuestros pecados a pesar de lo terribles que eran, con Él que nos ha liberado de la atadura del pecado, la muerte y el infierno, con Él que se ha ocupado de nosotros y nos ha guiado día tras día, con Él que ha compartido y nos ha dado su presencia. Nuevamente, estaremos con nuestro maravilloso Señor por siempre y para siempre. Este es el verdadero deseo de su corazón, por lo que Él oró tan intensamente:

"Padre, aquellos que me has dado, quiero que donde yo estoy, también ellos estén conmigo, para que vean mi gloria que me has dado; porque me has amado desde antes de la fundación del mundo" (Jn. 17:24).

"Mas nuestra ciudadanía está en los cielos, de donde también esperamos al Salvador, al Señor Jesucristo; el cual transformará el cuerpo de la humillación nuestra, para que sea semejante al cuerpo de la gloria suya, por el poder con el cual puede también sujetar a sí mismo todas las cosas" (Fil. 3:20, 21).

	E. El camino hacia Dios es únicamente mediante Jesús, 14:4-7
1 El destino de Jesús a. El destino es conocido b. El camino es conocido, v. 4 c. La contradicción y el escepticismo de Tomás	4 Y sabéis a dónde voy, y sabéis el camino. 5 Le dijo Tomás: Señor, no sabemos a dónde vas; ¿cómo, pues, podemos saber el camino?
2 El camino a Dios es Jesús mismo **3 El destino es Dios** **4 El único camino a Dios es Jesús**	6 Jesús le dijo: Yo soy el camino, y la verdad, y la vida; nadie viene al Padre, sino por mí.
5 El único camino a Dios es revelado ahora inequívocamente	7 Si me conocieseis, también a mi Padre conoceríais; y desde ahora le conocéis, y le habéis visto.

DIVISIÓN XIII

LA REVELACIÓN DE JESÚS, EL GRAN MINISTRO Y SU LEGADO, 13:1—16:33

E. El camino hacia Dios es únicamente mediante Jesús, 14:4-7

(14:4-7) ***Introducción:*** Este tema es una continuación de la partida de Jesús de este mundo. Se lo trata separadamente porque es impulsado por otra pregunta, esta vez de Tomás. (cp. Jn. 13:36 para la primera pregunta de Pedro.)

Este es un pasaje crítico, uno de los más críticos de todas las Escrituras. Jesús declaró en términos inequívocos cómo una persona llega a Dios, y lo dice claramente: no hay otro camino a Dios.

1. El destino de Jesús (vv. 4, 5).
2. El camino a Dios es Jesús mismo (v. 6).
3. El destino es Dios (v. 6).
4. El único camino a Dios es Jesús (v. 6).
5. El único camino a Dios es revelado ahora inequívocamente (v. 7).

[1] (14:4, 5) ***Jesucristo, Ascensión; Exaltación:*** El destino de Jesús es tema de discusión. Ha sacudido a los discípulos, tratando en profundidad el hecho de que los iba a abandonar. Esto, por supuesto, es una predicción de su muerte y ascensión (Jn. 13:33, 36; 14:3, 4). Advierta dos puntos.

1. Jesús les dijo a los discípulos: "Y sabéis adonde voy, y sabéis el camino". Y lo sabían, puesto que se los había dicho muchas veces.

a. "Y sabéis adonde voy": Él iba a regresar al Padre de donde había venido.

> **"Sabiendo Jesús que el Padre le había dado todas las cosas en las manos, y que había salido de Dios, y a Dios iba" (Jn. 13:3).**
>
> **"En la casa de mi Padre muchas moradas hay; si así no fuera, yo os lo hubiera dicho; voy, pues, a preparar lugar para vosotros" (Jn. 14:2).**
>
> **"Pero ahora voy al que me envió; y ninguno de vosotros me pregunta: ¿A dónde vas? ...de justicia, por cuanto voy al Padre, y no me veréis más... Entonces se dijeron algunos de sus discípulos unos a otros: ¿Qué es esto que nos dice: Todavía un poco y no me veréis; y de nuevo un poco, y me veréis; y, porque yo voy al Padre?" (Jn. 16:5, 10, 17).**

b. "Y sabéis el camino": *a través de Él.*

> **"Porque de tal manera amó Dios al mundo, que ha dado a su Hijo unigénito, para que todo aquel que en él cree, no se pierda, mas tenga vida eterna" (Jn. 3:16).**
>
> **"De cierto, de cierto os digo: El que oye mi palabra, y cree al que me envió, tiene vida eterna; y no vendrá a condenación, mas ha pasado de muerte a vida" (Jn. 5:24).**
>
> **"Le dijo Jesús: Yo soy la resurrección y la vida; el que cree en mí, aunque esté muerto, vivirá. Y todo aquel que vive y cree en mí, no morirá eternamente. ¿Crees esto?" (Jn. 11:25, 26).**

2. Tomás contradijo a Jesús y habló con escepticismo.

⇒ No sabemos dónde vas.

⇒ ¿Cómo podemos saber el camino?

Allí estaban sentados los discípulos, pensando que Jesús estaba por conducirlos a establecer el reino de Dios en la tierra, liberando a Israel y estableciéndolo como la mayor nación del mundo. Entonces, de repente Él comenzó a hablar acerca de irse a algún lugar; además insistió en que no lo podían seguir.

Por supuesto, ellos estaban pensando en términos de un gobierno terrenal y temporal, de posiciones y poder mundanos, de riquezas y posesiones, de pompa y ceremonia. Este era su problema. Jesús les había dicho dónde iba en términos simples y claros. Él había dicho una y otra vez que iba...

- a morir y resucitar (ver notas, Jn. 7:33, 34; Mt. 16:21-28; 17:1-13; 17:22; 17:24-27).
- a ir al Padre (ver nota, Jn. 7:33, 34. cp. Jn. 8:14; 13:3; 14:2, 3; 16:5, 10, 17).

Sin embargo, se rehusaron a aceptar el hecho. El resultado era inevitable. No estaban comprendiendo lo que Él estaba diciendo y estaban destinados a fallarle en su lealtad.

> ***Pensamiento 1:*** Advierta la contradicción y el escepticismo del mundo incluso hoy día. El mundo proclama: "No sabemos dónde está Dios, no realmente. Incluso si Él existe, solo podemos buscarlo de la mejor manera que podemos, intentando averiguar tan solo dónde está. Todo hombre debe encontrar y descubrir su propio camino y esperar haberlo encontrado".
>
> **"Ellos le dijeron: ¿Dónde está tu Padre? Respondió Jesús: Ni a mí me conocéis, ni a mi Padre; si a mí me conocieseis, también a mi Padre conoceríais" (Jn. 8:19).**
>
> **"Y harán esto porque no conocen al Padre ni a mí" (Jn. 16:3).**
>
> **"Porque pasando y mirando vuestros santuarios, hallé también un altar en el cual estaba esta inscripción: AL DIOS NO CONOCIDO. Al que vosotros adoráis, pues, sin conocerle, es a quien yo os anuncio" (Hch. 17:23).**
>
> **"Porque el corazón de este pueblo se ha engrosado, y con los oídos oyeron pesadamente, y sus ojos han**

cerrado, para que no vean con los ojos, y oigan con los oídos, y entiendan de corazón, y se conviertan, y yo los sane" (Hch. 28:27).

"Teniendo el entendimiento entenebrecido, ajenos de la vida de Dios por la ignorancia que en ellos hay, por la dureza de su corazón" (Ef. 4:18).

Pensamiento 2: El hombre que piensa en términos mundanos y vive para la tierra (posición, poder, riqueza, honor, posesiones) nunca sabrá adonde ha ido Cristo ni cómo llegar allí. Como le dijo Cristo a Nicodemo, a no ser que *volviera a nacer* no "vería el reino de Dios" ni ingresaría "al reino de Dios".

"Respondió Jesús y le dijo: De cierto, de cierto te digo, que el que no naciere de nuevo, no puede ver el reino de Dios… Respondió Jesús: De cierto, de cierto te digo, que el que no naciere de agua y del Espíritu, no puede entrar en el reino de Dios" (Jn. 3:3, 5).

"Pero el hombre natural no percibe las cosas que son del Espíritu de Dios, porque para él son locura, y no las puede entender, porque se han de discernir espiritualmente" (1 Co. 2:14).

2 (14:6) ***Jesucristo, Mediador:*** El camino a Dios es a través de Cristo mismo. Este es un versículo crítico, porque Jesús dijo que ningún hombre podría alcanzar a Dios a no ser que lo hiciera a través de Jesús mismo. Advierta la declaración de Jesús a la deidad: "Yo Soy" (ver nota, Jn. 6:20). Jesús hizo tres declaraciones fenomenales.

1. Yo soy el Camino (ver Estudio a fondo 1, Jesús el Camino, Jn. 14:6).
2. Yo soy la Verdad (ver Estudio a fondo 2, Jesús la Verdad, Jn. 14:6).
3. Yo soy la Vida (ver Estudio a fondo 3, Jesús la Vida, Jn. 14:6).

ESTUDIO A FONDO 1

(14:6) ***Jesús el Camino:*** Hay una diferencia entre señalar el camino a un lugar en particular y llevar a alguien de la mano y conducirlo allí. La persona que guía a otra a su destino se convierte literalmente en el camino mismo. Jesucristo no solo señala y le dice a una persona cómo caminar por la vida y cómo llegar a Dios, Él le muestra personalmente el camino a la persona. Por lo tanto, Él mismo es el Camino. Advierta la repetición de la palabra "camino" (vv. 4, 5, 6).

"Así que, hermanos, teniendo libertad para entrar en el Lugar Santísimo por la sangre de Jesucristo… por el camino nuevo y vivo que él nos abrió a través del velo, esto es, de su carne" (He. 10:19, 20).

ESTUDIO A FONDO 2

(14:6) ***Jesús la Verdad:*** Existe una diferencia entre decirle a alguien acerca de la verdad y vivir la verdad ante ellos. El que vive la verdad literalmente se convierte en la verdad.

1. Jesucristo es la *Encarnación* de la verdad (Jn. 14:6). Es la imagen de la verdad. Dios no solo le habla al hombre sobre Sí, Dios le muestra al hombre cómo es en la persona de Jesucristo. El hombre puede mirar a Jesucristo y ver una imagen perfecta de la verdad de Dios.

"Yo y el Padre uno somos" (Jn. 10:30).

"Si no hago las obras de mi Padre, no me creáis. Mas si las hago, aunque no me creáis a mí, creed a las obras, para que conozcáis y creáis que el Padre está en mí, y yo en el Padre" (Jn. 10:37, 38).

"¿No crees que yo soy en el Padre, y el Padre en mí? Las palabras que yo os hablo, no las hablo por mi propia cuenta, sino que el Padre que mora en mí, él hace las obras" (Jn. 14:10).

"Y ya no estoy en el mundo; mas éstos están en el mundo, y yo voy a ti. Padre santo, a los que me has dado, guárdalos en tu nombre, para que sean uno, así como nosotros" (Jn. 17:11).

2. Jesucristo es el *Comunicador* de la verdad. Él mismo: su Persona y su Vida hacen las cosas perfectamente claras. Él revela la última fuente y significado y final de todas las cosas. Él revela de verdad del hombre mismo y del mundo que rodea al hombre. Él le muestra al hombre el camino correcto hacia la verdad, y le permite elegir el camino correcto hacia la verdad.

"De cierto, de cierto te digo, que lo que sabemos hablamos, y lo que hemos visto, testificamos; y no recibís nuestro testimonio" (Jn. 3:11).

"Y lo que vio y oyó, esto testifica; y nadie recibe su testimonio" (Jn. 3:32).

"Porque el que Dios envió, las palabras de Dios habla; pues Dios no da el Espíritu por medida" (Jn. 3:34).

"De cierto, de cierto os digo: El que oye mi palabra, y cree al que me envió, tiene vida eterna; y no vendrá a condenación, mas ha pasado de muerte a vida" (Jn. 5:24).

"El espíritu es el que da vida; la carne para nada aprovecha; las palabras que yo os he hablado son espíritu y son vida" (Jn. 6:63).

"Le respondió Simón Pedro: Señor, ¿a quién iremos? Tú tienes palabras de vida eterna" (Jn. 6:68).

"Respondió Jesús y les dijo: Aunque yo doy testimonio acerca de mí mismo, mi testimonio es verdadero, porque sé de dónde he venido y a dónde voy; pero vosotros no sabéis de dónde vengo, ni a dónde voy" (Jn. 8:14).

"El que no me ama, no guarda mis palabras; y la palabra que habéis oído no es mía, sino del Padre que me envió" (Jn. 14:24).

"Porque las palabras que me diste, les he dado; y ellos las recibieron, y han conocido verdaderamente que salí de ti, y han creído que tú me enviaste" (Jn. 17:8).

"Yo les he dado tu palabra; y el mundo los aborreció, porque no son del mundo, como tampoco yo soy del mundo" (Jn. 17:14).

"Le dijo entonces Pilato: ¿Luego, eres tú rey? Respondió Jesús: Tú dices que yo soy rey. Yo para esto he nacido, y para esto he venido al mundo, para dar testimonio a la verdad. Todo aquel que es de la verdad, oye mi voz" (Jn. 18:37).

"Y de Jesucristo el testigo fiel, el primogénito de los muertos, y el soberano de los reyes de la tierra. Al que nos amó, y nos lavó de nuestros pecados con su sangre" (Ap. 1:5).

3. Jesucristo es el *Liberador* de la verdad (Jn. 8:32; 15:3). Libera a los hombres del gran abismo (extrañeza) que existe entre el hombre y Dios, entre el hombre y su mundo, y entre el

hombre y el hombre. Libera al hombre de la frustración que experimenta constantemente. Libera al hombre de los temores y las debilidades y defectos que lo plagan. Jesucristo es el único Liberador que queda en la tierra. (Ver Estudio a fondo 1, Jn. 1:9; Estudio a fondo 2, 8:23).

"Y conoceréis la verdad, y la verdad os hará libres" (Jn. 8:32).

"Ya vosotros estáis limpios por la palabra que os he hablado" (Jn. 15:3).

ESTUDIO A FONDO 3

(14:6) ***Jesús la Vida:*** Hay una diferencia entre decirle algo a alguien sobre la vida y realmente vivir la vida. El que vive es el que posee la vida, y cuanto más perfecta sea la forma en que viva, más vida poseerá. Jesucristo vivió perfectamente; por lo tanto, Él posee la vida perfectamente. Él es la Vida: la verdadera encarnación, energía, fuerza y fuente de la vida misma. (Ver notas, Jn. 1:4; 10:10; 17:2, 3).

"En él estaba la vida, y la vida era la luz de los hombres" (Jn. 1:4).

"El ladrón no viene sino para hurtar y matar y destruir; yo he venido para que tengan vida, y para que la tengan en abundancia" (Jn. 10:10).

"Le dijo Jesús: Yo soy la resurrección y la vida; el que cree en mí, aunque esté muerto, vivirá" (Jn. 11:25).

"Para que así como el pecado reinó para muerte, así también la gracia reine por la justicia para vida eterna mediante Jesucristo, Señor nuestro" (Ro. 5:21).

"Pero que ahora ha sido manifestada por la aparición de nuestro Salvador Jesucristo, el cual quitó la muerte y sacó a luz la vida y la inmortalidad por el evangelio" (2 Ti. 1:10).

3 (14:6) ***Resurrección - Ascensión:*** El destino es Dios. Nuevamente, Jesucristo dijo claramente a dónde iba. Iba "al Padre". No iba a permanecer muerto. Iba a resucitar y ascender al Padre. Esta era una imagen de la resurrección y ascensión de Jesús.

Ahora advierta: Jesús acababa de decir que iba a "la *casa* de su Padre". Ahora dijo que iba al "*Padre*" de la casa. Su destino no era tanto la casa, tan gloriosa como es la casa, sino el Padre mismo. La casa sin el Padre no sería el *hogar*; no sería el cielo.

Esto dice algo de importancia vital para el creyente. El principal objetivo del creyente es ir al Padre mismo, no al cielo, no a un lugar. El objetivo del creyente es vivir en la *presencia del Padre* por siempre.

1. El creyente ansía conocer y aprender del Padre *personalmente...*

- conocer al Padre cara a cara como su Padre: como el que lo creó, tanto física como espiritualmente; como el que ama tanto el mundo que daría su único Hijo para salvar a la humanidad y proveer una salvación tan gloriosa.
- conocer al Padre cara a cara como el Creador y Sustentador de todas las cosas; de toda la vida y todos los mundos, de todos los universos y en todas las dimensiones del ser.
- conocer al Padre cara a cara como la Persona gloriosa que mora en la Luz tan brillante y tan llena de esplendor que ningún hombre puede acercarse a Él.
- conocer al Padre cara a cara como la Majestad Suprema del universo: la Majestad Suprema tanto de este mundo y del mundo por venir; el Rey de reyes y Señor de señores que está por sobre todo, ante todo, y siempre lo estará.

2. El creyente ansía honrar y adorar al Padre cara a cara: alabar al Padre por sí mismo y por el maravilloso privilegio de la vida; unirse en la alabanza del universo que se le dará al que es digno de toda alabanza, honor, gloria y adoración por siempre y para siempre.

3. El creyente ansía servir al Padre cara a cara: servir en perfección, sin las manchas y las debilidades tan comunes en la vida de uno y en el ministerio aquí en la tierra.

Pensamiento 1: El destino de Jesús era "el Padre" mismo. El creyente tiene el mismo destino: el destino del creyente es "el Padre", el que tan dispuesto y bondadosamente lo adoptó en la familia de Dios.

"Pues no habéis recibido el espíritu de esclavitud para estar otra vez en temor, sino que habéis recibido el espíritu de adopción, por el cual clamamos: ¡Abba, Padre! El Espíritu mismo da testimonio a nuestro espíritu, de que somos hijos de Dios. Y si hijos, también herederos; herederos de Dios y coherederos con Cristo, si es que padecemos juntamente con él, para que juntamente con él seamos glorificados" (Ro. 8:15-17).

"Pero cuando vino el cumplimiento del tiempo, Dios envió a su Hijo, nacido de mujer y nacido bajo la ley, para que redimiese a los que estaban bajo la ley, a fin de que recibiésemos la adopción de hijos. Y por cuanto sois hijos, Dios envió a vuestros corazones el Espíritu de su Hijo, el cual clama: ¡Abba, Padre! Así que ya no eres esclavo, sino hijo; y si hijo, también heredero de Dios por medio de Cristo" (Gá. 4:4-7).

"Enseñándonos que, renunciando a la impiedad y a los deseos mundanos, vivamos en este siglo sobria, justa y piadosamente, aguardando la esperanza bienaventurada y la manifestación gloriosa de nuestro gran Dios y Salvador Jesucristo" (Tit. 2:12, 13).

4 (14:6) ***Jesucristo, Mediador - Salvación:*** El único camino hacia Dios es a través de Jesucristo (ver bosquejo y notas, Jn. 10:7-10 para mayor discusión).

"Jesús le dijo: Yo soy el camino, y la verdad, y la vida; nadie viene al Padre, sino por mí" (Jn. 14:6).

"Y en ningún otro hay salvación; porque no hay otro nombre bajo el cielo, dado a los hombres, en que podamos ser salvos" (Hch. 4:12).

"Porque hay un solo Dios, y un solo mediador entre Dios y los hombres, Jesucristo hombre, el cual se dio a sí mismo en rescate por todos, de lo cual se dio testimonio a su debido tiempo" (1 Ti. 2:5, 6).

"Pero ahora tanto mejor ministerio es el suyo, cuanto es mediador de un mejor pacto, establecido sobre mejores promesas" (He. 8:6).

"Así que, por eso es mediador de un nuevo pacto, para que interviniendo muerte para la remisión de las transgresiones que había bajo el primer pacto,

los llamados reciban la promesa de la herencia eterna" (He. 9:15).

"A Jesús el Mediador del nuevo pacto, y a la sangre rociada que habla mejor que la de Abel" (He. 12:24).

"Hijitos míos, estas cosas os escribo para que no pequéis; y si alguno hubiere pecado, abogado tenemos para con el Padre, a Jesucristo el justo" (1 Jn. 2:1).

5 (14:7) ***Jesucristo, Revelación:*** El único camino hacia Dios ahora ha sido revelado, y lo ha sido inequívocamente. Jesucristo mismo es la perfecta revelación de Dios. Si un hombre desea ver exactamente quién es Dios y cómo es, debe mirar a Jesucristo. La suprema revelación de Jesucristo es que Dios es amor (Jn. 3:16). Y un Dios de amor revelará el camino, la verdad y la vida en la imagen más perfecta posible. Un Dios de amor nunca dejaría al hombre en la oscuridad, buscando por siempre y nunca pudiendo encontrar y conocer. (Ver notas, Jn. 1:18; 3:13; Estudio a fondo 1, 3:31 para más discusión sobre el tema. Ver también bosquejos y notas, Jn. 1:1, 2; 1:14; 1:18).

1. Un Dios de amor (por amor absoluto) le mostrará al hombre *EL CAMINO* a Él. Por amor, nunca dejaría al hombre en la oscuridad, tanteando y tambaleando detrás del Camino. Jesucristo es *EL CAMINO*. Jesucristo es la imagen perfecta del Camino.

2. Un Dios de amor (por amor absoluto) le mostrará al hombre *LA VERDAD* sobre Él. Por amor, Él nunca dejaría al hombre en la oscuridad, buscando y tratando de encontrar la Verdad. Jesucristo es *LA VERDAD*. Jesucristo es la imagen perfecta de la Verdad.

3. Un Dios de amor (por amor absoluto) le mostrará al hombre *LA VIDA* de Él mismo. Por amor, Él nunca dejaría al hombre en la oscuridad, vagando sin sentido y desesperanzado buscando la Vida. Jesucristo es *LA VIDA*. Jesucristo es la imagen perfecta de la Vida.

"Y el que me ve, ve al que me envió" (Jn. 12:45).

"¿No crees que yo soy en el Padre, y el Padre en mí? Las palabras que yo os hablo, no las hablo por mi propia cuenta, sino que el Padre que mora en mí, él hace las obras" (Jn. 14:10).

"Todo lo que tiene el Padre es mío; por eso dije que tomará de lo mío, y os lo hará saber" (Jn. 16:15).

"El cual, siendo el resplandor de su gloria, y la imagen misma de su sustancia, y quien sustenta todas las cosas con la palabra de su poder, habiendo efectuado la purificación de nuestros pecados por medio de sí mismo, se sentó a la diestra de la Majestad en las alturas" (He. 1:3).

	F. La encarnación de Dios es Jesús mismo, 14:8-14	11 Creedme que yo soy en el Padre, y el Padre en mí; de otra manera, creedme por las mismas obras.	**4. El claro desafío: creer en la declaración de Jesús**
1 La solicitud de Felipe: muéstranos el Padre, una visión deslumbrante **2 La revelación: Jesús es la total encarnación de Dios**	8 Felipe le dijo: Señor, muéstranos el Padre, y nos basta. 9 Jesús le dijo: ¿Tanto tiempo hace que estoy con vosotros, y no me has conocido, Felipe? El que me ha visto a mí, ha visto al Padre; ¿cómo, pues, dices tú: Muéstranos el Padre?	12 De cierto, de cierto os digo: El que en mí cree, las obras que yo hago, él las hará también; y aun mayores hará, porque yo voy al Padre. 13 Y todo lo que pidiereis al Padre en mi nombre, lo haré, para que el Padre sea glorificado en el Hijo. 14 Si algo pidiereis en mi nombre, yo lo haré.	**5. Las claras promesas: son condicionales, para la persona que cree en Jesús** a. El poder de hacer grandes obras b. La respuesta a todas las oraciones
3 La clara evidencia a. La presencia de Dios b. Las palabras de Jesús c. Las obras de Jesús	10 ¿No crees que yo soy en el Padre, y el Padre en mí? Las palabras que yo os hablo, no las hablo por mi propia cuenta, sino que el Padre que mora en mí, él hace las obras.		

DIVISIÓN XIII

LA REVELACIÓN DE JESÚS, EL GRAN MINISTRO Y SU LEGADO, 13:1—16:33

F. La encarnación de Dios es Jesús mismo, 14:8-14

(14:8-14) ***Introducción:*** Esta es una de las declaraciones más increíbles que se hayan formulado: Jesucristo es la propia encarnación de Dios mismo.

1. La solicitud de Felipe, muéstranos el Padre, una visión deslumbrante (v. 8).
2. La revelación: Jesús es la total encarnación de Dios (v. 9).
3. La clara evidencia (v. 10).
4. El claro desafío: creer en la declaración de Jesús (v. 11).
5. Las claras promesas: son condicionales, para la persona que cree en Jesús (vv. 12-14).

[1] (14:8) ***Espectacular - Deslumbrante - Signos:*** La solicitud de Felipe fue: "Muéstranos el Padre", una visión deslumbrante y espectacular, una visión visible de Dios, un Dios tangible. Jesús había estado hablando del hecho de que Él regresaría al Padre y que los discípulos no podrían ir con Él, no ahora (Jn. 13:33—14:7). La solicitud de Felipe muestra cómo los discípulos interpretaron sus palabras. Pensaron que Jesús quería decir que iba a ir a alguna cima de una montaña o a algún otro lugar tranquilo para encontrarse con Dios cara a cara como los grandes hombres de Dios lo habían hecho en el pasado, hombres tales como...

- Jacob (Gn. 28:12ss; 32:24ss)
- Elías (1 R. 19:4ss)
- Moisés (Éx. 3:1ss; 24:9-11; 33:14 -23; 34:5-9)
- Isaías (Is. 6:1ss)
- Josué (Jos. 5:13ss)
- Ezequiel (Ez. 1:1ss; 10:1ss)
- Gedeón (Jue. 6:21ss)

Felipe quería ir con Jesús para ver también al Padre. ¿Por qué? Advierta dos cosas.

1. Felipe sentía que una experiencia dramática con Dios —ver a Dios— calmaría sus corazones turbados y resolvería sus problemas...

- de rivalidad y división (ver notas, Jn. 14:1-3; Lc. 22:24-30).
- de traición y deserción (Jn. 13:18ss.).
- de negación (Jn. 13:38).
- de ignorancia y malos entendidos (Jn. 1:36; 14:5).

> ***Pensamiento 1:*** Advierta el énfasis de la experiencia dramática: buscar lo espectacular y lo deslumbrante, lo físico y lo visible —alguna señal de que Dios *es*— de que Él en realidad existe. ¿Cuántos piden la experiencia dramática y la señal espectacular? Creen que una vez han tenido una visión deslumbrante de Dios, entonces...
> - su paz vendrá
> - ellos servirán a Dios.
> - sus problemas se resolverán
> - ellos cambiarán.
> - ellos creerán
> - ellos harán lo correcto.

2. Felipe no estaba satisfecho con lo que vio en Jesús, ni con lo que había recibido en Jesús. Caminar en fe no bastaba. Felipe quería ver una Persona asombrosa y espectacular que apareciera de forma deslumbrante. Jesús, sentado allí ante Felipe, si bien era el Hijo de Dios, parecía simplemente un hombre con forma humana. No aparecía con el Ser deslumbrante y glorioso de una Persona celestial. No tenía una forma espectacular ni una visión como habían visto los hombres de la antigüedad y como los hombres generalmente piensan de Dios cuando piensan en el Ser Supremo Universal. Jesús aparecía y se comunicaba y vivía como un simple ser humano. Felipe quería más de lo que era Jesús.

> ***Pensamiento 1:*** ¡Qué acusación contra los hombres! Los hombres con frecuencia dicen: "Jesús no es suficiente. Se necesita más. Jesús fue simplemente un hombre. No pudo ser *el Hijo* de Dios. Tal vez Él era *un hijo* de Dios

en el sentido de que era el mejor hombre que jamás vivió, pero nada más que eso". Dichos hombres caminan por la vida estando ciegos al gran amor de Dios.

"Porque de tal manera amó Dios al mundo, que ha dado a su Hijo unigénito, para que todo aquel que en él cree, no se pierda, mas tenga vida eterna" (Jn. 3:16).

"Mas Dios muestra su amor para con nosotros, en que siendo aún pecadores, Cristo murió por nosotros" (Ro. 5:8).

"En los cuales el dios de este siglo cegó el entendimiento de los incrédulos, para que no les resplandezca la luz del evangelio de la gloria de Cristo, el cual es la imagen de Dios" (2 Co. 4:4).

"[Los hombres] teniendo el entendimiento entenebrecido, ajenos de la vida de Dios por la ignorancia que en ellos hay, por la dureza de su corazón" (Ef. 4:18).

2 (14:9) ***Jesucristo, Revelación:*** La revelación fue increíble: Jesús era la encarnación total de Dios. "El que me ha visto a mí, ha visto al Padre". Cuando un hombre ve a Jesús, ve a una Persona...

- que es de la misma naturaleza que Dios.
- que es del mismo carácter de Dios.
- que es la misma substancia que Dios.
- que es la propia perfección de Dios.
- que es Dios en todo su Ser perfecto.

Jesucristo no es la misma Persona que Dios el Padre, pero tiene la misma naturaleza perfecta. Jesucristo es Dios el Hijo. Por lo tanto, la persona que ha visto a Jesucristo ha visto al Padre en toda la plenitud de la naturaleza del Padre, esa persona ha visto en Jesús la propia encarnación de la perfección, la perfecta encarnación del Ser, tanto amor perfecto como justicia perfecta.

"Y el que me ve, ve al que me envió" (Jn. 12:45).

"Si me conocieseis, también a mi Padre conoceríais; y desde ahora le conocéis, y le habéis visto" (Jn. 14:7).

"Todo lo que tiene el Padre es mío; por eso dije que tomará de lo mío, y os lo hará saber" (Jn. 16:15).

"Porque en él habita corporalmente toda la plenitud de la Deidad" (Col. 2:9).

"E indiscutiblemente, grande es el misterio de la piedad: Dios fue manifestado en carne, justificado en el Espíritu, visto de los ángeles, predicado a los gentiles, creído en el mundo, recibido arriba en gloria" (1 Ti. 3:16).

"El cual, [Cristo] siendo el resplandor de su gloria, y la imagen misma de su sustancia" (He. 1:3).

(Ver notas, Jn. 14:6; 14:7. También ver notas, Jn. 1:1-2; 1:14, 1:18 para una mayor discusión).

Pensamiento 1. Advierta que el énfasis está colocado en Dios *como Padre*. Al igual que un padre terrenal, Dios no es distante ni remoto. Él no ha creado y formado el mundo y lo ha dejado para que funcione a su antojo, sin preocuparse por él. Como Padre, Dios es exactamente tal como Jesús nos ha mostrado que es...

- amante y justo
- responsable
- dador y ayudador
- dador de directivas y corrector
- lleno de bondad y verdad
- lleno de perdón y cuidado

"Pues si vosotros, siendo malos, sabéis dar buenas dádivas a vuestros hijos, ¿cuánto más vuestro Padre que está en los cielos dará buenas cosas a los que le pidan?" (Mt. 7:11).

"Porque de tal manera amó Dios al mundo, que ha dado a su Hijo unigénito, para que todo aquel que en él cree, no se pierda, mas tenga vida eterna. Porque no envió Dios a su Hijo al mundo para condenar al mundo, sino para que el mundo sea salvo por él" (Jn. 3:16, 17).

"Pues el Padre mismo os ama, porque vosotros me habéis amado, y habéis creído que yo salí de Dios" (Jn. 16:27).

"Pues no habéis recibido el espíritu de esclavitud para estar otra vez en temor, sino que habéis recibido el espíritu de adopción, por el cual clamamos: ¡Abba, Padre! El Espíritu mismo da testimonio a nuestro espíritu, de que somos hijos de Dios. Y si hijos, también herederos; herederos de Dios y coherederos con Cristo, si es que padecemos juntamente con él, para que juntamente con él seamos glorificados" (Ro. 8:15-17).

"Mirad cuál amor nos ha dado el Padre, para que seamos llamados hijos de Dios; por esto el mundo no nos conoce, porque no le conoció a él" (1 Jn. 3:1).

3 (14:10) ***Jesucristo, deidad - Palabras de - Revelación:*** La clara evidencia de que Jesús fue la encarnación de Dios es triple.

1. La presencia de Dios fue una prueba de que Jesús era la encarnación de Dios. Dios estaba *en* Jesús, y Jesús estaba *en* Dios. A esto se lo puede denominar *Presencia Moradora mutua* de Dios y Cristo, cada uno morando en el otro. Esto simplemente significa que cada uno tiene la naturaleza y el ser, el Espíritu y la Mente del otro. Cada uno tiene la presencia, el mismo Ser y Espíritu del otro viviendo dentro de Él, *perfectamente.*

Advierta lo que estaba queriendo decir Jesús. La prueba de que Él era la encarnación de Dios, de que era el que vino a la tierra a revelar a Dios, es clara: la presencia de Dios no solo está *con* Él, la presencia de Dios está *en* Él. Él mismo *es* Dios. Él mismo, su persona, su ser, su naturaleza, su carácter, su amor, su cuidado, sus tratos justos, todo lo que fue, reveló exactamente lo que es Dios. Advierta también que Jesús le hizo una pregunta a Felipe: "¿No crees que yo soy en el Padre y el Padre en mí?"

"Yo y el Padre uno somos" (Jn. 10:30).

"Si no hago las obras de mi Padre, no me creáis. Mas si las hago, aunque no me creáis a mí, creed a las obras, para que conozcáis y creáis que el Padre está en mí, y yo en el Padre" (Jn. 10:37, 38).

"¿No crees que yo soy en el Padre, y el Padre en mí? Las palabras que yo os hablo, no las hablo por mi propia cuenta, sino que el Padre que mora en mí, él hace las obras. Creedme que yo soy en el Padre, y el Padre en mí; de otra manera, creedme por las mismas obras" (Jn. 14:10, 11).

"En aquel día vosotros conoceréis que yo estoy en mi Padre, y vosotros en mí, y yo en vosotros" (Jn. 14:20).

"Y ya no estoy en el mundo; mas éstos están en el mundo, y yo voy a ti. Padre santo, a los que me has dado,

guárdalos en tu nombre, para que sean uno, así como nosotros" (Jn. 17:11).

"Para que todos sean uno; como tú, oh Padre, en mí, y yo en ti, que también ellos sean uno en nosotros; para que el mundo crea que tú me enviaste. La gloria que me diste, yo les he dado, para que sean uno, así como nosotros somos uno" (Jn. 17:21, 22).

2. Las palabras de Jesús fueron prueba de que Él era la encarnación de Dios. Sus palabras eran las mismas Palabras que Dios mismo quería decirle al hombre. Cuando Jesús hablaba, era el Padre el que estaba hablando a través de Él. Mire sus palabras, sus enseñanzas, y doctrina, y sepa que fue Él el que sostenía ser: el Hijo de Dios mismo, la encarnación de Dios. (Ver nota, Jn. 7:16-19 para mayor discusión al respecto.)

"El cielo y la tierra pasarán, pero mis palabras no pasarán" (Mr. 13:31).

"Y todos daban buen testimonio de él, y estaban maravillados de las palabras de gracia que salían de su boca, y decían: ¿No es éste el hijo de José?" (Lc. 4:22).

"Y se admiraban de su doctrina, porque su palabra era con autoridad" (Lc. 4:32).

"Porque el que Dios envió, las palabras de Dios habla; pues Dios no da el Espíritu por medida" (Jn. 3:34).

"El espíritu es el que da vida; la carne para nada aprovecha; las palabras que yo os he hablado son espíritu y son vida" (Jn. 6:63).

"Le respondió Simón Pedro: Señor, ¿a quién iremos? Tú tienes palabras de vida eterna" (Jn. 6:68).

"Jesús les respondió y dijo: Mi doctrina no es mía, sino de aquel que me envió" (Jn. 7:16).

"Los alguaciles respondieron: ¡Jamás hombre alguno ha hablado como este hombre!" (Jn. 7:46).

"De cierto, de cierto os digo, que el que guarda mi palabra, nunca verá muerte" (Jn. 8:51).

"El que me rechaza, y no recibe mis palabras, tiene quien le juzgue; la palabra que he hablado, ella le juzgará en el día postrero" (Jn. 12:48).

"Respondió Jesús y le dijo: El que me ama, mi palabra guardará; y mi Padre le amará, y vendremos a él, y haremos morada con él. El que no me ama, no guarda mis palabras; y la palabra que habéis oído no es mía, sino del Padre que me envió" (Jn. 14:23, 24).

"Si alguno enseña otra cosa, y no se conforma a las sanas palabras de nuestro Señor Jesucristo, y a la doctrina que es conforme a la piedad, está envanecido, nada sabe, y delira acerca de cuestiones y contiendas de palabras, de las cuales nacen envidias, pleitos, blasfemias, malas sospechas" (1 Ti. 6:3, 4).

"Y en esto sabemos que nosotros le conocemos, si guardamos sus mandamientos" (1 Jn. 2:3).

"Cualquiera que se extravía, y no persevera en la doctrina de Cristo, no tiene a Dios; el que persevera en la doctrina de Cristo, ése sí tiene al Padre y al Hijo" (2 Jn. 9).

3. Las obras de Jesús fueron prueba de que Él era la encarnación de Dios (ver notas, Jn. 5:19; 5:20; 5:36; Estudio a fondo 2, 10:25 para una mayor discusión).

4 (14:11) ***Jesucristo, deidad - Creencia:*** El claro desafío es firme: creer en la declaración de Jesús. Él fue la encarnación de Dios. Él era *en* el Padre, y el Padre era *en* Él, perfectamente. Jesús fue el que Dios envió al mundo para demostrar a los hombres quién es Él y cómo es. Jesucristo fue la revelación de Dios al hombre, que vino al mundo a demostrarle al hombre que Dios es "el Padre", el Padre que ama y cuida, perdona y hace justicia. El desafío es creer en Jesús...

- creer en Él como Persona, como el mismo Hijo de Dios.
- creer en su declaración, en que su testimonio es absolutamente verdadero.

Si una persona tiene dificultades para creer en su declaración, entonces que mire sus obras. Que crea en Él por sus obras fenomenales. Que haga todo lo que sea necesario para asegurar la evidencia, pero que crea y acepte su declaración (ver Estudio a fondo 2, Creer, Jn. 2:24).

"Mas yo tengo mayor testimonio que el de Juan; porque las obras que el Padre me dio para que cumpliese, las mismas obras que yo hago, dan testimonio de mí, que el Padre me ha enviado" (Jn. 5:36).

"Me es necesario hacer las obras del que me envió, entre tanto que el día dura; la noche viene, cuando nadie puede trabajar" (Jn. 9:4).

"Jesús les respondió: Os lo he dicho, y no creéis; las obras que yo hago en nombre de mi Padre, ellas dan testimonio de mí" (Jn. 10:25).

"Mas si las hago, aunque no me creáis a mí, creed a las obras, para que conozcáis y creáis que el Padre está en mí, y yo en el Padre" (Jn. 10:38).

"Creedme que yo soy en el Padre, y el Padre en mí; de otra manera, creedme por las mismas obras" (Jn. 14:11).

"Si yo no hubiese hecho entre ellos obras que ningún otro ha hecho, no tendrían pecado; pero ahora han visto y han aborrecido a mí y a mi Padre" (Jn. 15:24).

"Varones israelitas, oíd estas palabras: Jesús nazareno, varón aprobado por Dios entre vosotros con las maravillas, prodigios y señales que Dios hizo entre vosotros por medio de él, como vosotros mismos sabéis" (Hch. 2:22).

ESTUDIO A FONDO 1

(14:11) **Jesucristo, Obras:** Advierta el propósito de las obras del Señor: agitar la creencia de que Él es el Hijo de Dios (Jn. 10:38; 14:11; Hch. 2:22).

5 (14:12-14) ***Creencia:*** La clara promesa a quienes creen en Jesús. Hay dos promesas para el creyente. Advierta las palabras "de cierto, de cierto", palabras que atraen la atención para oír y escuchar cuidadosamente. Lo que se estaba diciendo era de tremenda importancia.

1. La primera promesa es el poder para hacer grandes obras: el poder de hacer las mismas obras que hizo Jesús. (Ver Estudio a fondo 2, Jn. 14:12 para mayor discusión.)

2. La segunda promesa es la respuesta a todas las oraciones. (Ver Estudio a fondo 3, Jn. 14:13, 14 para mayor discusión.)

ESTUDIO A FONDO 2

(14:12) **Jesucristo, Obras - Creyente, Obras:** Esta es una declaración sorprendente. Es una gran promesa: el creyente hará las mismas obras que hizo Jesús y hará obras aún más grandes que las que Él hizo. Advierta tres hechos.

1. El creyente genuino hará el mismo *tipo* de obra que hizo

Jesús, obras que están caracterizadas por...

- amor y cuidado
- testimoniar y testificar
- ministrar y sanar
- compartir y disciplinar
- proclamar y enseñar
- ayudar y hacer milagros

El creyente obrará, haciendo todo lo que puede para demostrar el amor de Dios y conducir a los hombres a un conocimiento de salvación de su Hijo, Jesucristo.

"Como el Hijo del Hombre no vino para ser servido, sino para servir, y para dar su vida en rescate por muchos" (Mt. 20:28).

"Porque el Hijo del Hombre vino a buscar y a salvar lo que se había perdido" (Lc. 19:10).

"Entonces Jesús les dijo otra vez: Paz a vosotros. Como me envió el Padre, *así también yo os envío*" (Jn. 20:21).

2. El creyente genuino trabajará duro por el mismo propósito que Jesús. Trabajará...

- para demostrar a los hombres el amor y la justicia de Dios.
- para ayudar a los hombres en todas sus necesidades.
- para conducir a los hombres a creer en el Hijo de Dios para que puedan ser salvos y liberados del pecado, la muerte y el infierno.

"Por tanto, id, y haced discípulos a todas las naciones, bautizándolos en el nombre del Padre, y del Hijo, y del Espíritu Santo; enseñándoles que guarden todas las cosas que os he mandado; y he aquí yo estoy con vosotros todos los días, hasta el fin del mundo. Amén" (Mt. 28:19, 20).

"Y les dijo: Id por todo el mundo y predicad el evangelio a toda criatura" (Mr. 16:15).

"Lo que has oído de mí ante muchos testigos, esto encarga a hombres fieles que sean idóneos para enseñar también a otros. Tú, pues, sufre penalidades como buen soldado de Jesucristo" (2 Ti. 2:2, 3).

3. El creyente genuino hará incluso obras más grandes que Jesús. Esto significa que el verdadero siervo de Dios *alcanzará a más* personas y tendrá *resultados más amplios* que Jesús. Todo el mundo finalmente oirá, y habrá un impacto sobre muchas sociedades y naciones. Pero advierta el punto crucial.

⇒ Las obras más grandes son posibles únicamente a través de Jesús, solo porque Él ha ido con su Padre y está sentado a la diestra del Padre. Desde allí: desde el trono de poder Él equipa y faculta al creyente a hacer las obras. El creyente puede hacer grandes obras únicamente a través de la presencia y el poder de Jesús que está con el Padre. (Ver nota, Mt. 28:19, 20).

"Pero recibiréis poder, cuando haya venido sobre vosotros el Espíritu Santo, y me seréis testigos en Jerusalén, en toda Judea, en Samaria, y hasta lo último de la tierra" (Hch. 1:8).

"Y con gran poder los apóstoles daban testimonio de la resurrección del Señor Jesús, y abundante gracia era sobre todos ellos" (Hch. 4:33).

"Y a Aquel que es poderoso para hacer todas las cosas mucho más abundantemente de lo que pedimos o entendemos, según el poder que actúa en nosotros" (Ef. 3:20).

"Pues nuestro evangelio no llegó a vosotros en palabras solamente, sino también en poder, en el Espíritu Santo y en plena certidumbre, como bien sabéis cuáles fuimos entre vosotros por amor de vosotros" (1 Ts. 1:5).

ESTUDIO A FONDO 3

(14:13, 14) ***Oración - Jesucristo, Nombre de:*** Esta es una de las más maravillosas promesas de toda la Biblia. Dios oye las oraciones del amado creyente. Advierta tres puntos.

1. Las únicas oraciones oídas y respondidas son las pedidas "en nombre de Jesús". ¿Qué significa orar "en nombre de Jesús"? Significa dos cosas.

a. El creyente ora sabiendo que... Dios oye al creyente únicamente porque Jesús es aceptable para Él, y el creyente viene en nombre de Jesús.

- el único Mediador entre Dios y los hombres es Jesús; por lo tanto, el creyente se acerca a Dios en el nombre de Jesús.
- el único Intercesor ante Dios, la única Persona que le pide al hombre que acepte al hombre es Jesús.
- la única Persona, el único nombre que es suficientemente perfecto como para acercarse a Dios es Jesús; por lo tanto, el creyente ora en nombre de Jesús

(Ver notas, Jn. 12:44-46; Estudio a fondo 2, 12:44; notas, 16:23, 24; 16:25-27 para mayor discusión.)

b. El creyente busca glorificar únicamente el nombre de Jesús. Orar "en su nombre" significa que el creyente pide solo aquellas cosas que...

- honrarán su nombre.
- alabarán su nombre.
- traerán gloria a su nombre.
- conducirán a que su nombre sea elevado.

Significa que el creyente no pedirá nada que desdeñe, rebaje ni se aparte de su nombre.

"No me elegisteis vosotros a mí, sino que yo os elegí a vosotros, y os he puesto para que vayáis y llevéis fruto, y vuestro fruto permanezca; para que todo lo que pidiereis al Padre en mi nombre, él os lo dé" (Jn. 15:16).

"En aquel día no me preguntaréis nada. De cierto, de cierto os digo, que todo cuanto pidiereis al Padre en mi nombre, os lo dará. Hasta ahora nada habéis pedido en mi nombre; pedid, y recibiréis, para que vuestro gozo sea cumplido" (Jn. 16:23, 24).

2. Advierta por qué Jesús responde las oraciones del creyente. Su propósito es glorificar a Dios. Cuando Jesús responde una oración, el Padre es glorificado, pero también lo es Jesús. El poder y la sabiduría, el amor y el cuidado demostrados en la oración respondida son de Dios a través del nombre de Jesús. Por lo tanto cuando el creyente ora y recibe lo que pidió...

- su atención está puesta tanto en el Padre como en el Hijo.
- su alabanza y acción de gracias están colocadas tanto en el Padre como en el Hijo.
- su lealtad y sumisión tanto al Padre como al Hijo son más profundas y más maduras.

"Con gozo *dando gracias* al Padre que nos hizo aptos para participar de la herencia de los santos en luz; el cual nos ha librado de la potestad de las tinieblas, y trasladado al reino de su amado Hijo, en quien tenemos redención por su sangre, el perdón de pecados" (Col. 1:12-14).

"Dad gracias en todo, porque esta es la voluntad de Dios para con vosotros en Cristo Jesús" (1 Ts. 5:18).

"Por tanto, nosotros todos, mirando a cara descubierta como en un espejo la gloria del Señor, somos transformados de gloria en gloria en la misma imagen, como por el Espíritu del Señor" (2 Co. 3:18).

"Así que, ofrezcamos siempre a Dios, *por medio de él*, sacrificio de alabanza, es decir, fruto de labios que confiesan su nombre" (He. 13:15).

"Mas vosotros sois linaje escogido, real sacerdocio, nación santa, pueblo adquirido por Dios, para que anunciéis las virtudes de aquel que os llamó de las tinieblas a su luz admirable" (1 P. 2:9).

"Dad a Jehová la gloria debida a su nombre; adorad a Jehová en la hermosura de la santidad" (Sal. 29:2).

"Entrad por sus puertas con acción de gracias, por sus atrios con alabanza; alabadle, bendecid su nombre" (Sal. 100:4).

3. Jesús dijo que el creyente debe orarle a Él así como también a Dios. Jesús dijo: "Todo lo que pediréis al Padre en mi nombre, *lo haré*". Jesús está declarando ser Dios, tener...

- la sabiduría y el conocimiento,
- el poder y la capacidad,
- el amor y el cuidado,
- el deseo y la disposición

...para hacer cualquier cosa. ¡Una declaración fenomenal! Sin embargo, es una declaración razonable del Hijo de Dios.

"¿No crees que yo soy en el Padre, y el Padre en mí? Las palabras que yo os hablo, no las hablo por mi propia cuenta, sino que el Padre que mora en mí, él hace las obras" (Jn. 14:10).

"Y todo lo que pidiereis en oración, creyendo, lo recibiréis" (Mt. 21:22).

"Y todo lo que pidiereis al Padre en mi nombre, lo haré, para que el Padre sea glorificado en el Hijo. Si algo pidiereis en mi nombre, yo lo haré" (Jn. 14:13, 14).

"Si permanecéis en mí, y mis palabras permanecen en vosotros, pedid todo lo que queréis, y os será hecho" (Jn. 15:7).

"Y esta es la confianza que tenemos en él, que si pedimos alguna cosa conforme a su voluntad, él nos oye. Y si sabemos que él nos oye en cualquiera cosa que pidamos, sabemos que tenemos las peticiones que le hayamos hecho" (1 Jn. 5:14, 15).

	G. El Espíritu Santo: Quién es Él, 14:15-26	será amado por mi Padre, y yo le amaré, y me manifestaré a él.	a. La presencia especial es condicional: debe obedecer y amar a Cristo
1 Hecho: Si una persona ama a Jesús, cumplirá sus mandamientos	15 Si me amáis, guardad mis mandamientos.	22 Le dijo Judas (no el Iscariote): Señor, ¿cómo es que te manifestarás a nosotros, y no al mundo?	b. Se cuestiona la presencia especial
2 Él es el Consolador, el otro Ayudador	16 Y yo rogaré al Padre, y os dará otro Consolador, para que esté con vosotros para siempre:	23 Respondió Jesús y le dijo: El que me ama, mi palabra guardará; y mi Padre le amará, y vendremos a él, y haremos morada con él.	**6 Él es la presencia de la Trinidad** a. Es condicional: debe amar y obedecer a Jesús b. Es el amor y la presencia de Dios y Cristo
3. Él es el Espíritu de verdad a. El mundo no puede recibirlo b. El creyente lo recibe y lo conoce	17 el Espíritu de verdad, al cual el mundo no puede recibir, porque no le ve, ni le conoce; pero vosotros le conocéis, porque mora con vosotros, y estará en vosotros.	24 El que no me ama, no guarda mis palabras; y la palabra que habéis oído no es mía, sino del Padre que me envió.	c. No se le da a los que no aman ni obedecen a Cristo d. Es asegurada por Dios mismo
4 Él es la presencia personal de Cristo a. No en un sentido físico b. Una presencia viva, eterna c. Una unión viva entre Dios, Cristo y el creyente	18 No os dejaré huérfanos; vendré a vosotros. 19 Todavía un poco, y el mundo no me verá más; pero vosotros me veréis; porque yo vivo, vosotros también viviréis. 20 En aquel día vosotros conoceréis que yo estoy en mi Padre, y vosotros en mí, y yo en vosotros.	25 Os he dicho estas cosas estando con vosotros. 26 Mas el Consolador, el Espíritu Santo, a quien el Padre enviará en mi nombre, él os enseñará todas las cosas, y os recordará todo lo que yo os he dicho.	**7 Él es el Espíritu Santo, el Maestro** a. Los hechos 1) Él es prometido 2) Él es dado por el Padre en nombre de Jesús
5 Él es la manifestación muy especial de Cristo dentro del creyente	21 El que tiene mis mandamientos, y los guarda, ése es el que me ama; y el que me ama,		b. Su propósito 1) Enseñar al creyente 2) Ayudar al creyente a recordar

DIVISIÓN XIII

LA REVELACIÓN DE JESÚS, EL GRAN MINISTRO Y SU LEGADO, 13:1—16:33

G. El Espíritu Santo, Quién es Él, 14:15-26

(14:15-26) ***Introducción - Espíritu Santo - Doctrina del:*** Hay tres grandes partes de las Escrituras que tratan de la doctrina del Espíritu Santo en profundidad.

1. La identidad del Espíritu Santo o quién es Él (Jn. 14:15-26).
2. La obra del Espíritu Santo (Jn. 16:7-15).
3. El poder del Espíritu Santo (Ro. 8:1-17).

Advierta este hecho significativo: dos de los pasajes incluyen una discusión por parte del Señor mismo. Él está en el Cuarto Superior dedicando las últimas horas que le quedan con sus apóstoles mientras está en la tierra. Está tocando los principales temas que ellos deben entender antes de su muerte, revelando y llenándolos con las gloriosas verdades que los *ayudarán* durante las futuras pruebas que deben enfrentar.

La mayor ayuda que van a recibir los creyentes es la misma presencia de Dios en la Persona del Espíritu Santo. Es esto lo que está revelando ahora Jesús. Revela al Espíritu Santo, su identidad, quién es Él. (Ver bosquejo y notas, Jn. 16:7-15 donde Jesús revela la obra del Espíritu Santo. También ver bosquejo y notas, Ro. 8:1-17 donde se revela el poder del Espíritu Santo).

1. Hecho: Si una persona ama a Jesús, cumplirá sus mandamientos (v. 15).
2. Él es el Consolador, el otro Ayudador (v. 16).
3. Él es el Espíritu de verdad (v. 17).
4. Él es la presencia personal de Cristo (vv. 18-20).
5. Él es la manifestación muy especial de Cristo dentro del creyente (vv. 21, 22).
6. Él es la presencia de la Trinidad (vv. 23, 24).
7. Él es Espíritu Santo, el Maestro (vv. 25, 26).

[1] (14:15) ***Amor - Obediencia:*** Un hecho. Si una persona ama a Jesús, *cumplirá* los mandamientos de Jesús. Advierta dos cosas.

1. La obediencia no es opcional para los creyentes. Jesús manifestó un hecho simple que debe ser claramente comprendido: "Si me amáis, *guardaréis* [teresete] mis mandamientos" Esta es la traducción correcta, Jesús no está dando un *mandamiento opcional* "Si me amáis, (entonces, opcional), guardad mis mandamientos". Está diciendo que el hombre que realmente lo ama *cumplirá* con sus mandamientos. Para el creyente, no hay opción. Él ama a Jesús, por lo tanto, cumple con sus mandamientos. En esto el creyente no está expresando perfección, sino declarando amar a Jesús y creer con todo su corazón que Jesús es el Hijo de Dios. Por lo tanto, diligentemente busca a Jesús, y busca complacerlo en todo lo que hace (cp. He. 11:6).

2. Se debe comprender claramente qué significa amar a Jesús.

a. Amar a Jesús no es algo emocional. Involucra a las emociones, pero no se *basa* en las emociones. No son *sentimientos:* no sentirse bien hoy y amar a Jesús, y sentirse mal mañana y no amar a Jesús. Amar a Jesús no es una experiencia fluctuante, no es una emoción que va y viene. No es un *amor emocional* que cambia con los sentimientos.

b. Amar a Jesús no es un compromiso racional ni mental. Por supuesto involucra la mente, pero no se trata solo de decidir que Jesús es el Hijo de Dios y adoptar sus enseñanzas y su moral como las normas de la vida de uno. No es solo vivir de acuerdo a sus enseñanzas y hacer lo mejor que una persona pueda hacer. No es una cuestión solo de la mente, ni de disciplinar la vida de uno para cumplir con la ley y sus normas y reglamentaciones.

c. Amar a Jesús es una cuestión del corazón y del espíritu: un asunto de la parte más vital del hombre, del ser más interior del hombre, todo lo que un hombre es. El corazón es el *asiento* del afecto y la voluntad de un hombre (devoción). El corazón se aferra y centra nuestro afecto, nuestra voluntad y nuestra devoción en un objeto o una persona. El corazón hace que un hombre desee entregarse a lo bueno o a lo malo. Amar a Jesús significa que un hombre centra su corazón, afectos y voluntad (devoción) en Dios dando y recibiendo el amor de Dios. Significa que un hombre da su *afecto* y *voluntad* (devoción), todo lo que es y tiene a Jesucristo, significa que él...
- acepta libremente a Jesús.
- aprecia y se apega a Jesús.
- con sacrificio da todo lo que es y lo que tiene a Jesús.
- compromete todo lo que es y lo que tiene para servir a Jesús y a su causa.

(Ver bosquejos y notas, Mt. 22:37-40; Jn. 13:33-35; 21:15-17 para mayor discusión al respecto.)

> **"Si guardareis mis mandamientos, permaneceréis en mi amor; así como yo he guardado los mandamientos de mi Padre, y permanezco en su amor... Vosotros sois mis amigos, si hacéis lo que yo os mando" (Jn. 15:10, 14).**
>
> **"Y en esto sabemos que nosotros le conocemos, si guardamos sus mandamientos" (1 Jn. 2:3).**

2 (14:16) ***Espíritu Santo:*** El Espíritu Santo es el Consolador, el otro Ayudador. Advierta cuatro puntos.

1. El Espíritu Santo es el Consolador (ver Estudio a fondo 1, Jn. 14:16).

2. Recibir al Espíritu Santo es condicional. Advierta la conjunción "y". Es la persona que *ama* a Jesús a la que se le da el Espíritu Santo. Advierta también que el Espíritu se entrega porque Jesús ora por nosotros. Él es nuestro *Intercesor*, el que pide por nuestro caso. No es que Dios no esté dispuesto a dar el Espíritu Santo. Ese no es el punto. El punto es que Jesucristo es nuestro Mediador, nuestro Intercesor el que nos posibilita recibir al Espíritu (cp. 1 Jn. 2:1, 2). Si una persona ama verdaderamente a Jesús, a esa persona se le da el Espíritu Santo.

3. La fuente del Espíritu Santo es "el Padre". Es el Padre el que dio al Hijo, y es el Padre que da el Espíritu Santo. La imagen es conmovedora en cuanto a que a Dios se lo ve ansiando tan profundamente...
- para dar el Espíritu Santo a los que aman a su *único* Hijo.
- hacer todo lo que puede por la persona que ama a su Hijo, y por supuesto lo más grande que Dios puede hacer es poner su Espíritu en una persona.

> **"Pues si vosotros, siendo malos, sabéis dar buenas dádivas a vuestros hijos, ¿cuánto más vuestro Padre celestial dará el Espíritu Santo a los que se lo pidan?" (Lc. 11:13).**

4. El Espíritu Santo mora por siempre con el creyente. Su presencia continúa y nunca termina. La idea es que Él nunca retira su presencia.

ESTUDIO A FONDO 1

(14:16) ***Consolador*** (paracletos): Uno llamó, uno llamó para estar al lado del otro. El propósito es ayudar en toda forma posible. (1). Está la imagen de un amigo llamado para ayudar a una persona que está turbada, angustiada o confundida. (2). Está la imagen de un comandante llamado para ayudar a un ejército desalentado y descorazonado. (3). Está la imagen de un abogado, un defensor llamado para ayudar a un acusado que necesita resolver su caso. No hay una palabra que pueda traducir cabalmente la palabra *paracletos.* Probablemente, la palabra que más se acerque sea *Ayudador.*

3 (14:17) ***Espíritu Santo:*** El Espíritu Santo es el Espíritu de la Verdad. Advierta tres hechos.

1. El Espíritu Santo es el Espíritu de la Verdad, la misma Verdad que es Cristo. Él es la Encarnación, el Comunicador y el Liberador de la verdad (ver Estudio a fondo 2, Jesús la Verdad, Jn. 14:6).

2. El mundo *no puede* recibir al Espíritu Santo. Advierta la palabra "no puede". Es imposible que el mundo reciba el Espíritu Santo. ¿Por qué? Porque el mundo de los descreídos no "ve" ni "conoce" el Espíritu Santo. El mundo vive solo por lo que ve y conoce, solo por lo físico y lo material, solo por lo que puede tocar y sentir, degustar y consumir, pensar y usar.

El punto es este: los no creyentes rechazan a Jesús. No lo aman, y les importa poco o nada respecto de Él. No están interesados en ver o en conocer a Jesús. El resultado es natural:

⇒ No ven ni conocen el mundo espiritual; por lo tanto, no ven ni conocen el Espíritu de ese mundo.

⇒ No son conscientes del mundo espiritual; por lo tanto no son conscientes del Espíritu de ese mundo.

⇒ No conocen ni aman a Jesús; por lo tanto, no "conocen" el Espíritu de Cristo.

(Advierta este contraste entre el "Espíritu del mundo" y el "Espíritu de Dios", 1 Co. 2:12-14).

> **"Pero el hombre natural no percibe las cosas que son del Espíritu de Dios, porque para él son locura, y**

no las puede entender, porque se han de discernir espiritualmente" (1 Co. 2:14; cp. vv. 12, 13).

3. El creyente sí conoce al Espíritu Santo. El creyente conoce el Espíritu tanto por experiencia como por su presencia.

⇒ El Espíritu Santo *"mora con"* el creyente dándole: seguridad, cuidándolo, guiándolo y enseñando.

⇒ El Espíritu Santo está *en* el creyente: en comunión, compañerismo, compartiendo y conformando al creyente a la imagen de Cristo.

"El Espíritu de verdad, al cual el mundo no puede recibir, porque no le ve, ni le conoce; pero vosotros le conocéis, porque mora con vosotros, y estará en vosotros" (Jn. 14:17).

"Pero yo os digo la verdad: Os conviene que yo me vaya; porque si no me fuera, el Consolador no vendría a vosotros; mas si me fuere, os lo enviaré" (Jn. 16:7).

"Porque el Espíritu Santo os enseñará en la misma hora lo que debáis decir" (Lc. 12:12).

"Mas vosotros no vivís según la carne, sino según el Espíritu, si es que el Espíritu de Dios mora en vosotros. Y si alguno no tiene el Espíritu de Cristo, no es de él" (Ro. 8:9).

"Porque todos los que son guiados por el Espíritu de Dios, éstos son hijos de Dios" (Ro. 8:14).

"El Espíritu mismo da testimonio a nuestro espíritu, de que somos hijos de Dios" (Ro. 8:16).

"Y por cuanto sois hijos, Dios envió a vuestros corazones el Espíritu de su Hijo, el cual clama: ¡Abba, Padre!" (Gá. 4:6).

"Guarda el buen depósito por el Espíritu Santo que mora en nosotros" (2 Ti. 1:14).

"Y nosotros no hemos recibido el espíritu del mundo, sino el Espíritu que proviene de Dios, para que sepamos lo que Dios nos ha concedido" (1 Co. 2:12).

"¿No sabéis que sois templo de Dios, y que el Espíritu de Dios mora en vosotros?" (1 Co. 3:16).

"¿O ignoráis que vuestro cuerpo es templo del Espíritu Santo, el cual está en vosotros, el cual tenéis de Dios, y que no sois vuestros?" (1 Co. 6:19).

"Pero la unción que vosotros recibisteis de él permanece en vosotros, y no tenéis necesidad de que nadie os enseñe; así como la unción misma os enseña todas las cosas, y es verdadera, y no es mentira, según ella os ha enseñado, permaneced en él" (1 Jn. 2:27).

"Y el que guarda sus mandamientos, permanece en Dios, y Dios en él. Y en esto sabemos que él permanece en nosotros, por el Espíritu que nos ha dado" (1 Jn. 3:24).

"En esto conocemos que permanecemos en él, y él en nosotros, en que nos ha dado de su Espíritu" (1 Jn. 4:13).

"Este es Jesucristo, que vino mediante agua y sangre; no mediante agua solamente, sino mediante agua y sangre. Y el Espíritu es el que da testimonio; porque el Espíritu es la verdad" (1 Jn. 5:6).

"Y pondré dentro de vosotros mi Espíritu, y haré que andéis en mis estatutos, y guardéis mis preceptos, y los pongáis por obra" (Ez. 36:27).

4 (14:18-20) ***Presencia interior:*** El Espíritu Santo es la presencia personal de Cristo. Advierta cuatro puntos.

1. Jesús dijo "Vendré a vosotros". Quiso decir que iba a regresar luego de haberse ido, es decir, luego de muerto. Volvería para darle a los creyentes su presencia personal. No los dejaría sin consuelo (orphanous); la palabra significa ser huérfanos, estar sin ayuda de los padres, estar desvalido. Jesús no los abandonaría para que luchen a través de las pruebas de la vida solos.

La presencia de Jesús con sus seguidores comenzó con su resurrección y con la llegada del Espíritu Santo. Jesús estaba diciendo que iba a venir al creyente en la persona del Espíritu Santo.

2. El mundo perdió su oportunidad de ver a Jesús. Él lo dijo. Estaría presente durante un corto lapso más, luego el mundo *"no lo vería más"* (La siguiente vez que el mundo lo vea, Él vendrá a juzgar).

3. La presencia de Jesús es una presencia viva, eterna. Él murió, pero no permaneció muerto. Resucitó y conquistó la muerte. Resucitó para vivir para siempre. Ahora piense: si Jesucristo está viviendo para siempre y mora dentro del creyente, entonces el creyente vive eternamente. Cristo la Presencia Eterna vive *dentro* del creyente; por lo tanto, el creyente pasa a ser eterno. Nunca muere. (Ver Estudio a fondo 1, Jn. 8:51). El creyente pasa a ser eterno por la presencia eterna de Cristo *dentro* de él.

De hecho, cuando Jesús dice "Yo vivo", Él quiere decir que vive abundante y eternamente: vive la vida en todo su pleno significado. Por lo tanto, al vivir *dentro* del creyente, Cristo imparte el mismo tipo de vida al creyente, una vida que es a la vez abundante y eterna. (Ver Estudio a fondo 2, Jn. 1:4; Estudio a fondo 1, 10:10, Estudio a fondo 1, 17:2, 3).

4. La presencia de Cristo es una unión viviente, una *morada mutua* entre Dios, Cristo y el creyente. "En aquel día" se refiere a la resurrección de Jesús y a la llegada del Espíritu Santo.

Ahora advierta: cuando Jesús resucitó de entre los muertos, los creyentes sabían algo. Su declaración era cierta en un sentido absoluto. Jesús realmente estaba "en" Dios. Dios es eterno, entonces al estar "en" Dios, Jesús iba a vivir por siempre; iba a resucitar de los muertos.

Se sabía algo más. Todo lo que Jesús había dicho era verdad. Estaba colocando a todos los creyentes *"en"* Sí mismo y a Sí mismo "en" ellos, o para decirlo de otro modo, cuando viniera el Espíritu Santo, los creyentes serían colocados "en" su Espíritu y su Espíritu "en" ellos. (Ver Estudio a fondo 1, Espíritu Santo, Hch. 2:1-4 para mayor discusión al respecto.)

ESTUDIO A FONDO 2

(14:20) ***Cristo en ti:*** Esta es la primera vez que se revela la gloriosa verdad de *Cristo en ti* a los discípulos. La comprensión cabal del Cristo morando en uno fue dada y explicada por Pablo (ver Estudio a fondo 4, Jn. 20:22; notas, 1 Co. 3:16; 6:19; Ef. 3. 6; Col. 1:26, 27; cp. , Jn. 14:17, 18, 20, 23; Ro. 8:9; 1 Co. 2:11, 12; 3:16; 6:19; 2 Ti. 1:14; 1 Jn. 2:27; Ez. 36:27).

"En aquel día vosotros conoceréis que yo estoy en mi Padre, y vosotros en mí, y yo en vosotros" (Jn. 14:20).

"Yo en ellos, y tú en mí, para que sean perfectos en unidad, para que el mundo conozca que tú me enviaste, y que los has amado a ellos como también a mí me has amado" (Jn. 17:23).

"Mas vosotros no vivís según la carne, sino según el Espíritu, si es que el Espíritu de Dios mora en vosotros.

Y si alguno no tiene el Espíritu de Cristo, no es de él" (Ro. 8:9).

"Con Cristo estoy juntamente crucificado, y ya no vivo yo, mas vive Cristo en mí; y lo que ahora vivo en la carne, lo vivo en la fe del Hijo de Dios, el cual me amó y se entregó a sí mismo por mí" (Gá. 2:20).

"Para que habite Cristo por la fe en vuestros corazones, a fin de que, arraigados y cimentados en amor" (Ef. 3:17).

"A quienes Dios quiso dar a conocer las riquezas de la gloria de este misterio entre los gentiles; que es Cristo en vosotros, la esperanza de gloria" (Col. 1:27).

"Y el que guarda sus mandamientos, permanece en Dios, y Dios en él. Y en esto sabemos que él permanece en nosotros, por el Espíritu que nos ha dado" (1 Jn. 3:24).

"He aquí, yo estoy a la puerta y llamo; si alguno oye mi voz y abre la puerta, entraré a él, y cenaré con él, y él conmigo" (Ap. 3:20).

5 (14:21, 22) ***Espíritu Santo, Manifestación; Plenitud - Revelación:*** El Espíritu Santo es la manifestación muy especial de Cristo dentro del creyente. Aparentemente, esto se refiere a manifestaciones muy especiales del Señor en el corazón del creyente, aquellas veces muy especiales cuando hay una profunda conciencia de amor entre el Señor y su querido seguidor (ver Estudio a fondo 3, Jn. 14:21). Esto es probable que sea lo que quiere decir Cristo, puesto que Él ya ha hablado acerca de su presencia personal dentro del creyente (vv. 18-20). Cuando los creyentes atraviesan pruebas terribles y experimentan varias crisis, Dios sabe y Él ama y se ocupa; entonces avanza para satisfacer la necesidad de sus queridos hijos. Se mueve dentro del corazón del creyente, manifestando su presencia y dando un sentido profundo de su amor y cuidado, ayudando y dando confianza, perdón y seguridad, dando todo lo que necesita el creyente. La profundidad de la experiencia y la intensidad y la emoción de la *manifestación especial* depende de la necesidad del creyente. Dios conoce y ama a su querido hijo perfectamente, entonces Él da cualquier experiencia y profundidad de emoción que sean necesarios para satisfacer la necesidad de su hijo. Siempre debemos recordar que Dios ama a cada uno de nosotros tanto que hará lo que sea necesario...

• para elevarnos.
• para reforzarnos.
• para conformarnos a la imagen de su querido Hijo, el Señor Jesucristo.

Advierta que las *manifestaciones especiales* de la presencia del Señor se dan solamente al creyente que hace dos cosas.

⇒ El creyente que tiene los mandamientos de Jesús recibe las manifestaciones especiales del Espíritu Santo. Tener sus mandamientos significa que el creyente ha buscado y posee los mandamientos de Jesucristo. Los tiene en su corazón, los conoce, los ha hecho propios (cp. Sal. 119:11).

⇒ El creyente que cumple con los mandamientos de Jesús.

El creyente que hace estas dos cosas demuestra que ama *verdaderamente* al Señor Jesús, y el que ama al Señor Jesús será amado por el Padre y el Señor también lo amará. De hecho, el Señor se *manifestará* al creyente que oculta sus mandamientos en su corazón.

Advierta un hecho importante: se cuestiona la manifestación especial. Judas realizó la pregunta por primera vez, pero la manifestación especial de la presencia de Cristo ha sido cuestionada y puesta en duda por miles de personas desde entonces. Judas pensaba como piensan todos los hombres, en términos de una manifestación física, una apariencia visible.

ESTUDIO A FONDO 3

(14:21). **Manifestación** (phaneroo; emphanizo): Cuando se la utiliza en el sentido de una develación o revelación, sugiere que algo nuevo tiene que salir a la luz, que algo nunca conocido por el hombre anteriormente pasa a ser conocido. Ahora se ha revelado algún misterio. Es algo que no puede ser descubierto por la razón o la sabiduría del hombre. Es un misterio que se le oculta al hombre y que está más allá de su comprensión. Aquí en Jn. 12:21, 22 significa que la presencia de Jesús es revelada (traída a la luz), iluminada, manifestada, avivada en la vida del creyente. Significa que Él *se manifiesta* a sus discípulos de una manera muy especial. Divulga su persona, su naturaleza, su bondad. Se ilumina *dentro* de sus corazones y vidas. Da una conciencia muy especial dentro de sus almas. (Ver notas, Jn. 14:21, 22; Estudio a fondo 1; Hch. 2:1-4.)

"El que cree en mí, como dice la Escritura, de su interior correrán ríos de agua viva. Esto dijo del Espíritu que habían de recibir los que creyesen en él; pues aún no había venido el Espíritu Santo, porque Jesús no había sido aún glorificado" (Jn. 7:38, 39).

"El que tiene mis mandamientos, y los guarda, ése es el que me ama; y el que me ama, será amado por mi Padre, y yo le amaré, y me manifestaré a él. Le dijo Judas (no el Iscariote): Señor, ¿cómo es que te manifestarás a nosotros, y no al mundo? Respondió Jesús y le dijo: El que me ama, mi palabra guardará; y mi Padre le amará, y vendremos a él, y haremos morada con él" (Jn. 14:21-23).

"Y fueron todos llenos del Espíritu Santo, y comenzaron a hablar en otras lenguas, según el Espíritu les daba que hablasen" (Hch. 2:4).

"Cuando hubieron orado, el lugar en que estaban congregados tembló; y todos fueron llenos del Espíritu Santo, y hablaban con denuedo la palabra de Dios" (Hch. 4:31).

"Y los discípulos estaban llenos de gozo y del Espíritu Santo" (Hch. 13:52).

"No os embriaguéis con vino, en lo cual hay disolución; antes bien sed llenos del Espíritu" (Ef. 5:18).

6 (14: 23, 24). ***Espíritu Santo - Trinidad:*** El Espíritu Santo es la presencia viviente de la Trinidad. Advierta las palabras: "Mi Padre... vendrá... y *vendremos* a él y *haremos* la morada con él [el creyente]". Tanto el Padre como Cristo vienen a morar en el creyente en la persona del Espíritu Santo (vv. 16, 17, 26). Los tres moran dentro del creyente. Advierta cuatro hechos simples pero profundos.

1. La presencia viviente de la Trinidad es condicional: uno debe obedecer a Cristo, esto es, amar y cumplir con sus palabras.

2. La presencia viviente de la Trinidad es el *amor y la*

presencia de Dios y Cristo y del Espíritu Santo, los tres morando dentro de la vida del creyente.

3. La presencia de la Trinidad no "está" en el hombre que no ama ni obedece a Jesús.

4. La presencia de la Trinidad está garantizada por Dios mismo. Advierta lo que dijo Jesús: Sus palabras son las palabras del Padre que lo envió (ver nota, punto 2, Jn. 14:10).

> **"Y ya no estoy en el mundo; mas éstos están en el mundo, y yo voy a ti. Padre santo, a los que me has dado, guárdalos en tu nombre, para que sean uno, así como nosotros" (Jn. 17:11).**
>
> **"La gloria que me diste, yo les he dado, para que sean uno, así como nosotros somos uno. Yo en ellos, y tú en mí, para que sean perfectos en unidad, para que el mundo conozca que tú me enviaste, y que los has amado a ellos como también a mí me has amado" (Jn. 17:22, 23).**

ESTUDIO A FONDO 4

(14:23) ***Amor, Mandamientos:*** La persona que realmente ama a Jesús querrá ayudar a Jesús haciendo lo que Él pide. Por lo tanto, el amor y la obediencia están unidos tan estrechamente que una persona no puede amar y no obedecer. Se demuestra y ve claramente el amor de una persona en su obediencia. (Cp. 1 Jn. 2:9-11; 3:10-17; 4:7-21.)

[7] (14:25, 26). ***Espíritu Santo:*** El Espíritu Santo es *el Maestro*. Él enseña "todas las cosas" que enseñó Jesús. "Todas las cosas" significa todas las cosas que enseñó Jesús incluyendo la presencia del Consolador (Espíritu Santo), quien es dado para ayudar al creyente a través de las pruebas de la vida, y la presencia interna y el amor del Padre e Hijo.

Sin embargo, debe señalarse un punto crucial. El Consolador viene *únicamente del Padre* "en el nombre" de Jesús.

⇒ Al llamar a Dios, "el Padre", se acentúa una relación padre-hijo. Uno debe convertirse en un hijo de Dios, esto es, del Padre, a fin de recibir el Consolador del Padre.

⇒ Las palabras "en nombre " de Cristo significan que uno debe acercarse al Padre "en" el nombre de Cristo, esto es, reconociendo que solo Jesús es aceptable para Dios (ver Estudio a fondo 3, Jn. 14:13, 14 para mayor discusión).

El propósito del Espíritu Santo en la vida del creyente es doble.

1. Enseñar todas las cosas, tanto las palabras como la vida de Cristo, tanto la Verdad como la Vida, tanto la Palabra como el modo de vivir, tanto la teoría como la práctica, tanto los principios y la conducta, tanto la moral como el comportamiento.

2. Ayudar a recordar: ayudar a recordar todo lo que ha sido enseñado en la Palabra de Dios, ayudar especialmente en los momentos de prueba cuando se necesita la verdad. En un momento de prueba, el Espíritu Santo infunde al creyente con la fuerza para soportar o bien le indica en su mente el camino para escapar (cp. 1 Co. 10:13).

> **"Porque el Espíritu Santo os enseñará en la misma hora lo que debáis decir" (Lc. 12:12).**
>
> **"Mas el Consolador, el Espíritu Santo, a quien el Padre enviará en mi nombre, él os enseñará todas las cosas, y os recordará todo lo que yo os he dicho" (Jn. 14:26).**
>
> **"Pero cuando venga el Espíritu de verdad, él os guiará a toda la verdad; porque no hablará por su propia cuenta, sino que hablará todo lo que oyere, y os hará saber las cosas que habrán de venir" (Jn. 16:13).**
>
> **"Lo cual también hablamos, no con palabras enseñadas por sabiduría humana, sino con las que enseña el Espíritu, acomodando lo espiritual a lo espiritual" (1 Co. 2:13).**
>
> **"Pero la unción que vosotros recibisteis de él permanece en vosotros, y no tenéis necesidad de que nadie os enseñe; así como la unción misma os enseña todas las cosas, y es verdadera, y no es mentira, según ella os ha enseñado, permaneced en él" (1 Jn. 2:27).**

	H. La fuente de paz, gozo y seguridad, 14:27-31	29 Y ahora os lo he dicho antes que suceda, para que cuando suceda, creáis.	
1 La fuente de paz a. La paz del mundo b. La paz de Cristo c. La fuente: únicamente Jesús **2 La fuente de gozo (regocijo).** a. El retorno de Jesús al Padre (Su muerte, resurrección y ascensión). b. La grandeza del Padre c. Una fe confirmada	27 La paz os dejo, mi paz os doy; yo no os la doy como el mundo la da. No se turbe vuestro corazón, ni tenga miedo. 28 Habéis oído que yo os he dicho: Voy, y vengo a vosotros. Si me amarais, os habríais regocijado, porque he dicho que voy al Padre; porque el Padre mayor es que yo.	30 No hablaré ya mucho con vosotros; porque viene el príncipe de este mundo, y él nada tiene en mí. 31 Mas para que el mundo conozca que amo al Padre, y como el Padre me mandó, así hago. Levantaos, vamos de aquí.	**3 La fuente de seguridad** a. La victoria de Jesús sobre el príncipe del mundo b. La obediencia de Jesús al Padre

DIVISIÓN XIII

LA REVELACIÓN DE JESÚS, EL GRAN MINISTRO Y SU LEGADO, 13:1—16:33

H. La fuente de paz, gozo y seguridad, 14:27-31

(14:27-31) ***Introducción:*** Este pasaje nos habla con fervor y fuerza de las necesidades del hombre. Considera las fuentes de *paz, gozo* y *seguridad.*

1. La fuente de paz (v. 27).
2. La fuente de gozo (vv. 28-29).
3. La fuente de seguridad (vv. 30-31).

[1] (14:27) ***Paz:*** La fuente de paz. Paz (eirene) significa unir, reunir, tejer junto. Significa que una persona está unida, reunida y tejida junto consigo mismo y con Dios y los demás.

La palabra hebrea es *shalom.* Significa libertad de las turbaciones y mucho más. Significa experimentar el mayor bien, gozar lo mejor, poseer todo el bien interior posible. Significa plenitud y solidez. Significa prosperidad en el sentido más amplio, especialmente prosperidad en el sentido espiritual de tener un alma que florece.

1. Está la paz del mundo. Esta es la paz del escapismo, de evitar problemas, de rehusarse a enfrentar las cosas, de la irrealidad. Es una paz que se busca a través del placer, la satisfacción, la alegría, la ausencia de problemas, el pensamiento positivo o la negación de los problemas.

2. Está la paz de Cristo y de Dios. Esta es, en primer lugar, *una paz del pecho*, una paz honda interior. Es una tranquilidad de mente, una compostura, una paz que es calma ante circunstancias y situaciones malas. Es más que sentimientos, incluso más que actitud y pensamiento.

Esta es, en segundo lugar, la *paz de la conquista* (cp. Jn. 16:33). Es la paz independiente de las condiciones y el entorno; la paz que ninguna angustia, ningún peligro, ningún sufrimiento ni ninguna experiencia puede quitar.

> **"Estas cosas os he hablado para que en mí tengáis paz. En el mundo tendréis aflicción; pero confiad, yo he vencido al mundo" (Jn. 16:33).**

Esta, en tercer lugar, es la *paz de la seguridad* (cp. Ro. 8:28). Es la paz de confianza incuestionable; la paz con un conocimiento pleno de que la vida de uno está en manos de Dios y que todas las cosas saldrán bien para quienes aman a Dios y son llamados de acuerdo a su propósito.

> **"Y sabemos que a los que aman a Dios, todas las cosas les ayudan a bien, esto es, a los que conforme a su propósito son llamados" (Ro. 8:28).**

En cuarto lugar, esta es la *paz de la intimidad con Dios* (cp. Fil. 4:6, 7). Es la paz del mayor bien. Es la paz que aquieta la mente, refuerza la voluntad y determina el corazón.

3. Está la fuente de paz. La paz siempre nace de la reconciliación. Su fuente se encuentra únicamente en la reconciliación traída por Jesucristo. La paz siempre tiene que ver con relaciones personales: la relación de un hombre consigo mismo, con Dios, y con sus prójimos. Un hombre debe ser unido, tejido y reunido junto consigo mismo, con Dios, y con su prójimo.

> **"Pero ahora en Cristo Jesús, vosotros que en otro tiempo estabais lejos, habéis sido hechos cercanos por la sangre de Cristo. Porque él es nuestra paz, que de ambos pueblos hizo uno, derribando la pared intermedia de separación" (Ef. 2:13, 14).**
>
> **"Y por medio de él reconciliar consigo todas las cosas, así las que están en la tierra como las que están en los cielos, haciendo la paz mediante la sangre de su cruz. Y a vosotros también, que erais en otro tiempo extraños y enemigos en vuestra mente, haciendo malas obras, ahora os ha reconciliado" (Col. 1:20, 21).**

El hombre se asegura la paz de la siguiente manera.

1. Por justificación.

> **"Justificados, pues, por la fe, tenemos paz para con Dios por medio de nuestro Señor Jesucristo" (Ro. 5:1).**

2. Amando la Palabra de Dios.

> **"Mucha paz tienen los que aman tu ley, y no hay para ellos tropiezo" (Sal. 119:165).**
>
> **"Estas cosas os he hablado para que en mí tengáis paz. En el mundo tendréis aflicción; pero confiad, yo he vencido al mundo" (Jn. 16:33).**

3. Orando sobre todo.

"Por nada estéis afanosos, sino sean conocidas vuestras peticiones delante de Dios en toda oración y ruego, con acción de gracias. Y la paz de Dios, que sobrepasa todo entendimiento, guardará vuestros corazones y vuestros pensamientos en Cristo Jesús" (Fil. 4:6, 7).

4. Teniendo una mente espiritual.

"Porque el ocuparse de la carne es muerte, pero el ocuparse del Espíritu es vida y paz" (Ro. 8:6).

5. Dejando su mente en Dios.

"Tú guardarás en completa paz a aquel cuyo pensamiento en ti persevera; porque en ti ha confiado" (Is. 26:3).

"Por lo demás, hermanos, todo lo que es verdadero, todo lo honesto, todo lo justo, todo lo puro, todo lo amable, todo lo que es de buen nombre; si hay virtud alguna, si algo digno de alabanza, en esto pensad" (Fil. 4:8).

6. Cumpliendo los mandamientos de Dios.

"¡Oh, si hubieras atendido a mis mandamientos! Fuera entonces tu paz como un río, y tu justicia como las ondas del mar" (Is. 48:18).

"Lo que aprendisteis y recibisteis y oísteis y visteis en mí, esto haced; y el Dios de paz estará con vosotros" (Fil. 4:9).

El tema de la paz por lo general se divide en (1) la paz *con* Dios, que se obtiene a través de la salvación (Ro. 5:1; Ef. 2:14-17); (2) la paz *de* Dios, que es la misma paz de Dios mismo y que apunta a Dios como la Fuente de paz (Lc. 7:50; Fil. 4:6, 7). (3) la paz *desde* Dios, que Dios otorga para morar en el corazón del creyente mientras anda día a día en el Señor (Ro. 1:7; 1 Co. 1:3).

2 (14:28, 29) ***Gozo - Regocijo:*** La fuente de gozo y regocijo. El gozo (chara) y el regocijo (echarete, la misma raíz que gozo) significan una alegría interna, un placer íntimamente asentado. Es una profundidad de seguridad y confianza que enciende un corazón feliz.

La fuente del gozo es triple. (Ver Estudio a fondo 1, Jn. 15:11 para mayor discusión al respecto).

1. El regreso de Jesús al Padre hace que los creyentes gocen y se regocijen.

a. La cruz es la fuente de su liberación del pecado, la muerte y el infierno (ver nota, Jn. 12:32).

"Y yo, si fuere levantado de la tierra, a todos atraeré a mí mismo" (Jn. 12:32).

"Pero lejos esté de mí gloriarme, sino en la cruz de nuestro Señor Jesucristo, por quien el mundo me es crucificado a mí, y yo al mundo" (Gá. 6:14).

b. La resurrección y la ascensión de Cristo atrae y hace que los hombres gocen y se regocijen. La resurrección y la ascensión son las fuentes de su nueva vida y esperanza de eternidad (ver notas, Resurrección, Jn. 14:6; 7:33, 34; Mr. 16:19, 20).

"Justificados, pues, por la fe, tenemos paz para con Dios por medio de nuestro Señor Jesucristo; por quien también tenemos entrada por la fe a esta gracia en la cual estamos firmes, y nos gloriamos en la esperanza de la gloria de Dios" (Ro. 5:1, 2).

"Me mostrarás la senda de la vida; en tu presencia hay plenitud de gozo; delicias a tu diestra para siempre" (Sal. 16:11).

"Y los redimidos de Jehová volverán, y vendrán a Sion con alegría; y gozo perpetuo será sobre sus cabezas; y tendrán gozo y alegría, y huirán la tristeza y el gemido" (Is. 35:10).

2. La grandeza del Padre hace que los creyentes gocen y se regocijen. El Padre demostró su gran amor y poder liberando a Jesús...

- de la carne: en todas sus limitaciones y debilidades.
- del mundo: en todas sus pruebas y tensiones.
- del diablo: en todas su opresiones y ataques.
- de la presión de los hombres: en todas sus exigencias de necesidad y en algunos casos, de terribles amenazas y ataques.

El Padre se llevó a Jesús al hogar, desde donde Él había venido, y lo restauró a su trono de gloria, exaltándolo por sobre todo nombre que se mencione (Fil. 2:9-11). El creyente goza y se regocija en el poder fenomenal de la grandeza del Padre.

"Hasta ahora nada habéis pedido en mi nombre; pedid, y recibiréis, para que vuestro gozo sea cumplido" (Jn. 16:24).

"Porque el reino de Dios no es comida ni bebida, sino justicia, paz y gozo en el Espíritu Santo" (Ro. 14:17).

"A quien amáis sin haberle visto, en quien creyendo, aunque ahora no lo veáis, os alegráis con gozo inefable y glorioso; obteniendo el fin de vuestra fe, que es la salvación de vuestras almas" (1 P. 1:8, 9).

"Regocijaos en el Señor siempre. Otra vez digo: ¡Regocijaos!" (Fil. 4:4).

Pensamiento 1: La implicancia del poder del Padre para el creyente es fenomenal. El creyente también será liberado de la carne, del mundo, del diablo y de la presión de los hombres, tal como lo fue Jesús.

"Estas cosas os he hablado, para que mi gozo esté en vosotros, y vuestro gozo sea cumplido" (Jn. 15:11).

3. Una fe confirmada hace que los creyentes gocen y se regocijen. Las declaraciones de Jesús han sido demostradas y verificadas. Tal cual les dijo a sus discípulos, todo lo que Él predijo sucedió.

⇒ Se fue (murió).
⇒ Fue a su Padre (la ascensión).
⇒ Regresó (la resurrección).
⇒ Envió al Espíritu Santo

Nota: Al anunciar estas cosas, Jesús reforzó enormemente la fe de los creyentes. (De hecho, piense al respecto: Él no podría haber encontrado una manera mejor de fortalecer la fe de los creyentes.)

"Estas cosas os he hablado, para que mi gozo esté en vosotros, y vuestro gozo sea cumplido" (Jn. 15:11).

"Pero ahora voy a ti; y hablo esto en el mundo, para que tengan mi gozo cumplido en sí mismos" (Jn. 17:13).

"Fueron halladas tus palabras, y yo las comí; y tu palabra me fue por gozo y por alegría de mi corazón; porque tu nombre se invocó sobre mí, oh Jehová Dios de los ejércitos" (Jer. 15:16).

[3] (14:30, 31) ***Seguridad:*** La fuente de seguridad. La seguridad del creyente proviene de dos fuentes.

1. La seguridad proviene de la victoria de Jesús sobre Satanás. (Ver Estudio a fondo 3, Jn. 12:31; Estudio a fondo 4, 12:32 para mayor discusión al respecto).

a. "Viene el príncipe": Él estaba usando a los hombres (a Judas y a los extremistas religiosos) para hacer un último esfuerzo con el objeto de destruir a Jesús. Pero Satanás no tenía nada en Jesús; no había nada que pudiera utilizar para atraer a Jesús al pecado. No había lujuria, ni codicia, ni egoísmo, no había nada en Jesús que Satanás pudiera utilizar para destruirlo.

"¿Quién de vosotros me redarguye de pecado? Pues si digo la verdad, ¿por qué vosotros no me creéis?" (Jn. 8:46).

"Al que no conoció pecado, por nosotros lo hizo pecado, para que nosotros fuésemos hechos justicia de Dios en él" (2 Co. 5:21).

"Porque no tenemos un sumo sacerdote que no pueda compadecerse de nuestras debilidades, sino uno que fue tentado en todo según nuestra semejanza, pero sin pecado" (He. 4:15).

"Porque tal sumo sacerdote nos convenía: santo, inocente, sin mancha, apartado de los pecadores, y hecho más sublime que los cielos" (He. 7:26).

"Sino con la sangre preciosa de Cristo, como de un cordero sin mancha y sin contaminación" (1 P. 1:19).

b. Jesús estaba prediciendo que Él sería completamente victorioso y triunfante sobre Satanás.

"Ahora es el juicio de este mundo; ahora el príncipe de este mundo será echado fuera" (Jn. 12:31).

"No hablaré ya mucho con vosotros; porque viene el príncipe de este mundo, y él nada tiene en mí" (Jn. 14:30).

"Y despojando a los principados y a las potestades, los exhibió públicamente, triunfando sobre ellos en la cruz" (Col. 2:15).

"Así que, por cuanto los hijos participaron de carne y sangre, él también participó de lo mismo, para destruir por medio de la muerte al que tenía el imperio de la muerte, esto es, al diablo, y librar a todos los que por el temor de la muerte estaban durante toda la vida sujetos a servidumbre" (He. 2:14, 15).

"El que practica el pecado es del diablo; porque el diablo peca desde el principio. Para esto apareció el Hijo de Dios, para deshacer las obras del diablo" (1 Jn. 3:8).

2. La seguridad proviene de la obediencia de Jesús al Padre. El gran mandamiento del Padre fue que Jesús muriera por los pecados del mundo. Su muerte fue el acto supremo de obediencia. (Ver nota, Jn. 12:27-30.)

"Por eso me ama el Padre, porque yo pongo mi vida, para volverla a tomar. Nadie me la quita, sino que yo de mí mismo la pongo. Tengo poder para ponerla, y tengo poder para volverla a tomar. Este mandamiento recibí de mi Padre" (Jn. 10:17, 18).

"Ahora está turbada mi alma; ¿y qué diré? ¿Padre, sálvame de esta hora? Mas para esto he llegado a esta hora. Padre, glorifica tu nombre. Entonces vino una voz del cielo: Lo he glorificado, y lo glorificaré otra vez" (Jn. 12:27, 28).

"Y andad en amor, como también Cristo nos amó, y se entregó a sí mismo por nosotros, ofrenda y sacrificio a Dios en olor fragante" (Ef. 5:2).

	CAPÍTULO 15 **I. La relación de Jesús con las personas del mundo, 15:1-8**	5 Yo soy la vid, vosotros los pámpanos; el que permanece en mí, y yo en él, éste lleva mucho fruto; porque separados de mí nada podéis hacer. 6 El que en mí no permanece, será echado fuera como pámpano, y se secará; y los recogen, y los echan en el fuego, y arden.	b. No pueden dar frutos c. No comprender la naturaleza de dar frutos en la vida: No pueden hacer nada alejados de Cristo d. Están destinados: reunidos, echados fuera, quemados
1 Jesús, la vid; Dios, el labrador; y el hombre, el pámpano	1 Yo soy la vid verdadera, y mi Padre es el labrador.		
2 Los pámpanos sin fruto: se quitarán **3 Pámpanos fructíferos** a. Son podados b. El propósito de la poda c. Cómo se podan los pámpanos 1) Por la Palabra 2) Por permanecer	2 Todo pámpano que en mí no lleva fruto, lo quitará; y todo aquel que lleva fruto, lo limpiará, para que lleve más fruto. 3 Ya vosotros estáis limpios por la palabra que os he hablado.	7 Si permanecéis en mí, y mis palabras permanecen en vosotros, pedid todo lo que queréis, y os será hecho. 8 En esto es glorificado mi Padre, en que llevéis mucho fruto, y seáis así mis discípulos.	**5 Pámpanos que permanecen: resultados y promesas** a. Reciben nutrición: oraciones respondidas b. Glorifican a Dios c. Demuestran que permanecen: discípulos
4 Pámpanos separados a. Están por su cuenta: no permanecen, están separados	4 Permaneced en mí, y yo en vosotros. Como el pámpano no puede llevar fruto por sí mismo, si no permanece en la vid, así tampoco vosotros, si no permanecéis en mí.		

DIVISIÓN XIII

LA REVELACIÓN DE JESÚS, EL GRAN MINISTRO Y SU LEGADO, 13:1—16:33

I. La relación de Jesús con las personas del mundo, 15:1-8

(15:1-8) ***Introducción - Jesucristo - Enfrentar la muerte:*** Jesús estaba enfrentando la escena más terrible de la historia de la humanidad. El Hijo de Dios estaba a punto de ser asesinado por las manos de los hombres. Todo lo que Él tenía que enfrentar estaba pesando mucho sobre su mente, en particular la reacción de todos respecto de Él y su destino. Él había venido a salvarlos a todos, y pocos estaban respondiendo en una forma genuina. Incluso estaba enfrentando el colapso de su propio círculo íntimo. Trágicamente, se estaban desarmando.

⇒ Un discípulo estaba en el proceso de traicionarlo (Judas).

⇒ El líder de los discípulos iba a negarlo tres veces, incluso maldiciéndolo (Pedro).

⇒ Los otros discípulos iban a huir y a abandonarlo.

Luego, estaba el mundo de hombres que lo rechazaban: los extremistas religiosos que firmemente profesaban conocer y vivir para Dios, y los no extremistas religiosos que no tenían apego a Dios y no profesaban ninguno.

Él había venido a salvarlos a todos y ninguno estaba a su lado en la hora en que más los necesitaba. El pensamiento de esto pasaba por su mente, y como Él pensaba, recordó la vid de Dios tantas veces descripta en el Antiguo Testamento (Sal. 80:8-16; Is. 5:1-7; Jer. 2:21; Ez. 15:1-8; 19:10; Os. 10:1). En ella, Él vio una lección gráfica que los discípulos debían aprender, la gran lección de "la vid y los pámpanos", la relación de Jesús con la gente del mundo.

1. Jesús, la vid; Dios, el labrador; y el hombre, el pámpano (v. 1).
2. Los pámpanos sin frutos: se quitarán (v. 2).
3. Pámpanos fructíferos (vv. 2-4).
4. Pámpanos separados (vv. 4-6).
5. Pámpanos que permanecen: resultados y promesas (vv. 7, 8).

ESTUDIO A FONDO 1

(15:1-8) ***Fructífero - Permanecer:*** Hay cuatro etapas relacionadas con dar frutos: 1). Ningún fruto (v. 2); 2). Frutos (v. 2); 3). Más frutos (v. 2) y 4). Muchos frutos (vv. 5, 8).

¿Qué quiere decir que un cristiano debe dar frutos? Significa tener conversiones (Ro. 1:13), tener justicia (Ro. 6:21-23), tener un carácter cristiano o el fruto del Espíritu (ver notas, Gá. 5:22, 23). Advierta también las condiciones para tener frutos en la vida: limpieza (v. 3), permanecer en Cristo (v. 5) y obediencia (vv. 10, 12). Un verdadero cristiano es una persona que realmente permanece en Cristo (1 Jn. 2:10). Juan dijo que permanecer en Cristo significa ocho cosas. (Ver Estudio a fondo 2, Permanecer, Jn. 15:4-6).

1. Una persona camina en confesión abierta ante Dios. Camina por la vida abriendo su vida a Dios; confiesa todo pecado conocido. No anda en el pecado, y no permite que ningún pecado no sea confesado (1 Jn. 1:6-10).

2. Una persona camina y es compañera de Cristo. Vive y se mueve y tiene su ser con Cristo. Se comunica y vive en una conciencia de la presencia de Dios, y a partir de la presencia de Dios aprende sobre Dios, y toma la fuerza y la autoridad para vivir victoriosamente día tras día (1 Jn. 2:6; 2:27; cp. Sal. 16:11; Pr. 3:5, 6).

3. Una persona continúa en la iglesia; no se ha ido de la iglesia (1 Jn. 2:19).

4. Una persona posee confianza, una falta de vergüenza en la vida que lo prepara para la eternidad (1 Jn. 2:28).

5. Una persona no anda en pecado continuo (1 Jn. 3:6). Experimenta una victoria constante sobre el pecado.

6. Una persona se entrega activamente a obedecer los mandamientos de Dios (1 Jn. 3:24).

7. Una persona experimenta la presencia viviente y el testimonio del Espíritu (1 Jn. 4:12, 13).

8. Una persona vive en el amor y la unidad y el compañerismo con todos los demás creyentes (Jn. 17:21-23; 1 Jn. 4:16; cp. 1 Jn. 4:20).

1 (15:1) ***Jesucristo, la vid:*** Jesús es la Vid; Dios es el Labrador o Cultivador o Jardinero y los hombres son los pámpanos.

1. Jesús es la vid *verdadera:* Es la vid genuina, no una vid falsa, fraudulenta. Él es lo opuesto a lo fraudulento, a la hipocresía, al engaño, a la *simulación.* (Ver Estudio a fondo 1, Verdadero, Jn. 1:9).

2. Dios es el Labrador. Él es el que cuidadosamente plantó la Vid (Cristo) y riega y alimenta la Vid. Él es el que se ocupa, cuida y vigila la Vid y los pámpanos. Él es el que poda y limpia, lava y protege la Vid y sus pámpanos

3. Los hombres son pámpanos. Y advierta, todos son juzgados sobre la base de cómo se relacionan con la Vid *Verdadera*. Son...

- pámpanos *no fructíferos* (v. 2) o *fructíferos* de la Vid verdadera (vv. 2, 3).
- pámpanos *separados* (vv. 4-6) o *no separados* de la Vid verdadera (vv. 7, 8).

2 (15:2) ***Profesión, Falsa - Creyentes, Advertencia a los - Frutos - Juicio de los creyentes:*** Están los pámpanos que no dan fruto. Se los quita. Advierta que son *pámpanos que no están separados.* Se diferencian de los pámpanos separados (vv. 4-6). Jesús dijo que están "en mí", pero tienen un problema: no dan frutos.

1. Los pámpanos que no dan frutos *sí se volvieron* apegados a Cristo. Tuvieron alguna relación *orgánica* con Él. Hubo una vez, un punto en el que empezaron a florecer. Ellos...

- escucharon a Jesús y al evangelio.
- abrieron sus oídos.
- hicieron una profesión.
- fueron bautizados.
- parecían capaces de dar frutos.
- parecían ser pámpanos fructíferos.

2. Los pámpanos no son fructíferos. Están "en" la Vid, son parte de ella, pero simplemente no dan frutos. ¿Qué significa esto? (Ver bosquejo y notas, Judas, Jn. 13:18-30; El Plantador y la semilla, Mt. 13:1-9).

a. Los pámpanos que no dan frutos *no se relacionan lo suficiente* con Cristo; no toman suficiente nutrición de Él...
   - para traer vida.
   - para dar frutos.
   - para continuar en la Vid (cp. Mt. 24:13; 13:13).

b. Los pámpanos que no dan frutos *no son lo suficientemente genuinos* como para dar frutos. Su profesión es...
   - más profesión que posesión.
   - más simulación que ser.
   - más mentira que verdad.
   - más fraude que real.

c. Los pámpanos que no dan frutos se convierten en apóstatas: hombres y mujeres que abandonan la fe. (cp. 1 Jn. 2:19.)

"El que fue sembrado entre espinos, éste es el que oye la palabra, pero el afán de este siglo y el engaño de las riquezas ahogan la palabra, y se hace infructuosa" (Mt. 13:22).

"Dijo también esta parábola: Tenía un hombre una higuera plantada en su viña, y vino a buscar fruto en ella, y no lo halló" (Lc. 13:6).

"Profesan conocer a Dios, pero con los hechos lo niegan, siendo abominables y rebeldes, reprobados en cuanto a toda buena obra" (Tit. 1:16).

"Mirad, hermanos, que no haya en ninguno de vosotros corazón malo de incredulidad para apartarse del Dios vivo" (He. 3:12).

"Recibiendo el galardón de su injusticia, ya que tienen por delicia el gozar de deleites cada día. Estos son inmundicias y manchas, quienes aun mientras comen con vosotros, se recrean en sus errores. Tienen los ojos llenos de adulterio, no se sacian de pecar, seducen a las almas inconstantes, tienen el corazón habituado a la codicia, y son hijos de maldición" (2 P. 2:13, 14).

3. Dios "quitó" (airei) los pámpanos que no daban frutos. La palabra significa sacar y remover. En relación a la vid, el pámpano es podado, quitado y retirado. Hay una advertencia severa a cada pámpano "en" la vid, para asegurarse que su profesión es lo suficientemente genuina como para dar frutos.

Las Escrituras dicen por lo menos dos cosas sobre el juicio de los pámpanos que no dan frutos y pecan.

a. Los pámpanos que no dan fruto y pecan son removidos de la vid y destruidos por el fuego.

"Y ya también el hacha está puesta a la raíz de los árboles; por tanto, todo árbol que no da buen fruto es cortado y echado en el fuego" (Mt. 3:10).

"Salieron de nosotros, pero no eran de nosotros; porque si hubiesen sido de nosotros, habrían permanecido con nosotros; pero salieron para que se manifestase que no todos son de nosotros" (1 Jn. 2:19).

"Mirad, pues, cómo oís; porque a todo el que tiene, se le dará; y a todo el que no tiene, aun lo que piensa tener se le quitará" (Lc. 8:18).

"Pero la que produce espinos y abrojos es reprobada, está próxima a ser maldecida, y su fin es el ser quemada" (He. 6:8).

b. Los pámpanos que no dan frutos y pecan son castigados y disciplinados siendo quitados y eliminados mediante la muerte (ver nota, 1 Jn. 5:16). La Biblia advierte a los creyentes que profesan sobre castigos severos, el castigo de...

- un comportamiento pecaminoso que ocasiona la pérdida de toda recompensa por fuego, una pérdida tan grande que un hombre queda como un edificio incendiado. Es la pérdida de todo salvo de la propia salvación del hombre (1 Co. 3:11-15, esp. 15).

- un comportamiento pecaminoso que destruye la carne para que el Espíritu pueda ser salvo (1 Co. 5:5).
- un comportamiento pecaminoso que ocasiona la muerte (1 Co. 11:29, 30; 1 Jn. 5:16).
- un comportamiento pecaminoso que no merece escape (He. 2:1-3; 12:25ss.).
- un comportamiento pecaminoso que le prohíbe al hombre volver a arrepentirse (He. 6:4ss).
- un comportamiento pecaminoso que hace que el hombre se pierda el descanso de Dios (He. 4:1ss).
- un comportamiento pecaminoso que prohíbe todo sacrificio futuro por los pecados y merece un castigo terrible (He. 10:26ss).

(Ver Estudio a fondo 1, 1 Jn. 5:16 para mayor discusión.)

Se debe seguir este punto, porque las Escrituras presentan advertencias severas a los creyentes, es decir a los pámpanos "en" la Vid. Los pámpanos deben asegurarse de que están dando frutos, sino enfrentarán un juicio severo. (Nuevamente, ver Estudio a fondo 1, 1 Jn. 5:16 para mayor discusión).

3 (15:2-4) ***Fructífero - Palabra de Dios - Creyentes, Limpieza de los:*** Están los pámpanos fructíferos. Advierta tres puntos.

1. Los pámpanos fructíferos son podados. Todos los lugares malos, los brotes inútiles, las ramas que tienen una mala dirección y las hojas descoloridas se podan. Incluso los creyentes fructíferos tienen manchas, brotes, ramas y hojas que están en mal estado, en mala dirección y descoloridos. Los creyentes tienen áreas y cosas que deben ser limpiados y eliminados, áreas de...

- pensamiento
- comportamiento
- pasión
- actitud
- relaciones
- motivos
- compromiso
- servicio
- voluntad

2. El propósito de la poda es *uno solo:* preparar el pámpano para dar más frutos. El propósito no es castigar, dañar ni herir el pámpano. Advierta dos cosas sobre el hecho de dar frutos.

a. El fruto que debe dar un creyente. (Ver Estudio a fondo 1, Dar frutos, Jn. 15:1-8 para una mayor discusión).

b. Las diferentes etapas de dar frutos. Todos los creyentes tienen un 100 por ciento de posibilidades de dar frutos. Algunos dan un 60 por ciento, otros solo 30 por ciento. Hay grados en dar frutos, en el compromiso y la dedicación a Cristo (ver Estudio a fondo 1, Jn. 15:1-8; Mt. 13:8, 23).

"Pero parte cayó en buena tierra, y dio fruto, cuál a ciento, cuál a sesenta, y cuál a treinta por uno" (Mt. 13:8).

"Porque el Hijo del Hombre vendrá en la gloria de su Padre con sus ángeles, y entonces pagará a cada uno conforme a sus obras" (Mt. 16:27).

"Su señor le dijo: Bien, buen siervo y fiel; sobre poco has sido fiel, sobre mucho te pondré; entra en el gozo de tu señor" (Mt. 25:23).

"Pero en una casa grande, no solamente hay utensilios de oro y de plata, sino también de madera y de barro; y unos son para usos honrosos, y otros para usos viles" (2 Ti. 2:20).

3. Advierta cómo se podan (katharoi), cortan o limpian los pámpanos que dan frutos. Hay tres formas.

a. Los pámpanos se limpian mediante las palabras que Jesús ha dado a los hombres, por la Palabra misma del Señor. La Palabra de Dios las limpia quitando las impurezas y la contaminación, la suciedad y la polución que se les adhiere. Cuando un hombre viene sinceramente a la Palabra de Dios, la Palabra de Dios muestra...

- qué está haciendo y qué no está haciendo.
- dónde falla y cómo falla.
- los pecados de comisión y de omisión.

"Santifícalos en tu verdad; tu palabra es verdad" (Jn. 17:17).

"Y por ellos yo me santifico a mí mismo, para que también ellos sean santificados en la verdad" (Jn. 17:19).

"Habiendo purificado vuestras almas por la obediencia a la verdad, mediante el Espíritu, para el amor fraternal no fingido, amaos unos a otros entrañablemente, de corazón puro" (1 P. 1:22).

"¿Con qué limpiará el joven su camino? Con guardar tu palabra" (Sal. 119:9).

"En mi corazón he guardado tus dichos, para no pecar contra ti" (Sal. 119:11).

b. Los pámpanos se limpian por el espejo de la Palabra de Dios. Cuando un hombre mira dentro de la Palabra de Dios, se refleja a sí mismo y a sus fallas y a Cristo en su perfección. La Palabra de Dios obliga al hombre a compararse con Cristo.

"Porque si alguno es oidor de la palabra pero no hacedor de ella, éste es semejante al hombre que considera en un espejo su rostro natural. Porque él se considera a sí mismo, y se va, y luego olvida cómo era" (Stg. 1:23, 24).

"Toda la Escritura es inspirada por Dios, y útil para enseñar, para redargüir, para corregir, para instruir en justicia" (2 Ti. 3:16).

(Ver Estudio a fondo 1, He. 4:12 para mayor discusión).

c. Los pámpanos se limpian "permaneciendo" en Jesús (ver Estudio a fondo 2, Permanecer, Jn. 15:4). Advierta qué dijo exactamente Jesús: "Permaneced en mi, y yo en vosotros". Esto puede significar por lo menos dos cosas.

⇒ Puede significar una promesa: "Permaneced en mi y yo permaneceré en vosotros". Por ende, el creyente es limpiado por su posición o por estar en Cristo (ver nota, punto 4, Jn. 13:6-11).

⇒ Puede significar un mandamiento: "Permaneced en mí para que yo permanezca en vosotros". El creyente es limpiado por continuar en Cristo y permanecer leal.

ESTUDIO A FONDO 2

(15:4) **Permanecer - Permaneciendo:** Permanecer, morar, continuar, quedarse, residir, descansar en. Es estar fijo y permanecer allí, continuando y siguiendo en un estado, condición o ser fijo. (Ver Estudio a fondo 1, Permanecer, Jn. 15:1-8; 6:56.) Cabe advertir que cuanto más el pámpano permanece en la vid, esto es, cuanto más estrechamente el pámpano permanece en el corazón de la vid, más nutrición obtiene de la vid y más frutos da.

"El que come mi carne y bebe mi sangre, en mí *permanece*, y yo en él" (Jn. 6:56).

"Y yo rogaré al Padre, y os dará otro Consolador, para que esté con vosotros para siempre: el Espíritu de verdad, al cual el mundo no puede recibir, porque no le ve, ni le conoce; pero vosotros le conocéis, porque *mora* con vosotros, y estará en vosotros" (Jn. 14:16, 17).

"Si guardareis mis mandamientos, permaneceréis en mi amor; así como yo he guardado los mandamientos de mi Padre, y permanezco en su amor" (Jn. 15:10).

"El que dice que permanece en él, debe andar como él anduvo" (1 Jn. 2:6).

"Y ahora, hijitos, permaneced en él, para que cuando se manifieste, tengamos confianza, para que en su venida no nos alejemos de él avergonzados" (1 Jn. 2:28).

"Todo aquel que permanece en él, no peca; todo aquel que peca, no le ha visto, ni le ha conocido" (1 Jn. 3:6).

"Y el que guarda sus mandamientos, *permanece* en Dios, y Dios en él. Y en esto sabemos que él permanece en nosotros, por el Espíritu que nos ha dado" (1 Jn. 3:24).

"En esto conocemos que permanecemos en él, y él en nosotros, en que nos ha dado de su Espíritu" (1 Jn. 4:13).

"Todo aquel que confiese que Jesús es el Hijo de Dios, Dios *permanece* en él, y él en Dios. Y nosotros hemos conocido y creído el amor que Dios tiene para con nosotros. Dios es amor; y el que permanece en amor, permanece en Dios, y Dios en él" (1 Jn. 4:15, 16).

"A causa de la verdad que *permanece* en nosotros, y estará para siempre con nosotros" (2 Jn. 2).

"Cualquiera que se extravía, y no persevera en la doctrina de Cristo, no tiene a Dios; el que persevera en la doctrina de Cristo, ése sí tiene al Padre y al Hijo" (2 Jn. 9).

4 (15:4-6) ***Dar frutos - No creyentes, vida de los - Juicio:*** Están las ramas separadas. Jesús dijo cuatro cosas.

1. La rama separada está "fuera" y por su propia cuenta; no permanece en la Vid y está separada. Advierta las palabras "por sí mismo" (v. 4), separado por sí mismo. Decir que un pámpano no debe estar separado y permanecer en la vid puede sonar en principio redundante. Pero la verdad está señalada: no hay vida ni fruto en la vida fuera de Jesús. Así como un pámpano suspendido en el aire o yaciendo en el piso sin ninguna ligadura a la vida no tiene vida ni sentido, así un hombre en la tierra sin apego a Cristo no tiene vida ni sentido.

Los que buscan la vida y el significado en algún lugar que no sea en Cristo están destinados al fracaso. El pámpano separado y suspendido está solo y por su cuenta ?-totalmente solo en esta tierra? y está destinado a estar por sí mismo.

2. La rama separada no puede dar frutos, no frutos reales y permanentes que sean *aceptables o agradables* para Dios. No puede dar...

- ningún bien ni justicia que sea aceptable a Dios (Ro. 6:21-23).
- carácter que sea aceptable a Dios (Gá. 5:22, 23).
- convertidos a la gracia salvadora de Dios (Ro. 1:13; Tit. 2:11-15).

3. El pámpano separado no comprende la naturaleza de dar fruto en la vida: el hecho de que no puede hacer nada, que no puede vivir y producir vida alejado de Cristo. Nadie da frutos alejado de Cristo...

- nadie vive ni experimenta la vida. (Ver Estudio a fondo 2, Jn. 1:4; Estudio a fondo 1, 10:10; Estudio a fondo 1, 17:2, 3 para mayor discusión).
- un hombre está desvalido para encontrar el significado, el propósito y la importancia de la vida.

4. El pámpano separado está destinado. Está derribado para ser recolectado y arrojado al fuego para ser quemado.

a. Derribado (eblethe exo): Ser arrancado y arrojado, tirado, descartado, deshecho. El pámpano separado quiere y elige estar separado, de modo que Dios lo deja. Se lo *entrega y da* para ser separado. Dios lo abandona. Es derribado y fuera del camino y dejado por sí mismo, para que haga lo que escoja hacer. (Ver bosquejo y notas - Ro. 1:24-32).

b. Dañado (exeranthe): Estar secado, arrugado, pelado; volverse yermo y desnudo; perder energía y fuerza. El pámpano separado experimenta daño en...
   - sus dones y habilidades
   - sus esperanzas y sueños
   - su vida y cuerpo
   - su confianza y seguridad
   - su familia y amigos
   - su propósito y significado
   - su destino y suerte

c. Recolectado (sunagousin): Llega el día del juicio. En el texto griego, al que es recolectado no se le da. En griego, sencillamente dice "ellos recolectaron". Esto es probablemente Dios haciendo que sus ángeles recolecten todas las ramas separadas, "a todos los que sirven de tropiezo, y a los que hacen iniquidad" (cp. Mt. 13:41).

d. Arrojado al fuego y "quemado" (kaietai). (Ver Estudio a fondo 2, Mt. 5:22; nota 8:12; Estudio a fondo 4, Lc. 16:24. cp. Mt. 13:42, 50; Ap. 20:15; 21:8.)

"Dejad crecer juntamente lo uno y lo otro hasta la siega; y al tiempo de la siega yo diré a los segadores: Recoged primero la cizaña, y atadla en manojos para quemarla; pero recoged el trigo en mi granero" (Mt. 13:30).

"Así será al fin del siglo: saldrán los ángeles, y apartarán a los malos de entre los justos, y los echarán en el horno de fuego; allí será el lloro y el crujir de dientes" (Mt. 13:49, 50).

"E irán éstos al castigo eterno, y los justos a la vida eterna" (Mt. 25:46).

"Y el que no se halló inscrito en el libro de la vida fue lanzado al lago de fuego" (Ap. 20:15).

"Pero ira y enojo a los que son contenciosos y no obedecen a la verdad, sino que obedecen a la injusticia;

tribulación y *angustia* sobre todo ser humano que hace lo malo, el judío primeramente y también el griego" (Ro. 2:8, 9).

5 (15:7, 8) ***Fructífero:*** Están las ramas que no están separadas, y los resultados y promesas que se le han hecho. Estas son las mismas de los pámpanos mencionadas más arriba (vv. 2, 3). Jesús ya había hablado de la poda o de disciplinar los pámpanos, de modo que aquí trata las promesas que se les hace y los resultados de "permanecer" en Él. Advierta que las promesas y resultados son condicionales: "Si permanecéis en mí..." Advierta también que las palabras de Cristo deben permanecer en el creyente. La idea es que un creyente debe tomar las Palabras de Cristo y...

- estudiarlas y aprenderlas.
- hacer que sus pensamientos y deseos estén controladas por ellas.
- estar motivado y controlado por ellas.

"Procura con diligencia presentarte a Dios aprobado, como obrero que no tiene de qué avergonzarse, que usa bien la palabra de verdad" (2 Ti. 2:15; cp. Jn. 14:15, 21, 24; 15:10, 14).

Las promesas y los resultados de permanecer son triples.

1. La rama que no está separada recibe nutrición, esto es, respuesta a sus oraciones. (Ver Estudio a fondo 3, Jn. 14:13, 14 para mayor discusión.)

a. El pámpano está pegado a la vid. Permanece en la vid: mora y vive y nunca enfrenta un momento en que no esté pegado a la vid. Lo mismo sucede con el creyente. El creyente está apegado a Cristo: él permanece, mora, vive y camina en la misma presencia de Cristo y nunca enfrenta un momento en el que no esté apegado y andando con Cristo. Un creyente genuino anda con Cristo en compañerismo constante y oración con el Señor. Siempre está permaneciendo y compartiendo con el Señor.

b. Del mismo modo, la vid siempre está nutriendo al pámpano, siempre enviando su alimento y bebida que da vida al pámpano. Lo mismo sucede con Cristo. Cristo siempre está compartiendo su nutrición que da vida con el creyente, siempre respondiendo a la oración y satisfaciendo las necesidades del creyente genuino.

"Hasta ahora nada habéis pedido en mi nombre; pedid, y recibiréis, para que vuestro gozo sea cumplido" (Jn. 16:24).

"Y todo lo que pidiereis en oración, creyendo, lo recibiréis" (Mt. 21:22).

"Y esta es la confianza que tenemos en él, que si pedimos alguna cosa conforme a su voluntad, él nos oye. Y si sabemos que él nos oye en cualquiera cosa que pidamos, sabemos que tenemos las peticiones que le hayamos hecho" (1 Jn. 5:14, 15).

2. La rama que no está separada glorifica a Dios dando muchos frutos. Recuerde qué es el fruto. Es...

- justicia.

"Mas ahora que habéis sido libertados del pecado y hechos siervos de Dios, tenéis por vuestro fruto la santificación, y como fin, la vida eterna" (Ro. 6:22).

"Llenos de frutos de justicia que son por medio de Jesucristo, para gloria y alabanza de Dios" (Fil. 1:11).

"Para que andéis como es digno del Señor, agradándole en todo, llevando fruto en toda buena obra, y creciendo en el conocimiento de Dios" (Col. 1:10).

- carácter bondadoso.

"Mas el fruto del Espíritu es amor, gozo, paz, paciencia, benignidad, bondad, fe, mansedumbre, templanza; contra tales cosas no hay ley" (Gá. 5:22, 23).

- convertidos.

"Pero no quiero, hermanos, que ignoréis que muchas veces me he propuesto ir a vosotros (pero hasta ahora he sido estorbado), para tener también entre vosotros algún fruto, como entre los demás gentiles" (Ro. 1:13).

Cuando el hombre ve frutos en la vida de un creyente, se ve forzado...

- a volver su mente a Dios.
- a reconocer que solo el poder de Dios podría hacer eso.
- a desear que Dios lo salve.
- a comenzar a pedirle ayuda a Dios.
- a aceptar a Dios o a cerrar su mente y rechazarlo.

Dios es glorificado por el fruto dado en la vida de un creyente, glorificado por *algunos hombres* que empiezan a pensar en Dios y a llamarlo.

3. El pámpano que no está separado demuestra que es un discípulo al dar frutos. Hay formas de saber si una persona está apegada a Cristo:

⇒ ¿da frutos?
⇒ ¿vive con justicia o hace cosas vergonzosas (Ro. 6:21-23)?
⇒ ¿conduce a los perdidos hacia Cristo (Ro. 1:13)?
⇒ ¿manifiesta "amor, gozo, paz, paciencia, benignidad, bondad, fe, mansedumbre, templanza" (Gá. 5:22-23)?

"Un mandamiento nuevo os doy: Que os améis unos a otros; como yo os he amado, que también os améis unos a otros. En esto conocerán todos que sois mis discípulos, si tuviereis amor los unos con los otros" (Jn. 13:34, 35).

	J. La relación de Jesús con los creyentes, 15:9-11
1 Él ha amado a los creyentes **2 Él tiene una gran orden para los creyentes: continuar, permanecer en su amor** a. "Permanecer" es condicional b. "Permanecer" tiene una norma: la obediencia de Jesús	9 Como el Padre me ha amado, así también yo os he amado; permaneced en mi amor. 10 Si guardareis mis mandamientos, permaneceréis en mi amor; así como yo he guardado los mandamientos de mi Padre, y permanezco en su amor.
3 Él tiene un gran propósito para los creyentes: La plenitud de su gozo	11 Estas cosas os he hablado, para que mi gozo esté en vosotros, y vuestro gozo sea cumplido.

DIVISIÓN XIII

LA REVELACIÓN DE JESÚS, EL GRAN MINISTRO Y SU LEGADO, 13:1—16:33

J. La relación de Jesús con los creyentes, 15:9-11

(15:9-11) ***Introducción:*** Jesús tiene una relación muy especial con los creyentes, una relación que los libera de una existencia que es estéril, vacía, solitaria, sin sentido y triste.

1. Él ha amado a los creyentes (v. 9).
2. Él tiene una gran orden para los creyentes: continuar, permanecer en su amor (vv. 9, 10).
3. Él tiene un gran propósito para los creyentes: La plenitud de su gozo (v. 11).

[1] (15:9) ***Jesucristo, Amor de - Dios, Amor por Cristo:*** Cristo ha amado a los creyentes. Nos ha amado con un amor muy especial, el mismo amor con el que Dios lo ha amado a Él. Aquí se están tratando dos puntos profundos.

⇒ El amor del Padre por su Hijo, Jesucristo.

⇒ El amor de Cristo por los creyentes. (Él ama a los creyentes con el *mismo* amor que Dios tiene por Él).

1. Hay tres motivos significativos por los cuales el Padre ama a Cristo.

a. Cristo es su Hijo, su *único* Hijo. Dios ama a Cristo debido a un *amor natural.* Dios naturalmente ama a su Hijo tal como la mayoría de los padres aman a sus hijos.

"Para alabanza de la gloria de su gracia, con la cual [Dios] nos hizo aceptos en el Amado, en quien tenemos redención por su sangre, el perdón de pecados según las riquezas de su gracia" (Ef. 1:6, 7).

"Porque de tal manera amó Dios al mundo, que ha dado a su Hijo *unigénito*, para que todo aquel que en él cree, no se pierda, mas tenga vida eterna" (Jn. 3:16).

"[Dios] El cual nos ha librado de la potestad de las tinieblas, y trasladado al reino de su amado Hijo" (Col. 1:13).

"Así tampoco Cristo se glorificó a sí mismo haciéndose sumo sacerdote, sino el que le dijo: Tú eres mi Hijo, yo te he engendrado hoy" (He. 5:5).

b. Dios ama a Cristo con un amor obediente. Dios es perfecto, lo que significa que Él es amor perfecto. Por lo tanto, siendo un amor perfecto, Dios ama a su Hijo. Pero esto significa mucho más que un amor común. Cristo mismo es Perfecto, el Hijo Perfecto de Dios. Por lo tanto, Dios ama a Cristo con un amor muy especial. Imagine cuánto ama un padre a su hijo perfecto, a un hijo que siempre es obediente, que nunca le falta el respeto, que no es rebelde, altivo, egoísta, que nunca le causa dolor, pena o duda. La mayoría de los padres aman a sus hijos, pero es en momentos especiales de obediencia y cuidado que el amor se engrandece en los corazones de los padres por sus hijos. El amor de Dios por Cristo es un amor perfecto, pero es un amor muy especial basado en la obediencia perfecta de Cristo.

"Mas para que el mundo conozca que amo al Padre, y como el Padre me mandó, así hago. Levantaos, vamos de aquí" (Jn. 14:31).

"Si guardareis mis mandamientos, permaneceréis en mi amor; así como yo he guardado los mandamientos de mi Padre, y permanezco en su amor" (Jn. 15:10).

"Entonces dije: He aquí que vengo, oh Dios, para hacer tu voluntad, como en el rollo del libro está escrito de mí" (He. 10:7).

c. Dios ama a Cristo con un amor *supremo.* Cristo pagó el precio *supremo* de la obediencia. Él murió y se dio en sacrificio a sí mismo en obediencia a la voluntad de Dios. Por lo tanto, el amor de Dios por su Hijo es muy especial ya que es un amor supremo. (Vea notas, Jn.10:17, 18; 12:27-30 para mayor discusión.)

"Por eso me ama el Padre, porque yo pongo mi vida, para volverla a tomar. Nadie me la quita, sino que yo de mí mismo la pongo. Tengo poder para ponerla, y tengo poder para volverla a tomar. Este mandamiento recibí de mi Padre" (Jn. 10:17, 18).

"Mas para que el mundo conozca que amo al Padre, y como el Padre me mandó, así hago. Levantaos, vamos de aquí" (Jn. 14:31).

"Y andad en amor, como también Cristo nos amó, y se entregó a sí mismo por nosotros, ofrenda y sacrificio a Dios en olor fragante" (Ef. 5:2).

2. Cristo dijo que Él ama a los creyentes con el mismo *tipo* de amor, el *mismo* tipo de amor que Dios tiene por Él.

a. Cristo nos ama con un amor natural.

⇒ Cristo nos ama porque somos hijos de Dios.

"Pero cuando vino el cumplimiento del tiempo, Dios envió a su Hijo, nacido de mujer y nacido bajo la ley, para que redimiese a los que estaban bajo la ley, a fin de que recibiésemos la adopción de hijos. Y por cuanto sois hijos, Dios envió a vuestros corazones el Espíritu de su Hijo, el cual clama: ¡Abba, Padre!" (Gá. 4:4-6).

"Pues no habéis recibido el espíritu de esclavitud para estar otra vez en temor, sino que habéis recibido el espíritu de adopción, por el cual clamamos: ¡Abba, Padre! El Espíritu mismo da testimonio a nuestro espíritu, de que somos hijos de Dios. Y si hijos, también herederos; herederos de Dios y coherederos con Cristo, si es que padecemos juntamente con él, para que juntamente con él seamos glorificados" (Ro. 8:15-17).

"Y en el lugar donde se les dijo: Vosotros no sois pueblo mío, allí serán llamados hijos del Dios viviente" (Ro. 9:26).

"Mirad cuál amor nos ha dado el Padre, para que seamos llamados hijos de Dios; por esto el mundo no nos conoce, porque no le conoció a él. Amados, ahora somos hijos de Dios, y aún no se ha manifestado lo que hemos de ser; pero sabemos que cuando él se manifieste, seremos semejantes a él, porque le veremos tal como él es" (1 Jn. 3:1, 2).

⇒ Cristo nos ama porque somos sus hermanos.

"Porque a los que antes conoció, también los predestinó para que fuesen hechos conformes a la imagen de su Hijo, para que él sea el primogénito entre muchos hermanos" (Ro. 8:29).

"Porque todo aquel que hace la voluntad de mi Padre que está en los cielos, ése es mi hermano, y hermana, y madre" (Mt. 12:50).

"Porque el que santifica y los que son santificados, de uno son todos; por lo cual no se avergüenza de llamarlos hermanos" (He. 2:11).

⇒ Cristo nos ama porque somos el hogar y la familia de Dios.

"Así que ya no sois extranjeros ni advenedizos, sino conciudadanos de los santos, y miembros de la familia de Dios" (Ef. 2:19).

"Por lo cual, salid de en medio de ellos, y apartaos, dice el Señor, y no toquéis lo inmundo; y yo os recibiré, y seré para vosotros por Padre, y vosotros me seréis hijos e hijas, dice el Señor Todopoderoso" (2 Co. 6:17, 18).

b. Cristo nos ama con un amor obediente.

⇒ Nos ama porque creemos en Dios.

"De cierto, de cierto os digo: El que oye mi palabra, y cree al que me envió, tiene vida eterna; y no vendrá a condenación, mas ha pasado de muerte a vida" (Jn. 5:24).

⇒ Nos ama porque diligentemente buscamos a Dios.

"Pero sin fe es imposible agradar a Dios; porque es necesario que el que se acerca a Dios crea que le hay, y que es galardonador de los que le buscan" (He. 11:6).

⇒ Nos ama porque obedecemos sus mandamientos.

"El que tiene mis mandamientos, y los guarda, ése es el que me ama; y el que me ama, será amado por mi Padre, y yo le amaré, y me manifestaré a él" (Jn. 14:21).

"Si guardareis mis mandamientos, permaneceréis en mi amor; así como yo he guardado los mandamientos de mi Padre, y permanezco en su amor... Vosotros sois mis amigos, si hacéis lo que yo os mando" (Jn. 15:10, 14).

c. Cristo nos ama con amor supremo. Nos ama porque pagamos el precio *supremo* de la obediencia: negamos el yo, levantamos nuestra cruz y morimos a diario para seguirlo (ver Estudio a fondo 1, Lc. 9:23 para mayor discusión).

"Y decía a todos: Si alguno quiere venir en pos de mí, niéguese a sí mismo, tome su cruz cada día, y sígame" (Lc. 9:23).

"En esto hemos conocido el amor, en que él puso su vida por nosotros; también nosotros debemos poner nuestras vidas por los hermanos" (1 Jn. 3:16).

[2] (15:9, 10) ***Jesucristo, amor de - Creyentes, Deber:*** Cristo tiene una gran orden para los creyentes: continuar o permanecer en su amor.

1. "Continuar" o "permanecer" es condicional. Un creyente puede...

- romper el compañerismo con Cristo.
- cesar de volcar sus pensamientos en Cristo.
- alejarse del amor de Cristo.
- abandonar el amor de Cristo.
- volver al mundo y a sus antiguos amigos mundanos (cp. 2 Co. 6:17, 18).
- entregarse a la lascivia de la carne, a la lujuria de los ojos, y al orgullo de la vida (1 Jn. 2:15, 16).

Jesús dijo que es decisión del creyente continuar en su amor. ¿Cómo? Haciendo lo que toda persona hace cuando quiere que alguien lo ame. La persona se acerca a quien ama: se comporta bien e intenta complacer a la persona. Igualmente sucede con el creyente. El creyente continúa en el amor de Cristo acercándose y haciendo el bien y buscando complacerlo, muy simplemente obedeciendo sus mandamientos. (Cp. Jn. 14:21; 15:10, 14.)

Ahora advierta un punto crítico. Cristo siempre ama; su amor está *siempre* allí. Pero es decisión del *hombre* caminar *en* ese amor. Un hombre nunca puede conocer y experimentar el amor del Señor a no ser que camine junto a Él.

"El que tiene mis mandamientos, y los guarda, ése es el que me ama; y el que me ama, será amado por mi Padre, y yo le amaré, y me manifestaré a él" (Jn. 14:21).

"Si guardareis mis mandamientos, permaneceréis en mi amor; así como yo he guardado los mandamientos de mi Padre, y permanezco en su amor... Vosotros sois mis amigos, si hacéis lo que yo os mando"(Jn. 15:10, 14).

"Por tanto, de la manera que habéis recibido al Señor Jesucristo, andad en él" (Col. 2:6).

"El que dice que permanece en él, debe andar como él anduvo" (1 Jn. 2:6).

2. "Permanecer" en el amor de Cristo tiene una norma, un ejemplo supremo: es Cristo mismo. Fue perfectamente obediente a Dios; por lo tanto, continuó en el amor del Padre. Debemos observar su obediencia como nuestro principal ejemplo. (Nuevamente, ver nota, Jn. 10:17, 18.)

Advierta otro punto crítico. Un creyente debe hacer algo si es que va a seguir el ejemplo de Jesús y cumplir con los mandamientos de Jesús. El creyente debe estudiar y aprender y permanecer en la Palabra de Dios, en los mandamientos y vida de Cristo. Una persona no puede cumplir un mandamiento a no ser que lo conozca.

"Permaneced en mí, y yo en vosotros. Como el pámpano no puede llevar fruto por sí mismo, si no permanece en la vid, así tampoco vosotros, si no permanecéis en mí. Yo soy la vid, vosotros los pámpanos; el que permanece en mí, y yo en él, éste lleva mucho fruto; porque separados de mí nada podéis hacer" (Jn. 15:4, 5).

"Y éstos eran más nobles que los que estaban en Tesalónica, pues recibieron la palabra con toda solicitud, escudriñando cada día las Escrituras para ver si estas cosas eran así" (Hch. 17:11).

"Procura con diligencia presentarte a Dios aprobado, como obrero que no tiene de qué avergonzarse, que usa bien la palabra de verdad" (2 Ti. 2:15).

"Desead, como niños recién nacidos, la leche espiritual no adulterada, para que por ella crezcáis para salvación, si es que habéis gustado la benignidad del Señor" (1 P. 2:2, 3).

"Y ahora, hijitos, permaneced en él, para que cuando se manifieste, tengamos confianza, para que en su venida no nos alejemos de él avergonzados" (1 Jn. 2:28).

"Todo aquel que permanece en él, no peca; todo aquel que peca, no le ha visto, ni le ha conocido" (1 Jn. 3:6).

"Cualquiera que se extravía, y no persevera en la doctrina de Cristo, no tiene a Dios; el que persevera en la doctrina de Cristo, ése sí tiene al Padre y al Hijo" (2 Jn. 9).

[3] (15:11) ***Gozo - Creyentes, Propósito:*** Cristo tiene un gran propósito para los creyentes: la plenitud de su gozo. Advierta tres puntos.

1. El gozo de Cristo: "Mi gozo". Su gozo y gloria estaba cumpliendo con la voluntad de Dios y mirando más allá al gozo y la gloria de la eternidad con su Padre y sus seguidores. (Ver notas, Jn. 12:23-26; 14:28, 29.)

"Puestos los ojos en Jesús, el autor y consumador de la fe, el cual por el gozo puesto delante de él sufrió la cruz, menospreciando el oprobio, y se sentó a la diestra del trono de Dios" (He. 12:2).

2. El gozo de los creyentes es el gozo de Cristo mismo reinando dentro de sus corazones. (Ver Estudio a fondo 1, Gozo, Jn. 15:11.)

"Por quien también tenemos entrada por la fe a esta gracia en la cual estamos firmes, y nos gloriamos en la esperanza de la gloria de Dios" (Ro. 5:2).

"A quien amáis sin haberle visto, en quien creyendo, aunque ahora no lo veáis, os alegráis con gozo inefable y glorioso" (1 P. 1:8).

3. El gozo de los creyentes se ve satisfecho estudiando su Palabra, las promesas y los mandamientos que Él hizo. (Ver notas, Jn. 14:28, 29; Estudio a fondo1, 15:11 para mayor discusión.)

"Estas cosas os he hablado, para que mi gozo esté en vosotros, y vuestro gozo sea cumplido" (Jn. 15:11).

"Pero ahora voy a ti; y hablo esto en el mundo, para que tengan mi gozo cumplido en sí mismos" (Jn. 17:13).

"Desead, como niños recién nacidos, la leche espiritual no adulterada, para que por ella crezcáis para salvación, si es que habéis gustado la benignidad del Señor" (1 P. 2:2, 3).

"Fueron halladas tus palabras, y yo las comí; y tu palabra me fue por gozo y por alegría de mi corazón; porque tu nombre se invocó sobre mí, oh Jehová Dios de los ejércitos" (Jer. 15:16).

ESTUDIO A FONDO 1

(15:11) ***Gozo*** (chara): Una alegría interna; un placer profundamente asentado. Es una hondura de seguridad y confianza que enciende un corazón feliz. Es un corazón feliz que conduce a un comportamiento feliz.

1. El gozo es divino. Es poseído y dado únicamente por Dios. Sus raíces no están en cosas terrenas o materiales o en triunfos bajos. Es el gozo del Espíritu Santo, un gozo basado en el Señor. Es su propio gozo (Jn. 15:11; Hch. 13:52; Ro. 14:17; Gá. 5:22; 1 Ts. 1:6).
2. El gozo no depende de las circunstancias o de la felicidad. La felicidad depende de hechos, pero el gozo que Dios implanta en el corazón del creyente lo supera todo, incluso los asuntos más atribulados de la vida y la muerte (Sal. 5:11; 2 Co. 6:10; 7:4).
3. El gozo surge de la fe (Ro. 15:13; Fil. 1:25; 2 Ti. 1:4; cp. Mt. 2:10).
4. El gozo de la recompensa futura hace que uno sea leal y permanezca así (Mt. 25:21, 23; Hch. 20:24; He. 12:2).

La fuente del gozo del creyente tiene varios aspectos:

1. El compañerismo del Padre y su Hijo trae gozo (1 Jn. 1:3, 4; Sal. 16:11).
2. La victoria sobre el pecado, la muerte y el infierno trae gozo (Jn. 14:28; 16:20-22; Is. 12:3; 61:10).
3. El arrepentimiento trae gozo (Lc. 15:7, 10).
4. La esperanza de gloria trae gozo (Ro. 14:17; He. 12:2; 1 P. 4:13).
5. La Palabra de Dios, las revelaciones, los mandamientos y las promesas que Él hizo traen gozo (Jn. 15:11).
6. Los mandamientos de Cristo y la voluntad de Dios traen gozo. Obedecer y hacer una buena obra agita el gozo dentro del corazón del creyente (Jn. 15:11, 32; 17:13; Hch. 13:52; Jer. 15:16).

7. La oración trae gozo (Jn. 16:24).
8. La presencia y el compañerismo de los creyentes traen gozo (1 Jn. 1:3, 4).
9. La conversión trae gozo (Lc. 15:5; Fil. 4:1; 1 Ts. 2:19, 20; Sal. 126:5).
10. Escuchar que otros caminan en la verdad proporciona gozo (3 Jn. 1:4).
11. Dar produce gozo (2 Co. 8:2; He. 10:34).

	K. La relación de los creyentes con los creyentes 15:12-17		
1 El mandamiento supremo de los creyentes: amarse unos a los otros **2 La norma suprema de los creyentes: El amor de Jesús** **3 El vínculo supremo de los creyentes: "amigos" de Jesús** a. Es condicional: "Si" b. Se basa en la revelación: Las palabras del Padre	12 Este es mi mandamiento: Que os améis unos a otros, como yo os he amado. 13 Nadie tiene mayor amor que este, que uno ponga su vida por sus amigos. 14 Vosotros sois mis amigos, si hacéis lo que yo os mando. 15 Ya no os llamaré siervos, porque el siervo no sabe lo que	hace su señor; pero os he llamado amigos, porque todas las cosas que oí de mi Padre, os las he dado a conocer. 16 No me elegisteis vosotros a mí, sino que yo os elegí a vosotros, y os he puesto para que vayáis y llevéis fruto, y vuestro fruto permanezca; para que todo lo que pidiereis al Padre en mi nombre, él os lo dé. 17 Esto os mando: Que os améis unos a otros.	dadas a conocer por Cristo **4 El propósito supremo de los creyentes: elegidos y ordenados a ir** a. A avanzar b. A dar frutos c. A recibir de Dios **5 Conclusión: El mandamiento supremo repetido**

DIVISIÓN XIII

LA REVELACIÓN DE JESÚS, EL GRAN MINISTRO Y SU LEGADO, 13:1—16:33

K. La relación de los creyentes con los creyentes 15:12-17

(15:12-17) ***Introducción:*** La manera en que los creyentes se relacionan entre sí es de importancia crítica. La división destruirá un cuerpo de personas más rápido que a cualquier cosa única. La división puede...

- destruir el cuerpo de Cristo.
- destruir un grupo de creyentes.
- destruir el testimonio de creyentes.
- destruir un alma humana que busca a Dios.

Demasiadas personas se conocen por sus quejas, rezongos, murmuraciones y disidencias que por cualquier otra cosa. Nada lastima más el corazón de Cristo que tal comportamiento.

La relación entre creyentes es de importancia crítica.

1. El mandamiento supremo de los creyentes: amarse unos a los otros (v. 12).
2. La norma suprema de los creyentes: El amor de Jesús (vv. 12, 13).
3. El vínculo supremo de los creyentes: "amigos" de Jesús (vv. 14, 15).
4. El propósito supremo de los creyentes: elegidos y ordenados a ir (v. 16).
5. Conclusión: El mandamiento supremo repetido (v. 17).

[1] (15:12) ***Amor:*** El mandamiento supremo de los creyentes es amarse unos a los otros. Deben amarse unos a los otros así como Jesús los ha amado. Nota: Jesús es claro acerca de lo que quiere significar. Él amó tanto al hombre que pagó el precio final. Murió y sacrificó su vida por el hombre. (Ver notas, Jn. 13:33-35 para mayor discusión.)

> **"Un mandamiento nuevo os doy: Que os améis unos a otros; como yo os he amado, que también os améis unos a otros. En esto conocerán todos que sois mis discípulos, si tuviereis amor los unos con los otros" (Jn. 13:34, 35).**
>
> **"Este es mi mandamiento: Que os améis unos a otros, como yo os he amado" (Jn. 15:12).**
>
> **"El amor sea *sin fingimiento* [hipocresía]. Aborreced lo malo, seguid lo bueno" (Ro. 12:9).**
>
> **"Habiendo purificado vuestras almas por la obediencia a la verdad, mediante el Espíritu, para el amor fraternal no fingido, amaos unos a otros entrañablemente, *de corazón puro*" (1 P. 1:22).**
>
> **"Y este es su mandamiento: Que creamos en el nombre de su Hijo Jesucristo, y nos amemos unos a otros como nos lo ha mandado" (1 Jn. 3:23).**

[2] (15:12, 13) ***Amor:*** La *norma suprema* de los creyentes es el amor de Jesucristo mismo. Él pagó el precio final y supremo del amor. Murió y se sacrificó por sus amigos. (Ver notas, Jn. 10:17, 18; 12:27-30; 13:31, 32.)

> **"Antes de la fiesta de la pascua, sabiendo Jesús que su hora había llegado para que pasase de este mundo al Padre, *como había amado a los suyos* que estaban en el mundo, los amó hasta el fin" (Jn. 13:1).**
>
> **"¿Quién nos separará del amor de Cristo? ¿Tribulación, o angustia, o persecución, o hambre, o desnudez, o peligro, o espada?" (Ro. 8:35).**
>
> **"Porque el amor de Cristo nos constriñe, pensando esto: que si uno murió por todos, luego todos murieron" (2 Co. 5:14).**
>
> **"Con Cristo estoy juntamente crucificado, y ya no vivo yo, mas vive Cristo en mí; y lo que ahora vivo en la carne, lo vivo en la fe del Hijo de Dios, el cual me amó y se entregó a sí mismo por mí" (Gá. 2:20).**
>
> **"Y andad en amor, como también Cristo nos amó, y se entregó a sí mismo por nosotros, ofrenda y sacrificio a Dios en olor fragante" (Ef. 5:2).**
>
> **"En esto hemos conocido el amor, en que él puso su vida por nosotros; también nosotros debemos poner nuestras vidas por los hermanos" (1 Jn. 3:16).**

[3] (15:14, 15) ***Creyentes, Naturaleza - Compañerismo - Palabra de Dios:*** El *vínculo supremo* de los creyentes es el de "amigos". Los creyentes conforman un vínculo de "amigos", un vínculo espiritual fundado por Cristo mismo. Pero advierta dos cosas.

1. Ser "amigo" de Jesús es condicional. Una persona tiene que *conocer* y *hacer* sus mandamientos para poder ser amigo suyo. La implicancia es clara: no hay forma de ser su amigo fuera de *conocer qué dice.* Es su Palabra la que les habla a los hombres sobre Él. Por lo tanto, una persona tiene que buscar diligentemente aprender su Palabra y hacer lo que Él dice para poder conocerlo y convertirse en su amigo. El punto es claro: los amigos se relacionan y comunican entre sí, *comparten* y *responden* a la palabra del otro, regocijándose cuando la palabra o conversación es de gozo; y ayudando cuando la palabra o solicitud se relaciona con necesitar ayuda.

"Ninguno puede servir a dos señores; porque o aborrecerá al uno y amará al otro, o estimará al uno y menospreciará al otro. No podéis servir a Dios y a las riquezas" (Mt. 6:24).

"Porque todo aquel que hace la voluntad [Palabra] de mi Padre que está en los cielos, ése es mi hermano, y hermana, y madre" (Mt. 12:50).

"El que quiera hacer la voluntad de Dios, conocerá si la doctrina es de Dios, o si yo hablo por mi propia cuenta" (Jn. 7:17).

"El que tiene mis mandamientos, y los guarda, ése es el que me ama; y el que me ama, será amado por mi Padre, y yo le amaré, y me manifestaré a él" (Jn. 14:21).

"Respondió Jesús y le dijo: El que me ama, mi palabra guardará; y mi Padre le amará, y vendremos a él, y haremos morada con él. El que no me ama, no guarda mis palabras; y la palabra que habéis oído no es mía, sino del Padre que me envió" (Jn. 14:23, 24).

"Si guardareis mis mandamientos, permaneceréis en mi amor; así como yo he guardado los mandamientos de mi Padre, y permanezco en su amor" (Jn. 15:10).

"Procura con diligencia *presentarte a Dios aprobado*, como obrero que no tiene de qué avergonzarse, que usa bien la palabra de verdad" (2 Ti. 2:15).

"Y en esto sabemos que nosotros le conocemos, si guardamos sus mandamientos" (1 Jn. 2:3).

"Y el mundo pasa, y sus deseos; pero el que hace la voluntad de Dios permanece para siempre" (1 Jn. 2:17).

"Lo que habéis oído desde el principio, permanezca en vosotros. Si lo que habéis oído desde el principio permanece en vosotros, también vosotros permaneceréis en el Hijo y en el Padre" (1 Jn. 2:24).

2. El vínculo de "amigos" se basa en la revelación, esto es, en Jesucristo mismo. Jesucristo reveló e hizo conocer exactamente lo que le dijo Dios. Es la *Palabra de Dios* la que da nacimiento y estructura al vínculo de "amigos". Los amigos de Cristo se conforman y se centran alrededor de la *Palabra de Dios* (ver notas, Jn. 14:10; 7:16:19; Estudio a fondo 2, Hch. 2:42 para mayor discusión).

"Muchas cosas tengo que decir y juzgar de vosotros; pero el que me envió es verdadero; y yo, lo que he oído de él, esto hablo al mundo... Les dijo, pues, Jesús: Cuando hayáis levantado al Hijo del Hombre, entonces conoceréis que yo soy, y que nada hago por mí mismo, sino que según me enseñó el Padre, así hablo" (Jn. 8:26, 28).

"Porque yo no he hablado por mi propia cuenta; el Padre que me envió, él me dio mandamiento de lo que he de decir, y de lo que he de hablar. Y sé que su mandamiento es vida eterna. Así pues, lo que yo hablo, lo hablo como el Padre me lo ha dicho" (Jn. 12:49, 50).

"¿No crees que yo soy en el Padre, y el Padre en mí? Las palabras que yo os hablo, no las hablo por mi propia cuenta, sino que el Padre que mora en mí, él hace las obras. Creedme que yo soy en el Padre, y el Padre en mí; de otra manera, creedme por las mismas obras. De cierto, de cierto os digo: El que en mí cree, las obras que yo hago, él las hará también; y aun mayores hará, porque yo voy al Padre. Y todo lo que pidiereis al Padre en mi nombre, lo haré, para que el Padre sea glorificado en el Hijo. Si algo pidiereis en mi nombre, yo lo haré" (Jn. 14:10-14).

"Respondió Jesús y le dijo: El que me ama, mi palabra guardará; y mi Padre le amará, y vendremos a él, y haremos morada con él. El que no me ama, no guarda mis palabras; y *la palabra que habéis oído* no es mía, sino del Padre que me envió" (Jn. 14:23, 24).

"Porque las palabras que me diste, les he dado; y ellos las recibieron, y han conocido verdaderamente que salí de ti, y han creído que tú me enviaste" (Jn. 17:8).

"Antes bien, como está escrito: Cosas que ojo no vio, ni oído oyó, ni han subido en corazón de hombre, son las que Dios ha preparado para los que le aman. Pero Dios nos las reveló a nosotros por el Espíritu; porque el Espíritu todo lo escudriña, aun lo profundo de Dios" (1 Co. 2:9, 10).

"Dándonos a conocer el misterio de su voluntad, según su beneplácito, el cual se había propuesto en sí mismo, de reunir todas las cosas en Cristo, en la dispensación del cumplimiento de los tiempos, así las que están en los cielos, como las que están en la tierra" (Ef. 1:9, 10).

"El misterio que había estado oculto desde los siglos y edades, pero que ahora ha sido manifestado a sus santos, a quienes Dios quiso dar a conocer las riquezas de la gloria de este misterio entre los gentiles; que es *Cristo en vosotros, la esperanza de gloria*" (Col. 1:26, 27).

"Porque el que santifica y los que son santificados, de uno son todos; por lo cual no se avergüenza de llamarlos hermanos" (He. 2:11).

4 (15:16) ***Creyentes - Propósito:*** *El propósito supremo* de los creyentes es ir y dar frutos. Los creyentes son los elegidos y ordenados por Cristo y se les da el mismo propósito que a Cristo mismo: ir por todo el mundo y dar frutos a los hombres. Este es uno de los grandes versículos de las Escrituras. Advierta dos puntos.

1. Los creyentes son escogidos y ordenados por Jesús. Nosotros no lo elegimos a Él ni ordenamos y nos enviamos a servirlo.

⇒ Es Dios el que se acerca y nos atrae (ver notas, Jn. 6:44-46. También ver nota, Jn. 6:37).

⇒ Es Dios el que nos designa para vivir por Él y para servirlo.

"El Señor le dijo: Ve, porque instrumento escogido me es éste, para llevar mi nombre en presencia de los gentiles, y de reyes, y de los hijos de Israel" (Hch. 9:15).

"Por tanto, mirad por vosotros, y por todo el rebaño en que *el Espíritu Santo os ha puesto por obispos*, para

apacentar la iglesia del Señor, la cual él ganó por su propia sangre" (Hch. 20:28).

"Hubo un hombre *enviado de Dios*, el cual se llamaba Juan" (Jn. 1:6).

"Sino que lo necio del mundo escogió Dios, para avergonzar a los sabios; y lo débil del mundo escogió Dios, para avergonzar a lo fuerte; y lo vil del mundo y lo menospreciado escogió Dios, y lo que no es, para deshacer lo que es, a fin de que nadie se jacte en su presencia" (1 Co. 1:27-29).

"Y a unos *puso Dios* en la iglesia, primeramente apóstoles, luego profetas, lo tercero maestros, luego los que hacen milagros, después los que sanan, los que ayudan, los que administran, los que tienen don de lenguas" (1 Co. 12:28).

"Doy gracias al que me fortaleció, a Cristo Jesús nuestro Señor, porque me tuvo por fiel, *poniéndome* en el ministerio" (1 Ti. 1:12).

2. Los creyentes son elegidos y designados por tres propósitos muy específicos.

a. Para ir como embajadores de Cristo, proclamando el mensaje glorioso del gran Dios y de nuestro Salvador Jesucristo. No se los convoca a los creyentes para formar un club exclusivo de personas que lo han logrado y que pueden hacer lo que quieran, sabiendo que están eternamente seguros. Los creyentes son los embajadores de Cristo en el mundo. Una vez que han sido salvos, su deber ?el único motivo por el cual son *designados* y *dejados* en este mundo? es para difundir el mensaje de su Rey.

"Que Dios estaba en Cristo reconciliando consigo al mundo, no tomándoles en cuenta a los hombres sus pecados, y *nos encargó a nosotros* la palabra de la reconciliación. Así que, *somos embajadores en nombre de Cristo*, como si Dios rogase por medio de nosotros; os rogamos en nombre de Cristo: Reconciliaos con Dios" (2 Co. 5:19, 20).

"Por tanto, id, y haced discípulos a todas las naciones, bautizándolos en el nombre del Padre, y del Hijo, y del Espíritu Santo; enseñándoles que guarden todas las cosas que os he mandado; y he aquí yo estoy con vosotros todos los días, hasta el fin del mundo. Amén" (Mt. 28:19, 20).

"Y les dijo: Id por todo el mundo y predicad el evangelio a toda criatura" (Mr. 16:15).

"Entonces Jesús les dijo otra vez: Paz a vosotros. Como me envió el Padre, así también yo os envío" (Jn. 20:21).

"Pero recibiréis poder, cuando haya venido sobre vosotros el Espíritu Santo, y me seréis testigos en Jerusalén, en toda Judea, en Samaria, y hasta lo último de la tierra" (Hch. 1:8).

b. Para dar frutos (ver Estudio a fondo 1, Dar frutos, Jn. 15:1-8 para mayor discusión).

"Haced, pues, frutos dignos de arrepentimiento" (Mt. 3:8).

"De cierto, de cierto os digo, que si el grano de trigo no cae en la tierra y muere, queda solo; pero si muere, lleva mucho fruto" (Jn. 12:24).

"Todo pámpano que en mí no lleva fruto, lo quitará; y todo aquel que lleva fruto, lo limpiará, para que lleve más fruto" (Jn. 15:2).

"Yo soy la vid, vosotros los pámpanos; el que permanece en mí, y yo en él, éste lleva mucho fruto; porque separados de mí nada podéis hacer" (Jn. 15:5).

"Mas ahora que habéis sido libertados del pecado y hechos siervos de Dios, tenéis por vuestro fruto la santificación, y como fin, la vida eterna" (Ro. 6:22; cp. vv. 20, 21).

"Así también vosotros, hermanos míos, habéis muerto a la ley mediante el cuerpo de Cristo, para que seáis de otro, del que resucitó de los muertos, a fin de que llevemos fruto para Dios" (Ro. 7:4).

"Mas el fruto del Espíritu es amor, gozo, paz, paciencia, benignidad, bondad, fe, mansedumbre, templanza; contra tales cosas no hay ley" (Gá. 5:22, 23).

"Porque el fruto del Espíritu es en toda bondad, justicia y verdad" (Ef. 5:9).

"Llenos de frutos de justicia que son por medio de Jesucristo, para gloria y alabanza de Dios" (Fil. 1:11; cp. vv. 9, 10).

"Para que andéis como es digno del Señor, agradándole en todo, llevando fruto en toda buena obra, y creciendo en el conocimiento de Dios" (Col. 1:10).

c. Para recibir las cosas de Dios (ver Estudio a fondo 3, Jn. 14:13, 14; nota, 15:7, 8 para mayor discusión).

"Y todo lo que pidiereis en oración, creyendo, lo recibiréis" (Mt. 21:22).

"Y yo os digo: Pedid, y se os dará; buscad, y hallaréis; llamad, y se os abrirá.10 Porque todo aquel que pide, recibe; y el que busca, halla; y al que llama, se le abrirá" (Lc. 11:9, 10).

"Y todo lo que pidiereis al Padre en mi nombre, lo haré, para que el Padre sea glorificado en el Hijo. Si algo pidiereis en mi nombre, yo lo haré" (Jn. 14:13, 14).

"Si permanecéis en mí, y mis palabras permanecen en vosotros, pedid todo lo que queréis, y os será hecho. En esto es glorificado mi Padre, en que llevéis mucho fruto, y seáis así mis discípulos" (Jn. 15:7, 8).

"Y nosotros no hemos recibido el espíritu del mundo, sino el Espíritu que proviene de Dios, para que sepamos lo que Dios nos ha concedido" (1 Co. 2:12).

"Y cualquiera cosa que pidiéremos la recibiremos de él, porque guardamos sus mandamientos, y hacemos las cosas que son agradables delante de él" (1 Jn. 3:22).

"Y esta es la confianza que tenemos en él, que si pedimos alguna cosa conforme a su voluntad, él nos oye. Y si sabemos que él nos oye en cualquiera cosa que pidamos, sabemos que tenemos las peticiones que le hayamos hecho" (1 Jn. 5:14, 15).

[5] (15:17) ***Amor:*** La conclusión es lógica. Se repite el mandamiento supremo: amarse unos a los otros.

"Y este es su mandamiento: Que creamos en el nombre de su Hijo Jesucristo, y nos amemos unos a otros como nos lo ha mandado" (1 Jn. 3:23).

"El que exhorta, en la exhortación; el que reparte, con liberalidad; el que preside, con solicitud; el que hace misericordia, con alegría. El amor sea sin fingimiento. Aborreced lo malo, seguid lo bueno. Amaos los unos a los otros con amor fraternal; en cuanto a honra, prefiriéndoos los unos a los otros" (Ro. 12:8-10).

	L. La relación de los creyentes con el mundo (Parte 1): Persecución, 15:18-27	pecado; pero ahora no tienen excusa por su pecado. 23 El que me aborrece a mí, también a mi Padre aborrece.	1) El mensaje del Señor condena
1 La escalofriante realidad: el mundo los aborrecerá	18 Si el mundo os aborrece, sabed que a mí me ha aborrecido antes que a vosotros.	24 Si yo no hubiese hecho entre ellos obras que ningún otro ha hecho, no tendrían pecado; pero ahora han visto y han aborrecido a mí y a mi Padre.	2) La vida y las obras del Señor condenan
2 Las razones injustificadas para el aborrecimiento del mundo a. Porque los creyentes son criaturas nuevas b. Porque los creyentes se identifican con Cristo	19 Si fuerais del mundo, el mundo amaría lo suyo; pero porque no sois del mundo, antes yo os elegí del mundo, por eso el mundo os aborrece. 20 Acordaos de la palabra que yo os he dicho: El siervo no es mayor que su señor. Si a mí me han perseguido, también a vosotros os perseguirán; si han guardado mi palabra, también guardarán la vuestra.	25 Pero esto es para que se cumpla la palabra que está escrita en su ley: Sin causa me aborrecieron. 26 Pero cuando venga el Consolador, a quien yo os enviaré del Padre, el Espíritu de verdad, el cual procede del Padre, él dará testimonio acerca de mí.	**3 La terrible culpa del mundo: no tienen causa** **4 La promesa de la victoria sobre el mundo** a. Victoria sobre el Espíritu Santo: Él es el Consolador, la Verdad, el Testigo
c. Porque el mundo realmente no conoce a Dios. d. Porque el mundo está condenado por el pecado	21 Mas todo esto os harán por causa de mi nombre, porque no conocen al que me ha enviado. 22 Si yo no hubiera venido, ni les hubiera hablado, no tendrían	27 Y vosotros daréis testimonio también, porque habéis estado conmigo desde el principio.	b. La victoria sobre el propio testimonio y compañerismo con Cristo

DIVISIÓN XIII

LA REVELACIÓN DE JESÚS, EL GRAN MINISTRO Y SU LEGADO, 13:1—16:33

L. La relación de los creyentes con el mundo (Parte 1): Persecución, 15:18-27

(15:18-27) ***Introducción:*** La relación de los verdaderos creyentes con el mundo es una imagen desolada. El mundo aborrece a los verdaderos creyentes. El mundo y su gente esquivan, aíslan, hablan, ridiculizan, se burlan, desvían, ignoran, consideran extraños y bromean sobre los creyentes genuinos. Con frecuencia la persecución va más allá, involucrando el abuso y el homicidio dentro del lugar de trabajo y la comunidad, dependiendo de la sociedad y de las leyes bajo las cuales vive el creyente. Jesús quería que el creyente estuviera informado y supiera cómo es su relación con el mundo.

1. La escalofriante realidad: el mundo los aborrecerá (v. 18).
2. Las razones injustificadas para el aborrecimiento del mundo (vv. 19-24).
3. La terrible culpa del mundo: no tienen causa (v. 25)
4. La promesa de la victoria sobre el mundo (vv. 26, 27).

[1] (15:18) ***Mundo - Persecución:*** La escalofriante realidad, el mundo aborrecerá al creyente. Advierta tres cosas.

1. El significado de la palabra "si" en este versículo debería ser traducida como *puesto que*. "Puesto que el mundo os aborrece": no hay duda alguna de que el mundo aborrece al creyente. Lo *aborrecerá.*

"Bienaventurados sois cuando por mi causa os vituperen y os persigan, y digan toda clase de mal contra vosotros, mintiendo" (Mt. 5:11).

"Y seréis aborrecidos de todos por causa de mi nombre; mas el que persevere hasta el fin, éste será salvo" (Mt. 10:22).

"Porque a vosotros os es concedido a causa de Cristo, no sólo que creáis en él, sino también que padezcáis por él" (Fil. 1:29).

"Y también todos los que quieren vivir piadosamente en Cristo Jesús padecerán persecución" (2 Ti. 3:12).

2. El "mundo" se refiere al no creyente: el no redimido, el perdido, aquellos que nunca han confiado en Jesucristo como el Señor y el Salvador. El "mundo" significa cualquier persona cuyos pensamientos y vidas están centradas en...

- la lujuria de la carne (comida, vestimenta, dinero, inmoralidad. Cp. Gá. 5:16-21.)
- la lujuria de los ojos (pensamientos inmorales y malignos, codicia, ver y desear personas y cosas).
- el orgullo de la vida (posición, honor, fama, egocentrismo, alardeo, arrogancia. Cp. 2 Ti. 3:1-5.)

"No améis al mundo, ni las cosas que están en el mundo. Si alguno ama al mundo, el amor del Padre no está en él. Porque todo lo que hay en el mundo, los deseos de la carne, los deseos de los ojos, y la vanagloria de la vida, no proviene del Padre, sino del mundo" (1 Jn. 2:15, 16).

3. El creyente debe "saber" algo. El mundo aborreció *primero* a Cristo.

a. El creyente no debe pensar que algo extraño le está sucediendo a él; no debe desalentarse.

"Si alguno habla, hable conforme a las palabras de Dios; si alguno ministra, ministre conforme al poder que Dios da, para que en todo sea Dios glorificado por Jesucristo, a quien pertenecen la gloria y el imperio por los siglos de los siglos. Amén. Amados, no os sorprendáis del fuego de prueba que os ha sobrevenido, como si alguna cosa extraña os aconteciese" (1 P. 4:11, 12).

"Hermanos míos, no os extrañéis si el mundo os aborrece" (1 Jn. 3:13).

b. El creyente debe tener valor, porque Cristo triunfó sobre el aborrecimiento. Triunfó incluso sobre la amargura de la muerte. Resucitó y ascendió al Padre.

"Considerad a aquel que sufrió tal contradicción de pecadores contra sí mismo, para que vuestro ánimo no se canse hasta desmayar" (He. 12:3).

"Porque convenía a aquel por cuya causa son todas las cosas, y por quien todas las cosas subsisten, que habiendo de llevar muchos hijos a la gloria, perfeccionase por aflicciones al autor de la salvación de ellos" (He. 2:10).

"Porque también Cristo padeció una sola vez por los pecados, el justo por los injustos, para llevarnos a Dios, siendo a la verdad muerto en la carne, pero vivificado en espíritu" (1 P. 3:18).

"Mas él herido fue por nuestras rebeliones, molido por nuestros pecados; el castigo de nuestra paz fue sobre él, y por su llaga fuimos nosotros curados" (Is. 53:5).

[2] (15:19-24) ***Persecución - Motivos:*** Los motivos injustificados del aborrecimiento del mundo. Se dan cuatro motivos.

1. El mundo aborrece a los creyentes porque no son de este mundo: son criaturas nuevas. Son *llamados fuera* del mundo. Los creyentes están *en* el mundo, pero no son *del* mundo. Están separados del mundo, de su(s)...

- espíritu
- amigos
- acumulación
- pensamientos
- comodidad
- carnalidad
- conversación
- religión
- pasiones
- placeres
- prejuicios
- codicias

Debido a su separación, el mundo no ama a los creyentes; los rechaza y los aborrece.

"No son del mundo, como tampoco yo soy del mundo" (Jn. 17:16).

"De modo que si alguno está en Cristo, nueva criatura es; las cosas viejas pasaron; he aquí todas son hechas nuevas" (2 Co. 5:17).

"Por lo cual, salid de en medio de ellos, y apartaos, dice el Señor, y no toquéis lo inmundo; y yo os recibiré, y seré para vosotros por Padre, y vosotros me seréis hijos e hijas, dice el Señor Todopoderoso" (2 Co. 6:17, 18).

"Pero os ordenamos, hermanos, en el nombre de nuestro Señor Jesucristo, que os apartéis de todo hermano que ande desordenadamente, y no según la enseñanza que recibisteis de nosotros" (2 Ts. 3:6).

2. El mundo aborrece a los creyentes porque se identifican con Cristo. El siervo no está por encima de la persecución: ningún siervo está por encima de su Señor. El Señor sufrió persecución; por lo tanto, el creyente también la sufrirá. Es lo esperable.

Pensamiento 1: Es imposible que un verdadero discípulo esté por encima de su Maestro o que un siervo esté por encima de su Señor. Si nuestro Maestro y Señor sufrió persecución, nosotros también la sufriremos. ¿Por qué? Él es nuestro Maestro y Señor, es decir, nosotros somos de Él. Somos lo que somos. Lo que fuera que hizo que los hombres lo persiguieran, también está *en* nosotros. Nos perseguirán por *la misma cosa* y por *el mismo motivo*. El creyente genuino se sacrifica, *todo lo que es y tiene* es para el Señor. Lucha para conformar su vida con la del Señor; por lo tanto, la persecución es inevitable para el creyente verdadero.

"Así que, hermanos, os ruego por las misericordias de Dios, que presentéis vuestros cuerpos *en sacrificio vivo, santo*, agradable a Dios, que es vuestro culto racional. *No os conforméis* a este siglo, sino transformaos por medio de la renovación de vuestro entendimiento, para que comprobéis cuál sea la buena voluntad de Dios, agradable y perfecta" (Ro. 12:1, 2).

"Yo les he dado tu palabra; y el mundo los aborreció, porque no son del mundo, como tampoco yo soy del mundo" (Jn. 17:14).

"Perseguidos, mas no desamparados; derribados, pero no destruidos; llevando en el cuerpo siempre por todas partes la muerte de Jesús, para que también la vida de Jesús se manifieste en nuestros cuerpos. Porque nosotros que vivimos, siempre estamos entregados a muerte por causa de Jesús, para que también la vida de Jesús se manifieste en nuestra carne mortal" (2 Co. 4:9-11).

3. El mundo aborrece a los creyentes porque realmente no conocen a Dios. El mundo está engañado en su concepto y creencia de Dios. El mundo concibe a Dios como el que cumple con sus deseos y lujurias terrenales (Jn. 6:2, 26). La idea del hombre acerca de Dios es la de un *Abuelo Supremo* que protege y provee sin importar cuál es el comportamiento de una persona. El mundo cree que Dios (el Abuelo Supremo) aceptará y hará que todas las cosas funcionen en el análisis final. No obstante, el verdadero creyente enseña en contra de esto, proclamando que Dios ama y es justo. Dios sí nos ama, pero nos exige ser justos. El mundo, por supuesto, se rebela en contra de este concepto de Dios.

"Os expulsarán de las sinagogas; y aun viene la hora cuando cualquiera que os mate, pensará que rinde servicio a Dios. Y harán esto porque no conocen al Padre ni a mí" (Jn. 16:2, 3).

"Porque pasando y mirando vuestros santuarios, hallé también un altar en el cual estaba esta inscripción:

AL DIOS NO CONOCIDO. Al que vosotros adoráis, pues, sin conocerle, es a quien yo os anuncio" (Hch. 17:23).

"Teniendo el entendimiento entenebrecido, ajenos de la vida de Dios por la ignorancia que en ellos hay, por la dureza de su corazón" (Ef. 4:18).

"Porque de éstos [hombres] son los que se meten en las casas y llevan cautivas a las mujercillas cargadas de pecados, arrastradas por diversas concupiscencias. Estas siempre están aprendiendo, y nunca pueden llegar al conocimiento de la verdad" (2 Ti. 3:6, 7).

"Pero el que aborrece a su hermano está en tinieblas, y anda en tinieblas, y no sabe a dónde va, porque las tinieblas le han cegado los ojos" (1 Jn. 2:11).

4. El mundo aborrece a los creyentes porque está condenado de pecado. Jesús dijo que dos cosas condenan al mundo.

a. Su mensaje condena al mundo: desnuda *la capa de pecado* del mundo. Él predica y enseña justicia, por lo tanto, su mensaje expone los pecados de la gente.

"Ni tenéis su palabra morando en vosotros; porque a quien él envió, vosotros no creéis" (Jn. 5:38).

"Mas yo os conozco, que no tenéis amor de Dios en vosotros" (Jn. 5:42).

"¿Cómo podéis vosotros creer, pues recibís gloria los unos de los otros, y no buscáis la gloria que viene del Dios único?" (Jn. 5:44).

"Porque si creyeseis a Moisés, me creeríais a mí, porque de mí escribió él. Pero si no creéis a sus escritos, ¿cómo creeréis a mis palabras?" (Jn. 5:46, 47).

"Otra vez les dijo Jesús: Yo me voy, y me buscaréis, pero en vuestro pecado moriréis; a donde yo voy, vosotros no podéis venir" (Jn. 8:21).

"Y les dijo: Vosotros sois de abajo, yo soy de arriba; vosotros sois de este mundo, yo no soy de este mundo. Por eso os dije que moriréis en vuestros pecados; porque si no creéis que yo soy, en vuestros pecados moriréis" (Jn. 8:23, 24).

"Jesús les respondió: De cierto, de cierto os digo, que todo aquel que hace pecado, esclavo es del pecado" (Jn. 8:34).

"Vosotros sois de vuestro padre el diablo, y los deseos de vuestro padre queréis hacer. El ha sido homicida desde el principio, y no ha permanecido en la verdad, porque no hay verdad en él. Cuando habla mentira, de suyo habla; porque es mentiroso, y padre de mentira. Y a mí, porque digo la verdad, no me creéis" (Jn. 8:44, 45).

"El que es de Dios, las palabras de Dios oye; por esto no las oís vosotros, porque no sois de Dios" (Jn. 8:47).

b. Su vida y obras condenan al mundo de pecado. (Ver notas, Jn. 5:19; 5:20; 5:36; Estudio a fondo 2, 10:25 para mayor discusión.) Advierta las palabras "no tendrían pecado". Esto no significa que los hombres no serían culpables del pecado si Jesús no hubiera venido. Lo que significa es que puesto que Él ha venido, los hombres han visto exactamente quién es Dios. Dios le ha sido revelado a los hombres; por lo tanto, son culpables del peor de todos los pecados: de rechazar a Dios y a su Hijo. Si Él no hubiera venido, ellos no serían culpables de *este pecado.* Advierta la declaración de Jesús de ser la revelación de Dios: de ser igual a Él. Aborrecerlo es aborrecer también al Padre.

"Ellos le dijeron: ¿Dónde está tu Padre? Respondió Jesús: Ni a mí me conocéis, ni a mi Padre; si a mí me conocieseis, también a mi Padre conoceríais" (Jn. 8:19).

"Les dijo, pues, Jesús: Cuando hayáis levantado al Hijo del Hombre, entonces conoceréis que yo soy, y que nada hago por mí mismo, sino que según me enseñó el Padre, así hablo. Porque el que me envió, conmigo está; no me ha dejado solo el Padre, porque yo hago siempre lo que le agrada" (Jn. 8:28, 29).

"Jesús entonces les dijo: Si vuestro padre fuese Dios, ciertamente me amaríais; porque yo de Dios he salido, y he venido; pues no he venido de mí mismo, sino que él me envió" (Jn. 8:42).

"De cierto, de cierto os digo, que el que guarda mi palabra, nunca verá muerte" (Jn. 8:51).

"Pero vosotros no le conocéis [a Dios]; mas yo le conozco, y si dijere que no le conozco, sería mentiroso como vosotros; pero le conozco, y guardo su palabra" (Jn. 8:55).

"Jesús les respondió: Os lo he dicho, y no creéis; las obras que yo hago en nombre de mi Padre, ellas dan testimonio de mí" (Jn. 10:25).

"Si no hago las obras de mi Padre, no me creáis. Mas si las hago, aunque no me creáis a mí, creed a las obras, para que conozcáis y creáis que el Padre está en mí, y yo en el Padre" (Jn. 10:37, 38).

"Creedme que yo soy en el Padre, y el Padre en mí; de otra manera, creedme por las mismas obras" (Jn. 14:11).

"Si yo no hubiese hecho entre ellos obras que ningún otro ha hecho, no tendrían pecado; pero ahora han visto y han aborrecido a mí y a mi Padre" (Jn. 15:24).

3 (15:25) ***Mundo, Sin excusa:*** La terrible culpa del mundo. El mundo no tiene excusa. (Cp. Sal. 35:19.) No hay sentido para este aborrecimiento a Jesús. El aborrecimiento del mundo es una paradoja: no es comprensible. Piénselo. El mundo aborrece y se opone a la Persona...

- que vivió y habló más de justicia que cualquier otra persona.
- que se ocupó y ministró más que cualquier otra persona.
- que obró por el amor verdadero y la justicia y la salvación del mundo más que cualquier otra persona.

¡Que engañado está el mundo y su humanidad! Correr hacia adelante como loco para regresar al polvo y las cenizas. Buscar la vida sólo por setenta años [si es que es tanto].

El aborrecimiento del mundo por Jesucristo revela que la verdadera naturaleza del mundo es *mala*. El mundo no tiene excusa.

"Si yo no hubiera venido, ni les hubiera hablado, no tendrían pecado; pero ahora no tienen excusa por su pecado" (Jn. 15:22).

"Porque las cosas invisibles de él, su eterno poder y deidad, se hacen claramente visibles desde la creación del mundo, siendo entendidas por medio de las cosas hechas, de modo que no tienen excusa" (Ro. 1:20).

"Me devuelven mal por bien, para afligir a mi alma" (Sal. 35:12).

"Me devuelven mal por bien, y odio por amor" (Sal. 109:5).

4 (15:26, 27) ***Mundo, Victoria sobre el - Espíritu Santo:*** La promesa de la victoria sobre el mundo. La victoria viene de dos fuentes.

1. Está la victoria a través del Espíritu Santo.
   a. Él es el Consolador del creyente a lo largo de la persecución (ver Estudio a fondo 1, Jn. 14:16.)
   b. Él es el Espíritu de Verdad del creyente a lo largo de la persecución. La verdad prevalecerá durante toda la persecución. (Ver nota - Jn. 14:17.)
   c. Él testificará ante el mundo, condenándolos mientras aborrecen a Cristo. Nota: el Espíritu Santo es enviado "del Padre" y "procede del Padre" (para tou patros ekporeuetai), esto es, "del lado del Padre". Se dice que es una *Persona distinta* del Padre y del Hijo. Se dice que es una *Persona Divina*, que viene "del mismo lado del Padre".

"Mas cuando os entreguen, no os preocupéis por cómo o qué hablaréis; porque en aquella hora os será dado lo que habéis de hablar" (Mt. 10:19).

"Cuando os trajeren a las sinagogas, y ante los magistrados y las autoridades, no os preocupéis por cómo o qué habréis de responder, o qué habréis de decir; porque el Espíritu Santo os enseñará en la misma hora lo que debáis decir" (Lc. 12:11, 12).

"Porque yo os daré palabra y sabiduría, la cual no podrán resistir ni contradecir todos los que se opongan" (Lc. 21:15).

"Lo cual también hablamos, no con palabras enseñadas por sabiduría humana, sino con las que enseña el Espíritu, acomodando lo espiritual a lo espiritual" (1 Co. 2:13).

2. Está la victoria a través del propio testimonio del creyente y del compañerismo con Cristo. El creyente anda y acompaña a Cristo desde el mismo inicio de su conversión. Ve y oye con los ojos y los oídos de su corazón, y aprende de Cristo. Por lo tanto, declara el glorioso mensaje de Cristo para que este mundo, incluso sus perseguidores, puedan tener compañerismo con los creyentes y con el Padre y su Hijo (1 Jn. 1:3).

Advierta otro hecho: el creyente brinda testimonio porque realmente conoce a Cristo. Es prácticamente imposible conocer al verdadero Mesías, al Salvador del mundo, saber que ningún hombre debe morir y no proclamar el mensaje. Un creyente genuino es una persona de convicción, una persona que no puede quedarse callada si conoce y experimenta la verdad por sí mismo.

"Lo que hemos visto y oído, eso os anunciamos, para que también vosotros tengáis comunión con nosotros; y nuestra comunión verdaderamente es con el Padre, y con su Hijo Jesucristo" (1 Jn. 1:3).

"Lo que has oído de mí ante muchos testigos, esto encarga a hombres fieles que sean idóneos para enseñar también a otros" (2 Ti. 2:2).

"Entonces viendo el denuedo de Pedro y de Juan, y sabiendo que eran hombres sin letras y del vulgo, se maravillaban; y les reconocían que habían estado con Jesús" (Hch. 4:13).

"Vosotros sois mis testigos, dice Jehová, y mi siervo que yo escogí, para que me conozcáis y creáis, y entendáis que yo mismo soy; antes de mí no fue formado dios, ni lo será después de mí" (Is. 43:10).

	CAPÍTULO 16 **M. La relación de los creyentes con los extremistas religiosos (Parte 2): Persecución, 16:1-6**	3 Y harán esto porque no conocen al Padre ni a mí.	**3 El motivo de la persecución: los extremistas religiosos no conocen a Dios ni a su Hijo**
1 Jesús advirtió que los extremistas religiosos perseguirían a los creyentes	1 Estas cosas os he hablado, para que no tengáis tropiezo.	4 Mas os he dicho estas cosas, para que cuando llegue la hora, os acordéis de que ya os lo había dicho. Esto no os lo dije al principio, porque yo estaba con vosotros.	**4 La preparación para la persecución** a. El creyente debe esperar persecución y no ser encontrado fuera de guardia
2 La persecución: la adoración será prohibida a. Serán echados de las sinagogas y asesinados b. Por los extremistas religiosos	2 Os expulsarán de las sinagogas; y aun viene la hora cuando cualquiera que os mate, pensará que rinde servicio a Dios.	5 Pero ahora voy al que me envió; y ninguno de vosotros me pregunta: ¿A dónde vas? 6 Antes, porque os he dicho estas cosas, tristeza ha llenado vuestro corazón.	b. El creyente debe saber que Dios *es* y que Jesús reina c. El creyente debe mantener su mente en su destino d. El creyente debe convocar al Espíritu Santo

DIVISIÓN XIII

LA REVELACIÓN DE JESÚS, EL GRAN MINISTRO Y SU LEGADO, 13:1—16:33

M. La relación de los creyentes con los extremistas religiosos (Parte 2): Persecución, 16:1-6

(16:1-6) ***Introducción - Jesucristo, Mediador:*** Los creyentes viven en un mundo de religión y extremistas religiosos. El mundo incluso considera a los creyentes como extremistas religiosos, pero ellos no lo son. Los creyentes son embajadores del Señor viviente, embajadores que han sido dejados en la tierra para difundir el mensaje de esperanza y vida eternas a un mundo sin esperanza y agonizante. En este solo hecho el creyente enfrenta un problema tremendo. Hay sólo un Dios y Él tiene sólo un Hijo, a quien ama más de lo que un hombre puede soñar. Para demostrar ese amor, Dios ha designado que su Hijo es la única forma de acercarse a Él. Todos los hombres deben acercarse a Dios *en el nombre* de su Hijo. El mundo siente que esto es estrecho, demasiado estrecho. Por lo tanto, el mundo rechaza al Hijo de Dios y determina su propia forma de acercarse a Dios. El resultado final es un mundo lleno de religiones y extremistas religiosos que se acercan a Dios. (Ver bosquejo y notas, Jn. 10:7-10 para mayor discusión al respecto).

Este pasaje trata sobre la relación entre los creyentes y los extremistas religiosos del mundo.

1. Jesús advirtió que los extremistas religiosos perseguirían a los creyentes (v. 1).
2. La persecución: la adoración será prohibida (v. 2).
3. El motivo de la persecución: los extremistas religiosos no conocen a Dios ni a su Hijo (v. 3).
4. La preparación para la persecución (vv. 4-6).

[1] (16:1) ***Persecución, Respuesta a la:*** Jesús advirtió al creyente que los extremistas religiosos perseguirían a sus seguidores. Jesús advirtió al creyente porque Él quiere evitar que el creyente tenga un tropiezo. La palabra "tropiezo" (skandalisthete) significa tambalear y caer. La persecución por parte de los extremistas religiosos puede ser un obstáculo para el creyente. El creyente puede encontrarse siendo...

- cuestionado
- rechazado
- criticado
- ridiculizado
- burlado
- aislado
- pasado por alto
- atacado
- torturado

El creyente puede tropezar y caer en la persecución. La persecución puede...

- hacer que un creyente se cuestione sus creencias.
- hacer que un creyente se debilite y regrese al camino de la falsa religión.
- silenciar a un creyente y su testimonio.
- hacer que un creyente niegue a Jesús.

> **"Así que, ya no nos juzguemos más los unos a los otros, sino más bien decidid no poner tropiezo u ocasión de caer al hermano" (Ro. 14:13).**

[2] (16:2) ***Persecución, Tipos de; Por quiénes:*** La persecución será severa y de naturaleza religiosa. A los creyentes se les prohibirá adorar. Como ejemplo, Jesús mencionó la persecución final: el creyente será echado de la iglesia y asesinado. Advierta tres puntos.

1. La persecución es religiosa. La llevan adelante quienes piensan que realmente conocen a Dios y están haciendo exactamente lo que Dios quiere. Piensan que están purificando la iglesia y limpiándola de una enseñanza falsa, una enseñanza que es estrecha, una enseñanza que es perjudicial en contra de otras religiones y creencias y otros caminos hacia Dios.

Pensamiento 1: Los falsos extremistas religiosos no ven cómo es que puede haber un único camino a Dios. Concluyen en que Cristo está equivocado, que no es el único Camino, la única Verdad, la única Vida. Concluyen...

- que el camino a Dios es siendo bueno y haciendo el bien, lo mejor que uno puede.
- que la religión particular no tiene importancia. Lo que es importante es que la religión inspire a uno a ser bueno y cuidadoso y una mejor persona.

2. Los extremistas religiosos falsos siempre han rechazado y abusado de los verdaderos creyentes y profetas. Y con frecuencia han sido obstinados en su oposición y abuso. Nada puede ser más duro y trágico que una persecución religiosa. La persecución religiosa incluye cosas tales como...

- hacer que se cuestione la fe, la posición y el ministerio de uno.
- ser acusado, abusado, calumniado y complotado.
- negar derechos.
- ser silenciado, sin permitir adorar ni servir.
- ser retirado del servicio.
- ser probado y puesto en prisión, torturado y asesinado. (Cp. Saulo de Tarso, Hch. 8:1-3; cp. Hch. 26:9; Gá. 1:13.)

"Hermanos míos, tomad como ejemplo de aflicción y de paciencia a los profetas que hablaron en nombre del Señor" (Stg. 5:10).

3. La persecución dentro de la iglesia es algo que sucede con frecuencia. En esta tierra, la casa de Dios está llena de gente que nunca han comprometido realmente su vida a Dios. No lo conocen personalmente, no en forma íntima. Por lo tanto, el creyente que verdaderamente toma una posición por Dios y su justicia con frecuencia enfrenta oposición y es perseguido por aquellos que están dentro de la iglesia. Los perseguidores no comprenden a Dios ni a su justicia; por lo tanto tienen dos caras: calumniando, vilipendiando e insultando al creyente detrás de sus espaldas. También pueden retar, burlarse y atacar al creyente cara a cara. Pueden ir tan lejos como intentar destruir la reputación y la vida de un creyente, dependiendo de la sociedad en la que viven. Es una tragedia terrible cuando se produce una persecución en las paredes de la casa de Dios.

"Bienaventurados sois cuando por mi causa os vituperen y os persigan, y digan toda clase de mal contra vosotros, mintiendo. Gozaos y alegraos, porque vuestro galardón es grande en los cielos; porque así persiguieron a los profetas que fueron antes de vosotros" (Mt. 5:11, 12).

"Y guardaos de los hombres, porque os entregarán a los concilios, y en sus sinagogas os azotarán" (Mt. 10:17).

"Entonces os entregarán a tribulación, y os matarán, y seréis aborrecidos de todas las gentes por causa de mi nombre. Muchos tropezarán entonces, y se entregarán unos a otros, y unos a otros se aborrecerán" (Mt. 24:9, 10).

"¿Tú quién eres, que juzgas al criado ajeno? Para su propio señor está en pie, o cae; pero estará firme, porque poderoso es el Señor para hacerle estar firme" (Ro. 14:4).

"Pero antes de todas estas cosas os echarán mano, y os perseguirán, y os entregarán a las sinagogas y a las cárceles, y seréis llevados ante reyes y ante gobernadores por causa de mi nombre" (Lc. 21:12).

"Y también todos los que quieren vivir piadosamente en Cristo Jesús padecerán persecución; mas los malos hombres y los engañadores irán de mal en peor, engañando y siendo engañados" (2 Ti. 3:12, 13).

[3] (16:3) ***Persecución, Motivos:*** El motivo de la persecución por parte de los extremistas religiosos. Jesús da un motivo que subyace a todos los demás motivos de persecución. Los extremistas religiosos falsos no conocen a Dios ni a su Hijo, Jesucristo. Esta es una declaración asombrosa hecha por Jesús, puesto que los extremistas religiosos *creen* que conocen a Dios. Pero Jesús dice que no, no realmente. Tienen su propia idea de Dios, pero es sólo...

- su idea
- su razonamiento
- su ídolo
- su imaginación
- su imagen
- sus dispositivos

Los extremistas religiosos están engañados en su concepto de Dios y en su comprensión de Cristo. Rechazan a Cristo, rechazando su declaración de ser el Hijo de Dios y el que ha existido *al lado* de Dios a lo largo de toda la eternidad. Consideran a Cristo sólo un hombre: un buen hombre, sí, pero sólo un hombre. Por lo tanto, lo rechazan como la revelación y la imagen de Dios. El problema es que ellos no quieren ningún Dios; no quieren ningún Señor que les exija una negación propia total, ningún otro Dios más que ellos mismos y sus propias imaginaciones. Quieren el derecho y la libertad de buscar sus propios deseos en lugar de las exigencias de algún Señor supremo. (Ver Estudio a fondo 2, Jn. 5:15, 16; notas, 7:32; 11:47-57 para más discusión al respecto.)

"Mas todo esto os harán por causa de mi nombre, porque no conocen al que me ha enviado" (Jn. 15:21).

"Y harán esto porque no conocen al Padre ni a mí" (Jn. 16:3).

"Mas el que practica la verdad viene a la luz, para que sea manifiesto que sus obras son hechas en Dios" (Jn. 3:21).

"Porque los habitantes de Jerusalén y sus gobernantes, no conociendo a Jesús, ni las palabras de los profetas que se leen todos los días de reposo, las cumplieron al condenarle" (Hch. 13:27).

"Porque ignorando la justicia de Dios, y procurando establecer la suya propia, no se han sujetado a la justicia de Dios" (Ro. 10:3).

"Teniendo el entendimiento entenebrecido, ajenos de la vida de Dios por la ignorancia que en ellos hay, por la dureza de su corazón" (Ef. 4:18).

"Estas siempre están aprendiendo, y nunca pueden llegar al conocimiento de la verdad" (2 Ti. 3:7).

"Todo aquel que permanece en él, no peca; todo aquel que peca, no le ha visto, ni le ha conocido" (1 Jn. 3:6).

[4] (16:4-6) ***Persecución, Vencer la:*** La preparación para la persecución tiene cuatro aspectos.

1. El creyente debe esperar la persecución. Debe recordar que Jesús anunció que iba a ser perseguido. Recordar hace que

el creyente evite ser tomado fuera de guardia y tropiece. El creyente debe *prepararse* para la persecución *pensando* qué hará cuando sea...

- ridiculizado
- cuestionado
- calumniado
- criticado
- abusado
- torturado
- opuesto
- atacado
- encarcelado

El asunto es: el verdadero creyente sabe que la persecución viene. Por lo tanto, él debe preparase.

"Acordaos de la palabra que yo os he dicho: El siervo no es mayor que su señor. Si a mí me han perseguido, también a vosotros os perseguirán; si han guardado mi palabra, también guardarán la vuestra" (Jn. 15:20).

"Mas os he dicho estas cosas, para que cuando llegue la hora, os acordéis de que ya os lo había dicho" (Jn. 16:4).

2. El creyente debe saber que Dios *es* (existe) y que Jesús reina. Jesús les había dicho a los discípulos que iba a enfrentar problemas y persecución en el mundo. Ahora, mientras se preparaba a abandonar este mundo, Él estaba revelándoles más cosas y dándoles una revelación más completa. (Cp. Jn. 15:26, 27; 16:7ss. así como toda la enseñanza de Jn. 15:18-27; 16:1-6.)

a. Los creyentes deben saber que Dios *es* (existe); de que su Señor se ha ido definitivamente al Padre que lo envió.

"Pero sin fe es imposible agradar a Dios; porque es necesario que el que se acerca a Dios crea que le hay, y que es galardonador de los que le buscan" (He. 11:6).

"Habéis oído que yo os he dicho: Voy, y vengo a vosotros. Si me amarais, os habríais regocijado, porque he dicho que voy al Padre; porque el Padre mayor es que yo" (Jn. 14:28).

"Pero ahora voy al que me envió; y ninguno de vosotros me pregunta: ¿A dónde vas?" (Jn. 16:5).

"De justicia, por cuanto voy al Padre, y no me veréis más" (Jn. 16:10).

"Salí del Padre, y he venido al mundo; otra vez dejo el mundo, y voy al Padre" (Jn. 16:28).

"Y ya no estoy en el mundo; mas éstos están en el mundo, y yo voy a ti. Padre santo, a los que me has dado, guárdalos en tu nombre, para que sean uno, así como nosotros" (Jn. 17:11).

b. Los creyentes deben saber que su Señor reina de verdad.

"Que decían a gran voz: El Cordero que fue inmolado es digno de tomar el poder, las riquezas, la sabiduría, la fortaleza, la honra, la gloria y la alabanza" (Ap. 5:12).

"La cual operó en Cristo, resucitándole de los muertos y sentándole a su diestra en los lugares celestiales" (Ef. 1:20).

"Por lo cual Dios también le exaltó hasta lo sumo, y le dio un nombre que es sobre todo nombre" (Fil. 2:9).

"Pero vemos a aquel que fue hecho un poco menor que los ángeles, a Jesús, coronado de gloria y de honra, a causa del padecimiento de la muerte, para que por la gracia de Dios gustase la muerte por todos" (He. 2:9).

"El cual no hizo pecado, ni se halló engaño en su boca" (1 P. 2:22).

Conocer estos dos grandes hechos ayudará a los creyentes de todas las generaciones a prepararse para la persecución.

3. El creyente debe pensar y mantener su mente puesta en su destino. Jesús ha ido al Padre que lo envió. Él ha regresado al cielo; por lo tanto, el Padre y el cielo son el destino del creyente. Si los perseguidores asesinan al creyente, él gana, no pierde. Gana algo mucho mejor que esta vida, la presencia de Dios mismo. (Ver nota, Resurrección, Jn. 14:6. Ver nota, Lc. 21:18, 19. Cp. Fil. 1:23.)

Nota: el creyente no debe quejarse con lástima por sí mismo y angustia, gimiendo por ser perseguido. Su mente y pensamientos deben estar puestos en Dios y el cielo.

"Si alguno me sirve, sígame; y donde yo estuviere, allí también estará mi servidor. Si alguno me sirviere, mi Padre le honrará" (Jn. 12:26).

"Y si me fuere y os preparare lugar, vendré otra vez, y os tomaré a mí mismo, para que donde yo estoy, vosotros también estéis" (Jn. 14:3).

"Padre, aquellos que me has dado, quiero que donde yo estoy, también ellos estén conmigo, para que vean mi gloria que me has dado; porque me has amado desde antes de la fundación del mundo" (Jn. 17:24).

"Pero confiamos, y más quisiéramos estar ausentes del cuerpo, y presentes al Señor" (2 Co. 5:8).

"Porque de ambas cosas estoy puesto en estrecho, teniendo deseo de partir y estar con Cristo, lo cual es muchísimo mejor" (Fil. 1:23).

"Tú guardarás en completa paz a aquel cuyo pensamiento en ti persevera; porque en ti ha confiado. Confiad en Jehová perpetuamente, porque en Jehová el Señor está la fortaleza de los siglos" (Is. 26:3, 4).

"La paz os dejo, mi paz os doy; yo no os la doy como el mundo la da. No se turbe vuestro corazón, ni tenga miedo" (Jn. 14:27).

"Estas cosas os he hablado para que en mí tengáis paz. En el mundo tendréis aflicción; pero confiad, yo he vencido al mundo" (Jn. 16:33).

4. Los creyentes deben convocar al Ayudador, al Espíritu Santo. Este punto se trata en los siguientes versículos y bosquejo. El Espíritu Santo es dado por Dios para que sea el compañero constante del creyente, para ayudar y consolar al creyente durante la persecución. (Ver bosquejo y notas, Jn. 16:7-15.)

"Y yo rogaré al Padre, y os dará otro Consolador, para que esté con vosotros para siempre: el Espíritu de verdad, al cual el mundo no puede recibir, porque no le ve, ni le conoce; pero vosotros le conocéis, porque mora con vosotros, y estará en vosotros" (Jn. 14:16, 17).

"Mas el Consolador, el Espíritu Santo, a quien el Padre enviará en mi nombre, él os enseñará todas las cosas, y os recordará todo lo que yo os he dicho" (Jn. 14:26).

"Pero yo os digo la verdad: Os conviene que yo me vaya; porque si no me fuera, el Consolador no vendría a vosotros; mas si me fuere, os lo enviaré" (Jn. 16:7).

	N. La obra del Espíritu Santo, 16:7-15	deciros, pero ahora no las podéis sobrellevar.	
1 El Espíritu Santo ayuda a los creyentes a. Su ayuda: Más conveniencia b. Su nombre: El Consolador, el Ayudador	7 Pero yo os digo la verdad: Os conviene que yo me vaya; porque si no me fuera, el Consolador no vendría a vosotros; mas si me fuere, os lo enviaré.	13 Pero cuando venga el Espíritu de verdad, él os guiará a toda la verdad; porque no hablará por su propia cuenta, sino que hablará todo lo que oyere, y os hará saber las cosas que habrán de venir.	a. Diciendo la verdad b. Conduciendo a toda la verdad c. Demostrando las cosas por venir
2 El Espíritu Santo condena y convence al mundo a. Él condena: de pecado, justicia y juicio b. Él convence 1) De pecado: porque ellos no creen en Jesús 2) De justicia: porque se demuestra la justicia de Jesús. Es ascendido como Señor 3) De juicio: porque Jesús condenó a Satanás	8 Y cuando él venga, convencerá al mundo de pecado, de justicia y de juicio. 9 De pecado, por cuanto no creen en mí; 10 de justicia, por cuanto voy al Padre, y no me veréis más; 11 y de juicio, por cuanto el príncipe de este mundo ha sido ya juzgado.	14 El me glorificará; porque tomará de lo mío, y os lo hará saber. 15 Todo lo que tiene el Padre es mío; por eso dije que tomará de lo mío, y os lo hará saber.	**4 El Espíritu Santo glorifica a Jesús: toma las cosas de Jesús y las muestra a los creyentes**
3 El Espíritu Santo guía a los creyentes	12 Aún tengo muchas cosas que		

DIVISIÓN XIII

LA REVELACIÓN DE JESÚS, EL GRAN MINISTRO Y SU LEGADO, 13:1—16:33

N. La obra del Espíritu Santo, 16:7-15

(16:7-15) ***Introducción:*** La revelación más clara del Espíritu Santo nos la da nuestro propio Señor. Él ya había revelado quién es la Persona del Espíritu Santo (Jn. 14:15-26). Ahora, Él revela la obra del Espíritu Santo.

1. El Espíritu Santo ayuda a los creyentes (v. 7).
2. El Espíritu Santo condena y convence al mundo (vv. 8-11).
3. El Espíritu Santo guía a los creyentes (vv. 12, 13).
4. El Espíritu Santo glorifica a Jesús: toma las cosas de Jesús y las muestra a los creyentes (vv. 14, 15).

[1] (16:7) ***Espíritu Santo:*** El Espíritu Santo consuela y ayuda a los creyentes. Jesús dijo algo sorprendente: "Os conviene que yo me vaya". Era para el bien (rédito, ventaja) del creyente que Jesús dejara el mundo. Advierta el peso y el énfasis adicional que Jesús le dio al hecho: "Yo os digo la verdad". Puede que sea difícil para una persona ver y comprender, puesto que parece que estaríamos mucho mejor si Jesús estuviera física y corporalmente. Algunas personas incluso claman por su presencia, por alguna vista, alguna visión, algún sueño de Él. Pero Jesús dijo que era mejor que Él se fuera y no estar físicamente presente. ¿Por qué? Hay una razón suprema: si Él no se hubiera ido, el Espíritu Santo no habría venido. El creyente está *mejor* con la presencia del Espíritu Santo que con la presencia de Jesús.

Ahora advierta. ¿Cómo puede hacerse una declaración como esa? ¿Cómo puede que un creyente esté mejor con el Espíritu Santo que con la presencia física y corporal de Jesús?

1. Desde que Jesús partió, ahora tenemos *un Señor glorificado y exaltado*. Tenemos un Señor que reina y controla todo: quién es capaz de cumplir todas sus promesas y satisfacer nuestra desesperada necesidad de vida, la vida que es abundante y eterna.

> **"Y cuál la supereminente grandeza de su poder para con nosotros los que creemos, según la operación del poder de su fuerza, la cual operó en Cristo, resucitándole de los muertos y sentándole a su diestra en los lugares celestiales" (Ef. 1:19, 20).**

2. Desde que Jesús partió, ahora tenemos un *Intercesor* ante el mismo trono de Dios. Tenemos una Persona que se conmueve con los sentimientos de nuestras enfermedades, porque Él fue tentado en todos los aspectos como lo somos nosotros.

> **"Por tanto, teniendo un gran sumo sacerdote que traspasó los cielos, Jesús el Hijo de Dios, retengamos nuestra profesión. Porque no tenemos un sumo sacerdote que no pueda compadecerse de nuestras debilidades, sino uno que fue tentado en todo según nuestra semejanza, pero sin pecado. Acerquémonos, pues, confiadamente al trono de la gracia, para alcanzar misericordia y hallar gracia para el oportuno socorro" (He. 4:14-16).**

3. Desde que Jesús partió, ahora tenemos la *presencia del Espíritu Santo* con nosotros todo el tiempo. Jesús en su cuerpo humano podía estar sólo en un lugar a la vez, pero el Espíritu Santo, que es Espíritu, puede estar con todos los creyentes al mismo tiempo no importa dónde estén.

"Y yo rogaré al Padre, y os dará otro Consolador, para que esté con vosotros *para siempre*" (Jn. 14:16).

4. Desde que Jesús partió, ahora tenemos un *verdadero evangelio* para proclamar, el evangelio del Señor resucitado y exaltado que es capaz de dar vida eterna a toda persona que lo convoque.

"Mas ¿qué dice? Cerca de ti está la palabra, en tu boca y en tu corazón. Esta es la palabra de fe que predicamos: que si confesares con tu boca que Jesús es el Señor, y creyeres en tu corazón que Dios le levantó de los muertos, serás salvo. Porque con el corazón se cree para justicia, pero con la boca se confiesa para salvación... porque todo aquel que invocare el nombre del Señor, será salvo" (Ro. 10:8-10, 13).

5. Desde que Jesús partió, ahora tenemos la *obra mundial del Espíritu Santo*. Su obra de...

- condenar y convencer (Jn. 16:8-11)
- ayudar y guiar a los creyentes (Jn. 16:12, 13)
- glorificar a Cristo (Jn. 16:14, 15)

Advierta que al Espíritu Santo se lo llama el Consolador. (Ver nota, Jn. 14:16.)

[2] (16:8-11) **Espíritu Santo:** El Espíritu Santo condena y convence al mundo. La palabra "reprobar" (elegxei) significa tanto *condenar* como *convencer* a una persona.

⇒ Condenar significa tomar el corazón de una persona hasta que sienta y sepa que es culpable. Él ha hecho algo malo o ha fallado en hacerlo bien.

⇒ Convencer significa llegar al corazón de una persona hasta que ésta sepa que el hecho es cierto.

El Espíritu Santo condena y convence al mundo de tres cosas: pecado, justicia y juicio.

1. Está la *condena del pecado.*

a. El Espíritu Santo condena al mundo de su pecado, del hombre que ha pecado. El Espíritu Santo condena a un hombre porque...

- pierde el rastro, esto es, no llega a cumplir con la gloria de Dios.

"Por cuanto todos pecaron, y están destituidos de la gloria de Dios" (Ro. 3:23).

- traspasa, es decir, se sale del camino correcto.

"Y él os dio vida a vosotros, cuando estabais muertos en vuestros delitos y pecados" (Ef. 2:1).

- transgrede, es decir, quebranta la ley de Dios.

"Porque si la palabra dicha por medio de los ángeles fue firme, y toda transgresión y desobediencia recibió justa retribución, ¿cómo escaparemos nosotros, si descuidamos una salvación tan grande? La cual, habiendo sido anunciada primeramente por el Señor, nos fue confirmada por los que oyeron" (He. 2:2, 3).

b. El Espíritu Santo *convence* al mundo de que el descreimiento de un hombre es incorrecto. El Espíritu Santo convence al mundo de que Jesús realmente murió por el pecado. El Espíritu Santo toma a un hombre que no cree en Jesús y lo convence de que Jesús es el Salvador, de que sus pecados serán perdonados cuando *crea* en Jesús.

"Por eso os dije que moriréis en vuestros pecados; porque si no creéis que yo soy, en vuestros pecados moriréis" (Jn. 8:24).

"Hijitos míos, estas cosas os escribo para que no pequéis; y si alguno hubiere pecado, abogado tenemos para con el Padre, a Jesucristo el justo. Y él es la propiciación por nuestros pecados; y no solamente por los nuestros, sino también por los de todo el mundo" (1 Jn. 2:1, 2).

2. Está la *condena de justicia.*

a. El Espíritu Santo condena al mundo por su falta de justicia, porque un hombre no tiene justicia que sea aceptable para Dios. El Espíritu Santo condena a un hombre porque su justicia...

- es solamente justicia propia.
- es solamente justicia humana.
- es la justicia de obras que son sólo humanas y por lo tanto tienen un fin.
- es la justicia de la bondad humana y por lo tanto finaliza cuando él muere.
- es inadecuada, insuficiente e inaceptable para Dios.

"Y que por la ley ninguno se justifica para con Dios, es evidente, porque: El justo por la fe vivirá" (Gá. 3:11; cp. Gá. 2:16).

"Si bien todos nosotros somos como suciedad, y todas nuestras justicias como trapo de inmundicia; y caímos todos nosotros como la hoja, y nuestras maldades nos llevaron como viento. Nadie hay que invoque tu nombre, que se despierte para apoyarse en ti; por lo cual escondiste de nosotros tu rostro, y nos dejaste marchitar en poder de nuestras maldades" (Is. 64:6, 7; cp. vv. 9-12).

b. El Espíritu Santo *convence* al mundo de que la justicia de Jesús es aceptable para Dios. El Espíritu Santo convence a un hombre...

- de que Jesús realmente fue recibido en el cielo por el Padre porque fue justo.
- de que Jesús aseguró la justicia para todo hombre.
- de que el hombre puede acercarse a Dios a través de la justicia de Jesús.
- de que Jesús es el Hombre Ideal y Perfecto, el propio Hijo del Hombre. (Ver nota – Jn. 1:51.)

"Al que no conoció pecado, por nosotros lo hizo pecado, para que nosotros fuésemos hechos justicia de Dios en él" (2 Co. 5:21).

"Sino también con respecto a nosotros a quienes ha

de ser contada, esto es, a los que creemos en el que levantó de los muertos a Jesús, Señor nuestro, el cual fue entregado por nuestras transgresiones, y resucitado para nuestra justificación" (Ro. 4:24, 25).

3. Está la *condena del juicio.*

a. El Espíritu Santo condena al mundo porque el juicio viene, que un hombre está por enfrentar el juicio personal de Dios. El Espíritu Santo condena a un hombre...

- porque es responsable ante Dios y el hombre.
- porque habrá un día real de juicio en algún momento del futuro.
- porque deberá estar cara a cara con Dios y ser juzgado.
- porque será juzgado por el pecado y falta de justicia, por lo que ha hecho y no ha hecho.

"De manera que cada uno de nosotros dará a Dios cuenta de sí" (Ro. 14:12).

"Y de la manera que está establecido para los hombres que mueran una sola vez, y después de esto el juicio" (He. 9:27).

b. El Espíritu Santo *convence* al mundo de que Jesús ha cargado con el juicio del pecado y la muerte para el hombre. El Espíritu Santo convence al hombre...

- de que Jesús murió cargando con la pena y el juicio del pecado por él.

"Quien llevó él mismo nuestros pecados en su cuerpo sobre el madero, para que nosotros, estando muertos a los pecados, vivamos a la justicia; y por cuya herida fuisteis sanados" (1 P. 2:24).

"Porque también Cristo padeció una sola vez por los pecados, el justo por los injustos, para llevarnos a Dios, siendo a la verdad muerto en la carne, pero vivificado en espíritu" (1 P. 3:18).

- de que Jesús, mediante su muerte, destruyó el poder de Satanás sobre el pecado y la muerte.

"Ahora es el juicio de este mundo; ahora el príncipe de este mundo será echado fuera" (Jn. 12:31).

"Así que, por cuanto los hijos participaron de carne y sangre, él también participó de lo mismo, para destruir por medio de la muerte al que tenía el imperio de la muerte, esto es, al diablo, y librar a todos los que por el temor de la muerte estaban durante toda la vida sujetos a servidumbre" (He. 2:14, 15).

- de que el hombre puede ser liberado del pecado y la muerte, de que puede ser perdonado por su pecado y otorgado vida eterna a través de la muerte de Jesús.

"Porque de tal manera amó Dios al mundo, que ha dado a su Hijo unigénito, para que todo aquel que en él cree, no se pierda, mas tenga vida eterna" (Jn. 3:16).

"En quien tenemos redención por su sangre, el perdón de pecados según las riquezas de su gracia" (Ef. 1:7).

(Ver Estudio a fondo 2, 3 Jn. 12:31; notas, 12:31-33, 14:30, 31 para una mayor discusión al respecto.)

ESTUDIO A FONDO 1

(16:11) ***Satanás:*** Este pasaje trata sobre el juicio de Satanás. El juicio de Satanás fue ejecutado por Cristo en la cruz. Fue en la cruz que Jesucristo juzgó y condenó al diablo en toda su autoridad y poder. ¿Cómo? Hubo dos formas.

1. Satanás es juzgado y condenado por la obediencia de Cristo en la cruz. Dios está perfectamente complacido con Cristo, porque Cristo hizo exactamente lo que Dios quería: *Él obedeció a Dios perfectamente.* Por lo tanto, es lógico que Dios esté perfectamente complacido.

El asunto es: lo que Dios quería más que nada era que Cristo muriera *por el hombre.* Cristo mismo dijo: "Como me envió el Padre, así también yo". El mandamiento final que demostraría la perfecta obediencia era que Él...

- muriera por el pecado del hombre.
- recibiera el juicio de la muerte (física y espiritual) por el pecado del hombre.
- sufriera la separación de Dios por el hombre.

Fue en la cruz que Cristo obedeció a Dios en el sentido supremo, último y absoluto. Fue porque murió, porque obedeció perfectamente a Dios, que Dios...

- lo ha exaltado enormemente (cp. Fil. 2:9-11).
- le dio un nombre por sobre todo nombre.
- designó que toda rodilla se postrara frente a Él, frente a las cosas *del cielo*, y las cosas *de la tierra* y de las cosas *debajo de la tierra.*
- designó que toda lengua confesara que Jesucristo es el Señor.
- juzgó al mundo y ordenó que fuera recreado y convertido en nuevos cielos y tierra (2 P. 3:10-13).
- echó fuera a Satanás y entronizó a Cristo, dándole la lealtad del hombre y los reinos de todo el mundo (Jn. 12:31, 32).
- aseguró el retorno de Cristo y su gobierno y reinado (Tit. 2:12, 13).
- prometió que Cristo gobernará y reinará sobre nuevos cielos y tierra, sobre todo el universo (2 P. 3:4, 5, 8-13).

2. Satanás es juzgado y condenado por la creencia del hombre en la cruz, en la muerte de Cristo (ver Estudio a fondo 4, Cruz, Jn. 12:32 para una discusión más profunda).

La cruz juzgó y condenó a Satanás en toda su autoridad y poder. El juicio puede resumirse en tres áreas.

1. La cruz juzga y rompe el poder de Satanás sobre el mundo (Jn. 12:31). Satanás es el gobernador, el príncipe, el poder del mundo. Esto lo enseña la Biblia (Jn. 12:31; 14:30; 16:11; 2 Co. 4:4; Ef. 2:2). El ejemplo de su dominio conocido por todos es la tentación de Cristo. Satanás le ofreció los reinos del mundo a Cristo si Cristo lo adoraba (Lc. 4:6). Poseía los reinos para ofrecer. Pero Cristo se rehusó a ceder a la tentación. En cambio, eligió obedecer a Dios, asegurar la autoridad sobre los reinos del mundo por medio de la cruz. En este pasaje en particular, Cristo proclamó la venida triunfante de la cruz. La cruz rompió para siempre el poder del diablo sobre los reinados del mundo y asegura el regreso de Cristo para gobernar y reinar en todo el universo para siempre.

"Ahora es el juicio de este mundo; ahora el príncipe de este mundo será echado fuera" (Jn. 12:31).

"El cual [Dios] nos ha librado de la potestad de las tinieblas, y trasladado al reino de su amado Hijo" (Col. 1:13).

"Y despojando a los principados y a las potestades, los exhibió públicamente, triunfando sobre ellos en la cruz" (Col. 2:15).

"Luego el fin, cuando entregue el reino al Dios y Padre, cuando haya suprimido todo dominio, toda autoridad y potencia.25 Porque preciso es que él reine hasta que haya puesto a todos sus enemigos debajo de sus pies" (1 Co. 15:24, 25).

"Y estando en la condición de hombre, se humilló a sí mismo, haciéndose obediente hasta la muerte, y muerte de cruz. Por lo cual Dios también le exaltó hasta lo sumo, y le dio un nombre que es sobre todo nombre, para que en el nombre de Jesús se doble toda rodilla de los que están en los cielos, y en la tierra, y debajo de la tierra; y toda lengua confiese que Jesucristo es el Señor, para gloria de Dios Padre" (Fil. 2:8-11; cp. Ap. 21:1ss).

2. La cruz juzga y rompe la autoridad y poder de Satanás sobre la muerte (Jn. 12:31). Satanás tiene el poder de la muerte. Es su influencia egoísta y pecaminosa la que ha traído corrupción, ruina y muerte a la tierra. Pero Cristo ha roto el poder del diablo sobre la muerte para siempre. La cruz libera al hombre del temor y la atadura de la muerte y asegura a Cristo la autoridad sobre la vida y la muerte.

"Así que, por cuanto los hijos participaron de carne y sangre, él también participó de lo mismo, para destruir por medio de la muerte al que tenía el imperio de la muerte, esto es, al diablo, y librar a todos los que por el temor de la muerte estaban durante toda la vida sujetos a servidumbre" (He. 2:14, 15).

"Porque preciso es que él reine hasta que haya puesto a todos sus enemigos debajo de sus pies. Y el postrer enemigo que será destruido es la muerte... ¿Dónde está, oh muerte, tu aguijón? ¿Dónde, oh sepulcro, tu victoria? ya que el aguijón de la muerte es el pecado, y el poder del pecado, la ley. Mas gracias sean dadas a Dios, que nos da la victoria por medio de nuestro Señor Jesucristo" (1 Co. 15:25, 26, 55-57).

3. La cruz juzga y rompe la autoridad y poder de Satanás para corromper a los hombres a través de la mundanalidad y el pecado (Jn. 12:32). Satanás utiliza al mundo: sus placeres, deseos de poder, riqueza y fama para atraer y esclavizar al hombre, y la esclavitud lleva inevitablemente a la destrucción. Pero la cruz le da poder al hombre, poder espiritual...

- para romper sus hábitos y ataduras.
- para evitar que dañe y destruya su cuerpo y espíritu.

La cruz y su poder de liberación y de dar vida se han convertido en la atracción focal del tiempo y la eternidad. La cruz libera al hombre para siempre.

"No hablaré ya mucho con vosotros; porque viene el príncipe de este mundo, y él nada tiene en mí" (Jn. 14:30).

"No os ha sobrevenido ninguna tentación que no sea humana; pero fiel es Dios, que no os dejará ser tentados más de lo que podéis resistir, sino que dará también juntamente con la tentación la salida, para que podáis soportar" (1 Co. 10:13).

"El que practica el pecado es del diablo; porque el diablo peca desde el principio. Para esto apareció el Hijo de Dios, para deshacer las obras del diablo" (1 Jn. 3:8).

"Hijitos, vosotros sois de Dios, y los habéis vencido; porque mayor es el que está en vosotros, que el que está en el mundo" (1 Jn. 4:4).

[3] (16:12, 13) ***Espíritu Santo:*** El Espíritu Santo guía a los creyentes a través de tres cosas.

1. El Espíritu Santo guía hablando la verdad. Cristo dijo que Él tenía muchas cosas para decir a los apóstoles, pero que ellos no eran capaces de "sobrellevar" (manejar, comprender), no todavía. Él las compartiría más adelante a través del Espíritu Santo. Cristo le dice al Espíritu qué decir y cómo guiar a los creyentes. Cristo, por supuesto, es el que conoce las enfermedades y las necesidades de los hombres. Los conoce por experiencia personal (He. 4:15, 16). Él es el designado por Dios para instruir al Espíritu en su ministerio *de guía*. Esto debería hacer que nuestros corazones salten de gozo y confianza, porque el Señor sabe exactamente lo que enfrentamos, lo sabe por experiencia.

"Porque todos los que son guiados por el Espíritu de Dios, éstos son hijos de Dios" (Ro. 8:14).

"Porque este Dios es Dios nuestro eternamente y para siempre; él nos guiará aun más allá de la muerte" (Sal. 48:14).

"Me has guiado según tu consejo, y después me recibirás en gloria" (Sal 73:24).

"Entonces tus oídos oirán a tus espaldas palabra que diga: Este es el camino, andad por él; y no echéis a la mano derecha, ni tampoco torzáis a la mano izquierda" (Is. 30:21).

"Y guiaré a los ciegos por camino que no sabían, les haré andar por sendas que no habían conocido; delante de ellos cambiaré las tinieblas en luz, y lo escabroso en llanura. Estas cosas les haré, y no los desampararé" (Is. 42:16).

"Así ha dicho Jehová, Redentor tuyo, el Santo de Israel: Yo soy Jehová Dios tuyo, que te enseña provechosamente, que te encamina por el camino que debes seguir" (Is. 48:17).

2. El Espíritu Santo guía conduciendo a toda la verdad. Al Espíritu Santo se lo llama "el Espíritu de la Verdad". Dice sólo la verdad y guía a "toda la verdad". La verdad, por supuesto, es Jesucristo mismo. El Espíritu conduce al creyente a Cristo, la Verdad, y le enseña "toda la verdad" sobre Cristo. (Ver Estudio a fondo 2, Jn. 14:6; nota, 15:26, 27 para una discusión más profunda.)

"Pero cuando venga el Consolador, a quien yo os enviaré del Padre, el Espíritu de verdad, el cual procede del Padre, él dará testimonio acerca de mí" (Jn. 15:26).

"Nosotros somos de Dios; el que conoce a Dios, nos oye; el que no es de Dios, no nos oye. En esto conocemos el espíritu de verdad y el espíritu de error" (1 Jn. 4:6).

3. El Espíritu Santo guía demostrando (anunciando, declarando) cosas que van a venir. Luego de que Jesús resucitó, el Espíritu Santo fue el que condujo a los apóstoles a escribir el Nuevo Testamento y a anunciar las cosas reveladas en sus páginas. A partir de ese día, el Espíritu Santo es quien toma las

cosas reveladas en la Palabra y las muestra (declara, anuncia) al corazón del creyente.

> **"Antes bien, como está escrito: Cosas que ojo no vio, ni oído oyó, ni han subido en corazón de hombre, son las que Dios ha preparado para los que le aman. Pero Dios nos las reveló a nosotros por el Espíritu; porque el Espíritu todo lo escudriña, aun lo profundo de Dios" (1 Co. 2:9, 10).**
>
> **"Y nosotros no hemos recibido el espíritu del mundo, sino el Espíritu que proviene de Dios, para que sepamos lo que Dios nos ha concedido" (1 Co. 2:12).**

Pensamiento 1: Advierta dos aspectos críticos.

1) El creyente debe depender del liderazgo del Espíritu Santo para aprender la verdad.
2) El crecimiento del creyente es progresivo, y proviene sólo de la apertura de la Palabra que hace el Espíritu Santo.

> **"Lo cual también hablamos, no con palabras enseñadas por sabiduría humana, sino con las que enseña el Espíritu, acomodando lo espiritual a lo espiritual" (1 Co. 2:13).**
>
> **"Pero la unción que vosotros recibisteis de él permanece en vosotros, y no tenéis necesidad de que nadie os enseñe; así como la unción misma os enseña todas las cosas, y es verdadera, y no es mentira, según ella os ha enseñado, permaneced en él" (1 Jn. 2:27).**

4 (16:14, 15) ***Espíritu Santo - Trinidad:*** El Espíritu Santo glorifica a Cristo y *sólo* a Cristo. Advierta que el Espíritu "recibe" de Cristo y lo muestra (declara) a los creyentes. Esto significa que Él recibe y declara...

- sólo lo que es Cristo.
- sólo lo que hizo Cristo.
- sólo lo que dijo Cristo.

El Espíritu Santo fue enviado *en el nombre de Jesús* para proclamar sólo a Jesús. Él, el Espíritu de la Verdad, conduce a los creyentes a Cristo, quien es la Verdad. Él no ha venido a proclamar un movimiento y un mensaje propio, sino a proclamar el movimiento y el mensaje de Cristo.

> **"Mas el Consolador, el Espíritu Santo, a quien el Padre enviará en mi nombre, él os enseñará todas las cosas, y os recordará todo lo que yo os he dicho" (Jn. 14:26).**

Advierta la declaración fenomenal de Jesús. Todo lo que tiene el Padre es suyo. Él es el Hijo de Dios, el Hijo del Padre. (Ver nota, Jn. 1:34 para mayor discusión). Advierta otro hecho: Cristo está declarando que hay una *unidad perfecta* en la deidad. Todas las cosas del Padre...

- son las cosas del Hijo, de Jesucristo mismo.
- son las cosas mostradas y declaradas por el Espíritu Santo.

> **"Yo y el Padre uno somos" (Jn. 10:30).**
>
> **"Si no hago las obras de mi Padre, no me creáis. Mas si las hago, aunque no me creáis a mí, creed a las obras, para que conozcáis y creáis que el Padre está en mí, y yo en el Padre" (Jn. 10:37, 38).**
>
> **"¿No crees que yo soy en el Padre, y el Padre en mí? Las palabras que yo os hablo, no las hablo por mi propia cuenta, sino que el Padre que mora en mí, él hace las obras" (Jn. 14:10).**
>
> **"La gloria que me diste, yo les he dado, para que sean uno, así *como nosotros somos uno*" (Jn. 17:22).**

	O. La resurrección y sus efectos anunciados, 16:16-33	pidiereis al Padre en mi nombre, os lo dará. 24 Hasta ahora nada habéis pedido en mi nombre; pedid, y recibiréis, para que vuestro gozo sea cumplido.	a. La promesa gloriosa b. La institución de la oración "en nombre de Jesús"
1 La resurrección deja perpleja a la gente a. La muerte y la resurrección de Jesús predichas b. La resurrección generó perplejidad 1) La perplejidad de los discípulos	16 Todavía un poco, y no me veréis; y de nuevo un poco, y me veréis; porque yo voy al Padre. 17 Entonces se dijeron algunos de sus discípulos unos a otros: ¿Qué es esto que nos dice: Todavía un poco y no me veréis; y de nuevo un poco, y me veréis; y, porque yo voy al Padre? 18 Decían, pues: ¿Qué quiere decir con: Todavía un poco? No entendemos lo que habla.	25 Estas cosas os he hablado en alegorías; la hora viene cuando ya no os hablaré por alegorías, sino que claramente os anunciaré acerca del Padre. 26 En aquel día pediréis en mi nombre; y no os digo que yo rogaré al Padre por vosotros, 27 pues el Padre mismo os ama, porque vosotros me habéis amado, y habéis creído que yo salí de Dios.	**4 La resurrección revela todo sobre el Padre** a. La resurrección muestra y declara al Padre claramente b. La resurrección demuestra que el acercamiento a Dios es "en nombre de Jesús" c. La resurrección demuestra que el Padre mismo ama al creyente
2) Jesús sabía de la perplejidad de los discípulos y quiso ayudarlos	19 Jesús conoció que querían preguntarle, y les dijo: ¿Preguntáis entre vosotros acerca de esto que dije: Todavía un poco y no me veréis, y de nuevo un poco y me veréis?	28 Salí del Padre, y he venido al mundo; otra vez dejo el mundo, y voy al Padre.	**5 La resurrección valida el mesianismo de Jesús**
2 La resurrección trae gozo, gozo irreprimible a. Primero hubo tristeza: Su muerte b. Luego hubo gozo: Su resurrección c. Hubo un buen ejemplo: el trabajo de parto de una mujer d. Hubo un gozo irreprimible 1) Debido a la resurrección 2) Porque ningún hombre podría dejar de lado el gozo	20 De cierto, de cierto os digo, que vosotros lloraréis y lamentaréis, y el mundo se alegrará; pero aunque vosotros estéis tristes, vuestra tristeza se convertirá en gozo. 21 La mujer cuando da a luz, tiene dolor, porque ha llegado su hora; pero después que ha dado a luz un niño, ya no se acuerda de la angustia, por el gozo de que haya nacido un hombre en el mundo. 22 También vosotros ahora tenéis tristeza; pero os volveré a ver, y se gozará vuestro corazón, y nadie os quitará vuestro gozo.	29 Le dijeron sus discípulos: He aquí ahora hablas claramente, y ninguna alegoría dices. 30 Ahora entendemos que sabes todas las cosas, y no necesitas que nadie te pregunte; por esto creemos que has salido de Dios. 31 Jesús les respondió: ¿Ahora creéis? 32 He aquí la hora viene, y ha venido ya, en que seréis esparcidos cada uno por su lado, y me dejaréis solo; mas no estoy solo, porque el Padre está conmigo.	**6 La resurrección expone la fe débil** a. Los discípulos declararon su fe b. Jesús cuestionó su débil profesión c. La cruz probó y expuso su profesión
3 La resurrección brinda acceso abierto a la presencia de Dios	23 En aquel día no me preguntaréis nada. De cierto, de cierto os digo, que todo cuanto	33 Estas cosas os he hablado para que en mí tengáis paz. En el mundo tendréis aflicción; pero confiad, yo he vencido al mundo.	**7 La resurrección brinda paz verdadera** a. La paz del mundo: tribulación. b. La paz de Jesús: triunfante

DIVISIÓN XIII

LA REVELACIÓN DE JESÚS, EL GRAN MINISTRO Y SU LEGADO, 13:1—16:33

O. La resurrección y sus efectos anunciados, 16:16-33

(16:16-33) ***Introducción:*** Este es uno de los grandes pasajes sobre la resurrección de Jesucristo, y es uno de los pasajes más gloriosos de todas las Escrituras. Es uno de esos pasajes que expone más de lo que el hombre jamás podría imaginar. Jesús reveló y proclamó la resurrección y sus efectos en el mundo.

1. La resurrección deja perpleja a la gente (vv. 16-19).
2. La resurrección trae gozo, gozo irreprimible (vv. 20-22).
3. La resurrección brinda acceso abierto a la presencia de Dios (vv. 23, 24).
4. La resurrección revela todo sobre el Padre (vv. 25-27).

5. La resurrección valida el mesianismo de Jesús (v. 28).
6. La resurrección expone la fe débil (vv. 29-32).
7. La resurrección brinda paz verdadera (v. 33).

1 (16:16-19) ***Jesucristo, Resurrección:*** La resurrección de Jesucristo deja perpleja a la gente. Jesús predijo su muerte y resurrección.

⇒ Su muerte: "Todavía un poco, *y no me veréis*".

⇒ Su resurrección: "y de nuevo un poco, *y me veréis*, porque yo voy al Padre".

La predicción confundió a los discípulos y comenzaron a preguntarse qué quería decir Jesús (v. 18). Jesús sabía que estaban confundidos y les preguntó sobre su perplejidad, deseando ayudarlos (v. 19).

Advierta la declaración de Jesús: "yo voy al Padre" (ver nota, Resurrección, Jn. 14:6 para mayor discusión).

Pensamiento 1: La resurrección confunde y deja perpleja a la gente; siempre lo ha hecho y siempre lo hará. Las personas se confunden tanto por la resurrección de Jesús como por la resurrección de todos los hombres al final del mundo.

1) Algunos directamente niegan la resurrección, diciendo que está más allá de la experiencia humana y que no es posible que suceda (una posición atea).
2) Algunos dicen que es posible la resurrección, pero que tal vez no lo sea. El hombre nunca ha conocido algo como eso, salvo lo que han dicho los cristianos y algunos otros pocos sobre Jesús. Pero eso sucedió hace tanto tiempo que no puede comprobarse científicamente; por lo tanto, no hay manera de saber si es verdad (una posición agnóstica).
3) Algunos dicen que la resurrección puede suceder y que Jesús probablemente resucitó, pero que es algo sin sentido *hoy día*: "Me preocuparé sobre su significado mañana. No tengo tiempo de involucrarme y meterme de lleno en lo que significa, no ahora. Tal vez tenga que sentarme y descubrir su significado más tarde, pero en este momento me presionan otras cosas más importantes".

"Porque ignorando la justicia de Dios, y procurando establecer la suya propia, no se han sujetado a la justicia de Dios" (Ro. 10:3).

"[Los hombres] teniendo el entendimiento entenebrecido, ajenos de la vida de Dios por la ignorancia que en ellos hay, por la dureza de su corazón" (Ef. 4:18).

"Por tanto, ceñid los lomos de vuestro entendimiento, sed sobrios, y esperad por completo en la gracia que se os traerá cuando Jesucristo sea manifestado; como hijos obedientes, no os conforméis a los deseos que antes teníais estando en vuestra ignorancia; sino, como aquel que os llamó es santo, sed también vosotros santos en toda vuestra manera de vivir" (1 P. 1:13-15).

2 (16:20-22) ***Jesucristo, Resurrección:*** La resurrección trae un gozo irreprimible. Advierta cuatro puntos.

1. Jesús dijo que al principio habría tristeza. Él se iría y dejaría a los discípulos sacrificándose a sí mismo por el mundo. Ellos "llorarían" y se "lamentarían" y experimentarían gran sufrimiento. Sus esperanzas parecerían chocar contra las piedras del enemigo final del hombre: la muerte.

"Dios mío, mi alma está abatida en mí; me acordaré, por tanto, de ti desde la tierra del Jordán, y de los hermonitas, desde el monte de Mizar" (Sal. 42:6).

"Estoy hundido en cieno profundo, donde no puedo hacer pie; he venido a abismos de aguas, y la corriente me ha anegado" (Sal. 69:2).

"En cuanto a mí, casi se deslizaron mis pies; por poco resbalaron mis pasos" (Sal. 73:2).

"Cuando pensé para saber esto, fue duro trabajo para mí" (Sal. 73:16).

"Pero Sion dijo: Me dejó Jehová, y el Señor se olvidó de mí" (Is. 49:14).

Nota: Jesús dijo que el mundo se regocijaría con su muerte. ¿Por qué? Porque la muerte demostraría que Él no era el Hijo de Dios; probaría que Él era únicamente un Salvador que se proclamaba a sí mismo que ahora estaba muerto. La muerte demostraría que era falso. Y estando muerto, sus exigencias no se aplicarían, no tendrían ningún significado. Los hombres no tendrían que hacer lo que Él decía: negarse a sí mismos y darle todo lo que eran y tenían. No tendrían que ir y dar todo lo que tenían para satisfacer las necesidades desesperadas de un mundo perdido.

"Pero sus conciudadanos le aborrecían, y enviaron tras él una embajada, diciendo: No queremos que éste reine sobre nosotros" (Lc. 19:14).

"El que ama su vida, la perderá; y el que aborrece su vida en este mundo, para vida eterna la guardará" (Jn. 12:25).

2. Luego de la tristeza, iba a haber gozo irreprimible. Jesús dijo que Él iba a resucitar, y que su resurrección iba a hacer que sus seguidores explotaran de gozo.

Su resurrección significaba que la muerte había sido conquistada. Los hombres ya no tendrían que morir, ya no tendrían que estar condenados por sus pecados. Serían liberados del pecado y la muerte siguiendo a Jesús (ver Estudio a fondo 2, Jn. 12:31; Estudio a fondo 4, 12:32; Estudio a fondo 1, 16:11 para mayor discusión).

Pensamiento 1: Este gozo es la respuesta al llanto y el lamento sobre la muerte. La gran fuente de gozo es la noticia gloriosa de la resurrección, el conocimiento y la certidumbre absolutas de que Jesucristo ha resucitado.

3. Jesús dio un buen ejemplo del contraste violento entre la tristeza sobre la muerte y el gozo de la resurrección. El ejemplo describe el trabajo de parto de una mujer. Ella sufre tanto que literalmente gime y aprieta ávidamente para que comience la nueva vida. Una vez que el niño ha nacido, se olvida todo el dolor y la angustia, puesto que una vida nueva ha nacido.

4. La resurrección trae gozo irreprimible así como un niño recién nacido trae gozo a una mujer en trabajo de parto. Dos cosas ocasionan el gozo.

a. La resurrección y la presencia de Jesús mismo trae gran gozo. Sólo piense: Jesús no está muerto. Su cuerpo no se está pudriendo en una tumba: Él ha resucitado. Emergió del sepulcro y ascendió al Padre. Hay victoria sobre el sepulcro, triunfo sobre la muerte. El hombre ahora puede vivir para siempre. Ninguna verdad puede llenar tanto a un hombre con más gozo y regocijo que *saber realmente* que la muerte ha sido conquistada en la resurrección de Jesucristo.

"Porque también Cristo padeció una sola vez por los pecados, el justo por los injustos, para llevarnos a Dios, siendo a la verdad muerto en la carne, pero vivificado [resucitado] en espíritu" (1 P. 3:18).

b. El gozo del creyente al *saber realmente* sobre la resurrección de Jesucristo es algo que nadie le puede quitar a ningún hombre. El hecho es: Jesús sí murió por los pecados del mundo y resucitó para darle al hombre una vida nueva, una vida que es abundante y eterna. El creyente lo sabe. Su gozo es permanente, asentado profundamente e inamovible. Cuando las pruebas y las tristezas de la tierra lo invaden, él sigue...

- sabiendo sobre el gozo de la presencia y cuidado del Señor.

"Y yo rogaré al Padre, y os dará otro Consolador, para que esté con vosotros para siempre: el Espíritu de verdad, al cual el mundo no puede recibir, porque no le ve, ni le conoce; pero vosotros le conocéis, porque mora con vosotros, y estará en vosotros. No os dejaré huérfanos; *vendré a vosotros*" (Jn. 14:16-18).

"Pero yo os digo la verdad: Os conviene que yo me vaya; porque si no me fuera, el Consolador no vendría a vosotros; mas si me fuere, os lo enviaré" (Jn. 16:7).

- sabiendo que Cristo lo escoltará a la presencia del Padre eternamente.

"Y si me fuere y os preparare lugar, vendré otra vez, y os tomaré a mí mismo, para que donde yo estoy, vosotros también estéis" (Jn. 14:3).

"Pero confiamos, y más quisiéramos estar ausentes del cuerpo, y presentes al Señor" (2 Co. 5:8).

"Porque de ambas cosas estoy puesto en estrecho, teniendo deseo de partir y estar con Cristo, lo cual es muchísimo mejor" (Fil. 1:23).

"Y el Señor me librará de toda obra mala, y me preservará para su reino celestial. A él sea gloria por los siglos de los siglos. Amén" (2 Ti. 4:18).

- sabiendo que será un hijo de los nuevos cielos y tierra a ser creados para la familia del Padre.

"El Espíritu mismo da testimonio a nuestro espíritu, de que somos hijos de Dios. Y si hijos, también herederos; herederos de Dios y coherederos con Cristo, si es que padecemos juntamente con él, para que juntamente con él seamos glorificados" (Ro. 8:16, 17).

"Pero nosotros esperamos, según sus promesas, cielos nuevos y tierra nueva, en los cuales mora la justicia" (2 P. 3:13).

"Vi un cielo nuevo y una tierra nueva; porque el primer cielo y la primera tierra pasaron, y el mar ya no existía más" (Ap. 21:1).

3 (16:23, 24) ***Jesucristo, Resurrección:*** La resurrección brinda acceso abierto a la presencia de Dios. Advierta dos hechos.

1. La promesa gloriosa: una *puerta abierta* a la presencia de Dios. Jesús dijo "En aquel día", luego de su resurrección, no habrá necesidad de pedirle nada. (Esto no significa, por supuesto, que no podemos pedirle, sólo que no tenemos que pedirle). El creyente puede caminar directamente hacia la presencia del Padre. Hay una *puerta abierta* a su presencia. Lo que sea que el creyente pida al Padre en nombre de Jesús, Él se lo dará al creyente. Esta es la más gloriosa de todas las promesas, que podemos acercarnos a Dios nuestro Padre tal como un hijo se acerca a su padre terrenal.

2. La institución de la oración ?de nuestro acercamiento a Dios, de nuestra comunión con Él? *en nombre de Jesús*. Este es el punto crucial. Nuestro acercamiento al Padre, nuestra oración, debe ser *en el nombre de Jesús*. (Ver Estudio a fondo 3, Jn. 14:13, 14). Antes de Jesús, los hombres siempre le pidieron las cosas directamente a Dios, pero nada más. La resurrección instituyó una manera nueva y viviente ante la presencia de Dios. Ahora los hombres deben acercarse a Dios a través de Jesucristo...

- creyendo que la justicia de Jesús los protege.
- pidiéndole a Dios que acepte su fe *en* Jesús como justicia.
- agradeciéndole a Dios por Jesús, su gran amor y sacrificio por ellos.

"Al que no conoció pecado, por nosotros lo hizo pecado, para que nosotros fuésemos hechos justicia de Dios en él" (2 Co. 5:21).

"Y todo lo que pidiereis al Padre en mi nombre, lo haré, para que el Padre sea glorificado en el Hijo" (Jn. 14:13).

"No me elegisteis vosotros a mí, sino que yo os elegí a vosotros, y os he puesto para que vayáis y llevéis fruto, y vuestro fruto permanezca; para que todo lo que pidiereis al Padre en mi nombre, él os lo dé" (Jn. 15:16).

"Así que, hermanos, teniendo libertad para entrar en el Lugar Santísimo por la sangre de Jesucristo, por el camino nuevo y vivo que él nos abrió a través del velo, esto es, de su carne, y teniendo un gran sacerdote sobre la casa de Dios, acerquémonos con corazón sincero, en plena certidumbre de fe, purificados los corazones de mala conciencia, y lavados los cuerpos con agua pura" (He. 10:19-22).

Advierta dos tremendas promesas al hombre que pide *en el nombre de Jesús.*

⇒ Recibirá lo que pida.

"Si permanecéis en mí, y mis palabras permanecen en vosotros, pedid todo lo que queréis, y os será hecho" (Jn. 15:7).

⇒ Su gozo es pleno y completo (ver Estudio a fondo 1, Jn. 15:11 para mayor discusión).

"Estas cosas os he hablado, para que mi gozo esté en vosotros, y vuestro gozo sea cumplido" (Jn. 15:11).

"Porque el reino de Dios no es comida ni bebida,

sino justicia, paz y gozo en el Espíritu Santo" (Ro. 14:17).

"A quien amáis sin haberle visto, en quien creyendo, aunque ahora no lo veáis, os alegráis con gozo inefable y glorioso" (1 P. 1:8).

4 (16:25-27) ***Jesucristo, Resurrección:*** La resurrección revela todo sobre el Padre. Advierta tres puntos.

1. Jesús dijo que la resurrección demostrará (declarará) al Padre directamente. Demuestra y declara la naturaleza de Dios...

- de *compasión:* de preocuparse por el bienestar de aquellos atrapados por el pecado y la muerte.
- de *salvación:* de liberar a los hombres del temor y la atadura del pecado y la muerte.
- de *poder:* de omnipotencia, de ser capaz de planear y llevar a cabo el plan de salvación invalidando todo y resucitando a los muertos.
- de *vida:* poseyendo la vida misma y siendo capaz de infundir vida a los muertos.
- de *justicia:* no permitiendo que el que fuera sin pecado y perfecto sea atrapado por la muerte.
- de *omnisciencia:* sabiéndolo todo, sabiendo la terrible injusticia cometida con el inocente Hijo de Dios y sabiendo cómo resolver y elaborar toda la escena por el bien de la salvación.

"Bendito el Dios y Padre de nuestro Señor Jesucristo, que según su grande misericordia nos hizo renacer para una esperanza viva, por la resurrección de Jesucristo de los muertos, para una herencia incorruptible, incontaminada e inmarcesible, reservada en los cielos para vosotros" (1 P. 1:3, 4).

2. Demuestra que el acercamiento a Dios: la oración es en el nombre de Jesús. (Ver Estudio a fondo 3, Jn. 14:13, 14 para mayor discusión. Además, ver nota, punto 2, Jn. 16:23, 24 en este bosquejo.)

3. Demuestra que el Padre mismo ama al creyente. Jesús dijo que Él no tendría que suplicar para que el Padre recibiera y oyera al creyente. Él no tiene que interceder ni llevar al creyente a Dios. El creyente no necesita un Intercesor para que sea recibido por el Padre. El Padre mismo ama al creyente. Sin embargo, hay un punto crucial qué advertir. El Padre *ama* al creyente por una razón. El creyente...

- ama a Jesús (ver notas, Jn. 14:15; 14:23).
- cree que Jesús "provino de Dios" (ver Estudio a fondo 1, Jn. 3:31; Estudio a fondo 3; 3:34; notas, 7:16-19; 7:25-31).

Pensamiento 1: Es debido a Jesús que el Padre recibe y oye al creyente. Advierta cómo esta imagen de Dios difiere radicalmente de la imagen normal...

- de que Dios está enojado y que Jesús debe suplicarle para que nos reciba y nos oiga.
- de que Dios está lejos en algún lugar en el espacio, casi demasiado lejos para ser alcanzado.
- de que tal vez sea Dios y tal vez no lo sea, pero uno necesita avanzar y orar por las dudas.

"Porque de tal manera amó Dios al mundo, que ha dado a su Hijo unigénito, para que todo aquel que en él cree, no se pierda, mas tenga vida eterna" (Jn. 3:16).

"Mas Dios muestra su amor para con nosotros, en que siendo aún pecadores, Cristo murió por nosotros" (Ro. 5:8).

"Pero Dios, que es rico en misericordia, por su gran amor con que nos amó, aun estando nosotros muertos en pecados, nos dio vida juntamente con Cristo (por gracia sois salvos)" (Ef. 2:4, 5).

"Mirad cuál amor nos ha dado el Padre, para que seamos llamados hijos de Dios; por esto el mundo no nos conoce, porque no le conoció a él" (1 Jn. 3:1).

5 (16:28) ***Jesucristo, Resurrección:*** La resurrección valida y demuestra la declaración de Jesús de ser el Mesías. En una breve declaración Jesús dio todo el plan de salvación.

1. "Salí del Padre y he venido al mundo" (ver Estudio a fondo 3, Jn. 3:34; notas, 7:16-19; 7:25-31).

"Pero yo le conozco, porque de él procedo, y él me envió" (Jn. 7:29).

"Jesús entonces les dijo: Si vuestro padre fuese Dios, ciertamente me amaríais; porque yo de Dios he salido, y he venido; pues no he venido de mí mismo, sino que él me envió" (Jn. 8:42).

"¿Al que el Padre santificó y envió al mundo, vosotros decís: Tú blasfemas, porque dije: Hijo de Dios soy?" (Jn. 10:36).

"Para que todos sean uno; como tú, oh Padre, en mí, y yo en ti, que también ellos sean uno en nosotros; para que el mundo crea que tú me enviaste" (Jn. 17:21).

2. "Dejo el mundo y voy al Padre" (ver nota, Resurrección, Jn. 14:6).

"Habéis oído que yo os he dicho: Voy, y vengo a vosotros. Si me amarais, os habríais regocijado, porque he dicho que voy al Padre; porque el Padre mayor es que yo"(Jn. 14:28).

"Todavía un poco, y no me veréis; y de nuevo un poco, y me veréis; porque yo voy al Padre" (Jn. 16:16).

"Y ya no estoy en el mundo; mas éstos están en el mundo, y yo voy a ti. Padre santo, a los que me has dado, guárdalos en tu nombre, para que sean uno, así como nosotros" (Jn. 17:11).

Advierta la declaración fenomenal de Jesús. Él vino "del Padre" y está regresando "al Padre".

"Que fue declarado Hijo de Dios con poder, según el Espíritu de santidad, por la resurrección de entre los muertos" (Ro. 1:4).

6 (16:29-32) ***Jesucristo, Resurrección:*** La resurrección expone la fe débil. Algo que dijo Jesús golpeó los corazones de los discípulos. Exactamente qué fue, no se sabe. Puede haber sido su promesa de mostrarles al Padre (explicar todo lo que Él estaba diciendo) o el hecho de que el Padre los amaba. Cualquier cosa que fuera, hizo que los discípulos dijeran una gran declaración de fe:

⇒ "Sabes todas las cosas"

⇒ "Has salido de Dios"

Pensamiento 1: Advierta que esta confesión es la *Encarnación*. Dios mismo es la persona de su Hijo viniendo a la tierra. Es una confesión crítica que todo hombre debe hacer.

> **"En esto conoced el Espíritu de Dios: Todo espíritu que confiesa que Jesucristo ha venido en carne, es de Dios; y todo espíritu que no confiesa que Jesucristo ha venido en carne, no es de Dios; y este es el espíritu del anticristo, el cual vosotros habéis oído que viene, y que ahora ya está en el mundo" (1 Jn. 4:2, 3).**

Jesús cuestionó su creencia y predijo su deserción. Advierta varios hechos claros sobre Jesús, hechos que son un gran aliento para el creyente.

1. Jesús nunca estuvo solo, incluso cuando los hombres no estuvieron a su lado. El Padre estuvo con Él en toda situación, sin importar lo terrible que fuera. Incluso cuando no tuvo el apoyo de los hombres. Él tenía a Dios y su apoyo.

> **"Yo y el Padre uno somos" (Jn. 10:30).**
>
> **"Mas si las hago, aunque no me creáis a mí, creed a las obras, para que conozcáis y creáis que el Padre está en mí, y yo en el Padre" (Jn. 10:38).**
>
> **"¿No crees que yo soy en el Padre, y el Padre en mí? Las palabras que yo os hablo, no las hablo por mi propia cuenta, sino que el Padre que mora en mí, él hace las obras" (Jn. 14:10).**

2. Jesús estaba perdonando. Él perdonó a cada uno de los hombres, incluso por abandonarlo. No usó su pecado y falla en contra de ellos. (¡De qué manera sus brazos llegan a cada desertor, para perdonarlo y recibirlo de nuevo!)

> **"El cual fue entregado por nuestras transgresiones, y resucitado para nuestra justificación" (Ro. 4:25).**
>
> **"Que si confesares con tu boca que Jesús es el Señor, y creyeres en tu corazón que Dios le levantó de los muertos, serás salvo. Porque con el corazón se cree para justicia, pero con la boca se confiesa para salvación" (Ro. 10:9, 10).**

3. Jesús sabía todo. Incluso cuando eligió a estos hombres, Él sabía que iban a fallarle y a abandonarlo, y sin embargo, siguió adelante y los eligió. Él sabía que eran dignos de confianza y que finalmente serían leales.

> **"No me elegisteis vosotros a mí, sino que yo os elegí a vosotros, y os he puesto para que vayáis y llevéis fruto, y vuestro fruto permanezca; para que todo lo que pidiereis al Padre en mi nombre, él os lo dé" (Jn. 15:16).**
>
> **"Doy gracias al que me fortaleció, a Cristo Jesús nuestro Señor, porque me tuvo por fiel, poniéndome en el ministerio" (1 Ti. 1:12).**

7 (16:33) ***Jesucristo, Resurrección:*** La resurrección pone a disposición la verdadera paz, la paz triunfante (ver nota, Paz, Jn. 14:27 para mayor discusión). El mundo sólo puede dar pruebas y tribulación. Independientemente de quién sea la persona, las pruebas y las tribulaciones aparecen. Así es el modo del mundo y ningún hombre puede evitarlo. Por lo tanto, cualquier paz que venga a este mundo es transitoria, pasa muy rápido.

La paz de Jesucristo: la paz que está *en Él* es duradera. Es una paz *vencedora*, una paz que vence las pruebas y las tribulaciones del mundo, no importa qué sean, incluso las pruebas terribles del pecado y la muerte. Pero advierta, la *paz vencedora...*

- está solo *en Jesús*.
- está solo *en su Palabra,* en las cosas que dijo.

Advierta: La paz de Dios viene sólo a través de la resurrección de Jesucristo, sólo a través de su conquista y victoria sobre el pecado y la muerte.

> **"Al cual Dios levantó, sueltos los dolores de la muerte, por cuanto era imposible que fuese retenido por ella" (Hch. 2:24).**
>
> **"Porque primeramente os he enseñado lo que asimismo recibí: Que Cristo murió por nuestros pecados, conforme a las Escrituras; y que fue sepultado, y que resucitó al tercer día, conforme a las Escrituras" (1 Co. 15:3, 4; cp. vv. 5-58).**
>
> **"Y cuál la supereminente grandeza de su poder para con nosotros los que creemos, según la operación del poder de su fuerza, la cual operó en Cristo, resucitándole de los muertos y sentándole a su diestra en los lugares celestiales" (Ef. 1:19, 20).**
>
> **"Tampoco queremos, hermanos, que ignoréis acerca de los que duermen, para que no os entristezcáis como los otros que no tienen esperanza. Porque si creemos que Jesús murió y resucitó, así también traerá Dios con Jesús a los que durmieron en él" (1 Ts. 4:13, 14).**
>
> **"Bendito el Dios y Padre de nuestro Señor Jesucristo, que según su grande misericordia nos hizo renacer para una esperanza viva, por la resurrección de Jesucristo de los muertos, para una herencia incorruptible, incontaminada e inmarcesible, reservada en los cielos para vosotros" (1 P. 1:3, 4).**

	CAPÍTULO 17 **XIV. LA REVELACIÓN DE JESÚS, EL GRAN INTERCESOR, 17:1-26** **A. Jesús oró por sí mismo, 17:1-8**	4 Yo te he glorificado en la tierra; he acabado la obra que me diste que hiciese.	c. Motivo: Cristo terminó la obra de Dios
		5 Ahora pues, Padre, glorifícame tú al lado tuyo, con aquella gloria que tuve contigo antes que el mundo fuese.	**3 Solicitud 2: Restaura a tu Hijo a su gloria anterior, a su exaltación preexistente**
		6 He manifestado tu nombre a los hombres que del mundo me diste; tuyos eran, y me los diste, y han guardado tu palabra.	a. Porque Él ha revelado el nombre del Padre
1 La hora de Jesús había llegado, esto es, su muerte **2 Solicitud 1: Glorifica a tu Hijo, para que Él pueda glorificar al Padre**	1 Estas cosas habló Jesús, y levantando los ojos al cielo, dijo: Padre, la hora ha llegado; glorifica a tu Hijo, para que también tu Hijo te glorifique a ti;	7 Ahora han conocido que todas las cosas que me has dado, proceden de ti;	b. Porque ahora los hombres saben que Él es el Hijo de Dios, la revelación de Dios mismo
a. Cómo: dándole poder sobre toda la carne b. Propósito: que Él pueda dar vida eterna	2 como le has dado potestad sobre toda carne, para que dé vida eterna a todos los que le diste.	8 porque las palabras que me diste, les he dado; y ellos las recibieron, y han conocido verdaderamente que salí de ti, y han creído que tú me enviaste.	1) Ahora reciben sus Palabras 2) Ahora conocen su origen 3) Ahora creen que Él es enviado de Dios, que Él es el Hijo de Dios mismo
1) Vida eterna es conocer a Dios 2) Vida eterna es conocer a Cristo	3 Y esta es la vida eterna: que te conozcan a ti, el único Dios verdadero, y a Jesucristo, a quien has enviado.		

DIVISIÓN XIV

LA REVELACIÓN DE JESÚS, EL GRAN INTERCESOR, 17:1-26

A. Jesús oró por sí mismo, 17:1-8

(17:1-8) ***Introducción:*** Este pasaje comienza con la oración del Sumo Sacerdote de Jesús (Jn. 17:1-26). En este gran capítulo Jesús se revela como *el gran Intercesor*. Él alcanzó la cima de la oración: oró por sí mismo (vv. 1-8), por sus discípulos inmediatos (vv. 9-19) y por los futuros creyentes (vv. 20-26). Sólo pidió dos cosas para sí.

1. La hora de Jesús había llegado, esto es, su muerte (v. 1).
2. Solicitud 1: Glorifica a tu Hijo, para que Él pueda glorificar al Padre (vv. 1-4).
3. Solicitud 2: Restaura a tu Hijo a su gloria anterior, a su exaltación preexistente (vv. 5-8).

(17:1-8) ***Otro bosquejo:*** La hora ha llegado.

1. La hora de la gloria (v. 1).
2. La hora del poder (v. 2).
3. La hora de la vida eterna (vv. 2, 3).
4. La hora de una obra terminada (v. 4).
5. La hora de la gloria restaurada (v. 5).
6. La hora de la revelación (v. 6).
7. La hora de una misión lograda, o la hora de la creencia (vv. 7, 8).

[1] (17:1) ***Jesucristo, Hora de:*** La hora de Jesús había llegado. "Su hora" se refiere a su muerte (ver notas, Jn. 2:3-5; 12:23, 24). Advierta que Jesús alzó sus ojos al cielo y llamó "Padre" a Dios. Estaba declarando conocer íntimamente a Dios, ser el mismo Hijo de Dios. Advierta también que Jesús hizo dos solicitudes para sí mismo (vv. 1, 5).

[2] (17:1-4) ***Jesucristo, Gloria de:*** La primera cosa que Jesús pidió fue: "Padre... glorifica a tu Hijo". Pero advierta rápidamente por qué: "para que también tu hijo te glorifique a ti". Todo el propósito de Dios enviando a Jesús a la tierra era darle vida eterna a los hombres, entonces al realizar las dos preguntas: "¿Cómo se glorifica a Dios?" y "¿Cómo se glorifica a Jesús?", la respuesta es simplemente: "dándole a los hombres vida eterna". Tanto la gloria de Dios como la de Jesús se encuentran en la finalización de la gran obra de la salvación. Está...

- la gloria de la justicia que Jesús aseguró mediante una vida perfecta.
- la gloria de la cruz en sí.
- la gloria de la resurrección de Jesús que reivindica más allá de toda cuestión su mesianismo.
- la gloria de la ascensión y exaltación de Cristo.

Todo se resume en la gloria de la salvación del hombre, en el hombre recibiendo vida eterna. (Ver notas, Jesucristo, Gloria de, Jn. 12:23-26; Dios, Gloria de, Jn. 12:27-30 para mayor discusión. También ver Estudio a fondo 4, Santificado sea, Mt. 6:9; Estudio a fondo 6, Dios, Voluntad de, Mt. 6:10 para mayor discusión.)

Advierta ahora tres cosas acerca de la solicitud de glorificación de Jesús.

1. ¿Cómo es glorificado Jesús? Mediante el poder y autoridad que le da Dios sobre toda la carne (ver nota - Jn. 13:31, 32 para mayor discusión. También ver nota - Jn. 12:23-26 para mayor discusión. Estas son notas importantes para entender este punto).

"De cierto, de cierto os digo: El que oye mi palabra, y cree al que me envió, tiene vida eterna; y no vendrá a condenación, mas ha pasado de muerte a vida. De cierto, de cierto os digo: Viene la hora, y ahora es, cuando los muertos oirán la voz del Hijo de Dios; y los que la oyeren vivirán. Porque como el Padre tiene vida en sí mismo, así también ha dado al Hijo el tener vida en sí mismo; y también le dio autoridad de hacer juicio, por cuanto es el Hijo del Hombre" (Jn. 5:24-27).

2. El motivo por el cual Jesús fue exaltado a ser la Majestad Soberana del universo es uno, y es la noticia más maravillosa del universo. Jesús fue glorificado para que pudiera darle vida eterna a los hombres (cp. Jn. 3:35, 36; 10:28).

a. Él da vida eterna. (Ver Estudio a fondo 2, Jn. 1:4; Estudio a fondo 1, 10:10; Estudio a fondo 1, 17:2, 3).

b. Dios le da a Jesús a las personas que están por recibir la vida eterna. Nota: un nombre debe ser ascendido por el poder de atracción de Dios (Espíritu Santo) para poder recibir vida eterna (ver notas, Jn. 6:44-46).

"Ninguno puede venir a mí, si el Padre que me envió no le trajere; y yo le resucitaré en el día postrero" (Jn. 6:44).

3. El motivo por el que ahora Jesús estaba preparado para ser glorificado está declarado en forma simple: Él había terminado la obra que Dios le había encomendado. Al hacer la obra que Dios le había encomendado, Él había glorificado a Dios en la tierra.

Pensamiento 1: La única forma en que una persona puede glorificar a Dios en la tierra es hacer lo que Dios dice. Si un hombre está interesado en glorificar a Dios, él obedecerá a Dios. (Ver nota, Dios, Gloria de - Jn. 12:27-30 para mayor discusión.)

"Y este es su mandamiento: Que creamos en el nombre de su Hijo Jesucristo, y nos amemos unos a otros como nos lo ha mandado" (1 Jn. 3:23).

"No todo el que me dice: Señor, Señor, entrará en el reino de los cielos, sino el que hace la voluntad de mi Padre que está en los cielos" (Mt. 7:21).

"En esto es glorificado mi Padre, en que llevéis mucho fruto, y seáis así mis discípulos" (Jn. 15:8).

ESTUDIO A FONDO 1

(17:2, 3) ***Vida eterna*** (ainios): Vida, vida real. Es la vida de Dios mismo. Es la energía, la fuerza, el ser, la esencia, el principio y el poder mismo de la vida. Tiene más que ver con la calidad y con lo que la vida realmente es que con la duración. Vivir por siempre en el mundo presente no es necesariamente algo bueno. El mundo y el cuerpo del hombre necesita cambiar. Esa vida cambiada se encuentra solamente en la vida eterna. El único ser del cual se puede decir que es eterno es Dios. Por lo tanto, la vida ?la vida suprema? se encuentra sólo en Dios. Poseer vida eterna es conocer a Dios. Una vez que una persona conoce a Dios y a Jesucristo, de quien fue enviado, esa persona tiene vida eterna, vivirá para siempre. Pero lo más esencial es que la persona tiene la suprema calidad de vida, la vida de Dios mismo. (Ver Estudio a fondo 2, Jn. 1:4; Estudio a fondo 1, 10:10.)

"Y como Moisés levantó la serpiente en el desierto, así es necesario que el Hijo del Hombre sea levantado, para que todo aquel que en él cree, no se pierda, mas tenga vida eterna" (Jn. 3:14, 15).

"El que cree en el Hijo tiene vida eterna; pero el que rehúsa creer en el Hijo no verá la vida, sino que la ira de Dios está sobre él" (Jn. 3:36).

"De cierto, de cierto os digo: El que oye mi palabra, y cree al que me envió, tiene vida eterna; y no vendrá a condenación, mas ha pasado de muerte a vida" (Jn. 5:24).

"Y esta es la voluntad del que me ha enviado: Que todo aquél que ve al Hijo, y cree en él, tenga vida eterna; y yo le resucitaré en el día postrero" (Jn. 6:40).

"Le dijo Jesús: Yo soy la resurrección y la vida; el que cree en mí, aunque esté muerto, vivirá. Y todo aquel que vive y cree en mí, no morirá eternamente. ¿Crees esto? Le dijo: Sí, Señor; yo he creído que tú eres el Cristo, el Hijo de Dios, que has venido al mundo. Habiendo dicho esto, fue y llamó a María su hermana, diciéndole en secreto: El Maestro está aquí y te llama" (Jn. 11:25-28).

"El que ama su vida, la perderá; y el que aborrece su vida en este mundo, para vida eterna la guardará" (Jn. 12:25).

"Para que así como el pecado reinó para muerte, así también la gracia reine por la justicia para vida eterna mediante Jesucristo, Señor nuestro" (Ro. 5:21).

"Porque el que siembra para su carne, de la carne segará corrupción; mas el que siembra para el Espíritu, del Espíritu segará vida eterna" (Gá. 6:8).

"Pero que ahora ha sido manifestada por la aparición de nuestro Salvador Jesucristo, el cual quitó la muerte y sacó a luz la vida y la inmortalidad por el evangelio" (2 Ti. 1:10).

"Nosotros sabemos que hemos pasado de muerte a vida, en que amamos a los hermanos. El que no ama a su hermano, permanece en muerte" (1 Jn. 3:14).

"Y este es el testimonio: que Dios nos ha dado vida eterna; y esta vida está en su Hijo. El que tiene al Hijo, tiene la vida; el que no tiene al Hijo de Dios no tiene la vida" (1 Jn. 5:11, 12).

[3] (17:5-8) ***Jesucristo, Gloria de; Exaltación:*** La segunda cosa que Jesús pidió para sí fue ser restaurado a su gloria anterior, a su exaltación preexistente (ver notas, Jn. 1:1, 2; 13:31, 32; punto 3 para discusión). Advierta lo que dice.

⇒ Jesús vivió en un estado y gloria preexistente y eterno con Dios.

"Jesús les dijo: De cierto, de cierto os digo: Antes que Abraham fuese, yo soy" (Jn. 8:58).

"Salí del Padre, y he venido al mundo; otra vez dejo el mundo, y voy al Padre" (Jn. 16:28).

"El cual, siendo el resplandor de su gloria, y la imagen misma de su sustancia, y quien sustenta todas las cosas con la palabra de su poder, habiendo efectuado la purificación de nuestros pecados por medio de sí mismo, se sentó a la diestra de la Majestad en las alturas" (He. 1:3).

"Mas del Hijo dice: Tu trono, oh Dios, por el siglo del siglo; cetro de equidad es el cetro de tu reino" (He. 1:8).

⇒ Jesús dejó de lado su gloria cuando vino a la tierra como Hombre (ver nota, Fil. 2:7).

"Porque ya conocéis la gracia de nuestro Señor Jesucristo, que por amor a vosotros se hizo pobre, siendo rico, para que vosotros con su pobreza fueseis enriquecidos" (2 Co. 8:9).

"Sino que se despojó a sí mismo, tomando forma de siervo, hecho semejante a los hombres" (Fil. 2:7).

⇒ Jesús sabía que iba a regresar al Padre y ser restaurado a su gloria anterior.

"Entonces Jesús dijo: Todavía un poco de tiempo estaré con vosotros, e iré al que me envió" (Jn. 7:33).

"Habéis oído que yo os he dicho: Voy, y vengo a vosotros. Si me amarais, os habríais regocijado, porque he dicho que voy al Padre; porque el Padre mayor es que yo" (Jn. 14:28).

"Y ya no estoy en el mundo; mas éstos están en el mundo, y yo voy a ti. Padre santo, a los que me has dado, guárdalos en tu nombre, para que sean uno, así como nosotros" (Jn. 17:11).

"Porque Cristo para esto murió y resucitó, y volvió a vivir, para ser Señor así de los muertos como de los que viven" (Ro. 14:9).

"Y estando en la condición de hombre, se humilló a sí mismo, haciéndose obediente hasta la muerte, y muerte de cruz. Por lo cual Dios también le exaltó hasta lo sumo, y le dio un nombre que es sobre todo nombre, para que en el nombre de Jesús se doble toda rodilla de los que están en los cielos, y en la tierra, y debajo de la tierra; y toda lengua confiese que Jesucristo es el Señor, para gloria de Dios Padre" (Fil. 2:8-11).

Hay dos motivos por los cuales Jesús pidió ser restaurado a su gloria anterior.

1. Jesús había revelado el nombre de Dios. Por "nombre" se significa todo el carácter y la naturaleza de Dios, todo lo que Dios es. Esta es una declaración fenomenal, puesto que Jesús estaba declarando ser la misma revelación de Dios, el que revela Dios a los hombres (ver bosquejo y notas, Jn. 14:6; 14:8-11). Advierta varios puntos.

a. Jesús reveló a Dios (la revelación total de Dios) a las personas que Dios le había dado. Él compartió el mensaje de Dios, pero no difundió la semilla entre los ingratos y los no receptivos. Les había dicho a sus seguidores que no perdieran tiempo con los no receptivos.

"Y si en algún lugar no os recibieren ni os oyeren, salid de allí, y sacudid el polvo que está debajo de vuestros pies, para testimonio a ellos. De cierto os digo que en el día del juicio, será más tolerable el castigo para los de Sodoma y Gomorra, que para aquella ciudad" (Mr. 6:11).

b. Fue Dios el que le dio a Jesús los creyentes a los que les iba a mostrar y enseñar acerca de sí mismo. Dios es Soberano, por lo tanto condujo a Jesús y a los discípulos a que estuvieran juntos. Dios agitó y condujo a estos hombres, los primeros creyentes del mundo que seguirían a Jesús y recibirían y se les mostraría la revelación de Dios. Aprendieron de Dios, de su Persona y naturaleza, de su amor y salvación porque Dios los atrajo a su querido Hijo (ver nota, Jn. 6:44-46).

"Ninguno puede venir a mí, si el Padre que me envió no le trajere; y yo le resucitaré en el día postrero. Escrito está en los profetas: Y serán todos enseñados por Dios. Así que, todo aquel que oyó al Padre, y aprendió de él, viene a mí" (Jn. 6:44, 45).

"Mi Padre que me las dio, es mayor que todos, y nadie las puede arrebatar de la mano de mi Padre" (Jn. 10:29).

c. Los primeros creyentes pertenecieron a Dios. Eran suyos porque Él los atrajo a su Hijo por su Soberanía y poder y por su conocimiento anticipado. Él sabía que iban a creer en Jesús.

"Porque a los que antes conoció, también los predestinó para que fuesen hechos conformes a la imagen de su Hijo, para que él sea el primogénito entre muchos hermanos" (Ro. 8:29).

d. Estos hombres cumplieron la palabra de Jesús. Obedecieron e hicieron exactamente lo que Jesús ordenó. (Ver nota, Jn. 15:9, 10.)

"Respondió Jesús y le dijo: El que me ama, mi palabra guardará; y mi Padre le amará, y vendremos a él, y haremos morada con él" (Jn. 14:23).

"Si guardareis mis mandamientos, permaneceréis en mi amor; así como yo he guardado los mandamientos de mi Padre, y permanezco en su amor" (Jn. 15:10).

2. Ahora estos hombres sabían que Jesús era el Hijo de Dios, la revelación de Dios mismo. Sabían *"que todas las cosas que les había dado, procedían de Dios* (v. 7). Sabían que Él era la encarnación y revelación de Dios mismo. (Jesús estaba hablando más allá de la resurrección. Sería la resurrección la que confirmaría todo lo que Él les había revelado).

a. Ahora recibían sus palabras como las mismas palabras de Dios (ver notas, Jn. 7:16-19; 14:10; 12:47-50).

"El espíritu es el que da vida; la carne para nada aprovecha; las palabras que yo os he hablado son espíritu y son vida" (Jn. 6:63).

"Le respondió Simón Pedro: Señor, ¿a quién iremos? Tú tienes palabras de vida eterna" (Jn. 6:68).

"Jesús les respondió y dijo: Mi doctrina no es mía, sino de aquel que me envió. El que quiera hacer la voluntad de Dios, conocerá si la doctrina es de Dios, o si yo hablo por mi propia cuenta" (Jn. 7:16, 17).

"De cierto, de cierto os digo, que el que guarda mi palabra, nunca verá muerte" (Jn. 8:51).

"El que me rechaza, y no recibe mis palabras, tiene quien le juzgue; la palabra que he hablado, ella le juzgará en el día postrero" (Jn. 12:48).

"El que no me ama, no guarda mis palabras; y la palabra que habéis oído no es mía, sino del Padre que me envió" (Jn. 14:24).

"Y en esto sabemos que nosotros le conocemos, si guardamos sus mandamientos" (1 Jn. 2:3).

b. Ahora conocían su origen: Él *provenía de Dios* (ver

Estudio a fondo 1, Jn. 3:31; Estudio a fondo 3, 3:34; notas, 7:16-19; 7:25-31).

"Nadie subió al cielo, sino el que descendió del cielo; el Hijo del Hombre, que está en el cielo" (Jn. 3:13).

"Porque el pan de Dios es aquel que descendió del cielo y da vida al mundo... Porque he descendido del cielo, no para hacer mi voluntad, sino la voluntad del que me envió" (Jn. 6:33, 38).

"Y les dijo: Vosotros sois de abajo, yo soy de arriba; vosotros sois de este mundo, yo no soy de este mundo" (Jn. 8:23).

"Jesús entonces les dijo: Si vuestro padre fuese Dios, ciertamente me amaríais; porque yo de Dios he salido, y he venido; pues no he venido de mí mismo, sino que él me envió" (Jn. 8:42).

"Ahora entendemos que sabes todas las cosas, y no necesitas que nadie te pregunte; por esto creemos que has salido de Dios" (Jn. 16:30).

c. Ahora sabían que Dios lo *había* enviado, que Él había venido a la tierra como el Embajador de Dios para proclamar y revelar la salvación de Dios. (Ver nota - Jn. 3:32-34; Estudio a fondo 3, 3:34.)

"Porque he descendido del cielo, no para hacer mi voluntad, sino la voluntad del que me envió" (Jn. 6:38).

"Pero yo le conozco, porque de él procedo, y él me envió" (Jn. 7:29).

"Para que todos sean uno; como tú, oh Padre, en mí, y yo en ti, que también ellos sean uno en nosotros; para que el mundo crea que tú me enviaste" (Jn. 17:21).

	B. Jesús oró por sus discípulos, 17:9-19	13 Pero ahora voy a ti; y hablo esto en el mundo, para que tengan mi gozo cumplido en sí mismos.	**3 Solicitud 2: Que pudieran tener su gozo en toda su plenitud**
1 Jesús oró por sus discípulos a. Porque habían sido confiados a Él b. Porque pertenecían tanto a Jesús como a Dios c. Porque la gloria vino a Jesús a través de ellos d. Porque Jesús estaba dejando el mundo	9 Yo ruego por ellos; no ruego por el mundo, sino por los que me diste; porque tuyos son, 10 y todo lo mío es tuyo, y lo tuyo mío; y he sido glorificado en ellos. 11 Y ya no estoy en el mundo; mas éstos están en el mundo, y yo voy a ti. Padre santo, a los que me has dado, guárdalos en tu nombre, para que sean uno, así como nosotros.	14 Yo les he dado tu palabra; y el mundo los aborreció, porque no son del mundo, como tampoco yo soy del mundo. 15 No ruego que los quites del mundo, sino que los guardes del mal. 16 No son del mundo, como tampoco yo soy del mundo.	**4 Solicitud 3: Que Dios los cuidara del malvado o Satanás** a. Porque el mundo los aborrecía 1) Debido a la Palabra 2) Porque no son de este mundo b. Porque eran necesarios en el mundo
2 Solicitud 1: Que Dios los guardara y los mantuviera unidos como a una sola persona a. Porque estaban en el mundo b. Porque Él los había cuidado y no había perdido a ninguno	12 Cuando estaba con ellos en el mundo, yo los guardaba en tu nombre; a los que me diste, yo los guardé, y ninguno de ellos se perdió, sino el hijo de perdición, para que la Escritura se cumpliese.	17 Santifícalos en tu verdad; tu palabra es verdad. 18 Como tú me enviaste al mundo, así yo los he enviado al mundo. 19 Y por ellos yo me santifico a mí mismo, para que también ellos sean santificados en la verdad.	**5 Solicitud 4: Que Dios los santificara** a. Porque fueron enviados al mundo b. Porque la santificación es el camino a la salvación

DIVISIÓN XIV

LA REVELACIÓN DE JESÚS, EL GRAN INTERCESOR, 17:1-26

B. Jesús oró por sus discípulos, 17:9-19

(17:9-19) ***Introducción:*** Jesús oró por sus discípulos. Lo que oró fue asombroso y lleno de significado para los creyentes de todas las generaciones.

1. Jesús oró por sus discípulos (vv. 9-11).
2. Solicitud 1: Que Dios los guardara, y los mantuviera unidos como a una sola persona (vv. 11, 12).
3. Solicitud 2: Que pudieran tener su gozo en toda su plenitud (v. 13).
4. Solicitud 3: Que Dios los cuidara del malvado o Satanás (vv. 14-16).
5. Solicitud 4: Que Dios los santificara (vv. 17-19).

1 (17:9-11) ***Jesucristo, Ministerio - Dios, Lealtad de:*** Jesús oró por sus discípulos. Él no estaba orando por el mundo, no ahora. Lo dijo específicamente. ¿Por qué?

⇒ No fue porque Él y el Padre no amaran al mundo. Lo hacen; aman al mundo profundamente (Jn. 3:16). El mundo fue el único motivo por el que Jesús vino al mundo: para salvarlo y evitar que pereciera.

⇒ No fue porque el mundo no necesitara oración. Lo necesitaba y Él oró por el perdón y la conversión de los hombres en el mundo (Lc. 23:34).

Hay cuatro motivos por los cuales Jesús estaba orando *sólo* por sus discípulos. Advierta que los motivos son parte de su oración.

1. Los discípulos de Jesús le habían sido dados *por su Padre* (v. 9). Pertenecían a su Padre, pero habían sido *confiados a sus manos*. Él era responsable por ellos y por su bienestar. Por lo tanto, tenía que orar por ellos, para que su Padre les diera una fortaleza especial en los días postreros.

> **"Según [Dios] nos escogió en él [Cristo] antes de la fundación del mundo, para que fuésemos santos y sin mancha delante de él" (Ef. 1:4).**
>
> **"Elegidos según la presciencia de Dios Padre en santificación del Espíritu, para obedecer y ser rociados con la sangre de Jesucristo: Gracia y paz os sean multiplicadas" (1 P. 1:2).**

2. Los discípulos de Jesús pertenecían tanto a Él como al Padre (v. 10). Advierta exactamente qué palabras usó Jesús: "Todo lo mío es tuyo, y lo tuyo mío". Todos los discípulos eran de Dios; pertenecían a Dios. Pero todos los discípulos de Dios también pertenecían a Jesús. Esta es la posesión mutua de todos los creyentes por parte de Jesús y de Dios. Ambos están hondamente preocupados por el bienestar de los creyentes. Dios está preocupado por los creyentes como lo está Jesús; por lo tanto, Jesús puede contar con Dios oyéndolo y respondiendo a su oración.

> **"Mi Padre *que me las dio*, es mayor que todos, y nadie las puede arrebatar de la mano de mi Padre" (Jn. 10:29).**
>
> **"Yo en ellos, y tú en mí, para que sean perfectos en unidad, para que el mundo conozca que tú me enviaste, y que los has amado a ellos como también a mí me has amado" (Jn. 17:23).**
>
> **"Porque a los que antes conoció, también los predestinó para que fuesen hechos conformes a la**

imagen de su Hijo, para que él sea el primogénito entre muchos hermanos" (Ro. 8:29).

3. Los discípulos de Jesús glorificaron a Jesús; sus vidas le trajeron gloria (v. 10). Vivieron para Él obedeciendo su Palabra y obrando para Él y demostrando lealtad y fidelidad. Lo elevaron al mundo y lo proclamaron Salvador del mundo y Señor del universo. Por eso fue glorificado, honrado y alabado. Por ende, Él oró por ellos, para que se fortalecieran en sus vidas y dieran testimonio de Él.

"Para que el nombre de nuestro Señor Jesucristo sea glorificado en vosotros, y vosotros en él, por la gracia de nuestro Dios y del Señor Jesucristo" (2 Ts. 1:12).

"Mas vosotros sois linaje escogido, real sacerdocio, nación santa, pueblo adquirido por Dios, para que anunciéis las virtudes de aquel que os llamó de las tinieblas a su luz admirable" (1 P. 2:9).

4. Jesús estaba dejando el mundo y volviendo al cielo y al Padre (v. 11). Toda la misión de predicar el evangelio al mundo descansaba sobre los hombros de sus discípulos. Ellos eran los que iban a salir al mundo como sus embajadores para proclamar su Palabra. Cuando fueran, necesitaban estar fortalecidos y equipados por Dios para enfrentar fuerzas terribles. Sus seguidores eran los que necesitaban una oración especial. Su entera misión de alcanzar el mundo por Dios dependía de su tolerancia y lealtad. En estas últimas horas antes de regresar al cielo, Él tenía que orar por ellos con poder e intensidad, pidiendo grandes cosas a Dios.

"Por tanto, id, y haced discípulos a todas las naciones, bautizándolos en el nombre del Padre, y del Hijo, y del Espíritu Santo; enseñándoles que guarden todas las cosas que os he mandado; y he aquí yo estoy con vosotros todos los días, hasta el fin del mundo. Amén" (Mt. 28:19, 20).

"Entonces Jesús les dijo otra vez: Paz a vosotros. Como me envió el Padre, así también yo os envío" (Jn. 20:21).

ESTUDIO A FONDO 1

(17:10) ***Jesús - deidad:*** "Todo lo mío es tuyo y lo tuyo, mío", una declaración fenomenal. Un hombre puede decir que todo lo que él es y tiene le pertenece. En la oración de Jesús Él estaba declarando deidad: unidad con Dios. (Ver nota - Jn. 14:10; cp. Jn. 10:30.)

"Yo y el Padre uno somos" (Jn. 10:30).

"Si no hago las obras de mi Padre, no me creáis. Mas si las hago, aunque no me creáis a mí, creed a las obras, para que conozcáis y creáis que el Padre está en mí, y yo en el Padre" (Jn. 10:37, 38).

"¿No crees que yo soy en el Padre, y el Padre en mí? Las palabras que yo os hablo, no las hablo por mi propia cuenta, sino que el Padre que mora en mí, él hace las obras" (Jn. 14:10).

"Y ya no estoy en el mundo; mas éstos están en el mundo, y yo voy a ti. Padre santo, a los que me has dado, guárdalos en tu nombre, para que sean uno, así como nosotros" (Jn. 17:11).

"La gloria que me diste, yo les he dado, para que sean uno, así como nosotros somos uno" (Jn. 17:22).

2 (17:11, 12) ***Unidad:*** En primer lugar Jesús oró para que Dios cuidara a sus discípulos, que los mantuviera unidos como a una sola persona. Jesús estaba orando para que los discípulos estuvieran guardados de la *división* del mundo, no para que estuvieran guardados de la maldad. Trató el tema de la maldad más tarde (vv. 14, 15). Advierta dos puntos.

1. Los discípulos estaban en un mundo extremadamente dividido (ver Estudio a fondo 2, Unidad, Jn. 17:11 para mayor discusión).

2. Jesús cuidó a los discípulos mientras estaba en el mundo. No perdió a ninguno salvo a Judas, y la traición de Judas fue para cumplir con las Escrituras. (Ver bosquejo y notas, Jn. 13:1-30 para una discusión respecto a Judas.) Jesús fue fiel *al nombre de Dios*, leal en revelar a Dios y en elevar su nombre a los discípulos. Ahora estaba dejando el mundo, de modo que Dios tenía que ocuparse de ello. Ahora era decisión de Dios guardarlos, y Él lo haría. Dios mantendría a los discípulos tan bien como lo hizo Cristo, puesto que Dios era a la vez leal y capaz.

ESTUDIO A FONDO 2

(17:11) ***Unidad- Creyentes, Andar:*** Los creyentes deben ser uno tal como lo son Jesús y el Padre. La unidad entre los creyentes debe ser fuerte como la unidad entre Jesús y el Padre. Esta es una verdad fenomenal, una verdad que consumió los pensamientos del Señor. Era el tema mismo de la oración de Jesús (vv. 11, 21, 22, 23). Los creyentes deben ser uno. Advierta dos puntos.

1. Los creyentes están en un mundo extremadamente dividido, un mundo lleno de...

- prejuicio
- egoísmo
- espíritu enojoso
- alabanza propia
- competencia
- daño
- posesividad
- odio
- lujuria
- orgullo
- guerra

La lista es ilimitada, puesto que la división proviene de la naturaleza depravada del hombre, la naturaleza de Cristo vino a cambiar y a convertir en amor. El mundo dividido era una amenaza para los primeros discípulos. Estando en el mundo, podrían haberse visto influidos y dejados llevar por la división. Jesús tenía que orar por ellos, para que Dios los mantuviera unidos como a una sola persona.

Advierta la solicitud de Jesús. Es una solicitud que hace abrir los ojos, una solicitud increíble: "Para que sean uno, *así como nosotros*". Los creyentes deben estar unificados como lo están Dios y Cristo. ¿Qué significa esto? Significa que tenemos que tener *el mismo tipo* de unidad que tienen Jesús y el Padre. Debemos ser uno en *naturaleza, carácter y propósito.*

a. Los creyentes tienen que ser uno por naturaleza. El creyente es una persona que...

- ha "nacido de nuevo" (ver Estudio a fondo 1, Jn. 3:1-15. cp. Jn. 1:13; Tit. 3:5; 1 Jn. 2:29; 4:7).

"Siendo renacidos, no de simiente corruptible, sino de incorruptible, por la palabra de Dios que vive y permanece para siempre" (1 P. 1:23).

"Todo aquel que cree que Jesús es el Cristo, es nacido de Dios; y todo aquel que ama al que engendró, ama también al que ha sido engendrado por él" (1 Jn. 5:1).

- ha sido convertido en una "criatura nueva", en un "hombre nuevo" (cp. Gá. 6:5; Ef. 4:24; Col. 3:10).

"De modo que si alguno está en Cristo, nueva criatura es; las cosas viejas pasaron; he aquí todas son hechas nuevas" (2 Co. 5:17).

- ha sido participante de la "naturaleza divina".

"Por medio de las cuales nos ha dado preciosas y grandísimas promesas, para que por ellas llegaseis a ser participantes de la naturaleza divina, habiendo huido de la corrupción que hay en el mundo a causa de la concupiscencia" (2 P. 1:4).

Sin embargo, la naturaleza de los creyentes incluye más que sólo un renacimiento personal del espíritu. Cuando un hombre se convierte en creyente, su nueva naturaleza lo convierte en un miembro...

- del nuevo cuerpo de personas de Dios.

"Y mediante la cruz reconciliar con Dios a ambos en *un solo cuerpo*, matando en ella las enemistades" (Ef. 2:16).

- de la nueva nación de Dios.

"Así que ya no sois extranjeros ni advenedizos, sino *conciudadanos* de los santos, y miembros de la familia de Dios" (Ef. 2:19).

- del nuevo templo de Dios.

"En quien todo el edificio, bien coordinado, va creciendo para ser *un templo santo* en el Señor" (Ef. 2:21).

- de la nueva familia de Dios.

"Así que ya no sois extranjeros ni advenedizos, sino *conciudadanos* de los santos, y miembros de la familia de Dios" (Ef. 2:19).

- de la nueva congregación o iglesia de Dios.

"En quien vosotros también sois *juntamente edificados* para morada de Dios en el Espíritu" (Ef. 2:22).

- de la nueva construcción de Dios.

"Edificados sobre *el fundamento* de los apóstoles y profetas, siendo la principal *piedra del ángulo* Jesucristo mismo, en quien *todo* el edificio, bien coordinado, va creciendo para ser un templo santo en el Señor; en quien vosotros también sois juntamente *edificados* para morada de Dios en el Espíritu" (Ef. 2:20-22).

- de la nueva raza de Dios (ver nota - Ef. 4:17-19).

"Esto, pues, digo y requiero en el Señor: que ya no andéis como los otros gentiles, que andan en la vanidad de su mente" (Ef. 4:17. Nota: la palabra *otros* no está en el texto griego. El creyente es una creación nueva, una nueva raza distinta de los gentiles. Ya no tiene que andar como andan los gentiles).

Esto, por supuesto, significa que un creyente debe vivir y andar en unidad con otros creyentes. No debe permitir que el espíritu de división del mundo se filtre en su vida: rezongando, quejándose, criticando, envidiando, chismorreando, oponiéndose, desviándose, ignorando, pasando por alto, aislando. (Ver notas, Ef. 2:11-22; punto 4, 2:14, 15; 1 Co. 3:16 para mayor discusión al respecto.)

b. Los creyentes deben ser uno en carácter. Deben...

- ser divinos y santos, negando las obras de la carne y viviendo vidas puras como Jesús y su Padre son uno en su sagrado Ser y Vida (cp. "Padre santo", v. 11).

"Enseñándonos que, renunciando a la impiedad y a los deseos mundanos, vivamos en este siglo sobria, justa y piadosamente, aguardando la esperanza bienaventurada y la manifestación gloriosa de nuestro gran Dios y Salvador Jesucristo" (Tit. 2:12, 13).

"Sino, como aquel que os llamó es santo, sed también vosotros santos en toda vuestra manera de vivir; porque escrito está: Sed santos, porque yo soy santo" (1 P. 1:15, 16).

"Vosotros también, poniendo toda diligencia por esto mismo, añadid a vuestra fe virtud; a la virtud, conocimiento; al conocimiento, dominio propio; al dominio propio, paciencia; a la paciencia, piedad; a la piedad, afecto fraternal; y al afecto fraternal, amor" (2 P. 1:5-7).

"Sabe el Señor librar de tentación a los piadosos, y reservar a los injustos para ser castigados en el día del juicio" (2 P. 2:9).

"Y manifiestas son las obras de la carne, que son: adulterio, fornicación, inmundicia, lascivia, idolatría, hechicerías, enemistades, pleitos, celos, iras, contiendas, disensiones, herejías, envidias, homicidios, borracheras, orgías, y cosas semejantes a estas; acerca de las cuales os amonesto, como ya os lo he dicho antes, que los que practican tales cosas no heredarán el reino de Dios" (Gá. 5:19-21).

- llevar el fruto del Espíritu.

"Mas el fruto del Espíritu es amor, gozo, paz, paciencia, benignidad, bondad, fe, mansedumbre, templanza; contra tales cosas no hay ley" (Gá. 5:22, 23).

c. Los creyentes deben ser uno en propósito. Deben rendirse y dar todo lo que son y lo que tienen para ministrar y proclamar el mensaje de salvación a un mundo perdido y agonizante, un mundo que está en situación de necesidad desesperada. Los creyentes deben dar todo por la salvación del mundo así como Jesús y el Padre dieron todo por la salvación del mundo.

(Ver nota: ***Iglesia, Unidad*** - Ef. 4:4-6 para más discusión sobre la unidad en la que deben construirse los creyentes. También ver nota, Lc. 8:21 para mayor discusión al respecto.)

"Así que, *somos* embajadores en nombre de Cristo, como si Dios rogase por medio de nosotros; os rogamos en nombre de Cristo: Reconciliaos con Dios" (2 Co. 5:20).

"Entonces Jesús les dijo otra vez: Paz a vosotros. Como me envió el Padre, así también yo os envío" (Jn. 20:21).

"Como el Hijo del Hombre no vino para ser servido, sino para servir, y para dar su vida en rescate por muchos" (Mt. 20:28).

ESTUDIO A FONDO 3

(17:11, 12) ***Seguridad - Garantía:*** El *poder de cuidado* de Dios no significa que Dios libera a los creyentes de las pruebas de este mundo, sino que los libera a lo largo de las pruebas. Significa que Él da una vida victoriosa. Al creyente se le garantiza una vida victoriosa si es que sólo sigue a Cristo. Hay dos motivos para esta seguridad garantizada. En primer lugar, Dios responde la oración de su Hijo y en segundo lugar, Dios el Padre ha dado a Cristo todos los creyentes cristianos. Este hecho se expresa seis veces en este capítulo solamente (Jn. 17:2, 6, 9, 11, 12, 24). Dios no permitirá que absolutamente nada separe a los creyentes cristianos de su Hijo.

"Y esta es la voluntad del Padre, el que me envió: Que de todo lo que me diere, no pierda yo nada, sino que lo resucite en el día postrero" (Jn. 6:39).

"Mis ovejas oyen mi voz, y yo las conozco, y me siguen, y yo les doy vida eterna; y no perecerán jamás, ni nadie las arrebatará de mi mano. Mi Padre que me las dio, es mayor que todos, y nadie las puede arrebatar de la mano de mi Padre" (Jn. 10:27-29).

"¿Quién nos separará del amor de Cristo? ¿Tribulación, o angustia, o persecución, o hambre, o desnudez, o peligro, o espada?" (Ro. 8:35).

"Estando persuadido de esto, que el que comenzó en vosotros la buena obra, la perfeccionará hasta el día de Jesucristo" (Fil. 1:6).

"Pero fiel es el Señor, que os afirmará y guardará del mal" (2 Ts. 3:3).

"Por lo cual asimismo padezco esto; pero no me avergüenzo, porque yo sé a quién he creído, y estoy seguro que es poderoso para guardar mi depósito para aquel día" (2 Ti. 1:12).

"Que sois guardados por el poder de Dios mediante la fe, para alcanzar la salvación que está preparada para ser manifestada en el tiempo postrero" (1 P. 1:5).

"Y a aquel que es poderoso para guardaros sin caída, y presentaros sin mancha delante de su gloria con gran alegría" (Jud. 24).

"Por cuanto has guardado la palabra de mi paciencia, yo también te guardaré de la hora de la prueba que ha de venir sobre el mundo entero, para probar a los que moran sobre la tierra" (Ap. 3:10).

3 (17:13) ***Gozo:*** En segundo lugar, Jesús oró para que los discípulos tuvieran su gozo en toda su plenitud. (Ver nota 3 y Estudio a fondo 1, Gozo, Jn. 15:11; nota, 14:28, 29 para mayor discusión.)

4 (17:14-16) ***Persecución - Mundo, Contra los creyentes:*** En tercer lugar, Jesús oró para que Dios guardara a los discípulos del mundo del malvado o Satanás. Tanto el mundo como Satanás se opusieron a todo lo que Jesús y sus discípulos proclamaron.

⇒ El mundo y Satanás están en contra del amor de Dios. ¿Por qué? Porque el amor de Dios no es el *amor de abuelo de la indulgencia*. El amor de Dios es el verdadero amor de la obediencia, una obediencia que da todo lo que uno *es* y *tiene* para satisfacer las necesidades de un mundo desesperado perdido en el pecado y la muerte. El amor verdadero ama tanto que lo da todo y hace todo lo que puede para ayudar a cualquiera que está en necesidad desesperada. La mayoría de los hombres del mundo no están dispuestos a dar otra cosa que un pequeño presente, e incluso entonces se desea reconocimiento por lo poco que se ha dado.

⇒ El mundo y Satanás están en contra de la santidad y justicia de Dios. ¿Por qué? Porque significa que ambos deben estar frente a Dios algún día y dar cuenta de sus vidas y hechos, de sus pecados y suciedades, de la contaminación y la maldad.

⇒ El mundo y Satanás están en contra de Jesús. ¿Por qué? Porque Jesús fue el que declaró ser el Hijo de Dios, y si realmente lo es, entonces se le debe total lealtad. Y ni el mundo ni Satanás están dispuestos a servir a nadie más que a sí mismos.

Hubo tres motivos fundamentales por los cuales Dios necesitó proteger a los discípulos del mundo y del diablo.

1. El mundo y el diablo aborrecían a los discípulos de Jesús. Advierta por qué.

a. Los discípulos de Cristo tienen la Palabra de Dios. Es la Palabra de Dios la que revela...
- el amor de Dios, un amor de sacrificio que da todo lo que tiene, es diferente del amor que quiere el mundo. (Ver Estudio a fondo 1, Amor, Mt. 5:44; notas, 22:37, 38; 22:39 para mayor discusión.
- la santidad y justicia de Dios y la depravación del hombre, un hecho que el hombre rechaza y rehúsa enfrentar.
- Cristo, el Hijo mismo de Dios, que exige total lealtad y compromiso para convertirse en ministros y siervos de Dios.

b. Los discípulos no eran del mundo, así como Jesús no era del mundo.

⇒ Jesús vino de Dios, "del cielo" (ver Estudio a fondo 1, Jn. 3:31).

⇒ los discípulos y otros creyentes nacieron de nuevo por el Espíritu de Dios y se les dio la misma naturaleza de Dios. El mundo y el diablo no quieren tener absolutamente nada que ver con una naturaleza no egoísta y de sacrificio, una naturaleza justa y divina que da todo lo que uno es y tiene para satisfacer las necesidades de los enfermos y hambrientos y las masas perdidas del mundo. (Ver Estudio a fondo 1, Jn. 3:1-15. Cp. Jn. 1:13; 2 Co. 5:17; Tit. 3:5; 1 P. 1:23; 2 P. 1:4; 1 Jn. 5:1; 2:29; 4:7.)

"Un mandamiento nuevo os doy: Que os améis unos a otros; como yo os he amado, que también os améis unos a otros. En esto conocerán todos que sois mis discípulos, si tuviereis amor los unos con los otros" (Jn. 13:34, 35).

"Mas Dios muestra su amor para con nosotros, en que siendo aún pecadores, Cristo murió por nosotros" (Ro. 5:8).

"En esto hemos conocido el amor, en que él puso su vida por nosotros; también nosotros debemos poner nuestras vidas por los hermanos" (1 Jn. 3:16).

2. Los discípulos eran necesarios en el mundo. Era necesario que no fueran quitados del mundo; que fueran guardados del malvado o de Satanás (cp. Ef. 6:10-18). Los discípulos fueron convocados para ser embajadores y mensajeros de Dios en el mundo. La misión de Dios de salvar al mundo dependía de su lealtad y fidelidad. Debían ser guardados y protegidos y cubiertos por la armadura de Dios.

"Por lo demás, hermanos míos, fortaleceos en el Señor, y en el poder de su fuerza. Vestíos de toda la armadura de Dios, para que podáis estar firmes contra las asechanzas del diablo" (Ef. 6:10, 11).

"Sed sobrios, y velad; porque vuestro adversario el diablo, como león rugiente, anda alrededor buscando a quien devorar" (1 P. 5:8).

3. Los discípulos eran ahora de la misma naturaleza que Jesús. Esta es la misma verdad expresada en el v. 14. La verdad es tan gloriosa que debe ser destacada de nuevo. Advierta también que es el principal motivo por el cual el mundo y el diablo atacan al creyente (ver bosquejo y notas, Jn. 15:19-24 para mayor discusión al respecto).

"Así que, hermanos, os ruego por las misericordias de Dios, que presentéis vuestros cuerpos en sacrificio vivo, santo, agradable a Dios, que es vuestro culto racional. No os conforméis a este siglo, sino transformaos por medio de la renovación de vuestro entendimiento, para que comprobéis cuál sea la buena voluntad de Dios, agradable y perfecta" (Ro. 12:1, 2).

5 (17:17-19) ***Santificación:*** En cuarto lugar, Jesús oró para que Dios santificara a los discípulos. Advierta las dos cosas dichas sobre el discípulo o el creyente.

⇒ Debe ser santificado (ver Estudio a fondo 4, Santificación, Jn. 17:17).

⇒ Debe ser santificado a través de la verdad de Dios, y se dice que la verdad de Dios es la Palabra de Dios. La Palabra de Dios se referiría tanto a la *Palabra viva*, la plena revelación de Dios en Jesucristo mismo (ver Estudio a fondo 1, Jn. 14:16) y a la Palabra hablada o *escrita* (ver notas, Jn. 7:16-19; 14:10; 2 Ti. 3:16; nota 3 y Estudio a fondo 1, 2, 2 P. 1:19-21).

Los discípulos debían ser separados para Dios *a través de su verdad* por dos razones.

1. Estaban siendo enviados al mundo al igual que Jesús había sido enviado al mundo. Jesús había venido al mundo a traer de vuelta a los hombres a Dios mediante la reconciliación. Los discípulos debían ser *separados* para esta misma tarea.

"Entonces Jesús les dijo otra vez: Paz a vosotros. Como me envió el Padre, así también yo os envío" (Jn. 20:21).

"Como el Hijo del Hombre no vino para ser servido, sino para servir, y para dar su vida en rescate por muchos" (Mt. 20:28).

"Por tanto, id, y haced discípulos a todas las naciones, bautizándolos en el nombre del Padre, y del Hijo, y del Espíritu Santo; enseñándoles que guarden todas las cosas que os he mandado; y he aquí yo estoy con vosotros todos los días, hasta el fin del mundo. Amén" (Mt. 28:19, 20).

"Y les dijo: Id por todo el mundo y predicad el evangelio a toda criatura" (Mr. 16:15).

"Pero recibiréis poder, cuando haya venido sobre vosotros el Espíritu Santo, y me seréis testigos en Jerusalén, en toda Judea, en Samaria, y hasta lo último de la tierra" (Hch. 1:8).

"Que Dios estaba en Cristo reconciliando consigo al mundo, no tomándoles en cuenta a los hombres sus pecados, y nos encargó a nosotros la palabra de la reconciliación. Así que, somos embajadores en nombre de Cristo, como si Dios rogase por medio de nosotros; os rogamos en nombre de Cristo: Reconciliaos con Dios" (2 Co. 5:19, 20).

"Sino santificad a Dios el Señor en vuestros corazones, y estad siempre preparados para presentar defensa con mansedumbre y reverencia ante todo el que os demande razón de la esperanza que hay en vosotros" (1 P. 3:15).

2. La santificación es la forma de salvación elegida para alcanzar el mundo. Jesús se separó a sí mismo para complacer a Dios y lo complació hasta el último grado. Independientemente del costo, debía hacerse la gloria de Dios. La obediencia perfecta a Dios fue la forma elegida de salvación. Ser separado para servir y adorar a Dios es de lo que se trata la salvación. Este es el motivo por el cual Jesús oró por sus discípulos para que sean santificados. (Ver Estudio a fondo 1, Santificación, 1 P. 1:15, 16 para mayor discusión al respecto.)

Pensamiento 1: Los creyentes son santificados por medio de la verdad, esto es, a través de la Palabra de Dios. Es por medio del estudio y la práctica de la Palabra de Dios que los creyentes son separados para Dios. Cuando un creyente estudia la Palabra de Dios, ve cada vez más cómo debe vivir. Cuando lo ve, se separa para vivir de la forma en que Dios le dice que viva. La Palabra de Dios tiene día a día nuevas instrucciones para el creyente. La Palabra de Dios le muestra al creyente cómo conformarse cada vez más a la imagen de Cristo todos los días. Pero advierta el punto crucial: el creyente debe venir a la verdad, a la Palabra de Dios *todos los días* si es que desea ser *separado* para Dios en ese día.

ESTUDIO A FONDO 4

(17:17) ***Santificar - Santificación:*** La palabra "santificar" significa separar, dejar aparte (cp. 1 P. 1:15, 16). Hay tres etapas de santificación.

1. Está la santificación inicial o posicional. Cuando una persona cree en Jesucristo, es de inmediato separado para Dios

permanentemente, de una vez y para siempre (He. 3:1; cp. He. 10:10).

2. Está la santificación progresiva. El verdadero creyente hace un esfuerzo determinado y disciplinado para permitir que el Espíritu Santo lo separe día tras día. El Espíritu de Dios lo toma y lo conforma a la imagen de Cristo cada vez más. Este crecimiento se produce mientras el creyente camina en esta tierra. (cp. Jn. 17:17; 2 Co. 3:18; Ef. 5:25, 26; 1 Ts. 5:23, -24).

3. Está la santificación eterna. Llegará el día en que el creyente será perfectamente separado para Dios y su servicio, sin ningún pecado o falla. Ese día será el gran y glorioso día de la redención eterna del creyente (Ef. 5:27; 1 Jn. 3:2).

	C. Jesús oró por los futuros creyentes, 17:20-26	tú me enviaste, y que los has amado a ellos como también a mí me has amado.	1) Dios envió a Cristo 2) Dios ama a los creyentes
1 Jesús oró por los futuros creyentes.	20 Mas no ruego solamente por éstos, sino también por los que han de creer en mí por la palabra de ellos,	24 Padre, aquellos que me has dado, quiero que donde yo estoy, también ellos estén conmigo, para que vean mi gloria que me has dado; porque me has amado desde antes de la fundación del mundo.	**4 Solicitud 3: Que los creyentes puedan estar con Él en gloria** a. El motivo: para mantener su gloria b. La garantía: el amor de Dios
2 Solicitud 1: Que los creyentes sean uno a. La norma: tal como Dios y Cristo son uno b. El propósito: que el mundo pueda creer c. La fuente: la gloria de Dios	21 para que todos sean uno; como tú, oh Padre, en mí, y yo en ti, que también ellos sean uno en nosotros; para que el mundo crea que tú me enviaste. 22 La gloria que me diste, yo les he dado, para que sean uno, así como nosotros somos uno.	25 Padre justo, el mundo no te ha conocido, pero yo te he conocido, y éstos han conocido que tú me enviaste.	**5 Conclusión: Un testimonio** a. Del mundo: No ha conocido a Dios b. De Jesús: conoció a Dios c. De los creyentes: sabían que Dios mandó a Jesús
3 Solicitud 2: Que los creyentes sean perfeccionados en unidad a. Fuente: Jesús dentro b. Motivo: convencer al mundo	23 Yo en ellos, y tú en mí, para que sean perfectos en unidad, para que el mundo conozca que	26 Y les he dado a conocer tu nombre, y lo daré a conocer aún, para que el amor con que me has amado, esté en ellos, y yo en ellos.	d. Fidelidad de Jesús 1) Él declaró a Dios 2) Su propósito: que los hombres aprendieran a conocer el amor de Dios

DIVISIÓN XIV

LA REVELACIÓN DE JESÚS, EL GRAN INTERCESOR, 17:1-26

C. Jesús oró por los futuros creyentes, 17:20-26

(17:20 -26) ***Introducción:*** Jesús oró por los futuros creyentes, por todos los que creerían en Él a partir de ese momento hasta el fin del mundo. Lo que oró es muy preciado para los creyentes, pero también es una denuncia contra los creyentes de todas las generaciones (ver Estudio a fondo 1, Jn. 17:23).

1. Jesús oró por todos los futuros creyentes (v. 20).
2. Solicitud 1: Que los creyentes sean uno (vv. 21, 22).
3. Solicitud 2: Que los creyentes sean perfeccionados en unidad (v. 23).
4. Solicitud 3: Que los creyentes puedan estar con Él en gloria (v. 24).
5. Conclusión: Un testimonio (vv. 25, 26).

[1] (17:20) ***Salvación, Factores esenciales - Jesucristo, Vida de oración:*** Jesús oró por los futuros creyentes, por todos los que creerían el mensaje de los primeros discípulos. Esto es sumamente preciado. Jesús oró por nosotros: por usted y por mí, por todos nosotros que creemos hoy. Piense un momento. ¿Quién es el creyente más débil de la tierra hoy día? ¿Quién es el más fuerte? Por supuesto que sólo Dios lo sabe, pero piense en lo preciado del acto: Jesús oró por cada uno de nosotros...

- por el más débil así como por el más fuerte.
- por el enfermo así como por el sano.
- por el huérfano así como por el hijo de la familia.
- por la viuda y el viudo así como por la pareja.
- por el prisionero así como por el hombre libre.
- por el creyente que está en la más oscura de las junglas así como por el creyente que está en la luz.

No hay pensamiento más preciado que el pensamiento de que Jesús oró por todos nosotros, por cada uno de nosotros que cree hoy día.

Nota: Este versículo brinda los tres factores esenciales para que los hombres se conviertan en creyentes.

1. Está el mensajero de Dios, el discípulo de Cristo, la persona que proclama la Palabra para que los hombres puedan *creer en* el nombre de Jesús. Tiene que haber un mensajero que lleve y proclame el mensaje.

> **"¿Cómo, pues, invocarán a aquel en el cual no han creído? ¿Y cómo creerán en aquel de quien no han oído? ¿Y cómo oirán sin haber quien les predique?" (Ro. 10:14).**
>
> **"Así que, somos embajadores en nombre de Cristo, como si Dios rogase por medio de nosotros; os rogamos en nombre de Cristo: Reconciliaos con Dios. Al que no conoció pecado, por nosotros lo hizo pecado, para que nosotros fuésemos hechos justicia de Dios en él" (2 Co. 5:20, 21).**

2. Está la Palabra de Dios. El mensajero es el mensajero de *Dios, su* embajador. Por lo tanto, la Palabra que lleva al mundo es la Palabra de Dios. Advierta las referencias a la Palabra de Dios únicamente en este capítulo.

> **"He manifestado tu nombre a los hombres que del mundo me diste; tuyos eran, y me los diste, y han guardado tu palabra" (Jn. 17:6).**

"Yo les he dado tu palabra; y el mundo los aborreció, porque no son del mundo, como tampoco yo soy del mundo" (Jn. 17:14).

"Santifícalos en tu verdad; tu palabra es verdad" (Jn. 17:17).

3. Está la creencia. Debemos creer en la Palabra. Somos los discípulos del Señor hoy día porque creemos en la Palabra (ver Estudio a fondo 2, Jn. 2:24).

"De cierto, de cierto os digo: El que oye mi palabra, y cree al que me envió, tiene vida eterna; y no vendrá a condenación, mas ha pasado de muerte a vida" (Jn. 5:24).

"El espíritu es el que da vida; la carne para nada aprovecha; las palabras que yo os he hablado son espíritu y son vida" (Jn. 6:63).

"De cierto, de cierto os digo, que el que guarda mi palabra, nunca verá muerte" (Jn. 8:51).

2 (17:21, 22) ***Unidad:*** En primer lugar, Jesús solicitó que fuéramos uno. Esto es crucial, el imperativo que debe existir absolutamente entre los creyentes. Es el tema central de la oración de Jesús (vv. 11, 21, 22, 23). Los creyentes *deben ser uno.* Advierta exactamente lo que dijo Jesús.

1. La norma para la unidad es la *unidad* entre Jesús y su Padre. Los creyentes deben ser uno al igual que el Padre y el Hijo son uno. El *mismo tipo de unidad* que ellos tienen es la unidad que tiene que existir entre nosotros. (Ver Estudio a fondo 2, Unidad, Jn. 17:11 para discusión y versículos de las Escrituras).

2. El propósito de la unidad es que el mundo pueda *creer* que el Padre envió a Jesús.

⇒ Dios envió a Jesús (ver notas, Jn. 3:32-34; Estudio a fondo 3, 3:34).

"Pero yo le conozco, porque de él procedo, y él me envió" (Jn. 7:29).

"Jesús entonces les dijo: Si vuestro padre fuese Dios, ciertamente me amaríais; porque yo de Dios he salido, y he venido; pues no he venido de mí mismo, sino que él me envió" (Jn. 8:42; cp. Jn. 6:38; 10:36).

⇒ Jesús vino para que los hombres pudieran tener vida y tenerla en forma más abundante.

"El ladrón no viene sino para hurtar y matar y destruir; yo he venido para que tengan vida, y para que la tengan en abundancia" (Jn. 10:10).

"De cierto, de cierto os digo: El que oye mi palabra, y cree al que me envió, tiene vida eterna; y no vendrá a condenación, mas ha pasado de muerte a vida" (Jn. 5:24).

⇒ Un testimonio dividido confunde el tema y no puede mantenerse de pie, del mismo modo que una casa y un reino dividido no puede mantenerse de pie (cp. Mt. 12:25). No hay muchos mensajes ni muchos caminos a Dios. Hay un solo mensaje y un solo camino.

"Porque de tal manera amó Dios al mundo, que ha dado a su Hijo unigénito, para que todo aquel que en él cree, no se pierda, mas tenga vida eterna" (Jn. 3:16; cp. Ro. 5:8; 1 P. 2:24; 3:18).

"Jesús le dijo: Yo soy el camino, y la verdad, y la vida; nadie viene al Padre, sino por mí" (Jn. 14:6; cp. 1 Ti. 2:5; He. 8:6; 9:5, 24; 12:24; 1 Jn. 2:1).

Otro enfoque sobre lo que estaba diciendo Jesús es este. Los creyentes deben *ser uno:* estar unificados, de un espíritu y una mente al proclamar el mensaje central del evangelio.

⇒ Hay un único mensaje central: que Dios envió a Jesús "desde" el cielo al mundo.

⇒ Hay una única solicitud para los hombres: creer que Dios envió a Jesús al mundo.

⇒ Hay una única misión: que los hombres sean uno solo (unificados) al proclamar el mensaje del glorioso evangelio.

Pensamiento 1: ¡Una tragedia terrible! Hay muchas voces proclamando mensajes tan diferentes, mensajes de...

- obras
- normas y reglamentaciones
- humanismo
- ritual y ceremonia
- moral
- hermandad
- denominacionalismo
- falsos profetas
- secularismo

3. La fuente de la unidad es la gloria de Dios, la misma gloria que poseyó Jesús. (Ver Estudio a fondo 1, Jn. 17:22 para mayor discusión). Es la gloria de Dios entregada a los creyentes lo que une a los creyentes y los hace uno con Jesús y su Padre y uno con cada uno. Cuando los creyentes *experimentan* la gloria de Dios se convierten en un ser, carácter y propósito. Sus vidas son dadas entre sí para ayudarse unos a otros. . .

- a ser la nueva criatura en que Dios los ha convertido.
- a vivir como deberían hacerlo las nuevas criaturas, santos, justos y puros.
- a proclamar el glorioso mensaje de que Dios ha enviado a su Hijo al mundo.

ESTUDIO A FONDO 1

(17:22) ***Gloria - Unidad:*** Este es un versículo significativo que se ocupa de la gloria del creyente. Advierta los puntos expresados por Cristo.

⇒ Dios dio gloria a su Hijo Jesucristo.

⇒ Jesús le dio la *misma* gloria a los creyentes (ver nota, 2 Ts. 2:14).

⇒ Es la gloria de Dios la que trae unidad a los creyentes, la que los hace rodear a Dios y vivir y obrar juntos para complacerlo.

"Así nosotros, siendo muchos, somos un cuerpo en Cristo, y todos miembros los unos de los otros" (Ro. 12:5).

"Siendo uno solo el pan, nosotros, con ser muchos, somos un cuerpo; pues todos participamos de aquel mismo pan" (1 Co. 10:17).

"Ya no hay judío ni griego; no hay esclavo ni libre; no hay varón ni mujer; porque todos vosotros sois uno en Cristo Jesús" (Gá. 3:28).

"Hasta que todos lleguemos a la unidad de la fe y

del conocimiento del Hijo de Dios, a un varón perfecto, a la medida de la estatura de la plenitud de Cristo" (Ef. 4:13).

¿Cuál es la gloria de Dios que Él dio a Cristo y que Cristo a su vez da a los creyentes?

La gloria de Cristo es...	La gloria del creyente es...
La gloria de la justicia que Él garantizó viviendo una vida perfecta. (Ver nota, Jn. 13:31, 32)	La gloria de la justicia que Cristo le da al creyente por fe. (Ver notas, Jn. 1:51; 13:31, 32; Estudio a fondo 1, 2, Ro. 4:22)
La gloria de la cruz (ver notas, Jn. 12:23-26; 12:27-30)	La gloria de la cruz que le da al creyente tanto el perdón de los pecados y el privilegio de servir a Dios mismo; el privilegio de sacrificar todo lo que es y lo que tiene por Dios para alcanzar un mundo perdido y desesperado. (Ver notas, Jn. 12:23-26; Estudio a fondo 1, Lc. 9. 23. Cp. 1 P. 2:24).
La gloria de la resurrección que triunfó sobre la muerte y el infierno. (Ver nota - Jn. 13:31, 32)	La gloria de la resurrección que le da al creyente una vida nueva en Cristo. (Cp. Ro. 6:4, 5; 2 Co. 5:17)
La gloria de la ascensión y la exaltación. (Ver nota - Jn. 17:5-8)	La gloria de vivir eternamente en la presencia de Dios y de ser exaltado para servirlo gobernando y reinando con su Hijo, Jesucristo, para siempre (Cp. Jn. 14:2, 3; Ro. 8:16, 17; Tit. 2:12, 13; 3:7.)

3 (17:23) ***Unidad - Amor - Creyentes - Denuncia contra - Misión -Evangelismo:*** En segundo lugar, Jesús solicitó que los creyentes fueran *perfeccionados* en unidad, perfeccionados como un cuerpo. Esto acentúa sin duda alguna la absoluta necesidad de que los creyentes vivan en unidad. El mundo no ha sido alcanzado por Cristo, se han perdido millones porque los creyentes no han estado lo suficientemente unificados para penetrar el mundo con el evangelio. Esta es la terrible denuncia contra los creyentes. El problema por cierto no es Dios. Él está dispuesto y Él ama lo suficiente y tiene el poder suficiente como para usar a los creyentes a que alcancen todo el mundo. El problema es incuestionablemente los creyentes, y como Jesús lo señaló claramente en este versículo, el problema es el amor de los unos hacia los otros.

La preocupación de Jesús es que seamos *perfeccionados* en uno. (Ver Estudio a fondo 2, Perfeccionar, Jn. 17:23). Advierta dos cosas.

1. La fuente de unidad del creyente es la Presencia Interior de Cristo dentro de su vida. Advierta que Dios está *en* Cristo; por lo tanto, la presencia de Cristo *en el creyente* significa que Dios mora "en" el creyente. El creyente en realidad participa de la naturaleza divina de Dios (2 P. 1:4. Ver nota, Presencia interior - Jn. 10:37-39; 14:10; 14:18-20; 14:23, 24).

> **"En aquel día vosotros conoceréis que yo estoy en mi Padre, y vosotros en mí, y yo en vosotros" (Jn. 14:20).**
>
> **"Respondió Jesús y le dijo: El que me ama, mi palabra guardará; y mi Padre le amará, y vendremos a él, y haremos morada con él" (Jn. 14:23).**
>
> **"Yo en ellos, y tú en mí, para que sean perfectos en unidad, para que el mundo conozca que tú me enviaste, y que los has amado a ellos como también a mí me has amado" (Jn. 17:23).**
>
> **"Con Cristo estoy juntamente crucificado, y ya no vivo yo, mas *vive Cristo en mí*; y lo que ahora vivo en la carne, lo vivo en la fe del Hijo de Dios, el cual me amó y se entregó a sí mismo por mí" (Gá. 2:20).**
>
> **"Para que habite Cristo por la fe en vuestros corazones, a fin de que, arraigados y cimentados en amor" (Ef. 3:17).**
>
> **"A quienes Dios quiso dar a conocer las riquezas de la gloria de este misterio entre los gentiles; que es *Cristo en vosotros*, la esperanza de gloria" (Col. 1:27).**
>
> **"Y el que guarda sus mandamientos, permanece en Dios, y Dios en él. Y en esto sabemos que él permanece en nosotros, por el Espíritu que nos ha dado" (1 Jn. 3:24).**
>
> **"He aquí, yo estoy a la puerta y llamo; si alguno oye mi voz y abre la puerta, entraré a él, y cenaré con él, y él conmigo" (Ap. 3:20).**

2. El propósito para una unidad perfeccionada es que el mundo pueda *saber* que Dios envió a Jesús al mundo para salvarlo. Ahora bien, advierta un punto significativo: hay una diferencia cada vez que Jesús ora por la unidad en este capítulo. Y cada diferencia o punto proclama un fuerte mensaje para el creyente.

Está...

- la *unidad del nombre de Dios,* o llamar el nombre de Dios para mantener alejados a los creyentes de un mundo dividido y su influencia (v. 11).
- la *unidad del poder protector de Dios*, o el llamado del poder de Dios para liberar a los creyentes de la maldad del mundo y del diablo (v. 15).
- la *unidad del testimonio*, que el mundo pueda creer que Dios envió a Cristo (ver notas, Jn. 3:32-34; Estudio a fondo1, 3:34). Creerán mediante un testigo unificado (v. 21).
- la *unidad del amor*, que el mundo pueda saber que Dios envío a Cristo. Lo sabrán a través de un amor unificado (v. 23).

Hay un mundo de diferencia entre una unidad de testimonio y una unidad de amor. El mundo puede llegar a creer en el evangelio por medio de un testimonio unificado de Cristo, pero la única forma en que el mundo puede llegar a conocer el evangelio es a través de un *amor unificado* entre los creyentes. Advierta dos cosas.

a. Que el mundo lo que más necesita es amor, una gran demostración de amor de una multitud masiva de personas (cp. 1 Co. 13:4-7). Piense acerca del enorme impacto que podríamos tener sobre el mundo si realmente estuviéramos unificados en amor.

b. El amor necesitado entre los creyentes es un amor diferente al *así llamado amor* del mundo. El amor necesario es un amor de sacrificio que dará todo lo que *es* y *tiene* para ministrar a un mundo que está funcionando bajo el peso del hambre, las enfermedades y las masas agonizantes de personas. (Ver notas, Amor, Jn. 13:33-35; 21:15-17.)

"En esto hemos conocido el amor, en que él puso su vida por nosotros; también nosotros debemos poner nuestras vidas por los hermanos" (1 Jn. 3:16).

"Un mandamiento nuevo os doy: Que os améis unos a otros; como yo os he amado, que también os améis unos a otros. En esto conocerán todos que sois mis discípulos, si tuviereis amor los unos con los otros" (Jn. 13:34, 35).

"Mas Dios muestra su amor para con nosotros, en que siendo aún pecadores, Cristo murió por nosotros" (Ro. 5:8).

ESTUDIO A FONDO 2

(17:23) ***Perfecto - Perfeccionado*** (telelos): La idea de perfección es la perfección del propósito. Tiene que ver con un fin, una meta, un objetivo, un propósito. Significa adecuado, maduro, plenamente crecido en una etapa de crecimiento en particular. Por ejemplo, un niño plenamente crecido es un niño perfecto; ha alcanzado la altura de la niñez, ha logrado el propósito de la niñez. La palabra "perfecto" no significa perfección de carácter, esto es, estar sin pecado. Es adecuación, madurez para la tarea y el propósito. Es desarrollo total, madurez de la divinidad. (Ver nota, Ef. 4:12-16; cp. Fil. 3:12; 1 Jn. 1:8, 10).

La Biblia revela tres etapas de perfección.

1. Perfección de salvación. La muerte de Cristo garantizó para siempre la perfección y redención de aquellos separados para Dios (He. 10:14).

2. Perfección progresiva o de madurez. Dios revela todo lo que es contrario a su propósito y se espera del creyente que lo limpie (Fil. 3:13-15, esp. 15). La "santidad perfecta" (2 Co. 7:1) del creyente "ahora se perfecciona" (Gá. 3:3). Como miembro de la iglesia, el creyente está experimentando "la perfección de los santos" (Ef. 4:12; Col. 4:12; He. 13:21; Stg. 1:4; 1 Jn. 4:17, 18).

3. La perfección redentora o resucitada. El propósito y la meta del creyente es "alcanzar la resurrección de los muertos... [para que sean] perfectos" (Fil. 3:11, 12).

La idea del Señor es que el creyente maduro hará el bien y demostrará cordialidad a todos los hombres, tanto malos como buenos. Llega a la madurez de corazón cuando muestra amor a sus enemigos así como también a sus amigos. El amor de Dios y de Cristo son el ejemplo para el creyente del amor perfeccionado (ver notas, Jn. 13:33-35; 21:15-17).

4 (17:24) ***Gloria:*** En tercer lugar, Jesús solicitó que los creyentes puedan estar con Él en la gloria. (Ver notas, Jn. 17:5-8; 14:1-3; Resurrección, Jn. 14:6 para mayor discusión al respecto).

"En la casa de mi Padre muchas moradas hay; si así no fuera, yo os lo hubiera dicho; voy, pues, a preparar lugar para vosotros. Y si me fuere y os preparare lugar, vendré otra vez, y os tomaré a mí mismo, para que donde yo estoy, vosotros también estéis" (Jn. 14:2, 3).

"Porque sabemos que si nuestra morada terrestre, este tabernáculo, se deshiciere, tenemos de Dios un edificio, una casa no hecha de manos, eterna, en los cielos. Y por esto también gemimos, deseando ser revestidos de aquella nuestra habitación celestial" (2 Co. 5:1, 2).

"A causa de la esperanza que os está guardada en los cielos, de la cual ya habéis oído por la palabra verdadera del evangelio" (Col. 1:5).

"Después de esto miré, y he aquí una gran multitud, la cual nadie podía contar, de todas naciones y tribus y pueblos y lenguas, que estaban delante del trono y en la presencia del Cordero, vestidos de ropas blancas, y con palmas en las manos" (Ap. 7:9).

"Bienaventurados los que lavan sus ropas, para tener derecho al árbol de la vida, y para entrar por las puertas en la ciudad" (Ap. 22:14).

5 (17:25, 26) ***Testimonio:*** La conclusión de la oración de Jesús es un testimonio asombroso.

1. Está el testimonio del mundo. El mundo no ha conocido a Dios. Jesús fue la revelación de Dios; por lo tanto, todos los que vieron a Jesús vieron a Dios. Sin embargo, el mundo lo rechazó, rehusándose a conocerlo (ver nota, punto 3, Jn. 15:19-24 para mayor discusión).

"Porque ignorando la justicia de Dios, y procurando establecer la suya propia, no se han sujetado a la justicia de Dios" (Ro. 10:3).

"Teniendo el entendimiento entenebrecido, ajenos de la vida de Dios por la ignorancia que en ellos hay, por la dureza de su corazón" (Ef. 4:18).

"Pero yo dije: Ciertamente éstos son pobres, han enloquecido, pues no conocen el camino de Jehová, el juicio de su Dios" (Jer. 5:4).

"Mas ellos no conocieron los pensamientos de Jehová, ni entendieron su consejo; por lo cual los juntó como gavillas en la era" (Mi. 4:12).

2. Está el testimonio de Jesús. Él conocía a Dios. Él fue eterno y siempre existió con Dios. Él era el Hijo de Dios mismo. (Ver nota - Jn. 17:5-8 para mayor discusión.

"Todas las cosas me fueron entregadas por mi Padre; y nadie conoce al Hijo, sino el Padre, ni al Padre conoce alguno, sino el Hijo, y aquel a quien el Hijo lo quiera revelar" (Mt. 11:27).

"Pero yo le conozco, porque de él procedo, y él me envió" (Jn. 7:29).

"Pero vosotros no le conocéis; mas yo le conozco, y si dijere que no le conozco, sería mentiroso como vosotros; pero le conozco, y guardo su palabra" (Jn. 8:55).

"Así como el Padre me conoce, y yo conozco al Padre; y pongo mi vida por las ovejas" (Jn. 10:15).

"Padre justo, el mundo no te ha conocido, pero yo te he conocido, y éstos han conocido que tú me enviaste" (Jn. 17:25).

3. Está el testimonio de los creyentes a lo largo de los siglos.

Los creyentes saben que Dios envió a Cristo. (Ver nota, puntos 2-3 - Jn. 17:5-8.)

> **“Pero yo le conozco, porque de él procedo, y él me envió” (Jn. 7:29).**
>
> **“Jesús entonces les dijo: Si vuestro padre fuese Dios, ciertamente me amaríais; porque yo de Dios he salido, y he venido; pues no he venido de mí mismo, sino que él me envió” (Jn. 8:42).**
>
> **“¿Al que el Padre santificó y envió al mundo, vosotros decís: Tú blasfemas, porque dije: Hijo de Dios soy?” (Jn. 10:36).**
>
> **“Para que todos sean uno; como tú, oh Padre, en mí, y yo en ti, que también ellos sean uno en nosotros; para que el mundo crea que tú me enviaste” (Jn. 17:21).**

4. Está la fidelidad de Jesús.
   ⇒ Él declaró y reveló a Dios (ver notas, Jn. 14:6)
   ⇒ Su propósito de que los hombres pudieran *conocer* el amor de Dios y *tener* el amor de Dios morando “en” ellos. (Ver notas, Jn. 17:23).

> **“Porque de tal manera amó Dios al mundo, que ha dado a su Hijo unigénito, para que todo aquel que en él cree, no se pierda, mas tenga vida eterna” (Jn. 3:16).**
>
> **“Mas Dios muestra su amor para con nosotros, en que siendo aún pecadores, Cristo murió por nosotros” (Ro. 5:8).**
>
> **“Y este es su mandamiento: Que creamos en el nombre de su Hijo Jesucristo, y nos amemos unos a otros como nos lo ha mandado” (1 Jn. 3:23).**

	CAPÍTULO 18 **XV. LA REVELACIÓN DE JESÚS, EL SALVADOR SUFRIENTE, 18:1—19:42** **A. El arresto: Rendición absoluta, 18:1-11** (Mt. 26:36-56; Mr. 14:32-52; Lc. 22:39-53)	se adelantó y les dijo: ¿A quién buscáis? 5 Le respondieron: A Jesús nazareno. Jesús les dijo: Yo soy. Y estaba también con ellos Judas, el que le entregaba. 6 Cuando les dijo: Yo soy, retrocedieron, y cayeron a tierra.	a. Él "salió" voluntariamente b. Una confesión y declaración valiente c. Una explosión milagrosa de revelación "Yo soy"
		7 Volvió, pues, a preguntarles: ¿A quién buscáis? Y ellos dijeron: A Jesús nazareno.	**3 Un compromiso protector o vicario**
1 Una devoción a Dios a. "Salió" para prepararse espiritualmente b. "Salió" para preparar la escena según la voluntad de Dios 1) Fue a un lugar conocido por Judas	1 Habiendo dicho Jesús estas cosas, salió con sus discípulos al otro lado del torrente de Cedrón, donde había un huerto, en el cual entró con sus discípulos. 2 Y también Judas, el que le entregaba, conocía aquel lugar, porque muchas veces Jesús se había reunido allí con sus discípulos.	8 Respondió Jesús: Os he dicho que yo soy; pues si me buscáis a mí, dejad ir a éstos; 9 para que se cumpliese aquello que había dicho: De los que me diste, no perdí ninguno.	a. Se entregó a sí mismo por los discípulos b. Su motivo: para cumplir su Palabra
2) Judas fue con una gran cantidad de soldados para arrestarlo	3 Judas, pues, tomando una compañía de soldados, y alguaciles de los principales sacerdotes y de los fariseos, fue allí con linternas y antorchas, y con armas.	10 Entonces Simón Pedro, que tenía una espada, la desenvainó, e hirió al siervo del sumo sacerdote, y le cortó la oreja derecha. Y el siervo se llamaba Malco. 11 Jesús entonces dijo a Pedro: Mete tu espada en la vaina; la copa que el Padre me ha dado, ¿no la he de beber?	**4 Una obediencia inmutable** a. El celo leal pero carnal de Pedro b. La firme determinación de Jesús de obedecer la voluntad de Dios: beber la copa
2 Una determinación voluntaria	4 Pero Jesús, sabiendo todas las cosas que le habían de sobrevenir,		

DIVISIÓN XV

LA REVELACIÓN DE JESÚS, EL SALVADOR SUFRIENTE, 18:1—19:42

A. El arresto: Rendición absoluta, 18:1-11

(18:1-11) ***Otro bosquejo:*** Rendición absoluta: Jesús salió.

1. Jesús salió, devocionalmente (vv. 1-3).
2. Jesús salió, voluntariamente, confesando quién era (vv. 4-6).
3. Jesús salió, vicariamente (vv. 7-9).
4. Jesús salió para morir, para beber la copa (vv. 10, 11).

(18:1-11) ***Introducción:*** Jesucristo nos presenta una excelente imagen de entrega absoluta.

1. Una devoción a Dios (vv. 1-3).
2. Una determinación voluntaria (vv. 4-6).
3. Un compromiso protector o vicario (vv. 7-9).
4. Una obediencia inmutable (vv. 10, 11).

[1] (18:1-3) ***Devoción:*** Está la imagen de la devoción a Dios. Advierta las palabras "salió" (exelthen, v. 1; exelthon, v. 4). La idea que se quiere transmitir es la de *propósito.* Jesús salió deliberadamente, por un propósito específico, sabiendo exactamente qué estaba haciendo.

1. Jesús "salió" para prepararse espiritualmente. Estaba enfrentando la *hora* a la que Dios lo había convocado, la hora de su muerte (ver nota, Hora, Jn. 2:3-5; Estudio a fondo 1, 12:23, 24). Él sabía que la voluntad de Dios era que muriera por los pecados del mundo. Él conocía la separación terrible de Dios que causa el pecado. Por lo tanto, Él sabía que iba a ser alejado de la presencia de Dios, que Dios lo iba a abandonar y a darle la espalda a causa del pecado. Estaba sintiendo la tremenda presión del próximo juicio de Dios sobre el pecado que iba a ejercerse sobre Él. En la carne, quería huir. Quería otra forma de ser elegido para salvar al hombre (Mt. 26:39, 42, 44). Sin embargo, Él...

- estaba comprometido con Dios.
- estaba totalmente *dedicado* a su Padre.
- *debía* cumplir la voluntad de Dios.

Pero para cumplir con la voluntad de Dios, necesitaba la ayuda de Dios. Tenía que orar y buscar el rostro de Dios. Necesitaba desesperadamente a Dios para satisfacer su necesidad en alguna manera especial. Fue por este motivo que se dirigió al huerto. Buscaba estar solo con su Padre, hacer que su Padre lo fortaleciera por la severa prueba y juicio de la cruz.

El punto desgarra el corazón del creyente, porque Jesús sabía que iba a tener que cargar con los pecados del mundo en la cruz, y la presión era casi insoportable. Jesús podía haber huido. Podía haberse alejado e insistir que la copa pasara de Él. Pero no lo hizo. Estaba totalmente dedicado a Dios, por lo que "salió" deliberadamente, con el propósito de orar y buscar fortaleza en Dios, por la fuerza para cumplir con la voluntad de Dios. (Ver bosquejo y notas, Mt. 26:36-46 para una discusión sobre la experiencia en el Huerto de Getsemaní. Juan no abarca la agonía real que Jesús sintió mientras oraba. Su propósito es sencillamente mostrar la total devoción de Jesús a la voluntad de Dios. Los otros evangelios tratan sobre la increíble agonía del Señor).

2. Jesús salió para preparar la escena de manera que se cumpliera la voluntad de Dios. Fue al Huerto de Getsemaní, probablemente al mismo lugar donde con frecuencia oraba y pasaba la noche cuando estaba en Jerusalén (cp. Lc. 22:39). No tenía por qué ir allí. Podría haber elegido otro rumbo, algún otro lugar para buscar a Dios. Pero fue al lugar que conocía Judas. Estaba totalmente dedicado a Dios, entonces "salió" para preparar la escena de modo que se cumpliera la voluntad de Dios.

Advierta la gran cantidad de soldados que vinieron a arrestar a Jesús (ver Estudio a fondo 1, Jn. 18:3).

> ***Pensamiento 1:*** Jesús es el ejemplo dinámico del creyente. El creyente debe dedicarse y estar totalmente comprometido a hacer la voluntad de Dios. El creyente debe *salir* todo el tiempo...
> - para prepararse espiritualmente.
> - para preparar la escena de modo que pueda cumplir la voluntad de Dios.
> - para cumplir la voluntad de Dios.

"Despedida la multitud, subió al monte a orar aparte; y cuando llegó la noche, estaba allí solo" (Mt. 14:23).

"Levantándose muy de mañana, siendo aún muy oscuro, salió y se fue a un lugar desierto, y allí oraba" (Mr. 1:35).

"Y de igual manera el Espíritu nos ayuda en nuestra debilidad; pues qué hemos de pedir como conviene, no lo sabemos, pero el Espíritu mismo intercede por nosotros con gemidos indecibles" (Ro. 8:26).

"Tarde y mañana y a mediodía oraré y clamaré, y él oirá mi voz" (Sal. 55:17).

"Pero en cuanto a mí, el acercarme a Dios es el bien; he puesto en Jehová el Señor mi esperanza, para contar todas tus obras" (Sal. 73:28).

"Me invocará, y yo le responderé; con él estaré yo en la angustia; lo libraré y le glorificaré" (Sal. 91:15).

"Tú guardarás en completa paz a aquel cuyo pensamiento en ti persevera; porque en ti ha confiado. Confiad en Jehová perpetuamente, porque en Jehová el Señor está la fortaleza de los siglos" (Is. 26:3, 4).

"Clama a mí, y yo te responderé, y te enseñaré cosas grandes y ocultas que tú no conoces" (Jer. 33:3).

ESTUDIO A FONDO 1

(18:3) ***Compañía*** (speira): Esta era una *cohorte* de soldados. Una cohorte era una décima parte de la legión romana. Habitualmente tenía seiscientos soldados. En raras ocasiones, se utilizaba la palabra cohorte para un destacamento de doscientos soldados. Advierta que las autoridades también tenían la policía del templo que se unía a ellos. Era una gran fuerza armada de varios cientos los que vinieron a arrestar a Jesús. Había corrido el rumor de que el Mesías, el Rey Judío prometido, había venido. Aparentemente, los romanos creyeron que tenían que asegurarse de que no habría levantamientos cuando arrestaran a Jesús. Advierta un hecho interesante: llevaron linternas y antorchas. Las Pascuas tuvieron lugar durante los días de luna llena, por lo tanto habría mucha luz natural. ¿Por qué, entonces, se necesitaban linternas y antorchas? Probablemente esperaban que Jesús huyera y se escondiera en los arbustos, árboles y lugares oscuros del huerto.

2 (18:4-6) ***Propósito - Determinación - Jesucristo - deidad:*** Está la imagen de la determinación voluntaria. Advierta varios puntos significativos.

1. Jesús "salió" voluntariamente. Advierta las palabras: "sabiendo todas las cosas que le habían de sobrevenir". Él conocía todo el sufrimiento y el dolor del juicio de Dios que recaería sobre Él. Pero aún así salió para encontrar al mundo que lo estaba rechazando y que estaba viniendo a arrestarlo y matarlo. El punto es este: estaba resuelto y dispuesto a morir por los pecados del hombre. Él estaba eligiendo voluntariamente morir por los hombres. (Ver nota, punto 2 - Jn. 10:17, 18 para mayor discusión al respecto. También ver Estudio a fondo 2, Mt. 26:37, 38).

2. Jesús hizo una valiente confesión y declaración. Advierta: Él no huyó del mundo y su persecución.

⇒ Hizo una valiente confesión: YO SOY. No huyó a los arbustos o cavernas del huerto, temiendo a sus perseguidores. Conocía la voluntad de Dios, y estaba determinado a llevarla adelante.

⇒ Hizo una valiente declaración: YO SOY. Esta es la declaración de la deidad. Imagine la escena. Los soldados habían venido para arrestar a un campesino. Esperaban que huyera y se escondiera para salvar su vida. Pero allí estaba Él, un hombre solitario parado cara a cara frente a ellos, proclamando valientemente: "Yo soy" (ver Estudio a fondo 1, Jn. 6:20).

> ***Pensamiento 1:*** ¡Vaya experiencia dinámica para los creyentes! Cuando se conoce la voluntad de Dios, se la debe cumplir valientemente, sin importar la oposición o la amenaza.

"Así que, hermanos míos amados, estad firmes y constantes, creciendo en la obra del Señor siempre, sabiendo que vuestro trabajo en el Señor no es en vano" (1 Co. 15:58).

"Velad, estad firmes en la fe; portaos varonilmente, y esforzaos" (1 Co. 16:13).

"Por lo demás, hermanos míos, fortaleceos en el Señor, y en el poder de su fuerza" (Ef. 6:10).

"Tú, pues, hijo mío, esfuérzate en la gracia que es en Cristo Jesús" (2 Ti. 2:1).

"Porque esta es la voluntad de Dios: que haciendo bien, hagáis callar la ignorancia de los hombres insensatos" (1 P. 2:15).

"Puesto que Cristo ha padecido por nosotros en la carne, vosotros también armaos del mismo pensamiento; pues quien ha padecido en la carne, terminó con el pecado, para no vivir el tiempo que resta en la carne, conforme a las concupiscencias de los hombres, sino conforme a la voluntad de Dios" (1 P. 4:1, 2).

"Esforzaos y cobrad ánimo; no temáis, ni tengáis miedo de ellos, porque Jehová tu Dios es el que va contigo; no te dejará, ni te desamparará" (Dt. 31:6).

Pensamiento 2: La declaración de Jesús "YO SOY" es definitivamente la palabra de la deidad. Debe haber afectado a Judas. Nunca sabemos qué efecto tiene sobre un alma una confesión valiente. Nuestra tarea es confesar y proclamar a Cristo ante un mundo perdido y hostil.

"Te mando delante de Dios, que da vida a todas las cosas, y de Jesucristo, que dio testimonio de la buena profesión delante de Poncio Pilato, que guardes el mandamiento sin mácula ni reprensión, hasta la aparición de nuestro Señor Jesucristo" (1 Ti. 6:13, 14).

"Conforme a la fe murieron todos éstos sin haber recibido lo prometido, sino mirándolo de lejos, y creyéndolo, y saludándolo, y confesando que eran extranjeros y peregrinos sobre la tierra" (He. 11:13).

"En esto conoced el Espíritu de Dios: Todo espíritu que confiesa que Jesucristo ha venido en carne, es de Dios; y todo espíritu que no confiesa que Jesucristo ha venido en carne, no es de Dios; y este es el espíritu del anticristo, el cual vosotros habéis oído que viene, y que ahora ya está en el mundo" (1 Jn. 4:2, 3).

"Todo aquel que confiese que Jesús es el Hijo de Dios, Dios permanece en él, y él en Dios" (1 Jn. 4:15).

3. Hubo una explosión milagrosa de revelación en las palabras "YO SOY". En tanto sabemos, no hubo una explosión de luz majestuosa que saliera de Jesús. Sólo la declaración fenomenal: "YO SOY". Esta es la gran declaración de Dios. Cuando Jesús hizo la declaración, algo sucedió. Aparentemente Dios milagrosamente golpeó a quienes venían a arrestar a Jesús con la declaración, si bien ellos no lo comprendieron. Fueron golpeados con...

- la autoridad de la declaración.
- el poder de la declaración.
- la presencia de la declaración, encarnada en Jesús mientras estaba allí de pie.

Recuerde que Jesús es el "YO SOY", el Hijo de Dios mismo. La misma naturaleza de Dios estaba encarnada en Él. Cuando hizo la declaración, especialmente ante una situación tan importante, lo más probable es que hubiera una explosión de revelación.

Pensamiento 1: Esto es crítico. Los hombres deben seguir la declaración de Jesucristo: la explosión de la revelación de que Él es el gran "YO SOY". Deben seguir la declaración mientras todavía hay tiempo. Los que vinieron a arrestarlo, de pie enfrentando a Cristo, todavía tenían tiempo de confesarlo. Mientras el hombre esté vivo, todavía tiene tiempo (2 Co. 6:2).

"El que en él cree, no es condenado; pero el que no cree, ya ha sido condenado, porque no ha creído en el nombre del unigénito Hijo de Dios" (Jn. 3:18).

"Por eso os dije que moriréis en vuestros pecados; porque si no creéis que yo soy, en vuestros pecados moriréis" (Jn. 8:24).

"Porque dice: En tiempo aceptable te he oído, y en día de salvación te he socorrido. He aquí ahora el tiempo aceptable; he aquí ahora el día de salvación" (2 Co. 6:2).

"Mirad, hermanos, que no haya en ninguno de vosotros corazón malo de incredulidad para apartarse del Dios vivo; antes exhortaos los unos a los otros cada día, entre tanto que se dice: Hoy; para que ninguno de vosotros se endurezca por el engaño del pecado. Porque somos hechos participantes de Cristo, con tal que retengamos firme hasta el fin nuestra confianza del principio" (He. 3:12-14).

"El hombre que reprendido endurece la cerviz, de repente será quebrantado, y no habrá para él medicina" (Pr. 29:1).

"Pasó la siega, terminó el verano, y nosotros no hemos sido salvos" (Jer. 8:20).

[3] (18:7-9) ***Jesucristo, Muerte:*** Está la imagen del compromiso protector o vicario. Los discípulos corrían peligro, pero Jesús dio un paso adelante para salvarlos al ofrecerse a sí mismo en lugar de ellos. Su amor protector y su sufrimiento vicario por el hombre es una imagen clara.

⇒ Dio un paso adelante en su lugar, para salvarlos del sufrimiento y la muerte (ver Estudio a fondo 2, Jn. 10:11.)

⇒ Ofreció cargar solo con la muerte. No había ninguna necesidad de que ellos murieran. (Cp. Ro. 5:8; 1 P. 3:18.)

Advierta que el acto de Jesús cumple con las Escrituras. Él no debía perder a nadie que Dios le hubiera dado (Sal. 41:9; 109:4-13; ver notas, Jn. 17:1-4; punto 2; 17:9-11, punto 1 para mayor discusión al respecto.)

Pensamiento 1: Advierta tres puntos significativos.

1) Advierta la gloriosa seguridad del creyente. Jesús no perderá a nadie que el Padre le haya dado. Toda persona debería pedirle a Dios que tomara su vida y se la entregara a Cristo.

"Y yo les doy vida eterna; y no perecerán jamás, ni nadie las arrebatará de mi mano. Mi Padre que me las dio, es mayor que todos, y nadie las puede arrebatar de la mano de mi Padre" (Jn. 10:28, 29).

2) Advierta la protección que Cristo ha provisto para el hombre. Él murió vicariamente por el hombre, pero todo hombre debe aceptar su muerte como la suya propia a fin de ser salvo.

"Porque de tal manera amó Dios al mundo, que ha dado a su Hijo unigénito, para que todo aquel que en él *cree*, no se pierda, mas tenga vida eterna" (Jn. 3:16).

"Mas Dios muestra su amor para con nosotros, en que siendo aún pecadores, Cristo murió *por nosotros*" (Ro. 5:8).

3) Advierta el compromiso protector y vicario que los creyentes deben tener para el mundo. Deben entregar todo lo que son y lo que tienen para cumplir con las necesidades de un mundo desesperado que anda en pena, pecado y muerte (ver Estudio a fondo 1, Lc. 9:23).

"Y decía a todos: Si alguno quiere venir en pos de mí, niéguese a sí mismo, tome su cruz cada día, y sígame" (Lc. 9:23).

4 (18:10, 11) ***Jesucristo, Obediencia:*** Está la imagen de la obediencia inmutable de Jesús. Pedro pensó que había llegado la hora del Mesías, que Jesucristo estaba ahora preparado para liberar a Israel y establecer el trono de David como la nación dominante del mundo (ver notas, Mt. 1:1; Estudio a fondo 2, 1:18; Estudio a fondo 2, 3:11; notas, 11:1-6; 11:2, 3; Estudio a fondo 1, 11:5; Estudio a fondo 2, 11:6; Estudio a fondo 1, 12:16; notas, 22:42; Lc. 7:21-23). Pedro desenvainó su espada y atacó, cortando la oreja de Malco (advierta que Pedro *tenía* una espada).

La imagen retratada por el comportamiento de Pedro es de compromiso carnal, el tipo de compromiso que actúa y lucha en la carne. Pedro tomó su posición por Jesús *en la carne;* por lo tanto, fracasó. Finalmente, abandonó a Jesús. Actuar en la carne siempre resultará en fracaso y en abandono de Jesús.

"Porque los que son de la carne piensan en las cosas de la carne; pero los que son del Espíritu, en las cosas del Espíritu. Porque el ocuparse de la carne es muerte, pero el ocuparse del Espíritu es vida y paz" (Ro. 8:5, 6).

"Porque si vivís conforme a la carne, moriréis; mas si por el Espíritu hacéis morir las obras de la carne, viviréis" (Ro. 8:13).

Pedro no comprendió bien la Palabra del Señor. En primer lugar, Pedro pensó que Jesús iba a establecer un reinado terrenal. Pensó en términos del mundo físico y material. Por lo tanto, no logró entender el reinado espiritual y eterno (dimensión del ser) proclamado por Jesús. En segundo lugar, Pedro nunca aceptó la Palabra de Jesús. Jesús había anunciado su muerte y advertido a los apóstoles, dándoles un entrenamiento extenso durante meses (ver notas, Mt. 16:13-20; 16:21-28; 17:1-13; 17:22; 17:24-27). Sin embargo, Pedro se rehusó a dejar de lado sus ideas preconcebidas y aceptar lo que Jesús estaba diciendo. Por ende, no vio el mundo eterno del Espíritu ni la salvación eterna que Jesús estaba garantizando.

Advierta la resolución de hierro de Jesús para obedecer la voluntad de Dios (ver Estudio a fondo 2, Jn. 18:11 para mayor discusión).

"Yendo un poco adelante, se postró sobre su rostro, orando y diciendo: Padre mío, si es posible, pase de mí esta copa; pero no sea como yo quiero, sino como tú" (Mt. 26:39).

"Levantaos, vamos; he aquí, se acerca el que me entrega" (Mr. 14:42).

"Por eso me ama el Padre, porque yo pongo mi vida, para volverla a tomar. Nadie me la quita, sino que yo de mí mismo la pongo. Tengo poder para ponerla, y tengo poder para volverla a tomar. Este mandamiento recibí de mi Padre" (Jn. 10:17, 18).

"Mas para que el mundo conozca que amo al Padre, y como el Padre me mandó, así hago. Levantaos, vamos de aquí" (Jn. 14:31).

ESTUDIO A FONDO 2

(18:11) ***Copa:*** Jesucristo estaba resuelto a no temer ni escaparle a la muerte. Esto se ve claramente en Jn. 10:17, 18. La muerte por una causa no es un gran precio a pagar. Muchos hombres han muerto de ese modo ?sin temor y dispuestos?, algunos quizá más cruelmente que Jesús mismo. Lo que le estaba sucediendo a Cristo no era la experiencia de escapar de la traición, los golpes, la humillación y la muerte (todo esto incrementado por el conocimiento previo). Como se dijo anteriormente, algunos hombres han enfrentado tales circunstancias con valor, incluso *invitando* al martirio por una causa. El Señor sabía que iba a morir desde el principio, y había estado preparando a sus discípulos para su muerte (ver nota, Mt. 16:13-20). No era sólo el sufrimiento humano o físico al que Jesús le temía. Dicha explicación es totalmente inadecuada al explicar Getsemaní. La gran copa o prueba que Jesús estaba experimentando era la separación de Dios (ver nota y Estudio a fondo 2, Mt. 26:37, 38). Iba a ser el "Cordero de Dios" de sacrificio que quita los pecados del mundo (Jn. 1:29). Él debe cargar con el juicio de Dios por los pecados del mundo (ver nota, Mt. 27:46-49; cp. Is. 53:10). Jesús mismo ya había hablado de la "copa" cuando hacía referencia a Su muerte de sacrificio (ver Estudio a fondo 2, Mt. 20:22, 23; nota, Mr. 14:41, 42; Estudio a fondo 2, 14:36; nota, Jn. 18:11).

Las Escrituras hablan de la copa de diversas maneras.

1. La copa es llamada "bebiste de la mano de Jehová el cáliz de su ira" (Is. 51:17).
2. La copa está relacionada con el sufrimiento y la ira de Dios (cp. Sal. 11:6; Is. 51:17; Lc. 22:42).
3. La copa también está relacionada con la salvación. Puesto que Jesús tomó de la copa del sufrimiento y de la ira por nosotros, podemos "tomar la copa de la salvación e invocaré el nombre de Jehová" (Sal. 116:13). Él carga con el juicio de Dios por los pecados del mundo (Is. 53:10).

	B. Los judíos y Pedro: Negación cobarde, 18:12-27 (Mt. 26:69-75; Mr. 14:53-72; Lc. 22:54-62)	20 Jesús le respondió: Yo públicamente he hablado al mundo; siempre he enseñado en la sinagoga y en el templo, donde se reúnen todos los judíos, y nada he hablado en oculto.	1) Que demostrara sus enseñanzas, v. 19 2) Que incriminara a sus seguidores, v. 19
1 Jesús fue arrestado, aprehendido y atado	12 Entonces la compañía de soldados, el tribuno y los alguaciles de los judíos, prendieron a Jesús y le ataron,	21 ¿Por qué me preguntas a mí? Pregunta a los que han oído, qué les haya yo hablado;	b. Jesús respondió con firmeza
a. Fue conducido a Anás	13 y le llevaron primeramente a Anás; porque era suegro de Caifás, que era sumo sacerdote aquel año.	he aquí, ellos saben lo que yo he dicho. 22 Cuando Jesús hubo dicho esto, uno de los alguaciles, que	1) Su testimonio era de conocimiento público 2) El mundo conocía su testimonio
b. Su hora de morir se estaba acercando rápidamente	14 Era Caifás el que había dado el consejo a los judíos, de que convenía que un solo hombre muriese por el pueblo.	estaba allí, le dio una bofetada, diciendo: ¿Así respondes al sumo sacerdote? 23 Jesús le respondió: Si he	c. Reaccionaron contra Jesús y lo maltrataron
2 La negación innecesaria de Pedro: La negación de la asociación a. Pedro siguió a Jesús b. Otro discípulo también siguió a Jesús 1) Conocía a los funcionarios del palacio 2) Hizo arreglos para que ingresara Pedro	15 Y seguían a Jesús Simón Pedro y otro discípulo. Y este discípulo era conocido del sumo sacerdote, y entró con Jesús al patio del sumo sacerdote; 16 mas Pedro estaba fuera, a la puerta. Salió, pues, el discípulo que era conocido del sumo sacerdote, y habló a la portera, e hizo entrar a Pedro.	hablado mal, testifica en qué está el mal; y si bien, ¿por qué me golpeas? 24 Anás entonces le envió atado a Caifás, el sumo sacerdote. 25 Estaba, pues, Pedro en pie, calentándose. Y le dijeron: ¿No eres tú de sus discípulos? El negó, y dijo: No lo soy.	d. Jesús incriminó al mundo e. Jesús fue llevado de un lado al otro por el mundo **4 La negación cobarde de Pedro: La negación de la separación** a. De pie con la multitud, v. 18 b. Una negación inequívoca
c. La portera le preguntó inocentemente a Pedro d. Pedro negó estar asociado con Jesús e. Pedro realizó un intento carnal para ser tomado como uno más de la multitud	17 Entonces la criada portera dijo a Pedro: ¿No eres tú también de los discípulos de este hombre? Dijo él: No lo soy. 18 Y estaban en pie los siervos y los alguaciles que habían encendido un fuego; porque hacía frío, y se calentaban; y también con ellos estaba Pedro en pie, calentándose.	26 Uno de los siervos del sumo sacerdote, pariente de aquel a quien Pedro había cortado la oreja, le dijo: ¿No te vi yo en el huerto con él? 27 Negó Pedro otra vez; y en seguida cantó el gallo.	**5 La negación frustrante de Pedro: La negación del discipulado** **6 Conclusión: Se cumplió la Palabra de Jesús**
3 La negación injusta del mundo a. Le pidieron a Jesús que se incriminara a sí mismo	19 Y el sumo sacerdote preguntó a Jesús acerca de sus discípulos y de su doctrina.		

DIVISIÓN XV

LA REVELACIÓN DE JESÚS, EL SALVADOR SUFRIENTE, 18:1—19:42

B. Los judíos y Pedro: Negación cobarde, 18:12-27

(18:12-27) ***Introducción:*** Este pasaje es un retrato descriptivo de la negación cobarde, la negación cobarde tanto del mundo como del cercano discípulo del Señor. Muestra gráficamente lo que el Señor enfrenta a diario en demasiadas vidas.

1. Jesús fue arrestado, aprehendido y atado (vv. 12-14).
2. La negación innecesaria de Pedro: La negación de la asociación (vv. 15-18).
3. La negación injusta del mundo (vv. 19-24).
4. La negación cobarde de Pedro: La negación de la separación (v. 25).
5. La negación frustrante de Pedro: La negación del discipulado (v. 26).
6. Conclusión: Se cumplió la palabra de Jesús (v. 27).

(18:12-27) ***Otro bosquejo:*** Cobardía

1. La cobardía es innecesaria (vv. 15-18).

2. La cobardía es injusta (vv. 19-24).
3. La cobardía es mundana (v. 25).
4. La cobardía es habitual (vv. 26, 27).
5. La cobardía va y viene (vv. 18:28—19:15).

1 (18:12-14) ***Jesucristo, Arrestado:*** Jesús fue arrestado, aprehendido y atado. Hay dos puntos significativos aquí.

1. Jesús fue conducido a Anás. Anás había sido el Sumo Sacerdote, pero ahora no estaba en servicio. Entonces, su yerno Caifás era el Sumo Sacerdote. (Ver nota - Jn. 11:49 para mayor discusión). Sin embargo, como lo advierte Juan, Anás seguía teniendo gran influencia. El juicio ante Anás era un juicio informal, y el complot siniestro se estaba llevando a cabo en las sombras y el secreto de la oscuridad.

El punto significativo es este: ahora estaba comenzando la hora de morir de Jesús. Hasta había sido anunciado por el mundo mismo, el líder corrupto de los extremistas religiosos (ver nota, Jn. 11:49-53 para mayor discusión. También ver Estudio a fondo 1, Hora, Jn. 12:23, 24).

2 (18:15-18) ***Negación:*** Estuvo la innecesaria negación de Pedro, la negación de asociación o simulación. Pedro y algún otro discípulo siguieron a Jesús hasta la puerta del Sumo Sacerdote. El otro discípulo probablemente fuera Juan, ya que el relato parece ser el de un testigo ocular (ver Estudio a fondo 1, Jn. 1:39; nota, Mr. 14:54). Era este discípulo el que conocía al Sumo Sacerdote en persona. El padre de Juan, un exitoso hombre de negocios, al parecer proveía de pescado al palacio. Por lo tanto, Juan era muy conocido por los empleados del palacio. Advierta que le fue permitido entrar al palacio y arreglar que Pedro ingresara también (v. 16. Ver Estudio a fondo 6, Mr. 3:17).

Advierta tres puntos sobre la innecesaria negación de Pedro.

1. La portera le hizo una pregunta inocente a Pedro. Ella conocía a Juan, sabía que era uno de los discípulos de Jesús. Puesto que Pedro estaba relacionado con Juan, ella supuso que él también era un discípulo de Jesús. Estaba manteniendo una conversación o bien pidiéndole alguna identificación a Pedro. Parecería que Pedro no corría ninguna amenaza ni peligro.

2. Pedro negó cualquier asociación con Jesús e hizo una negación inequívoca: "No lo soy". El punto es este: Pedro era muy amigo de Juan, ya que Juan había hecho una solicitud muy especial para que Pedro fuera admitido en el palacio. La portera tendía a pensar que dicha estrecha relación de Juan también estaba asociada con el Maestro de Juan. Pedro muy sencillamente le falló a su Señor negando toda relación con Él y simulando no conocerlo.

3. Pedro hizo un intento de ser conocido como uno más de la multitud. Se unió a la multitud, estando con ellos y participando de sus conversaciones y actividades.

> ***Pensamiento 1:*** Demasiadas personas niegan estar relacionadas con Cristo. Las personas nos ven en la iglesia o asociándonos con otros creyentes ?nos ven con inocencia? no pensando nada al respecto. Pero si nos preguntan, negamos toda relación con Cristo.
>
> ***Pensamiento 2:*** Demasiadas personas simulan no conocer a Cristo cuando están fuera en el mundo...
>
> • en sus empleos
> • entre sus vecinos
> • en sus escuelas
> • entre sus amigos
> • en sus funciones sociales
> • entre extraños
>
> ***Pensamiento 3:*** Demasiadas personas intentan disiparse en la multitud, tratando de ocultar su fe uniéndose con la multitud. Estando con ella y tratando de mezclarse con la gente siempre hará que un creyente niegue a su Señor.
>
> **"Y a cualquiera que me niegue delante de los hombres, yo también le negaré delante de mi Padre que está en los cielos" (Mt. 10:33).**
>
> **"El testigo falso no quedará sin castigo, y el que habla mentiras no escapará" (Pr. 19:5).**
>
> **"Sino santificad a Dios el Señor en vuestros corazones, y estad siempre preparados para presentar defensa con mansedumbre y reverencia ante todo el que os demande razón de la esperanza que hay en vosotros" (1 P. 3:15).**

3 (18:19-24) ***Jesucristo, Rechazado:*** Estaba la negación injusta del mundo. Aquí hay cinco escenas gráficas.

1. A Jesús se le pidió que se incriminara a sí mismo. Se le preguntó sobre sus discípulos y se le pidió que probara su doctrina y sus declaraciones. Muy parecido al mundo. El mundo preguntará sobre la doctrina de Jesús, pero su propósito es...

• no aprender su doctrina
• no permitir que demuestre sus declaraciones.
• no justificar sus declaraciones.
• no garantizarle rumbo y sabiduría.

El mundo pregunta sobre su doctrina para desaprobarla e incriminarlo a Él y a sus seguidores (ver Estudio a fondo 1, Jn. 18:19). El mundo no quiere tener nada que ver con Él como el Hijo de Dios, puesto que de otro modo el mundo debería arrepentirse y someterse a Él y a sus exigencias. Los hombres deben dar todo lo que son y tienen a Él si es que lo reconocen como el Señor (ver Estudio a fondo 1, Lc. 9:23).

> **"El espíritu es el que da vida; la carne para nada aprovecha; las palabras que yo os he hablado son espíritu y son vida" (Jn. 6:63).**
>
> **"El que me rechaza, y no recibe mis palabras, tiene quien le juzgue; la palabra que he hablado, ella le juzgará en el día postrero" (Jn. 12:48).**
>
> **"El que no me ama, no guarda mis palabras; y la palabra que habéis oído no es mía, sino del Padre que me envió" (Jn. 14:24).**
>
> **"Deje el impío su camino, y el hombre inicuo sus pensamientos, y vuélvase a Jehová, el cual tendrá de él misericordia, y al Dios nuestro, el cual será amplio en perdonar" (Is. 55:7).**
>
> **"El pasaje de la Escritura que leía era este: Como oveja a la muerte fue llevado; y como cordero mudo delante del que lo trasquila, así no abrió su boca" (Hch. 8:32).**

2. La respuesta de Jesús fue firme: Su doctrina y declaración habían sido expresadas públicamente. Él no había hecho nada en secreto. Su doctrina no era un mensaje de duplicidad. Él no tenía un mensaje para el público y otro que seguía en secreto.

Había abierta y claramente proclamado la verdad, y el mundo sabía con exactitud lo que Él había enseñado y proclamado.

Pensamiento 1: El problema con el mundo es doble.

1) El mundo se rehúsa a creer en la declaración de Jesús de que es el Hijo de Dios.

"Porque he descendido del cielo, no para hacer mi voluntad, sino la voluntad del que me envió" (Jn. 6:38).

"Pero yo le conozco, porque de él procedo, y él me envió" (Jn. 7:29).

"Jesús entonces les dijo: Si vuestro padre fuese Dios, ciertamente me amaríais; porque yo de Dios he salido, y he venido; pues no he venido de mí mismo, sino que él me envió" (Jn. 8:42).

"¿Al que el Padre santificó y envió al mundo, vosotros decís: Tú blasfemas, porque dije: Hijo de Dios soy?" (Jn. 10:36).

2) El mundo busca algún significado secreto, simbólico y doctrina en la Palabra de Cristo.

"Jesús entonces les dijo: Si vuestro padre fuese Dios, ciertamente me amaríais; porque yo de Dios he salido, y he venido; pues no he venido de mí mismo, sino que él me envió. ¿Por qué no entendéis mi lenguaje? Porque no podéis escuchar mi palabra" (Jn. 8:42, 43).

"El que es de Dios, las palabras de Dios oye; por esto no las oís vosotros, porque no sois de Dios" (Jn. 8:47).

"Porque ignorando la justicia de Dios, y procurando establecer la suya propia, no se han sujetado a la justicia de Dios" (Ro. 10:3).

"Teniendo el entendimiento entenebrecido, ajenos de la vida de Dios por la ignorancia que en ellos hay, por la dureza de su corazón" (Ef. 4:18).

"Y apartarán de la verdad el oído y se volverán a las fábulas" (2 Ti. 4:4).

"Y si alguno quitare de las palabras del libro de esta profecía, Dios quitará su parte del libro de la vida, y de la santa ciudad y de las cosas que están escritas en este libro" (Ap. 22:19).

"¿A quién hablaré y amonestaré, para que oigan? He aquí que sus oídos son incircuncisos, y no pueden escuchar; he aquí que la palabra de Jehová les es cosa vergonzosa, no la aman" (Jer. 6:10).

"Mas ellos no conocieron los pensamientos de Jehová, ni entendieron su consejo; por lo cual los juntó como gavillas en la era" (Mi. 4:12).

"No añadiréis a la palabra que yo os mando, ni disminuiréis de ella, para que guardéis los mandamientos de Jehová vuestro Dios que yo os ordeno" (Dt. 4:2).

"Cuidarás de hacer todo lo que yo te mando; no añadirás a ello, ni de ello quitarás" (Dt. 12:32).

"Toda palabra de Dios es limpia; él es escudo a los que en él esperan. No añadas a sus palabras, para que no te reprenda, y seas hallado mentiroso" (Pr. 30:5, 6).

3. Reaccionaron en contra de Jesús y lo maltrataron. Fue abofeteado en el rostro. Hay una imagen de cómo el mundo maltrata a Jesús. A lo largo de todo su ministerio, Jesús insistió una y otra vez con que Él era la Revelación de Dios, el Hijo de Dios mismo. (Vuelva rápidamente a referirse a todo el bosquejo o rápidamente mire los capítulos 5, 6, 8—12 sobre un sentimiento de cuán firme y rápidamente Jesús proclamaba su deidad). Sin embargo, el mundo cerró sus oídos y reaccionó. No quería que nada lo molestara, ni siquiera su religión. No quería refutación y ninguna otra respuesta dada al Sumo Sacerdote de su religión.

Pensamiento 1: La religión del mundo le permite al hombre continuar por su propio camino y hacer lo que desea y aún sentirse aceptable ante Dios. ¡Piénselo un instante! Cuántas pocas religiones —cuántas pocas iglesias— cuántos pocos sacerdotes y ministros proclaman la verdadera doctrina del *Señor* Jesús. Tan pocos están dispuestos a sacrificar sus vidas por el mundo y todo lo que son y tienen con el objeto de alcanzar un mundo perdido, hambriento y enfermo.

"Y decía a todos: Si alguno quiere venir en pos de mí, *niéguese a sí mismo*, tome su cruz [muera] cada día, y sígame" (Lc. 9:23. Ver notas, Mt. 19:21, 22; 19:23-26 para mayor discusión).

"Así que, hermanos, os ruego por las misericordias de Dios, que presentéis vuestros cuerpos en sacrificio vivo, santo, agradable a Dios, que es vuestro culto racional. No os conforméis a este siglo, sino transformaos por medio de la renovación de vuestro entendimiento, para que comprobéis cuál sea la buena voluntad de Dios, agradable y perfecta" (Ro. 12:1, 2).

"Por lo cual, salid de en medio de ellos, y apartaos, dice el Señor, y no toquéis lo inmundo; y yo os recibiré, y seré para vosotros por Padre, y vosotros me seréis hijos e hijas, dice el Señor Todopoderoso" (2 Co. 6:17, 18).

"No améis al mundo, ni las cosas que están en el mundo. Si alguno ama al mundo, el amor del Padre no está en él. Porque todo lo que hay en el mundo, los deseos de la carne, los deseos de los ojos, y la vanagloria de la vida, no proviene del Padre, sino del mundo" (1 Jn. 2:15, 16).

4. Jesús incriminó al mundo: El mundo no podía acusar a Jesús de maldad. Él era sin pecado, completamente sin falta. No había mentido. Siempre había dicho la verdad. Él era el *Hijo perfecto de Dios* que había venido a la tierra a proclamar la doctrina de Dios perfectamente.

"¿Quién de vosotros me redarguye de pecado? Pues si digo la verdad, ¿por qué vosotros no me creéis?" (Jn. 8:46; cp. 2 Co. 5:21; He. 4:15; 7:26; 1 P. 1:19; 2:22).

Sin embargo, el mundo se siente incriminado, puesto que siempre ha rechazado y maltratado al Hombre Perfecto, al Hijo de Dios mismo. En su rechazo, el mundo se expone a sí mismo como malo y su maldad más terrible es el rechazo del Hombre Perfecto. (Advierta algo: el rechazo de Jesús es imperdonable. El hombre que rechaza a Jesús no será salvo. Una persona debe creer y aceptar la doctrina del Señor Jesucristo para ser salvo.)

"Así que, somos embajadores en nombre de Cristo, como si Dios rogase por medio de nosotros; os rogamos en nombre de Cristo: Reconciliaos con Dios. Al que no conoció pecado, por nosotros lo hizo pecado, para que nosotros fuésemos hechos justicia de Dios en él" (2 Co. 5:20, 21).

"Sabiendo que fuisteis rescatados de vuestra vana manera de vivir, la cual recibisteis de vuestros padres, no con cosas corruptibles, como oro o plata, sino con la

sangre preciosa de Cristo, como de un cordero sin mancha y sin contaminación" (1 P. 1:18, 19).

5. Jesús fue movido de un lado a otro por el mundo. Esta es una imagen de los hombres buscando ayuda en otros para desaprobar a Jesús. Jesús (Su vida, doctrina, declaraciones) fue manoseado por las manos de los hombres que estaban buscando evidencias para demostrar que Él no era el Hijo de Dios.

"Para que ya no seamos niños fluctuantes, llevados por doquiera de todo viento de doctrina, por estratagema de hombres que para engañar emplean con astucia las artimañas del error" (Ef. 4:14).

"Suben a los cielos, descienden a los abismos; sus almas se derriten con el mal. Tiemblan y titubean como ebrios, y toda su ciencia es inútil" (Sal. 107:26, 27).

ESTUDIO A FONDO 1

(18:19) ***El juicio judío de Jesús:*** Exigir que Jesús se incriminara a sí mismo estaba en contra de la ley de justicia judía. Bajo la ley judía, a un acusado no se le requería que admitiera ninguna culpa; por lo tanto el juicio judío de Jesús fue una burla a la justicia. Varios hechos lo demuestran.

1. Rápidamente reunieron el tribunal *de noche*, pero era ilegal juzgar casos por la noche. Todos los criminales debían ser juzgados durante el día.

2. Se reunieron en el palacio (hogar) de Anás, no en el tribunal oficial. Esto también era ilegal. Todos los casos debían scr llevados al tribunal.

3. Jesús estaba siendo juzgado durante la semana de Pascua, pero se suponía que ningún caso se llevaba a juicio durante esa semana.

4. Los líderes no se habían reunido para juzgar a Jesús, sino para armar acusaciones en secreto y condenarlo a la muerte.

[4] (18:25) ***Pedro - Negación:*** Estuvo la negación cobarde de Pedro, la negación de la separación. Pedro se había unido a la multitud, intentando pasar por uno de ellos. Cuando se le preguntó por Jesús, negó su separación del mundo diciendo: "Yo no soy" un discípulo de Él. Yo soy uno de ustedes, simplemente otro hombre parado aquí y participando en los importantes eventos del mundo (2 Co. 6:17, 18).

Pensamiento 1: Demasiados son los creyentes que temen y porque temen pierden su testimonio de Cristo y la oportunidad de testimoniar y ganar a otros para Cristo. Demasiados temen...

- la vergüenza
- los amigos del mundo
- el ridículo
- los vecinos del mundo
- el abuso
- la gestión de negocios
- la pérdida de posición
- la pérdida de promoción

"Porque el que se avergonzare de mí y de mis palabras en esta generación adúltera y pecadora, el Hijo del Hombre se avergonzará también de él, cuando venga en la gloria de su Padre con los santos ángeles" (Mr. 8:38).

"Por tanto, no te avergüences de dar testimonio de nuestro Señor, ni de mí, preso suyo, sino participa de las aflicciones por el evangelio según el poder de Dios" (2 Ti. 1:8).

"Esforzaos y cobrad ánimo; no temáis, ni tengáis miedo de ellos, porque Jehová tu Dios es el que va contigo; no te dejará, ni te desamparará" (Dt. 31:6).

[5] (18:26) ***Pedro - Negación:*** Estuvo la negación frustrante de Pedro, la negación del discipulado. Esta fue la negación más grave de todas: "¿No te vi yo en el huerto *con él*?" Pedro negó a Jesús por dos razones muy básicas.

1. Pedro *temía* al hombre. Cuando *se* requirió una rápida respuesta, él *no fue* lo suficientemente fuerte y maduro como para defender a Jesús. Temía lo que la *multitud* pudiera hacer con él: ridiculizarlo, abusar de él, arrestarlo y matarlo. Temía que la multitud le hiciera lo mismo que le estaban haciendo a Jesús.

2. Pedro tropezó, tambaleó y fracasó respecto de morirse. Le faltó el amor suficiente para negarse por el bien de otros. Jesús murió en la cruz por el bien de los hombres que estaban al pie de la cruz insultándolo y maldiciéndolo. Voluntariamente murió por los hombres para que ellos pudieran vivir. Tanto es lo que los amaba. En ese punto de su vida, Pedro no conocía dicho amor de negación propia. No conocía el amor que se negaba y entregaba a sí mismo por el bien de los demás.

Pensamiento 1: Esta es una fuerte advertencia para todo creyente.

⇒ Pedro fue un discípulo fuerte.
⇒ Pedro conocía y había confiado en Jesús como el Mesías, el Hijo de Dios.
⇒ Pedro tenía una fuerte profesión de lealtad con Jesús.
⇒ Pedro acababa de participar en la Cena del Señor; de hecho, él acababa de participar de la primera Cena.
⇒ Pedro había dejado todo para seguir a Jesús.
⇒ Pedro había recibido enseñanzas sobre Dios y se lo había enseñado Jesús mismo.
⇒ Pedro había recibido el anuncio de que la carne era débil y que iba a fallar.

Pensamiento 2: Toda negación (de hecho, todo rechazo) de Jesús menoscaba al Señor. El rechazo y la negación ignoran quién es Jesús, el Hijo de Dios en todo su poder y majestad y dominio. La negación muestra que tememos más a los hombres que lo que tememos y reverenciamos a Dios. El rechazo de Jesús muestra cuán poco le tememos y lo reverenciamos. La exhortación bíblica debe tenerse en mente siempre: "El Señor juzgará a su pueblo. ¡Horrenda cosa es caer en manos del Dios vivo!" (He. 10:30, 31).

Pensamiento 3: Una multitud de no creyentes puede ejercer presión sobre cualquiera de nosotros. Pedro estaba donde no pertenecía. Estaba en medio de una multitud mundana. Pertenecía a uno de estos tres lugares: al lado de Cristo; solo con Dios, buscando respuestas y comprensión; o con los otros apóstoles, guiándolos en la oración por comprensión y dirección.

> **"No entres por la vereda de los impíos, ni vayas por el camino de los malos" (Pr. 4:14).**
>
> **"Así que vosotros, oh amados, sabiéndolo de antemano, guardaos, no sea que arrastrados por el error de los inicuos, caigáis de vuestra firmeza" (2 P. 3:17).**
>
> **"Profesan conocer a Dios, pero con los hechos lo niegan, siendo abominables y rebeldes, reprobados en cuanto a toda buena obra" (Tit. 1:16).**
>
> **"Si sufrimos, también reinaremos con él; si le negáremos, él también nos negará" (2 Ti. 2:12).**
>
> **"Y en nada intimidados por los que se oponen, que para ellos ciertamente es indicio de perdición, mas para vosotros de salvación; y esto de Dios" (Fil. 1:28).**
>
> **"Y con otras muchas palabras testificaba y les exhortaba, diciendo: Sed salvos de esta perversa generación" (Hch. 2:40).**

6 (18:27) ***Jesucristo, Predicciones de:*** La conclusión es que se cumplió la palabra de Jesús, y que el perdón se extendió a Pedro. Esto está implícito en el gallo cantando una tercera vez, tal como lo había anunciado Jesús (Jn. 13:38. Ver nota, Mr. 14:72 para mayor discusión.)

	C. El juicio ante Pilato: Compromiso indeciso, 18:28—19:15 (Mt. 27:11-25; Mr. 15:1-15; Lc. 23:1-5, 13-25)	38 Le dijo Pilato: ¿Qué es la verdad? Y cuando hubo dicho esto, salió otra vez a los judíos, y les dijo: Yo no hallo en él ningún delito.	h. Pregunta sincera de Pilato (verdad) **4 Movimiento 3: Nuevamente a la gente, para declarar la inocencia de Jesús**
1 Jesús fue conducido al pretorio a. Temprano por la mañana b. Los judíos no ingresaron c. Pilato iba y venía **2 Movimiento 1: A los acusadores de Jesús, para escuchar sus cargos** a. La insolente acusación: un criminal, un juicio no es necesario (odio y orgullo)	28 Llevaron a Jesús de casa de Caifás al pretorio. Era de mañana, y ellos no entraron en el pretorio para no contaminarse, y así poder comer la pascua. 29 Entonces salió Pilato a ellos, y les dijo: ¿Qué acusación traéis contra este hombre? 30 Respondieron y le dijeron: Si éste no fuera malhechor, no te lo habríamos entregado.	39 Pero vosotros tenéis la costumbre de que os suelte uno en la pascua. ¿Queréis, pues, que os suelte al Rey de los judíos? 40 Entonces todos dieron voces de nuevo, diciendo: No a éste, sino a Barrabás. Y Barrabás era ladrón.	a. Primer intento de Pilato de liberar a Jesús. Ofrece un *subsituto* b. La opción de la masa (un hombre del mundo)
b. Pilato rechazó el caso (evadiendo responsabilidad) c. La evidencia de culpa predeterminada: "Matad a..." (corazones cerrados) 1) Los judíos apedreaban 2) Los romanos crucificaban	31 Entonces les dijo Pilato: Tomadle vosotros, y juzgadle según vuestra ley. Y los judíos le dijeron: A nosotros no nos está permitido dar muerte a nadie; 32 para que se cumpliese la palabra que Jesús había dicho, dando a entender de qué muerte iba a morir.	**Capítulo 19** 1 Así que, entonces tomó Pilato a Jesús, y le azotó. 2 Y los soldados entretejieron una corona de espinas, y la pusieron sobre su cabeza, y le vistieron con un manto de púrpura; 3 y le decían: ¡Salve, Rey de los judíos! y le daban de bofetadas.	**5 Movimiento 4: Nuevamente a Jesús, para azotarlo** a. Azotes salvajes, crueles (persecución) b. Burla grosera (abusaron de su nombre y persona). c. Obediencia falsa (hipocresía)
3 Movimiento 2: A Jesús, para oír su defensa a. Pregunta despectiva de Pilato b. El reto de Jesús a Pilato: Una persona es responsable por su propio veredicto c. Reacción de Pilato: Desdén por los judíos (desdén)	33 Entonces Pilato volvió a entrar en el pretorio, y llamó a Jesús y le dijo: ¿Eres tú el Rey de los judíos? 34 Jesús le respondió: ¿Dices tú esto por ti mismo, o te lo han dicho otros de mí? 35 Pilato le respondió: ¿Soy yo acaso judío? Tu nación, y los principales sacerdotes, te han entregado a mí. ¿Qué has hecho?	4 Entonces Pilato salió otra vez, y les dijo: Mirad, os lo traigo fuera, para que entendáis que ningún delito hallo en él. 5 Y salió Jesús, llevando la corona de espinas y el manto de púrpura. Y Pilato les dijo: ¡He aquí el hombre! 6 Cuando le vieron los principales sacerdotes y los alguaciles, dieron voces, diciendo: ¡Crucifícale! ¡Crucifícale! Pilato les dijo: Tomadle vosotros, y crucificadle; porque yo no hallo delito en él.	**6 Movimiento 5: Nuevamente a la gente, para ofrecer una concesión** a. Segundo intento de Pilato por liberar a Jesús por concesión: Buscó la lástima de la gente presentando a b. El odio de la masa (gritos duros, fuertes, histéricos) c. Atrevimiento imposible de Pilato: enojado, desdén sarcástico por la masa
d. Explicación de Jesús: Su reino no es de este mundo.	36 Respondió Jesús: Mi reino no es de este mundo; si mi reino fuera de este mundo, mis servidores pelearían para que yo no fuera entregado a los judíos; pero mi reino no es de aquí.	7 Los judíos le respondieron: Nosotros tenemos una ley, y según nuestra ley debe morir, porque se hizo a sí mismo Hijo de Dios. 8 Cuando Pilato oyó decir esto, tuvo más miedo.	d. La verdadera acusación de los judíos.
e. Pregunta desconcertada de Pilato f. Declaración de Jesús: Él es rey, ser Rey fue el propósito de Su nacimiento g. Apelación sutil de Jesús	37 Le dijo entonces Pilato: ¿Luego, eres tú rey? Respondió Jesús: Tú dices que yo soy rey. Yo para esto he nacido, y para esto he venido al mundo, para dar testimonio a la verdad. Todo aquel que es de la verdad, oye mi voz.	9 Y entró otra vez en el pretorio, y dijo a Jesús: ¿De dónde eres tú? Mas Jesús no le dio respuesta. 10 Entonces le dijo Pilato: ¿A mí no me hablas? ¿No sabes que tengo autoridad para	**7 Movimiento 6: Nuevamente a Jesús, para investigar la posibilidad de un ser sobrenatural** a. Pregunta supersticiosa de Pilato: el origen de Jesús b. Grito aterrorizador y frenético de Pilato: la vida está en manos de la autoridad terrenal

c. Revelación de Jesús: hay una autoridad más elevada, superior d. Acusación de culpa de Jesús **8 Movimiento 7: Nuevamente a la gente, para liberar a Jesús** a. Sucesivos intentos de Pilato por liberar a Jesús b. Pilato chantajeó: Jesús o César **9 Movimiento 8: Al asiento de juicio ante**	crucificarte, y que tengo autoridad para soltarte? 11 Respondió Jesús: Ninguna autoridad tendrías contra mí, si no te fuese dada de arriba; por tanto, el que a ti me ha entregado, mayor pecado tiene. 12 Desde entonces procuraba Pilato soltarle; pero los judíos daban voces, diciendo: Si a éste sueltas, no eres amigo de César; todo el que se hace rey, a César se opone. 13 Entonces Pilato, oyendo esto, llevó fuera a Jesús, y se	sentó en el tribunal en el lugar llamado el Enlosado, y en hebreo Gabata. 14 Era la preparación de la pascua, y como la hora sexta. Entonces dijo a los judíos: ¡He aquí vuestro Rey! 15 Pero ellos gritaron: ¡Fuera, fuera, crucifícale! Pilato les dijo: ¿A vuestro Rey he de crucificar? Respondieron los principales sacerdotes: No tenemos más rey que César.	**todos, para dar el veredicto de crucifixión** a. Opción de Pilato: Temor del César mayor que su temor de Jesús b. La locura enfurecida de los judíos c. Pregunta amarga de Pilato d. La opción fatal de los judíos

DIVISIÓN XV

LA REVELACIÓN DE JESÚS, EL SALVADOR SUFRIENTE, 18:1—19:42

C. El juicio ante Pilato: Compromiso indeciso, 18:28—19:15

(18:28—19:15) ***Introducción:*** El juicio romano de Jesús es una imagen dramática de concesión indecisa. La escena fluye con Pilato *yendo* de y hacia Jesús y sus acusadores o la gente. El bosquejo es el adecuado para llevarlo a uno a lo largo del pasaje. Por lo tanto, las notas al pie de página no tratarán cada punto. Se agregan notas y aplicación cuando se lo considera necesario. (Ver bosquejo y Estudio a fondo 1, Mt. 27:11-25; Estudio a fondo 1, Mr. 15:11-15; nota, Lc. 23:1-25 para una discusión más detallada).

1. Jesús fue conducido al pretorio (v. 28).
2. Movimiento 1: A los acusadores de Jesús, para escuchar sus cargos (vv. 29-32).
3. Movimiento 2: A Jesús, para oír su defensa (vv. 33-38).
4. Movimiento 3: Nuevamente a la gente, para declarar la inocencia de Jesús (vv. 38-40).
5. Movimiento 4: Nuevamente a Jesús, para azotarlo (cap. 19, vv. 1-3).
6. Movimiento 5: Nuevamente a la gente, para ofrecer una concesión (vv. 4-7).
7. Movimiento 6: Nuevamente a Jesús, para investigar la posibilidad de un ser sobrenatural (vv. 8-11).
8. Movimiento 7: Nuevamente a la gente, para liberar a Jesús (v. 12).
9. Movimiento 8: Al asiento de juicio ante todos, para dar el veredicto de crucifixión (vv. 13-15).

[1] (18:28) ***Jesucristo, Pruebas de:*** Jesús fue llevado al pretorio. Era temprano por la mañana. Advierta que los judíos no ingresaron, porque el pretorio era para los gentiles y era el día de descanso y época de Pascua. Entrar al pretorio los hubiera contaminado ceremonialmente. No se les hubiera permitido participar de la Pascua. Era una preocupación trivial y superficial a la luz del juicio por la vida de un hombre, especialmente la vida del propio Hijo de Dios.

Pensamiento 1: Con demasiada frecuencia, los hombres (extremistas religiosos) atacan a otros, argumentando respecto de su religión e iglesia y sus planes, sobre ceremonias, rituales, normas, reglamentaciones y prácticas. Se olvidan de la *carne* de la verdad: el amor, el gozo, la paz, el cuidado, la comprensión y el ministerio (cp. Jn. 13:33, 34).

ESTUDIO A FONDO 1

(18:28) ***Pilato:*** El procurador de Judea. Era directamente responsable ante el Emperador por la gestión administrativa y financiera del país. Un hombre que se abrió camino en los rangos políticos y militares para convertirse en procurador. Pilato era, por lo tanto, un hombre capaz, experimentado en los asuntos de la política y el gobierno así como también en lo militar. Estuvo en el cargo durante diez años, lo que demuestra que los romanos confiaban profundamente en él. Sin embargo, los judíos despreciaban a Pilato, y Pilato despreciaba a los judíos. En particular, despreciaba su práctica intensa de la religión. Cuando Pilato se convirtió en procurador de Judea, hizo dos cosas que generaron el odio y el resentimiento por él para siempre. En primer lugar, en sus visitas estatales a Jerusalén, cabalgaba por la ciudad al estilo romano, con un águila sentado en la cima de un poste. Todos los gobernadores anteriores habían eliminado la norma por la oposición de los judíos a los ídolos. En segundo lugar, Pilato lanzó la construcción de un nuevo acueducto para Jerusalén. Para financiar el proyecto, tomó el dinero del tesoro del templo. Los judíos nunca olvidaron ni perdonaron este hecho. Se opusieron firmemente a Pilato en todo su reinado y él los trataba con la misma vara (ver Estudio a fondo 1, Mr. 15:1-15). En varias ocasiones, los líderes judíos amenazaron con ejercer su derecho de reportar a Pilato al emperador. Esto, por supuesto, molestó tremendamente a Pilato e hizo que se volviera aún más resentido contra los judíos.

[2] (18:29-32) ***Jesucristo, Juicio - Cargos contra:*** El primer movimiento de Pilato fue hacia los acusadores de Jesús, para oír sus cargos.

1. El cargo insolente. Los extremistas religiosos estaban llenos de odio y orgullo. Rechazaban y odiaban a Jesús y se convirtieron a sí mismos en sus jueces. Tomaron y asumieron el derecho a juzgar, creyendo que su veredicto y juicio no debía ser cuestionado.

Pensamiento 1: Los hombres pueden rechazar y odiar a Jesús; pueden juzgar que Cristo no es digno de ser el Señor de sus vidas. Pueden querer deshacerse de Cristo empujándolo fuera y no teniendo nada que ver con Él. Pero no pueden cambiar el hecho: Cristo aun vino a amar y salvar a los hombres, y en el análisis final, los hombres serán juzgados por Cristo.

"Porque de tal manera amó Dios al mundo, que ha dado a su Hijo unigénito, para que todo aquel que en él cree, no se pierda, mas tenga vida eterna" (Jn. 3:16).

"Por eso os dije que moriréis en vuestros pecados; porque si no creéis que yo soy, en vuestros pecados moriréis" (Jn. 8:24).

"El que me rechaza, y no recibe mis palabras, tiene quien le juzgue; la palabra que he hablado, ella le juzgará en el día postrero" (Jn. 12:48).

"Mirad, hermanos, que no haya en ninguno de vosotros corazón malo de incredulidad para apartarse del Dios vivo" (He. 3:12).

2. Pilato intentó evadir su responsabilidad.

Pensamiento 1: Con frecuencia se nos convoca para que tomemos una posición por Cristo. Es nuestro deber. Sin embargo, ¿cuántos de nosotros tememos al ridículo, al abuso y al rechazo, y terminamos evadiendo nuestra responsabilidad?

3. Los corazones de los extremistas religiosos estaban cerrados; este era su problema. Mencionaban la muerte incluso antes del juicio.

Pensamiento 1: Los extremistas religiosos rechazan a Jesús porque no quieren oírlo; no quieren tener nada que ver con las exigencias que Él coloca sobre sus vidas. El único Señor que quieren es el *señor del yo.*

"Porque el corazón de este pueblo se ha engrosado, y con los oídos oyeron pesadamente, y sus ojos han cerrado, para que no vean con los ojos, y oigan con los oídos, y entiendan de corazón, y se conviertan, y yo los sane" (Hch. 28:27).

"¡Oh almas adúlteras! ¿No sabéis que la amistad del mundo es enemistad contra Dios? Cualquiera, pues, que quiera ser amigo del mundo, se constituye enemigo de Dios" (Stg. 4:4).

ESTUDIO A FONDO 2

(18:31, 32) ***Jesucristo, Muerte:*** Los judíos tuvieron que forzar a los romanos a crucificar a Jesús, puesto que a los judíos no se les permitía ejecutar a un criminal en el día de reposo o en los días festivos. Desde la perspectiva de Dios, había sido profetizado que el Cristo sería crucificado, y la crucifixión era el método de ejecución utilizado por los romanos. Por lo tanto, los eventos debían cambiar de manera providencial para que hubiera una ejecución romana por crucifixión (cp. Jn. 3:14; 8:28; 12:32; Lc. 9:22, 23).

[3] (18:33-38) ***Decisión:*** El segundo movimiento de Pilato fue hacia Jesús para oír su defensa. Advierta dos puntos.

1. El desafío de Jesús a Pilato (v. 34). Jesús desafió a Pilato a pensar sobre el tema. Al juzgar a Jesús, una persona es responsable por su propio veredicto.

Pensamiento 1: Una persona es responsable por su veredicto sobre Jesús. Todos tienen que optar *ahora*, puesto que Jesús sostiene ser el Hijo de Dios, el único Salvador del mundo. Tenemos que dar nuestro veredicto: Él *es* o *no es* el Rey de los judíos.

"A lo suyo vino, y los suyos no le recibieron. Mas a todos los que le recibieron, a los que creen en su nombre, les dio potestad de ser hechos hijos de Dios" (Jn. 1:11, 12).

Pensamiento 2: Usualmente la gente elige seguir al hombre de poder y fama, riqueza por sobre el hombre de amor, moral y paz. Tómese un instante para pensar cuán cierto es esto. El énfasis inmoral de las películas y el énfasis violento de las noticias sólo son algunos ejemplos. ¿Hay algún hombre maravilloso que haya conocido un mundo de amor y paz y verdadera justicia? El problema es el corazón humano, el problema que sólo Jesús puede resolver.

"Yo he venido en nombre de mi Padre, y no me recibís; si otro viniere en su propio nombre, a ése recibiréis. ¿Cómo podéis vosotros creer, pues recibís gloria los unos de los otros, y no buscáis la gloria que viene del Dios único?" (Jn. 5:43, 44).

"Pero lo que sale de la boca, del corazón sale; y esto contamina al hombre. Porque del corazón salen los malos pensamientos, los homicidios, los adulterios, las fornicaciones, los hurtos, los falsos testimonios, las blasfemias" (Mt. 15:18, 19).

"El hombre bueno, del buen tesoro de su corazón saca lo bueno; y el hombre malo, del mal tesoro de su corazón saca lo malo; porque de la abundancia del corazón habla la boca" (Lc. 6:45).

"Mas la que cayó en buena tierra, éstos son los que con corazón bueno y recto *retienen la palabra oída*, y dan fruto con perseverancia" (Lc. 8:15).

"Porque con el corazón se cree para justicia, pero con la boca se confiesa para salvación" (Ro. 10:10).

"Sobre toda cosa guardada, guarda tu corazón; porque de él mana la vida" (Pr. 4:23).

2. El reino de Jesús no es de este mundo, ni de la dimensión física del ser. Es del cielo, de la dimensión espiritual del ser (ver Estudio a fondo 3, Mt. 19:23, 24; nota, Jn. 11:25-27, punto 2).

"Respondió Jesús: Mi reino no es de este mundo; si mi reino fuera de este mundo, mis servidores pelearían para que yo no fuera entregado a los judíos; pero mi reino no es de aquí" (Jn. 18:36).

"Porque el reino de Dios no es comida ni bebida, sino justicia, paz y gozo en el Espíritu Santo" (Ro. 14:17).

"Mas del Hijo dice: Tu trono, oh Dios, por el siglo del siglo; cetro de equidad es el cetro de tu reino" (He. 1:8).

"Pero nosotros esperamos, según sus promesas, cielos nuevos y tierra nueva, en los cuales mora la justicia. Por lo cual, oh amados, estando en espera de estas cosas,

procurad con diligencia ser hallados por él sin mancha e irreprensibles, en paz" (2 P. 3:13, 14).

"El séptimo ángel tocó la trompeta, y hubo grandes voces en el cielo, que decían: Los reinos del mundo han venido a ser de nuestro Señor y de su Cristo; y él reinará por los siglos de los siglos" (Ap. 11:15).

ESTUDIO A FONDO 3

(18:37) ***Jesucristo, Declaraciones:*** Hay varias declaraciones aquí.

1. Su nacimiento fue un medio hacia un fin, ser Rey (Mt. 2:2; Jn. 1:49; 1 Co. 15:25).
2. Él preexistió. Vino del cielo de la misma presencia de Dios (ver Estudio a fondo 1, Jn. 1:1-5; nota, 1:1, 2).
3. Él era la verdad, la realidad absoluta.
4. Él reveló la verdad (Jn. 14:9-11).
5. Él fue oído por aquellos de la verdad (Jn. 8:45-47).

[4] (18:38-40) ***Jesucristo, Muerte:*** El tercer movimiento de Pilato fue volver a la gente. Quería aclarar el nombre de Jesús y declarar su inocencia. Pilato esperaba satisfacer el grito de sangre de los judíos substituyendo a un criminal verdadero y revolucionario por Jesús, pero los líderes judíos estaban resueltos a matar a Jesús. Por lo tanto, eligieron a un hombre de poder terrenal y fama sobre el Hombre de paz, el Hijo de Dios mismo.

Pensamiento 1: El hombre elige el sendero del poder y la fama, de la riqueza y las posesiones. Rechaza el sendero de paz si significa el sacrificio del yo y las posesiones. Por lo tanto, el hombre nunca conoce la paz, no la paz personal o la paz mundial. El único camino a la paz es rendirse al Príncipe de la Paz.

"No hay paz para los malos, dijo Jehová" (Is. 48:22).

"No conocieron camino de paz, ni hay justicia en sus caminos; sus veredas son torcidas; cualquiera que por ellas fuere, no conocerá paz" (Is. 59:8).

"Y repentinamente apareció con el ángel una multitud de las huestes celestiales, que alababan a Dios, y decían: ¡Gloria a Dios en las alturas, y en la tierra paz, buena voluntad para con los hombres!" (Lc. 2:13, 14).

"Justificados, pues, por la fe, tenemos paz para con Dios por medio de nuestro Señor Jesucristo" (Ro. 5:1).

"Porque él es nuestra paz, que de ambos pueblos hizo uno, derribando la pared intermedia de separación" (Ef. 2:14).

"Y por medio de él reconciliar consigo todas las cosas, así las que están en la tierra como las que están en los cielos, haciendo la paz mediante la sangre de su cruz" (Col. 1:20).

Pensamiento 2: Advierta cómo la gente (el mundo) rechazó la oferta de Pilato de un substituto para Jesús. Dios torció la opción del mundo e hizo que su Hijo fuera el *substituto* de todo hombre, incluso de los que lo rechazaban en esta horrible escena.

"Mas Dios muestra su amor para con nosotros, en que siendo aún pecadores, Cristo murió *por nosotros*" (Ro. 5:8).

"Porque también Cristo padeció una sola vez por los pecados, el justo por los injustos, para llevarnos a Dios, siendo a la verdad muerto en la carne, pero vivificado en espíritu" (1 P. 3:18).

[5] (19:1-3) ***Persecución:*** El cuarto movimiento de Pilato fue hacia Jesús. Hizo azotar a Jesús. Advierta cómo trató el mundo a Jesús. El mismo tratamiento es el que recibe Jesús por los hombres de todas las generaciones.

1. Los hombres persiguen y atacan, se burlan groseramente y juegan con su nombre, su persona y su Palabra. Maldicen, abusan, ridiculizan, encarcelan, asesinan y maltratan a sus seguidores.

"Bienaventurados sois cuando por mi causa os vituperen y os persigan, y digan toda clase de mal contra vosotros, mintiendo" (Mt. 5:11).

"Y guardaos de los hombres, porque os entregarán a los concilios, y en sus sinagogas os azotarán" (Mt. 10:17).

"Acordaos de la palabra que yo os he dicho: El siervo no es mayor que su señor. Si a mí me han perseguido, también a vosotros os perseguirán; si han guardado mi palabra, también guardarán la vuestra" (Jn. 15:20).

"Os expulsarán de las sinagogas; y aun viene la hora cuando cualquiera que os mate, pensará que rinde servicio a Dios" (Jn. 16:2).

2. Los hombres viven vidas hipócritas, profesando conocerlo y seguirlo, pero cuando están fuera en el mundo, viven como el mundo.

"Respondiendo él, les dijo: Hipócritas, bien profetizó de vosotros Isaías, como está escrito: Este pueblo de labios me honra, mas su corazón está lejos de mí" (Mr. 7:6).

"Profesan conocer a Dios, pero con los hechos lo niegan, siendo abominables y rebeldes, reprobados en cuanto a toda buena obra" (Tit. 1:16).

ESTUDIO A FONDO 4

(19:1) ***Azotes:*** Jesús fue desnudado y golpeado con un látigo. Este fue un castigo salvaje, doloroso. El látigo estaba hecho de tiras de cuero con dos pequeñas bolas en el extremo de cada tira. Las bolas eran de plomo o de huesos puntiagudos, para que realizaran cortaduras profundas en la carne. Las manos de Jesús estaban atadas a un poste por sobre su cabeza y Él fue azotado. Era costumbre de los romanos que el prisionero fuera azotado por el centurión principal hasta que estuviera cercano a la muerte (los juicios judíos sólo permitían cuarenta azotes). Por supuesto, la espalda del criminal no era más que una masa de carne destruida, irreconocible.

[6] (19:4-7) ***Concesión - Decisión:*** El quinto movimiento de Pilato fue nuevamente hacia la gente. Ofreció una concesión. Pilato estaba esperando que la multitud sintiera lástima por Jesús cuando lo vieran tan golpeado, derribado y ensangrentado. Él esperaba que los azotes servirían como una concesión y los satisfaría.

Pensamiento 1: La concesión no funciona con Jesús. Pilato necesitaba declararlo inocente, puesto que era inocente. Él no era culpable de ningún crimen. Todo hombre debe declarar inocente a Jesús, puesto que fue completamente libre de pecado. Él era el hijo del Hombre Mismo que está frente al mundo como su Salvador (ver nota - Jn. 1:51).

Advierta la verdadera acusación de los judíos: "Se hizo a sí mismo hijo de Dios" (v. 7). Jesús sí declaró ser el Hijo de Dios (ver nota - Jn. 1:34).

"El que no es conmigo, contra mí es; y el que conmigo no recoge, desparrama" (Lc. 11:23).

"Para que todos honren al Hijo como honran al Padre. El que no honra al Hijo, no honra al Padre que le envió" (Jn. 5:23).

"A los cielos y a la tierra llamo por testigos hoy contra vosotros, que os he puesto delante la vida y la muerte, la bendición y la maldición; escoge, pues, la vida, para que vivas tú y tu descendencia" (Dt. 30:19).

ESTUDIO A FONDO 5

(19:6) ***Judíos - Castigo capital:*** A los judíos sus conquistadores romanos no les permitían el derecho del castigo capital.

ESTUDIO A FONDO 6

(19:7) ***Castigo capital:*** cp. Lv. 24:16 para la ley referente al castigo capital.

7 (19:8-11) ***Hechicería:*** El sexto movimiento de Pilato fue nuevamente hacia Jesús. Investigó la posibilidad de un ser sobrenatural. Advierta varias cosas.

1. Pilato tenía miedo. La historia nos dice que Pilato era un hombre extremadamente supersticioso. Cuando oyó que Jesús sostenía ser el Hijo de Dios, pensó que Jesús sostenía ser el hijo de un *dios*. Su imagen mental era la de un semidios y semihombre, un ser como un dios que llenaba la literatura popular y las creencias de esa época. La posibilidad de condenar a un dios le daba miedo a Pilato.

Pensamiento 1: Los hombres no deben temer (reverenciar) las cartas astrológicas y las señales de adivinación y los poderes malignos de este mundo. Lo que los hombres deben temer es a Él, que puede destruir tanto el cuerpo como el alma en el infierno (Mt. 10:28). Hay una única Verdad y esa es Jesucristo mismo.

"No sea hallado en ti quien haga pasar a su hijo o a su hija por el fuego, ni quien practique adivinación, ni agorero, ni sortílego, ni hechicero, ni encantador, ni adivino, ni mago, ni quien consulte a los muertos. Porque es abominación para con Jehová cualquiera que hace estas cosas, y por estas abominaciones Jehová tu Dios echa estas naciones de delante de ti" (Dt. 18:10-12).

"E hicieron pasar a sus hijos y a sus hijas por fuego; y se dieron a adivinaciones y agüeros, y se entregaron a hacer lo malo ante los ojos de Jehová, provocándole a ira. Jehová, por tanto, se airó en gran manera contra Israel, y los quitó de delante de su rostro; y no quedó sino sólo la tribu de Judá" (2 R. 17:17, 18).

"Estas dos cosas te vendrán de repente en un mismo día, orfandad y viudez; en toda su fuerza vendrán sobre ti, a pesar de la multitud de tus hechizos y de tus muchos encantamientos" (Is. 47:9).

"Y vosotros no prestéis oído a vuestros profetas, ni a vuestros adivinos, ni a vuestros soñadores, ni a vuestros agoreros, ni a vuestros encantadores, que os hablan diciendo: No serviréis al rey de Babilonia" (Jer. 27:9).

"Porque los terafines han dado vanos oráculos, y los adivinos han visto mentira, han hablado sueños vanos, y vano es su consuelo; por lo cual el pueblo vaga como ovejas, y sufre porque no tiene pastor" (Zac. 10:2).

"Y vendré a vosotros para juicio; y seré pronto testigo contra los hechiceros y adúlteros, contra los que juran mentira, y los que defraudan en su salario al jornalero, a la viuda y al huérfano, y los que hacen injusticia al extranjero, no teniendo temor de mí, dice Jehová de los ejércitos" (Mal. 3:5).

"Pero había un hombre llamado Simón, que antes ejercía la magia en aquella ciudad, y había engañado a la gente de Samaria, haciéndose pasar por algún grande. A éste oían atentamente todos, desde el más pequeño hasta el más grande, diciendo: Este es el gran poder de Dios. Y le estaban atentos, porque con sus artes mágicas les había engañado mucho tiempo" (Hch. 8:9-11).

"Pero les resistía Elimas, el mago (pues así se traduce su nombre), procurando apartar de la fe al procónsul. Entonces Saulo, que también es Pablo, lleno del Espíritu Santo, fijando en él los ojos, dijo: ¡Oh, lleno de todo engaño y de toda maldad, hijo del diablo, enemigo de toda justicia! ¿No cesarás de trastornar los caminos rectos del Señor?" (Hch. 13:8-10).

"Pero los cobardes e incrédulos, los abominables y homicidas, los fornicarios y hechiceros, los idólatras y todos los mentirosos tendrán su parte en el lago que arde con fuego y azufre, que es la muerte segunda" (Ap. 21:8).

2. El poder no está en las manos de las autoridades terrenales. Está en las manos de Dios (vv. 10, 11).

"Sométase toda persona a las autoridades superiores; porque no hay autoridad sino de parte de Dios, y las que hay, por Dios han sido establecidas" (Ro. 13:1).

8 (19:12) ***Decisión:*** El séptimo movimiento de Pilato fue nuevamente hacia la gente. Él quería liberar a Jesús. Advierta que Pilato tenía que tomar una decisión, eligiendo entre Jesús o César (el mundo). Cuando los judíos clamaron: "No eres amigo de César", Pilato se enfrentó a un problema serio. Estaban amenazando con enviar un informe a César (ver Estudio a fondo 1, Jn. 18:28). Ahora estaba obligado a elegir, y lo hizo. Trágicamente, eligió al mundo y su modo.

Pensamiento 1: Todos estamos obligados a elegir. Jesucristo es incuestionablemente el Hijo de Dios, por lo tanto, o lo elegimos a Él o a este mundo.

"El que en él cree, no es condenado; pero el que no cree, ya ha sido condenado, porque no ha creído en el nombre del unigénito Hijo de Dios" (Jn. 3:18).

"Por eso os dije que moriréis en vuestros pecados; porque si no creéis que yo soy, en vuestros pecados moriréis" (Jn. 8:24).

9 (19:13-15) ***Decisión:*** El octavo movimiento de Pilato fue el asiento del juicio frente a todos. Él dio el veredicto de la crucifixión.

1. La elección fatal de Pilato. Le temía a César más de lo que le temía a Dios. Advierta que proclamó la verdad, pero en ignorancia y burla: "¡He aquí vuestro rey!". Pilato temía...

- perder el favor de la gente.
- ocasionarse problemas.
- perder su posición y seguridad (ver Estudio a fondo 1, Jn. 18:28).

"No hagáis distinción de persona en el juicio; así al pequeño como al grande oiréis; no tendréis temor de ninguno, porque el juicio es de Dios; y la causa que os fuere difícil, la traeréis a mí, y yo la oiré" (Dt. 1:17).

"El temor del hombre pondrá lazo; mas el que confía en Jehová será exaltado" (Pr. 29:25).

"Yo, yo soy vuestro consolador. ¿Quién eres tú para que tengas temor del hombre, que es mortal, y del hijo de hombre, que es como heno?" (Is. 51:12).

"Mas os digo, amigos míos: No temáis a los que matan el cuerpo, y después nada más pueden hacer. Pero os enseñaré a quién debéis temer: Temed a aquel que después de haber quitado la vida, tiene poder de echar en el infierno; sí, os digo, a éste temed" (Lc. 12:4, 5).

2. La elección fatal de los judíos. Ellos también eligieron el mundo, el camino de César. Esta fue una elección impactante, puesto que Dios supuestamente había sido el Dios de los judíos durante siglos. Se decía que era el Señor soberano de la nación (Jue. 8:23; 1 S. 8:7; 12:12). Pero ahora, en este mismo momento, estaban rechazando y repudiando a Dios como su Señor soberano. Estaban eligiendo a César y la manera del mundo...

- la seguridad del mundo
- la aceptación del mundo
- el egoísmo del mundo
- la posición del mundo
- la forma de vida del mundo
- la amistad del mundo
- el poder del mundo
- el honor del mundo
- la religión del mundo

"Pero sus conciudadanos le aborrecían, y enviaron tras él una embajada, diciendo: No queremos que éste reine sobre nosotros" (Lc. 19:14).

"A lo suyo vino, y los suyos no le recibieron" (Jn. 1:11).

"El que me rechaza, y no recibe mis palabras, tiene quien le juzgue; la palabra que he hablado, ella le juzgará en el día postrero" (Jn. 12:48).

"No améis al mundo, ni las cosas que están en el mundo. Si alguno ama al mundo, el amor del Padre no está en él. Porque todo lo que hay en el mundo, los deseos de la carne, los deseos de los ojos, y la vanagloria de la vida, no proviene del Padre, sino del mundo" (1 Jn. 2:15, 16).

	D. La crucifixión: Los principales acontecimientos en la cruz, 19:16-37 (Mt. 27:26-56; Mr. 15:16-41; Lc. 23:26-49)	26 Cuando vio Jesús a su madre, y al discípulo a quien él amaba, que estaba presente, dijo a su madre: Mujer, he ahí tu hijo.	b. Jesús "vio a su madre"
1 Evento 1: Jesús cargando su cruz, "salió" voluntariamente a. Pilato envió a Jesús b. Ellos lo condujeron c. Él salió, cargando la cruz d. El victorioso majestuoso, no la víctima	16 Así que entonces lo entregó a ellos para que fuese crucificado. Tomaron, pues, a Jesús, y le llevaron. 17 Y él, cargando su cruz, salió al lugar llamado de la Calavera, y en hebreo, Gólgota;	27 Después dijo al discípulo: He ahí tu madre. Y desde aquella hora el discípulo la recibió en su casa. 28 Después de esto, sabiendo Jesús que ya todo estaba consumado, dijo, para que la Escritura se cumpliese: Tengo sed.	c. Jesús demostró responsabilidad: Hizo su deber aún agonizando **6 Evento 6: La sed agonizante de Jesús y su esfuerzo deliberado por cumplir con las Escrituras** a. Sabía que Su propósito era logrado
2 Evento 2: Jesús crucificado entre dos pecadores, el sacrificio preeminente	18 y allí le crucificaron, y con él a otros dos, uno a cada lado, y Jesús en medio.	29 Y estaba allí una vasija llena de vinagre; entonces ellos empaparon en vinagre una esponja, y poniéndola en un hisopo, se la acercaron a la boca.	b. Exhausto. Sediento c. Se le dio un hisopo: un acto que recuerda la Pascua
3 Evento 3: El título en la cruz a. Pilato escribió el título: un anuncio irónico, cp. Jn. 18:36; 3:5 b. La gente: fue indiferente al título	19 Escribió también Pilato un título, que puso sobre la cruz, el cual decía: JESÚS NAZARENO, REY DE LOS JUDÍOS. 20 Y muchos de los judíos leyeron este título; porque el lugar donde Jesús fue crucificado estaba cerca de la ciudad, y el título estaba escrito en hebreo, en griego y en latín.	30 Cuando Jesús hubo tomado el vinagre, dijo: Consumado es. Y habiendo inclinado la cabeza, entregó el espíritu. 31 Entonces los judíos, por cuanto era la preparación de la pascua, a fin de que los cuerpos no quedasen en la cruz en el día de reposo (pues aquel día de reposo era de gran solemnidad), rogaron a Pilato que se les quebrasen las piernas, y fuesen quitados de allí.	**7 Evento 7: El gran grito de victoria de Jesús: La salvación y la reconciliación** **8 Evento 8: La lanza clavada en su costado** a. Una solicitud religiosa: preocupación por bagatelas, cp. 18:28
c. Los extremistas religiosos: objetaron el título	21 Dijeron a Pilato los principales sacerdotes de los judíos: No escribas: Rey de los judíos; sino, que él dijo: Soy Rey de los judíos.		
d. Pilato: Insistió sarcásticamente en que el título permaneciera	22 Respondió Pilato: Lo que he escrito, he escrito.	32 Vinieron, pues, los soldados, y quebraron las piernas al primero, y asimismo al otro que había sido crucificado con él.	b. Una costumbre brutal: romper las piernas de la víctima para causar una muerte más temprana
4 Evento 4: Los soldados echando suerte con sus ropas a. Los hombres insensibles: la madre de Jesús estaba allí, sin embargo, no le dieron su ropa	23 Cuando los soldados hubieron crucificado a Jesús, tomaron sus vestidos, e hicieron cuatro partes, una para cada soldado. Tomaron también su túnica, la cual era sin costura, de un solo tejido de arriba abajo.	33 Mas cuando llegaron a Jesús, como le vieron ya muerto, no le quebraron las piernas.	c. Un hecho extraño: Jesús ya estaba muerto
b. La vestidura sin costura: era igual a la túnica del Sumo Sacerdote, el Mediador . c. Un cumplimiento de las Escrituras d. Un testigo ocular verifica: Juan vio el evento	24 Entonces dijeron entre sí: No la partamos, sino echemos suertes sobre ella, a ver de quién será. Esto fue para que se cumpliese la Escritura, que dice: Repartieron entre sí mis vestidos, Y sobre mi ropa echaron suertes. Y así lo hicieron los soldados.	34 Pero uno de los soldados le abrió el costado con una lanza, y al instante salió sangre y agua. 35 Y el que lo vio da testimonio, y su testimonio es verdadero; y él sabe que dice verdad, para que vosotros también creáis. 36 Porque estas cosas sucedieron para que se cumpliese la Escritura: No será quebrado hueso suyo.	d. Una prueba de la muerte: sangre y agua. e. Una insistencia en la precisión del relato 1) Propósito 1: Motivar la creencia 2) Propósito 2: cumplir con las Escrituras
5 Evento 5: el gran amor de Jesús por su madre a. Las mujeres en la cruz	25 Estaban junto a la cruz de Jesús su madre, y la hermana de su madre, María mujer de Cleofas, y María Magdalena.	37 Y también otra Escritura dice: Mirarán al que traspasaron.	

DIVISIÓN XV

LA REVELACIÓN DE JESÚS, EL SALVADOR SUFRIENTE, 18:1—19:42

D. La crucifixión: Los principales acontecimientos en la cruz, 19:16-37

(19:16-37) ***Introducción:*** El hecho más importante en la historia es la crucifixión de Jesucristo. Somos salvos por su muerte. Porque Él murió, nosotros vivimos. Sin embargo, hay una condición. Debemos creer, y es la necesidad de creencia la que acentuó Juan. Él fue un testigo ocular de la crucifixión y cerró su relato de la crucifixión diciendo: "Y el que lo vio da testimonio, y su testimonio es verdadero... *para que vosotros también creáis*" (Jn. 19:37).

1. Evento 1: Jesús cargando su cruz, "salió" voluntariamente (vv. 16, 17).
2. Evento 2: Jesús crucificado entre dos pecadores, el sacrificio preeminente (v. 18).
3. Evento 3: El título en la cruz (vv. 19-22).
4. Evento 4: Los soldados echando suerte con sus ropas (vv. 23, 24).
5. Evento 5: El gran amor de Jesús por su madre (vv. 25-27).
6. Evento 6: La sed agonizante de Jesús y su esfuerzo deliberado por cumplir con las Escrituras (vv. 28, 29).
7. Evento 7: El gran grito de victoria de Jesús: La salvación y la reconciliación (v. 30).
8. Evento 8: La lanza clavada en su costado (vv. 31-37).

(19:16-37) ***Otro bosquejo:*** La Crucifixión: la Imagen Simbolizada de Jesús.

1. Imagen 1: Jesús - el victorioso (vv. 16, 17).
2. Imagen 2: Jesús - el sacrificio preeminente (v. 18).
3. Imagen 3: Jesús - el Rey proclamado (vv. 19-22).
4. Imagen 4: Jesús - el Sumo Sacerdote, el Mediador (vv. 23, 24).
5. Imagen 5: Jesús - el Hijo responsable del Hombre (vv. 25-27).
6. Imagen 6: Jesús - el Cordero de Pascua (vv. 28, 29).
7. Imagen 7: Jesús - el Mesías triunfante (v. 30).
8. Imagen 8: Jesús - el Señor de los Sacramentos, de la Iglesia (vv. 31-37).

[1] (19:16, 17) ***Cargando la cruz:*** El primer evento de la cruz fue la de Jesús cargando su cruz. Él "salió" *voluntariamente.* Advierta:

⇒ Pilato lo envió.
⇒ Los soldados lo tomaron y lo condujeron.
⇒ Sin embargo, fue Jesús el que *cargó* la cruz y *salió.*

Jesucristo fue el *victorioso majestuoso,* no la víctima. Él cargaba la cruz e iba por un propósito específico: salvar al hombre. (Ver notas, Jn. 10:17, 18, punto 2; 12:27-30).

> **"Y como Moisés levantó la serpiente en el desierto, así es necesario que el Hijo del Hombre sea levantado, para que todo aquel que en él cree, no se pierda, mas tenga vida eterna" (Jn. 3:14, 15).**
>
> **"Yo soy el buen pastor; el buen pastor su vida da por las ovejas" (Jn. 10:11).**
>
> **"Así como el Padre me conoce, y yo conozco al Padre; y pongo mi vida por las ovejas" (Jn. 10:15).**

[2] (19:18) ***Crucifixión entre ladrones:*** El segundo evento de la cruz fue que Jesús fue crucificado entre dos pecadores, dos ladrones injustos. Esta es una imagen de dos cosas.

1. Es una imagen de la preeminencia de su sacrificio. Estaba rodeado por un mundo de hombres injustos, y sin embargo, estaba muriendo por ellos.

> **"Quien llevó él mismo nuestros pecados en su cuerpo sobre el madero, para que nosotros, estando muertos a los pecados, vivamos a la justicia; y por cuya herida fuisteis sanados" (1 P. 2:24).**
>
> **"Porque también Cristo padeció una sola vez por los pecados, el justo por los injustos, para llevarnos a Dios, siendo a la verdad muerto en la carne, pero vivificado en espíritu" (1 P. 3:18).**

2. Es una imagen de la culpa preeminente. Jesucristo fue considerado como el Rey de los pecadores.

> **"Todos nosotros nos descarriamos como ovejas, cada cual se apartó por su camino; mas Jehová cargó en él el pecado de todos nosotros" (Is. 53:6).**
>
> **"Al que no conoció pecado, por nosotros lo hizo pecado, para que nosotros fuésemos hechos justicia de Dios en él" (2 Co. 5:21).**

[3] (19:19-22) ***Título en la cruz:*** El tercer evento de la cruz fue el título de la cruz. Advierta tres hechos sencillos.

1. La gente leía el título pero era indiferente a él. No tenía efecto sobre ellos. No hubo un movimiento masivo de angustia y arrepentimiento, no hubo aceptación final de Él.
2. Los extremistas religiosos objetaron el título. Sin embargo, no pidieron que lo quitaran. Pidieron que se cambiaran las palabras para que se leyera: "El dijo: Yo soy el Rey de los Judíos". Su incredulidad era abominable y obstinada.
3. Jesús sostuvo ser "el Rey de los judíos", el Mesías prometido.
4. El título "Rey de los judíos" estaba escrito en los tres idiomas más importantes del mundo. Esto simbolizaba de manera providencial su justo gobierno como Rey del universo.

> **"Y estando en la condición de hombre, se humilló a sí mismo, haciéndose obediente hasta la muerte, y muerte de cruz. Por lo cual Dios también le exaltó hasta lo sumo, y le dio un nombre que es sobre todo nombre, para que en el nombre de Jesús se doble toda rodilla de los que están en los cielos, y en la tierra, y debajo de la tierra; y toda lengua confiese que Jesucristo es el Señor, para gloria de Dios Padre" (Fil. 2:8-11).**
>
> **"Que guardes el mandamiento sin mácula ni reprensión, hasta la aparición de nuestro Señor Jesucristo, la cual a su tiempo mostrará el bienaventurado y solo Soberano, Rey de reyes, y Señor de señores, el único que tiene inmortalidad, que habita en luz inaccesible; a quien ninguno de los hombres ha visto ni puede ver, al cual sea la honra y el imperio sempiterno. Amén" (1 Ti. 6:14-16).**

[4] (19:23, 24) ***Túnica - Juego por los vestidos:*** El cuarto evento de la cruz fueron los soldados jugando por sus vestiduras. Advierta varios puntos.

1. Los hombres insensibles, con mentalidad mundana no tenían compasión alguna. La madre de Jesús, María, estaba de pie junto a la cruz, y sin embargo, los soldados no demostraron compasión en compartir sus pertenencias con ella. (Cp. Sal. 22:28).

> **"Porque ¿qué aprovechará al hombre si ganare todo el mundo, y perdiere su alma?" (Mr. 8:36).**

2. La túnica sin costura era una pieza de género, tejida de arriba a abajo. La túnica era idéntica a la del Sumo Sacerdote. Simbolizaba a Cristo, el *Mediador*, el Pontífice, que en latín significa el que construye un puente entre Dios y el hombre. (Ver nota - Jn. 12:44; cp. Sal. 22:18).

3. El evento cumplió con las Escrituras (Sal. 22:18). Dios estaba a cargo de la cruz, puesto que era el cumplimiento de su propósito, de su gran plan de salvación del hombre.

> **"Porque hay un solo Dios, y un solo *mediador* entre Dios y los hombres, Jesucristo hombre, el cual se dio a sí mismo en rescate por todos, de lo cual se dio testimonio a su debido tiempo" (1 Ti. 2:5, 6).**
>
> **"Así que, por eso es *mediador* de un nuevo pacto, para que interviniendo muerte para la remisión de las transgresiones que había bajo el primer pacto, los llamados reciban la promesa de la herencia eterna" (He. 9:15).**
>
> **"Porque no entró Cristo en el santuario hecho de mano, figura del verdadero, sino en el cielo mismo *para presentarse ahora por nosotros ante Dios*" (He. 9:24).**

[5] (19:25-27) ***Preocupado por su madre:*** El quinto evento de la cruz fue el gran amor de Jesús por su madre. Hay dos escenas conmovedoras aquí.

1. Las mujeres en la cruz. Estaban corriendo un gran riesgo. Jesús era...

- un revolucionario a los ojos de Roma.
- un hereje a los ojos de los extremistas religiosos.

Cualquiera que respaldara a Jesús y estuviera al pie de la cruz corría el riesgo del ridículo y del arresto. Sin embargo, las mujeres permanecieron allí. ¿Por qué? Lo amaban. No hay otra explicación: simplemente lo amaban. Él había hecho tanto por ellas que estaban dispuestas a estar allí con Él sin importar el costo.

> **"Porque el amor de Cristo nos constriñe, pensando esto: que si uno murió por todos, luego todos murieron; y por todos murió, para que los que viven, ya no vivan para sí, sino para aquel que murió y resucitó por ellos" (2 Co. 5:14, 15).**
>
> **"Salgamos, pues, a él, fuera del campamento, llevando su vituperio" (He. 13:13).**
>
> **"Y decía a todos: Si alguno quiere venir en pos de mí, niéguese a sí mismo, tome su cruz cada día, y sígame" (Lc. 9:23).**

2. La *preocupación* de Jesús por su madre. Sus pensamientos estaban en los demás, no en sí mismo. Toda fibra de su ser existía para los otros, no para Él. Incluso en la muerte, su mente y ser estaban puestos en ocuparse de los demás.

⇒ Estaba conmovido por los sentimientos de dolor y pena de María. En los últimos momentos de su vida en la tierra, hizo arreglos para su cuidado.

⇒ Está conmovido con el sentimiento de nuestro dolor y pena, por eso se ocupa de nosotros.

> **"Porque no tenemos un sumo sacerdote que no pueda compadecerse de nuestras debilidades, sino uno que fue tentado en todo según nuestra semejanza, pero sin pecado. Acerquémonos, pues, confiadamente al trono de la gracia, para alcanzar misericordia y hallar gracia para el oportuno socorro" (He. 4:15, 16).**

[6] (19:28, 29) ***Sed:*** El sexto evento de la cruz fue la agonizante sed de Jesús y el esfuerzo deliberado por cumplir con las Escrituras.

Al decir "Tengo sed", Jesús probablemente estaba sediento. Habían transcurrido horas desde que había tomado un sorbo de agua. Pero advierta: el énfasis de las palabras de Jesús no estaba puesto en que estaba físicamente sediento. Él no se estaba quejando de la sed, ni siquiera pidiendo un sorbo. El énfasis estaba puesto en cumplir las Escrituras (Sal. 69:21)...

- para demostrar que Jesús *era realmente* el Mesías prometido, el que cumplía con las Escrituras.
- para demostrar que la mente de Jesús estaba *puesta* en cumplir las Escrituras del Mesías prometido.
- para demostrar que Jesús había venido como el Mesías prometido para hacer la voluntad de Dios, muriendo como el sacrificio por el hombre. Se rehusó a hacer la voluntad de Dios involuntariamente, con los sentidos apagados y una mente semiinconsciente. Él había trabajado en hacer el sacrificio de su vida por el hombre: debía probar la muerte por todos los hombres, y la probaría con toda conciencia, estando lo más mentalmente alerta posible.

> **"Pero vemos a aquel que fue hecho un poco menor que los ángeles, a Jesús, coronado de gloria y de honra, a causa del padecimiento de la muerte, para que por la gracia de Dios gustase la muerte por todos" (He. 2:9).**
>
> **"Holocaustos y expiaciones por el pecado no te agradaron. Entonces dije: He aquí que vengo, oh Dios, para hacer tu voluntad, como en el rollo del libro está escrito de mí... En esa voluntad somos santificados mediante la ofrenda del cuerpo de Jesucristo hecha una vez para siempre" (He. 10:6, 7, 10).**
>
> **"A éste, entregado por el determinado consejo y anticipado conocimiento de Dios, prendisteis y matasteis por manos de inicuos, crucificándole" (Hch. 2:23).**

[7] (19:30) ***Jesucristo, Muerte:*** El séptimo evento de la cruz fue el gran grito de victoria de Jesús. Ahora eran posibles la salvación y la reconciliación para el hombre. Advierta dos puntos.

1. Jesús gritó: "Consumado es". La palabra griega (tetelestai) es el grito de un propósito victorioso. Jesús había completado su obra, su misión y su tarea. No estaba dando el grito de un mártir vencido. Estaba dando el grito de un conquistador victorioso.

2. "Entregó el espíritu" significa que dio su espíritu. Siempre debe recordarse que Jesús murió *voluntariamente*. Él llegó voluntariamente a este momento de ceder y entregar su espíritu a la muerte. Tanto Pablo como Pedro tratan sobre el trabajo del Señor durante los tres días inmediatamente posteriores a su muerte hasta la resurrección.

a. Pablo dice que en la cruz sucedió esto:

"Y despojando a los principados y a las potestades, los exhibió públicamente, triunfando sobre ellos en la cruz" (Col. 2:15. Cp. Ef. 6:12).

2. Pedro dice que en la cruz y después de la muerte sucedió esto:

"Porque también Cristo padeció una sola vez por los pecados, el justo por los injustos, para llevarnos a Dios, siendo a la verdad muerto en la carne, pero vivificado en espíritu; en el cual también fue y predicó a los espíritus encarcelados, los que en otro tiempo desobedecieron, cuando una vez esperaba la paciencia de Dios en los días de Noé, mientras se preparaba el arca, en la cual pocas personas, es decir, ocho, fueron salvadas por agua" (1 P. 3:18-20. Ver nota, 1 P. 3:18-22; Estudio a fondo 1, 3:19-20).

c. Pablo dice que después de la muerte sucedió esto:

"Por lo cual dice: Subiendo a lo alto, llevó cautiva la cautividad, y dio dones a los hombres. Y eso de que subió, ¿qué es, sino que también había descendido primero a las partes más bajas de la tierra? El que descendió, es el mismo que también subió por encima de todos los cielos para llenarlo todo" (Ef. 4:8-10. Ver nota, Ef. 4:8-10).

8 (19:31-37) ***La lanza:*** El octavo evento de la cruz fue la lanza clavada en el costado de Jesús.

1. La preocupación de los extremistas religiosos por las fruslerías era algo impactante. Advierta cómo la ceremonia religiosa y el ritual consumía la mente de los extremistas religiosos y en realidad se tornaba más importante que el sufrimiento de un hombre. Pero no fue así con Cristo: Él estaba colgado allí porque estaba preocupado por el hombre. Él sintió por el hombre sufriente, de modo que dio su vida por el hombre.

"Porque ciertamente no socorrió a los ángeles, sino que socorrió a la descendencia de Abraham. Por lo cual debía ser en todo semejante a sus hermanos, para venir a ser misericordioso y fiel sumo sacerdote en lo que a Dios se refiere, para expiar los pecados del pueblo. Pues en cuanto él mismo padeció siendo tentado, es poderoso para socorrer a los que son tentados" (He. 2:16-18).

2. Cristo murió prematuramente, mucho antes de lo que se supone que un hombre debe morir en una crucifixión. Uno de los motivos por los cuales Roma eligió la crucifixión como método del Estado para la ejecución era su muerte lenta y agonizante. Por ley, el criminal debía colgar en la cruz hasta que muriera de hambre, sed y exposición. A veces un hombre duraba días bajo el calor del fuerte sol o bajo las frías noches de invierno. Dicho sufrimiento infundía temor en los corazones de los capturados y se restringían los delitos severos. Puesto que Jesús murió tan rápidamente, probablemente murió por la presión de un corazón roto y por estar separado de Dios en bien de la humanidad (1 P. 2:24; 3:18). Al parecer su corazón reventó, y la sangre se mezcló con el agua del pericardio que rodea al corazón. La lanza horadó el pericardio haciendo que fluyera la sangre y el agua. Quizá Juan destacó este incidente debido a que vio el símbolo de las dos ordenanzas: el bautismo y la Cena del Señor.

a. El agua simbolizaba el bautismo, el lavado de la regeneración que Jesús iba a traer.

"Pero cuando se manifestó la bondad de Dios nuestro Salvador, y su amor para con los hombres, nos salvó, no por obras de justicia que nosotros hubiéramos hecho, sino por su misericordia, por el lavamiento de la regeneración y por la renovación en el Espíritu Santo" (Tit. 3:4, 5).

b. La sangre simbolizaba la Cena del Señor, la participación de la sangre de Cristo que limpia a los hombres de sus pecados.

"Pero si andamos en luz, como él está en luz, tenemos comunión unos con otros, y la sangre de Jesucristo su Hijo nos limpia de todo pecado" (1 Jn. 1:7).

3. Juan insistió en la precisión de su relato. Dijo: "Yo lo vi y doy testimonio, mi testimonio es verdadero". Advierta: también dijo que Dios sabía que él estaba diciendo la verdad. ¿Por qué se destaca esto? Juan nos lo dijo: él recalcó su verdad para "que creáis" (ver Estudio a fondo 2, Jn. 2:24).

Advierta otro punto: Juan dijo que no tenemos excusa para dejar de creer. ¿Por qué? Porque la crucifixión y sus eventos fueron un cumplimiento de las Escrituras. (Cp. Éx. 12:46; Nm. 9:12. Sal. 34:20 predice que no será quebrado ningún hueso de su cuerpo. Cp. Zac. 12:10 que predice la lanza. También cp. Is. 53 que predice tanto sobre la crucifixión.)

"Pero éstas se han escrito para que creáis que Jesús es el Cristo, el Hijo de Dios, y para que creyendo, tengáis vida en su nombre" (Jn. 20:31).

1 La muerte de Jesús conquistó el temor en un discípulo secreto: José de Arimatea a. Él había temido a los judíos b. Ahora había cambiado por la muerte de Jesús: valientemente solicitó el cuerpo **2 La muerte de Jesús conquistó el temor en un discípulo cobarde: Nicodemo**	**E. El entierro: La conquista del miedo; 19:38-42** (Mt. 27:57-66; Mr. 15:42-47; Lc. 23:50-56) 38 Después de todo esto, José de Arimatea, que era discípulo de Jesús, pero secretamente por miedo de los judíos, rogó a Pilato que le permitiese llevarse el cuerpo de Jesús; y Pilato se lo concedió. Entonces vino, y se llevó el cuerpo de Jesús. 39 También Nicodemo, el que antes había visitado a Jesús de noche, vino trayendo un compuesto de mirra y de áloes, como cien libras.	40 Tomaron, pues, el cuerpo de Jesús, y lo envolvieron en lienzos con especias aromáticas, según es costumbre sepultar entre los judíos. 41 Y en el lugar donde había sido crucificado, había un huerto, y en el huerto un sepulcro nuevo, en el cual aún no había sido puesto ninguno. 42 Allí, pues, por causa de la preparación de la pascua de los judíos, y porque aquel sepulcro estaba cerca, pusieron a Jesús.	a. Había venido de noche b. Ahora había cambiado por la muerte de Jesús: ayudó en el entierro **3 La muerte de Jesús motivó un compromiso abierto y sin vergüenza** a. Abiertamente tomó el cuerpo b. Abiertamente se ocupó del cuerpo c. Abiertamente dio lo mejor 1) Un nuevo sepulcro, que nunca se había usado 2) El sepulcro estaba cerca del Calvario d. Enterró abiertamente a Jesús, justo antes del día de reposo

DIVISIÓN XV

LA REVELACIÓN DE JESÚS, EL SALVADOR SUFRIENTE, 18:1—19:42

E. El entierro: La conquista del miedo, 19:38-42

(19:38-42) ***Introducción:*** La muerte de Jesús conquista el temor para el creyente genuino.

1. La muerte de Jesús conquistó el temor en un discípulo secreto: José de Arimatea (v. 38).
2. La muerte de Jesús conquistó el temor en un discípulo cobarde: Nicodemo (v. 39).
3. La muerte de Jesús motivó un compromiso abierto y sin vergüenza (vv. 40-42).

[1] (19:38) ***José de Arimatea - Jesucristo, Muerte - Confesión:*** La muerte de Jesús conquistó el temor en un discípulo secreto, José de Arimatea. En las Escrituras se da una imagen reveladora de José.

1. Él fue un consejero, un senador, un miembro del Sanedrín, que era el cuerpo gobernante de Israel. Al parecer era...

- altamente educado
- muy responsable
- altamente estimado
- capaz de liderazgo
- agradado

2. Era un hombre "bueno y justo". Era un hombre...

- de gran calidad
- de justicia
- de gran moral
- de decisión
- de sentimientos
- de verdad
- de compasión
- de ley

3. Era un hombre que buscaba al Mesías y al Reino de Dios (ver notas, Lc. 2:25-27; Estudio a fondo 3, Mt. 19:23, 24).

4. Sin embargo, era un hombre que temía defender a Jesús. Juan dijo que era "un discípulo de Jesús, pero secretamente por miedo de los judíos" (Jn. 19:38). Probablemente José había conocido a Jesús y había arreglado reuniones con Él cuando el Señor había visitado Jerusalén, pero temía hacer una confesión pública. Su posición y prestigio estaban en juego. Sus pares, los otros gobernantes, se oponían a Jesús. Él creía en Jesús, pero por temor su discipulado era un secreto. Nota: cuando se votó para matar a Jesús, José se abstuvo de votar, pero no defendió a Cristo. No participó, simplemente se mantuvo en silencio.

Pensamiento 1: ¿Cuántos son como era José?

⇒ Son personas buenas y justas.
⇒ Son creyentes.
⇒ Pero temen lo que dirán sus amigos y compañeros de trabajo. Temen la pérdida de posición, de prestigio, de promoción, de aceptación, de popularidad, de amigos, de trabajo, de ingresos, de forma de vida.

"Porque el que se avergonzare de mí y de mis palabras, de éste se avergonzará el Hijo del Hombre cuando venga en su gloria, y en la del Padre, y de los santos ángeles" (Lc. 9:26).

"Mas os digo, amigos míos: No temáis a los que matan el cuerpo, y después nada más pueden hacer. Pero os enseñaré a quién debéis temer: Temed a aquel que después de haber quitado la vida, tiene poder de echar en el infierno; sí, os digo, a éste temed" (Lc. 12:4, 5).

"Porque no nos ha dado Dios espíritu de cobardía, sino de poder, de amor y de dominio propio" (2 Ti. 1:7).

"El temor del hombre pondrá lazo; mas el que confía en Jehová será exaltado" (Pr. 29:25).

"Yo, yo soy vuestro consolador. ¿Quién eres tú para que tengas temor del hombre, que es mortal, y del hijo de hombre, que es como heno?" (Is. 51:12).

5. Fue un hombre que cambió con la muerte de Jesús. Esto se ve en dos hechos.

a. En verdad, José "rogó a Pilato que le permitiese llevarse el cuerpo de Jesús". Este fue un tremendo acto de valor. Los romanos arrojaban los cuerpos de los criminales crucificados en las pilas de deshechos o bien dejaban los cuerpos colgando en la cruz para que los buitres y los animales se los comieran. Esto servía como ejemplo de castigo criminal para el público. José también actuó con bravura ante la amenaza de la reacción de Pilato. Él estaba harto del *asunto de Jesús*. Jesús había demostrado ser muy molesto para él. Podía haber reaccionado severamente en contra de José.

b. José arriesgó el desagrado y la disciplina del Sanedrín. Ellos eran el cuerpo gobernante que había estado instigando y condenado a Jesús, y José era miembro de ese consejo. No había duda, él enfrentaría alguna reacción hostil de parte de sus compañeros miembros del Sanedrín y de algunos de sus amigos más cercanos.

Lo que hizo que José pasara a ser un discípulo secreto a un discípulo valiente parece ser los eventos fenomenales relacionados con la cruz (el comportamiento y las palabras de Jesús, la oscuridad, el terremoto, el velo rasgado). Cuando José vio todo esto, su mente relacionó las declaraciones de Jesús con las profecías del Antiguo Testamento sobre el Mesías. Al parecer, José vio las profecías cumplidas en Jesús; por lo tanto, dio un paso hacia adelante, aventurándose a todos los riesgos y tomando una posición de defensa respecto de Jesús. ¡Un notable valor motivado por la muerte de Jesús!

Pensamiento 1: Todo creyente secreto debe estudiar la cruz de Cristo. Al ver realmente la cruz, todo creyente secreto se convertirá en un valiente testigo de Cristo.

Pensamiento 2: José valientemente pidió ocuparse del cuerpo físico de Cristo. Hoy día, el cuerpo de Cristo está en la iglesia. Debemos dar un paso hacia adelante con valor y ocuparnos de la iglesia. Hay ocasiones dentro de la iglesia en los que necesidades especiales exigen que los hombres sean valerosos y den un paso adelante para demostrar que se ocupan. En esos casos, una mirada nueva a la cruz será de utilidad y Dios puede usarla para motivarnos.

"Pues me propuse no saber entre vosotros cosa alguna sino a Jesucristo, y a éste crucificado" (1 Co. 2:2).

"Sabiendo que el que resucitó al Señor Jesús, a nosotros también nos resucitará con Jesús, y nos presentará juntamente con vosotros. Porque todas estas cosas padecemos por amor a vosotros, para que abundando la gracia por medio de muchos, la acción de gracias sobreabunde para gloria de Dios" (2 Co. 4:14, 15).

"Y por todos murió, para que los que viven, ya no vivan para sí, sino para aquel que murió y resucitó por ellos" (2 Co. 5:15).

6. Era un hombre que se preocupó profundamente por Jesús. Las palabras y actos de estos dos versículos expresan cuidado, ternura, amor y afecto así como también coraje y valor. José...

- bajó el cuerpo de la cruz.
- envolvió el cuerpo en lino.
- tendió el cuerpo en una tumba en la que ningún hombre jamás había yacido.
- actuó rápidamente, antes de que comenzara el día de reposo. Jesús murió a las tres de la tarde de un viernes (cp. Mr. 15:33, 34, 37). El viernes era el día de preparación para el día de reposo. Estaba prohibido trabajar en el día de reposo, por lo tanto si algo había que hacer con el cuerpo de Jesús, debía hacerse de inmediato. Quedaban sólo tres horas para trabajar. (Ver nota, Mr. 15:42 para mayor discusión.)

Este acto solo no dejaría duda alguna sobre el efecto de la cruz sobre José. La cruz cambió su vida. Ya no era un creyente secreto, ahora demostró una posición pública por Jesús.

Pensamiento 1: Posición, poder, riqueza, fama: ninguno de estos nos hace valientes para Cristo. Únicamente el verdadero afecto por Cristo nos hará valientes, y sólo cuando veamos la cruz de Cristo surgirá el afecto por Cristo.

Pensamiento 2: Cristo se identificó perfectamente con los hombres.

⇒ Vivió como un hombre, pero perfectamente.

⇒ Murió como un hombre, pero perfectamente (como el Hombre ideal).

⇒ Fue enterrado como un hombre, pero perfectamente.

"Y se dispuso con los impíos su sepultura, mas con los ricos fue en su muerte; aunque nunca hizo maldad, ni hubo engaño en su boca" (Is. 53:9).

"Por lo cual debía ser en todo semejante a sus hermanos, para venir a ser misericordioso y fiel sumo sacerdote en lo que a Dios se refiere, para expiar los pecados del pueblo" (He. 2:17).

Pensamiento 3: El propio Hijo de Dios no poseía nada cuando estaba en la tierra. Advierta dos cosas.

⇒ Cristo es el Salvador de los más pobres. Nació en un establo y a lo largo de su vida no tuvo un lugar propio donde apoyar su cabeza (Mt. 8:20; Lc. 9:58). Incluso su sepulcro fue un sepulcro prestado.

⇒ Sin embargo, los ricos pueden servirlo al igual que lo hizo José de Arimatea.

"Y le dijo Jesús: Las zorras tienen guaridas, y las aves de los cielos nidos; mas el Hijo del Hombre no tiene dónde recostar la cabeza" (Lc. 9:58).

"Vended lo que poseéis, y dad limosna; haceos bolsas que no se envejezcan, tesoro en los cielos que no se agote, donde ladrón no llega, ni polilla destruye" (Lc. 12:33).

"En todo os he enseñado que, trabajando así, se debe ayudar a los necesitados, y recordar las palabras del Señor Jesús, que dijo: Más bienaventurado es dar que recibir" (Hch. 20:35).

"Porque ya conocéis la gracia de nuestro Señor Jesucristo, que por amor a vosotros se hizo pobre, siendo rico, para que vosotros con su pobreza fueseis enriquecidos" (2 Co. 8:9).

"En esto hemos conocido el amor, en que él puso su vida por nosotros; también nosotros debemos poner nuestras vidas por los hermanos" (1 Jn. 3:16).

[2] (19:39) ***Nicodemo - Testimonio - Jesucristo, Muerte:*** La muerte de Jesús conquistó el miedo en un discípulo cobarde. Nicodemo fue probablemente el *Maestro*, el maestro principal de todo Israel. Con ese cargo en la nación, temía a los líderes de Israel que se oponían a Jesús. El mismo temor que sentía José lo sentía él: su posición, autoridad, forma de vida y seguridad estaban en juego, por lo tanto se mantuvo en silencio, rehusando a confesar abiertamente y a tomar una posición por Jesús.

Sin embargo, al parecer la cruz cambió a Nicodemo tal como lo cambió a José. Siendo el *Maestro* de Israel, Nicodemo, por sobre todos, conocía las Escrituras proféticas. Al parecer, los eventos de la cruz lo motivaron a comenzar a relacionar las profecías con la muerte de Jesús. Ya había estado relacionando entre las profecías y las palabras y obras de Jesús. No lo comprendía plenamente, pero los pensamientos que relacionaban a Jesús con las profecías no abandonaban su mente. En algún momento Nicodemo, si bien no lo comprendía, supo que Jesús era el Mesías. Él, Nicodemo, le había fallado al Señor cuando estaba vivo. No iba a fallarle en su muerte. Quizá sin entender el movimiento de su propio corazón hacia Jesús, valientemente y con coraje dio un paso adelante para proclamar que ahora creía y quería saberlo todo. Entró a los negocios que vendían especias y compró grandes cantidades, las libras necesarias para un rey. Las especias pesaban aproximadamente setenta libras, una cantidad que sólo podía adquirir y usar la realeza. Nicodemo quería darle el honor a su Señor que debía haberle dado cuando su Señor estaba vivo. Había sido un hombre orgulloso, pero ahora era un hombre quebrantado. Había sido un hombre mundano, un hombre que había elegido al mundo por sobre el Señor, pero ya no más. Con el corazón roto por la muerte del Señor, iba a dar un paso adelante en la fe y el amor y hacer lo que podía.

Pensamiento 1: Cuando Nicodemo entró a las tiendas y compró las especias para el cuerpo del Señor y ayudó en el entierro de Jesús, tomó una posición a favor de Cristo. A partir de ese momento, todos sabían que él se ocupaba de y amaba a Jesús. ¡Vaya ejemplo vivo de valor para nosotros mientras nos movemos en las estructuras empresariales del mundo!

"Mas ellos callaron; porque en el camino habían disputado entre sí, quién había de ser el mayor. Entonces él se sentó y llamó a los doce, y les dijo: Si alguno quiere ser el primero, será el postrero de todos, y el servidor de todos. Y tomó a un niño, y lo puso en medio de ellos; y tomándole en sus brazos, les dijo: El que reciba en mi nombre a un niño como este, me recibe a mí; y el que a mí me recibe, no me recibe a mí sino al que me envió" (Mr. 9:34-37).

[3] (19:40-42) ***Decisión - Compromiso:*** La muerte de Jesús motivó un compromiso abierto y sin vergüenza. Tanto José como Nicodemo habían dudado en confiar en Jesucristo como su Salvador. Por miedo, habían actuado cobardemente, manteniendo para sí sus pensamientos sobre Jesús. Pero ahora mostraban un coraje y un valor incomparable con todos los demás. Ellos solos demostraron un compromiso abierto y sin vergüenza hacia Jesús, y lo hicieron cuando los apóstoles mismos abandonaron a Jesús.

1. Abiertamente tomaron el cuerpo de Jesús de la cruz. Al hacerlo, se arriesgaban al desagrado del Sanedrín, que había instigado y condenado a Jesús. Tanto José como Nicodemo se estaban oponiendo a sus compañeros miembros del consejo. No había duda de que iban a enfrentar una dura reacción de algunos de los miembros del Sanedrín y de algunos de sus amigos más cercanos.

2. Abiertamente se ocuparon del cuerpo de Jesús. Lo envolvieron en géneros de lino con las especias.

3. Abiertamente le dieron a Jesús lo mejor. Le dieron un sepulcro que nunca había sido utilizado antes. Al parecer estaba en un cementerio en el Monte Calvario, la montaña donde fue crucificado Jesús. La tumba había sido adquirida por José para su propio uso (Mt. 27:60). Este solo hecho no deja duda acerca de los dos hombres tomando una posición por Jesús.

4. Abiertamente enterraron a Jesús justo antes del día de reposo. Esto hizo que no participaran de la gran fiesta de Pascua, y no pudieron hacerlo, incluso por las razones más graves. José y Nicodemo, al manipular el cuerpo de Jesús, fueron considerados contaminados por siete días por haber estado en contacto con un cadáver. Una vez contaminados, la ley judía prohibía que una persona participara en ceremonias judías.

En términos simples, José y Nicodemo, que habían sido discípulos secretos, ahora habían dado un paso hacia adelante realizando un compromiso sin vergüenza con Jesús. Todos sabrían que dieron un paso adelante y que se ocuparon del cuerpo de Jesús. José incluso entregó su propio sepulcro a Jesús. Estaban poniendo en riesgo sus posiciones, estima, riqueza y hasta sus vidas al hacer un compromiso tan notable con los asuntos de Jesús.

Advierta la fuerza del compromiso: nadie de la familia de Jesús o de entre sus propios discípulos dio un paso hacia adelante para reclamar el cuerpo del Señor, pero estos dos hombres lo hicieron.

Pensamiento 1: El valor demostrado por José y Nicodemo es desesperadamente necesitado por todos.

1) El valor para hacer un compromiso sin vergüenza con Cristo.
2) El valor para arriesgarlo todo por Cristo, incluso si nos cuesta nuestra posición, estima, riqueza y vida.
3) El valor para ocuparnos sin vergüenza del cuerpo de Cristo, su iglesia y sus asuntos.

4) El valor para ser un testigo sin vergüenza de Cristo, sin importar el costo.

"A cualquiera, pues, que me confiese delante de los hombres, yo también le confesaré delante de mi Padre que está en los cielos. Y a cualquiera que me niegue delante de los hombres, yo también le negaré delante de mi Padre que está en los cielos" (Mt. 10:32, 33).

"Os digo que todo aquel que me confesare delante de los hombres, también el Hijo del Hombre le confesará delante de los ángeles de Dios" (Lc. 12:8).

"Que *si confesares con tu boca* que Jesús es el Señor, y creyeres en tu corazón que Dios le levantó de los muertos, serás salvo. Porque con el corazón se cree para justicia, pero con la boca se confiesa para salvación" (Ro. 10:9, 10).

"Si sufrimos, también reinaremos con él; si le negáremos, él también nos negará" (2 Ti. 2:12).

"Todo aquel que niega al Hijo, tampoco tiene al Padre. El que confiesa al Hijo, tiene también al Padre" (1 Jn. 2:23).

"Todo aquel que confiese que Jesús es el Hijo de Dios, Dios permanece en él, y él en Dios" (1 Jn. 4:15).

ESTUDIO A FONDO 1

(19:42) ***Día de reposo - Jesucristo, Entierro:*** La necesidad de la prisa tenía tres motivos.

1. El día de reposo o sábado, el día de adoración para los judíos, comenzaba a las seis de la tarde. (Los días judíos comenzaban a las seis de la tarde y continuaban hasta las seis de la tarde de la noche siguiente, es decir, de crepúsculo a crepúsculo). La estricta ley judía decía que una vez comenzado el día de reposo, no podía realizarse ningún trabajo incluso el entierro de los muertos.

2. Jesús murió a las tres de la tarde (cp. Mr. 15:33, 34, 37). Por lo tanto murió el viernes, el día de la preparación para el día de reposo. Si había que hacer algo con el cuerpo de Jesús, se lo debía hacer de inmediato y rápidamente. Quedaban sólo tres horas para trabajar.

3. Los romanos arrojaban los cuerpos de los criminales crucificados en las pilas de deshechos o bien dejaban colgando los cuerpos en la cruz para que los consumieran los buitres y los animales. Esto servía como ejemplo de castigo criminal para el público. Si el cuerpo de Jesús no se retiraba con rapidez, dentro de esas tres horas, el destino de su cuerpo estaba echado. Los romanos no se iban a preocupar de lo que pasara con Él y ningún judío lo quitaría hasta que terminara el día de descanso.

	CAPÍTULO 20 **XVI. LA REVELACIÓN DE JESÚS, EL SEÑOR RESUCITADO, 20:1—21:23** **A. Acontecimiento 1: El gran descubrimiento: La tumba vacía, 20:1-10**	4 Corrían los dos juntos; pero el otro discípulo corrió más aprisa que Pedro, y llegó primero al sepulcro. 5 Y bajándose a mirar, vio los lienzos puestos allí, pero no entró. 6 Luego llegó Simón Pedro tras él, y entró en el sepulcro, y vio los lienzos puestos allí,	a. Fueron hacia allí b. Juan miró adentro: Vio los lienzos c. Pedro entró: Vio los lienzos
1 El descubrimiento incuestionable de María: La tumba abierta a. Ella la visitó temprano b. Vio la piedra quitada c. Corrió hacia Pedro d. Reveló un amor incuestionable: "Se han llevado al Señor"	1 El primer día de la semana, María Magdalena fue de mañana, siendo aún oscuro, al sepulcro; y vio quitada la piedra del sepulcro. 2 Entonces corrió, y fue a Simón Pedro y al otro discípulo, aquel al que amaba Jesús, y les dijo: Se han llevado del sepulcro al Señor, y no sabemos dónde le han puesto.	7 y el sudario, que había estado sobre la cabeza de Jesús, no puesto con los lienzos, sino enrollado en un lugar aparte. 8 Entonces entró también el otro discípulo, que había venido primero al sepulcro; y vio, y creyó. 9 Porque aún no habían entendido la Escritura, que era necesario que él resucitase de los muertos.	**3. El atento descubrimiento de Juan: Los lienzos sin tocar** a. Los lienzos 1) Estaban "sin tocar" 2) El sudario todavía estaba doblado b. La creencia inmediata 1) Él vio y creyó 2) Él finalmente comprendió las Escrituras
2 El impactante descubrimiento de Pedro y Juan: Los lienzos	3 Y salieron Pedro y el otro discípulo, y fueron al sepulcro.	10 Y volvieron los discípulos a los suyos.	

DIVISIÓN XVI

LA REVELACIÓN DE JESÚS, EL SEÑOR RESUCITADO, 20:1—21:23

A. Acontecimiento 1: El gran descubrimiento: La tumba vacía, 20:1-10

(20:1-10) ***Introducción - Resurrección, Evidencia de la:*** Al estudiar el relato de Juan, debe recordarse que Juan estaba escribiendo un relato histórico. Él no estaba interesado en dar una evidencia insuperable de la resurrección. Su interés era doble: (1) dar la evidencia que lo condujera a comprender y creer inmediatamente y (2) dar suficiente evidencia para conducir a cualquiera a la creencia inmediata, si una persona estaba dispuesta a creer. Estaba interesado en dar suficiente evidencia para hacer viable y respetable la fe de cualquiera. Habiendo dicho esto, el registro de Juan sobre la resurrección de Jesús es un fuerte relato histórico del evento. Para un corazón sincero, objetivo y bueno, la evidencia es convincente (Lc. 8:15).

1. El hecho de que la moralidad es el centro del evangelio de Juan elimina toda posibilidad de que estuviera elaborando una mentira, especialmente una mentira de tal proporción moral.

2. La descripción de tantos detalles pequeños, detalles que son tan humanos, dice que el evento fenomenal es un evento que realmente sucedió. Detalles tan humanos nunca podrían haber sido construidos alrededor de un evento cuyo punto principal fuera una fábula. Algunos pocos detalles humanos son los siguientes: Pedro y Juan corriendo y Juan corriendo más de prisa que Pedro; la respuesta humana de María de asombro frenético; el joven autor temiendo y dudando entrar a la tumba; el autor creyendo sin hecho físico y admitiendo que su creencia no se basaba en una comprensión de las Escrituras. Por supuesto, hay muchos otros ejemplos que apuntan a que el hecho en realidad ocurrió.

3. El sudario es una fuerte evidencia de la resurrección. Se dice que sólo el sudario "estaba enrollado". Se supone que las otras piezas "estaban aún enrolladas" por la frase "no puesto con los lienzos". Si bien la frase substancialmente apoya la suposición, es sólo una suposición. El punto es este: si Juan o cualquier otro autor estuviera disfrazando un caso para un evento tan fenomenal como lo es la resurrección, él expresaría explícitamente que los lienzos del cuerpo junto con el sudario estaban "enrollados", construyendo prueba sobre prueba.

4. Las vidas cambiadas de los discípulos del Señor son una evidencia indiscutible. Es una evidencia psicológica. De *una aparente dependencia* y de *ser cazados* como perros insurrectos, pasaron a ser criaturas nuevas de entusiasmo y motivación. Estaban impulsados por un poder dinámico y un valor increíble. Al cabo de treinta días se los vio proclamando un Cristo resucitado desde el mismo lugar en que sus vidas habían sido amenazadas. Predicaban a las mismas personas que buscaban arrestarlos y ejecutarlos. Sólo una cosa haría que adoptaran esta estrategia: el Señor por cierto había resucitado y había implantado en ellos un nuevo poder dinámico nunca antes experimentado por el hombre.

Al tratar sobre las evidencias, debemos recordar que Dios *a través de la inspiración* no formuló las Escrituras para demostrar nada. Dios proclama en las Escrituras que Él *es* (existe), que Él es amor, y que Él ha demostrado su amor en forma suprema al enviar a su propio Hijo a salvar al mundo perdido y agonizante. Lo que Dios quiere de nosotros es amor y creencia, amor por el Señor Jesús y creencia en el poder supremo de un Dios amante. Este es justo el tema del relato de la resurrección. Debemos creer porque amamos tal como lo hicieron María y Juan. (Ver nota 2, Mt. 28:1; Jn. 20:7-10; cp. He. 11:6; 1 Jn. 3:23).

1. El descubrimiento incuestionable de María: La tumba abierta (vv. 1, 2).
2. El impactante descubrimiento de Pedro y Juan: Los lienzos (vv. 3-6).
3. El atento descubrimiento de Juan: Los lienzos sin tocar (vv. 7-10).

1 (20:1, 2) ***María Magdalena:*** El descubrimiento incuestionable de María, la tumba abierta. Advierta cuatro hechos.

1. María visitó temprano la tumba, cuando todavía estaba oscuro. Mateo dice que era "pasado el día de reposo", queriendo significar entre las tres y las seis de la mañana (Mt. 28:1). Esto revela tres hechos significativos.

a. Jesús resucitó antes del amanecer, antes de que el sol saliera el domingo por la mañana. Esto fue significativo para los primeros creyentes cristianos, tan significativos que dejaron de lado la división normal de la semana que comenzaba con el día de reposo o sábado. Comenzaron a contar los días comenzando por el domingo, el día de la resurrección de su Señor (cp. Hch. 20:7; 1 Co. 16:2).

b. Jesús resucitó el primer día de la semana, el domingo por la mañana. Esto significa que había estado en la tumba durante tres días tal como lo había dicho (Mt. 12:40; 16:21;17:23; 20:19; Mr. 9:31; 10:34; Lc. 9:22; 18:33; 24:7, 46). Su resurrección de entre los muertos fue un triunfo, una conquista sobre la muerte. La muerte ya no reina. Su gobierno se ha terminado (1 Co. 15:55, 56; 2 Co. 1:9, 10; 2 Ti. 1:10; He. 2:9, 14, 15).

c. Nuevamente, Jesús resucitó el primer día de la semana, el domingo por la mañana. Estuvo en la tumba durante el día de reposo, incapaz de observar las leyes que gobernaban la gran estación de la Pascua y el día de reposo. Estaba muerto para la ley y sus observancias. Esto es simbólico de la *identificación* que los creyentes ganan en Cristo. *En la muerte de Cristo* los creyentes se vuelven muertos para la ley (ver nota - Ro. 7:4; Mt. 5:17, 18).

2. María vio la piedra quitada de la tumba (ver Estudio a fondo 1, Jn. 20:1 para mayor discusión).

Pensamiento 1: Esta es una fuerte evidencia para la resurrección. La piedra no fue quitada para el beneficio de Cristo, sino para los testigos de la resurrección. Cuando Cristo resucitó, estaba en su cuerpo resucitado, el cuerpo espiritual de la dimensión espiritual que no tiene ataduras físicas. No necesitaba quitar la piedra para abandonar la tumba, porque la sustancia material no tiene peso en la substancia espiritual. Sin embargo, los testigos necesitaban entrar a la tumba para ver la verdad (ver bosquejo y notas, Jn. 10:1-10).

3. María corrió hacia Pedro. Esto es importante, puesto que demuestra que Pedro todavía era el líder aceptado. ¡Qué hombre de estatura de valor y fuerza moral! De seguro su cobardía había sido difundida y rumoreada, pero él se arrepintió, se levantó y resumió su tarea.

4. María reveló un amor incuestionable: "Se han llevado del sepulcro al Señor". María es un ejemplo supremo de quien ama y cree, si bien ella no comprendía. Fue una de las últimas en dejar a Jesús en la cruz (cp. Mr. 15:40, 47); una de las primeras en ir a la tumba; y una de las que todavía lo llamaba "Señor". Su creencia era una creencia de amor, no una creencia basada en el intelecto o la comprensión. Ella sabía lo que Jesús había hecho por ella y lo amaba por eso. Jesús era su Señor, muerto o vivo (cp. Jn. 20:13ss.)

"Como el Padre me ha amado, así también yo os he amado; permaneced en mi amor" (Jn. 15:9).

"Jesús le dijo: Porque me has visto, Tomás, creíste; bienaventurados los que no vieron, y creyeron" (Jn. 20:29).

"La gracia sea con todos los que aman a nuestro Señor Jesucristo con amor inalterable. Amén" (Ef. 6:24).

"A quien amáis sin haberle visto, en quien creyendo, aunque ahora no lo veáis, os alegráis con gozo inefable y glorioso" (1 P. 1:8).

"Conservaos en el amor de Dios, esperando la misericordia de nuestro Señor Jesucristo para vida eterna" (Jud. 21).

"Y amarás a Jehová tu Dios de todo tu corazón, y de toda tu alma, y con todas tus fuerzas" (Dt. 6:5).

ESTUDIO A FONDO 1

(20:1) ***Tumba:*** En la época de Jesús las tumbas se cerraban con unas grandes piedras en frente de la entrada. Eran casi imposibles de quitar. Una profunda ranura era tallada en la roca en la base de la entrada para que se apoyara la piedra circular. Por lo general, la roca pesaba varias toneladas. Dichas precauciones eran esenciales porque había muchas tumbas saqueadas en dicha época de pobreza.

Además, la tumba estaba asegurada estando sellada. Cuando era necesario sellar una tumba, se cementaba la gran roca a las paredes de la entrada o con sogas u otro tipo de ataduras alrededor de la roca de entrada y se la ajustaba a ambos lados de la tumba. Luego se cementaba con una arcilla que se endurecía o con una substancia de tipo cerosa. En algunos casos de entierros, por lo general de figuras políticas, también se colocaba el sello del emperador en las puertas de entrada. Esto era para infundir temor de represalias romanas contra cualquier intruso. (Cp. Mt. 27:66).

En el caso de la tumba de Jesús, se tomaron más precauciones, emplazando una patrulla que cuidara en contra de cualquier hecho malvado. Esta guardia consistía de una *gran cantidad* de hombres. (Cp. Mt. 28:4, 11ss.)

2 (20:3-6) ***Jesucristo, Resurrección de:*** El descubrimiento impactante de Juan y Pedro. Descubrieron la tumba vacía *y los lienzos.* "Salieron" hacia la tumba. Juan fue más de prisa que Pedro. Cuando Juan llegó a la tumba, sólo miró adentro y advirtió los lienzos. Pedro sí entró a la tumba. Él también advirtió los lienzos. Ambos sabían su importancia. Si el cuerpo hubiera sido retirado por las autoridades o robado por alguien,

los lienzos hubieran sido llevados con el cuerpo o dejados hechos un manojo, arrojados en algún lugar del piso. A partir de la descripción y del impacto del evento sobre los dos discípulos, ninguno trató el tema con el otro, no mientras estaban allí en ese momento.

> ***Pensamiento 1:*** Advierta un punto crítico. Si un hombre desea descubrir la tumba vacía, debe levantarse y "entrar" para mirarla. Debe investigar y entonces verá. Levantarse y "entrar" es la única forma en que un hombre podrá descubrir al Señor resucitado. Descansar en la comodidad y el letargo de este mundo nunca ayudará a un hombre a encontrar a Jesús.
>
> **"Escudriñad las Escrituras; porque a vosotros os parece que en ellas tenéis la vida eterna; y ellas son las que dan testimonio de mí" (Jn. 5:39).**
>
> **"Y éstos eran más nobles que los que estaban en Tesalónica, pues recibieron la palabra con toda solicitud, escudriñando cada día las Escrituras para ver si estas cosas eran así" (Hch. 17:11).**
>
> **"Porque con gran vehemencia refutaba públicamente a los judíos, demostrando por las Escrituras que Jesús era el Cristo" (Hch. 18:28).**
>
> **"Que él había prometido antes por sus profetas en las santas Escrituras, acerca de su Hijo, nuestro Señor Jesucristo, que era del linaje de David según la carne, que fue declarado Hijo de Dios con poder, según el Espíritu de santidad, por la resurrección de entre los muertos" (Ro. 1:2-4).**
>
> **"Y esto, conociendo el tiempo, que es ya hora de levantarnos del sueño; porque ahora está más cerca de nosotros nuestra salvación que cuando creímos. La noche está avanzada, y se acerca el día. Desechemos, pues, las obras de las tinieblas, y vistámonos las armas de la luz" (Ro. 13:11, 12).**
>
> **"Porque primeramente os he enseñado lo que asimismo recibí: Que Cristo murió por nuestros pecados, conforme a las Escrituras; y que fue sepultado, y que resucitó al tercer día, conforme a las Escrituras" (1 Co. 15:3, 4).**
>
> **"Pero deseamos que cada uno de vosotros muestre la misma solicitud hasta el fin, para plena certeza de la esperanza, a fin de que no os hagáis perezosos, sino imitadores de aquellos que por la fe y la paciencia heredan las promesas" (He. 6:11, 12).**
>
> **"Así que vosotros, oh amados, sabiéndolo de antemano, guardaos, no sea que arrastrados por el error de los inicuos, caigáis de vuestra firmeza" (2 P. 3:17).**
>
> **"Todo lo que te viniere a la mano para hacer, hazlo según tus fuerzas; porque en el Seol, adonde vas, no hay obra, ni trabajo, ni ciencia, ni sabiduría" (Ec. 9:10).**

[3] (20:7-10) ***Resurrección - Juan - Lienzos:*** El descubrimiento atento de Juan. Él descubrió los lienzos sin tocar. Advierta dos puntos significativos.

1. Advierta los lienzos. Estando fuera mientras Pedro estaba dentro del sepulcro, la mente de Juan al parecer estaba dando vueltas, sopesando, haciéndose preguntas y pensando. Luego, de repente, le llegó la idea: los lienzos yacían sin ser tocados. La palabra griega "enrollados" (entetuligmenon) es el verbo utilizado para enrollar los lienzos alrededor de un cuerpo para un entierro. La palabra griega está diciendo que los lienzos estaban aún enrollados, tal cual estarían enrollados alrededor de un cuerpo, como si el cuerpo se hubiera evaporado. No estaban desarreglados o desaliñados. Esto dice al menos cuatro cosas.

a. Sería imposible sacar un cuerpo de sus envolturas y dejarlas en orden.
b. Las envolturas hubieran sido llevadas con el cuerpo, si se lo hubieran llevado.
c. Las envolturas hubieran estado desaliñadas y desarregladas y dispersas si los ladrones hubieran saqueado la tumba.
d. Las envolturas (bajo cualquier circunstancia que pudiera concebirse de retirar el cuerpo) nunca podrían haber estado en el exacto lugar en la losa de piedra donde yacía el cuerpo. Sin embargo, así es como estaban, de acuerdo al texto griego. Esto es lo que llevó a Juan a una creencia inmediata.

2. Advierta la creencia inmediata de Juan. Él no creyó debido a una evidencia imposible de soslayar, sino porque amaba a Jesús. Ver los lienzos penetró en la mente de Juan y recordó la profecía de Jesús de que Él iba a resucitar. Juan se dio cuenta de lo que había sucedido y creyó.

Este es el punto central de este relato de los lienzos y la forma en que es registrado el relato. Este también es el punto central del relato de la resurrección. Un Dios amante quiere amor, un corazón lleno de amor. Quiere que una persona simplemente crea que Dios *es* (existe) y que Dios recompensa a quienes lo aman a Él (He. 11:6).

> **"Pero sin fe es imposible agradar a Dios; porque es necesario que el que se acerca a Dios crea que le hay, y que es galardonador de los que le buscan" (He. 11:6).**
>
> **"Porque de tal manera amó Dios al mundo, que ha dado a su Hijo unigénito, para que todo aquel que en él cree, no se pierda, mas tenga vida eterna. Porque no envió Dios a su Hijo al mundo para condenar al mundo, sino para que el mundo sea salvo por él" (Jn. 3:16, 17).**
>
> **"En esto hemos conocido el amor, en que él puso su vida por nosotros; también nosotros debemos poner nuestras vidas por los hermanos" (1 Jn. 3:16).**
>
> **"Y nosotros hemos conocido y creído el amor que Dios tiene para con nosotros. Dios es amor; y el que permanece en amor, permanece en Dios, y Dios en él" (1 Jn. 4:16).**
>
> **"Nosotros le amamos a él, porque él nos amó primero" (1 Jn. 4:19).**

	B. Acontecimiento 2: El gran reconocimiento: Jesús se aparece ante María, 20:11-18 (Mt. 28:1-15; Mr. 16:1-11; Lc. 24:1-49)	15 Jesús le dijo: Mujer, ¿por qué lloras? ¿A quién buscas? Ella, pensando que era el hortelano, le dijo: Señor, si tú lo has llevado, dime dónde lo has puesto, y yo lo llevaré.	b. Una pregunta asombrosa: ¿Por qué lloras? ¿A quién buscas? c. Una identidad falsa 1) Debido a sus lágrimas 2) Porque miró en la dirección equivocada: dentro de la tumba
1 María regresó a la tumba a. Llorando convulsivamente b. Se detuvo y miró dentro	11 Pero María estaba fuera llorando junto al sepulcro; y mientras lloraba, se inclinó para mirar dentro del sepulcro;	16 Jesús le dijo: ¡María! Volviéndose ella, le dijo: ¡Raboni! (que quiere decir, Maestro).	d. El gran reconocimiento
2 La primera visión asombrosa: dos ángeles a. La pregunta de los ángeles b. La devoción amorosa de María y su confesión: "Mi Señor"	12 y vio a dos ángeles con vestiduras blancas, que estaban sentados el uno a la cabecera, y el otro a los pies, donde el cuerpo de Jesús había sido puesto. 13 Y le dijeron: Mujer, ¿por qué lloras? Les dijo: Porque se han llevado a mi Señor, y no sé dónde le han puesto.	17 Jesús le dijo: No me toques, porque aún no he subido a mi Padre; mas ve a mis hermanos, y diles: Subo a mi Padre y a vuestro Padre, a mi Dios y a vuestro Dios. 18 Fue entonces María Magdalena para dar a los discípulos las nuevas de que había visto al Señor, y que él le había dicho estas cosas.	**4. La tercera visión asombrosa: La nueva comisión** a. Deja de aferrarte a mí, en forma egoísta b. Ve, cuenta tu gran descubrimiento
3 La segunda visión asombrosa: Jesús mismo a. María percibió a otra persona, se dio vuelta para ver	14 Cuando había dicho esto, se volvió, y vio a Jesús que estaba allí; mas no sabía que era Jesús.		

DIVISIÓN XVI

LA REVELACIÓN DE JESÚS, EL SEÑOR RESUCITADO, 20:1—21-23

B. Acontecimiento 2: El gran reconocimiento: Jesús se aparece ante María, 20:11-18

(20:11-18) ***Introducción:*** Este es uno de los eventos más preciados de la historia. Fue la primera aparición de nuestro Señor luego de su resurrección. Fue una aparición ante una mujer que había sido salva de las profundidades de la depravación humana. Fue la aparición a María Magdalena, quien amaba a Jesús con el más profundo de los amores por lo que Él había hecho por ella.

1. María regresó a la tumba (v. 11).
2. La primera visión asombrosa: dos ángeles (vv. 12, 13).
3. La segunda visión asombrosa: Jesús mismo (vv. 14-16).
4. La tercera visión asombrosa: La nueva comisión (vv. 17, 18).

[1] (20:11) ***Jesucristo, Resurrección - María Magdalena:*** María regresó a la tumba. Cuándo no se sabe con exactitud, pero probablemente lo hizo detrás de Pedro y Juan cuando corrieron hacia la tumba. Cuando ellos se fueron, ella se quedó detrás. Lloraba convulsivamente. Ver a Pedro y a Juan entrar a la tumba le dio valor para finalmente inclinarse y mirar. Lo que María comenzó a experimentar revolucionaría su vida. No pediría nada más.

Pensamiento 1: Dos cosas pueden revolucionar la vida de un hombre.

1) Estar en la tumba vacía de Jesús. Demasiadas personas corrieron a su tumba, sin pensar jamás, sin siquiera pensar en su significado.
2) Buscar la verdad de la tumba vacía, lo que significa para la vida y para el mundo en toda su corrupción y necesidad.

[2] (20:12, 13) ***Jesucristo, Resurrección - Ángeles:*** La primera visión asombrosa de María. Ella vio a dos ángeles. Advierta dos puntos. (Ver <u>Estudio a fondo 1, Ángeles,</u> He. 1:4-14).

1. Los dos ángeles estaban sentados justo dónde había estado yaciendo el cuerpo de Jesús. Los ángeles son los mensajeros de Dios, son los espíritus de ministerio de Dios, siervos enviados del cielo para llevar a cabo su voluntad. En este caso en particular, fueron enviados para agregar a la importancia espectacular de la resurrección y para consolar a María en su dolor. Habían sido enviados a ella en particular, puesto que ellos no estaban en la tumba cuando Pedro y Juan miraron. Estaban vestidos de blanco. Mateo agregó...

- como "rayos" (visibles, rápidos, asombrosos, sorprendentes, atemorizadores, brillantes).
- como "nieve" (blancos, puros, brillantes).

El hecho de que estuvieran vestidos de blanco al parecer simboliza la santidad y pureza de Dios por cuya presencia habían venido.

"Exaltad a Jehová nuestro Dios, y postraos ante su santo monte, porque Jehová nuestro Dios es santo" (Sal. 99:9).

"Y el uno al otro daba voces, diciendo: Santo, santo,

santo, Jehová de los ejércitos; toda la tierra está llena de su gloria" (Is. 6:3).

"Muy limpio eres de ojos para ver el mal, ni puedes ver el agravio; ¿por qué ves a los menospreciadores, y callas cuando destruye el impío al más justo que él" (Hab. 1:13).

"Así que, amados, puesto que tenemos tales promesas, limpiémonos de toda contaminación de carne y de espíritu, perfeccionando la santidad en el temor de Dios" (2 Co. 7:1).

"Seguid la paz con todos, y la santidad, sin la cual nadie verá al Señor" (He. 12:14).

"Porque escrito está: Sed santos, porque yo soy santo" (1 P. 1:16).

"Puesto que todas estas cosas han de ser deshechas, ¡cómo no debéis vosotros andar en santa y piadosa manera de vivir" (2 P. 3:11).

2. La amorosa devoción de María y la confesión conmovería el corazón y la vida de todo creyente. (Ver nota, María Magdalena, punto 4 - Jn. 20:1, 2 para mayor discusión).

"Pues el Padre mismo os ama, porque vosotros me habéis amado, y habéis creído que yo salí de Dios" (Jn. 16:27).

"La gracia sea con todos los que aman a nuestro Señor Jesucristo con amor inalterable. Amén" (Ef. 6:24).

"A quien amáis sin haberle visto, en quien creyendo, aunque ahora no lo veáis, os alegráis con gozo inefable y glorioso" (1 P. 1:8).

"Conservaos en el amor de Dios, esperando la misericordia de nuestro Señor Jesucristo para vida eterna" (Jud. 21).

"Y amarás a Jehová tu Dios de todo tu corazón, y de toda tu alma, y con todas tus fuerzas" (Dt. 6:5).

"A cualquiera, pues, que me confiese delante de los hombres, yo también le confesaré delante de mi Padre que está en los cielos" (Mt. 10:32).

"Todo aquel que confiese que Jesús es el Hijo de Dios, Dios permanece en él, y él en Dios" (1 Jn. 4:15).

ESTUDIO A FONDO 1

(20:12) ***Jesucristo, Resurrección - Lienzos:*** Los dos ángeles estaban sentados, uno donde había yacido la cabeza de Jesús y el otro, donde habían yacido los pies de Jesús. Ahora advierta una pregunta. ¿Cómo sabía María dónde habían estado ubicados la cabeza y los pies? Hay dos posibilidades.

1. Posiblemente fue una de las mujeres que siguieron a José de Arimatea y a Nicodemo cuando enterraron a Jesús (Lc. 23:55).

2. Pudo ver los lienzos tendidos "enrollados", tal como habían estado cuando se envolvieron alrededor de Jesús (ver nota - Jn. 20:7-10).

3 (20:14-16) ***Jesucristo, Resurrección:*** La segunda visión asombrosa. María vio a Jesús mismo. Advierta cuatro eventos significativos.

1. Hubo una percepción sorprendente. Mientras María todavía estaba hablando con los ángeles, sintió otra presencia detrás de sí. Se dio vuelta de inmediato y vio a Jesús de pie, pero no sabía que se trataba de Jesús.

2. Hubo una pregunta sorprendente: "¿Por qué lloras? ¿A quién buscas?". Ahora advierta: un cementerio es donde uno llora y busca una tumba.

El tema es este: María estaba buscando a un Salvador muerto, a un Salvador que estaba donde están todos los demás hombres, frágil y desvalido para hacer algo respecto de la vida y la muerte, la eternidad y el cielo. Todo su ser estaba concentrado en una tumba donde su Salvador muerto estaba yaciendo. María estaba viviendo como vive el mundo, "ajenos a los pactos de la promesa, sin esperanza y sin Dios en el mundo" (Ef. 2:12).

"Tampoco queremos, hermanos, que ignoréis acerca de los que duermen, para que no os entristezcáis como los otros que no tienen esperanza" (1 Ts. 4:13).

"Dios mío, mi alma está abatida en mí; me acordaré, por tanto, de ti desde la tierra del Jordán, y de los hermonitas, desde el monte de Mizar" (Sal. 42:6).

"Estoy hundido en cieno profundo, donde no puedo hacer pie; he venido a abismos de aguas, y la corriente me ha anegado" (Sal. 69:2).

"Cuando pensé para saber esto, fue duro trabajo para mí" (Sal. 73:16).

"Como tú no sabes cuál es el camino del viento, o cómo crecen los huesos en el vientre de la mujer encinta, así ignoras la obra de Dios, el cual hace todas las cosas" (Ec. 11:5).

3. Estaba la falsa identidad. María pensó que el hombre era el hortelano y que tal vez había quitado el cuerpo por algún motivo. Advierta por qué no había reconocido todavía a Jesús.

⇒ Los ojos de María estaban llenos de lágrimas y su cabeza estaba inclinada en la timidez normal que surge en dichas escenas.

⇒ María estaba mirando en la dirección equivocada: hacia la tumba: Se había dado vuelta para mirar dónde había estado yaciendo el cuerpo (v. 14, cp. v. 16).

Pensamiento 1: Aquí hay un mensaje para todos. Debemos fijar nuestros ojos en Jesús al enfrentar la muerte. Con demasiada frecuencia, vemos el muerto y nos vemos tan envueltos en el dolor que nos olvidamos del Señor resucitado y en la gran esperanza que Él nos da (Jn. 3:16; 5:24; 14:2, 3). No hay cuestión sobre el énfasis de Jesús aquí. Este es el mensaje que deseaba transmitirle a María. No había necesidad de tal llanto convulsivo. Llorar y condolerse, sí, pero hay un límite. María podía y debía haberlo visto antes.

"Destruirá a la muerte para siempre; y enjugará Jehová el Señor toda lágrima de todos los rostros; y quitará la afrenta de su pueblo de toda la tierra; porque Jehová lo ha dicho" (Is. 25:8).

"De cierto, de cierto os digo: El que oye mi palabra, y cree al que me envió, tiene vida eterna; y no vendrá a condenación, mas ha pasado de muerte a vida" (Jn. 5:24).

"Y cuando esto corruptible se haya vestido de incorrupción, y esto mortal se haya vestido de inmortalidad, entonces se cumplirá la palabra que está escrita: Sorbida es la muerte en victoria" (1 Co. 15:54).

"Pero que ahora [la gracia y el propósito de Dios] ha sido manifestada por la aparición de nuestro Salvador Jesucristo, el cual quitó la muerte y sacó a luz la vida y la inmortalidad por el evangelio" (2 Ti. 1:10).

"Enjugará Dios toda lágrima de los ojos de ellos; y ya no habrá muerte, ni habrá más llanto, ni clamor, ni dolor; porque las primeras cosas pasaron" (Ap. 21:4).

4. Estuvo el gran reconocimiento. Este fue uno de esos momentos dramáticos que superan la capacidad de expresar palabras. Sólo se mencionaron dos palabras:

⇒ "María"

⇒ "Raboni"

Advierta tres puntos.

a. María reconoció a Jesús no por la vista, sino por su voz y las palabras pronunciadas por Él. Lo mismo sucede con nosotros hoy día: conocemos al Señor por su Palabra y su Espíritu.

"Le dijo entonces Pilato: ¿Luego, eres tú rey? Respondió Jesús: Tú dices que yo soy rey. Yo para esto he nacido, y para esto he venido al mundo, para dar testimonio a la verdad. Todo aquel que es de la verdad, oye mi voz" (Jn. 18:37; cp. Jn. 17:17).

"He aquí, yo estoy a la puerta y llamo; si alguno oye mi voz y abre la puerta, entraré a él, y cenaré con él, y él conmigo" (Ap. 3:20).

"Pero el que se une al Señor, un espíritu es con él" (1 Co. 6:17).

"El cual también nos ha sellado, y nos ha dado las arras del Espíritu en nuestros corazones" (2 Co. 1:22; cp. 2 Co. 5:5).

"Porque por medio de él los unos y los otros tenemos entrada por un mismo Espíritu al Padre" (Ef. 2:18; cp. Ef. 1:13, 14).

"En esto conocemos que permanecemos en él, y él en nosotros, en que nos ha dado de su Espíritu" (1 Jn. 4:13).

b. Jesús llamó a María por su nombre; ella era una de sus ovejas. Él conoce a sus ovejas por nombre y sus ovejas lo conocen por el sonido de su voz (su Palabra).

"Y cuando ha sacado fuera todas las propias, va delante de ellas; y las ovejas le siguen, porque conocen su voz" (Jn. 10:4).

"Yo soy el buen pastor; y conozco mis ovejas, y las mías me conocen" (Jn. 10:14).

"También tengo otras ovejas que no son de este redil; aquéllas también debo traer, y oirán mi voz; y habrá un rebaño, y un pastor" (Jn. 10:16).

"Mis ovejas oyen mi voz, y yo las conozco, y me siguen" (Jn. 10:27).

"He aquí, yo estoy a la puerta y llamo; si alguno oye mi voz y abre la puerta, entraré a él, y cenaré con él, y él conmigo" (Ap. 3:20).

c. María llamó a Jesús "Raboni", *Mi Maestro*, no "Rabí" (Maestro). Raboni (Rabbounei) , Mi Maestro era un título de mayor respeto y honor que Rabí. Ella lo estaba reconociendo como su Maestro supremo, al que se le debía todo el honor y respeto, lealtad y fidelidad. Ella estaba reconociendo que Él era su Maestro y que ella era su humilde seguidora (discípula).

"Sepa, pues, ciertísimamente toda la casa de Israel, que a este Jesús a quien vosotros crucificasteis, Dios le ha hecho Señor y Cristo" (Hch. 2:36).

"A éste, Dios ha exaltado con su diestra por Príncipe y Salvador, para dar a Israel arrepentimiento y perdón de pecados" (Hch. 5:31).

"Fiel es Dios, por el cual fuisteis llamados a la comunión con su Hijo Jesucristo nuestro Señor" (1 Co. 1:9).

"Para nosotros, sin embargo, sólo hay un Dios, el Padre, del cual proceden todas las cosas, y nosotros somos para él; y un Señor, Jesucristo, por medio del cual son todas las cosas, y nosotros por medio de él" (1 Co. 8:6).

4 (20:17, 18) ***Comisión - Testimonio:*** La tercera visión asombrosa fue la nueva comisión de María. Al parecer María estaba tan llena de gozo y entusiasmo que simplemente lo buscó y abrazó a Jesús. De inmediato Jesús pronunció el mandamiento: "No me toques" (me mou haptou).

Las palabras están en acción presente, *deja de aferrarte a mi.* Al parecer el gran amor de María tenía un defecto. Ella quería permanecer en su amor por el Señor y en el compañerismo que ese amor le traía. Ella buscaba abrazarlo y aferrarse a su cuerpo (fisicamente) , pero al hacerlo, se estaba equivocando: Su cruz y resurrección había creado una relación totalmente nueva. Ya no era sólo su Raboni, su Maestro. Él era su Señor y Dios (cp. Jn. 20:28). Pronto Él iba a ascender de regreso al Padre, de manera que no debía perder tiempo abrazando y aferrándose. Debía correr y contar su gran descubrimiento. El Maestro era ahora su Señor y Dios, puesto que había creado una nueva relación espiritual con los hombres.

"De manera que nosotros de aquí en adelante a nadie conocemos según la carne; y aun si a Cristo conocimos según la carne, ya no lo conocemos así. De modo que si alguno está en Cristo, nueva criatura es; las cosas viejas pasaron; he aquí todas son hechas nuevas" (2 Co. 5:16, 17).

"Que Dios estaba en Cristo reconciliando consigo al mundo, no tomándoles en cuenta a los hombres sus pecados, y nos encargó a nosotros la palabra de la reconciliación. Así que, somos embajadores en nombre de Cristo, como si Dios rogase por medio de nosotros; os rogamos en nombre de Cristo: Reconciliaos con Dios. Al que no conoció pecado, por nosotros lo hizo pecado, para que nosotros fuésemos hechos justicia de Dios en él" (2 Co. 5:19-21).

	C. Acontecimiento 3: El gran estatuto de la iglesia: Jesús se aparece a los discípulos, 20:19-23 (Mr. 16:14; Lc. 24:36-49)	esto, les mostró las manos y el costado. Y los discípulos se regocijaron viendo al Señor. 21 Entonces Jesús les dijo otra vez: Paz a vosotros. Como me envió el Padre, así también yo os envío.	c. Su efecto: Los discípulos estaban felices cuando lo vieron **3 Tema 2: La gran comisión**
1 Los discípulos se ocultaban por temor a. El mismo día: a la noche b. Informes tratados c. Jesús apareció de repente **2 Tema 1: El Señor resucitado: Su presencia fue muy real** a. Su mensaje: Paz b. Sus heridas: Evidencia	19 Cuando llegó la noche de aquel mismo día, el primero de la semana, estando las puertas cerradas en el lugar donde los discípulos estaban reunidos por miedo de los judíos, vino Jesús, y puesto en medio, les dijo: Paz a vosotros. 20 Y cuando les hubo dicho	22 Y habiendo dicho esto, sopló, y les dijo: Recibid el Espíritu Santo. 23 A quienes remitiereis los pecados, les son remitidos; y a quienes se los retuviereis, les son retenidos.	**4 Tema 3: El Espíritu Santo** a. El otorgamiento del Espíritu. b. La autoridad

DIVISIÓN XVI

LA REVELACIÓN DE JESÚS, EL SEÑOR RESUCITADO, 20:1—21:23

C. Acontecimiento 3: El gran estatuto de la iglesia: Jesús se aparece a los discípulos, 20:19-23

(20:19-23) ***Introducción:*** Esta fue la primera aparición de Jesús ante sus discípulos como grupo luego de su resurrección. ¿Qué iba a decir y de qué iba a hablar? ¿Cuál sería el tema de conversación y los temas tratados? Lo que fuera que eligiera decir sería de importancia crítica. En esto se centra Juan: en los temas y tópicos tratados cuando Jesús se apareció por primera vez ante los discípulos.

1. Los discípulos se ocultaban por temor (v. 19).
2. Tema 1: El Señor resucitado. Su presencia fue muy real (vv. 19, 20).
3. Tema 2: La gran comisión (v. 21).
4. Tema 3: El Espíritu Santo (vv. 22, 23).

1 (20:19) ***Discípulos, Temor de los - Jesucristo, Resurrección:*** Los discípulos se ocultaban por temor a los judíos. Estaban detrás de puertas cerradas, probablemente en el cuarto superior de la misma casa en la que Jesús se había reunido con ellos justo unos días antes. Estaban atemorizados y temerosos de las autoridades que habían expresado tanta ira y venganza contra su Señor. Había un peligro inminente de que fueran arrestados y encarcelados o ejecutados como revolucionarios tal como lo había sido Jesús.

Advierta que era domingo, el mismo día que Jesús había resucitado, y era de noche. Lucas nos dice que había muchos informes de que Jesús había resucitado de entre los muertos. (Ver Estudio a fondo 1, Jn. 20:19).

Recuerde: Las puertas estaban cerradas. De repente e inesperadamente, Jesús estaba de pie ante ellos, justo en medio. Él inmediatamente comenzó a tratar los tres temas del bosquejo.

ESTUDIO A FONDO 1

(20:19) ***Resurrección de Jesús – Informes:*** Los informes fueron respecto de la tumba vacía que encontraron Pedro y Juan (Jn. 20:6s), las apariciones a María Magdalena (Jn, 20:14s), a Pedro (1 Co. 15:4), a las mujeres (Mt. 28:1; Mr. 16:1s) y a los dos que caminaban rumbo a Emaús (Lc. 24:1).

2 (20:19, 20) ***Jesucristo, Resurrección:*** El primer tema fue el Señor mismo resucitado. Su presencia era muy real. Su repentina aparición agitó y asustó a los discípulos. Pensaron que estaban viendo una visión o un espíritu (Lc. 24:36, 37). Lo primero que hizo Jesús fue demostrar que era realmente Él. Lo hizo realizando dos cosas. (También ver Estudio a fondo 1, Jn. 21:1 para mayor discusión al respecto).

1. Utilizó el saludo sencillo y cotidiano entre los judíos: " Paz a vosotros". El uso de un saludo tan familiar a los discípulos los distendería. El hecho de que hablara tal como siempre lo había hecho les daría cierta indicación de que era realmente Él y no una visión o un espíritu.

> **"Pero ahora en Cristo Jesús, vosotros que en otro tiempo estabais lejos, habéis sido hechos cercanos por la sangre de Cristo. Porque él es nuestra paz, que de ambos pueblos hizo uno, derribando la pared intermedia de separación" (Ef. 2:13, 14).**
>
> **"La paz os dejo, mi paz os doy; yo no os la doy como el mundo la da. No se turbe vuestro corazón, ni tenga miedo" (Jn. 14:27).**
>
> **"Estas cosas os he hablado para que en mí tengáis paz. En el mundo tendréis aflicción; pero confiad, yo he vencido al mundo" (Jn. 16:33).**

2. Les mostró sus heridas. Este debe haber sido un momento dramático y conmovedor, un momento que simplemente explotó en la mente de los discípulos. Jesús probablemente se acercó a cada uno de ellos, permitiéndoles ver las heridas. Esto convenció a los discípulos. Sabían sin dudas...

- que no estaban viendo una visión ni un espíritu.

• que eso era *Su* cuerpo, el cuerpo de su maravilloso Señor, el mismo Jesús que habían conocido antes de su crucifixión.

> **"Lo que era desde el principio, lo que hemos oído, lo que hemos visto con nuestros ojos, lo que hemos contemplado, y palparon nuestras manos tocante al Verbo de vida (porque la vida fue manifestada, y la hemos visto, y testificamos, y os anunciamos la vida eterna, la cual estaba con el Padre, y se nos manifestó)" (1 Jn. 1:1, 2).**
>
> **"Pero esto digo, hermanos: que la carne y la sangre no pueden heredar el reino de Dios, ni la corrupción hereda la incorrupción" (1 Co. 15:50).**

3. El efecto que causó sobre los discípulos fue de un gozo y una felicidad increíbles (cp. Lc. 24:41). Sus espíritus y actitudes estaban cargadas de gozo y se transformaron desde el punto inferior de aflicción hasta el mayor punto de convicción triunfante. Ahora sabían lo que quería significar Jesús, que era verdaderamente...

• el Camino hacia Dios.
• la Verdad de Dios.
• la Vida de Dios.

En Él estaba la vida. Sus palabras eran *literalmente* ciertas. Él había querido significar exactamente lo que había dicho. Acababan de espiritualizar sus palabras, cambiándolas para que significaran lo que ellos habían querido. Pero ahora sabían.

⇒ Cuando Él había dicho que iba a morir, quería significar que iba a morir.
⇒ Cuando Él había dicho que iba a resucitar, quería significar que iba a resucitar.

Y aquí estaba, de pie, frente a ellos, revelando la verdad más gloriosa de todo el universo. El hombre ahora podía conquistar el pecado y la muerte y vivir por siempre. Él había venido para "que tengan vida y para que la tengan en abundancia" (Jn. 10:10. Cp. Jn. 10:38). Ahora sabían y comprendían (ver Estudio a fondo 2, Ver, Jn. 20:20).

ESTUDIO A FONDO 2

(20:20) **Ver** (eido): Significa más que la simple vista. Es ver y comprender a la vez. Es la misma palabra utilizada sobre Juan cuando él *vio y comprendió* (cp. Jn. 20:8).

ESTUDIO A FONDO 3

(20:20) ***Profecías:*** Los discípulos finalmente comprendieron que Jesús había querido significar exactamente lo que Él estaba diciendo. Cuando había dicho que iba a morir y a resucitar de los muertos, habían espiritualizado sus palabras. Pero Jesús había querido decir exactamente lo que estaba diciendo: Él iba literalmente a morir y a resucitar de los muertos y mediante ello iba a entrar en el Reino de Dios. Por supuesto, esto era mucho más significativo que el reino terrenal que ellos habían deseado. Era la noticia más gloriosa de todo el mundo, puesto que el hombre ahora podía vivir al cabo de unos pocos años en un reino terrenal; el hombre podía vivir ante la misma presencia de Dios para siempre. Ahora se había conquistado al pecado, la muerte y el infierno.

Jesús constantemente compartió su muerte y resurrección. Este hecho por lo general se pasa por alto. Aquí se tratan solamente las predicciones del evangelio de Juan.

1. Las profecías referentes sólo a su muerte.

> **"Yo soy el buen pastor; el buen pastor su vida da por las ovejas... así como el Padre me conoce, y yo conozco al Padre; y pongo mi vida por las ovejas" (Jn. 10:11, 15).**
>
> **"Ahora está turbada mi alma; ¿y qué diré? ¿Padre, sálvame de esta hora? Mas para esto he llegado a esta hora... Ahora es el juicio de este mundo; ahora el príncipe de este mundo será echado fuera. Y yo, si fuere levantado de la tierra, a todos atraeré a mí mismo. Y decía esto dando a entender de qué muerte iba a morir" (Jn. 12:27, 31-33).**
>
> **"Hijitos, aún estaré con vosotros un poco. Me buscaréis; pero como dije a los judíos, así os digo ahora a vosotros: A donde yo voy, vosotros no podéis ir... Le dijo Simón Pedro: Señor, ¿a dónde vas? Jesús le respondió: A donde yo voy, no me puedes seguir ahora; mas me seguirás después" (Jn. 13:33, 36).**
>
> **"Este es mi mandamiento: Que os améis unos a otros, como yo os he amado. Nadie tiene mayor amor que este, que uno ponga su vida por sus amigos. Vosotros sois mis amigos, si hacéis lo que yo os mando" (Jn. 15:12-14).**
>
> **"Pero ahora voy al que me envió; y ninguno de vosotros me pregunta: ¿A dónde vas? Antes, porque os he dicho estas cosas, tristeza ha llenado vuestro corazón. Pero yo os digo la verdad: Os conviene que yo me vaya; porque si no me fuera, el Consolador no vendría a vosotros; mas si me fuere, os lo enviaré" (Jn. 16:5-7).**
>
> **"Salí del Padre, y he venido al mundo; otra vez dejo el mundo, y voy al Padre" (Jn. 16:28).**
>
> **"Y ya no estoy en el mundo; mas éstos están en el mundo, y yo voy a ti. Padre santo, a los que me has dado, guárdalos en tu nombre, para que sean uno, así como nosotros... Pero ahora voy a ti; y hablo esto en el mundo, para que tengan mi gozo cumplido en sí mismos" (Jn. 17:11, 13).**

2. Las profecías referentes sólo a su resurrección.

> **"¿Pues qué, si viereis al Hijo del Hombre subir adonde estaba primero?" (Jn. 6:62).**
>
> **"Respondió Jesús y les dijo: Aunque yo doy testimonio acerca de mí mismo, mi testimonio es verdadero, porque sé de dónde he venido y a dónde voy; pero vosotros no sabéis de dónde vengo, ni a dónde voy" (Jn. 8:14).**
>
> **"Le dijo Jesús: Yo soy la resurrección y la vida; el que cree en mí, aunque esté muerto, vivirá. Y todo aquel que vive y cree en mí, no morirá eternamente. ¿Crees esto?" (Jn. 11:25, 26).**

3. Las profecías referentes tanto a su muerte como a su resurrección.

> **"Entonces Jesús dijo: Todavía un poco de tiempo estaré con vosotros, e iré al que me envió. Me buscaréis, y no me hallaréis; y a donde yo estaré, vosotros no podréis venir. Entonces los judíos dijeron entre sí: ¿Adónde se irá éste, que no le hallemos? ¿Se irá a los dispersos entre los griegos, y enseñará a los griegos? ¿Qué significa esto que dijo: Me buscaréis, y no me hallaréis; y a donde yo estaré, vosotros no podréis venir?" (Jn. 7:33-36).**

"En el último y gran día de la fiesta, Jesús se puso en pie y alzó la voz, diciendo: Si alguno tiene sed, venga a mí y beba. El que cree en mí, como dice la Escritura, de su interior correrán ríos de agua viva. Esto dijo del Espíritu que habían de recibir los que creyesen en él; pues aún no había venido el Espíritu Santo, porque Jesús no había sido aún glorificado" (Jn. 7:37-39).

"Otra vez les dijo Jesús: Yo me voy, y me buscaréis, pero en vuestro pecado moriréis; a donde yo voy, vosotros no podéis venir. Decían entonces los judíos: ¿Acaso se matará a sí mismo, que dice: A donde yo voy, vosotros no podéis venir? Y les dijo: Vosotros sois de abajo, yo soy de arriba; vosotros sois de este mundo, yo no soy de este mundo. Por eso os dije que moriréis en vuestros pecados; porque si no creéis que yo soy, en vuestros pecados moriréis. Entonces le dijeron: ¿Tú quién eres? Entonces Jesús les dijo: Lo que desde el principio os he dicho. Muchas cosas tengo que decir y juzgar de vosotros; pero el que me envió es verdadero; y yo, lo que he oído de él, esto hablo al mundo. Pero no entendieron que les hablaba del Padre. Les dijo, pues, Jesús: Cuando hayáis levantado al Hijo del Hombre, entonces conoceréis que yo soy, y que nada hago por mí mismo, sino que según me enseñó el Padre, así hablo. Porque el que me envió, conmigo está; no me ha dejado solo el Padre, porque yo hago siempre lo que le agrada" (Jn.8:21-29).

"Por eso me ama el Padre, porque yo pongo mi vida, -para volverla a tomar. Nadie me la quita, sino que yo de mí mismo la pongo. Tengo poder para ponerla, y tengo poder para volverla a tomar. Este mandamiento recibí de mi Padre" (Jn. 10:17, 18).

"Jesús les respondió diciendo: Ha llegado la hora para que el Hijo del Hombre sea glorificado. De cierto, de cierto os digo, que si el grano de trigo no cae en la tierra y muere, queda solo; pero si muere, lleva mucho fruto" (Jn. 12:23, 24).

"Entonces, cuando hubo salido, dijo Jesús: Ahora es glorificado el Hijo del Hombre, y Dios es glorificado en él. Si Dios es glorificado en él, Dios también le glorificará en sí mismo, y en seguida le glorificará" (Jn. 13:31, 32).

"En la casa de mi Padre muchas moradas hay; si así no fuera, yo os lo hubiera dicho; voy, pues, a preparar lugar para vosotros. Y si me fuere y os preparare lugar, vendré otra vez, y os tomaré a mí mismo, para que donde yo estoy, vosotros también estéis" (Jn. 14:2, 3).

"Todavía un poco, y el mundo no me verá más; pero vosotros me veréis; porque yo vivo, vosotros también viviréis. En aquel día vosotros conoceréis que yo estoy en mi Padre, y vosotros en mí, y yo en vosotros" (Jn. 14:19, 20).

"Habéis oído que yo os he dicho: Voy, y vengo a vosotros. Si me amarais, os habríais regocijado, porque he dicho que voy al Padre; porque el Padre mayor es que yo. Y ahora os lo he dicho antes que suceda, para que cuando suceda, creáis. No hablaré ya mucho con vosotros; porque viene el príncipe de este mundo, y él nada tiene en mí" (Jn. 14:28-30).

"Todavía un poco, y no me veréis; y de nuevo un poco, y me veréis; porque yo voy al Padre. Entonces se dijeron algunos de sus discípulos unos a otros: ¿Qué es esto que nos dice: Todavía un poco y no me veréis; y de nuevo un poco, y me veréis; y, porque yo voy al Padre? Decían, pues: ¿Qué quiere decir con: Todavía un poco? No entendemos lo que habla. Jesús conoció que querían preguntarle, y les dijo: ¿Preguntáis entre vosotros acerca de esto que dije: Todavía un poco y no me veréis, y de nuevo un poco y me veréis? De cierto, de cierto os digo, que vosotros lloraréis y lamentaréis, y el mundo se alegrará; pero aunque vosotros estéis tristes, vuestra tristeza se convertirá en gozo. La mujer cuando da a luz, tiene dolor, porque ha llegado su hora; pero después que ha dado a luz un niño, ya no se acuerda de la angustia, por el gozo de que haya nacido un hombre en el mundo. También vosotros ahora tenéis tristeza; pero os volveré a ver, y se gozará vuestro corazón, y nadie os quitará vuestro gozo" (Jn. 16:16-22).

3 (20:21) ***Comisión - Testimonio:*** El segundo tema fue la gran comisión. Advierta dos puntos críticos.

1. Hay una gran calificación por ser comisionado: recibir, poseer y conocer la paz de Cristo (ver nota, Jn. 14:27). A no ser que una persona se haya reconciliado con Dios *por* Cristo, a no ser que haya realmente hecho las paces con Dios, no puede representar a Dios ante el mundo.

2. Está el gran vínculo entre la misión de Cristo y el discípulo. El discípulo es enviado en la *misma* misión que Cristo.

⇒ Dios envió a Cristo con una misión específica.

⇒ Cristo envía a sus discípulos con la misma misión.

¿Cuál es la misión?

"Porque no envió Dios a su Hijo al mundo para condenar al mundo, sino para que el mundo sea salvo por él" (Jn. 3:17).

"El ladrón no viene sino para hurtar y matar y destruir; yo he venido para que tengan vida, y para que la tengan en abundancia" (Jn. 10:10).

"Al que oye mis palabras, y no las guarda, yo no le juzgo; porque no he venido a juzgar al mundo, sino a salvar al mundo" (Jn:12:47).

"Le dijo entonces Pilato: ¿Luego, eres tú rey? Respondió Jesús: Tú dices que yo soy rey. Yo para esto he nacido, y para esto he venido al mundo, para dar testimonio a la verdad. Todo aquel que es de la verdad, oye mi voz" (Jn:18:37).

El discípulo es enviado para proclamar y dar testimonio de la salvación de Dios. El discípulo es el profeta y el testigo del Señor viviente.

⇒ Cristo es el Camino; el discípulo *señala* el Camino.

⇒ Cristo es la Verdad; el discípulo *proclama* la Verdad.

⇒ Cristo es la Vida; el discípulo *comparte* la Vida.

3. Las grandes palabras "envió" (apestalken) y "enviar" (pempo) son diferentes en griego. El Padre que envía a Cristo es *apostello,* lo que significa primero de todos, *una separación y envío con autoridad delegada.* Hay sólo cuatro capítulos en Juan donde Cristo no proclama haber sido enviado. Cristo enviando al creyente es *pempo,* que nunca significa autoridad delegada. Siempre significa *enviar bajo autoridad.*

Dios envió a Cristo y delegó toda autoridad en Él. Cristo no delega autoridad alguna en el creyente. Envía mensajeros.

"Así que, somos embajadores en nombre de Cristo, como si Dios rogase por medio de nosotros; os rogamos en nombre de Cristo: Reconciliaos con Dios. Al que no

conoció pecado, por nosotros lo hizo pecado, para que nosotros fuésemos hechos justicia de Dios en él" (2 Co. 5:20, 21).

"No me elegisteis vosotros a mí, sino que yo os elegí a vosotros, y os he puesto para que vayáis y llevéis fruto, y vuestro fruto permanezca; para que todo lo que pidiereis al Padre en mi nombre, él os lo dé" (Jn. 15:16).

"Hubo un hombre enviado de Dios, el cual se llamaba Juan" (Jn. 1:6).

4 (20:22, 23) ***Espíritu Santo:*** El tercer asunto era el Espíritu Santo. Cristo acababa de comisionar a sus discípulos. Ahora les dio el poder para llevar a cabo sus órdenes.

1. Tendrían la capacidad o don del Espíritu Santo (ver Estudio a fondo 4, Espíritu Santo, Jn. 20:22).
2. Tendrían la autoridad (ver Estudio a fondo 5, Jn. 20:23).

ESTUDIO A FONDO 4

(20:22, 23) ***Espíritu Santo, Viniendo:*** El soplo de Jesús a los discípulos fue un signo profético de la venida del Espíritu y un avivamiento espiritual para los discípulos. Fue tanto una preparación simbólica como espiritual. Jesús estaba demostrando a sus seguidores que la presencia muy especial del Espíritu iba a morar tanto en creyentes como en la iglesia como el templo de Dios. El Espíritu, por supuesto, no iba a venir hasta la ascensión de Cristo. (Ver notas, Jn. 14:28, 29; 16:7; Estudio a fondo 1, Hch. 2:1-4; Estudio a fondo 2, 8:14-17; nota, 10:44-48).

Advierta varias cosas.

1. Cristo sopló en cada individuo. Estaba simbolizando que el Espíritu Santo iba a morar en cada creyente en una manera muy especial.

"Yo rogaré al Padre, y os dará otro Consolador, para que esté con vosotros para siempre: el Espíritu de verdad, al cual el mundo no puede recibir, porque no le ve, ni le conoce; pero vosotros le conocéis, porque mora con vosotros, y estará en vosotros. No os dejaré huérfanos; vendré a vosotros" (Jn. 14:16-18).

"El que tiene mis mandamientos, y los guarda, ése es el que me ama; y el que me ama, será amado por mi Padre, y yo le amaré, y me manifestaré a él" (Jn. 14:21).

"Pero recibiréis poder, cuando haya venido sobre vosotros el Espíritu Santo, y me seréis testigos en Jerusalén, en toda Judea, en Samaria, y hasta lo último de la tierra" (Hch. 1:8).

"Pues no habéis recibido el espíritu de esclavitud para estar otra vez en temor, sino que habéis recibido el espíritu de adopción, por el cual clamamos: ¡Abba, Padre! El Espíritu mismo da testimonio a nuestro espíritu, de que somos hijos de Dios. Y si hijos, también herederos; herederos de Dios y coherederos con Cristo, si es que padecemos juntamente con él, para que juntamente con él seamos glorificados" (Ro. 8:15-17).

"Y nosotros no hemos recibido el espíritu del mundo, sino el Espíritu que proviene de Dios, para que sepamos lo que Dios nos ha concedido" (1 Co. 2:12).

"¿O ignoráis que vuestro cuerpo es templo del Espíritu Santo, el cual está en vosotros, el cual tenéis de Dios, y que no sois vuestros? Porque habéis sido comprados por precio; glorificad, pues, a Dios en vuestro cuerpo y en vuestro espíritu, los cuales son de Dios" (1 Co. 6:19, 20).

"Y a Aquel que es poderoso para hacer todas las cosas mucho más abundantemente de lo que pedimos o entendemos, según el poder que actúa en nosotros" (Ef. 3:20).

2. Cristo sopló a todo el grupo. Estaba simbolizando que el Espíritu Santo iba a morar en el cuerpo corporativo, en la iglesia como un todo en una manera muy especial. Esta imagen más amplia es todavía más acentuada por Lucas cuando dice que había otros presentes con los apóstoles en esta ocasión (Lc. 24:33, 49. Ver Estudio a fondo 2, Jn. 14:20; notas, 1 Co. 3:16; 6:19; Ef. 3:6; Col. 1:26, 27).

"¿No sabéis que sois templo de Dios, y que el Espíritu de Dios mora en vosotros?" (1 Co. 3:16).

"Y fueron todos llenos del Espíritu Santo, y comenzaron a hablar en otras lenguas, según el Espíritu les daba que hablasen" (Hch. 2:4).

ESTUDIO A FONDO 5

(20:23) ***Perdonar pecados - Ministros, Autoridad:*** Este es un pasaje en disputa. Hay dos cosas que podemos saber con seguridad sobre su significado.

⇒ Ningún hombre puede perdonar los pecados de otro hombre.

⇒ Los creyentes *pueden proclamar* que los pecados de un hombre son perdonados *si recibe a Cristo* (Jn. 1:12). Los creyentes también pueden proclamar que los pecados de un hombre no son perdonados si no recibe a Cristo.

Hay sólo un Mediador entre Dios y el hombre, el Hombre Jesucristo (1 Ti. 2:5, 6). Ningún otro hombre ha sido digno jamás de dar su vida como rescate para los demás. Ningún otro rescate ha sido jamás aceptable para Dios. Cristo Jesús solo es digno y aceptable para morir como rescate de alguien más. Él solo es el Hombre Perfecto. Por lo tanto...

- sólo Cristo puede perdonar y juzgar pecados.

"Porque el Padre a nadie juzga, sino que todo el juicio dio al Hijo" (Jn. 5:22).

"Y también le dio autoridad de hacer juicio, por cuanto es el Hijo del Hombre" (Jn. 5:27).

"El que me rechaza, y no recibe mis palabras, tiene quien le juzgue; la palabra que he hablado, ella le juzgará en el día postrero" (Jn. 12:48).

"Y cuando él venga, convencerá al mundo de pecado, de justicia y de juicio" (Jn. 16:8).

- sólo los representantes de Cristo (los creyentes) pueden decir que un hombre es perdonado por Cristo o no perdonado por Cristo.

"Y a ti te daré las llaves del reino de los cielos; y todo lo que atares en la tierra será atado en los cielos; y todo lo que desatares en la tierra será desatado en los cielos" (Mt. 16:19).

"De cierto os digo que todo lo que atéis en la tierra, será atado en el cielo; y todo lo que desatéis en la tierra, será desatado en el cielo" (Mt. 18:18).

"A quienes remitiereis los pecados, les son remitidos; y a quienes se los retuviereis, les son retenidos" (Jn. 20:23).

	D. Acontecimiento 4: La gran convicción: La confesión de Tomás, 20:24-29	y con ellos Tomás. Llegó Jesús, estando las puertas cerradas, y se puso en medio y les dijo: Paz a vosotros.	**3 Confrontación y confesión de Tomas: Jesús apareció, lo retó y lo convenció**
1 El espíritu frustrado y reaccionario de Tomás	24 Pero Tomás, uno de los doce, llamado Dídimo, no estaba con ellos cuando Jesús vino.	27 Luego dijo a Tomás: Pon aquí tu dedo, y mira mis manos; y acerca tu mano, y métela en mi costado; y no seas incrédulo, sino creyente.	a. La confrontación 1) Jesús era consciente de las exigencias de Tomás 2) Jesús advirtió y convocó a la creencia
a. Los discípulos testificaron; Tomás discutió b. El motivo: culpa, él los había abandonado y se había alejado de ellos	25 Le dijeron, pues, los otros discípulos: Al Señor hemos visto. El les dijo: Si no viere en sus manos la señal de los clavos, y metiere mi dedo en el lugar de los clavos, y metiere mi mano en su costado, no creeré.	28 Entonces Tomás respondió y le dijo: ¡Señor mío, y Dios mío!	b. La firme confesión
2 La falsa imagen de Tomás de Jesús a. Era sólo un liberador terrenal b. Ahora estaba muerto c. Resultado: persistente duda durante ocho días	26 Ocho días después, estaban otra vez sus discípulos dentro,	29 Jesús le dijo: Porque me has visto, Tomás, creíste; bienaventurados los que no vieron, y creyeron.	**4 La gran lección de Tomás para todos los hombres**

DIVISIÓN XVI

LA REVELACIÓN DE JESÚS, EL SEÑOR RESUCITADO, 20:1—21:23

D. Acontecimiento 4: La gran convicción. La confesión de Tomás, 20:24-29

(20:24-29) ***Introducción:*** Este es un excelente estudio sobre la convicción y la confesión. Es la gran convicción y confesión de Tomás.

1. El espíritu frustrado y reaccionario de Tomás (vv. 24, 25).
2. La falsa imagen de Tomás de Jesús (vv. 25, 26).
3. La confrontación y confesión de Tomás: Jesús apareció, lo retó y lo convenció (vv. 26-28).
4. La gran lección de Tomás para todos los hombres (v. 29).

(20:24-29) ***Otro bosquejo:*** Convicción: sus señales, resultados o reacciones.

1. Un espíritu frustrado y reaccionario (v. 24).
2. Una imagen falsa de Jesús (v. 25).
3. Una duda persistente (v. 26).
4. Una confrontación crítica (v. 27).
5. Una firme confesión (v. 28).
6. Una gran lección para la iglesia (v. 29).

[1] (20:24, 25) ***Descreimiento, Motivo de - Tomás:*** El espíritu frustrado y reaccionario de Tomás. Tomás no había estado con los discípulos cuando Jesús se les apareció por primera vez. Como muchos hoy día, se rehusó firmemente a creer que Jesús realmente había resucitado de los muertos. Los discípulos *testificaron* y *dieron testimonio* de la gloriosa verdad. En griego significa que "le siguieron diciendo", pero Tomás se mantuvo testarudo y obstinado en su creencia. Incluso discutió en contra del testimonio de los discípulos y lo hizo con gran intensidad. Estaba profundamente irritado y frustrado, sintiendo una gran desilusión y culpa. La profundidad de su irritación y frustración se ve en su repulsivo grito: "Si no viere... y metiere mi dedo... [y] y metiere mi mano en sus heridas, no creeré" (Jn. 20:25).

¿Qué fue lo que frustraba tanto a Tomás y lo hacía sentir una culpa tan intensa y reaccionar en la forma en que lo hizo? Evidentemente...

- Tomás *había abandonado* al Señor, y eso era suficiente como para frustrar el espíritu de cualquier hombre.
- Tomás también se había *separado* de los discípulos. En consecuencia, él *no estaba presente* cuando el Señor apareció por vez primera (Jn. 20:24). Se perdió otra oportunidad de identificarse con Cristo.

Por supuesto, esto hizo que Tomás se sintiera irritado por la culpa una y otra vez. Criticó al cuerpo de creyentes. Fue su propia culpa, pero como la naturaleza humana reacciona con tanta frecuencia, culpó a los demás a través de su espíritu irritado. Discutió contra su experiencia con el Señor resucitado. Habiendo soportado todo lo que podía tolerar, en gran frustración clamó: "Si no viere... y metiere mi dedo... [y] metiere mi mano en sus heridas, no creeré" (Jn. 20:25). Pasaron ocho días más hasta que el Señor se le apareció a Tomás (20:26). ¡Qué pérdida experimentó!

Pensamiento 1: La duda persistente siempre retrasa las bendiciones.

Pensamiento 2: La culpa, la frustración, la desilusión y ser dejado de lado con frecuencia deriva en...

- un espíritu arrogante
- una reacción
- negación de los hechos
- gran exabrupto

"Pues si nuestro corazón nos reprende, mayor que nuestro corazón es Dios, y él sabe todas las cosas" (1 Jn. 3:20).

"Y les dijo: ¿Por qué estáis así amedrentados? ¿Cómo no tenéis fe?" (Mr. 4:40).

"Entonces él les dijo: ¡Oh insensatos, y tardos de corazón para creer todo lo que los profetas han dicho!" (Lc. 24:25).

"Mas el justo vivirá por fe; y si retrocediere, no agradará a mi alma" (He. 10:38).

"Pero tengo contra ti, que has dejado tu primer amor" (Ap. 2:4).

"De sus caminos será hastiado el necio de corazón; pero el hombre de bien estará contento del suyo" (Pr. 14:14).

2 (20:25, 26) ***Jesucristo, Concepciones erróneas:*** La falsa imagen de Tomás sobre Jesús. Tomás siempre había pensado en términos de un Mesías o Salvador terrenal que mejoraría las cosas en esta tierra y en esta vida. Se había convertido en un seguidor de Jesús pensando que se iba a instaurar un gobierno terrenal y que él iba a ser un líder en ese reino. Vio a Jesús como el Mesías prometido que iba a ser el Hijo de David, esto es, proviniendo de las raíces de David. (Ver Estudio a fondo 2, Jn. 1:20; nota, 1:23; Estudio a fondo 4, 1:49). Se rehusó a ver más allá de las cosas humanas y físicas de este mundo. Por lo tanto, podía ver a Jesús sólo como al hombre que fue clavado a la cruz y le habían clavado una lanza en su costado y ahora estaba muerto. (Ver notas, Jn. 13:1-17; Lc. 22:24-30 para una mayor discusión).

Pensamiento 1: Las imágenes falsas de Jesús conducen al descreimiento. Jesús es más que...
- un gran maestro.
- un gran profeta.
- un gran hombre.
- un gran fundador de una religión.

Inclusive es más que el mayor hombre que jamás haya vivido. Todas esas creencias, sin importar cuánto estimen a Jesús son falsas creencias, puesto que consideran a Jesús sólo como a un hombre. Lo consideran como uno de los hombres más grandes que hayan vivido, pero siguen considerándolo sólo como a un hombre.

Pensamiento 2: Los hombres prefieren ver a Jesús sólo como a un hombre porque lo baja a su nivel. Lo hace menos que un Señor. Creen que significa...
- que el hombre no es totalmente depravado, que no es absolutamente malvado, que el hombre no es tan malo para que Jesús haya tenido que sacrificar su vida por él.
- que el hombre puede hacer lo que hizo Jesús, lo mejor que pueda, y que Dios lo va a aceptar.
- que el hombre no debe seguir a Jesús en cada pequeño detalle y enseñanza. ¿Por qué? Porque como hombres, creen que Jesús no era absolutamente perfecto. Estaba equivocado en algunas cosas. ¿En qué? Cada persona debe decidir lo mejor que pueda en qué estuvo equivocado Jesús y en qué no. Entonces la persona debe poner lo mejor de sí para seguir a Jesús en lo que Jesús estaba acertado. Los hombres creen que Dios acepta hacer lo mejor que ellos pueden. (Advierta cómo esto le permite a cada hombre formar a Dios en su propia mente y a su propio gusto. El hombre puede hacer que Dios sea como él quiere que sea. El hombre puede hacer lo que quiera y luego decir que le fue permitido por Dios).

"Viniendo Jesús a la región de Cesarea de Filipo, preguntó a sus discípulos, diciendo: ¿Quién dicen los hombres que es el Hijo del Hombre? Ellos dijeron: Unos, Juan el Bautista; otros, Elías; y otros, Jeremías, o alguno de los profetas" (Mt. 16:13, 14).

"¿No es éste el carpintero, hijo de María, hermano de Jacobo, de José, de Judas y de Simón? ¿No están también aquí con nosotros sus hermanas? Y se escandalizaban de él" (Mr. 6:3).

"Pues habiendo conocido a Dios, no le glorificaron como a Dios, ni le dieron gracias, sino que se envanecieron en sus razonamientos, y su necio corazón fue entenebrecido. Profesando ser sabios, se hicieron necios, y cambiaron la gloria del Dios incorruptible en semejanza de imagen de hombre corruptible, de aves, de cuadrúpedos y de reptiles" (Ro. 1:21-23).

"Ya que cambiaron la verdad de Dios por la mentira, honrando y dando culto a las criaturas antes que al Creador, el cual es bendito por los siglos. Amén" (Ro. 1:25).

3 (20:26-28) ***Confesión:*** La crítica confrontación y convicción de Tomás. Jesús apareció y lo retó y convenció a Tomás.

1. Advierta la confrontación. Las puertas estaban nuevamente cerradas y bloqueadas (ver nota, Jn. 20:19). De repente, inesperadamente, sin advertencia, Jesús estaba en medio de los discípulos. Nuevamente distendió su impacto diciéndoles el saludo habitual: "Paz a vosotros". Pero luego advierta lo que hizo: se dio vuelta de inmediato para enfrentar a Tomás.

a. Jesús reveló que Él conocía todo acerca del descreimiento y las demandas de Tomás. Utilizó las mismas palabras que Tomás había pronunciado: "Pon aquí tu dedo, y mira mis manos; y acerca tu mano, y métela en mi costado, y no seas incrédulo, sino creyente" (v. 27).

Pensamiento 1: Jesús conoce el corazón de cada hombre: su desesperación, dudas, temores, esperanza, amor. Sabe dónde y cuándo golpear el corazón de un hombre. No obstante, advierta un hecho crucial: Tomás estaba donde Jesús podía llegar a él. Estaba en la presencia de creyentes que escuchaban su testimonio. No los había abandonado a pesar de sus preguntas.

"Y no tenía necesidad de que nadie le diese testimonio del hombre, pues él sabía lo que había en el hombre" (Jn. 2:25).

"Y otra vez: El Señor conoce los pensamientos de los sabios, que son vanos" (1 Co. 3:20).

"No multipliquéis palabras de grandeza y altanería; cesen las palabras arrogantes de vuestra boca; porque el Dios de todo saber es Jehová, y a él toca el pesar las acciones" (1 S. 2:3).

"Yo Jehová, que escudriño la mente, que pruebo el corazón, para dar a cada uno según su camino, según el fruto de sus obras" (Jer. 17:10).

"El revela lo profundo y lo escondido; conoce lo que está en tinieblas, y con él mora la luz" (Dn. 2:22).

b. Jesús advirtió y pidió creencia. Tomás había estado

andando por un camino peligroso. Los discípulos le habían dado testimonio una y otra vez, pero él se había rehusado a aceptar su testimonio.

⇒ "No seas incrédulo" (me ginou apistos) : deja de ser un no creyente. Estás corriendo el riesgo de *convertirte en descreído* y en no creyente, más allá del punto de la creencia. Has llevado demasiado lejos tu incredulidad. Ha llegado el momento de detener la tontería. Los otros han estado dando testimonio y testimoniando la verdad a ti. Deja la creencia obstinada, testaruda. Estás en peligro.

"El que en él cree, no es condenado; pero el que no cree, ya ha sido condenado, porque no ha creído en el nombre del unigénito Hijo de Dios" (Jn. 3:18).

"El que cree en el Hijo tiene vida eterna; pero el que rehúsa creer en el Hijo no verá la vida, sino que la ira de Dios está sobre él" (Jn. 3:36).

"Por eso os dije que moriréis en vuestros pecados; porque si no creéis que yo soy, en vuestros pecados moriréis" (Jn. 8:24).

"¿Cómo escaparemos nosotros, si descuidamos una salvación tan grande? La cual, habiendo sido anunciada primeramente por el Señor, nos fue confirmada por los que oyeron" (He. 2:3).

"Mirad, hermanos, que no haya en ninguno de vosotros corazón malo de incredulidad para apartarse del Dios vivo" (He. 3:12).

"Mas quiero recordaros, ya que una vez lo habéis sabido, que el Señor, habiendo salvado al pueblo sacándolo de Egipto, después destruyó a los que no creyeron" (Jud. 5).

⇒ Creer (ver Estudio a fondo 2, Jn. 2:24).

"Para que todo aquel que en él cree, no se pierda, mas tenga vida eterna" (Jn. 3:15).

"De cierto, de cierto os digo: El que oye mi palabra, y cree al que me envió, tiene vida eterna; y no vendrá a condenación, mas ha pasado de muerte a vida" (Jn. 5:24).

"Le dijo Jesús: Yo soy la resurrección y la vida; el que cree en mí, aunque esté muerto, vivirá" (Jn. 11:25).

"Yo, la luz, he venido al mundo, para que todo aquel que cree en mí no permanezca en tinieblas" (Jn. 12:46).

"Pero éstas se han escrito para que creáis que Jesús es el Cristo, el Hijo de Dios, y para que creyendo, tengáis vida en su nombre" (Jn. 20:31).

"Que si confesares con tu boca que Jesús es el Señor, y creyeres en tu corazón que Dios le levantó de los muertos, serás salvo" (Ro. 10:9).

Pensamiento 1: Ser incrédulo es estar sin Cristo: "ajenos a Cristo... sin esperanza, y sin Dios en el mundo" (Ef. 2:12).

2. La firme confesión. Esta es una de las grandes confesiones de las Escrituras. Lo más probable es que se postrara en sus rodillas y Tomás exclamó: "Mi Señor, mi Dios". Ahora sabía cinco cosas importantes.

a. Que Jesús es el verdadero Señor resucitado. Todo lo que había dicho Jesús era verdad (ver Estudio a fondo 3, Jn. 20:20).

"Sepa, pues, ciertísimamente toda la casa de Israel, que a este Jesús a quien vosotros crucificasteis, Dios le ha hecho Señor y Cristo" (Hch. 2:36).

"A éste, Dios ha exaltado con su diestra por Príncipe y Salvador, para dar a Israel arrepentimiento y perdón de pecados" (Hch. 5:31).

"Que fue declarado Hijo de Dios con poder, según el Espíritu de santidad, por la resurrección de entre los muertos" (Ro. 1:4).

"Que si confesares con tu boca que Jesús es el Señor, y creyeres en tu corazón que Dios le levantó de los muertos, serás salvo" (Ro. 10:9).

"Fiel es Dios, por el cual fuisteis llamados a la comunión con su Hijo Jesucristo nuestro Señor" (1 Co. 1:9).

"Para nosotros, sin embargo, sólo hay un Dios, el Padre, del cual proceden todas las cosas, y nosotros somos para él; y un Señor, Jesucristo, por medio del cual son todas las cosas, y nosotros por medio de él" (1 Co. 8:6).

b. Que Jesús es tanto Señor y Dios, la majestad Soberana del universo (ver nota, Jn. 1:1, 2).

"Porque en él habita corporalmente toda la plenitud de la Deidad, y vosotros estáis completos en él, que es la cabeza de todo principado y potestad" (Col. 2:9, 10).

"E indiscutiblemente, grande es el misterio de la piedad: Dios fue manifestado en carne, justificado en el Espíritu, visto de los ángeles, predicado a los gentiles, creído en el mundo, recibido arriba en gloria" (1 Ti. 3:16).

"El cual, siendo el resplandor de su gloria, y la imagen misma de su sustancia, y quien sustenta todas las cosas con la palabra de su poder, habiendo efectuado la purificación de nuestros pecados por medio de sí mismo, se sentó a la diestra de la Majestad en las alturas" (He. 1:3).

c. Que Jesús es el que ha venido a revelar verdaderamente a Dios, que Él es el Mediador entre Dios y el hombre (ver nota, Jn. 14:6; Estudio a fondo 1, 3:31; Estudio a fondo 3, 3:34; cp. 1 Ti. 2:15).

"Jesús le dijo: Yo soy el camino, y la verdad, y la vida; nadie viene al Padre, sino por mí" (Jn. 14:6).

"Porque hay un solo Dios, y un solo mediador entre Dios y los hombres, Jesucristo hombre" (1 Ti. 2:5).

"Pero ahora tanto mejor ministerio es el suyo, cuanto es mediador de un mejor pacto, establecido sobre mejores promesas" (He. 8:6).

"Así que, por eso es mediador de un nuevo pacto, para que interviniendo muerte para la remisión de las transgresiones que había bajo el primer pacto, los llamados reciban la promesa de la herencia eterna" (He. 9:15).

"Porque no entró Cristo en el santuario hecho de mano, figura del verdadero, sino en el cielo mismo para presentarse ahora por nosotros ante Dios" (He. 9:24).

"Hijitos míos, estas cosas os escribo para que no pequéis; y si alguno hubiere pecado, abogado tenemos para con el Padre, a Jesucristo el justo" (1 Jn. 2:1).

d. Que Jesús no acepta compromisos a medias. Jesús esperaba ser su Señor y su Dios: "*Mi* Señor, *Mi* Dios". Por ende, él debe personalmente inclinarse y adorar a Jesús como su Señor y Dios.

"Por lo cual Dios también le exaltó hasta lo sumo, y le dio un nombre que es sobre todo nombre, para que en el nombre de Jesús se doble toda rodilla de los que están en los cielos, y en la tierra, y debajo de la tierra; y toda lengua confiese que Jesucristo es el Señor, para gloria de Dios Padre" (Fil. 2:9-11).

"Porque Cristo para esto murió y resucitó, y volvió a vivir, para ser Señor así de los muertos como de los que viven" (Ro. 14:9).

"Y él es la cabeza del cuerpo que es la iglesia, él que es el principio, el primogénito de entre los muertos, para que en todo tenga la ***preeminencia*****"** (Col. 1:18).

"Que decían a gran voz: El Cordero que fue inmolado es digno de tomar el poder, las riquezas, la sabiduría, la fortaleza, la honra, la gloria y la alabanza" (Ap. 5:12).

e. Que Jesús esperaba una confesión abierta y pública de Él como Señor y Dios (Mt. 10:32; Lc. 12:8).

"A cualquiera, pues, que me confiese delante de los hombres, yo también le confesaré delante de mi Padre que está en los cielos" (Mt. 10:32).

"Os digo que todo aquel que me confesare delante de los hombres, también el Hijo del Hombre le confesará delante de los ángeles de Dios" (Lc. 12:8).

"Todo aquel que niega al Hijo, tampoco tiene al Padre. El que confiesa al Hijo, tiene también al Padre" (1 Jn. 2:23).

"Todo aquel que confiese que Jesús es el Hijo de Dios, Dios permanece en él, y él en Dios" (1 Jn. 4:15).

4 (20:29) ***Fe:*** La lección de Tomás para todos los hombres. ¿Cuál es la lección?

⇒ Creer sin tener que ver evidencias y pruebas.

"Jesús le dijo: Porque me has visto, Tomás, creíste; bienaventurados los que no vieron, y creyeron" (Jn. 20:29).

⇒ Creer debido a la ternura y el afecto.

"Pero Dios, que es rico en misericordia, por su gran amor con que nos amó, aun estando nosotros muertos en pecados, nos dio vida juntamente con Cristo (por gracia sois salvos)... Porque por gracia sois salvos por medio de la fe; y esto no de vosotros, pues es don de Dios; no por obras, para que nadie se gloríe" (Ef. 2:4, 5, 8, 9).

⇒ Creer debido al amor y el cuidado y debido a la necesidad y naturaleza del corazón humano.

"Porque de tal manera amó Dios al mundo, que ha dado a su Hijo unigénito, para que todo aquel que en él cree, no se pierda, mas tenga vida eterna" (Jn. 3:16).

"Mas Dios muestra su amor para con nosotros, en que siendo aún pecadores, Cristo murió por nosotros" (Ro. 5:8).

"Por cuanto todos pecaron, y están destituidos de la gloria de Dios" (Ro. 3:23).

⇒ Creer por la necesidad de moralidad y de carácter divino.

"Mas el fruto del Espíritu es amor, gozo, paz, paciencia, benignidad, bondad, fe, mansedumbre, templanza; contra tales cosas no hay ley" (Gá. 5:22, 23; cp. vv. 19-21).

⇒ Creer porque los testigos divinos lo dicen.

"Entonces Jesús les dijo otra vez: Paz a vosotros. Como me envió el Padre, así también yo os envío" (Jn. 20:21).

"Y les dijo: Id por todo el mundo y predicad el evangelio a toda criatura" (Mr. 16:15).

⇒ Creer por el testigo interno del corazón.

"Mostrando la obra de la ley escrita en sus corazones, dando testimonio su conciencia, y acusándoles o defendiéndoles sus razonamientos" (Ro. 2:15).

⇒ Creer por el testigo externo de la naturaleza.

"Porque las cosas invisibles de él, su eterno poder y deidad, se hacen claramente visibles desde la creación del mundo, siendo entendidas por medio de las cosas hechas, de modo que no tienen excusa" (Ro. 1:20).

(Ver Estudio a fondo 1, Jn. 2:23; Estudio a fondo 1, 2, 3, Mt. 4:1-11 para mayor discusión al respecto).

Advierta que Tomás dejó de ser obstinado y rebelde cuando vio a Jesús y luego de que Jesús le contestara. Tomás había estado en falta; había sido incrédulo, y su falta de fe era inexcusable. Los hombres que le habían proclamado la verdad no eran mentirosos. Ni tampoco podían haber sido engañados. Tomás simplemente se había rehusado a creer porque no quería creer. Había actuado de forma intelectualmente superior y estaba a punto de perder su alma.

El punto es este: la persona que cree sin ver demuestra...

• una fortaleza de carácter.
• una ternura y afecto de corazón.
• una sensibilidad al testimonio del Espíritu Santo.
• una conciencia del orden y la belleza de todo el mundo.

Por lo tanto, dicha persona será bendecida con un gozo muy especial, un gozo inexpresable y lleno de gloria.

"A quien amáis sin haberle visto, en quien creyendo, aunque ahora no lo veáis, os alegráis con gozo inefable y glorioso" (1 P. 1:8).

Pensamiento 1: Cuando un hombre ve verdaderamente lo que Jesús ha hecho por él, o cuando un hombre recibe la respuesta del Espíritu de Cristo, debe cesar su incredulidad. Debe volcarse a Cristo, porque el Espíritu del Señor no siempre luchará contra los hombres.

"Y dijo Jehová: No contenderá mi espíritu con el hombre para siempre, porque ciertamente él es carne; mas serán sus días ciento veinte años" (Gn. 6:3).

"Bienaventurado el hombre que siempre teme a Dios; mas el que endurece su corazón caerá en el mal" (Pr. 28:14).

"El hombre que reprendido endurece la cerviz, de repente será quebrantado, y no habrá para él medicina" (Pr. 29:1).

	E. Acontecimiento 5: El gran propósito de las señales (Obras maravillosas) de Jesús, 20:30-31
1 El gran hecho: Jesús hizo muchas señales a. En la presencia de los discípulos b. No registrados por Juan	30 Hizo además Jesús muchas otras señales en presencia de sus discípulos, las cuales no están escritas en este libro.
2 El gran propósito: Seleccionar algunas pocas señales que conduzcan a la fe a. Jesús es el Mesías b. Jesús es el Hijo de Dios	31 Pero éstas se han escrito para que creáis que Jesús es el Cristo, el Hijo de Dios, y para que creyendo, tengáis vida en su nombre.
3 El gran resultado: La vida	

DIVISIÓN XVI

LA REVELACIÓN DE JESÚS, EL SEÑOR RESUCITADO, 20:1—21:23

E. Acontecimiento 5: El gran propósito de las señales (Obras maravillosas) de Jesús, 20:30-31

(20:30, 31) ***Introducción:*** Advierta dos hechos significativos como introducción a este pasaje. En primer lugar, es bastante claro que los autores del evangelio no incluyeron todo lo que hizo Jesús en sus evangelios. Por cierto, registraron muy pocas de las señales. A diferencia de lo que se piensa habitualmente, Jesús al parecer estaba ministrando y satisfaciendo las necesidades de multitudes todos los días, del amanecer al anochecer.

En segundo lugar, advierta el uso de la palabra "señales". Al hablar de la vida de Jesús, Juan elige la palabra "señales". Todo lo que Jesús fue e hizo fueron señales, señales que demostraron que Él era el Mesías, el Hijo de Dios. En estos dos versículos, Juan describe el gran propósito de las señales.

1. El gran hecho: Jesús hizo muchas señales(v. 30).
2. El gran propósito: Seleccionar algunas pocas señales que conduzcan a la fe (v. 31).
3. El gran resultado: La vida (v. 31).

1 (20:30) ***Jesucristo, Obras - Ministerio - Evangelios, Escritura de los:*** El gran hecho: Jesús hizo muchas otras señales que no están registradas en el evangelio de Juan. Hizo muchas cosas maravillosas. Estaba ocupado todos los días, involucrado activamente en adorar solo al Señor o en enseñar y ministrar a la gente. Durante aproximadamente tres años, Jesús demostró constantemente que Él era el Mesías, el Hijo de Dios. Dio toda la evidencia del mundo:

- actos de amor y pureza
- palabras de verdad y salvación
- actos de justicia
- palabras de paz y fe
- obras de misericordia y compasión
- palabras de esperanza y gozo
- obras de milagros y poder
- palabras de moralidad y disciplina
- obras de santidad y soberanía
- palabras de compromiso y negación propia

El hecho es que la vida de Jesús: su carácter y comportamiento, su prédica y enseñanza, sus milagros y poder demuestra que Él es el Mesías, el Hijo de Dios. Ningún hombre pudo hacer las cosas que Él hizo a no ser que fuera el Hijo de Dios. Quién era y qué hizo lo prueban.

Advierta que Jesús no hizo las señales en secreto, esto es, en un desierto o en un rincón del mundo. Las hizo abiertamente, en público. Juan dijo que Él hizo las señales en la presencia de sus discípulos. Ellos fueron testigos de las señales, puesto que Jesús se ocupó de que hubiera un testimonio adecuado. Advierta lo que dice Juan en su epístola:

> **"Lo que era desde el principio, lo que hemos *oído*, lo que hemos *visto* con nuestros ojos, lo que hemos *contemplado*, y *palparon* nuestras manos tocante al Verbo de vida (porque la vida fue manifestada, y *la hemos visto*, y testificamos, y os anunciamos la vida eterna, la cual estaba con el Padre, y se nos manifestó); lo que *hemos visto y oído*, eso os anunciamos, para que también vosotros tengáis comunión con nosotros; y nuestra comunión verdaderamente es con el Padre, y con su Hijo Jesucristo. Estas cosas os escribimos, para que vuestro gozo sea cumplido" (1 Jn. 1:1-4).**

Advierta otro hecho: Juan dice que él ha sido sumamente selectivo al elegir las señales a registrar en su evangelio. Hay *"muchas"* señales que dio Jesús; de hecho tantas, "las cuales si se escribieran una por una, pienso que ni aun en el mundo cabrían los libros que se habrían de escribir" (Jn. 21:25). Juan seleccionó sólo *unas pocas* señales para registrar. Él tenía un propósito específico en mente, de modo que eligió algunas pocas señales que ayudaran a cumplir con ese propósito.

2 (20:31) ***Evangelio de Juan, Propósito:*** El gran propósito de Juan fue elegir algunas pocas señales que condujeran a los hombres a creer. (Ver Estudio a fondo 2, Creer, Jn. 2:24 para mayor discusión). Cada punto en el propósito de Juan ya está en los pies de página y cubierto en el evangelio de Juan. Referirse a estas notas le darán un tratamiento del pasaje.

1. Jesús es el Mesías (ver Estudio a fondo 2, Jn. 1:20; nota, 1:23; Estudio a fondo 4, 1:49; notas, 3:27, 28; 12:12-19; 13:36-38; 20:25-28 para una mayor discusión).
2. Jesús es el Hijo de Dios (ver Estudio a fondo 1, Jn. 1:1-5; nota, 1:1, 2; 1:30, 31; 1:34 para una mayor discusión).

3 (20:31) ***Vida:*** El gran resultado es la vida a través del nombre de Jesús (ver Estudio a fondo 2, Jn. 1:4; Estudio a fondo 1, 10:10; Estudio a fondo 1, 17:2, 3 para mayor discusión).

	CAPÍTULO 21 **F. Acontecimiento 6: La gran realidad del cuerpo resucitado de Jesús, 21:1-14**	7 Entonces aquel discípulo a quien Jesús amaba dijo a Pedro: ¡Es el Señor! Simón Pedro, cuando oyó que era el Señor, se ciñó la ropa (porque se había despojado de ella), y se echó al mar.	b. Fue identificado: "El Señor" c. Pedro aceptó la palabra de Juan como prueba y respondió
1 Jesús se mostró a. Luego de estas cosas: pruebas de la resurrección, 20:1-31	1 Después de esto, Jesús se manifestó otra vez a sus discípulos junto al mar de Tiberias; y se manifestó de esta manera:	8 Y los otros discípulos vinieron con la barca, arrastrando la red de peces, pues no distaban de tierra sino como doscientos codos.	d. Los otros discípulos respondieron y siguieron
b. A siete discípulos que estaban juntos, ocultándose por temor a las autoridades	2 Estaban juntos Simón Pedro, Tomás llamado el Dídimo, Natanael el de Caná de Galilea, los hijos de Zebedeo, y otros dos de sus discípulos.	9 Al descender a tierra, vieron brasas puestas, y un pez encima de ellas, y pan.	**4 Jesús mostró la realidad de los alrededores** a. La tierra y el fuego b. El pescado y el pan
c. Pedro fue a pescar: para satisfacer la necesidad de comer d. Una lección necesaria: la autosuficiencia es inadecuada, debe saber y depender del Señor resucitado	3 Simón Pedro les dijo: Voy a pescar. Ellos le dijeron: Vamos nosotros también contigo. Fueron, y entraron en una barca; y aquella noche no pescaron nada.	10 Jesús les dijo: Traed de los peces que acabáis de pescar. 11 Subió Simón Pedro, y sacó la red a tierra, llena de grandes peces, ciento cincuenta y tres; y aun siendo tantos, la red no se rompió.	**5 Jesús mostró que podía ver, hablar, oír y sentir** a. Instruyó a los discípulos b. Pedro obedeció c. Se contaron los peces pescados
2 Jesús estuvo en la orilla, corporalmente a. Una presencia inmediata b. Una presencia corporal	4 Cuando ya iba amaneciendo, se presentó Jesús en la playa; mas los discípulos no sabían que era Jesús.	12 Les dijo Jesús: Venid, comed. Y ninguno de los discípulos se atrevía a preguntarle: ¿Tú, quién eres? sabiendo que era el Señor.	**6 Jesús mostró que su cuerpo era real** a. Los invitó a comer b. Él era el Señor c. Él comió
3 Jesús poseía conocimiento sobrenatural	5 Y les dijo: Hijitos, ¿tenéis algo de comer? Le respondieron: No.	13 Vino, pues, Jesús, y tomó el pan y les dio, y asimismo del pescado.	
a. Actuó con su conocimiento sobrenatural	6 El les dijo: Echad la red a la derecha de la barca, y hallaréis. Entonces la echaron, y ya no la podían sacar, por la gran cantidad de peces.	14 Esta era ya la tercera vez que Jesús se manifestaba a sus discípulos, después de haber resucitado de los muertos.	**7 Conclusión: Se afirmó la resurrección de Jesús**

DIVISIÓN XVI

LA REVELACIÓN DE JESÚS, EL SEÑOR RESUCITADO, 20:1—21:23

F. Acontecimiento 6: La gran realidad del cuerpo resucitado de Jesús, 21:1-14

(21:1-14) ***Introducción:*** Jesús demostró la gran realidad de su cuerpo resucitado. Demostró que realmente había resucitado de los muertos. Se había conquistado la muerte y ahora los hombres podían vivir para siempre.

1. Jesús se mostró (vv. 1-3).
2. Jesús estuvo en la orilla, corporalmente (v. 4).
3. Jesús poseía conocimiento sobrenatural (vv. 5-8).
4. Jesús mostró la realidad de los alrededores (v. 9).
5. Jesús mostró que podía ver, hablar, oír y sentir (vv. 10, 11).
6. Jesús mostró que su cuerpo era real (vv. 12, 13).
7. Conclusión: Se afirmó la resurrección de Jesús (v. 14).

[1] (21:1-3) ***Jesucristo, Resurrección:*** Jesús se mostró (ver Estudio a fondo 1, Jn. 21:1). Advierta cuatro cosas.

1. Las palabras "después de esto" se refieren a la prueba de que ya se había registrado la resurrección de Jesús (Jn. 20:1-31).

2. Siete discípulos estaban juntos. Al parecer estaban en alguna casa aún ocultándose por temor de las autoridades (ver nota, Jn. 20:19).

3. Pedro fue a pescar para satisfacer la necesidad de comida. Advierta que los demás decidieron unírsele y que fueron en la oscuridad y a una playa alejada (vv. 3, 9-14). En la soberanía de Dios, el pequeño grupo de hombres debía aprender una gloriosa lección, de modo que Dios estaba disponiendo el escenario para que la recibieran.

4. No pescaron nada, y fue en esto en lo que debían aprender la tan necesaria lección: la autosuficiencia es inadecuada. Ya no podían hacer nada por su propia cuenta. Debían conocer al Señor resucitado y debían depender del Señor resucitado. Ya

no podían proveer para sí mismos con sus propias fuerzas; debían saber que el Señor había realmente resucitado y debían aprender a depender de Él.

Jesús tomó esta experiencia de que no pescaran nada y les enseñó a los discípulos que Él había resucitado realmente. Era Él en el cuerpo resucitado. Él era verdaderamente el Señor resucitado, y era Él en quien debían depender a partir de ahora.

ESTUDIO A FONDO 1

(21:1) ***Cuerpo, Resucitado - Jesucristo, Resurrección: se manifiesta:*** En un versículo se dice dos veces "se manifestó". El propósito de estas apariciones era demostrar que Jesús no era un espíritu, una visión, un fantasma, una alucinación o ningún elemento de la imaginación del hombre.

Era el Señor resucitado, corporalmente. No era otra persona. Su cuerpo no era otro que el cuerpo de Jesús, el Carpintero de Nazaret. Había resucitado de entre los muertos, resucitado físicamente. Su cuerpo era real. Difería, sí, pero era su cuerpo, perfeccionado, ya no sujeto a las limitaciones ni a las fragilidades del universo físico y sus leyes. Era su cuerpo que ahora se había transformado en un cuerpo espiritual por el poder de la Palabra de Dios (cp. Ro. 1:3, 4).

¿En qué difería el cuerpo del Señor desde su resurrección. Se puede tener alguna idea a partir de mirar tanto a su cuerpo resucitado como al cuerpo glorificado prometido al creyente.

1. El cuerpo resucitado del Señor era su cuerpo, pero había cambiado radicalmente. Tenía toda la apariencia de su cuerpo físico, pero no estaba atado al mundo físico ni a su sustancia material.

   a. Lucía como el mismo cuerpo material, la misma "carne y huesos", no otro cuerpo. Era un cuerpo que llevaba las marcas de los clavos en sus manos y pies (Jn. 20:20, 27). Era un cuerpo que parecía y lucía como un cuerpo y que ocupaba espacio.
   b. Era un cuerpo que podía viajar y aparecer en cualquier lugar a voluntad o por pensamiento, un cuerpo no obstaculizado por el espacio, el tiempo o la sustancia física. Cuando Él apareció, fue de repente, incluso detrás de puertas cerradas (Lc. 24:36; Jn. 20:19).
   c. Era un cuerpo que difería lo suficiente del cuerpo terrenal que no era claramente reconocible, no al principio, no hasta que se lo observara atentamente.

      ⇒ María Magdalena pensó que era el hortelano (Jn. 20:15).

      ⇒ Los dos discípulos que caminaban hacia Emaús pensaron que era un viajante (Lc. 24:31).

      ⇒ Los discípulos que estaban pescando no lo reconocieron de pie en la orilla (Jn. 21:4).

Sin embargo, luego de una observación atenta, el Señor fue reconocido en todos estos casos. Esto probablemente indique que nuestros cuerpos celestiales tendrán la apariencia de nuestros cuerpos terrenales, con la diferencia única de que son perfeccionados.

2. El cuerpo resucitado y glorificado que se promete al creyente brinda un discernimiento adicional sobre el tipo de cuerpo que tiene Jesús ahora. Una de las más maravillosas promesas hechas jamás al hombre está en las palabras:

⇒ "El cual transformará el cuerpo de la humillación nuestra, para que sea semejante al cuerpo de la gloria suya, por el poder con el cual puede también sujetar a sí mismo todas las cosas" (Fil. 3:21; cp. Mt. 13:43; Ro. 8. 17; Col. 3:4; Ap. 22:5).

⇒ Seremos "hechos conformes a la imagen de su Hijo" (Ro. 8:29. Cp. 1 Co. 15:49; 2 Co. 3:18).

⇒ "Amados, ahora somos hijos de Dios, y aún no se ha manifestado lo que hemos de ser; pero sabemos que cuando él se manifieste, seremos semejantes a él, porque le veremos tal como él es" (1 Jn. 3:2).

El cuerpo del creyente atravesará un cambio radical así como el cuerpo del Señor fue radicalmente cambiado. Varios cambios se prometen al creyente.

a. El creyente recibirá un cuerpo espiritual.

"Se siembra cuerpo animal [soma psuchikon], resucitará cuerpo espiritual. Hay cuerpo animal, y hay cuerpo espiritual [soma pneumatikon]" (1 Co. 15:44).

Advierta que el *cuerpo espiritual* (soma) es aún un cuerpo tal como el *cuerpo terrenal* (soma). El cuerpo espiritual aún retiene las calidades del cuerpo terrenal. La diferencia reside en la naturaleza: ya no será un cuerpo natural (con alma); será espiritual. ¿Qué significa esto? En esencia, el cuerpo será perfeccionado y glorificado, ya no estará sujeto al envejecimiento, al deterioro, a la muerte, a la ruina, al dolor, a las lágrimas, a la angustia o al llanto (Ap. 14:4).

⇒ "Se siembra en corrupción, resucitará en incorrupción".

⇒ "Se siembra en deshonra, resucitará en gloria".

⇒ "Se siembra en debilidad, resucitará poder".

⇒ "Se siembra cuerpo animal, resucitará cuerpo espiritual".

Advierta la firme y enfática declaración: "*Hay* cuerpo animal, y *hay* cuerpo espiritual" (1 Co. 15:42-44).

b. El creyente recibirá un cuerpo que no es de carne y hueso. La carne y los huesos son corruptibles, envejecen, se deterioran, mueren y se pudren.

"Pero esto digo, hermanos: que la carne y la sangre no pueden heredar el reino de Dios, ni la corrupción hereda la incorrupción" (1 Co. 15:50).

"Dijo Jesús: Quitad la piedra. Marta, la hermana del que había muerto, le dijo: Señor, hiede ya, porque es de cuatro días" (Jn. 11:39).

"Porque a la verdad David, habiendo servido a su propia generación según la voluntad de Dios, durmió, y fue reunido con sus padres, y vio corrupción. Mas aquel a quien Dios levantó, no vio corrupción" (Hch. 13:36, 37).

"Todo va a un mismo lugar; todo es hecho del polvo, y todo volverá al mismo polvo" (Ec. 3:20).

"Así también es la resurrección de los muertos. Se siembra en corrupción, resucitará en incorrupción" (1 Co. 15:42).

"Porque sabemos que si nuestra morada terrestre, este tabernáculo, se deshiciere, tenemos de Dios un edificio, una casa no hecha de manos, eterna, en los cielos. Y por esto también gemimos,

deseando ser revestidos de aquella nuestra habitación celestial" (2 Co. 5:1, 2).

c. El creyente recibirá un cuerpo que será radicalmente cambiado.

"En un momento, en un abrir y cerrar de ojos, a la final trompeta; porque se tocará la trompeta, y los muertos serán resucitados incorruptibles, y nosotros seremos transformados. Porque es necesario que esto corruptible se vista de incorrupción, y esto mortal se vista de inmortalidad" (1 Co. 15:52, 53).

d. El creyente recibirá un cuerpo que no necesitará reproducción para continuar la raza humana (redimida).

"Porque en la resurrección ni se casarán ni se darán en casamiento, sino serán como los ángeles de Dios en el cielo" (Mt. 22:30).

2 (21:4) ***Jesucristo, Resurrección:*** Jesús estaba en la orilla, corporalmente.

1. Su presencia fue inmediata, repentina, inesperada.
2. Su presencia fue corporal, esto es, su cuerpo estaba allí. Era de mañana, entonces los discípulos vieron a una persona tal como hubieran visto a cualquier otra persona parada en la orilla. No hubo pensamiento de una visión, alucinación o espíritu. Vieron a una persona en la orilla y no pensaron nada extraño al respecto. Advierta: no sabían que era Jesús, no a primera vista.

3 (21:5-8) ***Jesucristo, Conocimiento de:*** Jesús poseía conocimiento sobrenatural. Jesús sabía dónde estaban los peces. Recuerde que los discípulos habían sido pescadores comerciales antes de su llamado a servir al Señor. Jesús estaba enseñando que Él, el Señor resucitado, era el mismo Señor que se ocupó de ellos antes de la crucifixión. Por lo tanto, Él se iba a ocupar de ellos ahora. Pero había una gran diferencia que ellos debían aprender. La resurrección aumentó su cuidado y agregó mucho más a su salvación. Él, el Señor resucitado, era la majestad soberana del universo que podía usar su conocimiento soberano para proveer todas las cosas para sus queridos hijos (cp. Mt. 6:25-34).

Ahora advierta: Juan supo de inmediato que era el Señor. Sin embargo, fue el milagro de saber dónde estaban los peces, el conocimiento sobrenatural y soberano del Señor, lo que hizo que Juan lo supiera.

"Ahora entendemos que sabes todas las cosas, y no necesitas que nadie te pregunte; por esto creemos que has salido de Dios" (Jn. 16:30).

La respuesta fue exactamente como debía haber sido. Pedro se vistió y saltó al lago y nadó hasta la orilla. Los otros discípulos lo siguieron en el bote.

Pensamiento 1: Cuando los hombres oyen que Jesús está realmente vivo —que Él es la Majestad Soberana del universo—, deberían hacer lo mismo que hicieron estos hombres: correr hacia Él lo más rápido posible.

"Al cual Dios levantó, sueltos los dolores de la muerte, por cuanto era imposible que fuese retenido por ella" (Hch. 2:24).

"El cual fue entregado por nuestras transgresiones, y resucitado para nuestra justificación" (Ro. 4:25).

"Que si confesares con tu boca que Jesús es el Señor, y creyeres en tu corazón que Dios le levantó de los muertos, serás salvo" (Ro. 10:9).

"Porque si creemos que Jesús murió y resucitó, así también traerá Dios con Jesús a los que durmieron en él" (1 Ts. 4:14).

"Bendito el Dios y Padre de nuestro Señor Jesucristo, que según su grande misericordia nos hizo renacer para una esperanza viva, por la resurrección de Jesucristo de los muertos, para una herencia incorruptible, incontaminada e inmarcesible, reservada en los cielos para vosotros" (1 P. 1:3, 4).

"Porque también Cristo padeció una sola vez por los pecados, el justo por los injustos, para llevarnos a Dios, siendo a la verdad muerto en la carne, pero vivificado en espíritu" (1 P. 3:18).

Pensamiento 2: Todo creyente genuino experimenta el cuidado sobrenatural del Señor resucitado. El creyente sabe del conocimiento soberano y cuidado del Señor en su propia vida (Mt. 6:25-34).

4 (21:9) ***Jesucristo, Resurrección:*** Jesús mostró la realidad de los alrededores. Advierta la tierra y el fuego, los peces y el pan. Estaba mostrando que Él era el mismo Jesús que siempre había estado con ellos. No era una idea de su imaginación, no era una visión ni siquiera un espíritu. Él estaba en un cuerpo tal como el cuerpo que siempre habían conocido.

"Pero en seguida Jesús les habló, diciendo: ¡Tened ánimo; yo soy, no temáis!" (Mt. 14:27).

5 (21:10, 11) ***Jesucristo, Resurrección:*** Jesús mostró que Él podía ver, hablar, oír y sentir. Instruyó a los discípulos a juntar los peces, como siempre lo había hecho. Ellos obedecieron, incluso hasta el punto de contar los peces. Jesús estaba apilando prueba tras prueba, dándole a los discípulos una evidencia indisputable de su resurrección.

"Lo que era desde el principio, lo que hemos oído, lo que hemos visto con nuestros ojos, lo que hemos contemplado, y palparon nuestras manos tocante al Verbo de vida (porque la vida fue manifestada, y la hemos visto, y testificamos, y os anunciamos la vida eterna, la cual estaba con el Padre, y se nos manifestó); lo que hemos visto y oído, eso os anunciamos, para que también vosotros tengáis comunión con nosotros; y nuestra comunión verdaderamente es con el Padre, y con su Hijo Jesucristo" (1 Jn. 1:1-3).

6 (21:12, 13) ***Jesucristo, Resurrección:*** Jesús mostró que su cuerpo era real. Los invitó a comer y Él comió con ellos, como siempre lo había hecho. Nuevamente, el tema es que ellos debían *saber* que era Jesús. El Señor resucitado era el mismo Jesús que había caminado y vivido con ellos. La única diferencia residía en que Él había resucitado de entre los muertos en un cuerpo perfeccionado y glorificado.

Nota: los discípulos sabían sin duda alguna que era el Señor. Humanamente, no se suponía que lo fuera; un hombre muerto resucitado de la tumba era algo imposible. El mundo físico y material no conocía nada más que la corrupción y la ruina, el pecado y la muerte. Pero sentado allí, comiendo con ellos, estaba Jesús. Había resucitado de entre los muertos y había vuelto nuevamente a la vida. Sabían que ahora la muerte había sido conquistada y que el hombre podía vivir para siempre (Jn. 20:31).

Sabían exactamente lo que Jesús quería que supieran. Conocían la gran realidad de su cuerpo resucitado y la gran realidad de su soberana majestad y cuidado por ellos al conquistar la muerte.

> **"Porque de tal manera amó Dios al mundo, que ha dado a su Hijo unigénito, para que todo aquel que en él cree, no se pierda, mas tenga vida eterna" (Jn. 3:16).**
>
> **"De cierto, de cierto os digo: El que oye mi palabra, y cree al que me envió, tiene vida eterna; y no vendrá a condenación, mas ha pasado de muerte a vida" (Jn. 5:24).**
>
> **"Le dijo Jesús: Yo soy la resurrección y la vida; el que cree en mí, aunque esté muerto, vivirá. Y todo aquel que vive y cree en mí, no morirá eternamente. ¿Crees esto?" (Jn. 11:25, 26).**
>
> **"Pero que ahora ha sido manifestada por la aparición de nuestro Salvador Jesucristo, el cual quitó la muerte y sacó a luz la vida y la inmortalidad por el evangelio" (2 Ti. 1:10).**
>
> **"Así que, por cuanto los hijos participaron de carne y sangre, él también participó de lo mismo, para destruir por medio de la muerte al que tenía el imperio de la muerte, esto es, al diablo, y librar a todos los que por el temor de la muerte estaban durante toda la vida sujetos a servidumbre" (He. 2:14, 15).**
>
> **"Enjugará Dios toda lágrima de los ojos de ellos; y ya no habrá muerte, ni habrá más llanto, ni clamor, ni dolor; porque las primeras cosas pasaron" (Ap. 21:4).**

7 (21:14) ***Jesucristo, Resurrección:*** La resurrección de Jesús fue afirmada por Juan. Recuerde por qué estaba escribiendo Juan.

> **"Pero éstas se han escrito para que creáis que Jesús es el Cristo, el Hijo de Dios, y para que creyendo, tengáis vida en su nombre" (Jn. 20:31).**
>
> **"Porque no podemos dejar de decir lo que hemos visto y oído" (Hch. 4:20).**
>
> **"Y nosotros somos testigos suyos de estas cosas, y también el Espíritu Santo, el cual ha dado Dios a los que le obedecen" (Hch. 5:32).**
>
> **"Pero teniendo el mismo espíritu de fe, conforme a lo que está escrito: Creí, por lo cual hablé, nosotros también creemos, por lo cual también hablamos" (2 Co. 4:13).**

1 Después de la comida, Jesús se concentró en Pedro **2 ¿Me amas más que estos?** a. Señaló a los discípulos b. Señaló al equipo de pesca c. Alimenta a mis corderos **3 ¿Me amas con el amor de Dios, me amas lo suficiente como para alimentar a mi gente?**	**G. Acontecimiento 7: La gran cuestión del amor y devoción de un discípulo, 21:15-17** 15 Cuando hubieron comido, Jesús dijo a Simón Pedro: Simón, hijo de Jonás, ¿me amas más que éstos? Le respondió: Sí, Señor; tú sabes que te amo. El le dijo: Apacienta mis corderos. 16 Volvió a decirle la segunda vez: Simón, hijo de Jonás, ¿me	amas? Pedro le respondió: Sí, Señor; tú sabes que te amo. Le dijo: Pastorea mis ovejas. 17 Le dijo la tercera vez: Simón, hijo de Jonás, ¿me amas? Pedro se entristeció de que le dijese la tercera vez: ¿Me amas? y le respondió: Señor, tú lo sabes todo; tú sabes que te amo. Jesús le dijo: Apacienta mis ovejas.	a. El amor de Dios (agapao). b. El amor de Pedro (phileo). c. Alimenta mis corderos **4 ¿Me amas como un hermano fiel, me amas con amor ágape o con amor phileo?** a. El amor del Señor (phileo). b. El amor de Pedro (phileo). c. Alimenta mis corderos

DIVISIÓN XVI

LA REVELACIÓN DE JESÚS, EL SEÑOR RESUCITADO, 20:1—21:23

G. Acontecimiento 7: La gran cuestión del amor y devoción de un discípulo, 21:15-17

(21:15-17) ***Introducción:*** Este es un pasaje crítico para la iglesia y sus ministros. Tiene una gran lección: el amor es el factor esencial para el ministerio. Sin amor, el ministerio no es nada a los ojos de Dios. Este pasaje se refiere a tres preguntas realizadas por nuestro Señor.

1. Después de la comida, Jesús se concentró en Pedro (v. 15).
2. ¿Me amas más que estos? (v. 15).
3. ¿Me amas con el amor de Dios, me amas lo suficiente como para alimentar a mi gente? (v. 16).
4. ¿Me amas como un hermano fiel, me amas con amor ágape o con amor phileo? (v. 17).

(Nota: Este pasaje se estudia mejor en su totalidad, comparando cada pregunta con las otras dos. Debido a esto, se estudian los tres puntos juntos y no por separado. También es útil ver notas, Amor, Jn. 13:33-35; 14:15).

1 (21:15) ***Ministerio:*** La comida había terminado. Jesús y los discípulos estaban sentados en ronda hablando y compartiendo después de la comida. Recuerde cuatro cosas.

⇒ Jesús ya se había encontrado con Pedro a solas en una sesión privada para tratar la negación de Pedro y para asegurarse de que él estaba completamente restaurado (cp. 1 Co. 15:4, 5).

⇒ Era necesario fortalecer públicamente el liderazgo de Pedro entre todos los discípulos. Todos sabían sobre la negación de Pedro.

⇒ Jesús debía asegurarse de que Pedro nunca lo negaría ni se apartaría otra vez de su misión.

⇒ Jesús debía enseñarles a los discípulos el factor esencial para el ministerio. Ninguno de ellos, ni siquiera un líder carismático como Pedro, podía ministrar y dar frutos divinos a no ser que *amara* el rebaño de Dios. Un hombre puede ser la persona más dotada del mundo, pero no es nada ni puede hacer nada de valor *a los ojos de Dios* a no ser que ame primero (cp. 1 Co. 13:1-3). Capacidades, talentos, dones, compromisos, buenas acciones y obras simplemente no califican a un hombre ante Dios ni lo hacen aceptable ante Él. Lo único importante ?en realidad lo único? que hace a un hombre aceptable y que lo califica para servir a Dios es el *amor.*

Estos son los motivos por lo que hizo Jesús. Se volvió y se concentró en Pedro. Advierta: llamó a Pedro por su nombre completo, Simón Pedro, y le recordó que era el hijo de Jonás (cp. Jn. 1:42). Esto hizo dos cosas.

⇒ Atrajo la atención de todos, acentuando que lo que seguiría era importante, más importante que lo habitual.

⇒ Le recordó a Pedro de dónde había venido. Era de origen humilde, de un padre humilde. Todo lo que Pedro había logrado y lograría era de Dios. Pedro *no era nada sin Cristo y nada fuera de la misión que iba a recibir.*

Pensamiento 1: Un hombre debe saber que no es nada fuera de Cristo. ¿Cuántas personas tendrían más en la vida, más propósito, más significado, más importancia si sólo se entregaran a Cristo? ¿Cuántos realmente han sido llamados por Cristo y rechazaron su llamado; por lo tanto, fallaron en su propósito en la vida y en hacer su contribución a la sociedad y al mundo?

2 (21:15) ***Amor - Compromiso:*** Hay una diferencia entre las tres preguntas que Jesús le hizo a Pedro. La primera pregunta fue a quién amaba más, si al Señor mismo o a "estos". Qué significa "estos" no queda claro. Jesús podría haber señalado a los discípulos que estaban sentados con ellos. De ser así, Él quiso decir, ¿me amas más de lo que amas a estos hombres o a tu familia? O, Jesús pudo haber señalado a los peces, las redes y el bote. De ser así, Él estaba preguntando, ¿me amas más que a tu profesión y tu carrera (cp. Jn. 21:3)? Tal vez las Escrituras son poco claras en este punto para que "estos" se apliquen a cualquier cosa de nuestra vida.

La segunda pregunta era si Pedro amaba con el amor de Dios. Esto se observa en la palabra griega para amor. Jesús usó una palabra, pero Pedro usó otra. Jesús usó la palabra *ágape,* la forma más elevada de amor, el amor de Dios mismo. Pero Pedro no respondió: "Sí, Señor, yo te amo con *ágape*". Dijo: "Sí, yo te *phileo*". Esto es, te amo tal como a un hermano; te amo con un amor filial. *Phileo* significa amor filial, el amor entre dos hermanos.

La tercera pregunta sondeaba lo genuino y leal del amor de Pedro. Aquí Jesús descendió al nivel humano del amor. Utilizó *phileo*. Simplemente le preguntó a Pedro: "Pedro, ¿realmente me amas, *phileo*, incluso como a un hermano?" El cuestionamiento de la lealtad de su amor entristeció a Pedro. Pero Jesús le aseguró que su amor algún día alcanzaría la mayor altura (Jn. 21:18). Pedro sería llamado para demostrar el amor *ágape*, el amor de sacrificio de Dios. Pedro sería convocado para morir por Cristo, a dar su vida por predicar el amor de Dios a los que no les importaba y que reaccionaron violentamente contra él.

Lo que Jesús estaba haciendo era preparar a sus discípulos para un nuevo tipo de amor que iba a venir. Hasta el momento de la muerte y ascensión de Cristo, el mayor amor conocido por el hombre era el amor *phileo*, la disposición de un hombre para morir por un amigo. Pero en Cristo, Dios le estaba mostrando al mundo un nuevo tipo de amor, el *amor ágape*. El *amor ágape* es un amor tan nuevo que se le debe dar un nuevo significado a la palabra griega "ágape". *Ágape* se tornó en el amor que estaba dispuesto a dar y a morir incluso por un enemigo. Los primeros líderes cristianos reconocieron esta nueva dimensión del amor, por lo tanto elevaron el significado de *amor ágape* al amor de Dios por el mundo. El *amor ágape* es el nivel de amor más elevado posible; es el amor de Dios. "Porque de tal manera amó Dios al mundo, que ha dado a su hijo unigénito, para que todo aquel que en él cree, no se pierda, mas tenga vida eterna" (Jn. 3:16).

El amor ágape es Cristo muriendo...

- por la gente que no tiene fuerza (Ro. 5:6).
- por los impíos (Ro. 5:6).
- por los pecadores (Ro. 5:8).
- por los enemigos de Dios (Ro. 5:10).

Pedro y los discípulos todavía no lo comprendían. No podían porque el Espíritu Santo todavía no había sido dado, y el *amor ágape* lo vierte en el corazón únicamente el Espíritu Santo (Ro. 5:5). Es un fruto del Espíritu Santo (Gá. 5:22).

[3] (21:16) ***Ministerio - Iglesia:*** Tres veces fue comisionado Pedro para alimentar y ocuparse del rebaño de Dios. Si Pedro realmente amaba al Señor, entonces iba a ser comisionado a ser un pastor del rebaño de Dios. Advierta tres cosas.

1. Las Escrituras identifican a las ovejas y los corderos como el rebaño de Dios, esto es, como la iglesia de Dios. Jesús estaba hablando sobre alimentar su iglesia, a sus discípulos dentro de la iglesia.

"Por tanto, mirad por vosotros, y por todo el rebaño en que el Espíritu Santo os ha puesto por obispos, para apacentar la iglesia del Señor, la cual él ganó por su propia sangre" (Hch. 20:28).

Advierta: En este versículo (Hch. 20:28) el cargo es cuidarse uno así como al rebaño de Dios. Esto es similar a lo que Jesús le estaba diciendo a Pedro: si me amas, cuídate y se leal; alimenta a mis ovejas y corderos, a mi iglesia.

2. El rebaño de Dios está compuesto por ovejas (arnia, v. 15) y corderos (probatia, vv. 16, 17).

⇒ Ovejas: niños, jóvenes conversos, los incapacitados de diversos tipos, creyentes que necesitan atención especial.

⇒ Corderos: creyentes maduros, creyentes que han andado y crecido en el Señor durante un largo período. (Ver nota, punto 5 - Mt. 25:31-33 para mayor discusión).

3. El ministerio del rebaño de la iglesia es doble.

a. El primer ministerio es alimentar (boske, vv. 15-17).

⇒ Dar alimento, enseñar tanto la leche como la carne de la Palabra.

"Desead, como niños recién nacidos, la leche espiritual no adulterada, para que por ella crezcáis para salvación, si es que habéis gustado la benignidad del Señor" (1 P. 2:2, 3).

"Porque debiendo ser ya maestros, después de tanto tiempo, tenéis necesidad de que se os vuelva a enseñar cuáles son los primeros rudimentos de las palabras de Dios; y habéis llegado a ser tales que tenéis necesidad de leche, y no de alimento sólido. Y todo aquel que participa de la leche es inexperto en la palabra de justicia, porque es niño; pero el alimento sólido es para los que han alcanzado madurez, para los que por el uso tienen los sentidos ejercitados en el discernimiento del bien y del mal" (He. 5:12-14).

⇒ Guiar en el estudio de la Palabra, demostrándose aprobado ante Dios.

"Procura con diligencia presentarte a Dios aprobado, como obrero que no tiene de qué avergonzarse, que usa bien la palabra de verdad" (2 Ti. 2:15).

Advierta que la palabra utilizada para alimentar (boske) es la palabra usada tanto para las ovejas (v. 15) como para los corderos (v. 17). Tanto ovejas como corderos deben ser alimentados con la misma Palabra y de la misma manera.

"Fueron halladas tus palabras, y yo las comí; y tu palabra me fue por gozo y por alegría de mi corazón; porque tu nombre se invocó sobre mí, oh Jehová Dios de los ejércitos" (Jer. 15:16).

"Del mandamiento de sus labios nunca me separé; guardé las palabras de su boca más que mi comida" (Job 23:12).

"Y te afligió, y te hizo tener hambre, y te sustentó con maná, comida que no conocías tú, ni tus padres la habían conocido, para hacerte saber que no sólo de pan vivirá el hombre, mas de todo lo que sale de la boca de Jehová vivirá el hombre" (Dt. 8:3; cp. Mt. 4:4).

"¡Cuán dulces son a mi paladar tus palabras! Más que la miel a mi boca" (Sal. 119:103).

b. El segundo ministerio es el pastor (poimaine, v. 16). Ser pastor involucra todos los trabajos del ministerio.

"Apacentad la grey de Dios que está entre vosotros, cuidando de ella, no por fuerza, sino voluntariamente; no por ganancia deshonesta, sino con ánimo pronto; no como teniendo señorío sobre los que están a vuestro cuidado, sino siendo ejemplos de la grey" (1 P. 5:2, 3).

(Ver nota - Jn. 10:2-3 sobre la obra de un pastor. Ver nota - Mr. 6:34.)

4 (21:17) ***Amor:*** Jesús le preguntó a Pedro si lo amaba con amor *ágape* o *phileo*. La diferencia entre ambos es la siguiente.

El *amor phileo* es el amor de afecto tierno, de sentimientos cálidos y profundos dentro del corazón. Es el amor profundo y precioso de los que están cerca del corazón de uno y son queridos. Es un amor filial, un amor entre miembros de una familia, un amor que moriría por su hermano.

El *amor ágape* es el amor de la mente, de la razón y de la voluntad. Es un amor que nace por opción: uno simplemente elige amar, independientemente de los sentimientos. Una persona puede insultar, herir o humillar, pero el *amor ágape* elige buscar sólo lo mejor para esa persona. Es un amor de sacrificio, un amor que está dispuesto a morir incluso por sus enemigos.

Amor *ágape* significa...

- dar con sacrificio.
- liberar la aceptación (uno acepta libremente sin esperar nada a cambio).
- apego apreciado.
- devoción sin egoísmo.
- compromiso personal.
- preocupación genuina.
- lealtad firme.
- ternura preciosa.

El *amor ágape* era tan nuevo y tan inusual, que se puede decir que después de Cristo se creó una nueva palabra para el amor. El principal interés de Jesús con Pedro era, por supuesto, que poseyera *amor ágape:* el amor que viene de la razón y la voluntad, que controla la lujuria corruptible y los pensamientos vagos de la vida, que pone la voluntad dentro de un hombre de servir y morir por todos los hombres, incluso por sus enemigos. Incluso los enemigos de Dios deben oír el evangelio y tener una oportunidad de salvación. No obstante, el hecho de que Jesús también usó *amor phileo* con Pedro demuestra que Dios quiere también el amor de los sentimientos instintivos de afecto del hombre.

El *amor ágape* significa por lo menos ocho cosas.

1. El *amor ágape* no es sólo un amor de emociones. Es un asunto de la mente así como también del corazón, de la voluntad así como también de las emociones.

"Porque de tal manera amó Dios al mundo, que ha dado a su Hijo unigénito, para que todo aquel que en él cree, no se pierda, mas tenga vida eterna" (Jn. 3:16).

"Porque Cristo, cuando aún éramos débiles, a su tiempo murió por los impíos. Ciertamente, apenas morirá alguno por un justo; con todo, pudiera ser que alguno osara morir por el bueno. Mas Dios muestra su amor para con nosotros, en que siendo aún pecadores, Cristo murió por nosotros" (Ro. 5:6-8).

"En esto se mostró el amor de Dios para con nosotros, en que Dios envió a su Hijo unigénito al mundo, para que vivamos por él. En esto consiste el amor: no en que nosotros hayamos amado a Dios, sino en que él nos amó a nosotros, y envió a su Hijo en propiciación por nuestros pecados" (1 Jn. 4:9, 10).

2. El *amor ágape* es el amor de Dios, su verdadera naturaleza. Es el amor que Dios extendió hacia nosotros, en el momento en que todavía éramos pecadores y Cristo murió por nosotros.

"Mas Dios muestra su amor para con nosotros, en que siendo aún pecadores, Cristo murió por nosotros... Porque si siendo enemigos, fuimos reconciliados con Dios por la muerte de su Hijo, mucho más, estando reconciliados, seremos salvos por su vida" (Ro. 5:8, 10).

"Amados, amémonos unos a otros; porque el amor es de Dios. Todo aquel que ama, es nacido de Dios, y conoce a Dios. El que no ama, no ha conocido a Dios; porque Dios es amor. En esto se mostró el amor de Dios para con nosotros, en que Dios envió a su Hijo unigénito al mundo, para que vivamos por él. En esto consiste el amor: no en que nosotros hayamos amado a Dios, sino en que él nos amó a nosotros, y envió a su Hijo en propiciación por nuestros pecados... Y nosotros hemos conocido y creído el amor que Dios tiene para con nosotros. Dios es amor; y el que permanece en amor, permanece en Dios, y Dios en él" (1 Jn. 4:7-10, 16).

3. El *amor ágape* es una semilla que puede plantarla en el corazón únicamente Cristo. Es un fruto del Espíritu de Dios.

"Y la esperanza no avergüenza; porque el amor de Dios ha sido derramado en nuestros corazones por el Espíritu Santo que nos fue dado" (Ro. 5:5).

"Mas el fruto del Espíritu es amor, gozo, paz, paciencia, benignidad, bondad, fe" (Gá. 5:22).

4. El *amor ágape* es el gran amor que Dios siente por su propio querido Hijo.

"Si guardareis mis mandamientos, permaneceréis en mi amor; así como yo he guardado los mandamientos de mi Padre, y permanezco en su amor" (Jn. 15:10).

"Y les he dado a conocer tu nombre, y lo daré a conocer aún, para que el amor con que me has amado, esté en ellos, y yo en ellos" (Jn. 17:26).

5. El *amor ágape* fue perfectamente expresado cuando Dios cedió su propio Hijo para morir por los hombres.

"Porque el amor de Cristo nos constriñe, pensando esto: que si uno murió por todos, luego todos murieron" (2 Co. 5:14).

"Pero Dios, que es rico en misericordia, por su gran amor con que nos amó" (Ef. 2:4).

"Y de conocer el amor de Cristo, que excede a todo conocimiento, para que seáis llenos de toda la plenitud de Dios" (Ef. 3:19).

"Y andad en amor, como también Cristo nos amó, y se entregó a sí mismo por nosotros, ofrenda y sacrificio a Dios en olor fragante" (Ef. 5:2).

6. El *amor ágape* es el amor que une a los creyentes. Durante tres años Jesús mismo mantuvo juntos a los apóstoles. Ahora que estaba por dejarlos, ¿qué iba a mantenerlos unidos y que hicieran la tarea? Una cosa: el nuevo mandamiento: el *amor ágape.* El *amor ágape* es el amor que los creyentes deben tener unos por los otros.

"Hijitos, aún estaré con vosotros un poco. Me buscaréis; pero como dije a los judíos, así os digo ahora a vosotros: A donde yo voy, vosotros no podéis ir. Un mandamiento nuevo os doy: Que os améis unos a otros; como yo os he amado, que también os améis unos a otros. En esto conocerán todos que sois mis discípulos, si tuviereis amor los unos con los otros" (Jn. 13:33-35).

"Pero el que tiene bienes de este mundo y ve a su hermano tener necesidad, y cierra contra él su corazón, ¿cómo mora el amor de Dios en él? Hijitos míos, no amemos de palabra ni de lengua, sino de hecho y en verdad" (1 Jn. 3:17, 18).

7. El *amor ágape* es el amor que los creyentes deben tener por todos los hombres.

"Todas vuestras cosas sean hechas con amor" (1 Co. 16:14).

"Y el Señor os haga crecer y abundar en amor unos para con otros y para con todos, como también lo hacemos nosotros para con vosotros" (1 Ts. 3:12).

"A la piedad, afecto fraternal; y al afecto fraternal, amor" (2 P. 1:7).

a. El amor ágape busca el bienestar de todos.

"Cada uno de nosotros agrade a su prójimo en lo que es bueno, para edificación" (Ro. 15:2).

b. El amor ágape no deja sentir maldad por el prójimo.

"No debáis a nadie nada, sino el amaros unos a otros; porque el que ama al prójimo, ha cumplido la ley. Porque: No adulterarás, no matarás, no hurtarás, no dirás falso testimonio, no codiciarás, y cualquier otro mandamiento, en esta sentencia se resume: Amarás a tu prójimo como a ti mismo. El amor no hace mal al prójimo; así que el cumplimiento de la ley es el amor" (Ro. 13:8-10).

c. El amor ágape busca oportunidades para hacer el bien a todos los hombres, especialmente a los de la casa de fe.

"Así que, según tengamos oportunidad, hagamos bien a todos, y mayormente a los de la familia de la fe" (Gá. 6:10).

"Vestíos, pues, como escogidos de Dios, santos y amados, de entrañable misericordia, de benignidad, de humildad, de mansedumbre, de paciencia; soportándoos unos a otros, y perdonándoos unos a otros si alguno tuviere queja contra otro. De la manera que Cristo os perdonó, así también hacedlo vosotros. Y sobre todas estas cosas vestíos de amor, que es el vínculo perfecto" (Col. 3:12-14; cp. 1 Co. 13:1ss).

8. El *amor ágape* se demuestra por obediencia a Cristo. Hacer lo que uno quiere en lugar de hacer lo que desea Dios demuestra que uno no tiene amor ágape.

"Si me amáis, guardad mis mandamientos... El que tiene mis mandamientos, y los guarda, ése es el que me ama; y el que me ama, será amado por mi Padre, y yo le amaré, y me manifestaré a él... Respondió Jesús y le dijo: El que me ama, mi palabra guardará; y mi Padre le amará, y vendremos a él, y haremos morada con él" (Jn. 14:15, 21, 23).

"Si guardareis mis mandamientos, permaneceréis en mi amor; así como yo he guardado los mandamientos de mi Padre, y permanezco en su amor" (Jn. 15:10).

"Pero el que guarda su palabra, en éste verdaderamente el amor de Dios se ha perfeccionado; por esto sabemos que estamos en él" (1 Jn. 2:5).

"Pues este es el amor a Dios, que guardemos sus mandamientos; y sus mandamientos no son gravosos" (1 Jn. 5:3).

"Y este es el amor, que andemos según sus mandamientos. Este es el mandamiento: que andéis en amor, como vosotros habéis oído desde el principio" (2 Jn. 6).

	H. Acontecimiento 8: El gran llamado al compromiso total, 21:18-25	21 Cuando Pedro le vio, dijo a Jesús: Señor, ¿y qué de éste? 22 Jesús le dijo: Si quiero que él quede hasta que yo venga, ¿qué a ti? Sígueme tú.	a. Pedro cuestionó la tarea de Juan b. Jesús reprendió a Pedro c. Jesús desafió y volvió a llamar a Pedro d. Juan corrigió el rumor
1 El compromiso total exige seguir el liderazgo de otro (el Espíritu Santo). a. Cuando joven: Pedro andaba y hacía lo que quería b. Cuando mayor: otro llevaría a Pedro y él no iría	18 De cierto, de cierto te digo: Cuando eras más joven, te ceñías, e ibas a donde querías; mas cuando ya seas viejo, extenderás tus manos, y te ceñirá otro, y te llevará a donde no quieras.	23 Este dicho se extendió entonces entre los hermanos, que aquel discípulo no moriría. Pero Jesús no le dijo que no moriría, sino: Si quiero que él quede hasta que yo venga, ¿qué a ti?	
2 El compromiso total exige la cruz, muerte al yo: "Sígueme tú"	19 Esto dijo, dando a entender con qué muerte había de glorificar a Dios. Y dicho esto, añadió: Sígueme.	24 Este es el discípulo que da testimonio de estas cosas, y escribió estas cosas; y sabemos que su testimonio es verdadero.	**4 El compromiso total exige dar testimonio de Jesucristo** a. Juan dio testimonio b. El testimonio de Juan fue verdadero c. El testimonio de Juan incluye sólo algunas de las cosas que hizo Jesús
3 El compromiso total exige una atención concentrada en la tarea de uno	20 Volviéndose Pedro, vio que les seguía el discípulo a quien amaba Jesús, el mismo que en la cena se había recostado al lado de él, y le había dicho: Señor, ¿quién es el que te ha de entregar?	25 Y hay también otras muchas cosas que hizo Jesús, las cuales si se escribieran una por una, pienso que ni aun en el mundo cabrían los libros que se habrían de escribir. Amén.	

DIVISIÓN XVI

LA REVELACIÓN DE JESÚS, EL SEÑOR RESUCITADO, 20:1—21:23

H. Acontecimiento 8: El gran llamado al compromiso total, 21:18-25

(21:18-25) ***Introducción:*** Este es el pasaje final del evangelio de Juan. Es el gran llamado al compromiso total.

1. El compromiso total exige seguir el liderazgo de otro (el Espíritu Santo) (v. 18).
2. El compromiso total exige la cruz, muerte al yo: "Sígueme tú" (v. 19).
3. El compromiso total exige una atención concentrada en la tarea de uno (vv. 20-23).
4. El compromiso total exige dar testimonio de Jesucristo (vv. 24, 25).

[1] (21:18) ***Compromiso - Dedicación:*** El compromiso total requiere seguir el liderazgo de otro (el Espíritu Santo). ¿A quién se hace referencia con "otro"? En este contexto puede significar aquellos que iban a llevar a Pedro a la muerte, los romanos, o bien al Espíritu Santo, que iba a llevar a Pedro por una vida de sufrimiento y martirio por la causa de Cristo. Jesús parecía estar refiriéndose a toda la vida de Pedro, desde sus primeros años cuando hacía lo que deseaba hasta sus años de madurez, cuando iba a hacer lo que Dios quisiera. Debido a esto, parecería mejor interpretar a "otro" como al Espíritu Santo.

Jesús estaba desafiando a Pedro a servirlo, a "alimentar mis ovejas" (vv. 15-17). Él estaba convocando a Pedro a un compromiso total y el compromiso total requiere seguir el liderazgo del Espíritu Santo. Advierta dos cosas.

1. Cuando Pedro era joven se divertía, se vestía y andaba por dónde quería. Antes de conocer a Cristo, él...

- hacía su vida como quería
- hablaba como quería
- hacía lo que quería
- elegía los placeres que deseaba
- iba a dónde quería
- eligió la profesión que quería

Cuando era joven, antes de llegar a conocer a Cristo, Pedro podía vivir y hacer lo que quería cuando quería. Pero ya no más. Pedro ya no podía vivir como deseaba. Jesucristo, su Salvador y Señor, estaba ahora en control de su vida.

2. Cuando Pedro fuera anciano y maduro, el Espíritu Santo lo vestiría y llevaría a lugares que él no elegiría ni iría. Esto, por supuesto, se refiere al sufrimiento y al martirio. Pedro iba a atravesarlo en nombre de Cristo.

Puesto que Pedro aceptaba el llamado de Cristo para *alimentar a sus ovejas*, Pedro tendría que...

- vivir su vida como quería el Espíritu.
- hacer lo que el Espíritu quisiera.
- elegir la profesión que quisiera el Espíritu.
- ir donde el Espíritu quisiera que fuera.

Nota: Jesús le estaba diciendo a Pedro que iba a ser llevado "donde él no quiera".

⇒ Iba a vivir una vida de sufrimiento (cp. sus encarcelaciones, Hch. 4:3; 5:18; 12:4).

⇒ Iba a morir la muerte de un mártir. Su muerte iba a ser por la causa de Cristo y la gloria de Dios.

Recuerde que Pedro tenía una esposa (ver Estudio a fondo 1, Mt. 8:14). En el momento de este hecho, Pedro iba a vivir unos cuarenta años o más, de modo que probablemente estuviera recién casado. La tradición dice que la esposa de Pedro sirvió con él en el ministerio durante muchos años. Clemente de Alejandría da una imagen conmovedora que dice que ella fue martirizada junto con Pedro:

Al ver a su mujer llevada a la muerte, Pedro se regocijó por su llamado y su traslado al hogar, y dijo con mucho valor y consuelo, llamándola por su nombre: "Recuerda al Señor".[1]

Hay una fuerte evidencia de que Pedro fue crucificado en Roma. La tradición dice que él se sentía tan poco digno de morir de la misma manera que su Señor que rogó ser crucificado cabeza abajo.

Pensamiento 1: El llamado de Cristo es al *compromiso total,* no sólo al compromiso. El compromiso total exige que sigamos el liderazgo del Espíritu Santo.

1) Ya no podemos vestirnos y andar como queremos.
2) Debemos vestir y andar como quiere el Espíritu Santo. (Ver notas, Espíritu Santo - Jn. 14:15-26; 16:7-15 para mayor discusión).

Pensamiento 2: El llamado de Cristo involucra la persecución. El verdadero creyente vive una vida de sacrificio y divina, dando un fuerte testimonio. Dicha vida es rechazada y opuesta por la mayoría del mundo.

"Y también todos los que quieren vivir piadosamente en Cristo Jesús padecerán persecución" (2 Ti. 3:12).

"Y en nada intimidados por los que se oponen, que para ellos ciertamente es indicio de perdición, mas para vosotros de salvación; y esto de Dios" (Fil. 1:28).

"Amados, no os sorprendáis del fuego de prueba que os ha sobrevenido, como si alguna cosa extraña os aconteciese, sino gozaos por cuanto sois participantes de los padecimientos de Cristo, para que también en la revelación de su gloria os gocéis con gran alegría. Si sois vituperados por el nombre de Cristo, sois bienaventurados, porque el glorioso Espíritu de Dios reposa sobre vosotros. Ciertamente, de parte de ellos, él es blasfemado, pero por vosotros es glorificado" (1 P. 4:12-14).

"Pues para esto fuisteis llamados; porque también Cristo padeció por nosotros, dejándonos ejemplo, para que sigáis sus pisadas" (1 P. 2:21).

El mundo persigue a la persona que vive de acuerdo a Dios. Lo persigue en el trabajo, en el juego, en el hogar, dondequiera y cuando quiera que le plazca. El mundo...

- reprocha
- evita
- ataca
- martiriza
- ridiculiza
- esquiva
- maldice
- asesina
- se burla
- ignora
- abusa

Cristo estaba convocando a Pedro a una vida así, diciéndole que el Espíritu Santo lo llevaría a lugares que él no elegiría. Cristo nos dice lo mismo. El compromiso total requiere seguir el liderazgo del Espíritu Santo y todos los que siguen al Espíritu Santo sufrirán persecución.

Pensamiento 3: Moriremos, todos nosotros. Cómo moriremos depende de...

- si morimos en el yo: habiendo vivido en comodidad, facilidad, abundancia, placer, riqueza, extravagancia, orgullo, incredulidad.
- si morimos por Cristo: habiendo vivido una vida santa, dando testimonio, atestiguando, ayudando, dando, ministrando y satisfaciendo las necesidades desesperadas de un mundo que gira en torno del pecado y la muerte.

"Y de la manera que está establecido para los hombres que mueran una sola vez, y después de esto el juicio" (He. 9:27).

"Porque es necesario que todos nosotros comparezcamos ante el tribunal de Cristo, para que cada uno reciba según lo que haya hecho mientras estaba en el cuerpo, sea bueno o sea malo" (2 Co. 5:10).

2 (21:19) ***Compromiso:*** El compromiso total requiere la cruz, la muerte del yo. Uno debe *seguir* a Cristo (ver Estudio a fondo 1, Lc. 9:23 para una mayor discusión al respecto).

"Y decía a todos: Si alguno quiere venir en pos de mí, niéguese a sí mismo, tome su cruz cada día, y sígame" (Lc. 9:23).

"Si alguno viene a mí, y no aborrece a su padre, y madre, y mujer, e hijos, y hermanos, y hermanas, y aun también su propia vida, no puede ser mi discípulo" (Lc. 14:26).

"Así, pues, cualquiera de vosotros que no renuncia a todo lo que posee, no puede ser mi discípulo" (Lc. 14:33).

"Otra vez Jesús les habló, diciendo: Yo soy la luz del mundo; el que me sigue, no andará en tinieblas, sino que tendrá la luz de la vida" (Jn. 8:12).

"Si alguno me sirve, sígame; y donde yo estuviere, allí también estará mi servidor. Si alguno me sirviere, mi Padre le honrará" (Jn. 12:26).

3 (21:20-23) ***Compromiso:*** El compromiso total requiere una atención concentrada en la propia tarea de uno. Pedro le preguntó a Jesús qué haría Juan en el ministerio. Pedro y Juan eran muy unidos. Juan era más joven que Pedro, probablemente aún un adolescente. Pedro se había acercado mucho a Juan y lo había tomado bajo su cuidado incluso antes de que Cristo hubiera venido (cp. Juan, Introducción - Autor). El interés de Pedro en la tarea de Juan y en su futuro era, por lo tanto, natural. Advierta tres cosas.

1. Jesús regañó a Pedro. Le dijo a Pedro que la tarea de Juan no era de su incumbencia. Su propia tarea debía ser de su incumbencia. Pedro no debía observar el llamado y el ministerio de otro hombre y...

- distraerse.
- desear tener ese ministerio.
- desear otro ministerio.
- comparar sus llamados y sus ministerios.
- copiar ese ministerio o conformarse a él.
- entrometerse.

1 Stromateis 7:6, citado por William Barclay, *The Gospel of Matthew* [El evangelio de Mateo], vol. 1, p. 313.

"Ninguno busque su propio bien, sino el del otro" (1 Co. 10:24).

"No seáis tropiezo ni a judíos, ni a gentiles, ni a la iglesia de Dios; como también yo en todas las cosas agrado a todos, no procurando mi propio beneficio, sino el de muchos, para que sean salvos" (1 Co. 10:32, 33).

"Nada hagáis por contienda o por vanagloria; antes bien con humildad, estimando cada uno a los demás como superiores a él mismo; no mirando cada uno por lo suyo propio, sino cada cual también por lo de los otros" (Fil. 2:3, 4).

2. Jesús desafió y llamó a Pedro nuevamente: "Sígueme tú" (v. 22).

⇒ Concéntrate en tu propio llamado y tarea.

⇒ Concentra tu atención, voluntad, energía y esfuerzos en tu llamado y tarea.

⇒ Date cuenta de que Dios sabe dónde puedes servir mejor y que Él te llama para hacer esa tarea.

"Por tanto, mirad por vosotros, y por todo el rebaño en que *el Espíritu Santo os ha puesto por obispos*, para apacentar la iglesia del Señor, la cual él ganó por su propia sangre" (Hch. 20:28).

"Apacentad la grey de Dios que está entre vosotros, cuidando de ella, no por fuerza, sino voluntariamente; no por ganancia deshonesta, sino con ánimo pronto" (1 P. 5:2).

"Me he hecho débil a los débiles, para ganar a los débiles; a todos me he hecho de todo, para que de todos modos salve a algunos. Y esto hago por causa del evangelio, para hacerme copartícipe de él" (1 Co. 9:22, 23).

"Doy gracias al que me fortaleció, a Cristo Jesús nuestro Señor, porque me tuvo por fiel, poniéndome en el ministerio" (1 Ti. 1:12).

"Y *os daré* pastores según mi corazón, que os apacienten con ciencia y con inteligencia" (Jer. 3:15).

"Y *pondré* sobre ellas pastores que las apacienten; y no temerán más, ni se amedrentarán, ni serán menoscabadas, dice Jehová" (Jer. 23:4).

"Hijo de hombre, *yo te he puesto por atalaya* a la casa de Israel; oirás, pues, tú la palabra de mi boca, y los amonestarás de mi parte" (Ez. 3:17).

3. Juan corrigió un rumor, un error que se dispersaba por toda la iglesia. Algunos habían tomado las palabras de Jesús y las habían interpretado mal, diciendo que Jesús quería significar que Juan nunca moriría. Algunos decían que Juan sobreviviría hasta el regreso de Jesús a la tierra. Juan, muy sencillamente, dijo que esto no era lo que Jesús estaba diciendo.

Pensamiento 1: Advierta con cuánta facilidad se interpretan mal las palabras del Señor a no ser que se las tome literalmente, exactamente como Él las pronunció.

"Procura con diligencia presentarte a Dios aprobado, como obrero que no tiene de qué avergonzarse, *que usa bien* la palabra de verdad" (2 Ti. 2:15).

4 (21:24, 25) ***Compromiso:*** El compromiso total exige dar testimonio a Jesucristo y cumplir la tarea de uno en la tierra, tal como Juan dio testimonio y cumplió con su tarea. Juan dio testimonio: el Evangelio de Juan es su testimonio al mundo. Y advierta: Juan recalcó que su testimonio era verdad, que no había mentido.

"Pero éstas se han escrito para que creáis que Jesús es el Cristo, el Hijo de Dios, y para que creyendo, tengáis vida en su nombre" (Jn. 20:31).

Pensamiento 1: La principal tarea de todo creyente es dar testimonio de la verdad: Jesús es el Cristo, el Hijo de Dios que ha venido a dar vida al hombre, tanto vida abundante como eterna.

"El ladrón no viene sino para hurtar y matar y destruir; yo he venido para que tengan vida, y para que la tengan en abundancia" (Jn. 10:10).

"Pero recibiréis poder, cuando haya venido sobre vosotros el Espíritu Santo, y me seréis testigos en Jerusalén, en toda Judea, en Samaria, y hasta lo último de la tierra" (Hch. 1:8).

"Lo que has oído de mí ante muchos testigos, esto encarga a hombres fieles que sean idóneos para enseñar también a otros" (2 Ti. 2:2).

"Sino santificad a Dios el Señor en vuestros corazones, y estad siempre preparados para presentar defensa con mansedumbre y reverencia ante todo el que os demande razón de la esperanza que hay en vosotros" (1 P. 3:15).

ESTUDIO A FONDO 1

(21:24) ***Jesucristo, Muerte; Resurrección - Mundo. Esperanza de - Hombre:*** El gran testimonio de Juan (y de los otros autores del evangelio) es:

"Porque de tal manera amó Dios al mundo, que ha dado a su Hijo unigénito, para que todo aquel que en él cree, no se pierda, mas tenga vida eterna" (Jn. 3:16).

Dicho en términos sencillos, el gran testimonio es la novedad gloriosa de la muerte y resurrección de Jesucristo. La muerte y resurrección de Jesucristo cambia el destino de la historia mundial y de toda la actitud del hombre. Si la muerte y la resurrección de Cristo no hubieran sucedido...

- entonces de todas las criaturas, el hombre sería el más desgraciado y desesperanzado.
- entonces la vida de Jesucristo hubiera sido el acontecimiento más trágico y desesperante de toda la historia.

¿Por qué? Porque el ser humano más misericordioso y compasivo, el que más dio y ayudó en todo el mundo fue tratado y asesinado de la manera más salvaje. Sin embargo, la muerte y la resurrección de Jesucristo sí ocurrieron, y porque así fue, cambió toda la perspectiva y la verdad de la historia mundial. Debido a la muerte y a la resurrección de Jesucristo, la vida y la historia han cobrado propósito. Desde que Cristo murió y resucitó de entre los muertos, los hombres miran la cruz y tienen una percepción, un sentimiento...

- de que ha sido pagado el castigo por el pecado (expiación).
- de que ahora puede perdonarse el pecado (perdón).
- de que una vida perfecta ha sido sacrificada por el hombre (propiciación).

- de que ahora el hombre puede reconciliarse y ser uno con Dios (reconciliación).
- de que el hombre ahora puede reconciliarse con el hombre, tanto en forma personal como a nivel mundial (paz, unidad, comunidad, compañerismo).
- de que ahora el hombre puede ser declarado justo (justificación).
- de que ahora el hombre puede volverse una *criatura nueva* ante Dios (regeneración).
- de que el hombre puede redimirse (redención).
- de que el hombre puede ser separado para Dios (santificación).

ESTUDIO A FONDO 2

(21:25) Ver nota, Jesucristo, Obras, Jn. 20:30 para mayor discusión.

ÍNDICE DE BOSQUEJOS Y TEMAS
JUAN

RECUERDE: Cuando busca un tema o una referencia de las Escrituras, usted no solo tendrá el texto bíblico, sino también un bosquejo y una discusión (comentario) del pasaje de la Biblia y del tema.

Este es uno de los grandes valores de la *Biblia de bosquejos y sermones*. Cuando posea todos los tomos, no solo tendrá lo que los otros índices bíblicos le ofrecen; es decir, un listado de todos los temas y sus referencias bíblicas, SINO que también tendrá:

- un bosquejo de *cada* texto y tema de la Biblia.
- una discusión (comentario) de cada texto y tema.
- cada tema respaldado por otros textos de la Biblia o referencias cruzadas.

DESCUBRA EL GRAN VALOR usted mismo. Dé una mirada rápida al primer tema de este índice.

ABRAHAM
Llamado de. Jn. 4:22; 8:54-59
Lugar en la historia judía.
  Consideración del tema. Jn. 4:22; 8:54-59
  Padre de los judíos. Jn. 4:22; 8:54-59
Linaje de. Cristo. Jn. 1:23
Testimonio de que
  Esperaba al Mesías. Jn. 8:56
  Se regocijó al ver el día de Jesús. Jn. 8:54-59
Obra de. Fe. El hombre falla al seguir su propia creencia. Jn. 8:39, 40

Busque las referencias. Después los textos bíblicos y el bosquejo de las Escrituras. Luego lea el comentario. De inmediato reconocerá el gran valor de este índice de la *Biblia de bosquejos y sermones.*

EDITORIAL
PORTAVOZ

NUESTRA VISIÓN

Maximizar el efecto de recursos cristianos de calidad que transforman vidas.

NUESTRA MISIÓN

Desarrollar y distribuir productos de calidad —con integridad y excelencia—, desde una perspectiva bíblica y confiable, que animen a las personas a conocer y servir a Jesucristo.

NUESTROS VALORES

Nuestros valores se encuentran fundamentados en la Biblia, fuente de toda verdad para hoy y para siempre. Nosotros ponemos en práctica estas verdades bíblicas como fundamento para las decisiones, normas y productos de nuestra compañía.

Valoramos la excelencia y la calidad
Valoramos la integridad y la confianza
Valoramos el mérito y la dignidad de los individuos y las relaciones
Valoramos el servicio
Valoramos la administración de los recursos